HÜBINGER
THOMAS MANN, DIE UNIVERSITÄT BONN UND
DIE ZEITGESCHICHTE

PAUL EGON HÜBINGER

THOMAS MANN,
DIE UNIVERSITÄT BONN UND
DIE ZEITGESCHICHTE

DREI KAPITEL DEUTSCHER VERGANGENHEIT
AUS DEM LEBEN DES DICHTERS
1905—1955

R. OLDENBOURG VERLAG MÜNCHEN WIEN 1974

Satz und Druck: Druckhaus Franklin, Budapest, Ungarn
Bindearbeiten: R. Oldenbourg Graphische Betriebe GmbH, München

ISBN 3-486-44031-4

VIVIS MORTUISQUE AMICIS

EUGEN EWIG — WALTER NAUMANN — THEODOR SCHIEFFER

WOLFGANG JOERDENS
(1907—1955)

WOLFGANG SCHILDKNECHT
(1909—1940)

Non tamen adeo virtutum sterile saeculum,
ut non et bona exempla prodiderit.

Tacitus, Hist. I, 3.

INHALTSVERZEICHNIS

Professor Litzmann, die „Literarhistorische Gesellschaft Bonn" und Thomas Mann von 1905 bis 1919 23 — Thomas Manns Ehrenpromotion 31 — Zeitgeschichtliche Voraussetzungen 34 — Litzmanns politische Weltanschauung 41 — Die „Betrachtungen eines Unpolitischen" 46 — Ein politisches Bekenntnis Thomas Manns aus dem Frühjahr 1919 in der Bonner Presse 49 — Einfluß und Bedeutung Ernst Bertrams 52 — Wirkung der „Betrachtungen" 59 — Politische Motivation der Ehrenpromotion; Aufnahme in der Öffentlichkeit 65 — Bedeutung für Thomas Mann 70 — Das Selbstzeugnis in „Goethe und Tolstoi" 75 — Thomas Manns Besuch in der Universität (1920); die Bonner Pietà Röttgen im „Zauberberg"; „Rede und Antwort" 78 — „Von deutscher Republik"; Enttäuschung und Angriffe nationalistisch-völkischer Kreise 83 — Litzmann als Münchner Nachbar Thomas Manns 92 — Thomas Mann in Bonn (1926) 96 — Thomas-Mann-Feier der Universität (1929) 97 — Studentenschaft und Nationalsozialismus in Bonn 98.

Universität und Nationalsozialismus seit 1933 101 — Eingriffe in die Hochschulverfassung; das Führerprinzip bei Universität und Fakultäten 104 — Änderung der Promotionsordnungen; Antrag der Studentenschaft auf Entzug der Doktorwürde im Fall von Ausbürgerung 108 — Überprüfung der seit 1918 vorgenommenen Ehrenpromotionen; Stellungnahme der Philosophischen Fakultät zu Thomas Manns Dr. phil. h. c. (1934) 113 — Professor v. Antropoff 117 — Anweisung des Rektors zum Entzug von Thomas Manns Dr. phil. h. c.? 118 — Vorstoß des stellvertretenden Dekans v. Antropoff (1935) 119 — Haltung des Reichskultus- und Reichspropagandaministeriums; Intervention von Goebbels? 121 — Das Aberkennungsschreiben des Dekans Obenauer (1936); Zusammenhang mit der Ausbürgerung Thomas Manns 123 — Münchner Pressekampagnen gegen Thomas Mann 124 — Der „Protest der Richard-Wagner-Stadt München" und seine Folgen 127 — Himmler, Heydrich und die Bayerische Politische Polizei im Zusammenhang dieser Vorgänge 133 — Weitere Hetze gegen Thomas Mann; Beginn des Verfahrens zu seiner Ausbürgerung; Schemms übles Spiel 135 — Der Ausbürgerungsantrag des Bayerischen Innenministers Wagner vom 18. Januar 1934 138 — Wirkung beim Reichsministerium des Innern und Auswärtigen Amt 141 — Thomas Manns seelische Reaktion auf die nationalsozialistische Machtergreifung 142 — Sein Entschluß, Deutschland zu meiden 146 — Bemühungen um seine Rückkehr; weitere Verfolgungsmaßnahmen 148 — Die nationalsozialistische Bücherzensur und Thomas Manns Werke 152 — Weitere Behandlung des Ausbürgerungsantrags durch die Berliner Ministerien 153 — Thomas Manns Brief an Frick vom 23. April 1934 und seine Wirkung 155 — Fricks Erlaß vom 27. Mai 1935; R. G. Bindings Plan 158 — Pressefeldzug gegen Thomas Mann im Sommer 1935; erneute Anträge auf Ausbürgerung Thomas Manns; Zusammenhang mit dem Vorstoß v. Antropoffs; Machtkampf zwischen Heydrich und Frick; Rücknahme des Erlasses vom 27. Mai 1935; Abeggs Eingabe vom Oktober 1935 160 — Kontroverse Schwarzschild-Korrodi 165 — Thomas Manns Offener Brief an Korrodi vom 3. Februar

VIII

der SS; Kooperation und Gegenkräfte in den Reichsministerien 320 — Das Auswärtige Amt als Schutzmacht für Thomas Mann; tragisch-ironischer Zusammenhang zwischen dem Mißlingen seiner Taktik und Thomas Manns Seelenlage 325 — Vielschichtigkeit der handelnden Personen (Bertram, Litzmann, Naumann, Wismann, Obenauer) 326 — Vielschichtigkeit Thomas Manns; Künstler und Politik; „Dichtergesinnungslosigkeit" 328 — Thomas Manns späteres distanzierendes Urteil über seine „demokratische Attitüde" 334 — Wurzeln und Fortdauer seiner „unpolitischen" Haltung 336 — Umfang und Grenzen von Thomas Manns Demokratie- und Humanitätsbegriff 337 — Freiheit des „Bildenden" und Gebundenheit des „Meinenden" 343 — Politische Wirkungen der Humanität des Künstlers; „Zwang zur Politik"; der Offene Brief an Korrodi als Wendemarke 345 — Wiedergewinn artistischer Freiheit durch Hitlers Untergang; „...im Grunde doch ‚semper idem'"; „Totalität des Menschlichen" als metapolitische Konstante Thomas Manns in den Phasen seiner Beziehung zur Universität Bonn 350 — Die Universität und ihre Vergangenheit 353.

VERZEICHNIS DER ABKÜRZUNGEN

AStA	Allgemeiner Studentenausschuß
BA	Bundesarchiv (Koblenz)
DC	Document Center (Berlin)
Dok.	Dokument
HStA	Hauptstaatsarchiv
LR	Legationsrat
LS	Legationssekretär
MK	Moderne Klassiker
MR	Ministerialrat
NZZ	Neue Zürcher Zeitung
ORR	Oberregierungsrat
P. A.	Politisches Archiv (Bonn)
RM	Reichsminister
ROS	Regierungsobersekretär
RR	Regierungsrat
StA	Stadtarchiv
StS	Staatssekretär
TMA	Thomas-Mann-Archiv (Zürich)
UA	Universitätsarchiv
VLR	Vortragender Legationsrat
z. D.	zur Disposition

EINLEITUNG

„Was wahr ist, komme an den hellen Tag".
Thomas Mann, Betrachtungen eines
Unpolitischen, Vorrede.
„Es ist schwer, es zugleich der Wahrheit
und den Leuten recht zu machen".
Thomas Mann an G. W. Zimmer-
mann, 17. Dezember 1949.

Thomas Mann als Ehrendoktor der Bonner Philosophischen Fakultät und damit
der Rheinischen Friedrich-Wilhelms-Universität – diese gewiß nicht selbstver-
ständliche Beziehung eines aus der Hansestadt Lübeck stammenden und in München
ansässig gewordenen Dichters zu der preußischen Hochschule am Rhein ist den
weitaus meisten Zeitgenossen erst zum Bewußtsein gekommen, als das geknüpfte
Band zerrissen erschien. Der Entzug der Ehrendoktorwürde des berühmten Autors
im Dezember 1936 erregte in der ganzen Welt mächtiges Aufsehen, nachdem Thomas Mann das Amtsschreiben des Dekans, das ihn über diese Maßnahme unterrichtete, samt der von ihm darauf erteilten ausführlichen Antwort Mitte Januar 1937
publiziert hatte. Der seit März 1933 in berechtigter Sorge um sein persönliches
Schicksal Deutschland meidende Dichter beschränkte sich dabei nicht auf den
Anlaß, der diesen „Briefwechsel" ausgelöst hatte, sondern nahm die Gelegenheit
wahr, mit den nationalsozialistischen Herren seines Vaterlandes ins Gericht zu
gehen. Er schrieb dem Dekan einen „Brief, der Geschichte reflektierte und der
Geschichte machte"[1]. Einst hatte Thomas Mann es „Absurdität" und einen
„unsinnigen Vorgang" genannt, daß – im Zerrspiegel der Weltkriegspropaganda –
„das Volk Goethe's vorübergehend allen Ernstes als Feind der Menschheit erscheinen konnte"[2]. Nun, zehn Jahre nach der Niederschrift dieses Satzes, fühlte er
selbst sich dazu gedrängt, dem Dritten Reich das Bild „der wüsten Verfälschung"
vorzuhalten, die ein von der Welt geliebtes und verehrtes Deutschtum durch die
nationalsozialistischen Machthaber „jetzt erlitt"[3]. Anklage und beschwörende
Warnung vereint, sprachmächtig geäußert von dem unter den Gebildeten aller
Nationen als Repräsentant deutscher Kulturgesinnung verehrten Nobelpreisträger,

---

[1] G. *Wenzel*, Thomas Manns Briefwechsel. Bibliographie gedruckter Briefe aus den Jahren
1889–1955 (Deutsche Akademie der Wissenschaften zu Berlin. Veröffentlichungen des Instituts
für deutsche Sprache und Literatur 41. Reihe E: Quellen und Hilfsmittel zur Literaturgeschichte), Berlin 1969, S. 190.
[2] Th. *Mann*, Pariser Rechenschaft (XII, S. 19; MK 119, S.116).
[3] Th. *Mann*, Briefwechsel mit Bonn (XII, S. 788; MK 117, S. 337).

1

fanden ein bis heute nicht verstummtes Echo. Keiner von den deutschen Emigranten der Hitlerzeit, die ihre Stimme erhoben, hat jemals in solchem Maße das Ohr der Welt gewonnen wie Thomas Mann mit dem in zahlreiche Sprachen übersetzten „Briefwechsel". So wurde aus der Aberkennung von Thomas Manns Bonner Dr. phil. h. c. eine cause célèbre in der an bestürzenden Geschehnissen wahrlich nicht armen Geschichte des nationalsozialistischen Reiches. Sie ist zwar in der jüngsten zusammenfassenden Darstellung dieses Zeitabschnitts aus deutscher Feder nicht erwähnt [4], aber der „Briefwechsel" zwischen Dekan und Dichter ist Lesebuchstoff geworden und das Ereignis, das ihn veranlaßte, figuriert längst – um nur dies eine Beispiel zu nennen – in dem knappen Kapitel „Wissenschaft und Kirche im Dritten Reich" eines Handbuchs, aus dem künftige deutsche Geschichtslehrer großenteils ihre Kenntnis der Vergangenheit schöpfen. Dort wird der Entzug des akademischen Ehrengrads von Thomas Mann als einziger Beleg dafür genannt, daß sich zwischen 1933 und 1945 „mancherorts ein durch nichts zu rechtfertigender Mangel an Würde und Charakter" bei den Universitäten Deutschlands gezeigt hat [5]. Selbst Angehörige weit entfernter Länder und außereuropäischer Kulturen verbinden mit dem Namen Bonn die Erinnerung an den hier gegen Thomas Mann geführten Streich [6]. Der herostratische Ruhm, den die Universität sich dadurch erworben hat, wiegt im öffentlichen Bewußtsein mindestens ebenso viel wie die wissenschaftliche Leistung, die ihre Angehörigen während einer mehr als hundertfünfzigjährigen Geschichte in Lehre und Forschung erbracht haben. Der sogenannte „Fall Thomas Mann" behielt sein volles Gewicht auch dann noch, als unvergleichlich viel schrecklichere Züge im Bild der nationalsozialistischen Aera beherrschend hervortraten, die für alle Zeit mit den Namen Dachau, Buchenwald, Bergen-Belsen, Auschwitz, Maidanek, Natzweiler, Lidice, Oradour und vieler anderer Mord- und Schinderstätten verknüpft sind.

Das zeigte sich, als im Oktober 1964 ein überraschender publizistischer Angriff gegen den Rektor der Bonner Universität für das akademische Jahr 1964/65, den Germanisten Hugo Moser (geb. 1909), gerichtet wurde [7]. Die Kritik an Mosers

---

[4] K. D. *Bracher*, Die deutsche Diktatur, Köln 1969.

[5] K. D. *Erdmann*, Die Zeit der Weltkriege (B. *Gebhardt*, Handbuch der deutschen Geschichte IV, Stuttgart 1958), S. 212.

[6] Vgl. unten S. 260, Anm. 505.

[7] Moser wurden zwei Publikationen vorgeworfen: ein Artikel „Auslandsdeutschtum und völkische Erziehung", den er im Jahre 1934 als Mitarbeiter des Vereins (Volksbunds) für das Deutschtum im Ausland in einer Lehrerzeitschrift veröffentlicht hatte, sowie ein von ihm 1938 im Bärenreiter-Verlag mitherausgegebenes Liederbuch für volksdeutsche Angehörige anderer Staaten, dessen reichsdeutscher Ausgabe das Horst-Wessel-Lied und die Hitlerjugendhymne eingefügt worden waren.

Über den Verein (Volksbund) für das Deutschtum im Ausland in seinem Spannungsverhältnis zur NSDAP und zum Staat vgl. jetzt H. *Steinacher* Bundesleiter des VDA 1933–1937. Erinnerungen und Dokumente, hrsg. v. H. A. *Jacobsen* (Schriften des Bundesarchivs 19), Boppard [1970]; zu Moser ebd. S. 508. – Über das Liederbuch vgl. die ungedruckte Darstellung von H. P. *Gericke*, Die Geschichte des Liederbuchs „Bruder Singer" (1972) (Archiv des Bärenreiter-Verlags, Kassel).

2

Wahl war mit dem Hinweis verbunden, der Bonner Hochschule hafte „in den Augen der gesitteten Welt ... noch immer an", Thomas Mann die Ehrendoktorwürde entzogen zu haben; auch habe die Universität „bis zum heutigen Tage nicht erklärt ..., wessen Unterschrift unter dem beschämenden Dokument steht" und „was sich damals wirklich in ihrer philosophischen Fakultät abgespielt hat" [8].

Eine Fülle von Zeitungsartikeln, Leserbriefen, amtlichen und privaten Presseerklärungen, Berichtigungsersuchen, Dokumentationen, Rundfunkberichten und Zeitschriftenbeiträgen gab der so eröffneten Kontroverse beträchtliches Ausmaß. Die öffentliche Diskussion betraf großenteils das Vorgehen gegen Thomas Mann, mit dem Moser übrigens nicht das geringste zu tun gehabt hatte – anders, als es damals gelegentlich aufgrund einer Art von intellektuellem Pawlow-Effekt geäußert worden ist [9]. Die alljährlich zum Wechsel im Rektoramt am 18. Oktober vorgeschriebene, 1964 aus äußeren Gründen auf den 26. Oktober verlegte Versammlung des Lehrkörpers bot Professoren und Dozenten Gelegenheit zur Aussprache über die gegen Moser erhobenen Anschuldigungen und die von verschiedenen Seiten scharf kritisierte amtliche Reaktion der Universität auf die durch den Angriff entstandene Lage. Thomas Manns Ehrendoktorwürde spielte in dieser Debatte keine Rolle. Sie wurde mit keinem Wort erwähnt. Als die Diskussion zu Ende ging, regte ich an, alle mit der Aberkennung des Bonner Dr. phil. h. c. von Thomas Mann zusammenhängenden Akten der Universität und der betroffenen Fakultät ausnahmslos zu veröffentlichen, begleitet von den nötigen Sacherläuterungen. Der Vorschlag war mit dem spezifischen Verhältnis begründet, das zwischen der Erforschung der Wahrheit und den Universitäten als dafür bestimmten Institutionen besteht und in deren Selbstinterpretation immer wieder Ausdruck findet. Von Umfang und Inhalt der Dokumente besaß ich in diesem Augenblick keine Kenntnis, vermutete nur, daß es sich um nicht gerade zahlreiche Stücke handeln werde. Die Anregung wurde mit großem Beifall aufgenommen. Gegenstimmen erhoben sich nicht. Meine Bereitwilligkeit, als ein mit Arbeiten solcher Art vertrauter Historiker die Publikation zu übernehmen, sofern niemand anders dies tun wolle oder dazu ausersehen werde, fand den gleichen Widerhall. So kam es zu dem vorliegenden Buch. Dieser

---

[8] W. *Boehlich*, Der neue Bonner Rektor (Die Zeit Nr. 43 vom 23. Oktober 1964). Die betreffende Nummer war, wie üblich, einige Tage vor ihrem offiziellen Erscheinungsdatum ausgeliefert worden. – Boehlichs Bemerkung ist auch in dem Bericht „Streit um die Vergangenheit an der Bonner Universität" von T.[heodor] *W.[ieser]* in: Neue Zürcher Zeitung Nr. 5269 (Fernausgabe-Nr. 336) vom 6. Dezember 1964 erwähnt, der einen nicht auf Polemik, sondern Information abzielenden Überblick bietet. V. *Kaarz*, „Überlieferungsbewußt und zukunftswillig". Politische Bekenntnisse Thomas Manns (Spektrum. Mitteilungsblatt für die Mitarbeiter der Deutschen Akademie der Wissenschaften zu Berlin 11, 1965, S. 170 ff.) geht von Boehlichs Artikel und der dadurch ausgelösten „Diskussion über die Haltung der Bonner Universität während der Nazidiktatur" aus und bemerkt dazu: „Einmal mehr zeigte sich, wie sehr die faschistische Vergangenheit in die Gegenwart der deutschen Bundesrepublik hineinragt und daß es verfehlt wäre, von der Bewältigung dieser Vergangenheit zu sprechen".

[9] Vgl. unten S. 305.

Vorgang hat sich abgespielt, bevor in der Öffentlichkeit die Publikation der einschlägigen Dokumente gefordert worden ist [10].

Der Senat der Universität Bonn beschloß auf meinen Antrag am 10. Dezember 1964, mir für die Dokumentation unbeschränkten Zugang zu sämtlichen Akten im Bereich der Hochschule zu gewähren [11]. Die Philosophische Fakultät begrüßte das Vorhaben durch einen Beschluß vom 9. November 1964. Sie verzichtete dabei nach längerer Aussprache auf die zunächst erwogene Absicht, den Herausgeber einer Fakultätskommission zu unterstellen. Von Anfang an hatte ich betont, es könne sich selbstverständlich bei dem Plan keinesfalls um ein Unternehmen handeln, das apologetischer Natur sei oder auch nur im geringsten die Handhabe zu einer dahinzielenden Mißdeutung böte. Die Publikation dürfe daher nicht als offizielle oder offiziöse Verlautbarung, ein „Weißbuch" von Fakultät oder Universität, vorbereitet werden und erscheinen, sondern allein unter ausschließlich wissenschaftlicher Verantwortung eines dafür voll und darum allein zeichnenden Bearbeiters. Ich machte zur einzigen Bedingung für die Übernahme der Aufgabe, daß ich bei der Ermittlung und Bekanntgabe der Tatsachen und Texte vollkommen frei, ohne Auftrag oder Auflage begrenzender oder richtungweisender Art von welcher Seite auch immer, verfahren könne. Als Herausgeber und Kommentator der Akten sah ich mich prinzipiell in keiner anderen Lage als der Forscher, der das gleiche für politisch weniger brisante Dokumente aus dem sonst von mir bevorzugten Arbeitsgebiet weiter zurückliegender Jahrhunderte leistet. Die Haftung für die dabei zu befolgende Methode und die Stichhaltigkeit der Resultate muß der betreffende Wissenschaftler tragen. Niemand konnte sie mir abnehmen,

---

[10] R. W. *Leonhardt*, Kommentar (Die Zeit Nr. 48 vom 27. November 1964): „Warum veröffentlicht die Universität nicht endlich den Briefwechsel, mit vollen Namen aller Beteiligten, der einem so gewichtigen Akt wie jener Aberkennung des Ehrendoktortitels doch vorausgegangen sein muß?" Schon vorher hatte der gleiche Autor in seinem Beitrag „Acht Fragen der Zeit an Rektor und ‚Kommission' der Universität Bonn" (Die Zeit Nr. 45 vom 6. November 1964) gefragt: „Wäre es nicht Pflicht der Universität Bonn, eine klärende Untersuchung einzuleiten, ehe auch der letzte Kronzeuge gestorben ist?" Bei H. P. *Bleuel–E. Klinnert*, Deutsche Studenten auf dem Weg ins Dritte Reich, [Gütersloh 1967], S. 6 wird den Universitäten vorgeworfen, der Prozeß ihrer Selbstklärung stehe „noch immer" aus, und als eines der dafür bezeichnenden Beispiele die Tatsache genannt, daß „die beschämende Aberkennung der Ehrendoktorwürde von Thomas Mann an der Bonner Universität" nicht geklärt sei.

[11] Vorangegangen war am 12. November 1964 ein Beschluß des Senats, mit dem in allgemeiner Form begrüßt wurde, daß eine Dokumentation über die Aberkennung der Ehrendoktorwürde von Thomas Mann vorgelegt werden sollte; vgl. Rheinische Friedrich-Wilhelms-Universität Bonn. *Chronik* und Bericht über das akademische Jahr 1964/65, S. 43. – Eine den Tatsachen nicht entsprechende Formulierung, die sich hier findet und aufgrund unpräziser Berichterstattung von einer „Absicht der Philosophischen Fakultät auf Herausgabe einer Dokumentation" über den Fall Thomas Mann spricht, ist in dem amtlichen Exemplar der Chronik im Sinn der nachstehenden Darlegungen richtiggestellt worden. Eine ähnliche Falschmeldung, die behauptete, ich sei vom „Senat der Universität mit der Dokumentation des Falles Thomas Mann beauftragt" worden, ist in „Frankfurter Rundschau" Nr. 277 vom 29. November 1964 berichtigt worden.

4

nachdem ich mich zu der Arbeit entschlossen und den erforderlichen Zugang zu den Quellen erhalten hatte. Ich durfte keiner anderen Instanz verpflichtet sein als demjenigen Tribunal, vor dem jeder Forscher und sein Werk bestehen müssen: dem eigenen Gewissen zunächst, sodann der sachlichen Kritik.

Natürlich ist in Kauf zu nehmen, daß selbst angesichts dieser Lage nicht alle Skeptiker bereit sind, ihr Mißtrauen aufzugeben. Ein englischer Germanist hielt es für angezeigt, noch während die Arbeit im Gange war, dem Verfasser „erschreckende Pervertierung des Amtes eines Historikers" nachzusagen. Um Aufklärung gebeten, schrieb er: „Was Sie infolge Ihrer Untersuchungen veröffentlichen werden, ist, ob Sie es wollen oder nicht, eine Rechtfertigung der Universität Bonn. Sonst würde die Universität ihr Imprimatur verweigern." Er wurde belehrt, daß derlei Zensur weder unmittelbar noch indirekt von der Universität erwogen oder ausgeübt werde und ich sie im entsprechenden Falle so wenig hinnehmen würde, wie ich es bei dem einzigen mir bisher zugemuteten Versuch solcher Art bald nach dem Zweiten Weltkrieg getan hatte. Der wissenschaftliche Vortrag über ein Thema der karolingischen Geschichte, dessen Manuskript damals der kontrollierende Offizier einer Besatzungsmacht in Deutschland vor der Veranstaltung zu unterbreiten befohlen hatte, wurde wegen dieses Ansinnens von mir abgesagt [12]. Mein englischer Kritiker äußerte in seinem Antwortschreiben, „eine Art Metapher" verwendet haben zu wollen, verfocht aber weiter sein Vor-Urteil, die angekündigte Dokumentation werde nicht befriedigen können, „schon weil sie mit irgendeiner Genehmigung, sei es auch nur mit einer schweigenden, erscheinen wird". Das damit in den Nebel pythischer Ausdrucksweise flüchtende Mißtrauen verband sich mit der Ansicht, „daß der Bonner Historiker ex hypothesi nicht die geeignete Person ist, Bonner Geschichte zu schreiben". Dieser Gedanke ist diskutabel [13], obwohl er, konsequent und generell verwirklicht, den weitaus größten Teil aller Geschichtsforschung und Historiographie von vornherein mit einem entwertenden Stigma versieht.

Ob das vorliegende Buch solch ein Mißtrauen rechtfertigt, muß die sachkundige Kritik entscheiden, der es hiermit übergeben wird. Zur Steuer der Wahrheit bleibt anzumerken, daß sich bedauerlicherweise kein anderer gefunden hat, um den hier behandelten Teil der Bonner Universitätsgeschichte zu erforschen, als eben nur ein Historiker, der seine „formative years" in der Schule von Wilhelm Levison (1876–1947) und Ernst Robert Curtius (1886–1956) verbracht, in Bonn

---

[12] Vgl. W. *Sutter*, Fünfundsiebzig Jahre Verein für Geschichte und Kunst des Mittelrheins (Jahrbuch für Geschichte und Kunst des Mittelrheins und seiner Nachbargebiete 10, 1958), S. 11.

[13] Vgl. B. *Brecht*, Geschichten vom Herrn Keuner, Gesammelte Werke in 20 Bänden, [Frankfurt/M. 1967], Bd. 12, S. 391 f.: „Herr K. nannte oft als in gewisser Weise vorbildlich eine Rechtsvorschrift des alten China, nach der für große Prozesse die Richter aus entfernten Provinzen herbeigeholt wurden. So konnten sie nämlich viel schwerer bestochen werden... Die Neuen mußten sich alles neu berichten lassen, wodurch sie das Auffällige daran wahrnahmen. Und endlich waren sie nicht gezwungen, um der Tugend der Objektivität willen viele andere Tugenden, wie die Dankbarkeit, die Kindesliebe, die Arglosigkeit gegen die nächsten Bekannten, zu verletzen oder so viel Mut zu haben, sich unter ihrer Umgebung Feinde zu machen".

die Doktorwürde erworben, sich habilitiert hat und nun hier, nach anderwärts verbrachter Tätigkeit, schon manches Jahr als Professor wirkt. Mag das a limine als belastend für die unternommene Arbeit betrachtet werden, so lassen sich doch auch manche Gründe für die gegenteilige Ansicht aufführen. Der in Frage gestellte Autor selbst hat sich bei diesem Meinungsstreit der Stimme zu enthalten.

Die von mir genannte Bedingung unbegrenzter Arbeits- und Publikationsfreiheit ist allseitig akzeptiert worden. Sämtliche Partner, mit denen ich im Verlauf der umständlichen Forschungen, die sich als notwendig erwiesen, zu tun hatte, haben sie niemals beschnitten, sondern stets respektiert. Schwierigkeiten, die wegen der strengen gesetzlichen Vorschriften zum Schutz der Persönlichkeit die Heranziehung von Akten außerhalb der Universität – speziell von Entnazisierungs-, Spruchkammer- und Personalakten – zunächst behinderten, konnten dank verständnisvoller Einsicht der Betroffenen und der für entsprechende Erlaubnis zuständigen Stellen fast immer behoben werden. Dadurch war es möglich, diese Quellen im Einklang mit dem geltenden Recht und den Erfordernissen freier Forschung zu benutzen. Soweit der Text des Buches, die dazu gelieferten Belege und Erläuterungen sowie die im Quellenteil zugänglichen Dokumente noch Zweifel an dem Willen zu vollständiger, ungeschminkter Darstellung lassen, stehen die anläßlich der Arbeit entstandenen Papiere, die im Archiv der Universität Bonn hinterlegt sind, zur Einsichtnahme offen. „Non abbiamo paura dei documenti."

Bereits beim ersten Schritt zeigte sich, daß die Annahme, die Publikation werde ohne sonderlichen Aufwand an Zeit und Mühe erstellt werden können, illusorisch war. Der dünne Faszikel in den Akten der Philosophischen Fakultät, der sich auf die Ehrendoktorwürde Thomas Manns bezieht, umfaßt enttäuschend wenige Schriftstücke. Sie sind sämtlich ungekürzt im Quellenteil des vorliegenden Buches wiedergegeben und so gekennzeichnet, daß jedermann sich mit einem Blick von der Magerkeit des Akteninhalts überzeugen kann. Natürlich war zu prüfen, ob etwa Teile der Akten entfernt worden sind. Hierfür hat sich kein Anhaltspunkt gefunden. Der Inhalt des Faszikels und bestimmte Erwägungen sprechen sogar klar gegen diesen Verdacht. Die Akten enthalten nämlich Schriftstücke, die für ihre Urheber seit der deutschen Kapitulation im Jahre 1945 als belastend empfunden werden mußten. Der Dekan Prof. Obenauer hat allerdings die Ausfertigung des berühmten Antwortschreibens von Thomas Mann, das an ihn ohne Namensnennung gerichtet war, anscheinend doch als persönlich gemeinte Zuschrift betrachtet, sie jedenfalls gleich an sich genommen und durch eine Abschrift in den Akten ersetzt. Die Korrektheit der Kopie gibt zu Zweifeln keinen Anlaß [14]. Eine Entnahme von Dokumenten, etwa zum Zweck des Vertuschens von Verantwortlichkeit oder Schuld, ist auch schon deshalb wenig wahrscheinlich, weil der betroffene Dekan die Sache vor dem Ende der nationalsozialistischen Herrschaft nicht als kompromittierend angesehen und nach diesem Zeitpunkt keinen Zugang zu

---

[14] Vgl. unten S. 278 sowie Dok. 205, 296.

6

den Akten mehr gehabt hat. Andererseits bürgt mindestens das seitherige Verhalten der Philosophischen Fakultät gegenüber ihrem früheren Mitglied und Würdenträger [15] in hohem Maße dafür, daß bei ihr niemand zu einem fragwürdigen Entlastungsmanöver bereit gewesen ist. Wir haben also davon auszugehen, daß die Thomas Mann betreffenden Fakultätsakten unverstümmelt überliefert sind. Das bedeutet freilich nicht zugleich, daß sie vollständig seien. Sie enthalten nachweislich Lücken. Diese beruhen unzweifelhaft auf der im Vergleich zu den in dieser Hinsicht allerdings auch nicht immer ganz zuverlässigen staatlichen oder kommunalen Behörden weit laxeren Form der Aktenführung bei den nach alten Gepflogenheiten einer Honoratiorenverwaltung tätigen akademischen Organen. Die Folgen dieser Verfahrensweise sind auch sonst allenthalben in den Bonner Fakultäts- und Rektoratsakten zu beobachten. Einzelheiten hierzu, die die geäußerte Ansicht über die jeweilige Ursache der Lücken näher belegen, werden am gehörigen Ort des Buches vermerkt. Unter diesen Umständen ist es sehr zu beklagen, daß die im Rektorat der Universität und bei deren staatlicher Aufsichtsbehörde, dem Kuratorium, erwachsenen Akten, die Dokumente über Thomas Mann und seine Bonner Ehrendoktorwürde enthalten haben, nicht mehr vorhanden sind. Ihr Verlust ist am 18. Oktober 1944 als Folge eines Brandes eingetreten, der durch einen vernichtenden Luftangriff auf die Bonner Innenstadt verursacht worden ist. Ihm ist das Hauptgebäude der Universität, das ehemalige kurfürstliche Schloß, wo die genannten Stellen ihren Sitz hatten, so gut wie vollständig zum Opfer gefallen. Die einschlägigen Akten gehörten damals noch zu den laufenden Registraturen und sind aus diesem Grunde nicht vor drohender Luftgefahr geborgen worden.
Um die Aberkennung von Thomas Manns Dr. phil. h. c. und ihren Hintergrund aufhellen zu können, mußte daher der nähere und weitere Zusammenhang erforscht werden, in dem sich dieser Vorgang abgespielt hat. Es handelte sich darum, „die Möglichkeit" zu erproben, „ein Wahrhaftes wieder herzustellen . . . aus Trümmern von Dasein und Überlieferung" [16]. Dieser Versuch dürfte im Rahmen der für historische Forschung überhaupt bestehenden Chancen insofern gelungen sein, als die vorliegende Darstellung geschrieben werden konnte. Dabei war ein Höchstmaß von Informationen über die an den Ereignissen nachweislich aktiv oder passiv beteiligten Stellen und Personen zu sammeln und kritisch zu verwerten. Der Kreis der dafür in Betracht zu ziehenden ungedruckten oder gedruckten Quellen, literarischen und wissenschaftlichen Veröffentlichungen, Pressenachrichten und nicht zuletzt der Menschen, von denen Auskunft mancherlei Art erhofft werden durfte, mußte weit über die Universität Bonn und das für sie zuständige Berliner Ministerialressort hinaus gezogen werden. Bekanntlich ist die Quellenlage der deutschen Zeitgeschichte wegen der gewaltigen Aktenverluste im Krieg und während der Nachkriegszeit sowie der häufig starken Zersplitterung des Erhaltenen wenig günstig. Von den Beständen der Abteilung für Angelegenheiten der Literatur im

---

[15] Vgl. unten S. 299.
[16] J. W. v. *Goethe*, Wiederholte Spiegelungen (Jubiläumsausgabe 25, S. 222; Hamburger Goetheausgabe 12, S. 323).

Reichsministerium für Volksaufklärung und Propaganda z. B. ist nur ein einziger Aktenband erhalten. Er wird im Deutschen Zentralarchiv (Potsdam) aufbewahrt und betrifft nicht Thomas Mann [17]. Wichtige Akten des früheren Reichsministeriums des Innern müssen gleichfalls als verloren betrachtet werden [18]. Während der Historiker der Neuzeit im allgemeinen einen „embarras de richesse" zu meistern hat und sich fast immer auf einem durch die Überlieferung wohlfundierten Gelände bewegen kann, stellt die deutsche Zeitgeschichte Quellenprobleme, deren Lösung ein ähnliches Eindringen in Spezialfragen subaltern erscheinender Art fordert wie sonst nur die Frühmittelalterforschung. Um nur ein Beispiel zu nennen: es bedurfte langwieriger Recherchen und der Befragung verschiedener, zunächst mühsam als Überlebende zu ermittelnder und aufzuspürender früherer Mitarbeiter des Reichskultusministeriums, um herauszufinden, daß die durch ein Aktenzeichen dieses Hauses nahegelegte Hoffnung, ein wichtiges Überlieferungs- und damit Zuständigkeitsproblem zu klären, sich nicht erfüllen konnte und darum eine zäh verfolgte Spur sich verlor, weil die Aktenzeichen dieses Ministeriums im Unterschied zu denen anderer Ressorts den für die gesuchte Lösung erforderlichen, anfänglich vermuteten Sinn nicht besitzen. Mir kam bei der Arbeit zustatten, daß ich viele Jahre als wissenschaftlicher Beamter im Archivdienst tätig gewesen bin. Dort wird die auf der Universität erworbene Kenntnis der historischen Methode wesentlich ergänzt, indem man daran gewöhnt wird, bei der Ermittlung eines geschichtlichen Sachverhalts bis ins kleinste genau auf Kompetenz, Behördenaufbau und Geschäftsverteilung samt ihrem Niederschlag in der schriftlichen Überlieferung und deren Provenienz zu achten. Selbst manche Historiker ahnen nicht, welche Erkenntnisse etwa aus der Farbe eines Buntstifts zu gewinnen sind, mit dem ein einziger Strich auf das in den Geschäftsgang einer Reichsbehörde gelangte Schriftstück gesetzt worden ist, ganz zu schweigen von den Aufschlüssen, die Diktat- und Aktenzeichen liefern können. Die editorischen Bemerkungen zu mehreren Stücken in dem Quellenanhang des Buches liefern mehrfach Beispiele hierfür. Bei der Analyse der im Verlauf der Arbeit aufgefundenen Akten verschiedener Ministerialstellen war es schließlich auch von großem Wert, daß ich den inneren Dienstbetrieb einer großen, vielgliedrigen Zentralbehörde der Bundesrepublik Deutschland samt nachgeordneter Institutionen viele Jahre lang durch unmittelbare Teilnahme an den Geschäften in verantwortlicher Position habe kennenlernen können.

---

[17] *Übersicht* über die Bestände des Deutschen Zentralarchivs Potsdam, Berlin 1957 (= Schriftenreihe des Deutschen Zentralarchivs, hrsg. v. H. *Lötzke*, Nr. 1), S. 111.

[18] Die Akten betr. Aberkennung der deutschen Staatsangehörigkeit von Thomas Mann, die in dem dafür zuständigen Reichsministerium des Innern geführt worden sind, ließen sich in keinem der erhaltenen Bestände dieses Ressorts ermitteln. Über diese Bestände vgl. *Übersicht* über die Bestände des Deutschen Zentralarchivs Potsdam, S. 58 f.; *Übersicht* über die Bestände des Geheimen Staatsarchivs in Berlin-Dahlem, Teil II. Zentralbehörden. Andere Institutionen, Sammlungen, Köln Berlin 1967, S. 24 ff. und S. 154 ff.; H. *Booms*–H. *Boberach*, Das Bundesarchiv und seine Bestände, Boppard ²1968, S. 50 f. Das Gleiche gilt von den Akten der Bayerischen Ministerial- und Polizeibehörden, soweit sie nicht im vorliegenden Buch verwertet werden konnten.

Der Entzug von Thomas Manns Bonner Ehrendoktorwürde – so zeigte sich schon bald beim Eindringen in die Materie – bildete einen Teil und zwar das Schlußstück eines viele Jahre umfassenden Ereigniszusammenhangs mit weit zurückreichender Vorgeschichte. Darum betrifft das diesem Kernstück der Untersuchung geltende umfangreichste Kapitel des Buches nicht bloß universitäts- und fakultätsgeschichtliche Interna, sondern behandelt das Präludium zu der schon 1933 in Gang gesetzten Ausbürgerung Thomas Manns, den um sie jahrelang hinter den Kulissen des Dritten Reichs geführten Kampf, den unmittelbaren Anlaß zu ihrem Vollzug und die in eigentümlicher Weise mit diesen Geschehnissen verknüpfte Annahme einer fremden Staatsangehörigkeit durch den Dichter. Ferner werden die publizistischen und politischen Konsequenzen beleuchtet, die die Reaktion Thomas Manns auf den gegen ihn aus Bonn geführten Schlag auslöste. Schließlich wird der Nachweis geführt, daß der Entzug der Bonner Ehrendoktorwürde wie schon die Aberkennung der deutschen Staatsangehörigkeit Thomas Manns keine Rechtswirksamkeit besessen hat.

Geringere Schwierigkeiten bereitete es, die Beziehungen zwischen Thomas Mann und der Rheinischen Friedrich-Wilhelms-Universität nach 1945, also im letzten Lebensjahrzehnt des Dichters, zu klären. Wenn auch hierfür die amtlichen Akten der Fakultät und des Rektorats durch andere Quellen wesentlich zu ergänzen blieben, so ließ sich der Zusammenhang der Ereignisse doch aufdecken, ohne einem komplizierten Geflecht von Verlaufslinien Aufmerksamkeit schenken und biographisch-individualpsychologische Überlegungen anstellen zu müssen.

Wieder anders verhält es sich mit den im ersten Kapitel behandelten Tatsachen. So viele Federn der Entzug von Thomas Manns Bonner Ehrendoktorwürde in Bewegung gesetzt hat – niemand hat sich bisher die Frage vorgelegt, unter welchen Umständen, auf wessen Anregung und Betreiben, für welche Leistung der Dichter mit ihr ausgezeichnet worden ist und was sie für ihn bedeutet haben mag. Die Akten der Fakultät schweigen hierüber vollständig. Sie bieten lediglich den Wortlaut des Diploms und in den Protokollen über die Fakultätssitzungen des Sommers 1919 die lakonische Angabe des Abstimmungsergebnisses, mit dem der Antrag auf Ehrenpromotion des Dichters angenommen worden ist, schließlich auch Thomas Manns – bereits längst im Druck zugängliches – Dankschreiben. Aber nicht einmal der Antrag, ihn mit der Ehrendoktorwürde auszuzeichnen, ist in den Akten überliefert. Hier also ließ sich nicht tun, was J. G. Droysen als eine Aufgabe des Historikers bezeichnet hat, nämlich ermitteln, wie aus Geschäften Geschichte wird. Es galt vielmehr umgekehrt, die Genesis eines bislang nur als pures Faktum vermerkten Vorgangs, der geschichtliche Qualität besitzt, aus seinem Lebenszusammenhang zu erschließen, um diese geschichtliche Qualität erkennen und verstehen zu können. In einem an paläontologische Rekonstruktionen erinnernden Verfahren war es möglich, Thomas Manns Ehrenpromotion als historisches Vorkommnis ans Licht treten zu lassen. Sie besitzt markanten Charakter für die innere Biographie des Ausgezeichneten – mehr, als bislang erkannt worden ist. In dem spezifischen Zusammenhang des sogenannten „Falles Thomas Mann" und der Geschichte der Fakultät, die die in ihrem Namen später zurückgenommene Ehrung beschlossen hat, ist der Akt nicht minder bedeutsam. Die Verleihung des Dr. phil. h. c. an den Dichter gerade in Bonn hatte eine Vorgeschichte, die über den Tag und die Stunde, die das meiste an diesem Ereignis erklären, hinausreicht. Sie setzt schon im Jahr 1906 ein und steht unter der Aegide eines Literarhistorikers, Berthold Litzmann (1857–1926), der auf eindrucksvollste Weise eine vorherrschende Spielart deutschen politischen Professorentums der wilhelminischen Zeit verkörperte. In seinem Schülerkreis sind die ersten wissenschaftlichen Würdigungen des noch jungen Thomas Mann entstanden. So erweist sich die Geschichte der Beziehungen zwischen dem Dichter und der Universität Bonn seit ihren Anfängen als Faktengewebe komplizierter Art. Dabei sind die politische Geschichte Deutschlands und seine Literatur- und Geistesentwicklung, allgemeine und besondere Universitätsgeschichte mit dem bewegten Leben eines Autors von seinerseits höchst komplexer Natur unlösbar miteinander verknüpft. Es blieb so trotz aller äußeren Diskontinuität, der Deutschland, die Bonner Hochschule und ihre Fakultäten, nicht zuletzt Thomas Mann und sein Verhältnis zum Land seiner Geburt und Art unterworfen waren, ein halbes Jahrhundert hindurch, bis der Tod am 12. August 1955 das Band zwischen dem Dichter und der Bonner Hochschule für diese Zeitlichkeit löste und der Geschichte überantwortete. Dies geschah übrigens in eben dem Augenblick, als Thomas Mann und die Universität es durch einen schon zugesagten Besuch des Dichters für das öffentliche Bewußtsein von neuem deutlich sichtbar werden lassen wollten.

Es ist als ein Stück List der Vernunft zu betrachten, daß die Bonner Universitätsakten über Thomas Mann, deren Publikation das ursprüngliche Ziel der Arbeit war, allzu dürftig sind. Ein Abdruck dieser Schriftstücke allein hätte mehr Fragen aufgeworfen als beantwortet. So mußte ein scheinbar zunächst weitab verlaufender Weg eingeschlagen werden, um den sogenannten „Fall Thomas Mann" zu klären. Damit aber eröffnete sich ein umfassenderer Einblick in vielschichtige, figurenreiche, problematische Teilbezirke der deutschen Geschichte unseres Jahrhunderts. Was begonnen wurde, um ein aufsehenerregendes, bedrückendes Einzelereignis von unzweifelhaft repräsentativer Symbolik aus der nationalsozialistischen Zeit Deutschlands mit Hilfe einer Handvoll Dokumente zu beleuchten, was dem einen oder anderen als Bericht über eine Jagd auf Sündenböcke vorkommen und fatal erscheinen mochte – ich bin von Wohlmeinenden mehrfach ernstlich vor dem Griff ins Wespennest gewarnt und beschworen worden, ein Vorhaben aufzugeben, das mir von verschiedenen Seiten nur heftige Feindschaft eintragen könne [19] – stellt sich am Ende dieses Weges als ein in drei Phasen gegliederter Ausschnitt aus der Zeitgeschichte und dem Leben des Dichters Thomas Mann dar. Der Doppelertrag ist keine historiographische Fiktion, auch nicht das Produkt einer zufälligen Konstellation. Zugrunde liegt ihm das von dem Verfasser der „Buddenbrooks" selbst

---

[19] Hier ist der Ort, an eine Äußerung Thomas Manns zu erinnern. Am 23. Dezember 1948 schrieb er an Agnes E. Meyer: „Das Schlimme ist, daß heute die Welt aus Wespennestern besteht und man das Hineintreten kaum vermeiden kann, wenigstens nicht, wenn es einem ein bißchen um Wahrheit und Gerechtigkeit zu tun ist"; Th. *Mann*, Briefe 1948–1955 und Nachlese, hrsg. v. E. *Mann*, [Frankfurt/M.] 1965, S. 65.

halb widerwillig, halb aus innerem Drang in seiner zweiten Lebenshälfte gewählte, schließlich ihm durch haßerfüllte Feindschaft in krasser Form aufgenötigte und auf mannigfache Weise von ihm erlittene Schicksal, nicht nur der Literatur anzugehören, sondern auch der Zeitgeschichte – zuweilen dieser sogar mit Vorrang. Ihr wie der Biographie Thomas Manns und der Interpretation seines Wesens und Werks hofft das zunächst vor allem universitätshistorisch geplante und diesen Charakter natürlich auch jetzt nicht verleugnende Buch dienlich sein zu können. Überblickt man die erzielten Resultate und vergegenwärtigt sich das Gemisch aus teils unvollständiger Kenntnis, teils phantasiebeschwingten Mutmaßungen, das bisher das Bild dieser Beziehungen und Vorgänge beherrscht hat, so illustriert der nunmehr aufgedeckte Verlauf der Ereignisse zwischen 1906 und 1955 die Wahrheit eines Goethewortes aus den „Maximen und Reflexionen". Es lautet: „Alles ist einfacher, als man denken kann, zugleich verschränkter, als zu begreifen ist" [20].

Die Forschungsarbeit ging so zügig voran und die neuen Aktenfunde waren derart ergiebig, daß die Hauptergebnisse schon nach Jahresfrist der Öffentlichkeit unterbreitet werden konnten. Es geschah in einem Vortrag „Thomas Mann und die Rheinische Friedrich-Wilhelms-Universität zu Bonn". Er fand am 1. Dezember 1965 im Rahmen der von der Universität am sogenannten Dies academicus angebotenen öffentlichen Lehrveranstaltungen unter großer Teilnahme von Professoren, Dozenten, Studierenden und Gästen aus der Stadt Bonn statt. Die regionale und überregionale Presse hat darüber, teilweise sehr eingehend, berichtet [21]. Kein einziger Punkt der damaligen Ausführungen erwies sich beim weiteren Fortgang der Arbeit als korrekturbedürftig. Doch konnte das entwickelte Bild durch zahlreiche weitere Einzelzüge bereichert und so manche Erkenntnis vertieft werden. Auch blieb noch eine wesentliche Tatsache einzufügen, da sich der Anteil, den eine von Hitler selbst getroffene Entscheidung am Gang der Ereignisse gehabt hat, nachträglich mit Sicherheit hat ermitteln lassen. Auf Wunsch einer Wochenzeitung, die der politischen Bildung dient, habe ich Anfang 1967 die Beziehungen, die „Thomas Mann und die Universität Bonn" verbanden, als „ein Stück deutscher Zeitgeschichte 1906–1955" auf knappstem Raum dargestellt [22].

---

[20] J. W. v. *Goethe*, Maximen und Reflexionen. Aus dem Nachlaß (Jubiläumsausgabe 39, S. 95; Hamburger Goetheausgabe 12, S. 437).

[21] General-Anzeiger für Bonn und Umgegend Nr. 23114 vom 2. Dezember 1965; Bonner Rundschau Nr. 280 vom 3. Dezember 1965; Frankfurter Allgemeine Zeitung Nr. 280 vom 2. Dezember 1965; Die Zeit Nr. 51 vom 17. Dezember 1965. Eklatante Unrichtigkeiten in dem letztgenannten Bericht, die schon bei der Überschrift einsetzen, veranlaßten ein – leider nicht akzeptiertes – telegraphisches Angebot an die betreffende Zeitung, ihr das Manuskript des Vortrags unter persönlichem Verzicht auf Honorar zum ungekürzten Abdruck zu überlassen; vgl. General-Anzeiger für Bonn ... Nr. 23128 vom 18./19. Dezember 1965; Bonner Rundschau Nr. 294 vom 17. Dezember 1965. Dazu meine Erklärung „Kein Streit mit der ‚Zeit' " (ebd. Nr. 298 vom 23. Dezember 1964). – Das Manuskript des Vortrags sowie eine Tonbandaufnahme der gleich zu erwähnenden Aussprache über ihn werden im Universitätsarchiv Bonn aufbewahrt.

[22] Das Parlament Nr. 5 vom 1. Februar 1967.

Es kostete dann erheblich mehr Zeit, als vorherzusehen und erwünscht war, bis die Resultate der Untersuchung in der vorliegenden Form zusammengefaßt und der Quellenteil nach den editorischen Erfordernissen fertiggestellt werden konnten. Verschiedentlich hat langwierige schwere Krankheit größere Pausen erzwungen, zuletzt noch für weit mehr als ein Jahr unmittelbar vor dem Abschluß des Manuskripts. Immer wieder bestätigte sich das Wort von Thomas Mann: „Man darf nie wissen, was man auf sich nimmt, sonst nähme man es nicht auf sich" [23]. Hierzu bestand besonderer Anlaß infolge unerquicklicher Vorgänge, die nicht völlig übergangen werden können. Sie haben den Abschluß der Arbeit beträchtlich verzögert, vor allem aber die Universität Bonn in zweideutiges Licht gerückt. Der öffentlich wahrnehmbare Teil der Affäre ist weithin vermerkt und als Anzeichen dafür betrachtet worden, bei den Erörterungen über die braune Vergangenheit sei „man an der Bonner Universität nervös geworden" und „suche eine öffentliche Diskussion, für die Hübinger eintritt, zu unterbinden" [24]. Dies bezog sich darauf, daß ein Ordinarius der Philosophischen Fakultät, der Romanist Prof. Dr. Harri Meier (geb. 1905) [25], erklärt hatte, die Offenlegung der Vorgänge bei Verleihung und Aberkennung der Ehrendoktorwürde von Thomas Mann schade der Hochschule; verschiedene auswärtige Gelehrte hätten die Universität ihm gegenüber deswegen als „Klippschule", „provinziell" und „Kasperletheater" bezeichnet [26]. „Die Angelegenheit hätte im Schoß der Fakultät begraben bleiben sollen" [27]. Gelegenheit zu diesen Äußerungen hatte ein Diskussionsabend am 6. Dezember 1965 geboten, zu dem ich, abweichend von dem bei solchen Veranstaltungen bislang stets geübten Brauch, vor Beginn meines Vortrags dessen Hörer eingeladen hatte. Herr Professor Meier hatte nicht zu dem Auditorium gehört. Er war dem Vortrag nach eigenem Eingeständnis absichtlich ferngeblieben. Obwohl er also die genaue Darlegung der Arbeitsergebnisse nicht zur Kenntnis genommen hatte, erschien er zu der Diskussion, um nicht bloß prinzipiell gegen das Forschungsvorhaben zu polemisieren, sondern auch mit Hilfe vorbereiteter Notizen und aufgrund von Berichten aus zweiter Hand den Vortrag insgesamt wie verschiedene Einzelheiten daraus anzugreifen. Er bezeichnete die Darstellung als „Montage" [28] und

---

[23] Der Satz ist eine Randnotiz Thomas Manns zu einem Text von Robert Faesi; Th. *Mann–R. Faesi*, Briefwechsel, [Zürich 1962], S. 29.

[24] D. *Delus*, Bonns Universität und ihre „Fälle" (Frankfurter Rundschau Nr. 286 vom 9. Dezember 1965).

[25] Zu seinen Lebens- und Laufbahndaten vgl. O. *Wenig*, Verzeichnis der Professoren und Dozenten der Rheinischen Friedrich-Wilhelms-Universität zu Bonn 1818–1968, Bonn 1968, S. 192.

[26] Vgl. die Berichte und Meldungen in: General-Anzeiger für Bonn ... Nr. 23118 vom 7. und Nr. 23119 vom 8. Dezember 1965; Bonner Rundschau Nr. 284 vom 7. Dezember 1965; der oben Anm. 21 erwähnte Bericht in: Die Zeit Nr. 51 vom 17. Dezember deckt sich in den einschlägigen Angaben mit den übrigen Presseberichten.

[27] G. v. *Lojewski*, Das zweigeteilte Bonn. Universität und Politik in der Bundeshauptstadt (Frankfurter Allgemeine Zeitung Nr. 26 vom 1. Februar 1966).

[28] Dazu vgl. die in Anm. 26 genannten Berichte der Bonner Presse sowie in Anm. 24 und 27 zitierten Artikel.

bestritt mit großer Entschiedenheit mehrere quellenmäßig belegte Feststellungen. Auf Befragen mußte er zugeben, weder die Bonner Fakultätsakten noch andere Unterlagen eingesehen zu haben. Die Einwände erwiesen sich teils als Produkt seiner doppelten Unkenntnis, teils waren sie auch rein spekulativer Natur und standen schon deshalb mit der aktenkundigen Wirklichkeit in klarem Widerspruch. Weitere gravierende Einzelheiten des Vorgangs können hier unberücksichtigt bleiben. Er dürfte mit dem Mantel des Schweigens ganz bedeckt bleiben, wenn die Angriffe dieses Kritikers nicht doch Eindruck auf die Öffentlichkeit gemacht hätten, sodaß irrige Rückschlüsse auf das Verhältnis der Bonner Universität zu den düsteren Seiten ihrer Vergangenheit gezogen worden sind [29]. Vollkommen abwegig war, was noch nach fast Jahresfrist der Autor eines Artikels über „Aktion und Reaktion an der Bonner Universität" äußerte. Er erwähnte – als Tatsachenfeststellung nach dem geschilderten Verlauf des Ausspracheabends gewiß formell unanfechtbar –, ich hätte „in umstrittener Weise" über Thomas Mann und die Universität Bonn referiert, griff dann jedoch auf ein bei der Diskussion am 6. Dezember 1965 durch den Opponenten verwandtes Stichwort zurück und behauptete, mein Vortrag habe einen „dunklen Fleck auf der Bonner Hochschulgeschichte wegwischen wollen" [30]. Gerade dies war und ist nicht der Fall. Diese späte Nachfrucht der häßlichen Begebenheit hätte sich vermutlich vermeiden lassen. Doch haben Rektor und Senat, die Philosophische Fakultät und ihr damals amtierender Dekan die für die Universität entstandene peinliche Lage weder in angemessener Form noch in angemessener Zeit bewältigen können. Sie mußten sich in der Öffentlichkeit die vorwurfsvolle Frage gefallen lassen, ob ihr Schweigen zu dem Zwischenfall „nicht eine andere Erscheinungsform des gleichen Versagens" sei, „das 1933 dazu geführt hat, daß das Prinzip der Wahrheit dem Prinzip der Nütz-

---

[29] Vgl. den in Anm. 24 zitierten Artikel, sowie die Feststellung, die Hochschule werde „durch immer neue Affären und Intrigen in Unruhe gehalten", an die *Lojewski* (Anm. 27) unter direkter Verbindung mit „dem Romanisten Meier" die Frage knüpft, ob derlei der Universität „auf die Dauer zuträglich sein kann". Daß der in offenkundigem Widerspruch zu wissenschaftlichen Grundvoraussetzungen stehende Auftritt dieses Gelehrten in der öffentlichen Meinung teilweise als ernst zu nehmender Diskussionsbeitrag behandelt werden konnte, mag damit zusammenhängen, daß sein Urheber ein Jahr vorher eine weithin beachtete Erklärung mit dem Satz geschlossen hatte, die Universität habe auf Kritik zu reagieren „als das, was sie sein muß: als eine Korporation, deren Mitglieder zu strengster Wissenschaftlichkeit verpflichtet sind" (General-Anzeiger für Bonn . . . Nr. 22785 vom 31. Oktober/1. November 1964; Die Zeit Nr. 45 vom 6. November 1964). Diese Erklärung hatte ihm in Rundfunk und einer Zeitschrift die Charakterisierung als „kluger und selbständiger Kopf dieser Universität" eingetragen; vgl. R. *Gruenter*, Aufgaben einer Wissenschaft vom Deutschen. Gedanken aus Anlaß einer Bonner Rektorwahl (Hessischer Rundfunk, 29. November 1964; Der Monat Nr. 196 [Januar 1965], S. 20).
[30] H. *Bergner*, Gefährdete Studenten dürfen auf die Couch (Die Zeit Nr. 46 vom 11. November 1966). Der oben im Text verwandte Untertitel entspricht dem Inhalt dieses Aufsatzes mehr als die Überschrift. Die mit den Tatsachen in Widerspruch stehende Angabe über den Vortrag ist übrigens verbunden mit einer Erwähnung von dessen Autor, dem bescheinigt wird, er sei in Bezug auf sein Verhalten gegenüber dem Nationalsozialismus „selbst von untadeligem Ruf".

13

lichkeit geopfert wurde"[31]. Nach mühseligen Auseinandersetzungen hat der akademische Senat schließlich am 28. Juli 1966 eine Resolution verabschiedet, die den Kernpunkt des Vorfalls nicht berührt; sie bedeutete nicht mehr, allerdings auch nicht weniger als eine Wiederholung des Beschlusses, durch den seinerzeit die Universitätsakten für die geplante Dokumentation freigegeben worden waren. Unter weiteren beträchtlichen Schwierigkeiten beschloß endlich die Philosophische Fakultät am 25. Januar 1967 eine Erklärung von etwas weiter gefaßtem Sinngehalt. Beide Resolutionen trugen rein internen Charakter – die erste gemäß der von vornherein mit ihr verbundenen Absicht, die zweite aus gewichtigen, nachträglich auftretenden Ursachen, die eine Fortdauer des bislang beobachteten Schweigens der Universitätsinstanzen für besser vereinbar mit dem Wohl der Hochschule halten ließen. Ich habe zeitweise erwogen, mich von der mit so viel Ungemach belasteten Aufgabe zurückzuziehen und die Arbeit einzustellen, um derentwillen ich in Angriff genommene Untersuchungen aus meinem speziellen Interessenbereich zurückgestellt hatte. Schließlich habe ich mich anders entschieden, weil die Forschung über Thomas Mann und sein Verhältnis zur Universität Bonn ja nicht im Auftrag der Universität unternommen wurde und die Öffentlichkeit einen Anspruch darauf besitzt, das ihr angekündigte Vorhaben verwirklicht zu sehen. Auch konnte gerade die geschilderte Attacke auf das Unternehmen mich nur darin bestärken, an der Aufhellung einer in verschiedener Hinsicht dunklen Zeit deutscher Hochschulgeschichte mitzuwirken. Aus Gründen, die von anderer Seite einmal angedeutet worden sind[32], vermochte ich mich einem solchen Unternehmen ohne Verdrängungszwang und mit größerer Unbefangenheit zu widmen, als es Schicksal oder Schuld manchen Angehörigen meiner Generation gestatten. Diesem Maß an Freiheit entspricht das Bewußtsein einer Pflicht.

*

Es wäre bedeutend schwerer gewesen, der so empfundenen Aufgabe nachzukommen, wenn die ungünstige Quellenlage im historisch-politischen Bereich nicht durch weitaus glücklichere Voraussetzungen bei den Ausgaben von Werken und Briefen Thomas Manns sowie den Hilfsmitteln ausgeglichen würde, die die Erforschung seines Lebens, Schaffens und der davon ausgegangenen Wirkung erleichtern[33]. Der Historiker hat allen Grund, für diese Geschenke der internationalen

---

[31] „Opas Universität" (Civis 1966, Heft 2, S. 14).

[32] H. *Lützeler*, An der Bonner Universität 1921–1968 (in: Ein Gruß von Heinrich Lützeler. Als Manuskript gedruckt, Bonn (Anton Brand) [1969]), S. 56.

[33] Kritische Überblicke über Stand und Leistungen der neueren Thomas-Mann-Forschung bieten L. *Leibrich*, Thomas Mann 1965 (Etudes germaniques 21, 1966, S. 254 ff.); H. *Waldmüller*, Über die heutige Thomas-Mann-Forschung (Börsenblatt für den deutschen Buchhandel 23, Nr. 102 vom 23. Dezember 1967, S. 3086 ff.; Wiederabdruck: Lübeckische Hefte 128. Jahrg., 1968, S. 319 ff., 345 ff., 359 ff., 382 ff.); H. *Lehnert*, Thomas-Mann-Forschung. Ein Bericht (Deutsche Vierteljahrsschrift f. Literaturwissenschaft u. Geistesgeschichte 40, 1966, S. 257 ff.; 41, 1967, S. 599 ff.; 42, 1968, S. 126 ff.), hier benutzt und zitiert als überarbeiteter Sonderdruck der drei Teile, Stuttgart 1969. Vgl. auch K. *Hamburger*, Thomas Mann (Handbuch der deutschen Gegenwartsliteratur 2, hrsg. v. H. *Kunisch*, München [²1970], S. 54 ff.).

Thomas-Mann-Philologie dankbar zu sein, mögen sie auch nicht alle eine in jeder Hinsicht absolut verläßliche Basis für seine Arbeit abgeben [34]. Der in den „Gesamt"ausgaben der Werke Thomas Manns herrschende Wirrwarr ist schon von germanistischer Seite bemängelt worden [35]; die Kritik an den von Erika Mann besorgten drei Briefbänden hatte andere Schwächen zu beleuchten. Gleichwohl ist das vorliegende Buch diesen Ausgaben und einer Reihe weiterer Briefpublikationen aus der „wenigstens 15 000" Stücke umfassenden Fülle erhaltener Schreiben Thomas Manns[35a] auf Schritt und Tritt natürlich tief verpflichtet. Soweit es sich um die Werke des Dichters handelt, stützt die Untersuchung sich auf die 1960 in Frankfurt/M. erschienene zwölfbändige Ausgabe, für das „Essayistische Werk" außerdem auf dessen leicht erweiterte Taschenbuchausgabe in acht Bänden, die Hans Bürgin besorgt und mit einem für die Forschung unschätzbaren Register ausgestattet hat. Wo es erforderlich war, andere Ausgaben heranzuziehen, ist das jeweils geschehen und vermerkt. Von größtem Nutzen waren die durch Bürgin und H. O. Mayer geschaffene Chronik von Thomas Manns Leben, die gleichfalls Bürgin zu verdankende Bibliographie der Werke des Dichters samt Fortsetzung und Nachtrag von E. Neumann sowie das Verzeichnis von Thomas-Mann-Manuskripten in europäischen und amerikanischen Sammlungen von Kl. W. Jonas. Als die Untersuchung abgeschlossen war, erschienen die Bibliographie gedruckter Briefe Thomas Manns von G. Wenzel, die von H. Matter geschaffene Bibliographie „Die Literatur über Thomas Mann" und das inhaltreiche Werk, in dem K. Schröter Dokumente über „Thomas Mann im Urteil seiner Zeit" gesammelt und eingehend kommentiert hat. Sie boten noch einige willkommene Ergänzungen.

Das Ansehen Thomas Manns in der Welt ist kurz vor seinem Tode als vergleichbar nur mit demjenigen von Victor Hugo in Frankreich während des 19. und von Samuel Johnson in England während des 18. Jahrhunderts bezeichnet worden [36]. Entsprechend umfangreich, ja vollkommen unübersehbar für den Einzelnen ist die Fülle wissenschaftlicher und publizistischer Veröffentlichungen über den Dichter. Schon im Sommer 1967 umfaßte die von H. Matter zusammengebrachte Kartei „die unglaubliche Zahl von 20 000 Titeln" [37]. Einen Wegweiser durch diese Masse bot bis zum Erscheinen des Werkes von Matter die von Klaus W. Jonas bearbeitete Bibliographie der auf Thomas Mann bezüglichen literaturwissenschaftlichen und kritischen Studien, deren erster Band dem Dichter noch selbst vorgelegen und aus seiner Feder ein Geleitwort erhalten hat. Bereits vor

---

[34] Für alle bibliographischen Einzelheiten zu den folgenden Ausführungen wird auf das Verzeichnis der mehrfach zitierten gedruckten Quellen und Literatur S. 644 ff. verwiesen.

[35] *Lehnert*, S. 17 f.

[35a] P. *de Mendelssohn*, Unterwegs zu Thomas Mann (in: Von deutscher Repräsentanz, München [1972]), S. 81.

[36] K. W. *Jonas*, Fifty Years of Thomas Mann Studies, University of Minnesota Press 1955, S. V. – Das gleich zu erwähnende Vorwort von Thomas *Mann*, „Ein Wort hierzu", das erstmals schon im Entstehungsjahr 1953 veröffentlicht worden ist, jetzt: X, S. 814 ff.; MK 120, S. 237 ff.

[37] *Waldmüller*, S. 321.

dem Erscheinen ihres zweiten Bandes durfte ich das dafür gesammelte Zettelmaterial dank der Hilfsbereitschaft, die Herr Dr. H. O. Mayer (Düsseldorf) meinem Vorhaben auch sonst in großzügiger Weise mehrfach erwiesen hat, zu Rate ziehen. Die von Jonas publizierte ergänzende Zusammenstellung der Hochschulschriften des In- und Auslandes über Thomas Mann bezeugt über den praktischen Nutzen hinaus, den sie gewährt, wie weitgespannt – geographisch und sachlich – jetzt das vor mehr als 60 Jahren in Bonn inaugurierte Interesse an diesem Dichter in Universitätsseminaren und bei jungen Vertretern der Literaturwissenschaft ist. Am einstigen Quellpunkt der Thomas-Mann-Forschung wird zu deren breitem Strom schon seit vielen Jahrzehnten relativ wenig beigesteuert [38]. Vielleicht nimmt die noch im Ausbau begriffene Universität Düsseldorf die vordem

---

[38] Für die Zeit zwischen den beiden Weltkriegen vgl. unten S. 96, Anm. 242. Aus den Jahren nach 1945 sind folgende Arbeiten von Bonner Germanisten und Doktoranden der Germanistik zu nennen: H. E. *Haß*, Thomas Mann (Bonner Universitäts-Zeitung Nr. 15 vom 18. Februar 1947, S. 6 ff.); H. *Kotthaus*, Das Fremdwort bei Thomas Mann, Diss. 1948; W. *Hartung*, Thomas Mann und das Bürgertum, Diss. 1949; R. *Steffens*, Die Redeweise als Charakterisierungskunst bei Thomas Mann, Diss. 1950; K. *Diedenhofen*, Theodor Fontane und Thomas Mann, Diss. 1951; W. *Grenzmann*, Das späte Werk Thomas Manns (in: Dichtung und Glaube, 1952, S. 33 ff.); J. *Kreft*, Hamlet – Don Juan – Faustus. Interpretation dreier moderner Romane, Diss. 1955; G. *Lange*, Der Goethe-Roman Thomas Manns im Vergleich zu den Quellen, Diss. 1955; W. *Schleifenbaum*, Thomas Manns „Buddenbrooks", Diss. 1955; R. *Schoerken*, Morphologie der Personen in Thomas Manns Roman „Josef und seine Brüder", Diss. 1955; B. v. *Wiese*, Thomas Mann, Der Tod in Venedig (in: Die deutsche Novelle von Goethe bis Kafka. Interpretationen, Düsseldorf 1956); K. *Stackmann*, Der Erwählte, Thomas Manns Mittelalter-Parodie (Euphorion 53, 1959, S. 61 ff.); H. *Koopmann*, Die Entwicklung des „intellektualen Romans" bei Thomas Mann, Diss. 1960; 2. erw. Auflage, Bonn 1971; W. *Grueters*, Der Einfluß der norwegischen Literatur auf Thomas Manns „Buddenbrooks", Diss. 1961; H. *Koopmann*, Die Kategorie des Hermetischen in Thomas Manns Roman „Der Zauberberg" (Zeitschrift f. deutsche Philologie 80, 1961, S. 404 ff.); E. *Lämmert*, Thomas Mann, Buddenbrooks (in: Der deutsche Roman. Struktur und Geschichte II, Düsseldorf 1963, S. 190 ff.); P. *Pütz*, Kunst und Künstlerexistenz bei Nietzsche und Thomas Mann, Diss. Bonn 1963; P. *Pütz*, Die teuflische Kunst des „Doktor Faustus" bei Thomas Mann (Zeitschrift f. deutsche Philologie 82, 1963, S. 500 ff.); H. *Singer*, Helena und der Senator. Versuch einer mythologischen Deutung von Thomas Manns „Buddenbrooks" (Stuttgarter Zeitung vom 13. April 1963); H. *Koopmann*, Thomas Mann (in: Deutsche Dichter der Moderne, hrsg. von Benno v. *Wiese*, Berlin 1965, S. 68 ff.); E. *Koppen*, „quest idioma celeste..." – Thomas Manns Rezeption der italienischen Sprache (Arcadia 1, 1966, S. 192 ff.); H. *Koopmann*, Thomas Mann. Theorie und Praxis der epischen Ironie (in: Deutsche Romantheorien, hrsg. von Reinhold *Grimm*, Frankfurt 1968, 274 ff.); K. J. *Rothenberg*, Das Problem des Realismus bei Thomas Mann, Diss. 1967, Köln 1969; T. Z. *Kim*, Funktionen der Natur im Frühwerk Thomas Manns, Diss. 1969; H. J. *Maitre*, Thomas Mann, Aspekte der Kulturkritik in seiner Essayistik, Bonn 1970; W. R. *Berger*, Die mythologischen Motive in Thomas Manns Roman „Josef und seine Brüder", Diss. 1968, Köln–Wien 1971; H. *Koopmann*, Thomas Mann und Schopenhauer (in: Thomas Mann und die Tradition. Hrsg. v. P. *Pütz*, Frankfurt 1971, S. 180 ff.); W. R. *Berger*, Thomas Mann und die antike Literatur (in.: Thomas Mann und die Tradition. Hrsg. v. P. *Pütz*, Frankfurt 1971, S. 52 ff.); P. *Pütz*, Nietzsche und Thomas Mann (in: Thomas Mann und die Tradition. Hrsg. v. P. *Pütz*, Frankfurt 1971, S. 225 ff.); E. *Koppen*, Vom Décadent zum Proto-Hitler. Wagner-Bilder Thomas Manns (in: Thomas Mann und die Tradition. Hrsg. v. P. *Pütz*, Frankfurt 1971, S. 201 ff.); *ders.*, Dekadenter Wagnerismus. Studien zur europäischen Literatur des Fin de siècle. (Habil. Schrift), Berlin 1973.

16

an der preußischen „Rheinuniversität" begründete Forschungsrichtung auf, nachdem ihr durch die Stiftung der bedeutenden Thomas-Mann-Sammlung von
H. O. Mayer Impuls und Arbeitsbasis dafür geschenkt worden sind [39].

Wärmster Dank für gastfreundliche Aufnahme, immer wieder mit Rat und Tat
gewährte Hilfe, vor allem die Beschaffung sonst schwer oder gar nicht erreichbarer
Informationen, wird dem Thomas-Mann-Archiv in Zürich und seinem Leiter,
Prof. Dr. Wysling, geschuldet. Es liegt in der Natur eines im Schnittpunkt ganz
verschiedener Wirklichkeitsbereiche angesiedelten Themas, daß eine sehr große
Zahl anderer Institutionen und Personen um Unterstützung bei der Arbeit ange-
gangen werden mußte. Ihnen allen an dieser Stelle zu danken, ist mir mehr als
eine von Redlichkeit und Konvention geforderte Übung. Die notgedrungen sum-
marische Aufzählung der vielen Adressaten, an die mein Dank sich richtet, möge
verständnisvolle Nachsicht finden. Arbeitsmöglichkeiten – teilweise über das amtliche Maß hinaus – gewährten, Akten zur Einsichtnahme verschickten, Ablichtungen lieferten, Auskunft und Ratschläge vielfältiger Art erteilten: das Kultusministerium des Landes Nordrhein-Westfalen (Ministerialrat Dr. Vogtmann; Regie-
rungsdirektor Dr. Classen †), das Bundesarchiv Koblenz (Archivdirektor Dr. Boberach), das Bayerische Hauptstaatsarchiv Abt. I. (Oberregierungsarchivrat
Dr. Busley), das Geheime Staatsarchiv München (Direktor Dr. Schottenloher),
das Geheime Staatsarchiv Berlin (Direktor Dr. Zimmermann), das Badische Ge-
nerallandesarchiv (Direktor Dr. Zinsmaier), das Hauptstaatsarchiv Düsseldorf
(Direktor Prof. Dr. Oediger), das Politische Archiv des Auswärtigen Amtes (Vortr.
Legationsrat Dr. Weinandy), das Document Center Berlin (Miss Lucille M. Pat-
terson), die Oberstaatsanwaltschaft bei dem Landgericht Bielefeld, das Archiv der
Akademie der Künste Berlin (Dr. W. Huder), das Universitätsarchiv Heidelberg
(Dr. Weisert), die Bibliothek der Hansestadt Lübeck (Dr. Wegener), Stadtarchiv
und Stadtbibliothek München, Stadtarchiv und Wissenschaftliche Stadtbibliothek
Bonn (Direktor Dr. Höroldt), die Bibliothèque de documentation internationale
contemporaine in Paris (Mlle. Adler), das Deutsche Historische Institut in Paris
(Dr. Hammer), die Deutsche Bibliothek, Frankfurt/M. (Direktor Prof. Dr. Köster),
das Deutsche Literaturarchiv, Marbach a. N. (Direktor Dr. Zeller), die Thomas-
Mann-Collection der Universitätsbibliothek von Yale in New Haven, Conn., die
Udgiverselskab for Danmarks Nyeste Historie (Dr. Georg Rona), Kopenhagen,
und das Dekanat der Juristischen Fakultät der Universität Köln, nicht zuletzt aber

---

[39] Vgl. G. *Vielhaber*, Eine Thomas-Mann-Sammlung (Frankfurter Allgemeine Zeitung
Nr. 6 vom 8. Januar 1969) mit der ergänzenden Meldung ebd. Nr. 9 vom 11. Januar 1969
sowie einer von Dr. H. O. Mayer am 14. Januar 1969 verschickten Mitteilung über „Die Zu-
kunft meiner Thomas-Mann-Sammlung". – Die von mir am 9. April 1968 dem Rektor der
Universität Bonn unterbreitete, ausführlich begründete Anregung, die bevorstehende 150-
Jahrfeier der Universität zum Anlaß zu nehmen, an der Hochschule eine Thomas-Mann-
Forschungsstelle zu errichten und damit den öffentlich geäußerten dringenden Wunsch nach
einer derartigen Einrichtung in der Bundesrepublik zu erfüllen, ist bedauerlicherweise ohne
Resonanz geblieben.

das Institut für Zeitgeschichte in München, dessen vornehmlich durch Herrn Dr. Hoch so kundig wie findig geleistete unermüdliche Hilfe hier besonders zu rühmen keine Minderung des allen anderen Genannten und ihren Mitarbeitern schuldigen Dankes bedeuten soll. Herrn Major Naumann (Bonn) und Frau Ursula Richter (Bonn) ist herzlich dafür zu danken, daß sie mir wichtige Briefschaften aus dem Nachlaß von Professor Hans Naumann (1886–1951) und Professor Werner Richter (1887–1960) überlassen haben, desgleichen Herrn Professor Schiedermair (Frankfurt) für die Mitteilung von Briefen Berthold Litzmanns an seinen Vater, den Bonner Musikwissenschaftler Professor Ludwig Schiedermair (1876–1957).

Generellen Quellenwert bei der Erforschung der Zeitgeschichte besitzen Pressearchive. Er ist für meine Arbeit umso größer gewesen, als Thomas Mann seit seinen Anfängen bei Blättern aller Richtungen größte Aufmerksamkeit gefunden hat. Allein während seines letzten Lebensjahrzehnts haben sich in der deutschen Presse ungefähr fünftausend Zeitungsartikel mit ihm befaßt [40]. Nationalsozialistische Wut, der u. a. das Archiv der „Frankfurter Zeitung" zum Opfer gefallen ist, und die Zerstörungen des Zweiten Weltkrieges richteten unter den älteren deutschen Pressearchiven irreparablen Schaden an. Doch sind beträchtliche Teile des Archivs der früheren „Kölnischen Zeitung" beim Verlag des „Kölnischen Stadtanzeigers" und der ehemaligen „Münchner Neuesten Nachrichten" im Hause der „Süddeutschen Zeitung" erhalten und konnten dank des liebenswürdigen Entgegenkommens der Archivleiter Kurt Weinhold und Herbert Heß von mir mit großem Gewinn durchgesehen werden. Material aus der jüngsten Vergangenheit war ferner dem Pressearchiv beim Bundes-Presse- und Informationsamt in Bonn zu entnehmen, zu dem Archivdirektor Dr. Seeberg-Elverfeld mir Zugang gewährte. Wichtige Informationen aus weit zurückliegender Zeit lieferte die im Thomas-Mann-Archiv Zürich aufbewahrte Sammlung von Presseausschnitten über Thomas Mann, die Ida Herz zu verdanken ist. Mehrfach haben das Institut für Zeitungsforschung in Dortmund und der Gesamtkatalog der deutschen Presse bei der Staats (Universitäts) bibliothek in Bremen wirksame Hilfe gewährt. Eine Rundfrage über den Entzug akademischer Grade in nationalsozialistischer Zeit, die ich an sämtliche Fakultäten damals bestehender wissenschaftlicher Hochschulen in der heutigen Bundesrepublik richtete, ist auf das freundlichste beantwortet worden und hat zu wichtigen Erkenntnissen geführt. Bei der Universität Bonn haben die Forschungen ständig unterstützt Herr Oberamtmann i. R. Helmut Linke vom Rektorat, Frau Ria Schröder beim Dekanat der Philosophischen Fakultät und mein Mitarbeiter Dr. Paul Schmidt im Universitätsarchiv. Wichtige Informationen und Hinweise sowohl sachlicher Art wie in bezug auf den Bereich des Atmosphärischen verdanke ich Herrn Rechtsanwalt Dr. Valentin Heins, München († 1971), „der in den ersten Jahren des Naziregimes Thomas Manns innerdeutsche Interessen zu wahren suchte" [41]. Eine

---

[40] *Jonas*, S. VII.

[41] Das Zitat entstammt dem Kommentar zu dem von Erika Mann herausgegebenen Band Th. *Mann*, Briefe 1937–1947, [Frankfurt/M.] 1963, S. 706, Anm. 2 zum Schreiben vom 15. Dezember 1945 an Viktor Mann (ebd. S. 466 f.). Diesem gegenüber hat Thomas Mann sich

Reihe von überlebenden Mitgliedern der Philosophischen Fakultät aus den zwanziger und dreißiger Jahren, aber auch Angehörige anderer Fakultäten der Universität Bonn gaben wertvolle Auskunft, ebenso verschiedene ehemalige Mitarbeiter der an den Vorgängen, die zur Aberkennung der deutschen Staatsangehörigkeit von Thomas Mann führten, beteiligten Reichsministerien. Sie und andere Personen, denen ich für ihre Hilfe bei der Klärung einzelner Punkte verpflichtet bin, werden jeweils an den betreffenden Stellen des Buches erwähnt. Alle Befragten haben sich, wie hier gern bezeugt wird, bereitwillig geäußert, mit einer einzigen Ausnahme, die umso mehr zu bedauern ist, als von dem betreffenden Gewährsmann – im Augenblick der Aberkennung der Ehrendoktorwürde Assistent des Dekans Prof. Obenauer – besonders wichtige Mitteilungen erhofft werden durften. Herr Prof. Obenauer selbst willigte nach anfänglichem Widerstreben in eine sehr eingehende Besprechung und ermöglichte die zunächst verweigerte Einsichtnahme in die Akten des gegen ihn bei dem Spruchgericht Bielefeld und der Berufungsinstanz Hamm/W. geführten Verfahrens. Entsprechende Gelegenheit zu ausführlicher Befragung gab der ehemalige Rektor der Universität Bonn, auf den im Schreiben des Dekans an Thomas Mann Bezug genommen ist, Herr Prof. Dr. Karl Schmidt.

Frau Katia Mann, Frau Erika Mann (†) und Herr Prof. Golo Mann haben die Arbeit stets mit freundlichstem Interesse, ermunterndem Wohlwollen und gern erteilten Auskünften begleitet. Die Erlaubnis, die Frau Katia Mann zum Abdruck zahlreicher unveröffentlichter oder bisher nur in anderer Form bekannter Texte aus der Feder Thomas Manns erteilte, verpflichtet Autor und Leser des vorliegenden Buches zu besonders herzlichem Dank. Er gilt, soweit es sich um bereits veröffentlichte Äußerungen des Dichters handelt, auch dem S. Fischer Verlag. Frau Ida Herz (London) und Herr Prof. Dr. Arnheim (New York) gestatteten den Abdruck von Stellen aus ungedruckten Briefen Thomas Manns, die an sie gerichtet und mir teilweise durch die Freundlichkeit der Empfänger bekannt geworden sind. Meine Mitarbeiter im Historischen Seminar der Rheinischen Friedrich-Wilhelms-Universität, die Herren Akadem. Oberrat Dr. Ditsche, Assistent Dr. Roberg und Assistent Dr. Miczka, haben mich während der Forschung und besonders bei der Editionsarbeit über ihre dienstliche Pflicht hinaus unterstützt. Mein Schüler Helmut Jahn hat nicht nur die mühevolle Nachprüfung aller Zitate geleistet, sondern sich um die Endredaktion durch zahlreiche weitere Kollationen, Rückfragen sowie die Beschaffung von Literatur und Ablichtungen erhebliche Verdienste erworben, vor allem auch durch Hinweise auf Einzelheiten in den von ihm benutzten Akten über den Entzug der deutschen Staatsangehörigkeit in nationalsozialistischer Zeit, die als Grundlage für seine von mir angeregte Dissertation über diesen Gegenstand

---

auch später, am 14. August 1948 (*Briefe* III, S. 44 f.), äußerst scharf über Heins geäußert, ebenso Erika Mann in der Einleitung zum ersten Band der Briefausgabe: Th. *Mann, Briefe* 1889–1936, [Frankfurt/M] 1962, S. VI ff. – Gegen die dort erhobenen Beschuldigungen wandte sich Heins in einer Presseerklärung (Süddeutsche Zeitung Nr. 59 vom 9. März 1962; Kölner Stadtanzeiger Nr. 57 vom 8. März 1962).

dienen. Herr Jahn und Fräulein cand. phil. Gabriele Soddemann unterstützten mich durch Mitlesen der Korrekturen, Fräulein Soddemann überdies durch Anfertigung des Registers.

Die zuletzt erwähnten Hilfen sind besonders denjenigen Teilen des Buchs zugute gekommen, den Anmerkungen, die ihm für den Geschmack mancher ein bedenkliches Äußere verleihen und vermutlich die gleiche mokante Klassifizierung als „Fleißarbeit" einbringen werden, mit der schon die Wiedergabe der Hauptergebnisse in Vortragsform bedacht worden ist. Wer wissenschaftliche Resultate, die bekanntlich nun einmal gemeinhin wirklich nicht ohne Fleiß zu gewinnen sind, vorweist, hat sie genau zu belegen, häufig auch näher zu erläutern; der Fluß der Darstellung soll dadurch aber nicht gehemmt werden. Diesem ebenso notwendigen wie leserfreundlichen Zweck dienen Anmerkungen in erster Linie. Wenn der Forscher ferner bedenkt, daß er seine Arbeit niemals abschließend, auch nicht bloß für sich oder die unmittelbar an den Ergebnissen Interessierten leistet, sondern für alle diejenigen, die nach ihm kommen und in dem gleichen Bereich fündig zu werden hoffen, so wird er mit dem von ihm geförderten Material nicht geizen wollen. „Multi pertransibunt et augebitur scientia". Dieses leicht veränderte Wort aus dem Propheten Daniel, mit dem Goethe die Farbenlehre endete, könnte füglich den Schluß der Einleitung bilden, hätte nicht Thomas Mann selbst sich mit Nachdruck zu einer hier einschlägigen Ansicht bekannt, die die Überzeugung des Forschers erfreulich bestätigt. Das Urteil des Dichters verdient darum an dieser Stelle festgehalten zu werden. In der Selbstanzeige der Novelle „Unordnung und frühes Leid" sagt der Autor, „daß nur das Genaue und Gründliche wahrhaft unterhaltend sei" [42]. Der Verfasser eines Buches, das drei Kapitel deutscher Zeitgeschichte aus dem Leben des Dichters Thomas Mann behandelt und das nicht unternommen wurde, um zu unterhalten, sondern um zu klären und zu belehren, kann in dem Augenblick, da er damit vor die Öffentlichkeit tritt, gewiß nichts besseres tun, als von seinem Schreibwerk und dessen wissenschaftlichen Zielen das Gleiche wenigstens zu hoffen. Thomas Mann hat seine Äußerung in einen Satz eingebettet, mit dem der Leser aus der Vorhalle, wo dem Autor ein persönliches Wort gestattet ist, in den Bereich der reinen Sachdarstellung entlassen werden kann: „Man versuche zu lesen und urteile dann, ob es dem Verfasser gelungen ist, seine dreist zeitwidrige Theorie ... praktisch zum Siege zu führen".

* * *

Ich widme das Buch drei Freunden, einem Literaturwissenschaftler und zwei Historikern, mit denen mich mehr verbindet als gemeinsame Schülerschaft im Seminar unserer Bonner akademischen Lehrer. Neben ihren Namen stehen diejenigen von zwei längst verstorbenen Studiengefährten, deren Gedächtnis zu ehren

---

[42] Th. *Mann*, Unordnung und frühes Leid (1926) (XI, S. 622; MK 120, S. 112). Im „Vorsatz" zum „Zauberberg" (III, S. 10) heißt es etwas anders gefaßt: „Ohne Furcht vor dem Odium der Peinlichkeit neigen wir vielmehr der Ansicht zu, daß nur das Gründliche wahrhaft unterhaltend sei".

20

mir am Herzen liegt. Wir alle – und manche andere, die hier gleichfalls genannt werden könnten – zählten zu den jungen akademischen Bürgern, die zwischen 1929 und 1936/37 an der Rheinischen Friedrich-Wilhelms-Universität unter immer schwieriger werdenden Verhältnissen erste Schritte in den Bezirk der Wissenschaft taten und dabei ihre Lebensfreundschaft begründeten. Wer sich „in jenen Jahren" so miteinander verband, wußte sich mit seinen Meistern und Thomas Mann eines Sinnes im Glauben an damals öffentlich geschmähte Werte, in der Hoffnung auf Wiederkehr ihrer Geltung im deutschen Volk, bei seiner Regierung und an den deutschen Universitäten, schließlich auch in dem festen Willen, sie zu keiner Zeit preiszugeben.

Bonn, 16. Oktober 1972   PAUL EGON HÜBINGER

Unerwartete technische Schwierigkeiten, die sich bei der Drucklegung des Buches zeigten, haben sein Erscheinen weit über den vorgesehenen Zeitpunkt hinaus leider verzögert. Quellen und Darstellungen, die nach dem oben genannten Datum erschienen sind, konnten nur ausnahmsweise noch mitberücksichtigt werden. Den im Frühjahr 1973 veröffentlichten Briefwechsel zwischen Thomas Mann und Gottfried Bermann Fischer durfte ich schon in den Korrekturfahnen benutzen. Für dieses Entgegenkommen ist dem Herausgeber und wiederum Herrn Dr. H. O. Mayer herzlich zu danken. Herr cand. phil. Werner Schwartz machte sich um die letzten Korrekturen gemeinsam mit den schon erwähnten Helfern verdient.

21. März 1974   P.E.H.

I. KAPITEL: 1905—1932

„... diese Geschichte ist sehr lange her, sie ist
sozusagen schon ganz mit historischem Edelrost
überzogen..."

Thomas Mann, Der Zauberberg,
Vorsatz (III, S. 9).

Die mit Thomas Manns Ehrenpromotion einsetzenden offiziellen Beziehungen
zwischen dem damals in München lebenden Dichter und der rheinischen Hochschule hatten ein längeres Vorspiel im Bereich der Wissenschaft. Hiervon muß
aus Gründen, die bald erkennbar sein werden, ausführlicher gesprochen werden.
Die Universität Bonn ist eine der frühesten, wenn nicht überhaupt die erste der
inzwischen auf der ganzen Welt entstandenen Pflegestätten der Thomas-Mann-
Forschung. Als Professor Werner Richter, Ordinarius der Germanischen Philologie,
am 6. Juni 1955 „dem größten lebenden deutschen Dichter" zum 80. Geburtstag
namens der Bonner Literaturwissenschaft huldigte, konnte er mit Recht darauf
hinweisen, diese sei mit dem Gefeierten seit dessen Jugend verbunden. In der Tat
hatte Thomas Manns Schaffen, das den bürgerlichen Schichten der rheinischen
Universitätsstadt zunächst seit 1898 durch Zeitungsbesprechungen vorgestellt worden war [1], um die gleiche Zeit, als der früh berühmt gewordene Autor der „Budden-

---

[1] In einem Sammelbericht „Alte und neue Bücher" (Bonner Zeitung Nr. 149 vom 26.
Juni 1898) war die unter dem Titel „Der kleine Herr Friedemann" erschienene Novellensamm-
lung, Thomas Manns Bucherstling, besprochen worden. Von dem unter dem Zeichen des
Schützensternbildes schreibenden Rezensenten wurden Thomas Mann „klare Beobachtung,
saubere Kleinmalerei, Stimmungskunst und physologische [sic!] Feinfühligkeit, die Vorbedin-
gungen für einen brauchbaren Novellisten" bescheinigt, zugleich aber „einige stilistische
Unarten", „geschraubte schwerfällige Ausdrucksweise, die ... den Leser zuerst nervös macht,
dann aber einschläfert", angekreidet. Das gleiche redaktionelle Sternkreis-Zeichen findet
sich später am Kopf einer ausführlichen positiven Würdigung von Heinrich Manns Roman
„Im Schlaraffenland", die unter dem Titel „Ein neuer sozialer Roman" in der „Bonner Zeitung" Nr. 255 vom 28. Oktober 1900 erschien. Aus dem Brief Thomas Manns an Heinrich
Mann vom 12. Dezember 1900 (*Briefe* I, S. 18; Th. *Mann* – H. *Mann, Briefwechsel* 1900–1949,
[Frankfurt/M.] 1968, S. 6 mit S. 247 f.) ergibt sich als Verfasser Ludwig Ewers (1870–1946),
damals Redakteur an der „Bonner Zeitung", Klassenkamerad von Heinrich Mann und mit
beiden Brüdern freundschaftlich eng verbunden, über die und deren jüngste Werke („Königliche
Hoheit", „Die kleine Stadt") er sich – gleichfalls in der „Bonner Zeitung" Nr. 348 vom 18.
Dezember 1909 – unter dem Titel „Die Gebrüder Mann" erneut äußerte. Er ist damit auch als
Autor der ersten literarischen Thomas-Mann-Kritik in Bonn gesichert. Die Brüder und ihre
Mutter bemühten sich in den folgenden Jahren, Ewers beruflich zu fördern, und Thomas Mann
richtete noch am 6. April 1921 einen Brief an ihn, der wichtige Aufschlüsse über sein Verhältnis
zu Heinrich Mann enthält (*Briefwechsel*, S. 305). K. *Schröter*, Thomas Mann im *Urteil* seiner Zeit.

brooks" zum ersten Mal überhaupt in einem öffentlichen Vortrag behandelt wurde [2], rege Aufmerksamkeit im Schülerkreis des Bonner Literarhistorikers Berthold Litzmann (1857–1926) gefunden [3]. Litzmann war 1891 von der Philosophischen Fakultät der Rheinischen Friedrich-Wilhelms-Universität dem Preußischen Kultusministerium zur Berufung auf einen Lehrstuhl der Germanistik vorgeschlagen worden, weil man hier nach dem Tode des bisherigen Inhabers „für den Lehrer, nicht für den Gelehrten" Ersatz suchte [4]. Als geeignet hierfür wurden vor allem „solche Männer" betrachtet, „die aus freier Wahl ihre Kraft in den Dienst der neueren Literatur und ihrer Geschichte" gestellt hatten. Was man darunter damals verstand, ergibt sich aus den wissenschaftlichen Publikationen Litzmanns. Sie hatten sich mit Gestalten der Literatur- und Theatergeschichte des 18. Jahrhunderts in Deutschland befaßt, mit Johann Christian Günther (1695–1723), Christian Ludwig Liscow (1701–1760), Schiller (1759–1805) und dem Schauspieler Friedrich Ludwig Schröder (1744–1816) [5]. Das Kultusministerium folgte dem Vorschlag

---

Dokumente 1891–1955, Hamburg [1969], S. 11, Nr. 2 gibt aus einem 1909 geschriebenen Brief von Thomas Manns Mutter an Ewers eine Stelle wieder, wo diesem bescheinigt wird, er habe schon in der Schulzeit „geahnt..., was in dem kleinen ‚faulen' Tommy stecke." – Unter dem Titel „Zwei Familienromane" besprach dann ein *K. S.* zeichnender Rezensent Klara Viebigs „Die Wacht am Rhein" und Thomas Manns „Buddenbrooks" (Bonner Zeitung Nr. 93 vom 20. April 1902); die Sympathie des Verfassers gehört offenkundig Klara Viebig, doch rühmt er bei Thomas Mann die „tief elegische Stimmung, die so gar nicht sentimental und ungesund wirkt", das fesselnde Kulturbild und „die vornehme Schreibweise ..., die in ihrer starren Objektivität manchmal sogar etwas kühl anmutet". All dies sichere „dem Werk einen Platz unter den besten epischen Erzeugnissen der letzten Jahre".

[2] Elisabeth *Widmann* hatte am 12. Dezember 1903 in der Literarischen Gesellschaft Göttingen einen Vortrag über Thomas Mann gehalten, von dem Teile am 22. und 23. März 1904 in der Zeitung Hannoverscher Courier gedruckt wurden. Der gesamte Wortlaut erschien selbständig unter dem Titel „Thomas Mann. Ein Vortrag" 1907 im Verlag Hapke, Göttingen.

[3] Über Litzmann vgl. F. *Bonn*, Berthold Litzmann. Sein wissenschaftliches Schaffen und seine Stellung innerhalb der Literaturwissenschaft. Ein Beitrag zur Geschichte der Universität Bonn, der Biographik und der Schererschule. Masch. schr. o. J. [1951] (Univ. Bibl. Bonn 4° 51/173); *ders.*, Ein Baustein zur Rehabilitierung der Schererschule. Zur Wiederkehr von Berthold Litzmanns Todestag, Emsdetten [1956]; J. *Kibelka*, Berthold Litzmann 1857–1926 (Bonner Gelehrte. Beiträge zur Geschichte der Wissenschaften in Bonn. Sprachwissenschaften, Bonn 1970, S. 100 ff.). Ferner die nach dem Tode Litzmanns erschienenen Würdigungen von H. H. *Borcherdt*, Künstler und Gelehrter. Berthold Litzmann zum Gedächtnis (Die Einkehr. Unterhaltungsbeilage der Münchner Neuesten Nachrichten 7, Nr. 74 vom 24. November 1926); O. *Brües*, *Berthold Litzmann* (Kölnische Zeitung Nr. 771 vom 16. Oktober *1926*); [P.] *M[ützel]*, Berthold Litzmann † (Bonner Zeitung Nr. 242 vom 15. Oktober 1926); F. *Schultz*, Berthold Litzmann (Frankfurter Zeitung Nr. 840 vom 10. November 1926); C. *Enders* (*Chronik der Rheinischen Friedrich-Wilhelms-Universität* für das akademische Jahr 1925/26, 51, N. F. 40, 1927, S. 33 ff.) Persönliche Nähe spiegelt sich in dem Litzmann behandelnden Abschnitt bei L. *Schiedermair*, Musikalische Begegnungen, [Köln 1948], S. 127 ff. sowie in vielen Schilderungen und Bemerkungen bei O. *Brües*, – und immer sang die Lerche. Lebenserinnerungen, Duisburg [1967]. Vgl. ferner Geschichte der Universität Jena I, Jena 1958, S. 472 f.

[4] Nach dem Berufungsvorschlag der Fakultät vom 22. November 1891 (Akten der Philosophischen Fakultät der Universität Bonn betr. Prof. Birlinger, UA).

[5] Vgl. das Schriftenverzeichnis im Anhang zu B. *Litzmann*, Im alten Deutschland. Erinnerungen eines Sechzigjährigen, Berlin 1923, S. 398 f.

der Fakultät, und Litzmann vertauschte sein Extraordinariat in Jena mit dem Bonner Lehrstuhl, der 1897 zum Ordinariat erhoben wurde. Der Neuberufene hat das ihm entgegengebrachte Vertrauen gerechtfertigt. Er wußte lebhaft anregend auf die akademische Jugend einzuwirken, und zwar nicht bloß auf Studenten, die in der Philosophischen Fakultät eingeschrieben waren. Nicht wenige von Litzmanns Schülern machten sich einen Namen im wissenschaftlichen und literarischen Leben Deutschlands: der Romanist Ernst Robert Curtius (1886–1956) die Germanisten Ernst Bertram (1884–1957), Carl Enders (1877–1963) und Paul Hankamer (1891–1945), der Philosoph Siegfried Behn (1884–1970), der Historiker und Philosoph Fritz Ohmann (1883–1918), der freilich schon im Ersten Weltkrieg fiel [6], der Regisseur und Intendant Saladin Schmitt (1883–1951), die Dichter Wilhelm Schmidtbonn (1876–1952) und Otto Brües (1897–1967). Was aber die Berücksichtigung der neueren Literatur im akademischen Unterricht betrifft, so hat Litzmann die auf ihn gesetzten Hoffnungen sogar übertroffen. Er behandelte als erster deutscher Hochschullehrer in Vorlesung und Seminar das Schaffen zeitgenössischer lebender Autoren, nicht immer vom Verständnis oder gar Beifall seiner Fachgenossen begleitet. Für diese bahnbrechende Wirksamkeit schuf er sich in Bonn ein spezielles Forum in der seit dem Sommersemester 1895 als Privatissimum angekündigten „Literarhistorischen Gesellschaft" [7]. Hier wurde im üblichen Stil eines Universitätsseminars über Gegenwartsfragen des literarischen Lebens, über neue Werke und ihre Verfasser, die Technik des Romans und des Dramas an Hand eben erschienener Schöpfungen referiert und diskutiert. Was so als akademische Lehrveranstaltung begonnen hatte, verwandelte sich schließlich in eine Institution, einen Verein. Er existierte neben der Universität, blieb aber weiterhin personell und durch die wissenschaftliche Arbeit in ihr verwurzelt, wenn er auch nicht – wie ursprünglich geplant – auf gegenwärtige und ehemalige Schüler Litzmanns beschränkt war, sondern zu den in Bonn aktiv tätigen Teilnehmern Mitglieder in ganz Deutschland und darüber hinaus warb [8]. Sie stellten einen überraschend bunten Kranz dar: Peter Altenberg erscheint neben Adolf Bartels, Otto Julius Bierbaum neben Hugo v. Hofmannsthal, Johannes Trojan neben Jakob Wassermann, Felix Dahn neben Georg Brandes, Gustav Frenssen neben Hermann Hesse, Elisabeth Foerster-Nietzsche neben Ludwig Thoma, Ernst Haeckel neben Richard Schaukal, Hermann Sudermann neben Ricarda Huch. Wir stoßen dabei auch auf den Namen von Thomas Mann [9]. Er ist bereits in dem Verzeichnis der sofort nach

---

[6] Über ihn vgl. den für die Geschichte politischer Idealvorstellungen im damaligen Deutschland und speziell in Bonner Universitätskreisen aufschlußreichen, darum später noch einmal zu erwähnenden Nachruf von C. H. *Becker* (*Chronik* 1919, 45, N. F. 34, 1920, S. 13 ff.); ferner die Akten der Philosophischen Fakultät der Universität Bonn betr. Dr. Ohmann (UA).

[7] *Litzmann*, S. 363 f.

[8] Ebd. S. 366; ferner *Mitteilungen* der Literarhistorischen Gesellschaft Bonn 1, 1906. Vgl. F. *Bonn*, Berthold Litzmann und seine Literarhistorische Gesellschaft Bonn (Bonner Geschichtsblätter 5, 1951, S. 123 ff.).

[9] *Mitteilungen* 1, 1906, S. 24; weitere Verzeichnisse neu aufgenommener Mitglieder ebd. S. 54 f.; 2, 1907, S. 40 u. ö.

der Gründung angemeldeten Mitglieder erwähnt; der junge Dichter dürfte also gleich auf die erste Aufforderung hin seinen Beitritt erklärt haben. In späteren Jahren hat Thomas Mann auch einmal während eines Besuches in Bonn als Gast an den Arbeiten der Gesellschaft teilgenommen, „an einer dieser geistdurchheiterten, zugleich leidenschaftlichen und behaglichen Sitzungen, bei denen an ein Referat über irgendeinen geistigen Gegenstand sich eine freie Diskussion schloß" [10].

Diese „Literarhistorische Gesellschaft Bonn unter dem Vorsitz von Prof. Berthold Litzmann" – so lautete der offizielle Name – war im Dezember 1905 durch die Initiative einiger Schüler Litzmanns gegründet worden. Sie begann die Arbeit im Mai 1906; ihre Zusammenkünfte fanden während der Semesterzeit allmonatlich im Hause des Vorsitzenden statt. Referate und Diskussion wurden in den periodisch erscheinenden „Mitteilungen der Literarhistorischen Gesellschaft Bonn" veröffentlicht, die schon im Gründungsjahr mit sieben Heften hervortraten. Sie sind bis zur Auflösung der Gesellschaft bei Litzmanns Wegzug aus Bonn im Jahre 1921 erschienen, zuletzt freilich stark behindert durch die Ungunst des Ersten Weltkrieges und seiner Folgezeit.

In dieser „Sammelstelle des geistigen jungen Rheinlandes" – Litzmann nannte die „Literarhistorische Gesellschaft" so [11] – ist kein Dichter so oft behandelt worden wie Thomas Mann. Gleich im ersten Band der Mitteilungen befaßte sich Saladin Schmitt unter dem Titel „Der Wille zum Leben als Form im neuen Drama" u. a. mit der ein Jahr zuvor – Juli/August 1905 – erschienenen, damals noch ihrer Uraufführung harrenden „Fiorenza" [12]. Das zweite Heft des folgenden Bandes galt 1907 ganz dem „Kunstwerk Thomas Manns". Alexander Pache untersuchte darin „Thomas Manns epische Technik", während Ernst Bertram „Das Problem des Verfalls" behandelte [13]. Pache äußerte sich gleichzeitig auch an anderer Stelle,

---

[10] Th. *Mann*, Abschied von Berthold Litzmann (X, S. 439 f.; MK 119, S. 196 f.). Es konnte nicht geklärt werden, um welche Sitzung es sich gehandelt hat. Naheliegend ist die Annahme, es sei die Veranstaltung vom 17. Januar 1911 gewesen, bei der Dr. Simchowitz über Dostojewski sprach; vgl. die Ankündigung in Bonner Zeitung Nr. 15 vom 15. Januar 1911; Thomas Mann hielt sich damals im Rheinland auf, war am 14. Januar zu einem Leseabend in Bonn (s. unten S. 28, Anm. 18) und las am 18. Januar in Düsseldorf; vgl. H. *Bürgin* – H.-O. *Mayer*, Thomas Mann. Eine Chronik seines Lebens, [Frankfurt/M.] 1965, S. 33, wo der Bonner Aufenthalt nachzutragen ist.

[11] *Litzmann*, S. 379.

[12] *Mitteilungen* 1, 1906, S. 85 ff. – Die anderen Dramen, die in diesem Referat behandelt worden sind, waren Hauptmanns „Und Pippa tanzt" sowie Hofmannsthals „Oedipus und die Sphinx".

[13] *Mitteilungen* 2, 1907, S. 43 ff.; S. 72 ff.; dazu die Wiedergabe der Diskussion S. 79 ff. Noch heute gelten Feststellungen in den Arbeiten Paches und Bertrams als sachlich besonders zutreffend und „bei weitem die tiefste Einsicht in die Struktur von Thomas Manns Dichtung in dieser Epoche"; vgl. *Schröter*, Urteil, S. 460 f. Bertrams Beitrag ist jetzt mit anderen, z. T. noch von ihm überarbeiteten Aufsätzen aus seinen Bonner Jahren wiederabgedruckt in E. *Bertram*, Dichtung als Zeugnis. Frühe Bonner Studien zur Literatur. Mit einem Nachwort hrsg. v. R. R. *Wuthenow*, Bonn 1967, S. 89 ff. Vgl. H. *Jappe*, Ernst Bertram. Gelehrter, Lehrer und Dichter, Bonn 1969, S. 48 mit S. 302, Anm. 4. Ebd. S. 298 f. Abdruck einer Stelle aus dem Studententagebuch von Bertrams Freund E. Glöckner, die von einer abendlichen Einladung

in den „Hamburger Nachrichten", über Thomas Mann [14]. Der Dichter zeigte sich durch diese „warmherzige und ungewöhnlich feinfühlige Besprechung" aus dem Kreise der jungen Bonner Literarhistoriker sympathisch berührt [15]. Die Wendung findet sich in dem ersten autobiographischen Beitrag, den wir von Thomas Mann besitzen – und auch er steht in unmittelbarem Zusammenhang mit dem Kreis um Litzmann. Es ist die „Mitteilung an die Literatur[!]historische Gesellschaft in Bonn", die der Dichter auf eine an verschiedene Autoren gerichtete Rundfrage über „Ziele und Wege deutscher Dichtung nach Äußerungen ihrer Schöpfer" eingesandt hatte. Sie wurde mit anderen Antworten, deren Verfasser heute teilweise ganz vergessen sind, im 7. Heft des zweiten Jahrganges der „Mitteilungen" 1907 gedruckt. Das bisher unbekannte eigenhändige Manuskript dieser Äußerung, die wichtige Aufschlüsse über den Schaffensprozeß bei Thomas Mann enthält, ist aus den Papieren der Literarhistorischen Gesellschaft in Bonner Privatbesitz gelangt. Es verrät in seiner äußeren Form die Entstehung von Gedanken und Wortlaut; dieser weicht an einigen Stellen wesentlich vom bisher bekannten Text ab. Als Denkmal jener frühen Beziehungen zwischen Thomas Mann und der Bonner Literaturwissenschaft eröffnet die „Mitteilung" in kritischem Abdruck samt dazugehörender Korrespondenz und späteren Schreiben Thomas Manns an den zweiten Vorsitzenden der „Literarhistorischen Gesellschaft", Professor Carl Enders, die Reihe der in diesem Buch mitgeteilten Dokumente [16].

Besonders folgenreich für die Zukunft war es, daß Ernst Bertram sogleich nach dem zwischen Januar und September 1909 in der „Neuen Rundschau" erschienenen Vorabdruck von „Königliche Hoheit" über dieses neue Werk des „Buddenbrooks"-Dichters in der „Literarhistorischen Gesellschaft" referierte und den Vortrag, der zusammen mit Fritz Ohmanns Korreferat im Januar 1910 in den „Mitteilungen"

---

bei dem Bonner Kunsthistoriker Paul Clemen berichtet und erwähnt, hierbei sei im Gespräch über moderne Dichter auch Thomas Mann berührt worden. – Pache war am 11. Juli 1904 auf Grund seiner Dissertation über „Die literarhistorische Stellung von Heines Naturlyrik", Bertram am 19. Juni 1907 mit „Studien zu Adalbert Stifters Novellentechnik" von der Bonner Philosophischen Fakultät zum Dr. phil. promoviert worden, beide als Schüler Litzmanns.

[14] Hamburger Nachrichten vom 16. Juni 1907, Belletristisch-literarische Beilage Nr. 24. Eine Studie desselben Autors über „Das Leitmotiv bei Thomas Mann", die *Jonas*, Nr. 1202 nennt, ist nicht nachzuweisen gewesen. Vermutlich handelt es sich um eine Verwechslung mit dem zitierten Aufsatz, in dem u. a. das Leitmotiv bei Thomas Mann behandelt wird. Sein Titel ist übrigens bei *Jonas*, Nr. 307 gleichfalls unrichtig angegeben. Für Nachforschungen ist Herrn Dr. Engelhard (Hamburg) zu danken.

[15] Th. *Mann*, Mitteilung an die Literatur[!]historische Gesellschaft in Bonn, zuerst *Mitteilungen* 2, 1907, S. 274 ff.; danach wiederabgedruckt in: Rede und Antwort. Gesammelte Abhandlungen und kleine Aufsätze, Berlin 1922, S. 336 ff.; zuletzt XI, S. 713 ff.; MK 120, S. 13 ff. – Die im Erstdruck auftauchende Datierung auf 1906 ist nach der Handschrift sicher zu emendieren. Daß diese in der Jahresangabe nicht etwa einen Schreibfehler enthält, ergibt sich aus der anläßlich der Veröffentlichung geführten Korrespondenz Thomas Manns mit Litzmann und Enders sowie aus der nur für 1907, nicht aber 1906 zutreffenden Ortsangabe „Seeshaupt am Starnbergersee". Chronologisch richtige Einordnung bei *Bürgin-Mayer*, S. 29.

[16] S. unten S. 357 ff., Dok. 1 ff.

publiziert wurde, an Thomas Mann schickte [17]. Damit wurde eine Verbindung geschaffen, die bald zu näherem persönlichen Kontakt führte und uns noch eingehender beschäftigen wird. Als der Dichter am 14. Januar 1911 auf Einladung der „Gesellschaft für Literatur und Kunst" zum ersten Mal nach Bonn kam, um aus eigenen Werken zu lesen [18], dürften Litzmann und sein Kreis der Anregung dazu nicht ferngestanden haben. Entgegen sonstiger Gepflogenheit veröffentlichte an diesem Tage die „Bonner Zeitung", zu deren Aufsichtsrat Litzmann gehörte, einen Begrüßungsartikel für den Gast, wahrscheinlich aus der Feder des Litzmann-Schülers Dr. Karl Rick [19]. Er nutzte ausgiebig die Mitteilung des Dichters an die „Literarhistorische Gesellschaft" und wies auf Paches und Bertrams Studien hin – „nach dem Urteil R. M. Meyers, Josef Hofmillers und Thomas Manns selbst das Beste, was zur Würdigung des Dichters geschrieben worden ist". Der

---

[17] E. *Bertram*, Thomas Mann. Zum Roman „Königliche Hoheit"; Korreferat: Dr. F. *Ohmann*, Diskussion (*Mitteilungen* 4, 1909, S. 195 ff.; Wiederabdruck: *Bertram–Wuthenow*, S. 69 ff.); dazu Th. Mann an H. Mann, 26. Januar 1910 (*Briefwechsel*, S. 84); Th. Mann an E. Bertram, 28. Januar 1910 (*Briefe* I, S. 80 f.; Th. Mann an E. Bertram. Briefe aus den Jahren 1910–1955, hrsg. v. I. *Jens* [Pfullingen 1960], S. 7 f.); ferner Th. Mann an E. Bertram, 29. März 1917 (ebd. S. 46); *Jappe*, S. 49 ff. – Bertram spielte auf seine Beziehungen zu Thomas Mann und Stefan George an, als er in dem mit seinem Habilitationsgesuch vom 27. November 1918 der Bonner Philosophischen Fakultät eingereichten Lebenslauf bemerkte: „Seit 1908 stellten sich nach und nach Beziehungen zu einigen der bedeutendsten Repräsentanten des gegenwärtigen deutschen Schrifttums her, freundschaftliche Beziehungen, die über ihren menschlich-persönlichen Wert hinaus meinen biographischen Arbeiten die unmittelbare Förderung durch lebendige Einsicht in Natur und Bedingungen der genialen Anlage, der geistigen und besonders der künstlerischen Produktivität gewährten" (Akten der Philosophischen Fakultät der Universität Bonn betr. Prof. Bertram, UA).

[18] Thomas Mann las „Schwere Stunde", ein Kapitel aus „Königliche Hoheit", „Das Wunderkind" sowie als Zugabe ein Kapitel aus „Tonio Kröger". Besprechungen über den Leseabend in: Bonner Zeitung Nr. 16 und General-Anzeiger für Bonn ... Nr. 7460 vom 16. Januar 1911; Deutsche Reichszeitung (Bonn) Nr. 29 vom 17. Januar 1911. In dem zuletzt erwähnten Bericht stimmen die folgenden Sätze heute erheiternd: „Daß ... ein wie Thomas Mann schaffender Künstler einen sehr eingeengten geistigen Bewegungskreis haben muß, trotz einer sich noch immer feiner und edler gestaltenden Wortkultur, ist wohl außer Frage. Schon heute gibt es Kenner, die behaupten wollen, Manns Kunst habe ihre Höhe erreicht und befände sich bereits auf der abwärtsgehenden Linie". Der Bericht des General-Anzeigers für Bonn ... polemisiert seinerseits gegen „Kritiker, die behaupten, Mann würde ein bedeutenderes Werk [als ‚Buddenbrooks'] nicht schreiben können". – Thomas Mann äußerte sich über diese Vortragsreise ins Rheinland und nach Westfalen in einem Brief an seinen Bruder Heinrich vom 26. Januar 1911 (*Briefwechsel*, S. 93 f.) „recht befriedigt". „Sie war anstrengend, bot aber viel Angenehmes und Lehrreiches"; Bonn ist in diesem Zusammenhang nicht erwähnt.

[19] Bonner Zeitung Nr. 14 vom 14. Januar 1911 (bei H. *Matter*, Die Literatur über Thomas Mann, Berlin–Weimar 1972, nicht verzeichnet). Der Artikel ist *Rk.* gezeichnet. Dr. Karl Rick gehörte zum Kreise Litzmanns; er hatte 1905 in Bonn mit einer Dissertation über „Das prädikative Participium praesentis im Althochdeutschen", für die als Referent Litzmann genannt ist, obwohl der Gegenstand auf den Forschungs- und Lehrbereich des Altgermanisten Wilmanns weist, die Doktorwürde erworben. Beiträge Ricks in den *„Mitteilungen"* finden sich in 1, 1906, Heft 4 und 7; 3, 1908, Heft 3; 6, 1911, Heft 2; 9, 1914, Heft 7/8. Rick wird noch 1920 als Teilnehmer an einer Diskussion in der Literarhistorischen Gesellschaft genannt: *Mitteilungen 11*, 1917/18, S. 103.

Artikel schloß: „Man sieht, Bonn hat einiges Anrecht auf den Besuch des Dichters erworben".

Das Interesse an Thomas Mann riß bei der Bonner Literaturwissenschaft auch nicht ab, als der Ausbruch des Weltkrieges die meisten aktiven Mitglieder von Litzmanns „Literarhistorischer Gesellschaft" unter die Fahnen rief und der Dichter, „hochgerissen von patriotischem Stolz"[20], sein poetisches Schaffen zugunsten geistigen Waffendienstes unterbrach[21]. Er leistete ihn in Gestalt zahlreicher kleinerer publizistischer Beiträge über die von der Kriegssituation Deutschlands gestellten Probleme[22], ferner durch den Essay „Friedrich und die große Koalition"[23] und schließlich mit der bald einsetzenden Niederschrift eines Buches, der „Betrachtungen eines Unpolitischen"[24]. Währenddessen erschien im 10. Jahrgang

---

[20] M. *Rychner*, Thomas Mann und die Politik (Welt im Wort. Literarische Aufsätze, Zürich [1949], S. 349 ff.), S. 356. Zu dieser Studie vgl. Thomas Manns Brief an Rychner vom 24. Dezember 1947 (*Briefe* II, S. 578 ff.). – Ein besonders markantes Zeugnis für den patriotischen Stolz Thomas Manns zu Beginn des ersten Weltkrieges ist sein Brief an S. Fischer vom 22. August 1914, in dem auch ein kurz vorher stattgehabter Besuch des zum engsten Kreise Litzmanns gehörenden Wilhelm Schmidtbonn und dessen Wort „In Ihrem ‚Tod in Venedig' ist soldatischer Geist" beifällig erwähnt sind (Katalog Nr. 574 [1965] der Firma Stargardt, Marburg, S. 46, Nr. 574).

[21] Thomas Mann spricht in der Vorrede zu den „Betrachtungen eines Unpolitischen" (1918) (XII, S. 9; MK 116, S. 7) von seinem „Gedankendienst mit der Waffe" – ebenso „Lebensabriß" (1930) (XI, S. 127; MK 119, S. 242) – oder später von dem „geistigen Dienst mit der Waffe", „Einführung in den Zauberberg" (1939) (XI, S. 608; MK 114, S. 331). – P. P. *Sagave*, L'idée de l'État chez Thomas Mann (Hommage de la France à Thomas Mann, Paris 1955), S. 125 schreibt die „franchise brutale" der Kriegsaufsätze Thomas Manns einer „sensation d'angoisse devant l'inattendu" „chez ce grand bourgeois arraché à sa sécurité psychique" zu.

[22] Die einzelnen Titel bei H. *Bürgin*, Das Werk Thomas Manns. Eine Bibliographie, [Frankfurt/M.] 1959, V, Nr. 87 ff.; vgl. auch R. *Cheval*, Romain Rolland, l'Allemagne et la Guerre, Paris 1963, S. 294. Der in die Gesamtausgaben nicht aufgenommene Aufsatz „Gedanken im Kriege" ist jetzt wiederabgedruckt in Das *Thomas-Mann-Buch*. Eine innere Biographie in Selbstzeugnissen, hrsg. v. M. *Mann* (Fischer-Bücherei Nr. 710), [Frankfurt/M. 1965], S. 80 ff.; ferner MK 117, S. 7 ff. Zu diesem „literary outbreak of Furor Teutonicus" (Times Literary Supplement, 19. Dezember 1918) vgl. *P. de Mendelssohn*, S. Fischer und sein Verlag, [Frankfurt/M. 1970], S. 672 ff.

[23] Zuerst in: Der Neue Merkur 1, 1915, S. 353 ff.; weitere Drucke verzeichnet *Bürgin* I, Nr. 11, 20, 93, 108; V, Nr. 91; zuletzt X, S. 67 ff.; MK 117, S. 20 ff. Dazu *de Mendelssohn*, *Fischer*, S. 676 ff., 719 f., 791ff. – Für die Entstehungsgeschichte und Intention dieses Werkes ist eine Bemerkung in der Antwort wichtig, die Thomas Mann auf eine Rundfrage über „jetzt" – d. h. nach Ausbruch des Krieges – empfehlenswerte Lektüre gab (Berliner Tageblatt, Beiblatt „Der Zeitgeist" Nr. 45 vom 9. November 1914). Er riet zu Carlyles „Friedrich d. Gr." und fügte hinzu: „. . . die Ähnlichkeit und Verwandtschaft von 1914 und 1756 ist bis in Einzelheiten hinein wahrhaft erstaunlich, sie verdiente eine ausführliche Analyse –, wie Lamprecht in seiner angekündigten Schrift über Deutschlands Aufstieg sie mutmaßlich geben wird". Gemeint ist K. *Lamprecht*, Deutscher Aufstieg 1750–1914. Einführung in das geschichtliche Verständnis der Gegenwart zur Selbstbelehrung für jedermann. Zum Gebrauche bei Vorträgen und zum Schulgebrauch, Gotha 1914. Die Schrift entspricht den Erwartungen, die Thomas Mann ihr entgegenbrachte, nicht im geringsten.

[24] Berlin 1918; jetzt XII, S. 9 ff.; MK 116, S. 7 ff.; dazu die dort nicht wieder abgedruckte, 1956 in der „Stockholmer Gesamtausgabe" vorangestellte Einleitung von Erika *Mann* sowie *de Mendelssohn*, *Fischer*, S. 679 ff. Als Zeitpunkt für den Beginn der Niederschrift stellt H. *Lehnert*,

der „Mitteilungen" 1917 eine Studie aus der Feder Paul Hankamers über Thomas Mann, die „Die Schicksalidee und ihr Verhältnis zur Form" untersuchte [25]. Mit einer von ungebrochenem Kontinuitätsstreben trotz der Kriegserschwernisse zeugenden irreführenden Jahresangabe – 1917/18 – kam 1920 als Heft 4 des elften und letzten Bandes der „Mitteilungen" ein ausführlicher Essay über die 1918 erschienenen „Betrachtungen eines Unpolitischen" heraus [26]. Sein Verfasser war Ernst Bertram. Er hatte diese Würdigung im Sommer 1919 zunächst für eine andere Gelegenheit niedergeschrieben [27]. Als er den Text im Spätjahr 1919 oder Anfang des Jahres 1920 in der „Literarhistorischen Gesellschaft" vortrug, war Thomas Mann kurz zuvor die Ehrendoktorwürde der Bonner Philosophischen Fakultät verliehen worden.

Über den äußeren Verlauf der damit zusammenhängenden Vorgänge und der voraufgehenden Beratungen sind wir durch die überlieferten Akten und Berichte knapp, aber hinreichend informiert. Für die inneren Motive und Erwägungen, die in der Fakultät und bei ihren maßgebenden Angehörigen dazu geführt haben, gerade Thomas Mann in solcher Weise zu ehren, fehlen unmittelbare Zeugnisse. Wir können die tieferen Gründe aber mit einem denkbar höchsten Maß an Sicherheit erschließen, müssen dazu freilich komplizierte Wege gehen. Diese scheinen zunächst weitab von unserem Hauptziel zu führen. Doch eröffnet sich dabei Zugang zu Tatsachen und Erkenntnissen, die nicht bloß für die deutsche Geistes- und Universitätsgeschichte im ersten Drittel unseres Jahrhunderts Bedeutung besitzen, sondern – wie sich zeigen wird – auch unmittelbar für unseren Gegenstand. Erstaunliche Zusammenhänge werden sichtbar; die Geschichte der Entwicklung

---

Anmerkungen zur Entstehungsgeschichte von Thomas Manns „Bekenntnisse des Hochstaplers Felix Krull", „Der Zauberberg" und „Betrachtungen eines Unpolitischen" (Deutsche Vierteljahrsschrift für Literaturwissenschaft und Geistesgeschichte 38, 1964), S. 270 „Ende Oktober oder Anfang November 1915" fest; ebd. ein Hinweis auf „den Rollencharakter des Schreibers der ‚Betrachtungen', der nicht ganz identisch ist mit Thomas Mann".

[25] P. *Hankamer*, Thomas Mann. Die Schicksalidee und ihr Verhältnis zur Form seiner Kunst (*Mitteilungen* 10, 1915/16, S. 159 ff.).

[26] E. *Bertram*, Thomas Manns „Betrachtungen eines Unpolitischen" (*Mitteilungen* 11, 1917/18, S. 77 ff; Wiederabdruck: *Bertram–Wuthenow*, S. 99 ff.). Das Erscheinungsdatum dieses 4. Heftes von Band 11 der „*Mitteilungen*" ergibt sich aus dem Dank Thomas Manns für die übersandte Schrift in seinem Brief an Bertram vom 4. Juni 1920 (*Jens*, S. 90). – Der Zeitpunkt, an dem Bertram den im Druck lediglich „Elberfeld 1919" datierten Vortrag in der Literarhistorischen Gesellschaft gehalten hat, konnte nicht ermittelt werden; er muß im Wintersemester 1919/20, wahrscheinlich in den ersten Monaten des Jahres 1920 liegen. *Brües*, S. 46 erinnert sich nur, daß der Vortrag „während eines Wintersemesters" stattfand; bei *Jappe*, wo S. 55 und 305, Anm. 7 dieser Vortrag – im Gegensatz zu anderen, ausführlich behandelten Arbeiten Bertrams – lediglich gestreift wird, findet sich nichts über das Datum.

[27] Aus einem Brief Bertrams an Ernst Glöckner vom 31. Oktober 1919 ergibt sich, daß der Vortrag über die „Betrachtungen" „für die Goethegesellschaft" – allerdings auch „zugleich für Bonn" – bestimmt war. Die Aufforderung zu dem Vortrag erwähnt Bertram gegenüber Glöckner zuerst am 6. Juni 1919; am 31. Oktober meldet er, der Vortrag sei „zum größten Teil fertig"; am 17. November teilt er mit, daß er den Thomas-Mann-Vortrag „ganz" absage (Mitteilungen des Deutschen Literatur-Archivs, Marbach/N., aus dem dort aufbewahrten Bertram-Nachlaß).

Thomas Manns trägt gleichfalls Gewinn davon. Das Ergebnis, zu dem wir gelangen werden, mag zunächst überraschen. Faßt man es in einem Blick mit dem späteren Schicksal zusammen, das Thomas Manns Bonner Ehrendoktorwürde hatte, so zeigen sich Positionslichter an der Bahn des historischen Schicksals, die Deutschland und besonders seine Universitäten während des letzten Halbjahrhunderts zurückgelegt haben. Das mikrokosmische Bild der Hintergründe für die Bonner Ehrenpromotion Thomas Manns und des wechselvollen Verhältnisses der Rheinischen Friedrich-Wilhelms-Universität zu diesem Ehrendoktor birgt Züge, die über den rein biographischen und den örtlich-institutionsgeschichtlichen Bereich hinausreichen. In diesem Zusammenhang bedeutet dann auch der Entzug von Thomas Manns Bonner Dr. phil. h. c. mehr als ein markantes Ereignis aus der chronique scandaleuse des Dritten Reiches.

Thomas Mann erhielt die Auszeichnung von der Fakultät am 3. August 1919 gleichzeitig mit zehn anderen Persönlichkeiten. Diese wurden nach dem Wortlaut der darüber ausgestellten Diplome alle um wissenschaftlicher Verdienste willen geehrt. Thomas Mann war der einzige Künstler in der Schar [28]. Das ungewöhnliche Maß so vieler Ehrenpromotionen an ein und demselben Tag könnte zunächst befremdlich wirken. Es hat jedoch nichts Überraschendes an sich. Die festlichen Akte wurden nämlich bei einem einzigartigen Anlaß in der Geschichte der Hochschule vorgenommen: der Hundertjahrfeier der Rheinischen Friedrich-Wilhelms-Universität. Eine Massenpromotion von Ehrendoktoren bei solcher Gelegenheit entsprach einem damals allgemein und auch heute noch oft geübten Brauch. Das Jubiläum hätte schon 1918 begangen werden sollen, war aber wegen des Krieges verschoben worden. Es wurde 1919 nachgeholt. Als Termin für die Festfeier war der Geburtstag des königlichen Stifters, dessen Namen die Hochschule trägt, Friedrich Wilhelms III. von Preußen, gewählt worden. Die Proklamation der von den damals fünf Fakultäten ausgesprochenen Ehrenpromotionen – insgesamt zweiundfünfzig – fand zur Entlastung des Festaktes bereits am Tage zuvor, dem 2. August, statt [29]; die Diplome wurden jedoch auf den folgenden, den eigentlichen Jubiläumstag datiert.

Das diesen Ehrungen vorangehende interne Verfahren spielte sich in verschiedenen Etappen ab. Die Philosophische Fakultät hatte schon am 13. November 1918

---

[28] Vgl. *Chronik* 1919, 45, N. F. 34, 1920,. 3 ff. Meldungen über die Ehrenpromotionen finden sich in: Kölnische Volkszeitung Nr. 599 vom 2. August 1919; Kölnische Zeitung Nr. 668 vom 3. August 1919; Frankfurter Zeitung Nr. 569 und 570 vom 4. August 1919; General-Anzeiger für Bonn ... Nr. 10475 vom 4. August 1919; Deutsche Reichszeitung (Bonn) Nr. 209 vom 3. August 1919; Bonner Zeitung Nr. 213 vom 3. August 1919, hier auch eine Schilderung der Promotionsfeier.

[29] Vgl. Bonner Zeitung Nr. 212 vom 2. August 1919: „Die Jahrhundertfeier der Universität beginnt heute mit einem Festakt in der Aula, bei dem zugleich die Ehrenpromotionen verkündet werden sollen. Der Festakt beginnt um 12 Uhr". Die eigentliche Jubiläumsfeier fand am folgenden Tage statt. Da die Universität über keinen geeigneten Raum verfügte und die städtische Beethovenhalle von der Besatzungsmacht beschlagnahmt war, wurde diese Feier in die evangelische Kirche am Kaiserplatz verlegt.

festgelegt, Anträge auf Ehrenpromotion sollten stets mündlich behandelt werden, zuerst in einer vorbereitenden Sitzung, in der keine Beschlüsse zu fassen seien, und sodann in einer zweiten Sitzung, bei der über die Vorschläge abzustimmen war [30]. Nicht lange zuvor war den deutschen Universitäten im Zusammenhang mit Ehrenpromotionen öffentlich der Vorwurf des „niedrigen Byzantinismus, ja der Käuflichkeit" gemacht worden, und es war sogar zu Protesten von Studentenversammlungen gekommen. Die Rektorenkonferenz hatte daraufhin im Februar 1918 beschlossen, die Verleihung der Ehrendoktorwürde nach Empfang von Geldspenden sei abzustellen. Der damalige Bonner Rektor, Friedrich Marx, als Ordinarius der Klassischen Philologe Mitglied der Philosophischen Fakultät, war bei dieser Gelegenheit besonders dafür eingetreten, daß für eine Ehrenpromotion „die höchsten Ansprüche zu stellen seien" [31]. Folgerichtig bestimmte die Fakultät am 5. März 1919 „Leitlinien für die Ehrenpromotion beim Universitätsjubiläum", in denen es hieß, daß „möglichst wenige Verleihungen stattfinden sollen". Auch sei „zwischen wissenschaftlichen und künstlerischen Verdiensten, auf Grund derer eine Ehrenpromotion stattfindet, und anderen Verdiensten, für die ein anderer Titel gewählt werden möge", ein Unterschied zu machen [32]. Bei der ersten Abstimmung, die am 9. Juli über einen Teil der anläßlich der Hundertjahrfeier zu verleihenden Ehrendoktorate stattfand, wurde schließlich von der Fakultät festgestellt, die für diese Beschlüsse geforderte Einstimmigkeit bestehe entsprechend früherem Gebrauch, wenn keiner der Anwesenden gegen einen Antrag stimme [33]. Gemäß diesen Grundsätzen und Verfahrensformen ist die Ehrenpromotion von Thomas Mann vorgenommen worden.

Der Vorschlag, dem Dichter die Ehrendoktorwürde zu verleihen, wurde von der Philologischen Sektion der Fakultät am 25. Juni 1919 gleichzeitig mit drei weiteren Anträgen eingebracht, die sich auf zwei um die rheinische Archäologie verdiente Forscher – Stadtbaurat a. D. Rudolf Schultze (Bonn) und Baurat Daniel Krencker (Trier) – sowie den in Mommsens Bahnen als gelehrter Kenner des Römischen Rechts rühmlich hervorgetretenen Juristen Professor Dr. Otto Gradenwitz (Heidelberg) bezogen [34]. Litzmann war es, von dem der Thomas Mann betreffende Vorschlag in der Sektion ausgegangen war [35]. Als Professor der Deutschen Literaturgeschichte war er der dafür zuständige Fachvertreter; dabei konnte er mit umso

---

[30] Hierzu und zum Folgenden vgl. die Akten der Philosophischen Fakultät der Universität Bonn betr. Ehrenpromotionen anläßlich der Hundertjahrfeier der Universität (UA).

[31] Prof. Marx an die Philosophische Fakultät, 26. Juli 1919. Beilage zum Protokoll der Fakultätssitzung vom 26. Juli 1919 (UA, Akten der Philosophischen Fakultät der Universität Bonn betr. Fakultätssitzungen 1913–1931).

[32] Protokoll der Fakultätssitzung vom 5. März 1919 (ebd.).

[33] Protokoll der Fakultätssitzung vom 9. Juli 1919 (ebd.).

[34] Protokoll der Fakultätssitzung vom 25. Juni 1919 (ebd.).

[35] Litzmanns Urheberschaft ist den Akten nicht zu entnehmen. Sie ist gesichert durch Angaben bei *Brües*, S. 28 – lange vorher bereits angedeutet in des gleichen Autors Artikel „*Berthold Litzmann*" (Kölnische Zeitung Nr. 704 vom 19. Oktober *1921*) – und *Schiedermair*, S. 136, ferner durch Mitteilung des damaligen Dekans der Philosophischen Fakultät, Prof. J. *Fitting* (†).

größerer Autorität auftreten, als er schon am 23. Januar 1918 neben zwei anderen Ordinarien von der Fakultät einstimmig in die für das bevorstehende Universitätsjubiläum gebildete Kommission delegiert worden war [36]. Bald nachdem der für das akademische Jahr 1918/19 gewählte Dekan, der Botaniker Professor Dr. Johannes Fitting (1877–1970), im September 1918 die Amtsgeschäfte übernommen hatte, gab Litzmann ihm vertraulich Kenntnis von der Absicht, für Thomas Mann die Verleihung der Ehrendoktorwürde zu erwirken. Einige Zeit später hatte Litzmann auch in seinem Hause eine zwanglose persönliche Begegnung zwischen Thomas Mann und Fitting herbeigeführt [37]. Nach der Sitzung vom 25. Juni wurden die Anträge den einzelnen Mitgliedern der Fakultät mit der – leider in den Akten nicht überlieferten – Begründung zugänglich gemacht und sodann in der Fakultätssitzung vom 9. Juli 1919 zur Abstimmung gestellt. An diesem Tage wurde die Ehrenpromotion von Thomas Mann bei einer Stimmenthaltung beschlossen, während der für Gradenwitz eingebrachte Antrag gegen fünf Stimmen mit einer Enthaltung abgelehnt, die Ehrenpromotion von Schultze mit sechs Enthaltungen und die von Krencker einstimmig gebilligt wurden [38]. Die von anderen Sektionen und teilweise auch von der Rechts- und Staatswissenschaftlichen Fakultät bei der Philosophischen Fakultät gestellten Anträge – insgesamt sechsundzwanzig – hatten bei den folgenden Abstimmungen gleichfalls sehr unterschiedliche Schicksale. So groß die Zahl der Ehrenpromotionen bei dem Jubiläum auch war – jede einzelne ist offenbar sorgfältig erwogen worden, und durchaus nicht jeder eingebrachte Antrag hatte Aussicht auf Erfolg. Weit über die Hälfte der Vorschläge ist nicht gebilligt worden.

Thomas Mann hat an der Jubelfeier der Universität – wie die meisten anderen bei dieser Gelegenheit mit dem Ehrendoktor ausgezeichneten Persönlichkeiten – nicht teilgenommen. Seitdem das Rheinland im Dezember 1918 von alliierten Truppen besetzt worden und durch Paßzwang vom übrigen Reichsgebiet abgeschnürt war, standen einer Reise nach Bonn erhebliche Schwierigkeiten entgegen. Während andere aus der Gruppe der neukreierten Ehrendoktoren vom Dekan

---

[36] Protokoll der Fakultätssitzung vom 23. Januar 1918 (UA, Akten der Philosophischen Fakultät der Universität Bonn betr. Fakultätssitzungen 1913–1931).

[37] Mitteilung von Prof. *Fitting* (†) an den Verfasser (1. Januar 1966). Die zeitliche Festlegung dieses Besuches von Thomas Mann in Bonn, über den bisher sonst nichts bekannt ist, bestimmt sich einerseits durch das Datum der Übernahme des Dekanats durch Prof. Fitting – 14. September 1918 (Fakultätsjournal, UA Bonn) – und andererseits durch die politisch-militärischen Ereignisse im Spätjahr 1918, die seit Revolutionsbeginn Anfang November eine Reise von München nach Bonn beträchtlich erschwert, seit dem Einrücken der alliierten Besatzungstruppen in Bonn während der ersten Dezembertage 1918 mit Sicherheit unmöglich gemacht haben. *Bürgin-Mayer*, S. 49 f. verzeichnen für die in Frage kommende Zeit keine Reise Thomas Manns.

[38] Protokoll der Fakultätssitzung vom 9. Juli 1919 (UA, Akten der Philosophischen Fakultät der Universität Bonn betr. Fakultätssitzungen 1913–1931). – Ob die immerhin auffallende Ablehnung von Gradenwitz auf „jenen stillen Antisemitismus, den man (auch unter den Professoren) mehr fühlen als deutlich wahrnehmen konnte" (W. *Kunkel*, Der Professor im Dritten Reich, in: Die deutsche Universität im Dritten Reich, München 1966, S. 109), zurückgeführt werden darf, muß dahingestellt bleiben.

der Fakultät telegraphisch benachrichtigt wurden, übernahm Litzmann dies bei Thomas Mann [39]. Das Diplom erhielt der Dichter im Lauf des Monats August vom Dekan durch die Post [40].

Die Urkunde rühmt Thomas Mann als „Dichter von großen Gaben, der in strenger Selbstzucht und beseelt von einem starken Verantwortungsgefühl aus innerstem Erleben das Bild unserer Zeit für Mit- und Nachwelt zum Kunstwerk gestaltet hat". Dem Elogium, das am 2. August bei der Verkündigung der Ehrenpromotionen verlesen wurde, war mehr Bewegungsfreiheit als dem auf knappe Diktion festgelegten Diplom verstattet. Es äußert sich umfassender, stellenweise auch im Gebrauch von Superlativen emphatischer [41]. Ihm zufolge ehrte die Fakultät in Thomas Mann den „deutschen Dichter von großen Gaben, der an die vornehmen Überlieferungen der Vergangenheit, wie sie vor allem Goethes Wesen und Wirken verkörpert, als Leitbild" anknüpfe. Dem oft diskutierten und Thomas Mann tief verhaßten Problem, ob der Romanautor Dichter oder Schriftsteller genannt zu werden verdiene, scheint diese Laudatio dadurch entschlüpfen zu wollen, daß sie dem Promovenden beide Bezeichnungen gibt. Sie sind jedoch im Einklang mit der auch sonst bezeugten Terminologie auf zwei verschiedene Seiten im Schaffen Thomas Manns zu beziehen: als Verfasser von Romanen und Novellen war er „Dichter", als Essayist und Kritiker „Schriftsteller". Er selbst machte eben in jener Zeit auch diesen Unterschied, indem er sein „Schriftstellern" scharf gegen „künstlerische Pläne" abhob [42]. Die Laudatio schließt mit dem rühmenden Urteil, Thomas Mann habe „Erscheinungsformen und Kräfte deutschen Wesens unserer Zeit zum Kunstwerk gestaltet und . . . vor allem in seinem Roman ‚Buddenbrooks' ein Werk geschaffen, . . . das nach seinem kulturgeschichtlichen Gehalt wie nach seiner dichterischen Form in Anschauung, Aufbau und Sprache von den besten Kräften deutscher Art und Kunst, die um die Wende des 19./20. Jahrhunderts lebendig waren, den kommenden Geschlechtern Kunde gibt".

Hiernach könnte es scheinen, daß Thomas Mann von der Philosophischen Fakultät der Universität Bonn 1919 als ein Autor geehrt wurde, der im Gefolge Goethes repräsentativ für Literatur und Gesellschaft der Jahrhundertwende in Deutschland gewesen war und dadurch künftigen Generationen als Traditionszeuge für das

---

[39] Thomas Mann erwähnt dies in seinem Dankschreiben vom 27. September 1919 an den Dekan; unten S. 371 f., Dok. 11. Das Telegramm erreichte den Dichter in Glücksburg, wo Otto Flake, der sich dort gleichfalls als Gast des Verlegers S. Fischer aufhielt, das Eintreffen miterlebte; vgl. O. *Flake*, Es wird Abend. Bericht aus einem langen Leben, [Gütersloh 1960], S. 286; *de Mendelssohn, Fischer*, S. 815.

[40] Th. Mann an E. Bertram, 22. August 1919 (*Jens*, S. 86).

[41] Das Elogium ist weder in den Fakultätsakten betr. Thomas Mann noch in dem amtlichen Bericht der Universitätschronik oder den Pressemeldungen und -artikeln über die Jubiläumsfeier enthalten. Es findet sich nur an versteckter Stelle: in einer Fußnote zu Litzmanns Ausführungen bei der Diskussion nach Bertrams Vortrag über die „Betrachtungen eines Unpolitischen" (*Mitteilungen* 11, 1917/18, S. 104, Anm. 1).

[42] Th. Mann an K. Martens, 26. Juni 1919 (*Briefe* I, S. 163).

34

dichterische Schaffen und die kulturgeschichtlichen Zustände jener Zeit wertvoll sein würde. Wie der Dichter sich elf Jahre später, als der Nobelpreis ihm gleichfalls unter ausschließlicher Berufung auf seine „Buddenbrooks" verliehen worden war, ironisch dazu äußerte, weil er doch nach dem berühmten Erstlingsroman einiges Weitere geleistet habe [43], hätte er auch schon 1919 die Begründung der Fakultät kritisch glossieren können. Die Frage drängt sich auf, ob die Ehrenpromotion Thomas Manns an der Bonner Universität im Sommer 1919 tatsächlich ein Akt literarhistorischer Huldigung für einen Autor war, dessen Schaffen – wie die offiziellen Begründungen auf den ersten Blick nahelegen – keinen Zusammenhang mit dem Gegenwartsleben des Bonner Jubiläumsjahres besaß. Der Hinweis in Elogium und Diplom auf das starke Verantwortungsgefühl des Dichters, die Aufnahme der Bezeichnung „Schriftsteller" in die Laudatio und mehr noch die gegenüber deren Text prägnantere Wendung, mit der die Urkunde davon spricht, Thomas Mann habe „das Bild unserer Zeit" zum Kunstwerk gestaltet, können freilich Zweifel wecken, ob lediglich historisch-retrospektive Motive für die Ehrung bestanden haben. Der Akzent, den die beiden Dokumente gerade dabei auf das „innerste Erleben" des Autors der mit der zuletzt erwähnten Anspielung gemeinten literarischen Produkte legen, muß ebenfalls stutzig machen. Trafen diese Kennzeichen wirklich alle auf „Buddenbrooks" oder die nicht genannten anderen Dichtungen Thomas Manns zu? Hatte er nicht auch Schriften veröffentlicht, die wie jene Romane und Novellen stärksten persönlichen Charakter trugen, von ihrem Urheber ebenso wie von der literarischen Kritik gleichfalls als Kunstwerke betrachtet wurden, aber weit stärker noch als jene Schöpfungen „Erscheinungsformen und Kräfte deutschen Wesens" der damaligen Zeit, ihrer „Gegenwart", sichtbar gemacht hatten? Um erkennen zu können, welcher Sinn der Bonner Ehrenpromotion Thomas Manns innewohnte, müssen wir den von Zeit, Ort und beteiligten Personen bestimmten Lebenszusammenhang als geschichtlich wirksame Voraussetzung des feierlichen Ereignisses betrachten.

So wichtig Litzmanns offenkundig hoher künstlerischer Respekt vor dem Dichter und die kritisch-ästhetische Beschäftigung mit dessen Werken in der „Literarhistorischen Gesellschaft" selbstverständlich gewesen sind – wir können uns nicht damit begnügen, sie allein als ausreichendes Motiv für die Verleihung des Dr. phil. h. c. an Thomas Mann zu betrachten. Hierzu muß uns schon der Umstand veranlassen, daß die Ehrenpromotion eines Dichters an der Bonner Universität ein höchst ungewöhnlicher Vorgang war.

In dieser Hinsicht besaß Thomas Mann nämlich nur einen einzigen Vorgänger,

---

[43] Lebensabriß (1930) (XI, S. 142, MK 119, S. 253). – Über die Ursache für die einseitige Hervorhebung von „Buddenbrooks" – die besondere Hochschätzung dieses Romans durch den bei der Nobelpreisverleihung sehr einflußreichen, von Thomas Manns politischer und künstlerischer Entwicklung nach 1919 und speziell dem „Zauberberg" aber enttäuschten schwedischen Kritiker Professor Böök – vgl. G. C. *Schoolfield*, Thomas Mann und Fredrik Böök (Deutsche Weltliteratur. Von Goethe bis Ingeborg Bachmann. Festgabe für J. Alan Pfeffer, Tübingen [1972]), S. 158 ff., besonders S. 165 ff.

den dithmarsischen Mundartdichter Klaus Groth (1819–1899) [44]. Ihm war die philosophische Doktorwürde hier im Jahre 1856 ehrenhalber verliehen worden. Es geschah auf Betreiben einer Gruppe von Professoren unter Führung von Friedrich Christoph Dahlmann (1785–1860) und Karl Simrock (1802–1876). In diesem Kreise hatte der Verfasser des „Quickborn", der sich 1855 vorübergehend in Bonn niedergelassen hatte, Freunde gefunden, die ihm zum Teil auch landsmannschaftlich eng verbunden waren. Ob Groth die Ehrung als Dichter empfing, war schon den Zeitgenossen zweifelhaft. Der Antrag an die Fakultät hebt nicht bloß die bedeutenden dichterischen, sondern sehr betont die sprachwissenschaftlichen Leistungen des Promovenden hervor. Offenbar sollte Groth, der nach Kiel weiterzog und sich dort, ohne einen akademischen Grad zu besitzen, habilitieren wollte, die hierfür unerläßliche Doktorwürde als Freundesgeschenk beim Abschied vom Rhein mit auf den Weg gegeben werden. Groths Ehrenpromotion kann daher unter jedem Aspekt nur mit großem Vorbehalt als ältere Parallele zu der über zwei Menschenalter später durch dieselbe Fakultät verliehenen gleichartigen Auszeichnung Thomas Manns betrachtet werden. Unter den Nächstbeteiligten wußte mindestens Litzmann von der Ehrenpromotion Klaus Groths. Aber er hat sich nicht auf sie als legitimierenden Präzedenzfall für den Akt von 1919 berufen, sondern in der Tatsache, daß einem Dichter bisher nur dies eine Mal an der Universität Bonn eine derartige Ehrung zuteil geworden war, ein Kriterium erblickt, welches die Seltenheit und damit den außerordentlichen Rang der Auszeichnung von Thomas Mann bestimmte [45]. Der tatsächlich ungewöhnliche Charakter, den dessen Ehrenpromotion besaß, wurde noch dadurch unterstrichen, daß sie bei der Hundertjahrfeier der Universität vorgenommen wurde. Akademische Ehrungen bei solchem Anlaß tragen häufig besonders akzentuierte, manchmal sogar ausgeprägt demonstrative Züge. Ihr stärkstes Gewicht erhielt die Verleihung der Ehrendoktorwürde an Thomas Mann aber durch die nicht bloß für die Bonner Hochschule gravierenden, jedoch hier besonders schwer empfundenen Umstände, unter denen das Jubiläum im Jahre 1919 begangen wurde.

Der Weltkrieg hatte soeben mit der militärischen Niederlage Deutschlands, dem Sturz der Monarchie und der Übernahme der Staatsgewalt durch eine sozialdemokratische Regierung geendet. Zum ersten Mal seit den Tagen Napoleons, dessen Scheitern einst den Hohenzollernstaat an den Rhein geführt und schließlich auch am Jahrestag der Schlacht bei Leipzig 1818 die Gründung der Universität nach sich gezogen hatte, standen feindliche Truppen im Lande [46]. Separationsbestrebungen, die von einem Teil der Besatzungsmächte mehr oder minder offen unterstützt wurden, bedrohten seine Zugehörigkeit zu Preußen und zum Deutschen Reich. Sie erlebten ebenso wie die dagegen gerichtete heftige

---

[44] Akten der Philosophischen Fakultät der Universität Bonn betr. die Ehrenpromotion von Klaus Groth (UA).

[45] *Mitteilungen* 11, 1917/18, S. 103 f.

[46] Zum Folgenden vgl. zuletzt R. *Morsey*, Die Rheinlande, Preußen und das Reich 1914 bis 1945 (Rheinische Vierteljahrsblätter 30, 1965, S. 176 ff.); K. D. *Erdmann*, Adenauer in der Rheinlandpolitik nach dem Ersten Weltkrieg, Stuttgart [1966].

Abwehr einen Höhepunkt im Sommer 1919. Am 28. Juni war der von den Siegern diktierte Friede unter demütigenden Umständen im Spiegelsaal des Schlosses zu Versailles unterzeichnet worden. Als seine Bedingungen im Mai bekannt geworden waren, hatte mit dem übrigen Deutschland auch Thomas Mann aufs schärfste „der Enttäuschung und dem Entsetzen über so viel schamlose Brutalität" und in kaum überbietbarer Weise seinem Abscheu gegen Clémenceau als Haupturheber eines solchen Schandwerks öffentlich Ausdruck verliehen [47]. In Weimar war am 31. Juli von der Nationalversammlung gegen die Stimmen der äußersten Linken sowie der Deutschnationalen und der Deutschen Volkspartei die neue Verfassung verabschiedet worden, die dem Deutschen Reich die parlamentarische Demokratie als politische Form der jungen, noch völlig ungefestigten Republik bescherte. Die Rheinische Friedrich-Wilhelms-Universität, die stolz darauf war, daß an ihr die Thronfolger des Hohenzollernhauses und andere königliche Prinzen seit drei Generationen immatrikuliert zu sein pflegten, hatte sich nie zuvor in ihrer an nationalpatriotischen Zügen reichen Geschichte so sehr als „eine positiv wirkende Festung" im Sinne ihrer Gründungszeit verstanden wie im Jahre 1919 [48]. Weite Kreise des deutschen Volkes, vor allem des Bürgertums und hierunter wieder besonders der Professoren und Studenten, konnten und wollten sich weder mit der militärischen Niederlage noch mit dem innenpolitischen Umsturz abfinden. Die „Kölnische Zeitung" bemerkte am Tage nach dem Universitätsjubiläum kritisch über die Weimarer Verfassung, diese trage – anders als ihr Schöpfer Hugo Preuß es ausgesprochen habe – im Gegensatz zu Bismarcks Werk wenig deutschen Geist; sie radikalisiere durch die Einführung der parlamentarischen Demokratie das Reich in einem Maße, wie es bisher noch bei keinem großen Kulturstaat geschehen sei [49]. Das Blatt wurde wohl in der Mehrzahl der Bonner Professorenhäuser gelesen und reflektierte die dort herrschende politische Gesinnung. Die gleiche starke Distanz gegenüber dem eingetretenen Wandel äußerte

---

[47] Thomas Mann zum Gewaltfrieden (datiert: Feldafing a. Starnbergersee den 21. Mai 1919) in: Correspondenz Kraft (Berlin), Jahrg. 1919, Nr. 11 vom 28. Mai 1919; danach Abdruck in der rechtsstehenden Berliner Zeitung Der Tag Nr. 246 vom 30. Mai 1919; vgl. *Bürgin* V, Nr. 112, wo keine weiteren Drucke erwähnt sind. Die Schlußsätze über Clémenceau fast wörtlich auch in Thomas Manns Brief an Ph. Witkop vom 12. Mai 1919 (*Briefe* I, S. 162).

[48] Das Zitat aus einer Denkschrift des preußischen Staatsrats J. W. Süvern von 1817; dazu die Bemerkung bei P. E. *Hübinger*, Das Historische Seminar der Rheinischen Friedrich-Wilhelms-Universität zu Bonn (Bonner Histor. Forschungen 20), Bonn 1963, S. 211, Anm. 130. – Anläßlich des Jubiläums der Universität schrieb der General-Anzeiger für Bonn ... in Nr. 10475 vom 4. August 1919: „Mehr noch als im vergangenen Jahre müssen wir heute angesichts der Entwicklung der Dinge im europäischen Völkerkonzert hervorheben, daß wir in unserer Bonner Hochschule einen festen Wall erblicken, der deutsche Kultur, deutsche Wissenschaft und deutschen Geist zu pflegen und zu schützen berufen ist". Schon in einer Eingabe, die Rektor und Senat der Universität am 21. November 1918 an das Kultusministerium im Zusammenhang mit der bevorstehenden Besetzung des Rheinlands durch Ententetruppen gerichtet hatten, kennzeichnete die Universität sich selbst als „Bollwerk deutscher Gesinnung gegenüber den voraussichtlichen Versuchen, die Bevölkerung für Frankreich zu stimmen"; G. *Fuchs*, Die Bonner Universität in der Besatzungszeit, [Bonn] 1935, S. 23.

[49] Leitartikel in: Kölnische Zeitung Nr. 670 vom 4. August 1919.

sich bei dem Jubiläum der Universität, vielleicht gerade wegen der Anwesenheit des sozialdemokratischen Kultusministers Haenisch. Schon die Auswahl des Tages, an dem die Festfeier stattfand, hatte unter den gegebenen Verhältnissen mehr als pietätvolle Bedeutung. Der offizielle Festredner der Universität, Professor Dyroff (1866–1943), Ordinarius für Philosophie, hatte Anfang des Jahres bei den Wahlen zur verfassunggebenden Preußischen Landesversammlung für die in offenem Gegensatz zur demokratisch-republikanischen Ordnung stehende Deutschnationale Volkspartei kandidiert [50]. Stärkste Reserve gegenüber den neuen Verhältnissen, enge Bindung an die gestürzte Monarchie zeigte sich vor allem in der Rede des Rektors Professor Zitelmann (1852–1923) und der Reaktion seiner Zuhörer bei dem Festakt [51]. Die Chronik der Hochschule verzeichnet, diese Ansprache sei einmal von minutenlangem Beifall der Versammlung unterbrochen worden, als nämlich der Rektor den gestürzten Monarchen, Wilhelm II., „in Ehrfurcht und tiefstem Mitgefühl" erwähnt und „dem erhabenen ehemaligen deutschen Kaiser ehrfurchtsvolle Grüße und zugleich die heißesten Wünsche für sein Wohl und das seines Hauses" in „seine tragische Einsamkeit" gesandt habe [52]. Dyroff war ein naher Freund Litzmanns [53]. Der Jurist Zitelmann gehörte zu dem Kreis von Verehrern Thomas Manns in Bonn, die dem Dichter auch persönlich nahestanden, ihm Gastfreundschaft gewährten, wenn er hierher kam, und „in gesellschaftlichem Wettbewerb mit Thomas Mann, zu Thomas Mann, für Thomas Mann einluden, wer ihm als Publikum willkommen sein konnte" [54]. Die Vermutung, daß die

---

[50] Dyroff steht an 8. Stelle des Wahlvorschlags der Deutschnationalen Volkspartei (Bekanntmachung des Wahlausschusses des Wahlkreises Nr. 20 Cöln–Aachen vom 20. Januar 1919 in: General-Anzeiger für Bonn ... Nr. 10298 vom 25. Januar 1919). – Bericht über Ausführungen Dyroffs in einer Wahlversammlung der Partei in: Bonner Zeitung Nr. 13 vom 13. Januar 1919.

[51] Die Bonner Universität. Rede gehalten bei der Feier ihres hundertjährigen Bestehens am 3. August 1919 vom derzeitigen Rektor Ernst *Zitelmann*, Bonn 1919. – Für die Lage in Bonn und an der Universität im Augenblick der Jubiläumsfeier vgl. auch das oben Anm. 48 zitierte Buch von *Fuchs*.

[52] *Chronik* 1919, 45, N. F. 34, 1920, S. 6. Die Zitate aus Zitelmanns Rede nach deren Druck, S. 9. Scharfe Kritik an den Ausführungen Zitelmanns, der „auch bei dieser Gelegenheit ... seine Eigenschaft als Rektor benutzte, um politische Momente aufzuwerfen", übten eine „Berto" gezeichnete Äußerung in: Deutsche Demokratische Zeitung (Bonn) Nr. 76 vom 5. August 1919 und die sozialdemokratische Rheinische Zeitung Nr. 174 vom 4. August 1919. – Noch viele Jahre später erinnerte die Bonner Zeitung Nr. 22 vom 27. Januar 1926 in einem Artikel zum Geburtstag des ehemaligen Kaisers beifällig an diesen Passus in der „geistsprühenden Rede" Zitelmanns.

[53] *Litzmann*, S. 388 nennt ihn unter den Bonner Kollegen, die ihm besonders freundschaftlich nahestanden; dazu häufige Erwähnungen in Litzmanns Briefen an den ebenfalls dort genannten Musikwissenschaftler L. Schiedermair. Im Dyroff-Nachlaß, den die Universitätsbibliothek Bonn besitzt, sind Briefe Litzmanns nicht erhalten, obwohl sie nachweislich existiert haben.

[54] Mitteilung von Prof. S. Behn (†), Bonn – in jener Zeit Hausgenosse Zitelmanns – vom 13. Februar 1965. – Schilderung einer derartigen Abendeinladung bei Litzmann durch den Augenzeugen O. *Brües*, S. 29, der unter den anwesenden Professoren Dyroff und L. Schiedermair nennt.

Ehrenpromotion von Thomas Mann über die in Diplom und Laudatio genannten Gründe hinaus von Erwägungen bestimmt gewesen sein könnte, denen die geschilderten Umstände Nahrung gaben, verdient näher geprüft zu werden.

Politische Motive können umso weniger ausgeschlossen werden, als sie um jene Zeit nachweislich auch sonst bei Ehrenpromotionen durch die Bonner Philosophische Fakultät eine Rolle gespielt haben. So war z. B. nur fünf Jahre vorher, im Oktober 1914, unter dem Eindruck der deutschen Waffenerfolge zu Beginn des Krieges auf Antrag der Naturwissenschaftler dem Chef der Familie und Firma Krupp die philosophische Doktorwürde ehrenhalber verliehen worden. Es geschah laut Diplom „in bewundernder Anerkennung der großartigen Leistungen der schweren Geschütze, welche die Firma Krupp in den Krieg gestellt hat, durch welche auch die stärksten Festungen in kurzer Zeit bezwungen werden, das Leben unserer Truppen geschont, der Widerstand der Feinde aber gebrochen wird" [55]. 1926 erhielt Hindenburg „am Tage des Besuchs des Reichspräsidenten in der befreiten Universität" – die nördliche rheinische Besatzungszone war fristgerecht von den früheren Kriegsalliierten geräumt worden – die Würde eines Doktors der Staatswissenschaften e. h. Sie wurde ihm als „dem vorbildlichen Deutschen, dem Lenker des Reichs in schwerer Zeit, dem Hüter der Einigkeit im Vaterland" verliehen [56]. Staatspolitisch-nationalpatriotische Beweggründe waren der Fakultät auch in dem dazwischenliegenden Jahr 1919 bei der Entscheidung über die anläßlich des Universitätsjubiläums zu verleihenden Ehrendoktorwürden nicht fremd geblieben. Unter den damals Ausgezeichneten befand sich der Rektor der Deutschen Universität in Prag, August Naegle (1869–1932). Er war Professor der Kirchengeschichte, und deren Förderung durch „reiche Verdienste" nannte das für ihn ausgestellte Diplom recht summarisch als einzigen Grund seiner Ehrung [57]. Naegles wissenschaftliche Leistung, die damals vorlag – Monographien über die Eucharistielehre des Kirchenvaters Johannes Chrysostomus und des karolingischen Theologen Ratramnus sowie eine Kirchengeschichte Böhmens von den Anfängen bis zum Jahre 1039 – konnte für seine Ehrenpromotion im Hinblick auf die sonst gestellten Ansprüche schwerlich maßgebend sein. Umso mehr hingegen bot dazu die führende Rolle ein Motiv, die Naegle – „mit nationaler Leidenschaft" und „durch Einseitigkeiten belastet", wie unlängst ein rückschauendes Urteil feststellte – nach dem Zusammenbruch der Habsburgermonarchie im Kampf der Deutschen gegen die tschechoslowakische Politik spielte [58]. Mindestens durch Zeitungsnach-

---

[55] Akten der Philosophischen Fakultät der Universität Bonn betr. Ehrenpromotion des Herrn Krupp v. Bohlen und Halbach (UA). – Der Dekan beeilte sich, von dem Beschluß auch Kaiser Wilhelm II. durch den Chef des Zivilkabinetts unterrichten zu lassen.

[56] Akten der Philosophischen Fakultät der Universität Bonn betr. Ehrenpromotion des Reichspräsidenten v. Hindenburg (UA).

[57] Akten der Philosophischen Fakultät der Universität Bonn betr. Ehrenpromotion des Herrn Dr. theol. August Naegle (UA). Hier auch die unten angeführten Äußerungen Naegles in seinen Dankschreiben an Rektor und Fakultät vom 22. August 1919.

[58] Über Naegle (1869–1932), dessen Ehrenpromotion am 9. Juli 1919 von der Fakultät einstimmig beschlossen worden ist, vgl. J. *Schleng*, Zeitschr. d. Savigny-Stiftung f. Rechtsgeschich-

richten war man in Bonn über Naegles Haltung informiert, nachdem hier in der örtlichen Presse die Erklärung mitgeteilt worden war, die er namens des akademischen Senats im Frühjahr 1919 anläßlich der Eidesleistung der Prager Universitätsangehörigen vor dem tschechoslowakischen Kultusminister abgegeben hatte [59]. Naegle selbst hat den ihm verliehenen Bonner Dr. phil. h. c. auch gewiß richtig als eine nicht seiner Person geltende Auszeichnung, sondern als nationale Demonstration verstanden. Er bezeichnete die Ehrenpromotion in seinem Dankschreiben als „Ausdruck der Anerkennung, den die ... rheinische Schwesteruniversität der ältesten auf dem Boden des ehemaligen römisch-deutschen Reiches geschaffenen Hochschule zollen wollte, gerade zu einer Zeit, da diese, umgeben und gefährdet von den ihr feindlichen slawischen Einflüssen, den schärfsten Kampf um ihre gesunde Weiterentwicklung, ja um ihre Existenz zu bestehen hat". Naegles Gelöbnis, daß die Prager Universität in aller Zukunft deutsch sein und bleiben solle, entspricht der nationalpatriotischen Absicht, die seiner Bonner Ehrenpromotion zugrunde lag.

Der Einfluß bestimmter politischer Erwägungen kann auch bei der durch die Bonner Philosophische Fakultät zum Jubiläum beschlossenen gleichen Auszeichnung für den Berliner Juristen Geheimrat Professor Dr. Wilhelm Kahl (1849–1932) und den katholischen Theologen Professor Dr. Josef Mausbach (1861–1931) von der Universität Münster teils nachgewiesen, teils wahrscheinlich gemacht werden [60].

---

te, Kanonist. Abt. 22, 1933, S. 464 ff.; A. *Becker*, August Naegle, ein Vorkämpfer des deutschen Gedankens (Geist der Zeit. Wesen und Gestalt der Völker, N. F. von „Hochschule und Ausland" 15. Jahrg. 1937, S. 769 ff.); K. *Hilgenreiner*, Lexikon für Theologie und Kirche 7, 1935, Sp. 429 f.; F. *Seibt*, ebd. 7, [2]1962, Sp. 776 (mit falschem Geburtsjahr 1863); dort das erwähnte Urteil. Naegle hat sich selbst über die bewegten Vorgänge der Prager Universitätsgeschichte, an denen er führend Anteil hatte, geäußert: A. *Naegle*, Die deutsche Universität Prag nach dem Umsturz vom 28. 10. 1918, Prag 1921.

[59] Die Meldung steht in: Bonner Zeitung Nr. 122 vom 3. Mai 1919. Es heißt darin u. a., Naegle habe das Verlangen geäußert, die Universität Prag solle in deutschböhmisches Siedlungsgebiet verlegt werden, um ihren deutschen Charakter unter allen Umständen zu sichern. – Abdruck der Erklärung sowie einer früheren, am 29. Oktober 1918, tags nach Ausrufung der tschechoslowakischen Republik, von Naegle veröffentlichten Resolution bei A. *Kindermann*, Das Prager Intermezzo (ius et salus animarum. Festschrift für B. Panzram, hrsg. von U. *Mosiek* und H. *Zapp*, Freiburg [1972]), S. 12 f.

[60] Über Kahl (1849–1932) vgl. M. *Alsberg*, Wilhelm Kahl, Berlin 1929; C. *Wunderlich*, Wilhelm Kahl †. Ein Gedenkwort (Deutsche Juristenzeitung 37, 1932, S. 696 ff.); H. *Liermann*, Die Religion in Geschichte und Gegenwart 3, [3]1959, Sp. 1088 f.; K. *Töpner*, Gelehrte Politiker und politisierende Gelehrte. Die Revolution von 1918 im Urteil deutscher Hochschullehrer (Veröff. d. Gesellsch. f. Geistesgeschichte 5), Göttingen [1970], S. 70 ff. – Über Mausbach (1861–1931): G. *Schreiber*, Lexikon für Theologie und Kirche 7, [2]1962, Sp. 199 f.; E. *Hegel*, Geschichte der katholisch-theologischen Fakultät Münster 1773–1964 I, Münster [1966], S. 348 ff.; über Mausbachs Mitarbeit an der Reichsverfassung von 1919 ebd. S. 437 ff.; *Töpner*, S. 148 ff. u. ö. – Die Akten über die beiden Ehrenpromotionen im UA Bonn. Kahls Ehrenpromotion war in der Fakultätssitzung vom 9. Juli 1919 zunächst mit einer Gegenstimme und einer Enthaltung abgelehnt, in der Sitzung vom 16. Juli jedoch einstimmig angenommen worden; Mausbachs Ehrenpromotion war in der Sitzung vom 9. Juli 1919 bei drei Stimmenthaltungen beschlossen worden (vgl. die betr. Protokolle in dem oben Anm. 31 zitierten Aktenband).

Beide Gelehrte hatten zweifellos erhebliche wissenschaftliche Verdienste, die in den für sie bestimmten Diplomen auch näher bezeichnet sind, um die Ehrenpromotion zu begründen. Kahl stand außerdem zur Rheinischen Friedrich-Wilhelms-Universität auf Grund langjähriger Mitgliedschaft in ihrem Lehrkörper in naher persönlicher Beziehung. Die für ihn ausgestellte Urkunde enthält aber auch einen Hinweis auf seinen Anteil an Erörterungen über die „Frage der Universitätsreform". Diese beschäftigte und beunruhigte die Hochschulen nach dem Umsturz von 1918 erheblich, denn es ging dabei vor allem darum, ob die überlieferte Ordinarienoligarchie in Fakultäten und Senaten ungeschmälert beibehalten werden könne. Die auf Kahls Stellungnahme zu dieser Frage bezügliche Andeutung in dem Diplom kann nur als Eingeständnis betrachtet werden, daß neben wissenschaftlichen Gründen zugleich kultur- und hochschulpolitische Motive bei seiner Ehrung mitgesprochen haben. Kahl und Mausbach, in dessen Promotionsurkunde nur von wissenschaftlichen und kulturphilosophischen Leistungen die Rede ist, hatten aber soeben auch als Mitglieder der Nationalversammlung bei den Verhandlungen in Weimar maßgeblichen, von den Universitäten dankbar empfundenen Einfluß auf die kulturpolitischen Artikel der Reichsverfassung ausgeübt, die unter anderem die Freiheit von Forschung und Lehre sicherstellten. Kahl spielte eine führende Rolle in der Deutschen Volkspartei, der ehemaligen Nationalliberalen Partei; Mausbach gehörte dem Zentrum an. Es waren die beiden politischen Gruppen, welchen 1919 zahlreiche Ordinarien der Bonner Philosophischen Fakultät nahegestanden haben dürften, soweit sie nicht überhaupt – wie nachweislich Litzmann und Dyroff – rechts von der Deutschen Volkspartei ihre politische Heimat sahen. Nach alledem muß die Möglichkeit, daß Beweggründe vorwissenschaftlicher und metaästhetischer Art auch bei Thomas Manns Ehrenpromotion eine Rolle gespielt haben, ernsthaft in Betracht gezogen werden. Sie rückt in den Bereich der an Gewißheit grenzenden Wahrscheinlichkeit, wenn man sich die Persönlichkeit ihres Urhebers Berthold Litzmann und verschiedene weitere Umstände näher vergegenwärtigt, die mit der akademischen Auszeichnung des „Buddenbrooks"-Dichters zusammenhängen.

Litzmann, eine gefühlsstarke, aktivistische Natur, war ein enthusiastischer Bismarck- und Treitschke-Verehrer. Ursprünglich stramm nationalliberal, betätigte er sich früh emsig im Bonner Liberalen Bürgerverein als dem „Rückhalt und... Mittelpunkt aller Nationalgesinnten" [61] in der Stadt. Während des Weltkrieges war er „bis zum letzten Augenblick" ein Führer der 1917 gegründeten nationali-

---

[61] *Litzmann*, S. 346 mit eingehender Schilderung seiner politischen Überzeugung und Wirksamkeit innerhalb der von ihm als „Konzentration der Intelligenz und der Wohlhabenheit" gekennzeichneten „Minorität", die dank des Dreiklassenwahlrechts in der Stadtverordnetenversammlung die Majorität besaß. Den Vorsitz im Liberalen Bürgerverein hatte kurz nach Litzmanns Eintritt der damals in Bonn tätige Kahl übernommen; von Ende 1898 bis Ende 1900 war Litzmann Vorsitzender des Vereins, über den jetzt H. J. *Horn*, Die politischen Strömungen in der Stadt Bonn, in Bonn-Land und im Kreis Rheinbach von 1879–1900, Bonner phil. Diss. 1968, S. 33 ff. zu vergleichen ist.

stisch-annexionistischen Deutschen Vaterlandspartei [62] und deswegen „vom Kampf umtobt" gewesen [63]. 1919 hielt er sich dementsprechend zu den Deutschnationalen. Von ihnen trennte er sich allerdings einige Zeit später, als er sich – in zweiter Ehe mit einer Frau jüdischer Herkunft verheiratet – mit der Ablehnung antisemitischer Tendenzen nicht durchsetzen konnte [64]. Zahlreiche Selbstzeugnisse von Litzmann lassen über viele Jahrzehnte hinweg seine sonst unwandelbare politische Gesinnung erkennen. Typischer Epigone des politischen Professorentums seiner Vätergeneration, wollte er in Hörsaal und Seminar „Soldat des Geistes" sein [65]. „Ein alter Feldoberst, die Adern voll Fähnrichsblut" – so charakterisierte ihn einer

---

[62] *Litzmann*, S. 396.

[63] So der Nachruf auf Litzmann in: Deutsche Reichszeitung Nr. 239 vom 15. Oktober 1926. – Man erinnert sich der Charakterisierung einer Persönlichkeit bei H. *Hesse*, Der Steppenwolf: „. . . er ist, wie die Professoren fast alle, ein großer Patriot und hat während des Krieges brav mitgeholfen, das Volk anzulügen – im besten Glauben, natürlich" (DTV – Ausgabe 1963, S. 73); ähnlich schon St. George über den politischen Geistesverwandten Litzmanns, den Berliner Germanisten Gustav Roethe im Jahr 1914: „Auch ein Kulturträger, der aus ‚bester Absicht' heraus das wirkliche Unheil erzeugen half und weiternährt"; St. *George–F. Gundolf*, Briefwechsel, München–Düsseldorf 1962, S. 267.

[64] C. *Enders* in seinem Nachruf auf Litzmann (*Chronik* 1925/26, 51, N. F. 40, 1927), S. 39. Die Partei ist dort nicht genannt, doch ist nicht zweifelhaft, daß es sich um die Deutschnationale Volkspartei gehandelt hat, da einerseits Litzmann für sie zunächst als Redner aufgetreten ist – vgl. Bonner Zeitung Nr. 159 vom 10. Juni 1919 – anderseits diese Partei, die ursprünglich keine Stellung zur Judenfrage genommen hatte, 1920 die „Bekämpfung der Judenherrschaft" in ihr Parteiprogramm aufgenommen hat; vgl. G. L. *Mosse*, Die deutsche Rechte und die Juden (Entscheidungsjahr 1932. Zur Judenfrage in der Endphase der Weimarer Republik, hrsg. v. W. E. *Mosse* [Schriftenreihe wissenschaftlicher Abhandlungen des Leo-Baeck-Instituts 13], Tübingen 1965), S. 227 f. – Die Ehe mit einer Jüdin und sein Eintreten für die Errichtung eines Heine-Denkmals in Düsseldorf trugen Litzmann später ein, in das grobschlächtig antisemitische Nachschlagewerk Sigilla veri (Ph. *Stauff*'s Semi-Kürschner) 4, [Erfurt] ²1931, S. 32 aufgenommen und dort als „bi-mental und zwiespältig" charakterisiert zu werden. Das geistige Niveau des Buches wird durch nichts besser als den Satz gekennzeichnet, der sich S. 302 in dem Beitrag über Thomas Mann findet: „Wo von Synthese die Rede ist, weiß jeder Kundige, daß was Jüdisches dahinterstecken muß".

[65] So nannte Ernst Bertram ihn in seiner Gedenkrede bei der Trauerfeier des Bonner Germanistischen Seminars nach dem „Dr. H. [*einrich*] L. [*ützeler*]" gezeichneten Bericht der Deutschen Reichszeitung Nr. 289 vom 16. Dezember 1926. Ein weiterer ausführlicher Bericht über die für Litzmann wie für Bertram gleich bezeichnende Rede in „Bonner Zeitung" Nr. 293 vom selben Tage erwähnt Bertrams Urteil über die Schlußworte in Litzmanns Bonner Abschiedsvorlesung: „wahrhafte Worte eines Kämpfers und guten Soldaten". Diese Schlußworte lauten: „In diesem Zeichen:

Sich selber treu sein
Im Unglück stark sein
Allezeit deutsch sein

werden Sie schließlich dennoch siegen ‚und wenn die Welt voll Teufel wär'. In diesem Zeichen segne ich Ihnen zum Abschied, zum letztenmal die Waffen. Vorwärts! Glück auf!" Vgl. B. *Litzmann*, Abschied vom akademischen Lehramt. Vorlesung gehalten am 28. Juli 1921 an der Universität Bonn (Die Westmark 1, 1921), S. 784. Der Dreizeiler findet sich auch im Faksimile von Litzmanns Handschrift unter dem der Autobiographie als Titelbild vorangestellten Porträt des Autors.

seiner treuen Schüler [66]. Als Litzmann 1906 die Eröffnungsrede beim Arbeitsbeginn der „Literarhistorischen Gesellschaft" hielt, stellte er dieser als Ziel „wirkliche Bildung". Darunter verstand er die „Verwertung des theoretischen Wissens für positiv praktische Kulturarbeit", da „wir Deutschen ... doch selbst einer eigentlichen nationalen Kultur in dem Sinne, wie man von einer englischen und französischen Kultur sprechen kann", entbehren [67]. Um dahin zu gelangen, schwebte Litzmann „so etwas vor, wie der Gedanke einer allgemeinen geistigen Wehrpflicht, eines Volksheers, in dem jeder seine Waffe tragen und mit kämpfen soll". „Auch hier" komme es „auf eine wohldisziplinierte Armee kriegstüchtiger Feldsoldaten an, d. h. auf ganze Menschen, nicht auf solche, die nur Ästheten sind" [68]. Die jahrelange und planmäßige Schulung auf geistigem Gebiet, durch die jeder lernen solle, „mit der Waffe umgehen" zu können, erschien Litzmann als „nationale Pflicht" [69]. Wenn es wenig später heißt, Veranstaltungen der Gesellschaft setzten einen Hörerkreis voraus, der willens und fähig sei, „Kunst um ihrer selbst willen zu pflegen" [70], so ist dies so zu verstehen, daß eine solche im Geschmack der Zeit des l'art pour l'art liegende Beschäftigung mit literarischen Kunstwerken dennoch nicht als Selbstzweck aufgefaßt wurde, sondern als ein Beitrag zu Bestrebungen, die – wie Litzmann 1907 sagte – „wir in der Gegenwart und Zukunft brauchen, um als Weltmacht uns zu behaupten und als Kulturvolk zu wachsen" [71]. Der Ausgleich zwischen dem bewunderten Machtstaat und der als Verpflichtung empfundenen Welt des Geistes, zwischen Potsdam und Weimar, war nach der Reichsgründung von 1871 für viele Angehörige des gebildeten Bürgertums in Deutschland ein ernstes Problem, weil sie empfanden, die Ausübung von Macht und der Anspruch auf politische Vorherrschaft ohne geistige Grundlage und kulturelle Leistung seien pure Rohheit. Auch Thomas Mann gehörte zu ihnen. Litzmann suchte diesen Ausgleich auf Wegen, die es schwer verständlich erscheinen lassen, daß ihm von manchen Zeitgenossen Ästhetizismus vorgeworfen werden konnte. Ernst Bertram, der ihm besonders nahe gestanden hat, rühmte später bei der Bonner Totenfeier für seinen Lehrer, dieser habe „Wissenschaft aus Gesinnung" vermittelt, weil er immer an das Wort seines Lehrers Scherer dachte: „Die deutsche Philologie ist eine Toch-

---

[66] O. Brües, Berthold Litzmann (1926).

[67] Mitteilungen 1, 1906, S. 9 f.; für alles Folgende auch Litzmann, S. 340 ff.

[68] Mitteilungen 1, 1906, S. 13 f. – Zu der späteren Verwendung militärischer Terminologie in der Germanistik vgl. W. Dahle, Der Einsatz einer Wissenschaft (Abhandlungen zur Kunst- und Literaturwissenschaft 71), Bonn 1969. Es vermittelt ein einseitiges Bild, wenn das Blickfeld auf die Germanistik beschränkt bleibt. Schließlich hatten die Bauern im nationalsozialistischen Deutschland alljährlich eine „Erzeugungsschlacht" zu liefern und der „Reichsbischof" schuf in seinem Amt die Stelle für einen „Chef des Stabes".

[69] Mitteilungen 1, 1906, S. 13 f.

[70] Ebd. S. 20.

[71] Die Wendung gebrauchte Litzmann in der Diskussion nach dem Referat von Fritz Ohmann über „C. F. Meyers dichterisches Schaffen" (Mitteilungen 2, 1907, S. 128). In Ohmanns Entgegnung heißt es: „Ich ... weiß nicht ..., ob ich bei meinem Verhältnis zu Meyers Kunst das nationale Element jemals so mitfühlen kann" (ebd. S. 129).

ter des nationalen Enthusiasmus,... eine... Dienerin der Nation" [72]. Wirklich besaßen nationalpatriotische Wertmaßstäbe für Litzmann den Vorrang vor ästhetisch-literarischen Kategorien [73]. An Detlev v. Liliencron schätzte er den „Urlaut von Männlichkeit und mannhafter Kampffreude", „schwingendes Jauchzen vaterländischer und kriegerischer Begeisterung" [74]; bei Hermann Hesse beanstandete er den Mangel an politischem Interesse [75]. Gerhart Hauptmanns „Festspiel in deutschen Reimen" zur Jahrhundertfeier der Freiheitskriege aber verurteilte er leidenschaftlich als „Bankerott nationaler Dichtung an einem Ehrentage der Nation" [76]. Während im Kreis der jüngeren Mitglieder der „Literarhistorischen Gesellschaft" Verständnis für die hinter dem Stück stehende Geschichtsauffassung laut wurde und einer der Teilnehmer bekannte, der durch die Lektüre erlittene geistige Schock habe ihn eher zur Einkehr bei sich selbst als zur entrüsteten Absage an den Dichter gestimmt, wandte Litzmann, den deswegen „verzweifelter Schmerz" erfüllte [77], sich scharf gegen Hauptmann. „Daß Hauptmann ein Anhänger der Friedensbewegung ist, wissen wir alle. Wir wissen, daß er der Träger des Nobelpreises ist und wissen damit, daß er innerlich dem Geist dieser Tage, der zum ‚frischen fröhlichen Jagen' aufruft, fremd, ablehnend gegenübersteht". Empört wetterte Litzmann gegen den „antinationalen Snobismus... in seiner gespreizten Wichtig-

---

[72] Nach dem oben Anm. 65 zitierten Bericht in: Deutsche Reichszeitung. Das Scherer-Zitat in: Wissenschaftliche Pflichten. Aus einer Vorlesung Wilhelm Scherers (Euphorion 1, 1894, S. 1). Zu Scherer vgl. jetzt F. *Greß*, Germanistik und Politik. Kritische Beiträge zur Geschichte einer nationalen Wissenschaft, [Stuttgart – Bad Cannstatt] 1971, S. 31 ff. – Schon 1892/93 hat ein Schüler Litzmanns von ihm gerühmt, er habe in den Vorlesungen nicht nur Kenntnisse überliefert, sondern auch Gesinnungen mitgeteilt, wie *Litzmann*, S. 351 stolz berichtet. In dem oben Anm. 66 zitierten Nachruf heißt es, wenn auch Litzmann „seinen Schülern nie die Kenntnisse erließ, es kam ihm auf das Bekenntnis an".

[73] Vgl. jetzt auch die Charakterisierung Litzmanns und seines 1894 zuerst erschienenen Buches „Das deutsche Drama in den litterarischen Bewegungen der Gegenwart" bei W. *Müller-Seidel*, Fontane und Bismarck (Nationalismus in Germanistik und Dichtung, [Berlin 1967]), S. 171 f., Anm. 5. – Die übrigen, in diesem Bande enthaltenen Abhandlungen, die sich kritisch mit den nationalistischen und nationalsozialistischen Sünden der deutschen Germanistik befassen, gehen auf die in der wilhelminischen Zeit liegenden Erscheinungen der Literaturwissenschaft nicht ein.

[74] B. *Litzmann*, Detlev von Liliencron (*Mitteilungen* 6, 1910, S. 171 ff.), S. 188.

[75] *Mitteilungen* 5, 1910, S. 31.

[76] Hierzu und zu den folgenden, nach Anm. 77 aufgeführten wörtlichen Äußerungen Litzmanns vgl. die Erörterungen im Anschluß an das Referat von Frau Grete *Litzmann* in: *Mitteilungen* 8, 1913, S. 88 ff., besonders S. 102 ff. Auf die Diskussion und die von Litzmanns Ausführungen erzeugte Wirkung bei den Teilnehmern kommt *Litzmann*, S. 394 zehn Jahre später in unverändert gleicher Gesinnung zurück. Kurz darauf erinnerte sich der Völkische Beobachter – Nr. 13 vom 11. April 1925 – anklägerisch „des von aller Poesie verlassenen und jeglichen nationalen Empfindens baren Festspiels..., das Gerhart Hauptmann anläßlich der Jahrhundertfeier der Befreiungs-Kriege ... schrieb". Über die – schließlich zum Verbot weiterer Aufführungen des „Festspiels" führenden — Auseinandersetzungen, die Hauptmanns Werk 1913 auslöste, vgl. H.-E. *Haß*, Weltspiel und Todesmysterium (in der Propyläen-Textausgabe von G. *Hauptmann*, Festspiel in deutschen Reimen — Die Finsternisse [Berlin 1963], S. 87 ff.; *de Mendelssohn, Fischer*, S. 639 f.

[77] So schildert *Litzmann*, S. 394 selbst seine Gefühle.

tuerei" und die „Ästheten..., die in der Selbstbespiegelung des eigenen Ich den Daseinszweck der Menschheit erblicken", jedoch „eine Dichtung, die die Freude am Vaterland weckt und ... die Errungenschaften, welche ein Volk stark und groß machen, ... verherrlicht ..., von vornherein als Tendenzdichtung, als minderwertig ablehnen". Bei dieser Philippika griff Litzmann auf einen Abschnitt seiner damals in Druck gegangenen Biographie Ernst v. Wildenbruchs zurück. Diesen verehrte er als großen deutschen Dichter, weil sich „in ihm und seinem Werke... die edelsten, stärksten und vornehmsten Triebe" der Reichsgründungs-zeit verkörperten, auf die Litzmann als heroisches Zeitalter zurückblickte: „Willensstärke, Selbstvertrauen, Schwungkraft der Seele ... jenes tatenfreudigen Geschlechts" [78]. Dreißig Jahre bevor Litzmann Thomas Mann zur Ehrenpromo-tion in Bonn vorschlug, hatte er für Wildenbruch die Ehrendoktorwürde einer Philosophischen Fakultät erfolgreich beantragt, 1889 in Jena beim Hundertjahr-gedächtnis von Schillers Antrittsvorlesung als Professor der Geschichte. Es geschah mit der bezeichnenden Begründung, der „poeta excellentissimus" habe nicht bloß „ad superioris artis studium", sondern ebenso „ad sanctum patriae amorem" entflammt [79].

Der Ausgang des Krieges, der Sturz der Hohenzollernmonarchie und die Über-nahme der Regierung durch Männer einer Partei, deren Angehörige ebenso wie die „Ultramontanen" Litzmann unentwegt als „Reichsfeinde" betrachtete [80], trafen einen Mann von so gearteter „vaterländischer Ausrichtung" [81] aufs schwerste. Aus seiner Feindschaft gegen den Geist von Weimar des Jahres 1919 machte er keinen Hehl [82]; von verräterischem Treiben als Ursache der deutschen Niederlage war er fest überzeugt [83]; als „glühender Kämpfer für Preußens und Deutschlands Ehre" brach er – wie 1926 die amtliche Todesanzeige der Universität von ihm sagte – „nun unter dem Anblick der schwarzen und gelben Besatzungssoldaten fast zusammen" [84]. Wenn Litzmann 1919 in einem Augenblick, da für ihn „die dunkelsten Tage der deutschen Geschichte" gekommen waren und ihm – so schrieb er – „vor Scham und Gram fast das Herz brach" [85], Thomas Mann der gleichen akademischen Ehrung für würdig hielt, die er in strahlenderen Zeiten Ernst v. Wildenbruch verschafft hatte, so bewog gerade ihn dazu sicher nicht in erster Linie ein literarästhetisches Urteil, sondern die gleiche Überzeugung, die ihn im Ver-fasser der „Quitzows" einen Repräsentanten der nationalen Weltanschauung hochschätzen ließ. Bei älteren Mitgliedern der Bonner Philosophischen Fakultät war noch 1945 die Erinnerung daran nicht verblaßt, daß Litzmann 1919 ein lei-

[78] *Mitteilungen* 5, 1910, S. 122.
[79] *Litzmann*, S. 300.
[80] Ebd., S. 347.
[81] *Schiedermair*, S. 136.
[82] *Litzmann*, S. 272.
[83] Ebd., S. 395.
[84] Akten der Philosophischen Fakultät der Universität Bonn betr. Prof. Litzmann (UA).
[85] Litzmann an Dr. C. Enders, 8. Mai 1919 (im Besitz von Herrn Herbert Grundmann, Bonn).

denschaftlicher Protagonist dieser Weltanschauung und damit das Haupt einer bestimmten einflußreichen Gruppe unter den Professoren gewesen ist [86].

Bot aber der Dichter der „Buddenbrooks" und des „Tonio Kröger", von „Königliche Hoheit" und „Tod in Venedig" Anlaß dazu, ihm aus derartigen Motiven den Bonner philosophischen Ehrendoktor zu verleihen? Die Frage beantwortet sich ohne weiteres durch den Hinweis auf vielfältige politische und literarische Äußerungen, die „im Banne der Wilhelminischen Staatsräson" seit den ersten Augusttagen 1914 bis zum Ende des Krieges und noch einige Zeit danach aus Thomas Manns Feder geflossen sind, vor allem die „Betrachtungen eines Unpolitischen", die – unzeitgemäß genug – noch im Oktober 1918 erschienen, als die Niederlage und fast auch schon der Untergang der Monarchie für Deutschland besiegelt waren. Kurt Martens, einer der wenigen Duzfreunde Thomas Manns, nannte dieses Buch im Augenblick des Erscheinens eine „Gedächtnistafel der im Ausland nie recht begriffenen konservativen Untertanen-Gesinnung weiter Kreise unseres Volkes" [87], Egon Friedell sogar „das Manifest eines stockreaktionären Geistes oder – eines Fortschrittlers von übermorgen" [88]. Der nationale „Schicksalsrausch" [89] des wilhelminischen Deutschland: tiefe Verachtung gegenüber der „Demokratie", die für unvereinbar mit dem Deutschtum und in ihrer parlamentarischen Form geradezu als „unnationaler Allerweltspopanz" erklärt wird, Abscheu vor der – nach Ansicht des Autors – nur aus den Idealen von 1789 gespeisten „Politik" als einem durch und durch schmutzigen Bereich, wo der wahrhaft geistige Mensch nichts verloren habe, Lobpreis des Krieges als seelischen Gesundbrunnen, ausgeprägte Gallophobie und bitterer Zivilisationshaß, endlich im Zeichen deutschen Weltberufs die schwerwiegende Gleichsetzung von konservativ, national und kulturschöpferisch, mit einem Wort: die um der geistigen Profilierung und Fundierung des deutschen Machtstaates willen vollzogene Selbstverbannung Deutschlands aus der durch naturrechtliche und humanitäre Vorstellungen des Aufklärungszeitalters sowie lateinischen Geist geprägten Welt draußen, „il dissidio

---

[86] Prof. S. Behn an den Rektor der Universität, 24. November 1945: „Was nützt es uns, die Nazis auszumerzen, wenn statt dessen so etwas wie der Stahlhelm nachrückt – siehe Gruppe Litzmann 1919?" (Akten der Nachrichtenkommission der Universität Bonn, UA).

[87] K. *Martens*, Schonungslose Lebenschronik II, Wien 1924, S. 178. Münchner Neueste Nachrichten Nr. 513 vom 10. Oktober 1918; dazu Th. Mann an K. Martens, 11. September 1918: „Ich muß wünschen, daß man das Buch im rechten Sinn und Geiste liest, d. h. nicht eigentlich als Buch, welches irgendwie führen und zu Meinungen überreden will, sondern als Roman, als die Darstellung eines bewußt erlebten und dabei schon innerlich distanzierter geistigen Schicksals". (*Briefe* I, S. 147); ebenso am gleichen Tag an Adele Gerhard (ebd. S. 148). – Thomas Manns Unzufriedenheit mit der Besprechung von Martens äußert sich in seinem Brief vom 10. Oktober 1918 an Bertram (*Jens*, S. 80). – Für die Duzfreundschaft Thomas Manns mit Martens und die Seltenheit derartiger Beziehungen im Leben des Dichters vgl. „Lebensabriß" (XI, S. 108; MK 119, S. 227).

[88] E. *Friedell*, Die Betrachtungen eines Unpolitischen (Neues Wiener Journal Nr. 9105 vom 9. März 1919); im Wiederabdruck bei *Schröter*, Urteil, S. 85, Nr. 36.

[89] „Lebensabriß" (XI, S. 128; MK 119, S. 242).

spirituale della Germania con l'Europa", wie Benedetto Croce den komplexen Vorgang bezeichnet hat, waren in diesem Buch kodifiziert [90]. So hatte es eben durch den Philosophen Arthur Drews eine begeisterte, die vaterländische Bedeutung von Thomas Manns Ausführungen beziehungsvoll unterstreichende Rezension erfahren. Sie erschien im Aprilheft der „Preußischen Jahrbücher", dem bevorzugten Professorenorgan, das die nationalliberalen Traditionen der Bismarckzeit bewahrte [91]. Drews lobte den Autor, weil er nicht bloß eine klare Absage an die

---

[90] Die Formulierung Croces bildet den Titel einer Schrift, die unter dem wesentlich anderen Titel „Europa und Deutschland", Bern 1946, in deutscher Übersetzung veröffentlicht worden ist. Zu den „Betrachtungen eines Unpolitischen" vgl. zuletzt E. *Keller*, Der unpolitische Deutsche. Eine Studie zu den „Betrachtungen eines Unpolitischen" von Thomas Mann, Bern–München [1965]; A. *Banuls*, Thomas Mann und sein Bruder Heinrich, Stuttgart [1968], bes. S. 24 ff.; R. *Karst*, Thomas Mann oder der deutsche Zwiespalt, Wien–München–Zürich [1970], S. 79 ff.; E. *Keller*, Nationalismus und Literatur, Bern und München [1970], S. 96 ff. u. ö.; F. *Albrecht*, Deutsche *Schriftsteller* in der Entscheidung. Wege zur Arbeiterklasse 1918–1933 (Beiträge zur Geschichte der deutschen sozialistischen Literatur im 20. Jahrhundert, Bd. 2), Berlin–Weimar 1970, S. 40. f.; H. *Mayer*, Thomas Mann. Zur politischen Entwicklung eines Unpolitischen (in: Der Repräsentant und der Märtyrer. Konstellationen der Literatur [edition suhrkamp 463, Frankfurt/M. 1971], S. 65 ff.). – Von voraufgegangenen Arbeiten sind zu nennen: M. *Flinker*, Thomas Manns politische Betrachtungen im Lichte der heutigen Zeit, 's Gravenhage 1959; K. *Sontheimer*, Thomas Mann und die Deutschen, München [1961], bes. S. 31 ff.; *ders.*, Thomas Mann als politischer *Schriftsteller* (Vierteljahrshefte für Zeitgeschichte 6, 1958, S. 1 ff.); B. *Richter*, Thomas Manns Stellung zu Deutschlands Weg in die Katastrophe, maschschr. phil. Diss. Freie Universität Berlin, 1960, bes. S. 64 ff. Diese Arbeit enthält an verschiedenen Stellen Wiedergaben mündlicher Selbstkommentare Thomas Manns aus Gesprächen mit dem Verfasser. Thomas Mann selbst bezeichnete den Aufsatz von M. *Rychner* „Thomas Mann und die Politik" (oben S. 29, Anm. 20) als „kluge hochstehende Arbeit", fand ihn aber „kritisch übertroffen" durch A. *Andersch*, Mit den Augen des Westens: Thomas Mann als Politiker (Texte und Zeichen 1, 1955, S. 85 ff.; Wiederabdruck in A. *Andersch*, Die Blindheit des Kunstwerks und andere Aufsätze, [edition suhrkamp 133, Frankfurt/M. 1965], S. 41 ff., erneut in: Norden und Süden rechts und links, Zürich 1972, S. 111 ff.), vgl. Th. Mann an G. Devescovi, 1. Mai 1955 (*Briefe* III, S. 936). – Knapp und kritisch abgewogen äußert sich über die politischen Schriften Thomas Manns G. *Mann*, Deutsche Geschichte des neunzehnten und zwanzigsten Jahrhunderts, [Frankfurt/M. 1958], S. 702 ff.; scharf kritisch und zugleich in Auseinandersetzung mit den als „modulierte Selbstportraits" bezeichneten retrospektiven oder eine augenblickliche Situation interpretierenden Eigenzeugnissen Thomas Manns über den Wandel seiner politischen Haltung K. *Schröter* im Nachwort zu der von ihm herausgegebenen Sammlung „Thomas Mann im *Urteil* seiner Zeit", S. 454 ff.

[91] Preußische Jahrbücher 176, 1919, S. 131 ff. – Thomas Mann bemerkt in einem Brief an K. Strecker vom 31. Januar 1919, daß die „Betrachtungen" „von der Presse, d. h. der ,großen', der liberalen, totgeschwiegen" würden; hingegen sei durch „rechtsstehende Blätter, wie der ,Tag', die ,Post', die ,Rheinisch-Westfälische' ... freundlich referiert" über das Buch worden (*Briefe* I, S. 157). Dementsprechend ist *Karst*, S. 83 zu korrigieren. – Einen scharfen Angriff von seiten „der literarischen Linken" richtete W. *Rilla*, Der Bürger (Die Erde 1, Nr. 11 vom 1. Juni 1919, S. 321 ff.) gegen die „Betrachtungen eines Unpolitischen" und ihren Verfasser; vgl. dazu *Albrecht*, *Schriftsteller*, S. 110, der das „glänzend geschriebene Pamphlet" in Schutz nimmt, weil es „Thomas Manns Begriffe von Bürgerlichkeit, deutschem Wesen und deutscher Bildung ... mit der konterrevolutionären Wirklichkeit des Sommers 1919" „konfrontierte" und dabei Zusammenhänge aufdeckte, „von denen der Dichter sicherlich nichts wahrhaben wollte".

Demokratie erteile, sondern in der Polemik gegen den Zivilisationsliteraten das „ganze schamlose Treiben einer Klasse von Leuten an den Pranger" stellte, „denen wir ... nicht zuletzt den jammervollen Ausgang dieses Krieges zuzuschreiben haben". Man könnte bezweifeln, ob diese in Berlin erschienene Besprechung, die Thomas Mann als Eideshelfer bei der sich gerade bildenden Dolchstoßlegende benannte, unter den teils von politisch-sozialen Wirren, teils durch die Zensur der Besatzungsmacht bestimmten Verhältnissen schon in Bonn bekannt war, als die Beschlüsse über die Ehrenpromotionen im Sommer 1919 gefaßt wurden. Doch hatte die führende Kulturzeitschrift am Rhein, Wilhelm Schäfers „Die Rheinlande", um die gleiche Zeit ebenfalls schon eine durchaus positive Anzeige der „Betrachtungen eines Unpolitischen" veröffentlicht. Auch sie war im Geist eines ideologisch überhöhten nationalpatriotischen Sendungsbewußtseins gehalten. Hier war das Werk als „durch und durch deutsches Buch" gepriesen, als Ausdruck des ewigen Protestes, „wie er einsetzte mit Armin gegen die römische Welt", und als „Rechtfertigung der deutschen Seele gegenüber dem ‚Geist', der doch nur Vernunft ist", als „Buch Tonio Krögers ... der sagt: ‚Meine tiefste und verstohlenste Liebe gehört den Blonden und Blauäugigen, den hellen Lebendigen' ... ", als „patriotisch, national" und Ausdruck einer Solidarität mit dem Staat, die so weit reiche, „wie der metaphysische Charakter des Staates reicht". Der Protest der „Menschlichkeit" in diesem Buche sei – so hieß es im Schatten der eben erlittenen Niederlage – „unsere unverlierbare Hoffnung" [92]. Diese Besprechung

---

[92] H. *Herrigel*, Der deutsche Weltberuf (Die Rheinlande 29, 1919, S. 25 ff.); dazu Th. Mann an E. Bertram, 2. April 1919 (*Jens*, S. 84). Der Titel dieses Berichts ist von dem gleichzeitig darin behandelten Buch des Marburger Philosophen Paul Natorp genommen, der – ähnlich wie Thomas Mann – in damals beliebter Weise deutsche Kultur gegen westliche Zivilisation ins Feld führte. Zu H. Herrigel vgl. das für den hier berührten Komplex und seine Auswirkungen insgesamt wichtige Buch von K. *Sontheimer*, Antidemokratisches Denken in der Weimarer Republik, [München 1962], S. 54. – Für die Wirkung von Thomas Manns Kriegsschriften auf die Mitglieder des Kreises um Litzmann liegen außer dem Vortrag über die „Betrachtungen", den der diesem Buch gegenüber in einer Sonderstellung befindliche Ernst Bertram gehalten hat (dazu unten S. 52 ff.), zwei bemerkenswerte Zeugnisse vor, die um des dokumentarischen Wertes willen, den sie für die differenzierte Erkenntnis genetischer Zusammenhänge besitzen, zitiert zu werden verdienen: H. *Keim*, Tat und Leben als Problem in der Literatur der Gegenwart (Festschrift für Berthold Litzmann, Bonn 1920), S. 454 ff.: „So reckte auch Thomas Manns müdes Lebensgefühl die Glieder, als der Sturm gewaltig großer Ereignisse den Vorhang zerriß, mit dem verzweifelndes Denken die starken Strahlen der reinen Wirklichkeit abgedämpft hatte. Die Sinnlosigkeit und Untiefe des Lebens, diese letzte Folge der Entgeistung der Welt in all ihren scheußlichen Auswüchsen in Moral, Kunst und Gesellschaft hatte ihm den Blick auf den Wert wahren, lebendigen Lebens verstellt. Da kam der Krieg. Die wahre ernste Moralität des Volkes, die einfache, naturnahe Größe der Tage, deren Strom in geschlossener Organisation aufgefangen wurde, das vom Snobismus früherer Tage himmelweit entfernte Geniehafte der Ereignisse erlebte der Künstler als stärkste Offenbarung. Jetzt hat ihn die Größe des Volkes zum erstenmal erfaßt, und staunend und hoffnungsvoll öffnet er seine Augen diesem Bild ... In Thomas Mann tritt ein Neues schüchtern hervor, das aber noch nicht künstlerische Erscheinung geworden ist". – P. *Hankamer*, Gedanken zur Frage des deutschen Nationalismus (Die Westmark 1, 1921, S. 744 ff.): „Gerade denen, die sich in der Zeit [des Krieges] einen weltanschaulichen Ausdruck ihrer sittlichen Persönlichkeit suchten,

dürfte den an Thomas Manns Ehrenpromotion maßgebend beteiligten Kreisen in der rheinischen Universitätsstadt sicher bekannt gewesen sein.

In Bonn war überdies die politische Gesinnung Thomas Manns eben noch auf merkwürdige Art der Öffentlichkeit zum Bewußtsein gebracht worden. Ein linksliberales, betont republikanisches Blatt, die „Deutsche Demokratische Zeitung", hatte hier im Februar 1919 gemeldet, die Berliner Unabhängigen Sozialdemokraten könnten sich sehr bedeutender Anhänger rühmen, darunter auch der Brüder Heinrich und Thomas Mann [93]. Hiergegen hatte eine Leserzuschrift in der entschieden

---

war der Krieg ein Problem, eine schwere, qualvolle Frage. Nicht, daß wir Jungen etwa das deutsche Volk im Sinne der Ententepropaganda für schuldig hielten ... Deutschland war ebenso schuldig und mindestens ebenso ,unschuldig' wie seine Feinde. Daß Thomas Mann in schärfster Dialektik dieses Bekenntnis für uns vor dem geistigen Europa ablegte, dankten wir ihm. Befreiung und Erlösung war das nicht. Dies war das unglaubhaft Neue, daß man als geistiger Mensch national zu denken und zu fühlen vermochte, ja gerade als geistiger Mensch. Der grauenhafte Zweifel, von lebenslosen Bildungsphrasen, von Denkformeln, die traditionell erstarrt waren, für das ,Vaterland' (jawohl, in Anführungszeichen wurde es gedacht) in den Tod getrieben zu werden, sinnlose Puppe zu sein eines hysterischen Nation-Aberglaubens – wer von den Jungen, die Krieg und Lazarett erlebten, hat ihn nicht durchzukämpfen gehabt. ... In solchen Tagen, Monaten und Jahren ist der deutsche Nationalismus erkämpft worden ..., bis die Stunde des Zusammenbruchs mit seinem verzweifelten Glauben an das größere Ethos der Entente ... noch einmal solches Werden hemmte". Es folgen ein Hinweis auf die Gefahr der Entartung des neuaufkommenden deutschen Nationalismus und die Sätze: „Der geistige Kampf gegen die chauvinistische Vergiftung unseres nationalen Denkens wird eine ethische Aufgabe sein für alle, die eine innere Wiedergeburt des Deutschtums erhoffen. Eine ethische Aufgabe, eine Pflicht, die zu erfüllen uns nicht leicht werden wird, gerade uns Rheinländern nicht, die zu faßlich Deutschlands Entrechtung erleben". Dazu auch der von Hankamer mit seinem Habilitationsgesuch vom 31. Juli 1919 bei der Bonner Philosophischen Fakultät eingereichte Lebenslauf (Akten der Philosophischen Fakultät der Universität Bonn betr. Dr. Hankamer, UA), in dem es heißt, der als Kriegsfreiwilliger am 2. August 1914 in das Heer eingetretene Verfasser sei nach Frontdienst „vor Verdun und Pont-à-Mousson, im Osten in den Karpathen" „Mitte 1915 als entschiedener Gegner jedes Krieges und jeder eigentlich nationalen Weltauffassung in die Garnison zurück" gekehrt; er habe dann bei einer Auslandsstelle der Postüberwachung gearbeitet. „Der Einblick in die Propaganda und die Politik der Entente, der mir durch meine Stellung ermöglicht war, bereitete meine Wandlung vor, die durch das Erlebnis der Kieler Revolution an Ort und Stelle entschieden wurde".

[93] E. *Ling*, Zur Tagesgeschichte (Deutsche Demokratische Zeitung Nr. 18 vom 26. Februar 1919): „Die Berliner Unabhängigen können sich sehr bedeutender Anhänger rühmen, Männer, deren Namen Klang haben weit über Deutschland hinaus, wie die Brüder Thomas und Heinrich Mann, die unser Schrifttum um manches wertvolle Buch bereichert haben". – Der Ursprung der merkwürdigen Nachricht ist vielleicht darin zu suchen, daß Heinrich und Thomas Mann einer Bitte der Berliner sozialdemokratischen Zeitung „Vorwärts" entsprochen und sich – wie zahlreiche andere Persönlichkeiten des geistigen Lebens, darunter Richard Dehmel, Paul Ernst, Julius Hart, Gerhart Hauptmann, Carl Hauptmann, Arno Holz, Ricarda Huch, Käthe Kollwitz, Hugo Lederer, Julius Meier-Gräfe, Alexander Moissi, Franz Oppenheimer, Karl Ernst Osthaus, Ernst Troeltsch und Heinrich Woelfflin – anläßlich der Wahlen zur Nationalversammlung über die Lage Deutschlands und ihre daran geknüpften Erwartungen geäußert hatten. Die Antworten waren unter der Überschrift „Für das neue Deutschland!" veröffentlicht worden (Vorwärts Nr. 29/30 vom 17. Januar 1919). Während Heinrich Mann eine der kürzesten Antworten gab, indem er schrieb: „Die geistige Erneuerung Deutschlands, unsere natürliche Aufgabe, wird uns durch die Revolution erleichtert. Wir gehen endlich mit

rechtsstehenden „Bonner Zeitung" festgestellt, Thomas Mann könne keinesfalls zu dieser Richtung gezählt werden [94]. Augenscheinlich habe der Verfasser des Artikels „das letzterschienene, hochbeachtenswerte Buch... ‚Betrachtungen eines Unpolitischen' ... nicht gelesen, sonst müßte er wissen, daß einer der feinsten Köpfe unter den modernen Literaten sich nicht nur als Feind jeder Demokratie äußert, sondern sich geradezu unumwunden zum alten, jetzt abgeschafften ‚Obrigkeitsstaat' bekennt". Es heiße in diesem Buch, „daß Demokratie, daß Politik selbst dem deutschen Wesen fremd und giftig sei" und „der vielverschriene Obrigkeitsstaat die dem deutschen Volk angemessene, zukömmliche und von ihm im Grunde gewollte Staatsform ist und bleibt". Das Werk verdiene, „von jedem nach

---

dem Staate Hand in Hand", schickte Thomas Mann folgenden Text, der von der Forschung so gut wie unbeachtet geblieben ist, obwohl ihm als einer der politischen Äußerungen des Dichters unmittelbar nach dem Umsturz von 1918 und dem Erscheinen seiner „Betrachtungen eines Unpolitischen" größere Aufmerksamkeit gebührt: „Es wäre sicher falsch, in der Revolution nichts als Zusammenbruch und Zersetzung zu sehen. Die deutsche Niederlage ist etwas höchst Paradoxes, sie ist keine Niederlage wie eine andere, ist es so wenig wie der Krieg, den sie beendete, ein Krieg war wie ein anderer. Täuscht mich nicht alles, so ist die Nation, der diese unvergleichliche Niederlage zuteil wurde, nicht nur *nicht eine gebrochene Nation*, sondern sie fühlt sich auch heute noch, wie 1914, von den Kräften der Zukunft getragen. Es ist kein Zweifel (und auch wer dem Marxismus als Dogma und Weltanschauung keineswegs huldigt, kann es nicht bezeifeln), *daß dem sozialen Gedanken die politische Zukunft, und zwar in nationaler wie internationaler Beziehung, gehört*. Die westlichen Bourgeoisien werden sich ihres Triumphes nicht lange zu erfreuen haben. Einmal den Völkern ins Gewissen geschoben, wird die soziale Idee nicht ruhen, bis sie verwirklicht ist, soweit eine Idee sich im Menschlichen verwirklichen läßt. Der deutschen Staatsmoral aber ist sie am längsten vertraut. Der *soziale* Volksstaat, wie er sich jetzt bei uns befestigen will, lag durchaus auf dem Wege deutscher Entwicklung. Gewiß ist mir aber auch, daß gerade in Deutschland der soziale oder sozialistische Staat ohne einen Einschlag bürgerlichen Geistes nicht lebens- und leistungsfähig sein würde. Denn dieser Geist, der mit imperialistischem Bourgeoistum gar nichts zu tun hat, ist einfach der Geist deutscher Gesittung. Die *reine* Arbeiterrepublik, die ‚Diktatur des Proletariats', das wäre die Barbarei". Die Hervorhebungen im Text dürften nicht auf Thomas Mann, sondern die Redaktion der Zeitung zurückgehen. Vgl. auch E. *Neumann*, „Zufallserzeugnisse". Ein Ueberblick über Thomas Manns Beteiligung an Zeitungs-Umfragen und ähnlichen Veranstaltungen [Spektrum. Mitteilungsblatt für die Mitarbeiter der Deutschen Akademie der Wissenschaften zu Berlin 11, 1965), S. 185. M. *Haiduk*, Die Bedeutung der polemischen Schriften im Schaffen Thomas Manns (*Vollendung und Größe* Thomas Manns, hrsg. v. G. *Wenzel*, Halle/S. 1962), S. 53 bemerkt zu dem Text: „Wenn Thomas Mann sich bereits 1919 ... für eine sozialistische Entwicklung einsetzt, so hat er dabei den von der Sozialdemokratie revidierten Marxismus im Auge, der längst den revolutionären Weg verraten und verlassen hatte".

[94] O. *Clar* in: Bonner Zeitung Nr. 66 vom 7. März 1919 (bei *Matter* nicht verzeichnet). – Hiergegen: „Deutsche Demokratische Zeitung" Nr. 21 vom 8. März 1919: „Mit der Revolution hat sich Thomas Mann, wie viele dem Bunde Neues Vaterland angehörige Intellektuelle und wie sogar der früher so militaristische General v. Deimling einen gewaltigen Ruck nach links gegeben und sich in die Reihen der Unabhängigen gestellt". Dieser Behauptung seien – so behauptete das Blatt – „die nötigen Erkundigungen" voraufgegangen. Clar hat der Verfasser zehn Jahre nach diesen Vorgängen durch seinen Enkel, einen Studienfreund aus gemeinsamen Bonner Semestern, als einen der entschiedensten deutschnationalen Gegner der Weimarer Republik kennengelernt. Seinen Enkel hatte er in der Tischrede am Konfirmationstag gemahnt: „Hüte dich vor den Fallstricken der Demokratie"; vgl. zu Clar auch unten S. 68, Anm. 149.

50

politischer Klarheit strebenden Deutschen, der sich von der Hypnose der jetzt so
verheerend wirkenden Schlagworte befreien" wolle, „gelesen und beherzigt zu
werden". Der Verfasser dieser Zuschrift konnte nach weiterem Pressegeplänkel
einen auf Anfrage beim Autor der „Betrachtungen" an ihn gerichteten Brief
Thomas Manns vom 18. März 1919 veröffentlichen, der Klarheit schuf [95]. Die
Nachricht, die dem Dichter Beziehungen zur USPD nachsagte, bezeichnete Thomas Mann als Fabel, und er fügte hinzu, er stehe auch „jeder anderen politischen
Partei vollkommen fern". Mit den „Betrachtungen" habe er „ein seelisches Deutschtum gegen kriegerische Beschimpfungen von seiten der rationalistischen Zivilisation" verteidigt [96]. Für Deutschland komme es darauf an, „in politicis etwas
Neues zu erfinden [97], und dieses Neue kann nicht der Parlamentarismus des Westens sein". Die zur Ständevertretung ausgebauten „Räte" – so meinte der Dichter –
„würden mutmaßlich in Zukunft eine wichtige Rolle zu spielen haben. Eine
Klassenherrschaft zu befürworten und ausgerechnet vom Proletariat das Heil zu
erwarten, bin ich weit entfernt" [98].

---

[95] Bonner Zeitung Nr. 96 vom 6. April 1919. Die Deutsche Demokratische Zeitung
hatte den ihr offenbar vom Empfänger übermittelten Brief schon tags zuvor als Richtigstellung
ihrer früheren Behauptung gedruckt.

[96] In bemerkenswerter sachlicher wie sprachlicher Übereinstimmung mit diesem Satz
schrieb Thomas Mann am 15. September 1946 an Karl Kerényi über die dreißig Jahre zurückliegende Zeit, er habe „ein geistiges Deutschtum gegen den expressionistischen Pazifismus
und Aktivismus von damals verteidigt" (*Briefe* II, S. 506); vgl. auch die Selbstzeugnisse Thomas Manns gegenüber Hermann Hesse vom 25. November 1945 und 8. Februar 1947 (H.
Hesse – Th. *Mann*, Briefwechsel [Frankfurt/M. 1968], S. 111 f., S. 123 f.).

[97] Diese Wendung erscheint wörtlich wieder in Thomas Manns „Pariser Rechenschaft"
aus dem Jahr 1926 (XI, S. 47; MK 119, S. 136); sie wird dort als eine Forderung bezeichnet,
„die schon Nietzsche an Deutschland stellte".

[98] Dazu der Schlußabsatz in dem fast gleichzeitigen Brief Thomas Manns an Josef Ponten
vom 29. März 1919: „Ich ... *wünsche* kaum noch, daß die ekelhafte Tugend-Demokratie dort
drüben sich durch die Ereignisse in Ungarn, die mich tief ergriffen haben, noch witzigen läßt ...
Der Kommunismus, wie ich ihn verstehe, enthält viel Gutes und Menschliches: Sein Ziel ist
am Ende die Auflösung des Staates überhaupt ... die Vermenschlichung und Entgiftung der
Welt durch ihre Entpolitisierung ... Freilich, vor der ‚Proletarierkultur' bekreuze auch ich
mich doppelt und dreifach" (*Briefe* I, S. 158). Noch krasser heißt es in einem Brief an Prof.
Paul Eltzbacher, Berlin, vom 13. Juni 1919: „Einen überaus glücklichen Eindruck machte auf
mich die Schrift von Keyserling ‚Deutschlands wahre politische Mission'. Eine Ablehnung der
parlamentarischen Demokratie ... für Deutschland und seine Ankündigung eines neuen
‚Obrigkeitsstaates' ... ist recht nach meinem Herzen. Und sofern der Bolschewismus antidemokratisch ... ist oder sein kann, bejahe ich ihn, – freilich ohne, in praxi, die ‚Diktatur der
Bazi', wie man hier sagte, zu bejahen, von deren erniedrigenden Unannehmlichkeiten sich
niemand einen Begriff macht, der sie nicht erlebt hat". Vor dem Münchner Räteexperiment
–also zu der Zeit, als der Brief an Clar nach Bonn geschrieben wurde –, bekennt Thomas Mann,
habe er dem Bolschewismus gegenüber schon einmal genau auf dem Standpunkt Eltzbachers
gestanden, „obgleich ich ein geheimes Grausen vor der sogenannten Proletarierkultur nie
überwinden konnte". „In der letzten Zeit gewann ein gewisser – ich möchte sagen humani-
stischer Widerwille gegen das mongolenhaft-kulturrasierende, antihistorische, antieuropäische
und krank-ekstatische („expressionistische") Wesen des Bolschewismus bei mir wieder eine
Oberhand, ich fühlte mich ihm gegenüber, obwohl ich von jeher zum Osten hielt, als West-
Europäer..." (Katalog 565 [1963] der Firma Stargardt (Marburg), S. 48, Nr. 241). Vgl.

Soweit den Bonner Professoren Thomas Manns politisches Bekenntnisbuch nicht auf Grund eigener Lektüre bekannt war, hatten ihnen dessen publizistische Reflexe und die in den örtlichen Zeitungen erschienene erneute Absage des Dichters an den westlichen Parlamentarismus vom März 1919 ein Bild von den Ansichten des Autors vermittelt. Litzmann waren die „Betrachtungen" nachweislich vertraut. Sichere Zeugnisse dafür liegen erst aus der Zeit kurz nach Thomas Manns Ehrenpromotion vor. Doch spricht alles dafür, daß er das Buch vorher kannte, am stärksten das Gewicht derjenigen Umstände, die jetzt als weiteres wichtiges Glied in unserer Indizienkette zu behandeln sind.

Die Annahme einer Beziehung zwischen den „Betrachtungen eines Unpolitischen" und der Bonner Ehrenpromotion ihres Verfassers wird nämlich dadurch entscheidend gestützt, daß zwar Litzmann den Antrag bei der Fakultät eingebracht hatte, der geistige Urheber des Vorschlages jedoch ein anderer war – Litzmanns Schüler und Thomas Manns damals nächster Freund Ernst Bertram [99]. Er hat Litzmann die entsprechende Anregung gegeben. Die Verleihung der philosophischen Ehrendoktorwürde der Rheinischen Friedrich-Wilhelms-Universität bildete geradezu den äußeren Höhepunkt in den freundschaftlichen Beziehungen zwischen Bertram und Thomas Mann. Der im „geistigen Waffendienst" stehende Dichter und der angehende Bonner Privatdozent der Germanistik waren während der Kriegsjahre in München aufs engste in einem ständigen, hauptsächlich viva voce, teils aber auch brieflich geführten Gedankenaustausch miteinander verbunden gewesen [100].

dazu, was Thomas Mann im XXXIII. Kapitel der „Doktor Faustus" 1944 Serenus Zeitblom rückschauend schreiben läßt: „Vor sechsundzwanzig Jahren war es der Widerwille gegen die selbstgerechte Tugend-Suada des Rhetor-Bourgeois und ‚Sohnes der Revolution', der sich in meinem Herzen als stärker erwies denn die Furcht vor Unordnung und mich wünschen ließ, was jener eben nicht wünschte: die Anlehnung meines geschlagenen Landes an seinen Bruder im Leide, an Rußland, – wobei ich bereit war, die sozialen Umwälzungen in Kauf zu nehmen, ja gutzuheißen, die sich aus solcher Genossenschaft ergeben würden. Die Russische Revolution erschütterte mich, und die historische Ueberlegenheit ihrer Prinzipien über diejenigen der Mächte, die uns den Fuß auf den Nacken setzten, litt in meinen Augen keinen Zweifel" (VI, S. 451 f.). Im gleichen Zusammenhang heißt es kurz vorher: „Als mäßiger Mann und Sohn der Bildung hege ich zwar ein natürliches Entsetzen vor der radikalen Revolution und der Diktatur der Unterklasse, die ich mir von Hause aus schwerlich anders als im Bilde der Anarchie und Pöbelherrschaft, kurzum der Kulturzerstörung vorzustellen vermag".

[99] Bertram wird als Anreger der Ehrenpromotion nirgends ausdrücklich genannt; doch vgl. den Hinweis bei *Brües*, S. 28. Die Tatsache von Bertrams Urheberschaft wurde dem Verfasser durch Frau Katia Mann und Herrn Professor Dr. Golo Mann bestätigt.

[100] Th. *Mann*, Lebensabriß: „Ernst Bertram war der Vertraute meiner uferlosen politisch-antipolitischen Grübeleien; ich las ihm vor daraus, wenn er in München war, er ehrte sie als zwanghaft-leidenschaftliche Gewissenserforschung und verstand sich auf ihren Protestantismus und Konservatismus" (XI, S. 128; MK 119, S. 243); ferner K. *Mann*, Kind dieser Zeit, Berlin [1932], S. 106. Weiteres ist den Briefen Thomas Manns an Bertram und dessen Äußerungen gegenüber Dritten zu entnehmen, die *Jens* im Kommentar zu der von ihr besorgten Ausgabe dieser Briefe ausführlich herangezogen hat; dazu jetzt Einzelnes auch bei *Jappe*, S. 75, der sich auf Briefe Bertrams stützt, sowie in dem Aufsatz von *I. und W. Jens*, Betrachtungen eines

Ihre gleichzeitig entstandenen Bücher – Bertrams „Nietzsche" und Thomas Manns „Betrachtungen" – hatten in wechselseitiger Befruchtung so viel Einfluß aufeinander gehabt, daß die beiden Autoren sie fast als gemeinsames Werk betrachten konnten [101]. Anderwärts wurde diese Übereinstimmung ebenfalls empfunden; beide Bücher erhielten kurz nach dem Erscheinen gleichzeitig einen Preis vom Weimarer Nietzsche-Archiv [102]. Wie stark Bertrams Einfluß auf die „Betrachtungen" gewesen ist und auf welche Punkte er sich besonders bezogen hat, bedürfte einer eigenen Untersuchung; gering ist er keinesfalls zu veranschlagen. Bertram war es auch gewesen, der in den Kriegsjahren die persönliche Beziehung zwischen Litzmann und Thomas Mann enger geknüpft hatte. Sein Kriegsvortrag „Wie deuten wir uns?" aus den „Mitteilungen der Literarhistorischen Gesellschaft" war im Oktober 1914 Gegenstand der Unterhaltung beim Besuch des Ehepaars Litzmann im Hause von Thomas Mann, der die Gedanken dieser Schrift, die auch ein

---

Unpolitischen: Thomas Mann und Friedrich Nietzsche (in: Das Altertum und jedes neue Gute [Festschrift] für Wolfgang Schadewaldt ..., Stuttgart [1970], S. 237 ff.). – Ein literarisches Denkmal hat Thomas Mann der Freundschaft und wechselseitigen geistigen Befruchtung mit Bertram dadurch gesetzt, daß er diesen, den Paten der 1918 geborenen Elisabeth Mann, im „Gesang vom Kindchen" (VIII, S. 1094 f.) porträtierte; dazu sein Brief an Bertram vom 2. April 1919 (*Jens*, S. 83 f. mit S. 240).

[101] Th. Mann an E. Bertram, 18. März 1918: „Ich habe mich gewöhnt, Ihr Buch mit meinem nur noch zusammen zu denken. Beide sind gleichmäßig an der Zeit, und es wäre ganz falsch, wenn das eine hinter dem andern zeitlich zurückbliebe. Falsch und schädlich – für das, welches allein wäre, nämlich meins. Ich habe das Gefühl, daß es thatsächlich der Unterstützung durch das Ihre bedarf" (ebd. S. 61). Am 13. September 1918 schrieb Thomas Mann dem Freiburger Literarhistoriker Philipp Witkop über Bertrams „Nietzsche": „Im tiefsten Innern ist das Buch ein Geschwister meiner Betrachtungen – Sie werden sehen oder doch fühlen, inwiefern" (ebd. S. 237). – In seinem Brief vom 13. Oktober 1918 spricht Thomas Mann gegenüber Bertram vom „Erscheinen unseres Nietzsche-Buches" und fügt hinzu: „Verzeihen Sie dieses schwer zu verteidigende und doch mir irgendwie natürliche unser" (ebd. S. 81); dazu auch der Brief vom 21. September 1918 (ebd. S. 75 ff.); ferner Bertram an seinen Freund E. Glöckner, 1. März 1918: „Ich fürchte fast, es wird der gemeinsamen Zitate zu viel werden, zumal ich ihm so viele andere... s. Z. auch geschickt hatte. Schließlich, da Toms Buch gewiß eher herauskommt, stehe ich noch als derjenige da, der alle diese Zitate und Beziehungen aus Toms Buch herausgerapscht habe" (ebd. S. 230). Andererseits verrät sich Thomas Manns Bewußtsein von Bertrams Bedeutung für die „Betrachtungen" in der dringenden Anfrage, die er am 4. Juli 1921 an den Vertrauten aus der Entstehungszeit des Buches richtete, nachdem der Verlag für den Neudruck Kürzungen verlangt hatte (ebd. S. 99). Über das „starke Benutzungsspuren" aufweisende, „dankbar und in herzlicher Freundschaft ... August/September 1918" Thomas Mann vom Autor gewidmete Exemplar von Bertrams „Nietzsche" vgl. U. *Karthaus*, Der „Zauberberg" – ein Zeitroman (Zeit, Geschichte, Mythos) (Deutsche Vierteljahrsschrift für Literaturwissenschaft und Geistesgeschichte 44, 1970), S. 275, Anm. 13.

[102] Th. Mann an Ph. Witkop, 3. Januar 1919 ungedruckt (fotokopierte Abschrift TMA) jetzt auch *Jappe*, S. 309, Anm. 44. Der dritte Preisträger war der Diplomat G. *v. Mutius* (1872–1934); das Buch, dem er den Preis verdankte, war 1916 in Darmstadt unter dem Titel „Die drei Reiche. Ein Versuch philosophischer Besinnung" erschienen. In diesem Buch findet sich S. 146 der Satz: „Ästhetisch ist die Demokratie tief unbefriedigend", von dem aus auch Thomas Manns Gesinnung in der Entstehungszeit der „Betrachtungen eines Unpolitischen" unerwartete Beleuchtung erhält.

Wort vom ihm beifällig zitiert, mit vollkommener Sympathie und Zustimmung aufnahm [103].

Sicher sind auf solche und ähnliche Weise in der Entstehungszeit der „Betrachtungen eines Unpolitischen" für deren Verfasser auch andere geistige Einflüsse aus Bonn und dem Kreis um Litzmann wirksam geworden, während Gedanken aus der Sphäre Thomas Manns bei den Bonnern aufgenommen worden zu sein scheinen. Es lohnt sich, diese Beziehungen schärfer zu beleuchten. Das Buch deutet sie selbst an einer Stelle an, wo im Vorübergehen von „dem jungen ... Bonner Philosophen" Emil Hammacher (geb. 1885) die Rede ist und Thomas Mann bekennt, er wünsche wohl, ihn seinen „postumen Freund" nennen zu dürfen [104]. Hammacher war 1916 gefallen. Von ihm wissen wir, daß er „seine" – von Thomas Mann zitierten – „‚Hauptfragen der modernen Kultur' unmittelbar vor dem Kriege der Kritik des Gestern und Heute gewidmet" und „auch ihm der Krieg die Augen über die ideologische Wehrlosigkeit Deutschlands geöffnet" hatte [105]. Das deckte sich fast mit den bereits früher und in robusterer Form von Litzmann geäußerten Klagen; aber lag nicht eine entsprechende Empfindung und der Wille, einem derartigen Mangel abzuhelfen, auch Thomas Manns Entschluß zur Niederschrift der „Betrachtungen" zugrunde? Mehr noch: der uns aus Litzmanns „Literarhistorischer Gesellschaft" bekannte Fritz Ohmann tritt unter dem Eindruck von Hammachers Schlachtentod „als Sachwalter seines geistigen Erbes" in die Bresche und zeichnet 1917 „in großen Linien den Plan der ‚Politischen Ideen des Weltkriegs' ". Wir horchen auf, wenn wir über dieses Unternehmen hören: „Er beginnt mit den Ideen von Gestern, der Demokratie als Mehrheitsherrschaft. Er lehnt den angelsächsischen Staatsbegriff des reinen Rechtsstaats im Gegensatz zum Kulturstaat ab und verwahrt sich vor allem gegen die Wilson'sche Idee der Übertragung des demokratisch-juristischen Staatsbegriffs auf den Weltstaatenbund mit seiner Festlegung der Mehrheitsherrschaft, d. h. der Weltherrschaft des Angelsachsentums. Er lehnt weiter auch die Ideen der Gegenwart ab, die überindividuelle Staatsgemeinschaft mit utilitärer Zwecksetzung (Imperialismus, Staatssozialismus). Sein Ziel ist der Staat als sittliche historische Gemeinschaft, nicht als aus Zwecken des Einzelverstandes konstruierte Rechtskorporation, sondern als historisch begründete

---

[103] Th. Mann an E. Bertram, 17. Februar 1915 (*Jens*, S. 21). Das Datum nach *Bürgin–Mayer*, S. 41. Litzmanns ausführliches Urteil über diese Kriegsschrift von Bertram – die als erstes Heft des 10. Jahrgangs der „Mitteilungen der Literarhistorischen Gesellschaft Bonn" 1915 im Druck erschien und jetzt *bei Bertram–Wuthenow*, S. 119 ff. wiederabgedruckt ist – findet sich in seinem 1919 verfaßten Votum, mit dem er der Bonner Philosophischen Fakultät die Habilitation Bertrams empfahl. Zur Interpretation vgl. *Jappe*, S. 67 ff.

[104] Th. *Mann*, Betrachtungen eines Unpolitischen (XII, S. 240; MK 119, S. 178). Über E. *Hammacher*, dessen Kriegsgedanken der postum veröffentlichte Vortrag „Weltanschauung und Weltkrieg" (Internationale Wochenschrift 10, 1916, Sp. 1414 ff.) zusammenfaßt, vgl. F. *Ohmann* (Chronik 1916, 42, N. F. 31, 1917, S. 13 ff.); H. *Boehm* in: Kant-Studien 21, 1917, S. 468 f. – Akten der Philosophischen Fakultät der Universität Bonn betr. Dr. Hammacher (UA).

[105] Dieses Zitat und die weiter angeführten Stellen aus dem oben S. 25, Anm. 6 genannten Nachruf auf Ohmann. Hammachers Buch erschien 1914. E. *Troeltsch* besprach es in der Historischen Zeitschrift 116, 1916, S. 495 ff. und bemerkte, es liefere „manche Antwort auf die Frage..., warum der westeuropäische Liberalismus des 19. Jahrhunderts weit hinter uns liegt".

Volksgenossenschaft. ... Der Staat auf germanisch-genossenschaftlicher Basis wird zur Lebens- und Kulturgemeinschaft". Mag immer die noch zu leistende Analyse der Quellen und Voraussetzungen für die „Betrachtungen eines Unpolitischen" sowie ihrer Wirkung das Verhältnis, in dem solche Ansichten zu den ihnen in vieler Hinsicht auffallend verwandten Ideen von Thomas Manns Buch stehen, beide als nicht voneinander ableitbares Zeitprodukt erweisen – die Übereinstimmung im geistigen Klima zwischen der Gedankenwelt des Autors der „Betrachtungen" und den Überzeugungen gewisser Gruppen und Persönlichkeiten an der Universität Bonn bleibt frappant. Sie ist umso eindrucksvoller, als wir die Kenntnis jener Ideen Hammachers und Ohmanns wiederum einem Bonner Professor verdanken, der freilich im Bereich um Litzmann nicht nachzuweisen ist: kein Geringerer als Carl Heinrich Becker (1876–1933), der spätere preußische Kultusminister, hat darüber mit unverhohlener Sympathie in dem Nekrolog berichtet, den er dem schließlich gleichfalls im Krieg gebliebenen Ohmann widmete. Der Nachruf erschien in derselben Bonner Universitätschronik, die auch den Bericht über das Jubiläum von 1919 enthält, bei dem die Ehrenpromotion des Dichters vorgenommen wurde. Ein Teilnehmer an dieser Feier, Angehöriger des Kultusministeriums und naher Freund des dort nun als Unterstaatssekretär wirkenden Becker, hat bekundet, daß Thomas Manns Auszeichnung durch die Bonner Philosophische Fakultät in diesem Kreise lebhaft begrüßt worden sei [106].

Bertrams Anteil am Entstehen der „Betrachtungen" macht sein tiefes Einverständnis mit der Gesamtstimmung des Werkes verständlich. Er drückte es im Mai 1919 mit den Worten aus: „Ich persönlich bin Tom für kein Buch so dankbar wie für dieses" [107]. Gleiche Gesinnung und Seelenhaltung erfüllte die Freunde, deren „tiefe, untergründige Verwandtschaft" sie schon 1910 „aus Einem Holz geschnitzt" erscheinen ließ, wirklich während jener Jahre: eine sehr spezifische, aus hier nicht näher zu kennzeichnenden Wurzeln entsprossene, höchst subjektiv verstandene „Deutschheit", die ihr Wesen und ihre Selbstsicherheit mehr in repressiver Abwehr insbesondere gegenüber Frankreich und der lateinischen Welt als in universaler Sympathie fand [108]. Von hier aus sollte der geistige Weg Bertrams und Thomas Manns dann freilich ganz verschiedene Bahnen einschlagen. Bertram – über den Oskar Loerke schon wenig später schrieb, „mancher Atemzug ... scheint aus der trüberen, giftigen Luft geschöpft" [109] – gelangte mit der Zeit zum Nationalsozialis-

[106] Mitteilung von Staatssekretär a. D. E. *Wende* (†) an den Verfasser (29. Juni 1965).

[107] E. Bertram an M. Brantl, 22. Mai 1919 (Bertram-Nachlaß, Deutsches Literatur-Archiv, Marbach/N.), im Anschluß an die Mitteilung, er habe die „Betrachtungen" wieder gelesen, „mit tiefer Sympathie für die geistige Gesamtstimmung und Haltung".

[108] Vgl. hierzu *Jens*, Nachwort, S. 294 ff. Das Zitat aus einem Brief von Bertrams Freund Glöckner (20. Juli 1910) bei *Jappe*, S. 50. – „Spezifische Deutschheit" rühmte Bertram den „Betrachtungen eines Unpolitischen" wie den „Buddenbrooks" nach, ebd., S. 234.

[109] O. *Loerke*, Besprechung von E. *Bertram*, Straßburg. Ein Kreis, Leipzig 1920 (Berliner Börsen-Courier Nr. 49 vom 29. Januar 1922; Wiederabdruck: O. *Loerke*, Der Bücherkarren, hrsg. v. H. *Kasack*, Heidelberg-Darmstadt 1965, S. 96); vgl. auch ebd., S. 295 eine ähnlich scharfe Kritik an Bertrams Nationalismus in der Rezension seines „Nornenbuchs" durch Loerke aus dem Jahr 1925.

mus, nicht ohne dann allerdings auch schmerzlich enttäuscht von der „Bewegung"
zu werden und sich ihrem Ungeist schließlich auch zu widersetzen. Wie stark er in
der von ihm beeinflußten Gedankenwelt der „Betrachtungen eines Unpolitischen"
beheimatet und – im Gegensatz zu Thomas Mann – steckengeblieben war, kennzeichnet nichts besser als die Rede „Deutscher Aufbruch", mit der Bertram am 3.
Mai 1933 seine Vorlesungen im Sommersemester an der Universität Köln eröffnete. Da pries er den aus dem innersten Wesen unseres Volkes kommenden Auf-
stand gegen die Mächte fremder Überwältigung und Verführung, die politisch-
geistige Teutoburgerwald-Schlacht gegen lebensfeindliche ratio und volksfremde
politische Dogmatik, gegen jede Art „Ideen von 1789", gegen westliche Zivilisation und ihre Ideologien [110]. In völliger Blindheit gegenüber der Wirklichkeit des

---

[110] E. *Bertram*, Deutscher Aufbruch. Eine Rede vor studentischer Jugend (Kölnische Zeitung, Pfingstausgabe Nr. 300 vom 4. Juni 1933; Wiederabdruck: Deutsche Zeitschrift 46, 1933,
S. 609 ff.) Noch 1940 wiederholte Bertram, als ihm in der Universität Bonn der volksdeutsche
Joseph von Görres-Preis verliehen wurde, es komme darauf an, „die künftige Teutoburger-
waldschlacht zu bereiten, ohne die es keine Erstehung Deutschlands noch Europas geben
würde" (*Lützeler*, S. 63.). Dazu F. *Schonauer*, Deutsche Literatur im Dritten Reich, Olten-
Freiburg/Breisgau [1961], S. 54 ff.; *Jens*, S. 298. Dagegen – mit teilweise auch scharfer Stellungnahme gegen Thomas Mann – H. *Buchner*, Philologie ohne Verantwortung. Zur Edition der
Briefe Th. Manns an Ernst Bertram (Doitsu Bungaku [Die deutsche Literatur], Heft 27, Tokyo
1961, S. 130 ff.). – Ein weiteres gegen Jens polemisierendes Plädoyer für Bertram: R. *Wuthenow*, Der Fall Ernst Bertram. Philologie und Vorurteil (Neue Deutsche Hefte, Heft 86, März/
April 1962, S. 89 ff.); zuletzt *Jappe*, S. 372 f. mit den an der Sache vorbeizielenden Ausführungen über die „berüchtigte Rede" S. 203 ff. Abgewogen im Urteil ist der am 18. Mai 1962
im Kunstverein Remscheid gehaltene, ohne Orts- und Jahresangabe gedruckte Vortrag des
Brüsseler Germanisten Henri *Plard*, Thomas Mann und Ernst Bertram. Vgl. ferner R[ainer]
G[ruenter], Ernst Bertram zum Gedächtnis (Euphorion 51, 1957, S. 489 ff.), sowie das Nach-
wort samt Bibliographie zu E. *Bertram*, Möglichkeiten. Ein Vermächtnis, hrsg. v. H. *Buchner*,
[Pfullingen 1958], S. 269 ff. und besonders das Kapitel „Politische Verstrickungen" bei *Jappe*,
S. 201 ff. samt vielen verstreuten Bemerkungen in diesem Buch, das eine von bewundernder
Verehrung getragene, beträchtlich über das Ziel hinausschießende Apologie darstellt, der
offenkundige Ungerechtigkeiten und Torheiten, die Bertram gegenüber nach 1945 begangen
worden sind, leichte Angriffsflächen bieten. Es verdient festgehalten zu werden, daß Thomas
Mann 1946 über Bertram, von dem er am 25. Mai 1932 geurteilt hatte, er sei über eine heute
auch geistig ziemlich verdorbene und verdumpfte Heimatlichkeit nicht herausgekommen
(*Briefe* I, S. 318), schrieb: „Ein lieber, zarter, verirrter Mensch, der sich bei seinen Verirrungen gewiß nie von unedlen Motiven leiten ließ" (an E. Vetter, 15. Januar 1946) und daß dieses Urteil bei *Jens*, S. 289 gedruckt ist. Eingehender noch Thomas Manns Äußerung über
Bertram gegenüber dessen Schüler W. Schmitz in dem Brief vom 30. Juli 1948 (*Briefe* III, S.
38 ff.; *Jens*, S. 195 ff.), dessen kommentarlosen Abdruck bei *Jens* Buchner rügt und dem *Jappe*,
S. 332, Anm. 27 vorwirft, er sei „voller Irrtum und Verkennung, von außen und auch zu sehr
von oben herab gesehen"; ferner Th. Mann an H. Hesse, 3. August 1948 (*Hesse–Mann*, S. 152)
und das Gutachten Hesses über Bertram vom 31. März 1948 in: H. *Hesse*, Briefe [Frankfurt/M.
1964], S. 252. Über Bertrams Haltung vgl. schließlich noch K. *Hildebrandt*, Erinnerungen an
Stefan George und seinen Kreis, Bonn 1965, S. 272 ff. sowie K. *See*, Deutsche Germanen-
Ideologie vom Humanismus bis zur Gegenwart, [Frankfurt/M. 1970], S. 86 ff. – Die Erinnerungen des jahrzehntelang als nächster Fachgenosse zur gleichen Kölner Fakultät wie Bertram
gehörenden F. *von der Leyen*, Leben und Freiheit der Hochschule, Köln 1960, kommen häufig auf
Bertram zu sprechen, geben aber über die hier einschlägigen Fragen kaum Aufschluß; vgl.

nationalsozialistisch regierten Deutschland schließen sich ein Appell an „deutsche Humanität" und die dann doch von ernster Besorgnis zeugenden Sätze an: „Gewissen und Wissenschaft, das gehört zusammen. Gewissensfreiheit und Wissenschaftsfreiheit, das gehört zusammen".

Thomas Mann seinerseits mochte an die auch von ihm einst gehegten Hoffnungen auf eine ethisch fundierte nationale Gemeinschaft als Garant wahrer Humanität denken, als er – vier Wochen nachdem Bertram jenes Bekenntnis abgelegt hatte – im Juni 1933 schrieb, er „suche den Dingen", die sich daheim zu seinem klar bekundeten Abscheu ereigneten, „gerecht zu werden", und dabei zu dem Ergebnis kam: „Ein Kern sozialer und geschichtlicher Richtigkeit und Notwendigkeit ist wohl vorhanden". Freilich fügte er sogleich hinzu: „Nur ist das Gewand teils gestohlen, teils hoffnungslos lumpig und zerrissen" [111]. Er hatte im Unterschied zu Bertram längst erkannt und öffentlich bezeugt, daß Humanität und Gewissensfreiheit auf andere Weise verwirklicht und gesichert werden müßten, und erklärte später von der speziell mit Bertram verknüpften Phase seines Lebens offen: „Es war ein Irrtum deutscher Bürgerlichkeit, zu glauben, man könne ein unpolitischer Kulturmensch sein" [112]. Damit begnügte er sich nicht, sondern gedachte auch mit unverhohlener „Scham" „eigener politischer Torheit, des polemischen Unverständnisses", das er der Demokratie in einer „‚konservativ-nationalistischen' und ‚militaristischen' Stimmungsperiode" entgegengebracht hatte [113]. Ja, er schrieb Anfang 1946: „Ich, als deutschbürtiger Mensch und Geist fühle tief und schmerzlich meine Teilhaberschaft an der deutschen Schuld, an der Verantwortung für alles, was Deutschland als Nation in seinem Wahn und Rausch der Welt angetan hat" [114]. Wollte man einwenden, dieser Satz sei nicht für die Öffentlich-

---

dazu die Bemerkung bei *Jappe*, S. 330, Anm. 15 zu S. 224. Die Entnazisierungsakten Bertrams, die im Hauptstaatsarchiv Düsseldorf aufbewahrt werden und zahlreiche gutachtliche Äußerungen von großem Interesse enthalten, waren dem Verfasser leider nicht zugänglich.

[111] Th. Mann an H. Hesse, 2. Juni 1933 (*Hesse-Mann*, S. 30). Vgl. dazu auch unten S. 145, Anm. 131.

[112] Rede auf dem Deutschen Tag in New York, 5. Dezember 1938 (XI, S. 946; MK 118, S. 49).

[113] Vorwort zu „Altes und Neues", Frankfurt/M. [1953], S. 12 (Wiederabdruck XI, S. 696 f.; MK 120, S. 230) mit Bezugnahme auf die in diesem Band wiederabgedruckte Schrift „Friedrich und die große Koalition". Die gleiche Formulierung – nur ist „militaristischen" durch „antidemokratischen" ersetzt – verwendet Th. Mann auch in seinem Vortrag „Der Künstler und die Gesellschaft" von 1952 (X, S. 395; MK 118, S. 347).

[114] Th. Mann an Ewald Stetter, 15. Januar 1946 (Katalog Nr. 548 [1960] der Firma Stargardt, Marburg, Nr. 240, S. 57). Die Identifizierung des dort nur als „Berliner Maler" bezeichneten Adressaten nach *Jens*, S. 288. – Zum Problem der Schuld der kriegsbegeisterten Intellektuellen während des Ersten Weltkrieges vgl. C. *Zuckmayer*, Als wär's ein Stück von mir, [Frankfurt/M. 1966], S. 201 f.; K. *Schröter*, Der Chauvinismus und seine Tradition. Deutsche Schriftsteller und der Ausbruch des Ersten Weltkriegs (in: Literatur und Zeitgeschichte [Die Mainzer Reihe 26], Mainz [1971], S. 7 ff.). Für Thomas Mann speziell vgl. folgende Sätze aus dem letzten Roman von E. M. *Remarque*, Schatten im Paradies (o. O. u. J. [1971]), S. 262 f.: „... es war der alte, von Oberlehrern angebetete furor teutonicus gewesen, der zwischen Gehorsamsknechten, Uniformvergötzern und viehischem Atavismus aufgeblüht war ... Es war

keit, sondern nur für den – immerhin deutschen, in Berlin lebenden– Adressaten bestimmt gewesen, so muß daran erinnert werden, daß Thomas Mann schon am 29. Mai 1945 nicht gezögert hat, in seiner Washingtoner Rede über „Deutschland und die Deutschen" vor aller Welt das Bekenntnis abzulegen, er kritisiere die im Nationalsozialismus so furchtbar wirksam gewordenen Abgründe und Gefahren des Deutschtums nicht als ein Fremder: „... ich habe es auch in mir, ich habe es alles am eigenen Leibe erfahren" [115]. Dieses freimütige, „im gewagtesten Augenblick" ungewöhnlich tapfere Geständnis, „eine Solidaritätserklärung ... nicht gerade mit dem Nationalsozialismus ..., aber mit Deutschland", die wenig später durch die starken autobiographischen Züge in „Doktor Faustus" unterstrichen wurde, ist erstaunlicherweise von den Anklägern, die sich alsbald gegen diese Rede Thomas Manns wandten und dem Autor Selbstgerechtigkeit vorwarfen, ganz übersehen oder überhaupt nicht begriffen worden [116].

---

keine Einzelerscheinung! ... Furor teutonicus! Heiliges Wort meines bebrillten Vollbart-Oberlehrers! Wie er es kostete! Wie selbst Thomas Mann es noch gekostet hatte zu Beginn des ersten Krieges, als er die ‚Gedanken zum [sic!] Kriege', schrieb und ‚Friedrich und die Große Koalition'. Thomas Mann, der Hort und Führer der Emigranten. Wie tief mußte die Barbarei sitzen, wenn sie selbst in diesem humanen und humanistischen Dichter nicht ganz ausgerottet war!" Ähnlich urteilt F. *Glum*, Der Nationalsozialismus. Werden und Vergehen, München [1962], S. 22, wo ein eigener umfangreicher Abschnitt des ersten Kapitels „Der Nationalismus in Deutschland" „Thomas Mann als Prototyp deutscher Haltung gegenüber dem Kriegserlebnis von 1914 bis 1918" behandelt. Ähnlich bereits schon E. *Vermeil*, Doctrinaires de la révolution allemande, Paris 1938.

[115] „Deutschland und die Deutschen" (XI, S. 1146; MK 118, S. 177). Zu diesem, erstmals am 29. Mai 1945 in der Library of Congress in Washington gehaltenen, kurz darauf in New York wiederholten, alsbald in Druck gegebenen Vortrag und seiner unmittelbaren Wirkung auf die Zuhörer vgl. *Bürgin–Mayer*, S. 191 f. Der Kerngedanke des Vortrags findet sich bereits 1941 in dem zuerst englisch erschienenen, in der letzten Ausgabe farblos „[Deutschland]" überschriebenen Aufsatz (XII, S. 902 ff.; MK 118, S. 118 ff.). – Über die Bedeutung der autobiographischen Züge, die Thomas Mann der Gestalt des Adrian Leverkühn verlieh, vgl. H. *Hatfield*, Thomas Mann, Norfolk/Conn. [1951], S. 132: „it can even be argued that he represents what the author himself might have become, if he had not turned away from some of the tendencies of earlier years. Certain lines of thought in the ‚Reflections of a nonpolitical man' had they been consistently followed, would have led him to share in the ruin which overtook his protagonist". Das Urteil von J. *Hermand*, Schreiben in der Fremde. Gedanken zur deutschen Exilliteratur seit 1789 (Exil und Innere Emigration. Third Wisconsin Workshop, hrsg. von R. *Grimm*–J. *Hermand* [Frankfurt/M. 1972]), S. 26, Thomas Mann habe, von persönlicher Scham, Kollektivschuld und Leiden an Deutschland bedrückt, „mit siebzig Jahren" „die Weimarer Humanität verdrängt", wird der Haltung des Dichters wenig gerecht.

[116] Die Zitate in diesem Satz aus Thomas Manns Antwort auf den an ihn gerichteten Offenen Brief von W. v. Molo, 7. September 1945 (*Briefe* II, S. 446). – In seinem Brief vom 24. April 1945 an A. E. Meyer (ebd. S. 428) betonte Thomas Mann, „das Beste und Wahrste" an dem Vortrag „Deutschland und die Deutschen" sei „die Selbst-Solidarisierung mit dem deutschen Unglück". Heinrich Mann versprach sich von der durch den Satz „Ich habe es auch in mir" dokumentierten „Haltung des Bekenners" eine an das Gefühl der Hörer rührende, den Erfolg sichernde Wirkung (Brief vom 19. Mai 1945 an Th. Mann; *Briefwechsel*, S. 225). – Vgl. dazu auch die Eintragung vom 18. August 1945 bei W. *Hausenstein*, Licht unter dem Horizont. Tagebücher von 1942 bis 1946, München [1967], S. 387: „Ein amerikanischer Hauptmann erzählte mir, Thomas Mann habe eine Rede gehalten, die man als ein lautes

Es ist hier nicht der Ort, auf die „Betrachtungen eines Unpolitischen" und die wirklich höchst vertrackte Rolle, die diesem „verrufenen Buche" [117] im Leben und Schaffen seines Autors zukommt, näher einzugehen [118]. Wir müssen aber die Funktion beleuchten, die das Werk sowohl für den Verfasser wie für Deutschland im Jahr 1919 hatte, um die Voraussetzungen ganz zu klären, unter denen die Bonner Ehrenpromotion Thomas Manns vollzogen wurde. Der Selbstkommentar, zu dem dieses Buch den Dichter bis zu seinem Lebensende wie keine andere seiner Schriften immer wieder trieb, zeugt von der zentralen Bedeutung, die die „Betrachtungen" innerhalb seines Werks besitzen. Die Kette dieser Äußerungen kann als Ariadnefaden durch die labyrinthisch erscheinende, aber durchaus bruchlos innerhalb einer einheitlichen Künstlerexistenz verlaufende Geschichte des geistigen Weges

---

Bekenntnis zum Guten im deutschen Wesen bezeichnen müsse. Es gehöre zur Zeit etwas dazu, etwas Gutes an dem deutschen Wesen *überhaupt* zu finden (angesichts der amerikanischen Stimmung nämlich). Thomas Mann habe etwa gesagt: wenn an den Deutschen gar nichts Gutes gefunden werden könnte, dann fiele dies auch auf ihn zurück, denn er selber sei geborener Deutscher. – Bliebe der Wortlaut der Rede abzuwarten. Wenn das Angedeutete gesagt wurde, dann freut es mich im innersten Herzen – dort, wo Manns Radio-Reden während des Krieges doch eher als karge, wenn auch richtig intentionierte Emigranten-Kundgebungen empfunden wurden".

[117] Th. *Mann*, Dem Kongreß (Mai 1926) (XI, S. 374; MK 119, S. 175). – Das Epitheton, das Thomas Mann hier auf sein Werk anwandte, um die Empfindung mancher Zeitgenossen ihm gegenüber zu kennzeichnen, besitzt offenbar stellenweise heute noch Geltung: die 1965 erschienene Neuauflage der zwölfbändigen Thomas-Mann-Gesamtausgabe des Aufbau-Verlages, Berlin und Weimar, enthält die „Betrachtungen" nicht; *Lehnert*, S. 18. Dazu jetzt *Mayer*, *Repräsentant*, S. 67, wo Thomas Manns Einverständnis, die „Betrachtungen" „zu opfern", und Mayers Vorschlag, sie „später als Ergänzungsband zu publizieren", erwähnt sind. – K. *Hiller*, Ratioaktiv. Reden 1914–1964, [Wiesbaden 1966], S. 137, Anm. 7 bezeichnet die „Betrachtungen" als „schaurig". M. *Freund*, Unabhängiges Gewissen (Die Gegenwart 10, Juni 1955, S. 377 f.) nennt sie – vielleicht in einer Variation des angeführten Selbsturteils von Th. Mann – „ein sündhaftes Buch"; K. *Korn*, Thomas Mann (Genius der Deutschen. Die großen Dichter, Philosophen, Historiker, Berlin [1968]), S. 412 bezeichnet sie zutreffender als „Buch der halben Einsichten und der halben Irrungen". Die Stelle in den „Betrachtungen eines Unpolitischen", die sich auf ein Zitat von Gogol bezieht, welches feudal-absolutistischer Herrschaft im Gegensatz zu demokratischen Verfassungen förderliche Wirkung für kulturelle Blütezeiten zuschreibt (XII, S. 363; MK 116, S. 271), nötigt E.–M. *Pietsch*, Gogol in der Publizistik Thomas Manns (Spektrum. Mitteilungsblatt für die Mitarbeiter der Deutschen Akademie der Wissenschaften zu Berlin 11, 1965), S. 191 das auf die „Betrachtungen" insgesamt anwendbare, im einzelnen nicht völlig überzeugende Geständnis ab: „Der reaktionäre Kern in dem hier beleuchteten Verhältnis zwischen Kunst und Politik ist so eindeutig, daß man nur mit einiger Ergriffenheit konstatieren kann, wie weit sich selbst ein so generöser Geist wie Thomas Mann im – allerdings unbewußten – Dienst der Reaktion verführen und vom Wege abbringen ließ".

[118] Hierzu außer den oben S. 47, Anm. 90 genannten Arbeiten K. *Sontheimer*, *Schriftsteller* (Vierteljahrshefte für Zeitgeschichte 6, 1958, S. 1 ff.); *ders.*, Thomas Mann und die Deutschen, S. 19 ff.; *Keller*, Der unpolitische Deutsche; E. *Bisdorff*, Thomas Mann und die Politik, Luxembourg ²1966. Weiteres wird an einschlägiger Stelle zitiert. – Zur Kritik an dem Buch von *Flinker* vgl. *Sontheimer*, S. 63 f.; hierzu aber jetzt *Banuls*, S. 89. – Zu Angriffen, die später Thomas Mann und die „Betrachtungen" gegeneinander ausspielten – während des zweiten Weltkriegs in USA und England, danach in USA und Deutschland – vgl. K. *Schröter*, Thomas Mann in Selbstzeugnissen und Bilddokumenten (Rowohlts Monographien 93), [Reinbek 1964], S. 143; *ders.*, *Urteil*, S. 325 f.

dienen, den Thomas Mann durchmessen hat, seines „suchenden, wachsenden, sich in vielfältigen Werken bekennenden und bewahrenden Lebens" [119]. Dieser Weg verdiente, einmal an Hand der Aussagen des Dichters über die „Betrachtungen" im einzelnen genau untersucht zu werden, ebenso aber auch das noch ungeklärte Verhältnis, in dem dieses Buch zu der umfangreichen deutschen Kriegspublizistik aus dem Lager des nationalen Bürgertums steht, das literarisch in erster Linie durch Professoren repräsentiert wird [120]. Dabei bliebe schließlich auch die Wirkung noch zu verfolgen, die von den „Betrachtungen" neben vergleichbaren literarischen Produkten aus derselben Zeit auf mancherlei Weise ausgegangen ist. Kurt Martens hat eine derartige Verwandtschaft schon im Oktober 1918 angedeutet [121], Bernhard Guttmann dann 1956 eine Reihe von wichtigen Hinweisen auf zeitgenössische Parallelen in England und Frankreich geliefert und dabei leiser als vor ihm Franz-Josef Schöningh und nachher Walter Boehlich den Anteil betont, den das Buch am Schicksal Deutschlands und der Deutschen gehabt habe [122]. Reinhold Niebuhr

---

[119] Thomas Mann an C. B. Boutell, 21. Januar 1944 (*Briefe* II, S. 354). Vgl. dazu jetzt auch unten S. 328 ff.

[120] Aus diesem Bereich ist bisher nur ein Abschnitt in wissenschaftlich befriedigender Form erschöpfend behandelt worden: W. *Pressel*, Die Kriegspredigt 1914–1918 in der evangelischen Kirche Deutschlands, Göttingen 1967; H. *Missalla*, „Gott mit uns". Die deutsche katholische Kriegspredigt 1914–1918, München 1968. Vgl. auch W. *Rothe*, Schriftsteller und totalitäre Welt, Bern und München 1966, wo jedoch – nach dem auf H. v. Hofmannsthal bezogenen Urteil von H. *Rudolph*, Kulturkritik und konservative Revolution. Zum kulturell-politischen Denken Hofmannsthals und seinem problemgeschischtlichen Kontext, Tübingen 1971, S. 82, Anm. 5 – „die historischen Dimensionen des Phänomens nicht" erfaßt sind. Zur „intellektuellen Kriegspublizistik" vgl. ebd. S. 83 ff. Für die Professorenpublizistik vgl. das – andere Ziele verfolgende – Werk von K. *Schwabe*, Wissenschaft und Kriegsmoral. Die deutschen Hochschullehrer und die politischen Grundfragen des ersten Weltkrieges, Göttingen [1969]; *ders.*, Ursprung und Verbreitung des alldeutschen Annexionismus in der deutschen Professorenschaft im ersten Weltkrieg (Vierteljahrshefte für Zeitgeschichte 14, 1966, S. 105 ff.). K. *Schröter*, „Eideshelfer" Thomas Manns 1914/18 (Sinn und Form 19, 1967, S. 1469 ff.; Wiederabdruck in: K. *Schröter*, Literatur und Zeitgeschichte [Mainzer Reihe 26], Mainz 1971, S. 47 ff.) bietet eine Interpretation der politischen Schriften Thomas Manns aus der Zeit des Ersten Weltkriegs unter dem Aspekt, daß für sie vor allem Carlyle und Treitschke maßgebenden Einfluß besessen haben; „was er im einzelnen Paul de Lagarde, Max Weber, Ernst Troeltsch, Werner Sombart, Emil Hammacher u. a. entnahm, füllte Carlyles und Treitschkes historisch-politische Konstruktionen nur aus", ebd. S. 1480 (Wiederabdruck S. 62). Als Vermittler zwischen Treitschke und Thomas Mann vermutet Schröter den Historiker Erich Marcks, der von 1913 bis 1922 Ordinarius an der Universität München war.

[121] K. *Martens*, „Betrachtungen eines Unpolitischen" (Münchner Neueste Nachrichten Nr. 513 vom 10. Oktober 1918): „Kurt Hiller z. B. hat in seiner jüngsten Schrift dem demokratischen Gedanken eine scharfe Absage erteilt". Die Anspielung dürfte den Ausführungen in: Taugenichts – Tätiger Geist – Thomas Mann, Berlin 1917 gelten, die jetzt in Auszug mit einem Zusatz von 1925 im Wiederabdruck bei *Schröter, Urteil*, S. 72 ff. bequem zugänglich sind.

[122] *gu.* [= B. *Guttmann*], Der Unpolitische nach vierzig Jahren (Die Gegenwart 11, 1956, S. 730 ff.); F. J. *Schöningh*, Der Mythos als Propaganda. Die „Große Koalition" des „Alten Fritz" (Der Tagesspiegel, Berlin, Nr. 78 vom 3. April 1946; bei *Matter* nicht verzeichnet); W. *Boehlich*, Der Unpolitische und der Bücherverbrenner (Der Monat 13, 1961, Heft 150, S. 74 ff.); *ders.* in der ausführlichen Rezension der Thomas-Mann-Briefe 1889–1936: „Nationale Echtbürtigkeit" (Frankfurter Hefte, 17 1962, S. 855 ff.); ähnlich auch schon P. W. *Wenger*, Der Mann von

sah in einer von Thomas Mann mit höchstem Lob bedachten Studie „die Tragik" des „Kulturkampfes", den der Dichter mit seinen politischen Reden und Aufsätzen in den dreißiger und vierziger Jahren führte, in dessen „unzerstörbaren Beziehungen zur deutschen Romantik, in der auch der National-Sozialismus wurzele" [123].

vorgestern. Ein Beitrag zur Selbstzersetzung des deutschen Geistes (Rheinischer Merkur Nr. 31 vom 23. August 1947). Vgl. auch *Keller*, S. 132 f.: „Es war nicht hinwegzudisputieren, daß die meisten der Argumente, die die auf Schwarz-Weiß-Rot eingeschworenen Konservativen der zwanziger Jahre gegen die Demokratie vorzubringen hatten, schon in den ‚Betrachtungen' angeführt waren". Das polemisch zugespitzteste, in seiner Schärfe nicht zu überbietende Urteil gab der streitbare Kurt Hiller in einem Vortrag ab, den er am 20. Oktober 1945 in London gehalten hat. Anläßlich der Frage, ob ein Verbot „kraß nazistischer Schriften" in Deutschland angebracht sei, sagte er: „Was heißt aber kraß? Was heißt nazistisch? Die gezügeltere, poliertere, zivilisiertere, ‚edelnationalistische' Literatur ist die weitaus gefährlichere. Ernst Jünger ist gefährlicher als Adolf Hitler; Thomas Manns Betrachtungen eines Unpolitischen sind gefährlicher als Jünger"; *Hiller*, S. 181. *Glum*, S. 22 hält es für „wahrscheinlich", daß Adolf Hitler Thomas Manns „Gedanken im Kriege" und „Friedrich und die große Koalition" gelesen habe, und urteilt, „selbst" er „sollte ihn [= Mann] nicht überbieten". – H. *Brandenburg*, Im Feuer unserer Liebe. Erlebtes Schicksal einer Stadt, München [1956], S. 312 meint von Thomas Mann: „Wäre er bei uns geblieben, so hätte ihn das frühe nationalistische Buch, trotz aller späteren Revozierungen seit der ‚Rede von deutscher Republik', vor die Spruchkammer gebracht". Der Verfasser gehörte zum Kreis der Thomas Mann während der Münchner Zeit persönlich Näherstehenden, allerdings „nicht zu seinen Auserwählten" (S. 213). Ein abgewogenes Urteil, verbunden mit Hinweisen auf Parallelen in Deutschland und England zu Thomas Manns Kriegspublizistik, findet sich bei R. H. *Thomas*, Thomas Mann, Oxford 1956, S. 11 ff.

[123] Th. Mann an A. E. Meyer, 19. Dezember 1942 (*Briefe* II, S. 286); dazu der wichtige Brief von Th. Mann an Niebuhr vom 19. Februar 1943 (*Briefe* II, S. 300 ff.). – 1939 hatte Thomas Mann in dem für die Interpretation seiner politischen Äußerungen grundlegenden „Selbstdisziplinierung" grundlegenden Aufsatz „Kultur und Politik" (XII, S. 854; MK 118, S. 59) die Möglichkeiten, die für ihn mit dem Verharren auf der Stufe der „Betrachtungen eines Unpolitischen" hätten verbunden sein können, anscheinend weniger optimistisch eingeschätzt; ähnlich dann 1949 im Gespräch mit A. Bauer: „Hätte ich nicht mit meiner Vergangenheit gebrochen und mich für eine aktive politische Haltung in der Politik entschieden, so wüßte ich nicht, wie ich den Ereignissen von 1933 begegnet wäre"; zit. bei A. *Bauer*, Wandlungen eines Dichters. Ein zweites Gespräch mit Thomas Mann (Neue Zeitung Nr. 73 vom 22. Juni 1949). Um darzutun, was er meinte, nannte Thomas Mann bei diesem Anlaß Bertram, dessen Irrtum er – wie er sich ausdrückte – als tragisch empfinde. – Niebuhrs Aufsatz „Order of the Day", 1942 in der Zeitschrift „Nation" vom 28. November 1942 erschienen, ist wiederabgedruckt in dem Sammelband The Stature of Thomas Mann, hrsg. v. Ch. *Neider*, [New York 1947], S. 191 ff. – Schärfer charakterisiert die Zusammenhänge A. *Guérard*, What we hope from Thomas Mann (1945), ebd. S. 436 ff., sowie H. G. *Atkins*, German Literature through Nazi Eyes, London 1941, S. 74, wo es nach R. *Gray*, The German Tradition in Literature 1871–1945, Cambridge 1965, S. 84 heißt, „during the 1920's" klänge Thomas Manns Stimme zeitweilig so, daß sie „might almost be that of a Nazi ideologue of today". Vgl. auch U. *Bitterli*, Thomas Manns politische Schriften zum Nationalsozialismus 1918–1939, Zürcher phil. Diss. 1964, S. 35 f. J. *Radkau*, Die deutsche Emigration in den USA. Ihr Einfluß auf die amerikanische Europapolitik 1933–1945 (Studien zur modernen Geschichte 2), [Düsseldorf 1971], S. 124 geht so weit, von Thomas Mann zu sagen, man könne „aus der besonderen Wut seiner Angriffe auf den Nazismus die Überschärfe des Renegaten heraushören", um sogleich hinzuzufügen: „im ganzen trug jedoch sein Bekenntnis zur Demokratie wenig renegatenhafte Züge". – Zu dem damit berührten Problem des „Perspektivenwechsels" vgl. *Lehnert*, S. 12.

So richtig dies ist, so zutreffend ist jedoch auch die Beobachtung, daß „einige der wichtigsten Gedanken, auf die Mann rund fünfundzwanzig Jahre später seinen Kampf gegen den Faschismus begründet, ... sich schon in den Schriften zum ersten Weltkrieg" andeuten [124]. Aus Briefen Thomas Manns an Paul Amann wissen wir, daß seine spätere Aussage, die „Betrachtungen" hätten ihm dazu gedient, sich kathartisch von Vorstellungen zu befreien, die im Grunde nicht mehr ganz die seinen waren, wirklich keine nachträglich konstruierte Schutzbehauptung ist, sondern daß der Autor sich während der Niederschrift des Buches tatsächlich bereits dialektisch-ironisch zu ihm verhielt [125]. Sogar Bertram ist gleich die „innere Doppelgängerschaft seiner selbst" darin aufgefallen [126]. Egon Friedell bemerkte im März 1919 von seinem distanzierteren Wiener Standort aus etwas Ähnliches [127], und ein französischer Kritiker, der 1920 scharf mit Thomas Mann als Verfasser der „Betrachtungen eines Unpolitischen" ins Gericht ging, prophezeite sogar, er werde sich schließlich doch der Demokratie zuwenden [128].

Daß die Bedeutung eines Buches für seinen Autor und die Wirkung auf die Umwelt aber vollkommen auseinanderklaffen können, und daß dies besonders dann der Fall ist, wenn das Werk dem Verfasser dazu gedient hat, sich aus inneren Verstrik-

---

[124] H. M. *Wolff*, Thomas Mann. Werk und Bekenntnis, Bern [1957], S. 55.

[125] Th. *Mann*, Briefe an Paul Amann 1915–1952, Lübeck 1959, besonders S. 40 (vom 25. Februar 1916); im gleichen Schreiben Kritik an der Zeitschrift „Süddeutsche Monatshefte", die Thomas Mann als „zu zornig deutsch" bezeichnet, womit sich ein später heftige Formen annehmender Gegensatz ankündigt.

[126] E. *Bertram*, Thomas Manns „Betrachtungen eines Unpolitischen", S. 81. – F. *Lion*, Thomas Mann in seiner Zeit, Zürich–Leipzig [1935], S. 107, Anm. 1 wies später – ohne Bezugnahme auf die „Betrachtungen" – auf „das bei ihm unentbehrliche Spiel seiner vielen Ichs" hin; vgl. dazu jetzt auch *Karst*, S. 215 ff.: „Porträt des Dichters".

[127] *Friedell*, Die Betrachtungen eines Unpolitischen: „... diese höchst widerspruchsvolle und völlig in sich einheitliche, aus dem tiefsten Willen der Zeit geborene und sich der Zeit mit den stärksten Instinkten entgegensetzende Generalbeichte ..."; „es liegt eine sublime und erquickende, eine echt artistische Ironie darin, daß man diesen Thesen bisweilen ohne allzu große Gewaltsamkeit auch das umgekehrte Vorzeichen geben könnte, ohne ihnen ihren Glanz und ihre Schlagkraft, ja selbst in höherem Sinne ihren Wahrheitswert zu nehmen"; im Wiederabdruck bei *Schröter*, *Urteil*, S. 83, 85. – Friedell stellte die „Betrachtungen" neben das 1890 anonym erschienene Buch „Rembrandt als Erzieher" von Julius *Langbehn*. – Vorzügliche Bemerkungen zur Antithetik = Doppeldeutigkeit in den „Betrachtungen eines Unpolitischen" bietet R. *Baumgart*, Das Ironische und die Ironie in den Werken Thomas Manns, München [1964], S. 88.

[128] M. *Muret*, Les deux frères Mann (Revue mondiale 31e année, vol. 135, 1920), S. 424. Als Muret die von ihm prophezeite Wendung Thomas Manns tatsächlich gewahr wurde, reagierte er darauf trotzdem mit unverhohlen kritischer Verwunderung: M. *Muret*, La république allemande et les écrivains. Le ralliement de M. Thomas Mann (Journal des Débats Nr. 202 vom 23. Juli 1926). – Derselbe Autor besprach schließlich auch am 29. Januar 1937 in der Pariser Zeitung Le Jour den eben erschienenen „Briefwechsel" mit dem Dekan der Bonner Philosophischen Fakultät und bezeichnete Thomas Manns Schicksal dabei als tragisch, weil sein Weg ihn von den im Ersten Weltkrieg geäußerten Ansichten zu anderen Auffassungen geführt habe, die er in den Augen der nationalsozialistischen Machthaber nur allzu gut begründet habe, so daß er von diesen selbst noch im Exil verfolgt würde. Die beiden zuletzt angeführten Veröffentlichungen von Muret sind bei *Matter* nicht verzeichnet.

kungen zu lösen, weiß man mindestens seit Goethes Zeugnis über den „Werther". Thomas Manns Abstand von den „Betrachtungen", die reinigende Wirkung, die sie für ihn im Zusammenhang seiner Lebenserfahrung und seines Werdegangs besaßen, sind für den geistig-politischen Einfluß, den das Buch in Deutschland ausgeübt hat, ebenso bedeutungslos gewesen wie die schon auf Distanzierung des Autors hindeutenden Stellen in dem Werk selbst. Solche Züge wurden in den Augen der von Leitbildern des wilhelminischen Zeitalters erfüllten bürgerlich-patriotischen Leserschaft, die dem in jeder Hinsicht revolutionär wirkenden Expressionismus der Zeit eine kulturkonservative Gesinnung entgegenstellte, durch diejenigen Partien des Buches überstrahlt, in denen diese Kreise Ansichten und – Ressentiments bestätigt fanden, an welchen sie angesichts der Novemberereignisse des Jahres 1918 umso hartnäckiger festhielten. Aus der um Litzmann gescharten und Bertram bewundernd anhängenden Gruppe Bonner Studenten jener Jahre stammt das rückblickende Bekenntnis: „Thomas Mann war mir damals der Dichter der ‚Buddenbrooks‘, der Autor der Essays, unter denen ‚Friedrich und die große Koalition‘ und die Fontanestudie hervorragten, und vor allem der männliche Geist, der die ‚Betrachtungen eines Unpolitischen‘ geschrieben hatte. Wem damals in Deutschland das Revolutionäre widerstand und wer dem Bewahrenden zuneigte, fand in jenem Buch sein geistiges Arsenal. . . Daß Thomas Mann sehr bald einen anderen Weg einschlagen sollte, konnten wir jungen Studenten es vermuten?" [129] Zahlreichen, wenn nicht den meisten Lesern der 1919/20 rasch bis zum 18. Tausend aufeinanderfolgenden Auflagen der „Betrachtungen" „paßte es ausgezeichnet, dort haltzumachen, von wo aus der Dichter weiterging" [130]. Das hatte Thomas Mann vermutlich auch im Auge, als er 1944 rückblickend urteilte: „Nicht einmal die Deutsch-Nationalen wußten etwas damit anzufangen" [131] und

---

[129] *Brües*, S. 28; dazu ebd. S. 29 f.: „Von jener persönlichen Begegnung an waren wir Bonner Studenten Thomas Mann doppelt verpflichtet. Wir stiegen in einen Zug, an dessen Lokomotivkessel er stand und merkten nicht, daß er schon am nächsten Bahnhof ausstieg und einen anderen Zug übernahm". – In diesem Zusammenhang muß auch eine Besprechung von Thomas Manns Essayband „Rede und Antwort" aus der Feder von G[rete] L[itzmann], der Gattin Berthold Litzmanns, erwähnt werden. Sie rühmt Thomas Mann als Beweis dafür, „daß . . . auch heute deutsches Blut geistige Persönlichkeiten gebiert, die . . . an rein geistigem Niveau . . . – man vergleiche die ‚Betrachtungen . . . .‘ mit der gesamten Kriegsliteratur der übrigen Kulturvölker – weit überragen" (Hannoverscher Kurier Nr. 21 vom 13. Januar 1922); vgl. unten S. 82, Anm. 196.
[130] *Rychner*, S. 373. – Für die Auflagen vgl. *Bürgin* I, Nr. 12. S. 25; *de Mendelssohn, Fischer*, S. 792 f. Zur Gesamtlage und ihrer Problematik vgl. W. *Bußmann*, Politische Ideologien zwischen Monarchie und Weimarer Republik. Ein Beitrag zur Ideengeschichte der Weimarer Republik (Historische Zeitschrift 190, 1960, S. 55 ff.).
[131] Th. Mann an C. B. Boutell, 21. Januar 1944 (*Briefe* II, S. 353); ähnlich der Stresemann nahestehende *Brües*, S. 28. – Die Konservative Monatsschrift fand bei voller Zustimmung zu dem als Grundgedanken des Buches empfundenen „Protest gegen mechanisierende, nivellierende Staatsformen" darin doch auch „manche Willkürlichkeiten, die der persönlichen Erkenntnis des Verfassers genüge tun mögen, aber nicht ohne weiteres der Anschauung der Rechtsgerichteten einleuchten"; zit. nach Das literarische Echo 21, 1918/19, S. 1446. Demgegenüber enthält A. v. *Winterfeld*, Thomas Mann (Neue Preußische [Kreuz-] Zeitung

1947 sogar den Deutschen vorwarf, nicht ebenfalls durch die „Betrachtungen" – wie er selbst – von deren Meinungsgehalt befreit worden zu sein [132]. Die tragische Kluft zwischen Thomas Mann und den Deutschen begann sich zu öffnen, als sich herausstellte, daß die „Betrachtungen" für die Nation etwas ganz anderes bedeuteten als für ihren Verfasser. Zunächst war davon freilich noch nichts zu spüren.

Es beleuchtet die große Wirkungsbreite des Kriegsbuches von Thomas Mann im Jahr 1919, daß es auch in Kreisen begrüßt worden ist, die sich dem Dichter gegenüber sonst reserviert verhielten. Der eben aus dem Krieg heimgekehrte junge Alois Dempf (geb. 1891) – 1926 in Bonn als Philosoph habilitiert – appellierte in einer keineswegs unkritischen Auseinandersetzung mit den „Betrachtungen", die als „Offener Brief an Thomas Mann" im Augustheft 1919 der Zeitschrift „Hochland" erschien, an den Dichter, sich „uns Jungen, den getreuen Verehrern Ihres künstlerischen Werkes, zu weiterer Führerschaft verpflichtet" zu fühlen: „Sie haben uns eine Geisteshaltung gezeigt, die in erbitterter Gegnerschaft gegen den aufklärerischen Geist und seine Nützlichkeitsmoral eine so hoch konservative und positive ist, daß wir, katholische Jugend, Sie im Kampfe gegen den modernen Geist ganz als den unsern beanspruchen können" [133]. Das repräsentative Organ der Zentrumspartei am Rhein, die „Kölnische Volkszeitung", veröffentlichte 1920 einen Aufsatz über die Brüder Heinrich und Thomas Mann. Der geistliche Publizist rühmte die „Betrachtungen" als „ehrliches und tapferes Buch" eines „wackeren Mannes", der sich „scharf ... gegen die Auflösung unseres Volkes durch die zersetzenden Einflüsse des Zivilisationsliteraten" wende und zeige, „wie wenig das deutsche Leben in die starren und abstrakten Formeln des westlichen Demokratiebegriffes gepreßt werden" könne. So wecke dieses Buch „in der bitteren Not der Gegenwart wieder Hoffnung auf einen deutschen Aufstieg" [134]. Rückte der politische Katholi-

Nr. 594 vom 7. Dezember 1919) eine positive Würdigung der „Betrachtungen"; sie allein aus diesem Artikel ist bei *Schröter*, *Urteil*, S. 69, Nr. 38 wiedergegeben. – Thomas Manns Urteil wird bestätigt durch H. *Fenske*, Konservativismus und Rechtsradikalismus in Bayern nach 1918, Homburg v. d. H. [1969], S. 264, der feststellt, daß in der von ihm untersuchten Publizistik die Wirkung der ideologischen Diskussion während des Krieges an vielen Stellen spürbar ist, aber „keinerlei Anzeichen dafür vorliegen, daß etwa auch Th. Manns Betrachtungen eines Unpolitischen, die die Ideen von 1914 auf höchster literarischer Ebene erörtern, bekannt waren". Bei J. *Schwarz*, Studenten in der Weimarer Republik. Die deutsche Studentenschaft in der Zeit von 1918 bis 1923 und ihre Stellung zur Politik (Ordo Politicus 12), Berlin 1971, wird die einschlägige Publizistik eingehend herangezogen; Thomas Mann ist nicht genannt.

[132] Th. Mann an M. Rychner, 24. Dezember 1947 (*Briefe* II, S. 579 f.): „Und wie schön ist Ihr Wort von der kathartischen Funktion der ‚Betrachtungen' in meinem Leben, – die sie für die Deutschen nicht hatten. Gerade das habe ich ihnen so übel genommen. Da müht man sich an Stelle der Christenheit, um mich claudelisch auszudrücken, und die Christenheit ist zu faul, mitzutun".

[133] A. *Dempf*, Die Betrachtungen eines Unpolitischen (Hochland 16, 1919, S. 469 ff.); die Zitate S. 474; im gekürzten Wiederabdruck bei *Schröter*, *Urteil* S. 82, Nr. 35.

[134] J. *Froberger*, Zwei Brüder (Kölnische Volkszeitung Nr. 304 vom 21. April 1920). Bemängelt wird, daß von Thomas Mann „der Gegensatz gegen die revolutionäre Richtung

zismus bald auch von dem hinter solchen Ansichten stehenden Staatsgedanken ebenso ab wie Thomas Mann selbst, so empfanden viele Deutsche das Kriegsbuch des „Buddenbrooks"-Dichters noch lange Zeit später weiterhin als nationales Vademecum. Eine Monographie über Thomas Mann, die ein Pädagoge 1927 veröffentlichte, sagt zu den „Betrachtungen", daß dies Buch uns den vaterländischen Trotz und Glauben stärken könne [135].

Kein Zweifel, daß aus eben diesem Grunde auch schon für Bertram, als er anregte, Thomas Mann mit dem philosophischen Ehrendoktor der rheinischen Universität am 3. August 1919 auszuzeichnen, die älteren Werke des Dichters, über die er zehn Jahre und mehr zuvor in der „Literarhistorischen Gesellschaft" referiert hatte, hinter dem jüngst erschienenen, von ihm so besonders dankbar begrüßten Buch des Münchner Freundes zurücktraten. Wurden die „Betrachtungen eines Unpolitischen" damals – wie Thomas Mann vermerkte – als eine geistige Festung betrachtet [136], so war nichts natürlicher, als daß diejenige deutsche Universität, die sich selbst vor allen anderen Hochschulen genau so verstand und von den Zeitgenossen nicht anders bewertet wurde [137], den Urheber eines solchen Buches auszeichnete. Es entsprach diesen Verhältnissen, daß die Anregung hierzu von demjenigen seiner Freunde ausging, der mit Gedanken und Rat die Entstehung des Werkes begleitet hatte und nun im Begriff stand, von seiner gerade gewonnenen akademischen Position an der Rheinischen Friedrich-Wilhelms-Universität aus höchst aktiv in den eben ausgebrochenen, vor allem gegen die französische Zivili-

---

nicht einmal in seiner ganzen Tiefe empfunden" werde, „weil er in Fragen der Religion und Philosophie noch vielfach selber schwankt und von Einflüssen abhängig ist, die der Richtung seines geistigen Strebens eher abträglich als förderlich sind". – Froberger hatte bei den durch Litzmann und viele andere heftig bekämpften Autonomiebestrebungen im Rheinland während des Sommers 1919 eine führende, von den parteioffiziellen Stellen des Zentrums alsbald abgelehnte Rolle gespielt. In der nämlichen Zeit hatte die Kölnische Volkszeitung (Nr. 730 vom 17. September 1919) einen Aufsatz über Thomas Mann von Lilli *Bourges* veröffentlicht, der ihn rein ästhetisch-literarisch ohne die geringste Bezugnahme auf seine politischen Äußerungen positiv beurteilte und sich in der Betonung von „Zucht" und „Strenge" mit der Bonner Laudatio berührt, aber die kurz zuvor geschehene Ehrenpromotion des Dichters unerwähnt läßt.

[135] M. *Havenstein*, Thomas Mann. Der Dichter und Schriftsteller, Berlin 1927, S. 277. Ebd. S. 86 heißt es: „Die ‚Betrachtungen eines Unpolitischen' ... sind ... erzieherisch ohne Zweifel sein wirksamstes Buch", und zu politisch besonders wichtigen Aspekten der „Betrachtungen" liefert der Verfasser das für die innere Situation Deutschlands im Erscheinungsjahr seines Buches aufschlußreiche Urteil: „Ganz so, wie es hier gesagt wird, empfand der deutsche Bürger und empfindet er noch heute" (S. 274). – Havenstein (geb. 1871) war Studienrat am Berliner Grunewaldgymnasium; vgl. Kürschners Deutscher Gelehrtenkalender 1926, Sp. 68; er hatte „Friedrich und die große Koalition" in der Zeitschrift „Preußische Jahrbücher" 163, 1916, S. 152 ff. besprochen und war „bei der Lektüre dieser" „prachtvollen Aufsätze" „in ein solches Entzücken" geraten, „daß" – so gestand er – „ich aller Kritik vergesse".

[136] Th. Mann an Ph. Witkop, 3. Januar 1919 (Fotokopierte Abschrift TMA).

[137] Vgl. die oben S. 37, Anm. 48 genannte Eingabe der Universität Bonn vom 21. November 1918.

sationsidee gerichteten geistigen Kampf Deutschlands um den Rhein einzugreifen [138].

Bertrams Rolle in der Vorgeschichte der Ehrenpromotion von Thomas Mann rückt vielleicht auch die eigentümliche Tatsache in helleres Licht, daß das Elogium von allen Werken des Dichters gerade und nur die „Buddenbrooks" ausdrücklich nennt. Gewiß, dieser Roman hatte mit einem Schlage den Ruhm seines fünfundzwanzigjährigen Autors in weitesten Kreisen begründet und sicherte ihm dessen Fortdauer. Wenn jedoch in der am 2. August 1919 öffentlich verlesenen Bonner Laudatio allein dieses fast zwei Jahrzehnte zurückliegende Werk erwähnt wird, so muß man sich erinnern, daß Bertram im April 1918 auf Wunsch Thomas Manns eine von diesem als „meisterhaft" gerühmte Werbeanzeige für die „Betrachtungen eines Unpolitischen" verfaßt hatte. Sie sagte über das Buch, das Thomas Mann selbst als Entwicklungsroman bezeichnete, es sei „Dichtung in Form von Kritik, Konfession und Streitschrift" und – „man könnte es die intellektuellen ‚Buddenbrooks' nennen" [139]. Das hatte der Rezensent in der Zeitschrift „Die Rheinlande" zwar ausdrücklich kritisiert, weil die „Betrachtungen" nicht das Buch eines Intellektuellen seien, sondern „ein Protest gegen den Intellektualismus von einem deutschen Menschen, dem der Intellektualismus . . . viel zu oberflächlich und optimistisch, nur Gefahr ist" [140]. Damit war die von Bertram hergestellte Beziehung zwischen dem Kriegsbuch von 1918 und „seinem dichterischen Gegenstück", dem Roman von 1901, aber nicht zerstört, ja möglicherweise bei aufmerksamen Lesern der rheinischen Kulturzeitschrift sogar noch unterstrichen worden. In den entscheidenden Sommerwochen 1919 stand Bertram in denkbar engster persönlicher Verbindung mit Litzmann, da er auf dessen Aufforderung hin am 4. Juni unter Vorlage des „Nietzsche" als Habilitationsschrift in Bonn die Venia legendi erwarb – übrigens mit höchsten Ehren – und hier am 21. Juni seine Antrittsvorlesung hielt [141].

---

[138] Vgl. E. *Bertram*, Rheingenius und Génie du Rhin, Bonn 1922. Diese Antwort auf Straßburger Vorträge von Maurice Barrès aus dem Jahr 1920 erschien zuerst in der unter Litzmanns maßgeblicher Teilnahme kurz zuvor ins Leben gerufenen Zeitschrift „Die Westmark" 1, 1921, S. 542 ff. unter dem Titel „ »Le génie du Rhin«. Anmerkungen zu einer akademischen Vortragsreihe von Maurice Barrès". – Thomas Mann dankte Bertram am 23. Juni 1921 für diesen Aufsatz, den er mit „wahrer Erhebung" gelesen habe (*Jens*, S. 98). Zur gleichen Zeit veröffentlichte übrigens E. R. *Curtius*, auf dessen Freundschaft mit Bertram Thomas Mann sich gegenüber André Gide am 21. Januar 1922 bezieht (*Briefe* I, S. 195), sein Buch „Maurice Barrès und die geistigen Grundlagen des französischen Nationalismus", Bonn 1921, während Thomas *Mann* sich in den zwischen Curtius und André Gide begonnenen deutsch-französischen Dialog mit seinem Aufsatz „Das Problem der deutsch-französischen Beziehungen" (Der Neue Merkur 5, Januar 1922, S. 649 ff.; XII, S. 604 ff.; MK 117, S. 77 ff.) einschaltete.

[139] Text im Kommentar zu Thomas Manns Briefen an Bertram bei *Jens*, S. 234; ebd. S. 65 Thomas Manns Urteil vom 13. April 1918. Bertram hatte mit der Wendung an ein von Thomas Mann in seinem Brief vom 16. März (ebd. S. 59) geprägtes Bild angeknüpft; dort waren die „Betrachtungen" „intellektuales Geschwister" der „Buddenbrooks" genannt worden.

[140] *Herrigel*, S. 30.

[141] Dazu die Akten der Philosophischen Fakultät der Universität Bonn betr. Dr. Bertram – mit sehr bemerkenswertem, aus „München November 1918" datiertem Lebenslauf

Nachdem er den Anstoß dazu gegeben hatte, Thomas Mann den Ehrendoktor zu verleihen, und sich über die bevorstehende Ehrung des Freundes nach späterem Eingeständnis „schon den ganzen Sommer über" „herzlich gefreut" hatte [142], mag Bertram auch den Wortlaut der Laudatio beeinflußt haben und dann mit dem Hinweis auf die „Buddenbrooks" zugleich die – ihre „spezifische Deutschheit" teilenden – „intellektuellen Buddenbrooks", die „Betrachtungen", für Eingeweihte spürbar haben aufleuchten lassen wollen. Bei den sehr gespannten Verhältnissen, die das Besatzungsregime in Bonn damals besonders für die Universität mit sich brachte, mußte es sich empfehlen, gerade dieses Buch Thomas Manns, das in England als eine das vorherrschende Propagandabild der deutschen Weltgefahr bestätigende Kampfschrift „against Civilization" bekannt war[142a], nicht namentlich zu erwähnen. Es ist bezeugt, daß bei dem Jubiläum der Universität politische Vorsicht gegenüber den Alliierten beobachtet wurde. Unmittelbar vorher war es zu Tätlichkeiten zwischen Studenten und Besatzungstruppen gekommen [143]. Die Hochschule rechnete täglich mit ihrer Schließung [144], und der Rektor wies schon in den ersten Sätzen seiner Festrede vom 3. August die Zuhörer darauf hin, daß unter den obwaltenden Umständen ein völlig freies Wort nicht mehr möglich sei [145]. Ungesehen überwachten britische Offiziere die Universitätsfeier [146]. Mag die Hypothese, mit der Erwähnung der „Buddenbrooks" sei in dem Elogium für Thomas Mann verschlüsselt auf die „Betrachtungen" angespielt worden, nun viel

---

Bertrams; *Jens*, S. 238 f. (mit Druckfehler bei der Angabe des Datums von Litzmanns Aufforderung). Bezeichnend für die Politisierung von Bertrams Stellung in Bonn ist der Irrtum, er sei „als Privatdozent aus Straßburg vertrieben" gewesen, bei *Brües*, S. 27. – Bertrams Antrittsvorlesung „Über Adalbert Stifter" mit heute deutlich wahrnehmbaren zeitgeschichtlichen Anklängen und Hinweisen zur Genealogie des „unpolitischen" Dichter-Ideals ist gedruckt in: E. *Bertram*, G. Chr. Lichtenberg. A. Stifter. Zwei Vorträge, Bonn 1919, S. 47 ff., wiederholt in: Deutsche Gestalten, Leipzig ²[1935], S. 239 ff. – Das Manuskript dieser Antrittsvorlesung mit einer Widmung des Autors – „möglicherweise für Thomas Mann bestimmt" – ist im Katalog der 134. Auktion (vom 27. November 1964) der Firma Dr. E. Hauswedell (Hamburg), S. 20, Nr. 12 angezeigt worden.

[142] E. Bertram an M. Brantl, 8. August 1919; dem zitierten Bekenntnis voran geht die Frage: „Was sagten Sie zu Dr. Tomi?" (Ungedruckt; die Mitteilung aus Bertrams Nachlaß wird dem Schiller-Nationalmuseum, Marbach a. N., verdankt). Dem Schreiben ist weiter zu entnehmen, daß Thomas Mann am 8. August von Glücksburg nach München zurückkehrte und Bertram ihn dort „am Sonntag" (= 10. August) sehen würde.

[142a] Im „Times Literary Supplement" vom 19. Dezember 1918 war eine Besprechung unter dem Titel „Germany against Civilization" erschienen; sie gipfelt in dem – durch lange Zitate aus dem Buch gestützten – Satz, „Civilization" habe mit den Waffen gesiegt; doch solange sie nicht auch im Bereich des Geistes triumphiere, bleibe Deutschland eine tödliche Gefahr für die Welt. – Eine weitere englische Besprechung der „Betrachtungen eines Unpolitischen" hatte im Februar 1919 „The Athenaeum", S. 1351 veröffentlicht.

[143] *Fuchs*, S. 10 ff.

[144] Das erwähnte der Dekan der Philosophischen Fakultät zehn Jahre später in der unten S. 97 behandelten Ansprache; vgl. Kölnische Zeitung Nr. 653 vom 29. November 1929.

[145] *Zitelmann*, S. 3: „Sogar den Trost einer völlig ungehemmten Aussprache haben wir nicht mehr".

[146] Mündliche Mitteilung von Prof. *Fitting* (†).

oder wenig für sich haben, ja vielleicht sogar dem Text mehr zumuten, als er verträgt – eines dürfte die vorangehende Untersuchung erwiesen haben: als die Philosophische Fakultät der Universität Bonn gerade Thomas Mann 1919 unter den geschilderten Umständen ehrte, schloß dies angesichts aller erwähnten Tatsachen mit ein, ja bedeutete zweifellos in erster Linie, daß die Verleihung des Dr. phil. h. c. dem Autor der „Betrachtungen eines Unpolitischen" galt, der wegen dieses Buches damals „für viele nationale, aber nicht chauvinistische Deutsche vorbildlich und führend" war und als Praeceptor Germaniae restituendae von ihnen angesehen wurde [147]. Thomas Manns akademische Ehrung war im Sinne ihrer Urheber und im damaligen Augenblick ihres Vollzugs eine Demonstration, die sich zugleich gegen Versailles und Weimar richtete.

Im Lager der erbitterten Gegner der „Novemberrepublik" wurde die Bonner Ehrenpromotion Thomas Manns jedenfalls so aufgefaßt. Seit dem 1. Juli 1919 erschienen als eines der schärfsten publizistischen Organe dieser Kreise die „Eisernen Blätter"; Litzmanns deutschnationaler Parteifreund Gottfried Traub war ihr Herausgeber [148]. Sie rühmten noch im gleichen Jahr nicht weniger als zweimal die Bonner Hochschule, weil sie den Autor der „Betrachtungen eines Unpolitischen" – einen der „Männer, die die geistigen Besitztümer des deutschen Volkes gegen die anstürmenden Wogen der republikanisch und radikal fortschrittlich Gesinnten verteidigen" – zum Ehrendoktor gemacht habe. Dieses Lob wurde der Universität zuletzt in einer umfangreichen Würdigung des Buches aus einer Bonner Feder gespendet, wo es abschließend heißt, die Hochschule habe sich durch diesen Akt selbst geehrt [149]. Übrigens ist dies das einzige zeitgenössische publizistische Echo auf Thomas Manns Bonner Ehrenpromotion, das bisher nachzuweisen war.

---

[147] Die zitierten Worte aus einem Brief von R. Musil an den Prager Publizisten A. Laurin vom 9. März 1921 (R. *Musil*, Briefe nach Prag, hrsg. von B. *Köpplová* und K. *Krolop* [Reinbek 1971], S. 20). Musil verknüpfte seine Ansicht mit dem Gedanken, deshalb „wäre Manns Name natürlich ein Gewinn, der sich in Ziffern nicht adäquat ausdrücken läßt", für Laurins Zeitungsprogramm. K. *Mann*, Der *Wendepunkt*, [o. O. 1952], S. 90 erwähnt, sein Vater hätte sich als Autor der „Betrachtungen" „leicht zum Führer und Favoriten einer reaktionären Clique machen können" und „schmeichelhafte Angebote aus diesen Kreisen" erhalten. *Brandenburg*, S. 57 knüpft an eine Charakterisierung der „Betrachtungen", die er eine ihn „fieberhaft bannende Lektüre" nennt, das Urteil, „das Werk" „schien ... berufen, seinen berühmten Verfasser an die Spitze einer neuen nationalen Jugend, wenigstens der akademischen, zu stellen". Die Rolle eines neuen Fichte lehnte Thomas Mann im Oktober 1930 ausdrücklich zu Beginn seiner Rede „Deutsche Ansprache. Ein Appell an die Vernunft" ab (XI, S. 870; MK 117, S. 185).

[148] Über Traub und seine Rolle in den Jahren unmittelbar nach dem ersten Weltkrieg vgl. *Mosse*, S. 214 f., 231, *ders.*, The Crisis of German Ideology. Intellectual Origins of the Third Reich, London [1966], S. 245 ff.

[149] O. *Clar*, Thomas Mann's „Betrachtungen eines Unpolitischen" (Eiserne Blätter 1, Nr. 26, 1919, S. 474). Derselbe Verfasser hatte im März 1919 die oben S. 50, Anm. 94 geschilderte Polemik über die politischen Ansichten Thomas Manns in der Bonner Presse geführt. — Vorangegangen mit dem Lob der Universität Bonn wegen Thomas Manns Ehrenpromotion war in Traubs Zeitschrift der Aufsatz von *Zendelwald*, Zwei Brüder (Eiserne Blätter 1, Nr. 23

Der Ring unserer Beweisführung schließt sich, wenn wir feststellen, daß Litzmann die zuletzt zitierte Wendung aus den „Eisernen Blättern" wörtlich aufnahm, als er bald darauf die Diskussion nach Bertrams Vortrag über die „Betrachtungen" in der „Literarhistorischen Gesellschaft" eröffnete, um dem Buch mit geradezu hymnischen Worten eine gewaltige richtungweisende Rolle in der Zukunft zu prophezeien [150]. „Das wertvolle Werk" habe vielen von denen, die „dieser Krönung" – gemeint ist die Ehrenpromotion Thomas Manns – „zujubelten, das Herz geöffnet. Es ist ein Buch, das mit jedem Jahrzehnt, mit dem wir uns von ihm entfernen, zu einem höher ragenden Markstein werden wird in der Entwicklung dessen, was wir das deutsche Wesen in der Welt nennen". Die Funktion einer Ersatzreligion, die der Nationalismus für bestimmte Schichten und Gruppen erfüllte, verrät sich in den folgenden Sätzen mit penetranter Deutlichkeit. Thomas Mann habe – so sagte Litzmann – das Buch schreiben müssen, selbst wenn er sich mit Händen und Füßen dagegen gewehrt hätte. „Es ist etwas über den Menschen gekommen, das zwang ihm die Feder in die Hand und es erhob ihn über seine Zeit hinaus. Er sagte Dinge, wie der Mann in der Offenbarung, Dinge, die dunkel waren und die er falsch gedeutet hat. Aber er sah in diesem Dunkel Kräfte, die sich durchringen, die für uns Erlöser waren und für die kommenden Zeiten Erlöser sein werden". Ergriffen dankte Thomas Mann für diese Worte, als sie ihm am 4. Juni 1920 vor Augen kamen [151]. Betroffen fragen wir uns, ob bei ihm ein Vierteljahrhundert später die Parallelisierung der „Betrachtungen eines Unpolitischen" mit der Apoka-

vom 7. Dezember 1919, S. 424): „Aus den Rheinlanden, wo, zusammengeschweißt durch den Druck der feindlichen Besatzung das Deutschtum wieder zur Besinnung kommt, aus Bonn erhalten wir die Nachricht, daß die dortige Hochschule Thomas Mann zum Ehrendoktor ernannt hat. Dadurch hat ein echter Dichter, ein Künder deutschen Wesens ... eine Anerkennung gefunden, die ihn so gut wie die Rheinische Universität ehrt". Der Verfasser lobt Thomas Mann, der „fühlt, daß in ihm selbst Strömungen sind, die der augenblicklichen Entwicklung geneigt scheinen", sich aber „jetzt ... als wahrhaft Geistiger ..., angeekelt durch das wüste Treiben und wohl fühlend, daß der beste Teil deutschen Wesens zu Grunde geht ..., weit ab von dem tobenden Jahrmarkt der Volksbeglücker auf die gegnerische Seite" schlage. Es folgt das oben in den Text aufgenommene Zitat. – *Winterfeld* begnügt sich damit, am Schluß der überwiegend literarisch-ästhetischen Würdigung des Dichters auf das als „gewichtig" und „aufrecht" bezeichnete, „einem in seinen Grundfesten erschütterten Künstlertum" entsprungene „Buch des Bekenntnisses" hinzuweisen und es mit unverhohlener Zustimmung knapp zu kennzeichnen.

[150] *Mitteilungen* 11, 1917/18, S. 104 f.
[151] *Jens*, S. 90 ff. – Über Ursprung und Funktion der im Dienst des nationalen Gedankens stehenden pseudoreligiösen Sprache vgl. *Greß*, S. 56 – Zum Folgenden vgl. als erwägenswerte Parallele die durch K. *Kerényi*, Thomas Mann und der Teufel in Palestrina (Die Neue Rundschau 73, 1962), S. 341 aufgedeckte Tatsache einer den Teufel intensiv anführenden Eintragung im Gästebuch des Hauses in Palestrina, wo Thomas und Heinrich Mann zur nämlichen Zeit im September 1897 lebten und der Dichter im „Doktor Faustus" sich die Zwiesprache zwischen Leverkühn und dem Teufel abspielen läßt. Kerényi bemerkt dazu: „Erinnerte er sich noch an die tolle Engländerin und an ihre Phantasien, als er sich entschloß, den Teufel dem Künstler in Palestrina in der Casa Bernardini erscheinen zu lassen? ... Ein Aufleuchten des Erlebnisses im Gedächtnis während der Arbeit könnte ein Element des Entschlusses gewesen sein".

lypse und deren Verfassers mit seiner Person im Unterbewußtsein nachgewirkt haben könnte, als er nach schmerzlicher Selbstdisziplinierung und leidvollen Erfahrungen die Chiffre für Deutschlands Verhängnis, Adrian Leverkühns Teufelsbund, mit der Komposition eines Werkes durch den zum Äußersten bereiten Künstler verknüpfte, das „Apocalipsis cum figuris" hieß und – gemäß der Chronologie des „Doktor Faustus" – 1919 geschaffen wurde.

Für Thomas Mann besaß die Ehrenpromotion – die erste öffentliche Auszeichnung, die ihm widerfuhr [152] – im Sommer 1919 „als ein unverhofft Hinzukommendes" in seinem Dasein [153] mehr Wert, als zu irgendeinem früheren Zeitpunkt wahrscheinlich gewesen wäre. Er verstand ihren demonstrativen Charakter. Einem Freund schrieb er: „Die Bonner Kundgebung hat mir wirklich Freude gemacht" [154]. Damals lebte er „unter dem Druck der beispiellosen Schande", der die seit dem Herbst des Vorjahres eingetretenen Ereignisse in seinem Bewußtsein sich so darstellen ließ, als sei „das große Deutschtum von Luther (spätestens von Luther) bis auf Bismarck und Nietzsche widerlegt und entehrt" [155]. Im April war in der Berliner Presse festgestellt worden, daß der in den „Betrachtungen" so heftig kritisierte Heinrich Mann, dessen demokratisch-humanitäre Überzeugung zum Credo der im November 1918 für Deutschland angebrochenen Zeit geworden war, in der öffentlichen Meinung als „wirklich großer Mann" gelte und Thomas „ein Nichts dagegen" sei [156]. In Frankreich äußerte Yvan Goll, die „Betrachtungen" hätten das Ansehen ihres Autors bei der jungen Generation Deutschlands völlig zerstört [157],

---

[152] *V. Mann*, Wir waren fünf, Konstanz [1949], S. 523.

[153] Aus dem Dankbrief Thomas Manns an den Dekan vom 27. September 1919 (XI, S. 352).

[154] Th. Mann an P. Ehrenberg, 13. September 1919 (*Briefe* III, S. 466).

[155] Die Zitate aus Thomas Manns Brief an G. Blume vom 5. Juli 1919 (*Briefe* I, S. 164 ff.). – Die Wendung, die „tausendjährige Geschichte" der Deutschen sei „widerlegt" – und zwar durch den „Bankerott ohne Beispiel", der sich 1944 ankündigte –, findet sich wieder unter der Feder des Erzählers Serenus Zeitblom im „Doktor Faustus", Kap. XLIII (VI, S. 599).

[156] K. *Strecker* in: Tägliche Rundschau" vom 15. April 1919, zit. nach G. *Fourrier*, Thomas Mann. Le message de l'Artiste–Bourgeois (1896–1924) (Annales Littéraires de l'Université de Besançon 30), Paris 1960, S. 403, Anm. 705; Wiederabdruck der entschieden für Thomas Mann und gegen „das geifernde Brüderlein" eintretenden Rezension bei *Schröter, Urteil*, S. 87, Nr. 37.

[157] Y. *Goll*, Chronique des lettres allemandes in der Pariser Tageszeitung La Feuille. Journal d'Idées et d'Avantgarde Nr. 54 vom 20. Oktober 1919, S. 6: „Thomas est l'Allemand intransigeant, le Germain qui ne connaît que ses pères, ses traditions et ses droits ... Thomas était le chroniqueur incontesté de l'Allemagne d'avant guerre ... La guerre le détrônât. Il devient plus prussien que l'empereur ... Il écrivit ... en 1918 les Mémoires d'un Non-Politicien où il continua à brandir le sabre tout-puissant de la tradition guerrière. Or, ce livre ... provoqua l'effondrement de tout son prestige auprès de la génération actuelle ... Henri Mann, l'homme de l'Allemagne de 1919, ... demeura vainqueur". – Die bei *Banuls*, S. 167 Absatz D, Nr. 5 und *Matter*, Nr. 13433 genannte Studie von Y. *Goll*, Les deux Mann aus dem Jahr 1917 blieb dem Verfasser unerreichbar. Letzte vergleichende und zusammenfassende Behandlung des Themas: H. L. *Arnold*, Die Brüder (Text und Kritik. Sonderband „Heinrich Mann", Stuttgart–München–Hannover [1971], S. 34 ff.).

und wirklich hatte unmittelbar vor dem Bonner Festakt der neunundzwanzig-
jährige Kasimir Edschmid in der „Frankfurter Zeitung" erklärt, alles was dichterisch diskutabel war, habe während des Krieges in fester Opposition zum imperialistischen Kapitalismus gestanden, „mit Ausnahme von Thomas Mann, der . . . den
Beifall der unaufgeklärten Bourgeoisie hatte, im Augenblick der Erkenntnis der
Krise aber in Deutschland wie im Ausland glatt von der Stelle weggewischt ward,
die eigentlich immer schon . . . seinem Bruder Heinrich gehört hätte" [158].
„So Kasimir", kommentierte nun vergnügt-ironisch am 10. August 1919 Thomas
Mann Edschmids Urteil [159]. Es geschah in unmittelbarem Anschluß an den Dank,
den er einem altvertrauten Gratulanten zur Verleihung der Bonner Ehrendoktorwürde abstattete. Er fügte hinzu: „Ich mache gar kein Hehl aus meinem Vergnü-
gen. Mit einigem guten Willen kann man sich aus dieser Ehrung etwas machen,
und den guten Willen, mir aus den Dingen ‚etwas zu machen' habe ich immer".
Viele Jahre später – 1941, nach der Aufnahme in die amerikanische Akademiker-
vereinigung Phi Beta Kappa – lieferte Thomas Mann einen Kommentar zu diesen
Worten, der etwas mehr von der Wirkung verrät, welche mit ihnen umschrieben
wurde: „Die Fähigkeit, das Leben, und was es mit sich bringt, zu schätzen, ist die
Haupt- und Grundfähigkeit des Dichters, denn ein Dichter sein heißt nicht sich
etwas ausdenken, es heißt sich aus den Dingen etwas machen. Und wiederum: sich
etwas machen aus den Dingen heißt, sich etwas bei ihnen denken" [160]. Offenbar
anknüpfend an eine Verbindung, die der Adressat des Schreibens von 1919 zwischen
dem Glückwunsch zur Ehrenpromotion und den „Betrachtungen" hergestellt
hatte, fuhr Thomas Mann damals in seinem Dankbrief fort: „Besonders hat es
mich gefreut, daß Sie die ‚Betrachtungen' gelesen haben". Kurz darauf scheint
ein weiterer Gratulant eine ähnliche Kombination vorgenommen zu haben; ihm
dankte der Dichter am 22. August „für Ihren freundlichen Glückwunsch und die

---

[158] K. *Edschmid*, Deutsche Erzählungsliteratur (Frankfurter Zeitung Nr. 514 vom 15. Juli
1919); bei U. G. *Brammer*, Kasimir Edschmid Bibliographie [Veröffentlichungen der Deutschen
Akademie für Sprache und Dichtung 43], Heidelberg 1970, nicht verzeichnet. Vgl. auch H.
Mayer, Thomas Mann. Werk und Entwicklung, [Berlin 1950], S. 48; M. *Krell*, Das alles gab es
einmal, Frankfurt/M. 1961, S. 79: „Kopfschüttelnd sahen die Freunde den Dichter in die Nähe
nationalistischer Scharfschützen gerückt, zu denen er von Natur gewiß nicht gehörte. Die
Jugend zog sich von ihm zurück und nahm offen Partei für den Bruder. Von einem Tag zum
anderen entstand eine Leere um ihn".

[159] Th. Mann an K. Holm, 10. August 1919 (*Briefe* I, S. 168). – Über den Empfänger und
seine, auf die gemeinsame Lübecker Schulzeit zurückgehenden Beziehungen zu Th. Mann vgl.
ebd. S. 438; *Briefwechsel*, S. 251.

[160] Denken und Leben (X, S. 362 f.; MK 118, S. 109). H. *Mayer*, S. 278 bezeichnet die
Wendung als ein „Lieblingswort Thomas Manns". Sie erscheint z.B. am 19. Mai 1934 in dem
Satz „Phantasie haben heißt nicht, sich etwas ausdenken; es heißt, sich aus den Dingen etwas
machen – und das ist natürlich nicht weltmännisch" (Meerfahrt mit „Don Quijote" [IX, S.
430; MK 114, S. 171]). Unerläßlich zum Verständnis der hermetisch verschlüsselten Gedanken
hinter diesen Sätzen ist Thomas Manns Ansprache „Zur Gründung einer Dokumentensammlung in Yale University" (XI, S. 458 ff; MK 119, S. 304 ff.). Vgl. auch S. *Szemere*, Kunst und
Humanität. Eine Studie über Thomas Manns aesthetische Ansichten, Berlin–Budapest 1966,
S.20.

wohlthuenden Worte, die Sie daran knüpfen... Ich habe mich des Widerhalls, den mein ‚Kriegsbuch' findet, nicht im Geringsten versehen, und daß ich, während ich daran schrieb, als Künstler feiern mußte, machte mir großen Kummer. Nun sehe ich, daß dies Buch zu schreiben in diesen Jahren eben doch meine besondere und persönliche Aufgabe war" [161]. Ein paar Tage später meldete er Ernst Bertram: „Heute kam mein Diplom, sehr schön, in mehreren Exemplaren". Wir begreifen nun vollkommen den dankbaren Hintersinn der anschließenden Frage „Wollen Sie eines?" [162] Das Dokument sollte auch in den Händen seines offiziell verborgen bleibenden Urhebers sein.

Dem Dekan der Fakultät dankte Thomas Mann aus Gründen, die für uns dunkel bleiben, später, erst am 27. September 1919 [163]. Sein Schreiben drückte den freudigen Stolz darüber aus, daß „gerade durch die Universität Bonn, die rheinische, die seit dem Tage ihrer Gründung im Leben der Nation eine so bedeutende Rolle gespielt hat", seiner freien Arbeit die akademische Weihe zuteil geworden sei. In diesen Worten, die den rheinischen Standort der Universität und ihre spezifische Funktion – nicht etwa im Reich der Wissenschaften, sondern „im Leben der Nation"! – akzentuieren, liegt ein klarer Hinweis darauf, daß der Dichter sich des Zusammenhangs wohl bewußt war. Im weiteren Text seines Dankschreibens zog er sich dann aber auf seine Qualität als deutscher Schriftsteller, als „Träumer und Zweifler" zurück, der auf Rettung und Rechtfertigung des eigenen Lebens notgedrungen bedacht, sich nicht einbilde, er „könnte was lehren, die Menschen zu bessern und zu bekehren", und „dessen Treiben und Schreiben bildende, führende, helfende Wirkungen" nur als „Akzidens" gezeitigt habe [164]. Damit hatte Thomas Mann davor gewarnt, ihn als politischen Praeceptor Germaniae zu betrachten. „Treiben und Schreiben" hatte er gerade in der Vorrede zu den „Betrachtungen eines Unpolitischen" als Formel zur Kennzeichnung der mühseligen Arbeit bei der Niederschrift dieses Buches benutzt [165], sodaß die Anspielung unüberhörbar war. Damit hat er in dem Dankbrief nach Bonn jene Position des Künstlers bezogen, die ihm teuer war: „in vielfachen Beziehungen schwebend" [166]. Es war eine für

---

[161] Th. Mann an Geheimrat F. Friedmann–Braun, 22. August 1919 (Fotokopie TMA).

[162] Th. Mann an E. Bertram, 22. August 1919 (*Jens*, S. 85 f.); das kurze Schreiben erwähnt auch ein bevorstehendes Zusammentreffen mit Litzmann und Bertram.

[163] Dok. 11, S. 371 wiedergegeben nach den Fakultätsakten. Zur späteren Veröffentlichung des am Beginn dabei leicht veränderten Textes siehe unten S. 82. Letzte Drucke: XI, S. 351 f.; MK 119, S. 47. – Laut Fakultätsjournal (UA) ging dieses Schreiben am 2. Oktober 1919 ein, so daß es der neue, seit dem 20. September die Geschäfte führende Dekan, Professor Franz Winter, entgegennahm und bei der Fakultät wie üblich in Umlauf setzte.

[164] XI, S. 352; vgl. dazu auch unten S. 73 f., Anm. 170 ff.; das Zitat im angeführten Text: *Goethe*, Faust I, 372 f. In seinem Schreiben an den späteren Dekan der Fakultät vom 1. Januar 1937 (XII, S. 787 f.; MK 117, S. 337; unten Dok. 205) bezeichnet Thomas Mann die „Welt" und ihre Teilnahme an seinen „für Deutsche ... zuerst" geschriebenen Büchern als „ein erfreuliches Akzidens". Zur Fehlinterpretation einer Wendung in Thomas Manns Dankschreiben durch L. *Lewisohn* vgl. Dok. 11, Anm. 2, unten S. 371.

[165] XII, S. 14; MK 116, S. 11.

[166] Lebensabriß (1930) (XI, S. 123; MK 119, S. 239).

ihn buchstäblich fundamentale, allerdings keineswegs axiomatisch verstandene
Ansicht vom Wesen des Künstlers, die sich hier äußerte. Mehrfach danach und
selbst sehr viel später noch, unter völlig gewandelten Voraussetzungen, die weitab
von denen der Jahre 1918/19 lagen und Thomas Mann längst Weltruhm als Autor
politischer Reden und Traktate eingetragen hatten, hat der Dichter sich entschieden dagegen verwahrt, die Rolle eines Praeceptor patriae spielen zu wollen [167], ja,
es schließlich beklagt, in diese Funktion gedrängt worden zu sein [168]. Daß damit
kein totaler Verzicht auf erziehende Wirkung verbunden war, wird uns noch
beschäftigen. Die einzige, bisher bekannt gewordene intime Äußerung Thomas
Manns, die die ihm verliehene akademische Würde noch ausdrücklich nennt – ein
Brief, der sich 1925 mit präfaschistischer Kritik am „Zauberberg" auseinandersetzte – kontrastiert gleichfalls die Sphäre des Künstlertums, aus der dieses Werk
erwuchs, mit der ironisierend daneben gehaltenen bürgerlichen Wirklichkeit:
„dieser urbane und nicht humorlose . . . Herr Th. M., Ehrendoktor und Familien-
vater" und fordert dann spöttisch diskrete Nachsicht für den Autor [169].

Der Passus, mit dem Thomas Mann 1919 in seinem Brief an den Bonner Dekan sich und den Sinn seines Schaffens gekennzeichnet hatte, schien dem Dichter
derart treffend, daß er ihn viele Jahre später in einer bedeutsamen Lebensstunde
wiederholte. Er nahm ihn wörtlich auf in die Dankansprache vor dem Kreis offizieller Repräsentanten und persönlicher Freunde, die 1925 zur Feier seines 50. Geburtstages im Alten Rathaus zu München zusammengekommen waren[170]. 1949, bei
der ersten Wiederbegegnung mit Deutschland nach sechzehn Exiljahren, ist in der
zu den Goethefeiern in Frankfurt und Weimar gehaltenen Ansprache Thomas
Manns wiederum die Rede davon, daß der Schaffenstrieb des Künstlers ebensowohl

[167] Deutsche Ansprache (1930) (XI, S. 870; MK 117, S. 185).

[168] *Lehnert*, S.12 nach einem undatierten Briefentwurf an Mr. Hudson (Sidney Schiff)
in der Thomas-Mann-Collection der Yale University Library. Die Behauptung bei *Hatfield*, S.
89, der Dichter habe sich verpflichtet gefühlt, die Rolle eines praeceptor Germaniae zu spielen,
ist danach zu korrigieren. – Vgl. auch Th. Mann an E. Fischer, 25. Mai 1926 (*Briefe* I, S. 256):
„Ich glaube, daß ein Künstler nicht verpflichtet ist, . . . ein Lehrer und Führer zu sein. Ich
sagte schon, daß ein Künstler gelegentlich in diese Rolle gedrängt wird und sie dann, so gut es
gehen will, ausfüllen und darin genügen muß. Sein Beruf, seine Natur, besteht aber nicht im
Lehren, Urteilen, Wege weisen, sondern im Sein, im Tun, im Ausdrücken von Seelenlagen".

[169] Th. Mann an J. Ponten, 5. Februar 1925 (*Briefe* I, S. 231). – Man wird hierzu den Satz
aus der „Pariser Rechenschaft" vom Jahre 1926 stellen dürfen: „Dem Akademikertum des
deutschen Schriftstellers wird immer ein gut Teil Ironie beigemischt sein" (XI, S. 71; MK 119,
S. 154), hat sich dabei aber zu vergegenwärtigen, daß Thomas Mann die Aufgaben, die ihm
aus seiner Mitgliedschaft in der „Sektion für Dichtkunst" der Preußischen Akademie der Künste
erwuchsen, sehr ernst genommen hat; vgl. dazu im einzelnen I. *Jens, Dichter* zwischen rechts und
links. Die Geschichte der Sektion für Dichtkunst der Preußischen Akademie der Künste,
[München 1971].

[170] XI, S. 367; MK 119, S. 98. Nach *de Mendelssohn, Fischer*, S. 892 hat Thomas Mann diese
Rede nach Stichworten gehalten, sodaß sie für den Druck „so gut es ging, ,rekonstruiert'
werden mußte". Zur der auch sonst von Thomas Mann geübten Praxis des Selbstzitats vgl.
J. *Lesser*, Thomas Mann in der Epoche seiner Vollendung, München [1952], S. 118 f.; J. M.
Lindsay, Thomas Mann, Oxford 1954, S. 3 f.; *Wenzel*, S. XXIV.

dem objektiven Werk wie seiner „Person, der eigenen Rettung und Rechtfertigung" gelten kann [171]. Auch das in dem Dankbrief nach Bonn angeführte Zitat aus dem ersten Faustmonolog verwandte Thomas Mann noch einmal – 1938 bei der Ansprache zur Gründung der Thomas-Mann-Collection in Yale University. Er benutzte es freilich jetzt kontrapunktisch, um eine Künstlerposition zu bezeichnen, die er in scheinbarer Grenzüberschreitung verlassen habe, weil er „für die menschlich ebenso heilige Sache des Friedens" gemäß „Künstlers Recht und des Menschen Pflicht" einzutreten hatte [172]. Die Wendung „Schreiben und Treiben" schließlich kehrt ebenfalls mehrfach in späteren Äußerungen des Dichters über sich selbst wieder, zuletzt in den Dankreden, die er 1955, kurz vor seinem Tode, in Weimar und Lübeck hielt [173].

So erfreulich es für Thomas Mann war, daß die Bonner Ehrenpromotion jene Stimmen Lügen strafte, die ihm im Jahre 1919 den Platz absprechen wollten, den er im geistigen Leben Deutschlands einnahm – ihr eigentlicher Wert lag für den Dichter in tieferen Bereichen. Wir versuchen, aus der Gesamtheit der vielen Äußerungen, mit denen Thomas Mann immer wieder sein zentrales Lebensproblem ins Licht gerückt hat, abzuleiten, was er sich „aus" seiner Bonner Ehrenpromotion „gemacht", was „dabei gedacht" hat. Eine Institution, die im gesellschaftlichen Bewußtsein der Deutschen als vornehmste Domäne des Bürgertums höchstes Ansehen neben denjenigen Einrichtungen des Staates genoß, die aus alten feudalen Strukturen ihr Prestige zogen, jedoch – anders als die Universitäten – in ihren obersten Rängen dem Bürgertum schwer zugänglich waren, hatte „Tonio Kröger" mit der ehrenvollsten Würde bedacht, die sie zu verleihen hatte. Wenn ein hochgestellter Jurist, fast zwanzig Jahre älter als der „Buddenbrooks"-Dichter, etwas später meinte, der Ehrendoktor sei „die einzige Auszeichnung . . ., die einem ernsten Deutschen Freude machen kann", so gab er damit einer weitverbreiteten und bezeichnenden Ansicht Ausdruck [174]. Die Bonner Universität schenkte diese Auszeichnung dem Dichter, indem sie ihm honoris causa einen akademischen Grad verlieh, den er um seines Künstlertums willen auf dem gewöhnlichen Weg nicht hätte erlangen können. Er war damit in die Ordnung einer spezifisch bürgerlichen Welt unter ehrenvollsten Umständen eingefügt. Dies geschah zugleich im fruchtbarsten Moment. Das Ende der vom Autor der „Betrachtungen" als wesenhaft

---

[171] Ansprache im Goethejahr (XI, S. 490; MK 118, S. 313). Vgl. auch den interpretierenden Hinweis von *Mayer, Repräsentant*, S. 85 f. auf einen entsprechenden Passus zu Beginn des 1950 gehaltenen Vortrags „Meine Zeit".

[172] XI, S. 467; MK 119, S. 310.

[173] XI, S. 532 f; MK 119, S. 414 f. Vorher in: [Nationale und Internationale Kunst], zuerst in verschiedenen europäischen Zeitungen vom 20. August 1922; jetzt X, S. 873; MK 117, S. 97.

[174] L. *Ebermayer*, Fünfzig Jahre Dienst am Recht, Leipzig-Zürich [1930], S. 204. – Demgegenüber fällt nicht ins Gewicht, daß R. Faesi in einem Brief vom 26. Januar 1955 an Thomas Mann bei einer heiteren Reflexion über die von ihm zu wählende beste Anredeform meinte: „. . . sogar Ehrendoktor ist nichts Großartiges"; Th. *Mann* – R. *Faesi*, Briefwechsel, [Zürich 1962], S. 106; am 5. Mai 1955 schon redet er den Dichter als „Verehrter, lieber Herr Dr. Mann" an; *ebd.*, S. 109.

deutsch empfundenen Staatsform im November 1918, der damit zusammenfallende Doppelsieg von Mächten im Inneren und Äußeren, die er gemäß seiner damaligen Einsicht noch tief verabscheute, hatten eine heftige Erschütterung bei Thomas Mann erzeugt: „ich finde es so schlimm und ekelhaft wie nur möglich"[175]. Diese Krisis wurde gemildert, indem nun die im Zusammenbruch der Verhältnisse ungeschwächt erscheinende, ja gerade unter derartigen Umständen mit umso höherem Prestige ausgestattete Universität dem Bürger-Künstler Thomas Mann eine Ehre erwies, die die denkbar stärkste gesellschaftliche Rechtfertigung seines „Treibens und Schreibens" bedeutete.

Damit ist freilich noch nicht die tiefste Schicht im Leben des Dichters berührt. Weit folgenreicher wurde die Verleihung des Dr. phil. h. c. für seine innere Biographie, für die zukünftige kritische, erzieherische, ja auch künstlerische Richtung, die sein Schaffen nun einschlug; sie ließ Thomas Mann später zu einem Punkt gelangen, wo er sich gedrängt sah, aus der sozialen, politischen Verantwortung des Künstlers heraus noch einmal einen Brief an einen Dekan der Bonner Philosophischen Fakultät zu richten. Diese entscheidende Wirkung seiner Ehrenpromotion hat Thomas Mann zwei Jahre nach dem festlichen Akt selbst beschrieben. Das Bekenntnis ist in einen Passus des Essays „Goethe und Tolstoi" verhüllt, der zuerst als Vortrag für die Nordische Woche zu Lübeck im September 1921 konzipiert worden ist. Wegen der in den betreffenden Sätzen gehäuften Wendungen aus dem Dankschreiben an den Dekan vom 27. September 1919 ist der Abschnitt mit Sicherheit als Ausdruck persönlicher Erfahrung des Autors zu betrachten. Der Zusammenhang zwischen den beiden Texten und damit die Bezugnahme auf Thomas Manns Bonner Ehrenpromotion ist über die Parallelen im Wortlaut hinaus dadurch gesichert, daß der Dichter während der Ausarbeitung des Vortrags im Sommer 1921 sein Schreiben an den Dekan in den Korrekturfahnen von „Rede und Antwort" vor Augen hatte[176]. In dem Teil des Essays, der in der späteren, stark erweiterten und mehrfach beträchtlich veränderten Fassung „Bekenntnis und Erziehung" überschrieben ist, heißt es: „Niemand hat je das eigene Ich in dem Sinne geliebt, niemand war je ,egozentrisch' in dem Sinne, daß er sein Ich als kulturelle Aufgabe

---

[175] Th. Mann an K. Martens, 26. Juni 1919 (*Briefe* I, S. 164). – Dichterisch gestaltet hat Thomas Mann diese Empfindung im Schlußteil des „Gesangs vom Kindchen" (VIII, S. 1095 ff.). Über diese, als eine der drei großen Lebenskrisen im Dasein und Schaffen Thomas Manns zu betrachtende Erschütterung, ihre inneren Folgen und äußeren Formen vgl. H. *Mayer, Leiden und Größe* Thomas Manns. Eine Rede zum 6. Juni 1955 (Sinn und Form. Sonderheft Thomas Mann, 1965), S. 380 ff.

[176] Nach *Bürgin–Mayer*, S. 57 begann Thomas Mann die Arbeit an dem Vortrag „Goethe und Tolstoi" am 10. Juni 1921; wie er an diesem Tage an Bertram schrieb, befand er sich „mitten in den Vorstudien" (*Jens*, S. 97). Im gleichen Brief erwähnt er, daß „eben die ersten Fahnenkorrekturen" zu dem Essay-Band „einlaufen", für den er statt des zunächst vorgesehenen Titels jetzt „Rede und Antwort" vorsehe. Bertram, der Thomas Mann wiederum mit Zitaten versorgte, verbrachte im August einige Zeit gemeinsam mit Thomas Mann und dessen Familie in Timmendorf, wo der Dichter am 20. August den Schluß von „Goethe und Tolstoi" seiner Frau vorlesen konnte (vgl. *Jens*, S. 102). Zu autobiographischen Anspielungen solcher Art, wie sie sich in den Werken Thomas Manns vielfach finden, vgl. *de Mendelssohn*, S. 88 ff

verstand und es sich in der Betreuung dieser Aufgabe sauer werden ließ, ohne auch zu erzieherischer Wirkung in der äußeren Menschenwelt, zum Glück und der Würde eines Jugendführers und Menschenbildners wie von ungefähr zu gelangen; und der Augenblick dieser Einsicht ist, wie er erst auf der Höhe des Lebens sich einstellt, der höchste im Leben des produktiven Menschen. Er wird nicht vorhergesehen, vorhergeahnt auch nur, dieser Augenblick – wahrscheinlich niemals. Der autobiographische arme Hund, auf nichts als die hinlänglich schwierige Kultur des eigenen Ackers oder, religiös gesprochen, auf die Rettung und Rechtfertigung des eigenen Lebens von Hause aus bedacht, wird sich nicht eingebildet haben, er ,könne was lehren, die Menschen zu bessern und zu bekehren'. Dennoch kommt der Tag, wo er mit ungläubigem Staunen gewahr wird, daß er gelehrt hat, indem er lernte, daß er gebildet, erzogen, geführt, durch das hohe eroserfüllte und menschenverbindende Kulturmittel der Sprache junges Leben mit dem Stempel seines Geistes geprägt hat, und diese Erkenntnis, diese seine Existenz fortan beherrschende Gewißheit läßt an plastischer Lust alles gemein-menschliche Liebes- und Vaterglück so weit zurück, wie überhaupt geistiges Leben das sinnlich-individuelle an Würde, Schönheit und Großartigkeit übertrifft" [177]. Diese Sätze bedürfen kaum einer näheren Interpretation. Thomas Mann hat damit nicht bloß eine generelle Wahrheit ausgesprochen. Er hat vielmehr – wie so oft Persönliches und Allgemeines ungetrennt äußernd – hier die Umstände bezeichnet, die aus dem Vorgang der akademischen Ehrung des Autors der „Betrachtungen eines Unpolitischen" – er ist mit dem autobiographischen armen Hund gemeint [178] – ein Ereignis von historischem Rang für die deutsche Geistesgeschichte werden ließen. Die Heterogonie der Zwecke, deren Dynamik den Geschichtsverlauf so häufig bestimmt hat, kann sich kaum auf eindrucksvollere Weise verwirklichen, als es – bedenkt man die uns jetzt bekannten Motive jener Ehrung und ihre nicht abzusehenden Folgen für die Entwicklung des Geehrten – in diesem Falle geschehen ist. Der Dichter war durch die Bonner Ehrenpromotion darin bestärkt worden, daß er sich nicht allen freien Kunstträumen, denen er sich so gern überlassen hätte, hingeben dürfe, sondern als Künstler eine soziale, eine gesellschaftspädagogische Aufgabe zu erfüllen habe. Er hatte das eben zum ersten Mal versucht, in einem Buch, das zugleich der Selbstklärung seiner Individualität dienen und auf die Öffentlich-

---

[177] IX, S. 150 f.; MK 113, S. 201 f. Der Wortlaut steht so bereits in der ersten, von der endgültigen Gestalt sonst vielfach abweichenden Druckfassung (S. 23 f.), die 1923 in dem Verlag „Die Kuppel" Karl Spiertz, Aachen, erschienen ist. Die letzte Wendung in diesem Teilstück ist im Licht der Schlußverse im „Gesang vom Kindchen, Vorsatz" zu interpretieren, wo vom „Vatergefühl" gesagt wird, es leiste, „was kein Drang der Seele, kein höher Befahrnis vermochte": „es mach' mich zum metrischen Dichter." (VIII, S. 1070). Schließlich ist daran zu erinnern, daß Thomas Mann ein starkes Vierteljahr nur vor seiner Ehrenpromotion durch die am 21. April 1919 erfolgte Geburt seines Sohnes Michael das von ihm erwähnte „Liebes- und Vaterglück" erneut erfahren hatte.

[178] Thomas Mann griff mit dieser Wendung auf einen Namen zurück, den – wie er kurz vor dem zitierten Passus sagt und sich noch 1946 bei der Lektüre von Gottfried Kellers „Grünem Heinrich" erinnerte – „Goethe seinem Wilhelm [Meister] einmal gibt"; vgl. Th. *Mann*, Die Entstehung des Doktor Faustus (XI, S. 268; MK 115, S. 180).

keit als ein Lehrmittel der politischen Pädagogik einwirken sollte. Der Gang der Ereignisse gab den darin geäußerten Meinungen nicht recht. Gleich als ihre Darlegung vollendet, schon ehe sie publiziert war, zog sich der Künstler, der sich derart desavouiert von der Entwicklung der Verhältnisse in Welt und Vaterland sah, wie verschreckt in den Bereich der literarischen Idylle, in eine denkbar unpolitische, subjektive Form dichterischen Schaffens zurück: während die deutsche Niederlage sich nach dem letzten Aufbäumen der Frühjahrsoffensive 1918 vollzog, entstand „Herr und Hund", der noch intimere „Gesang vom Kindchen" unmittelbar danach. Als Thomas Manns Freund Kurt Martens, der erste Rezensent der „Betrachtungen eines Unpolitischen", im Juni 1919 wünschte, er möchte sich erneut publizistisch-kritisch zur politischen Lage äußern, entzog der Dichter sich der Bitte. Er war dabei, sich „in den ‚Zauberberg'-Roman wieder einzuspinnen" [179], aber – so schrieb er – es sei „auch gar nicht der Augenblick dafür. Was sollte ich jetzt sagen? ... ich fühle mich auch wenig als Mann der Stunde, dem das Wort zukäme, und thue entschieden besser, im Stillen nach dem Meinen zu trachten" [180]. Als diese Zeilen in München geschrieben wurden, war tags zuvor bei der Bonner Philosophischen Fakultät der Antrag eingebracht worden, Thomas Mann mit der Ehrendoktorwürde auszuzeichnen. „Auf der Höhe des Lebens" erfuhr der 44-jährige Dichter und Schriftsteller damit unerwartet den Augenblick, den er als höchsten im Leben des produktiven Menschen empfand. Seine honoris causa vollzogene Promotion zum Doktor der Philosophie schenkte ihm in düsterster Lage die ihn „fortan beherrschende" Gewißheit, daß er – selber durch die Niederschrift der „Betrachtungen" lernend – eine lehrende, bildende Wirkung erzielt hatte. Der Schritt aus einer sich selbst genügenden artistischen Sphäre hinaus auf das Forum, wo um Wesen und Form von Staat und Gesellschaft gerungen wurde, war also kein Fehltritt gewesen. Diese Erkenntnis war es, die Thomas Mann dazu gebracht hat, sich nicht weiter in die „tour d'ivoire" zurückzuziehen. Seiner Natur entsprechend vollzog die Entwicklung sich langsam. Als er sein Dankschreiben an den Dekan richtete, war davon noch nichts zu spüren. Aber die durch die Ehrenpromotion gewonnene Sicherheit über seinen Beruf begann Früchte zu tragen für den wiederaufgenommenen „Zauberberg" als Bildungsroman. Sie entband vor allem in der Folgezeit die an Umfang und Gewicht im Gesamtwerk Thomas Manns hervorragenden Beiträge, in denen er sich bildend, erziehend, führend mit der Forderung des Tages auseinandersetzte. Von ganz anderen Prämissen ausgehend und durch Erwägungen rein literarischer Art geleitet, hat ein Kritiker den Essay „Goethe und Tolstoi" als „die Grundlage zum späten Weltbild Thomas Manns" bezeichnet und gefunden, er markiere „eine Wende, ja *die* Wende in seinem Schaffen" [181]. Die historisch-biographische Analyse bestätigt dieses Ergebnis. Der Vortrag endete in der ursprünglichen Fassung mit einem politischen Appell an die deutsche Jugend.

---

[179] Vgl. H. *Sauereßig*, Die Entstehung des Romans „Der Zauberberg", Biberach a. d. Riß [1965].
[180] Th. Mann an K. Martens, 26. Juni 1919 (*Briefe* I, S. 164).
[181] P. *Szondi*, Versuch über Thomas Mann (Die Neue Rundschau 1956), S. 559.

Noch sprach der Autor der „Betrachtungen eines Unpolitischen", wenn es dabei hieß: „Der humanistische Liberalismus des Westens, politisch gesprochen: die Demokratie, hat viel Boden bei uns, aber nicht den ganzen". Ohne die Position jenes Buches aufzugeben, räumte sein Verfasser aber stillschweigend einige seiner extremen Bastionen. Es sei nicht „der schlechteste Teil von Deutschlands Jugend," – so meinte Thomas Mann mit einer trotz des Generationsunterschieds gleichfalls autobiographisch getönten Wendung – „der vor die Entscheidung ,Rom oder Moskau?' gestellt, für Moskau optiert" habe. „Gleichwohl irrt diese Jugend, nicht Rom, nicht Moskau hat die Antwort zu lauten, sondern: Deutschland". Es folgt ein Idealbild dieses künftigen Deutschland, das „europäisch, das heißt begabt mit dem Sinn für Gliederung, Ordnung, Maß und bürgerlich" sein werde, „d. h. kunstreich und gebildet durch Sachlichkeit ... Deutschland, einer klugen und reichen Fuge gleich, deren Stimmen in kunstvoller Freiheit einander und dem erhabenen Ganzen dienen, ein vielfacher Volksorganismus, gegliedert und einheitlich, voll Ehrfurcht und Gemeinsamkeit, Echtheit und Gegenwart, Treue und Kühnheit, bewahrend und schöpferisch, arbeitsam, würdevoll, glücklich, das Vorbild der Völker – ein Traum, der wert ist, geträumt, der wert ist, geglaubt zu werden" [182]. Die Grundzüge dieses Traumes stimmen überein mit Zielen, die die amtliche Kulturpolitik der Weimarer Republik, gipfelnd in der preußischen Schulreform unter dem Kultusminister Carl Heinrich Becker, wenig später verfolgt hat, um diesem Staat ein nationalgeistiges Fundament zu sichern.

Nachdem Thomas Mann sich so weit darauf eingelassen hatte, wiederum nach „erzieherischer Wirkung" zu streben, sollte nicht ganz ein Jahr nach dem Lübecker Vortrag mit seinem verhüllten Zeugnis über die beflügelnde Konsequenz der Bonner Ehrenpromotion für den Dichter verstreichen, da ließ dieser sich zu dem Versuch gewinnen, erneut „junges Leben mit dem Stempel seines Geistes" zu prägen, indem er Berliner Studenten für die Republik zu erwärmen unternahm. Vermutlich sind die ersten hierzu führenden persönlichen Kontakte sogar bei der gleichen Gelegenheit, der Nordischen Woche in Lübeck, entstanden, die Thomas Mann Anlaß geboten hatte, sich in der geschilderten Weise über persönliche Empfindungen und politische Hoffnungen zu äußern [183].

Die aufgedeckte Wirkung seiner Ehrenpromotion mag befördert worden sein – ohne daß Thomas Mann sich und anderen davon zunächst Rechenschaft geben mochte – durch ein erstes bewußt herbeigeführtes und politisch akzentuiertes Zusammentreffen des Dichters mit akademischer Jugend. Es spielte sich ein knappes Jahr vor dem Tolstoi-Goethe-Vortrag in Bonn ab und war eine Folgewirkung der Ehrenpromotion. Damit wenden wir uns der Entwicklung zu, die das Verhältnis

---

[182] Th. *Mann*, Goethe und Tolstoi, Aachen 1923, S. 48. – Von diesem Passus ist nichts in die spätere Fassung eingegangen.
[183] Vgl. unten S. 83, Anm. 202. – Eine exakte, philologisch-historische Untersuchung der verschiedenen Fassungen des Essays „Goethe und Tolstoi" sowie seiner Beziehungen zu Thomas Manns früheren wie späteren Äußerungen bleibt eine wichtige Aufgabe der Forschung. Hierbei wäre auch der angedeutete Zusammenhang mit kultur- und bildungspolitischen Tendenzen in der Zeit der Weimarer Republik zu klären.

zwischen Thomas Mann, der Rheinischen Friedrich-Wilhelms-Universität und Litzmann in der auf 1919 unmittelbar folgenden Zeit nahm. Schon bald nach dem Jubiläum der Hochschule muß der Plan zu einer „Rheintournee" des Dichters für die ersten Monate des folgenden Jahres gefaßt worden sein und zu einer festen Abmachung mit Bonn geführt haben [184]. Thomas Mann stellte dann aber „dringender Arbeiten wegen und auch aus Gesundheitsgründen" alle Reisepläne vorerst zurück, darunter „schon getroffene Vereinbarungen". Im Februar 1920 motivierte er seine zurückhaltende Reaktion auf eine anderweitige „ehrenvolle Aufforderung" damit, er „würde – namentlich in Bonn – schwer anstoßen", wenn er nun doch noch etwas anderes annähme [185]. Seine Dispositionen änderten sich jedoch im Lauf des Sommers. Im Spätherbst 1920 kam Thomas Mann ins Rheinland. Zum zweiten Mal las er in Bonn – es war am 15. November – aus seinen Werken, wiederum auf Einladung der „Gesellschaft für Literatur und Kunst". Neben ihren Mitgliedern und dem großen Kreis der „Buddenbrooks"-Leser hebt ein Bericht unter den über tausend Zuhörern ausdrücklich die Verehrer der „Gedanken [sic!] eines Unpolitischen" hervor [186]. Am 18. November nahm Thomas Mann in einer Sitzung des Litzmannschen Proseminars, die ihm „zur Ehren- und Feierstunde gestaltet" wurde [187], das Wort. Dem Grafen Keyserling berichtete er hiervon, er habe „in den Universitäten von Bonn und Köln den jungen Menschen, die in dem rheinischen Okkupationsgebiet unter den Eindrücken einer permanenten und unabsehbaren Beleidigung leben, Mut, Glauben, Verachtung zureden dürfen" [188]. Ein

---

[184] Vgl. Th. Mann an E. Bertram, 4. Dezember 1919: „Dieser Winter ist bewegt: Vor der Rhein-Tournee wird es wahrscheinlich noch eine Schweizer Reise geben" (*Jens*, S. 87.). Auch diese verwirklichte sich erst später. Ferner Th. Mann an E. Bertram, 4. Juni 1920: „Die Vorlesung in Bonn soll nun im Oktober nachgeholt werden, und zwar am 21." (*ebd.*, S. 93).

[185] Th. Mann an einen ungenannten Adressaten, 12. Februar 1920 (Katalog Nr. 572 [1965] der Firma Stargardt, Marburg/L., Nr. 195, S. 46).

[186] Bonner Zeitung Nr. 313 vom 16. November 1920. Weitere Berichte über den Leseabend, auf dessen Programm „Das Eisenbahnunglück" und Teile des „Felix Krull" standen, in: General-Anzeiger für Bonn ... Nr. 10866 vom 16. November, Deutsche Reichszeitung Nr. 317 vom 17. November und Deutsche Demokratische Zeitung Nr. 105 vom 20. November 1920. – Da der ursprünglich für den 21. Oktober 1920 vorgesehene Abend schon damals „nachgeholt werden" sollte, muß er nicht allzu lange nach der Ehrenpromotion ins Auge gefaßt worden sein. – Zu dieser Reise vgl. *Bürgin–Mayer*, S. 54. Die dort erwähnte Lesung in Köln hat nicht am 15., sondern am 16. November stattgefunden; vgl. den Bericht in: Kölnische Zeitung Nr. 970 vom 18. November 1920, der übrigens vom „stärksten Besuch ... seit Jahren" bei einer derartigen Veranstaltung spricht. – Die bei *Bürgin–Mayer*, S. 55 zum 20. November 1920 verzeichnete Lesung in der Universität Bonn ist nicht zu belegen.

[187] Das geschah – wie eine „Dr. h. c. Mann" überschriebene Glosse von „Lynkeus" (= *O. Brües*) in der Düsseldorfer Zeitung Mittag Nr. 114 vom 17. Mai 1955 (bei *Matter* nicht verzeichnet) erwähnt – dadurch, daß „Litzmann, dem Gast zu Ehren, dessen frühe Schiller-Erzählung Schwere Stunde (1905) mit seiner ganzen Einfühlsamkeit deutete"; vgl. auch die Schilderung der gleichen Szene bei *Brües*, S. 28. – Das Zitat im Text aus Th. *Mann*, Abschied von Berthold Litzmann (X, S. 440; MK 119, S. 197).

[188] Th. Mann an Graf H. Keyserling, 26. November 1920 (ungedruckt; TMA); s. unten Dok. 15, S. 374 – Über Thomas Manns Ansprache vor Kölner Studenten hat sich nichts

vorzüglich informierter Bericht in der „Bonner Zeitung" gibt genaueren Aufschluß über das, was Thomas Mann sagte [189]. Er wehrte sich dagegen, daß Litzmann ihn der Jugend nicht nur als eine Persönlichkeit tiefsten künstlerischen und deutschen Gewissens, sondern als einen Führer vorgestellt hatte. Er fühle sich nicht begabt zum Mann der Geste, des Mir-nach, der emphatischen Fahnenvoranträgerei. Vielleicht dürfe er seine Lebenshaltung als die eines idealistischen Individualismus bezeichnen. „Der so Gestimmte arbeitet an sich selbst in dem geheimen Wissen, daß niemand an sich selbst arbeite, ohne zugleich an der Welt" [190]. Wir finden in diesem Satz das „missing link" zwischen Thomas Manns Selbstaussage in seinem Dankschreiben an die Fakultät und dem Bekenntnis, das er dreiviertel Jahr später in „Goethe und Tolstoi" liefern sollte. Deutschlands Lage – so fuhr der Dichter bei seiner Ansprache in Litzmanns Seminar fort – fasse er nicht als Elend und Schande, sondern als Schicksal in der ganzen tiefen Bedeutung des Wortes. „Die Sieger handeln unklug mit uns. Ein entehrtes Volk kann die Aufgaben nicht erfüllen, die es sich selbst gegenüber zu erfüllen hat und damit dem Weltgeist, der ganzen Welt". Die deutsche Aufgabe, zwischen Ost und West, sei eine staatsschöpferische, organisatorische, und sie liege in dem europäischen Verantwortungsgefühl, das nirgendwo lebendiger sei als in Deutschland. „Ohne Mitarbeit unseres Geistes ist der Völkerbund zur Verkümmerung verurteilt. Niemals war deutlicher als heute, daß die Welt Deutschland nötig hat. Sie aber, als die deutsche Jugend, möchte ich zu Stolz, Würde, Selbstgefühl mahnen". Otto Brües hat ein Jahr später als Teilnehmer an jenem Seminar geschildert, wie Litzmann in seinen Begrüßungsworten für den Gast betont hat, „welch innerlichen Nachhall die ‚Betrachtungen eines Unpolitischen' in Bonn gefunden hatten" und „wie sehr man Thomas Manns aus seinem Mischblut aufgesprossene, notwendige und unentrinnbare Entscheidung zum Deutschtum in ihrem Bekenntniswert erkannt hatte" [191]. Als Litzmann freilich den Dichter einen Führer der Jugend nannte, weckte er nicht bloß dessen Abwehr,

---

ermitteln lassen. – Das Briefzitat läßt die politische Akzentuierung, die oben S. 78 erwähnt wurde, bei diesem Besuch erkennen. Eine erste Berührung mit der aus dem Kriege heimgekehrten akademischen Jugend hatte Thomas Mann bei einer Lesung im Seminar des Münchner Literarhistorikers und Theaterwissenschaftlers Arthur Kutscher am 2. Juli 1919 gehabt; vgl. *Bürgin-Mayer*, S. 51.

[189] Bonner Zeitung Nr. 315 vom 19. November 1920: „Thomas Mann ... hat gestern einer Übung des Germanistischen Proseminars ... beigewohnt".

[190] Diese Formulierungen finden sich wörtlich in einem Brief wieder, den Thomas Mann am 31. Dezember 1920 an Professor Paul Eltzbacher (Berlin) richtete: „Sie rechnen, was die Vorbereitung der neuen Zeit betrifft, auch auf mich. Tuen Sie es lieber nicht. Ich bin im Grunde mehr Abenteurer ... als ‚Führer' ... Meine ethische Verfassung ist besten Falles die eines gewissen idealistischen Individualismus, welcher vertraut, daß niemand an sich selbst arbeitet, ohne irgendwie auch der Welt zu dienen" (Katalog Nr. 565 [1963] der Firma Stargardt, Marburg, Nr. 241, S. 49). Die Übereinstimmung dieses Gedankens mit einer Ansicht, die Thomas Mann in „Goethe und Tolstoi" geäußert sowie dort in verhüllter Form zu seiner Bonner Ehrenpromotion in Beziehung gesetzt hatte, springt in die Augen; vgl. oben S. 75 f.

[191] O. *Brües*, Berthold Litzmann (1921); diese Interpretation der „Betrachtungen" geht auf Bertrams Deutung zurück, dessen Vortrag in der „Literarhistorischen Gesellschaft" Brües bekannt war.

sondern fand auch nicht bei allen Studenten, an die er sich damit wandte, Glauben [192].

Möglicherweise hat dieser Aufenthalt Thomas Manns in Bonn übrigens auch Frucht in dem damals entstehenden „Zauberberg" gezeitigt. Wir erwähnen es, obwohl nicht Menschen oder Gedanken, die dem Dichter in der Universität oder ihrem Umkreis begegnet sind, ihn dazu inspiriert haben, sondern ein Kunstwerk. Dabei dürfte dann wohl Ernst Bertram oder der Kunsthistoriker Paul Clemen (1866–1947), der im Hause Litzmanns mit Thomas Mann zusammengeführt wurde, als Vermittler gewirkt haben, wenn nicht gar ein 1921 erschienenes Buch des Bonner Privatdozenten Eugen Lüthgen (1882–1946) diese Rolle spielte. Hans Castorp und sein Vetter bemerken bei ihrem Besuch in dem luxuriös eingerichteten Davoser Quartier Naphtas „eine große, . . . bemalte Holzplastik, – etwas innig Schreckhaftes, eine Pietà, einfältig und wirkungsvoll bis zum Grotesken: die Gottesmutter in der Haube, mit zusammengezogenen Brauen und jammernd schiefgeöffnetem Munde, den Schmerzensmann auf ihrem Schoß, eine im Größenverhältnis primitiv verfehlte Figur mit kraß herausgearbeiteter Anatomie, die jedoch von Unwissenheit zeugte, das hängende Haupt von Dornen starrend, Gesicht und Glieder mit Blut befleckt und berieselt, dicke Trauben geronnenen Blutes an der Seitenwunde und den Nägelmarken der Hände und Füße". Auf die Frage der Besucher nach dem „frommen Schrecknis im Winkel" erklärt Naphta: „Vierzehntes Jahrhundert . . . Wahrscheinlich rheinischer Herkunft" [193]. Ein langes Gespräch knüpft sich an dieses Vesperbild, bei dem auch der hinzugekommene Settembrini sich beteiligt. So wird die gotische Plastik Ausgangspunkt einer der ersten Konfrontationen zwischen ihm und Naphta, den zwei Repräsentanten der liberal-aufklärerischen und der konservativ-scholastischen Weltanschauung in dem Roman. Die Disputation führt bald auf zentrale Fragen von Staat, Gesellschaft, Wirtschaft und das Hauptproblem, was denn Humanität und wie sie am besten zu verwirklichen sei. Die Beschreibung der Figur durch Thomas Mann ist so exakt, daß als Vorbild die nach einem früheren Besitzer so genannte Madonna Röttgen erkannt werden

---

[192] Diese Mitteilung wird einem Teilnehmer an jener Seminarsitzung, Herrn Studienrat i. R. Dr. K. *Oppert* (Wiesbaden), verdankt. – Der Bericht in der Bonner Zeitung gibt Litzmanns Worte in folgender Weise wieder: „Vierzig Semester hat Litzmann beobachten können, wie fest Thomas Mann, der Buddenbrookdichter, in den Herzen der Jugend wurzelt. Die Jugend merkte, daß hinter Manns Schreiben eine Persönlichkeit aus ernsten strengen Augen schaute, tiefsten künstlerischen und deutschen Gewissens voll, ein Führer". – „Ein Führer" zu sein, lehnte Thomas Mann auch in seinem Brief an A. Hübscher vom 27. Juni 1928 (*Briefe* I, S. 280. f.) nachdrücklich ab. – Was für Vorstellungen sich für Litzmann mit dem Begriff „Dichter als Führer" verbanden, enthüllt sich in bezeichnender Weise durch die emphatischen Ausführungen, die er dem von ihm gleichfalls als einen „Führer wie Moses" betrachteten E. v. Wildenbruch widmete; vgl. das Zitat bei *Kibelka*, S. 104.

[193] Der Zauberberg. Vom Gottesdienst und von übler Erlösung (III, S. 545). Dieser Teil des Werks ist in der zweiten Jahreshälfte 1922 entstanden; vgl. *Sauereßig*, S. 19; Th. Mann an E. Bertram, 2. Juni 1922 (*Jens*, S. 109): „Leo Naphta . . . ist aufgetaucht und liegt beständig mit Herrn Settembrini in scharfen Disputen. . . "

konnte [194], die sich seit 1912 im Landesmuseum Bonn befindet. Die einerseits kraß realistische, andererseits – wie Thomas Manns Text in einer für den Autor bezeichnenden Weise betont – ebenso kraß der Wirklichkeit widersprechende Plastik ist unmittelbar nach dem ersten Weltkrieg besonders stark beachtet worden. Sie entsprach dem expressionistischen Kunstwollen dieser Zeit. Mag Thomas Mann – was nicht auszuschließen ist – sie selbst 1920 im Museum zu Bonn gesehen oder sie nur im Bilde kennengelernt haben – zwei Jahre nach seinem längeren Besuch im Rheinland gab er ihr den bedeutsamen Platz in seinem Bildungsroman.

Ende 1921 erschienen – mit dem Publikationsjahr 1922 auf dem Titelblatt – „Gesammelte Abhandlungen und kleine Aufsätze" von Thomas Mann als „Rede und Antwort" [195]. Es war das erste Mal, daß der Dichter eine Ernte dieser Art hielt. Er bezeichnete sie als „interne Veranstaltung", „ein Buch für die Freunde seines Lebens", und er widmete den Band, der zugleich die erste Gesamtausgabe seiner Werke eröffnete, „Der Philosophischen Fakultät der Rheinischen Friedrich-Wilhelms-Universität zu Bonn". Diese Dedikation bezeugte noch einmal, wie hoch die Dankbarkeit des Dichters die Verleihung der Ehrendoktorwürde bewertete. Als erstes Stück rückte Thomas Mann mit leichter Veränderung des Eingangsabschnitts den Brief an den Dekan ein, durch den er zwei Jahre zuvor seinen Dank abgestattet hatte [196]. Stefan Zweig buchte daraufhin mißver-

---

[194] R. *Haußherr*, Texte über die Pietà Röttgen (Bonner Jahrbücher 165, 1965, S. 145 ff.); *Sauereßig*, S. 18, beide mit Abb. der Plastik. Die oben erwähnte Publikation von Eugen *Lüthgen* erschien unter dem Titel „Gotische Plastik in den Rheinlanden" 1921 im Verlag Friedrich Cohen, Bonn. Die Plastik ist dort auf Tafel 15 abgebildet. *Haußherr*, S. 151 weist noch auf das 1922 erschienene Bändchen „Pietà" in „Seemanns Bibliothek der Kunstgeschichte" als mögliche Informationsquelle Thomas Manns hin, das Wilhelm *Pinder* herausgegeben hat, auf den „um 1920" „die eigentliche Entdeckung der deutschen Vesperbilder" und eine „überhitzt expressive Beschreibung" der Bonner Pietà zurückgeht. Pinders Beitrag zum Handbuch der Kunstwissenschaft, den Haußherr nach mündlicher Mitteilung in erster Linie als Quelle für Thomas Manns Kenntnis des Bildwerks betrachtet, scheidet dafür mit Rücksicht auf die Entstehungszeit des „Zauberberg"-Kapitels „Vom Gottesstaat und von übler Erlösung" im Jahr 1922 aus, da der betreffende Band erst 1923 erschienen ist. – Zur umstrittenen Lokalisierung und zum Erwerb der Plastik durch das Bonner Museum vgl. A. *Spiller*, Karl Roettgen (1834–1909), ein rheinischer Sammler (Bonner Geschichtsblätter 24, 1972) S. 68, 70.

[195] Zum Erscheinungsdatum vgl. Th. Mann an E. Bertram, 29. November 1921: „Heute verpackte ich ‚Rede und Antwort' für Sie" (*Jens*, S. 105). Von dem geplanten „Essay-Band" ist erstmals in einem Brief Thomas Manns an Bertram von 26. Juni 1920 die Rede (*ebd.*, S. 94); vgl. auch de *Mendelssohn, Fischer*, S. 907 ff.

[196] Brief an den Dekan der Philosophischen Fakultät zu Bonn (Rede und Antwort, S. 1 f.; Wiederabdruck XI, S. 351 f; MK 119, S. 47). – *Hankamer* wies in einer ausführlichen Besprechung dieses Bandes (Der Hellweg 2, 1922, S. 306) darauf hin, daß „jenes fast furchtsame Staunen vor dem Dank und der Anerkennung der gesellschaftlichen Wissenschaft" Berührung mit der allgemein und ironisch durch Thomas Manns autobiographisches Stück „Im Spiegel" dokumentierten Ansicht des Autors zeige. Die Besprechung, die G[rete] L[itzmann] dem Essayband widmete (Hannoverscher Kurier Nr. 21 vom 13. Januar 1922), enthält merkwürdigerweise nicht den geringsten Hinweis auf den Zusammenhang, der ihn mit der Bonner Ehrenpromotion Thomas Manns verbindet. Doch ist die dort ausgesprochene Hochschätzung

gnügt, daß Thomas Mann „sogar die Tatsache eines Ehrendoktorats", als eines von den förderlichen, weil offenbar Ordnung in die Welt bringenden Dingen einschätze [197]. Der österreichische Kritiker meinte, diese Würde sei durch „Verleihung an Erzherzöge, Kanonenindustrielle und besiegte Generale" reichlich an geistigem Wert gemindert. Es entbehrt nicht der Komik, daß hinwiederum einige Jahre später eine Freundin Rilkes der Ehrendoktorwürde Thomas Manns absatzsteigernde Wirkung beim Verkauf seiner Bücher in Kopenhagen zuschreiben zu können glaubte [198].

Das Exemplar von „Rede und Antwort", das Thomas Mann der Fakultät schenkte, wurde vom Dekan – dem Psychologen Gustav Störring – dem Germanistischen Seminar überwiesen [199]. Dort hat es vielen Studierenden der Literaturwissenschaft gedient und alle Fährnisse, denen die Universität wie Thomas Manns Beziehungen zu ihr und Deutschland seitdem unterworfen waren, überstanden. Noch heute befindet sich der Band im Besitz der Universität. Die knappe, unpersönliche Form, in der Störring dem Dichter den Empfang des durch den Verlag im Auftrag des Autors übersandten Buches bestätigt hatte, kam Litzmann zur Kenntnis. In den Fakultätsakten findet sich nichts davon. Thomas Mann gab dem Geheimrat – so empfand dieser es jedenfalls – „mit einem unwahrscheinlich mokanten Ausdruck" den Fauxpas zu verstehen. Die temperamentvolle „alte Raketenkiste" – Selbstbezeichnung Litzmanns anläßlich eines ähnlichen Ärgers [200] – reagierte darauf mit größter Heftigkeit. Wir können aus den Akten nicht erkennen, ob das scharfe Monitum wegen dieser „Blamage . . . scheußlichster Art" der Fakultät Erfolg gehabt hat [201].

Weniger als ein Jahr später – im Oktober 1922 – hatte Litzmann Anlaß, sich über Thomas Mann zu erregen. Der Dichter hielt damals – von regierungsamtlicher Seite dafür gewonnen – zu Gerhart Hauptmanns 60. Geburtstag vor Studenten im Berliner Beethovensaal seine Rede „Von deutscher Republik", „ein mannhaftes, geistig fundiertes Bekenntnis zum jungen demokratischen Staat" [202]. Schon 1920

der „Betrachtungen eines Unpolitischen" erwähnenswert. Sie gelten der Verfasserin als Beweis dafür, daß ihr Autor, zu den geistigen Persönlichkeiten rechnet, „die an Differenziertheit der Gefühlsgänge keinem russischen Romancier, an bildmalerischer Formkraft und Klarheit der Diktion keinem lateinischen Meister nachstehen, an rein geistigem Niveau aber . . . weit überragen". Vgl. auch oben S. 63, Anm. 129.

[197] St. *Zweig*, Thomas Manns „Rede und Antwort" (Die Neue Rundschau, 32. Jahrg. der Freien Bühne, 1921, Bd. 2, S. 1319).

[198] Inga Junghanns an Rainer Maria Rilke, 1. Juni 1926: „Könnten Sie nicht im Herbst hierher kommen? Das wäre so gut für Malte. Nach dem Besuch von Thomas Mann wurden seine Bücher hier verkauft. Allein er ist ja auch ein Doctor honoris causa" (R. M. *Rilke* – I. *Junghanns*, Briefwechsel, [Wiesbaden] 1959, S. 249).

[199] Störrings Vermerk vom 23. Dezember 1921 in dem Exemplar hält die Tatsache des Geschenks an die Fakultät durch den Verfasser wie die Überweisung an das Seminar fest.

[200] B. Litzmann an L. Schiedermair, 23. Dezember 1925 (Nachlaß Schiedermair).

[201] B. Litzmann an L. Schiedermair, 13. Januar 1922 (Nachlaß Schiedermair).

[202] Das Zitat aus dem in der Frankfurter Zeitung Nr. 735 vom 15. Oktober 1922 auf ihrer ersten Seite – also als politisch hochbedeutsam – veröffentlichten Bericht über die Rede. Sie

hatte Thomas Mann – noch entschieden gegen „Demokratie" als letztes Wort Deutschlands Front machend – gemeint, wenn er sich in seinem Kriegsbuch „gegen die Geistestugend auf die Seite der Romantik schlug", sei „es nur darum unnötig, unsere Pogrom-Monarchisten und Patriotenlümmel vor Verwechslungen zu warnen, weil sie die ‚Betrachtungen' nicht lesen können" [203]. Er gab nun offen der

---

fand – wie dem Bericht in der Neuen Preußischen [Kreuz-] Zeitung Nr. 460 vom 14. Oktober 1922 zu entnehmen ist – tags zuvor, also am 13. Oktober statt; hiernach ist *Bürgin-Mayer*, S. 60 zu berichtigen. Wohl ein Druckversehen sind die irrigen Jahresangaben „1926" bei *Korn*, S. 415 und „1923" bei *Schoolfield*, S. 165. Gleichfalls irrig ist die in den Stuttgarter Nachrichten Nr. 220 vom 23. September 1961 durch einen Rezensenten des oben S. 47, Anm. 90 erwähnten Buches von Sontheimer aufgestellte Behauptung, die Rede „Von deutscher Republik" habe in der Bonner Beethovenhalle stattgefunden, ebenso die Angabe bei W. A. *Berendsohn* im Vorwort zu Th. *Mann*, Sieben Manifeste zur jüdischen Frage 1936–1948, Darmstadt (1966), S. 14, sie sei vor den Studenten in Heidelberg gehalten worden. Die Memoiren des damals im Reichsministerium des Innern tätigen Ministerialdirektors A. *Brecht*, Aus nächster Nähe. Lebenserinnerungen 1884 bis 1927, Stuttgart [1966], S. 441, verlegen den Vortrag irrtümlich in die dem Beethovensaal benachbarte Philharmonie. Sie enthalten jedoch den wichtigen Hinweis auf die bisher unbekannte Tatsache, daß Thomas Mann für sein öffentliches Bekenntnis zur Demokratie durch das Ministerium gewonnen worden war. Dies setzt voraus, daß den an dieser Entscheidung Beteiligten bekannt war, welcher „Perspektivenwandel" sich bei Thomas Mann gegenüber den „Betrachtungen eines Unpolitischen" hinsichtlich Demokratie und Humanität vollzogen hatte. Hierfür dürfte – neben dem Vortrag „Goethe und Tolstoi" und dem am 16. April 1922 in der „Frankfurter Zeitung" veröffentlichten Brief über „Hans Reisigers Whitman-Werk" (MK 120, S. 80f.), wo zum ersten Mal Demokratie mit Humanität gleichgesetzt ist (s. *Bürgin-Mayer*, S. 58/59) – die von der Forschung bisher ganz unberücksichtigt gelassene Ansprache Thomas Manns zur Festvorstellung der „Zauberflöte" in der Frankfurter Goethe-Woche Ende Februar 1922 von Bedeutung gewesen sein, bei der ein Kritiker alsbald herausgespürt hat, daß der darin vertretene Konservativismus Besonnenheit bedeutete, in der die Leidenschaft der Freiheit steckte; vgl. E. *Vogler*, Thomas Mann-Vorlesung (Berliner Tageblatt Nr. 137 vom 22. März 1922; bei *Matter* nicht verzeichnet). – Die Frankfurter Goethe-Woche von 1922 führte Thomas Mann auch mit dem Reichspräsidenten Ebert sowie anderen maßgebenden Persönlichkeiten des politischen Lebens zusammen, so daß sich auch auf diese Weise ein Brückenschlag vollzog, der der Rede „Von deutscher Republik" präludierte. Ministerialdirektor a. D. Prof. Dr. A. *Brecht* (New York) teilte dem Verfasser hierzu am 17. August 1966 mit: „Zusammen mit dem damaligen Reichsinnenminister Dr. Köster und wohl auch mit Dr. Edwin Redslob und Dr. Hans Simons habe ich Ende 1921 und Anfang 1922 mehrfach erörtert, ob es nicht möglich sei, Thomas Mann zu einem öffentlichen Bekenntnis für die Republik zu gewinnen. Wir haben beschlossen, den Versuch zu machen. Ich erinnere mich daran, daß er ausgeführt wurde, habe aber vergessen, wie das geschah. Ich glaube nicht, daß ich selbst damals an ihn deswegen geschrieben habe. Ich mag mit ihm auf der Nordischen Woche in Lübeck Ende 1921 [tatsächlich 2.–8. September 1921] gesprochen haben... Wahrscheinlich war es Dr. Köster selbst, der direkt oder indirekt mit Mann den Faden angeknüpft hat, der zu der von uns gewünschten Kundgebung führte. Wir haben nicht Mann zu einer Sinnesänderung veranlaßt, sondern, wie ich überzeugt bin, nur eine offene Tür eingestoßen. Mann war von sich selbst aus reif zu dieser Kundgebung und nahm nur deshalb die Anregung willig auf".

[203] Th. *Mann*, Brief an Hermann Grafen Keyserling (zuerst in der Zeitschrift Das Tagebuch 1, Heft 11/12 vom 31. März 1920; danach in „Rede und Antwort", S. 275; jetzt XII, S. 602; MK 117, S. 76). – Ähnlich schon *Friedell* in seiner oben S. 46, Anm. 88 zitierten Besprechung: „Nur darf man natürlich nicht glauben, daß der Deutschnationalismus Thomas Manns die geringste Ähnlichkeit hat mit jenem antediluvianisch-treuherzigen, plattfüßig-undifferenzierten

Befürchtung Ausdruck, „aus geistigem Freiheitsbedürfnis dem Obskurantentum Waffen geliefert zu haben", das „sich zum Terror organisiert und das Land durch ekelhafte und hirnverbrannte Mordtaten schändet" [204] – nach Erzberger war eben Rathenau das Opfer jugendlicher Meuchelmörder geworden. Zum blanken Entsetzen der antirepublikanisch-nationalistischen Kreise, die Thomas Mann als literarischen Bundesgenossen gefeiert hatten, bekannte der Autor der „Betrachtungen" sich am Vorabend des Tages, für den in den Strafverfahren gegen die Helfershelfer der Rathenau-Mörder das Urteil erwartet wurde, zu „Vater Ebert", zum Frieden und zur Demokratie. Nach der Begegnung mit Walt Whitmans Werk und dem nicht ohne erstaunlichen Subjektivismus vollzogenen Beginn näherer Auseinandersetzungen mit Novalis bedeutete Demokratie nun für ihn Humanität [205] und gewährleistete den „Gemütszustand ... der Freiheit, des umfassenden Wohlwollens, menschheitlichen Denkens und Fühlens" für Deutschland, den Thomas Mann 1917 nur durch den deutschen Waffensieg meinte gesichert zu sehen [206]. Sein Glaube an Deutschland aus der Zeit der „Betrachtungen" wich der Sorge um Deutschland [207]; sie sollte ihn seitdem nicht mehr verlassen. Thomas Mann wußte, daß seine rechtsstehenden Verehrer nicht geneigt waren, ihm zu folgen. Nach

---

und selbstsüchtig-rechthaberischen Hurrapatriotismus, der sich alldeutsch nennt; im Gegenteil, er ist eine höchst verwickelte und verwinkelte Weltanschauung voll Zwielicht und Hintergründen"; *Schröter, Urteil*, S. 85, Nr. 36.

[204] Von deutscher Republik (XI, S. 818 f.; MK 117, S. 105).

[205] Erstmals knapp formuliert hat Thomas Mann diese Erkenntnis in dem Offenen Brief, mit dem er am 16. April 1922 Hans Reisiger für sein Whitman-Werk dankte: „Für mich persönlich, der ich innerlich um die Idee der Humanität seit Jahr und Tag mit der mir eigenen Langsamkeit bemüht bin, überzeugt, daß es für Deutschland keine aktuellere Aufgabe gibt, als diesen Begriff, der zur leeren Hülse, zur Schulphrase geworden war, neu zu erfüllen, – für mich ist dies Werk ein wahres Gottesgeschenk, denn ich sehe wohl, daß, was Whitman ‚Demokratie' nennt, nichts anderes ist, als was wir, altmodischer, ‚Humanität' nennen" (MK 120, S. 81). – Zur „Selbsttäuschung" in Bezug auf Novalis, die Thomas Mann vergessen ließ, was er über den Romantiker bei Georg Brandes gelesen hatte, vgl. H. *Eichner*, Thomas Mann und die deutsche Romantik (Das Nachleben der Romantik in der modernen deutschen Literatur. Vorträge des Zweiten Amherster Kolloquiums zur Modernen deutschen Literatur 1968, hrsg. von W. *Paulsen*, [Heidelberg 1969]), S. 155.

[206] Ein Brief von Thomas Mann (Frankfurter Zeitung Nr. 81 vom 23. März 1917). Dieses, in die Ausgaben der Werke Thomas Manns nicht aufgenommene und von der Forschung nicht beachtete kurze Prosastück ist wichtig, weil Thomas Mann darin das Bekenntnis zu weltbürgerlich-gesitteter und menschlicher Bildung, zur „überstaatlichen Wertsphäre, der Sphäre des Geistes, der Kunst, aller höheren Sittlichkeit und Menschheit", mit einer Vision der Konsequenzen von Deutschlands befürchteter Niederlage verbindet, die sich später als nur zu wahr erweisen sollte: „Die Niederlage ... würde den Nationalismus zu furchtbarer, alles ausschließender, jede Geistigkeit in Bann schlagender Macht erstarken lassen ... und der Berichtigungs- und Wiederherstellungskrieg wäre nur eine Frage der Zeit – einer langen vermutlich, einer harten finsteren grimmvollen Zeit. Ich wenigstens muß denken, daß es so sein würde". Es folgt ein Satz, dessen Ironie deutlichen Zusammenhang mit den „Betrachtungen eines Unpolitischen" aufweist: „Denn ich kann nicht denken, daß das deutsche Volk von englischer Tugend welthistorische Lektionen hinzunehmen sich je würde entschließen können".

[207] *Keller*, S. 62.

dieser Rede, deren politische Richtung der Autor übrigens schon zwei Monate vorher versteckt angedeutet hatte [208], erfuhr Thomas Mann zum ersten Mal die Wirkung einer Künstlersituation, die er selbst bereits 1910 in dem mit mancherlei hintergründigen autobiographischen Zügen ausgestatteten Essay über den alten Fontane beschrieben hatte: „Seine politische Psyche war künstlerisch kompliziert, war in einem sublimen Sinn unzuverlässig", und „Geister wie er" müßten in ihrem politischen Verhalten so erscheinen, „denn die Widersprüche, zu denen die Tagesdebatte sie drängt, finden ihre Aussöhnung und Auflösung erst in der Zukunft" [209]. Denjenigen, die die „Betrachtungen eines Unpolitischen" trotz ihres unzweideutig klaren Titels in allen Einzelheiten als politisches Credo mit dogmatischem Charakter verstanden hatten, blieb diese Schlüsselerkenntnis verborgen. Litzmann war aufs tiefste erschüttert. Er bekannte seinem Bonner Freund und Fakultätsgenossen Ludwig Schiedermair, es habe Tage gewährt, bis er sein inneres Gleichgewicht wiedergefunden habe, nachdem er die Rede Thomas Manns gelesen hatte. Dieser habe in München bei der Rückkehr „infolge seines republika-

---

[208] Anknüpfend an das Urteil des nationalistisch-antisemitischen Adolf Bartels über Thomas Mann: „Zwar hat er im Kriege nationale Haltung gewahrt, aber offen gestanden glaube ich ihm sein Deutschtum nicht recht", führte der Dichter am Schluß eines in drei großen europäischen Zeitungen am 20. August 1922 erschienenen Artikels „National und International" aus: „Wenn ich nach links entgleiste (wär's möglich? es wäre schrecklich!), so wird die Erfahrung Schuld daran sein, daß man nationalistische Professoren auch durch ein deutsches Bekenntnis nicht versöhnt, falls dieses Bekenntnis etwas wie Form und Geist aufweist, – während man es mit der Gegenseite selbst durch die äußerste Renitenz in Sachen der radikalen Demokratie nicht völlig verdirbt, falls diese Renitenz nur eben etwas Geist hat" (X, S. 874; MK 117, S. 97 f.).

[209] IX, S. 29, 33; MK 113, S. 52, 53. – Im Erstdruck (Zukunft 19. Jahrg., Heft 1 vom 1. Oktober 1910), S. 21 lautet die in der zitierten Fassung bereits 1922 in „Rede und Antwort", S. 97 aufgenommene zweite Stelle: „Jeder außerordentliche Geist muß in seiner politischen Theilnahme kompliziert und unzuverlässig erscheinen, denn die Widersprüche, zu denen die Tagesdebatte ihn drängt, finden ihre Aussöhnung und Auflösung erst in der Zukunft". Die Änderung beim Wiederabdruck erscheint geringfügig neben der sehr weitgehenden Umgestaltung eines längeren Abschnitts, der diesem Satz vorangeht. Sie dokumentiert aber in der Zurücknahme von „außerordentlich" einen deutlicher als in der Erstfassung hervortretenden autobiographischen Zug – eines der „geheimen Selbstbildnisse", von denen Lesser, S. 277 ff. ohne Bezugnahme auf diese Stelle spricht. Sie bildet damit ein bemerkenswertes Zeugnis für Thomas Manns Selbstauffassung noch vor dem öffentlichen Bekenntnis zur Republik im Oktober 1922. – Der autobiographische Stellenwert der Äußerungen Thomas Manns über Fontane wird durch eine anläßlich der Enthüllung des Berliner Fontane-Denkmals von ihm abgegebene Erklärung unterstrichen, in der er von seinem „Gefühl tiefer Verwandtschaft (vielleicht beruhend auf ähnlicher Rassenmischung)" gegenüber dem Gefeierten spricht (BZ am Mittag, Nr. 105 vom 7. Mai 1910). Nebenbei bemerkt, ist diese Äußerung – wie manche ähnliche aus jenen Jahren – ein Zeichen für die Unbefangenheit, mit der von Rasse und Blutsmischung sowie deren Einfluß auf den geistigen Habitus die Rede sein konnte, ehe damit der im Entsetzlichen endende Unfug getrieben wurde. So hat auch F. Leppmann, Thomas Mann, Berlin 1916, für Thomas Mann das Problem seines Blutes als zentrales Erlebnis gekennzeichnet. Vgl. hierzu sogar noch den unten S. 252, Anm. 465 zitierten, ursprünglich jiddisch veröffentlichten Aufsatz über Thomas Mann aus dem Jahr 1935.

nischen Manifestes" einen „heißen Boden vorgefunden" [210]. Die Gefolgsleute der rechtsbürgerlichen Parteien und natürlich die vorerst noch wenig zahlreichen, als örtliche Münchner Merkwürdigkeit geltenden Anhänger des eben auf der politischen Bühne erschienenen Nationalsozialismus betrachteten Thomas Mann seitdem als Renegaten. Ausnahmsweise hielt man ihn in diesen Kreisen auch einmal für unzulänglich informiert über die „vaterländische Bewegung", die nicht „randalierende Deutschtümelei oder ungeschlachten Wotansrummel" darstelle, sondern „die größte Macht im Daseinsstrom des deutschen Volkes" [211]. Da die „Romantiker des Ressentiments" [212] sich unbedenklich mit Deutschland identifizierten, sahen sie in dem Autor der Rede „Von deutscher Republik" einen Verräter an seinem Vaterland. Hanns Johst, der unter den Anklägern Thomas Manns aus dem literarischen Lager in vorderster Linie stand, schleuderte ihm entgegen: „Sie haben Ihr Deutschtum an die Zeit verraten, an den Kompromiß, an die politische Praxis. Das aber dünkt mich eines Dichters weheste Absage an seinen ewigen Beruf" [213]. Rassisch begründete und bald auch unverhohlen antisemitische Affekte

---

[210] B. Litzmann an L. Schiedermair, 21. November 1922 (Schiedermair-Nachlaß); vgl. dazu die bei *Sontheimer*, S. 55 f. zitierten Ausführungen aus der Münchner Zeitung vom 16. Oktober 1922.

[211] Dr. Eduard *Herold* (Hof a. d. Saale), Offener Brief an Thomas Mann (Der Heimgarten, Nr. 39, S. 257 f. – Beilage zur Bayerischen Staatszeitung vom 29. Dezember 1923; bei *Matter* nicht verzeichnet). Der Verfasser stellt sich einleitend als Autor einer – wohl mit *Matter*, Nr. 9579 zu identifizierenden – „begeisterten" Rezension der „Betrachtungen eines Unpolitischen" vor – „darinnen Sie mit klirrenden Klingen und in lodernden Flammen wie ein Ulrich von Hutten, ein Johann Gottlieb Fichte zu uns sprachen". Er bekennt sodann, Thomas Mann „nimmermehr" „für einen Pazifisten geifernder oder öliger Observanz, für einen seelischen Vegetarier und blutleeren Humanitätsdusler" halten zu wollen. Die deutsche Jugend wolle „nicht das Reich von ehemals mit seiner Opern- und Galaherrlichkeit . . ., sondern die Volksgemeinschaft im tiefsten und innersten Sinn . . . erkämpfen". Der beschwörende Appell schließt – ähnlich wie *Dempfs* oben S. 64, Anm. 133 erwähnter Artikel: „In Ihrem innersten Wesen gehören Sie zu uns. Geben Sie Ihren vielen Freunden den Glauben an Thomas Mann wieder. Lassen Sie Frieden sein zwischen sich und Ihrem Volke". – Studienprofessor Herold hielt am 15. Juni 1924 die Weiherede für das in der Münchner Feldherrnhalle unter den Klängen von Richard Wagners „Feuerzauber" enthüllte „Mahnmal" zum Gedächtnis an die verlorenen deutschen Gebiete. Vgl. Politik in Bayern 1919–1933. Berichte des württembergischen Gesandten Carl Moser von Filseck, hrsg. von W. *Benz* (Schriftenreihe der Vierteljahrshefte für Zeitgeschichte 22/23), Stuttgart [1971], S. 159. *Matter*, Nr. 3695 verzeichnet von Eduard *Herold* noch einen in der Zeitung „Frankenpost" vom 27. August 1955 erschienenen Artikel „Mythos Thomas Mann".

[212] Th. *Heuß*, Erinnerungen 1905–1933, Tübingen [1963], S. 264.

[213] H. *Johst*, Ein offener Brief an Thomas Mann (Hamburger Nachrichten Nr. 561 (280 B) vom 1. Dezember 1922); auch in mehreren anderen rechtsstehenden deutschen Zeitungen abgedruckt; vgl. *Matter*, Nr. 9756–9759. Der im Text wiedergegebene Schlußsatz wurde – mit Veränderung von „weheste" in „wahrhafte" – sechs Jahre später aufgenommen durch P. W. *Palm*, Der Fall Thomas Mann (Der Deutschenspiegel, Politische Wochenschrift 5, Heft 34 vom 24. August 1928), S. 1397, wo es weiter heißt: „Dem ist nichts hinzuzufügen. Die Akten über den Dichter und Politiker Thomas Mann können geschlossen werden. Für das *deutsche* Volk gibt es keinen Fall Thomas Mann mehr".

traten unterstützend hinzu, um den Haß gegen den Dichter zu schüren [214]. Sie hatten vorlängst bereits bei dem „völkischen" Adolf Bartels, aber auch in der Redaktion der „Münchner Neuesten Nachrichten" Ausdruck gefunden [215]; Dietrich Eckart, der bald Hitlers Freund und Förderer werden sollte, hatte sogar schon im Februar 1919 das Kunststück fertiggebracht, Thomas Manns „Betrachtungen" als ein Manöver hinzustellen, bei dem der jüdische Verleger in raffinierter Komplizenschaft mit dem rassisch ebenso suspekten Autor gehandelt habe: „Niemals hätte Saly Fischer ein Buch verlegt, das wie das Mannsche das Lebenselement der Juden, die Demokratie alias Volksverhetzung, anzuprangern versucht, wenn dahinter nicht ein höherer Zweck stünde, um dessentwillen es sich schon verlohnt, das diesmal kleinere Übel in den Kauf zu nehmen. Und dieser höhere Zweck ist kein anderer, als unter dem Deckmantel echt deutscher Sinnesart dem jüdischen oder wenigstens jüdisch gerichteten Verfasser (schon deshalb jüdisch gerichtet, weil er eine Jüdin zur Frau hat ...) das Vertrauen zu sichern, das er braucht, um sein verstecktes Wohlgefallen an der Talmikultur der Französlinge vom Schlage Rollands bei uns zur Geltung zu bringen und gerade damit unsere eigene Kultur zu entwurzeln" [216]. So war der Boden vorbereitet, auf dem seit 1922 eine mannigfaltig

---

[214] Ein frühes bemerkenswertes Zeugnis ist der Schlußsatz in dem oben S. 83 f., Anm. 202 zitierten Bericht der Kreuz-Zeitung über die Rede „Von deutscher Republik": „Für uns ist seine [Thomas Manns] Persönlichkeit eine neue Bestätigung des Hofmannschen Satzes, daß auf dem Boden der Rassenmischung Talente gedeihen, Charaktere Rassenreinheit zur Voraussetzung haben". In dem Bericht wird außerdem auf einen „vor einiger Zeit" in der Sonntagsbeilage des Blattes erschienenen Artikel von Adolf Bartels verwiesen, der die Wendung Thomas Manns „vom Dichter zum Schriftsteller, zum Politiker" schildere; es dürfte sich um den bei *Schröter, Urteil*, S. 92 ff., Nr. 40 wiedergegebenen Beitrag handeln, der Thomas Mann „trotz seiner nationalen und konservativen ‚Velleitäten'" „bei dem Typus des Zivilisationsliteraten" unterbringt und diesen „zuletzt für ein jüdisches Produkt" erklärt „oder meinetwegen für ein Verlegenheitsprodukt der Judengenossen". — Der Bericht in Rheinisch-Westfälische Zeitung Nr. 836 vom 15. Oktober 1922 wollte in Thomas Manns Rede einen „neuen Byzantinismus, dessen sich eine gewisse anschlußbedürftige Schriftstellergruppe befleißigt", sehen und beklagt es, „daß der ausgezeichnete Schriftsteller Thomas Mann sich so erfolgreich bemüht, ein schlechter Politiker zu werden".
[215] A. *Bartels*, Geschichte der deutschen Literatur II, Leipzig 1909, S. 542; O. *Schmidt-Gibichenfels*, Ein Vorkämpfer für jüdische Rassenpolitik (Deutsche Tageszeitung, 14. November 1909; Wiederabdruck bei *Schröter, Urteil*, S. 50 ff., Nr. 24). – *Martens*, S. 161 berichtet über die Zeit, in der er um 1915 Feuilletonredakteur bei den Münchner Neuesten Nachrichten wurde: sie „waren ..., wiewohl damals noch von demokratischer Richtung, stolz darauf, daß sie ... keinen Juden unter sich hatten. Antisemitische Politik durften sie nicht treiben; untereinander aber schimpften die Redakteure nach Herzenslust über die Juden. Jede neue, unliebsame Erscheinung, ‚die etwas Besseres sein wollte', wurde von ihnen zunächst als ‚jüdisch' abgetan. Deshalb ... suchten [sie] die von mir zu Mitarbeitern gewonnenen Brüder Mann dadurch zu diskreditieren, daß sie deren arische Abstammung bezweifelten". Über den nach dem Besitzwechsel der Zeitung im Feuilleton wirksamen „Einfluß ungeschickter chauvinistischer Propaganda" ebd. S. 165. Zur Abneigung des Blattes gegen Thomas Mann vgl. auch *V. Mann*, S. 524. – Zu den antisemitischen Angriffen von Bartels auf Thomas Mann vgl. Th. Mann an H. Mann, 11. November 1913 (*Briefwechsel*, S. 105) und den Kommentar ebd. S. 297.
[216] D. *Eckart*, Die Kriegsgefangenen in der Judenperspektive (Auf gut Deutsch 1, Heft 7 vom 14. Februar 1919, S. 104 ff; bei *Matter* nicht verzeichnet). Über den Verfasser und die

abgestufte, in ihrer Grundtendenz jedoch einheitliche Aversion gegen den Dichter gedieh, dem man bestenfalls vorhielt, ein schlechter Politiker geworden zu sein. Vor nationalistischer Verfemung schützten Thomas Mann nicht einmal sein scharfes Verdikt über die von Maurice Barrès vertretene französische Rheinlandideologie, das im Augenblick der Ruhrbesetzung erschien [217], auch nicht öffentliche Erklärungen, die er auf dem Höhepunkt des Ruhrkampfes im Mai 1923 gegen den französischen Nationalismus abgab [218], und ebenso wenig der kurz darauf in den Vereinigten Staaten veröffentlichte leidenschaftlich-patriotische Appell, der die Welt aufrief, ihre Gleichgültigkeit gegenüber dem drohenden wirtschaftlichen und sozialen Zusammenbruch Deutschlands aufzugeben [219]. Bis an Thomas Manns Lebensende erwies sich in einem allgemeinen Sinn für seine politisch-zeitkritischen Äußerungen als richtig, was über die zu erwartende Reaktion des Publikums sogleich bei Erscheinen der „Betrachtungen" bemerkt worden war: es sei ihnen gegenüber nur persönliche Zustimmung oder Ablehnung möglich – „sie geht aber über das Buch

---

Zeitschrift vgl. jetzt M. *Plewnia*, Auf dem Weg zu Hitler. Der „völkische" Publizist Dietrich Eckart (Studien zur Publizistik, hrsg. v. E. *Blühm*, Bd. 14), Bremen [1970]. Den Anknüpfungspunkt für Eckarts Artikel bildete Thomas Manns Beitrag „Unsere Kriegsgefangenen" in der Frankfurter Zeitung Nr. 93 vom 4. Februar 1919. Für dessen bittere Ironie brachte Eckart ebensowenig Verständnis auf wie *Traub* als Herausgeber der „Eisernen Blätter", der in einem Nachwort zu dem oben S. 68, Anm. 149 zitierten Aufsatz von *Clar* gestand, Thomas Manns Äußerung über die Kriegsgefangenen gebe ihm „ein unlösbares Rätsel" auf. „Hat das wirklich Thomas Mann geschrieben, oder nicht vielmehr sein Gegenfüßler Heinrich?... Wie kommt Thomas Mann überhaupt in die Frankfurter Zeitung?" Dieses plump-groteske Unverständnis war nicht vereinzelt. Thomas Mann erwähnte in einem Brief vom 19. März 1919: „Von guten boches bekomme ich täglich Briefe, die mir den lügengestraften Optimismus meines Briefes an die Frankfurter Zeitung zum Vorwurf machen" (Autographen-Katalog 577 [1966] der Firma J. A. Stargardt, Marburg, S. 63, Nr. 253).

[217] Th. *Mann*, Der ‚autonome' Rheinstaat des Herrn Barrès (Rheinischer Beobachter. Wochenschrift für das Selbstbestimmungsrecht des deutschen Volkes an Rhein, Saar und Ruhr 2, Nr. 8 vom 25. Februar 1923, S. 115; Wiederabdruck XII, S. 624 ff.; MK 117, S. 130 ff.).

[218] Vgl. Kölnische Zeitung Nr. 352 vom 23. Mai 1923 über „Thomas Mann in Spanien", wo folgende Äußerung des Dichters wiedergegeben ist: „Ich kann ohne Übertreibung versichern, daß alle deutschen Parteien einig darüber sind, daß der passive Widerstand im Ruhrgebiet fortgesetzt werden muß. Es wird ein Triumph des Pazifismus sein, der Triumph eines entwaffneten Volkes über einen fremden Militarismus, in diesem Fall über den französischen Nationalismus. Zum ersten Mal wird man es erleben, daß der Geist eines Volkes mehr vermag als die Bajonette. Darum müßten uns die Pazifisten der ganzen Welt in unserem Widerstand unterstützen. Die schönste Eigenschaft des deutschen Volkes ist immer sein Sinn für den Universalismus gewesen, der über die nationalen Grenzen hinausblickt, ein Sinn für Humanität, der inmitten zügelloser Nationalismen als die einzige Rettung Europas noch angesehen werden kann". Der Bericht schließt mit der folgenden, für die tiefe Aversion gegenüber Thomas Mann in bürgerlich-nationalistischen Kreisen bezeichnenden Mitteilung: „Ein Deutscher ..., den ich bei den Vorträgen unseres Gastes vermißt hatte, gab mir die überraschende Erklärung, er sei ferngeblieben, weil er die ‚politische' Richtung von Mann nicht billige". Der Artikel ist bei *Matter* nicht verzeichnet.

[219] *Lehnert*, S. 13, nach einem „Juni 1923" datierten Manuskript in der Thomas-Mann-Sammlung von Yale.

hinweg und bezieht sich auf den Verfasser" [220]. In den zwanziger und beginnenden dreißiger Jahren wurden in Deutschland immer wieder die heftigsten publizistischen Angriffe gegen Thomas Mann geführt. Größtenteils handelte es sich nicht um literarische Polemik, sondern Attacken, die seiner politischen Haltung galten, und die Urheber der Angriffe schreckten nicht davor zurück, dem Dichter dabei Mangel an Ehrlichkeit und Ehrenhaftigkeit vorzuwerfen. Ein Professor der Universität Berlin, der deutsche princeps philologorum seiner Zeit und geschworene Feind der Weimarer Republik, Ulrich v. Wilamowitz-Möllendorf, der Thomas Mann 1925 in Florenz begegnet war, hat das dreifache Verdammungsurteil über ihn auf die knappste Formel gebracht: „Der Poet taugt so viel wie der Politiker und der Mensch" [221]. Es verrät viel über den ideologischen Fundus, aus dem die Polemik gegen Thomas Mann gespeist wurde, und über die Genealogie späterer Angriffe, die uns noch beschäftigen müssen, daß man dabei immer wieder auf wörtliche Übereinstimmung mit der heftigen Kritik stößt, die Litzmann im Jahre 1913 an Gerhart Hauptmann und seinem Festspiel geübt hatte. Kürzungen in der 1922 erschienenen neuen Auflage der „Betrachtungen eines Unpolitischen" mußten bei diesen Kämpfen vor allem als Beleg für die dem Autor des Buches im Lager der Rechten vorgeworfene nationale und charakterliche Unzuverlässigkeit dienen. Seine Wahlheimat München – seit dem Weltkrieg ein Brutherd gesteigerter nationalistischer Unduldsamkeit [222] – war der Schauplatz der heftigsten Auseinandersetzungen [223]. Sie schlugen Wellen bis in die Münchner Faschingszeitungen [224].

---

[220] *Herrigel*, S. 29. – Dazu die verstört-ratlose Frage, die der über siebzigjährige Thomas Mann sich stellte: „Woher mag nur der Haß kommen, den ich manchen Leuten einflöße?" (an L. Mazzucchetti, 14. März 1949; *Briefe* III, S. 80) und das 1952 abgelegte Bekenntnis: „Je und je war es mir verhängt, Feindschaft zu erregen, da und dort, eifernde, erbitterte sogar – ich mußte es in den Kauf nehmen" (Für Alfred Neumann, in: MK 119, S. 393).

[221] Der Satz ist von Wilamowitz auf seiner Visitenkarte notiert worden, durch deren Übermittlung er Arthur Hübscher als dem Urheber der in Anm. 223 nachgewiesenen Polemik seine Zustimmung ausdrückte (Katalog Nr. 576 [1966] der Firma Stargardt, Marburg/L., Nr. 211, S. 46). – Weitere zustimmende Erklärungen liegen vor von den Germanisten H. H. Borchardt und K. v. Kraus (München), F. von der Leyen (Köln), Günther Müller (Freiburg/Schweiz), Josef Nadler (Königsberg), ferner von dem Althistoriker Eduard Meyer (Berlin), dem Archäologen Georg Karo (Halle/S.), den Dichtern Paul Ernst, Hanns Johst, B. Frhr. v. Münchhausen und Karl Wolfskehl sowie den Publizisten Rudolf Pechel, Wilhelm Stapel, schließlich von August Winnig und Franz Thierfelder. – Über das persönliche Zusammentreffen von Wilamowitz und Thomas Mann sowie die wechselseitige Abneigung, die beide für einander empfanden, vgl. B. *Snell*, Wilamowitz und Thomas Mann (Antike und Abendland 12, 1966, S. 95 f.).

[222] Hierzu E. *Deuerlein*, Der Hitlerputsch (Quellen und Darstellungen zur Zeitgeschichte 9), Stuttgart 1962, S. 15 ff. sowie die Einleitung von *Benz* zu der oben S. 87, Anm. 211 angeführten Ausgabe württembergischer Gesandtschaftsberichte aus München in der Zeit zwischen 1919 und 1933.

[223] H. *Johst*, Revue-Kerr-Kino (Münchner Neueste Nachrichten Nr. 100 vom 11. April 1926); Th. *Mann*, Eine Erwiderung (ebd. Nr. 109 vom 20. April 1926). – A. *Hübscher*, überarbeiteten „Betrachtungen eines Unpolitischen" (Gewissen 9, hrsg. v. H. v. *Gleichen*, München 1927, Nr. 25); dazu die Briefe Thomas Manns an A. Hübscher vom 27. Juni 1928 und an St. Großmann vom 5. August 1928 (*Briefe* I, S. 280 ff.); A. *Hübscher*, Metamorphosen ... Die

90

1929 stellte die „Kölnische Zeitung" fest, daß die Beziehungen zwischen Thomas Mann und dem Geist dieser Stadt – wenigstens soweit er in Politik und Presse zum Ausdruck komme – seit Jahren recht unerfreulich geworden seien. Über den persönlichen Fall hinaus handele es sich um die seit dem Kriege verschärfte Gegensätzlichkeit „zwischen den Freunden des Gewesenen und denen des Werdenden" [225]. Dem Berichterstatter, der dies richtig erspürte, war gleichwohl die dialektische Kompliziertheit der Lage noch unbewußt: das, was er als Werdendes bezeichnete – die demokratisch-humanitäre Gesinnung – wurde bereits von Mächten bedroht, die ihrerseits noch im Werden waren, sich aber auf die „Freunde des Gewesenen"

„Betrachtungen eines Unpolitischen" einst und jetzt (Münchner Neueste Nachrichten Nr. 228 vom 23. August 1927; Wiederabdruck: *Schröter, Urteil*, S. 155 ff., Nr. 58 mit wichtigem Kommentar S. 495 f.); dagegen Th. *Mann*, Kultur und Sozialismus (Preußische Jahrbücher 212, 1928, S. 24 ff.; Wiederabdruck XII, S. 639 ff.; MK 117, S. 165 ff.); A. *Hübscher*, Offener Brief an Thomas Mann (Süddeutsche Monatshefte 25, 1927/28, S. 697 ff.); Th. *Mann*, Eine Erklärung (Münchner Neueste Nachrichten Nr. 165 vom 19. Juni 1928); A. *Hübscher*, Antwort an Thomas Mann (ebd. Nr. 167 vom 21. Juni 1928); Th. *Mann*, Um Thomas Manns „Betrachtungen". Antwort an Arthur Hübscher (Süddeutsche Monatshefte 25, 1927/28, S. 769 ff.); H. *Johst*, Thomas Mann – Praeceptor Monachiae (Münchner Neueste Nachrichten Nr. 219 vom 12. August 1928; bei *Matter*, Nr. 9641 verzeichnet mit dem sinnstörenden Druckfehler „monarchiae"), dagegen *N. N.*, Die Hetze gegen Thomas Mann (Münchner Post Nr. 187 vom 14. August 1928). Ferner Verlautbarungen (gegen Thomas Mann) in der Bayerischen Staatszeitung Nr. 176 („Thomas Mann und die ,Süddeutschen Monatshefte'") und Nr. 204 („Eine Beleidigungsklage gegen Thomas Mann") vom 1. August und 4. September 1928. Weitere Presseäußerungen sind in einem bei der Verwaltung der Bayerischen Staatstheater geführten Aktenband betr. Thomas Mann (1921–1935) gesammelt (HStA München, Abt. I, Allgem. Staatsarchiv, Staatstheater 2014). Vgl. auch *Bürgin*, V, Nr. 287, 289, 290 und *Matter*, Nr. 9621, 9655. – Im Zusammenhang mit diesen Kämpfen dürfte in München das Gerücht verbreitet worden sein, Thomas Mann beabsichtige, seinen Wohnsitz dort aufzugeben. Die örtliche „Telegramm-Zeitung" Nr. 181 vom 20. September 1928 konnte hierzu mitteilen, der Dichter denke „heute weniger als je daran, München dauernd zu verlassen". – Die durch Kürzung veränderten Stellen in den „Betrachtungen eines Unpolitischen" sind jetzt bequem bei *Keller*, S. 141 ff. zu übersehen. Widerlegung der Vorwürfe Hübschers auf Grund genauen Textvergleichs bei *Richter*, S. 141 ff. In autobiographischer Rückschau behandelt die Kontroverse *Hübscher*, Leben mit Schopenhauer, Frankfurt/M. [1966], S. 59 ff.; vorher bereits in dem für sein Verhältnis zu Thomas Mann auch sonst aufschlußreichen Aufsatz „Vier Jahrzehnte in ironischer Distanz. Thomas Manns Münchner Zeit in seinen Briefen" (Bayerische Staatszeitung Nr. 25 vom 22. Juni 1962, Beilage „Unser Bayern", 11. Jahrg., Nr. 6, S. 44 ff.). – Für die Einstellung Thomas Manns gegenüber den von seinem Verleger geäußerten Wünschen auf Kürzung der „Betrachtungen" ist nicht erst der Brief an Bertram vom 4. Juli 1921 (*Jens*, S. 99) aufschlußreich, sondern bereits und noch stärker das ungedruckte Schreiben an Ph. Witkop vom 3. Januar 1919 (Fotokopierte Abschrift TMA), in dem es heißt: „Auch habe ich Fischer schon erklärt, daß ich für den Neudruck, der bevorsteht, nichts ändern will ... Es handelt sich um ein Dokument, persönlich und ,historisch', was man einfach um der Wahrheit willen in keinem Punkte fälschen soll".

[224] In der Faschingszeitung 1927 der literarischen Gesellschaft „Argonauten" stand – wie die Kölnische Zeitung Nr. 147 vom 25. Februar 1927 meldete – folgende Anzeige: „Eine gut erhaltene konservative Weltanschauung sehr preiswert abzugeben bei Thomas Mann, Poschingerstraße. Daselbst auch eine wenig benutzte väterliche Zuchtrute zu verkaufen. Event. wird eine prima Jakobinermütze mit verstellbarer Kokarde in Tausch genommen".

[225] Kölnische Zeitung Nr. 707 vom 28. Dezember 1929.

stützen konnten. Niemand bemerkte, daß manche Einzelheiten bei den in jener Zeit gegen Thomas Mann gerichteten Angriffen, von denen später noch einmal zu reden sein wird, Vorzeichen heraufziehenden Unheils waren [226]. Doch hatte schon damals Thomas Manns „Existenz und das Verhalten zu ihr in Deutschland eine gewisse symbolische Bedeutung angenommen", und es ging bei der Erörterung über ihn tatsächlich um den Streit zwischen zwei Ideen von Deutschland, „um die Auseinandersetzung über" die geistige und moralische Zukunft dieses Landes [227]. Hanns Johst hatte die Positionen klar, im düsteren Licht der heute überschaubaren späteren Ereignisse – für die die Namen nationalsozialistischer Marter- und Mordstätten ihrerseits zu Symbolen geworden sind – mit unheimlicher divinatorischer Hellsichtigkeit oder stupender Offenheit bezeichnet, als er bereits 1922 schrieb, denjenigen, für die er das Wort zu nehmen angab, sei „der radikalste Utopist von links und rechts" „wahlverwandter als der literarisch gewichtigste Sprecher der Vernunft, des Geistes, der Menschlichkeit, der Humanität" [228].

Litzmann, der ein ebenso glühender Anhänger des Gewesenen wie treuer Verehrer des Autors der „Buddenbrooks" war und es fertigbrachte, in seinem Münchner Haus Thomas Mann mit Hanns Johst zusammenzuführen [229], hat die letzte Zeit dieser bösartigen Attacken und Kämpfe nicht mehr miterlebt. Sein Verhältnis zu dem Dichter gibt Rätsel auf, die vielleicht dadurch zu lösen sind, daß er „keine

---

[226] Bei zwei scharfen Attacken aus dem Jahr 1931 zeichnet der Zusammenhang sich — wie ihn schon die Figur von Hanns Johst als Gegner Thomas Manns und späterer nationalsozialistischer Literaturfunktionär sowie SS-Gruppenführer dokumentiert — durch die Person der Verfasser besonders deutlich ab: Walter *Frank* griff in seinem Artikel „Wir Barbaren" (Angriff Nr. 153 vom 6. Mai 1931; Wiederabdruck in: W. *Frank*, Geist und Macht, Hamburg 1938, S. 151 ff.) Thomas Mann ebenso und im gleichen Zeitpunkt an wie der später von ihm als führender nationalsozialistischer Historiker geförderte und gepriesene Christoph *Steding* in seinem unter dem Pseudonym Hermann *Gonter* veröffentlichten Aufsatz „Thomas Mann und die Nationalsozialisten" in der NSDAP-Zeitung „Hamburger Tageblatt" Nr. 72 vom 19. April 1931. Zur Auflösung des Pseudonyms vgl. H. *Heiber*, Walter Frank und sein Reichsinstitut für Geschichte des neuen Deutschlands (Quellen und Darstellungen zur Zeitgeschichte 13), Stuttgart 1966, S. 503 f. Beide Artikel sind bei *Matter* nicht verzeichnet.

[227] Th. *Mann*, Reisebericht (1949) (XI, S. 501; MK 119, S. 374); Ansprache im Goethejahr 1949 (XI, S. 487; MK 118, S. 311).

[228] In dem oben S. 87, Anm. 213 zitierten „Offenen Brief an Thomas Mann".

[229] In dem Gedenkartikel über Litzmann (Kölnische Zeitung Nr. 771 vom 16. Oktober 1926) schreibt O. *Brües* von seinem letzten Zusammensein mit Litzmann im August 1926: „... schmunzelnd erzählte er, wie er zwei verfeindete Geister, einen berühmten Dichter der Demokratie von sattem und reifem Lebensgefühl und einen glühenden heißspornigen Dichter von faschistischer Prägung, des öfteren zu innigstem gegenseitigen Händedruck veranlaßt habe; freilich, eine Flasche Likör müsse man dazu opfern!" – Damit sind zweifellos Thomas Mann und Hanns Johst gemeint, auf die die Charakterisierung zutrifft und deren häufiges Erscheinen im Hause Litzmann – für Johst durch Litzmanns Briefe im Schiedermair-Nachlaß – gesichert ist; vgl. auch die unten S. 94, Anm. 239 zitierte Schilderung des Festbanketts zu Thomas Manns 50. Geburtstag von K. *Martens*, wo es heißt, Vertreter der verschiedenen politischen Richtungen hätten sich bei dieser Gelegenheit „in angeregtester Stimmung" zusammengefunden. „Der Dramatiker Hanns Johst z. B., der vor nicht allzu langer Zeit den Jubilar selbst in völkischen Blättern angegriffen hatte, trank auf sein Wohl".

Gelehrtennatur im eigentlichen Sinne", auch nicht Politiker, sondern selbst „zu mehr als der Hälfte seines Wesens" eine Künstlernatur und darum von standhafter Bewunderung für den Künstler Thomas Mann erfüllt war [230]. Ebenso unerschütterlich in seinen politischen Ansichten und voll unbestimmter Hoffnung auf eine nationale Wiedergeburt „unter den alten Fahnen ,Vaterland' und ,Tapferkeit'", blieb er doch auch nach 1922 mit Thomas Mann persönlich verbunden, ja er trat in engere Verbindung mit ihm als früher. Ende 1921 hatte er nach seiner Emeritierung Bonn verlassen. Er war in die bayerische Hauptstadt übergesiedelt und hatte sich in unmittelbarer Nähe des Dichters – Pienzenauer Straße 50 – ein Haus gebaut. Die Beziehungen, die sich seitdem entwickelten, kennzeichnete Thomas Mann später als ein Verhältnis „herzlicher Sympathie, wechselseitigen Vertrauens, der äußeren Nachbarschaft und der inneren Freundschaft" [231]. Es ist behauptet worden, daß politische Ansichten im persönlichen Zusammensein der beiden Nachbarn nicht berührt worden seien [232]. Dies kann jedoch – wie schon Litzmanns Bericht über seine Reaktion auf Thomas Manns Bekenntnis zur Republik zeigt – nicht uneingeschränkt angenommen werden. Bemerkungen von Thomas Mann, die nach dem Ende Litzmanns gewisse Tatsachen aus dessen Biographie mehr andeuten als scharf beleuchten, lassen beträchtliche innere Wandlungen ahnen, die der Todkranke in seiner allerletzten Lebensphase durchgemacht hat. Er habe dabei – so heißt es – noch ungelöste sittliche und geistige Aufgaben seines Lebens sowie Konflikte seines Innern bewältigt [233]. Ein Vorklang kann vielleicht darin gefunden werden, daß Litzmann seine Rezension des „Zauberberg", an dessen Entstehen Thomas Mann ihn ständig hatte teilnehmen lassen, mit auffällig betontem Lobpreis dafür endete, daß das Werk „trotz Ludovico Settembrini" kein politisches Buch sei. Auch rühmte er ausdrücklich „Hans Castorps Objektivität, die jedem, der das Wort hat, Recht zu geben geneigt" sei, als offenkundig begrüßenswerte persönliche Konfession des Dichters – „möge sie auch" „reinen Bekennernaturen nicht behagen" [234]. In derartigen Äußerungen wird jene früher bei

[230] O. Brües, Berthold Litzmann (1926).

[231] Th. Mann, Abschied von Berthold Litzmann (X, S. 438; MK 119, S. 197). — Zu den verschiedenen weiteren Zeugnissen für diese freundschaftlichen Beziehungen, die in Briefen Thomas Manns, vor allem an Bertram, verstreut vorliegen, treten Hinweise bei K. Mann, S. 106, 292; ders., Wendepunkt, S. 91. Im Thomas-Mann-Archiv Zürich (Signatur Mp VIII 137) befindet sich der eigenhändige Entwurf zu einer Tischrede Thomas Manns bei der abendlichen Zusammenkunft an Litzmanns Geburtstag vom 18. April 1925. Zwei Jahre zuvor hatte Thomas Mann ein Exemplar des Faksimiledruckes seiner Novelle „Tristan" Litzmann mit folgender, auf dessen eben erschienene Lebenserinnerungen anspielender Widmung dediziert: „Dem nachbarlichen Freund und Autobiographen geburtstäglich herzlich Thomas Mann 18. April 1923". Das Stück befindet sich heute in der Sammlung Mayer (Düsseldorf); vgl. H. Sauereßig, Eine Thomas-Mann-Sammlung (Börsenblatt für den deutschen Buchhandel 21, 1965), S. 1527.

[232] Bonn, S. 125 auf Grund einer Mitteilung von L. Schiedermair.

[233] Th. Mann, Abschied von Berthold Litzmann (X, S. 441; MK 119, S. 198 f.); dazu auch Hinweise bei O. Brües, Berthold Litzmann (1926).

[234] B. Litzmann, Thomas Manns neuer Roman (Stuttgarter Zeitung Nr. 26 vom 17. Januar 1925). — Der Dichter hatte Litzmann den Roman „während der Entstehung des Buches, in

Litzmann unbekannte „Gelöstheit und Vorurteilslosigkeit, Weisheit und lauterste Menschlichkeit" faßbar, die ein vertrauter und verehrender Besucher wenige Wochen vor seinem Tode an ihm fand [235]. Solche Gesinnungen lagen weitab von den Ansichten, die der Geheimrat sonst in Leben und Wissenschaft praktizierte und noch 1923 unter Thomas Manns Augen in seinem Erinnerungsbuch mit dem bezeichnenden Titel „Aus dem alten Deutschland" zu Papier gebracht hatte. Zu erwähnen bleibt in diesem Zusammenhang auch, daß Litzmann – wie ein Brief über seine Erlebnisse am Tag des nationalsozialistischen Marschs zur Feldherrnhalle bezeugt – von Hitler und seiner Partei nichts wissen wollte [236]. An dieser Stelle mag der Punkt gelegen haben, von dem aus sich die Kluft zwischen den politischen Ansichten der beiden ungleichartigen Nachbarn im Münchner Herzogpark überbrücken lassen konnte. Thomas Mann hatte – wie wir erst neuerdings erfahren konnten – schon mehr als ein Jahr vor seinem Bekenntnis zur Republik einen klaren Schnitt gegenüber dem eben beginnenden „Hakenkreuz-Unfug" gezogen, die früheste ausdrückliche Absage an den Nationalsozialismus, die er zu Papier gebracht hat [237].

Die festlichen Münchner Veranstaltungen zum 50. Geburtstag des bewunderten Dichters im Juni 1925 hat Litzmann angeregt und mit seiner Gattin organisiert [238]. Er sprach bei diesem Anlaß in öffentlicher Rede auch die Glückwünsche des Bonner Germanistischen Seminars und der Rheinischen Friedrich-Wilhelms-Universität aus [239]. Es war kein Zufall, daß die Philosophische Fakultät dabei nicht erwähnt

stundenlangen Sitzungen" vorgelesen (Abschied von Berthold Litzmann, X, S. 40; MK 119, S. 198), Litzmann dann nach dem Erscheinen des Werks im Winter 1924/25 bei der Münchner „Zwanglosen Gesellschaft" darüber referiert; vgl. Die Zwanglose Gesellschaft in München 1837–1937, München 1937, S. 133. Litzmann war für diesen Kreis durch den Ministerialdirektor Geh. Rat E. v. Müller gewonnen worden (ebd. S. 42), zweifellos den gleichen, der – wie Th. Mann am 25. Dezember 1917 Bertram schrieb (Jens, S. 54) – nach einer Lesung des Verfassers aus den entstehenden „Betrachtungen" „das Buch für ‚kriegswichtig'" erklärt und auf schleunige Veröffentlichung gedrungen hatte.

[235] O. Brües, Berthold Litzmann (1926).

[236] B. Litzmann an L. Schiedermair, 19. November 1923 (Nachlaß Schiedermair).

[237] Vgl. dazu die vom Verfasser zuerst veröffentlichte und kommentierte, aus dem Sommer 1921 stammende, in Form eines Briefes an Efraim Frisch gehaltene Abhandlung Thomas Manns „Zur jüdischen Frage" (Frankfurter Allgemeine Zeitung Nr. 12 vom 15. Januar 1966, Sonntagsbeilage „Ereignisse und Gestalten"; Wiederabdruck MK 119, S. 52 ff.). Dazu jetzt P. F. Neumeyer, Thomas Mann, Jews and Nazis (Midstream 13, Juni/Juli 1967, S. 68 ff.); K. Loewenstein, Thomas Mann zur jüdischen Frage (Bulletin des Leo-Baeck-Instituts 10, Nr. 37, 1967, S. 1 ff.); A. Vagts–K. Loewenstein, Thomas Mann zur jüdischen Frage (ebd. Nr. 40, 1967, S. 340 ff.). Weiteres ist bei Matter, Nr. 9702 verzeichnet. G. Stern, War, Weimar and Literature. The Story of the Neue Merkur 1914–1925, The Pennsylvania University Press, University Park-London [1971], wurde dem Verfasser erst bei Abschluß der Korrektur zugänglich.

[238] Ausführliche, für Litzmanns Verwurzelung in der Anschauungswelt des 19. Jahrhunderts bezeichnende Schilderung in seinem Brief vom 22. Juni 1925 an Schiedermair (Nachlaß Schiedermair).

[239] Vgl. die Berichte über die Feier in: Vossische Zeitung Nr. 266 vom 7. Juni 1925; Bayerische Staats-Zeitung Nr. 129; Münchner Neueste Nachrichten Nr. 157; Münchner Zeitung Nr. 156 und Berliner Tageblatt Nr. 267 vom 8. Juni 1925. Litzmann trug außerdem

wurde. Sie hatte die erbetene Vollmacht, in ihrem Namen Thomas Mann bei der Feier zu gratulieren, nicht geben wollen – aus Sorge, damit einen Präzedenzfall zu schaffen, wie zur abermaligen heftigen Entrüstung Litzmanns über solche „Perükkenwirtschaft" als Begründung angegeben worden war [240]. Am 16. Oktober 1926 hielt Thomas Mann an Litzmanns Sarg dem Freund die Abschiedsrede [241]. Sie ist ein nobles Dokument menschlicher Verbundenheit, die zwischen tief wesensverschiedenen Naturen möglich war, zugleich ein Zeugnis für die Dankbarkeit, die der Dichter dem Toten gegenüber empfand. Von lange zurückliegenden Besuchen in Bonn, von der „Literarhistorischen Gesellschaft" und der Stunde im Seminar des Verstorbenen ist in dieser Ansprache die Rede, von dem auf Litzmanns Antrag zwischen der Rheinischen Friedrich-Wilhelms-Universität und Thomas Mann sieben Jahre zuvor durch die Ehrenpromotion geknüpften Band jedoch nicht. Das ist auffallend. Solcherart beredtes Schweigen mag auf die Haltung der Fakultät beim 50. Geburtstag Thomas Manns zurückzuführen sein. Vielsagend ist jedenfalls auch, daß Thomas Mann im gleichen Jahr 1926 nicht an die Bonner Universität dachte, als er sich bemühte, seinem Verleger S. Fischer die Ehrendoktorwürde einer Philosophischen Fakultät zu verschaffen, sondern deswegen in München und Freiburg sondierte, durch Vermittlung von Philipp Witkop in Leipzig und Heidelberg vorfühlen ließ und sogar Frankfurt und Hamburg in Betracht zog, „wohin ich jedoch gar keine persönlichen Beziehungen habe" [241a].

Bei der Bonner Literaturwissenschaft ist nach Litzmanns Weggang das Interesse an näherer Beschäftigung mit dem Schaffen von Thomas Mann erheblich zurückgegangen. Den vielen Schriften aus dem Kreise der „Literarhistorischen Gesellschaft", die sich mit ihm befaßten, steht in den zwanziger Jahren nur eine einzige Bonner germanistische Dissertation gegenüber, die erkennbar Thomas Mann zum

---

beim anschließenden Festessen „im Schimmer seiner noch immer nicht verblichenen kaiserlichen Orden" (K. *Martens*, Die Brüder. Ein Nachwort zur Thomas-Mann-Feier in: Neue Badische Landeszeitung, 15. Juni 1925; Wiederabdruck bei *Schröter, Urteil*, S. 140 f., Nr. 53) ein heiteres Gedicht in Hexametern vor. Eine Schilderung der Feier „in dem alten gotischen Saale" auch bei *Brandenburg*, S. 220 ff.

[240] B. Litzmann an L. Schiedermair, 22. Juni 1925 (Nachlaß Schiedermair); vgl. hierzu auch unten S. 117.

[241] Abschied von Berthold Litzmann (X, S. 438 ff.; MK 119, S. 196 ff.); dazu Th. Mann an E. Mann 17. Oktober 1926: „Gestern haben wir den guten alten Litz mit Trauer verbrannt. Mein Nachruf wird eingerückt" (*Briefe* I, S. 259) – nämlich in: Münchner Neueste Nachrichten Nr. 292 vom 21. Oktober 1926. Die bei der Trauerfeier von H. H. *Borcherdt* gehaltene Gedenkansprache ist ebenfalls gedruckt, s. oben S. 24, Anm. 3. Schilderung der Trauerzeremonie, bei der Professor Schiedermair die Fakultät vertrat und neben dem Gelehrten und Lehrer Litzmann auch den „glühenden Patrioten" feierte: Bonner Zeitung Nr. 246 vom 20. Oktober 1926. — Mit der Widmung „Thomas Mann zur Erinnerung an Berthold Litzmann" erhielt der den „Joseph"-Roman planende Dichter aus dem Nachlaß des befreundeten Nachbarn das Buch „Joseph. Goethes erste große Jugenddichtung",... hrsg. von P. *Pieper*, Hamburg 1920; vgl. H. *Lehnert*, Thomas Manns Vorstudien zur Josephstetralogie (Jahrbuch der deutschen Schillergesellschaft 7, 1963), S. 520.

[241a] de *Mendelssohn, Fischer*, S. 1027 ff. Das Thomas-Mann-Zitat aus einem Brief vom 8. Mai 1926 an Fritz Endres (*Briefe* I, S. 253).

Gegenstand hat – eine stilkundliche Untersuchung, die sich zudem nicht auf seine Werke allein erstreckte [242].

Augenscheinlich ist es auch nicht wieder wie 1920 zu einem Besuch der Universität gekommen, als Thomas Mann, zum dritten Mal durch die „Gesellschaft für Literatur und Kunst" für einen Vortragsabend gewonnen, am 14. Januar 1926 auf eiliger Fahrt durch das Rheinland in Bonn erschien. Er war auf dem Weg nach Paris und „hatte Heidelberg, Köln und Marburg hinter" sich, „erfreuliche Aufenthalte, reich an Gesichten und Gesichtern" [243]. Blieb in diesem Rechenschaftsbericht über derart freundliche Erlebnisse Bonn ungenannt, so vermutlich nicht ohne Absicht. Der Dichter war hier mit einem Vortrag über „Natur und Nation" angekündigt worden. Es handelte sich um ein wiederum mit viel persönlichem Bekenntnis durchwobenes Kapitel aus dem seit 1921 umgearbeiteten und erweiterten Essay „Goethe und Tolstoi" [244]. Die örtliche Presse hatte den Autor bei der Vorschau als Ehrendoktor der Universität vorgestellt [245], und man hatte in seinen Darlegungen etwas „von dem problemzergrübelten Geist, der in den Zauberberg-Dialogen funkelt, ... zu spüren" gehofft [246]. Thomas Mann ließ jedoch unerwartet das kulturpolitische Thema fallen und schlug statt seines Vortragsmanuskripts ein Heft der „Neuen Rundschau" auf, um dem Bonner Publikum die Novelle „Unordnung und frühes Leid" vorzulesen [247]. Die Zeitungen veröffentlichten danach eine Erklärung der „Gesellschaft für Literatur und Kunst", derzufolge es sich um ein Versehen, eine Verwechslung der Themen gehandelt habe, für die der Dichter sich nachträglich entschuldige. Er soll zudem sogar „ausdrücklich" versichert haben, „daß die Novelle seiner Meinung nach sehr viel genußreicher sei als sein Vortrag" [248]. Der mißliche Vorfall hinterließ offenbar auf beiden Seiten keine unguten Gefühle, denn noch nicht vier Jahre später nahm Thomas Mann eine neue Einladung zu einem Leseabend in Bonn an, der in der überfüllten Beethovenhalle stattfand und hervorragend beurteilt wurde. Wiederum berührte der Dichter das Rheinland auf einer größeren Reise, diesmal nach Stockholm, zur Entgegennahme des ihm eben verliehenen Nobelpreises.

---

[242] G. *Kast*, Romantisierende und kritische Kunst. Stilistische Untersuchungen an Werken von Ricarda Huch und Thomas Mann. Bonner phil. Diss. 1928, 52 S.

[243] Pariser Rechenschaft (XI, S. 10; MK 119, S. 108). Da nach den drei erwähnten Städten Mainz als „vierter Schauplatz" einer Vorlesung genannt wird, ist die bewußte Übergehung von Bonn offenkundig.

[244] Vorabdruck in Europäische Revue 1, Heft 5/6 vom 1. September 1925, S. 308 ff.; IX, S. 120 ff; MK 113, S. 178 ff.

[245] Bonner Zeitung Nr. 11 und Deutsche Reichszeitung Nr. 10 vom 14. Januar 1926.

[246] Bonner Zeitung Nr. 12 vom 15. Januar 1926. Der General-Anzeiger für Bonn ... Nr. 12420 vom 15. Januar 1926 meinte, der angekündigte Vortrag von Thomas Mann, „dem späten Bekenner zur deutschen Republik", hätte „sicherlich" einen „hochwertigen kulturpolitischen Inhalt" erwarten lassen.

[247] Die Neue Rundschau 36, Heft 6 vom 1. Juni 1925, S. 578 ff.; VIII, S. 618 ff.

[248] General-Anzeiger für Bonn ... Nr. 12422 vom 18. Januar 1926; Bonner Zeitung Nr. 15 vom 19. Januar 1926; Deutsche Reichszeitung Nr. 13 vom 18. Januar 1926.

Die Universität Bonn, deren Beziehungen zu Thomas Mann seit Litzmanns Fortzug erkaltet waren, hat ihm damals als ihrem philosophischen Ehrendoktor eine großartige Huldigung bereitet. Es hat sich nicht klären lassen, von wem der Plan zu dem „festlichen Akzent" ausgegangen ist, der damit dieser Reise gegeben wurde [249]. Der Dekan der Philosophischen Fakultät unterrichtete Thomas Mann am 19. November 1929 über das Vorhaben [250]. Am späten Vormittag des 28. November fand im größten Auditorium, über das die einer geeigneten Aula noch entbehrende Universität damals verfügte – Hörsaal X in anderer Gestalt als heute – eine Feierstunde statt, zu der der Dichter erschien [251]. Der Rektor, Professor Heinrich Konen (1874–1948), der Dekan der Philosophischen Fakultät, Professor Alexander Pflüger (1869–1946), Litzmanns Nachfolger Geheimrat Oskar Walzel (1864–1944) und als Vertreter der Studentenschaft cand. phil. Paul Tack (1905–1969) – später, seit 1938, Mitglied des Lehrkörpers der Universität – hielten Ansprachen. Der Zudrang von Dozenten und Studenten hatte ein nie zuvor erreichtes Ausmaß. Er stellte „nach Aussage besorgter Professoren den Fußboden des alten Saales auf eine bedenkliche Belastungsprobe" und blieb dem Dichter, der das in seinem „Lebensabriß" vermerkte, „unvergeßlich" [252]. Thomas Mann war – der Verfasser kann es als einer der damals jugendlichen Teilnehmer bezeugen – dieser huldigenden Menge nicht als Autor seiner Kriegsschriften bewunderungswürdig, sondern als Repräsentant eines zu großer Vollendung gesteigerten bürgerlich-humanen Künstlertums und als Stimmführer eines Deutschland, das mit der Welt in Frieden leben wollte und noch hoffen durfte, die von dem Dichter gezeigte via media zwischen den Extremen nicht zu verfehlen. Die Ehrenpromotion, die zehn Jahre zurücklag, wurde bei dieser Feier verschiedentlich erwähnt. Der Dekan – Professor der Physik und erst im Jahr nach dem Jubiläum von 1919 zum Ordinarius an der Bonner Universität ernannt – bezeichnete ebenso wie der gleichfalls später in die Fakultät eingetretene Walzel den Entscheid des Nobelpreiskomitees als eine Bestätigung der hier früher beschlossenen akademischen Ehrung. Die übereinstimmende Bezugnahme auf die „Buddenbrooks" im Bonner Elogium und im Stockholmer Votum mußte das nahelegen. Walzel und der Rektor unterstrichen, daß im Werke Thomas Manns nationale Grenzen und Gefahren überwunden seien. Der Dichter

---

[249] Die Fakultätsakten betr. Thomas Mann geben keinen Aufschluß; Fakultäts- und Senats-Protokolle sind nicht mehr vorhanden; eine Befragung der wenigen Überlebenden, die nähere Kenntnis gehabt haben könnten, blieb erfolglos. Vgl. die Meldung im General-Anzeiger für Bonn ... Nr. 13587 vom 28. November 1929. – Das Zitat aus Th. *Mann*, Lebensabriß (1930) (XI, S. 142; MK 119, S. 253).

[250] Das Schreiben des Dekans ist in den Fakultätsakten nicht überliefert; Tatsache und Datum sind aus der Antwort Thomas Manns – Dok. 18, S. 377 – zu erschließen.

[251] Für das Folgende vgl. die ausführlichen Berichte in: Kölnische Zeitung Nr. 653; Bonner Zeitung Nr. 325 (unten als Dok. 19, S. 377 ff. wiederabgedruckt); General-Anzeiger für Bonn ... Nr. 13588 und Deutsche Reichszeitung Nr. 278, sämtlich vom 29. November 1929. – Eine kurze Meldung über die Feierstunde brachten die Münchner Neuesten Nachrichten Nr. 328 vom 2. Dezember 1929.

[252] Th. *Mann*, Lebensabriß (1930) (XI, S. 142; MK 119, S. 253); Dok. 20, S. 381.

erwiderte mit Worten, die erneut dankbar Litzmanns gedachten und im übrigen weitgehend im Text der von ihm bald darauf in Stockholm gehaltenen Ansprache wiederklingen sollten [253]. Ein Essen auf Einladung der Universität schloß sich der morgendlichen Ehrung an, während der Dichter abends für die Öffentlichkeit, durch Adolf v. Hatzfeldt begrüßt, in der Beethovenhalle aus dem entstehenden Joseph-Roman las.

Die „bewußte und nicht schmerzlose Selbstdisziplinierung", von der Thomas Mann während einer der letzten Münchner Fehden dem in der Ära der „Betrachtungen" ihm nahestehenden, seitdem entfremdeten Hans Pfitzner bekannt hatte, sie trage „ihrem Manne den Namen des Judas" ein [254], erschien in dieser Bonner Feierstunde als Gewinn und nicht als ein Minusposten in der Lebensbilanz des Dichters wie zugleich im geistig-politischen Haushalt Deutschlands. Auch hier erlebte Thomas Mann, was er – „wilden Mißverständnissen und wüster Feindschaft ausgesetzt" – ein Jahr zuvor bei anderer Gelegenheit als beruhigend empfunden hatte: „in gehobener Stunde das Vertrauen der Unterrichteten und Erzogenen seines Volkes persönlich zu erfahren und sich in ihrer Sympathie vor dem Unverstande, dem Torenhaß, geborgen zu finden" [255]. Dies war nur möglich, weil die Bonner Hochschule gleichfalls nicht in der Phase nationalen Trotzes verharrt war, der sie zehn Jahre vorher noch weitgehend beseelt hatte. Bei zwei von den vier akademischen Festrednern zeugt allein schon ihr späteres Lebensschicksal davon, daß sie an jenem 28. November 1929 keine Lippenbekenntnisse abgelegt hatten. Was aber die Studentenschaft betrifft, so wird ihre Gesinnung durch nichts besser beleuchtet als die folgenden Zahlen: im Jahre 1929 beliefen sich die bei der Wahl zur Bonner Studentenvertretung abgegebenen nationalsozialistischen Stimmen auf 9%, während sie

---

[253] Dazu die Stockholmer Ansprache XI, S. 407 ff; MK 119, S. 213. Die Berührungspunkte liegen in der Heranziehung des Goetheworts „Nur die Lumpe sind bescheiden" sowie den daran geknüpften Gedanken, ferner in dem Begriff „Ehre der Form", der auf die geistigkünstlerische Leistung, welche in der jüngsten Vergangenheit in Deutschland vollbracht wurde, bezogen wird, schließlich in der Überzeugung, Deutschland erfülle eine Ausgleichsfunktion zwischen Ost und West.

[254] Th. Mann an H. Pfitzner, 23. Juni 1925 (*Briefe* I, S. 241). – Das Stichwort „Judas" lieferte Nietzsche auf dem Weg über – Ernst Bertram. Thomas Manns Äußerung gegenüber Pfitzner fällt im Zusammenhang mit dem Mißfallen, das seine „neueren geistigen Entschlüsse" bei dem Adressaten des Briefes erregen „mußten", und der Dichter rückt sich mit ihr unausgesprochen in die gleiche Position, die Nietzsche nach seinem Abfall von Wagner innehatte; vgl. dazu Th. *Mann*, Vorspruch zu einer musikalischen Nietzsche-Feier (vom 15. Oktober 1924), wo es heißt: „Selbstüberwindung aber sieht fast immer aus wie Selbstverrat und wie Verrat überhaupt. Auch Nietzsche's große, stellvertretende Selbstüberwindung ... sah so aus ...", und ein Kapitel des schönsten Buches über ihn, des Buches von Bertram, ist ‚Judas' überschrieben" (X, S. 183 f.; MK 113, S. 237).

[255] Th. *Mann*, Vorwort zu ‚Zwei Festreden' (XI, S. 625; MK 120, S. 155) aus dem November 1928. Die Bemerkung bezieht sich auf die Hundertjahrfeier des Verlages Philipp Reclam jun. in Leipzig am 1. Oktober 1928, bei der Thomas Mann die Festrede hielt. Vorausgegangen waren im Februar 1928 eine scharfe Auseinandersetzung mit der nationalistischen und nationalsozialistischen Presse über Thomas Manns Verhältnis zu Frankreich sowie gleich darauf die oben S. 90, Anm. 223 erwähnte Auseinandersetzung mit Arthur Hübscher.

damals in Erlangen 51%, in Greifswald 53%, in Gießen 34,2%, in Berlin (Technische Hochschule) 38% und in München 18,4% betrugen. Keine Universität wies in jenem Zeitpunkt – soweit die Wahlergebnisse bekannt geworden sind – einen geringeren Anteil nationalsozialistisch gesinnter Studenten auf als Bonn [256]. So bildet der Festakt von 1929 den äußeren und inneren Höhepunkt in der Geschichte der Beziehungen zwischen Thomas Mann und der Rheinischen Friedrich-Wilhelms-Universität. Die von keinem Mißton gestörte Harmonie dieses Tages verdeckte eine Problematik, die Walzels Ansprache mit den Worten andeutete, die Welt sei erfüllt von der Sehnsucht nach Erlösung durch den Geist und doch verdränge sie den Geist aus sich. Ehe die jungen Semester, die das hörten und zumeist wieder vergaßen, ihre Studien abgeschlossen hatten, sollte die Wahrheit dieses Wortes sich an Deutschland erweisen und vor allem den Hauptbeteiligten an dem Festakt die schmerzlichsten persönlichen Erfahrungen eintragen: Thomas Mann in bekannter, auf den folgenden Blättern genauer darzulegender Weise – Walzel, indem er sich aus rassischen Gründen heftig verfolgt sah – Konen durch ein entsprechendes, ihm aus politischen Motiven bereitetes Los. Beiden Professoren wurde in schmählicher Form die Möglichkeit genommen, als akademische Lehrer zu wirken. Walzels Nachfolge trat – unter gleichfalls noch zu schildernden Umständen – Karl Justus Obenauer (geb. 1888) an, der Thomas Mann nur sieben Jahre nach dem Festakt von 1929 den Verlust der Ehrendoktorwürde mitteilte. Während Walzel

---

[256] Vgl. die Übersicht bei K. D. *Bracher*, Die Auflösung der Weimarer Republik, Villingen [3]1960, S. 148, Anm. 85. Die Relation blieb auch bestehen, als „die AStA-Wahlen von 1930 sich zu einem großen Triumph des Rechtsradikalismus gestalteten, noch bevor die NSDAP ihren Durchbruch in den Reichstagswahlen von 1930 erzielt hatte"; mit einem Stimmenanteil von 19 Prozent – gegenüber 76 Prozent, 60 Prozent, 56 Prozent, 66,6 Prozent und 33,3 Prozent bei den anderen im Text genannten Hochschulen – war Bonn in bezug auf den nationalsozialistischen Stimmenanteil wiederum die letzte unter den von dieser Statistik berücksichtigten Hochschulen. Die Bemerkung in einem Bericht des Oberpräsidenten der Rheinprovinz an den Preußischen Minister des Innern vom 19. Mai 1930 über die nationalsozialistische Bewegung an den beiden Hochschulen in Bonn [= Universität und Landwirtschaftliche Hochschule], wo bei den letzten AStA-Wahlen „die erstmalig aufgestellte nationalsozialistische Liste gleich mit 5 Sitzen als drittstärkste Gruppe einzog" (bei F. J. *Heyen*, Nationalsozialismus im Alltag. Quellen zur Geschichte des Nationalsozialismus vornehmlich im Raum Mainz-Koblenz-Trier, Boppard/Rh. [1967], S. 42) vermittelt ein schiefes Bild. Nach dem im General-Anzeiger für Bonn ... Nr. 13657 vom 22. Februar 1930 berichteten Wahlergebnis erzielte die nationalsozialistische Gruppe 312 Stimmen (5 Mandate), der ihr wohl in der politischen Grundrichtung weitgehend hinzuzuzählende Waffenring 898 Stimmen (15 Mandate) und die Liste nationaler Freistudenten 220 Stimmen (4 Mandate). Gegenüber diesen 1430 Stimmen mit zusammen 24 Mandaten hatten der Ring katholischer Korporationen als stärkster Block mit 1089 Stimmen (18 Mandaten) sowie die teils sachlich, teils theologisch fundierten übrigen Gruppen mit 1266 Stimmen (14 Mandaten) ein klares Übergewicht. Nach dem 30. Januar 1933 ging in Bonn bei den im Februar abgehaltenen letzten AStag-Wahlen vor der „Gleichschaltung" der Universität der Anteil nationalsozialistischer Stimmen gegenüber dem Resultat vom Sommersemester 1932 sogar zurück; vgl. dazu die Berichte über diese Wahlen in: General-Anzeiger für Bonn ... Nr. 14552 vom 8. Februar 1933; Deutsche Reichszeitung Nr. 32 vom 8. Februar 1933. Dazu *Lützeler*, S. 53.

seelisch mißhandelt und grausam vereinsamt 1944 elend umkam [257], war es Konen vergönnt, nach dem Ende der nationalsozialistischen Herrschaft als erster Rektor und Restitutor Universitatis am Widerruf des von Obenauer dokumentierten Entziehungsaktes mitzuwirken.

---

[257] Vgl. hierzu „Nachtrag des Herausgebers" zu O. *Walzel*, Wachstum und Wandel. Lebenserinnerungen, hrsg. v. C. *Enders* [Berlin 1956], S. 347; B. *Allemann* – P. *Tack*, Oskar Walzel 1864–1944 (Bonner Gelehrte. Beiträge zur Geschichte der Wissenschaften in Bonn. Sprachwissenschaften, Bonn 1970, S. 124 ff.) – Walzel war wegen eines von ihm anläßlich der Schillerfestspiele 1930 in Weimar gehaltenen Festvortrags schon im „Völkischen Beobachter" Nr. 150 vom 26. Juni 1930 durch den späteren nationalsozialistischen Kulturfunktionär H. S. Ziegler heftig als Repräsentant „jüdischer Kunstauffassung" angegriffen worden.

II. KAPITEL: 1933-1945

„Ich will Ihnen ein charakteristisches Symptom nennen, das jedesmal zu beobachten ist, wenn in einem Land die Freiheit bedroht ist. Es ist die eigentümliche Anmaßung einer Anzahl von Menschen, welche sich den Anschein geben, als hätten sie aus höherer Sphäre eine maßgebliche Offenbarung darüber empfangen, was national und was unnational... ist. Solche Offenbarungen prätendierten auch die Mächte in Deutschland, die mich aus dem Lande trieben und die mich als undeutsch exkommunizierten ... Die akademische Freiheit bedeutet ... nicht nur Lernfreiheit, sondern auch Lehrfreiheit, die Freiheit der Forschung und die Unabhängigkeit der Wissenschaft. Wo dieser Freiheit Fesseln angelegt werden durch Leute, die daran den unpassenden und dreisten Maßstab des Nationalen oder Unnationalen ... legen, da ist die Kultur, die Seele des Landes selbst in Gefahr".

Thomas Mann, [Über akademische Freiheit]
(XI, S. 1149 f.; MK 118, S. 298 f.)

Halbwegs zwischen dem Novembermorgen, der Thomas Mann 1929 in der Bonner Universität umjubelt sah, und dem Februartag im Jahre 1933, an dem er, noch nichts Böses ahnend, in München den Zug zu seiner „Reise ohne Wiederkehr" [1] bestieg, hatte der Dichter seinem Freund Ernst Bertram, der auf den Nationalsozialismus hoffte, geschrieben: „Glauben Sie mir, die Tage Ihrer Universitäten sind auch gezählt" [2]. So war es in der Tat. Freilich haben in der am 30. Januar 1933

---

[1] Th. *Mann,* Witiko (Die Welt im Wort 1, Nr. 12 vom 21. Dezember 1933; X, S. 916; MK 120, S. 186).

[2] Th. Mann an E. Bertram, 27. Dezember 1931 (*Jens,* S. 173); es folgt die Bemerkung „und am Ende ist's nicht schade drum". Vorher heißt es: „Aber was steht uns bevor? Was wird über Deutschland in mehreren blutigen Wellen hingehen ...?". – Zum Folgenden vgl. G. *Ritter,* Der deutsche Professor im „Dritten Reich" (Die Gegenwart 1, 1946, S. 25 f.); *Erdmann,* Die Zeit der Weltkriege, S. 217 ff.; D. *Sauberzweig,* Die Hochschulen im Dritten Reich (Die Zeit Nr. 11–14 vom 10., 17., 24. und 31. März 1961); H. J. *Gamm,* Führung und Verführung. Pädagogik des Nationalsozialismus, München [1964], S. 147 ff.; E. *Nolte,* Zur Typologie des Verhaltens der Hochschullehrer im Dritten Reich (Aus Politik und Zeitgeschichte. Beilage zur Wochenzeitung Das Parlament 46/65 vom 17. November 1965); M. *Goehring,* Alles oder nichts. Zwölf Jahre totalitärer Herrschaft in Deutschland I, Tübingen 1966, S. 74 ff.; H. *Kuhn,*

einsetzenden Ära weder die direkt Betroffenen noch die Umwelt die Wirklichkeit im gegebenen Augenblick immer ganz klar erkannt. Die Ursachen hierfür sind mannigfacher Art. Sie reichen in vielfältiger Abstufung von innerlicher Zustimmung, die in Maßnahmen und Ereignissen der nationalsozialistischen Zeit eine Erfüllung der deutschen Universitätsidee erblicken wollte, über vordergründig sich anpassende Kollaboration aus heterogensten Motiven bis zur vollkommenen Ahnungslosigkeit, welche ihrerseits mancherlei verschiedene Wurzeln besaß. Sicher wurde diese Verkennung der Wirklichkeit, die nicht nur im Bereich der Hochschulen konstatiert werden kann, hier aber strenger zu bewerten ist als anderwärts, auch dadurch begünstigt, daß äußere Formen und Bezeichnungen ebenso wie die ehrwürdigen Insignien der Universitäten im akademischen Leben des Dritten Reiches unverändert beibehalten worden sind, ja selbst auch „die überlieferte Rechtsnatur der Universität als einer staatlich beaufsichtigten, öffentlich-rechtlichen

---

Die deutsche Universität am Vorabend der Machtergreifung (Zeitschr. f. Politik 13, 1966, S. 235 ff.); H. *Braun*, Die deutsche Universität in den Jahren 1933–1945 (Festschrift für Leo Brandt, hrsg. v. J. *Meixner* und G. *Kegel*, Köln-Opladen 1968, S. 465 ff.); *Bracher*, S. 290 ff.; für die studentische Seite jetzt zusammenfassend *Bleuel – Klinnert*; A. G. v. *Olenhusen*, Die „nichtarischen" Studenten an den deutschen Hochschulen (Vierteljahrshefte für Zeitgeschichte 14, 1966, S. 175 ff.) bietet in quellennaher Darstellung mehr, als der Titel vermuten läßt. Viel Material in Einzeldarstellungen, von denen zu nennen sind: Geschichte der Christian-Albrechts-Universität Kiel 1665–1965, Band 1, Teil 2: Allgemeine Entwicklung der Universität 2. Teil, bearb. v. E. *Hofmann*, R. *Jaeger*, F. A. *Schmidt-Künsemüller*, Neumünster 1965, S. 82 ff.; K. D. *Erdmann*, Wissenschaft im Dritten Reich, Kiel 1967; dazu die einzelnen Beiträge zu den Vortragsreihen der Universitäten Tübingen, München und Berlin: Deutsches Geistesleben und Nationalsozialismus, hrsg. v. A. *Flitner*, Tübingen [1965]; Die deutsche Universität im Dritten Reich, München 1966; Universitätstage 1966: Nationalsozialismus und die deutsche Universität (Veröffentlichung der Freien Universität Berlin), Berlin 1966 (der hier erschienene, für uns besonders wichtige Beitrag von K. D. *Bracher*, Die Gleichschaltung der deutschen Universität ist mit leicht verändertem Titel wiederabgedruckt in: K. D. *Bracher*, Das deutsche Dilemma. Leidenswege der politischen Emanzipation, [München 1971], S. 125 ff.). Mit diesen und weiteren einschlägigen Publikationen geht W. F. *Haug*, Der hilflose Antifaschismus [Frankfurt/M. ²1968] auf der Grundlage marxistischer Voraussetzungen kritisch ins Gericht. Schon vor dieser plötzlich in größerem Umfang einsetzenden Beschäftigung mit dem Thema hatte sich K. *Reinhardt*, Akademisches aus zwei Epochen, 2. Nach 1933, in: K. *Reinhardt*, Vermächtnis der Antike. Gesammelte Essays zur Philosophie und Geschichtsschreibung, hrsg. v. C. *Becker*, Göttingen [1960], S. 388 ff. in einer die Atmosphäre an deutschen Universitäten während jener Zeit ebenso wie einzelne Personen und ihre Verhaltensweisen vorzüglich schildernden autobiographischen Darstellung geäußert. – Für die Universität Bonn liegt bisher lediglich eine 1942 verfaßte, 1945 als Privatdruck in London publizierte Broschüre vor: P. E. *Kahle*, Bonn University in pre-nazi and nazi times (1923–1939). Experiences of a German Professor. Es handelt sich um ein aus Erinnerungen und Eindrücken gespeistes – teilweise auch auf Hörensagen beruhendes – eminent persönliches Dokument, das als solches wertvoll ist, aber in manchen Punkten der kritischen Prüfung bedarf. Ergänzend tritt hierzu die im Winter 1941 niedergeschriebene, gleichfalls 1945 in London als Privatdruck erschienene Schrift von M. *Kahle*, What would you have done? The Story of the Escape of the Kahle Family from Nazi-Germany. Einige Tatsachen und Hinweise bietet neuerdings *Lützeler*, S. 41 ff. – Zu den verfassungs- und beamtenrechtlichen Veränderungen an der Universität Bonn in nationalsozialistischer Zeit vgl. jetzt K. Th. *Schäfer*, Verfassungsgeschichte der Universität Bonn 1818–1960, Bonn 1968, S. 216 ff.

Korporation niemals expressis verbis beseitigt wurde"[3]. Zu dem Zwielicht trug ferner bei, daß der schließlich erreichte Endzustand nicht mit einem Schlage, sondern schrittweise herbeigeführt wurde und daß die einzelnen Phasen dieses Weges sich gar nicht immer in einschneidenden Erlassen oder aufsehenerregenden Maßnahmen spiegelten. Sie gewannen vielmehr nach den ersten grundlegenden Eingriffen im Jahre 1933, die von den Universitäten und Fakultäten widerspruchslos hingenommen wurden, zumeist im pragmatisch-kasuistischen Geschäftsgang der beteiligten Dienststellen von Hochschulen, NSDAP und Staat langsam Gestalt. Nicht zuletzt war die Wirklichkeit damals wie zu allen Zeiten davon bestimmt, wie sich bei der Anwendung geltender Vorschriften die mit einem konkreten Einzelfall befaßten Personen jeweils verhielten. Von ihrer Einsicht, Gesinnung, Entscheidungskraft und nicht zuletzt dem unterschiedlichen Maß ihrer Bereitschaft zu mutigen Entschlüssen hing es in hohem Grade ab, welchen Effekt die Grundsätze und Verfügungen der nationalsozialistischen Staatsführung praktisch gewannen.

Die Forschung hat bisher nicht viel dazu beigetragen, um dieses in jeder Hinsicht dunkle Kapitel deutscher Universitätsgeschichte aufzuhellen, dem Rudolf Borchardt 1935 eine der bittersten dichterischen Satiren in unserer Sprache gewidmet hat[4]. „Das Werk, das versuchte, die Reaktion der deutschen Universität als einer geistesgeschichtlich verankerten Institution und die Reaktion der Lehrkörper der einzelnen Universitäten auf die nationalsozialistische Machtergreifung im Großen und im Einzelnen zu begreifen und darzustellen, ist noch nicht geschrieben"[5]. Diese Aufgabe kann auf den folgenden Blättern nicht gelöst werden, nicht einmal für die eine, die Bonner Hochschule, die bei unserem Thema im Vordergrund des Interesses steht. Es können nur diejenigen Tatsachen und Personen beleuchtet werden, die für den Fall Thomas Mann von unmittelbarer Bedeutung geworden sind. Hierbei ist allerdings der unlösbaren Verschränkung allgemeiner und besonderer Umstände Rechnung zu tragen, die den Ablauf des Geschehens auch bei diesem Ereignis bestimmte. Bleibt der Rahmen des geschichtlichen Lebenszusammenhangs zu eng gezogen, tritt der isoliert betrachtete Einzelvorgang schwerlich ins volle Licht der Erkenntnis.

Zum Verständnis der Vorgänge, die sich im Zusammenhang mit Thomas Mann an der Universität Bonn in der Zeit des Dritten Reiches abgespielt haben, ist es zunächst erforderlich, die revolutionierenden Eingriffe zu kennen, denen die deutschen Hochschulen seit dem 30. Januar 1933 ausgesetzt gewesen sind. Die nationalsozialistischen Maßnahmen betrafen – abgesehen von der Entlassung zahlreicher Hochschullehrer aus politischen oder rassischen Gründen – die innere Ordnung der Universitäten, d. h. die Stellung und Zuständigkeit ihrer verschiedenen Organe, ebenso wie die Vorschriften, welche mit dem Promotionsverfahren auch den Entzug akademischer Grade regelten.

---

[3] H. *Seier*, Der Rektor als Führer. Zur Hochschulpolitik des Reichserziehungsministeriums 1934–1945 (Vierteljahreshefte für Zeitgeschichte 12, 1964), S. 106.

[4] R. *Borchardt*, Universitas literarum (Jamben, Stuttgart [1967], S. 32 ff.).

[5] F. T. *Epstein*, Hamburg und Osteuropa. Zum Gedächtnis von Prof. Richard Salomon (1884–1966), Masch. schr. Vervielf. (1966), S. 25.

Leitstern bei allen diesen Maßnahmen war die „Ablehnung aller liberalen und individualistischen Grundtendenzen der bisherigen Universitäten" und „der energische Wille der im Deutschen Reich herrschenden NSDAP, nicht nur in einigen organisatorischen Reformen gewisse überlebte Einrichtungen dem heutigen politischen System anzupassen, sondern auf der Grundlage einer neuen Weltanschauung der Hochschule einen wesentlich anderen Charakter als bisher zu geben" [6]. Die verlorene Einheit wissenschaftlichen Denkens und des Weltbildes sollte – so faßt ein zeitgenössisches Handbuch die beherrschende Tendenz zusammen – „auf der Grundlage inneren Erlebens deutscher Volkwerdung und aus der Rassen- und Volkstumsidee heraus wieder neu" gebildet werden. „Die Hochschulen sollen nicht über, sondern in der Volksgemeinschaft stehen" [7]. „Der tiefere Sinn der neuen Hochschulverfassung zielt dahin, die im Zeitalter des Liberalismus nach allen Seiten auseinandersplitternden Kräfte in eine einheitliche Willensrichtung zusammenzufassen" [8]. Es war ein propagandistisch geschickt gewählter Ansatzpunkt, um die totalitäre Herrschaft im korporativen Bereich der Hochschulen zu verankern. Eine Auseinandersetzung mit der auf den Konzeptionen Schleiermachers und Humboldts ruhenden Universität wurde für überflüssig erklärt. „Sie ist samt ihrer tragenden Humanitätsidee zerfallen. Wir sind um eine ganze Welt von ihr getrennt; sie gehört einem anderen Zeitalter an und wird nicht wiederkehren" [9]. Der Verfasser dieses Programms für eine „völkisch-politische Universität", Ernst Krieck, wird uns nicht von ungefähr im direkten Zusammenhang mit dem Entzug von Thomas Manns Bonner Ehrendoktor wiederbegegnen.

Was zunächst die Struktur der deutschen Universitäten und ihrer Fakultäten betrifft, so begnügte sich der nationalsozialistische Staat nicht mit der sogenannten Gleichschaltung, die sofort im Frühjahr 1933 Angehörige der NSDAP wie überall so auch bei den Hochschulen in die leitenden Positionen brachte [10]. Am 28. Okto-

---

[6] H. *Peters*, Artikel „Hochschulen" in: Rechtsentwicklung der Jahre 1933 bis 1935/36, hrsg. v. E. *Volkmar*, A. *Elster*, G. *Küchenhoff* (Handwörterbuch der Rechtswissenschaft, 2. Erg. Bd.), Berlin–Leipzig 1937, S. 268.

[7] Ebd.

[8] E. *Krieck*, Wissenschaft, Weltanschauung, Hochschulreform, Leipzig [1933], S. 77.

[9] Ebd., S. 85. An weiteren programmatischen oder aus nationalsozialistischer Sicht zusammenfassenden Schriften ähnlicher Art seien genannt: A. *Rein*, Die Idee der politischen Universität, Hamburg [1933]; J. W. *Mannhardt*, Hochschulrevolution, Hamburg [1933]; Reichsdozentenführer W. *Schultze*, Die Hochschule im deutschen Lebensraum (Werden und Wachsen des Deutschen Volkes ... Hochschultagung des NSD-Dozentenbundes Gau Berlin am 24. und 25. Februar 1938, o. O. 1938, S. 8 ff.); H. *Huber*, Der Aufbau des deutschen Hochschulwesens. Vortrag gehalten auf der dritten fachwissenschaftlichen Woche für Universitätsbeamte der Verwaltungsakademie Berlin am 30. Januar 1939, hrsg. von der Deutschen Forschungsgemeinschaft, o. O. u. J.; F. *Neumann*, Die Deutsche Hochschule (Erziehungsmächte und Erziehungsarbeit im Großdeutschen Reich, hrsg. v. R. *Benze* u. G. *Gräfer*, Leipzig 1940).

[10] Es entspricht in gewisser Hinsicht der unbefriedigenden Forschungslage für den Problembereich „Hochschulen und Nationalsozialismus", daß bei H. *Krausnick*, Stationen der Gleichschaltung (Der Weg in die Diktatur 1918 bis 1933. Zehn Beiträge v. Th. Eschenburg u. a., München [1962], S. 175 ff.) die Universitäten überhaupt nicht genannt sind. Vgl. aber K. D. *Bracher* – W. *Sauer* – G. *Schulz*, Die nationalsozialistische Machtergreifung (Schriften des Instituts für politische Wissenschaft 14), Köln und Opladen ²1962, S. 30 ff., bes. S. 317 ff., S. 565 ff.

ber 1933 verfügte ein Erlaß des Preußischen Kultusministers Rust über „Vorläufige Maßnahmen zur Vereinfachung der Hochschulverwaltung", daß die Rechte des Senats, der bisher alle Selbstverwaltungsangelegenheiten der Universität zu entscheiden hatte, auf den Rektor übergingen [11]. Formell blieb der Senat, im wesentlichen wie bisher zusammengesetzt, weiter bestehen; doch sollte der Rektor ihn nur einberufen, wenn es ihm im Interesse der Universität geboten schien. Der Rektor wurde hinfort nicht mehr von den Angehörigen des Lehrkörpers gewählt, sondern aus drei vom Senat für dieses Amt vorzuschlagenden Persönlichkeiten durch den Minister ernannt. Die bis dahin als unerläßliche Voraussetzung für die Wählbarkeit zum Rektor geltende Qualität eines Ordinarius wurde, obwohl der Erlaß ausdrücklich bestimmte, daß der Rektor aus der Zahl der ordentlichen Professoren ernannt werde, nicht mehr immer und überall beachtet [12]. Die Dekane wurden ihrerseits aufgrund eines Dreiervorschlags der Fakultäten vom Rektor ernannt, an den diese Befugnis vom Minister delegiert war. Den Fakultäten wurde – wie dem Senat – das Recht entzogen, als Beschlußkörperschaft Entscheidungen zu treffen. Ihnen blieb nur mehr beratende Funktion belassen. Für beide Gremien war in Rusts Erlaß ausdrücklich angeordnet, daß Abstimmungen nicht mehr stattzufinden hatten [13]. Damit war das nationalsozialistische Führerprinzip an Stelle der genossenschaftlich-kollegialen Verfassung getreten, welche bis dahin und seit dem Ende des Dritten Reiches von neuem wieder den Charakter der deutschen wissenschaftlichen Hochschulen bestimmt hat. Der engeren Fakultät, die aus den ordentlichen Professoren und – nun ebenfalls nicht mehr gewählten, sondern vom „Führer der Dozentenschaft" benannten – Dozentenvertretern bestand, waren nach den Bestimmungen des Erlasses „alle wichtigen Fakultätsangelegenheiten" vorzulegen. Es war aber dem Dekan als „Führer" der Fakultät allein überlassen, darüber zu entscheiden, welche Sachen hierunter fielen. Rektor und Dekane wurden bis zu Rusts Erlaß – wie auch bis zu den jüngsten Änderungen mancher

---

[11] Druck: Zentralblatt für die gesamte Unterrichts-Verwaltung in Preußen 1933, S. 291 f., Nr. 354; unten S. 388 f., Dok. 26. – Der Erlaß wurde in der Sitzung der Bonner Philosophischen Fakultät vom 8. November 1933 verlesen und widerspruchslos zur Kenntnis genommen. Die Fakultät führte ihn sogleich aus, indem sie einen Dreiervorschlag für die Neubesetzung des Dekanats zur Vorlage beim Rektor ausarbeitete. Er benannte in alphabetischer Reihenfolge den Mathematiker Beck, den Philosophen Rothacker und den Musikwissenschaftler Schiedermair, der im akademischen Jahr 1931/32 und wiederum vom 1. bis 30. April 1933 als Dekan fungiert hatte (Akten der Philosophischen Fakultät der Universität Bonn. Protokolle über Fakultätssitzungen). Der Rektor ernannte am 13. Dezember 1933 Rothacker zum Dekan.

[12] So war z. B. der erste, nach der „Gleichschaltung" der Universität gewählte Rektor Pietrusky bei Antritt seines Amtes planmäßiger Extraordinarius; vgl. unten S. 204, Anm. 302.

[13] Auch diese Anordnung wurde von der Bonner Philosophischen Fakultät sogleich nach Bekanntgabe des Erlasses genau befolgt, indem sie die Abstimmung über einen Antrag auf Ehrenpromotion in der Sitzung vom 8. November 1933 mit ausdrücklicher Bezugnahme auf das Verbot unterließ, obgleich dadurch beträchtliche Ratlosigkeit entstand. Der Dekan konnte sich nämlich offenbar nicht dazu entschließen, nun seinerseits in der ungewohnten Funktion des „Fakultätsführers" zu handeln; infolgedessen wußte niemand einen Weg anzugeben, wie die allerseits gewünschte positive Reaktion der Fakultät auf den Antrag zum Ausdruck gebracht werden könne.

Hochschulverfassungen nach 1945 wieder – in jährlichem Turnus zu einem ein für alle Mal festgelegten Termin abgelöst, wobei die Möglichkeit einmaliger Wiederwahl vorbehalten blieb. Zur neuen Ordnung seit 1933 gehörte es, daß der Wechsel in den akademischen Ämtern sich nicht mehr nach dieser in den Statuten fixierten Regel, sondern nach vornehmlich politischen Zweckmäßigkeitserwägungen der Staatsführung und herrschenden Partei in vollkommen beliebiger Weise vollzog [14]. Anderthalb Jahre später erließ Rust, der inzwischen auch zum Reichsminister für Wissenschaft, Erziehung und Volksbildung ernannt war, neue Richtlinien, die das auf dem Führerprinzip aufgebaute System vervollkommneten [15]. Hier heißt es: „Führer der Hochschule ist der Rektor. Er untersteht dem Reichswissenschaftsminister unmittelbar und ist ihm allein verantwortlich". „Der Prorektor und die Dekane werden auf Vorschlag des Rektors vom Reichwissenschaftsminister ernannt" [16]. „Der Dekan führt die Fakultät"; „der Senat steht dem Rektor . . ., der Fakultätsausschuß dem Dekan beratend zur Seite". Das Vorschlagsrecht, das 1933 den Mitgliedern des Lehrkörpers für die Besetzung des Rektorats und der Dekanate noch belassen worden war, fiel fort. Den Fakultäten war in diesen Richtlinien keine andere Kompetenz mehr zugesprochen, als „Träger der fachwissenschaftlichen Arbeit" zu sein. Das Führerprinzip wurde aber selbst in dieser Hinsicht so weit ausgedehnt, daß ein Erlaß des Ministeriums schon 1934 sogar eine rein fachwissenschaftliche Frage, nämlich die Entscheidung über Annahme und Bewertung von Dissertationen, der autoritären Gewalt des Dekans unterwarf [17]. Über die Heranziehung von Senat und Fakultätsausschuß vor den durch Rektor und Dekan zu treffenden Entscheidungen ist in den Richtlinien von 1935 nichts mehr bestimmt. Sie war im Einklang mit dem nationalsozialistischen Führergedanken völlig dem Ermessen der jeweiligen Amtsträger überlassen und bedurfte darum jetzt gar keiner Erwähnung mehr.

---

[14] In der Sitzung der Bonner Philosophischen Fakultät vom 20. Dezember 1933 wurde im Zusammenhang mit Erörterungen über die Proklamation des Ergebnisses von Preisaufgaben, die bis dahin beim feierlichen Rektoratswechsel zu geschehen pflegte, mitgeteilt, daß „der feste Termin des Rektoratswechsels weggefallen ist" (Akten der Philosophischen Fakultät der Universität Bonn. Protokolle über Fakultätssitzungen).

[15] Richtlinien zur Vereinheitlichung der Hochschulverwaltung vom 1. April 1935 (Deutsche Wissenschaft, Erziehung und Volksbildung, Amtsblatt des Reichsministeriums für Wissenschaft, Erziehung und Volksbildung 1, 1935, S. 142, Nr. 193); Dok. 84, S. 464 f.

[16] Hierzu wird beim Abdruck in dem amtlichen Sammelwerk Die Deutsche Hochschulverwaltung (Sammlung der das Hochschulwesen betreffenden Gesetze, Verordnungen und Erlasse, hrsg. v. G. *Kaspar*, H. *Huber*, K. *Kaebsch* und F. *Senger*, 2 Bde, Berlin 1942/43) bemerkt: „Nach ständiger Übung ermächtigt der Minister in jedem Einzelfall den Rektor, diese Ernennungen in seinem Namen selbst zu vollziehen" (S. 34, Anm. 3).

[17] Erlaß des Preußischen Ministers für Wissenschaft, Kunst und Volksbildung – U I Nr. 1275 – vom 31. Mai 1934 (Akten der Philosophischen Fakultät der Universität Bonn betr. Promotionen – Allgemeines), unten S. 433 ff., Dok. 55. Der Erlaß war durch einen Bericht des Dekans der Philosophischen Fakultät der Universität Münster vom 18. April 1934 verursacht worden, der hier gleichfalls abgedruckt wird. Die Entscheidung des Ministeriums entsprach dem Vorschlag des Rektors der Universität, dem der stellvertretende Universitätskurator sich angeschlossen hatte. Auch diese Stellungnahmen sind beim Abdruck wiedergegeben.

Die Lektüre der Fakultätsprotokolle vermittelt einen Eindruck davon, wie dieses System funktionierte und sich auswirkte. Die Protokolle zeigen, daß es jeweils von den Personen, die das Dekanat führten, abhing, welchem Reduktionsgrad die Beteiligung der Fakultät an den Geschäften unterworfen wurde. „Das Führerprinzip war verkündet, aber ... die substantielle Ausprägung der Zukunft und der Praxis" überlassen [18]. Mit fortschreitender Zeit ist in den Bonner Quellen eine Zunahme dieser Reduktion festzustellen. Boten zunächst die Sitzungen der Philosophischen Fakultät noch Gelegenheit zu ausgedehnten Erörterungen vielfältiger Angelegenheiten, so wurden sie besonders seit dem Spätjahr 1936 mehr und mehr zu Versammlungen, die weitgehend darauf beschränkt blieben, nur noch Mitteilungen entgegenzunehmen. Der zeitliche Abstand zwischen den Sitzungen vergrößerte sich; Tagesordnung und Protokolle werden magerer und magerer; die Teilnahme der Fakultätsangehörigen ließ nach [19].

Die als Provisorium gedachten Bestimmungen „zur Vereinheitlichung der Hochschulverwaltung" sind bis zum Ende des nationalsozialistischen Regimes maßgebend geblieben. Eine umfassende und endgültige Ordnung, die als Hochschulreform aus dem Geist des Führerstaates geplant war, ist nie verwirklicht worden. Sie scheiterte an dem unaufhebbaren Widerspruch zwischen den Fundamentalprinzipien der Wissenschaft und dem ideologisch-dogmatisch verankerten Anspruch von Staat und NSDAP, die eine bis in den wissenschaftlichen Bereich sich erstreckende politische Führung der Universität durch den Rektor als Statthalter des Ministers und Vertrauensmann der herrschenden Partei verlangten. Es kam auch – wie in vielen anderen Lebensbereichen – zu Divergenzen zwischen Staats- und Parteistellen, die hinter der monolithischen Fassade des Führerstaats damals wenig oder gar nicht bemerkte Kämpfe auslösten [20]. Gleichwohl besteht die Feststellung zu Recht, mit der ein kluger amerikanischer Beobachter das Fazit persönlicher

---

[18] *Seier*, S. 114.

[19] Die erste Fakultätssitzung im Wintersemester 1936/37 fand am 11. November 1936, die zweite am 8. Januar 1937 statt. Inzwischen war ein neuer, entschieden nationalsozialistischer Dekan ernannt worden (vgl. unten S. 219 f.). Die nächstfolgenden Sitzungen sind durch die Fakultätsprotokolle für nachstehende Daten bezeugt: 8. Juni 1937, 29. Oktober 1938, 17. Juli 1939. Eine weitere Sitzung vom 5. September 1939 diente der Entgegennahme einer vertraulichen Mitteilung über die gegebenenfalls infolge des Krieges vorzunehmende Schließung der Universität. Außer diesen regulären Sitzungen fand eine Fakultätssitzung am 12. März 1937 statt, die einberufen worden war, um Auseinandersetzungen zwischen zwei, nicht zu den Ordinarien zählenden Angehörigen der Fakultät zu erörtern; laut Protokoll sind bei dieser Gelegenheit tatsächlich auch keine anderen Gegenstände berührt worden.

[20] *Seier*, S. 146. – Daß es hinter der äußerlich hergestellten Einheitsfront des Führerstaats und zwischen klaren Anhängern des Nationalsozialismus zu oft weittragenden Auseinandersetzungen kam, die in der Spannung zwischen staatlicher Verwaltung und Machtansprüchen von Parteiinstanzen wurzelten, gehört zum Bild der Zeit, hat aber – wie sich zeigen wird – für die hier zu untersuchenden Vorgänge keine Bedeutung. Es verdient jedoch erwähnt zu werden, daß der entscheidende Akzent, der auf die alleinige Verantwortlichkeit des Rektors gegenüber dem Minister in dem Erlaß vom 1. April 1935 gelegt wurde, auch gegen ständige Einmischungsversuche einzelner Gauleiter in die Interna von Universitäten ihres Machtbereichs gerichtet war.

Erfahrungen und genauer Analyse zog, die ihm im Jahre 1935/36 ein langer Studienaufenthalt in Deutschland ermöglicht hatte: „The German university has lost in essentials the signs of a free institution. The privileges which had helped preserve it from the interference of State Power have melted away" [21]. Wer hiernach bezweifeln möchte, daß Universitäten und Fakultäten im nationalsozialistischen Deutschland juristisch und faktisch auf die Stufe nachgeordneter Dienststellen des Reichserziehungsministeriums herabgedrückt waren, kann nicht damit argumentieren, die Regierung habe damals doch immerhin Wert darauf gelegt, nach außen den Schein der sich selbst verwaltenden Universitäten aufrecht zu erhalten. Dies hieße die Realität verkennen, würde der nationalsozialistischen Taktik zu einem postumen Erfolg verhelfen und den Zugang zum Kernproblem deutscher Universitätsgeschichte der letzten fünfzig Jahre, auf das später noch zurückzukommen sein wird, entscheidend verfehlen lassen.

So wie die Verfassung der Universität blieben natürlich auch die Promotionsordnungen der Fakultäten während des Dritten Reiches nicht unbeeinflußt, und zwar erstreckte sich diese Wirkung ganz speziell auf diejenigen Teile, welche den Entzug akademischer Grade regelten. Vor 1933 war dieser nur möglich, wenn der Doktorgrad durch Täuschung der Fakultät erschlichen oder sein Inhaber wegen ehrenrühriger Handlungen rechtskräftig verurteilt worden war. Zuständig für die Aberkennung war die Fakultät, die darüber mit Mehrheitsbeschluß entschied. Die Nationalsozialisten führten einen bisher niemals erwogenen Tatbestand in die Promotionsordnung ein, um auch in anderen Fällen den Entzug der Doktorwürde zu ermöglichen. Die Initiative hierzu ging nicht von den Universitäten aus, auch nicht vom Ministerium, sondern von einem Funktionär der Deutschen Studentenschaft. Diese Organisation wurde schon seit 1931 von den Nationalsozialisten beherrscht. 1933 machte ihre Führung durch besonders revolutionären Elan von sich reden [22]. Der „Kreisleiter Bayern" der Deutschen Studentenschaft forderte am 18. September 1933 von dem an die Spitze des Bayerischen Kultusministeriums gerückten Parteigenossen Schemm, die ihm unterstehenden Hochschulen anzuweisen, grundsätzlich vom Recht der Entziehung der Doktorwürde auch bei solchen Personen Gebrauch zu machen, denen als „Landesverrätern" die deutsche Staatsbürgerschaft entzogen worden sei. Zugleich beantragte er, die hiernach von der Deutschen Studentenschaft erwartete Weisung an die bayerischen Hochschulen den Hochschulreferenten der anderen Länder im Reich zugehen zu lassen, damit dort gleich-

[21] E. Y. *Hartshorne*, The German Universities and National-Socialism, London [1937], S. 153. – Der Verfasser hatte seine Eindrücke vor allem in Berlin gewonnen, wo er Hausgenosse von Friedrich Meinecke war; vgl. F. *Meinecke*, Ausgewählter Briefwechsel, hrsg. v. L. *Dehio* und P. *Classen*, Stuttgart 1962, S. 258, Anm. 1. Dazu jetzt R. *Nissen*, Helle Blätter – dunkle Blätter. Erinnerungen eines Chirurgen, Stuttgart [1969], S. 296 f.

[22] Zur Entwicklung und Rolle der deutschen Studentenschaft nach 1918 vgl. *Bracher*, S. 146 ff.; dazu *Bracher–Sauer–Schulz*, S. 322 ff.; W. *Zorn*, Die politische Entwicklung des deutschen Studententums (Darstellungen und Quellen zur Geschichte der deutschen Einheitsbewegung im neunzehnten und zwanzigsten Jahrhundert 5), Heidelberg 1965, S. 223 ff.; *Bleuel–Klinnert*.

artige Maßnahmen getroffen würden [23]. Der Bayerische Kultusminister entsprach diesen Forderungen schon am 3. Oktober 1933. Ihm schloß sich der Preußische Kultusminister am 2. November an [24]. Die Initiative des nationalsozialistischen Studentenschaftsfunktionärs und ihr Erfolg bei den für die Universitäten zuständigen Ressorts beleuchten grell eine Situation, die vor allem für das erste Jahr der braunen Herrschaft in Deutschland bezeichnend ist. Ein frischgebackener höherer Beamter des Preußischen Kultusministeriums, dessen Konzeptionen sehr bewundert wurden, umschrieb die Lage damals mit den Sätzen: „Die nationalsozialistische Revolution ist nicht wie die französische *mit* der liberalen Wissenschaft gemacht worden, sondern *gegen* sie .... Während die Studentenschaft und der Staat nationalsozialistisch organisiert sind, steht die Hochschule zwischen ihnen noch im Kampfe um die Überwindung liberaler Grundgedanken" [25]. Die Universitäten sollten durch ein Bündnis zwischen Staat und Studentenschaft in die Zange genommen werden. Dabei hatte die Studentenschaft die ausdrückliche Aufgabe zugesprochen erhalten, „an der Schaffung einer einheitlichen deutschen Hochschule im Gefüge des Volksstaates mitzuwirken" [26]. Wenn Ernst Krieck von der Studentenschaft sagte, sie sei „zu einem Hebel in der Umgestaltung der ganzen Universität geworden" [27], so traf das jedenfalls für die Promotionsordnungen in dem bezeichneten Punkte zu.

Die Forderung des bayerischen Studentenschaftskreisleiters war dadurch verursacht worden, daß unmittelbar vorher die erste Liste von Personen – unter ihnen übrigens Heinrich Mann – veröffentlicht worden war, denen die Reichsregierung die deutsche Staatsangehörigkeit aberkannt hatte [28]. Die juristische Grundlage

---

[23] Akten der Philosophischen Fakultät der Universität Bonn betr. Entziehung des Doktor- und Ehrendoktortitels (Dok. 24, S. 386 f.).

[24] Ebd.; (Dok. 25, 27, S. 387 f., 390). – Der terroristische Druck, der im Machtbereich dieses Studentenschafts-Kreisleiters an der Universität München während des Sommersemesters 1933 ausgeübt wurde, erhellt aus Briefen vom 11. und 22. Mai 1933, die der davon betroffene F. G. Winkler an eine Freundin richtete; F. G. *Winkler*, Briefe 1932–1936, Bad Salzig [1949], S. 71 f., 73 ff. Der Vorstoß der Studentenschaft und das Verlangen der Minister sind, wie einem Artikel von K. *Rosenfeld*, Ausgebürgerte und Staatenlose (Die neue Weltbühne 30. Jahrg., Nr. 17 vom 26. April 1934, S. 520) zu entnehmen ist, der Öffentlichkeit, auch in Kreisen der Emigration, bekanntgeworden. Der Hinweis auf die Ministerialerlasse ist bei Rosenfeld mit dem Zusatz versehen: „Ob die Universitäten diesem Verlangen der Minister nachgekommen sind, ist bisher nicht bekanntgeworden".

[25] J. *Haupt*, Neuordnung im Schulwesen und Hochschulwesen (Das Recht der nationalen Revolution, Heft 5), Berlin 1933, S. 21 f.

[26] Ebd. S. 22.

[27] *Krieck*, S. 76.

[28] Vgl. etwa Kölnische Zeitung Nr. 461 vom 25. August 1933. Die amtliche Publikation erfolgte im Deutschen Reichsanzeiger und Preußischen Staatsanzeiger Nr. 198 vom 25. August 1933. Die Liste umfaßt dreiunddreißig Personen, darunter Heinrich Mann. Die Wirkung auf die Betroffenen schildert aus eigener Erfahrung K. R. *Großmann*, Emigration. Geschichte der Hitler-Flüchtlinge 1933–1945, [Frankfurt/M. 1969], S. 69 f. Über das Zustandekommen der ersten Liste unterrichten die mit einem Schreiben des Staatssekretärs v. Bülow vom 9. August 1933 einsetzenden Akten des Auswärtigen Amtes, Ref. Deutschland, betr. Ausbürgerungen, 1. Liste (PA). Bei einer Ressortbesprechung im Reichsministerium des Innern am 16. August 1933

hierzu bot das am 14. Juli 1933 erlassene Gesetz über den Widerruf von Einbürgerungen und die Aberkennung der deutschen Staatsangehörigkeit [29]. Nach § 2 dieses Gesetzes konnte Reichsangehörigen, die sich im Ausland aufhielten, die deutsche Staatsangehörigkeit aberkannt werden, „sofern sie durch ein Verhalten, das gegen die Pflicht zur Treue gegen Reich und Volk verstößt, die deutschen Belange geschädigt" hatten. Zu dem Gesetz war am 26. Juli 1933 eine Durchführungsverordnung ergangen [30]. Sie bestimmte, ein Bruch der Treuepflicht gegen Reich und Volk liege besonders dann vor, wenn ein Deutscher der feindseligen Propaganda gegen Deutschland Vorschub geleistet oder das deutsche Ansehen oder die Maßnahmen der nationalen Regierung herabzuwürdigen gesucht hatte. Der Bayerische Kultusminister und in seinem Kielwasser sein preußischer Kollege Rust erklärten dementsprechend in ihren Erlassen vom 3. Oktober und 2. November 1933: „Es kann keinem Zweifel unterliegen, daß Personen, denen unter diesen Voraussetzungen ihre Reichsangehörigkeit aberkannt worden ist, auch nicht würdig sind, den Doktortitel einer deutschen Hochschule zu führen". Sie ordneten daher an, die Promotionsordnungen in diesem Sinne zu ändern [31].

Der Kurator der Universität Bonn konnte dem Ministerium am 9. Januar 1934 darüber berichten, wie die Fakultäten der getroffenen Anordnung entsprechen wollten [32]. Gegenüber der Fassung, welche die Medizinische und die Philosophische Fakultät für den Einschub in die Promotionsbestimmungen vorgesehen hatten,

---

waren sich alle Beteiligten grundsätzlich darüber einig, „durch eine möglichst bald zu veröffentlichende 1. Liste von Fällen der Anwendung des § 2 des Gesetzes bei besonders bekannten Persönlichkeiten der SPD, KPD, ferner von jüdischen und anderen Persönlichkeiten ein Exempel zu statuieren, von dem eine abschreckende Wirkung auf die gegen das nationale Deutschland gerichtete und im Ausland festgestellte Wühlarbeit erwartet werden kann. Es bestand Einigkeit darüber, daß die gegen die nationale Regierung gerichtete Hetzarbeit im Auslande in erster Linie für die Anwendung des Gesetzes entscheidend sein soll". Dementsprechend lehnten das Reichsministerium des Innern und das Auswärtige Amt die vom Geheimen Staatspolizeiamt geforderte Ausbürgerung von Grzesinski, Bernhard Weiß und Justizrat Werthauer, die mit „Begünstigung der ostjüdischen Einwanderung" begründet wurde, ab. – Das „Gesamtverzeichnis der Ausbürgerungslisten 1933–1938. Nach dem amtlichen Abdruck des „Reichsanzeigers" zusammengestellt und bearbeitet von Dr. Carl *Misch*", Paris 1939, blieb dem Verfasser unzugänglich. Über die „Ausbürgerungen" vgl. jetzt H.-A. *Walter*, Asylpraxis und Lebensbedingungen in Europa. Deutsche Exilliteratur 1933–1950, [Darmstadt–Neuwien 1972], Bd. 2, S. 10 ff.

[29] Reichsgesetzblatt I, 1933, S. 480. – Außer diesem Gesetz waren am gleichen Tag eine ganze Reihe anderer grundlegender Gesetze – als wichtigstes das „Gesetz gegen die Neubildung von Parteien" – verabschiedet worden, sodaß der 14. Juli 1933 mit Recht als „Epochendatum" bezeichnet worden ist, an dem die nationalsozialistische Alleinherrschaft in Deutschland besiegelt und die formaljuristische Begründung des Dritten Reiches als Unrechtsstaat vollzogen worden sind; *Bracher–Sauer–Schulz*, S. 214 ff.; „Epochendatum": ebd., S. VIII.

[30] Reichsgesetzblatt I, 1933, S. 538 f. – Das Datum dieser Verordnung wird bei *Goehring*, S. 79 irrtümlich als Datum des Gesetzes, das ihr zur Grundlage diente, genannt.

[31] Siehe oben S. 109.

[32] Zum Folgenden vgl. die Akten des ehemaligen Preußischen Kultusministeriums (HStA Düsseldorf, Abt. II Ministerialarchiv NW 5–453). Der Kurator der Universität Bonn berichtete am 24. August 1934, daß der von dem Erlaß vorgeschriebene Passus in die Promotionsordnung der Philosophischen Fakultät eingefügt worden sei.

wünschten die Evangelisch-theologische und die Rechts- und Staatswissenschaftliche Fakultät einen verschärften Text. Sie hatten den neuen Tatbestand nicht wie die genannten anderen Fakultäten enumerativ den bisher schon in der Promotionsordnung erwähnten Aberkennungsgründen angefügt, sondern einen Wortlaut vorgeschlagen, in welchem es hieß, der Inhaber einer Doktorwürde habe sich „*insbesondere dann*" ihrer als unwürdig erwiesen, wenn ihm die deutsche Staatsangehörigkeit unter den von § 2 des Gesetzes vom 14. Juli 1933 genannten Voraussetzungen aberkannt worden sei. Wir wissen noch nicht, ob die Verschärfung nur durch diese beiden Bonner Fakultäten oder auch von anderer Seite vorgeschlagen worden ist. Jedenfalls hat die Formulierung den abschließenden Ministerialerlaß beeinflußt. Das Ministerium verfügte am 17. Juli 1934, sämtlichen Promotionsordnungen sei die Bestimmung hinzuzufügen, die Doktorwürde könne entzogen werden, „wenn der Inhaber des Titels sich durch sein Verhalten des Tragens einer deutschen akademischen Würde unwürdig erweist" [33]. Es war eine Kannvorschrift, keine zwingende Anordnung, und im Gegensatz zu den anderen Tatbeständen, welche den Entzug der Doktorwürde rechtfertigten, war die Voraussetzung für eine solche Maßnahme hier so allgemein formuliert, daß sie für die Abgrenzung des neuen Tatbestandes dem Ermessen weitesten Spielraum ließ. Hätte sich dieser Umstand im einzelnen für den Betroffenen auch einmal günstig auswirken können, so war dies in einer speziellen Hinsicht ausgeschlossen. Der weitere Wortlaut des Erlasses schränkte das Ermessen nämlich wesentlich ein. Er bestimmte: „Der deutschen Doktorwürde erweist sich in jedem Falle auch als unwürdig, wer gemäß Paragraph 2 des Reichsgesetzes über den Widerruf von Einbürgerungen und die Aberkennung der deutschen Staatsangehörigkeit vom 14. Juli 1933 ... der deutschen Staatsangehörigkeit für verlustig erklärt worden ist". Besonderer Bestimmungen hierüber bedürfe es in der Promotionsordnung daher nicht. Gesetzestechnisch fällt auf, daß diese Bestimmung in dem Erlaß als unsystematisch angefügter Zusatz erscheint. Das Ministerium hat also die erst auf nationalsozialistische Intervention hin neu geschaffene Materie formal nur unbefriedigend gemeistert. Eine offizielle Darstellung der nationalsozialistischen Schul- und Hochschulpolitik, die zwei seiner Beamten im Jahre 1935 lieferten, enthält über diesen Punkt nur einen einzigen Satz. Er ist vollkommen irreführend [34]. Aus dem Schweigen über die wesentlichen

---

[33] Dieser grundlegende Erlaß ist in den einschlägigen Akten der Bonner Philosophischen Fakultät nicht zu ermitteln. Er wird hier nachstehend gedruckt nach den Akten der Medizinischen Fakultät der Universität Bonn betr. Promotionen – Generalia 1922–1936 (UA); Dok. 62, S. 442 f.

[34] In dem von *Burmeister* und *Haupt* als Verfassern gezeichneten Abschnitt „Nationalsozialistisches Schul- und Hochschulwesen" in: Nationalsozialistisches Handbuch für Recht und Gesetzgebung, hrsg. v. H. *Frank*, München 1935, S. 565 heißt es: „Wo in den letzten Jahren Träger des Doktortitels deutscher Hochschulen teilweise unter Mißbrauch ihres akademischen Grades sich kriminelle Straftaten haben zuschulden kommen lassen, ist dafür Sorge getragen worden, daß diesen größtenteils rechtskräftig verurteilten Personen der Doktortitel nachträglich von den Hochschulen wieder aberkannt wurde". – Burmeister hat den oben S. 106, Anm. 17 angeführten Erlaß gezeichnet; zu den Ansichten von Haupt vgl. oben S. 109, Anm. 25 f.

Neuerungen in diesem Bereich darf vielleicht geschlossen werden, daß sie selbst diesen Autoren Unbehagen bereiteten.

Zugleich mit der Promotionsordnung wurde auch das Entziehungsverfahren für akademische Grade vom Ministerium geändert. Da die Fakultäten nicht mehr Beschlußkörperschaften waren, durften sie auch nicht mehr über den Entzug der Doktorwürde entscheiden. Systemgerecht hätte dies dem Dekan als Fakultätsführer obgelegen. Aus Gründen, die wir nicht kennen, erschien das dem Ministerium jedoch untunlich. Daher wurde in diesem einen Punkt das sonst konsequent verfügte Führerprinzip durchbrochen und bestimmt, die Entscheidung über den Entzug der Doktorwürde obliege einem aus Rektor und Dekanen zusammengesetzten Ausschuß. Kurioserweise ist diese schließlich in die Verordnung zur Durchführung des Gesetzes über die Führung akademischer Grade vom 7. Juni 1939 aufgenommene nationalsozialistische Einschränkung des alten Rechts der Fakultäten noch heute geltendes Hochschulrecht in der Bundesrepublik Deutschland [35]. Nachdem seit der Verfügung vom 17. Juli 1934 hier nicht weiter interessierende Einzelvorschriften erlassen worden waren und die vorgesehene Reichspromotionsordnung sich weiter hinauszögerte, regelte das Reichsministerium für Wissenschaft, Erziehung und Volksbildung erneut und zusammenfassend die Promotionsvorschriften in einem Erlaß vom 16. Dezember 1936 [36]. Er brachte in dem uns beschäftigenden speziellen Punkt keine materielle Änderung, schärfte ihn aber noch einmal mit dem Wortlaut des früheren Erlasses ein. Über den von den beteiligten Ressorts in diesem Zusammenhang zu beobachtenden Geschäftsgang erfährt man, daß der – für Staatsangehörigkeitsfragen und damit auch für Ausbürgerungen zuständige – Reichsminister des Innern dem Reichswissenschaftsministerium alle Fälle vollzogener Ausbürgerung mitteilen werde, wenn Inhaber eines akademischen Grades betroffen waren. Der Reichswissenschaftsminister übermittelte die Namen sodann den Hochschulen zwecks Entziehung der akademischen Grade. Eine vorherige Anhörung der Betroffenen, die vorgesehen war, wenn aus anderen, d. h. nicht politischen und im wesentlichen kriminellen Gründen die Entziehung drohte, wurde für solche Fälle ausdrücklich als überflüssig erklärt. Ebenso wurde verfügt, daß hierbei von einer Zustellung des Entziehungsbescheides abzusehen sei. Die vollzogene und ipso facto rechtskräftige Entziehung war vielmehr im Deutschen Reichsanzeiger, dem amtlichen Publikationsorgan, zu veröffentlichen. Die Ausbürgerung nach § 2 des Gesetzes vom 14. Juli 1933, die „als schwere entehrende

---

[35] Reichsgesetzblatt I, 1939, S. 1326.

[36] Deutsche Wissenschaft, Erziehung und Volksbildung. Amtsblatt des Reichsministeriums für Wissenschaft, Erziehung und Volksbildung 3, 1937, S. 5 ff., Nr. 6; vgl. Dok. 202, S. 560 f. – Ein Leserbrief, überschrieben: „Nehmt ihnen den Doktor-Titel! Emigranten mißbrauchen ihren akademischen Würdegrad" (Der Stürmer Nr. 52 vom Dezember 1937) forderte darüber hinaus, allen Akademikern, die seit der Machtübernahme durch den Nationalsozialismus das Reich als politische Auswanderer verlassen hatten – „meist Juden" – durch eine generelle Verordnung ihre akademischen Grade zu nehmen, weil sie „sie sehr häufig bei ihrer Hetztätigkeit gegen das Hitlerdeutschland in Anwendung bringen".

Strafe" gedacht war [37], wurde damit hinsichtlich der Folgen für akademische Grade der Betroffenen praktisch auf die gleiche Stufe wie die Bestrafung gewisser Delikte, z. B. des Meineides, gestellt, mit der kraft Gesetzes der Entzug der bürgerlichen Ehrenrechte und damit auch der Doktorwürde verbunden war und ist. Im Unterschied zu solchen Fällen bedurfte allerdings der Verlust der Doktorwürde vorerst noch – d. h. bis zu einem ergänzenden Erlaß aus dem Jahre 1943 [38] – eines entsprechenden Feststellungsbeschlusses der Hochschulen. Daß die durch Ehrenpromotion erworbene Würde beim Entziehungsverfahren nicht anders als der auf dem normalen Promotionswege erlangte Doktorgrad zu behandeln sei, war in allen genannten Erlassen gesagt.

Diese Bestimmungen waren – mit Ausnahme des Erlasses vom 16. Dezember 1936, der die älteren materiellen Voschriften nur bestätigte – geltendes Recht im nationalsozialistischen Deutschland, als der Fall Thomas Mann Anfang Dezember 1936 für die Rheinische Friedrich-Wilhelms-Universität akut wurde. Er besaß eine doppelte Vorgeschichte. Wir wenden uns ihr zunächst zu, soweit sie sich im Bereich der Bonner Hochschule abgespielt hat.

Die neuen Machthaber hatten es 1933 nicht bei dem von der Studentenschaft geforderten Zusatz zu den Promotionsordnungen bewenden lassen. Aus dem gleichen studentischen Kreise war schon im Mai 1933 verlautet: „Der Dr. h. c. ist an so viele Unwürdige gefallen, daß er erst dann wieder in Deutschland ein Titel der Ehre ist, wenn die sonderbaren Ehrendoktoren ausgestorben sind oder die zuständigen akademischen Stellen in richtiger Erkenntnis ihrer Gleichschaltung die Größen der November-Republik ihres Dr. h. c.'s entkleiden und damit einen bedauerlichen Irrtum wieder richtig stellen" [39]. Da die Universitäten offenbar untätig blieben, ordnete das Preußische Kultusministerium am 11. November 1933 an, Listen derjenigen Personen vorzulegen, die seit 1918 mit dem Ehrendoktor oder anderen akademischen Auszeichnungen bedacht worden waren. Hierauf folgte im

---

[37] Diese Formulierung findet sich in einem Erlaß des Reichs- und Preußischen Ministers des Innern vom 24. März 1934 über die Aberkennung der deutschen Staatsangehörigkeit, der angesichts der großen Fülle von Ausbürgerungsanträgen unterstrich, es solle nur gegen diejenigen vorgegangen werden, „die sich besonders schwer gegen die Volksgemeinschaft vergangen haben, ... vorwiegend jene Unverbesserlichen ..., die nach dem 30. Januar 1933 nicht nachgelassen haben, das deutsche Ansehen im Ausland herabzuwürdigen" (PA, Handakten des Amtsrats Karl Heinrich betr. Anwendung des Reichsbürgergesetzes vom 14. Juli 1933). Vgl. auch unten S. 141, Anm. 117. Auf den die Voraussetzungen für den Entzug der deutschen Staatsangehörigkeit eng begrenzenden Tenor dieses Erlasses berief das Deutsche Konsulat in Genf sich am 26. September 1934, um ein mehrfach gestelltes Ersuchen des Oberbürgermeisters von Bonn, den emigrierten Professor Otto Loewenstein auszubürgern, entschieden abzulehnen (PA 83–76 Ausbürgerungen, Bd. 2; 15. August 1934 – 18. April 1935).
[38] Zweite Durchführungsverordnung zum Gesetz über die Führung akademischer Grade vom 29. März 1943 (Reichsgesetzblatt 1943, I, S. 168); dazu der Erlaß des Reichsministers für Wissenschaft, Erziehung und Volksbildung WA 953 vom 19. Mai 1943 (Akten der Philosophischen Fakultät der Universität Bonn betr. Entziehung des Doktor- und Ehrendoktortitels).
[39] Mitteilungsblatt der Förderer-Organisation des NSDStB Nr. 6 (Ausgabe Mai 1933), hrsg. vom Bundespresseamt des NSDStB München; verantwortlich Hans Hildebrandt.

Februar 1934 der Befehl, zu prüfen, ob nicht ein Entzug dieser Würden gerechtfertigt erscheine [40]. Der Kreis der von einer derartigen Maßnahme Bedrohten war damit beträchtlich erweitert worden; er umschloß eine weit größere Anzahl von Personen als die noch verschwindend wenigen Emigranten, denen damals die deutsche Staatsangehörigkeit aberkannt worden war oder ein solches Schicksal zunächst drohen mochte. In einem bei den Akten der Bonner Philosophischen Fakultät befindlichen Verzeichnis der von ihr seit 1918 kreierten Ehrendoktoren, das vom Rektorat der Universität gefertigt worden ist, sind damals zu einigen Namen von unbekannter Hand leichte, kaum noch zu erkennende Bleistiftzeichen gesetzt worden [41]. Sie lassen Erwägungen erkennen, denen man sich auf Grund der Ministerialverfügung hingegeben hat. Kleine Kreuzchen finden sich neben den Namen von Professor Joseph Mausbach in Münster und Geheimrat Professor Wilhelm Kahl in Berlin. Beide waren, wie wir sahen, 1919 gleichzeitig mit Thomas Mann von der Fakultät ausgezeichnet worden und hervorragende Gelehrte, beide aber auch in der Weimarer Nationalversammlung, Kahl danach noch im Deutschen Reichstag führend tätig gewesen. Dieses parlamentarische Wirken trug ihnen vermutlich jetzt jene vielsagenden Kreuzchen beim Namen ein. Bei zwei weiteren Ehrendoktoren ist in der Liste ein Fragezeichen gesetzt worden. Der eine ist Nathan Zuntz (1847–1920), ein bedeutender und – soviel man weiß – niemals politisch hervorgetretener Physiologe, der freilich schon 1920 gestorben war. Sein Name weckte offenbar antisemitische Regungen [42]. Der zweite mit einem Fragezeichen ausgestattete Name ist der von Thomas Mann. In dem am 14. März 1934 dem Rektor erstatteten Bericht heißt es dann auch: „Unter den angegebenen Ehrendoktoren dürften sich wohl einige befinden, bei denen wir es lieber sähen, daß ihnen der Ehrendoktor nicht erteilt worden wäre, wie z. B. Thomas Mann. Ich glaube jedoch nicht, daß gegenüber irgendeinem von den Ehrendoktoren ein Material vorliegt, welches die Entziehung des Ehrendoktors als gerechtfertigt erscheinen lassen würde" [43].

Die aktenkundlich nicht korrekt als „Abschrift" bezeichnete Durchschrift dieses Berichts in den Fakultätsakten trägt weder Unterschrift noch Paraphe. Es ergibt sich aber aus dem Text eindeutig, daß das Schreiben nicht vom damaligen Dekan, sondern in seiner Stellvertretung von einem anderen Mitglied der Fakultät unter-

---

[40] Die Erlasse vom 11. November 1933 – U I 2724 – und vom 12. Februar 1934 – U I 3395 – sind in den Bonner Fakultätsakten nicht überliefert. Ihre Kenntnis wird der freundlichen Unterstützung durch den Herrn Dekan der Juristischen Fakultät der Universität Köln verdankt; Dok. 28, S. 390; Dok. 35b, S. 407.

[41] Akten der Philosophischen Fakultät der Universität Bonn betr. Entziehung des Doktor- und Ehrendoktortitels. – Die Fertigung der Liste im Rektorat ergibt sich aus der Schriftgleichheit mit den nachweislich dort entstandenen Dokumenten, die dieselben charakteristischen Schreibmaschinentypen aufweisen.

[42] Wenn der gleiche Vorname nicht eine entsprechende Reaktion bei der Überprüfung der Liste hervorrief, als er bei dem schwedischen Erzbischof Söderblom bemerkt wurde, so wohl deshalb, weil von vornherein kein Zweifel darüber bestand, dieser hohe Würdenträger der evangelischen Kirche sei gewiß kein Jude.

[43] Akten der Philosophischen Fakultät der Universität Bonn betr. Entziehung des Doktor- und Ehrendoktortitels. – Dok. 39, S. 410.

schrieben war. Wer dies gewesen ist, läßt sich nicht sicher beantworten, weil die Ausfertigung des Schreibens mit den Rektoratsakten beim Brand der Universität am 18. Oktober 1944 untergegangen ist. Die Fakultät umfaßte 1933 und noch mehrere Jahre danach sowohl Geistes- wie Naturwissenschaftler. Der Vorsitzende der Naturwissenschaftlichen Sektion war geborener Vertreter des Dekans, wenn dieser ein Geisteswissenschaftler war und umgekehrt [44]. Dekan war im März 1934 der Philosoph Erich Rothacker (1888–1965) und Vorsitzender der Naturwissenschaftlichen Sektion der Chemiker Andreas v. Antropoff (1878–1956). Dieser kommt daher in erster Linie als Urheber des Berichts in Frage. Da das Schreiben an den Rektor jedoch während der vorlesungsfreien Zeit im März abgegangen ist, kann für den Dekan nach den Gepflogenheiten bei Abwesenheit des regulären Vertreters auch ein anderer Ordinarius, der einmal das Dekanat bekleidet hatte, in jenem Augenblick gehandelt haben. Hierbei ist vor allem an den Prodekan zu denken, damals der Musikwissenschaftler Ludwig Schiedermair (1876–1957), dem wir als nahem Freunde Berthold Litzmanns schon begegnet sind. Schiedermair hat bei einem späteren Anlaß, der Ehrenpromotion eines Dichters, gegen die Bedenken laut geworden waren, im Januar 1936 gemeint, sie sei „sachlich gerechtfertigter als manche, die in der Vergangenheit von unserer Fakultät vollzogen wurde" [45]. Falls diese Kritik auf Thomas Mann gemünzt gewesen sein sollte, was keineswegs ausgeschlossen, freilich auch nicht zu beweisen ist, würde das Gewicht der für Schiedermair als Verfasser des Berichts vom 14. März 1934 sprechenden Gründe sich verstärken. Eine sichere Entscheidung der Personenfrage ist nicht möglich. Die in der Bemerkung über Thomas Mann zum Ausdruck kommende Abneigung gegen den Dichter war kein nationalsozialistisches Spezifikum, sondern seit 1922 im rechtsbürgerlichen, „nationalen" Lager, zu dem Schiedermair zählte, genau so verbrei-

---

[44] Im Protokoll der Fakultätssitzung vom 6. November 1933 heißt es: „Nach der Tagesordnung schlägt Herr Konen vor, den kommenden Dekan, falls er der Geisteswissenschaftlichen Abteilung angehört, zu bitten, seinen Stellvertreter aus der Mathematisch-Naturwissenschaftlichen Abteilung zu ernennen". Dieser Bitte wurde entsprochen, und aus den Akten ergibt sich, daß v. Antropoff als „Sektionsführer" (so im Protokoll der Fakultätssitzung vom 20. Dezember 1933) und Stellvertreter des Dekans fungiert hat. – In einem Bericht der Philosophischen Fakultät an das Ministerium vom 21. August 1935, der sich mit der Frage befaßt, ob der allzu große Aufgabenkreis der Fakultät nicht ihre Teilung zweckmäßig erscheinen lasse, heißt es, ein entsprechender Beschluß sei nie gefaßt worden. „Man hat sich aber wenigstens seit dem Sommersemester 1932 damit geholfen, daß man der mathematisch-naturwissenschaftlichen Sektion in der Form einer Abteilung (Art Halbfakultät) eine erhöhte Bedeutung zuwies und verabredete, daß der Dekan jeweils zwischen den beiden Abteilungen wechseln solle, damit immer ein Geisteswissenschaftler und ein Naturwissenschaftler als Dekan bzw. Prodekan zur Verfügung stünden. Und auch nach der Neuordnung der Fakultäten im Jahre 1933 ist es Regel gewesen, daß der Dekan seinen Stellvertreter aus der anderen Abteilung nahm" (HStA Düsseldorf, Abt. II, Ministerialarchiv, NW 5 – 431). – Die Teilung der Fakultät wurde durch Erlaß des Ministeriums vom 30. April 1936 vorgenommen (ebd.); vgl. dazu jetzt *Schäfer*, S. 229 ff.

[45] Votum von Prof. Schiedermair zu dem von der Akademie der Dichtung gestellten Antrag auf Ehrenpromotion des Dichters W. Schmidtbonn, 22. Januar 1936 (Akten der Philosophischen Fakultät der Universität Bonn betr. Ehrenpromotion Schmidtbonn).

tet [46]. Nachdem Thomas Mann 1925 den Sozialismus „in politischer Hinsicht unsere eigentliche nationale Partei" genannt [47], sich 1928 als „Sozialist" bezeichnet [48] und im Herbst 1930 das deutsche Bürgertum aufgefordert hatte, die Sozialdemokratie zu unterstützen [49], war die „nationale Verhaßtheit", die er seit seinem republikanischen Bekenntnis von 1922 in weiten Kreisen genoß [50], noch gewachsen. Es ist

[46] Bezeichnend hierfür ist – außer dem in der Berliner Nachtausgabe im Februar 1928 erschienenen Artikel „Thomas Manns Kotau vor Paris", den der Dichter scharf abfertigte (MK 120, S. 138 ff.), z. B. die giftige Glosse, mit der die Rheinisch-Westfälische Zeitung Nr. 582 vom 13. November 1929 sich unter bezeichnendem Rückblick zur Verleihung des Nobelpreises an Thomas Mann äußerte: „Der Dichter der ‚Buddenbrooks', der Autor der ‚Betrachtungen eines Unpolitischen', die um den Lebensbegriff einer deutschen Kulturgesinnung Erörterungen von europäischer Bedeutung anstellten, hat den Nobelpreis verdient. Ob man den Nobelpreis verdient, wenn man einen Gesinnungswechsel vornimmt, wie der Autor der ‚Betrachtungen' ihn nach dem Kriege in einer ‚revidierten' Ausgabe desselben Buches vorgenommen hat, wenn man das deutsche Literaturgeschäft durch eine amerikanische Schmökerinvasion (‚Romane der Welt') bereichert, durch unzählige goldene Worte den Waschzettelbetrieb auf literarisches Niveau bringen hilft, ist sehr die Frage ... Aber freuen wir uns, daß die Schattenseiten des Thomas Mann'schen Ruhmes nur im Lande bleiben. Er gilt in der Welt als würdig der höchsten literarischen Ehre – freuen wir uns alle darüber!" Über die unterschiedliche Reaktion führender Berliner Blätter auf die Verleihung des Nobelpreises an Thomas Mann berichtete unter dem Titel „Deutscher Meinungsstreit um Thomas Mann" die Neue Zürcher Zeitung Nr. 2202 vom 14. November 1929. – Spätere, keineswegs Vollständigkeit beanspruchende Beispiele für die in Gesinnung und Wortlaut weitgehend mit der nationalsozialistischen Polemik gegen Thomas Mann übereinstimmenden Angriffe aus dem rechtsbürgerlichen Lager: C. *Wandrey*, Thomas Mann und die Forderung des Tages (Deutsche Rundschau 222, März 1930, S. 196 ff.; Wiederabdruck; *Schröter, Urteil*, S. 73 ff.); O. v. *Sethe*, Los von Thomas Mann (Deutsche Allgemeine Zeitung Nr. 525/26 vom 11. November 1930); C. *Hotzel*, Thomas Manns Kampf gegen das Leben. Ein Versagen vor der Forderung der Nation (Deutsche Tageszeitung Nr. 523, Ausg. A, Nr. 258 vom 6. November 1930; Wiederabdruck: *Schröter, Urteil*, S. 179 ff.); *Lucian*, „Ansprache". Ein Beitrag zu den politischen Abenteuern Thomas Manns (Rheinisch-Westfälische Zeitung Nr. 615 vom 2. Dezember 1930; bei *Matter* nicht verzeichnet); Th. *Albanus*, Sozialist Thomas Mann (Neue Preußische [Kreuz-] Zeitung Nr. 57 vom 26. Februar 1933). Die „Deutsche Ansprache" von 1930 hatte auch in den der Republik positiv gegenüberstehenden Kreisen der Anhänger des Zentrums heftiges Mißfallen ausgelöst; vgl. die scharfe Kritik von A. *Emmerich*-Marburg, Wenn Literaten Politik machen (Thomas Mann als sozialistischer Agitator gegen das deutsche Bürgertum) (Augsburger Postzeitung Nr. 273 vom 27. November 1930; bei *Matter* nicht verzeichnet).

[47] Goethe und Tolstoi (IX, S. 170; MK 113, S. 216).

[48] Gespräch mit Thomas Mann. Bürger und Sozialist (Vorwärts Nr. 577 vom 7. Dezember 1928). Thomas Mann hatte hinzugefügt „Marxist bin ich nicht", und er erläuterte, „soweit" er Sozialist sei, sei er es „aus einer lebenswilligen, lebensfreundlichen Grundhaltung heraus".

[49] Deutsche Ansprache. Ein Appell an die Vernunft, Berlin 1930 (XI, S. 870 ff; MK 117, S. 185 ff.).

[50] Von den „seelischen Störungen und Beschwerungen nationaler Verhaßtheit", unter denen Thomas Mann seine künstlerische Arbeit dank seiner politischen Äußerungen während der zwanziger Jahre tat, spricht er 1948 rückblickend in: „Sechzehn Jahre (Vorrede zur amerikanischen Ausgabe von ‚Joseph und seine Brüder' in einem Bande)" (XI, S. 672; MK 119, S. 362). – Hans *Ewers*, ein Schulfreund von Thomas Mann, hat in einem nicht näher überschriebenen Artikel (Lübecker Nachrichten Nr. 178 vom 2. August 1964; bei *Matter* nicht verzeichnet) als Teilnehmer an der Vierhundertjahrfeier des Katharineums vom 7. September

nicht auszuschließen, daß sie schon hinter den formalen Bedenken steckte, welche die Fakultät 1925 nannte, als sie Litzmann die Vollmacht zu einem auch in ihrem Namen darzubringenden Glückwunsch beim 50. Geburtstag des Dichters verweigerte. Gemessen an den von nationalsozialistischen Rednern und Presseorganen gegen Thomas Mann seit Jahren und besonders haßerfüllt 1932/33 geschleuderten Beschimpfungen äußerte sich 1934 der Bericht aus der Bonner Philosophischen Fakultät recht gedämpft. Auch dies könnte die Annahme rechtfertigen, daß v. Antropoff kaum dafür verantwortlich war, denn ihm wären weitaus schärfere Worte zuzutrauen. Er war nämlich einer der frühesten, eifrigsten und radikalsten Nationalsozialisten im Lehrkörper der Universität. In ihren Beziehungen zu Thomas Mann hat er dementsprechend eine Rolle gespielt, die noch ausführlich zu behandeln sein wird und Anlaß gibt, schon hier näher auf ihn einzugehen. Ein Gutachten, das der Sicherheitsdienst des Reichsführers SS im Oktober 1937 erstattete, rühmt von ihm, er habe sich als „einer der ersten Bonner Professoren ... vor der Machtergreifung offen zum Nationalsozialismus bekannt" und „damit wesentlich zur Stützung des Nationalsozialismus in dieser schweren geistigen Zentrale beigetragen" [51]. Am 11. März 1933 hatte v. Antropoff unter tumultuarischen Umständen die Hakenkreuzfahne auf dem Hauptgebäude der Universität gehißt [52]. Schon bald, im Mai 1933, trat er zur SS über. Zu einem noch nicht näher ermittelten Zeitpunkt – sicher vor dem 25. Mai 1937 – war er auch Mitarbeiter des SD geworden – „einer der absolut politisch rührigsten in der Dozentenschaft, der überall und mit ganzer Kraft für den Nationalsozialismus eintrat" [53]. In den Akten des Außenpolitischen Amtes der NSDAP, das Rosenberg leitete und wo man sich dementsprechend auch mit „Weltanschauung" beschäftigte, findet sich ein Zeugnis dafür, daß v. Antropoff mit den Verhältnissen in der Philosophischen Fakultät noch im Spätjahr 1935 denkbar unzufrieden war; er bemängelte, daß die vor der Machtübernahme des Nationalsozialismus bestimmenden und diesen weiterhin ablehnenden Kräfte hier nach wie vor unerschüttert seien [54]. v. Antropoff rechnete

---

1931 berichtet, wie die politischen Partien der Festrede Thomas Manns „lautstarkes Scharren und Zischen" auslösten, „so daß ganze Sätze unverständlich blieben". „Es war ein Eklat, der für die Freunde des Dichters nur durch die harmonische Aussprache mit ihm verschmerzt wurde". Diese Rede Thomas Manns ist als „Ansprache an die Jugend" gedruckt (X, S. 316 ff; MK 117, S. 224 ff.).

[51] Der SD-Führer des SS-Oberabschnitts Süd-West an die Reichsstudentenführung, 29. Oktober 1937 (BA Koblenz, NS-Mischbest. 1415).

[52] Bericht über dieses Ereignis im General-Anzeiger für Bonn ... Nr. 14580 vom 13. März 1933; ein Foto des Vorgangs ist abgebildet bei H. *Lützeler*, Bonn am Rhein so wie es war, Düsseldorf [1972], S. 49, Abb. Nr. 69.

[53] Antrag des Rektors an das Reichswissenschaftsministerium, 5. Juli 1940 (UA, Akten des Rektorats betr. Prof. v. Antropoff). Das Glückwunschschreiben des Rektors vom 16. August 1938 zum 60. Geburtstag v. Antropoffs sprach ihm den Dank aus für sein „Wirken in der Dozentenschaft und Studentenschaft und nicht zuletzt im Senat, dem die Umstellung unserer alma mater im nationalsozialistischen Sinne mit zu verdanken ist" (ebd.).

[54] Vermerk von dem Mitarbeiter des Außenpolitischen Amtes (Rosenberg), Abt. Osten, Eugen *Dürksen* vom 6. November 1935 über einen Besuch v. Antropoffs am 1. November (Akten des Amtes Rosenberg. BA Koblenz, NS-Mischbest. 1579, fol. 4); Dok. 121, S. 488 f.

dazu vor allem die Professoren Friedrich Oertel (geb. 1884) und Hans Cloos (1885–1951) [55]. Beide werden uns im weiteren Verlauf der Ereignisse wiederbegegnen.

Mag nun der Bericht vom 14. März 1934 durch v. Antropoff, Schiedermair oder ein anderes Mitglied der Fakultät formuliert und gezeichnet worden sein, so ist doch weder gegen Thomas Mann noch einen der anderen auf die geschilderte Weise im Verzeichnis der Ehrendoktoren Gekennzeichneten daraufhin etwas unternommen worden. Die Aufmerksamkeit des Rektors Pietrusky (1893–1971) konzentrierte sich auf einen anläßlich der rheinischen Jahrtausendfeier im Jahre 1925 mit dem philosophischen Ehrendoktor ausgezeichneten sozialdemokratischen Gewerkschaftsführer. Gegen den Entzug von dessen Würde sprach sich der Dekan Rothacker entschieden aus – soweit die Akten erkennen lassen, auch mit Erfolg [56]. Gegenstand einer Fakultätsberatung ist die Antwort an den Rektor vom 14. März 1934 gemäß den über die Sitzungen vorliegenden Protokollen nicht gewesen. Ein unsicher bezeugter, auf Thomas Mann bezüglicher Vorgang könnte sich allerdings im Zusammenhang mit dem geschilderten Briefwechsel zwischen Rektor und Fakultät über deren Ehrendoktoren im Frühjahr 1934 abgespielt haben. Er ist ausschließlich durch Erzählungen des damaligen Dekans aus jüngster Zeit belegt. Als der „Fall Thomas Mann" Ende 1964 der Universität öffentlich vorgehalten und daraufhin zum Gesprächsthema unter ihren Angehörigen wurde, hat Rothacker in privater Unterhaltung verschiedene Male erklärt, er habe als Dekan einmal die schriftliche Anweisung erhalten, Thomas Mann den Ehrendoktor zu entziehen, das betreffende Schreiben aber sogleich wütend zerrissen und in den Papierkorb befördert. Bei aller kritischen Vorsicht gegenüber einer so spät auftauchenden, sonst nicht verbürgten Nachricht, deren Urheber sich zudem nach 1945 in langwierigen Verfahren wegen seiner Haltung gegenüber dem Nationalsozialismus zu rechtfertigen hatte – mit der emotional-impulsiven Natur Rothak-

---

[55] Prof. Friedrich Oertel, Ordinarius für Alte Geschichte (geb. 1884); Prof. Hans Cloos, Ordinarius für Geologie und Paläontologie (1885–1951).

[56] Rektor Pietrusky an Fakultät, 24. April 1934 (Akten der Philosophischen Fakultät der Universität Bonn betr. Entziehung des Doktor- und Ehrendoktortitels). – Es handelte sich „um den bekannten Solinger Landtagsabgeordneten der früheren Sozialdemokratischen Partei" Heinrich Meyer, dessen Streichung als Ehrendoktor „die Dozentenschaft der Universität [d. h. die nationalsozialistische Organisation der Hochschullehrer] ... unter allen Umständen ... empfohlen" hatte. Der Dekan Rothacker berichtete am 7. Juni 1934 unter Anpassung an Diktion und Begriffe, die zum offiziellen Jargon des Nationalsozialismus gehörten, Meyer sei die Ehrendoktorwürde anläßlich der rheinischen Jahrtausendfeier des Jahres 1925 verliehen worden, da man ihn mit anderen Vertretern der Gewerkschaften, „welche ausnahmslos im Ruhrkampf sich ausgezeichnet haben", zu ehren beabsichtigte, „um dem Gefühl der Volksgemeinschaft Ausdruck zu geben". Der damit eingenommene Standpunkt der Fakultät, „durch ihre Ehrenpromotion nicht nur Ministerialbeamte und andere Persönlichkeiten, von denen unmittelbare Vorteile zu erwarten waren, auszuzeichnen, sondern Männer des Volkes, wie sie damals gefunden werden konnten", sei – so erklärte der Dekan – „durchaus beachtenswert" (ebd.). – In dem erwähnten Schreiben des Rektors wird auch gewünscht, „in Erwägung zu ziehen und nachzuprüfen, ob die Streichung des Ehrendoktors Adam Stegerwald notwendig ist".

118

kers, der ein großer Verehrer Thomas Manns war und – wie das eben genannte Beispiel und später zu erwähnende weitere Tatsachen bezeugen – sich durchaus nicht scheute, Rektor und Ministerium auch in nationalsozialistischer Zeit Widerpart zu bieten, wäre eine derartige Handlungsweise durchaus vereinbar. Auch kann auf Grund des gleichen Beispiels und eines anderen Falles, in dem der Rektor Pietrusky damals mit brutaler Schärfe gegen einen akademischen Ehrenbürger der Universität, der von den Nationalsozialisten verfolgt wurde [57], vorgegangen ist, die Möglichkeit keineswegs ausgeschlossen werden, daß der Rektor auf den Bericht vom 14. März 1934 hin tatsächlich gefordert hat, Thomas Mann die Ehrendoktorwürde abzuerkennen. Wenn sein Ersuchen in der durch Rothacker beschriebenen, vom Historiker, dem ein wichtiges Quellenzeugnis für immer entzogen bleibt, formal zu beklagenden Weise behandelt worden ist, so findet sich doch kein Beleg dafür, daß Pietrusky – wie nachweislich im Fall des sozialdemokratischen Gewerkschaftlers – auf das Verlangen zurückgekommen ist. Dies könnte dann mit der in den ersten Jahren des Dritten Reiches von den Berliner Ministerialstellen gegenüber Thomas Mann eingenommenen abwartend-vorsichtigen Haltung erklärt werden. Sie schloß vorerst alle derartigen Maßnahmen gegen den Dichter aus. Hierfür finden sich in den Bonner Fakultätsakten gleichfalls Belege.

Von Thomas Mann ist hier nämlich wieder 1935 die Rede [58]. Damals ging am 21. Juli von der Fakultät ein nicht in durchweg befriedigendem Deutsch gehaltenes Schreiben an das Kultusministerium. Thomas Mann scheine sich – so heißt es darin – Zeitungsnachrichten zufolge als Emigrant gegenüber der deutschen Regie-

---

[57] Die Akten der Philosophischen Fakultät betr. Entziehung des Doktor- und Ehrendoktortitels enthalten folgende, von Pietrusky gezeichnete Abschrift eines Briefes, den er an den von den Nationalsozialisten 1933 abgesetzten und verfolgten Oberbürgermeister der Stadt Düsseldorf gerichtet hat:

„Rheinische Friedrich-Wilhelms-Universität   Bonn, den 28. April 1934
Der Rektor
1437

Nach Zeitungsnachrichten hat die Staatsanwaltschaft gegen Sie Anklage erhoben. Da Sie bisher der Universität, deren Ehrenbürger Sie sind, davon keine Mitteilung gemacht haben, sehe ich mich veranlaßt, Ihnen das Ehrenbürgerrecht zu entziehen.

Herrn Dr. Lehr, Düsseldorf

gez. Pietrusky"

Umfangreiches Material zu diesem „geradezu ungeheuerlichen Schritt", den zurückzunehmen sich Pietrusky auch nach der im März 1936 erfolgten Einstellung des Verfahrens gegen Lehr außerstande erklärte – wobei die treibende Kraft der Düsseldorfer Gauleiter Florian war – findet sich im Nachlaß Robert Lehr (Stadtarchiv Düsseldorf). Erst am 11. April 1938 erhielt Lehr die Mitteilung, daß er wieder als Ehrenbürger der Universität geführt werde, nachdem der damals amtierende Rektor Prof. K. Schmidt den Fall am 18. Februar 1937 dem Ministerium unterbreitet hatte. Über die Rehabilitierung berichteten verschiedene Zeitungen, z. B. Kölnische Zeitung Nr. 198 vom 21. April 1938. Für freundliche Hinweise dankt der Verfasser dem Bearbeiter des Nachlasses, Herrn Dr. Wolfgang *Stump* (Düsseldorf/Speyer).

[58] Zum Folgenden vgl. Akten der Philosophischen Fakultät der Universität Bonn betr. Thomas Mann (UA); Dok. 97, S. 472.

rung feindlich zu betätigen. Ein in polnischer Sprache von ihm veröffentlichtes Buch sei wegen der darin enthaltenen Beleidigungen der Reichsregierung von den Warschauer Behörden beschlagnahmt worden. „Falls diese Nachrichten wahr sind, unterliegt es wohl keinem Zweifel, daß Thomas Mann der Ehrendoktor zu entziehen ist". Die Fakultät könne aber nicht auf Grund unkontrollierter Zeitungsnachrichten vorgehen und frage deshalb beim Ministerium an, ob dort Material verfügbar sei, mit dem sich der Entzug der Würde begründen lasse. Dieses Schreiben hat in Vertretung des Dekans v. Antropoff unterzeichnet.

Der sachlich-historische Zusammenhang der Anfrage ist in Zeitungsnachrichten erkennbar, denen zufolge Thomas Mann sich gegenüber der amerikanischen Zeitung „Washington Post" in kommunistenfreundlichem Sinn geäußert haben sollte. Das nationalsozialistische Gauorgan „Westdeutscher Beobachter" hatte hierüber am 16. Juli mit Seitenhieben gegen das Verhalten einer „gewissen instinktlosen bürgerlichen Lesergemeinde", die Thomas Mann noch immer anhinge, berichtet [59]. Der Hinweis in v. Antropoffs Schreiben auf das in polnischer Sprache erschienene und von der Warschauer Regierung verbotene Buch beruhte auf einer Verwechslung mit der von Heinrich Mann unter dem Titel „Der Haß" veröffentlichten Kampfschrift gegen den Nationalsozialismus [60]. Dieser Fehler war dem „Westdeutschen Beobachter" am 21. Juli 1935 bei einer Meldung über das Vorgehen der polnischen Behörden unterlaufen [61].

Die Akten der Fakultät enthalten keinerlei Anzeichen dafür, daß der amtierende Dekan oder die Fakultät mit der Angelegenheit befaßt worden sind. Dies kann schon deshalb nicht geschehen sein, weil das Schreiben an das Ministerium, mit dem auf das Buchverbot in Warschau Bezug genommen wird, an dem gleichen 21. Juli – einem Sonntag – entstanden ist, an dem die betreffende Nachricht im „Westdeutschen Beobachter" gestanden hat. v. Antropoff hat sichtlich auf eigene

---

[59] Westdeutscher Beobachter Nr. 193 vom 16. Juli 1935. – Der Kommentar des nationalsozialistischen Parteiorgans zu dieser Meldung lautete: „Das also ist das wahre Gesicht des Herrn Thomas Mann, von dessen literarischer Produktion auch heute noch manche Leute in Deutschland glauben, sich nicht trennen zu können!"

[60] H. *Mann*, Der Haß. Deutsche Zeitgeschichte, Amsterdam 1933; die polnische Übersetzung erschien unter dem Titel „Nienawiść" 1935 im „Mewa"-Verlag, Warschau. Über die „geteilte Aufnahme", die dieses Buch selbst „unter den entschlossensten Antinazis" fand, berichtet F. *Schönberner*, Innenansichten eines Außenseiters, Icking–München [1965], S. 43.

[61] Westdeutscher Beobachter Nr. 198 vom 21. Juli 1935. Die mit der Überschrift „Polnische Behörde beschlagnahmt Buch von Thomas Mann" versehene Meldung lautet: „Warschau, 20. Juli (eig. Meldung). Das Polnische Regierungskommissariat in Warschau hat das in polnischer Sprache herausgegebene Buch ‚Haß' von Thomas Mann beschlagnahmt, da es das Ansehen eines fremden Staatsoberhauptes herabzusetzen geeignet ist. Dieses Buch behandelt den nationalsozialistischen Umsturz in Deutschland und die Person des Führers und Reichskanzlers Adolf Hitler in diffamierender Weise. Dieses Vorgehen der polnischen Behörden kann im Sinne der europäischen Solidarität nur als vorbildlich bezeichnet werden". – Die gleiche Verwechslung zwischen den Brüdern Mann unterlief merkwürdigerweise der Polnischen Botschaft in Berlin in einem Schreiben, mit dem sie dem Auswärtigen Amt am 5. September 1935 die Beschlagnahme des Buches meldete; Dok. 102, S. 475.

Faust gehandelt, als er sich – vermutlich gleich nach Lektüre der sonntäglichen Zeitung – ans Werk machte und dabei nicht nur seine Eigenschaft als Stellvertreter des Dekans, sondern auch das ihm auf Grund dieser Funktion zur Verfügung stehende amtliche Briefpapier der Fakultät ausnutzte. Den Mitgliedern der Fakultät ist jedenfalls, wie die Akten zeigen, auch vom weiteren Verlauf der Sache nichts bekannt geworden. Das Kultusministerium befaßte mit der Anfrage das Reichsministerium des Innern und behandelte sie im übrigen nicht mit der durch v. Antropoff gewünschten Eile. Es antwortete erst am 7. Oktober und nahm dabei nicht selbst Stellung, sondern übermittelte lediglich Abschriften aus einem Briefwechsel zwischen dem Reichsministerium des Innern, dem Auswärtigen Amt und dem S. Fischer-Verlag, der im September geführt worden war [62]. Diese Korrespondenz klärte den Irrtum bezüglich des von Heinrich Mann stammenden Buches auf und enthielt zu dem Interview in der „Washington Post" die bündige Erklärung Thomas Manns: „Kein Wort in der Erklärung ist authentisch". Am 16. Dezember 1935 übersandte das Reichswissenschaftsministerium eine in dem erwähnten Schreiben angekündigte weitere Mitteilung in Gestalt der Stellungnahme der für Literaturangelegenheiten zuständigen und von ihm mit v. Antropoffs Frage befaßten Abteilung VIII des Reichspropagandaministeriums. Sie stammt vom 10. Dezember [63]. Hier heißt es: „Von den durch die Presse gelaufenen verschiedenen Nachrichten über Äußerungen Thomas Manns zu Fragen des neuen Deutschland ist ein sehr erheblicher Teil auf das Konto einer bewußt entstellenden und verzerrenden, teilweise sogar jeder sachlichen Unterlage entbehrenden Berichterstattung zu setzen. Immerhin bleiben eine Reihe von Äußerungen bestehen, die Thomas Mann selbst zugegeben hat, ... diese ... bedeuten einen Bruch des seinerzeit gegebenen ausdrücklichen Versprechens, sich jeder Verlautbarung, die Fragen des neuen Deutschland berührt, vor der Weltöffentlichkeit zu enthalten. Infolge dieser Tatsache ist an sich eine Aufrollung des Falles begründet. Jedoch erscheint der augenblickliche Zeitpunkt zu einer endgültigen Bereinigung der Frage nicht geeignet, da eine Alarmierung der Weltpresse durch die Maßnahme der Ausbürgerung oder der Entziehung des Ehrendoktors eben nicht erwünscht ist". Der Fall werde vom Propagandaministerium sofort wieder aufgegriffen, wenn er

---

[62] Reichsministerium für Wissenschaft, Erziehung und Volksbildung an Universitätskurator in Bonn, 7. Oktober 1935 (Akten der Philosophischen Fakultät der Universität Bonn betr. Thomas Mann, UA); Dok. 110, S. 481. – Die dem Schreiben beigefügten Anlagen sind als Dok. 103, 104, 107 S. 476ff., 480 gedruckt. Abschriften von ihnen befinden sich auch in den Akten des Auswärtigen Amtes betr. Thomas Mann. – Aus Dok. 106 ergibt sich, daß die Anfrage v. Antropoffs beim Reichswissenschaftsministerium am 14. August zu einer Erkundigung beim Reichsministerium des Innern geführt hat, die am 7. September beantwortet wurde.

[63] Reichsministerium für Wissenschaft, Erziehung und Volksbildung an den Universitätskurator in Bonn, 16. Dezember 1935 (Akten der Philosophischen Fakultät der Universität Bonn betr. Thomas Mann, UA); Dok. 131, S. 494; die Anlage zu diesem Schreiben Dok. 130, ebd. Eine entsprechende Mitteilung des Reichsministeriums für Volksaufklärung und Propaganda an das Auswärtige Amt vom 21. Dezember 1935 findet sich in den Akten betr. Ausbürgerung 1. Liste (Heinrich Mann) (PA).

sich der Entwicklung der Gesamtsituation nach ohne schädliche Folgen für das Reich bereinigen lasse. Das Schreiben schließt mit dem Wunsch, die Frage der Aberkennung von Thomas Manns Ehrendoktor möge bis zum gleichen Zeitpunkt zurückgestellt werden. Diese Mitteilungen des Kultusministeriums vom 7. Oktober und 16. Dezember 1935 wurden von Rothackers Nachfolger als Dekan, Professor Oertel, der inzwischen – gewiß zu v. Antropoffs lebhaftem Mißvergnügen – sein Amt angetreten hatte, wortlos zu den Akten geschrieben.

Als nach 1945 die Verantwortung für den Entzug der Ehrendoktorwürde Thomas Manns erörtert wurde, hat die Stellungnahme des Propagandaministeriums bei unzulänglich informierten, gleichwohl aber zur Sache das Wort nehmenden Personen das unzutreffende Gerücht entstehen lassen, Goebbels selbst habe – sogar durch telegraphische Intervention – diese Maßnahme erfolglos zu verhindern versucht [64]. Angesichts der hohen politischen Bedeutung, die der Fall des deutschen Literatur-Nobelpreisträgers besaß, ist allerdings mit einer an Sicherheit grenzenden Wahrscheinlichkeit anzunehmen, daß Goebbels die Mitteilung seines Abteilungsleiters ausdrücklich gebilligt hat. Es ist erwiesen, daß er – sonst an den Angelegenheiten von Abteilung VIII seines Ministeriums wenig interessiert [65] – sich um die mit Thomas Mann zusammenhängenden Fragen persönlich gekümmert hat, und wir werden ihm auch noch mehrfach begegnen. Die mäßigende Tendenz der Stellungnahme seines Hauses vom 16. Dezember 1935 steht im Einklang mit anderweitig bezeugten und bis zu Thomas Mann gedrungenen Nachrichten über das persönliche Verhalten von Goebbels in der Angelegenheit des berühmten Dichters [66]. Übrigens hat auch das Kultusministerium die Anfrage aus Bonn nicht als Routineangelegenheit, sondern als Politikum behandelt. Alle uns bekannten Schreiben, die in dieser Sache von dort ausgegangen sind, wurden nicht von Referenten oder dem Abteilungsleiter, sondern dem damals in dauernder Vertretung des längere Zeit nicht vorhandenen Staatssekretärs amtierenden Ministerialdirektor Kunisch gezeichnet. Im Auswärtigen Amt sind die auf den Fall Thomas Mann bezüglichen Schriftstücke – von rein technischer Routinekorrespondenz abgesehen – ebenfalls immer Minister und Staatssekretär vorgelegt worden. Ähnlich haben sich das Bayerische Kultusministerium und das Reichsministerium des Innern verhalten; es wird sich zeigen, daß sich mit Thomas Mann auch bei der Geheimen Staatspolizei nicht bloß untergeordnete Beamte beschäftigt haben.

Mit dem Bescheid des Propagandaministeriums war die Aktion v. Antropoffs end-

---

[64] Vgl. Schreiben des Dekans Prof. Langlotz an Prof. Naumann vom 22. Juli und dessen undatierte Antwort aus den letzten Julitagen 1949 (Akten der Philosophischen Fakultät der Universität Bonn betr. Prof. Obenauer, UA); ferner die eidesstattliche Erklärung des früheren Rektors K. Schmidt vom 19. Juli 1949 (Fotokopie, UA).

[65] Mündliche Mitteilung von Rechtsanwalt *Haegert* (Berlin), der vom Frühjahr 1933 an im Reichsministerium für Volksaufklärung und Propaganda tätig war, zuletzt als Ministerialdirektor.

[66] Th. *Mann*, „Briefe in die Nacht" zitiert ein ihm zu Ohren gekommenes Wort von Goebbels, der seine Ausbürgerung „keineswegs gewünscht hatte. ,Solange ich etwas zu sagen habe, geschieht das nicht'" (XI, S. 794; MK 120, S. 203).

gültig gescheitert. Es verdient Beachtung, daß das Kultusministerium dabei lediglich als „Briefträger" fungiert hat. Es war zuständig für die formalen Bestimmungen über die Aberkennung akademischer Grade, hat sich jedoch im Fall von Thomas Mann nicht als kompetent für ein Sachurteil darüber betrachtet, ob bei dem Dichter die für den Entzug geforderten Voraussetzungen bestanden. Die Entscheidung hierüber suchte es bei anderen Ressorts. Diese Beobachtung ist von Wert für die uns jetzt beschäftigende Analyse der folgenden Vorgänge.

Das nächste Dokument in den Fakultätsakten ist nämlich der am 19. Dezember 1936 an „Herrn Schriftsteller Thomas Mann" gerichtete Einschreibebrief des Dekans Professor Obenauer, dessen Wortlaut zusammen mit der Erwiderung des Adressaten weltberühmt geworden ist [67]. Das Schreiben enthält weder Anrede noch Schlußcourtoisie. Es lautet: „Im Einverständnis mit dem Herrn Rektor der Universität Bonn muß ich Ihnen mitteilen, daß die Philosophische Fakultät sich nach Ihrer Ausbürgerung genötigt gesehen hat, Sie aus der Liste ihrer Ehrendoktoren zu streichen. Ihr Recht, diesen Titel zu führen ist gemäß § VIII unserer Promotionsordnung erloschen [68]. Obenauer, Dekan".

Wir haben zu prüfen, ob zwischen diesem Schreiben und den uns bislang aus den Akten der Fakultät bekannt gewordenen Tatsachen – insbesondere dem Schritt, den v. Antropoff im Juli 1935 unternommen hatte – ein Zusammenhang besteht. Nachdem der Eifer des damaligen Briefschreibers durch die Berliner Zentralbehörden gezügelt worden war, stellt sich die Frage, wie es zu Obenauers Schritt kommen konnte, umso dringlicher. Die Antwort liegt zunächst einmal in dem Hinweis auf Thomas Manns Ausbürgerung; sie nennt das Schreiben des Dekans vom 19. Dezember 1936 selbst als Voraussetzung dafür, daß der Dichter aus dem Verzeichnis der Ehrendoktoren gestrichen worden sei. Wir wenden uns damit der Genesis des Aktes zu, durch den Thomas Mann die deutsche Staatsangehörigkeit abgesprochen worden ist.

Seine Vorgeschichte reicht sehr weit zurück. Ihre letzten Wurzeln liegen in der haßerfüllten Gegnerschaft, die Thomas Mann seit seinem Bekenntnis zur demokratisch-republikanischen Staatsform des Reiches in weiten Kreisen des deutschen Volkes entgegengebracht wurde. Die von da an gegen ihn gerichtete Polemik kam

---

[67] Dok. 204, S. 561 f. – Faksimile bei G. *Wenzel*, Nachlese zur Thomas-Mann-Ausstellung in Berlin (Spektrum 11, 1965, S. 398).

[68] Die Promotionsordnung, auf die hier Bezug genommen ist, war am 1. Februar 1932 in Kraft getreten. Ihr Artikel VIII lautet in der ursprünglichen Fassung: „Hat der Bewerber den Doktorgrad durch Täuschung der Fakultät erschlichen, so wird die Fakultät den Doktorgrad entziehen. Als solche Täuschungen kommen insbesondere in Betracht: Fälschung der Reife- oder Studienzeugnisse, Abgabe einer falschen eidesstattlichen Versicherung über die selbständige Anfertigung der Dissertation oder Verschweigung erheblicher Vorstrafen". Hierzu kam der durch den oben S. 111 behandelten Ministerialerlaß vom 17. Juli 1934 verfügte Zusatz, der im Falle von Thomas Mann die Berufung auf die Promotionsordnung ermöglichte. Das Handexemplar des Dekans, in das derartige Zusätze eingetragen zu werden pflegten, ist heute nicht mehr nachweisbar und vermutlich im Kriege untergegangen. Ein Druckexemplar der Promotionsordnung ohne den Zusatz befindet sich im Bonner Universitätsarchiv.

in den Zeitungen, die den Rechtsparteien nahestanden, nicht mehr zur Ruhe. Es wurde schon erwähnt, daß der Kampf aus verschiedenen Gründen am Wohnsitz des Dichters besonders lebhaft geführt wurde. Die große bürgerliche Zeitung der bayerischen Hauptstadt, die „Münchner Neuesten Nachrichten", ebenso die durch die Person von Paul Nikolaus Coßmann eng mit diesem Blatt verknüpfte führende kulturelle Zeitschrift „Süddeutsche Monatshefte" [69] und natürlich bald auch der „Völkische Beobachter" – erstaunlicherweise aber erst seit 1927, dafür dann aber umso massiver – richteten hier heftige Angriffe gegen Thomas Mann. In der offiziellen „Bayerischen Staatszeitung" machte sich ebenfalls hin und wieder deutliche Abneigung gegen ihn bemerkbar. Zwischen die amtlichen Huldigungen, mit denen der fünfzigjährige Dichter 1925 und der Nobelpreisträger 1929 geehrt wurde, mischten sich Vorklänge des Kommenden. Die Münchner Ortspresse deutete mit „gesinnungssteifem Finger" auf Thomas Manns politische Wandlung, und ein Bericht in der „Kölnischen Zeitung", der dies Ende 1929 erwähnt, bemerkt, „daß sie ihn ausschloß aus – der nationalen Gemeinschaft" [70]. Im „Völkischen Beobachter" mehrten sich mit den Jahren die Angriffe und Schmähungen. Sie erreichten einen ersten Höhepunkt, als die Verleihung des Nobelpreises bekannt wurde [71]. Schon einige Monate vorher, bei der unter Protektion des Rektors der

---

[69] Vgl. A. *Betz*, Die Tragödie der „Münchner Neuesten Nachrichten" 1932/33 (Journalismus 2, 1961, S. 22 ff.); W. *Selig*, Paul Nikolaus Coßmann und die Süddeutschen Monatshefte von 1914–1918 (Dialogos. Zeitung und Leben, N. F. 3, hrsg. v. O. B. *Roegele*), Osnabrück [1967], wo über die im Titel bezeichnete Zeit hinausgegriffen und Coßmanns Wirken in den Jahren der Weimarer Republik behandelt wird. – Zur Kritik Thomas Manns an den „Süddeutschen Monatsheften" schon in der Zeit der „Betrachtungen eines Unpolitischen" vgl. oben S. 62, Anm. 125.

[70] Kölnische Zeitung Nr. 707 vom 28. Dezember 1929 (bei *Matter* nicht verzeichnet). – Das Berliner Tageblatt Nr. 54 vom 15. November 1929 („Thomas Mann und München") hatte das offizielle München und die Presse der bayerischen Hauptstadt gerügt, weil sie die Verleihung des Nobelpreises an Thomas Mann nicht gebührend beachtet hätten. Die weiter zurückblickende Bemerkung in der Kölnischen Zeitung deckt sich mit einem Satz im Völkischen Beobachter Nr. 189 vom 15./16. August 1928, Beiblatt „Münchener Beobachter", dessen zweiter Teil in ungewöhnlicher Weise typographisch hervorgehoben ist. Er lautet: „Nicht nur die Münchner Neuesten Nachrichten sind es, die Thomas Mann ablehnen, sondern das gesamte nationale München in diesem Fall ausnahmslos". Der betreffende Artikel ist überschrieben „Zivilisations-Literatentum für Thomas Mann" und wendet sich gegen eine Zuschrift des Schutzverbandes deutscher Schriftsteller zugunsten des Dichters (bei *Matter* nicht verzeichnet).

[71] Der von J. *St-g.* – dem Feuilletonleiter des Blattes Josef *Stolzing-Cerny* (über ihn vgl. Kürschners Deutscher Literatur-Kalender 1930, Sp. 176; 1934, Sp. 117; K. *Heiden*, Adolf Hitler, Zürich 1936, S. 222; E. K. *Benner*, Deutsche Literatur im Urteil des „Völkischen Beobachters" 1920–1933, Münchner phil. Diss. 1954 (masch.), passim; S. *Noller*–H. v. *Kotze*, Facsimile-Querschnitt durch den Völkischen Beobachter, [München–Bern–Wien 1967], S. 19; R. *Bollmus*, Das Amt Rosenberg und seine Gegner, Stuttgart 1970, S. 264, Anm. 79) – gezeichnete Artikel „Thomas Mann als Nobelpreisträger" (Völkischer Beobachter Nr. 265 vom 15. November 1929) verband heftige Invektiven gegen den Dichter mit so törichter Abqualifizierung der früheren Entscheidungen des Nobelpreiskomitees, daß die Redaktion sich veranlaßt sah, in einem zweiten, ungezeichneten Artikel (Völkischer Beobachter Nr. 270 vom 21. November 1929) unter erneuten Angriffen gegen Thomas Mann den Mitgliedern des Komitees ernstes

Universität und Förderung durch zahlreiche Gelehrte von bedeutendem Ruf in München veranstalteten ersten öffentlichen Kundgebung des Rosenbergschen „Kampfbundes für deutsche Kultur", stand der Name Thomas Manns als eines Kulturschädlings und Seelenverderbers neben anderen auf der „Proskriptionsliste" [72]. 1930 wurde Thomas Mann im „Völkischen Beobachter" als „pseudodeutscher Schriftsteller" bezeichnet, im folgenden Jahr ihm an gleicher Stelle bescheinigt, er sei, als Vertreter „einer kraftlosen Welt, die sich schon längst auf die psychoanalytische Sezierung ihrer eigenen Fäulnis – und sei es der Lungentuberkulose – beschränkt sah", „beim Bolschewismus" gelandet [73]. Nachdem Erika Mann Anfang 1932 bei einer pazifistischen Veranstaltung als Rednerin mitgewirkt hatte, schrieb das nationalsozialistische Parteiblatt drohend: „Das Kapitel Familie Mann erweitert sich nachgerade zu einem Münchner Skandal, der auch seine Liquidierung finden muß" [74].

Streben nach Sachlichkeit und Gerechtigkeit zu bescheinigen. Sie seien jedoch „Menschen und unterliegen unter Umständen propagandistischen Einflüssen". Im Falle von Thomas Mann – „heute ein Mann nach den Wünschen des Judentums" – habe „jüdische Propaganda auf breiter Linie" zur Verleihung des Nobelpreises geführt. Bei *Benner*, S. 135 f. ist der Sinn dieses zweiten Artikels nicht erkannt. – Weitere Angriffe auf Thomas Mann aus dem Völkischen Beobachter verzeichnet D. *Strothmann*, Nationalsozialistische Literaturpolitik (Abhandlungen zur Kunst-, Musik- und Literaturwissenschaft 13), Bonn ²1963, S. 310 f., wo der in Anm. 70 erwähnte Artikel in Nr. 189 vom 15./16. August 1928 und der gleich darauf erschienene Angriff „Thomas Mann und seine Sprößlinge" (Völkischer Beobachter Nr. 192 vom 19. August 1928; bei *Matter* nicht verzeichnet) nachzutragen sind; vgl. ferner *Benner*, S. 131 ff. Der Hauptschriftleiter des Völkischen Beobachters, Alfred Rosenberg, hatte sich am 24. April 1929 bei einer vom „Kampfbund für deutsche Kultur" in München veranstalteten Kundgebung in seiner Rede „Münchens Kulturaufgaben und die Fälle Knappertsbusch, Reinhardt, Thomas Mann" polemisch mit dem Dichter befaßt, den er als kleinen Bauern in dem großen Schachspiel bezeichnete, das die „Sumpfkultur" in der bayerischen Hauptstadt zum Siege führen sollte; vgl. Mitteilungen des Kampfbundes für deutsche Kultur 1, 1929, S. 78. Ähnlich schon in dem Artikel „Kulturverbände", ebd. S. 54 ff. Bibliographische Ergänzungen sind dem – als Kompendium haßerfüllter Äußerungen über den Dichter unübertroffenen – oben S. 42, Anm. 64 charakterisierten Nachschlagewerk Sigilla veri zu entnehmen, das Thomas Mann nicht weniger als zehn Seiten einräumt (S. 295–304), mit falschem Datum der Ehrenpromotion („Bonn 21").

[72] Th. *Mann*, Tischrede auf Wassermann (April 1929); X, S. 450 f.; MK 119, S. 206 f. – Über die Veranstaltung und ihre Vorgeschichte vgl. H. *Brenner*, Die Kunstpolitik des Nationalsozialismus (Rowohlts Deutsche Enzyklopädie 167/168), [Reinbek 1963], S. 7 ff.; *Bollmus*, S. 28. Der in der vorigen Anmerkung erwähnte J. Stolzing-Cerny ist bei *Brenner*, S. 9 als Fachgruppenleiter der Schriftsteller im Kampfbund für deutsche Kultur genannt. Polemik gegen Thomas Manns Rede auf Wassermann in den Mitteilungen des Kampfbundes für deutsche Kultur 1, 1929, S. 61 f., übrigens mit Beifügung eines „(!)" zu „Prof. Dr. h. c." vor dem Namen des Dichters.

[73] A. *Schmieder*, Thomas Mann als Politiker (Völkischer Beobachter Nr. 277 vom 21. November 1930); Dr. *W. Sch.*, Thomas Mann in hochachtungsvoller Ergebenheit an ... den Bolschewismus (ebd. Nr. 182 vom 1. Juli 1931). Zu einer gleichlautenden früheren Feststellung im selben Blatt vgl. Dok. 33, Anm. 10. – Beide hier zitierte Artikel sind bei *Matter* nicht verzeichnet.

[74] Völkischer Beobachter Nr. 16 vom 16. Januar 1932: „Pazifistenskandal in München". Ein Untertitel des auf der ersten Seite der Zeitung groß aufgemachten Artikels lautet: „Kultur- und Erziehungsblüten aus dem Hause Thomas Mann" (bei *Matter* nicht verzeichnet). Den

Als ein Jahr später die Nationalsozialisten die Macht in Händen hielten, schien der Augenblick dazu gekommen. Bereits Mitte Februar kündigte sich Unheil im „Völkischen Beobachter" an [75]. In ein und derselben Ausgabe wurden zwei verschiedene Angriffe von größter Heftigkeit gegen den Dichter gerichtet: im Rahmen eines Artikels, der „Die preußische ‚Dichter'-Akademie eine politische Schrekkenskammer" betitelt war, und durch eine Meldung, die die Überschrift trug „Skandal um Thomas Mann in Brüssel". Darin wurde zugleich der deutsche Gesandte in Belgien attackiert, weil er „heute noch den Halbbolschewiken Thomas Mann zu empfangen" gewagt habe. Die Zeitung bezeichnete es als „äußerst unangebracht", daß „ausgerechnet Herr Thomas Mann etwas Gedenktagähnliches" zu Richard Wagners Gedächtnis im Ausland veranstalte, während „der Geburtstag dieses großen deutschen Tonkünstlers im Reich in Anwesenheit des Kanzlers Adolf Hitler würdig begangen" werde [76]. Das Pamphlet gegen die Abteilung für Dichtung in der Preußischen Akademie der Künste, von Dr. Rainer Schlösser verfaßt, charakterisierte Thomas Mann als „frankophilen, erfüllungsbegeisterten, marxistischen, dazu mit dem Zentrum liebäugelnden, überdies pazifistischen und jüdisch versippten ‚Kopf'", dem ferner „seine Bewunderung des ‚grandiosen bolschewistischen Experiments' und der ‚alten, zähen, vornehmen jüdischen Rasse' sowie sein ‚Abscheu vor jeder germanischen Gefühlsfeuchte'" vorzuwerfen seien. Da Thomas Mann in eine Linie mit seinem Bruder Heinrich gerückt wurde, dessen „zersetzenden Sentenzen" er nicht fernstehe, war das für seine Verfolgung maßgebende Stichwort gefallen. Wenn wenige Tage nach diesem Angriff die sozialdemokratische Zeitung Münchens auf ihrer Titelseite Thomas Mann noch mit einem „Bekenntnis zum Sozialismus" zu Wort kommen lassen konnte [77], so blieb

---

zugrunde liegenden Vorfall und die Konsequenzen schildert *K. Mann, Wendepunkt*, S. 275 f. – Im Beiblatt derselben Nummer des Völkischen Beobachters vom 16. Januar 1932 befaßte sich L. *Brehm* unter dem Titel „Thomas Mann – der Bekenner" wieder mit den Veränderungen in den „Betrachtungen eines Unpolitischen"(Wiederabdruck: *Schröter, Urteil*, S. 194 ff.).

[75] Völkischer Beobachter, Berliner Ausgabe, Nr. 48 vom 17. Februar 1933. – Wiederabdruck des Artikels „Die Preußische ‚Dichter'-Akademie ..." bei H. *Brenner*, Ende einer bürgerlichen Kunst-Institution. Die politische Formierung der Preußischen Akademie der Künste ab 1933 (Schriftenreihe der Vierteljahrshefte für Zeitgeschichte 24), Stuttgart [1972], S. 39 ff.

[76] Der Text ist wiedergegeben bei J. *Wulf*, Musik im Dritten Reich. Eine Dokumentation [ro-ro-ro 818–820, Reinbek 1966], S. 315. Vgl. auch unten Anm. 79a. – Der Zeitung unterlief im Eifer des Gefechts ein Lapsus: im Februar 1933 beging man bekanntlich Wagners 50. *Todes*tag.

[77] Münchner Post Nr. 43 vom 21. Februar 1933. – Es handelt sich um den Text einer Botschaft, die auf der Kundgebung des Sozialistischen Kulturbundes am 19. Februar in Berlin verlesen werden sollte und die sogleich an verschiedenen Stellen, teilweise fragmentarisch, gedruckt wurde; vgl. dazu *Bürgin* V, Nr. 414. Für die Kundgebung „Das Freie Wort", bei der der in Vierteljahreshefte für Zeitgeschichte 6, 1958, S. 172 ff. gedruckte Brief Thomas Manns an Kultusminister Grimme vom 12. Januar 1933 (mit der Überschrift [Bekenntnis zum Sozialismus] ohne Datum im Text jetzt auch MK 117, S. 249 ff.) durch den Adressaten verlesen wurde, vgl. die Schilderung des Teilnehmers H. Graf *Keßler*, Tagebücher 1918–1937, Frankfurt/M. 1961, S. 705 ff. Zur Sache vgl. die Briefe an Thomas Mann vom 8. November 1932 und 11. Januar 1933 sowie an Max Stefl vom 4. Februar 1962 bei A. *Grimme*, Briefe, hrsg. von

dies für lange Zeit die letzte Gelegenheit, die dem Dichter in seiner Heimat zu derartigen Erklärungen gegeben war, dürfte aber kaum noch die Feindschaft, die ihm dort entgegengebracht wurde, haben steigern können. Indem die „Bayerische Staatszeitung" darauf replizierte, die von Thomas Mann aufs Korn genommene Mischung aus Revolution und Reaktion sei auch ihr verdächtig, aber die Kulturgeschichte lehre, „daß weder aus weltbürgerlichem Sumpf noch aus radikalen Fluten, sondern eben aus glücklichen Mischungen von Revolution und Reaktion sich jeder Kulturfortschritt herleitet", hatte das regierungsamtliche Organ unmißverständlich auf die eben zur Macht gelangte Allianz zwischen bürgerlich-nationalistischen und revolutionär-nationalsozialistischen Kräften hingewiesen. Ein ironisierend hintergründiges Lob, das Thomas Mann erteilt wurde, weil er in Paris alle Äußerungen über Politik abgelehnt habe, kündigte an, was die Stunde geschlagen hatte [78].

Das im „Völkischen Beobachter" angeschlagene Thema wurde zwei Monate später in der „Hauptstadt der Bewegung" voll orchestriert aufgegriffen. Ein von zahlreichen Prominenten – darunter nur wenigen, aber nunmehr mächtigen Vorkämpfern der NSDAP – unterzeichneter „Protest der Richard-Wagner-Stadt München" gegen Thomas Mann erschien zu Ostern in der Presse, bezeichnenderweise nicht im „Völkischen Beobachter", sondern in den „Münchner Neuesten Nachrichten" [79]. Diese Zeitung hatte als Organ des bürgerlichen Nationalismus

---

D. *Sauberzweig* (Veröffentlichungen der Deutschen Akademie für Sprache und Dichtung 39), Heidelberg 1967, Nr. 34, 38, 225, S. 49 ff., 55 f., 276 f. Vgl. jetzt auch H. A. *Walter*, Bedrohung und Verfolgung bis 1933. Deutsche Exilliteratur 1933–1950, [Darmstadt–Neuwied 1972], Bd. 1, S. 151 f.

[78] Zu Thomas Manns Kundgebung für den Sozialistischen Kulturbund im Februar 1933 (Bayerische Staatszeitung Nr. 44 vom 22. Februar 1933; bei *Matter* nicht verzeichnet).

[79] Münchner Neueste Nachrichten Nr. 105 vom 15./17. April 1933 mit Nachtrag verschiedener, von der Generaldirektion der Staatstheater aus ihrem Dienstbereich nachgelieferter Unterschriften in der Notiz „Gegen Thomas Mann", ebd. Nr. 108 vom 20. April 1933; S. 381 ff., Dok. 21. – Abdruck der beiden Erklärungen mit sämtlichen Unterschriften bei G. *Bermann Fischer*, Bedroht – Bewahrt. Weg eines Verlages, [Frankfurt/M.] 1967, S. 92 ff., der ersten auch bei *Schröter, Urteil*, S. 199 f. Vgl. ferner S. v. *Hausegger*, Offener Brief an „Die Neue Rundschau" (Münchner Neueste Nachrichten Nr. 124 vom 6. Mai 1933; Wiederabdruck: *Schröter, Urteil*, S. 79 ff.) sowie die daran anknüpfende Auseinandersetzung zwischen P. *Suhrkamp* und v. *Hausegger* „Um Thomas Manns Wagner-Rede" (Münchner Neueste Nachrichten Nr. 149 vom 1. Juni 1933; *Schröter Urteil*, S. 203 ff.) Die „Neue Rundschau" 44, 1933, S. 857 ff., brachte in ihrer Juninummer aus der Feder von Samuel *Sänger* „eine sehr ausführliche... und ebenso elegante wie dezidierte Erwiderung" auf den „Protest", die sich nicht scheute, hinter dem „Paroxysmus der Empfindlichkeit... in München" „sachfremde Motive" – also politische Beweggründe – wirksam zu finden; vgl. *de Mendelssohn, Fischer*, S. 1292. Vgl. hierzu auch *Richter*, S. 13 ff. – Zur Genesis der Protesterklärung bietet die ungedruckte Untersuchung „Zum Wagner-Bilde Thomas Manns" des englischen Germanisten Jim *Ford* (Water Orton), für deren Überlassung der Verfasser dem Autor zu danken hat, bemerkenswerte Aufschlüsse. Dazu gehört vor allem der philologisch exakt erbrachte Nachweis, daß der „Protest" sich nicht auf den im Aprilheft 1933 der „Neuen Rundschau" veröffentlichten Text von Thomas Manns Wagnerrede stützt, sondern auf einen Berliner Zeitungsbericht über den Vortrag des Dichters in Amsterdam. Dieses Ergebnis wird durch das unten S. 129, Anm. 83 zitierte bisher unbekannte

Thomas Mann in der Vergangenheit oft attackiert, andererseits aber in den Jahren unmittelbar vor 1933 auch unter Schwierigkeiten Hitler und den heraufziehenden Nationalsozialismus bekämpft. Während der „Völkische Beobachter" — allerdings nicht in seiner Süddeutschen und Norddeutschen, sondern lediglich in der Münchner Ausgabe von 13. Februar 1933 — erwartungsgemäß negativ-höhnisch auf Thomas Manns Richard-Wagner-Vortrag reagiert hatte[79a], war tags darauf von den Münchner Neuesten Nachrichten unter dem Titel „Der Fall Wagner" noch in durchaus positiver Form berichtet worden[80]. Gerade eben, in der Nacht vom 3. zum 4. April, hatte der Verlag, der im Besitz mächtiger Gruppen der Schwerindustrie und der Bankwelt stand, sich den mit unverhohlenem Terror unterstrichenen Forderungen Himmlers gebeugt. Dieser brachte dabei die ihm am 1. April übertragene Funktion des Politischen Polizeikommandeurs Bayerns zur Wirkung: aufgezwungene Kommissare und eine als Generalbevollmächtigter fungierende

---

Schreiben H. Knappertsbuschs vom 3. April 1933 bestätigt. – Nach *Lion*, S. 149 soll schon „in den nächsten Tagen" nach dem Wagner-Vortrag in München „ein erregtes Protestschreiben gegen die Rede" kursiert sein. Angesichts zahlreicher sonstiger Fehler in den Tatsachenangaben dieses Buches kann dieser Hinweis nicht ohne weiteres übernommen werden, zumal auch in der beträchtlich veränderten zweiten Auflage des Buches (Zürich 1947), wo die Vorgänge S. 115 f. berührt werden, davon nichts mehr steht. – Thomas Manns Entgegnung auf den Protest, die u. a. die Frankfurter Zeitung Nr. 297/299 vom 22. April 1933 unter der Überschrift „Thomas Mann, Eine Verteidigung" druckte, jetzt XI, S. 785 ff.; MK 120, S. 183 f. Eine zweite Äußerung Thomas Manns aus dem Sommer 1933 blieb ungedruckt; vgl. Th. Mann an H. Reisiger, 13. Juli 1933 (*Briefe* III, S. 469 mit S. 621) sowie Th. *Mann*, Briefwechsel mit seinem Verleger Gottfried Bermann Fischer 1932–1955, [Frankfurt/M.] 1973, S. 685; dazu unten S. 130, Anm. 85.

[79a] *F. H.*, Thomas Mann spricht über Richard Wagner (Völkischer Beobachter, Münchner Ausgabe, Nr. 44 vom 13. Februar 1933). Am Schluß heißt es – unter Bezugnahme auf Thomas Manns Bemerkung, man würde Richard Wagner, wenn er heute lebte, vielleicht einen Kulturbolschewisten nennen: „Nein, Herr Thomas Mann, so billig kaufen Sie sich Wagner nicht als Kronzeugen zur Ehrenrettung gewisser zeitgenössischer ‚Kultur'-Bestrebungen. Mehr noch als vor fünfzig Jahren gehört Wagner dem deutschen Volk *heute*, und gerade deshalb heute, *weil es den öden Liberalismus*, für den sich Wagners Schaffen fälschlicherweise in Anspruch nehmen, abgeschüttelt hat. Auch ohne Psychoanalytiker zu sein, empfinden wir dagegen für unsere Zeit den Komplex Thomas Mann als äußerst überflüssig und unzugehörig. Als Konservierung einer längst überwundenen Mentalität, die für uns, da sie jeder Größe entbehrt, nicht einmal Altertumswert besitzt".

[80] Münchner Neueste Nachrichten Nr. 44 vom 14. Februar 1933. Der Artikel ist „F." gezeichnet; Wiederabdruck bei J. *Mainka*, Eine Polemik um Thomas Manns Wagnerbild (Beiträge zur Musikwissenschaft 5, 1963, S. 231 f.). –Eine ebenfalls positive Äußerung über den Vortrag Thomas Manns brachte die „Münchner Post" Nr. 35 vom 11./12. Februar 1933; hier war es – im späteren Licht der von dem „Protest" befolgten Taktik geradezu prophetisch – als „nicht ganz ungefährlich" bezeichnet worden, „die eine oder andere Einzelheit... aus dem Zusammenhang schlagwortartig herauszuheben". Für die ohne Quellenangabe bei M. *Wegner*, Exil und Literatur, Frankfurt/M – Bonn ²1968, S. 112 behaupteten „Störaktionen und Protestkundgebungen von SA-Männern" bei diesem Vortrag ließ sich ein Nachweis nicht ermitteln. – Zur Sache – Thomas Manns Verhältnis zu Wagner – vgl. *Koppen*; über den Münchner Protest ebd. S. 215 ff., wo „Kulturfunktionäre des Regimes" in einer mit den nachweisbaren Einzelheiten der Entstehungsgeschichte des Dokuments nicht zu vereinbarenden Weise als seine Urheber betrachtet werden.

Kreatur Himmlers beherrschten seitdem den Verlag so uneingeschränkt, daß einer der in „Schutzhaft" genommenen Redakteure geradezu von einer „Personalunion mit der Politischen Polizei" sprechen konnte[81]. Der „Protest der Richard-Wagner-Stadt München" erschien also in einem Organ, das unter der alten Firma als publizistisches Werkzeug Himmler und Heydrich diente. Er wurde auch über den Rundfunk verbreitet und – am selben Tag wie in den „Münchner Neuesten Nachrichten" – in der amtlichen „Bayerischen Staatszeitung" abgedruckt[82]. Karl Voßler, der den Wagner-Vortrag am 10. Februar selbst gehört und gerühmt hatte, charakterisierte das Manifest in einem Brief an seinen Freund Benedetto Croce gleich als „einen teils dummen, teils wider besseres Wissen und aus niedrigem Opportunismus verfaßten Protest"[83], und der mit Thomas Mann befreundete

---

[81] E. v. *Aretin*, Krone und Ketten. Erinnerungen eines bayerischen Edelmannes, hrsg. v. K. *Buchheim* und K. O. v. *Aretin*, München [1955], S. 259; Charakterisierung der Kommissare ebd. S. 192 ff. Zu den Vorgängen S. *Aronson*, Reinhard Heydrich und die Frühgeschichte von Gestapo und SD, Stuttgart 1971, S. 102 f. Vgl. auch O. J. *Hale*, Presse in der Zwangsjacke 1933–1945, Düsseldorf 1965, S. 215 ff. – Zur politischen Haltung des Blatts vor 1933 vgl. jetzt *K. Koszyk*, Paul Reusch und die „Münchner Neuesten Nachrichten" (Vierteljahrshefte für Zeitgeschichte 20, 1972, S. 75 ff.).

[82] Bayerische Staatszeitung Nr. 89 vom 16./17. April 1933.

[83] K. Voßler an B. Croce, 3. Mai 1933 (Briefwechsel Benedetto *Croce*–Karl *Voßler*, Berlin–Frankfurt/M. [1955], S. 338); zu Voßlers Anwesenheit bei dem Vortrag: Th. Mann an E. Bertram, 9. Januar 1934 (*Briefe* I, S. 348; *Jens*, S. 181). – Voßler hebt in dem Schreiben an Croce hervor, der Protest tue so, als handele es sich bei der Rede um eine Verächtlichmachung der deutsch-wagnerischen Kunst, „die in Wirklichkeit von Mann vielleicht sogar zu sehr gerühmt und erhoben worden ist. So drehen sie einem das Wort im Munde um, wenn es ihnen in den Kram paßt. Ich höre, daß Richard Strauß, der zu den Unterzeichnern des Protests gehört, hat zugeben müssen, daß er den beanstandeten Vortrag nicht einmal gelesen hatte. Wenn der politische Wind bläst, kommt der Staub hoch – der bekanntlich immer da ist – und wirbelt in der Luft herum und belästigt Nase und Lungen". – Vgl. auch die herbe Kritik, die Oskar Loerke seinem Tagebuch zum 20. April 1933 anvertraute. Sie schließt mit den Sätzen: „Gestern im Verlage hat mich das aufs tiefste und schmerzlichste bewegt. Leben und nicht leben dürfen, das ist die Hölle!"; O. *Loerke*, Tagebücher 1903–1939, hrsg. v. H. *Kasack* (Veröffentlichungen der Deutschen Akademie für Sprache und Dichtung 5), Heidelberg–Darmstadt 1955, S. 270 f. E. Bertram kritisierte in einem Brief an Kippenberg vom 26. April 1933 den „Protest" als „offenkundig und beweisbar ungerechten Angriff", durch den „die deutsche Öffentlichkeit ... sich ... an Thomas Mann versündigt" habe; *Jappe*, S. 328, Anm. 4. Ein noch lebender Unterzeichner des „Protestes", Prof. W. *Gerlach* (München), teilte dem Verfasser mit, ihn habe der Dirigent Knappertsbusch zur Beteiligung aufgefordert. Das Schreiben vom 3. April 1933, mit dem dieser die in einer beiliegenden Liste aufgeführten und mit den Unterzeichnern dann auch ausnahmslos identischen Personen zur Beteiligung einlud, ist überliefert in den Th. Mann betreffenden Akten der Bayerischen Staatstheater (HStA München, Abt. I, Allgem. Staatsarchiv, Staatstheater Nr. 2014). Darin ist erwähnt, daß Knappertsbusch die Veröffentlichung des Protestes „zunächst einem kleineren Kreise von Gleichgesinnten, den Herren Professor Dr. Hans Pfitzner, Verlagsdirektor Wilhelm Leupold und Chefredakteur Adolf Schiedt von der Münchner Zeitung, Generalintendant Frhr. Clemens von Frankenstein und Staatstheaterdirektor Dr. Arthur Bauckner... vorgeschlagen und volle Zustimmung gefunden habe". Hiernach kann keine Rede davon sein, daß „irgendwelche Parteifunktionäre" den Vortrag Thomas Manns zum Anlaß genommen hätten, um ihn der Verunglimpfung Richard Wagners zu beschuldigen, wie *Korn*, S. 415 meint, oder daß das „üble Machwerk" aus einer nationalsozialistischen Parteikanzlei gestammt habe, wie *Brandenburg*, S. 211 angibt. Der Ver-

Maler Rolf v. Hoerschelmann nannte es später eine „kaum glaubliche Tragikomödie", daß der Vortrag, der „im überfüllten Auditorium Maximum der Münchener Universität rauschenden Beifall entfesselte, Anlaß zu der . . . Hetze" gegen seinen Autor bot[84].

Wenn Thomas Mann selbst in einer erst aus dem Nachlaß zu Tage gekommenen Antwort an den Mitunterzeichner Hans Pfitzner den „Protest" als eine „Rauschhandlung" bezeichnete[85], so verkannte er den heute offen zu Tage liegenden Charakter des Manifestes. Es war ohne den geringsten revolutionär-emotionalen Elan als sorgfältig kalkulierte, zeitlich genau geplante Aktion von deutlich politischer Tendenz wenn nicht konzipiert, so mindestens doch verwirklicht und ausgenutzt worden. Die Erklärung beschränkte sich nämlich nicht darauf, die angebliche Verunglimpfung Wagners durch die Gedenkrede, die Thomas Mann Mitte Februar in München und danach in verschiedenen großen Städten des Auslandes, darunter Brüssel und Paris, zum 50. Todestag des Bayreuther Meisters gehalten hatte, anzuprangern. Der Text nahm vielmehr mit dem Hinweis, daß „Herr

---

lauf und die Umstände, unter denen der „Protest" veröffentlicht worden ist, stützen auch die von E. *Hilscher*, Thomas Mann. Leben und Werk, Berlin 1965, S. 70 vertretene Ansicht nicht, „daß die ‚Münchner Neuesten Nachrichten' erst am 16. April" den „Protest" veröffentlichten, sei „wohl" auf „einen ‚Regiefehler' " zurückzuführen. Es ist nicht bekannt, worauf die im Kommentar zu *Mann-Fischer*, S. 681 enthaltene Angabe, der „Protest" sei von Hans Pfitzner veranlaßt worden, sich stützt. *Mainka*, S. 234 meint weniger bestimmt: „Inhalt und Stil des Artikels lassen vor allem wohl Hans Pfitzner als musikalischen spiritus rector erscheinen". Die bei W. V. *Blomster*, Thomas Mann and the Munich Manifesto (German Life and Letters 22, 1968/69), S. 144 geäußerte Vermutung, Siegmund v. Hausegger habe den Text des „Protestes" entworfen, entbehrt nach dem Dargelegten der Wahrscheinlichkeit. In den erwähnten Akten findet sich ein Schreiben Knappertsbuschs vom 6. Juni 1933, mit dem er dem nationalsozialistischen Landtagsabgeordneten Buttmann sein Bedauern ausdrückte, „daß die Tücke des Schicksals es verhindern wollte, gerade auf Ihren Namen bei dem Aufruf gegen Thomas Mann verzichtet haben zu müssen" [sic!], nachdem Buttmann vermutlich moniert hatte, daß er nicht beteiligt worden war. – Knappertsbuschs Initiative dürfte in Zusammenhang mit den Kämpfen um seine Person und Stellung in München während der zwanziger Jahre zu bringen sein, bei denen der „Völkische Beobachter" sich für ihn einsetzte und schon früh Rivalität mit Bruno Walter eine Rolle spielte, dem Thomas Mann freundschaftlich eng verbunden war; vgl. etwa oben S. 124 f., Anm. 71; *Benner*, S. 22. Über Knappertsbuschs Rolle und seine später gegenüber dem „Protest" eingenommene Haltung vgl. auch Thomas Manns Bemerkung in einem Brief vom 3. Februar 1934 an Katia Mann (*Briefe* III, S. 470 mit den Erläuterungen S. 621). Nach D. *Gulbransson-Björnson*, Olaf Gulbransson, [Pfullingen 1967], wo S. 196 ff. über die Entstehung des „Protestes" und dessen Wirkung – soweit die Unterschrift Gulbranssons mit im Spiele war – u. a. auf Thomas Mann, den laut seiner brieflichen Aussage „von allen Unterschriften die von Olaf . . . am meisten getroffen hätte", aufschlußreiche Angaben gemacht werden, hätte Knappertsbusch als Urheber nicht genannt werden dürfen.

[84] R. v. *Hoerschelmann*, Leben ohne Alltag, Berlin [1947], S. 15. Der Abschnitt des Buches, dem dieses Zitat entnommen ist, ist „1943" datiert.

[85] *Richter*, S. 22. Ein Teil dieser Erklärung ist bei *Schröter*, *Urteil*, S. 501 f. wiedergegeben. – *Pfitzner* hatte sich mit seiner Zuschrift „Zur Kundgebung gegen die Wagner-Rede Thomas Manns" (Frankfurter Zeitung Nr. 483/485 vom 2. Juli 1933) gegen die scharfe Kritik gewandt, die der von ihm mitunterzeichnete „Protest" vor allem in einem Artikel des Musikkritikers der „Neuen Zürcher Zeitung", W. Schuh, gefunden hatte. Über die Gründe, die dazu führten, daß die Antwort des Dichters ungedruckt blieb, vgl. *de Mendelssohn, Fischer*, S. 1254 f., 1291 f.

Mann ... das Unglück erlitten hat, seine früher nationale Gesinnung bei der Errichtung der Republik einzubüßen und mit einer kosmopolitisch-demokratischen Auffassung zu vertauschen" sowie mit der Wiederaufnahme des Vorwurfs, er habe „die ‚Gedanken [sic!] eines Unpolitischen‘ nach seiner Bekehrung zum republikanischen System umgearbeitet und an den wichtigsten Stellen in ihr Gegenteil verkehrt", alte, von Nationalsozialisten und bürgerlich-konservativen Gegnern Thomas Manns oft wiederholte Anschuldigungen auf [86]. In der Situation des braunen Frühlings 1933 waren sie nichts anderes als eine klare Denunziation „mit dem unverkennbaren Ziel, den Angegriffenen als Feind Deutschlands in Verruf zu bringen. Was dies damals bedeutete, bedarf keiner Erklärung" [87].

Der hiernach zu erwartende Effekt trat prompt ein. Dem „Schutzhaft"befehl gegen die Person und sogleich vorgenommenen tumultuarischen Übergriffen der SA gegen das Eigentum Thomas Manns [88] folgte in der zweiten Hälfte des

---

[86] Bemerkenswert zustimmend kommentiert wurde der „Protest" von einer „Saekel" gezeichneten Glosse in Kölnische Zeitung Nr. 223 vom 25. April 1933, nachdem eine Meldung in Nr. 214 vom 20. April schon seine politisch zugespitzten Vorwürfe gegen Thomas Mann hervorgehoben hatte. Eine kritische Stellungnahme findet sich in Vossische Zeitung Nr. 183 vom 18. April 1933 (bei *Matter* nicht verzeichnet). Dieses Blatt, die Frankfurter Zeitung und die Deutsche Allgemeine Zeitung gaben in Deutschland – am 21. bzw. 22. April – der aus Lugano, 19. April 1933 datierten Entgegnung Thomas Manns Raum; vgl. *Bürgin* V, Nr. 416. Die Bayerische Staatszeitung Nr. 95 vom 25. April 1933 vermerkte unter „Kleine Nachrichten", daß „Thomas Mann, zur Zeit in Lugano" eine Verteidigung gegen den „Protest" veröffentlicht und auf seinen „in einer Zeitschrift" – deren nähere Bezeichnung die Meldung verschweigt – erschienenen Essay „Leiden und Größe Richard Wagners" verwiesen habe. Statt dem Angegriffenen das Wort zu geben, wird dazu bemerkt: „Es wäre besser gewesen, wenn Thomas Mann die bedenklichen, zweideutigen Wendungen in seinen Reden unterlassen hätte!" Ein „Kb" gezeichneter Bericht in der gleichen Bayerischen Staatszeitung Nr. 36 vom 12./13. Februar 1933 hatte über den eben in München gehaltenen Wagner-Vortrag Thomas Manns noch sachlich und freundlich referiert (beide Beiträge sind bei *Matter* nicht verzeichnet).

[87] H. *Carossa*, Ungleiche Welten, o. O. 1951, S. 97. – Der Generalintendant der Bayerischen Staatstheater, Cl. Frhr. v. Frankenstein, dem Peter Suhrkamp am 19. April 1933 vorhielt, der „Protest" solle Thomas Manns politische Haltung treffen, bemerkte dazu: „Protest *nur* wegen der ... Äußerung Manns ‚Dilettant‘ etc., nicht wegen seiner politischen Einstellung. Die übrigen unterzeichneten Musiker haben – wie mir bekannt – auch nur aus diesem Grund unterzeichnet" (in dem oben S. 129, Anm. 83 zitierten Aktenband). E. *Penzoldt*, Reise mit Thomas Mann (Deutsche Beiträge 3, 1949), S. 504 berichtet, daß einer der Unterzeichner – charakterisiert als „der sympathische, aber nicht sehr bedeutende Maler" – auf die Frage, „warum er jenen Naziprotest mit seiner Unterschrift beglaubigt habe, antwortete: „‚dem hat einmal was g'hört'" (Wiederabdruck: *Schröter, Urteil*, S. 401). Der auffallend hohe Anteil bildender Künstler bei den Unterzeichnern erklärt sich wohl daraus, daß der Protest „bei einer Akademiesitzung... zur Unterschrift herumgereicht" wurde (*Gulbransson-Björnson*, S. 196).

[88] Das Datum dieser Übergriffe umschreibt Thomas Mann ein Jahr später mit den Worten „noch im April" (Dok. 50, S. 423). Vgl. dazu auch die Eintragung zum 8. Mai 1933 im Tagebuch von René *Schickele*, Werke in drei Bänden, Köln–Berlin [1959], Bd. III, S. 1050. Seine Kenntnis über die Vorfälle hatte Schickele von Thomas Mann selbst, dessen Ankunft in seinem Wohnort Sanary-sur-mer er zum gleichen Tag verzeichnet. Über die in den Wohnungen, die von nationalsozialistischen Übergriffen heimgesucht wurden, herrschenden Zustände vgl. die Angaben in den S. 134, Anm. 95 zitierten Erinnerungen des sozialdemokratischen Politikers W. *Hoegner*.

Monats August 1933 die Beschlagnahme seines Vermögens und Verwertung seines Hauses durch die Bayerische Politische Polizei[89]. Diese unterstand seit dem 1. April Himmler und – als seinem Adlatus – Heydrich; sie wurde von ihnen schnell zu einem wirkungsvollen Herrschafts- und Terrorinstrument ausgebaut[90]. Ein von ihr alsbald aufgestelltes, „nur für den Dienstgebrauch" bestimmtes „Verzeichnis der beschlagnahmten und eingezogenen sowie der für Leihbüchereien verbotenen Druckschriften" gibt Aufschluß über die Bewertung, die Thomas Mann bei dieser Behörde genoß[91]. Die Zensurliste sollte der „Säuberung des deutschen Büchermarktes von Schmutz und Schund sowie von antinationaler Literatur" dienen. Von den registrierten Schriften heißt es, sie hätten „auf Grund der völkischen und damit auch der sittlichen Erneuerung des deutschen Volkes durch die nationalsozialistische Revolution jeglichen Anspruch, als geistiges Bildungsmittel des deutschen Volkes angesehen zu werden, verwirkt". Alle aufgenommenen Titel wurden als ungeeignet für Leihbüchereien bezeichnet. Mit dem Zeichen „+" hinter dem Titel

---

[89] Zur Datierung s. unten S. 133, Anm. 93 sowie S. 423, Dok. 50. Die Nachricht von der Beschlagnahme des Hauses veranlaßte Thomas Mann am Tag ihres Eintreffens zu einem – nicht der Post anvertrauten und undatierten, vom Herausgeber „vermutlich 24. August" angesetzten – Schreiben an seinen Verleger, mit dem er diesen beschwor, „Die Geschichten Jaakobs" nicht in Deutschland zu publizieren, sondern dem Querido-Verlag, Amsterdam, zu überlassen (*Mann–Fischer*, S. 35 ff.). Die formale Grundlage für die Beschlagnahme bot das am 14. Juli erlassene Gesetz über die Einziehung volks- und staatsfeindlichen Vermögens (Reichsgesetzblatt I, 1933, S. 479), während die Zuständigkeit des Politischen Polizeikommandeurs für den Vollzug durch den unten S. 137 erwähnten Erlaß des Bayerischen Staatsministers des Innern vom 17. August 1933 begründet worden war. – Thomas Mann erkannte den Sinn der Beschlagnahme begreiflicherweise nicht, wie sich aus seinem Brief vom 4. September 1933 an Ida Herz ergibt; vgl. I. *Herz*, Ein Roman wandert aus (The German Quarterly 38, 1965, S. 635). Auch im Frühjahr 1934 erschien ihm die fortdauernde Vorenthaltung von Haus und Habe trotz polizeilicher Abmeldung und Erlegung der Reichsfluchtsteuer als „unsinniger Zustand" (Th. Mann an E. Bertram, 19. März 1934; *Jens*, S. 183). – E. Bertram berichtete seinem Freund Glöckner am 17. September 1933 über das Verschwinden der von ihm Thomas Mann geliehenen Bücher und den niederdrückenden Eindruck, den das beschlagnahmte Haus auf ihn machte (*Jens*, S. 277). Zur Verwertung des Hauses Poschingerstr. 1 durch die Bayerische Politische Polizei vgl. Dok. 69.

[90] H. *Buchheim*, Die SS – Das Herrschaftsinstrument. Befehl und Gehorsam [H. *Buchheim* – M. *Broszat* – H. A. *Jacobsen* – H. *Krausnick*, Anatomie des SS-Staates I], Olten – Freiburg/Br. [1965], S. 40 ff.; *Aronson*, S. 98 ff.; dazu S. 111: „Die berüchtigte ‚Gestapo' war also ursprünglich eine ziemlich schwache Institution in Vergleich zur Politischen Polizei [so ist das Druckversehen „Partei" zu verbessern] in Bayern". Wenn *Aretin*, S. 212 schreibt, es sei ein Wahn gewesen, zu glauben, die Bayerische Politische Polizei „kümmere sich nur um Politik und sei nicht vielmehr... das für persönlichste Zwecke mißbrauchte Machtinstrument aller Schurken, die Hand daran legen konnten und die Unfähigkeit Himmlers ausnützten, ein wirkliches Machtinstrument des Staates zu schaffen", so mindert die Einschränkung, die dieses Urteil über Himmler aufgrund der Forschung erfahren muß, nicht die Richtigkeit der ausgiebig belegten anderen Feststellung, mindestens für die erste Phase der nationalsozialistischen Herrschaft.

[91] Das undatierte Verzeichnis befindet sich im Archiv des Instituts für Zeitgeschichte in München. Zur Datierung auf die Frühzeit der nationalsozialistischen Herrschaft vgl. *Strothmann*, S. 228. – Zu der um die gleiche Zeit in zahlreichen deutschen Städten zentral arrangierten Bücherverbrennung und der Frage, wie weit von ihr auch die Werke Thomas Manns betroffen waren, vgl. unten S. 269 f., Anm. 538.

sind Druckwerke markiert, die auch in Buchhandlungen und bei Haussuchungen zu beschlagnahmen und einzuziehen waren. Es verwundert nicht, in dem Verzeichnis Heinrich und Klaus Manns Werke mit dem lapidaren Vermerk „Alles" versehen zu finden. Soweit Thomas Mann betroffen ist, hat die Politische Polizei hingegen sorgfältig differenziert. Freilich hält die Liste in dieser Hinsicht erstaunliche Überraschungen bereit. Von seinen Werken werden in diesem Polizeiregister nämlich – offenkundig nach der Reihenfolge der Erscheinungsjahre geordnet – folgende Titel genannt: „Königliche Hoheit+; Betrachtungen eines Unpolitischen +; Rede und Antwort, Essays; Von deutscher Republik +; Bekenntnisse des Hochstaplers Felix Krull; Der Zauberberg +; Pariser Rechenschaft; Die Forderung des Tages; Deutsche Aussprachen +", wobei dieser letzte Titel natürlich die „Deutsche Ansprache" von 1930 meinte[92]. Daß Thomas Mann ausgerechnet die „Betrachtungen" als antinationales Buch angelastet wurden, blieb nicht vereinzelt. Der gleiche blinde Eifer wird uns später noch einmal in einer nationalsozialistischen Äußerung begegnen, und selbst ein allzu geschwind schreibender ausländischer Publizist sollte Thomas Manns Kriegsbuch gelegentlich verkehrt bewerten. Wie eng die politische Denunziation Thomas Manns durch den dafür als Vehikel dienenden Richard-Wagner-Protest mit den gegen die Werke, das Eigentum und die Person des Dichters von der Bayerischen Politischen Polizei verhängten Maßnahmen zusammenhing und welche Absicht hinter der Publikation des Protestes in der Himmler und Heydrich unterworfenen Zeitung tatsächlich steckte, enthüllt nichts besser als die Tatsache, daß antinationale Einstellung im Mai 1933 ausdrücklich und ausschließlich als Kriterium für die Verhängung von Schutzhaft durch die Politische Polizei, d. h. die Einlieferung in das Konzentrationslager Dachau, amtlich festgelegt worden ist [93]. Es war nicht übertrieben, wenn der Dichter in den gleichen Tagen von sich meinte, es „könnte ... leicht sein, daß man in einem deutschen Konzentrationslager exerzieren müßte" [94], und ein Jahr später in bedeutungsvollem Zusammenhang feststellte, „die furchtbare Denunziation" des „Protestes" hätte ihn – „wäre ich zufällig an Ort und Stelle gewesen, ... Gesundheit und Leben kosten können" [95]. Als Willkür und Exzesse die neuen Machthaber

---

[92] Merkwürdig ist, daß der gleiche Fehler mehrfach in dem von der nationalsozialistischen Zeitung Hamburger Tageblatt Nr. 72 vom 19. April 1931 veröffentlichten Artikel „Thomas Mann und die Nationalsozialisten" begegnet, dessen Verfasser Chr. *Steding* sich hinter dem Pseudonym Hermann *Gonter* verbarg. Es kann nicht ausgeschlossen werden, daß die in die Polizeiliste aufgenommenen Titel nicht auf Grund von Autopsie, sondern von Polemik, die in „national" gerichteten Presseorganen gegen die Schriften und ihre Verfasser gerichtet worden war, berücksichtigt worden sind.

[93] Ministerialentschließung vom 17. Mai 1933 (HStA München, Abt. I, Allgem. Staatsarchiv MF 67 403): „Die Schutzhaft soll sich grundsätzlich nur auf führende antinational eingestellte Persönlichkeiten erstrecken." Vgl. zu diesem Erlaß *Aronson*, S. 113 f.

[94] Th. Mann an O. Basler, 24. Mai 1933 (Briefe an einen Schweizer, in: *Altes und Neues*, [Frankfurt/M.] 1953, S. 732).

[95] Das Thomas-Mann-Zitat findet sich in der Eingabe des Dichters an das Reichsministerium des Innern vom 23. April 1934 (Dok. 50, S. 423) Einige Wochen später, am 18. Juli 1934, wies Thomas Mann den schwedischen Kritiker Fr. Böök, der unverhohlenen Enthusiasmus für

veranlaßten, ein gewisses Regulativ für Verfolgungsmaßnahmen zu schaffen, blieb die Thomas Mann vorgeworfene Gesinnung, verbunden mit der ihm zweifellos zuzuerkennenden führenden Rolle, die einzig „legale" Grundlage für die von der Politischen Polizei vorgenommenen Verhaftungen mit ihren häufig tödlichen Folgen bei den Betroffenen.

Die Bayerische Politische Polizei war es auch, die spätestens vom Frühjahr 1934 an die Neuausstellung eines Passes für den von seiner Auslandsreise nicht mehr nach Deutschland zurückgekehrten und dadurch dem ihm zugedachten Schicksal entgangenen Dichter verhinderte. Als innerdienstliche Begründung hierfür wurde angegeben, es liefe ein Antrag auf Aberkennung der deutschen Staatsbürgerschaft von Thomas Mann. Die Vorbereitungen hierfür müssen gleich nach dem Inkrafttreten der Durchführungsverordnung zum Gesetz vom 14. Juli 1933 über den Widerruf von Einbürgerungen und die Aberkennung der deutschen Staatsangehörigkeit getroffen worden sein. Heydrich bezog sich nämlich später darauf, die in Deutschland befindlichen Vermögenswerte des Dichters seien 1933 – also durch die eben erwähnte Beschlagnahme im August – sichergestellt worden, „weil beabsichtigt war, sie im Rahmen des gegen Thomas Mann eingeleiteten Ausbürgerungsverfahrens einzuziehen" [96]. Auch hier liegt der innere Zusammenhang mit

---

den Nationalsozialismus gezeigt hatte, darauf hin, sein eigenes „inneres Verhältnis gegenüber dem gegenwärtigen Deutschland" deute „sich vor aller Welt in der Tatsache an, daß" er – „unter Verzicht auf meine gewohnte Lebensbasis" – sich „außerhalb der Reichsgrenzen halte". Der Brief fährt fort: „Ich tue gut daran, denn es ist eine schlichte und allgemein anerkannte Gewißheit, daß ich anderen Falles nicht mehr am Leben wäre"; Schoolfield, S. 180. Was Thomas Mann in Dachau tatsächlich zu erleiden gehabt hatte, erhellt z. B. aus der Schilderung, die Aretin, S. 274 ff. von den durch ihn 1933 erlebten „Schrecknissen von Dachau" gibt. W. Hoegner, Der schwierige Außenseiter, München [1959], S. 84 ff., 101 f., 111 bietet entsprechende Einzelheiten, auch über die Verwüstung und Plünderung von Wohnungen durch nationalsozialistische Rollkommandos. Dazu jetzt Aronson, S. 103 ff., 110 ff.

[96] Siehe unten S. 175 f.; auslösende Ursache dürfte spätestens der folgende, in den Akten des Oldenburger Innenministeriums entschlüsselt erhaltene Funkspruch gewesen sein: „Berlin Nr. 98 vom 5. 8. 1933. An alle Staatspolizeistellen. Ersuche umgehenden Bericht und Zusammenstellung aller Fälle, in denen Maßnahmen auf Grund Gesetzes über Widerruf von Einbürgerungen oder Aberkennung der deutschen Staatsangehörigkeit vom 14. 7. 1933 getroffen werden können. Für Ausbürgerungen ist auch auf das Verhalten der Eingebürgerten nach ihrer Einbürgerung zu achten. Für Aberkennung der deutschen Staatsangehörigkeit bedarf es mit Rücksicht auf § 2 Abs. 3 besonders stichhaltigen Materials. Gestapo II F" (Staatsarchiv Oldenburg, Bestand 136, Nr. VI-103-1B). Aus abschriftlich dem Auswärtigen Amt übermittelten Antworten des Anhaltischen Staatsministeriums, Abt. Inneres, und des zuständigen Senators der Freien und Hansestadt Lübeck an das Reichsministerium des Innern geht hervor, daß dieses seinerseits am 22. Juli 1933 unter dem Aktenzeichen II B 5013/19. 7. II Ang. eine Aufforderung an die Länder gerichtet hat, Vorschläge zur Ausbürgerung aufgrund § 2 des Gesetzes vom 14. Juli 1933 einzureichen (PA, Akten betr. Ausbürgerungen, Bd. 1 27.5.1933–15.2.1934). Vgl. auch unten Dok. 42, wo auf dieses Rundschreiben Bezug genommen wird. – Zu einem Quellenzeugnis, das polizeiinterne Vorgänge – vermutlich mit dem Ziel, Thomas Mann die deutsche Staatsangehörigkeit aberkennen zu lassen – im Juli 1933 bezeugt, vgl. Dok. 41a, S. 412. Dazu paßt, daß Thomas Manns Verleger dem Dichter am 1. März 1934 schrieb, der „Ausbürgerungsantrag" habe, „wie wir wußten, schon lange auf dem Programm der P.[olitischen] P.[olizei] München" gestanden; Mann-Fischer, S. 63.

dem „Protest der Richard-Wagner-Stadt München" auf der Hand. Das Manifest hatte die – von dem nationalsozialistischen Regime in unzähligen Fällen ähnlich virtuos aufgebaute oder ausgenutzte – publizistische Kulisse geschaffen, die ein totalitäres Herrschaftssystem für seine Verfolgungsmaßnahmen und Gewaltstreiche als öffentliche Legitimation schätzt.

Thomas Mann hat 1945 über diese „analphabetische und mörderische Radio- und Pressehetze" gesagt, sie habe ihn erst richtig begreifen lassen, daß ihm die Rückkehr abgeschnitten sei [97]. Vollkommen zutreffend hatte er schon eben um die Zeit, in der das erwähnte Gesetz vom 14. Juli 1933 verkündet wurde, den Münchener Protest als gegen ihn ausgesprochene „nationale Exkommunikation" erkannt, wie auch Thomas Manns alter Freund Ernst Bertram ihn gleich voller Sorge als „Vorspiel für Ernsteres und Ärgeres" empfunden hatte [98]. Vielsagend genug wurde Thomas Mann bald darauf in einer literaturwissenschaftlichen Zeitschrift bescheinigt, „der große Aufbruch deutschen Geistes im Jahre 1933" habe „ihn in rettungslose Einsamkeit geworfen" und er habe – schon seit seinen Anfängen „dem Organisch-Synthetischen echter deutscher Art immer fremd geblieben" – nun „jede Verbindung mit seinem Volke verloren" [99]. Bereits Ende August 1933 knüpfte die „Kreuzzeitung" an die unter der Überschrift „Literarischer Landesverrat" veröffentlichte Meldung über den Fund eines Werbeblatts für die Amsterdamer Emigrantenzeitung „Freie Presse", das unter den Mitarbeitern dieses Organs vor Heinrich Mann, Arnold Zweig, Prof. Gumbel und anderen prominenten Exilierten Thomas Mann nannte, den – im Fall des Zauberberg-Dichters damals selbst in abgeschwächtester Form vollkommen unzutreffenden – Satz: „Das deutsche Volk weiß nun, wer die Männer sind, die fortgesetzt Lügennachrichten und Hetzartikel gegen Deutschland verfassen" [100]. Möglicherweise lag diesen Formulie-

---

[97] Th. Mann an W. v. Molo, 7. September 1945 (*Briefe* II, S. 440 f.). Der Dichter hatte allerdings schon am 1. April 1933 – also noch vor dem „Protest der Richard-Wagner-Stadt München" – der amerikanischen Übersetzerin Helen Lowe-Porter geschrieben, es sei ungewiß, wann und ob er jemals nach München zurückkehren könne. „Perhaps a long exile is to be my fate". Er bat, nichts davon verlauten zu lassen, da er keine öffentliche Erörterung darüber wünschte, ob er etwa die Absicht habe „to leave Germany"; J. C. *Thirlwall*, In another language. A Record of the Thirty-Year Relationship between Thomas Mann and... Helen Tracy Lowe-Porter, New York 1966, S. 36. Vgl. dazu auch unten S. 144 mit Anm. 125.

[98] *Richter*, S. 22; vgl. auch Th. Mann an H. Reisiger, 13. Juli 1933 (*Briefe* III, S. 469), wo der Dichter erwähnt, die – unpubliziert gebliebene – Replik auf einen mit dem „Protest" zusammenhängenden Artikel Pfitzners solle seine „Ausstoßung durch jene Aktion, als ihren Sinn, unzweideutig ... proklamieren". Das Bertram-Zitat aus einem Brief an Kippenberg vom 26. April 1933 bei *Jappe*, S. 328, Anm. 4.

[99] W. *Linden*, Entwicklungsstufen scheidender Bürgerlichkeit. Thomas Mann, Hans Grimm und der neue Heroismus (Zeitschrift für Deutschkunde 47, 1933), S. 356. Dieser Aufsatz berührt sich teilweise wörtlich mit Ausführungen, die sein Verfasser bei einem vom Rundfunk übertragenen Dreigespräch mit den nationalsozialistischen Kulturfunktionären H. Langenbucher und R. Schlösser entweder selbst machte oder zustimmend aufnahm; vgl. die Wiedergabe unter der Überschrift „Es wird Ordnung im Schrifttum" (Völkischer Beobachter, Südd. Ausg. Nr. 190 vom 9. Juli 1933).

[100] Neue Preußische (Kreuz-) Zeitung Nr. 222 vom 31. August 1933; dazu Bermann Fischer an Thomas Mann, 17. Juli 1933 (*Mann–Fischer*, S. 28).Mit diesem Werbeblatt wurde

rungen eine parteiamtliche „Sprachregelung" zugrunde. Denn als kurz darauf in der Vorankündigung der von Klaus Mann herausgegebenen, als Organ der literarischen Emigration und der Opposition gegen den Nationalsozialismus gegründeten Zeitschrift „Die Sammlung" Thomas Mann unter den zur Mitarbeit bereiten Autoren genannt wurde, reagierte die zu Rosenbergs Machtbereich gehörende „Reichsstelle zur Förderung des deutschen Schrifttums" auf die gleiche Art. Sie wies auf die Tragweite der Tatsache hin, daß schon derjenige, der Bücher solcher Schriftsteller kaufe, „sich des Landesverrats schuldig" mache [101]. Wieviel mehr mußte dieser Vorwurf den Autor selbst treffen! Der szenische Hintergrund für die Ausbürgerung von Thomas Mann war bereitet.

Das erste in den erhaltenen Akten nachzuweisende direkte Zeugnis für die Absicht, Thomas Mann die deutsche Staatsangehörigkeit abzuerkennen, ist ein Schreiben, das sein Münchner Rechtsanwalt Valentin Heins mit dem Ziel, diesem Vorhaben entgegenzuwirken, am 21. November 1933 an den bayerischen Kultusminister Schemm gerichtet hat [102]. Dieser war natürlich nicht selbst für die Entscheidung in der Sache zuständig, sondern sollte unter dem von seinem Ressort zu vertretenden kulturellen Gesichtspunkt in hemmendem Sinn das Verfahren beeinflussen. Die Vollzugskompetenz für § 2 des Gesetzes über den Widerruf von Einbürgerungen und die Aberkennung der deutschen Staatsangehörigkeit vom 14. Juli 1933 war

---

vom Reichsministerium des Innern noch 1936, als die Zeitung „Freie Presse" längst eingegangen war, gegen Thomas Mann operiert; vgl. S. 498 f., Dok. 139 sowie die Stellungnahme des für die Niederlande zuständigen Referats im Auswärtigen Amt vom 23. Januar 1936, S. 499, Dok. 140, Anm. 1.

[101] „Literarische Emigrantenzeitschriften" (Börsenblatt des deutschen Buchhandels Nr. 236 vom 10. Oktober 1933, S. 771 f.; Wiederabdruck: *Schröter, Urteil*, S. 206 f.). Dazu die bei J. *Wulf, Literatur* und Dichtung im Dritten Reich, [ro-ro-ro 809/811, Reinbek 1966], S. 231 zitierte Äußerung des Leiters der „Reichsstelle", Hans Hagemeyer, aus dem Jahr 1935: „Wer gegen unsere Weltanschauung kämpft, kämpft gegen Deutschland und ist als Landesverräter zu behandeln". – Nachdem die Autoren, die im Zusammenhang mit Klaus Manns Zeitschrift genannt worden waren und in Deutschland noch verlegt wurden, distanzierende Erklärungen abgegeben hatten, nahm die „Reichsstelle" den Vorwurf des „geistigen Landesverrats" zurück, nicht ohne zu betonen, sie stehe „nach wie vor in keiner Weise hinter der geistigen und literarischen Haltung" der Betroffenen (Börsenblatt des deutschen Buchhandels Nr. 240 vom 14. Oktober 1933, S. 787 f.). In einer weiteren Verlautbarung über „Emigrantenzeitschriften" (ebd. Nr. 246 vom 21. Oktober 1933, S. 804 f.), die den unklugen Angriff gegen ausländische Schriftsteller als Mitarbeiter an der „Sammlung" ausgleichen sollte, wird mit deutlicher Spitze gegen Thomas Mann auf „einzelne Schriftsteller, die vor dem Schicksal ihres Volkes davongelaufen sind", gezielt; René Schickele dürfte mitgemeint gewesen sein, während die jüdischen Emigranten nach der allgemeinen Gesinnung der Nationalsozialisten darunter schwerlich fallen konnten. Zu Thomas Manns Haltung in dieser Affäre, die viel böses Blut machte, vgl. unten S. 147, Anm. 136.

[102] HStA München, Abt. I Allgem. Staatsarchiv, MK 36752 [= Dok. 29]; vgl. jedoch Dok. 41a, Anm. 1, wo auf einen Anhaltspunkt dafür hingewiesen wird, daß der Plan, Thomas Mann die deutsche Staatsangehörigkeit abzuerkennen, bereits im Juli 1933 bei der Bayerischen Politischen Polizei behandelt wurde. – Schemm ist bei *Aretin*, S. 186 f. charakterisiert. *Walter* II, S. 13 f. behandelt die Ausbürgerung Thomas Manns summarisch und in Unkenntnis der Akten nicht ohne irrige Angaben.

durch Erlaß des Bayerischen Innenministers vom 17. August 1933 abweichend von der allgemeinen Geschäftsverteilung dem Politischen Polizeikommandeur, also Himmler, übertragen worden. Dies war – so lautete die Begründung – geschehen, weil er „allein über die erforderliche Kenntnis der Personen verfügt, bei denen Voraussetzungen für die Aberkennung der Staatsangehörigkeit gegeben sind" [103]. Der Versuch von Heins, die drohende Gefahr durch Einschaltung Schemms abzuwenden, blieb erfolglos, obwohl auch der Reichsstatthalter Ritter v. Epp deswegen bemüht wurde [104]; seine peinliche Rolle als „Galeonsfigur" in einem Herrschaftssystem, wo „die Schalthebel der Macht in ganz anderen Händen ruhten", tritt auch in diesem Falle zu Tage [105]. Schemm gab das Schreiben von Heins nicht sogleich, sondern erst am 11. Januar 1934 in den Geschäftsgang seines Ministeriums. Diese Art der Behandlung ist nicht verwunderlich. Schemm besaß „kämpferische Qualitäten", die Hitler an seinem Rivalen im Ringen um das Kultusministerium vermißt hatte, „im Übermaß" [106]. Er hatte den „Protest der Richard-Wagner-Stadt München" mit unterzeichnet.

Der nun einsetzende, mechanisch abschnurrende Behördenschriftwechsel – Anfrage des Kultusministeriums beim Bayerischen Innenministerium, Weiterleitung dieser Anfrage von dort an die Politische Polizei, Wiedervorlage des Vorgangs im Kultusministerium nach einiger Zeit und Entwurf eines Erinnerungsschreibens – zog sich wochenlang hin, war aber reiner Leerlauf. Die Bayerische Politische Polizei, wo ein zuständiger Beamter sich schon unmittelbar nach Erlaß des Gesetzes vom 14. Juli 1933 mit der Sache Thomas Mann befaßt hat, hatte nämlich bereits in ihrem Rapport vom 9. Januar 1934 gemeldet, daß von ihr ein Antrag auf „Aberkennung der Deutschen Staatsangehörigkeit für den Schriftsteller Thomas Mann . . . wegen staatsfeindlichen Verhaltens im Ausland" gestellt worden sei [107]. Schemm

[103] HStA München, MInn 74146. Der Hinweis auf diesen Erlaß wird Herrn H. *Jahn* verdankt.

[104] Mündliche Mitteilung von Rechtsanwalt V. *Heins* (†), München, vom 21. Juni 1965. Als Mittelsmann fungierte der mit Heins befreundete Adjutant Epps Frhr. v. Stengel. – Am 26. November 1933 meldete Thomas Mann seinem Verleger: „Aus München hören wir eben wieder einmal einiges noch oder wieder Hoffnungsvolle über den Stand unserer Angelegenheiten. Man hält bei einer gewissen Etappe, die eigentlich die logisch Folgende ohne Weiteres nach sich ziehen sollte. Aber freilich, Logik..." (*Mann–Fischer*, S. 57).

[105] L. *Volk*, Der bayerische Episkopat und der Nationalsozialismus 1930–1934 (Veröffentlichungen der Kommission für Zeitgeschichte bei der Katholischen Akademie in Bayern, Reihe B, Bd. 1), Mainz [1965], S. 62. Über Epps Schwäche gegenüber der Bayerischen Politischen Polizei und dem Münchner Innenministerium s. *Aronson*, S. 126 f., 195, der eine von Epp selbst stammende Aufzeichnung benutzt und wiedergibt.

[106] *Volk*, S. 65. — Eine charakteristische Äußerung Schemms gegenüber Münchner Professoren ist bei *Erdmann*, S. 212 angeführt.

[107] HStA München, Abt. II (Geheimes Staatsarchiv), Akten des ehemal. Reichsstatthalters in Bayern betr. Reichs- und Staatszugehörigkeit 1933/1944: „Auszug aus dem Rapport der Bayerischen Politischen Polizei vom 9. 1. 34. Aberkennung der Deutschen Staatsangehörigkeit. Beim Reichsinnenministerium wurde die Aberkennung der Deutschen Staatsangehörigkeit für den Schriftsteller Thomas Mann und die Lehrerin Marie Zehetmaier wegen staatsfeindlichen Verhaltens im Ausland beantragt". – Es kennzeichnet die raffinierte

dürfte dies schwerlich unbekannt geblieben sein. Er hat den bürokratischen Leerlauf also selbst seelenruhig in Gang gesetzt, als er – zwei Tage nach dem Polizeirapport – sicher war, daß damit keine Störung des Ausbürgerungsverfahrens mehr eintreten könne. Wie damals in bestimmten und bestimmenden Kreisen der NSDAP Thomas Mann beurteilt und begeifert wurde, zeigte sich auf der Titelseite der dritten Januarnummer von Julius Streichers „Stürmer"[108]. Ein beinahe halbseitiges Zerrbild symbolisierte die „Juden-Literaturverlage" durch ein großes Schwein, das von einer mächtigen Mistgabel durchstochen ist – die „Judensau" früherer Zeiten; daneben in der Jauche ertrinkend eine Reihe von deutschen Schriftstellern, als erster der Dichter der „Buddenbrooks", zwar völlig unkenntlich dargestellt mit semitischer Hakennase und einem Spitzbart, der daran denken lassen könnte, Heinrich Mann sei gemeint, wäre die Gestalt nicht durch eine Tafel, die Thomas Manns Namen trägt, klar bezeichnet. Andere Tafeln benennen weitere Gestalten als „Einstein", „Kerr", „Remarque", „Fulda" und „Hirschfeld". Darunter steht folgender Text: „Wenn die Sau tot ist, müssen die Ferkel verderben".

Die Meldung der Bayerischen Politischen Polizei muß sich auf den Zeitpunkt beziehen, an dem der erwähnte Antrag an das dafür zunächst einmal zuständige Bayerische Innenministerium abgegangen ist. Als die Anfrage des Kultusministeriums am 3. Februar bei diesem Ressort eintraf, war der Ausbürgerungsantrag dort schon längst übernommen und am 18. Januar an das Reichsministerium des Innern gerichtet worden[109], unterzeichnet von dem zum Bayerischen Innenminister avancierten Gauleiter Adolf Wagner, einem „robusten Revolutionärstyp" und dem „unbestritten stärksten Mann im . . . Kabinett"[110]. Auch er hatte seinen Namen unter den Richard-Wagner-Protest der Stadt München gesetzt, ja war vielleicht sogar dessen entschiedener Förderer gewesen[111]. Zwei Tage bevor sein Ersuchen, Thomas Mann die deutsche Staatsangehörigkeit abzuerkennen, nach Berlin abgegangen war, am 16. Januar 1934, hatte andererseits der Dichter, der von 1898 an mit Unterbrechungen, seit dem 7. Februar 1914 ständig in München ansässig gewesen war und trotz vielerlei Anfeindungen, die er dort erlitt, noch im

---

Bösartigkeit des Vorgehens, daß die gleiche Politische Polizei Thomas Mann die Zahlung der Reichsfluchtsteuer „gestattet" hatte, die damals bei Übersiedlung ins Ausland von Deutschen zu entrichten war; vgl. Th. Mann an A. M. Frey, 30. Dezember 1933; *Briefe* I, S. 342. Zu der erwähnten Beschäftigung eines Beamten mit der Sache Thomas Mann im Juli 1933 vgl. Dok. 41a.

[108] Beschreibung des Hetzbildes unter dem die Unzufriedenheit deutscher Emigranten mit Thomas Manns Schweigen reflektierenden Titel „Grüße an Thomas Mann" in: Das Neue Tage-Buch 2, 1934, Heft 4 vom 27. Januar, S. 93 f. (bei *Matter* nicht verzeichnet).

[109] Dok. 33, S. 398 ff.

[110] *Volk*, S. 63. – Über Wagners kriminelle Vergangenheit und erste Regierungshandlungen vgl. *Aretin*, S. 185 f.

[111] Nach H. *Carossa*, S. 97 handelten die Unterzeichner des „Protestes" „unter Führung eines bekannten mächtigen Parteigenossen". Diese Charakterisierung trifft bei dem in Frage kommenden Kreis kaum auf jemand besser als Wagner zu. Allenfalls könnte dabei auch an Schemm gedacht werden.

November 1929 ein feierliches Bekenntnis zu dieser Stadt, „in der ich wohnen bleiben werde", abgelegt hatte, sich polizeilich nach Küsnacht bei Zürich abgemeldet [112]. Damit war definitiv amtlich dokumentiert, daß Thomas Mann nicht nach Deutschland zurückkehren wollte. Seine Lage als deutscher Staatsangehöriger mit Wohnsitz im Ausland war schwierig, weil die Reisepässe des Ehepaares Mann 1933 und 1934 ihre Gültigkeit verloren und ihrer Verlängerung oder Neuausstellung die schon erwähnten Hindernisse in den Weg gelegt wurden [113].

Der umfangreiche Antrag des Bayerischen Innenministers auf Ausbürgerung des letzten deutschen Literatur-Nobelpreis-Trägers ist ein in jeder Hinsicht erschütterndes Dokument. Er beruhte, soweit er sachliche Angaben über Thomas Mann enthält, offensichtlich auf einer älteren, vor der nationalsozialistischen Machtübernahme angelegten und möglicherweise bereits für die oben behandelte Zensurliste benutzten Materialsammlung, der im letzten Augenblick ein Hinweis auf einen Anfang Januar 1934 in der französischen Zeitung „L'Intransigeant" erschienenen Artikel hinzugefügt worden ist. Einzelheiten des Wortlauts machen es wahrscheinlich, daß der Antrag im wesentlichen schon im August/September 1933 formuliert worden ist, eine Annahme, die zu den bereits erwähnten Tatsachen paßt, denen zufolge gleich nach Erlaß des Gesetzes vom 14. Juli 1933 mit den vorbereitenden Schritten zur Ausbürgerung Thomas Manns begonnen worden ist. Wenn der Antrag nicht schon damals auf den Weg gebracht worden ist, so dürfte dies darauf zurückzuführen sein, daß das Reichsministerium des Innern das Gesetz über die Aberkennung der deutschen Staatsangehörigkeit vornehmlich auf Personen beschränkt wissen wollte, die nach dem 30. Januar 1933 „nicht nachgelassen haben, das deutsche Ansehen im Ausland herabzusetzen". Die bei der Bayerischen Politischen Polizei gesammelten Erkenntnisse über Thomas Mann aus älterer Zeit, die in dem Antrag verwertet worden sind, boten daher zunächst keine geeignete Grundlage für das beabsichtigte Vorgehen gegen den Dichter. Erst sein Interview in „L'Intransigeant" konnte als willkommene Handhabe dafür genutzt werden. Die Schnelligkeit, mit der dies geschah, ist ungewöhnlich. Es deutet auf außerordentlich starkes Interesse der Bayerischen Politischen Polizei – und zwar doch

---

[112] Das Datum der Abmeldung nach der in Dok. 49, S. 418 wiedergegebenen „Bemerkung". Vorangegangen war am 28. August 1933 eine Erklärung gegenüber der Finanzbehörde; vgl. unten S. 146. – Die Erklärung aus dem Jahr 1929 findet sich in der Ansprache, die Thomas Mann bei dem nach seiner Auszeichnung mit dem Nobelpreis von der Stadt München am 16. November 1929 gegebenen Bankett hielt. Der Bericht hierüber in: Münchner Neueste Nachrichten Nr. 313 vom 17. November 1929 (bei *Matter* nicht verzeichnet) fügt hinzu: „Ein stürmisches Bravo zeigte, wie das gut vertretene München dieses Bekenntnis aufnahm"; vgl. auch *Bürgin* V, Nr. 339.

[113] Thomas Manns deutscher Reisepaß ist nicht erhalten; nach einem am 21. April 1934 im Bayerischen Innenministerium gefertigten Aktenvermerk (s. Dok. 49) war er am 3. April 1933 abgelaufen. Am 23. April 1933 schrieb der Dichter – offenbar zuversichtlich – er müsse vor der Reise zu R. Schickele „die Ordnung meiner Paßangelegenheit... noch abwarten" (*Briefe* I, S. 330). Der Paß von Frau Katia Mann (TMA) war am 5. April 1929 in München ausgestellt und lief am 5. April 1934 ab.

wohl bei ihrer höchsten Stelle – an zügiger Abwicklung des schon so lange bei ihr anstehenden Falles Thomas Mann. Die Unzuverlässigkeit bei der Wiedergabe von Tatsachen in dem bayerischen Ministerialschreiben ist weniger erschreckend als der schwer zu überbietende Primitivismus im Urteil und die terrible simplification, die sich am stärksten in dem Passus über den „Zauberberg" enthüllen. Dieser ist wörtlich einem Schmähartikel entnommen, den der „Völkische Beobachter" im April 1927 gegen Thomas Mann gerichtet hatte. Auch andere Stellen des Antrags sind nachweislich von Beiträgen aus diesem Blatt inspiriert. Wenn nicht überhaupt ein in irgendwelcher NSDAP-Stelle entstandenes Dossier die Quelle war, wird man kaum fehlgehen, den Ursprung der Sammlung und der mit ihr verbundenen Werturteile in der Sphäre der subalternen Angehörigen der Münchner Polizeidirektion zu suchen, die teilweise in die Bayerische Politische Polizei übernommen worden waren und von denen einige später in hohen Diensträngen des Reichssicherheitshauptamtes zu makabrer Berühmtheit gelangen sollten. Die verschiedenen Hinweise auf sozialistische oder marxistische Sympathien oder Äußerungen Thomas Manns, vor allem die Behauptung, er sei „im Laufe der Jahre . . . immer mehr zum kommunistischen Radikalismus" abgerückt, legen die Vermutung nahe, daß der bewährte Sachbearbeiter für Kommunismus im Politischen Nachrichtendienst der Polizeidirektion für die Überwachung des Dichters zuständig und dann sicher an der Zusammenstellung des Materials, vielleicht auch an der Formulierung des Antrags beteiligt gewesen ist. Es war kein anderer als der Polizeisekretär Heinrich Müller, seit 1. Mai – nun schon unter Heydrich in der Bayerischen Politischen Polizei – zum Polizeiobersekretär und im November 1933 zum Kriminalinspektor befördert, später als „Mörder aus Gehorsam und Ordnungssinn" und engster Mitarbeiter Heydrichs im Reichssicherheitshauptamt zum SS-Gruppenführer und Generalleutnant der Polizei aufgestiegen [114]. Die Herkunft aus seinem Dezernat könnte auch die überraschende Tatsache erklären, daß der Richard-Wagner-Vortrag Thomas Manns und der dagegen gerichtete Protest in dem Ausbürgerungsantrag nicht erwähnt sind. Er fiel nicht in die Zuständigkeit des Sachbearbeiters für Linksradikalismus. Auch mag in den bewegten Tagen der Umstellung von der früheren Abteilung VI der Münchner Polizeidirektion zur Bayerischen Politischen Polizei, die sich gerade abspielte, als der „Protest der Richard-Wagner-Stadt München" publiziert wurde [115], versäumt worden sein, das Sündenregister in der bei jenem Sachbearbeiter geführten Akte Thomas Mann mit einem nicht unmittelbar einschlägigen Vorgang auf dem Laufenden zu halten. Wie dem auch sein mag – der Antrag des Bayerischen Innenministers vom 18. Januar 1934 stellt mit dem auf ältere Polemiken zurückverweisenden Richard-Wagner-Protest aus dem April 1933 das Bindeglied zwischen dem seit 1922 geführten Kampf „nationaler" Kreise gegen Thomas Mann und dem Schicksal dar, das ihm die nationalsozialistischen Machthaber schließlich bereitet haben.

---

[114] Über Müller als Beamter der Polizeidirektion München und seine Anfänge in der Bayerischen Politischen Polizei vgl. *Aronson*, S. 95 ff., 108 f.

[115] *Aronson*, S. 100 ff., 108.

Freilich sah es zunächst nicht danach aus, als würde dieses mit so viel Aufwand angestrebte Ziel erreicht. Im Auswärtigen Amt, das an der vom Bayerischen Innenministerium beantragten Entscheidung zu beteiligen war und infolgedessen vom Reichsministerium des Innern eine Abschrift des Münchner Ersuchens erhielt, wurden dazu Randbemerkungen gemacht, die die grotesken sachlichen und politischen Unzulänglichkeiten des Stücks teilweise mit unverhohlenem Sarkasmus glossieren [116]. Bei einer Ressortbesprechung über Ausbürgerungsfragen, die am 8. Februar 1934 im Reichsministerium des Innern stattfand, stand der Thomas Mann betreffende Antrag schon auf der Tagesordnung [117]. Zunächst wurde generell festgestellt, daß „bekannte Deutsche, die auch jetzt noch im Ausland sich hetzerisch betätigen, in jedem Falle für eine Ausbürgerung in Aussicht genommen werden sollen". Diese Maßnahme wurde sodann für 33 Personen – darunter gegen ursprünglich schwerste Bedenken des Auswärtigen Amtes auch Albert Einstein – beschlossen. Hingegen heißt es in dem Vermerk über die Sitzung weiter: „Die Ausbürgerung Thomas Manns wurde zurückgestellt". Als der Name des Dichters daraufhin in der zweiten Ausbürgerungsliste vom 24. März 1934, die 37 Personen betraf und Ende des Monats veröffentlicht wurde, nicht enthalten war, weckte das bei den Münchner Stellen Enttäuschung und führte zu der unzutreffenden Information Thomas Manns, der Ausbürgerungsantrag sei abgelehnt worden [118]. Dem Reichsminister des Auswärtigen, Frhr. v. Neurath, war am 13. Februar 1934 über

---

[116] Siehe die Glossen zu Dok. 33, S. 399 ff.

[117] Zum Folgenden vgl. die Akten betr. Ausbürgerung II. Liste A-G (Inland II A/B) im Pol. Archiv des Auswärtigen Amtes. Die Einladung des Reichsinnenministeriums zu der erwähnten Besprechung vom 2. Februar 1934 nebst einer Aufzeichnung v. Bülow-Schwantes über ein Telefongespräch mit dem Sachbearbeiter Oberregierungsrat Dr. Loewner [sic!] – gemeint ist Lösener – vom 5. Februar 1934 befinden sich in den Akten 83–76 betr. Ausbürgerung Bd. 1. Aus diesen Akten ergibt sich, daß damals „etwa 120 weitere Anträge auf Aberkennung der Staatsangehörigkeit" vorlagen und das federführende Ressort „nur die wenigen bedeutenden Fälle wie Einstein und Höltermann herausnehmen" wollte. Auch „solle nur in besonderen und bedeutenden Fällen von der Ausbürgerung Gebrauch gemacht werden". Diese Grundsätze wurden bei der Besprechung vom 8. Februar allgemein anerkannt: „Es werden nur politische Vergehen berücksichtigt. Bei unbedeutenden Hetzern wird eine örtliche Betätigung für Ausbürgerung nicht ausreichen... Intensive schriftstellerische Betätigung, Anfertigung von Flugblättern u. s. w. soll jedoch als Ausbürgerungsgrund unter Umständen auch bei unbedeutenden Hetzern genügen". Im übrigen aber wollte man nicht „die Maßnahme der Ausbürgerung in ihrer Bedeutung dadurch... schmälern, daß man auch in unbedeutenden Fällen die Ausbürgerung verhängt" (Aufzeichnung von Bülow-Schwante, 9. Februar 1934). – Zu dem in Bülow-Schwantes Vermerk genannten Oberregierungsrat vgl. dessen von W. *Strauß* herausgegebene Dokumentation „Das Reichsministerium des Innern und die Judengesetzgebung" (Vierteljahrshefte für Zeitgeschichte 9, 1961, S. 262 ff.).

[118] Vgl. die entsprechende Bemerkung in dem unten S. 145, Anm. 131 zitierten Brief Thomas Manns an René Schickele vom 2. April 1934, die wohl auf entsprechende Informationen durch seinen Münchner Anwalt zurückgeführt werden darf. Amtliche Publikation der Ausbürgerungsliste: Deutscher Reichsanzeiger Nr. 75 vom 29. März 1934. – Die unzutreffende Information aus nicht genannter Quelle übermittelte Bermann Fischer Thomas Mann mit einem nicht auf dem Postweg beförderten Brief vom 1. März 1934 (*Mann–Fischer*, S. 63).

die Ressortbesprechung vom 8. Februar Vortrag gehalten worden [119] – vermutlich wegen des Falles Einstein, an dem der Minister stärkstes persönliches Interesse, verbunden mit der Hoffnung, die Ausbürgerung verhindern zu können, bekundet hatte. Ob bei dieser Gelegenheit auch der Thomas Mann geltende Antrag besprochen worden ist, kann nur vermutet, aber den Akten nicht schlüssig entnommen werden.

Von allen Anschuldigungen, die das Schreiben des Bayerischen Innenministeriums gegen Thomas Mann vorbrachte, wurde bei der Ressortbesprechung vom 8. Februar 1934 lediglich ein Zusatz zu der in der Pariser Zeitung „L'Intransigeant" veröffentlichten Äußerung des Dichters für beachtlich gehalten [120]. Näheres sollte noch festgestellt und Thomas Mann, der sich damals in Frankreich aufhielt, gegebenenfalls durch die deutsche Botschaft in Paris zu einer Loyalitätserklärung aufgefordert werden. Ohnehin wahrte er unter erheblichen Schwierigkeiten größte Reserve.

Die Berichte, die der deutschen Regierung über ihn in jenem Zeitpunkt vorlagen, bestätigten dies und mochten die Zurückhaltung der Berliner Ministerien gegenüber dem bayerischen Ansuchen stärken. Akten- und Presseauszüge, die im Auswärtigen Amt über eine kleine Zahl meist prominenter deutscher Emigranten zusammengestellt worden sind und die mit den internen Erörterungen zusammenhängen, welche die Publikation der ersten Ausbürgerungsliste begleiteten, resümieren Berichte der deutschen Gesandtschaft in Dänemark und der Botschaft in Paris über Thomas Mann vom Jahr 1933 [121]. Aus Kopenhagen wurden am 24. April

---

[119] Vermerk von Bülow-Schwante auf der Aufzeichnung vom 9. Februar 1934, oben Anm. 117.

[120] Dok. 30a, S. 392 ff. Dieses Interview soll – wie Bermann Fischer „nach unseren absolut zuverlässigen Informationen" am 1. März 1934 schrieb (s. Anm. 118) – „unmittelbaren Anstoß zu dem Ausbürgerungsantrag" gegeben haben. Die Information ist entsprechend den Darlegungen oben S. 139 f. zu interpretieren.

[121] Die Auszüge betreffen außer Thomas Mann folgende Personen: Heinrich Mann, Rudolf Breitscheid, „Kommunistenführer Münzenberg", Philipp Scheidemann, Otto Wels, Otto Klepper, Konsul H. H. Schlieben, Schriftsteller Walter Kreiser, Lion Feuchtwanger, Georg Bernhard, Friedrich Stampfer, „Emil Ludwig (Cohn)", Prof. Friedrich Foerster sowie ein „Internationales Hilfskomitee für die Opfer des Faschismus" in den Haag. Sie befinden sich in einem offensichtlich während der Zeit alliierten Gewahrsams der Akten mit der Aufschrift „Material zur ‚Ausbürgerung' Anlage zu den Akten Po 5 ME adh. 4 n° 1 I. Liste" versehenen Briefumschlag aus den Beständen des „Foreign Service of the United States of America" (PA). — Weitere Nachrichten über Thomas Mann während der ersten Zeit seiner Emigration: in einer umfassenden, auf verschiedenen Berichten der Missionen beruhenden Denkschrift über deutsche Emigranten, die das Auswärtige Amt am 27. September 1933 an zahlreiche Dienststellen, darunter die Reichskanzlei, die Reichsministerien des Innern und für Propaganda, das Preußische Ministerium des Innern sowie das Geh. Staatspolizeiamt geschickt hat, heißt es in dem Abschnitt über Frankreich: „An kleineren Orten der französischen Mittelmeerküste dürften eine Reihe teils jüdischer, demokratischer und marxistischer Schriftsteller und Journalisten aufhältig sein, darunter Theodor Wolf [sic!], Heinrich und Thomas Mann, Georg Bernhard u. a.". Am Schluß der Denkschrift wird in einer Übersicht über die Emigrantenpresse Klaus Manns Zeitschrift „Die Sammlung" aufgeführt; nach Aufzählung der Autoren, die zu ihrer ersten Nummer beigetragen haben, heißt es, für später sei die Mitarbeit von Thomas Mann, Stefan Zweig, René Schickele, Romain Rolland und Jean Giraudoux zugesagt (PA, Deutsche

142

verschiedene telefonische Interviews der dänischen Presse mit dem in Lugano weilenden Dichter gemeldet, die durch den unmittelbar vorangegangenen aufsehenerregenden „Protest der Richard-Wagner-Stadt München" verursacht worden sein dürften. Einem Mittagsblatt zufolge habe Thomas Mann gesagt, er wolle niemals mehr nach Deutschland zurückkehren, „wo der Aufenthalt für Künstler jüdischer Rasse unmöglich sei". In der Zeitung „Ekstrabladed" habe der Dichter dies angebliche Interview „als eine unverschämte Lüge bezeichnet und betont, daß er hoffe, bald nach Deutschland zurückkehren und alle ihm angedichteten Schmähungen gegen die deutsche Regierung und Deutschland dementieren zu können". Die Pariser Botschaft berichtete am 30. Juli über einen Artikel in der Zeitung „Le Petit Parisien", deren Berichterstatter nach einem Besuch bei Heinrich Mann auch den damals in der Nähe wohnenden Thomas Mann aufgesucht hatte. Hierüber heißt es: „Thomas Mann . . . sei ebensowenig Jude wie sein Bruder, aber nach dem Geschmack der Nazis etwas zu radikal eingestellt. Seine Wohnung in München sei geplündert worden, seine Autos und sein Silber gestohlen. Er lasse sich gleichwohl nicht zu zornigen Bemerkungen hinreißen, sondern arbeite an seinem Buch über Palästina" – gemeint ist der Joseph-Roman –, „das in Berlin erscheinen solle, daher seine Zurückhaltung. Dafür sagte Frau Thomas Mann: wie könne man nicht für die Mitbürger jüdischer Religion Besorgnisse hegen, wenn man wisse, mit welcher Insistierung Hitler überall erzählen lasse, daß 70–80% aller Kranken in Deutschland Juden seien". Die Mitteilung der Botschaft über den Presseartikel schließt: „Der Berichterstatter stellte bei Thomas Mann eine tiefe Traurigkeit fest, er empfinde Scham für sein Volk".

Zugleich quälte den Dichter – wie nicht bloß seine eigenen Äußerungen, sondern Beobachtungen von Freunden bezeugen [122] – maßlos die körperliche Trennung von Deutschland. Als er sechzehn Jahre später zum ersten Mal wieder auf deutschem Boden weilte und seine Ansprache im Goethejahr 1949 damit begann, ausführlich von sich und seinem Verhältnis zu Deutschland zu sprechen, erwähnte er „die Monate des Wanderlebens von Land zu Land, in tiefer Verstörung, im Gefühl der Entwurzelung, des Abgeschnittenseins von einer Lebensbasis, die" er „für fest und endgültig gehalten" hatte [123]. Thomas Manns „labile und feinnervige Natur" durchlitt in jener Zeit „durch . . . den brutalen Anprall" [124] eine heftige Persönlich-

---

Emigranten im Ausland, Bd. 2). – Ein Bericht der Deutschen Gesandtschaft Bern vom 22. November 1933 teilt auf einen Runderlaß des Auswärtigen Amtes vom 27. September 1933 (– D 5153 –) mit, „daß Thomas Mann... sich nicht in Frankreich aufhält, sondern seit mehreren Monaten in Küsnacht bei Zürich ansässig ist" (ebd. Bd. 4). Hiervon setzte das Auswärtige Amt am 13. Dezember 1933 auch das Reichsministerium des Innern in Kenntnis. Über Thomas Mann in der Emigration vgl. *Wegner*, S. 111 ff.

[122] Vgl. vor allem die Tagebucheintragungen von R. *Schickele* aus dem Spätjahr 1933 (Werke III, S. 1060 ff.).

[123] XI, S. 482; MK 118, S. 308. Auch in der Schrift „Das Ende" vom März 1945 (XII, S. 944; MK 118, S. 152 f.) wird „die erste Zeit des Exils" „Zeit der Entwurzelung, der Verstörung und Atembeklemmung, der Heimatlosigkeit" genannt.

[124] Beide Zitate aus dem Schreiben von Bermann Fischer an Frau Katia Mann, 24. April 1935 (*Mann–Fischer*, S. 101).

keitserschütterung: „schwerer Choc und Schrecken" über das ihm persönlich Widerfahrene, den Münchner Protest, die „Ausfluchung"[125], mischten sich mit „Grauen, Verachtung und Abscheu" vor den Verhältnissen daheim, und es ist bezeichnend, daß der Ausdruck dieser Gefühle bis in Einzelheiten der Diktion hinein einem Zeugnis entspricht, das zwanzig Jahre zuvor durch die persönliche Gehässigkeit einer literarischen Kritik Alfred Kerrs an der Berliner Aufführung von „Fiorenza" verursacht worden war, einem Brief an Hans v. Hülsen, der „solchem Bündnis von Dummheit und Haß gegenüber" „Ekel", „Schrecken" und eine „tiefe Störung" zu empfinden bekannte, die zur Heilung „viel Erkenntnis der Sympathie" benötigte[126]. Thomas Mann fühlte 1933 zugleich auch: „Heute gilt das Wort: ‚Wie man's macht, ist es falsch' ", und knüpfte daran das Geständnis: „Wenn man nun aber bis dahin ein ‚Segensmann' und gewohnt war, daß es richtig war, wie man's machte, so ist diese neue Lage anfangs etwas verwirrend"[127]. Vor allem wollte er sich mit dem Gedanken, nicht mehr nach Deutschland zurückzukehren, nicht ohne weiteres befreunden. Faßt das aus der Rückschau urteilende Wort seiner Tochter Monika: „ ‚Weltbürgern' war ihm noch unbekannt; er empfand den Verlust der Heimat als den eigenen Untergang" die damalige Seelenlage Thomas Manns in eine zutreffende Formel, so gewinnt diese eine erschütternde Anschaulichkeit durch fast gleichlautende Briefe, die der Dichter Mitte Mai 1933 an Albert Einstein und Walter H. Perl richtete [128]. Diese Lebenszeugnisse zeigen mit dem wörtlichen Vorgriff auf Äußerungen, die mehr als drei Jahre später durch

---

[125] Th. Mann an H. Hesse, 23. April 1933 (*Hesse–Mann*, S. 28); „Ausfluchung": Th. Mann an Bermann Fischer, vermutlich 24. August 1933 (*Mann–Fischer*, S. 36). Vgl. dazu das „nach eigener Erfahrung" ausgesprochene spätere Urteil des Dichters, es stehe „unsere Empfänglichkeit" für Lob „in keinem Verhältnis zu unserer Verletzbarkeit durch schnöde Herabsetzung, hämische Schmähung. Wie dumm diese sei und wie offenkundig bestimmt sogar durch irgendeine private Ranküne: sie beschäftigt, als Ausdruck der Feindschaft, weit tiefer und nachhaltiger als das Gegenteil"; Th. *Mann*, Die Entstehung des Doktor Faustus (XI, S. 230; MK 115, S. 151 f.). — Bruno Frank, der sich damals wie Thomas Mann in Lugano aufhielt, schrieb über ihn am 20. April 1933 an H. Lowe-Porter, er sei „very depressed" (*Thirlwall*, S. 36). Das Zeugnis ist wertvoll, weil es von dritter Seite stammt und die zeitlich nächste Schilderung von Thomas Manns Seelenzustand nach dem Richard-Wagner-Protest bietet, die bisher bekannt geworden ist.

[126] Th. Mann an H. Hesse, 31. Juli 1933 (*Hesse-Mann*, S. 35). – Der Brief vom 24. Januar 1913 als Reaktion auf Kerrs Kritik bei H. v. *Hülsen*, Zwillings-Seele. Denkwürdigkeiten aus einem Leben zwischen Kunst und Politik I, München [1947], S. 88 f.

[127] Th. Mann an Bermann Fischer, 31. August 1933 (*Mann–Fischer*, S. 42). Ähnlich heißt es schon in dem Brief an W. H. Perl vom 15. Mai 1933 (s. Anm. 128), es erscheine Thomas Mann, der seine Lage als „äußerst verwickelt und gefährlich" bezeichnet, „unmöglich..., gesunde Entschlüsse zu fassen. Wie man es macht, ist es falsch; und das wissen die lauernden Feinde daheim".

[128] M. *Mann*, Vergangenes und Gegenwärtiges. Erinnerungen, München [1956], S. 88. — Der Brief an Einstein vom 15. Mai 1933: *Briefe* I, S. 331 f. Der Brief an Perl vom gleichen Tag, dem das folgende Zitat entnommen ist: W. H. *Perl*, Thomas Mann 1933–1955. Vom deutschen Humanisten zum amerikanischen Weltbürger, New York 1945, S. 57. Ebd. S. 11 ist schon auf die Parallele in Thomas Manns Antwort an den Dekan der Bonner Philosophischen Fakultät vom Neujahrstag 1937 hingewiesen.

Ausbürgerung und Entzug der Ehrendoktorwürde hervorgerufen worden sind, wie tief und zeitübergreifend der doppelt empfundene Verlust seiner Heimat Thomas Mann verstört und gequält hat: „Der Gedanke, mit meinem Lande brechen zu müssen, hat etwas äußerst Bedrückendes und Beängstigendes für mich – ein Zeichen, daß es gegen meine Natur ist, die nämlich weit mehr von Goethisch-repräsentativen Überlieferungselementen bestimmt ist, als daß sie sich zum Märtyrertum geschaffen fühlte. Damit ich in eine so falsche Lage gedrängt wurde, mußte wohl wirklich sehr Falsches und Böses geschehen; und falsch und böse ist denn auch meiner tiefsten Überzeugung nach diese ‚Deutsche Revolution‘". „Nervöser Schrecken" packte Thomas Mann im Sommer 1933, wenn er daran dachte, „daß wir Juni schreiben, und daß es Februar war, als ich Deutschland verließ" [129]; selbst viel später noch, nachdem längst alle Formalitäten der Aufgabe des heimatlichen Wohnsitzes von ihm erfüllt waren, schrieb er: „Neulich begingen wir ... den zweiten Jahrestag unserer Abreise aus München. Wunderlich, zwei Jahre nicht zu Hause in der Poschingerstrasse gewesen" [130]. Sogar als Thomas Mann meinte: „Ich habe meinen Kampf durchgekämpft", mußte er sich Augenblicke eingestehen, in denen er fragte: „Warum eigentlich? Es können in Deutschland doch andere leben" [131]. „Aber die

---

[129] Th. Mann an H. Hesse, 2. Juni 1933 (*Hesse–Mann*, S. 29). – „Die nervösen Schrecken der Heimatlosigkeit" erwähnte Thomas Mann später rückblickend in seiner Antwort vom 7. September 1945 auf die durch W. v. Molo geäußerte Aufforderung zur Rückkehr nach Deutschland (*Briefe* II, S. 441).
[130] Th. Mann an Bermann Fischer, 16. Februar 1935 (*Mann–Fischer*, S. 95). v. Hülsen II, S. 123 ff. berichtet über einen Besuch bei Thomas Mann im August 1935, daß der Dichter damals bei äußerlich zur Schau getragener Stärke „unter einem Zwiespalt litt, wie wohl jeder bessere Mensch unter den Emigranten, daß, kurz gesagt, geheimes Heimweh ihn quälte".
[131] Th. Mann an H. Hesse, 31. Juli 1933 (*Hesse–Mann*, S. 35). Vgl. dazu die Bemerkung über G. Hauptmann in Th. Manns Brief an A. M. Frey vom 12. Juni 1933 (*Briefe* I, S. 333) und noch dreiviertel Jahr später, im Brief an R. Schickele vom 2. April 1934, den Hinweis auf H. Hesse, den der Dichter offen zu beneiden erklärt, weil er „längst draußen", ihm „aber Deutschland nicht verschlossen" sei. Aufschlußreich für die Gespaltenheit, die Thomas Mann damals durchlitt, der folgende Satz: „An meinem Abscheu vor den Zuständen dort und meinem Herzenswunsch, die Bande, die da wirtschaftet, möchte recht bald in irgendeiner Form der Teufel holen, hat sich nicht das Geringste geändert; aber ich sehe immer weniger ein, wie ich dazu komme, um *dieser* Idioten willen von Deutschland ausgeschlossen zu sein... " (*Briefe* I, S. 356). In der Lage und Stimmung dieser Zeit dürfte „das Wort von Thomas Mann" gefallen sein, das Stefan Zweig Joseph Roth bei einem persönlichen Zusammensein mitteilte und das diesen am 31. August 1933 Zweig gegenüber zu den kritischen Sätzen veranlaßte: „...es ist doch nicht richtig... Ich habe Thomas Mann über den Wassern schweben nie gemocht. Ein Goethe ist er nicht. Er hat nicht das Recht zu solchen Aussprüchen... Thomas Mann ist ein Usurpator der ‚Objektivität‘. Er ist imstande, mit Hitler sich auszusöhnen, unter uns gesagt. Es ist ihm nur unmöglich gemacht, vorläufig. Er ist einer jener Menschen, die Alles erlauben, unter dem Vorwand, Alles zu verstehen" (J. *Roth*, Briefe 1911–1939, hrsg. u. eingeleitet v. H. *Kesten*, Köln–Berlin [1970], S. 276 f.). Zu vermuten ist, daß die von Roth so scharf kritisierte Äußerung Thomas Manns sich in der Richtung bewegt hat, die sein Brief vom 4. Februar 1934 an Fr. Böök dokumentiert. Damals dankte er dem schwedischen Adressaten für dessen „Sympathie für Deutschland", das „Mitgefühl mit diesem eigentümlichen, großartigen Volk" und vor allem die „Einsicht in die bittere Logik der Notwendigkeit dessen, was wir in ihm

Anfechtung geht rasch vorüber. Es ginge nicht, ich würde verkommen und ersticken. Es geht auch nicht aus einfachen menschlichen Gründen, um der Meinen willen nicht". Thomas Mann, den das von Willi Münzenberg am 1. August 1933 herausgebrachte „Braunbuch" noch vor seinem Bruder Heinrich voll Stolz zu den Emigranten zählte, deren Bücher verbrannt worden waren [132], rechnete in dieser Zeit mit einer amtlichen Aufforderung zur Rückkehr. Er wollte „dann alles einmal öffentlich aussprechen" und war sich klar, daß er daraufhin „die deutsche Staatsangehörigkeit verliere"[133] – das Gesetz vom 14. Juli 1933 war eben verkündet worden und dem Dichter in seinem südfranzösischen Zufluchtsort nicht verborgen geblieben. Es sah neben anderem den Verlust der Staatsangehörigkeit für Deutsche vor, die der Aufforderung zur Rückkehr aus dem Ausland nicht Folge leisteten. Speziell hierüber hatte Thomas Manns Verleger ihn sogleich am 17. Juli unterrichtet[133a]. Die am 23. August 1933 vollzogene Ausbürgerung seines Bruders Heinrich, besonders aber die verfügte Beschlagnahme von Thomas Manns Münchner Haus hat ihm dann den letzten Anstoß gegeben, um den schweren Entschluß, Deutschland vorerst zu meiden, auch den heimischen Behörden gegenüber bekanntzugeben. Am 28. August teilte er ihn dem zuständigen Finanzamt in München mit, das die in solchen Fällen zu erlegende Reichsfluchtsteuer festzusetzen hatte[134]. Damit begann die Lebensphase Thomas Manns, die – bestürzender Zufall – Heinrich Mann 1915 in dem Zola-Essay, der zur tiefen Entfremdung zwischen den Brüdern führen und in den „Betrachtungen eines Unpolitischen" seine polemische Antwort finden sollte, vorweg beschrieben hatte: „Daß ich mich jetzt ausschließe, verbannt bin und schweige, ist ein großes Zeichen, und mein Land selbst richtet es auf. Nicht ohne den Widerstand seiner besten Kräfte überläßt es sich diesem verwickelten Rückfall in untermenschliche Zustände, der ihm heute bereitet wird"[135].

Zur Trennung von Deutschland auf unabsehbare Zeit traten andere höchst ge-

---

haben geschehen sehen". Über sein eignes „Verhältnis zur ‚Deutschen Revolution' " bemerkt Thomas Mann bei dieser Gelegenheit, es gleiche „ungefähr dem des Erasmus zum Luthertum ..., man kann es nicht ganz negativ nennen". Der Satz fährt freilich weiter: „aber Verachtung des Rohen, bildungslos Fanatischen bestimmt es doch vorwiegend, und daß außerdem der niedrig rankünöse, der Rache-Charakter des Ganzen mich in tiefster Seele abstößt, will ich nicht leugnen"; *Schoolfield*, S. 176 f.

[132] *Radkau*, S. 117.

[133] Wie Anm. 126. Am gleichen 31. Juli 1933 schrieb der Dichter seinem Verleger, der versucht hatte, ihn zur Rückkehr nach Deutschland zu bewegen: „Meine Entscheidungen und Beschlüsse kennen Sie nun und andeutungsweise auch ihre Gründe, die ich wohl eines Tages öffentlich ausführlicher werde darlegen müssen. Dieser Augenblick steht aber noch nicht unmittelbar bevor" (*Mann–Fischer*, S. 3o).

[133a] *Mann–Fischer*, S. 27.

[134] Die Mitteilung an das Finanzamt und ihr Datum sind in einem Vermerk des Deutschland-Referats vom 2. Mai 1934 erwähnt; unten S. 429, Dok. 51. In seinem vermutlich am 24. August 1933, „in der Stunde, die mir die Nachricht von der Beschlagnahme unsres Münchner Hauses brachte", geschriebenen Brief heißt es: „Da ich das [= Zurückkehren] nicht kann (ich könnte es nicht, auch wenn ich wollte, ich habe es jetzt schwarz auf weiß) ... " (*Mann–Fischer*, S. 36).

[135] H. *Mann*, Geist und Tat (dtv 1963), S. 200.

wichtige Schwierigkeiten. Bereits im November 1933 hatte der im Exil ebende Dichter in einem Brief an Stefan Zweig auch von der entstandenen „scheinbaren Zweideutigkeit" berichten müssen, „die wenigstens mich unter Emigranten schon beinahe so verhaßt gemacht hat, wie bei denen ‚drinnen' " [136]. Die Situation

---

[136] Th. Mann an St. Zweig, 8. November 1933 (*Briefe* I, S. 338). Ähnlich eine Bemerkung in „Leiden an Deutschland" (XII, S. 720; MK 117, S. 280), wo Thomas Mann über den „bedrückend-halbfremden Charakter" seiner Stellung im Lande und zugleich außerhalb von ihm reflektiert. Dem Schreiben an Zweig unmittelbar vorangegangen waren heftige publizistische Angriffe gegen Thomas Mann außerhalb Deutschlands wegen seiner zugleich mit Schickele und Döblin erklärten öffentlichen Distanzierung von der durch Klaus Mann als Organ der emigrierten deutschen Literatur herausgegebenen Zeitschrift Die Sammlung; vgl. dazu H. A. *Walter*, Der Streit um die „Sammlung". Porträt einer Literaturzeitschrift im Exil I (Frankfurter Hefte 21, 1966, S. 850 ff.); Klaus Mann und die „Sammlung". Porträt . . . II (ebd. 22, 1967, S. 49 ff.); W. *Jens* in seiner Rezension der „Briefe 1937–1947" (Betrachtungen und Überblicke. Zum Werk Thomas Manns, hrsg. v. G. *Wenzel*, Berlin–Weimar 1966), S. 466; *Wegner*, S. 68 ff., sowie *Bermann Fischer*, S. 96 f. Dazu *Bürgin* V, Nr. 420 f. Die einschlägigen Texte – „Erklärung der Reichsstelle zur Förderung des deutschen Schrifttums" mit den wörtlich eingerückten Erklärungen Thomas Manns, Schickeles und Döblins zu der Zeitschrift „Die Sammlung"; der scharfe, den drei Genannten und Stefan Zweig „Verrat am Geiste" vorwerfende Artikel „Literatur und Charakter" aus der Wiener Arbeiter-Zeitung vom 19. Oktober 1933; der Artikel „Briefe, die den Weg beleuchten" aus „Neue deutsche Blätter" I, Novemberheft 1933 – sind nun bequem zugänglich bei *Schröter*, Urteil, S. 208 ff. Hinzu kommt jetzt der Text einer Entgegnung Manns auf den Artikel aus der Wiener Arbeiter-Zeitung (*Mann–Fischer*, S. 650 ff.). Zu der Affäre vgl. auch den Briefwechsel zwischen Joseph Roth und Stefan Zweig sowie René Schickele aus dem November 1933 und dem Januar 1934 (*Roth*, S. 284 ff., 307 ff.), ferner das Schreiben von R. Musil an K. Pinkus vom 21. Oktober 1933 (R. *Musil*, Prosa, Dramen, Späte Briefe, hrsg. von A. *Frisé*, Hamburg [1957]), S. 728 f. – Wichtig für die Aufhellung des Faktischen und Thomas Manns damalige Seelenlage sind die oben S. 132, Anm. 89 zitierten Ausführungen von I. *Herz* sowie die nunmehr vorliegende Korrespondenz zwischen ihm und seinem Verleger (*Mann–Fischer*, S. 43 ff.). Vgl. ferner die Mitteilungen aus Briefen des Dichters an R. Schickele bei *Lehnert*, S. 8 f. Dazu auch R. Schickele an Th. Mann, 18. November 1933 (Werke III, S. 1181 f.) und an J. Roth, 28. Januar 1934 (ebd. S. 1186). Im August 1933 war in Kopenhagen die unzutreffende Nachricht verbreitet und als eine „unangenehme Überraschung" im Kreis eines „Hilfskomitees für die Opfer des Nazismus" empfunden worden, „Thomas Mann sei nach Deutschland zurückgekehrt, was kaum etwas anderes bedeuten könne, als daß das neue Deutschland und der berühmte Schriftsteller einander gefunden hätten"; Bericht der Deutschen Gesandtschaft in Kopenhagen vom 22. August 1933, der sich für diese Mitteilungen auf die Berlingske Tidende vom 21. August stützt (PA, Akten betr. deutsche Emigranten im Ausland, Bd. 1b). – Später nahm W. *Franck*, Meerfahrt mit Thomas Mann (Das Neue Tage-Buch 3, Heft 16 vom 20. April 1935, S. 375 f.) Thomas Mann gegen die Vorwürfe von Balder Olden in Schutz, der dem Dichter angelastet hatte, „er besiegle durch jedes neue Buch, jede neue Zeile, die er in Deutschland drucken läßt, daß er sich neben Gerhart Hauptmann stellt, den Epikuräer à tout prix, nicht neben Heinrich Mann und alle, die man in der Geschichte die Getreuen bis in den Tod nennen wird". Ähnliche Verteidigung Thomas Manns gegen den Vorwurf des Schweigens und der Zweideutigkeit „gegenüber der aktuellen Weltsituation" bei W. *Schaber*, Thomas Mann zu seinem sechzigsten Geburtstag. Drei Aufsätze, Zürich 1935, S. 64ff. Zwischen diesen Äußerungen über den Dichter und seinem Brief an Stefan Zweig vom 8. November 1933 liegt die zur vollen Kennzeichnung der Lage Thomas Manns wesentliche Mitteilung, er habe sich in der Korrespondenz mit seinem Verleger „wegen wüster Schimpfereien zu rechtfertigen . . ., die aus Anlaß meiner Amerika-Reise in der deutschen Presse gegen mich losgegangen" (Th. Mann an F. Lion, 30. Juni 1934; *Briefe* I, S. 365).

war aber „drinnen" gleichfalls verwickelter, als es scheinen mochte. Während das Bayerische Innenministerium darauf bestand: „Dr. Mann gehört zu den Emigranten, die das nationalsozialistische Deutschland durch ihre Hetzpropaganda im Ausland unendlich geschädigt haben" [137], bemühte sich nicht allein der S. Fischer-Verlag, sondern zunächst auch – Goebbels lebhaft darum, Thomas Mann zur Rückkehr ins Reich zu bewegen [138]. Dies entsprach den gleichzeitig unternomme-

---

[137] „Bemerkung" im Anschluß an den Entwurf zu dem an die Polizeidirektion München gerichteten Erlaß des Ministeriums vom 21. April 1934, der die Beschwerde gegen die Verweigerung der von Thomas Mann beantragten Paßbescheinigung kostenpflichtig abwies; Dok. 49, S. 419.

[138] Zum Folgenden finden sich verstreute Nachrichten und Hinweise bei H. F. *Blunck*, Unwegsame Zeiten. Lebensbericht 2. Band, Mannheim [1952], S. 311 (bezieht sich auf einen Vorgang aus der ersten Märzhälfte 1935); *Krell*, S. 81 (bezieht sich gleichfalls auf 1935 und Bluncks Rolle bei diesen Vorgängen); E. *Ebermayer*, Denn heute gehört uns Deutschland… Persönliches und politisches Tagebuch, Hamburg–Wien 1959, S. 101; Wiederabdruck: *Schröter, Urteil*, S. 205 f. Die Bemerkung bei W. *Stephan*, Joseph Goebbels. Dämon einer Diktatur, Stuttgart [1949], S. 40, Goebbels habe Thomas Mann „auch noch 1934 in richtiger Erkenntnis seiner Bedeutung gern goldene Brücken bauen" wollen, kann nach Ansicht des früheren Ministerialrats Dr. *Erckmann* (Mitteilung an den Verfasser vom 19. Juli 1965) besondere Authentizität beanspruchen, da der Autor mit Goebbels, vor allem im ersten Jahr nationalsozialistischer Herrschaft, in laufendem persönlichen Kontakt gestanden hat. – Wenn Thomas Mann Anfang Juni 1933 erwähnt, die schweren Übergriffe gegen sein Eigentum, die in München vorgekommen waren, seien „lokale Eigenmächtigkeiten, die gar nicht mit den ‚oben‘ geäußerten Stimmungen und Wünschen, was meine Person betrifft, übereinstimmen", und hinzufügt: „Die ‚Gleichschaltung‘ funktioniert eben keineswegs" (an H. Hesse, 2. Juni 1933; *Hesse–Mann*, S. 30) so ist damit deutlich auf die Reichsregierung angespielt und dabei können wohl nur Goebbels und sein Ministerium gemeint sein. V. *Mann*, S. 552 ff. berichtet, die Münchner Gestapo habe ihn veranlassen wollen, seinen Bruder zur Rückkehr zu bewegen. Rechtsanwalt V. *Heins* (München) erinnerte sich, daß auch der bayerische Staatsminister Hermann Esser mit derartigen Bestrebungen befaßt gewesen sei (Mündliche Mitteilung). Vgl. auch Th. Mann an R. Faesi, 28. Juni 1933 (*Mann–Faesi*, S. 23), an O. Basler, 29. Oktober 1933 (*Altes und Neues*, S. 732) und an H. Hesse, 11. März 1934 (*Hesse–Mann*, S. 44) sowie an die Redaktion der „Neuen Zeitung" vom 25. Juni 1947 (*Briefe* II, S. 537 f.), wo es heißt: „Mehr als ein Wink mit dem Zaunpfahl (durch die ‚Frankfurter Zeitung‘ etwa) bedeutete mich, das Vergangene solle vergessen sein, wenn ich wiederkehrte". Ferner die Tagebuchnotiz von R. *Schickele* aus der ersten Dezemberhälfte 1933 (Werke III, S. 1063): „Unglaublich optimistischer Brief von Th. M. Er glaubt an das baldige *Ende* des ‚Spuks‘. Burte, den er in einer Abendgesellschaft traf, versicherte ihm, man werde ihn bald zurückholen". Durch den Zusatz „Die Zürcher Gastgeber hörten es gerne" ist in Verbindung mit *Bürgin–Mayer*, S. 106, die bei Schickele nicht näher datierte Begegnung zeitlich festzulegen. – Aus späterer Erinnerung äußerte sich Thomas Mann zu einem Versuch von Rudolf G. Binding, ihn zur Rückkehr zu bewegen, in: Das war Binding, hrsg. v. L. F. *Barthel*, Wien–Berlin–Stuttgart 1955 S. 172. Nach Mitteilung des oben S. 122, Anm. 65 erwähnten ehemaligen Ministerialdirektors *Haegert* hat der im Reichspropagandaministerium für die Angelegenheiten der Literatur zuständige Abteilungsleiter Dr. Wismann – über ihn vgl. Dok. 45, Anm. 3 – mit Zustimmung von Goebbels die Pläne gefördert, die der Rückkehr Thomas Manns ins Reich galten. Es ist sicher, daß sie ohne Einverständnis mit diesem Ministerium in so konkreter Form, wie es bezeugt ist, nicht hätten verfolgt werden können. Zwischen den Absichten des Reichspropagandaministeriums und der von ihm beeinflußten Stellen oder Persönlichkeiten einerseits und den Tendenzen der Münchner Politischen Polizei bzw. späteren Gestapo-Stellen muß unterschieden werden. – Ein „-t" gezeichneter Artikel „Ein Brief an Frick" (Der Kurier [Berlin] Nr. 161 vom 14. Juli 1947; bei *Matter* nicht

nen Versuchen der Regierung, auch anderen prominenten Emigranten unter dem Versprechen, beschlagnahmtes Eigentum zurückzugeben und kein Vorgehen aus politischen Gründen gegen sie zuzulassen oder zu inszenieren, die Heimkehr mundgerecht zu machen [139]. Es ist aufschlußreich für den Ursprung und wichtig für die Beurteilung der Gegnerschaft, die der Dichter daheim fand, daß für den Fall des Erfolges dieser Anstrengungen eine Wiederaufnahme des Lebens von Thomas Mann in München, „wo man ihm ja besonders übel mitgespielt", nicht für möglich gehalten, hingegen eine Übersiedlung nach Berlin als unbedenklich für ihn betrachtet und ihm vorgeschlagen wurde. „Dort in einem stillen Villenvorort würde er völlig ungeschoren zwischen lauter vernünftigen (und gleichgesinnten!) Menschen seiner dichterischen Arbeit leben können" [140]. Freilich gingen nicht bloß Münchner Stellen gegen den Dichter vor, sondern auch andere nationalsozialistische Gewaltige. Sie versuchten in derselben Zeit, durch wirtschaftliche Drohungen Thomas Mann wenigstens aus dem Bewußtsein der Deutschen zu verdrängen. Der Braunschweigische Minister für Volksbildung kündigte im Frühjahr 1934 dem Verlag Reclam das sofortige Verbot der Benutzung der bekannten „Universalbibliothek" im Schulunterricht an, wenn ihr weiterhin ein „Reklameblatt für Thomas Mann, das ein Bild, Thomas Mann am Rednerpult. Zeichnung von

---

verzeichnet), der sich wohlunterrichtet gibt, behauptet „die Männer des Regimes, besonders Goebbels" seien „tatsächlich bereit" gewesen, Thomas Mann, „seiner Gattin und seinen jüngeren Kindern dieselbe Protektion zu gewähren wie Gerhart Hauptmann ... Sie erkannten ihn, gewiß widerwillig genug, als geistige Großmacht an". „Ob Thomas Mann die Stärke seiner Lage damals ganz klar begriffen hat, mag bezweifelt werden. Er wünschte von Herzen, zurückzukehren und sprach das in Zürich oft aus. Er war sogar bereit, sich zum Schweigen über politische Fragen zu verpflichten. Aber er wollte nicht vor aller Welt die Rolle des Geduldeten spielen. Darum verlangte er Anerkennung seines dichterischen Ranges von Staats wegen.... Die Forderung traf in den Nerv des staatsabsolutistischen Systems. Natürlich wurde sie abgelehnt, wenngleich immer noch in den konziliantesten Formen, und man bemühte sich späterhin, durch massives Entgegenkommen (Transferierung des Vermögens) das politische Stillhalten noch des Ausgebürgerten zu erreichen. Dieser Versuch ist daran gescheitert, daß Thomas Mann sich die Freiheit des Worts dann doch nicht nehmen ließ". Beweise für diese teilweise mit den vorhandenen Quellen schwer zu vereinbarenden Behauptungen sind bisher nicht aufgetaucht. M. Mann, Vergangenes, S. 90 meint, die „Brüder" [d. h. die deutschen Machthaber] hätten Thomas Mann „nur zu gern für sich gewonnen, schon weil sie ihn als Feind fürchteten". Perl, S. 28 weiß: „Man bemühte sich direkt und indirekt von Seiten des Dritten Reiches, den Dichter zurückzugewinnen". Vgl. jetzt hierzu die Schreiben, die Bermann Fischer am 9. Mai und 17. Juli 1933 an Thomas Mann gerichtet hat (Mann–Fischer, S. 18 f., 27 f.).

[139] Die Akten enthalten entsprechende Quellen für den Reichskanzler a. D. Wirth aus dem September 1933 (PA, Deutsche Emigranten im Ausland Bd. 2) sowie den früheren Reichsbanner-Führer Karl Höltermann aus den Monaten Dezember 1933/Januar 1934 (PA, Ausbürgerungen 4. Liste, H—L, Vorgänge betr. Höltermann). Am 7. August 1933 hatte der Deutsche Generalkonsul in Zürich ein derartiges Vorgehen angeregt, weil dadurch die Verbreitung abfälliger Kritiken über Deutschland im Ausland vermindert werden könne (PA, Deutsche Emigranten im Ausland, Bd. 1 b).

[140] Ebermayer, S. 101 f. Vgl. auch Bermann Fischers Schreiben an Thomas Mann vom 17. Juli 1933, wo es heißt: „Das Risiko der Rückkehr scheint uns nicht sehr groß zu sein, besonders wenn Sie nicht nach München, sondern nach Berlin kommen" (Mann–Fischer, S. 28).

Prof. Eugen Spiro' enthält", beigefügt bleibe [141]. Daß der Urheber des Bildes Jude war, ist in diesem Zusammenhang nicht erwähnt, möglicherweise auch dem braunschweigischen Ministerium gar nicht bekannt gewesen. Thomas Mann allein „und seinesgleichen" waren es, die die Verfolgungswut erregten. Die 1935 erschienene X. Ausgabe des Nachschlagewerks „Wer ist's" nannte nicht bloß den ausgebürgerten Heinrich Mann sowie jüdische Künstler wie Döblin, Liebermann, Werfel, sondern auch Thomas Mann nicht mehr [142]. Bei der ganz jungen Generation begann der Dichter tatsächlich schon in Vergessenheit zu geraten [143]. Aber sogar 1937 noch – nach Vollzug seiner „nationalen und akademischen Exkommunikation" also – wurde es für angezeigt gehalten, im Besprechungsteil einer wissenschaftlichen Zeitschrift zu erwähnen, man möchte Thomas Manns Namen „aus der Liste der im Unterricht zu verwertenden Dichter ... gestrichen wissen" [144]. Der bedeutende Erfolg, den „Die Geschichten Jaakobs" und – freilich in geringeren Maße – „Der junge Joseph" sowie die Aufsatzsammlung „Leiden und Größe der Meister" mit dem so heftig verunglimpften Wagner-Essay zwischen 1933 und 1936 auf dem deutschen Büchermarkt erzielten[145], zeigt, daß die amtliche und nichtamtliche Hetze der Nationalsozialisten gegen Thomas Mann, so wirksam sie im einzelnen Falle „Furcht und Elend des Dritten Reiches" aktivieren mochte[146], beim lite-

---

[141] Der Braunschweigische Minister für Volksbildung an den Verlag Philipp Reclam jun., Leipzig, 28. März 1934 (Dok. 44, S. 414 f.). Die erwähnte Zeichnung von Eugen Spiro (1874–1972) war während der Hundertjahrfeier des Verlags Ph. Reclam am 1. Oktober 1928 entstanden und stellt Thomas Mann bei dem Festvortrag zu diesem Anlaß (X, S. 239 ff.; MK 113, S. 334 ff.) dar. Sie ist abgebildet in: Hundert Jahre Reclams Universal-Bibliothek 1867–1967, hrsg. v. H. *Marquardt* (Reclams Universal-Bibliothek Nr. 384), Abb. Nr. 55. – Wie auf Thomas Mann gemünzt lautet die Vorschrift in „Vorläufige Richtlinien [des Thüringischen Ministeriums für Volksbildung] für die Auslese der Bestände der öffentlichen Büchereien nach völkischen Gesichtspunkten" (Börsenblatt des deutschen Buchhandels Nr. 255 vom 2. November 1933): „Zu entfernen sind auch alle Werke, die – aus dem Geiste des bürgerlich-dekadenten Subjektivismus volkstumsfremder und landschaftsferner großstädtischer Literaten verfaßt – in ihrer Wirkung dazu führen, daß volksbegründende und volksgestaltende Einrichtungen als Bagatellen behandelt, ironisiert und verfälscht werden".

[142] G. *Renken*, Die „Deutsche Zukunft" und der Nationalsozialismus, phil. Diss. Freie Universität Berlin 1970, S. 179, Anm. 464.

[143] *Ebermayer*, S. 533 berichtet zum 22. Mai 1935 von einer Primanerin, die fragte: „Wer ist Thomas Mann?"

[144] Vgl. Forschungen zur Brandenburgischen und Preußischen Geschichte 49, 1937, S. 435.

[145] Für die Auflagenhöhe vgl. *Bürgin* I, Nr. 47, 48, 49; de *Mendelssohn, Fischer*, S. 1296, 1306; dazu die Zitate aus Briefen Thomas Manns bei *Herz*, S. 639 und *Bermann Fischer*, S. 103 ff., andererseits die heftige Reaktion des Nationalsozialisten H. Blank vom 20. November 1933, die *Wulf, Literatur*, S. 458 f. aus den Papieren von H. Hinkel druckt.

[146] Am 5. September 1934 wußte Thomas Mann, „daß kürzlich die Frankfurter Zeitung von einem Aufsatz Meier-Gräfes über Flaubert die Widmung an mich weggestrichen hat" (*Hesse–Mann*, S. 49). Andererseits wagten diese Zeitung und R. A. Schröder im darauffolgenden Jahr dessen Aufsatz „Leiden und Größe der Meister. Zu dem neuen Buch von Thomas Mann" zu veröffentlichen (Frankfurter Zeitung Nr. 240/241 vom 12. Mai 1935), ein deswegen besonders riskantes Unterfangen, weil der Band den Essay über Richard Wagner enthielt, der zwei Jahre zuvor Anlaß für den Münchner Protest gegeben hatte und Hitlers vernichtende Ungnade auf Zeitung und Autor lenken konnte. Eine gleichfalls positive, in dem Satz „Die Polemik gegen

rarisch interessierten Publikum nicht besonders erfolgreich war. So ärgerlich das für die Machthaber sein mußte, sie wußten auch daraus noch Kapital zu schlagen – nach einem Rezept, das Goebbels später einmal preisgab, als er es für realistisch erklärte, aus Umständen, bei denen man Nachteile in Kauf zu nehmen habe, für sich zugleich auch die Vorteile einer solchen Lage zu ziehen[147]. Wo nach außen hin der Anschein großzügiger Toleranz erweckt werden sollte, wurde während der ersten Jahre nach der nationalsozialistischen Machtübernahme gern darauf verwiesen, daß die Werke des im Ausland lebenden und im Reich – wie offen zugegeben wurde – als undeutsch bekämpften Dichters gleichwohl hier nicht verboten, sondern frei im Handel zu haben seien[148]. Was die Bayerische Politische Polizei gegenüber Tho-

---

sein [= Thomas Manns] Werk und seine Erscheinung stellt dabei bescheidene Ansprüche an sich selber" ungewöhnlich wagemutige Anzeige von „Leiden und Größe der Meister" veröffentlichte gleichzeitig Th. *Heuß* in: Die Hilfe 41, 1935, S. 505 ff; Wiederabdruck: *Schröter, Urteil*, S. 250 ff.

[147] Vgl. Kriegspropaganda 1939–1941. Geheime Ministerkonferenzen im Reichspropagandaministerium, hrsg. v. W. A. *Boelcke*, Stuttgart [1966], S. 492; deutlicher noch in der *ebd.* S. 501 zitierten Ansprache, die Goebbels am 11. September 1940 vor tschechischen Journalisten hielt.

[148] Z. B. in der äußerst gehässigen Glosse „Ein ‚Mann' empfängt" (Völkischer Beobachter – Münchner Ausgabe – Nr. 25 vom 25. Januar 1935), aber sogar noch in der Zeitschrift der Hitler-Jugend Wille und Macht 4, Heft 20 vom 15. Oktober 1936, S. 30: „Weder ist er ausgewiesen und ausgebürgert worden noch kamen seine Bücher auf die Verbotsliste. Was können wir schon dafür, daß er vor dem Umsturz ins Ausland verschwand und nicht mehr zurückkehren will!" Unmißverständlich schließt sich in dem *„Sti"* gezeichneten Artikel dann freilich die an Thomas Mann gerichtete Mahnung an, „in sein schönes Heim nach München, zu seiner herrlichen Bibliothek und zu seinen zwei Autos niemals wieder zurückzukehren". Die Überschrift des Artikels lautet: „Der Geist im Exil. Entwicklung zum Schwätzer" (Beide Presseäußerungen sind bei *Matter* nicht verzeichnet). Wenn die als Beilage zum Börsenblatt des deutschen Buchhandels vom 11. März 1937 verbreitete erste Nummer einer zu kämpferischer „Ausrichtung" des Buchhandels im Sinn einer „führenden nationalsozialistischen Organisation" bestimmten Zeitschrift Der Buchhändler im neuen Reich, S. 6 noch behauptet: „Die Bücher Thomas Manns sind in Deutschland nicht verboten. Sie dürfen also ungehindert feilgeboten und gekauft werden", so war dies bereits seit einem Vierteljahr – nach der Ausbürgerung des Dichters – nicht mehr zutreffend. In diesem Fall dürfte es sich nicht, wie in den vorher zitierten Artikeln, um propagandistische Ausschlachtung, sondern eine gerade bei der betreffenden Zeitschrift besonders pikante Redaktionspanne handeln; vgl. auch unten S. 169, Anm. 191. – Die Bemerkung bei Th. *Mann*, Leiden an Deutschland (XII, S. 705; MK 117, S. 268): „Der S. Fischer Verlag wird geschont, auf das Erscheinen meiner Bücher in Deutschland großes Gewicht gelegt, obgleich sie dann versteckt werden müssen", kann leider wie diese gesamten, überaus wichtigen Aufzeichnungen als historische Quelle nur in beschränktem Umfang verwertet werden, weil die Wiedergabe im Druck offenbar nicht in zeitlich richtiger Reihenfolge vorgenommen worden ist. Überdies liegen diese Aufzeichnungen in den beiden großen Ausgaben der Werke Thomas Manns in verschiedener Fassung vor; vgl. den Kommentar in XII, S. 980. Die dort „nach dem Typoskript" gedruckte Fassung kann jedoch unmöglich den ursprünglichen chronologisch-historischen Zusammenhang wiedergeben; so findet sich z. B. zwischen Eintragungen, die jeweils „Mai 1933" und „Juni 1933" datiert sind, der Hinweis, daß Edgar Jung erschossen sei; eine derartige Notiz kann erst nach dem 30. Juni 1934 niedergeschrieben worden sein. In der Ausgabe des Aufbauverlages Berlin, Band XII, S. 156 steht dieser Hinweis auf Jung an einer Stelle, der mehrere Seiten vorher das Datum 25. Juli 1934 vorangeht. Auch sonst bestehen beträchtliche Unterschiede; vgl. z. B. den Abschnitt

mas Mann für angezeigt hielt, war nicht ohne weiteres in die Praxis der für Zensurlisten schließlich zuständigen Reichsschrifttumskammer übernommen worden. Weder das als „erste amtliche Schwarze Liste für Preußen" bezeichnete, für die „Säuberung der öffentlichen Bibliotheken" geltende Verzeichnis noch das von der Reichsschrifttumskammer bearbeitete und herausgegebene Verzeichnis nicht mehr für die Verbreitung zugelassener Schriften, das 1935 an die Stelle lokaler oder regionaler Listen trat, enthält ein einziges Werk von Thomas Mann[149]. Eine einheitlich fixierte Richtschnur, die Amtsstellen, Buchhandel und Presse generell zu radikal feindseliger Behandlung Thomas Manns und seiner Schriften verpflichtet haben würde, bestand vorerst nicht[150]. Die Gründe hierfür waren sicher großenteils poli-

---

über die Juden (Aufbauverlag XII, S. 147 f.), wo der in XII, S. 743; MK 117, S. 297 stehende Hinweis auf Wolfskehl getilgt ist. Weitere Unstimmigkeiten verzeichnet *Schröter, Urteil*, S. 473, Anm. 41, der ebd. S. 457 auf nachträgliche Interpolationen bei einer von *Bürgin* dem Jahr 1938 zugewiesenen Redaktion des als „merkwürdiges Dokument" bezeichneten Textes hinweist. Eine kritische und genau kommentierte Ausgabe von Thomas Manns Tagebuchaufzeichnungen „Leiden an Deutschland", die bis zu der erst im Jahr 1975 möglichen Freigabe seiner Tagebücher eine einzigartige Quelle darstellen, ist dringend erwünscht.

[149] Die Schwarze Liste für Preußen von 1933 ist abgedruckt bei W. *Hermann*, Prinzipielles zur Säuberung der öffentlichen Büchereien (Börsenblatt des deutschen Buchhandels Nr. 112 vom 16. Mai 1933), S. 357. Der Zusammenhang mit der Bücherverbrennungsaktion vom 10. Mai ist offenkundig. Der Börsenverein setzte einen Ausschuß ein, um seinerseits „Schwarze Listen" zu erstellen, die bereits im Juli 1933 verabschiedet waren und dem Reichsministerium für Volksaufklärung und Propaganda zur Prüfung und Genehmigung vorlagen. Die Mitteilung hierüber (Börsenblatt des deutschen Buchhandels Nr. 174 vom 20. Juli 1933) ist mit dem Hinweis verbunden, der Zeitpunkt der Veröffentlichung sei noch unbekannt; offensichtlich sollten weitgehende Erwartungen gedämpft werden. Später erschien dann: „Liste 1 des schädlichen und unerwünschten Schrifttums. Gemäß § 1 der Anordnung des Präsidenten der Reichsschrifttumskammer vom 25. April 1935 bearbeitet und herausgegeben von der Reichsschrifttumskammer. Stand vom Oktober 1935. Streng vertraulich! Nur für den Dienstgebrauch". Es fällt auf, daß in beiden Listen Thomas Mann nicht einmal – wie andere Autoren und er selbst in dem Münchner Polizeiverzeichnis – mit einzelnen Werken aufgeführt ist. Er gehörte ebenfalls nicht zu den zwölf Schriftstellern, von denen der Vorstand des Börsenvereins der deutschen Buchhändler – wiederum im Zusammenhang mit der Aktion vom 10. Mai 1933 – am 11. Mai 1933 erklärte, er sei „sich mit der Reichsleitung des Kampfbundes für deutsche Kultur und der Zentralstelle für das deutsche Bibliothekwesen darin einig geworden, daß" sie „für das deutsche Ansehen als schädigend zu betrachten sind" (Börsenblatt des deutschen Buchhandels Nr. 110 vom 13. Mai 1933). Zur Sache vgl. jetzt D. *Aigner*, Die Indizierung „schädlichen und unerwünschten Schrifttums" im Dritten Reich (Börsenblatt für den deutschen Buchhandel 26, 1970, S. 1430 ff.). Bermann Fischer teilte Thomas Mann am 8. Mai 1933 mit, sein Werk sei „mit Ausnahme der beiden Broschüren" – „Von deutscher Republik" und „Deutsche Ansprache" – nicht betroffen durch die veröffentlichten Boykottlisten, „die lediglich für die Volksbüchereien und Leihbibliotheken herausgegeben sind", jedoch den Vertrieb im Buchhandel nicht untersagten (*Mann-Fischer*, S. 16).

[150] Bezeichnend dafür sind die widersprüchlichen Nachrichten, die Thomas Mann aus München über den Verkauf der „Geschichten Jaakobs" im Oktober und November 1933 erhielt; *Bermann Fischer* S. 105; *Mann–Fischer*, S. 50, 58. Der damalige Inhaber des Fischer Verlages bekennt heute, es klinge unglaublich, daß seine Bücher im Jahre 1936 noch nach Deutschland eingeführt werden konnten, sofern sie dort nicht ausdrücklich verboten waren; er sieht darin „Reste von Liberalität", a. a. O. S. 126. Vgl. jedoch sein Schreiben vom 24. August 1936 an Katia Mann, wo zwar über gute Vorausbestellungen von „Joseph in Ägypten",

tisch-pragmatischer Natur. Die Reichsregierung legte Wert darauf, das ohnehin geringe Maß an Sympathie und Vertrauen, das das nationalsozialistische Deutschland in der Welt draußen genoß, nicht durch Aktionen gegen den berühmtesten lebenden deutschen Dichter zu beeinträchtigen. Andererseits rangen im Bereich der Kulturpolitik wie überhaupt hinter der uniformen Fassade des Führerstaates mannigfache Tendenzen miteinander. Die Frühphase nationalsozialistischer Herrschaft war von Improvisationen und Augenblicksentscheidungen durchsetzt und keineswegs, wie häufig angenommen wird, eine Zeit planmäßiger totalitärer Manipulationen [151]. Das gilt nicht nur für die Gesamtheit des Behördenapparats, sondern auch für einzelne seiner Teile. Nicht einmal das von Goebbels geleitete, als spezifisch nationalsozialistische Schöpfung aus dem Nichts entstandene Reichspropagandaministerium war „jenes geschlossene geistige Bollwerk des Nationalsozialismus, wie man es damals nach außen glauben machen wollte" [152]. So hielten sich die auf scharfe Maßnahmen gegen Thomas Mann drängenden Kräfte mit anderen die Waage, die, aus welchen Gründen auch immer, zu derartigen Schritten nicht geneigt waren.

Dies zeigt sich an dem Schicksal, das der bayerische Antrag auf Ausbürgerung Thomas Manns zunächst hatte. Das Reichsministerium des Innern behandelte ihn nach der Sitzung vom 8. Februar 1934 nicht als besonders dringliche Sache. Erst am 20. April schickte es ihn mit weiteren Dokumenten zur Stellungnahme an das Auswärtige Amt. Es ließ dabei durchblicken, daß die vorgebrachten Tatsachenbehauptungen kaum für ausreichend gehalten werden könnten, um dem Antrag stattzugeben, und daß es auch mit einer ablehnenden Stellungnahme des Auswärtigen Amtes rechnete [153]. Die Erwartung Thomas Manns, „den Münchner Rammeln"

---

zugleich jedoch aus „Deutschland eine gewisse Zurückhaltung" berichtet wird, „die darauf zurückzuführen ist, daß der Buchhandel sich nicht ganz im klaren darüber ist, in welchem Umfange er sich für das neue Werk einsetzen kann. Dadurch, daß dem Buchhändler selbst die Verantwortung für seine Propaganda überlassen wird und die Verbotslisten nicht veröffentlicht werden, besteht eine große Unsicherheit beim Buchhandel, die den Absatz beeinträchtigt" (*Mann–Fischer*, S. 126). Andererseits wußte Thomas Mann vier Monate später, daß der im Herbst 1936 erschienene Band des Joseph-Romans in Deutschland viel verlangt worde sei, „denn die zehntausend Exemplare sind schon so gut wie vergriffen" (Th. Mann an O. Basler, 12. Dezember 1936; *Altes und Neues*, S. 739).

[151] Das ist an einem besonders bemerkenswerten, weil mit viel Emotionen und starkem persönlichen Engagement Hitlers verbundenen politischen Komplex gezeigt worden: D. *Roß*, Hitler und Dollfuß. Die deutsche Österreich-Politik 1933–1934, [Hamburg 1966]; dazu M. *Schlenke*, Das Parlament 17, Nr. 48 vom 29. November 1967.

[152] *Boelcke*, S. 41. Knappe Übersicht über das „Netz hierarchischer Rivalitäten und Kompetenzen", das in nationalsozialistischer Zeit „über dem deutschen Staatsapparat" lag, bei H. *Höhne*, Der Orden unter dem Totenkopf. Die Geschichte der SS, [Gütersloh 1967], S. 76 ff.

[153] Reichsministerium des Innern an Auswärtiges Amt, 20. April 1934; Dok. 48. Insoweit ist die Behauptung bei P. *Stahlberger*, Der Zürcher Verleger Emil Oprecht und die deutsche politische Emigration 1933–1945, [Zürich 1970], S. 236, das Reichsministerium des Innern habe damals und aufgrund der in der Pariser Zeitung „L'Intransigeant" veröffentlichten, oben S. 139 und 142 erwähnten Äußerung Thomas Manns erwogen, ihm die deutsche Staatsangehörigkeit abzuerkennen, zu korrigieren.

sein beschlagnahmtes Eigentum „aus den Händen zu winden", die sich damals darauf gründete, daß er im März, „beim letzten Schub, zur Enttäuschung eben jener Rammel, nicht ausgebürgert worden" war [154], schien sich zu erfüllen. Er hatte erfahren, daß „man" über die Beschlagnahme seines Vermögens und die Paßverweigerung durch die Münchner Politische Polizei „in Berlin den Kopf schüttelt", und er hoffte, „über die dortigen Ämter die Lokalbehörden zur Raison zu bringen" [155], weil er „mit der Heimat schiedlich-friedlich auseinanderzukommen" wünschte [156]. Sein Anwalt übermittelte dem Reichsministerium des Innern Schriftstücke, die geeignet waren, die Vorwürfe wegen des Interviews in „L'Intransigeant" zu entkräften [157].

Als das bayerische Innenministerium in der Paßangelegenheit eine Beschwerde abgewiesen hatte und damit die den Münchner Instanzen gegenüber möglichen Rechtsmittel erschöpft waren, richtete der Dichter auf Anraten des deutschen Generalkonsuls in Zürich am 23. April 1934 eine ausführliche Eingabe

---

[154] Th. Mann an R. Schickele, 2. April 1934 (*Briefe* I, S. 356). Die Anspielung bezieht sich auf die am 29. März 1934 veröffentlichte zweite Ausbürgerungsliste vom 24. März 1934. *W. Blunck*, Thomas Mann und Hans Friedrich Blunck. Briefwechsel und Aufzeichnungen (Sonderabdruck aus dem Jahrbuch 1968 der Gesellschaft zur Förderung des Werkes von Hans Friedrich Blunck e. V., [Hamburg 1969]), S. 52 führt die Tatsache, daß der Name von Thomas Mann unter den damals Ausgebürgerten nicht erscheint, auf eine Intervention von Hans Friedrich Blunck, seit dem 15. November 1933 Präsident der Reichsschrifttumskammer, zurück. Die ebd. und S. 72 ff. wiedergegebenen Quellen beziehen sich jedoch nicht auf die Bestrebungen, Thomas Mann die deutsche Staatsangehörigkeit abzuerkennen, sondern auf Probleme, die mit der Frage von Thomas Manns Mitgliedschaft in der Reichsschrifttumskammer und einem von dem Dichter in Prag gegebenen Presseinterview zusammenhängen; zu einer Intervention Bluncks in der Ausbürgerungsangelegenheit Thomas Manns vgl. unten S. 159, Anm. 169. – Das eingangs zitierte Schreiben von Thomas Mann an Schickele ist in seinen übrigen Partien sehr aufschlußreich für die von dem Dichter selbst als „schwankend und zwiespältig" bezeichnete innere Lage, in der er sich damals befand. Er litt darunter, „um dieser Idioten willen" von Deutschland ausgeschlossen zu sein, hoffte auf einen „Triumph über die Münchner Machthaber" in der Angelegenheit seines beschlagnahmten Vermögens und auf die Erneuerung seines Passes, trug sich aber andererseits in unvermindertem „Abscheu vor den Zuständen" des Dritten Reiches mit dem Plan, „eine buchförmige Auseinandersetzung höchst persönlicher und rücksichtsloser Art mit den deutschen Dingen" vorzunehmen, „die natürlich den endgültigen Bruch mit Deutschland bis zum Ende des Regimes, d. h. doch wohl bis an meiner Tage Ende bedeuten würde".

[155] Th. Mann an E. Bertram, 19. März 1934 (*Jens*, S. 183). Aus einem Brief von Th. Mann an Frau H. Fischer vom 12. April 1934 (Fotokopie TMA) ist zu entnehmen, daß um diese Zeit Erika Manns Kabarett „Pfeffermühle" dazu herhalten mußte, um die fortdauernde Vorenthaltung des Passes und Beschlagnahme des Eigentums von Thomas Mann zu begründen. Hierauf bezieht sich die Erwähnung von „Nachrichten aus Rapallo" in dem Brief des Dichters an Bermann Fischer vom 18. April 1934 (*Mann-Fischer*, S. 71). Er sah darin den Willen, der Bereinigung seiner Sache immer neue Schwierigkeiten in den Weg zu legen. Dies kann der heute mögliche Einblick in die Vorgänge insoweit bestätigen, als es sich tatsächlich um einen vorgeschützten Grund gehandelt hat – ganz abgesehen von der juristischen Unhaltbarkeit einer derartigen Argumentation.

[156] Th. Mann an Bermann Fischer vom 6. März 1934 (*Mann-Fischer*, S. 64).

[157] Dok. 43, S. 414.

an das Reichsministerium des Innern, in der er sich nicht auf die Paßfrage beschränkte, sondern seinen „ganzen Fall zur Sprache" brachte, ein autobiographisches Bekenntnis von größter Bedeutung [158]. Dieses Schreiben ist Thomas Mann nach 1945 fälschlich als Gesuch um die Erlaubnis zur Rückkehr in das nationalsozialistische Deutschland zur Last gelegt worden [159]. Der Autor selbst, der vor der Absendung das Einverständnis seines Verlegers und seines Anwalts einholte und dabei urteilte, dem Brief werde „die würdige Haltung und Anständigkeit" nicht abgesprochen werden können, hat ihn rückblickend in Beziehung zu dem späteren Lebensdokument, seinem Schreiben an den Dekan der Bonner Philosophischen Fakultät vom Neujahrstag 1937, gesetzt [160]. Das Ministerium, das dem Dichter

---

[158] Dok. 50, S. 419 ff. Zur Datierung vgl. die Vorbemerkung zu diesem Abdruck. Die Anregung des Generalkonsuls erwähnt Thomas Mann mehrfach, u. a. in einem Brief an Bermann Fischer, der zuerst in dem Beitrag „Der Brief aus dem Exil" (Die Zeit Nr. 23 vom 5. Juni 1970) einen einschlägigen längeren Teil daraus mitgeteilt hatte (*Mann–Fischer*, S. 70 f.). Ihm entstammen die Zitate in diesem und dem folgenden Satz. – Über den Brief an Frick vgl. *Richter*, S. 41 ff.

[159] M. *Hausmann*, Thomas Mann (Weser–Kurier [Bremen] Nr. 42 vom 28. Mai 1947); dazu Thomas Manns Brief an die Redaktion der „Neuen Zeitung", 25. Juni 1947 (*Briefe* II, S. 537 f.; XI, S. 793 ff.; MK 120, S. 203 f.) und die Stellungnahme von M. *Hausmann* (Frankfurter Neue Presse Nr. 79 vom 9. Juli 1947), ferner der Brief Thomas Manns vom 4. Juli 1947 an A. Bauer (*Briefe* II, S. 540 f.; die dort nicht abgedruckte einschlägige Stelle, deren Mitteilung der Verfasser Herrn Dr. H.-O. *Mayer* verdankt, lautet: „Manfred Hausmann verbietet mir den Mund, erklärt, daß ich von Deutschland nur reden könne wie der Blinde von der Farbe, läßt mich wissen, daß meine Kriegssendungen, die Millionen über die ganze Welt hin ein Trost waren, leeres, totes Geschwätz gewesen seien. Und wie hat überhaupt, gerade in den letzten Monaten wieder, die deutsche Presse, mit wenigen anständigen Ausnahmen, an mir herumgehackt, gezwackt und geplackt!"). Vgl. auch Th. Mann an H. Carossa, 7. Mai 1951 (*Briefe* III, S. 204 ff., mit Irrtum Thomas Manns über das Jahr, in dem sein Brief geschrieben wurde); A. Döblin an H. Kesten, 8. September 1947 (Deutsche Literatur im Exil. Briefe europäischer Autoren 1933 bis 1949, hrsg. v. H. *Kesten*, Wien–München–Basel [1964], S. 317). – Über den Weg, auf dem Hausmann von Thomas Manns Schreiben an das Reichsministerium des Innern erhalten hat, vgl. seine Äußerung in dem Bericht von H. *Riebau*, Thomas Mann und die Nazis. Eine Unterredung mit Manfred Hausmann (Süddeutsche Zeitung Nr. 58 vom 5. Juli 1947): „Ich habe den Durchschlag dieses sieben Seiten langen Briefes selbst gelesen. Er ist mir seiner Zeit durch den Verlag, der mit der Vermittlung des Briefes an Dr. Frick beauftragt war, zugestellt worden". Sachlich und im Urteil falsch: K. *Ziesel*, Thomas Mann und Hausmann (Leserbrief in der Wochenzeitung Die Zeit Nr. 2 vom 8. Januar 1960), ebenso A. *Bronnen*, gibt zu Protokoll. Beiträge zur Geschichte des modernen Schriftstellers, Hamburg [1954], S. 300. – Der bei *Jonas*, Nr. 1426 mit dem Brief an das Reichsministerium des Innern irrig in Verbindung gebrachte Beitrag von R. *Weiland* bezieht sich auf eine Eingabe der Union Internationale de Secours aux Enfants, die 1932 an die Genfer Abrüstungskonferenz gerichtet werden sollte (vgl. *Matter*, Nr. 10923). – Eine Schilderung der Kontroverse Hausmann – Thomas Mann im Zusammenhang der schon vor ihrem Beginn einsetzenden Polemik zwischen Thomas Mann und Vertretern der sogen. „inneren Emigration" bei *Sontheimer*, S. 151 ff. Hausmanns Äußerungen sind jetzt – zusammen mit kommentierenden Ausführungen zum Wiederabdruck des Artikels „Der wiedergefundene Brief", mit dem W. *Dirks* (Frankfurter Hefte 2, 1947, S. 965 ff.) sich zu der Sache geäußert hat – in den Anmerkungen zu dessen Wiederabdruck bei *Schröter*, Urteil, S. 351 f. zugänglich. Vgl. im übrigen *Matter*, Nr. 13874–13889.

[160] Die redaktionelle Vorbemerkung zum Abdruck des Schreibens (Die Neue Zeitung Nr. 63 vom 8. August 1947) enthält eine Erklärung von Thomas Mann, in der es heißt: „Mir

keine Antwort gab, sodaß dieser eine Veröffentlichung seines Briefes erwog [161], teilte die Eingabe nach zwei Monaten, am 26. Juni 1934, der Bayerischen Staatskanzlei mit [162]. Das Begleitschreiben läßt erkennen, daß die im Verkehr mit Behörden kaum ihresgleichen findenden Darlegungen Thomas Manns in Berlin ihre von dem Dichter erhoffte Wirkung nicht verfehlt hatten. Der Reichsminister des Innern zeigte sich überzeugt davon, daß die Beschlagnahme des Vermögens auf die Dauer nicht aufrechterhalten werden könne und ausreichende Gründe für seine Einziehung nicht vorlägen. „Daß Thomas Mann sich im Ausland hetzerisch gegen Deutschland betätigt hätte, ist mir bisher nicht bekannt geworden." Für die Ausstellung eines Reisepasses sei das Generalkonsulat in Zürich zuständig. „Eine Mitwirkung der Paßbehörde in München kommt hierbei nicht in Frage"[162a]. Entgegen den sonst ersichtlichen Gepflogenheiten ist die Eingabe Thomas Manns vom 23. April 1934 dem Auswärtigen Amt durch das Reichsministerium des Innern anscheinend nicht mitgeteilt worden. Weder ihr Text noch ein Hinweis auf seine Übermittlung finden sich in den Akten. Das Auswärtige Amt seinerseits verfuhr mit dem seit April vorliegenden bayerischen Ausbürgerungsantrag vom 18. Januar äußerst gemächlich. Erst am 31. Juli 1934 forderte es zur Vorbereitung seiner Stellungnahme die deutsche Botschaft in Paris sowie das Generalkonsulat Zürich zum Bericht über Thomas Mann auf[163]. Der betreffende Erlaß enthält verschiedene Hinweise auf Tatsachen, die die gegen den Dichter erhobenen Vorwürfe entkräften konnten. So blieb auch hier nicht zweifelhaft, welches Echo von den beiden Vertretungen erwartet wurde.

Dementsprechend fielen die Berichte und – endlich, am 20. September – die dem Reichsministerium des Innern gelieferte Stellungnahme des Amtes aus: „Dem

---

persönlich war die Entdeckung nicht uninteressant, daß es sich bei diesem Schreiben um eine Art von Vorstudie handelt zu dem Brief an den Dekan der Universität Bonn vom Neujahr 1936 [sic!]. Der Bonner Brief stellt insofern eine Ergänzung dar zu dem Schreiben an das Reichsministerium des Innern, als er darlegt, daß und warum ich meinem Vorsatz, im Auslande Schweigen zu bewahren, aus unwiderstehlichen inneren Gründen nicht treubleiben konnte".

[161] Bei *Richter*, S. 48 ist eine Antwort des Reichsinnenministeriums erwähnt und in Verbindung mit dem an Thomas Mann gerichteten Ersuchen gebracht, aus dem Comité Permanent des Lettres et des Arts beim Völkerbund, dem er als deutscher Vertreter angehörte, auszuscheiden. Die Angabe beruht auf Verwechslung mit einer Aufforderung des Auswärtigen Amtes. – Die Erwägung, sein Schreiben zu veröffentlichen, „wenn überhaupt nichts erfolgt", knüpfte Thomas Mann an „Zweifel . . .; ob der Brief überhaupt irgend eine Folge haben wird", von denen er Bermann Fischer gegenüber am 3. Mai 1934 bemerkt, sie seien „schon wieder recht lebhaft" (*Mann-Fischer*, S. 75). Noch am 26. April hatte er gemeint, er werde seinen Verleger „vielleicht mit Dr. H.[eins] zusammen, rebus bene gestis, zu einer guten Flasche" bei sich sehen können (*Mann-Fischer*, S. 74 f.).

[162] Dok. 58, S. 436 f.

[162a] Es dürfte auf die in diesem Erlaß zum Ausdruck gebrachte Ansicht des Reichsinnenministeriums zurückzuführen sein, daß Bermann Fischer am 17. Juli 1934 Thomas Mann schreiben konnte: „die Polizeiaktion in München ist eine örtliche Maßnahme, die offenbar von der Regierung" [d.h. der Reichsregierung] „nicht einmal gebilligt wird" (*Mann-Fischer*, S. 27).

[163] Dok. 66, S. 444 f. Dazu ein kassierter Entwurf vom 24. Juli 1934 (Dok. 65, S. 444).

156

Antrage des Bayerischen Staatsministeriums des Innern auf Ausbürgerung von Thomas Mann vermag das Auswärtige Amt nicht zuzustimmen". „Sowohl rechtliche als auch allgemeine politische, insbesondere außenpolitische Erwägungen", die gegen den Antrag sprächen, werden ausführlich dargelegt. Auch eine befristete Rückkehraufforderung nach § 2, Satz 2 des Gesetzes vom 14. Juli 1933 hielt das Auswärtige Amt nicht für angebracht, „da bei der wahrscheinlich zu erwartenden Ablehnung" die im Falle von Thomas Mann „als unzweckmäßig abgelehnte Ausbürgerung unvermeidlich wäre" [164]. Die ausdrückliche Bitte, davon abzusehen, dem Dichter die deutsche Staatsangehörigkeit abzuerkennen, hatte im Reichsministerium des Innern keine volle Wirkung. Der Antrag des Bayerischen Innenministeriums wurde von dort aus nicht abschlägig beschieden. Vielmehr ließ man es bei der – freilich unter normalen Umständen genügend deutlichen – Meinungsäußerung bewenden, mit der am 26. Juni die Eingabe Thomas Manns aus dem April 1934 nach München weitergeleitet worden war.

Es ist unter verschiedenen Aspekten sehr bemerkenswert, daß die darin klar zum Ausdruck gebrachte Auffassung des zuständigen Reichsministeriums in der bayerischen Hauptstadt nicht die mindeste Wirkung hatte. Dies war nichts Ungewöhnliches. Genau so war in einem anderen Falle verfahren worden, als eine sogar durch Handschreiben des Reichspräsidenten v. Hindenburg bekanntgegebene Entscheidung des Reichsgerichts ignoriert wurde, die zugunsten eines durch die Bayerische Politische Polizei Inhaftierten ausgefallen war [165]. Thomas Manns Vermögen blieb weiter beschlagnahmt, und die Bayerische Politische Polizei lehnte einen Antrag der Gattin des Dichters auf ein Unbedenklichkeitszeugnis zur Erlangung eines neuen Reisepasses am 2. August 1934 ebenso ab wie schon im Frühjahr den Antrag Thomas Manns selbst, ihm eine Paßbescheinigung auszustellen [166]. Im innerdienstlichen Verkehr wurde das unentwegt damit begründet, daß „gegen Thomas Mann ein Verfahren wegen Aberkennung der deutschen Staatsangehörigkeit anhängig ist". Dahinter scheint aber die Hoffnung gesteckt zu haben, den so besonders ver-

---

[164] Dok. 76, S. 452 ff. Vorangegangen war eine wiederholte dringliche Mahnung des Reichsministeriums des Innern (Dok. 71, S. 449). Die Berichte des Generalkonsulats Zürich vom 18. August und der Deutschen Botschaft in Paris vom 27. August 1934: Dok. 70, S. 447 ff.; Dok. 72, S. 449 ff.

[165] *Aretin*, S. 266, 317. – Die Politische Polizei verbot sogar, von Hindenburgs Schreiben Gebrauch zu machen, ließ alsbald den Verhafteten aus dem Gefängnis in das Konzentrationslager Dachau überführen und beharrte in dem von Heydrich danach ausgefertigten Haftbefehl auf dem Verdacht, den das Reichsgericht soeben verneint hatte.

[166] Die Vorgänge betr. Thomas Manns Antrag auf Paßbescheinigung – einsetzend mit einer Beschwerde des Rechtsanwalts V. Heins, München, vom 19. März 1934 gegen die am 10. März ohne Angabe von Gründen ausgesprochene Ablehnung des Antrags – finden sich in den Akten des Bayer. Staatsministeriums des Innern betr. Gesuche um Reiselegitimationen usw. 1927–1934 (München HStA Abt. I. Allgem. Archiv, MInn Nr. 73660). Bemerkenswert ist, daß der Referent bei der Bayer. Pol. Polizei, der die Angelegenheit bearbeitete (Beck), dazu äußerte: „Die rechtlichen Voraussetzungen für eine Paßversagung nach § 11, I der Paßbekanntmachung vom 7. 6. 1932 sind durch die deutschfeindliche Propaganda des Mann im Ausland an sich schon gegeben". Vgl. Dok. 40 f., S. 411 ff.

haßten und nur durch Zufall dem im Frühjahr 1933 wütenden Terror entgangenen Gegner zur Rückkehr zu zwingen [167].

Im folgenden Jahr gelang es dann schließlich doch, auch das Argument, das die formale Handhabe für die gegen den Dichter und seine Habe ergriffenen Maßnahmen bot, auszuräumen. Es geschah in dem nämlichen Augenblick, als Thomas Mann – „bis vor kurzem entschlossen, mich, so lange es irgend möglich sei, von meinem deutschen Publikum nicht abschneiden zu lassen" – einem vertrauten Briefpartner gegenüber den immer lebhafter erstarkten Wunsch bekannte, „von diesem schauerlichen Lande ganz und gar loszukommen" [168]. Durch eine, vermutlich auf einen Hinweis des Dichters selbst zurückzuführende, von ungenannt bleiben wollender ausländischer Seite getragene, in Deutschland vor allem durch Geheimrat Ludwig Kastl (1878–1969) sowie verschiedene andere Persönlichkeiten und Stellen, darunter den Präsidenten der Reichsschrifttumskammer Hans Friedrich Blunck (1888–1961), unterstützte Intervention, bei der auf das zu erwartende Interesse der Weltöffentlichkeit am Schicksal Thomas Manns anläßlich seines bevorstehenden 60. Geburtstages hingewiesen wurde, konnte der Reichsinnenminister Frick dazu bewogen werden, am 27. Mai 1935 nach München mitzuteilen, er sehe von einer weiteren Verfolgung des Ausbürgerungsantrages ab und ersuche, das beschlagnahmte Vermögen Thomas Manns freizugeben [169]. Der von Rudolf

---

[167] Rechtsanwalt Heins erinnerte sich aus seinen Verhandlungen mit einem Beamten der Politischen Polizei, dessen Name Grimminger gelautet habe (nicht identisch mit dem alljährlich am 9. November als Träger der sogen. „Blutfahne" in Erscheinung tretenden SS-Angehörigen), folgender Szene: Gr.: „Thomas Mann soll zurück, ich will ihm beibringen, was deutsches Empfinden ist". H.: „Sagen Sie es mir." Gr.: „Bei Ihnen gerate ich nicht so in Wut" (mündliche Mitteilung vom 21. Juni 1965). Dazu Th. Mann an die Redaktion der „Neuen Zeitung", 25. Juni 1947: seine Rückkehr nach Deutschland sei 1933 gewünscht worden – „von der Münchner Gestapo, damit sie Rache nehmen könne für meinen Kampf gegen das heraufziehende Unheil" (Briefe II, S. 537). Daß Thomas Mann aufgefordert worden war, zur Erneuerung seines Passes nach München zu kommen, erwähnt aufgrund von Äußerungen des Dichters gegenüber amerikanischen Journalisten Rechtsanwalt Heins in seiner Eingabe vom 11. Juli 1934 (Dok. 60, S. 441); ferner berichtet es aufgrund einer Äußerung des Dichters gegenüber dem Deutschen Generalkonsul in Zürich dieser am 18. August 1934 (Dok. 70, S. 448).

[168] Th. Mann an H. Hesse, 24. März 1935 (Hesse-Mann, S. 54).

[169] Dok. 86, S. 466 f. Dazu das Schreiben an Rechtsanwalt V. Heins vom gleichen Tage; Dok. 87, S. 467. Schon Anfang Mai hat Bermann Fischer Thomas Mann von den Bemühungen unterrichtet, wie sich aus dessen Bemerkung vom 8. Mai 1935 ergibt: „Ihre Nachrichten vom 6. Juni [so irrig statt „Mai"] sind ja äußerst spannend, ich bin neugierig und wieder einmal ist meine Hoffnung auf die Flasche Champagner belebt worden, die wir mit Dr. Valentin [Heins] bei dieser Gelegenheit leeren wollen und zu der auch Sie freundlich geladen sind" (Mann–Fischer, S. 103). Zur weiteren Vorgeschichte vgl. Thomas Mann an Bermann Fischer, 16. Februar 1935: „Sie machen mir mit dem, was Sie von der Aufnahme wichtiger Verbindungen sagen, neue Hoffnung auf die Rückgewinnung meiner Habe, der Bibliothek, der Möbel, die wir so sehr vermissen. Heins schweigt. Könnte man denn nicht den Weg zu einem vernünftigen Prominenten finden, der in der verschleppten, sinnlosen Sache einfach ein Machtwort spricht?" (Mann–Fischer, S. 95). Vermutlich hängt Thomas Manns Antwort auf die ihm durch H. v. Hülsen, der im Januar 1935 „durch den der Partei angehörenden Sohn Hermann Stehrs" erfahren hatte, „in Berlin" werde die Ausbürgerung des Buddenbrooks-Dichters vorbereitet, übermittelte Nachricht hier-

G. Binding (1867–1938) in den gleichen Tagen an Frick herangetragene, angesichts der Verhältnisse tatsächlich phantastische Gedanke, die Akademie der Dichtung könnte Thomas Mann an seinem Geburtstag vielleicht sogar durch eine Deputation beglückwünschen, entlockte dem Minister freilich „eine sackgrobe Antwort ..., worin noch das Zarteste die Feststellung gewesen", Thomas Mann „sei nichts als ein des Vergessens werter Repräsentant des untergegangenen Liberalismus" [170].

über mit den von Bermann Fischer erhaltenen Informationen zusammen. Thomas Mann hatte v. Hülsen entgegnet: „Na, danke schön. Aber was soll ich da tun? Ich halte meine Stellung für ziemlich stark"; v. *Hülsen* II, S. 124. *Blunck*, S. 217 f. berichtet: „Als der Bayerische Staat Thomas Mann ausbürgern wollte", habe er als „der neue kleine Präsident der Schrifttumskammer die Fehde" aufgenommen, sich beim Reichsinnenministerium verwahrt und zu seiner Überraschung gesiegt. Die Akten der ehemaligen Reichsschrifttumskammer betr. Thomas Mann (DC, Berlin) enthalten hierüber nichts; auch in den Aktenordnern „Reichsschrifttumskammer", die mit dem Nachlaß von H. F. Blunck in die Schleswig-Holsteinische Landesbibliothek, Kiel, gelangt sind, ließ sich das bei *W. Blunck*, S. 72 erwähnte Schreiben „Bluncks an den Reichsinnenminister Dr. Wilhelm Frick vom 22. 3. 35, mit welchem er Vorstellungen erhebt und darum bittet, die Ausbürgerung Thomas Manns zu unterlassen", nicht ermitteln. Für diese Auskunft und die Suche nach dem Schriftstück ist Herrn Dr. H. *Rautenberg* (Kiel) zu danken. Herr Dr. W. *Blunck* (Hamburg), der sich in dieser Angelegenheit gleichfalls in dankenswerter Weise bemüht hat, konnte nur eine Inhaltsnotiz über das Schreiben mitteilen, die sich in den Entnazifizierungsakten von H. F. Blunck findet und so gut wie wörtlich mit dem erwähnten Zitat in der von ihm verfaßten Schrift übereinstimmt. Ebd. S. 81 f. ist eine eidesstattliche Erklärung Peter Suhrkamps vom 19. November 1946 abgedruckt, in der Hans Friedrich Blunck bestätigt wird, „daß er, als er Präsident der Reichsschrifttumskammer war, ... unablässig mitgewirkt hat, die Ausbürgerung von Thomas Mann zu verhindern, die von Bayern aus beim Reichministerium betrieben wurde, sodaß das Innenministerium diese damals ablehnte".

[170] Das Zitat aus dem auf Mitteilungen Bindings basierenden Beitrag Thomas Manns zu dem Gedenkbuch „Das war Binding", hrsg. v. F. L. *Barthel*, S. 172. Binding hatte in seiner Eigenschaft als Zweiter Vorsitzender der Deutschen Akademie der Dichtung – der früheren Sektion für Dichtung der Preußischen Akademie der Künste, der Thomas Mann bis zu seinem Austritt am 17. März 1933 angehört hatte – dem Reichsminister Frick am 23. Mai 1935 den Wunsch der Akademie übermittelt, Thomas Mann zum 60. Geburtstag „durch einen Glückwunsch, vielleicht auch durch Entsendung einer Abordnung ... zu ehren". Um dies zu ermöglichen, bat Binding „sehr eindringlich – fast möchte ich sagen inständig –", jedoch in äußerst gequälter, für seine Lage peinlich aufschlußreicher Form den Minister, „die schon (wie wir in Erfahrung gebracht zu haben glauben) völlig vorbereitete Aufhebung der angedeuteten Mißstände oder Unterschiede herbeizuführen"; sie waren kurz vorher in dem Schreiben als „formale Maßnahmen" umschrieben worden und meinten nichts anderes, als den im Ministerium vorliegenden Ausbürgerungsantrag; R. G. *Binding*, Die Briefe, Hamburg [1957], S. 290 f., Wiederabdruck: *Schröter, Urteil*, S. 242 f. Ein nicht in allen Einzelheiten zutreffender Reflex dieser Aktion ist bei *Krell*, S. 81. Das von W. Beumelburg als Schriftführer verfaßte Protokoll über die Sitzung des Senats der Deutschen Akademie der Dichtung vom 4. Juni 1935 (Archiv der Akademie der Künste, Berlin) enthält einige Nachrichten zu dieser Sache. Hanns Johst — Präsident der Akademie und Thomas Manns alter politischer Widersacher — stellte zunächst fest, er habe Kenntnis von einem Schreiben Bindings an den Reichsinnenminister in der Angelegenheit des 60. Geburtstages von Thomas Mann erhalten, und ersuche, „solche Handlungen in Zukunft nicht mehr ohne sein Wissen vorzunehmen, da er als Vorsitzender der Akademie für die Folgerungen einstehen müsse". Binding erklärte, es sei nicht seine Absicht gewesen, den Senat zu übergehen, sondern er habe vor dessen Befragung „eine Vorfrage an den zuständigen Minister ... richten" wollen. „Da er den betreffenden Referenten nicht habe erreichen können, habe

War dies die persönliche – übrigens keineswegs originelle – Ansicht von Frick, so enthüllt sein Schreiben vom 27. Mai nach München sich als ein Akt, der nicht aus rechtlicher Überzeugung, sondern aus politischen Zweckmäßigkeitserwägungen geboren war: Rücksicht auf die durch die Intervention zugunsten des Dichters geschickt ins Spiel gebrachte öffentliche Meinung des Auslands muß dafür ausschlaggebend gewesen sein. Mag immer es sich so verhalten haben – anders als im Jahr zuvor schien, jedenfalls in den Augen von Thomas Manns Anwalt, diesmal auch in München ein Erfolg in greifbare Nähe gerückt [171]. Das Vermögen des Dichters wurde tatsächlich freigegeben.

Bald nach Fricks Erlaß setzte jedoch im Reich ein neuer publizistischer Feldzug ein, der offenbar erweisen sollte, daß nach wie vor eine Ausbürgerung des Dichters wohlbegründet sei. Mag sein, daß auf einem der verstohlenen Kanäle, durch die den Machthabern Informationen zuflossen, bekannt geworden war, daß „Hunderte von Briefen aus Deutschland", „und wie! mit offener Adresse, sogar aus Arbeitsdienstlagern", Thomas Mann an seinem Geburtstag erreicht und „die Sehnsucht, innere Freiheit zu demonstrieren", bezeugt hatten[172] – ein Faktum, das umso

---

er sich mit seiner Anfrage an den Reichsinnenminister persönlich gewandt. Er bezeichnete sein Schreiben als ein rein privates und persönliches. Er habe auch eine private Antwort erhalten. Aus dieser ergebe sich die Tatsache, daß die Akademie auf Grund des vorliegenden Tatbestandes zum 60. Geburtstag Thomas Manns nichts unternehmen könne". *Jens, Dichter*, S. 216 f. geht kurz auf den Vorgang ein und vermutet, Bindings Vorstoß sei „im Dienst der Suche nach Einfluß und Geltung" der Akademie geschehen. Die angeführten Zitate, die Bindings Äußerungen wiedergeben, sind in dem Abdruck des Protokolls bei *Brenner, Ende*, S. 116 ff., Nr. 92 nicht enthalten, ohne daß die Auslassung kenntlich gemacht ist. – Binding hat Thomas Mann, wie sich aus dessen oben angeführtem Beitrag und Bindings Briefen vom 8. und 10. August 1935 (a. a. O., S. 296 f.) ergibt, von den mit seinem Schreiben an Frick zusammenhängenden Vorgängen – „Dingen, die ich nur dem mündlichen Wort anvertrauen möchte" – auf der Durchreise in Zürich unterrichtet. Zwei Jahre später hielt es Binding für möglich, daß sein Brief an Frick ihm „noch im Hintergrunde" schade; vgl. sein Schreiben an den Stellvertr. Präsidenten der Reichsschrifttumskammer, Dr. Wismann, vom 9. Juli 1936 (ebd. S. 330). Der nur fragmentarisch erhaltene Nachlaß von R. G. Binding enthält laut Mitteilung, für die Herrn Karl E. *Binding* (Bern) zu danken ist, zu dieser Angelegenheit kein weiteres Material; vgl. aber das bei W. *Blunck*, S. 108 wiedergegebene Zitat aus einem Schreiben Bindings, wo es heißt: „Natürlich war ich nicht der Meinung, daß man einen deutlich privaten und persönlichen Brief eine Aktion nennen könne, wie es offenbar geschehen ist".

[171] Th. Mann an Bermann Fischer, 20. Juli 1935: „Von Valentin [Heins] fanden wir ausführliche Nachricht bei unserer Rückkehr [aus den Vereinigten Staaten am 13. Juli] vor. Trotz großer Verschleppung scheint die Angelegenheit ja nun doch in Liquidation begriffen" (*Mann–Fischer*, S. 111). Die Freigabe des Vermögens ist in Thomas Manns Schreiben an Bermann Fischer vom 5. September 1935 (*Mann–Fischer*, S. 113) erwähnt, das wörtlich in Dok. 104 inseriert ist. – Der Anwalt beanspruchte aufgrund des erzielten Erfolgs sein Honorar und wollte sich aus Thomas Manns Honorarkonto beim Verlag S. Fischer befriedigt wissen; vgl. Th. Mann an Bermann Fischer, 29. Juli 1935 (ebd. S. 111 f.). Anfang September 1935 erschien er bei Thomas Mann zu einem „festlichen Besuch" (ebd. S. 114).

[172] Die Zitate aus Thomas Manns Briefen an A. Neumann und H. Hesse vom 7. Juni (*Briefe* I, S. 392; *Hesse–Mann*, S. 58) sowie an K. Voßler vom 18. Juni 1935 (*Briefe* I, S. 394); die Presseanweisung vom 5. Juni 1935: Bestellungen aus der Pressekonferenz vom 5. Juni 1935 (BA Koblenz, Sammlung Brammer, ZSg. 101/5, Bl.182).

größeres Gewicht besitzt, als die Presse durch das Reichspropagandaministerium angewiesen worden war, von dem Geburtstag des Dichters „keinerlei Notiz" zu nehmen. Aus Bonn, von der Universität, war Ernst Robert Curtius mit einem Glückwunsch unter den Autoren vertreten, deren handschriftliche Grüße eine vom S. Fischer Verlag zum Festtag überreichte Kassette enthielt – Curtius, der als junger Marburger Professor, eine rarissima avis unter seinesgleichen, die Rede „Von deutscher Republik" enthusiastisch begrüßt und Thomas Manns Eintreten für „die Sache der Humanität, der weltsinnigen Menschlichkeit, die heute so wenig Anwälte im deutschen Volke hat", als „verheißungsvolles Vorzeichen für die nächste deutsche Zukunft" gepriesen hatte[173]. Zeitungsnachrichten, die zu jener Pressekampagne gehören, waren es, welche dem Fakultätsgenossen von Curtius und stellvertretenden Dekan v. Antropoff – wie er schrieb – am 21. Juli 1935 den Anstoß zu seinem Schritt beim Reichswissenschaftsministerium gegeben haben [174]. Aufgrund derselben Meldungen hielt im August der Polizeipräsident

---

[173] *Hesse–Mann*, Anhang, S. 217. *Schröter*, *Urteil*, S. 507. Ebd. S. 241 Wiederabdruck einer Tagebuchnotiz vom 19. April 1935 bei *Ebermayer*, S. 509, die das Schreiben Peter Suhrkamps wiedergibt, mit dem zur Teilnahme an dieser Ehrung Thomas Manns eingeladen wurde. Sie schließt mit dem Satz: „Der Gestapo wird zweifellos die Liste derer, die darauf antworten, nicht unbekannt bleiben!" Bei *Mann–Fischer*, S. 663 f. ist das Verzeichnis der mit Glückwünschen in der Kassette vertretenen Autoren und Freunde gedruckt. Außer Curtius zählen dazu von damals in Deutschland tätigen Universitätslehrern Max Kommerell, Josef Nadler, Julius Petersen, Karl Voßler, Heinrich Zimmer. – Das Zitat aus dem Artikel „Thomas Mann und die Republik" von *Curtius*, der bezeichnenderweise nicht in einer deutschen, sondern einer luxemburgischen Zeitung am 3. Januar 1923 erschienen ist, bei *Sontheimer*, S. 59. Zwei Jahre später widmete *Curtius* in dem gleichen Blatt dem „Zauberberg" eine ausführliche Besprechung; sie ist bei *Sauereßig*, S. 51 ff. wiederabgedruckt.

[174] Siehe oben S. 120 ff. Zu dem Pressefeldzug gehören auch folgende Äußerungen: *Geiserich*, Liberaler Abgesang auf Thomas Mann (Das Schwarze Korps, Folge 15 vom 12. Juni 1935) – ein scharfer Angriff gegen Joachim *Günther* als Verfasser eines der beiden Artikel, die – abgesehen von verschiedenen Beiträgen, die in den streng auf jüdische Kreise beschränkten Publikationsorganen von den Machthabern mit berechnungsvoller Absicht geduldet wurden – in der deutschen Presse damals zu Thomas Manns 60. Geburtstag erschienen waren („Dichter in seiner Zeit", Deutsche Allgemeine Zeitung vom 5. Juni 1935); vgl. dazu *Jonas* Nr. 773 ff., 1403, 2427; *Matter*, Nr. 2828 ff. – Dr. H. L.*[angenbucher]*, Absturz eines demokratischen Säulenheiligen (Völkischer Beobachter, Norddeutsche Ausg. Nr. 208 vom 27. Juli 1935; wörtlich wiederholt unter der Überschrift „Weg ins Dunkel. Thomas Mann, eine literarische Größe der Systemzeit" in: Völkischer Beobachter, Münchner Ausgabe Nr. 211 vom 30. Juli 1935). – K. *Schwarz*, Thomas Mann – ein Wächter deutscher Kultur? (Völkischer Beobachter, Münchner Ausgabe Nr. 298 vom 25. Oktober 1935, Wiederabdruck: *Schröter*, *Urteil*, S. 256 ff.). – W. *Linden*, Thomas Mann außerdeutsche Entwicklung (Zeitschrift für Deutschkunde 49, 1935, S. 213 ff., Wiederabruck: *Schröter*, *Urteil*, S. 243 ff). – In einem am 5. September 1935 an den S. Fischer Verlag gerichteten Schreiben (*Mann–Fischer*, S. 113), das teilweise in einer Zuschrift des Verlags an den mit Ausbürgerungsangelegenheiten befaßten Referenten im Reichsministerium des Innern wiedergegeben ist [= Dok. 104], nennt Thomas Mann als Hauptbeteiligten an der damaligen Pressehetze einen Herrn Hussong vom „Berliner Lokalanzeiger". – Die Autorschaft Langenbuchers an dem mit Initialen gezeichneten Artikel im Völkischen Beobachter ist nicht nur aufgrund der zu seinem Namen passenden Initialen wahrscheinlich, sondern dadurch gesichert, daß der Wortlaut sich teilweise mit einem durch *Langenbucher*

von Dresden ein Verbot von Thomas Manns Schriften für angezeigt. Er hatte damit so wenig Erfolg wie v. Antropoff mit seinem Schreiben, denn die vom Propagandaministerium gesteuerte Reichsschrifttumskammer beschied ihn, „daß eine Einreihung der Bücher von Thomas Mann in die Liste des schädlichen und unerwünschten Schrifttums noch nicht gerechtfertigt erscheint". Erst als Thomas Mann die deutsche Staatsangehörigkeit aberkannt war, wurde der Verkauf seiner Werke im Deutschen Reich verboten und der bei Verlag und Sortiment vorhandene Bestand auf Weisung des Geheimen Staatspolizeiamts beschlagnahmt und eingezogen[175].

Weit ernster zu nehmen war im Sommer 1935 ein Vorstoß von anderer Seite. Der Stellvertretende Chef und Inspekteur der Preußischen Geheimen Staatspolizei forderte am 19. Juli 1935, dem Dichter „mit der nächsten Ausbürgerungsliste die deutsche Staatsangehörigkeit abzuerkennen" [176]. Amtschef der gefürchteten Behörde, von der dieses Ersuchen ausging, war seit etwas mehr als Jahresfrist Heinrich Himmler. Seine Dienstbezeichnung ließ die faktisch von ihm eingenommene

---

voll gezeichneten Aufsatz „Thomas Mann zum 60. Geburtstag" in „Völkische Kultur" 3, 1935, S. 314 ff. deckt; dort wird außer dem oben erwähnten Artikel von J. *Günther* vor allem der ebenso mutige Aufsatz aufs Korn genommen, den R. A. *Schröder*, Die Neue Rundschau 46, Bd. 1, 1935, S. 561 ff. über Thomas Mann veröffentlicht hatte. Zu der überaus einflußreichen Position des 1905 geborenen und 1929 in die NSDAP eingetretenen Langenbucher in dem nationalsozialistischen Literaturüberwachungsapparat vgl. *Strothmann*, S. 263, Anm. 20.

[175] Akten der Reichsschrifttumskammer betr. Thomas Mann (DC Berlin). Der zitierte Satz lautete im Entwurf zu dem Schreiben der Reichsschrifttumskammer vom 16. Dezember 1935 – Aktenzeichen Dr. P/K1. Tgb.-Nr. 2/2198 – ursprünglich: „Daß z. Zt. eine Einreihung der Bücher von Thomas Mann in die Liste des schädlichen und unerwünschten Schrifttums nicht in Frage kommen kann"; die letzten vier Worte waren zunächst geändert in: „gegeben ist". – In einem Schreiben der Reichsschrifttumskammer zur gleichen Sache vom 23. August 1935 heißt es, die in dem Artikel „Absturz eines demokratischen Säulenheiligen" des Völkischen Beobachters vom 27. Juli 1935 genannten Tatsachen seien z. Zt. Gegenstand einer Nachprüfung. – Noch am 7. Dezember 1936 hat der Polizeipräsident in Frankfurt am Main einen übereifrigen Denunzianten, der am 29. November beanstandet hatte, daß in einer Buchhandlung der dritte Band des Joseph-Romans von Thomas Mann in hervorgehobener Weise ausgestellt sei, beschieden, das Werk sei in der Liste des schädlichen und unerwünschten Schrifttums nicht enthalten und es könnten „irgendwelche amtliche Maßnahmen wegen des ... Buches nicht in Frage kommen". Der von dieser Auskunft unbefriedigte Denunziant hatte den Schriftwechsel sogleich der SS-Zeitung Das Schwarze Korps zugeleitet; diese fragte am 18. Dezember 1936 bei der Reichsschrifttumskammer an, „ob tatsächlich heute noch Bücher von Thomas Mann verkauft werden dürfen". Das Geheime Staatspolizeiamt – II P 2 542/G – stellte am 13. Januar 1937 klar, die Mitteilung der Reichsschrifttumskammer über die Einreihung sämtlicher Schriften Thomas Manns in die bewußte Liste stamme erst vom 9., nicht vom 4. Dezember und sei am 11. Dezember eingegangen; der Polizeipräsident in Frankfurt am Main habe daher, als er die erwähnte Auskunft erteilte, vom neuesten Stand der Dinge noch nicht unterrichtet sein können. – Die Mitteilung des Geheimen Staatspolizeiamts vom 16. Dezember 1936 an die Reichsschrifttumskammer über die an sämtliche Staatspolizeileitstellen und Staatspolizeistellen im Reichsgebiet ergangene Weisung, auftauchende Exemplare der Werke Thomas Manns zu beschlagnahmen und einzuziehen, ist gedruckt bei *Brenner*, S. 192, Nr. 34.

[176] Preußische Geheime Staatspolizei an Reichsministerium des Innern, 19. Juli 1935; Dok. 96, S. 470 f.

162

beherrschende Stellung nicht deutlich zutage treten; der Wortlaut hatte allerdings keinerlei einschränkenden Wert, sondern war gewählt worden, um den im wesentlichen nur der Form nach zunächst noch weiterbestehenden Chefbefugnissen Goerings Rechnung zu tragen. Als Himmler das Kommando über die Preußische Geheime Staatspolizei am 20. April 1934 übernahm und damit seine innerhalb eines Jahres schrittweise vollzogene Machtergreifung im gesamten Bereich der deutschen Polizei abschloß, hatte er Heydrich als engsten Mitarbeiter in die Befehlszentrale des künftigen SS-Staates mitgenommen, dazu eine ganze Reihe von weiteren Angehörigen der von ihnen beiden aufgebauten Bayerischen Politischen Polizei [177]. Die „Münchner Rammel" setzten den an der Isar begonnenen Kampf gegen Thomas Mann von ihrer machtvolleren Position in der Reichshauptstadt aus fort. Aber auch die Bayerische Politische Polizei selbst blieb in dieser Hinsicht nicht untätig. Im Herbst 1935 wiederholte sie ihrerseits den Antrag auf Ausbürgerung Thomas Manns und leitete während der letzten Wochen des gleichen Jahres dem Reichsministerium des Innern „neues Material" zu, um dieses Ziel endlich zu erreichen [178].

Auffallend ist das zeitliche Zusammentreffen des Antrags vom 19. Juli 1935 aus dem durch Himmler und Heydrich geleiteten Amt mit der Anfrage, die der SS- und SD-Mann v. Antropoff zwei Tage später wegen der ihm wünschenswert erscheinenden Aberkennung von Thomas Manns Ehrendoktorwürde an das Kultusministerium richtete. Die naheliegende Annahme, der Bonner Professor sei durch eine Anregung oder Weisung auf dem SS- oder SD-Wege zu seinem Vorgehen veranlaßt worden, läßt sich aus den Quellen nicht stützen. Nach Lage der Dinge und unter Berücksichtigung der schon geschilderten näheren Umstände ist es wohl tatsächlich so gewesen, daß v. Antropoffs vielfältig bezeugter politischer Aktivismus

---

[177] *Höhne*, S. 88 f., S. 165 ff. *Aronson*, S. 225 ff. gibt einen Überblick über die aus München gekommenen Beamten und die Geschäftsverteilung im Geheimen Staatspolizeiamt nach der von Heydrich vorgenommenen Umorganisation. Hiernach wurde die – sicher Ende 1935, aber vermutlich auch vorher schon – von Heydrich selbst geleitete neue Hauptabteilung II, die die Exekutivdezernate der Gestapo umfaßte, „vor allem mit bayerischen Beamten besetzt", die sämtlich als Angehörige der Bayerischen Politischen Polizei in die SS und den SD aufgenommen worden waren und nun die Führungspositionen in der bislang von Goering und Diels mit ganz andersartigen Kräften aufgebauten Dienststelle übernahmen. Heinrich Müller – später als „Gestapo-Müller" die Hauptfigur bei der „Endlösung" und anderen Massenverbrechen – leitete zusammen mit dem gleichfalls aus der Bayerischen Politischen Polizei kommenden und dort als Kriminaloberinspektor zunächst Müllers Vorgesetzter gewesenen Reinhard Flesch die Unterabteilung II 1; hierbei war Flesch bis zu seiner Erkrankung im Jahr 1935 für II 1 B („Konfessionelle Verbände, Juden, Freimaurer, Emigranten") zuständig; danach übernahm Müller auch dieses Sachgebiet. Das mit Juden, Freimaurern und Emigranten, darunter auch den Ausbürgerungen, befaßte Dezernat II 1 B 2 leitete der aus der Ära Goering–Diels stammende, im Dezember 1934 in die SS und den SD übernommene Dr. Karl Hasselbacher, der 1940 in Frankreich umgekommen ist (über ihn vgl. *Aronson*, S. 177 f., 227, 232); unter ihm war Polizeiinspektor Wassenberg als Sachbearbeiter für Emigranten und Ausbürgerungen tätig.

[178] Nach den im Bayerischen Staatsministerium für Unterricht und Kultus am 5. Oktober 1935 und 3. Januar 1936 gefertigten Aktenvermerken; Dok. 109, S. 481 und Dok. 136, S. 497.

ihn in dieser Sache ebenfalls selbständig zu spontaner Reaktion auf die erwähnten Zeitungsberichte bewogen hat. Kaum zu bezweifeln aber ist, daß der von Heydrich gezeichnete Antrag vom 19. Juli 1935 unbeschadet seines offen zutage liegenden Zwecks ein Hieb war, der im Machtkampf zwischen Gestapo und Ministerium des Innern die zugunsten Thomas Manns gegen den Münchner Antrag vom 18. Januar 1933 und seine Folgemaßnahmen getroffene Entscheidung Fricks parieren sollte.

Der Vorstoß der Gestapo hatte einen zwar begrenzten, aber beachtlichen Erfolg. Das Reichsministerium des Innern, das sich noch am 24. Juli zu Fricks Erlaß vom 27. Mai bekannt hatte, zog diesen nun Anfang September zurück, offenbar aufgrund einer am 3. September veranstalteten Besprechung, an der auch ein Vertreter der Geheimen Staatspolizei, die sich später darauf berief, teilgenommen hatte [179]; das Vermögen des Dichters erfuhr „neuerliche Beschlagnahme", „diesmal auf Berliner Antrag". Münchner Stellen wußten über die Gründe nichts, und Rechtsanwalt Heins tappte „diesbezüglich völlig im Dunkeln" [180]. Die Fülle und rasche Aufeinanderfolge von Schriftstücken, die damals entstanden sind, bezeugt wie zugespitzt die Lage war. Das Reichsministerium des Innern erklärte – freilich noch „unter der Voraussetzung, daß gegen die Richtigkeit" der letzten Zeitungsmeldungen über Thomas Mann „keine Bedenken bestehen" – es halte ihn „nicht mehr für würdig, die deutsche Staatsangehörigkeit zu besitzen". Es veranlaßte jetzt auch, daß die Bemühungen des Ehepaares Mann um neue Pässe trotz eindrucksvoller Vorstellungen des emigrierten Staatssekretärs a. D. Abegg (1876–1951) beim Gesandten v. Weizsäcker in Bern [181] weiterhin erfolglos bleiben mußten. Abegg war so weit gegangen, zu bitten, „wenn erforderlich, an der höchsten Stelle des Reiches" – also beim „Führer und Reichskanzler" – Thomas und Katia Mann „zur schleunigen Erfüllung" ihres Paßbegehrens zu verhelfen. Für den Fall abermaligen Scheiterns der Bemühungen kündigte er als seinen Mandanten „höchst unerwünschte Folgerung" die Annahme von Legitimationspapieren eines anderen Landes durch sie an, mit anderen Worten: die Aufgabe der deutschen Staatsangehörigkeit. Doch kam es vorerst bei Thomas Mann weder hierzu noch zu ihrer Aberkennung. Daß der Dichter von den im Sommer 1935 verfügten weiteren Ausbürgerungen nicht mitbetroffen war, weckte bei René Schickele Verwunderung, während andere emigrierte deutsche Schriftsteller in dem als Ursache für seine Verschonung betrachteten Verhalten Thomas Manns einen Anlaß zu schärfer urteilenden Äußerungen fanden [182]; Joseph Roth meinte damals: „Der symbolische Name Thomas

<hr>

[179] Dok. 105, S. 478 f.; die Bezugnahme der Geheimen Staatspolizei auf die Besprechung im Reichsministerium des Innern in Dok. 147, S. 504.

[180] Die Zitate aus Thomas Manns Schreiben an Bermann Fischer vom 5. – vermutlich jedoch 6. – September 1935 aufgrund fernmündlicher Unterrichtung durch Heins, der sich „verstimmt und erregt" wegen unzulänglicher Information durch den Verlag zeigte (*Mann-Fischer*, S. 113).

[181] Dok. 118, S. 485 ff.

[182] R. Schickele an E. Pinner (Werke III, S. 1226); der Brief ist dort auf „Herbst 1935" datiert, dürfte aber nicht lange nach der Publikation der Liste von Ausgebürgerten entstanden

Mann trägt nicht mehr weit. Von links und rechts wird die Haltung, die er symbolisiert, zwar nicht verachtet, aber doch negligiert"; Tucholsky, von der Verzweiflung beherrscht, die ihn in den Tod trieb, urteilte noch bitterer. Das Reichspropagandaministerium, dem v. Antropoffs Anfrage zur Stellungnahme zugeleitet worden war, äußerte sich in der schon berichteten dämpfenden Weise und setzte davon auch die Geheime Staatspolizei in Kenntnis. Die von ihm eingenommene Haltung war mit dem bezeichnenden Versuch verbunden, sich die Initiative für künftige Maßnahmen gegen Thomas Mann zu sichern [183]. So blieb vorerst alles weiter in der Schwebe; die günstige Wendung aber, die in Fricks Maierlaß Ausdruck gefunden hatte, war zunichte gemacht. Sie bedeutete in dem jahrelangen Ringen nicht mehr als ein Intermezzo.

Kurz nach Beginn des Jahres 1936 trat der Fall des im freiwilligen Exil verharren-

---

sein, gehört also in die Zeit um den 1. Juli 1935. – Schickele schloß aus der Verschonung von Thomas Mann und Annette Kolb bei diesem Ausbürgerungsschub, daß eine Denunziation Anlaß gegeben habe, ihn selbst „in Deutschland aus dem Buch der Lebenden" zu streichen. Was mit dieser Wendung gemeint ist, bleibt unklar, ist aber in Verbindung mit einer Notiz vom 7. November 1935 in Loerkes Tagebuch zu bringen, aus der sich ergibt, daß „die Vorräte der Bücher von Schickele ... abgeholt" worden sind (*Loerke*, S. 321). Diese Maßnahme war die Folge eines Verbreitungsverbots. Gegen Schickele konnte nicht mit dem Entzug der Staatsangehörigkeit vorgegangen werden, da er als gebürtiger Elsässer nach 1919 die französische Staatsangehörigkeit besaß.– Das folgende Roth-Zitat aus einem Brief an Stefan Zweig vom 14. August 1935 (*Roth*, S. 422); eine weitere kritische Bemerkung über Thomas Mann findet sich in dem Brief vom 12. November 1935 (ebd. S. 437). Kurt Tucholsky, der im Sommer 1935 Thomas Manns Haltung „skandalös" fand – „Wir dürfen schweigen – er durfte es nicht" (an W. Hasenclever, undatiert) – beklagte am 15. Dezember 1935, unmittelbar vor seinem freigewählten Tod, Arnold Zweig gegenüber „das Theater der Verzweiflung, die noch in so einem Burschen wie Thomas Mann einen Mann sieht, der, Nobelpreisträger, sich nicht heraustraut und seine ‚harmlosen' Bücher in Deutschland weiter verkaufen läßt"; K. *Tucholsky*, Ausgewählte Briefe 1913–1935, [Reinbek 1962], S. 304, 338.

[183] Angesichts dieser, für den Machtkampf kompetenzhungriger Ressorts im nationalsozialistischen Deutschland bezeichnenden Tatsache ist zu erwähnen, daß auch der Präsident der Reichsschrifttumskammer, Hans Friedrich Blunck, bei Ausbürgerungen mitsprechen wollte. Anläßlich der mit Bekanntmachung vom 1. November 1934 verfügten 28 Ausbürgerungen, die „im wesentlichen ... Literaten und publizistisch tätige Personen" betroffen hatten, wandte er sich am 5. November an den Reichsminister des Innern mit dem Vorschlag, „die Reichsschrifttumskammer und auch die Akademie der Dichtung" künftig „bei der Vorbereitung dieser notwendigen und begrüßenswerten Maßnahme ... anzuhören". Er gab hierfür drei Gründe an: „weil wir auf diese Weise den einheitlichen Willen auch einschließlich der am Reich bauenden Künste klarlegen; ... weil nach der Kenntnis, die hier vorhanden ist, die Begründung der Ausstoßung wesentlich verschärft und erweitert werden kann; in Einzelfällen könnte zukünftig auch die Möglichkeit eines Mißgriffs vermieden werden". Das Ministerium erwiderte kühl abweisend, bei der Ausbürgerung handele es sich „um eine ausschließlich politische Strafmaßnahme", deren Voraussetzungen „nur nach politischen Gesichtspunkten geprüft" würden, „ohne daß im allgemeinen noch weitere Erwägungen in literarischer oder berufsständischer Hinsicht nötig werden". Auch hätten bisher Zweifel an der Berechtigung der Maßnahmen nicht bestehen können. Doch wurde in Aussicht gestellt, die beiden Stellen künftig zu beteiligen, „wenn Zweifel bestehen, ob die Ausbürgerung eines Schriftstellers angebracht sein wird" (PA, Ausbürgerungen, Bd. 2 [15. August 1934 – 18. April 1935]).

den weltberühmten deutschen Dichters auf eine merkwürdige, in ihren tiefsten Hintergründen noch nicht restlos zu klärende Weise plötzlich in eine neue Phase. „The uneasy truce between Thomas Mann and the German Government" [184], „eine Art bewaffneter Waffenstillstand, dessen Bedingungen von beiden Seiten strikt eingehalten wurden" [185], fand ein Ende. In der Pariser Emigrantenzeitschrift „Das Neue Tage-Buch" war ein Artikel des Herausgebers Leopold Schwarzschild (1891–1950) mit Hauptstoßrichtung gegen den Inhaber des S. Fischer Verlages erschienen [186]. Schwarzschild bediente sich der eigentümlichen Form „eines zur

---

[184] *Hatfield*, S. 153.

[185] *Schönberner*, S. 35. Sachlich und chronologisch unzutreffend ist hier die Angabe, erst Thomas Manns Antwort auf den Entzug der Bonner Ehrendoktorwürde habe den offenen Bruch des Dichters mit dem Naziregime herbeigeführt.

[186] L. *Schwarzschild*, Antwort an Thomas Mann (Das Neue Tage-Buch 4, Heft 4 vom 25. Januar 1936, S. 82 ff.; Wiederabdruck: *Schröter, Urteil*, S. 260 ff.). – Voraufgegangen waren ein ebd. Heft 2 vom 11. Januar 1936, S. 30 f. gegen Dr. Bermann als „Samuel Fischer's Erbe" gerichteter heftiger Angriff (Wiederabdruck: *Schröter, Urteil*, S. 259 f.) und ein von Thomas *Mann*, Hermann *Hesse* und Annette *Kolb* unterzeichneter Einspruch gegen diese Attacke (XI, S. 787); dazu die Briefe, die Bermann Fischer am 16. und 23. Januar 1935 an Thomas Mann gerichtet hat (*Mann–Fischer*, S. 170 ff.). – Ein Vorspiel zu der Auseinandersetzung über den S. Fischer Verlag bildet die Glosse „Beermanns[!] Schaukel" (Das Neue Tage-Buch 3, Heft 3 vom 19. Januar 1935, S. 71); dazu Richtigstellung von A. *Kolb* ebd. Heft 6 vom 9. Februar 1935, S. 143 und der Brief, den H. Hesse am 17. Januar 1935 an einen Schweizer Redakteur richtete (*Hesse*, S. 135 ff.), ein Nachspiel die weitere Glosse „Fischer im Trüben" (Das Neue Tage-Buch 4, Heft 30 vom 25. Juli 1936, S. 717); hierzu auch *Bermann Fischer*, S. 98 ff. J. *Roth*, der am 12. November 1935 (*Roth*, S. 435 ff.) brieflich Bermann Fischer im gleichen Sinn kritisiert hatte, bezeichnete die Auseinandersetzung als „äußerst fatal", während Stefan Zweig sie als „widerliches Gegeneinander" bezeichnete (ebd.). Über noch weiter zurückliegende Auseinandersetzungen unter deutschen Emigranten, bei denen bereits die Namen Thomas Mann und Schwarzschild erscheinen, berichtet R. *Schickele* in seinem Tagebuch zum 2. April 1934 (Werke III, S. 1078 f.). Parallel mit diesen Angriffen Schwarzschilds liefen heftige Attacken von Georg Bernhard gegen den S. Fischer Verlag, Hermann Hesse und Annette Kolb im „Pariser Tageblatt"; hierüber unterrichtet das Nachwort von B. *Zeller* zu H. *Hesse*, Neue deutsche Bücher, Literaturberichte für Bonniers Litterära Magasin 1935–1936, [Marbach a. N. 1965], S. 153 f.; dazu der Briefwechsel zwischen H. Hesse und Th. Mann vom 24./25. Januar 1936 (*Hesse–Mann*, S. 59 ff.). Über die Auseinandersetzung zwischen Schwarzschild, Korrodi und Thomas Mann vgl. *Richter*, S. 57 ff. sowie *Wegner*, S. 84 f., S. 116 ff.; *Stahlberger*, S. 237 ff. Zu Schwarzschild vgl. das Vorwort von K. *Sontheimer* zu L. *Schwarzschild*, Die Lunte am Pulverfaß. Aus dem „Neuen Tage-Buch" 1933–1940, hrsg. v. V. *Schwarzschild*, Hamburg 1965; H. A. *Walter*, Leopold Schwarzschild und das Neue Tage-Buch (Die europäischen Linksintellektuellen zwischen den beiden Weltkriegen, hrsg. v. W. *Laqueur* und G. L. *Mosse*, München 1967, S. 149 ff.); ferner Th. Mann an H. Hesse, 25. Januar 1936 (*Hesse–Mann*, S. 61); *Bermann Fischer*, S. 102 f. – W. *Jens* weist in einer Besprechung des ersten Bandes der Thomas-Mann-Brief-Edition (*Betrachtungen und Überblicke*, S. 465) darauf hin, daß beim Abdruck des an R. Schickele gerichteten Briefs Thomas Manns vom 19. Februar 1936 (*Briefe* I, S. 415 f.) „ein achtzehnzeiliger Passus" ausgelassen ist, „der aufschlußreich für die Vorgeschichte der Korrodi-Affäre wäre und durch die Darstellung von Fakten und Gerüchten (Schwarzschild, Bermann, Querido) jene Erläuterungen zu den Briefen an Korrodi vom Dezember 1935 und Januar 1936 gibt, die man in den Anmerkungen nur ungern vermißt" (gemeint sind Thomas Manns Briefe vom 29. November 1935 – ebd. S. 403 ff. – und vom 3. Februar 1936 – ebd. S. 409 ff.).

Veröffentlichung bestimmten Privatbriefes" an Thomas Mann. Darin hieß es u. a., die deutsche Gegenwartsliteratur sei in ihrer Gesamtheit durch Emigration dem Zugriff des nationalsozialistischen Regimes entwichen. Thomas Mann wurde in äußerst scharfer Weise zur Stellungnahme gegen befürchtete Machenschaften seines der Kollaboration mit dem Reichspropagandaministerium als dringend verdächtig bezeichneten Verlages aufgefordert. Falls der Dichter sich nicht erkläre, werde er mitschuldig an „der Kapitulation und der Auslieferung von Ideen und Kämpfern". Gegen diesen Artikel machte der Feuilletonchef der „Neuen Zürcher Zeitung", Eduard Korrodi (1885–1955), in seinem Blatt Front [187]. Er nannte eine Reihe namhafter Autoren, die Deutschland nicht verlassen hatten, und meinte, nun habe man es schwarz auf weiß, daß ein Teil der Emigranten die deutsche Literatur mit den Schriften jüdischer Autoren identifiziere. Der Dichter der „Buddenbrooks", dem „ausgerechnet" Schwarzschild „solchen Aberwitz" vortrage, „weil seine Werke noch in Deutschland erscheinen konnten", empfinde „doch wohl diese Emigrantensprache als eine Unverschämtheit". Korrodis Angriff schloß: „Wir begreifen . . ., daß es angesehene Schriftsteller in der Emigration gibt, die lieber

---

[187] E. *Korrodi*, Deutsche Literatur im Emigrantenspiegel (Neue Zürcher Zeitung Nr. 143 vom 26. Januar 1936; Wiederabdruck bei *Bermann Fischer*, S. 135 und bei *Schröter, Urteil*, S. 266 ff.) *W. Jens* erkennt diesem Artikel die Qualifikation „einer nur bedingt von Kenntnis, Takt und Einsicht bestimmten Replik" zu (*Betrachtungen und Überblicke*, S. 467); vgl. auch die Bemerkung von *L. Mazzucchetti* in: Thomas Mann, Lettere a Italiani. Introduzione e commento di L. *Mazzucchetti*, Milano 1962, S. 32. Schärfste Kritik an Korrodi schon bei E. *Bloch*, Nobelpreis und Ausbürgerung (Die Neue Weltbühne 32, 1936, S. 1572 f.) und in Joseph Roths Brief vom 2. oder 9. Februar 1936 (*Roth*, S. 449), der durch den „Streit um Bermann . . . die antisemitischen Instinkte Korrodis geweckt" und die „Würde Thomas Manns" „mißbraucht" sah. *Perl*, S. 58 f. betrachtet Korrodis Hinweis auf Thomas Mann in dem Artikel „zweifellos . . . als eine Provokation Thomas Manns . . ., den der Schweizer Advokatus des Dritten Reiches damit aus seiner Reserve herauslocken wollte", und hält es nur für ungewiß, ob Korrodi „aus eigenem Antrieb oder von seiten seiner innerdeutschen Freunde dazu angeregt" gehandelt habe. Korrodis Ängstlichkeit und allzugroße Rücksichtnahme gegenüber den Nationalsozialisten werden ebenfalls in Briefen von F. Schönberner (23. Juni 1933) und Annette Kolb (9. März 1941) erwähnt; vgl. *Kesten*, S. 40, 183. Vgl. auch *Stahlberger*, S. 109 f. Bermann Fischer führte es in einem Schreiben an Thomas Mann vom 29. April 1938 (*Mann Fischer*, S. 153) „nicht zum wenigsten" auf eine „Intrige von Herrn Korrodi" zurück, daß die Niederlassung des S. Fischer Verlags in der Schweiz nicht glückte; vgl. dazu *Bermann Fischer*, S. 120 und Thomas Manns Brief an H. Hesse vom 16. Februar 1936, wo Korrodi „eine ganz tückische kleine Madame" genannt wird; *Hesse–Mann*, S. 64. Die näheren Umstände, die zum Scheitern der Absicht von Bermann Fischer geführt haben, sind bei *Stahlberger*, S. 111 ff. behandelt. Über Korrodi vgl. das auf die Zeit nach 1933 mit keinem Wort eingehende, jedoch die bereits früher bestehende „nicht einfache Lage", in der der Kritiker sich befand, abgewogen behandelnde Vorwort von M. *Rychner* zu E. *Korrodi*, Aufsätze zur Schweizer Literatur, Bern–Stuttgart [1963]. Im April 1915 hatte Korrodi Thomas Manns „Gedanken im Kriege" gegenüber den von dieser Schrift heftig erschütterten Romain Rolland verteidigt und die Lektüre des eben erschienenen Essays „Friedrich und die große Koalition" empfohlen; vgl. R. *Rolland*, Journal des années de guerre 1914–1919 II, Texte établi par Marie Romain Rolland, Préface de L. Martin–Chauffier, [Paris 1972], S. 326 f.; Romain Rolland beurteilte die „Gedanken im Kriege" als „bien le plus terrible que j'aie encore lu d'un intellectuel Allemand" und erklärte, dem Autor die Hand noch in Jahrzehnten nicht wieder reichen zu können.

nicht zu dieser deutschen Literatur gehören möchten, der der Haß lieber ist als das Streben nach Wahrheit und Gerechtigkeit".

Thomas Mann hat 1938 selbst geschildert, was diese Polemik bei ihm bewirkte. Er schrieb an Erika und Klaus Mann: „Ihr wißt, daß ich den Versuch, mich von der deutschen Emigration zu trennen und mir einen nicht vollkommen eindeutigen Sonderplatz unter ihr anzuweisen, vereitelt und mich mit Nachdruck zu ihr bekannt habe . . . . Ich tat es, weil ich nicht wollte, daß die Machthaber in Deutschland länger zögerten, auch mich ‚auszubürgern‘, wie sie Euch und meinen Bruder schon ‚ausgebürgert‘ hatten" [188]. Genau so hatte Thomas Mann sein Verhalten auch schon erklärt, bevor die von ihm erwarteten und gewollten Folgen eingetreten waren. Am 15. Mai 1936 nämlich konnte die Prager Zeitschrift „Wahrheit" eine Äußerung des in der tschechoslowakischen Hauptstadt zu Besuch weilenden Dichters veröffentlichen, in der es heißt: „Es waren . . . Bestrebungen im Gange, mich von der übrigen Emigration abzutrennen. Bestrebungen, die den Fall Thomas Mann zu einem Sonderfall machen wollten, der mit der übrigen Emigration, von der man in Deutschland nur in Ausdrücken barbarischer Form redet, nichts zu tun haben sollte. Das soll und darf nicht sein. Ich fühle mich als zu jener Emigration gehörig, die für ein besseres Deutschland kämpft. Ich gehöre dazu. Das wollte ich damals erklären" [189]. Schon am 22. Februar 1936 hatte Thomas Mann dem Wortführer von hundertzwanzig in Prag lebenden antifaschistischen deutschen Emigranten, die ihm für seine Reaktion auf Korrodis Artikel gedankt hatten, geschrieben, die Kontroverse Schwarzschild-Korrodi sei „in der Tat nur der äuße-

---

[188] Th. Mann an K. und E. Mann, undatiert [Dezember 1938] (*Briefe* II, S. 75). Klaus Mann war die deutsche Staatsangehörigkeit am 1. November 1934 (Deutscher Reichsanzeiger Nr. 258 vom 3. November 1934), Erika Mann am 8. Juni 1935 (ebd. Nr. 133 vom 11. Juni 1935) aberkannt worden. – Für Erika Mann war dies irrtümlich schon in einem Vermerk des Bayerischen Staatsministeriums für Unterricht und Kultus vom 10. Dezember 1934 behauptet worden (HStA München Abt. I, Allgem. Staatsarchiv MK 36752). Ihre Heirat mit dem britischen Staatsangehörigen W. H. Auden fand am 15. Juni 1935 statt; die Aberkennung ihrer Staatsangehörigkeit, die eine Woche vor diesem Schritt erfolge, war daher nicht ein Schuß ins Leere, wie *K. Mann, Wendepunkt*, S. 316 f. meint.

[189] Die Wahrheit, Jahrg. 15, Nr. 14 vom 15. Mai 1936; wiedergegeben u. a. in der Pariser Zeitung Le Figaro Nr. 142 vom 21. Mai 1936: „Thomas Mann et l'émigration allemande". Vgl. Dok. 163, Anm. 2. Die Äußerung Thomas Manns steht am Schluß eines Kommentars, der sich unter der Überschrift „Von der souveränen Bescheidenheit" mit dem Prager Festvortrag des Dichters zum 80. Geburtstag von Sigmund Freud beschäftigt. Sie beginnt damit, daß Thomas Mann auf eine ihm gestellte Frage bekräftigt, der in Anm. 191 zitierte Offene Brief an Korrodi sei von ihm als „Manifest" gemeint gewesen. Für den näheren Zusammenhang biographischer Art vgl. unten S. 234 f. – Vgl. auch Thomas Manns Ansprache vor dem American Rescue Committee von Juni 1941 (XI, S. 972 ff.; MK 118, S. 113 ff.); die Datierung nach *Briefe* II, S. 649 und *Bürgin–Mayer*, S. 155; in den Erläuterungen zu dem zitierten Druck ist die Ansprache auf 1940 datiert. – Im Text dieser Ansprache findet sich ein merkwürdiger chronologischer Irrtum. Thomas Mann bemerkt, seine Entscheidung, auf Korrodis Artikel zu antworten, liege „über sieben Jahre zurück". Hierbei dachte der Dichter wohl an den tatsächlich etwas mehr als sieben Jahre vorher gefaßten Entschluß, von seiner Auslandsreise nicht mehr ins Reich zurückzukehren – eine psychologisch aufschlußreiche Gedächtnisverschiebung.

re Anlaß" gewesen, „das Bekenntnis abzulegen, das ich schuldig zu sein glaubte".
„Keine Nachricht könnte mir lieber sein als die, die Sie mir geben, daß meine Worte der Emigration ein wenig den Nacken gesteift und ihren Glauben gehoben haben. Dies war wirklich der Hauptzweck meines Schrittes" [190].

Thomas Mann wählte für seine Erklärung den Weg eines Offenen Briefes an Korrodi, mit dem er zu dessen Artikel in der „Neuen Zürcher Zeitung" Stellung nahm [191]. Es war ein spontaner Schritt, den der Dichter gleich darauf als „Husarenstreich", „eine reine Temperamentsäußerung" bezeichnete, „unvorbedacht, kaum gewollt, eine für meine seelische Gesundheit endlich denn doch wohl nötig gewordene Reaktion auf all den Gram und Ekel, den einem jenes Unwesen" – das nationalsozialistische Deutschland – „täglich zufügt" [192]. Der Brief erschien am 3. Februar 1936. Thomas Mann stellte darin seine Position vollkommen klar. Er beschrieb das moralische Verhängnis der nationalsozialistischen Herrschaft, geißelte den Judenhaß der Nationalsozialisten als Haß gegenüber den christlich-antiken Fundamenten der abendländischen Gesittung und sagte, er sei gespannt, ob die Machthaber es wagen würden, ihm sein Deutschtum abzusprechen. Das Stück schloß mit Versen aus einem Sonett des Grafen Platen, die Thomas Mann schon im Herbst 1933 Ernst Bertram ins Gedächtnis gerufen hatte, um zu begründen, daß er dessen Aufforderung, ins Reich zurückzukehren, keinesfalls folgen könne:

> „Doch wer aus voller Seele haßt das Schlechte,
> Auch aus der Heimat wird es ihn verjagen,
> Wenn dort verehrt es wird vom Volk der Knechte.
> Weit klüger ist's, dem Vaterland entsagen,
> als unter einem kindischen Geschlechte
> Das Joch des blinden Pöbelhasses tragen" [193].

---

[190] Th. Mann an M. Zimmering, 22. Februar 1936 (Ein kostbarer Fund. Max Zimmering übersandte uns einen Brief Thomas Manns aus dem Jahre 1936 [Neues Deutschland Nr. 205 vom 28. Juli 1962, Beilage Nr. 30]).

[191] Ein Brief von Thomas Mann (Neue Zürcher Zeitung Nr. 193 vom 3. Februar 1936); *Briefe* I, S. 409 ff.; Wiederabdruck – teilweise gekürzt – bei *Hesse–Mann*, Anhang, S. 218 ff. – Zu Übersetzungen, die schon 1936 in den Vereinigten Staaten und China erschienen, vgl. *Bürgin* V, Nr. 444. – Die gegen den Judenhaß gerichteten Sätze dieses Stücks boten der oben S. 151, Anm. 148 erwähnten und charakterisierten Zeitschrift „Der Buchhändler im neuen Reich" Anlaß, unter der Überschrift „Problem Thomas Mann?" und aufgrund der nicht mehr zutreffenden Annahme, seine Bücher dürften in Deutschland vertrieben werden, dem deutschen Buchhändler einzuschärfen, er habe „hier Gelegenheit zu beweisen, daß er – ohne Verbote – weiß, was er zu tun hat. Thomas Mann dürfte von nun ab kein Problem mehr für ihn sein".

[192] Th. Mann an P. Amann, 21. Februar 1936 (Th. *Mann*, Briefe an Amann, S. 62 f.); vgl. auch Th. Mann an K. Engelmann, 15. Dezember 1936 (*Briefe* I, S. 432). – Die Seelenlage, die Thomas Manns Brief an Amann vom 21. Februar 1936 spiegelt, dokumentiert sich auch mit charakteristischen Einzelheiten in dem Bericht, den E. *Ebermayer*, ... und morgen die ganze *Welt*. Erinnerungen an Deutschlands dunkle Zeit, [Bayreuth 1966], S. 24 ff. über einen Besuch bei dem Dichter wiedergibt, der tags zuvor, am 20. Februar, stattgefunden hatte.

[193] Th. Mann an E. Bertram, 19. November 1933 (*Jens*, S. 179; dazu der Kommentar S. 280 f.) – Die drei letzten Zeilen hat *Penzoldt*, S. 507 (Wiederabdruck: *Schröter*, Urteil, S. 405)

Die herausfordernde Absicht dieser Erklärung wurde durch eine dem Text beigegebene redaktionelle Notiz unterstrichen. Sie besagte, der Autor sei gewillt, die Folgen seines freimütigen und entschiedenen Bekenntnisses zu tragen. Zum Überfluß nahm Korrodis Replik einige Tage später den freilich kaum noch nötigen Hinweis erneut auf [194]. Schwarzschild registrierte in seiner Entgegnung auf Korrodis Artikel befriedigt, daß „ein Konflikt um einen Verlag, dank der Mithilfe eines allzu fleißigen Gegners", dazu geführt habe, Thomas Mann „aus dem Netz komplizierter Erwägungen, darein er sich versponnen hatte, auf die herzhaft einfache Linie zu bewegen" [195].

Thomas Mann selbst rechnete zunächst sogleich mit seiner Ausbürgerung. Zweifel, die ihm und seinen Freunden, von denen manche – wie Hermann Hesse – den Schritt bedauerten [196], wegen der zu erwartenden Reaktion aus Berlin dann zeitweise doch noch kamen, bewiesen Scharfblick für die taktische Manipulationsfähigkeit nationalsozialistischer Gefühle. An Hermann Hesse schrieb Thomas Mann am 9. Februar 1936, er sei „noch gar nicht mal sicher, daß die regierende Bande zurückschlagen wird. Olympiade und Außenpolitik sprechen dagegen" [197]. René Schikkele, der nach der Lektüre des Briefes an Korrodi gedacht hatte, „der Teufel würde los sein", erkannte dann: „aber nein, selbst das wird zu den Nebenkosten

---

an den Schluß seines Essays gestellt, dessen letzter, „Satyrspiel" überschriebener Absatz sich mit Protesterklärungen und -handlungen gegen Thomas Mann im Jahr 1949 befaßt; vgl. dazu unten S. 296, Anm. 61.

[194] *E. K.*, Vom deutschen Literaturschicksal (Neue Zürcher Zeitung Nr. 220 vom 8. Februar 1936; Wiederabdruck: *Schröter, Urteil*, S. 269 f.): „In Ihrem bedeutsamen und für Sie wohl folgenschweren Brief ...". – Daß die Ausbürgerung Thomas Mann treffen werde, nachdem er „das Tischtuch ... zwischen dem Hitler-Deutschland und sich zerschnitten" hatte, erklärte offen der von dem aus Deutschland emigrierten Wilhelm Herzog am 11. Februar 1936 in der „Basler Arbeiter-Zeitung" unter Pseudonym veröffentlichte Artikel „Thomas Manns Tat"; vgl. die Wiedergabe in: W. *Herzog*, Menschen, denen ich begegnete, Bern–München [1959], S. 278 ff. – Es verdient angemerkt zu werden, daß Thomas Mann schon anderthalb Jahre vorher – in seinem Brief vom 10. August 1934 an R. Schickele (*Briefe* I, S. 371) – geäußert hatte: „Auf den Bruch mit ‚Deutschland' kommt es mir längst nicht mehr an; ich wünsche ihn ...".

[195] L. *Schwarzschild*, Literatur (Das Neue Tage-Buch 4, Heft 7 vom 15. Februar 1936, S. 154 ff.). Eine Ergänzung zu der hier gebotenen Liste von Schriftstellern, die als Gegner des Nationalsozialismus zu betrachten waren und sich im Ausland befanden, lieferte eine Zuschrift von F. *Walluf* (ebd. Heft 9 vom 29. Februar 1936, S. 215).

[196] H. Hesse an Th. Mann, 5. Februar 1936 (*Hesse–Mann*, S. 61 f.): „Die Schwarzschild- und Korrodikampagne war eigentlich kein würdiger Anlaß, indessen begreife ich, daß Sie einmal den Schnitt durchs Tafeltuch haben tun müssen. Nun es getan ist und in so würdiger Form, sollte man Ihnen eigentlich nur gratulieren. Ich kann es dennoch nicht tun. Ohne mir, auch nur in Gedanken, die geringste abfällige Kritik an Ihrem Schritt zu erlauben, bedaure ich im Grunde doch, daß Sie ihn taten. Es war ein Bekenntnis – aber wo Sie stehen, war längst jedermann bekannt. Für die Herren in Prag und Paris, die Sie auf so banditenhafte Art bedrängten, ist es Genugtuung zu sehen, daß der Druck gewirkt hat". In diesen Zusammenhang gehört ferner ein Brief, den H. Hesse am 12. Februar 1936 an Korrodi richtete (*Hesse*, S. 155 ff.).

[197] Th. Mann an H. Hesse, 9. Februar 1936 (*Briefe* I, S. 414; *Hesse–Mann*, S. 63 f.); dazu auch der Brief an R. Schickele vom 19. Februar 1936 (*Briefe* I, S. 415).

170

der Olympiade geschlagen". Doch prophezeite er richtig: „Später wird es wohl mit Zins und Zinseszins heimgezahlt" [198]. Noch heute findet Thomas Manns Verleger – wie der Dichter selbst vier Wochen nach seinem „Impromptu in der N. Z. Z." [199] – es merkwürdig, daß „die Herren Deutschlands" „damals nicht gleich die Konsequenzen gezogen" und ihm „die Ehre der Ausbürgerung" nicht sofort zukommen ließen [200].

Fürs erste blieb es – abgesehen davon, daß der Dichter „viele Zuschriften" voller Dankbarkeit bekam, aber auch „drei lokale Unannehmlichkeiten" erlebte [201] – bei beträchtlichen „Verwicklungen für den Verlag" S. Fischer [202]. Die einzige öffentliche Reaktion in Deutschland auf Thomas Manns Schritt – der Dichter nannte sie mit berechtigtem Staunen „eher glücklich" [203] – stellt der nur wenig gekürzte Nachdruck seines Offenen Briefes an Korrodi dar, den sich merkwürdigerweise eine nationalsozialistische Parteizeitung im Ruhrgebiet leistete [204]. Das Blatt stand wie kein anderes deutsches Presseorgan Goering nahe und diente ihm

[198] R. Schickele an E. Pinner, 13. Februar 1936 (Werke III, S. 1234).

[199] Das Zitat aus dem in Anm. 197 erwähnten Brief an R. Schickele; Ausdruck des Staunens über das Ausbleiben einer amtlichen Reaktion aus Deutschland – „keine Ausbürgerung, kein Verbot" – im Brief an H. Hesse vom 7. März 1936 (Hesse–Mann, S. 66).

[200] Bermann Fischer, S. 141. – Die bei Radkau, S. 117 vorsichtig vertretene Ansicht, Thomas Manns Offener Brief an Korrodi scheine keine unmittelbaren Folgen gehabt zu haben, ist zu weitgehend, wie im Folgenden näher gezeigt wird.

[201] Th. Mann an O. Basler, 6. und 21. Februar 1936 (Altes und Neues, S. 736 f.).

[202] Loerke, S. 327: „Sonntag, 16. Februar 1936 ... Abends in Platens Gedichten. Angeregt durch den Artikel Thomas Manns, der soviel Verwicklungen für den Verlag gebracht hat". Die Anspielung bezieht sich auf die von Thomas Mann am Schluß seiner Erwiderung zitierten Verse. – Die „Verwicklungen" scheinen nach einiger Zeit behoben worden zu sein, denn am 19. April konnte Thomas Mann Hermann Hesse melden, Bermann Fischer habe erklärt, „authentisch erfahren zu haben, daß man gegen meine Bücher nichts vorhat. Er wird sie in Deutschland einführen können" (Hesse–Mann, S. 69). Dies geschah auch tatsächlich. Vermutlich ging das auf die einige Zeit nachher bezeugte Sorge vor Beunruhigung des Auslands zurück, die Goebbels im Frühjahr und Sommer 1936 wegen der Olympischen Spiele hatte; vgl. unten S. 174, Anm. 214.

[203] Th. Mann an H. Hesse, 7. März 1936 (Hesse–Mann, S. 66). – Dort auch die nächsten Zitate in der folgenden Anm. und im Text.

[204] „Thomas Mann entdeckt sein ‚Deutschtum' " (Essener Nationalzeitung Nr. 44 vom 14. Februar 1936). – Weggelassen sind bei diesem Abdruck lediglich folgende Sätze oder Satzteile: „Ich verstehe vollkommen, daß eine solche unhaltbare Übertreibung einen Neutralen wie Sie in Harnisch jagen mußte"; „und ich vermute, daß er – vielleicht mit Recht – den politischen Kampf unter den heutigen Umständen für viel wichtiger, verdienstlicher und entscheidender hält, als all' Poesie" (Briefe I, S. 409); „Das ist es ja, was heute die katholische Kirche, in einer Bedrängnis, die sie auch dem Zögling der protestantischen Kultur wieder ehrwürdig macht, in Deutschland verteidigt, wenn sie erklärt: erst mit der Annahme des Christentums seien die Deutschen in die Reihe der führenden Kulturvölker eingetreten" (ebd., S. 413). Außerdem unterscheidet sich der Abdruck in der Nationalzeitung von der Wiedergabe in der Briefausgabe durch Einfügung des Wortes „wie" hinter „Eine" in dem mit „Eine schwere Kunst aber ... " beginnenden Satz (ebd., S. 410). Thomas Manns Angabe, der Brief an Korrodi sei in Deutschland „ein paarmal in extenso ... abgedruckt worden", hat sich nicht bestätigen lassen.

häufig als Sprachrohr. Ob die in einer reichsdeutschen Zeitung beispiellos dastehende Wiedergabe der schweren Anklagen, die Thomas Mann gegen das Dritte Reich gerichtet hatte, mit Goerings Einverständnis geschah oder aus seiner Umgebung angeregt worden ist, wissen wir nicht. Daß sie bestimmt nicht, wie Thomas Mann meinte, „aus Versehen" erfolgte, darf als sicher angenommen werden. Welche Absicht dahinter stand, bleibt im Dunkel. Angesichts der Doppelbödigkeit des Daseins in dem totalitär beherrschten Deutschland und der infolgedessen entwickelten Formen des Lebens und der Auseinandersetzung, denen auch die Machthaber unterlagen, muß mit den verschiedensten Möglichkeiten gerechnet werden. Mag sein, daß unter dem Deckmantel der Polemik gegen Thomas Mann seine Kritik am Nationalsozialismus und an den Verhältnissen im Dritten Reich Einlaß in Deutschland finden sollte und ein mehr oder minder Gleichgesinnter sie in gespielter Entrüstung so lancierte [205]. Es kann aber auch Druck auf die Stelle bezweckt gewesen sein, die bisher einem scharfen Vorgehen gegen Thomas Mann widerstrebt hatte, nämlich das Propagandaministerium. Goering und Goebbels waren alles andere als Freunde; sie standen sich in einer bis zu klarer Feindschaft gesteigerten Spannung gegenüber. Gleichviel ob Goering wirklich dem Propagandaminister eins hat auswischen lassen und ihn zur Aufgabe der bisher im Falle von Thomas Mann gewahrten Haltung hat nötigen wollen, Goebbels hat die Zeitung rügen lassen. Es geschah allerdings – das ist wiederum merkwürdig – nicht gleich, sondern erheblich später und in einem Zusammenhang, der uns noch zu beschäftigen hat [206]. Im März 1936, jedoch anscheinend unbeeinflußt von Thomas Manns Fehdebrief aus dem Februar, hatte das Reichswissenschaftsministerium „ernste Bedenken", den deutschen Hochschulen zu gestatten, sich an der Dreihundertjahrfeier der Harvard-Universität zu beteiligen, nachdem dort Thomas Mann und Einstein zu Ehrendoktoren ernannt worden waren und die amerikanische Hochschule damit „erneut ihre ablehnende weltanschauliche Stellungnahme zum nationalsozialistischen Deutschland" bezeugt habe [207].

---

[205] Was in dieser Hinsicht gelegentlich möglich war, bezeugt z. B. folgender Vorfall: Das Koblenzer „Nationalblatt" – „Amtliche Tageszeitung der Nationalsozialistischen Arbeiterpartei und aller Behörden im Regierungsbezirk Koblenz" – enthielt in Nr. 232 vom 4. Oktober 1943 die Wiedergabe der als „richtungweisend" bezeichneten Rede, die Goebbels tags zuvor im Berliner Sportpalast zum alljährlich mit riesigem Propagandaaufwand begangenen Erntedankfest gehalten hatte. In dem ausführlich auf die damals von deutschen Rückzügen an verschiedenen Fronten gekennzeichnete Kriegslage eingehenden Abschnitt ist, dank der raffinierten Kombination eines in der Redaktion eingeschobenen Zwischentitels mit dem nachfolgenden, auf den Kriegsgegner bezüglichen Redetext zu lesen: „Der Führer wird die Aufgaben meistern. Soweit er glaubt, Veranlassung zu lautem Triumphgeschrei zu haben, gehört er zu jenen, die nicht wissen, was sie tun."

[206] Siehe unten S. 262 f.

[207] Schnellbrief des Reichsministeriums für Wissenschaft, Erziehung und Volksbildung an die Reichskanzlei vom 23. März 1936 (Bundesarchiv Koblenz R 43 II/1466 b). Die Ehrenpromotion wurde als erneute Ablehnung des nationalsozialistischen Deutschland bezeichnet, weil Harvard 1934 ein Stipendienangebot des Auslandspressechefs der NSDAP Hanfstaengl

Die Geheime Staatspolizei rüstete sich indessen zur definitiven Abrechnung. Am 25. März 1936 forderte Heydrich den Reichsminister des Innern unter Bezugnahme auf die früheren Anträge auf, „nunmehr endgültig" Thomas Mann die deutsche Staatsangehörigkeit, die er „noch immer" besitze, gemäß § 2 des Gesetzes vom 14. Juli 1933 abzuerkennen [208]. Der zehn Schreibmaschinenseiten umfassende Antrag stützt sich nicht mehr – wie früher das bayerische Ersuchen – auf ältere und teilweise sachlich unzutreffende Gravamina, sondern so gut wie ausschließlich auf Thomas Manns Offenen Brief an Korrodi und das Echo dieser Erklärung in der ausländischen Presse. Wenn der „stilistisch formvollendeten Umkleidung" von Thomas Manns Äußerungen anscheinend respektvoll gedacht wird, so nur, um den „nicht gemeiner" zu denkenden Inhalt erst recht verwerflich erscheinen zu lassen. Daß Gesinnung und Urteilsfähigkeit der Gestapo-Angehörigen sich nicht im geringsten von den Überzeugungen und Talenten in der Bayerischen Politischen Polizei unterschieden, wird durch nichts besser als den Satz bestätigt: „Die wahre Gesinnung dieses jüdischen Schriftstellers ist stets der Bolschewismus". Ohne das Reichspropagandaministerium direkt zu nennen, jedoch mit unmißverständlichem Zitat aus dessen letzter Äußerung über Thomas Mann vom 10. Dezember des Vorjahres, polemisierte die Geheime Staatspolizei gegen das Ressort von Goebbels, wenn Heydrich feststellt, Thomas Mann sei nicht das unschuldige Opfer einer Pressehetze und es bestehe kein Anlaß mehr, in den „aus der Feder dieses dekadenten Schriftstellers selbst stammenden Äußerungen eine bewußt entstellende und verzerrende Berichterstattung ausländischer Zeitungen zu sehen" [209]. Das Auswärtige Amt und das Reichsministerium des Innern durften den mit dieser Spitze gegen das Propagandaministerium verbundenen versteckt geäußerten weiteren Tadel des Verhaltens „höchster deutscher Regierungsstellen" auf sich mitbeziehen.

Heydrichs Antrag beschäftigte die Berliner Ministerien mehrere Monate lang. Noch ehe er beim Auswärtigen Amt eingegangen war und dessen Stellungnahme vorliegen konnte, erklärte das Reichsministerium des Innern schon am 3. April, es sei nicht mehr vertretbar, Thomas Mann die deutsche Staatsangehörigkeit zu

---

zurückgewiesen hatte; vgl. dazu E. *Hanfstaengl*, Unheard Witness, Philadelphia–New York [1957], S. 258. Trotz der erwähnten Bedenken wollte das Ministerium zunächst die deutschen Universitäten bei dem Jubiläum durch drei Rektoren vertreten lassen und hatte auch einigen Gelehrten, darunter sogar verschiedenen jüdischen, noch in Deutschland lebenden Professoren, die Genehmigung zur Annahme der Ehrendoktorwürde der Harvard-Universität erteilt. Nachdem diese Hochschule ein neues Stipendienangebot Hanfstaengels abgelehnt hatte, wurde nach der bei der Reichskanzlei eingeholten Stellungnahme am 17. April 1936 durch das Ministerium mitgeteilt, von einer offiziellen Vertretung der deutschen Hochschulen an dem Jubiläum Harvards werde abgesehen. – Für den Hinweis auf die Akten der Reichskanzlei über diese Angelegenheit dankt der Verfasser seinem Schüler Dr. W. *Löhr*.

[208] Vgl. Dok. 147, S. 504 ff.

[209] Spannungen zwischen Gestapo und Propagandaministerium erwähnt auch W. *Bergengruen*, Schreibtischerinnerungen, [München 1961], S. 191 f.; nach *Boelcke*, S. 31 waren „Himmler und Heydrich ... ihm [= Goebbels] schon seit Jahren auf den Fersen".

belassen [210]. Im Mai drängte es erneut auf baldige Entscheidung [211]. Beim Auswärtigen Amt hingegen wandten sich die verschiedenen beteiligten Referate übereinstimmend gegen Thomas Manns Ausbürgerung, teils mit der Begründung, sie sei politisch bedenklich, teils auch, weil ihre Rechtsgrundlage nicht als ausreichend betrachtet werden könne [212]. Ein Beamter im federführenden Deutschlandreferat, der Regierungsobersekretär Klee, griff sogar zu einem Argument, das angesichts der gegen das Propagandaministerium und andere höchste Regierungsstellen zielenden Bemerkungen Heydrichs nur als halsbrecherisch im Vollsinn des Wortes bezeichnet werden kann. Er meinte nämlich, es sei zweifelhaft, ob nicht die inkriminierten Publikationen Thomas Manns in den ausländischen Organen entstellt oder verfälscht wiedergegeben, möglicherweise sogar von ihrem Autor gar nicht beabsichtigt worden seien[213]. Zeitlichen Aufschub bewirkte das Propagandaministerium. Es ließ Anfang Juli wissen, Goebbels bäte dringend, bis zur zweiten Hälfe des Monats August von Weiterem abzusehen[214]. Vor dem Ende der Olympischen Spiele in Berlin sollte die Weltöffentlichkeit durch eine gegen Thomas Mann gerichtete Strafmaßnahme solch einschneidender Art nicht beunruhigt werden. Die Sache wurde für wichtig genug gehalten, um Hitler vorgetragen zu werden. Wie der Verlauf zeigt, hat er die Haltung von Goebbels gebilligt[215]. Die fünfte Liste von insgesamt 29 Personen, denen im Juli 1936 die Staatsangehörigkeit aberkannt wurde, enthielt den Namen des letzten deutschen Nobelpreisträgers für Literatur wiederum nicht[216]. Wessen Thomas Mann sich aber zu versehen hatte, wurde durch einen in verschiedenen deutschen Zeitungen erschienenen Artikel klar, der gegen den „Mann im Mond" wegen seiner Auseinandersetzung mit Korrodi gerichtet war und den Wunsch aussprach, sie möchte „das einzig mögliche Gegenecho finden": Thomas Mann wolle „nicht anders behandelt werden wie sein Bruder Heinrich und sein mißratener Sohn Klaus" – so zutreffend diese Behauptung hinsichtlich seiner Seelenlage war, vom nationalsozialistischen Deutschland aus bedeutete das die unverhüllte Forderung, den Dichter auszubürgern[217]. Sie kam noch dringlicher in der

---

[210] Reichsministerium des Innern an Auswärtiges Amt, 3. April 1936; Dok. 150, S. 511 f.

[211] Reichsministerium des Innern an Auswärtiges Amt, 7. Mai 1936; Dok. 157, S. 518 f.

[212] Vgl. Dok. 145, 164, S. 501ff., 525 ff. Demgegenüber verneinte die vom Auswärtigen Amt zur Stellungnahme aufgeforderte Botschaft in Paris die außenpolitische Bedenklichkeit, soweit Frankreich in Frage kam, mit einer Argumentation, die fatal an Wilhelm Buschs berühmten Vers „Ist der Ruf mal ruiniert, lebt man gänzlich ungeniert" erinnert; vgl. Dok. 154, S. 516 f.

[213] Vgl. Dok. 164, 167, S. 525 ff.; 529 ff.

[214] Aufzeichnung Jünglings vom 9. Juli 1936; Dok. 171, S. 532 f. – *Stahlberger*, S. 240 bezeichnet unter Bezugnahme auf ein Schreiben des Reichsministeriums des Innern (= Dok. 173) irrig v. Neurath als Urheber dieser Verschiebung.

[215] Wie Anm. 214.

[216] Deutscher Reichsanzeiger und Preußischer Staatsanzeiger Nr. 177 vom 24. Juni 1936.

[217] H. *Grothe*, Der Mann im Mond. Eine notwendige Antwort an den Emigranten Thomas Mann. Der Artikel fußt teilweise auf Korrodis Auseinandersetzung mit Thomas Mann. *Jonas*, Nr. 1402 führt einen Abdruck in: Nationalsozialistische Landpost 6, Nr. 68 (1938) an [das Zitat muß – wie auch *Matter*, Nr. 12178 angibt – richtig lauten: Jahrg. 1936, Folge 28 vom 10.

Frage zum Ausdruck, die – gleichfalls anknüpfend an die Replik auf Korrodis Artikel – im September 1936 von einer im deutschen Bürgertum verbreiteten Kulturzeitschrift gestellt wurde: „Wie lange darf Thomas Mann noch Deutscher sein?"[218] Aus derlei Stimmen konnte dann unter dem Anschein, als sei eine freie Meinungsäußerung im Dritten Reich möglich, zu gegebener Zeit abgeleitet werden, „daß das Auftreten Thomas Manns im Auslande auch in der deutschen Öffentlichkeit in zunehmendem Maße als untragbar angesehen wird"[219].

Im Lauf des Frühjahrs und Sommers liefen unbestätigte Nachrichten ein, Thomas Mann bemühe sich um die österreichische oder tschechoslowakische Staatsangehörigkeit. Das Auswärtige Amt griff sie auf, um seinen Bedenken gegen die Ausbürgerung auf neue Art zum Erfolg zu verhelfen, indem dieser Akt nunmehr als überflüssig erklärt wurde[220]. Dieselben Gerüchte veranlaßten jedoch das Innenministerium, nach Abschluß der Olympischen Spiele auf beschleunigte Erledigung des Verfahrens zu drängen[221]. So trat der seit drei Jahren schwelende Fall Thomas Mann nun im Herbst 1936 in sein entscheidendes Stadium. Heydrich hatte inzwischen seine kürzlich eroberte formelle Stellung im Reichsministerium des Innern ausgenutzt und vorsorglich schon am 15. September „festgestellt", das – wie wir wissen – bereits seit 1933 im Hinblick auf die beabsichtigte Ausbürgerung des Dichters beschlagnahmte Vermögen Thomas Manns sei „zur Förderung volks- und staatsfeindlicher Zwecke" bestimmt[222]. Es sollte sich bald herausstellen, welche Bedeutung dieser Schritt gewinnen konnte, um die Absichten der Machthaber auch unter für sie ungünstigen Umständen vollständig verwirklichen zu helfen.

Am 10. Oktober bat das Reichsministerium des Innern durch Schnellbrief das Auswärtige Amt erneut, der Aberkennung der Staatsangehörigkeit Thomas Manns baldmöglichst zuzustimmen[223]. Weitere Erörterungen wurden für nicht mehr erforderlich erklärt. Abermals bevor der Adressat sich hatte äußern können, übersandte das Innenministerium am 19. Oktober den Entwurf zu einem Erlaß, durch den noch im gleichen Monat vierzig namentlich aufgeführten Personen samt ihren

Juli 1936]; der Artikel erschien auch in: Westfälische Landeszeitung Nr. 158 vom 13. Juni 1936. – Zum Datum der Ausbürgerung von Heinrich Mann, Klaus Mann und Erika Mann s. oben S. 109, Anm. 28 und S. 168, Anm. 188.

[218] Westermanns Monatshefte 81. Jahrg., 161. Band, S. 100. – Die Glosse bezog sich auf ein längeres Zitat aus Thomas Manns Antwort an Korrodi, das die Zeitschrift „Die Neue Literatur" – damals ein Hauptinstrument nationalsozialistischer Literaturpolitik – wiedergegeben hatte; vgl. unten S. 538, Dok. 178.

[219] Der Reichs- und Preußische Minister des Innern an das Auswärtige Amt, 2. Oktober 1936; unten S. 538, Dok. 178.

[220] Hierzu vgl. Dok. 168, S. 531, das Votum des Referats Pol II in Dok. 164, S.527 f. und den kassierten Entwurf des Auswärtigen Amts Dok. 167, S. 529 ff.

[221] Reichsministerium des Innern an Auswärtiges Amt, 8. September 1936; Dok. 173, S. 534 f.

[222] Entscheidung vom 15. September (Dok. 174, S. 535 f.). Über die Voraussetzungen dafür, daß Heydrich unter der Firma des Reichsinnenministeriums handeln konnte, vgl. ebd. Anm. 1.

[223] Reichsministerium des Innern an Auswärtiges Amt, 10. Oktober 1936; Dok. 182, S. 540.

Familienangehörigen die deutsche Staatsangehörigkeit entzogen werden sollte [224]. Das Begleitschreiben bemerkte vielsagend, Thomas Mann und seine Ehefrau seien in die Liste „bereits aufgenommen" und eine nochmalige vorherige Anhörung der Auslandsvertretungen wegen dieses Falles dürfte sich erübrigen. Das Reichspropagandaministerium hatte dem beabsichtigten Schritt gegen den Dichter schon am 6. Oktober zugestimmt [225].

Gleichwohl versuchte das Auswärtige Amt, das Thomas Mann zugedachte Schicksal abzuwenden [226]. In der letzten Septemberwoche war im Deutschlandreferat der Gedanke aufgetaucht, Thomas Mann durch das Generalkonsulat in Zürich vorladen zu lassen – sei es, um ihn zu einer Loyalitätserklärung aufzufordern, wie es schon einmal 1934 erwogen worden war, oder aber, um verläßliche Auskunft über die ihm zugeschriebenen Bemühungen um die tschechoslowakische oder österreichische Staatsangehörigkeit einzuholen. Die zweite Möglichkeit hat unter den gegebenen Umständen mehr Wahrscheinlichkeit für sich, doch ist der Gedanke nicht weiter verfolgt worden. Das Auswärtige Amt hoffte aber offenbar immer noch zuverlässig zu erfahren, ob Thomas Mann tatsächlich eine andere Staatsangehörigkeit angenommen hatte, und bemühte sich mit Eilbrief und Telegramm darum. Nach Eingang der vom Innenministerium übersandten Liste beabsichtigter Ausbürgerungen hat sich in der Wilhelmstraße tagelang ein dramatisches Ringen abgespielt. Zunächst sollte die Inanspruchnahme des Reichsaußenministers Frhr. v. Neurath durch einen Besuch Cianos dazu herhalten, um Zeit zu gewinnen. Neurath vermerkte dann aber am 26. Oktober, er „habe jetzt gegen die Ausbürgerung nichts mehr einzuwenden". Damit war die Entscheidung auch für sein Ressort gefallen. Sie stieß innerhalb des Amtes jedoch auf Bedenken. Dies führte zu dem ungewöhnlichen Vorgang, daß dem Minister in einer von ihm entschiedenen Sache am gleichen Tag erneut Vortrag gehalten wurde und er daraufhin seinen Entschluß revidierte. Neurath ordnete nunmehr an, dem Innenministerium solle wegen der ungünstigen Rückwirkung auf die öffentliche Meinung verschiedener Länder und damit auf die außenpolitischen Beziehungen des Reiches nahegelegt werden, in der Angelegenheit eine „endgültige Weisung" des Führers und Reichskanzlers einzuholen. Mit den verzweifelten Methoden des Regierungsobersekretärs Klee konnte über die sachliche Seite des Falles Thomas Mann gegen Heydrich und die Seinen nicht wohl mehr gestritten werden. Auch milderte man schließlich im siebten und letzten Entwurf des schicksalsträchtigen Antwortschreibens die zunächst formulierte *Bitte* noch weiter ab. Taktisch möglich erschien jetzt nur eine *Anregung*, die Wahl des Zeitpunktes für die nun auch vom Auswärtigen Amt für wünschenswert erklärte „klare Erledigung dieser Angelegenheit in dem gedachten Sinn",

---

[224] Reichsministerium des Innern an Auswärtiges Amt, 19. Oktober 1936; Dok. 186, S. 543 f.

[225] Diese Tatsache wird von dem in der vorigen Anmerkung zitierten Schreiben erwähnt. Das Auswärtige Amt war von der dahinzielenden Absicht des Reichspropagandaministeriums und der Vorlage eines entsprechenden Entwurfs bei Goebbels schon am 22. September 1936 unterrichtet worden; Vermerk des ROI Klee, Dok. 175, S. 536.

[226] Zum Folgenden vgl. Dok. 175, 185, 188, 189, 190, S. 536 f., 541 f., 545 ff.

d. h. gemäß dem Ersuchen Heydrichs und des Innenministeriums, solle sorgfältig überlegt und dazu Hitlers Entscheidung nachgesucht werden, der – wie erwähnt – schon einmal im Sommer bemüht worden war. Gegen die Ausbürgerung aller übrigen Personen, die gleichzeitig mit Thomas Mann die deutsche Staatsangehörigkeit verlieren sollten, erhob das Auswärtige Amt keine Bedenken. Diese durch v. Neurath gebilligte Stellungnahme ging als Schreiben des Referatleiters Deutschland, v. Bülow-Schwante, der mit dem Fall Thomas Mann in allen seinen Phasen seit Januar 1934 befaßt gewesen war, am 28. Oktober 1936 ab [227].

Die Taktik des Auswärtigen Amtes führte dazu, daß der vom Innenministerium vorgesehene kurzfristige Abschluß des Verfahrens sich noch einmal um mehrere Wochen verschob. Am 28. November teilte der Staatssekretär und Chef der Reichskanzlei dem Reichsministerium des Innern mit, der Führer und Reichskanzler habe „gegen die alsbaldige Ausbürgerung des Thomas Mann keine Bedenken" [228]. Ein derartiger Ausgang der Sache kann nicht überraschen; er erweist nachträglich, wie unrealistisch der dreizehn Monate zuvor von Abegg geäußerte Gedanke war, „an der höchsten Stelle des Reiches" eine Entscheidung zugunsten des Ehepaares Mann zu erwirken. Aus späteren Jahren ist verläßlich bezeugt, daß Hitler in seinen alles und jedes behandelnden Tischgesprächen den Bereich der Literatur nie berührte, mit der einzigen Ausnahme von Nietzsche, um sich auf ihn zu berufen, und – Thomas Mann, den er dann „mit den gröbsten Schimpfworten belegte" [229]. Wenn sich Hitlers Haß gerade auf ihn in so auffallender Weise fixiert hat – obwohl es an deutschen Autoren, die bei ihm derartige Gefühle wecken konnten, ja wirklich nicht fehlte – dürften neben den damals vom britischen Rundfunk ausgestrahlten Kriegsansprachen Thomas Manns [230] vermutlich auch noch

---

[227] Auswärtiges Amt an Reichsministerium des Innern, 28. Oktober 1936; Dok. 190, S. 549. – Es bleibt festzuhalten, daß der Gedanke, Hitler um Entscheidung zu bitten, sich erstmals in einem von ROI Klee gefertigten, jedoch kassierten Entwurf vom 14. Oktober 1936 [= Dok. 185] findet. Er taucht wieder auf in dem ebenfalls kassierten Entwurf, den Legationsrat Schumburg am 26. Oktober 1936 gefertigt hat [= Dok. 188].

[228] Diese Entscheidung und das Schreiben, mit dem sie dem Reichsministerium des Innern übermittelt wurde, ist in dessen Schreiben an das Auswärtige Amt vom 2. Dezember 1936 erwähnt, mit dem die Ausbürgerungsbekanntmachung samt Begründungen übersandt wurde (PA, Akten betr. Ausbürgerungen, 7. Liste, A–J). S. unten Dok. 195, S. 552. Der betreffende Schriftwechsel zwischen dem Reichsministerium des Innern und dem Staatssekretär der Reichskanzlei hat sich in deren Bestand beim Bundesarchiv in Koblenz nicht ermitteln lassen. Das Bundesarchiv hält es nicht für ausgeschlossen, daß die Angelegenheit in den bei ihm nicht vorhandenen Akten des Persönlichen Büros von Lammers behandelt worden ist.

[229] H. *Greiner*, Die oberste Wehrmachtführung 1939–1943, Wiesbaden 1951, S. 25; H. *Pikker*, Hitlers Tischgespräche im Führerhauptquartier 1941–1942, neu hrsg. v. P. E. *Schramm*, Stuttgart [1963], S. 27.

[230] Im Vorwort zur ersten Ausgabe der Radiosendungen „Deutsche Hörer", das vom 15. September 1942 datiert ist, bemerkt Thomas Mann, „daß mein Führer selbst in einer Bierkellerrede zu München unmißverständlich auf meine Allokutionen angespielt und mich als einen derer namhaft gemacht hat, die das deutsche Volk zur Revolution gegen ihn und sein System aufzuwiegeln versuchten" (XI, S. 985; MK 118, S. 186). Es handelt sich um Hitlers Ansprache vom 24. Februar 1941 im Hofbräuhaus-Festsaal. In ihr ist von „Narren" die Rede,

Reminiszenzen aus der Münchner „Kampfzeit" zwischen 1922 und 1933 mitgewirkt haben. Hatte im Sommer 1936 Rücksicht auf den Propagandawert der Olympischen Spiele den „Führer" dazu bewogen, die alte Rechnung noch einige Zeit unbeglichen zu lassen, so kennzeichnet es Hitlers Wesen, daß er nach dem Ende der Spiele politisch begründete Bedenken nicht weiter gelten ließ. Bekanntlich steht der Fall Thomas Mann in dieser Hinsicht nicht vereinzelt da. Nachdem das Fest, zu dem die Jugend der Welt aufgeboten war, seinen propagandistischen Zweck für die nationalsozialistische Staatsführung erfüllt hatte, glaubten die Machthaber, keine Rücksicht auf die Weltmeinung mehr nehmen zu müssen und zogen die Zügel in zahlreichen Lebensbereichen, gerade auch der kulturellen Sphäre, schärfer an. Goering soll 1945 als Gefangener in Bad Mondorf nach einem Besuch der amerikanischen Kriegskorrespondentin Erika Mann sein Bedauern darüber geäußert haben, daß er nicht ein vernünftiges Wort mit ihr habe reden können: „Ich hätte ihr alles erklärt! ... Der Fall Mann ist falsch behandelt worden. Ich hätte es anders gemacht!" [231] Möglich, daß er dabei nicht allein an Hitler dachte, sondern daß auch Erinnerungen des gestürzten Reichsmarschalls daran mitschwangen, er sei einmal Chef der Preußischen Geheimen Staatspolizei gewesen und aus dieser Machtstellung von Himmler und Heydrich verdrängt worden, die von der ihm entrissenen Position aus den Kampf gegen den Dichter geführt hatten, bis endlich das seit 1933 beharrlich verfolgte Ziel erreicht war.

Der heute überschaubare Hergang der ungewöhnlich langen Auseinandersetzung, die hinter den Kulissen des Dritten Reiches um die „nationale Exkommunikation" von Thomas Mann geführt worden ist, zeigt, daß diese keine Spontanreaktion der nationalsozialistischen Machthaber darstellte. Sie ist jedoch andererseits auch nicht – wie ebenfalls angenommen worden ist – durch Ereignisse veranlaßt worden, die ihr zeitlich nahe vorangingen, sondern formal die – allein aus Gründen politischer Zweckmäßigkeit hinausgeschobene – Antwort auf den Offenen Brief des Dichters an Korrodi vom 3. Februar 1936. Weder Thomas Manns Aufruf „Achtung, Europa!", der im November 1936 von Zeitungen in Österreich und Belgien veröffentlicht worden war [232], noch der Erfolg seiner mit beißender Ironie

---

die „sich einbilden, daß sich etwa das Jahr 1918 wiederholen könnte". „Sie sagen: ‚In sechs Wochen ist die Revolution in Deutschland!' Sie wissen nicht, wer eigentlich die Revolution machen will. Die Revolutionäre sind nicht bei uns, die ‚Revolutionäre' Thomas Mann und ähnliche Leute sind in England. Manche sind schon wieder von England nach Amerika abgereist"; M. *Domarus*, Hitler. Reden und Proklamationen Bd. 2, 2, München [1965], S. 1669. Kurz nach dieser Hitlerrede und vermutlich durch die darin geschehene namentliche Apostrophierung Thomas Manns ermuntert, hatte Goebbels am 20. März 1941 „einigen Zeitungen, die sich in erster Linie an intellektuelle Leserkreise wenden, ... anheimgestellt, die Rede von Thomas Mann, die dieser über den englischen Rundfunk hielt, polemisch aufzugreifen"; *Boelcke*, S. 642.

[231] Th. *Mann*, Die Entstehung des Doktor Faustus (XI, S. 239; MK 115, S. 158).

[232] *Bürgin* V, Nr. 435. – H. *Mann*, Begrüßung des Ausgebürgerten (Die Neue Weltbühne 32, Heft 50 vom 10. Dezember 1936, S. 1565; Wiederabdruck: *Schröter, Urteil*, S. 281) glaubte, dieser Aufruf habe „vielleicht den letzten Anstoß" gegeben, um seinem Bruder die deutsche Staatsangehörigkeit abzuerkennen. – Thomas Manns Dank für die „schöne Äußerung", die

gewürzten Empfehlung des im Konzentrationslager eingesperrten Carl v. Ossietzky für den Friedensnobelpreis [233] waren die Ursache für die Ausbürgerung des „Buddenbrooks"- und „Zauberberg"-Dichters. Ebensowenig hat sich die Ansicht bestätigt, es habe sich dabei um eine Vergeltungsmaßnahme gehandelt, die durch die von der ganzen übrigen Welt Thomas Mann zum 60. Geburtstage dargebrachten Huldigungen veranlaßt worden sei, welche das nationalsozialistische Regime als Herausforderung empfunden habe [234]. Mag sein, daß Hitler von dem Appell zugunsten Ossietzkys erfahren hat – es bedurfte dieses Aktes aber durchaus nicht mehr, um dem seit einem halben Menschenalter bei den Nationalsozialisten angesammelten Haß gegen Thomas Mann nun in dem längst beantragten Bannfluch staatsrechtlichen Ausdruck zu geben, nachdem der Dichter sein entscheidendes Bekenntnis gegen das Dritte Reich im Februar 1936 vor aller Welt abgelegt hatte. Kein Jahr verging, da sollte dieser Haß seine vielleicht bezeichnendste Blüte treiben. Die Geheime Staatspolizeileitstelle Nürnberg-Fürth beantragte am 11. November 1937, Ida Herz, die „obwohl sie keiner politischen Partei angehörte, als fanatische Gegnerin des nationalsozialistischen Staates zu betrachten" sei, die deutsche Staatsangehörigkeit abzuerkennen. Zur Begründung im einzelnen hieß es: „Nicht nur, daß sie auch nach der nationalen Erhebung aus ihrer schwärmerischen Verehrung für den inzwischen ausgebürgerten Schriftsteller Thomas Mann keinen Hehl machte und mit ihm in persönlichem Gedankenaustausch stand, sie hat auch

---

er als „eines von diesen kleinen moralischen Gedichten" bezeichnet, die „mit Politik nur mittelbar zu tun haben", in seinem Brief an H. Mann vom 12. Dezember 1936 (*Briefwechsel*, S. 168), wo ein beim Druck *Briefe* I, S. 431 weggelassener Satz wiedergegeben ist, mit dem sich der Schreiber von der „Umgebung, in der sie jetzt erscheinen", also dem sonstigen Inhalt der Zeitschrift, distanziert; vgl. auch *Schröter, Urteil*, S. 510. Im Kommentar zu der neuen Edition des *Briefwechsels*, S. 328, ist das Druckversehen bei der Angabe des Datums der Ausbürgerung Thomas Manns – 12. statt 2. Dezember – zu verbessern.

[233] Die Meldung, die der Berliner Korrespondent des „Temps" am 4. Dezember über die neuen Ausbürgerungen seinem Blatt fernmündlich übermittelte, enthält in Frageform die Vermutung, die Maßnahme gegen Thomas Mann stelle die angekündigte Antwort der nationalsozialistischen Regierung auf den Beschluß über die Verleihung des Friedensnobelpreises dar; Le Temps Nr. 27 484 vom 5. Dezember 1936. Thomas Manns Empfehlung von Ossietzky für den Friedensnobelpreis „An das Nobel-Friedenspreis-Comité" war am 13. Oktober 1935 ausgesprochen, jedoch anfänglich geheimgehalten worden und erstmals in schwedischer Übersetzung am 11. Juli 1936 in der Göteborgs Handels- och Sjöfarts-Tidning erschienen; jetzt XII, S. 779 ff; MK 117, S. 331 ff. Vgl. zur Vorgeschichte und Wirkung H. *Walter*, Aus der Chronik des Nobelpreises für Carl von Ossietzky (Aus Politik und Zeitgeschichte. Beilage zur Wochenzeitung Das Parlament 40/69 vom 4. Oktober 1969). Der Friedenspreis war Ossietzky am 24. November 1936 zuerkannt worden; die Antwort der nationalsozialistischen Regierung bestand in dem am 30. Januar 1937 erlassenen Verbot für deutsche Staatsangehörige, in Zukunft Nobelpreise anzunehmen, und der gleichzeitigen Stiftung eines deutschen Nationalpreises.

[234] Das hat L. *Gillet*, L'Excommunié (L'Echo de Paris Nr. 20983 vom 3. März 1937; bei *Matter* nicht verzeichnet) vermutet. – Zu einer weiteren, mit den Tatsachen nicht in Einklang stehenden Behauptung über den Grund für Thomas Manns Ausbürgerung s. unten S. 238, Anm. 400.

wiederholt die Reichsregierung und den Gauleiter Julius Streicher in der heftigsten Weise angegriffen"[235].

Nach Hitlers Entscheidung ging das Verfahren sehr rasch dem Abschluß entgegen. Bereits am 2. Dezember 1936 zeichnete der Staatssekretär Pfundtner im Reichsministerium des Innern das Dekret, mit dem 39 Personen und deren Familienangehörigen, darunter auch Thomas Mann, seiner Ehefrau und ihren noch nicht ausgebürgerten Kindern die deutsche Staatsangehörigkeit aberkannt wurde. Tags darauf wurde die Verordnung im amtlichen „Deutschen Reichsanzeiger" veröffentlicht[236].

Mit diesem Ausbürgerungserlaß – dem siebten nach Inkrafttreten des Gesetzes vom 14. Juli 1933 – war eine neue Stufe verschärfter Anwendung der für die Hand der nationalsozialistischen Machthaber geschmiedeten Waffe gegen die deutsche Emigration erreicht. Zum ersten Mal wurde hier der Verlust der Staatsangehörigkeit bei sämtlichen unmittelbar Betroffenen uneingeschränkt auf die Ehefrauen und Kinder ausgedehnt – selbst wenn diese volljährig waren. Eine derartige „Erstreckung" war schon bei der ersten Ausbürgerungsaktion vom 23. August 1933 vorbehalten geblieben. Man hatte sie aber dann lange überhaupt nicht und schließlich nur zögernd verhängt, zuerst gegenüber den Ehefrauen von je zwei der insgesamt fünfundsiebzig Opfer des zweiten und vierten Ausbürgerungserlasses vom 24. März 1934 und 8. Juni 1935. Damals war dies noch ausdrücklich mit dem „maßgebenden Anteil" der Betreffenden „an den deutschfeindlichen Bestrebungen ihres Mannes", d. h. mit nachgewiesener persönlicher Aktivität der Frauen, motiviert worden[237]. Am 21. November 1935 hatte jedoch das Reichsministerium des Innern als Verfahrensgrundsatz festgelegt, die Erstreckung werde gegen Ehefrauen und volljährige Kinder auszusprechen sein, wenn aus deren Verhalten ersichtlich sei, „daß sie die deutschfeindliche Tätigkeit des Ausgebürgerten billigen". „Dies ist in der Regel dann anzunehmen, wenn sie den Wohnsitz des Ausgebürgerten im Ausland teilen"[238]. Um die gleiche Zeit, als dieser schärfere Kurs begann, muß der in den Akten erstmals im Frühjahr 1936 auftauchende Begriff „erweiterter Anwendung des § 2 des Gesetzes vom 14. Juli 1933" konzipiert wor-

---

[235] PA, Inland II A/B 83–76, Liste 27, A–Z. – Zu Ida Herz, der jedem Thomas-Mann-Forscher und -Kenner bekannten Freundin des Dichters, vgl. die Anmerkung zu seinem Brief vom 26. August 1932 (*Briefe* I, S. 517), zahlreiche Briefe des Dichters und die bei *Bürgin–Mayer*, S. 273 nachgewiesenen Erwähnungen.

[236] Deutscher Reichsanzeiger und Preußischer Staatsanzeiger Nr. 242 vom 3. Dezember 1936 abends; Dok. 196, S. 552 ff. – Ursprünglich war die Ausbürgerung von 40 Personen samt Angehörigen vorgesehen; der im Entwurf zu dem Erlaß aus dem Oktober 1936 noch mitaufgeführte Friedrich Krumbach, geb. 6. April 1906 in Schwedt/Oder, wurde danach gestrichen, ohne daß der Grund hierfür ersichtlich ist.

[237] Vgl. hierzu die Vorgänge betr. Hölz, Schwalbach, Pfemfert und Schneider (PA, Ausbürgerungen, 1., 2. und 4. Liste).

[238] Auszug aus dem Schreiben des Reichsministeriums des Innern – I A 7338/5013 c – vom 21. November 1935 (PA, Handakten des Amtsrats Karl Heinrich betr. Anwendung des Reichsbürgergesetztes vom 14. Juli 1933).

den sein [239]. Er machte es möglich, die aller Rechtsstaatlichkeit Hohn sprechende Kabinettsjustiz, die bei den Ausbürgerungen praktiziert wurde, auf jedermann auszudehnen, der sich als Deutscher mit Wohnsitz im Ausland dem Regime daheim gegenüber mißliebig gemacht hatte. Der ursprünglich von den beteiligten Ressorts einmütig vertretene Grundsatz, nur „bedeutende Fälle" „bekannter Deutscher", von „Trägern klangvoller Namen" für den Entzug der Staatsangehörigkeit ins Auge fassen zu wollen [240], war damit aufgegeben. So kommt es, daß neben Thomas Mann und einigen mit ihm ausgebürgerten Persönlichkeiten, die ohne Zweifel unter jene anfangs definierte Kategorie von namhaften antinationalsozialistischen Repräsentanten des politischen und geistigen Lebens fallen und ohne „erweiterte Anwendung des § 2" von der Schärfe des Gesetzes hätten getroffen werden können, in der siebten Ausbürgerungsliste auch Namen von Menschen erscheinen, die in der Öffentlichkeit überhaupt nicht oder nur in sehr begrenzter Weise hervorgetreten waren. Unter dem wachsenden Einfluß der von Himmler und Heydrich beherrschten, zur eigentlichen Machtzentrale des Staates werdenden Polizei- und SS-Stellen [241], deren Hand bereits hinter den geschilderten Vorgängen zu spüren ist, setzte sich die damit eingeschlagene Richtung bald vollkommen durch. Wir werden noch auf Zeugnisse dafür stoßen, bei denen zugleich ein gewisser Zusammenhang mit dem Fall Thomas Mann anzunehmen ist.

Die dem Ausbürgerungserlaß vom 2. Dezember 1936 beigefügte, für die Öffentlichkeit bestimmte offizielle Begründung lautet bei Thomas Mann: „Nach dem Umschwung kehrte er nicht wieder nach Deutschland zurück und begründete mit seiner Ehefrau Katharina geb. Pringsheim, die einer jüdischen Familie entstammt, einen Wohnsitz in der Schweiz. Wiederholt beteiligte er sich an Kundgebungen internationaler, meist unter jüdischem Einfluß stehender Verbände, deren feindselige Einstellung gegenüber Deutschland allgemein bekannt ist. Seine Kundgebungen hat er in letzter Zeit offen mit staatsfeindlichen Angriffen gegen das

---

[239] Er begegnet in den herangezogenen Ausbürgerungsakten zuerst in dem Antrag des Geheimen Staatspolizeiamtes vom 9. Mai 1936, dem Schriftsteller Karl Otten die deutsche Staatsbürgerschaft abzuerkennen, den sich das Reichsministerium des Innern unverzüglich mit der Bemerkung zu eigen machte, „weitere zeitraubende Ermittlungen dürften nicht erforderlich sein" (PA, Ausbürgerungen, 7. Liste, Vorgänge betr. Otten) – In einem Bericht des Deutschen Generalkonsulats Leningrad vom 18. November 1936 heißt es, daß die Reichsregierung „neuerdings den Kreis derjenigen Reichsdeutschen weiter gefaßt zu sehen wünscht, die wegen groben Verstoßes gegen ihre Treuepflicht gegen Volk und Staat aus der deutschen Volksgemeinschaft auszuschließen sind" (PA, Ausbürgerungen, 11. Liste, L–R; Vorgänge betr. Leiser-Eisner-Grether).

[240] Die Zitate entstammen dem Vermerk von Bülow-Schwante über sein Telefongespräch mit Lösener vom 5. Februar 1934 und der Aufzeichnung über die Ressortbesprechung vom 8. Februar 1934, die bereits oben S. 141, Anm. 117 herangezogen wurden. – Noch am 21. September 1935 hatte das Auswärtige Amt die ursprüngliche Auffassung vertreten, um Bedenken gegen eine geplante Ausbürgerung zu begründen; vgl. das an diesem Tag durch Bülow-Schwante an das Reichsministerium des Innern gerichtete Schreiben in den Vorgängen Gustav Bruder (PA, Ausbürgerungen, 6. Liste, A–J).

[241] Für die entscheidenden organisatorischen Schritte, die diesen Prozeß im Sommer 1936 vorangetrieben hatten, vgl. *Buchheim*, S. 55; *Höhne*, S. 181 f.

Reich verbunden. Anläßlich einer Diskussion in einer bekannten Zürcher Zeitung über die Bewertung der Emigrantenliteratur stellte er sich eindeutig auf die Seite des staatsfeindlichen Emigrantentums und richtete öffentlich gegen das Reich die schwersten Beleidigungen, die auch in der Auslandspresse auf starken Widerspruch stießen". Es folgt noch ein Hinweis auf die schon früher verfügte Ausbürgerung von Thomas Manns Bruder Heinrich sowie seiner Kinder Klaus und Erika. Harold Nicolsons Wort von der „amazing family", das einst auf die literarische Produktivität der nächsten Angehörigen des Dichters gemünzt worden war [242], gewann einen unvorhergesehenen neuen Sinn. Das deutsche Emigrantenorgan „Pariser Tageszeitung", wo das Verzeichnis der Ausgebürgerten als „Ehrenliste des deutschen Freiheitskampfes" erschien, kommentierte die Begründung, die das Reichsministerium des Innern für den Entzug der deutschen Staatsbürgerschaft Thomas Manns geliefert hatte, entgeistert: „Krasser kann der Wahnsinn dieser Ausbürgerungen nicht angeprangert werden. Kein Wort weiß Minister Frick über den Weltruf des Nobelpreisträgers, was er vorbringt, zeugt von tiefstem Niveau" [243]. Das übrige Echo in der öffentlichen Meinung außerhalb der Reichsgrenzen entspricht der von Heinrich Mann geprägten Formel: „Nicht Hitler bürgert Thomas Mann aus, sondern Europa Herrn Hitler" [244] und einem Kommentar der Basler „Nationalzeitung", der feststellte, dem Ausbürgerungsakt gegen Thomas Mann sei ein Platz in der Literaturgeschichte sicher – „in der Abteilung für Dokumente monumentaler Dummheiten" [245]. René Schickele drückte ungefähr die gleiche Überzeugung brieflich Thomas Mann gegenüber aus: seine Ausbürgerung würde man, „bei diesem Kapitel der deutschen Geschichte angelangt..., als schlechten Witz vermerken" [246].

Deutschland und die Welt erhielten am 4. und 5. Dezember durch die Tageszeitungen Kenntnis davon, daß Thomas Mann die deutsche Staatsangehörigkeit aberkannt worden war. In der total gleichgeschalteten deutschen Presse verriet die verschiedene Aufmachung der Nachricht etwas darüber, daß der Unterschied zwischen den nationalsozialistischen Parteiblättern und den Zeitungen mit bürgerlicher Tradition nicht vollkommen beseitigt war. Diese beschränkten sich meist auf den nüchtern überschriebenen Abdruck des Ausbürgerungserlasses oder eine

---

[242] Thomas Mann zitiert dieses Wort verschiedentlich, so gegenüber A. E. Meyer am 14. Dezember 1945 (*Briefe* II, S. 464), zuletzt noch in seinem Brief vom 1. Mai 1955 an den italienischen Germanisten Prof. Devescovi (*Briefe* III, S. 397).

[243] Pariser Tageszeitung Nr. 180 vom 8. Dezember 1936; ebd. Nr. 177 vom 5. Dezember 1936 Abdruck der „Ehrenliste". – Die sozialdemokratische schweizerische Zeitung „Volkswacht" kommentierte in ihrer Nr. 280 vom 7. Dezember 1936 die Ausbürgerung des Dichters unter der Überschrift „Thomas Mann von Deutschland ausgezeichnet" (bei *Matter* nicht verzeichnet).

[244] H. *Mann*, Begrüßung des Ausgebürgerten, S. 1566 (Wiederabdruck: *Schröter, Urteil*, S. 282).

[245] Zitiert nach einer unter der Rubrik „Die Woche" in der Zeitschrift Das Neue Tage-Buch 4, Heft 51 vom 19. Dezember 1936, S. 1206 veröffentlichten Glosse.

[246] R. Schickele an Th. Mann, 19. Dezember 1936 (Werke III, S. 1241 f.).

zusammenfassende sachliche Meldung über seinen Inhalt [247]. Der „Völkische Beobachter" hingegen veröffentlichte die Begründung für alle Betroffenen unter der Überschrift: „Volksverräter und Reichsfeinde. Das sind die Hetzer, die Deutschland ausstößt" [248]. Der in Köln erscheinende, gleichfalls parteiamtliche „Westdeutsche Beobachter" tat ein übriges. Er brachte am 5. Dezember 1936 aus der Feder seines Feuilleton-Schriftleiters Heinz Steguweit (1897–1964) einen Leitartikel, der sich nur mit der Ausbürgerung Thomas Manns befaßte und in Beschimpfungen des Dichters sowie Ausfällen gegen das „snobistische, in literarischer Abendtoilette sich bewegende Bürgertum, das ihm Professuren, Titel, Medaillen" verliehen habe, überschlug [249]. Groteskerweise las man hier auch: „In dem Augenblick, da Thomas Mann mit seinen ‚Unpolitischen Betrachtungen' anfing, politisch zu

---

[247] Die „Frankfurter Zeitung" Nr. 620/21 vom 4. Dezember 1936 meldete auf der zweiten Seite „Weitere Ausbürgerungen" durch Wiedergabe der amtlichen Namenliste; unter der Überschrift „Die neuen Ausbürgerungen" druckte sie in Nr. 622/23 vom 5. Dezember die amtlichen Begründungen ab. Eine genaue Durchsicht der folgenden Nummern des Blattes, die bis zum 31. Dezember 1936 erschienen sind, ergab, daß mit keinem Wort – auch nicht in Form versteckter Anspielungen oder verschlüsselter „Sklavensprache" etwa im Feuilleton – auf Thomas Manns Ausbürgerung Bezug genommen worden ist. Die Durchsicht wurde vorgenommen, weil ein damals in Frankfurt am Main tätiger Ordinarius der Bonner Philosophischen Fakultät sich bestimmt zu erinnern glaubte, daß die Aberkennung von Thomas Manns Dr. phil. h. c. von der „Frankfurter Zeitung" gemeldet worden sei; auch in dieser Hinsicht verlief die Nachsuche negativ. – Die Kölnische Zeitung Nr. 617 vom 4. Dezember 1936 meldete die Ausbürgerungen in der amtlich verlautbarten Form unter der Überschrift „Mit Familie ausgebürgert. Wegen Schädigung deutscher Interessen". – Die Münchner Neuesten Nachrichten Nr. 334 vom 4. Dezember 1936 gaben der amtlichen Meldung des „Deutschen Nachrichten-Büros" die Überschrift „Aberkennung der Deutschen Staatsangehörigkeit. Weitere 39 Volksschädlinge ausgebürgert". Die in Bonn erscheinende Mittelrheinische Landeszeitung überschrieb die gleiche Meldung in Nr. 282 vom 4. Dezember 1936 mit einer aus deren Text entwickelten Wendung: „Sie verloren die deutsche Staatsangehörigkeit, weil sie durch treuloses Verhalten die deutschen Belange geschädigt haben". Im Börsenblatt für den deutschen Buchhandel Nr. 285 vom 8. Dezember 1936, dem Fachorgan von Verlag und Sortiment, ist die Ausbürgerung der durch das Dekret vom 2. Dezember betroffenen Autoren – Goldschmidt, Heiden, v. Hildebrand, Th. Mann, Olden und Otten – unter der Überschrift „Schädlinge des Volkes" mit teilweise zusammengefaßter Übernahme der amtlichen Begründungen angezeigt. Dabei wurde zugleich in Erinnerung gerufen, welchen Schriftstellern – insgesamt siebenunddreißig – bereits früher die deutsche Staatsangehörigkeit aberkannt worden war. – Die Artikel, mit denen E. Bloch und H. Mann bereits in der am 10. Dezember erschienenen Nummer der in Prag veröffentlichten Zeitschrift Die Neue Weltbühne zu den Ausbürgerungen Stellung nahmen, sind oben S. 167, Anm. 187 und S. 178, Anm. 232 zitiert.
[248] Völkischer Beobachter Nr. 340 vom 5. Dezember 1936.
[249] „Ausgebürgert" (Westdeutscher Beobachter Nr. 336/37 vom 5. Dezember 1936); bei *Matter* nicht verzeichnet); der volle Wortlaut Dok. 198, S. 556 ff. Der Artikel ist am Anfang mit den Initialen des Verfassers H. St. gezeichnet. – Eine Meldung über die Ausbürgerungen war unter der Überschrift „Staatsangehörigkeit aberkannt" in Nr. 335 vom 4. Dezember 1936 vorangegangen. Einen Kommentar „Die geächteten Staatsfeinde", der eine Musterkarte gröbster Diffamierung darstellt, brachte die Zeitung in derselben Nummer, die auch den Leitartikel Steguweits enthält. Dabei wird nach dem amtlichen Kommuniqué unter den Lebensläufen „dieser traurigen Gestalten" auch die zur Ausbürgerung Thomas Manns gelieferte offizielle Begründung abgedruckt.

werden, horchten wir auf und wurden uns klar, daß hier etwas nicht stimmen könne"[250]. Später sei dann Thomas Mann, „der mittlerweile eine Jüdin geheiratet hatte, vollends zum Stammgast literarischer Verbrecherkeller geworden".

Außer Steguweits Artikel ist nur noch ein weiterer Kommentar zu Thomas Manns Ausbürgerung in der nationalsozialistischen Presse nachzuweisen gewesen: eine für den Reichsarbeitsdienst bestimmte Zeitung veröffentlichte eine Glosse unter dem Titel „Im Schoße Israels"[251]. Dort heißt es u. a. „An dem Beispiel der dekadenten halbjüdischen Literatenfamilie Mann wird uns der Abstand klar, den unser Volk heute von dieser Art Aesthetentum genommen hat ... Thomas Mann hat sich ... heute auf seinen ureigentlichen geistigen Nährboden, das Judentum, zurückgezogen".

Die versteinernde Wirkung, die der Machtspruch gegen Thomas Mann auf die an der Realität des Dritten Reiches in Deutschland Leidenden ausübte, verrät sich in den lakonisch-referierenden Notizen, die der unmittelbar nah berührte Oskar Loerke (1884–1941) und Jochen Klepper (1903–1942) ihren Tagebüchern anvertrauten[252]. Erich Ebermayer (geb. 1900), dessen Tagebuch in den ersten Jahren der nationalsozialistischen Herrschaft sich häufig mit Thomas Mann und seinem Schicksal beschäftigt hatte und noch im Februar 1936 ausführlich einen Besuch des Autors im Küsnachter Hause des emigrierten Dichters schildert, erwähnt dessen Ausbürgerung überhaupt nicht, obwohl er unter dem 4. Dezember

---

[250] Ein Gegenstück zu dieser Fehleinschätzung der „Betrachtungen eines Unpolitischen" lieferte bald darauf L. *Gillet,* der in seinem oben S. 179, Anm. 234 zitierten Artikel schrieb: „dans la faillite morale qui suivit la chute de l'empire bismarckien il écrivit encore ses ‚Reflexions d'un a-politique' où il entreprenait de faire entendre à l'Allemagne la voix de la raison. On sait assez que ce n'est pas celle-là qu'elle écouta".

[251] „Der Arbeitsmann" Folge 50 vom 12. Dezember 1936 (bei *Matter* nicht verzeichnet).

[252] *Loerke,* S. 332: „Sonntag, 6. Dezember ... Kurze Begegnung mit Dr. Bermann. Über die wirtschaftlich schwierige Lage des Verlages. Die Nachricht, daß Thomas Mann mit seiner ganzen Familie ausgebürgert sei und das Vermögen eingezogen. Überhaupt fehlt es an derartigen Nachrichten in Fülle nicht". Für die Seelenlage Loerkes nach solchen Erfahrungen ist die acht Tage später, am 13. Dezember, vorgenommene Eintragung bezeichnend: „Seltsam losgerissener, unfruchtbarer Zustand. Das Unfaßbare um mich herum. Unheimliches Gefühl wegen des Verlages". Loerke war in doppelter Eigenschaft – als Lektor des S. Fischer Verlages und als Dritter Ständiger Sekretär der Preußischen Akademie der Künste – in nähere Verbindung mit Thomas Mann getreten. Er hatte zum 60. Geburtstag Thomas Manns noch in der Juninummer der „Neuen Rundschau" 45, 1935, den Essayband „Leiden und Größe der Meister" gewürdigt; vgl. den Wiederabdruck in: O. *Loerke,* Literarische Aufsätze aus der Neuen Rundschau, hrsg. v. R. *Tgarth* (Veröffentlichungen der Deutschen Akademie für Sprache und Dichtung 38, Heidelberg – Darmstadt 1967), S. 195 ff. und den Kommentar ebd. S. 421, wo das Material zur Geschichte der Beziehungen zwischen Loerke und Thomas Mann zusammengestellt ist. – J. *Klepper,* Unter dem Schatten deiner Flügel. Aus den Tagebüchern der Jahre 1932–1942, Stuttgart 1956, S. 400 (Eintragung vom 5. Dezember 1936): „In diesen Tagen ist der ‚Literat Thomas Mann' mit seiner ganzen Familie expatriiert und sein Vermögen beschlagnahmt worden". Unmittelbar neben diesem Eintrag stehen folgende, für die Zeitlage charakteristische Bemerkungen: „Obwohl nun soviel namhafte Autoren außerhalb des Reiches leben und hier nicht mehr erscheinen dürfen, ist das Aufgebot an Büchern nichtnationalsozialistischen Gepräges ungeheuer ... Die Weihnachtsbücher: Flucht in die Geschichte! Flucht in die anderen Nationen!"

eingehende Betrachtungen über politische Maßnahmen des Regimes verzeichnet und sie kommentiert [253]. Auch solches Schweigen bildet ein beredtes Zeugnis der Zeit. Es steht nicht allein für den Verfasser dieses Tagebuchs.

Wir kehren zu den Vorgängen an der Rheinischen Friedrich-Wilhelms-Universität zurück. In der auf die beispiellos rohe Haßtirade Steguweits folgenden Woche ist das Schreiben des Dekans der Bonner Philosophischen Fakultät, Professor Obenauer, an Thomas Mann beschlossen worden. Die Entscheidung muß spätestens am 13. Dezember gefallen sein. An diesem Tage nämlich erkundigte Obenauer sich bei dem nach Wien emigrierten S. Fischer Verlag brieflich nach der Anschrift des Dichters [254]. Es scheint dem Dekan mit dieser Sache sehr eilig gewesen zu sein, denn auch er – wie früher v. Antropoff bei der Anfrage an das Kultusministerium – schrieb seinen Brief an einem Sonntag. Hierin kann vielleicht ein Anzeichen dafür erblickt werden, daß der zugrunde liegende Beschluß wohl nicht schon zu Anfang der vorangehenden Woche, sondern erst unmittelbar vor dem 13. Dezember gefaßt worden ist. Über die Gründe dafür, daß eine volle Woche zwischen der Bekanntgabe der Ausbürgerung Thomas Manns und der an der Universität Bonn daraus gezogenen Konsequenz verstrichen ist, wissen wir nichts. Wir können daraus aber jedenfalls schließen, daß die Mitteilung des Dekans an Thomas Mann nicht – wie noch im Jahr zuvor offenbar v. Antropoffs Schritt – einem plötzlichen Entschluß entsprungen ist.

Der S. Fischer Verlag antwortete am 16. Dezember, er sei nicht in der Lage, die Adresse „Dr. Thomas Manns" bekanntzugeben, jedoch bereit, Briefe für ihn uneröffnet weiterzuleiten [255]. Daraufhin hat Obenauer am 19. Dezember die „trübselige Mitteilung" – so nennt Thomas Mann das Schreiben in seinem Antwortbrief – an den Dichter gerichtet. Wie der Poststempel auf dem erhaltenen Briefumschlag verrät, ist die Einschreibesendung nicht sogleich, sondern erst am 21. Dezember 1936, einem Montag, um 15 Uhr aufgegeben worden [256]. Die Verzögerung dürfte sich dadurch erklären, daß, anders als im Falle der Anfrage Obenauers beim S. Fischer Verlag, das Dekanatsbüro mit der Fertigung und Absendung des Schreibens beauftragt war und das Wochenende hemmend auf die Erledigung eingewirkt haben wird.

Die Analyse der Vorgänge hat sich zunächst auf die Geschehnisse jener für die Reaktion aus Bonn auf die Nachricht von Thomas Manns Ausbürgerung entscheidenden Woche zwischen dem 6. und 13. Dezember 1936 zu konzentrieren. Ange-

---

[253] E. *Ebermayer, Welt*, S. 126 f. Auch an späterer Stelle ist von der Ausbürgerung Thomas Manns überhaupt nicht und von seinem Emigrantenschicksal nur beiläufig die Rede.

[254] Das Schreiben ist – vermutlich auf Grund seiner häuslichen Entstehung – nicht zu den Fakultätsakten genommen worden. Tatsache und Datum sind allein aus der gleich erwähnten Antwort des S. Fischer Verlages bekannt.

[255] Akten der Philosophischen Fakultät der Universität Bonn betr. Thomas Mann (UA); Dok. 203, S. 561.

[256] Die Nachprüfung der Zeitangaben an Hand des Originals wird Herrn Prof. H. Holborn (†), Yale University, verdankt.

sichts der denkbar ungünstigen Quellenlage betreten wir damit erneut einen Bereich, in dem die Rekonstruktion historischer Wirklichkeit nicht ohne Hypothesen auskommen kann. Wir haben dabei von gesicherten Sachverhalten auszugehen und müssen uns bemühen, alle darüber hinaus erforderlichen Schritte jeweils methodisch sorgfältig abzusichern.

Der Brief des Dekans an Thomas Mann erwähnt ein Einverständnis mit dem Rektor. Das entspricht der nationalsozialistischen Auffassung vom Rektor als politischem Führer der Universität und der diesem seit 1933 übertragenen Funktion an der Spitze der Hochschule. Von einem Beschluß des aus Rektor und Dekanen zusammengesetzten Gremiums, das über den Entzug akademischer Grade zu befinden hatte, ist im Gegensatz zu sonstigen Verlautbarungen in entsprechenden Fällen nicht die Rede. Hingegen spricht ein weiteres Schreiben, das Obenauer am 9. Januar 1937 bei Übermittlung von Thomas Manns Antwort an das Reichswissenschaftsministerium richtete, zusätzlich von einem Einverständnis mit diesem Ressort bezüglich der Mitteilung an den Dichter [257]. Obenauer hat später mehrfach erklärt, er habe sein Schreiben auf Weisung des Ministeriums an Thomas Mann gerichtet. Auf Befragen hat er dies dahingehend präzisiert, ihm sei deswegen über den Kurator und den Rektor der Universität – also auf dem normalen Dienstweg – eine spezielle schriftliche Verfügung zugegangen [258]. Nun ist das klar bezeugte „Einverständnis" nach dem im deutschen Amtsverkehr herrschenden Sprachgebrauch etwas ganz anderes als eine Weisung oder Anordnung. Es setzt eine Initiative desjenigen voraus, der sich für eine von ihm beabsichtigte Handlung die Zustimmung einer anderen Stelle oder Person sichert, in diesem Falle also die Initiative des Dekans. Jedoch könnte Obenauer zugute gehalten werden, daß er – obwohl Germanist – wie manche Staatsbürger, auch Professoren, mit der Fachsprache der Behörden wohl nicht auf vertrautem Fuße stand und daher den von ihm gebrauchten Ausdruck „Einverständnis" anders meinte, als es üblich ist, nämlich als Befolgung eines ministeriellen Befehls. In diesem Zusammenhang ist zu berücksichtigen, daß tatsächlich in einzelnen Fällen der Anstoß zum Entzug eines akademischen Grades während der nationalsozialistischen Zeit nachweislich vom Ministerium gegeben worden ist. Ein derartiger Schritt betraf einmal sogar eine Persönlichkeit, bei der ähnliche Umstände vorlagen wie bei Thomas Mann: ein „Senatsausschuß" der Universität Münster/Westfalen – offenbar das aus Rektor und Dekanen zusammengesetzte Gremium – hat auf Veranlassung des Reichswissenschaftsministeriums 1939 dem Theologen Karl Barth (1886–1968) die von der Evangelisch-theologischen Fakultät dieser Hochschule verliehene Ehrendoktorwürde aberkannt [259]. Weder dieser Fall noch eine andere, später zu erwähnende

---

[257] Akten der Philosophischen Fakultät der Universität Bonn betr. Thomas Mann (UA); Dok. 206, S. 569.

[258] Mitteilung Prof. *Obenauers* vom 6. März 1965.

[259] Mitteilung des Dekans der Evangelisch-theologischen Fakultät der Universität Münster vom 24. Januar 1966. – Daß der Entzug auf eine Initiative des Ministeriums zurückging, kommt in den über die Maßnahme veröffentlichten Pressemeldungen (Münstersche Zeitung Nr. 167 vom 21. Juni 1939; Die christliche Welt 1939, Sp. 529 f.) nicht zum Ausdruck. Hier ist jeweils

Initiative des Reichswissenschaftsministeriums können aber die Ansicht stützen, beim Entzug des Bonner Dr. phil. h. c. von Thomas Mann müsse genau so verfahren worden sein. Denn zwischen Thomas Mann einerseits und Karl Barth sowie den weiteren Betroffenen andererseits bestand – wie sich im Verlauf unserer Untersuchung herausstellen wird – hinsichtlich der Rechtslage ein entscheidender prinzipieller Unterschied. Dieser schließt die Notwendigkeit, ja selbst die Wahrscheinlichkeit für einen speziellen Erlaß des Ministeriums, der dem Dekan den Entzug des akademischen Ehrengrades von Thomas Mann aufgetragen hätte, geradezu aus. Tatsächlich findet sich davon auch nichts in den Bonner Fakultätsakten. Ebensowenig gibt es irgend einen sonstigen Anhaltspunkt dafür, daß das Ministerium jemals eine derartige Weisung erteilt habe. Obenauer glaubt heute, „sich dunkel zu erinnern", daß die von ihm behauptete Weisung „vom Reichspropagandaministerium als Ersuchen an das preußische Erziehungsministerium (Rust) ging und von diesem als Verordnung weitergeleitet wurde" [260]. Da das Propagandaministerium 1935 mit der Anfrage v. Antropoffs durch das Reichserziehungsministerium befaßt worden war und sich damals eine künftige Initiative in der Angelegenheit von Thomas Manns Bonner Ehrendoktorwürde vorbehalten hatte, kann nicht von vornherein ausgeschlossen werden, daß es nunmehr eine Zuschrift solcher Art an das Ressort Rusts gerichtet und dieses sie dann wie die früher erwähnte Mitteilung vom 10. Dezember des Vorjahres auf dem Dienstweg weitergegeben habe. Mißlich ist nur, daß davon erst neuerdings die Rede ist, während die früheren Aussagen der Nächstbeteiligten sich nie auf eine spezielle Anordnung des Ministeriums, sondern nur auf allgemeine Bestimmungen und deren fernmündliche Bestätigung nach Rückfrage aus Bonn berufen haben. Auch erscheint, gemessen an der aus den Akten zu erkennenden Zeit, die der Dienstweg vom Reichspropagandaministerium bis zum Bonner Philosophischen Dekanat im Jahr 1935 benötigte, die zur Verfügung stehende Frist zwischen dem 4. Dezember als frühest denkbarem, jedoch keineswegs wahrscheinlichem Abgangsdatum und dem 12. Dezember als letztmöglichem Eingangstermin für ein derartiges Schriftstück reichlich knapp. Die Möglichkeit einer fernmündlich getroffenen Anordnung, die man in Betracht ziehen könnte, wird von Obenauer selbst ausgeschlossen. Der Gedanke

---

nur von der Fakultät oder ihrem Dekan die Rede. Zutreffend bemerkt ein Nachruf auf Karl Barth (Frankfurter Allgemeine Zeitung Nr. 288 vom 11. Dezember 1968), daß die „Universität Münster Barth das Ehrendoktorat aberkennen mußte". – Die Fakultät hat am 23. Januar 1946 beim Rektor der Universität beantragt, die Entziehung rückgängig zu machen; dies ist am 9. Februar 1946 geschehen. – Ein weiterer, dem Verfasser bekannt gewordener Fall, dessen Einzelheiten noch der Klärung bedürfen, betraf Generaldirektor Richard Heilner (Stuttgart), der jüdischer Abstammung war. Der Württembergische Kultminister ersuchte mit Schreiben vom 5. Juli 1938 den Rektor der Universität Tübingen, „zu veranlassen, daß dem früheren Generaldirektor Heilner der Ehrendoktor umgehend entzogen wird". Die Wirtschaftswissenschaftliche Abteilung der Rechts- und Wirtschaftswissenschaftlichen Fakultät kam dieser Forderung am 6. Dezember 1938 nach. Es hat sich nicht ermitteln lassen, mit welcher Begründung diese – nach 1945 rückgängig gemachte – Entziehung ausgesprochen wurde (Mitteilung des Dekans der Rechts- und Wirtschaftswissenschaftlichen Fakultät Tübingen vom 28. August 1965)
[260] Mitteilung Prof. *Obenauers* vom 6. März 1965.

schließlich, ein anderes Ressort – etwa das Innen- oder das Propagandaministerium – könne dem Dekan die behauptete Weisung direkt, also nicht auf dem Dienstweg, erteilt haben, trägt den Verhältnissen in der staatlichen Verwaltung nicht Rechnung. So heftig die Abneigung der Nationalsozialisten gegen Thomas Mann seit jeher war und so chaotisch der Kompetenzwirrwarr im Dritten Reich schließlich gewesen sein mag, alle über den Fall Thomas Mann erwachsenen Akten verschiedener Ressorts zeigen, daß diese sich ausnahmslos niemals veranlaßt gefühlt haben, dabei nicht den Dienstweg einzuhalten. Wohl kam es zu teilweise massiven Eingriffen einzelner Gauleiter in den Hochschulbereich. So steckte z. B. hinter der früher erwähnten Aberkennung der Bonner Ehrensenatorwürde von Robert Lehr der Düsseldorfer Gauleiter Florian. Doch ist eine derartige Intervention im Fall Thomas Mann nie behauptet worden, nirgends belegt und überdies wenig wahrscheinlich. Schließlich deckt sich unser Ergebnis auch mit der noch nicht von psychologisch leicht erklärbaren späteren Vorstellungen überwucherten frühesten Aussage Obenauers selbst zu diesem Punkt: in der Erwiderung auf die Anklageschrift bei seinem Spruchgerichtsverfahren hat er 1947 wohl von einem Auftrag von Rektor und Kurator, aber mit keinem Wort von einer Weisung oder gar einem speziellen Erlaß des Ministeriums bezüglich des Entzuges der Ehrendoktorwürde von Thomas Mann gesprochen [261]. Wie sich tatsächlich der Geschäftsgang zwischen den Berliner Ministerien und sodann auf dem Wege zu Universitäten und Fakultäten im Zusammenhang mit dem Entzug akademischer Grade der am 2. Dezember Ausgebürgerten abspielte, wird uns noch beschäftigen müssen [262].

Der im Dezember 1936 amtierende Rektor, Professor Dr. med. Karl Schmidt, Ordinarius der Augenheilkunde, dessen Beteiligung an dem Vorgang durch den Wortlaut des Schreibens an Thomas Mann sicher bezeugt ist, hat sich mehrfach zur Sache geäußert. Im Zusammenhang mit den gegen Obenauer 1947/49 durchgeführten Verfahren vor Spruchgericht und Entnazifizierungsausschuß hat er erklärt, er habe sich zweimal fernmündlich, später auch noch persönlich mit den zuständigen Beamten im Reichswissenschaftsministerium in Verbindung gesetzt, um den Entzug des Ehrendoktors von Thomas Mann zu verhindern. Er habe insbesondere auch die Entscheidung des Amtsleiters W, d. h. des für Wissenschaftliche Hochschulen zuständigen Ministerialdirektors, nachgesucht. Alle diese Bemühungen seien jedoch erfolglos geblieben. Daraufhin habe er Obenauer gebeten, als zuständiger Dekan Thomas Mann die „durch Entscheidung der Reichsregierung notwendig gewordene" Aberkennung des Ehrendoktors mitzuteilen [263]. Bei einer

---

[261] Erwiderung auf die Anklageschrift, 29. September 1947 (Spruchgerichtsakten betr. Prof. Obenauer).

[262] Vgl. unten S. 200.

[263] Undatierte Bescheinigung von Prof. Dr. K. Schmidt für Prof. Obenauer (Akten der Philosophischen Fakultät der Universität Bonn betr. Prof. Obenauer). Die Datierung auf 1948 ergibt sich daraus, daß Hilchenbach (Kr. Siegen) als Wohnort Obenauers genannt ist; dort hielt dieser sich nach seiner Entlassung aus dem Lager Eselheide bei Paderborn seit Frühjahr 1948 auf.

Schilderung, die Schmidt 1949 gab, um klarzustellen, daß Goebbels sich nicht persönlich darum bemüht hat, den Entzug von Thomas Manns Ehrendoktor zu verhindern, heißt es, die Mitteilung an Thomas Mann sei „entgegen dem Wunsche des damaligen Dekans Prof. Dr. Obenauer und meinem eigenen ... vom Reichserziehungsministerium ausdrücklich angeordnet ... worden" [264]. 1961 hat Schmidt folgende Beschreibung des Vorgangs, an den er sich „gut erinnere", gegeben: „In Gegenwart von Herrn Obenauer habe ich mich an den zuständigen Amtschef des Reichserziehungsministeriums zunächst fernmündlich gewandt, und ihn gebeten, auf die Benachrichtigung der Entziehung [sic!] der Ehrendoktorwürde zumindest in diesem Falle zu verzichten. Der Herr Ministerialdirektor wandte ein, daß in dieser Sache das Reichspropagandaministerium federführend sei. Er erklärte später nach Rückfrage beim Reichspropagandaministerium, daß beide Ministerien die Mitteilung an Thomas Mann verlangten. Wenige Tage später habe ich noch einmal bei persönlichen Besprechungen in Berlin gebeten, die Mitteilung an Thomas Mann unterlassen zu dürfen. Meine Bitte wurde abgelehnt" [265]. Nach einer bald darauf von Schmidt abgegebenen ergänzenden Äußerung zu dieser letzten Version hat er „mit dem Amtschef des Amtes W" persönlich gesprochen. Er glaubte sich zu erinnern, daß es der frühere badische Kultusminister Wacker gewesen sei, räumt jedoch ein, es könne sich auch noch um dessen Amtsvorgänger Prof. Dr. Vahlen gehandelt haben [266]. 1965 schließlich hat Schmidt seine Erinnerung an die Vorgänge erneut brieflich niedergelegt. Obenauer habe ihn, so heißt es darin, um Rat gefragt, „was er tun solle, denn ihm sei der Auftrag gegeben, Herrn Mann mitzuteilen, daß er infolge der Ausbürgerung auch die Rechte eines Bonner Ehrendoktors verloren habe". Schmidt habe daraufhin fernmündlich dem Reichserziehungsministerium „vorgeschlagen, auf diese Benachrichtigung ... zu verzichten", die er „zumindest unnötig" gefunden habe. Bei einem weiteren Telefongespräch sei er jedoch angewiesen worden, „den entscheidenden Brief an Herrn Mann zu schreiben", und kurz darauf in Berlin bei der Besprechung der Angelegenheit „mit mehreren Herren" davon unterrichtet worden, „es handele sich dieses Mal um eine ‚Chefentscheidung' " [267].

Daß eine Fühlungnahme mit dem Ministerium stattgefunden hat und hierbei dessen „Einverständnis" mit dem Brief an Thomas Mann festgestellt worden ist, ergibt sich mit Sicherheit aus dem schon erwähnten Schreiben Obenauers an das Ministerium vom 9. Januar 1937, in dem eine den Tatsachen ausgerechnet in diesem Punkt nicht entsprechende Behauptung schwerlich enthalten sein kann. Auch würde es dem Dienstweg und der nationalsozialistischen Hochschulverfassung ent-

[264] Eidesstattliche Erklärung von Prof. Dr. K. Schmidt, 19. Juli 1949 (Akten der Philosophischen Fakultät der Universität Bonn betr. Prof. Obenauer; Akten des Rektorats der Universität Bonn betr. Prof. Obenauer; dazu Begleitschreiben Schmidts an den Dekan vom 19. Juli 1949).

[265] Prof. Dr. K. Schmidt an die Redaktion der Wochenzeitung „Die Zeit", 19. April 1961 (Fotokopie im UA).

[266] Prof. Dr. K. Schmidt an Dr. R. W. Leonhardt („Zeit"-Redaktion), 27. Juni 1961 (ebd.).

[267] Prof. Dr. K. *Schmidt* an den Verfasser, 15. Oktober 1965.

sprochen haben, daß der Rektor als „Führer" der Universität und nicht etwa der Dekan den Kontakt mit dem vorgesetzten Ministerium aufnahm, wenn ein solcher Fall von unzweifelhaft politischer Bedeutung zu behandeln war. Ob der Rektor auf das Ministerium einzuwirken versucht hat, um den *Entzug* des Ehrendoktors oder nur die *Mitteilung* an Thomas Mann zu verhindern, – beide Versionen sind von Schmidt vertreten worden – ist aus den erhaltenen Akten, die unmittelbar bei oder nach dem Vorgang erwachsen sind, weder zu beweisen noch zu widerlegen. Das Gleiche gilt von der Frage, ob der Rektor überhaupt in dem von ihm behaupteten Sinn Fühlung mit Berlin aufgenommen oder dort nur eine Rechtsauskunft erbeten hat. Der damalige Amtschef W des Ministeriums kann darüber nicht mehr gehört werden, da er längst verstorben ist. Der für den Entzug akademischer Grade in jenem Zeitpunkt zuständige Referent, Professor Peter A. Thiessen, vermag sich an die Zusammenhänge im einzelnen nicht mehr zu erinnern [268]. Die relativ große Zeitspanne zwischen dem 4./5. und 12./13. Dezember 1936 ist auffallend. Sie könnte mindestens teilweise mit den behaupteten Bemühungen ausgefüllt gewesen sein und durch sie erklärt werden. Daß das Ministerium freilich im damaligen Zeitpunkt auf einer Benachrichtigung Thomas Manns trotz eindringlicher Gegenvorstellungen des Rektors beharrt habe, ist nicht gerade wahrscheinlich, wie gleich noch näher begründet werden wird. Nicht geringeren Zweifeln unterliegt die Angabe, der Amtschef W habe sich darauf berufen, für die Entscheidung, ob Thomas Mann der Entzug der Ehrendoktorwürde mitzuteilen sei oder nicht, sei das Reichspropagandaministerium zuständig, und dieses habe auf Rückfrage die Mitteilung verlangt. Die Kompetenz, diese Frage zu entscheiden, lag ohne jeden Zweifel beim Reichswissenschaftsministerium, speziell bei dem innerhalb des Amtes W tätigen, oben erwähnten Referenten für Habilitations- und Promotionsordnungen. Hieran änderte auch der früher berichtete Versuch des Reichspropagandaministeriums, sich die zukünftige Initiative bei akademischen Maßnahmen gegen Thomas Mann zu sichern, nichts. Die Akten zeigen, daß diese Zuständigkeit des Reichswissenschaftsministeriums bei den sich häufenden Fällen des Entzugs akademischer Grade ständig ausgeübt worden ist. Es fällt schwer anzunehmen, daß der freilich nicht besonders verwaltungskundige Ministerialdirektor Prof. Vahlen [269] – er und noch

---

[268] Schreiben von Prof. *Thiessen* (Berlin) an den Verfasser, 24. November 1965; über Thiessen vgl. *Heiber*, S. 820; K. *Zierold*, Forschungsförderung in drei Epochen, Wiesbaden 1968, S. 192, 217, Anm. 4, 220, besonders S. 223 f., 265, 272.

[269] Theodor Vahlen, geb. 30. Juni 1869, laut seinem eigenhändigen Lebenslauf vom 12. August 1937 nach dem ersten Weltkrieg zunächst beim „völkischen Flügel" der Deutschnationalen Volkspartei, dann unter dem Eindruck des von ihm als „aufrüttelnd" bezeichneten „Verrats vom 9. November 1923" – d. h. dem Scheitern des Hitlerputschs – als Mitglied Nr. 3961 Angehöriger der NSDAP, vorübergehend Gauleiter von Pommern – „ich . . . stellte mich als solcher dem Führer in Landsberg vor" – wurde 1925 wegen verfassungsfeindlicher nationalsozialistischer Betätigung durch die Preußische Regierung von seinem Amt als Ordinarius an der Universität Greifswald suspendiert und 1927 im Dienststrafverfahren entlassen, nachdem er u. a. als Prorektor die zum Verfassungstag 1924 gehißte schwarz-rot-goldene Reichsfahne – „die Systemfahne" – vom Universitätsgebäude hatte entfernen lassen. Zum 1. April 1930 als Ordinarius an die Technische Hochschule seiner Geburtsstadt Wien berufen, betätigte er sich auch dort in der

nicht Wacker war im Dezember 1936 Amtschef W – hierüber im unklaren gewesen sein soll.

Andererseits läßt sich aber auch kein stichhaltiger Grund dagegen ins Feld führen, daß der Verlauf der Sache sich im übrigen nach einer von der Universität Bonn aus vorgenommenen Fühlungnahme mit dem Ministerium tatsächlich so abgespielt hat, wie Schmidt ihn 1948 geschildert hat. Es ist dabei gar nicht erforderlich, daran zu erinnern, daß das Kultusministerium im März 1936 die Ehrenpromotion Thomas Manns durch die Harvard-Universität als Demonstration gegen das national-sozialistische Deutschland bezeichnet hatte, um Zweifel darüber auszuschließen, wie dieses Ressort sich wenige Monate später zum Entzug einer deutschen Ehren-doktorwürde des Dichters gestellt haben wird. Entscheidend ist vielmehr, daß unter den gegebenen Voraussetzungen eine Anfrage aus Bonn in Berlin gar kein anderes Resultat haben konnte, als den Bescheid, der Verlust des Dr. phil. h. c. sei zwangsläufig an die Ausbürgerung Thomas Manns geknüpft und daher unab-weislich. Das entsprach den geltenden Vorschriften. Dabei rufen wir uns ins Ge-dächtnis, daß ein Erlaß vom 16. Dezember 1936 diese Bestimmung noch einmal eingeschärft hat. Er ist von dem Staatssekretär des Ministeriums, Zschintzsch [270], gezeichnet und muß daher eben in den gleichen Tagen, als der Fall Thomas Mann für die Bonner Universität akut wurde, bei den zuständigen Beamten des Hauses,

---

NSDAP. Von den nationalsozialistischen Machthabern wurde er unter Aufhebung des Urteils von 1927 bereits zum 15. März 1933 wieder in Greifswald eingesetzt und zugleich in die Hoch-schulabteilung des Berliner Kultusministeriums berufen, deren Leitung ihm am 26. April 1934 übertragen wurde. Nach einer organisatorischen Umgestaltung unterstanden ihm als Chef des Amtes W (Wissenschaft) die Abteilungen Hochschulen, Forschung und Auslandskulturarbeit. Im Januar 1937 wurde er in dieser Funktion abgelöst, im Oktober des gleichen Jahres emeritiert, 1943 auch als Präsident der Preußischen Akademie der Wissenschaften – wie es in den Akten heißt – wegen zunehmender altersbedingter Gedächtnis- und Leistungsschwäche – verabschie-det. Zunächst in der SA, stieg er in der SS, der er seit dem 1. Juli 1936 angehörte, nachdem Himmler seine Übernahme angeordnet hatte, bis zum Brigadeführer auf, spielte hier wie sonst auch jedoch vorwiegend die rein repräsentative Rolle eines alten, stets begeisterten Gefolgsman-nes des Führers. Das SD-Hauptamt hatte ausdrücklich gebeten, ihn nicht zum Sicherheitsdienst zu versetzen. Es fehlt nicht an sonderbaren Zügen bei Vahlen, die den damit befaßten Stellen manches Kopfzerbrechen verursachten: 1938 meldete er sich zum „Sudetendeutschen Frei-korps"; nach Kriegsausbruch teilte er am 9. September 1939 dem Personalamt der SS mit: „Wenn der persönliche Schutz des Führers eine Verstärkung erfahren muß, stehe ich zur Verfü-gung"; 1944 bat der fast Fünfundsiebzigjährige um Aufnahme in die Waffen-SS (DC). Vgl. über ihn *Heiber*, S. 117 u. ö; ferner *Zierold*, passim (vgl. Register).

[270] Werner Zschintzsch, geb. 26. Januar 1888, war Verwaltungsjurist, in der Zeit der Weimarer Republik bis zum Ministerialrat im Preußischen Ministerium des Innern aufgestie-gen, gleich nach der nationalsozialistischen Machtübernahme zum kommissarischen Regie-rungspräsidenten in Wiesbaden bestellt und am 25. Juni 1933 dort endgültig zum Regierungs-präsidenten ernannt worden. Am 14. März 1936 wurde er – vom Vertrauen Goerings getragen – in das Reichsministerium für Wissenschaft, Erziehung und Volksbildung einberufen und dort mit Wirkung vom 1. April 1936 zum Staatssekretär ernannt. In die NSDAP war er am 1. Mai 1933 eingetreten (Nr. 3495469). Am 16. Juni 1936 trat er in die SS ein (Nr. 276657), wurde am selben Tage zum SS-Standartenführer ernannt und seitdem als SS-Führer beim Stab des SS-Hauptamts geführt. Im Dezember 1936 erhielt er von Himmler den „Julleuchter" (DC).

191

d. h. mindestens dem für den Entwurf zuständigen Referenten, dem Justitiar und dem Amtschef W durchgelaufen sein. Da die Bestimmungen hinsichtlich der Inhaber akademischer Grade, die auf Grund von § 2 des Gesetzes vom 14. Juli 1933 der deutschen Staatsangehörigkeit für verlustig erklärt wurden, weder Ausnahmen vorsahen noch einen Spielraum ließen, entsprach der von Obenauer unternommene Schritt formaljuristisch ohne jeden Zweifel im springenden Punkt – der Feststellung, daß Thomas Mann die Würde eines Ehrendoktors der Fakultät eingebüßt hatte – dem damals für die Hochschulen im Deutschen Reich geltenden Recht. Insofern wird der Wortlaut des Schreibens, das der Dekan am 9. Januar 1937 an das Ministerium richtete und in dem es heißt, Thomas Mann sei benachrichtigt worden, nach seiner Ausbürgerung seien die Rechte, die er als Ehrendoktor der Fakultät besaß, „erloschen", der Sachlage besser gerecht, als die Mitteilung an den Dichter selbst, die von einer Streichung aus der Liste der Ehrendoktoren spricht. Aus dem gleichen Grunde kann nun aber auch nicht wegen des vom Ministerium im Falle von Karl Barth gegebenen Anstoßes geschlossen werden, eine entsprechende Initiative sei ebenfalls wegen Thomas Mann ergriffen worden. Barth war Schweizer Staatsangehöriger. Er konnte die Ehrendoktorwürde einer deutschen Universität nicht als Folge der Ausbürgerung verlieren; vielmehr war hierzu ein besonderes Verfahren nötig, und dieses wollte das Ministerium in Gang bringen, als es die entsprechende Anregung nach Münster richtete. Im Falle Thomas Mann bedurfte es einer solchen Initiative nicht. Erstaunlich bleibt bei dieser Sachlage freilich, daß das Ministerium trotz der behaupteten Gegenvorstellungen des Rektors darauf bestanden haben soll, Thomas Mann müsse vom Verlust seiner Bonner Ehrendoktorwürde persönlich benachrichtigt werden. Der unmittelbar vor der Vollziehung durch den Staatssekretär stehende Erlaß vom 16. Dezember 1936 schrieb nämlich vor, beim Entzug akademischer Grade als Folge der Ausbürgerung gemäß § 2 des Gesetzes vom 14. Juli 1933 entfalle die Nachricht an die Betroffenen und werde durch eine Bekanntmachung im Reichsanzeiger ersetzt. Dies stellte gegenüber dem älteren Erlaß vom 17. Juli 1934 eine Neuerung dar. Als Obenauer sein Schreiben vom 19. Dezember an Thomas Mann richtete, war die geänderte Vorschrift eben in Kraft getreten, freilich dem Dekan noch nicht zur Kenntnis gekommen. Geringerer Eifer bei diesem Dienstgeschäft hätte es Obenauer erspart, für immer mit einem allgemein als besonders gravierend aufgefaßten Akt nationalsozialistischer Verfolgung gegen den weltberühmten Repräsentanten deutschen Geistes verknüpft zu sein.

Hiernach ergeben sich freilich verschiedene weitere Fragen:
1.) Ist die Fakultät in der Angelegenheit befragt worden?
Dies ist mit Sicherheit nicht geschehen. Hierin stimmt der Befund der Schriftquellen – insbesondere der Fakultätsprotokolle – vollkommen überein mit den Äußerungen, die sowohl Obenauer wie verschiedene damals zur Fakultät gehörende Professoren seit jeher, teilweise schon unmittelbar nach dem Ereignis und ohne Zwang, sich etwa reinwaschen zu wollen, gemacht haben. Eine Fakultätssitzung hatte zuletzt am 11. November 1936, noch unter Leitung des Dekans Professor

Oertel, stattgefunden. Obenauer berief die nächste Sitzung, die erste aus der Zeit seines Dekanats, zum 8. Januar 1937 ein. Auf sie wird gleich noch zurückzukommen sein. Obenauers Angabe, die Fakultät sei von ihm nicht befragt worden, verdient umso stärkeren Glauben, als eine Beteiligung der Fakultät, falls sie tatsächlich stattgefunden hätte und von ihm veranlaßt worden wäre, ihn in gewisser Weise entlasten müßte und dann von ihm kaum verschwiegen oder bestritten würde. Unter den 1936 herrschenden Verhältnissen, die einerseits durch das Führerprinzip in der Universitätsverfassung, andererseits durch die faktische Automatik beim Verlust akademischer Grade nach der Ausbürgerung ihrer Träger bestimmt waren, blieb für eine Befragung der Fakultät durch den Dekan gar kein Raum. Dies war insbesondere dann der Fall, wenn der Dekan – wie Obenauer sicher – davon überzeugt war, daß die nationalsozialistische Fakultätsverfassung vortrefflich und die Ausbürgerung Thomas Manns berechtigt sei.

2.) Ist das durch den Erlaß von 1935 für den Entzug akademischer Grade vorgeschriebene Gremium aus Rektor und Dekanen befragt worden?

Auch diese Frage ist mit Sicherheit zu verneinen. Die Akten enthalten nämlich auch hierfür keinerlei Zeugnis, und ihr Schweigen stimmt wiederum mit den Angaben Obenauers überein, die auch in diesem Punkt aus dem eben genannten Grund als besonders glaubwürdig betrachtet werden müssen. Auf den ersten Blick erscheint es auffallend, daß das vorgeschriebene Gremium im Fall Thomas Mann nicht beteiligt wurde, weil dieser Ausschuß bei der einzigen weiteren Aberkennung eines Bonner philosophischen Ehrendoktors in nationalsozialistischer Zeit, dem Verfahren gegen den in Italien lebenden Vulkanologen Emmanuel Friedländer im Jahre 1935, in Tätigkeit getreten ist [271]. Damals handelte es sich jedoch darum, ein Ersuchen des deutschen Konsulats in Neapel zu behandeln, das aus politischen Gründen den Entzug der Ehrendoktorwürde Friedländers beantragt hatte. Diese Maßnahme war nicht an eine Aberkennung der deutschen Staatsangehörigkeit gekoppelt. In einem derartigen Falle lag die Entscheidung bei der Universität und mußte daher – wie in Münster bei Karl Barth – von dem nach geltendem Recht damals zuständigen Gremium getroffen werden. Bei Thomas Mann war eine solche Entscheidung nicht mehr erforderlich, da der Verlust des Ehrendoktors an die vorangegangene Ausbürgerung geknüpft war und infolgedessen der Universität nur noch die amtliche Feststellung des eingetretenen Faktums oblag. Das Gremium aus Rektor und Dekanen ist darum auch für die Aberkennung der philosophischen Doktorwürde eines gleichzeitig mit Thomas Mann ausgebürgerten Dr. phil. – auf die aus verschie-

---

[271] Vgl. dazu das Protokoll der Fakultätssitzung vom 4. Mai 1935 sowie die Akten der Philosophischen Fakultät betr. Aberkennung des Doktor- und Ehrendoktortitels, wo die Einladung des Rektors vom 26. Juli 1935 zu einer Sitzung des für den Entzug zuständigen Gremiums, die den Namen des Betroffenen nicht nennt, zweifellos auf diesen Fall zu beziehen ist. Unterlagen über die vollzogene Aberkennung sind in den Akten der Fakultät nicht enthalten; sie muß jedoch stattgefunden haben, da die Fakultät in ihrer Sitzung vom 25. Juni 1947 beschlossen hat, die Aberkennung rückgängig zu machen. Über den Fall Friedländer unterrichten ferner Akten im Politischen Archiv des Auswärtigen Amtes (VI W betr. deutsche Ehrungen für Ausländer, Einzelfälle, Bd. IX).

denen Gründen noch einzugehen sein wird – nicht bemüht worden. Dem steht nicht entgegen, daß in späteren Fällen, bei denen der Doktorgrad als Folge einer Aberkennung der deutschen Staatsangehörigkeit gemäß § 2 des Gesetzes vom 14. Juli 1933 entzogen worden ist, gelegentlich auch erwähnt wird, „der zuständige Ausschuß der Universität" habe dem Betroffenen die „von der Universität verliehene Doktorwürde" entzogen. So geschah es in Bonn z. B. bei einem nicht weniger als acht Personen gleichzeitig betreffenden Entziehungsbeschluß im Jahr 1940 [272]. Die Wendung, die hierbei die von den *Fakultäten* vorgenommene Verleihung akademischer Grade fälschlich der *Universität* zuschreibt, zeugt von einem Mangel an Präzision sei es hochschulrechtlicher Kenntnisse, sei es ihrer Formulierung bei den damaligen Amtsträgern der Universität. Er läßt es verständlich erscheinen, daß auch in dem uns interessierenden Punkt die geltenden Erlasse nicht immer korrekt ausgeführt worden sind. Die formalen Normen, nach denen sich Behörden der Justiz oder Verwaltung zu richten pflegen, können nur mit Vorbehalt als Maßstab für das Verhalten akademischer Stellen benutzt werden, denen es an juristischer Bildung, administrativer Erfahrung und Verwaltungskontinuität weitgehend gebricht. So soll nach einer Äußerung des damaligen Dekans Professor Tackenberg am 14. Juli 1940 der Entzug einer Doktorwürde sogar durch Rektor und Senat vorgenommen worden sein [273]. Eine Kompetenz des Universitätssenats für derartige Verfahren bestand jedoch nicht. Nach Aussage verschiedener noch lebender Mitglieder des Bonner Universitätssenats aus dem Wintersemester 1936/37 ist er übrigens mit der Angelegenheit von Thomas Manns Ehrendoktor auch tatsächlich nicht befaßt gewesen [274].

---

[272] Mitteilung des Rektors Chudoba an die Rektoren der deutschen Universitäten und Technischen Hochschulen, 7. März 1940 (Akten der Philosophischen Fakultät der Universität Bonn betr. Entziehung des Doktortitels hiesiger Doktoranden). – Demgegenüber stellte eine entsprechende Mitteilung des Rektors Schmidt vom 27. September 1938, die vier Personen betraf, fest, daß den Betroffenen die deutsche Staatsangehörigkeit aberkannt worden war und sie „demnach des Tragens eines deutschen akademischen Grades unwürdig" seien. Hieran schließt sich in formal korrekter Übereinstimmung mit den ministeriellen Vorschriften die einfache Bekanntmachung, den Betreffenden sei der Doktorgrad entzogen, die Entziehung werde mit dieser Veröffentlichung wirksam und ein Rechtsmittel sei nicht zugelassen (Akten der Philosophischen Fakultät der Universität Bonn betr. Entziehung des Doktor- und Ehrendoktortitels). – Genauen Aufschluß über den Geschäftsgang eines derartigen Verfahrens – einsetzend mit einem Schreiben des Reichsministeriums des Innern an das Reichsministerium für Wissenschaft, Erziehung und Volksbildung vom 16. Januar 1941 und endend mit der Veröffentlichung des Entziehungsbeschlusses im Deutschen Reichsanzeiger Nr. 70 vom 24. März 1941 – gewähren die Akten der Bonner Medizinischen Fakultät betr. Dr. med. Fritz Löwenthal (UA).
[273] Schreiben des Dekans Tackenberg an den Rektor, 23. November 1940 (Akten der Philosophischen Fakultät Bonn betr. Entziehung des Doktortitels hiesiger Doktoranden, Vorgänge betr. A. Pache). In diesem Falle wäre der mehrfach erwähnte Ausschuß zuständig gewesen.
[274] Mitteilung von Prof. Dr. J. *Quint* (Köln), der im Wintersemester 1936/37 als Vertreter der Nichtordinarien dem Senat der Universität Bonn angehört hat, vom 13. Mai 1965; sie wurde bestätigt durch den damaligen Vertreter der Katholisch-theologischen Fakultät, Prof. Dr. J. *Geyer* (Bonn).

3.) Sind die Mitglieder der Fakultät wenigstens nachträglich vom Dekan unterrichtet worden?

Obenauer hat nach 1945 mehrfach erklärt, er habe die Fakultät unterrichtet. Die nächste Gelegenheit nach seinem Schreiben an Thomas Mann vom 19. Dezember 1936 hätte sich hierzu in der Fakultätssitzung geboten, die unter seinem Vorsitz am 8. Januar 1937 von 18 bis 19,15 Uhr stattfand [275]. Sie befaßte sich zunächst mit der Nachfolge für einen nach München berufenen Philosophen, einem Vorschlag auf Ernennung zum Honorarprofessor und einem Habilitationsverfahren. Nach einem bezeichnend genug in der Tagesordnung als eigener Punkt ausgebrachten Hinweis des Dekans auf korrekte Kleidung der Dozenten bei Feierlichkeiten in der Aula folgte als 5. Punkt: „Mitteilung der neuen Bestimmungen über Doktorprüfungen", d. h. des uns bekannten Erlasses vom 16. Dezember 1936. Hierbei hättó sich ohne weiteres eine Information über die Angelegenheit Thomas Mann anknüp, fen lassen, ja sogar nahegelegt. Doch das Protokoll enthält kein Wort hierüber auch nicht im Zusammenhang sonstiger Betreffe, die unter dem – wie üblich – letzten Tagesordnungspunkt „Verschiedenes" im Protokoll aufgeführt sind. Dieses Schweigen ist umso beredter, als früher – aber auch unter Obenauers Dekanat noch, z. B. in der nächsten ordentlichen Fakultätssitzung, die übrigens erst ein halbes Jahr später, am 8. Juni 1937, stattfand – Doktorgradentziehungen behandelt wurden und dies jeweils im Protokoll vermerkt worden ist [276]. Es wäre natürlich möglich, daß eine Mitteilung erfolgt, ihre Protokollierung jedoch unterblieben ist, sei es versehentlich oder auf Anordnung. Glücklicherweise sind private Aufzeichnungen erhalten, die sich der Protokollführer, der damalige Privatdozent Dr. Baumgart (geb. 1902), über die Sitzung vom 8. Januar gemacht hat, und zwar seiner

---

[275] Dazu das Protokoll dieser Sitzung in den Akten der Philosophischen Fakultät.

[276] Im Protokoll der Fakultätssitzung vom 8. Juni 1937 ist unter Punkt 6 (Verschiedenes) vermerkt: „Entziehung des Doktortitels (Rossaint)". Es handelte sich um die Doktorwürde eines katholischen Geistlichen, der aus politischen Gründen zu einer Zuchthausstrafe verurteilt worden war. – Weitere Fälle wurden laut Einladung in einer Fakultätssitzung für mathematisch-naturwissenschaftliche Angelegenheiten vom 16. Januar 1936, laut Protokoll in den Fakultätssitzungen vom 19. Februar 1936 und 17. Juli 1939 behandelt. Im letzten Fall verzeichnet das Protokoll: „Rothacker fragt an wegen Entziehung des Dr. Titels von Personen, die unserer Fakultät angehört haben". Über die erteilte Auskunft ist nichts vermerkt und auch der Anlaß nicht genannt, der zu dieser Anfrage geführt hatte. Es dürfte sich um den von der Universität Köln am 5. Mai 1939 mitgeteilten Entzug des Dr. phil. von Paul Ludwig Landsberg handeln, der ausgesprochen worden war, nachdem Landsberg aufgrund des Paragraphen 2 des Gesetzes vom 14. Juli 1933 der deutschen Staatsangehörigkeit für verlustig erklärt worden war. Landsberg hatte sich in Bonn für Philosophie habilitiert und war von Rothacker stark gefördert worden. 1933 war er emigriert. – Schließlich ist in den Akten noch über eine Fakultätssitzung vom 4. März 1942 vermerkt, daß der Dekan angefragt habe, ob einem auf Grund des Paragraphen 175 StGB zu drei Jahren Gefängnis Verurteilten die Doktorwürde zu entziehen sei. Die Angelegenheit wurde vertagt, bis Informationen über den Usus in analogen Fällen beschafft sein würden. – Im Falle Rossaint wurde die Entziehung durch Beschluß der Fakultät vom 16. Februar 1946 aufgehoben. Nach Ratifizierung durch den Senat der Universität wurde dieser Beschluß dem Betroffenen am 22. Februar 1946 mitgeteilt (Akten der Philos. Fakultät betr. Promotionen – Allgemeines).

Gewohnheit folgend sogleich und nicht erst später [277]. Sie decken sich in allen Punkten mit dem Protokoll, erwähnen Thomas Mann jedoch ebenfalls nicht, selbst nicht in abgekürzter oder verschlüsselter Form, wie es denkbar wäre, wenn etwa angeordnet oder es von Baumgart als zweckmäßig erachtet worden sein sollte, eine derartige Mitteilung nicht schriftlich festzuhalten. So mißlich das argumentum e silentio sonst ist, in diesem Falle dürfte es Gewicht besitzen. Aus der damaligen Sicht konnte es gar keinen Grund geben, die Protokollierung eines Hinweises auf den Entzug von Thomas Manns Ehrendoktorwürde zu verhindern oder zu unterlassen. Diese Maßnahme hätte ja sogar – wie dem eben bekanntgegebenen Erlaß vom 16. Dezember 1936 zu entnehmen war – im „Deutschen Reichsanzeiger" publiziert werden sollen. Ein Beweis dafür, daß die Fakultät unterrichtet worden ist, existiert nicht, und die überlebenden Teilnehmer an der Sitzung wissen auch tatsächlich nichts davon.

Obenauer stützt seine entgegenstehende Aussage mit der präzisen Erinnerung daran, daß Professor Rothacker von ihm bei der betreffenden Sitzung den Antwortbrief Thomas Manns zur Einsichtnahme erbeten hätte, die er ihm jedoch verweigert habe, weil es ein geheimzuhaltendes hochpolitisches Schriftstück gewesen sei [278]. Rothacker ist laut Protokoll in der Fakultätssitzung vom 8. Januar 1937 nicht anwesend gewesen [279]. Der Vorgang an sich ist aber nicht unwahrscheinlich. Er dürfte sich – was Obenauer heute auch als Möglichkeit einräumt – bei einer Zusammenkunft in kleinerem Kreise abgespielt haben und beleuchtet dann allerdings die praktizierte Geheimhaltung höchst eindrucksvoll. Er kann überhaupt nur stattgefunden haben, nachdem die Existenz von Thomas Manns Schreiben in der Öffentlichkeit bekannt geworden war. Das war jedoch am 8. Januar 1937 noch gar nicht der Fall, sondern erst nach Mitte Januar. Der Schlüssel dafür, daß bei der Fakultätssitzung vom 8. Januar nichts über die Sache verlautete, liegt eben in diesem Antwortschreiben Thomas Manns: Obenauer dürfte die Entziehung der Ehrendoktorwürde des Dichters unerwähnt gelassen haben, weil es ihm peinlich war, dann möglicherweise den inzwischen eingelaufenen Antwortbrief Thomas Manns erwähnen zu müssen, dessen Text geheimzuhalten gerade ihm besonders am Herzen liegen mußte. Überraschen könnte uns jedoch, daß selbst der Universitätskurator und das Ministerium, wie der weitere Verlauf der Sache zeigt, über Obenauers Schritt zunächst nicht, sondern erst nachträglich informiert worden sind. Hinsichtlich des Ministeriums kann dies damit erklärt werden, daß Obenauer nach der erwiesenen Fühlungnahme, die fernmündlich vollzogen worden ist und das Einverständnis des Ressorts ergeben hatte, eine schriftliche Vollzugsmeldung für überflüssig gehalten haben wird. Was den Kurator betrifft, so wird von ihm an späterer

---

[277] Für das Folgende werden Mitteilungen vom 19. Mai 1965 und 27. November 1966 verwertet, die Herrn Prof. Dr. F. *Baumgart* (Berlin) zu verdanken sind.

[278] Mündliche Mitteilung sowie Schreiben von Prof. *Obenauer*, 14. Oktober 1965.

[279] Das Protokoll verzeichnet als anwesend den Rektor und den Dekan Obenauer, der die Sitzung leitete; ferner die Professoren Steinbach, Schiedermair, Naumann, Braubach, Holtzmann, Deeters, Delbrück, Oertel, Becker und Privatdozent Dr. Baumgart als Protokollführer; entschuldigt fehlten: Hübener, Anrich, Rothacker, Stange und Kahle.

Stelle noch zu sprechen sein. Schließlich ist es nicht weiter erstaunlich, daß auch ein im Januar an die Fakultätsmitglieder versandtes Mitteilungsblatt des Dekans den Entzug von Thomas Manns Ehrendoktor nicht erwähnt [280] und die sonst im Fall der Aberkennung akademischer Grade übliche Unterrichtung der anderen deutschen Universitäten offenbar gleichfalls unterblieben ist [281]. Die Zeitungen in Deutschland haben weder über die Mitteilung Obenauers vom 19. Dezember 1936 noch über Thomas Manns Antwort auf diesen Schritt berichtet. Selbst die ausländische Presse hat zunächst von beiden Tatsachen nichts erfahren. Sie erhielt erst in der zweiten Januarhälfte durch die von Thomas Mann unternommene Publikation des „Briefwechsels" in einem Zürcher Verlag Kenntnis von der Sache. In den deutschen Zeitungen ist über sie mit keinem Wort die Rede gewesen. Die vorgeschriebene Publikation des Beschlusses über den Entzug eines akademischen Grades im „Deutschen Reichsanzeiger", durch die ein solcher Akt Rechtskraft erlangte, ist im Falle von Thomas Mann nicht nachzuweisen. Hans Friedrich Blunck schrieb in einem seiner Rechtfertigung dienenden Brief 1946 an den Dichter, er „habe" „über die Vorgänge in ... der Universität in Bonn erst spät erfahren" [282]. Im Interesse der Geheimhaltung nationalsozialistischer Zensurmaßnahmen ist später – 1940 – davon abgesehen worden, ein gesetzliches Verbot der Bücher von Sigrid Undset auszusprechen, um es nicht im Reichsanzeiger veröffentlichen zu müssen und damit bekanntwerden zu lassen [283]. Ob für die Unterlassung der Publikation des gegen Thomas Mann von der Bonner Universität unternommenen Schritts im „Deutschen Reichsanzeiger" entsprechende Motive bestanden haben, läßt sich nicht entscheiden; es dürfte aber – mindestens für die zur Ingangsetzung einer derartigen amtlichen Bekanntgabe zunächst in Frage kommende Zeit unmittelbar nach dem 19. Dezember 1936 – wenig wahrscheinlich sein. Zur Geheimhaltung konnten unter den damaligen Voraussetzungen bei den maßgebenden Stellen

---

[280] Das „Mitteilungsblatt I" [des Dekanats der Philosophischen Fakultät] vom 12. Januar 1937, von dem sich ein Exemplar im Besitz von Herrn Prof. Dr. *Schmidt-Görg* (Bonn) erhalten hat, befaßt sich mit 10 verschiedenen Punkten. An der Spitze stehen personalpolitische Mitteilungen, darunter ein Hinweis auf die Streichung von zwei Honorarprofessoren im nächsten Vorlesungsverzeichnis; es folgen Hinweise auf Verfügungen des Ministeriums aus letzter Zeit. Von ihnen sind folgende für die Lage von Professoren und Universitäten im damaligen Zeitpunkt besonders bezeichnend: „Anträge auf Erteilung der Dozentur dürfen erst gestellt werden, wenn der betreffende Bewerber ... seinen Dienst im Gemeinschaftslager und der Dozentenakademie abgeleistet hat". „Doktorarbeiten oder sonstige wissenschaftliche Arbeiten, die Auslandsreisen notwendig machen, dürfen bis auf weiteres nicht vergeben werden. Ausnahmen nur in ganz besonderen Fällen mit Genehmigung des Herrn Ministers". „Beamte dürfen bei Umzügen nichtorganisierte Möbeltransportunternehmer [d. h. solche, die der nationalsozialistisch geführten Berufsorganisation nicht angehörten] nicht in Anspruch nehmen".
[281] Weder in den Akten der Bonner Philosophischen Fakultät noch in den Beständen anderer Universitäten, die vom Luftkrieg verschont geblieben sind und infolgedessen Gewähr für gute Überlieferung bieten, hat sich ein Beleg dafür ermitteln lassen, daß eine derartige Benachrichtigung verschickt worden ist.
[282] *W. Blunck*, S. 134; das Schreiben ist vom 23. August 1946 und stellt die Antwort auf den Brief Thomas Manns vom 22. Juli des gleichen Jahres (*Briefe* II, S. 495 ff.) dar, wo freilich von der Universität Bonn nicht die Rede ist.
[283] *Strothmann*, S. 173, Anm. 354.

und Personen vor dem Eintreffen von Thomas Manns Antwort schwerlich Gründe bestehen. Vermutlich haben Obenauer und der Rektor die persönliche Benachrichtigung des Betroffenen für ausreichend gehalten, nachdem darüber Einvernehmen mit dem Ministerium bestand. Auch war ihnen, als der Beschluß gefaßt wurde, so zu verfahren, der Erlaß vom 16. Dezember noch nicht bekannt, der die Publikation im Reichsanzeiger anordnete.

4.) Alle diese Tatsachen sind zugleich für die Erörterung einer weiteren Frage von Belang. Sie ist zwar relativ unerheblich, aber im Zusammenhang mit dem „Fall Thomas Mann" aufgeworfen worden und deshalb hier zu behandeln: ob nämlich das dem Dichter übermittelte Schreiben oder wenigstens die darin mitgeteilte Tatsache in Form einer amtlichen Verlautbarung durch Aushang am Schwarzen Brett der Universität bekanntgegeben worden sei. Thomas Mann hielt dies, wie er in seiner Antwort erwähnte, für möglich, räumte aber ein, die Gepflogenheiten nicht zu kennen [284]. Ihnen entsprach eine derartige Publikation des Entzugs akademischer Grade in Bonn um die in Betracht kommende Zeit tatsächlich nicht – so erinnern sich jedenfalls Professoren, die damals und schon früher zum Lehrkörper der Universität gehört und Ämter in der akademischen Selbstverwaltung bekleidet haben [285]. Auf diese Meinung gestützt, ist die berührte Frage daher stets unbedenklich verneint worden. Demgegenüber existiert nun aber ein anderslautendes Zeugnis an entlegener Stelle, das bislang unbeachtet geblieben ist. Die chilenische Dichterin Gabriela Mistral (1889–1957) veröffentlichte 1945 zum 70. Geburtstag von Thomas Mann in einer Zeitschrift der deutschen Emigration, die in Santiago de Chile erschien, einen Huldigungsartikel. Darin heißt es: „Ich erinnere mich an den Vormittag, an dem mein berühmter Freund Curtius mich mit seinem Kollegen Flasche abholen ließ, um zur Bonner Universität zu gehen. Dort hing beim Eingang im Schaukasten für Bekanntmachungen der Universität zu größerem Gespött eine Kopie der Ausstoßung Thomas Manns als Ehrendoktor der Universität" [286].

---

[284] XII, S. 786; MK 117, S. 336: „... wenn Sie, Herr Dekan (ich kenne die Gepflogenheiten nicht), die an mich gerichtete Mitteilung am Schwarzen Brett Ihrer Universität sollten haben anschlagen lassen ... "

[285] Mitteilungen von Prof. M. *Braubach* und Prof. J. *Fitting* (†) – Den Akten und Statuten sowie den Promotionsordnungen ist über diesen Punkt nichts zu entnehmen.

[286] G. *Mistral*, El otro desastre alemán (Deutsche Blätter 3. Juni 1945, S. 6): „Me acuerdo de la mañana en que mi ilustre amigo Curtius me mandó buscar con su colega Flasche para ir a la Universidad de Bonn. A la entrada para mayor ludibrio, colgaba en la vitrina de los anuncios universitarios una copia de la expulsión de Thomas Mann en cuanto a Doctor Honoris Causa"; englische Fassung: *Neider*, S. 479. Ob Thomas Mann von diesem Aufsatz Kenntnis erhalten hat, muß angesichts der Tatsache fraglich erscheinen, daß er wenig später am 25. November 1945 Hermann Hesse fragte: „Wer mag die chilenische Dame sein, die dieses Jahr den Nobel-Preis für Literatur bekommen hat?" (*Hesse–Mann*, S. 112). Später sind Gabriela Mistral und Thomas Mann in New York sich persönlich begegnet, wie einer Mitteilung von Frau Palma *Guillen de Nicolau* vom 20. März 1967 zu entnehmen war. – Über die Zeitschrift Deutsche Blätter vgl. Exil-Literatur 1933–1945 (Sonderveröffentlichungen der Deutschen Bibliothek, hrsg. v. K. *Köster*, Nr. 1), ³[Frankfurt/M. 1967], S. 307 ff.; *Wegner*, S. 76 f.; R. E. *Cazden*, German Exile Literature in America 1933–1950, Chicago 1970, S. 38 ff.; ferner Thomas Manns Brief an J. Kaskell vom 16. Oktober 1945 (*Briefe* II, S. 449 ff.).

Der in diesem Text erwähnte Zeuge – damals Stipendiat und wissenschaftliche Hilfskraft am Romanischen Seminar der Universität Bonn, heute Professor an der Universität Hamburg und Direktor des Ibero-amerikanischen Forschungsinstituts – erinnert sich des Besuchs von Gabriela Mistral in zahlreichen Einzelheiten genau, dieser von ihr beschriebenen Szene jedoch überhaupt nicht [287]. Da die Dichterin kein Deutsch verstand, hätte er ihr einen Aushang solcher Art genauso wie die erklärenden Beischriften zu den Ausstellungsobjekten im Beethovenhaus, zu dem er sie vor dem Besuch bei Curtius begleitet hatte, übersetzen müssen. Er glaubt, daß sich ihm solch ein – um Thomas Manns wie um des ungewöhnlichen Zusammenhangs willen doch eindrucksvolles – Erlebnis unvergeßlich eingeprägt haben würde, da ihm schon ganz nebensächliche Tatsachen von jener Begegnung erinnerlich seien. Gegenüber derartigen, dreißig Jahre nach dem Vorgang angestellten Erwägungen behält natürlich die nur neun Jahre später niedergeschriebene Aussage der Dichterin höheren Quellenwert. Freilich bleibt dann rätselhaft, daß vom Entzug der Ehrendoktorwürde Thomas Manns mehrere Wochen hindurch nichts in der Öffentlichkeit bekannt geworden ist, selbst nicht im engsten Umkreis der Bonner Hochschule und bei Angehörigen von ihr, die als Gegner des Nationalsozialismus an einem derartigen Vorgang politisch besonders interessiert waren [288]. Unbegreiflich ist vor allem das Verhalten der Presse. Mochte im Reich jede Meldung über den neuen Schlag gegen Thomas Mann verhindert werden können – das Schweigen ausländischer Blätter, vor allem der Zeitungen der deutschen Emigration, deren Inhalt zeigt, daß ihnen damals ständig Informationen über weit weniger bedeutende Einzelheiten aus dem nationalsozialistischen Deutschland zu Gebote standen, ist schwer erklärlich. Starker Zweifel an der Zuverlässigkeit von Gabriela Mistrals Erinnerung konnte dadurch genährt werden, daß die damalige Begleiterin und Sekretärin der Dichterin den Zeitpunkt ihres kurzen, nicht mehr als zwei Tage umfassenden Aufenthaltes in Bonn auf Ende November 1936 festlegen zu können meint [289]. Damals war – wie wir uns erinnern – nicht einmal der Erlaß, durch den Thomas Mann seiner deutschen Staatsangehörigkeit beraubt wurde, vollzogen, geschweige denn konnte die darauf beruhende Mitteilung über den Verlust seiner Bonner Ehrendoktorwürde publiziert worden sein. Glücklicherweise läßt sich das Datum des Besuchs von Gabriela Mistral, der in der örtlichen Presse nicht gemeldet worden ist, an Hand des im Beethovenhaus geführten und aufbewahrten Besucherbuches genau ermitteln. Dort finden sich unter dem 19. Dezember 1936 die eigenhändigen Eintragungen der Dichterin und ihrer beiden Begleiter [290]. Hiernach ist wohl nicht mehr zu bezweifeln, daß der Dekan der Philosophischen Fakultät, der sein folgenreiches Schreiben eben an diesem Tage an

---

[287] Mitteilung von Prof. Dr. H. *Flasche* (Hamburg), 9. Oktober 1966.

[288] Hierin stimmen Mitteilungen von Prof. *Thyssen* (Bonn), Legationsrat H. *Kahle* (Bonn) und Prof. *Braubach* (Bonn) mit der eigenen Erinnerung des Verfassers überein.

[289] Mitteilung von Frau Professor Margot *Arce de Vázquez* (Puerto Rico), 27. Februar 1967.

[290] Beethovenhaus Bonn, Besucherbuch vom 1. Mai 1936 bis zum 26. August 1937.

Thomas Mann gerichtet hat, eine Durchschrift unverzüglich ans Schwarze Brett hatte heften lassen und daß Gabriela Mistral auf dem tatsächlich durch die Anschlaghalle führenden nächsten Weg vom Beethovenhaus zum Romanischen Seminar der Universität, wo sie Ernst Robert Curtius traf, davon Kenntnis genommen hat.

5.) Erheblich wichtiger als die zuletzt behandelte Frage ist ein anderes Problem: Warum ist durch den Dekan im Fall von Thomas Mann sofort gehandelt worden, während sonstigen Personen, die am 2. Dezember 1936 zugleich mit dem Dichter ausgebürgert worden sind, die Doktorwürde nachweislich erst später aberkannt wurde?

Gemäß dem vorgeschriebenen Verfahren übermittelte der Reichsminister des Innern dem Reichs- und Preußischen Minister für Wissenschaft, Erziehung und Volksbildung – wohl noch im Dezember 1936 – ein Verzeichnis der neuerdings ausgebürgerten Träger akademischer Grade. Dieser leitete es mit Runderlaß vom 2. März 1937 an die Universitäten weiter und ersuchte sie, das Erforderliche wegen Entziehung der akademischen Grade der Betroffenen zu veranlassen [291]. Der erhebliche zeitliche Abstand zwischen dem Ausbürgerungserlaß vom 2. Dezember 1936 und dieser Mitteilung an die Hochschulen hängt wahrscheinlich damit zusammen, daß zu Beginn des Jahres 1937 an der Spitze und im Bereich des Amtes W im Reichswissenschaftsministerium einschneidende Personalveränderungen stattgefunden haben, die schon seit dem Spätjahr 1936 vorbereitet worden waren [292]. Die damit verbundene Umstellung und Neuorganisation scheint den Geschäftsgang gelähmt zu haben.

Ein eigentümlicher Zufall will es, daß sich unter den fünfzehn Betroffenen in der Ausbürgerungsliste vom 2. Dezember 1936, deren Namen den Universitäten mitgeteilt wurden, ein Bonner Dr. phil. befand, Siegfried Thalheimer. Er war hier

---

[291] Der Erlaß des Ministeriums – Wf 3486/36 – findet sich bei den Vorgängen betr. den Fall Thalheimer (Akten der Philosophischen Fakultät betr. Entziehung des Doktor- und Ehrendoktortitels hiesiger Doktoranden). Das Geschäftszeichen läßt erkennen, daß dieser Erlaß bereits zu Ende des Jahres 1936 vorgelegen hat. Erwähnt zu werden verdient, daß der Erlaß den Fakultäten – unabhängig von den auf Grund mitgeteilter Ausbürgerungen vorzunehmenden Entziehungen akademischer Grade – sogar „zur Pflicht" machte, „jede öffentliche Bekanntmachung im Deutschen Reichsanzeiger über Ausbürgerungen von sich aus zu prüfen, ob unter den Ausgebürgerten sich Inhaber akademischer Grade befinden, die an der dortigen Hochschule promoviert haben" – eine praktisch so gut wie undurchführbare Vorschrift.

[292] Vahlen wurde durch den Badischen Kultusminister Otto Wacker, einen Vertrauensmann Himmlers, der zum präsumtiven Nachfolger Rusts ausersehen war, ersetzt; dieser brachte als seinen ständigen Vertreter den seit dem 1. Oktober 1933 als Rektor der Universität Heidelberg fungierenden Prof. Dr. iur. W. Groh sowie zur weiteren Unterstützung die Regierungsräte Huber und Grüninger mit. Aus einem Schreiben Grohs an Wacker vom 27. November 1936 (DC Akten betr. Groh) erhellt, daß dessen Einberufung in das Ministerium und damit auch der Eintritt Wackers in das Haus spätestens im November feststand. Über alle Genannten, deren Amtsantritt eine wesentliche Verschiebung zugunsten radikaler nationalsozialistischer Kräfte und Tendenzen im Ministerium für Wissenschaft, Erziehung und Volksbildung bedeutete, vgl. die sie betreffenden Akten im DC sowie die im Register zu *Heiber* nachgewiesenen Stellen.

200

1926 als Schüler des Historikers Fritz Kern (1884–1950) promoviert worden. Ihm war die deutsche Staatsangehörigkeit aberkannt worden, weil er vom Saargebiet aus publizistisch den Nationalsozialismus bekämpft hatte. Thalheimer wurde die Doktorwürde auf die erwähnte ministerielle Weisung hin sogleich abgesprochen. Wie bereits angedeutet wurde, ist auch in diesem Falle das aus Rektor und Dekanen zusammengesetzte Gremium nicht tätig geworden, sicher aus den oben dargelegten Gründen. Hätte Obenauer den Fall Thomas Mann nicht schon im Dezember vorweg genommen, so würde des Dichters „akademische Exkommunikation" zweifellos ebenfalls an jenem Märztag des Jahres 1937 vollzogen worden sein. Gewiß wäre dann aber auch die „trübselige Mitteilung" unterblieben, denn wie schon erwähnt, wurde die Benachrichtigung der Betroffenen in solchen Fällen nach dem Erlaß vom 16. Dezember 1936 durch eine öffentliche Bekanntmachung im „Deutschen Reichsanzeiger" ersetzt.

Im Fall Thalheimer hat es über diesen Teil des Verfahrens einen Schriftwechsel zwischen Dekan, Rektor und Ministerium gegeben, der für unsere Untersuchung belangreich ist [293]. Obenauer hatte die Vorschrift vom 16. Dezember 1936, die statt individueller Benachrichtigung die Publikation des Entzugs akademischer Grade von Ausgebürgerten im „Deutschen Reichsanzeiger" anordnete, nicht verstanden und beim Ministerium Weisung darüber erbeten, ob von ihm aus weiteres zu tun sei, nachdem der Entzug ausgesprochen war. Die Anfrage zeigt, daß es den Dekan verwirrte, Thalheimer nicht ebenso wie Thomas Mann eine persönliche Mitteilung über den Verlust seiner Doktorwürde zukommen lassen zu können. Das beleuchtet mindestens seine Ungewandtheit im Umgang mit Verwaltungsaufgaben und amtlichen Bestimmungen. Zeigte sie sich schon angesichts eines eben zu seiner Kenntnis gebrachten und in dem betreffenden Punkt ganz unmißverständlich formulierten Ministerialerlasses, so erlaubt das einen Rückschluß darauf, daß Obenauer ein Vierteljahr vorher, frisch zum Dekan ernannt und ohne die geringste Vertrautheit mit den geltenden Vorschriften, tatsächlich in der Sache Thomas Mann ziemlich ratlos gewesen sein dürfte. Da im März 1937 auch der Rektor offensichtlich die einschlägige Bestimmung des Erlasses vom 16. Dezember 1936 nicht verstanden hat – er klärte Obenauer im Fall Thalheimer nicht über sie auf, sondern gab dessen Anfrage an das Ministerium weiter – wird er sich im Dezember 1936 nicht weniger unsicher als der Dekan gefühlt haben. Wir stoßen damit auf ein einleuchtendes Motiv für die damals in Berlin vorgenommene Erkundigung, die das „Einverständnis" des Ministeriums ergeben hat. Dekan und Rektor fühlten

---

[293] Dekan Obenauer an den Reichs- und Preußischen Minister für Wissenschaft, Erziehung und Volksbildung, 11. März 1937 (Akten der Philosophischen Fakultät der Universität Bonn betr. Entziehung des Doktortitels hiesiger Doktoranden). In dem Schreiben wird über den Entzug der Doktorwürde von Thalheimer berichtet und um Weisung gebeten, „ob von hier aus weiteres zu geschehen hat", „da seine Anschrift im Ausland (nach seiner Ausbürgerung) nicht bekannt ist und der Erlaß vom 16. Dezember 1936 ... von einer Benachrichtigung des Betreffenden absieht". – In seiner Antwort vom 5. April 1937 (ebd.) wies das Ministerium auf Ziff. 11, Abs. 4 des erwähnten Erlasses hin und rügte die – zu Lasten des Rektors gehende – Nichteinhaltung des Dienstweges über den Kurator.

sich zu einer Rückfrage höheren Orts bewogen, als sie sich kurz nach Antritt ihrer Ämter mit dem Problem des Bonner Dr. phil. h. c. von Thomas Mann konfrontiert sahen. Ob in den Vorgängen, die mit dem Fall Thalheimer zusammenhängen, auch eine Stütze dafür erblickt werden darf, daß Obenauer und dem Rektor im Dezember 1936 aus dem Ministerium die direkte individuelle Benachrichtigung Thomas Manns zur Pflicht gemacht worden ist, muß dahingestellt bleiben, da die Argumente pro et contra, die in jedem Falle hypothetischen Charakter tragen, sich die Waage halten.

Es kennzeichnet das administrative Durcheinander und wahrscheinlich sogar mehr – nämlich Spannungen zwischen Universität und Kurator, die sich sachlich aus der Stellung des Rektors als „Führer" der Universität ergeben mußten, in Bonn damals aber auch aus persönlichen Gründen genährt wurden [294] – daß der Rektor Obenauers Anfrage wegen Thalheimer dem Ministerium nicht auf dem vorgeschriebenen Dienstweg über den Kurator zugeleitet hat. Das Ministerium sprach deshalb ein Monitum aus. Aus Vorgängen der gleichen Zeit, die uns später zu beschäftigen haben, ist zu schließen, daß der Kurator auch vorher an der Behandlung des Falles Thomas Mann durch Obenauer und den Rektor offenbar dienstlich nicht beteiligt worden ist.

Endlich ist der Schriftwechsel im Fall Thalheimer für uns noch aus einem besonderen Grunde wichtig. Der Rektor bat den Dekan nämlich am 19. April 1937, ihm für die beabsichtigte Bekanntmachung im „Deutschen Reichsanzeiger" das Datum des Fakultätsbeschlusses anzugeben, durch den Thalheimer der Doktorgrad entzogen worden war. Obenauer nannte den 11. März 1937 [295]. An diesem Tage – er fiel in die akademischen Ferien – hat nachweislich keine Fakultätssitzung stattgefunden [296]. Somit ist offenkundig, daß der Dekan seine nach Führerprinzip getroffene Entscheidung als „Fakultätsbeschluß" bezeichnete. Es enthüllt sich, wie unter Beibehaltung äußerer Formen und ursprünglich sachgerechter, nun aber ganz sinnentleerter Bezeichnungen von den nationalsozialistischen Machthabern verfahren wurde. Es gibt weitere Fälle solcher Art – man denke nur an die Aufrechterhaltung parlamentarischer Formen bis hin zum Fortbestehen einer nationalsozialistischen „Fraktion" in dem restlos gleichgeschalteten, im totalitären Führerstaat seiner genuinen Aufgabe gänzlich entkleideten Deutschen Reichstag. Derartige Vorgänge sind in totalitären Herrschaftssystemen nicht selten zu beobachten und inzwischen bekanntlich auch in Orwells berühmtem Roman „1984" literarisch behandelt worden.

---

[294] Hierzu s. unten S. 225, Anm. 370.

[295] Schreiben des Dekans an den Rektor, 26. April 1937 (wie Anm. 293).

[296] Über eine am 12. März 1937 veranstaltete Fakultätssitzung und deren Verhandlungsgegenstand, zu dem die Aberkennung der Doktorwürde Thalheimers nicht gehört hat, vgl. oben S. 107, Anm. 19. Daß bei dem in der vorigen Anmerkung genannten Schreiben nicht etwa versehentlich ein falscher Zeitpunkt für den Entzug von Thalheimers Doktorwürde genannt worden ist, ergibt sich aus der Übereinstimmung mit dem oben S. 201, Anm. 293 erwähnten Schreiben in der gleichen Sache.

Nach alledem spitzt sich die Untersuchung der Vorgänge zwischen dem 6. und 13. Dezember – speziell des zuletzt aufgeworfenen Problems der relativen Schnelligkeit, mit der im Vergleich zu anderen Fällen die akademischen Behörden hier gehandelt haben – schließlich auf die Hauptfrage zu, wer denn nun in Bonn, wo offenbar der Ursprung für die Aktivität in der Angelegenheit des Ehrendoktors von Thomas Mann zu suchen ist, die Sache mit solcher Eile in Gang gebracht hat. Da der Dekan nicht wie bei dem gleichzeitig betroffenen Dr. Thalheimer erst durch einen späteren Erlaß des Ministeriums zum Handeln veranlaßt worden ist, muß hier auf Grund der Zeitungsnachricht über den Entzug von Thomas Manns deutscher Staatsangehörigkeit bei der Universität die Initiative ergriffen worden sein. Es kann nur von jemand geschehen sein, der Kenntnis von der Tatsache hatte, daß der ausgebürgerte Dichter die Ehrendoktorwürde der Philosophischen Fakultät besaß. War es der Rektor oder war es der Dekan? In diesem Punkt, über den sich aus den Akten nichts ergibt, widersprechen sich die Aussagen der beiden Hauptbeteiligten. Darum ist hier ihre Persönlichkeit näher zu beleuchten. Nur so besteht Aussicht, die zentrale Frage mit hinlänglicher Sicherheit beantworten zu können. Biographisch-individualpsychologische Einzelheiten müssen uns dazu dienen, um zu ermitteln, bei wem äußere und innere Voraussetzungen die Annahme gerechtfertigt erscheinen lassen, daß er den Stein ins Rollen gebracht hat. Wir erhalten auf diesem Wegstück unserer Untersuchung zugleich wichtige Aufschlüsse über Interna der Bonner Universitätsgeschichte in nationalsozialistischer Zeit, besonders über die Umstände, die zu Obenauers Berufung in die Philosophische Fakultät geführt haben. Dieser Einblick ist auch für das Gesamturteil über den „Fall Thomas Mann" von wesentlichem Belang.

Karl Schmidt war 1899 als Sohn eines Gymnasiallehrers in Oberhausen geboren [297]. Er hatte von 1917 an als Pionier den Weltkrieg mitgemacht und war dann als Student in Erlangen der Burschenschaft seines Vaters beigetreten [298]. Ihre aktiven Mitglieder beteiligten sich in den Wirren nach Kriegsende geschlossen beim Grenzschutz in Oberschlesien, bei dem auf den Reichswehrminister Noske zurückgehenden Freikorps Epp und in anderen Formationen, deren Angehörige als Zeitfreiwillige damals zur Verstärkung der regulären Truppen in Unruhegebieten mobilisiert wurden. Aus der gleichen Burschenschaft war der Gründer der SA in Erlangen, einer der frühesten Gefolgsleute Adolf Hitlers und eifriger Werber für den Nationalsozialismus in der Studentenschaft der fränkischen Hochschule, hervorgegangen. Er war ein Confuchs von Schmidt [299]. Dieser selbst hatte sich jedoch offenbar nicht

---

[297] Für das Folgende standen die Akten betr. Prof. K. Schmidt aus der Medizinischen Fakultät und dem Kuratorium der Universität Bonn zur Verfügung, ferner die auf Schmidt bezüglichen Quellen im DC.

[298] E. *Höhne*, Die Bubenreuther. Geschichte einer deutschen Burschenschaft, Erlangen 1936, S. 341, Nr. 2509. – Für das Folgende vgl. *Schwarz*, S. 213; M. *Franze*, Die Erlanger Studentenschaft 1918–1945 (Veröffentlichungen der Gesellschaft für Fränkische Geschichte, Reihe IX. Darstellungen aus der fränkischen Geschichte Bd. 30), Würzburg 1972.

[299] *Schwarz*, S. 90 f.; dazu wird bemerkt: „Nur ein paar Leute hielten sich zu den nationalsozialistischen Sturmabteilungen".

dem Nationalsozialismus angeschlossen, sondern zählte zu dem in seinen Konturen wenig scharf begrenzten Lager des bürgerlichen Nationalismus, dessen Angehörige sich durch ihre politische Gesinnung zunächst keineswegs immer auch veranlaßt fühlten, eine entsprechende Aktivität in Wehrverbänden und Parteien zu entfalten. Es war das Reservoir, aus dem sich der Zuwachs nationalsozialistischer Wähler in den Jahren rekrutierte, die der Machtübernahme unmittelbar voraufgingen. Schmidt trat der NSDAP erst 1933 und der SA 1934 bei [300]; damals war er Privatdozent. Als solcher hatte er sich – eine aktive, kontaktreiche und geschäftskundige Persönlichkeit – in der örtlichen berufständischen Organisation der Nichtordinarien an der Universität Bonn schon vor 1933 führend betätigt. Dies mag ihm bei der nationalsozialistischen Neuorganisation der Hochschule eingetragen haben, daß er – wie es in einem Bericht aus dem Jahr 1934 heißt – „durch das Vertrauen seiner Kollegen ... zum Führer der Dozentenschaft an der Universität Bonn ernannt" wurde [301]. Das Deutsch dieser Bemerkung ist ebenso fragwürdig wie die Formulierung für den anfangs noch bestehenden Synkretismus von Wahl und Führerprinzip bezeichnend ist. Schmidt stieg auf der akademischen Stufenleiter rasch auf. 1934 wurde er zum nichtbeamteten außerordentlichen Professor, ein Jahr später zum persönlichen Ordinarius ernannt. Ein planmäßiges Ordinariat erhielt er zum 1. Oktober 1937, nachdem er schon fast ein Jahr lang, seit dem 16. November 1936, Rektor der Universität gewesen und dieser Umstand ins Feld geführt worden war, um die Verleihung des Ordinariats zu begründen – auch dies ein bezeichnender Zug der nationalsozialistischen Hochschulgeschichte [302].

Von den drei Rektoren, die bis dahin seit der „Gleichschaltung" im Frühjahr 1933 an der Spitze der Rheinischen Friedrich-Wilhelms-Universität gestanden hatten, waren zwei nur jeweils ein Semester im Amt verblieben. Der als profilierter Nationalsozialist geltende Germanist Hans Naumann wurde im Frühjahr 1935 als Rektor abgesetzt, weil er den Fall des Theologen Karl Barth und damit zusammenhängende Vorgänge anders behandelt hatte, als es den Vorstellungen der Macht-

---

[300] Parteieintrittsdatum: 1. Mai 1933 (Nr. 3144224); Eintritt in die SA nach Angabe Schmidts auf einem Personalbogen vom 16. Dezember 1941: „Anfang 1934" (DC).

[301] Bericht des Direktors der Universitätsaugenklinik Prof. Römer, 29. September 1934 (Akten der Medizinischen Fakultät der Universität Bonn betr. Prof. Schmidt). – Schmidt teilte den „Pflichtmitgliedern der Dozentenschaft" durch Rundschreiben vom 30. Oktober 1933 die an diesem Tag erfolgte Übernahme des Amtes mit, das ihm durch den Führer der preußischen Dozentenschaft auf Grund des Erlasses des Kultusministers – U I Nr. 1363 – vom 11. Oktober 1933 übertragen worden sei. Er machte zugleich darauf aufmerksam, „daß die Dozentenschaft keine Organisation zur Vertretung materieller Interessen einzelner Mitglieder ist, sie ist vielmehr zunächst beauftragt mit der Vorbereitung und Durchführung von Maßnahmen, die der körperlichen und geistigen Ertüchtigung des akademischen Nachwuchses dienen" (Rundschreiben im Besitz von Prof. *Schmidt-Görg*, Bonn).

[302] Auch der erste, nach der „Gleichschaltung" der Universität amtierende, noch nach altem Verfahren gewählte Rektor Pietrusky war nicht planmäßiger Ordinarius, sondern nur planmäßiger Extraordinarius. Er blieb dies auch noch bis 1937, obwohl sein Lehrstuhl in ein Ordinariat umgewandelt worden war; Erlaß des Reichs- und Preußischen Ministeriums für Wissenschaft, Erziehung und Volksbildung, 30. August 1934 (UA, Akten des Kuratoriums der Universität Bonn betr. Prof. Pietrusky).

haber entsprach [303]. Sein Nachfolger, der weder der NSDAP noch einer ihrer Gliederungen angehörende Jurist Karl Theodor Kipp, hatte wenige Monate später das Amt verloren, nachdem das regionale nationalsozialistische Parteiorgan in bösartigster Form gemeldet hatte, der Bonner Universitätsrektor sei Kunde eines jüdischen Metzgers [304]. Es dauerte anderthalb Jahre, bis die Parteistellen sich unter einem gewissen Druck damit einverstanden erklärten, daß Kipp weiterhin akademischer Lehrer bleiben und jedes Hochschulamt bekleiden dürfe. Die Lage an der Universität Bonn kennzeichnet nichts besser, als daß nach dem für die Regierung peinlichen „Versagen" Naumanns und dem Sturz Kipps unter den von der NSDAP als skandalös empfundenen Umständen der erste Rektor, der nach der „Gleichschaltung" amtiert hatte, der Gerichtsmediziner Friedrich Pietrusky, erneut mit der Führung betraut wurde und sie für ein weiteres Jahr übernahm. Genau so bezeichnend für die hochschulpolitische Situation im Sommer 1936 ist es, daß damals ein SS- und SD-Angehöriger, der der Universität noch kein Jahr angehörte, als Nachfolger Pietruskys im Rektorat ins Auge gefaßt war [305]. Er lehnte das Amt mit überzeugenden Gründen ab. Ein Vierteljahr später wurde dann Schmidt zum Rektor ernannt. Hierfür war vermutlich der Umstand ausschlaggebend, daß er

---

[303] Den Bonner Universitätsakten war Näheres über die Vorgänge nicht zu entnehmen. Der Kurator erwähnt in einem Bericht an das Ministerium vom 18. Februar 1937 „die Amtsenthebung von Herrn Naumann" als Rektor (UA, Akten des Kuratoriums der Universität Bonn betr. Prof. Kipp). In den Fakultätsakten betr. Prof. H. Naumann aus den Jahren nach 1945 finden sich verschiedene Hinweise Naumanns selbst auf die notorische Tatsache. – Trotz der Maßregelung blieb Naumann bei den Nationalsozialisten in Gunst, wie sich daraus ergibt, daß ein Jahr später in der parteiamtlichen Gauzeitung der Artikel des Naumannschülers W. *Betz*, Hans Naumann zum 50. Geburtstag (Westdeutscher Beobachter Nr. 221 vom 13. Mai 1936) erscheinen konnte. Zu Naumann vgl. unten S. 269 ff.

[304] Westdeutscher Beobachter Nr. 227 vom 19. August 1935: „Nachfolgend veröffentlichen wir die ersten angekündigten Kostproben aus der beschlagnahmten Kunden- und Schuldnerliste [die – wie in Nr. 225 vom 17. August mit großem propagandistischen Aufwand und schwersten denunziatorischen Drohungen gemeldet worden war – in der kurz darauf zwangsweise geschlossenen Metzgerei Grüneberg beschlagnahmt worden war]: Man höre und staune: Se. Magnifizenz der Rektor der Rheinischen Friedrich-Wilhelms-Universität Prof. Dr. Kipp, Königstraße 97, letzte Lieferung 26. Juni 1935". Ein weiterer „Prangerkasten" erschien in Nr. 232 derselben Zeitung vom 24. August; er enthielt Namen verschiedener Professoren. Die dort angekündigte „Fortsetzung" ist nicht mehr veröffentlicht worden. Am 2. September meldete die Zeitung (Nr. 241) den Rücktritt Kipps vom Rektoramt und die Ernennung seines Nachfolgers. Die Affäre wurde übrigens in dem durch W. Gurian in der Schweiz herausgegebenen Pressedienst Deutsche Briefe Nr. 50 vom 13. September 1935 behandelt; vgl. H. *Hürten*, Deutsche Briefe 1934–1938. Ein Blatt der katholischen Emigration I (Veröffentl. d. Kommiss. f. Zeitgeschichte bei d. kathol. Akademie in Bayern, Reihe A, Bd. 6), Mainz [1969], S. 574. – Die Parteistellen forderten ein Disziplinarverfahren gegen Kipp mit dem Ziel der Entfernung aus dem Amte (Mitteilung Prof. K. A. *Eckhardt* vom 29. Juni 1966). Erst im März 1937 teilte das Ministerium mit, im Benehmen mit den zuständigen Parteistellen sei entschieden worden, daß gegen den Verbleib Kipps an einer Universität und die Bekleidung akademischer Ämter durch ihn keine Bedenken mehr bestünden; Erlaß vom 25. März 1937 (UA, Akten des Kuratoriums der Universität Bonn betr. Prof. Kipp).

[305] Vgl. dazu unten S. 219.

bereits im Februar 1935 von zahlreichen Angehörigen des Lehrkörpers, denen damals in einem eigentümlichen Verfahren zum letzten Mal Gelegenheit gegeben worden war, zwar nicht den Rektor zu wählen, aber ihre Meinung über geeignete Personen zu äußern [306], für das Amt nominiert worden war. Diese Stimmen kamen großenteils aus dem Kreise derjenigen, die dem Nationalsozialismus ablehnend gegenüberstanden und dem Parteigenossen Schmidt damals gegen Kipp ihr Vertrauen bekundeten, obwohl dieser nicht Mitglied der allein herrschenden Partei und auch keineswegs aktivistisch im Sinne des Nationalsozialismus war [307]. Kipp schadete bei dieser Meinungserkundung die Tatsache, daß er – aus Gründen, die in den erreichbaren Quellen nicht zu erkennen sind – von der Regierung begünstigt wurde, während Schmidt trotz, vielleicht auch wegen seiner Eigenschaft als Dozentenschaftsführer dies nicht war.

Wenn Schmidt 1934 „tatbereite vaterländische Begeisterung" nachgerühmt wurde, so scheint ihn dies nach übereinstimmender Aussage von unbestritten antinationalsozialistischen Mitgliedern des Bonner Lehrkörpers, die hier sein Wirken erlebt haben, tatsächlich zutreffender zu charakterisieren, als das gleichzeitig in den Akten niedergelegte Urteil, er sei „von echt nationalsozialistischer Gesinnung" [308]. Damit soll selbstverständlich nicht gesagt sein, daß Schmidt zu den inneren Gegnern des nationalsozialistischen Regimes gehört hat. Er hat die Anordnungen der Regierung zuverlässig ausgeführt und dies wohl auch in der Regel ohne innerliches Widerstreben, vermutlich sogar im Gefühl weitgehender Übereinstimmung mit den meisten Erlassen und den hinter ihnen steckenden politischen Absichten, getan [309]. Aber er war kein gläubiger Adept, geschweige denn ein Apostel der nationalsozialistischen Ideologie. Fragen der Weltanschauung ließen ihn kühl. Als Rek-

---

[306] Hierzu *Seier*, S. 123 ff. – Die von dem Rektor Prof. H. Naumann unterzeichnete Einladung der Mitglieder des Bonner Lehrkörpers vom 2. Februar 1935 zu der reichseinheitlich auf den 15. Februar festgesetzten Ermittlung des Rektorvorschlags findet sich in den Akten der Bonner Universitätssternwarte.

[307] Mitteilung von Prof. *Braubach*, Bonn. – Für das Spannungsverhältnis zwischen Dozentenschaft und Universität, in dem ältere Gegensätze weiterbestanden, vgl. *Seier*, S. 135. Eine **Parallele** zur Betrauung Kipps mit dem Rektoramt stellt die gleichzeitig vorgenommene Ernennung des ebenfalls nicht der NSDAP angehörenden Prof. Wittmann zum Rektor der Technischen Hochschule Karlsruhe dar, obwohl sich bei der Befragung keine Stimme für ihn ausgesprochen hatte, während ein offenbar robuster „Alter Kämpfer" der Partei von den NS-Organisationen an der Hochschule gegen den bisherigen Rektor propagiert wurde, der der Kandidat der nicht nationalsozialistischen Angehörigen des Lehrkörpers war. Näheres hierzu in dem Schriftwechsel zwischen dem Reichswissenschaftsministerium und dem Badischen Kultusministerium über die Rektorernennungen in Heidelberg, Freiburg und Karlsruhe aus dem März 1935 (DC, Akten betr. Professor Wilhelm Groh).

[308] Antrag der Medizinischen Fakultät auf Verleihung des Professortitels an Schmidt, 6. November 1934 (Akten der Medizinischen Fakultät der Universität Bonn betr. Prof. Schmidt).

[309] Hierzu vgl. das bei M. *Kahle*, S. 13 f. wiedergegebene Disziplinarurteil gegen den Sohn von Prof. Kahle, der mit seiner Mutter am 12. November 1938 in einem jüdischen Geschäft betroffen worden war und deshalb – unter Zubilligung mildernder Umstände – mit Relegierung von der Universität Bonn und Nichtanrechnung des Semesters bestraft worden ist. Das Disziplinargericht setzte sich aus dem Rektor, dem Dozentenschaftsführer und dem Studentenführer zusammen.

206

tor hat er Konflikte mit der nationalsozialistischen Studentenschaft und dem örtlichen Standartenführer der SA, der zugleich Polizeichef von Bonn war, nicht
gescheut, um das wissenschaftliche Studium und die Hochschulgerechtsame gegen
radikale Kräfte und äußere Eingriffe zu verteidigen [310]. Wichtig für das Urteil
über Schmidts Persönlichkeit ist die Tatsache, daß er Mitte der dreißiger Jahre in
seiner Klinik jüdische Patienten mit größter Humanität behandelt hat [311], während sie damals in Bonn Gefahr liefen, unmenschlich abgewiesen und gemein
beschimpft zu werden, wenn sie sich in einer bestimmten anderen Universitätskli-
nik ärztlich behandeln lassen wollten [312]. Daß Schmidt später als Rektor der Reichsuniversität Straßburg vor sämtlichen deutschen Hochschulrektoren, den leitenden
Beamten des Reichswissenschaftsministeriums und dem nicht mehr ganz nüchter-
nen Reichsminister Rust diesen in einer Bierrede als „mißgeratenen Treuhänder
der Wissenschaft" bezeichnet hat, wie ein bis zu Hitler gelangter SD-Bericht meldet [313], spricht auch nicht gerade dafür, daß Schmidt ein Nationalsozialist strikter
Observanz gewesen ist, obwohl diese Äußerung natürlich angesichts der beschwing-
ten Kneipstimmung, bei der sie getan wurde, nicht überbewertet werden darf.
Stärker mag ins Gewicht fallen, daß Schmidt in Kreisen, die aus der Straßburger
Hochschule eine SS-Universität machen wollten, nicht unbedingt als ihr Mann

---

[310] Für den Konflikt mit der Studentenschaftsführung, der sich im Sommer 1939 an der
Frage des Ernteeinsatzes der Studierenden entzündete, vgl. den Bericht des Bonner Studenten-
führers Eitel an den Reichsstudentenführer Dr. Scheel vom 28. Juni 1939 betr. Verkündung
und Durchführung der Erntehilfe (Fotokopie im UA). – Zum Konflikt mit dem zugleich als
Polizeidirektor von Bonn fungierenden SA-Standartenführer Reinartz vgl. die in den 1880 enden-
den Akten des ehemaligen Preußischen Kultusministeriums betr. „Das Verhältnis der academischen zu den städtischen Polizeibehörden bei Excessen der Studirenden auf der Königl. Universität zu Bonn" (Hauptstaatsarchiv Düsseldorf, Preuß. Kultusministerium Nr. 640) abgehefteten
Vorgänge aus den Jahren 1938/39. Der Streitfall entwickelte sich im Anschluß an die vom
Polizeidirektor verfügte Ausweisung eines arabischen Studenten; vgl. dazu jetzt auch D. *Höroldt*,
Stadt und Universität. Rückblick aus Anlaß der 150 Jahr-Feier der Universität Bonn (Veröffentlichungen des Stadtarchivs Bonn 6), Bonn 1969, S. 129 f.
[311] Mitteilung von Prof. W. *Levison* (†) an den Verfasser unter dem unmittelbaren Eindruck dieses Verhaltens.
[312] Vgl. dazu die Akten des Kuratoriums der Universität Bonn betr. Zahnarzt Heinrich
Müller (UA). Müller – Mitglied der NSDAP und SS-Angehöriger seit dem 1. März 1931 – war
seit Herbst 1935 Leiter der von ihm aufgebauten SD-Außenstelle Bonn. Die ihn betreffenden
Spruchgerichtsakten, die nach Unterlagen des Instituts für Zeitgeschichte (München) Aufschluß
über die Bespitzelung von Professoren der Universität Bonn und über die Verfolgung von Juden
in Bonn enthalten, konnten für die vorliegende Untersuchung nicht benutzt werden, da die
nach den geltenden Bestimmungen hierzu erforderliche Genehmigung des von dem Verfahren
Betroffenen nicht erteilt worden ist (Mitteilung des Leitenden Oberstaatsanwalts bei dem Landgericht Bielefeld an das Institut für Zeitgeschichte in München, 6. September 1965).
[313] Der von Kaltenbrunner als Geheime Reichssache am 16. November 1943 an Bormann
übersandte, laut Randvermerk am 30. November Hitler vorgetragene Bericht, der sich auf
Mitteilungen von Teilnehmern an der Salzburger Rektorenkonferenz vom 26. bis 28. August
1943 stützte und die Unfähigkeit sowie das stark gesunkene Ansehen des Reichsministers Rust
dokumentieren sollte, liegt in den diesen betreffenden Akten im DC. Diesem Bericht zufolge ist
Schmidts Bierrede „verschiedentlich sogar als die bemerkenswerteste geistige Leistung der
ganzen Tagung bezeichnet worden". Vgl. dazu auch *Heiber*, S. 641.

betrachtet wurde, nachdem ihm in Angleichung an seine Rektorwürde ein hoher SA-Rang verliehen worden war [314].

Obenauer hatte einen weit komplizierteren Entwicklungsgang genommen [315]. 1888 in Darmstadt geboren, hatte auch er am Ersten Weltkrieg teilgenommen; dabei war er längere Zeit als Dolmetscher im Großen Hauptquartier beschäftigt gewesen. Er hatte dann viele Jahre als Privatgelehrter literaturwissenschaftliche und religionsphilosophische Studien getrieben, bevor er sich 1926 in Leipzig habilitierte. Dort wurde er 1932 zum nichtbeamteten außerordentlichen Professor ernannt. In den zwanziger Jahren gehörte Obenauer zum mystisch-theosophischen Kreis des Freiherrn v. Bernus und in der Darmstädter Gesellschaft, die sich um den Grafen Hermann Keyserling mit seiner „Schule der Weisheit" gruppierte, wird „der geistreiche Dr. Obenauer" 1925 einmal neben Baron Otto von Taube, Magnus Hirschfeld, Richard Wilhelm und Hans Driesch als Gast im Hause der Baronin Doris von Heyl erwähnt [316]; auch hatte er nähere Beziehungen zu Franz Rosenzweig und Martin Buber, die er bis zu Bubers Emigration aufrechterhielt [317]. Seine Weltanschauung war damals stark von Jakob Böhme und der durch Friedrich Rittelmeyer angestrebten Synthese zwischen Anthroposophie und Christentum bestimmt. Bücher wie „Goethe und sein Verhältnis zur Religion", „Der faustische Mensch", „Nietzsche, der ekstatische Nihilist", „Hölderlin und Novalis" zeigen, daß er „eine sehr per-

[314] Vgl. die ebd. S. 541 benutzte Korrespondenz zwischen Prof. E. Anrich (Straßburg) und Himmler (Bundesarchiv Koblenz NS 19/151). – Schmidt war am 30. Januar 1942 in Angleichung seines SA-Ranges an seine Dienststellung als Rektor zum SA-Standartenführer befördert worden.

[315] Für das Folgende konnten nachstehende Akten herangezogen werden: Akten der Philosophischen Fakultät betr. Geheimrat Prof. Dr. Walzel (hier finden sich nach dem Registraturbrauch der Bonner Philosophischen Fakultät die mit Walzels Nachfolge zusammenhängenden Vorgänge); Akten der Philosophischen Fakultät betr. Prof. Obenauer; Akten des Kuratoriums der Universität Bonn betr. Prof. Obenauer (UA); Akten betr. Prof. Obenauer im DC; Spruchgerichtsakten betr. Prof. Obenauer (Oberstaatsanwaltschaft Bielefeld). Die im Hauptstaatsarchiv Düsseldorf aufbewahrten Spruchkammerakten betr. Prof. Obenauer standen in der oben S. 6 gekennzeichneten Weise zur Verfügung. Ferner wurden mündliche Mitteilungen von Prof. Obenauer und verschiedenen ehemaligen und jetzigen Angehörigen der Bonner Philosophischen Fakultät verwertet. – Ein Porträtfoto Obenauers ist bei *Lützeler, Bonn*, S. 64 Abb. Nr. 92 wiedergegeben.

[316] Zu der Erwähnung aus Darmstadt: A. *Bock*, Tagebücher. Ausgewählt u. mit einem Nachwort versehen von W. *Bock* (Veröffentlichungen der Deutschen Akademie für Sprache und Dichtung 20), Heidelberg 1959, S. 105. – v. *Hoerschelmann*, der in dem 1941 niedergeschriebenen Kapitel „Schwabing" seiner Erinnerungen mancherlei über v. Bernus mitteilt, schreibt S. 138 f. über dessen Wohnsitz Stift Neuburg bei Heidelberg: „Hier traf man Dichter und ihre Gesellen: Stefan George, Wolfskehl, Melchior Lechter, Gundolf, Rilke, Mombert, Thylmann, Kubin, Strich und Obenauer". Dazu: Worte der Freundschaft für Alexander von Bernus, Nürnberg o. J. [1950] (darin auch Briefe von Thomas Mann an v. Bernus aus den Jahren 1910 bis 1920); In Memoriam Alexander von Bernus, hrsg. von O. *Heuschele* (Veröffentlichungen der Deutschen Akademie für Sprache und Dichtung 37), Heidelberg [1966].

[317] Ein Niederschlag dieser Beziehungen ist Obenauers Aufsatz zum 50. Geburtstag Bubers (Münchner Neueste Nachrichten Nr. 38 vom 8. Februar 1928).

sönliche ... Art der Literaturbetrachtung" betrieb, „die innerlich bewegten und geistig suchenden Menschen über alles Literarische hinaus etwas zu sagen hat". Diese Werke verschafften Obenauer bis in die Vereinigten Staaten hin den Ruf, eine Wiedergeburt der Religionsphilosophie in Deutschland eingeleitet zu haben. Er wurde als „religiöser Seher" gerühmt, der „schon die Umrisse der neuen Zeit" erkenne und die Wege zeige, die zu ihr führen werden [318].

Das Jahr 1933, mit dem für Deutschland eine neue Zeit ganz anderer Art anbrach, als der auch später noch von zweifellos kritischen Kennern seines Wesens für einen ebenso individualistischen wie weltfremden, milden Bücher- und Gedankenmenschen [319] gehaltene Obenauer sie erträumt hatte, brachte eine seltsame und verhängnisvolle Wende im Leben dieses Mannes. Hierüber äußerte Obenauer sich selbst 1935: „Politisch war ich früher nicht tätig; 1933 bin ich in die Partei eingetreten und erfüllte zunächst meine Pflicht als einfacher Blockleiter. Später trat ich auf Wunsch des Oberabschnittleiters des SD in die Schutzstaffel ein. Die Verpflichtung, die ich hier im Dienste des Reichsführers SS auf mich nahm, erfülle ich heute mit Freude und Stolz" [320].

Obenauer geriet in die SS und den SD durch einen seiner früheren Hörer – Dr. Wilhelm Spengler [321] – bei dem er sich über den Stumpfsinn der Blockwarttätigkeit

---

[318] Die Zitate aus einem bei den Spruchgerichtsakten befindlichen Prospekt des Verlages Eugen Diederichs über verschiedene Schriften Obenauers; der Prospekt ist auf 1924/25 zu datieren. Unter den wiedergegebenen Kritiken ist das geradezu begeisterte Urteil über das Buch „Der faustische Mensch", von dem oben S. 26 f. im Zusammenhang mit Litzmann erwähnten Alexander *Pache* zu nennen. Der Rezensent des Karlsruher Tageblatts urteilte über Obenauers Nietzschebuch, es stehe „ebenbürtig neben Bertrams Meisterleistung". *Bock*, S. 105 fügt der Erwähnung Obenauers hinzu: „dessen Buch ‚Goethes Verhältnis zur Religion' ich sehr schätze". – Nach einer Mitteilung *Obenauers* vom 20. Juli 1965 hatte er vor 1933 „ernsthafte Empfehlungen nach Bern (wo Fritz Strich den Vorrang erhielt), nach Heidelberg (Nachfolge Gundolfs) und nach Stuttgart (TH)".

[319] Dem in diese Richtung weisenden Urteil des früheren Bonner SD-Außenstellenleiters und SS-Hauptsturmführers Dr. Müller vom 13. April 1948 (Spruchgerichtsakten), das natürlich mit kritischer Vorsicht zu beurteilen ist, entsprechen Äußerungen von Prof. E. v. Beckerath vom 28. Mai 1947 und O. Scheibler (Bad Godesberg) vom 27. Mai 1947, die Obenauer als „im Grunde unpolitische", „weltfremde Gelehrtennatur" bezeichnen (ebd.).

[320] Eigenhändiger Lebenslauf Obenauers vom 1. Juni 1935 (DC). – Aus den Akten ergibt sich folgende Partei- und SS-Laufbahn Obenauers: Eintritt in die NSDAP im März 1933 (Nr. 1961827); Eintritt in die SS 1934 (Nr. 107281); Beförderungen in der SS: 20. April 1939 Untersturmführer; 20. April 1940 Obersturmführer; 20. April 1941 Hauptsturmführer. Mit Wirkung vom 20. April 1939 wurde Obenauer als „Führer im SD" beim Reichssicherheitshauptamt geführt.

[321] Dr. Wilhelm Spengler, geb. 1907, weist eine in mehrfacher Hinsicht bemerkenswerte Entwicklung und Laufbahn auf. Er entschloß sich „auf Grund" seiner „weltanschaulichen Gegnerschaft zum Katholizismus und seiner ganzen Wertwelt" – dem er von Hause her angehört hatte – das ursprünglich ins Auge gefaßte Berufsziel eines Maschinen-Elektroingenieurs zugunsten des Studiums der deutschen Geschichte, Kunstgeschichte, Germanistik und Philosophie, „das einem weltanschauliche Werte aus dem germanischen und deutschen Geisteserbe vermitteln konnte", aufzugeben. Promotion zum Dr. phil. in Leipzig auf Grund einer Dissertation über „Das Drama Schillers" (1931) und „Sehr gut" bestandenes Staatsexamen (1932) waren von kurzer Tätigkeit im Schuldienst und bei der in der damaligen Krisenzeit für arbeitslosen

beklagte und nach der Möglichkeit interessanterer Arbeit für die nationalsozialistische Bewegung erkundigt hatte. Spengler war damals bereits für den SD tätig. So wurde Obenauer – zunächst als Berichterstatter für die in Leipzig unter Spengler im Aufbau begriffene Schrifttumsstelle – einer der vielen ehrenamtlichen Mitarbeiter des SD-Inland. Über Entwicklung, Tätigkeit und Stellung dieser Organisation innerhalb des nationalsozialistischen Herrschaftsapparates sind wir seit der Publikation einer Auswahl seiner geheimen Lageberichte gut unterrichtet [322]. Ein Jahr, nachdem Obenauer sich dem SD zur Verfügung gestellt hatte, 1935/36, begann dessen „sehr allmählich" vollzogene Wandlung von einer zunächst zur Überwachung und Ausforschung der Gegner des Nationalsozialismus bestimmten Institution, die anfangs Aufgaben der polizeilichen Exekutive an sich gezogen hatte, in ein Organ der „Lebensgebietarbeit", das seine Beobachtungen auf alle Bereiche des Daseins und die Stimmung der Bevölkerung erstreckte. Selbstverständlich hatte der SD damit nicht aufgehört, eine Funktion im Dienst nationalsozialistischer Machtausübung zu erfüllen. „An Universitäten bestanden SD-Arbeitsgemeinschaf-

---

akademischen Nachwuchs wirkenden „Akademischen Selbsthilfe" in Sachsen gefolgt. Einer Partei trat er damals nicht bei und begründete dies 1936 mit großer Inanspruchnahme vor 1933; „sich nach der Machtübernahme als ‚Nachzügler' oder ‚Märzling' zu stellen, kam für mich nicht in Frage". „Außerdem stellte ich die Bindung an Grundwerte der germanisch-völkischen Weltanschauung über eine formale Parteizugehörigkeit". Im September 1933 trat Spengler der SS bei (Nr. 107105). Auf Grund persönlicher Bekanntschaft mit dem späteren SS-Oberführer Beutel (über ihn vgl. *Aronson*, S. 295 f., Anm. 111) seit November 1933 erhielt er von diesem die Referate über konfessionelle Strömungen für die Oberabschnitte Mitte und Südost im SD übertragen, bei dem er seit 15. März 1934 als hauptamtlicher Mitarbeiter tätig war. Nachdem er Vorschläge über eine „Auswertung des gesamten deutschsprachigen Schrifttums für den SD" unterbreitet hatte, wurde er beauftragt, in Leipzig die Schrifttumsstelle des SD-Hauptamtes aufzubauen. Ferner betraute ihn der Reichsführer SS mit dem H-Sonderauftrag, einer durch verschiedene Mitarbeiter unter Spenglers Leitung unternommenen Erforschung des Hexenwesens im 16. und 17. Jahrhundert, für das Himmler besondere Vorliebe hegte (vgl. z. B. *Aronson*, S. 265, Anm. 63). Am 1. April 1936 wurde die Schrifttumsstelle aus der Deutschen Bücherei nach Berlin ins SD-Hauptamt verlegt. Dort war Spengler als Hauptabteilungsleiter Presse und Schrifttum, später unter dem Amtsleiter Ohlendorf als Gruppenleiter III C Kultur beim Amt III im Reichssicherheitshauptamt tätig. Hier wurde er bald als „einer der geistig fähigsten SS-Führer" beurteilt sowie mit Himmlers Ehrendegen und Julleuchter ausgezeichnet. Der NSDAP trat Spengler erst zum 1. Mai 1937 bei (Nr. 4583230). Am 30. Januar 1944 erhielt er seine letzte Beförderung zum SS-Standartenführer. Literarisches Zeugnis über Spenglers Anschauungen bieten seine Aufsätze „Die schöpferische Freiheit in der Kunst" (Volk im Werden 5, 1937, S. 28 ff.) und „Die Frau im germanischen und christlichen Weltbild" (ebd. S. 232 ff.). – Im Prozeß gegen Ohlendorf trat Spengler als Zeuge der Verteidigung auf (vgl. die Sitzungsprotokolle vom 16. und 17. Oktober 1947, BA Koblenz, Rep. 501, XXVII A 9 und 10). Über Spengler vgl. auch *Aronson*, S. 162 f., 215.

[322] Meldungen aus dem Reich. Auswahl aus den geheimen Lageberichten des Sicherheitsdienstes der SS 1939 bis 1944, hrsg. v. H. *Boberach*, [Neuwied 1965]; *Aronson*, S. 55 ff., 139 ff., 185 ff., 191 ff. Vgl. ferner *Buchheim*, S. 67 ff.; F. *Zipfel*, Kirchenkampf in Deutschland 1933–1945 (Veröffentlichungen der Historischen Kommission zu Berlin... Bd. 11), Berlin 1965, S. 145 ff.; *Höhne*, S. 183 ff., bes. S. 200 ff. – Bei *Boberach*, S. XIII, Anm. 21 ist eine Textüberlieferung für den von *Buchheim*, S. 70 noch vermißten, zur Beurteilung der Tätigkeit von SD einerseits und Gestapo andererseits wichtigen „Funktionserlaß" vom 1. Juli 1937 genannt.

ten, deren Mitglieder als Sachverständige für Angelegenheiten der Wissenschaften herangezogen wurden"[323].

Im Sommer 1936 unterstrich ein Befehl des Reichsführers SS, daß die Namen der Mitarbeiter im SD unter keinen Umständen bekannt werden dürften, da die Preisgabe auch nur eines Namens selbst gegenüber Dienststellen der NSDAP und ihrer Gliederungen dem SD den Charakter eines politischen Nachrichtendienstes nehmen würde und er dann „seiner schweren Aufgabe" nicht mehr entsprechen könne[324]. Damit kontrastiert eigentümlich die Tatsache, daß Obenauer in Bonn SS-Uniform mit SD-Abzeichen getragen und – ein bis dahin an der Rheinischen Friedrich-Wilhelms-Universität noch nie vorgekommener Fall – auch seine Antrittsvorlesung in dieser Uniform gehalten hat[325]. Universitätsangehörige, die dem Nationalsozialismus ablehnend gegenüberstanden und Anlaß zur Besorgnis um ihre Person und Stellung hatten, begegneten Obenauer daher mit denkbar vorsichtiger, von ihm auch empfundener Zurückhaltung[326]. Ein nicht zu den Ordinarien gehörender germanistischer Fachkollege, der mit einer schon 1932 verstorbenen Frau jüdischer Abkunft verheiratet gewesen war, beklagte sich 1945, daß er unter Obenauer zu leiden gehabt hätte[327]. Ein langjähriger Hausgenosse Obenauers, der seiner jüdischen Abkunft wegen aus einer führenden Stellung im deutschen Kulturleben entfernt worden war, bezeugte hingegen, Obenauer habe sich in voller Kenntnis dieser Tatsachen stets anteilnehmend und menschlich verhalten[328]. Unzweifelhaft ist durch Obenauers Publikationen nach 1933 belegt, daß er damals die Kategorien der nationalsozialistischen Weltanschauung zum Maßstab des literarischen Urteils nahm und sich während des Krieges bei der Behandlung eines Mannes wie Ernst Moritz Arndt von politischen Wunschträumen leiten ließ, die sich mit den phantastischen Erwartungen radikaler Gefolgsleute Adolf Hitlers

---

[323] *Boberach* S. XV, wo als Beleg eine eidesstattliche Erklärung von Prof. G. *Ritter* (Freiburg/Br.) in: Der Prozeß gegen die Hauptkriegsverbrecher Bd. 42, Dokument SD (A)-65 genannt ist. Weitere Quellen sind bisher nicht nachgewiesen. Vgl. auch *Höhne*, S. 261. Das Bestehen einer derartigen Arbeitsgemeinschaft an der Universität Bonn ist durch mündliche Mitteilung von Prof. *Obenauer* über regelmäßige Zusammenkünfte der SD-Angehörigen aus dem Lehrkörper gesichert.

[324] Befehl für den SD Nr. 25/36 vom 22. Juni 1936 (Bundesarchiv Koblenz R 58/990).

[325] Berichte über die Antrittsvorlesung vom 8. November 1935 in: Kölnische Zeitung Nr. 580 vom 14. November 1935; Westdeutscher Beobachter Nr. 308/309 vom 9. November 1935 (Verfasser: H. *Ginzel*); hier heißt es, „die Nationalsozialistische Presse des Gaues Köln-Aachen" begrüße den neuen Ordinarius „als einen edlen und kraftvollen Streiter für das Neue und Ewig-Alte im deutschen Genius"; es kennzeichnet das gebrochene Verhältnis der NSDAP zur Wissenschaft, wenn weiter gesagt wird, zu dem „wissenschaftlichen Standort" finde „vielleicht nicht jeder Volksgenosse sofort den rechten Zugang".

[326] Eidliche Zeugenaussage von Prof. Enders, 18. Juli 1947 (Spruchgerichtsakten); dazu eine Bemerkung Obenauers im Protokoll seiner staatsanwaltschaftlichen Vernehmung vom 6. August 1947 (ebd.).

[327] Äußerung von Prof. Enders, 24. April 1947 (ebd.).

[328] Äußerung von Prof. Braunfels, 12. November 1946 (ebd.). Über die von den nationalsozialistischen Machthabern gegen Braunfels verhängten Verfolgungsmaßnahmen vgl. die bei *Brenner, Ende*, S. 135 ff., Nr. 121 ff. wiedergegebenen Akten.

deckten [329]. Die Ansicht, Obenauer habe „zwischen den Zielen, für welche die Partei sich einzusetzen vorgab, und der Germanistik, die er selbst an der Universität vertrat, eine gewisse Affinität zu erkennen" geglaubt [330], dürfte der Wirklichkeit ziemlich nahekommen. Wie er dabei das Fach und seine Vertreter an den deutschen Universitäten, gewiß auch nicht zuletzt sich selbst bewertete, zeigt eine gutachtliche Äußerung, die Obenauer 1939 verfaßt hat. Darin äußerte er Zweifel, ob Max Kommerell „dem Typus des Germanisten entspricht, den wir heute für die Universität uns wünschen" [331].

Als Obenauer im Sommer 1935 das erwähnte Bekenntnis über seinen politischen Werdegang niederschrieb, schwebte seine Berufung auf den durch Walzels Emeritierung schon mehr als zwei Jahre freien Lehrstuhl für deutsche Literaturwissenschaft an der Rheinischen Friedrich-Wilhelms-Universität. Hintergrund und Verlauf dieser Berufung sind nicht nur für die Bonner Fakultäts- und Universitätsgeschichte in der jüngeren Vergangenheit wichtig, sondern eröffnen zeitgeschichtliche Aspekte, die uns zu Thomas Mann zurückführen.

Die Beratungen der Fakultät über die von ihr einzureichenden Berufungsvorschläge hatten im Winter 1932/33 begonnen und sich bis in das Sommersemester 1933 hingezogen. Der große Wandel, der in Deutschland nach dem 30. Januar 1933 eingesetzt hatte, hat hierbei und in den schließlich formulierten Wünschen für die Wiederbesetzung des Lehrstuhles nicht die geringste Spur hinterlassen. Im Juni 1933 beschloß die Fakultät, dem Ministerium an erster Stelle Professor Karl Viëtor (Gießen) (1892–1951), an zweiter Stelle pari passu die Professoren Paul Kluckhohn (Tübingen) (1886–1957) und Günther Müller (Münster) (1890–1957) zur Berufung nach Bonn vorzuschlagen. Die neuen Machthaber zeigten sich von dieser Liste nicht befriedigt. Sie wünschten eine Ergänzung des Fakultätsvorschlags

---

[329] Vgl. z. B. *Obenauers* Anzeige der Bücher von W. *Grau*, W. v. Humboldt und das Problem des Juden (1936) und W. *Stapel*, Die literarische Vorherrschaft der Juden in Deutschland 1928–1933 (1937) unter der Überschrift „Vom Einfluß des jüdischen Denkens" (Zeitschrift für Deutsche Bildung 13, 1937, S. 261 f.), seine Besprechung von *Nadlers* Deutscher Literaturgeschichte (ebd. 18, 1942, S. 146 ff.) und die Vorträge „Ernst Moritz Arndt und der Rhein" (Kriegsvorträge der Rheinischen Friedrich-Wilhelms-Universität 35), Bonn 1941 (auch Zeitschrift für Deutsche Bildung 17, 1941, S. 2 ff.) und „Ernst Moritz Arndt und die Gegenwart" (Kriegsvorträge der Rheinischen Friedrich-Wilhelms-Universität 78), Bonn 1943. In einer am 20. April 1936 in der Aula der Universität Bonn von Obenauer gehaltenen Rede zu Hitlers Geburtstag heißt es: „Auch die einzelnen Wissenschaften werden diesem von der inneren Krise der Wissenschaft so unberührten Mann... Unendliches verdanken" (Die Wissenschaft dankt dem Führer, Zeitschrift für Deutsche Bildung 12, 1936, S. 289).

[330] Äußerung von Prof. E. v. Beckerath, 14. Juli 1947 (Spruchgerichtsakten). v. Beckerath war langjähriger Mitbewohner des Hauses, in dem Obenauer seit seiner Übersiedlung an die Universität Bonn als Mieter lebte; über ihn vgl. J. *Salzwedel*–N. *Kloten*, In memoriam Erwin von Beckerath (Alma Mater. Beiträge zur Geschichte der Universität Bonn 20), Bonn 1966.

[331] Schreiben Obenauers vom 23. Mai 1939 an den Dekan der Philosophischen Fakultät der Universität Marburg als Antwort auf eine Anfrage nach Lehrtätigkeit, menschlicher und politischer Haltung Kommerells (Akten der Philosophischen Fakultät der Universität Bonn betr. Prof. Kommerell). – Das negative Votum hat nicht verhindert, daß Kommerell 1941 schließlich doch als Ordinarius nach Marburg berufen wurde.

durch Ernst Bertram, Thomas Manns alten, geistig längst von ihm geschiedenen Freund [332], der seit 1922 als Ordinarius an der Universität Köln wirkte. Er erfreute sich als Literaturwissenschaftler und akademischer Lehrer von durchaus eigenwilligem, geistig-esoterischem Gepräge bedeutenden Ansehens über sein Fach hinaus und hatte noch zahlreiche Verbindungen zu Bonn. Nach seinem dankbaren Bekenntnis zum Nationalsozialismus vom Sommer 1933 und dem damit verbundenen beschwörenden Appell an die Studenten, sich der „Bewegung" nicht zu entziehen, wollte das Ministerium offenbar ihn zunächst auf den Bonner Lehrstuhl bringen. Die Fakultät zeigte sich mit Bertram einverstanden, der auch mündlich zu erkennen gegeben hatte, daß er eine Rückkehr nach Bonn dem Wirken in Köln vorziehen würde. Es kam jedoch nicht zu seiner Berufung. Nach einem hier nicht näher zu schildernden grotesken Zwischenspiel, bei dem der der neueren deutschen Literaturgeschichte gewidmete Lehrstuhl mit dem in Kiel aus politischen Gründen mißliebig gewordenen und von dort Hals über Kopf entfernten Altgermanisten Carl Wesle (1890–1950) unsachgemäß besetzt wurde [333], forderte das Ministerium nach beinahe Jahresfrist von der Fakultät neue Vorschläge aus dem Kreis jüngerer Gelehrter. Die Fakultät nannte daraufhin eine Reihe von Privatdozenten oder Extraordinarien; Obenauer befand sich nicht darunter. Da verlangte das Ministerium im Dezember 1934 schließlich eine Äußerung über ihn [334]. Damit hatte es zu erkennen gegeben, daß es ihn zu berufen wünsche. Der Dekan, Prof. Rothacker, übersandte als Antwort im Januar 1935 ein wohlabgewogenes und deutlich zurückhaltendes Votum über Obenauer, dessen praktischer Einsatz für den National-

---

[332] Im Protokoll der Fakultätssitzung vom 20. Dezember 1933 hat der Dekan Rothacker den von dem Protokollführer Priv.-Doz. Dr. Anrich unbekümmert gebrauchten und der Sachlage vollkommen entsprechenden Ausdruck „der Wunsch des Ministeriums [nach Ergänzung des Berufungsvorschlags durch Bertram]" geändert in: „die Anregung des Ministeriums". Diese Formulierung entsprach der akademischen Tradition, bei der auch in früheren Fällen den Fakultäten gegenüber formell „Anregungen" des Ministeriums geäußert und von den Fakultäten berücksichtigt worden waren. Nicht bekannt gewesen sein dürfte dem Dekan die Tatsache, daß der gleiche Anrich in einer Mitte März 1933 gefertigten und Anfang November des selben Jahres abschriftlich dem damaligen Führer des Nationalsozialistischen Deutschen Studentenbundes, Stäbel, übermittelten Denkschrift über die Universität „Bonn als geistige Festung an der Westgrenze" (Fotokopie im UA) darauf hingewiesen hatte, der freiwerdende Lehrstuhl Walzels sei „sehr wichtig" im Sinn der von Anrich formulierten Aufgabe dieser Universität, und bei der Neubesetzung freier Lehrstühle sei es erforderlich, Persönlichkeiten zu berufen, „die in ihrem sittlichen wissenschaftlichen Nationalbewußtsein wie in ihrer Lebendigkeit wie in ihrer inneren Prädestination für Ost- oder Westgrenze sowie in ihrem ständischen Pflichtgefühl dieser Aufgabe entsprechen". Wie weit diese Ausführungen und die Einflußnahme der nationalsozialistischen Studentenschaft die Besetzungsgeschichte des neugermanistischen Bonner Lehrstuhls im einzelnen beeinflußt haben, muß weiteren Forschungen vorbehalten bleiben. Über Anrich vgl. L. *Niethammer*, Angepaßter Faschismus, [Frankfurt/M. 1969], S. 79 ff.

[333] Hierzu vgl. E. *Hofmann*, Die Christian-Albrechts-Universität in preußischer Zeit. Geschichte der Christian-Albrechts-Universität Kiel I, 2, Neumünster 1965, S. 91.

[334] Reichs- und Preußisches Ministerium für Wissenschaft, Erziehung und Volksbildung an Philosophische Fakultät der Universität Bonn, 10. Dezember 1934 (Akten der Philosophischen Fakultät der Universität Bonn betr. Geheimrat Prof. Walzel).

sozialismus als SS-Angehöriger ihm durch eine amtliche Äußerung des Leipziger Dekans bekannt geworden war. Rothacker betonte den Wunsch der Fakultät, einem der früher benannten Gelehrten das wichtige Ordinariat übertragen zu sehen [335]. Als der Kurator die Fakultät im März davon unterrichtete, Obenauer solle zum Sommersemester berufen werden, reiste Rothacker sofort nach Berlin und stellte dem zuständigen Ministerialreferenten erneut vor, die Fakultät lege Wert darauf, daß nicht Obenauer, sondern einer der anderen vorgeschlagenen Literarhistoriker nach Bonn komme. Um nichts unversucht zu lassen, wiederholte der Dekan seine mündlichen Darlegungen einige Tage nach der Berliner Reise in einem an das Ministerium gerichteten Schreiben [336].

Alle diese Schritte, bei denen Rothacker stets im Einklang mit der durch vorauf-gehende Beratungen geklärten Ansicht der Fakultät handelte, blieben erfolglos. Obenauer wurde im Lauf des Sommers zum 1. Oktober 1935 berufen – „gegen die Vorschläge der Fakultät", wie dem Ministerium wohlbewußt war. Es geschah, nachdem der zuständige Referent im Reichswissenschaftsministerium sich in einer für seine Vorgesetzten bestimmten internen Aufzeichnung entschieden dafür aus-gesprochen hatte, weil die von der Fakultät Vorgeschlagenen „aus hochschulpoli-tischen Gründen" nicht in Frage kämen [337]. Damit war zart umschrieben, daß es erforderlich sei, in die Bonner Philosophische Fakultät, an deren damalige Bewertung durch den SS-Angehörigen v. Antropoff wir uns hier zu erinnern haben, einen vertrauenswürdigen Nationalsozialisten zu verpflanzen. Der Eignungsbericht des Ministerialreferenten urteilt in dieser Beziehung: „In politischer und weltan-schaulicher Hinsicht bietet Prof. Obenauer Gewähr für zuverlässige Haltung und Eignung. Der persönliche Eindruck ist sehr gut". Die nachhaltigen Bedenken der Fakultät gegen Obenauers Berufung sind in diesem Bericht unterdrückt, und der Inhalt verschiedener Fachgutachten, die das Ministerium eingeholt hatte, wird absichtlich vereinfachend in einem knappen Satz referiert [338]. Trotz sorgfältig überlegter Auswahl der Gutachter leisteten diese nämlich keineswegs alle die erwartete brauchbare Schützenhilfe für die beabsichtigte Berufung.

Welche spezielle Absicht und welche treibenden Kräfte hinter dem ganzen Ver-fahren steckten, enthüllt die Tatsache, daß der betreffende Ministerialreferent, der ehemalige Göttinger Theologe Eugen Mattiat (geb. 1901), wie Obenauer SS- und

---

[335] Dekan Rothacker an den Reichs- und Preußischen Minister für Wissenschaft, Erziehung und Volksbildung, 11. Januar 1935 (ebd.). Die Fakultät hatte sich in ihrer Sitzung vom 16. Januar 1935 mit diesem vom Dekan verlesenen Schreiben einverstanden erklärt (Protokolle der Fakultätssitzungen).

[336] Dekan Rothacker an den Reichs- und Preußischen Minister für Wissenschaft, Erzie-hung und Volksbildung, 28. März 1935 (Akten der Philosophischen Fakultät der Universität Bonn betr. Geheimrat Prof. Walzel).

[337] Eignungsbericht des Ministerialreferenten Mattiat vom 17. August 1935; dort auch das vorige Zitat. Aus der beiliegenden „Vereinbarung" erhellt, daß die Berufungsverhandlung tags zuvor, am 16. August stattgefunden hatte (Fotokopie aus den Akten des Reichswissen-schaftsministeriums, DC, Akten betr. Obenauer).

[338] Ebd.

SD-Angehöriger war [339] und daß er den Hinweis auf Obenauer aus diesem gleichen Kreise erhalten hatte, in dem der Staatsrechtler Professor Reinhard Höhn (geb. 1904), auf den die Gründung des SD zurückging, damals eine führende Rolle spielte [340]. Auch zwei der von Mattiat befragten Gutachter, die Professoren Otto Höfler (geb. 1901) und Gerhard Fricke (geb. 1901) (beide Kiel) standen – nachweislich jedenfalls 1937 – mit SS-Organisationen – „Ahnenerbe" und SD – in naher Beziehung [341], hatten sich freilich teils negativ, teils zurückhaltend über

---

[339] Aus den Akten des DC über Eugen Mattiat ergibt sich: geboren 28. April 1901; Eintritt in die NSDAP am 1. Oktober 1931 (Nr. 677146); SS-Nr. 290057; am 12. September 1937 SS-Untersturmführer und „Führer im SD-Hauptamt", bei Kriegsende als SS-Obersturmführer d. R. bei der Waffen-SS. Mattiat war 1934 ins Reichsministerium für Wissenschaft und Volksbildung berufen worden und während seiner dortigen Tätigkeit zum Professor der Praktischen Theologie an der Universität Berlin ernannt worden. Er wechselte dann zur Deutschen Volkskunde über – bekanntlich ein besonderes Interessengebiet der SS und des „Ahnenerbe" –, ist in diesem Fach, für das er bei seinem Ausscheiden aus dem Ministerium im Jahre 1938 einen Lehrstuhl an der Universität Göttingen übernahm, jedoch wissenschaftlich nie hervorgetreten. Im Ministerium war er zunächst Referent für die Angelegenheiten der theologischen Fakultäten, dann auch für die germanistischen Fächer. 1936 erbat die Evangelisch-theologische Fakultät der Universität Bonn, deren personelle Zusammensetzung nach 1933 in Verbindung mit dem sogen. Fall Barth durch das Ministerium unter wesentlicher Beteiligung Mattiats weitgehend geändert worden war, die Zustimmung des Ministeriums zur Ehrenpromotion Mattiats und des der Fakultät angehörenden E. Stauffer. Die Zustimmung wurde versagt, da Ehrenpromotionen bis zu einer in Aussicht genommenen allgemeinen Reform des Promotionswesens grundsätzlich zurückzustellen seien; Reichs- und Preußisches Ministerium für Wissenschaft, Erziehung und Volksbildung an Evangelisch-theologische Fakultät Bonn, 31. Juli 1936 (Geheimes Staatsarchiv Berlin, Rep. 76, Kasten Nr. 26). Über Mattiat vgl. *Heiber*, S. 116 f., 481 und 646, wo er näher charakterisiert ist.

[340] Mitteilung von Prof. *Obenauer*. – Über Höhns Entwicklung vom führenden Mitarbeiter des „Jungdeutschen Ordens" zum SD-Führer und Berater Himmlers vgl. die ihn betr. Akten im DC sowie die vielfältigen Angaben bei *Heiber* (S. Register, S. 1262) und *Höhne* (s. Register, S. 595), bes. S. 217 ff.

[341] O. Höfler, geboren 10. Mai 1901, war 1935 Professor an der Universität Kiel. Über ihn vgl. *Heiber*, S. 551 ff. u. ö. Die im DC aufbewahrten Akten beleuchten seine Beziehungen zu dem Geschäftsführer des „Ahnenerbe" Sievers (darunter ein undatiertes, am 13. Juli 1937 eingegangenes Schreiben mit Schilderungen vom Erfurter Historikertag, wo Höfler als einer der jungen nationalsozialistischen Wissenschaftler besonders hervorgetreten sei), Höflers Berufung nach München mit Unterstützung Himmlers, der daran wegen eines von ihm erteilten Auftrags „Erschließung des germanischen Erbes" interessiert war, und Höflers spätere Tätigkeit für den SD, in deren Zusammenhang eine von ihm verfaßte Denkschrift über Skandinavien gehört, die erheblich Wasser in den Wein der nationalsozialistischen Schwärmerei für den germanischen Norden gießt. – Höfler hat 1937 seinen – wie er 1934 nach Kiel berufenen – Fachgenossen Gerhard Fricke, geboren 20. August 1901, dem „Ahnenerbe" als Bearbeiter einer Klopstockausgabe empfohlen, für die sich Himmler wegen der bei der jährlichen König-Heinrich-Feier der SS in Quedlinburg stattfindenden Klopstock-Ehrung erwärmte. Fricke hatte bei der unter Teilnahme des im Zuge der „Gleichschaltung" eben zum Rektor avancierten, unten S. 221, Anm. 360 noch zu erwähnenden Germanisten Neumann stattfindenden Bücherverbrennung in Göttingen am 10. Mai 1933 eine Ansprache gehalten; vgl. *Wulf, Literatur* S. 54 f.; ebd. S. 397 f. ein von Fricke auf Wunsch Himmlers verfaßtes Gutachten. – Über Fricke vgl. Braune Universität. Deutsche Hochschullehrer gestern und heute III, zusammengestellt und hrsg. von R. *Seeliger*, München 1965, S. 43 ff. mit Frickes Stellungnahme S. 49 ff.

Obenauer geäußert [342]. Der dritte Gutachter – Franz Koch (Berlin) (geb. 1888) – war eben im Jahre 1935 als „weltanschaulich sattelfester Ordinarius" an die Universität der Reichshauptstadt berufen worden [343]; sein Gutachten war positiv ausgefallen und hatte die Ansicht vertreten, daß Erkenntnisse des letzten Buches von Obenauer „vielfach mit weltanschaulichen Gewinnen des Nationalsozialismus übereinkommen" [344]. Himmler und seine Leute arbeiteten bei der notorischen Schwäche des Ministers Rust erfolgreich daran, sich im Reichswissenschaftsministerium und den Hochschulen immer stärkeren Einfluß zu sichern; „es gehörten nicht etwa Beamte des Ministeriums der SS an, sondern Kameraden der SS arbeiteten im Ministerium" [345].

Diese Beobachtung einer unaufhaltsamen internen Machtübernahme durch die SS läßt sich für den gleichen Zeitpunkt in vielen anderen Lebensbereichen ebenfalls konstatieren; sie wird durch Tatsachen gestützt, die die Spezialforschung von verschiedenen Ausgangspunkten her in den letzten Jahren aufgedeckt hat [346].

---

[342] Gutachten von Prof. Höfler, 16. Juli 1935; Gutachten von Prof. Fricke, undatiert [Sommer 1935] (DC, Akten betr. Prof. Obenauer).

[343] *Schonauer*, S. 102. Koch (geb. 1888) charakterisiert die von ihm verfaßte „Geschichte deutscher Dichtung", Hamburg 1937 u. ö., die im Völkischen Beobachter Nr. 339 vom 5. Dezember 1937 als „Spitzenleistung nationalsozialistischer Forschungsarbeit" wegen ihrer „folgerichtigen Anwendung jener Erkenntnisse, aus denen Alfred Rosenberg sein Weltbild vom ‚Mythos des XX. Jahrhunderts' gestaltet hat", gepriesen wurde. H. *Kindermann* rühmte in seiner Anzeige des Buches, daß Koch „Auseinandersetzungen mit den negativen Mächten" nicht scheue, nämlich der „mediterranen Fremdwirkung", „Heine, . . . der jüdischliberalen Fremdzone überhaupt" und Thomas Mann (Münchner Neueste Nachrichten Nr. 100 vom 10. April 1938). Als ein Zeitungsreferat über ein Kolleg Kochs, das die „Literatur der Gegenwart" behandelte, hervorhob, hierbei sei Hofmannsthal ausführlich berücksichtigt worden, richtete Koch eine Zuschrift an das Blatt, um klarzustellen, er habe „das Kolleg auf eine sehr breite Grundlage gestellt und zuerst die Verfallserscheinungen der Dichtung entwickelt, um von diesem dunklen Hintergrund her die volkhafte Dichtung sich umso leuchtender abheben zu lassen". Von dieser Voraussetzung aus sei Hofmannsthal ausführlich besprochen worden, „um an ihm als einem besonders geeigneten Beispiel den Verfall und Zerfall des Weltbildes zu zeigen" (Deutsche Allgemeine Zeitung Nr. 79/80 vom 18. Februar 1936). – Über Kochs Mitarbeit an den antisemitischen Aufgaben von Walter Franks „Reichsinstitut" vgl. *Heiber* (Register S. 1263).

[344] Gutachten vom 6. Juni 1935 (DC, Akten betr. Prof. Obenauer). – Die wechselseitige innere Verflechtung, die damals zwischen Obenauer und verschiedenen der erwähnten Gutachter bestand, wird durch positive, teilweise enthusiastische Besprechungen dokumentiert, die Obenauer und sein engster Mitarbeiter H. Rößner spezifisch nationalsozialistischen Schriften von Koch und Fricke zuteil werden ließen (Zeitschrift für deutsche Bildung 13, 1937, S. 565 ff.; 14, 1938, S. 143). – Über ein Sondervotum Kochs zugunsten von Obenauer im Zusammenhang mit der Regelung der Nachfolge von Julius Petersen an der Universität Berlin vgl. unten S. 221, Anm. 360.

[345] *Heiber*, S. 124. – Die Formulierung lehnt sich an den Wortlaut einer Aktennotiz des der SS angehörenden Volkskundlers H. Strobel über eine Besprechung mit Himmler vom 26. Juli 1938 an; vgl. *Bollmus*, S. 218, 320. Für die Besetzung von Kontroll- und Spitzenpositionen im Bereich der Wissenschaft und Wissenschaftsverwaltung durch die SS vgl. E. *Neusüß-Hunkel*, Die SS, Hannover-Frankfurt/M. 1956, S. 75 f.

[346] Vgl. die Bemerkung des früheren Ministerialrats Dr. B. *Lösener* in der oben S. 141, Anm. 117 zitierten Dokumentation, S. 288: „Als Himmler sich mit seiner SS in die vorderste

216

Wohin die Fahrt schließlich gehen mochte, läßt ein geradezu grotesk anmutendes Schreiben erkennen, mit dem in der Spätphase des Dritten Reiches die Abteilung Kultur im SD-Inland, der inzwischen freilich manche andere Betätigungsmöglichkeit abgeschnitten worden war, dem für die Universitäten zuständigen Ministerialressort mit der dort berechtigtes Erstaunen weckenden Formel „um Kenntnisnahme wird gebeten" mitteilte, daß – „wie hier bekannt wird" – die Universität Bonn trotz Zerstörung ihres Hauptgebäudes und der Hemmnisse des totalen Kriegseinsatzes den Lehrbetrieb durch öffentliche Vorlesungen weiterführte [347].

Der Eindruck wirkungsvoller Ringbildung, einer planmäßigen Durchsetzung der Hochschulen mit SS- und SD-Angehörigen rundet sich und die zielbewußte Politik, die speziell gegenüber der Bonner Philosophischen Fakultät betrieben wurde, erfährt weitere Beleuchtung, wenn wir feststellen, daß Obenauer als Assistenten seinen noch nicht promovierten Schüler Hans Rößner von Leipzig nach Bonn holte [348]. Dieser gehörte gleich ihm, aber in jener Zeit sogar noch als hauptamtlicher Mitarbeiter dem SD an; er war später in dieser Laufbahn noch recht erfolgreich [349]. Rößner schrieb damals, zwischen Obenauers Antrittsvorlesung

---

Reihe der Mächtigen arbeitete, was 1936 fühlbar und dann bald vollendet wurde..."; dazu die oben S. 162 f. angeführten Tatsachen organisatorischer Art aus dem Bereich der Polizei, der jedoch keineswegs allein betroffen war.

[347] Der Chef der Sicherheitspolizei und des SD – III C AZ 11260/44 – an das Reichsministerium für Wissenschaft, Erziehung und Volksbildung, 12. Dezember 1944 (Geh. Staatsarchiv Berlin, Rep. 76, Nr. 25 Universität Bonn). Das Schreiben ist von dem unten Anm. 349 näher behandelten SD-Angehörigen gezeichnet, der ein verständliches persönliches Interesse an Geschick und Wirksamkeit der Universität Bonn besaß.

[348] Die Akten betr. Dr. Rößner aus dem Kuratorium der Universität Bonn (UA) beginnen mit dem Antrag Obenauers vom 14. Dezember 1935, Rößner als Assistenten beim Germanistischen Seminar anzustellen.

[349] Aus den in der vorigen Anm. genannten und den Akten betr. Dr. Rößner im DC ergeben sich folgende Einzelheiten über seinen, in mancher Hinsicht zeittypischen beruflichen und politischen Werdegang: Geboren 1910 in Dresden, studierte R. seit 1930 Germanistik, Geschichte und evangelische Theologie an den Universitäten Leipzig, Graz, Marburg und wieder Leipzig. Politisch betätigte er sich zunächst nicht; ein 1935 erschienener, damals als „vor längerer Zeit abgeschlossen" charakterisierter Aufsatz über „Rilkes Stundenbuch als religiöse Dichtung" (German. – roman. Monatsschrift 13, 1935, S. 260 ff.) bewegt sich auf dem schwankenden Boden zwischen Ästhetik und Religion in herkömmlichen Deutungsbahnen und weist nicht den geringsten Anklang an die entschieden nationalsozialisitisch-kämpferische Weltanschauung auf, die die schon gleichzeitig und später veröffentlichten Schriften Rößners wesentlich bestimmt. Erst im November 1933 der SA beigetreten, war Rößner bereits seit Februar 1934 – wie Spengler ihm später bescheinigte – für die SS tätig, in die er mit Wirkung vom 1. April 1934 an aufgenommen wurde (SS-Nr. 107275). Diese Tätigkeit bestand in – zunächst kurzer ehrenamtlicher, dann mehrjähriger hauptamtlicher – Mitarbeit im SD. Nach Rößners Anstellung an der Universität Bonn zum 1. April 1936 wurde sie wieder ehrenamtlich ausgeübt. Der NSDAP trat er erst 1938 bei (Nr. 4583219). Im gleichen Jahr wurde er auf Grund seiner auch als Buch erschienenen Dissertation „Georgekreis und Literaturwissenschaft", Frankfurt/M. 1938, mit Auszeichnung zum Dr. phil. promoviert. Das „Ahnenerbe" betraute ihn im Rahmen eines Forschungswerks „Wald und Baum in der arisch-germanischen Geistes- und Kulturgeschichte" mit dem Thema „Der Wald in der germanischen Geistes- und Kulturgeschichte".

und seiner eigenen Übernahme in den Bonner Universitätsdienst, ebenso programmatisch-aktivistisch wie offenherzig: „Die Erneuerung der Universität steckt noch in den Anfängen. Es droht ein unfruchtbarer Stillstand. Die Hochschulfrage ist im gegenwärtigen Zeitpunkt entscheidend eine *Personenfrage* – eine Frage geistiger und politischer Führung. Da helfen keine bloßen Organisationen, keine theoretischen Programme und keine ‚politischen' Fest- und Gedenkreden, sondern äußerster Einsatz fähiger Nationalsozialisten – Dozenten und Studenten –, die zäh und verbissen und überlegen durch Können und Leistung an den Neubau gehen – und das heißt zugleich an den Kampf gegen jede Reaktion, woher sie

---

Rößner bearbeitete im „Ahnenerbe" gleichzeitig germanistische Angelegenheiten und erstellte in der Wissenschaftsabteilung des SD-Hauptamtes eine umfassende Denkschrift über die Lage der Germanistik, in der das gesamte einschlägige SD-Material verarbeitet wurde. Hiernach überrascht es nicht, daß Rößner nach kurzer Dienstzeit bei der Wehrmacht Anfang 1940 auf Antrag des Chefs der Deutschen Polizei und des SD von der Wehrmacht freigestellt und ab 1 Mai 1940 zum Reichssicherheitshauptamt notdienstverpflichtet wurde. Hier war er in der Gruppe Kultur unter Otto Ohlendorf, von dem er nach seiner späteren Aussage „menschliche Ablehnung und Kritik" erfahren habe, schließlich für die Referate III C 1 und III C 3 – d. h. den gesamten Bereich von Wissenschaft, Volkskultur und Kunst – zuständig, stets hervorragend beurteilt – „überdurchschnittlich", „schöpferisch", „sicher und gewandt" –, zuletzt SS-Obersturmbannführer und nach seiner Angabe bei der Zeugenvernehmung vor dem Internationalen Militärgerichtshof am 2. August 1946 (Bd. 20, S. 261 ff.) Abteilungsleiter. In einer eidesstattlichen Erklärung vom 12. September 1947, die die Verteidigung im Nürnberger Prozeß gegen Ohlendorf vorlegte, hat Rößner bekundet, in der Person seines früheren Vorgesetzten und „dem von ihm geschaffenen und geleiteten SD-Inland lag einer der stärksten und wirksamsten Widerstände gegen Tendenzen und Erscheinungen nazistischer Gewaltherrschaft auf dem Kulturgebiet". Ohlendorf und seine Mitarbeiter, d. h. auch Rößner selbst, hätten „aus grundsätzlichen weltanschaulichen, sittlichen und religiösen Erwägungen eine sachliche Opposition gegen alle Macht- und Gewalttendenzen des Regimes" vertreten und dieser Kreis sei „der Gegentyp eines durch Befehl oder Parteiideologie uniformierten Machtapparats" gewesen (BA Koblenz, Rep. 501 XXVII P 2). Rößner, dem ein nationalsozialistischer Literaturwissenschaftler (Zeitschr. f. Deutsche Bildung 15, 1939, S. 143) eine „niemals ihrer selbst unsicher werdende Kaltblütigkeit" bescheinigt hatte, war einer der beiden Mitarbeiter Ohlendorfs, die sich mit diesem nach dem Ende Hitlers und der nationalsozialistischen Herrschaft im Mai 1945 der Regierung Schwerin-Krosigk zur Verfügung stellten, um die bis dahin vom SD wahrgenommenen Aufgaben „des lebensgebietsmäßigen Nachrichtendienstes" „unabhängig von den jeweils vorherrschenden politischen Doktrinen und Formen", „ohne Rücksicht auf vorhandene Personen und ohne starre Bindung an Doktrinen" zum Wohl und Nutzen der neuen Regierung, der Besatzungsmacht und des Volkes weiter zu erfüllen; vgl. *Boberach*, S. 533 ff. – Charakteristisch für die gegenüber einer noch so kämpferisch nationalsozialistisch, aber allzu primitiv verfahrenden Literaturgeschichtsschreibung eingenommene kritische Haltung Rößners ist die Rezension, die er W. *Linden*, Geschichte der deutschen Literatur von den Anfängen bis zur Gegenwart, Leipzig 1937, widmete. Dieser „um einige Grade überhitzten Darstellung", der Oberflächlichkeit und der Gebrauch bloßer Schlagworte vorgeworfen werden, werden das Buch von H. *Langenbucher*, Volkhafte Dichtung der Zeit, Berlin 1937, und die „bereits auf einsamer Höhe" stehende „Geschichte der deutschen Dichtung" von Franz *Koch* als leuchtende Gegenbeispiele konfrontiert. Für den parallel zur machtpolitischen Entwicklung des nationalsozialistischen Staates sich vollziehenden Wechsel des Maßstabes bei Rößner ist es aufschlußreich, daß er in einem Literaturbericht aus dem Jahr 1942 (Zeitschrift f. Deutsche Bildung 18, 1942, S. 91) fordert, statt des „Volkes" solle der Begriff „Reich" als Norm gesetzt werden.

218

auch kommt"[350]. Nichts dokumentiert Sinn und Ziel der Berufung Obenauers in die Bonner Philosophische Fakultät besser als dieser Text und der Umstand, daß der eben ernannte Nachfolger Walzels unter Hinweis auf Rößners Bekenntnis dessen Verfasser hier „als Kämpfer für das nationalsozialistische Gedankengut" gleich zur Anstellung als Assistenten besonders empfahl. Rößner galt bald in Bonn als die treibende Kraft hinter Obenauer. Es beleuchtet die ungewöhnliche Position, die er ungeachtet seiner Dienststellung einnahm, daß er – nachweislich im Januar 1940 – mit dem Rektor der Universität, der der SS nicht angehörte, auf Duzfuß stand.

Ob die Enttäuschung, die die Machthaber mit Naumann als Rektor erlebt hatten, den Anstoß dazu gegeben hat, gerade im Fach der Germanistik jetzt auf derart gewaltsame Weise einen als unbedingt zuverlässig geltenden Gefolgsmann Himmlers nach Bonn zu bringen, läßt sich nicht entscheiden. Ein Zusammenhang zwischen Naumanns Verhalten bei dem Vorgehen gegen Karl Barth und dem Entschluß des Ministeriums, Obenauer nach Bonn zu verpflanzen, legt sich nicht nur durch die Chronologie der Vorgänge, sondern auch dadurch nahe, daß derselbe Referent, Mattiat, im Ministerium die Angelegenheiten der Germanistik und der Theologischen Fakultäten bearbeitete. Nachdem er nachweislich im Fall Barth tätig gewesen war[351], hat er auch die Erwartung ausgesprochen, daß Obenauer ein Auge auf Naumann halten werde[352].

Im Licht all dieser Tatsachen erübrigt sich wohl eine Antwort auf die vor einiger Zeit an die Universität Bonn öffentlich gerichtete Frage, wie es denn denkbar sei, daß ein Ordinarius, der „gerade erst von Leipzig nach Bonn gekommen" war, „im Namen der Fakultät sprechen", also Dekan sein konnte[353]. Mit der Praxis des Dritten Reiches wäre es sogar vereinbar gewesen, Obenauer schon damals ein höheres Amt anzuvertrauen. Er war es nämlich, der bereits im August 1936 für das Rektorat der Universität Bonn in Aussicht genommen worden ist – und das kann nur auf Grund seiner SS- und SD-Zugehörigkeit geschehen sein. Obenauer lehnte das Amt vorerst ab, weil er sich im Bewußtsein der kulturpolitischen Wichtigkeit dieser Position noch nicht genügend vertraut mit den Bonner Verhältnissen fühlte[354]. Gleichwohl fungierte er schon in den Sommerferien 1936 einige

---

[350] „Ist das die neue Universität?" (Offenes Visier. Sächsische Hoch- und Fachschulzeitung 23. Halbjahr, Nr. 2 vom 18. November 1935). Der Artikel ist nicht gezeichnet, Rößners Verfasserschaft aber durch Erwähnung in Obenauers Antrag sowie ein von Rößner selbst stammendes Schriftverzeichnis gesichert. Der Artikel polemisiert gegen die Schrift von R. *König*, Vom Wesen der deutschen Universität, Berlin 1935; vgl. zu ihm ferner noch unten S. 222.

[351] E. *Wolf*, Karl Barths Entlassung. Die Tragödie einer Fakultät, masch. schr. Vervielfältigung eines am 16. Juli 1965 an der Universität Bonn gehaltenen Vortrags (UA Bonn). Die Verdienste, die Mattiat sich in diesem Zusammenhang um die Fakultät erworben hatte, wurden von ihr in der oben S. 215, Anm. 339 erwähnten Weise honoriert.

[352] Mitteilung von Prof. *Obenauer*.

[353] Acht Fragen der Zeit an Rektor und „Kommission der Universität Bonn" („Die Zeit" Nr. 45 vom 6. November 1964).

[354] Obenauer an den Rektor Pietrusky, 24. August 1936 (Akten des Kuratoriums der Universität Bonn betr. Prof. Obenauer, UA); Obenauer bezog sich dabei auf ein am gleichen Tage

Wochen lang als Stellvertreter des abwesenden Rektors Pietrusky [355], ohne in der Universität ein Amt einzunehmen oder bekleidet zu haben, das unter normalen Umständen für eine Tätigkeit dieser Art die unerläßliche Voraussetzung gebildet hätte. Diese an sich unscheinbare Tatsache illustriert die rein politischen Motive für die drei Monate später vollzogene Ernennung Obenauers zum Dekan der Philosophischen Fakultät. Angesichts der durch die erwähnte Frage dokumentierten Ahnungslosigkeit in bezug auf die Wirklichkeit des Dritten Reiches soll aber doch noch erwähnt werden, daß die Übernahme des Dekanats durch Obenauer im November 1936 – drei Wochen vor Thomas Manns Ausbürgerung – selbstverständlich ein von oben verfügter Akt war. Ein Dreiervorschlag der Fakultät lag ihr nicht zugrunde; er konnte seit dem 1. April 1935 auch nicht mehr der Ernennung vorangehen, wie schon bei der Übersicht über die nationalsozialistischen Eingriffe in das geltende Hochschulrecht gezeigt worden ist. Von einer Wahl durch die Fakultät war – wie ebenfalls bereits dargelegt – schon länger keine Rede mehr. Obenauer selbst gibt an, vom Rektor zum Dekan ernannt worden zu sein, ohne daß er überhaupt gefragt worden ist [356].

Kehren wir nun zu der Frage zurück, die uns eine genaue Beschäftigung mit den Persönlichkeiten von Rektor und Dekan sowie schließlich den Bericht über Obenauers Berufung an die Rheinische Friedrich-Wilhelms-Universität und ihre Begleitumstände notwendig erscheinen ließ: wer ist in der Angelegenheit Thomas Mann nach Bekanntwerden der Ausbürgerung des Dichters in Bonn aktiv geworden? Die größere Wahrscheinlichkeit spricht für Obenauer. An sich schon würde es näher liegen, die dafür vorauszusetzende Kenntnis von Thomas Manns Ehrendoktorat eher bei dem zuständigen Dekan der Philosophischen Fakultät zu suchen als bei dem Rektor. Die Tatsache, daß der Rektor Mediziner und – soweit bekannt – ohne nennenswerte literarische Interessen, der Dekan aber gerade Vertreter der neueren deutschen Literaturgeschichte war, verstärkt das Gewicht dieses Arguments. Ein weiterer Umstand tritt hinzu: Schmidt ist wiederholt nachgesagt worden, er habe sein Rektorat recht eigenmächtig ausgeübt. Er würde als „Führer" der Universität ohne weiteres in der Lage gewesen sein, selbständig zu handeln und Thomas Mann den Verlust der Ehrendoktorwürde mitzuteilen. Hätte er dazu auf Grund eigenen Entschlusses Anlaß gefunden, würde er den Dekan nicht haben bemühen müssen. Ein vereinzeltes Zeugnis, das den Rektor als Urheber der Entziehung von Thomas Manns Ehrendoktorwürde nennt, werden wir in anderem Zusammenhang noch prüfen [357]. Ausschlaggebend für die Entscheidung unserer Frage sind Obenauers nationalsozialistischer Diensteifer, das bei ihm mit seiner Zugehörigkeit zu SS und SD verbundene weltanschauliche Engagement und das

---

stattgefundenes Gespräch mit Pietrusky und bat diesen, seine Stellungnahme „auch den betr. Dienststellen mitzuteilen" – offenbar Stellen von Staat und Partei, die mit dem Rektor wegen seiner Nachfolge in Verbindung standen.

[355] Urlaubsgesuch des Rektors Pietrusky, 7. August 1936 (UA, Akten des Kuratoriums der Universität Bonn betr. Prof. Pietrusky).

[356] Mitteilung von Prof. *Obenauer*, 6. März 1965.

[357] S. unten S. 273 f.

220

aus diesen Quellen gespeiste Bewußtsein, nach verschiedenen Krisen im Bonner Universitätsleben als eben zur Führung der Fakultät berufener Vertrauensmann der herrschenden Partei und des SS-Ordens handeln zu müssen, das gewiß nicht zu Unrecht bei ihm angenommen werden darf. All diese Umstände sprechen dafür, daß Obenauer es gewesen ist, der die Initiative ergriffen und den Rektor mit dem Fall Thomas Mann befaßt hat. Hierzu würde passen, daß der nächste Bonner Fachgenosse Obenauers, der Germanist Hans Naumann gegenüber einem Fakultätskollegen – freilich erst nach dem Ende der nationalsozialistischen Herrschaft – geäußert hat, er habe lange, aber vergebens mit Obenauer darum gerungen, daß die Mitteilung an Thomas Mann unterbleiben möge. Der Dekan habe sich jedoch durch die Vorschriften unbedingt gebunden gefühlt [358]. Das Gewicht sämtlicher gesicherten Tatsachen führt zu der Annahme, daß die von Obenauer 1965 gegebene Auskunft, „schon damals", d. h. im Dezember 1936, habe er die „Entscheidung ... für unklug, rein politisch gesehen", gehalten und sie sei ihm „auch persönlich unangenehm" gewesen [359], eine Rückprojektion in die Vergangenheit ist, die sich – psychologisch leicht erklärlich – aus späteren Erfahrungen, Kenntnissen und Bestrebungen nährt.

Mit unserem Ergebnis ist allerdings schwer zu vereinbaren, daß Obenauer keine besonders aktivistische, sondern eher eine weiche, ja indolente Natur sein soll, wie seine Entlastungszeugen nach 1945 ins Feld geführt haben, aber auch von anderer Seite bestätigt wird. Ein nationalsozialistischer Aktivist, der Obenauer 1942 attestierte, er habe „seinen Willen zu neuer Sicht ... einwandfrei bekundet", urteilte zugleich: „ihm fehlt für einen letzten Erfolg die nötige Schlagkraft" [360].

---

[358] Mündliche Mitteilung von Prof. *Bonnet* (†), Bonn (1887–1972). – Daß vertrauliche Besprechungen mit Naumann und anderen Kollegen vor Abgang des Schreibens an Thomas Mann stattgefunden haben, erwähnt Obenauer in seinem Schreiben vom 6. März 1965 und fügt hinzu: „Diese [Kollegen] haben an der Entscheidung selbst nicht direkt mitgewirkt"; nähere Angaben hierzu waren trotz wiederholter Bemühungen nicht zu erhalten. Die erwähnte Darstellung Naumanns bezeichnet Obenauer als unzutreffend (Mitteilung von Frau L. *Obenauer*, 12. Februar 1967).

[359] Mitteilung von Prof. *Obenauer*, 6. März 1965. – Schon in einer Zuschrift an den Dekan der Philosophischen Fakultät vom 20. Juli 1949 (Akten der Philosophischen Fakultät der Universität Bonn betr. Prof. Obenauer), die im Zusammenhang mit dem damals erörterten Gerücht über ein telegraphisches Eingreifen von Goebbels zur Verhinderung des Entzugs von Thomas Manns Bonner Ehrendoktorwürde steht, hat Obenauer hervorgehoben, „wie gerne ich wie auch der damalige Rektor Schmidt diese Möglichkeit, die Entziehung zu vermeiden, ergriffen hätten. Man sollte uns doch nicht für so stur oder dumm halten".

[360] Schreiben von Prof. Dr. *Friedrich Neumann* (Göttingen) – über ihn vgl. J. *Wulf*, *Literatur* S. 54 – an den Leiter des Amtes Wissenschaft Prof. Dr. G. Borger (München) vom 7. Mai 1942 über die durch die Berliner Philosophische Fakultät und ein Sondervotum von Prof. F. Koch für die Nachfolge von Julius Petersen Vorgeschlagenen (DC, Akten betr. Prof. Obenauer). Obenauer gehörte zu den von Koch in Abweichung von dem auf Pyritz, Bertram, Nadler lautenden Fakultätsvorschlag genannten Kandidaten. – Neumann gab von 1936 bis 1938 mit Obenauer und B. Schwarz zusammen die „Zeitschrift für Deutsche Bildung" heraus. Sie enthielt zum 50. Geburtstag Obenauers am 28. Februar 1938 eine feierlich aufgemachte Glückwunschadresse von Herausgebern und Verlag (Jahrg. 14, 1938, S. 101), in der es heißt: „Das Gebot der Stunde fordert für die Neugestaltung der deutschen Wissenschaft mehr denn je selbst-

Urteilsfähige Beobachter, die unbestreitbar dem Nationalsozialismus fernstanden und zwischen 1935 und 1945 näheren Umgang mit Obenauer hatten, haben daran gerätselt, wie gerade ein derart veranlagter Mensch zur SS gestoßen sein könne [361]. Ein Jahr vor den Ereignissen des Dezember 1936 hatte Obenauer in seiner Bonner Antrittsvorlesung über „Volkhafte und politische Dichtung", die übrigens deutlich Berührung mit dem oben erwähnten Artikel seines Schülers und künftigen Assistenten Rößner sowie einer bald darauf entstandenen SD-Denkschrift über die Zersetzung nationalsozialistischer Grundwerte seit 1933 [362] zeigt, Thomas Mann gestreift: „... wenn Thomas Mann heute die Geschichten Jakobs in seiner weitgesponnenen Trilogie mit einem solchen Aufwand an Arbeit und Einfühlung gestaltet, so haben wir dabei ein peinliches Gefühl, weil auch in dieser eigensinnigen Stoffwahl eine merkwürdige Entfremdung von dem, was Volk und Zeitalter bewegt, sich ausdrückt" [363]. Das ist kennzeichnend für Obenauers Identifizierung

---

losen, freudigen Einsatz in männlich kämpferischer Haltung, hingebende Forscherarbeit und verantwortungsbewußten Erzieherwillen... Wir sind uns mit Ihnen bewußt, daß gerade auch die Erforscher der deutschen Sprache und Dichtung dazu aufgerufen sind, dem deutschen Volke mit all ihrer wissenschaftlichen Arbeit als Nationalsozialisten zu dienen. Heil Hitler!"

[361] Siehe oben S. 209.

[362] Der Reichsführer SS. Der Chef des Sicherheitshauptamtes. Sonderbericht. Zersetzung der nationalsozialistischen Grundwerte im deutschsprachigen Schrifttum seit 1933. Juni 1936 (Bundesarchiv Koblenz, Reichssicherheitshauptamt R 58/234). – Eine Aufforderung, „zu wachen, daß dem Nationalsozialismus nicht kulturpolitische Wechselbälge unterschoben werden", findet sich am Schluß eines Aufsatzes von H. *Rößner*, Dritter Humanismus im Dritten Reich (Zeitschrift für Deutsche Bildung 12, 1936), S. 192, der sich in scharfer Polemik gegen Lothar Helbing [= Wolfgang Frommel] wendet und dabei auch von „Grundwerten", „Grundideen des Nationalsozialismus" spricht, die „ehrlich, vorbehaltlos und mit letzter Verantwortung anerkannt werden" müssen (ebd. S. 189), wenn „über Aufgabe und Wert irgendeine Bildungsidee" „heute sinnvoll und berechtigt" gesprochen wird. Im selben Aufsatz S. 191 wird mit dem Hinweis darauf, daß „eine staatstragende, bis zum Äußersten staatsbewußte Schicht von Männern..., wie sie nach dem Willen des Führers die Partei zu ordensmäßiger Gemeinschaft erziehen soll", „unumgänglich notwendig... ist", die SS und die damalige Selbstauffassung des Autors gekennzeichnet. – Gegen die „ungeheuerlichen Entstellungen der nationalsozialistischen Weltanschauung" bei E. *Benz*, Geist und Reich, [3]1933, „die sonst nur in Hetzschriften gegnerischer Emigrantenverlage zu finden sind", wendet sich *Rößners* Artikel „Um Geist und Reich" im gleichen Band derselben Zeitschrift, S. 539 ff.

[363] K. J. *Obenauer*, Volkhafte und politische Dichtung. Probleme deutscher Poetik (Weltanschauung und Wissenschaft, hrsg. v. E. *Krieck*, Bd. 5), Leipzig 1936, S. 28. – Die Berührung mit der in der vorigen Anm. genannten Denkschrift findet sich S. 8 f.: „...fühlen wir auch nur die geringste Verantwortung der Tatsache gegenüber, daß und wie sehr diese Begriffe wie politisch, volkhaft, artgemäß sich schon bei manchen entleeren, verfälschen und zersetzen, und haben wir selbst den aufrichtigen Willen, diesen Entleerungs- und Zersetzungserscheinungen des nationalsozialistischen Gedankenguts in bewußtem und ausdrücklichem Einverständnis mit verantwortlichen Stellen der politischen Bewegung entgegenzutreten, so muß uns auch alles daran liegen, was diesen Begriffen an schlagwortartig Unklarem und Verschwommenem anhaftet, abzustreifen oder doch die Wege zu zeigen, auf denen man einer Zersetzung und Entleerung dieser Begriffe entgegenzuwirken vermag". Die – heute offenkundige – Anspielung auf den SD bei dieser Gelegenheit und aus Obenauers Mund ist geradezu pikant angesichts der Tatsache, daß in der erwähnten Denkschrift die der Bonner Philosophischen Fakultät angehörenden Professoren Rothacker und Naumann samt „zersetzenden" Äußerungen aus ihren Schriften namentlich aufgeführt sind.

222

mit einer von der „Weltanschauung" des Nationalsozialismus bestimmten Germanistik und es zeugt gewiß nicht von Sympathie für den behandelten Dichter, den er bei früherer Gelegenheit, in einem 1933 abgeschlossenen Buch, noch mit positivem Resultat an wissenschaftlichen Maßstäben gemessen hatte [364]. Gleich danach hatte er sich zu anderen Maßstäben und Werten bekehrt; er fand sie in den „vier Begriffen Rasse, Volk, Staat, Bewegung, ... die bei der Beurteilung eines Dichters entscheidend mitsprechen" [365], und so hat er Thomas Mann sicher – vielleicht sogar in erster Linie – gemeint, als er Anfang 1936 kontrastierend schrieb: „Die dekadenten Untergangsmenschen flüchten ins Ausland, ... die meisten der Jüngeren aber wissen sich als lebendige Glieder der volkhaften Erneuerung" [366]. Aber selbst diese Wendung und der Satz aus dem Jahre 1935 heben sich doch in Gedanken und Diktion merklich ab von den Pamphleten, die um die gleiche Zeit etwa Helmut Langenbucher zu Thomas Manns 60. Geburtstag beigesteuert hat, von weiteren Artikeln in der SS-Zeitung „Das Schwarze Korps" oder Steguweits späterem Gespei ganz zu schweigen. Auch Obenauers Schreiben vom 19. Dezember 1936 an Thomas Mann ist – wiederum gemessen an der Tonart, die gegenüber dem Ausgebürgerten von den Nationalsozialisten amtlich und publizistisch angeschlagen wurde – zurückhaltend formuliert. Jede direkte Erwähnung der Unwürdigkeit des Adressaten, einen deutschen akademischen Ehrengrad zu besitzen, ist darin unterblieben. Ja, wer bemerkt, daß in den ersten drei Zeilen dieses kurzen

---

[364] K. J. *Obenauer*, Die Problematik des ästhetischen Menschen in der deutschen Literatur, München 1933, S. 366 ff. Das Vorwort zu diesem Buch ist „Juli 1933" datiert. S. 369 heißt es u. a., bei Thomas Mann, der den Konflikt zwischen dem bürgerlichen und dem künstlerischen Menschen bewußter als andere durchlebt habe, sei das Ethische immer noch stärker als das Ästhetische gewesen. „Dies grüblerische und schonungslose Ethos" habe „das Künstlertum Thomas Manns nicht nur vertieft und vergeistigt, sondern auch gehemmt und belastet; es hat ihm das Freie, Begeisternde, das Ganze der Nation Bewegende versagt". Hier liegt der Keim für spätere negative Bewertung des Dichters, nachdem die Postulate des dem Buch anscheinend nachträglich angefügten Schlußworts, S. 404, wo „die politische, d. i. die national-soziale, nicht die ästhetische Erziehung" in den Vordergrund gerückt ist, stärkeres Gewicht im Weltbild des Verfassers erhalten hatten. Ob die hier stehende Bemerkung, der neue Staat werde nicht kunstfeindlich sein, er brauche „weder die Schauspieler noch die Dichter auszuschließen, da destruktive, artfremde Niedergangserscheinungen sich schon selbst exiliert haben", auch Thomas Mann treffen sollte, ist nicht sicher auszumachen; die voraufgehende Behandlung des Dichters stimmt jedenfalls mit den in diesem Passus gebrauchten, spezifisch nationalsozialistischen Begriffen nicht überein. – Bemerkenswert ist S. 87, Anm. 1 eine scharfe Abfertigung der Novalis-Interpretation bei Carl *Schmitt*, Politische Romantik, München ²1925. Schmitt hatte sich 1933 als juristischer Theoretiker in den Dienst des Nationalsozialismus gestellt.

[365] K. J. *Obenauer*, Das Drama als politische Dichtung (Zeitschrift für Deutsche Bildung 12, 1936), S. 71. Bezeichnend ist, daß dieser Aufsatz in dem nach Sachgruppen geordneten Inhaltsverzeichnis der Zeitschrift nicht etwa in der Gruppe „Deutsche Philologie und Geistesgeschichte", sondern unter der Überschrift „Deutsche Weltanschauung" aufgeführt ist. Diese Sachgruppe war statt der Gruppe „Die deutsche Bildungsaufgabe" eingeführt worden, nachdem Obenauer und Friedrich Neumann Karl Viëtor als Herausgeber abgelöst hatten.

[366] Ebd. S. 70. – Polemik Obenauers gegen Thomas Mann wegen der in „Pariser Rechenschaft" gegen Baeumlers Nietzsche-Interpretation gerichteten Ausführungen findet sich in seinem Aufsatz „Nietzsche und das Dritte Reich" (Zeitschrift für Deutsche Bildung 12, 1936), S. 177.

Briefes zweimal expressis verbis auf höhere Gewalt hingedeutet ist – „. . . *muß* ich Ihnen mitteilen, daß . . . die Fakultät sich *genötigt* gesehen hat . . .“ – könnte das sogar als Anzeichen dafür deuten, daß der Urheber dieses Schreibens, so gewiß seine innere Zustimmung zu dem Akt nicht bezweifelt werden darf, in diesem Fall die mit dem Handeln nach Führerprinzip verbundene Verantwortung doch nicht uneingeschränkt zu übernehmen gesonnen war.

Bei derartigen Erwägungen drängt sich natürlich die Frage auf, ob Obenauer etwa von dritter Seite ermuntert, bestärkt oder vielleicht sogar angewiesen worden ist, den Fall Thomas Mann mit solcher Eile aufzugreifen. Sie muß offen bleiben, denn zu ihrer Beantwortung reichen die dokumentarischen Zeugnisse nicht aus und waren mündliche Mitteilungen nicht zu erhalten. Eine dienstliche Weisung des SD an Obenauer ist mit höchster Wahrscheinlichkeit auszuschließen, da diese Organisation sich im allgemeinen auf Überwachung und Beobachtung beschränkte, hingegen Exekutivmaßnahmen in der Regel anderen Stellen überließ [367]. Doch liegt es nicht außerhalb der Grenzen des Möglichen, daß im Rahmen der SS oder der SD-Arbeitsgemeinschaft an der Bonner Universität, deren Mitglieder regelmäßig zusammenkamen [368], der Anstoß zu Obenauers Vorgehen gegeben worden ist. Dieser selbst hat mit Entschiedenheit erklärt, weder dieser Kreis noch v. Antropoff, für den ja nach dem Voraufgegangenen eine starke Vermutung spricht, noch sonst irgendjemand, insbesondere auch nicht sein Assistent Dr. Rößner, habe ihn zu seinem Schritt inspiriert – abgesehen natürlich von der ihm angeblich übermittelten Weisung des Ministeriums. Daß eine derartige Anordnung auch nicht in Spuren nachzuweisen und durchaus unwahrscheinlich ist, wurde schon gezeigt. Hier ist nun aber daran zu erinnern, daß in einem früheren Zeugnis, Obenauers Stellungnahme zu der Anklageschrift von 1947, davon die Rede ist, er habe einen Auftrag von Rektor und Kurator ausgeführt. Nach dem Befund der Akten kann jedoch der Universitätskurator Bachem für eine amtliche Initiative in dieser Sache schwerlich in Betracht gezogen werden; er hätte sich sonst wohl kaum – wie es nachweislich der Fall ist – erst mehr als ein Vierteljahr später Obenauers Schreiben an Thomas Mann in Abschrift erbitten müssen. Damit ist durchaus vereinbar, daß der Kurator, wie Obenauer auf das bestimmteste versichert, ihm bei einem gesellschaftlichen Beisammensein in engstem Kreise Anfang Dezember 1936 gesagt haben soll, als Dekan werde er bald die unangenehme

---

[367] Maßgebliche Initiative und Steuerung des staatlichen Behördenapparats durch den SD ist damit nicht ausgeschlossen. Ein Beförderungsvorschlag für Rößner aus dem Herbst 1940 rühmt z. B. von seiner Tätigkeit als Leiter des Kunstreferats (III A 4) im SD: „Die Zusammenarbeit und die Verhandlungen mit den für die Kunstgebiete zuständigen Reichsministerien und Behörden führt er so sicher und gewandt, daß angeregt durch den SD eine Reihe einschneidender Verordnungen im Kunstsektor durch das Reichspropagandaministerium erlassen wurden“. Von dieser Tätigkeit getrennt bewertet wurde Rößners Anteil an den Lageberichten des Amtes III des Reichssicherheitshauptamtes („Meldungen aus dem Reich“) (DC, Akten betr. H. Rößner). Ein anderes Beispiel für die mit Initiativen seitens des SD gekoppelte Zusammenarbeit verschiedener nationalsozialistischer Dienststellen bietet *Wulf, Literatur* S. 215 ff.

[368] Mitteilung *Obenauers*, 6. März 1965.

Aufgabe haben, Thomas Mann die Ehrendoktorwürde zu entziehen [369]. Eine Bemerkung solcher Art, im abendlichen Tischgespräch, war für Bachem, der als Verwaltungsjurist aufgrund seiner amtlichen Stellung mit den einschlägigen Vorschriften vollkommen vertraut gewesen sein dürfte, naheliegend, nachdem die Ausbürgerung des Dichters bekannt geworden war. Aber es handelte sich unter solchen Umständen natürlich nicht um einen dienstlichen Auftrag des Kurators an den Dekan; Obenauers Erinnerung registriert diese Äußerung nach fast dreißig inzwischen verstrichenen Jahren auch nicht als solchen. Möglicherweise ist der Dekan aber durch das Gespräch mit Bachem überhaupt erst auf die Tatsache aufmerksam gemacht worden, daß Thomas Mann Ehrendoktor der Philosophischen Fakultät war. Der Kurator wußte davon mindestens – und vermutlich auch wohl erst – seitdem er im Vorjahr die durch v. Antropoffs Anfrage ausgelösten Stellungnahmen verschiedener Berliner Ministerien auf dem Dienstweg erhalten und weitergegeben hatte. Alles Weitere mußte sich dann mit fataler Konsequenz aus dem mit Bachems Hinweis verbundenen Fingerzeig auf den nach der Ausbürgerung des Dichters fälligen Entzug dieser Würde ergeben. Zu bemerken bleibt noch, daß der Kurator sich als völkisch gesinnter deutschnationaler Abgeordneter im Preußischen Landtag lange vor 1933 stets zur Zufriedenheit der Nationalsozialisten verhalten hatte [370]. Seiner politischen Überzeugung nach dürfte er für Thomas Mann nach 1922 keinerlei Sympathie empfunden und deshalb 1936 die Aberkennung der deutschen Staatsangehörigkeit des Dichters nicht mißbilligt haben.

Am Ende der beiden verschlungenen Linien, die wir zu verfolgen hatten, können wir ein Zwischenergebnis zusammenfassen. Ein direkter Zusammenhang, insbesondere ein Kausalnexus zwischen Obenauers Schreiben vom 19. Dezember 1936 oder gar der ihm voraufgegangenen Ausbürgerung Thomas Manns und der 1934 in den Akten der Philosophischen Fakultät geäußerten, politisch zu verstehenden

---

[369] Mitteilungen *Obenauers*, 6. März und 14. Oktober 1965.

[370] Zu Karl Julius Bachem (1887–1959), Mitglied der NSDAP seit 1. Mai 1932 (Nr. 988511), vgl. die ihn betreffenden Akten im DC und im UA. Nachdem er in den zwanziger Jahren als Abgeordneter der Deutschnationalen Partei völkischer Richtung den Nationalsozialisten – wie Wilhelm Kube am 22. Februar 1933 Goering schrieb – stets nahegestanden und „uns damals, als wir zu 6 im Landtag waren, unterstützt" hatte, war er doch nicht, wie Kube anregte, als verwendbar „für das Amt eines Regierungspräsidenten in Koblenz, Trier oder Aachen", sondern als „wohl zum Landrat geeignet" betrachtet worden. Im Dezember 1934 wurde dem von den Traditionen seiner besonders eng mit der Zentrumspartei im Rheinland verbundenen Familie Abweichenden – damals Oberverwaltungsgerichtsrat – zunächst kommissarisch das Amt des Universitätskurators in Bonn anvertraut. Hier war seine Tätigkeit durchzogen von Beschwerden, die über ihn nicht nur verschiedene Professoren, sondern auch der Oberbürgermeister an das Reichswissenschaftsministerium richteten. Nachdem der seit Mitte 1936 heftig lodernde Konflikt mit dem Rektor, bei dem sich 1937 der Bonner SA-Standartenführer und Polizeichef für Bachem verwandte, diesen schließlich in die Gefahr der Zwangspensionierung gebracht hatte, wurde er – angeblich auf Intervention des Kreisleiters der NSDAP hin – abgelöst und in die innere Verwaltung übernommen. Eine nochmalige Verwendung als Universitätskurator wurde 1942 abgelehnt.

Abneigung eines nicht mehr zu identifizierenden Bonner Ordinarius, der damals den Dekan vertrat, kann unbedenklich verneint werden. Das gleiche gilt nach dem Inhalt der Akten und allen sonst ermittelten Tatsachen von der Aktion v. Antropoffs im Sommer 1935. Als sie erfolgte, gehörte Obenauer noch nicht zur Fakultät. Sollte aber dennoch ein in den Akten nicht zum Ausdruck gekommener Zusammenhang bestehen, so könnte er allenfalls nur durch die Person v. Antropoffs und eine von diesem gegenüber Obenauer ausgesprochene Anregung hergestellt worden sein, wenn nicht überhaupt die durch v. Antropoffs Schritt verursachte Information des Kurators Bachem als „missing link" zu betrachten ist. Nach Angabe Obenauers waren ihm die älteren Vorgänge in den Fakultätsakten unbekannt, als er das Schreiben an Thomas Mann richtete. Angesichts seiner notorischen Ungewandtheit in Verwaltungsgeschäften, für die sein Verhalten im Falle Thalheimer bezeichnend ist, sowie im Hinblick darauf, daß er erst kurze Zeit der Fakultät angehört hatte und sie als Dekan noch keine drei Wochen führte, als die für das Ansehen der Universität bedeutendste Angelegenheit seiner Amtszeit aufs Tapet kam, darf auch dieser Aussage vertraut werden. Bei der Universität ist jedenfalls sonst niemand nachzuweisen, der jemals auf eine Aberkennung des Ehrendoktors von Thomas Mann hingearbeitet hat. Selbst Obenauers Vorgehen war nicht die Frucht dahinzielender spezieller Bemühungen, sondern eine unvermutet akut gewordene Konsequenz der Ausbürgerung des Dichters und der für derartige Fälle seit dem Spätjahr 1933 auf Anregung der Studentenschaft erlassenen Vorschriften. Diese Feststellungen können mit Sicherheit getroffen werden. Verschiedene Einzelheiten des Vorgangs sind z. T. nur noch vermutungsweise, allerdings im wesentlichen doch mit relativ hohem Wahrscheinlichkeitsgrad zu klären. Das gilt vor allem von der Verteilung der Rollen zwischen Rektor und Dekan. Vollkommen unzweifelhaft ist aber, daß der Entzug der Ehrendoktorwürde Thomas Manns nach Fühlungnahme und im Einvernehmen mit dem Reichserziehungsministerium vollzogen, die Fakultät hingegen weder vor noch nach diesem Schritt unterrichtet, geschweige denn über ihre Meinung in der Sache befragt worden ist. Daß Obenauer der Fakultät gegen deren entschieden zum Ausdruck gebrachten Willen aufgenötigt worden ist und daß dabei das Ziel verfolgt wurde, hier, wo der Boden von den Machthabern als schwierig beurteilt wurde, einen im Bereich der Geisteswissenschaften tätigen Vertrauensmann von SS und SD zu besitzen, darf als ebenfalls gesichertes Ergebnis der Untersuchung verbucht werden.

Man hat gemeint, der Entzug der Ehrendoktorwürde von Thomas Mann sei eine höchst ungewöhnliche Besonderheit gewesen, weil eine entsprechende Maßnahme sonst doch nach 1933 zahlreiche Persönlichkeiten hätte betreffen müssen, die nachweislich Träger derartiger akademischer Auszeichnungen waren und emigriert sind; hiervon könne aber offenbar keine Rede sein [371]. Bei dieser Argumentation ist übersehen, daß weder Emigration noch auch jüdische Abstammung, ja nicht

---

[371] Die Ansicht ist vor allem von der Wochenzeitung Die Zeit und deren Feuilletonredakteur Dr. R. W. *Leonhardt* verfochten worden; auch in einem Schreiben Leonhardts an Prof. K. Schmidt vom 29. Juni 1961 (Fotokopie UA).

einmal die Kombination beider Tatsachen einen Sachverhalt darstellte, auf Grund dessen in nationalsozialistischer Zeit bis zum „Fall Thomas Mann" und noch lange danach ein akademischer Grad oder die deutsche Staatsangehörigkeit entzogen wurden. Selbst wenn „aus rassischen Gründen" eine Einbürgerung widerrufen wurde, sahen die Bestimmungen vor, daß dies nicht den Entzug akademischer Grade zur Folge habe[372]. Es gibt zahlreiche Doktoren oder Ehrendoktoren deutscher Hochschulen, auch der Universität Bonn, bei denen sich der geschilderte Sachverhalt exakt nachweisen läßt. Max Reinhardt z. B. wurde seine Frankfurter Ehrendoktorwürde nie abgesprochen, obwohl er von nationalsozialistischer Seite aufs schwerste angegriffen wurde, Emigrant war und das Ministerium sogar ausdrücklich darauf hingewiesen worden ist, daß er Jude sowie seine Ehrung auf anfänglichen starken Widerstand der Fakultät gestoßen sei[373]. Dem um die orientalistischen Studien hochverdienten Ophthalmologen Max Meyerhof, dem 1928 der Dr. phil. h. c. von der Bonner Philosophischen Fakultät verliehen worden war und der – nicht als Emigrant, sondern bereits seit 1902 – in Ägypten lebte, ist dieser Ehrengrad ebensowenig entzogen worden wie die regulär erworbene philosophische Doktorwürde dem 1898 in Bonn promovierten Historiker Wilhelm Levison, der 1935 als Ordinarius der Rheinischen Friedrich-Wilhelms-Universität aufgrund der „Nürnberger Gesetze" zwangspensioniert wurde und im Frühjahr 1939 nach England emigrierte[374]. Diese Praxis änderte sich anscheinend erst in den späteren Jahren des Dritten Reiches, führte aber, wie das Beispiel Levisons lehrt, auch dann noch nicht dazu, daß Emigration sowie jüdische Abstammung in jedem Falle den Entzug der Doktorwürde zur Folge hatten. Die zeitgeschicht-

---

[372] Vgl. z. B. noch den Erlaß vom 16. Dezember 1936 (oben S. 112, Anm. 36). Damit war nicht ausgeschlossen, daß mit zunehmender Macht der von Himmler und Heydrich geführten Polizei und infolgedessen lawinenartig anwachsender Ausbürgerungen zahllose Träger akademischer Grade, die emigriert waren und offensichtlich wegen ihres Judentums der deutschen Staatsangehörigkeit beraubt wurden, daraufhin auch ihrer Doktorwürden verlustig gingen. Noch Ende 1937 beschwerte sich ein Leserbrief in Streichers antisemitischem Hetzblatt Der Stürmer Nr. 52 vom Dezember 1937 darüber, daß den emigrierten Akademikern, die „im Ausland die übelsten Hetzer gegen das neue Deutschland" seien, „nicht durch eine generelle Verordnung ihre Titel" abgenommen worden seien, als sie „das gastliche Deutschland verließen". Die Zuschrift fordert von den „zuständigen Behörden... eine dementsprechende Verordnung". Weiterer Forschung muß vorbehalten bleiben, herauszufinden, wie es sich mit den erwähnten Ausbürgerungen und dem daran geknüpften Entzug der Doktorwürde im einzelnen verhalten hat. Eine Bonner Dissertation von H. *Jahn* über die Aberkennung der deutschen Staatsangehörigkeit unter nationalsozialistischer Herrschaft ist in absehbarer Zeit zu erwarten.

[373] Mitteilung des Dekans der Philosophischen Fakultät der Johann-Wolfgang-Goethe-Universität Frankfurt am Main, 12. März 1965. – Für die nationalsozialistischen Angriffe auf Reinhardt vgl. J. *Wulf*, Theater und Film in Dritten Reich [ro-ro-ro 812–814, Reinbek 1966], S. 266 ff.

[374] Über Max Meyerhof, zu dem Dr. I. *Fischer*, Biographisches Lexikon hervorragender Ärzte der letzten fünfzig Jahre II, Berlin–Wien 1933, S. 1038 zu vergleichen ist, unterrichtet ein Briefwechsel zwischen dem Medizinhistoriker Prof. Steudel (Bonn) und dem Dekan der Bonner Philosophischen Fakultät, der im September 1957 auf Veranlassung von Prof. Charles Singer (London) geführt worden ist. – Für Levison vgl. die ihn betreffenden Akten der Philosophischen Fakultät und des Kuratoriums der Universität Bonn (UA).

liche Forschung hat hier noch viel klärende Arbeit zu leisten. Soweit allerdings nach § 2 des Gesetzes vom 14. Juli 1933 die Aberkennung der deutschen Staatsangehörigkeit ausgesprochen worden ist, sind die Betroffenen – falls sie akademische Grade besaßen – in der Regel auch dieser Würden für verlustig erklärt worden. Eine bisher noch gar nicht abzusehende, jedenfalls aber sehr erhebliche Zahl von Menschen ist hiervon betroffen worden – an der einen Universität Frankfurt am Main, für die bisher allein die Gesamtzahl festgestellt worden ist, belief sie sich zwischen 1933 und 1945 auf 112 Personen [375]. Unter den Opfern dieser Art von Verfolgung befinden sich nicht wenige Persönlichkeiten, die einen bedeutenden Rang im kulturellen Leben einnahmen, wie Alfred Kerr, Martin Buber, Hans José Rehfisch, Emmanuel Lasker, Paul Tillich, Dietrich v. Hildebrand – um nur einige wenige Namen zu nennen, die durch die jeweils – doch offenbar nicht immer – verschickten und sicher nicht durchgängig aufbewahrten Mitteilungen der betreffenden Fakultäten auch in den Bonner Fakultätsakten erscheinen. Der Entzug akademischer Grade funktionierte bei diesem Verfahren so glatt, daß die Universität Breslau am 8. November 1938 nicht weniger als dreiundzwanzig auf einen Schlag vorgenommene Akte solcher Art bei ausgebürgerten Trägern der Doktorwürde aus drei ihrer Fakultäten melden konnte und die Universität Würzburg beim gleichen Anlaß zehn Aberkennungen vornahm [376]. Auch in den weitaus meisten der Frankfurter Fälle ist „Ausbürgerung" als Entziehungsgrund genannt. Sollte wirklich im einen oder anderen Falle anders verfahren worden sein, so wären die Umstände genau zu prüfen, die dazu geführt haben. Angesichts der geschilderten Vorschriften, die keine Ausnahme gestatteten, dürfte die Aberkennung in solchen vereinzelten Fällen wohl übersehen worden sein. Hierbei mag dann das Versäumnis auch einmal auf bewußte Ignorierung, nicht nur auf Unkenntnis oder Unachtsamkeit zurückzuführen sein [377]. Kein derartiger Vorgang ist jedoch bisher

---

[375] Mitteilung von Prof. *Langlotz* (Bonn), 1. März 1965, auf Grund von Nachforschungen durch Prof. *Claß* (Frankfurt am Main). – Die folgenden Angaben nach den Akten der Philosophischen Fakultät der Universität Bonn betr. Aberkennung akademischer Grade. Die Angabe bei *Walter* II, S. 19, es seien bisher nur zwei Fälle der Aberkennung der Doktorwürde bei Ausbürgerung bekannt geworden, ist irrig.

[376] Rundschreiben der Rektoren von Breslau und Würzburg an die deutschen Universitäten vom 22. und 28. November 1938 (Akten der Philosophischen Fakultät der Universität Bonn betr. Entziehung des Doktortitels auswärtiger Doktoranden 1958–1936).

[377] Bei einer öffentlichen Aussprache über den Vortrag, mit dem der Verfasser am 1. Dezember 1965 in der Universität Bonn die wesentlichen Ergebnisse seiner Forschungen über die Beziehungen zwischen Thomas Mann und der Rheinischen Friedrich-Wilhelms-Universität bekanntgegeben hat, wurde von Legationsrat H. *Kahle* (Bonn) eingewandt, seinem 1941 ausgebürgerten Vater, dem Orientalisten Professor Paul Kahle, sei die von der Theologischen Fakultät der Universität Gießen 1923 verliehene Ehrendoktorwürde nach der Aberkennung der deutschen Staatsangehörigkeit nicht entzogen worden. Nachforschungen in Gießen, für die den Herren Bibliotheksoberrat Dr. *Schmidt* und Prof. Dr. *Ludat* zu danken ist, haben ergeben, daß diese Annahme irrig ist. Kahle ist der Gießener Dr. theol. h. c. auf Grund seiner Ausbürgerung entzogen worden. Die einschlägigen Akten sind nicht aufzufinden, die Tatsache ist jedoch durch einen amtlichen Vermerk bei Kahles Gießener Personalakten gesichert (Mitteilung von Prof. *Ludat*, 12. Dezember 1966).

bekannt geworden. Hingegen ist ein sicherer Fall nachzuweisen, bei dem die Bestimmung, die den Verlust der Doktorwürde zur praktisch automatischen Konsequenz der Ausbürgerung machte, sogar in formaljuristisch und völkerrechtlich bedenklicher, politisch höchst gravierender Weise befolgt worden ist: dem ins Lager der Hitlergegner übergetretenen ehemaligen Danziger Senatspräsidenten Hermann Rauschning wurde am 18. April 1939 die Berliner Philosophische Doktorwürde entzogen, nachdem ihm „auf Grund seines staatsfeindlichen Verhaltens" die *Danziger* Staatsangehörigkeit aberkannt worden war [378]. Das bezeugt eindringlich, welches Gewicht seitens der Machthaber auf die erwähnte Automatik gelegt wurde. Wo ihr einmal nicht Rechnung getragen worden war, ist das Versäumte auch nach längerer Zeit noch nachgeholt worden [379].

Zwei Tatsachen, die in unmittelbarem Zusammenhang mit Thomas Mann stehen, könnten Bedenken gegen das Dargelegte wachrufen. Der Dichter hat nämlich nicht alle seine deutschen Ehrentitel verloren, nachdem er ausgebürgert worden war. Der ihm 1926 vom Senat der Freien und Hansestadt Lübeck verliehene Professortitel ist Thomas Mann niemals aberkannt worden. Dies wird in erster Linie darauf zurückzuführen sein, daß es sich dabei nicht um einen akademischen Grad handelte. Infolgedessen bestanden dafür keine speziellen Vorschriften, wie sie im Fall der Doktorwürde durch die Promotionsordnungen und einschlägigen Ministerialerlasse festgelegt waren. Weder das Reichswissenschaftsministerium noch eine andere Instanz hat sich deshalb darum gekümmert, was im Fall der Ausbürgerung von Trägern dieses in damaliger Zeit nicht allzu häufigen Ehrentitels zu geschehen habe. Die örtlichen Machthaber in Thomas Manns Vaterstadt aber dürften – so vermutet man heute in Lübeck – von diesem Professortitel nichts gewußt und sich darum auch nicht veranlaßt gefühlt haben, ihn dem Dichter abzusprechen [380].

Stärkere Beweiskraft gegen die faktische Automatik, die nach Thomas Manns Ausbürgerung zum Verlust seines Bonner akademischen Ehrengrades führte, scheint auf den ersten Blick ein anderer Umstand zu besitzen. Golo Mann ist die in Heidelberg erworbene philosophische Doktorwürde niemals aberkannt worden, obwohl er im Wege der „Erstreckung" gleichzeitig mit seinen Eltern der deutschen Staatsangehörigkeit für verlustig erklärt worden war [381]. Die zunächst überraschende

---

[378] Mitteilung des Rektors der Universität Berlin an die deutschen Hochschulen, 8. Mai 1939 (Akten der Philosophischen Fakultät der Universität Bonn betr. Aberkennung akademischer Grade).

[379] Vgl. die Bekanntmachung des Rektors der Universität Leipzig vom 29. September 1937 betr. den Entzug des Dr. iur. bei dem schon gemäß Bekanntmachung vom 22. Juli 1936 ausgebürgerten Wolfgang Glässer.

[380] Mitteilung von Herrn Bibliotheksrat Dr. *Wegener* (Lübeck), 6. Mai 1965; hierbei ist Bezug genommen auf die Überzeugung von Senator a. D. *Ewers* – einem Schulfreund Thomas Manns – „daß die nationalsozialistischen Machthaber..., die literarisch durchaus unbewandert waren, von der Verleihung des Professortitels nichts gewußt haben".

[381] Hierfür und für die folgenden Angaben über die Promotion von Golo Mann liegen Mitteilungen vom 25. August und 8. November 1966 vor, die dem Heidelberger Universitätsarchivar Dr. *Weisert* zu verdanken sind.

Ausnahme läßt sich jedoch einfach erklären. Das Reichsministerium des Innern stützte sich bei der Aufzählung der vom Erlaß des 2. Dezember 1936 mitbetroffenen Familienangehörigen auf Angaben der polizeilichen Meldebehörden, die ihm, nebenbei bemerkt, im Fall von Thomas Mann trotz des jahrelangen Verfahrens sogar unmittelbar vor dem bereits zur Unterschrift vorbereiteten Dekret noch nicht vorgelegen haben [382]. Golo Mann hatte die mündliche Doktorprüfung am 6. Mai 1932 bestanden. Er war jedoch erst am 2. Juli 1935 zum Doktor promoviert worden. Damals war sein Wohnsitz Küsnacht bei Zürich. Er hatte also das Recht zur Führung des Titels in einem Zeitpunkt erworben, an dem diese Tatsache schon nicht mehr zur Kenntnis der deutschen Meldebehörden kommen konnte. Infolgedessen ist seine Promotion auch den Berliner Amtsstellen unbekannt geblieben. Selbst wenn es sich anders verhielte, kann bezweifelt werden, ob sich die Universität Heidelberg zu einer Maßnahme gegen Golo Mann bewogen gefunden hätte. Der bereits erwähnte Runderlaß des Reichswissenschaftsministeriums vom 2. März 1937, der die Hochschulen anwies, das zum Entzug der akademischen Grade Erforderliche bei den kürzlich Ausgebürgerten zu veranlassen, führt nämlich nur die Namen der von der Aberkennung der deutschen Staatsangehörigkeit unmittelbar Berührten, nicht aber auch die der durch „Erstreckung" zusätzlich betroffenen Familienangehörigen auf [383]. Wie den Ministerien die Promotion, so ist jedenfalls der Universität Heidelberg die Ausbürgerung von Golo Mann amtlich überhaupt nicht bekannt geworden. Daraus, daß ihm trotz Ausbürgerung seine Doktorwürde nicht abgesprochen worden ist, läßt sich infolgedessen nicht herleiten, seinem Vater gegenüber hätte ebenso verfahren werden können.

Wie irrig eine derartige Auffassung wäre, ergibt sich auch daraus, daß im Bereich der deutschen Universitäten sicher mindestens einmal ein Entzug des philosophischen Ehrendoktors vorgekommen ist, für den genau dieselben Voraussetzungen ins Feld geführt worden sind, die im Fall Thomas Mann bestanden haben. Dem Dirigenten Hermann Scherchen (1891–1966) wurde mit Bezugnahme auf seine Ausbürgerung 1939 die Ehrendoktorwürde entzogen, die ihm die Philosophische Fakultät der Albrechts-Universität in Königsberg 1930 verliehen hatte [384].

---

[382] In dem Entwurf zu dem Ausbürgerungserlaß, den das Reichsministerium des Innern zur Publikation im Oktober 1936 vorgesehen und am 19. Oktober dem Auswärtigen Amt übersandt hatte, ist keines der mitauszubürgernden Kinder Thomas Manns genannt. Nach gleichzeitiger Mitteilung des Ministeriums sollten die betreffenden Angaben noch beschafft werden. Eine entsprechende Lücke findet sich in dem Entwurf außerdem nur noch einmal bei der Ehefrau des Schriftstellers H. v. Zwehl.

[383] Siehe oben S. 200.

[384] Mitteilung des Rektors der Albertus-Universität Königsberg (gez. von Grünberg) an die deutschen Hochschulen – J. Nr. 1293/39 R – 13. Juni 1939 (Akten der Philosophischen Fakultät der Universität Bonn betr. Entziehung des Doktortitels auswärtiger Doktoranden). – Der Fall Scherchen gibt verschiedene Rätsel auf, die zu klären hier nicht der Ort ist, da sie die Bedeutung des Rundschreibens der Universität Königsberg für unsere Untersuchung nicht berühren. Doch sollen die eigentümlichen Tatsachen, die festzustellen waren, an dieser Stelle wenigstens vermerkt werden. Zunächst fällt auf, daß das Königsberger Rundschreiben sich auf eine im Deutschen Reichsanzeiger Nr. 129 vom 8. Juni 1939 veröffentlichte Bekanntmachung

Es gibt noch eine Reihe anderer Fälle in der deutschen Universitätsgeschichte, bei denen eine Ehrendoktorwürde aus Gründen, die allein mit dem Nationalsozialismus und seiner Herrschaft zusammenhängen, aberkannt worden ist; darunter befindet sich einer, der sich bald nach der Machtübernahme im Jahre 1933 in der Medizinischen Fakultät der Universität Bonn unter weit gravierenderen Umständen als die sonst bekannt gewordenen Vorgänge abgespielt hat [385]. Keiner von ihnen, nicht einmal die Aberkennung des Ehrendoktors von Karl Barth durch die Evangelisch-theologische Fakultät der Universität Münster in Westfalen, genoß die Publizität, welche den gegen Thomas Mann gerichteten Schritt begleitet hat. Die Besonderheit der Aberkennung des Bonner Ehrendoktors von Thomas Mann lag nicht in dem Akt an sich, sondern ausschließlich darin, daß davon eine Persönlichkeit betroffen wurde, welche als einer der hervorragendsten Repräsentanten des deutschen Geisteslebens seiner Zeit weltbekannt war und wie kein anderer Autor deutscher Zunge das Ohr der Öffentlichkeit besaß. So erhielt eine mehrfach verhängte, doch ohne weitere Resonanz gebliebene Strafmaßnahme der nationalsozialistischen Machthaber in diesem speziellen Fall den Charakter eines Aktes von größter geistespolitischer Reichweite und Symbolkraft. Die Person des großen Dichters verlieh dem Vorgang erst diejenige Qualität, die ihn zu einer cause célèbre der deutschen Geschichte in den letzten Jahrzehnten machte. Hierzu trug natürlich andererseits auch die Tatsache entscheidend bei, daß gerade eine Universität, vertreten durch den Rektor und den Dekan ihrer Philosophischen Fakultät, als Urheber des gegen den deutschen Literatur-Nobelpreisträger geführten Streichs in Erscheinung trat. Das stets von der Gefahr begrifflicher Abstraktion

---

über den Entzug der deutschen Staatsangehörigkeit Scherchens bezieht, um einen schon am 22. November 1938 gefaßten Beschluß über die Aberkennung der Ehrendoktorwürde des Ausgebürgerten zu begründen. Dies könnte allerdings auf Grund analog gelagerter Fälle dadurch erklärt werden, daß der Universität schon bei Einleitung des Ausbürgerungsverfahrens eine entsprechende Mitteilung zugegangen war und von ihr daraufhin sogleich in dem amtlich gewünschten Sinn reagiert worden ist; vgl. z. B. die Akten betr. Hugo Sinzheimer (PA, Inland, Ausbürgerungen, 10. Liste, S–Z), wo ein derartiger Vorgang, der sich 1936/37 abgespielt hat, Niederschlag gefunden hat. Schlechthin unerklärlich bleiben und mit dem Rundschreiben des Königsberger Rektors unvereinbar sind jedoch folgende Tatsachen: weder die angeführte Nummer des Deutschen Reichsanzeigers noch die am Vortrag erschienene Nummer 128 dieses Blattes, wo ein umfangreicher Erlaß über die Ausbürgerung zahlreicher Personen publiziert ist, enthalten eine Verlautbarung über Scherchen. Überdies ist Scherchen, der seinen letzten inländischen Wohnsitz bis 1932 in Berlin hatte und 1938 aus Peking in die Schweiz kam, noch am 7. November 1940 vom Berliner Polizeipräsidenten ein Heimatschein ausgestellt worden. Dies ergibt sich aus dem Schriftwechsel, der – weitere Merkwürdigkeit – im Anschluß an einen vom Deutschen Konsulat Lausanne auf Veranlassung des Landesgruppenleiters der NSDAP in der Schweiz am 3. August 1944 gestellten Antrag, Scherchen die deutsche Staatsangehörigkeit abzuerkennen, entstanden ist (PA, Inland II A/B 276/1, Ausbürgerungen 8700–8800).

[385] Vgl. Akten der Medizinischen Fakultät der Universität Bonn betr. Prof. Kantorowicz (Dekanat der Medizinischen Fakultät); hierzu ein Bericht des Kurators der Universität Bonn an das Ministerium vom 4. Januar 1934 (Hauptstaatsarchiv Düsseldorf, Preußisches Kultusministerium Nr. 453, Akten betr. die Erteilung der Doktor- und Magisterwürden auf der Universität zu Bonn, Vol. IX, 1924 bis 1934). – Die am 27. Dezember 1933 entzogene Würde eines Dr. med. dent. h. c. ist Kantorowicz nach 1945 wiederverliehen worden.

bedrohte historische Bewußtsein nimmt gern bestimmte Gestalten oder Ereignisse in Anspruch, um geschichtliche Situationen auf sinnfällig prägnante Weise begreiflich zu machen. So verkörpern Luthers Thesenanschlag oder der Sturm des Pariser Volkes auf die Bastille komplexe historische Vorgänge. Der Entzug der Ehrendoktorwürde eines Dichters, der als Künder von Lebensfreundlichkeit und Humanität, von Demokratie und Kulturgesinnung Weltruhm genoß, sowie die Reaktion des Betroffenen auf diesen Schlag lieferten einen Tatsachenkomplex, der geeignet war, als reales Symbol zur einprägsamen Chiffre für gewalttätige Repression wie den moralischen Vorrang des davon heimgesuchten Geistes in der durch den Nationalsozialismus bestimmten konkreten Lage zu werden.

Bevor wir auf die damit berührte Wirkung von Obenauers Schreiben an Thomas Mann in der Welt eingehen, haben wir uns noch eine letzte Frage vorzulegen: ob nämlich der Entzug von Thomas Manns Bonner Ehrendoktorwürde überhaupt rechtswirksam gewesen ist. Streng genommen entsprach die von dem Dekan an Thomas Mann geschickte Mitteilung ja nicht den Vorschriften, denen, wie wir sahen, am 19. Dezember 1936 bereits durch Bekanntgabe des Entzugs eines akademischen Grades im „Deutschen Reichsanzeiger" Genüge getan worden wäre. Das Schreiben, das Obenauer unter jenem Datum an den Dichter richtete, hätte – sozusagen als opus supererogatum – freilich die Rechtswirksamkeit der darin mitgeteilten Entscheidung nicht beeinträchtigen können. Von allem anderen abgesehen, sind Zweifel in dieser Hinsicht schon dadurch ausgeschlossen, daß der Erlaß vom 16. Dezember 1936, der eine Nachricht an den Betroffenen durch öffentliche Bekanntmachung ersetzte, dem Dekan nachweislich am 19. Dezember noch nicht bekannt war [386]. Gleichwohl ist die Frage nach der Rechtswirksamkeit von Obenauers Schritt unstreitig zu verneinen. Die Gründe hierfür liegen in einer Verbindung von rechtlichen Umständen mit Tatsachen aus der Biographie Thomas Manns, die nunmehr näher zu beleuchten sind.

Der Verlust des Bonner Ehrendoktors von Thomas Mann war – wie wir uns erinnern – mit der Aberkennung der deutschen Staatsangehörigkeit des Dichters, und zwar ausschließlich mit ihr begründet. Diese aber war ihrerseits schon nicht rechtswirksam, weil Thomas Mann im Zeitpunkt seiner Ausbürgerung am 2. Dezember 1936 die deutsche Staatsangehörigkeit nicht mehr besaß. Gewarnt durch die Erfahrungen nächster Angehöriger und in rechter Erkenntnis des Schicksals, das ihn nach dem Offenen Brief an Korrodi von seiten der nationalsozialistischen Machthaber Deutschlands erwartete, hatte der Dichter seitdem ernsthaft in Betracht gezogen, eine andere Staatsangehörigkeit anzunehmen. Wir hörten schon, daß unbestätigte Gerüchte hierüber in den Frühjahrs- und Sommermonaten 1936 zur Kenntnis der Berliner Stellen gelangt waren. Die Kette von Erwägungen und Ereignissen, die schließlich damit endete, daß Thomas Mann die deutsche Staatsangehörigkeit aufgab, bevor sie ihm vom Reichsministerium des Innern abgespro-

---

[386] Der Erlaß ist dem Dekan der Philosophischen Fakultät durch den Rektor mit Schreiben vom 6. Januar 1937 übermittelt worden (Akten der Philosophischen Fakultät betr. Änderungen der Promotionsbestimmungen).

chen wurde, ist auf sehr eigentümliche Weise mit den Vorgängen verbunden, die die Grundlage für den Entzug der Bonner Ehrendoktorwürde von Thomas Mann gebildet haben. Der wohl im Zusammenhang mit der in der ersten Jahreshälfte 1936 vollzogenen Emigration seines Verlegers von Berlin nach Wien erwogene Gedanke Thomas Manns, sich in Österreich einbürgern zu lassen, stieß dort auf sofortige Bereitwilligkeit der Regierung [387]. Damit wurde freilich die Bedingung verknüpft, der Dichter möge seinen Wohnsitz gleichfalls dorthin verlegen. Schien ihm dies von vornherein bedenklich und konnten „in einer etwas unergiebigen Audienz" bei dem österreichischen Bundeskanzler Schuschnigg, die Anfang

---

[387] Nach einem Bericht der Deutschen Gesandtschaft in Wien an das Auswärtige Amt vom 10. Mai 1936, der sich auf eine als „zuverlässig" gekennzeichnete Information bezieht, hatte Thomas Mann „schon vor längerer Zeit" einen Antrag auf Einbürgerung gestellt, dem „auf Genehmigung des Bundeskanzlers Dr. Schuschnigg hin bereits grundsätzlich zugestimmt" worden sei: vgl. Dok. 158, S. 519 f. Dazu ist jetzt der neuerdings veröffentlichte Brief Thomas Manns an Heinrich Mann vom 19. Mai 1936 (*Briefwechsel*, S. 160) zu vergleichen, dem das erste der oben folgenden Zitate entnommen ist. Eine erste Spur der Erwägungen Thomas Manns, sich in Österreich einbürgern zu lassen, findet sich in dem Brief vom 30. März 1936, mit dem Bermann Fischer dem Dichter den in Wien bestehenden „Idealzustand" für die unmittelbar vor der Aufnahme dort stehende Arbeit seines Verlages schildert. Es heißt hier: „Denken Sie über Wien nach" (*Mann–Fischer*, S. 122). Nachforschungen über einen Niederschlag von Thomas Manns Bemühungen in den österreichischen Akten, für die Herrn Dr. Menhofer (sr. Zt. Assistent am Historischen Institut der Universität Wien) zu danken ist, blieben erfolglos. Bundeskanzler a. D. Prof. Dr. K. v. *Schuschnigg* teilte dem Verfasser am 15. März 1969 mit: „Daß die Deutsche Gesandtschaft bereits am 10. Mai 1936 von der Sache Kenntnis bekommen und dieselbe weiter berichtet hat, beweist, daß es sich nicht nur um die persönliche Vorsprache gehandelt haben kann, sondern daß auch bereits vorher die Angelegenheit aktenmäßig im Bundeskanzleramt festgelegt war. Ein eigenes Innenministerium hat damals nicht bestanden, dessen Agenden wurden im Bundeskanzleramt geführt. Glaise-Horstenau war am 10. Mai noch nicht Minister, somit kann es sich nur um die Indiskretion eines Beamten gehandelt haben. Daß zwischen dem BKA und der Deutschen Gesandtschaft ständig Kanäle liefen, ist heute aktenmäßig bewiesen". – Zu den Ausschreitungen in der Wiener Staatsoper vgl. außer dem Brief Th. Manns an H. Mann vom 2. Juli 1936 (*Briefe* I, S. 418; *Briefwechsel*, S. 162) die Schilderung bei B. *Walter*, Thema und Variationen. Erinnerungen und Gedanken, Stockholm, 1947, S. 471 f. – Das weitere Zitat aus dem Brief Thomas Manns vom 20. Juli 1936: *Briefe* I, S. 420; *Briefwechsel*, S. 164. Auf den Zusammenhang zwischen der Entscheidung des Dichters, die österreichischen Pläne nicht weiterzuverfolgen, und dem Abkommen vom 11. Juli 1936 – über das U. *Eichstädt*, Von Dollfuß zu Hitler. Geschichte des Anschlusses Österreichs 1933–1938, Wiesbaden 1955, zu vergleichen ist – wurde der Verfasser durch Bundeskanzler a. D. Prof. Dr. v. *Schuschnigg* am 21. September 1965 brieflich hingewiesen, der zugleich auf die vermittelnde Rolle des Staatssekretärs Guido Zernatto, „der – selbst Dichter und Schriftsteller – Thomas Mann in hohen Ehren hielt", bei dessen Plänen, die österreichische Staatsangehörigkeit zu erwerben, aufmerksam machte. – Thomas Manns tief pessimistisches und, wie der spätere Verlauf gezeigt hat, zutreffendes Urteil über die politische Zukunft Österreichs im Sommer 1936 ist aus dem Brief ersichtlich, den er unter dem Eindruck des Juli-Abkommens zwischen Schuschnigg und v. Papen am 20. Juli an seinen eben offiziell in Wien etablierten Verleger gerichtet hat (*Bermann Fischer*, S. 130 f.). Die dort nicht wiedergegebene Stelle: „Es wäre interessant, jetzt Hollnsteiner oder Schuschnigg selbst zu hören, wie sie heute über mein Kommen und meine Einbürgerung denken. Wäre sie nicht eine unfreundliche Handlung gegen einen befreundeten und mehr als befreundeten Staat?" (*Mann–Fischer*, S. 124 mit dem Kommentar S. 719) bestätigt den von Schuschnigg vermuteten Zusammenhang.

Mai 1936 stattfand, die Schwierigkeiten nicht beseitigt werden, so ließ Thomas Mann den Plan endgültig fallen, nachdem er am 13. Juni 1936 bei abermaligem Aufenthalt in Wien wüste Nazi-Demonstrationen während einer von dem jüdischen Dirigenten Bruno Walter geleiteten „Tristan"-Aufführung miterlebt hatte. Ausschlaggebend für seinen Entschluß ist vor allem das Mißtrauen gewesen, das Thomas Mann nach dem Abschluß des Abkommens zwischen dem Deutschen Reich und Österreich vom 11. Juli 1936 gegenüber der Stabilität der Verhältnisse in dem Land empfunden hat. „Ich denke natürlich jetzt nicht an Wien" schrieb er mit Bezug auf das Problem seines Staatsangehörigkeitswechsels am 20. Juli seinem Bruder Heinrich. Doch haben die Bemühungen, Thomas Mann in Österreich einzubürgern, nicht aufgehört und am 6. August 1936 zu einem geradezu dramatischen Moment geführt [388]. Damals erschien bei dem in der Schweiz wohnhaften Dichter ein Abgesandter aus Österreich, der ihm ein entsprechendes Angebot überbrachte. Wenige Stunden vorher war jedoch ein Mitglied des Rates der kleinen ostmährischen Ortschaft Proseč bei Litomyšl, Rudolf Fleischmann, eingetroffen, um von Thomas Mann, der diesen Besuch schon länger erwartet hatte [389], den für die Naturalisierung in der Tschechoslowakei zunächst erforderlichen Antrag auf Erteilung des Heimatrechtes einer Gemeinde unterzeichnen zu lassen. Durch Fleischmanns Bemühen war auf entsprechende Weise schon Heinrich Mann die im April 1936 vollzogene Einbürgerung in der Tschechoslowakei vom Gemeinderat in Proseč ermöglicht worden. Staatspräsident Beneš hatte daraufhin am 14. Mai Fleischmann beauftragt, mit Thomas Mann in gleicher Absicht Fühlung aufzunehmen. Ein Zusammenhang mit dem Besuch des Dichters bei Beneš am 11. Mai, während einer unmittelbar an den erwähnten Wiener Aufenthalt Thomas Manns anschließenden kurzen Vortragsreise nach Prag [390], ist schwer von der Hand

---

[388] Für das Folgende stützt die Darstellung sich auf das in entgegenkommender Weise zur Verfügung gestellte Manuskript eines Vortrags, den der an den Vorgängen maßgeblich beteiligte Herr Rudolf *Fleischmann* am 1. Februar 1963 in Arosa gehalten hat, sowie auf briefliche Mitteilungen des seither, im Januar 1966, verstorbenen Verfassers, ferner auf G. *Albrecht*, Thomas Mann – Staatsbürger der Tschechoslowakei (*Vollendung und Größe* Thomas Manns, hrsg. v. G. *Wenzel*, Halle/S. 1962, S. 118 ff., 323 ff.); G. *Albrechtová*, Zur Frage der deutschen antifaschistischen Emigrationsliteratur im tschechoslowakischen Asyl (Historica 8, 1964), S. 198 ff.; I. *Pfaff*, Deutsche Literatur im tschechischen Exil (Neue Zürcher Zeitung, Fernausgabe Nr. 156 vom 9. Juni 1972). Vgl. auch die nach Fleischmanns Tod erschienene Würdigung: R. Fleischmann – The Man from Proseč (The Guardian, Nr. 37175 vom 15. Januar 1966). Weitere Literatur verzeichnet *Matter*, Nr. 4377–4394. Im Thomas-Mann-Archiv befindet sich eine regestenförmige Zusammenstellung über den Verlauf der Einbürgerungsaktion vom 6. August 1936 bis zur Entgegennahme der Bürgerurkunde durch Thomas Mann am 12. Januar 1937 in Proseč. – Die Darstellung bei *Schröter*, S. 111, bietet unrichtige Daten.

[389] In dem oben S. 233, Anm. 387 zitierten Brief vom 20. Juli 1936 an Heinrich Mann heißt es gleich nach der angeführten Stelle: „Aber Fleischmann wird uns nächstens besuchen".

[390] Der Sender Prag hatte am 12. Mai 1936 gemeldet: „Der Präsident der Republik empfing am Montag, den 11. Mai, den Minister für auswärtige Angelegenheiten Dr. Krofta, ferner den Schriftsteller Thomas Mann" („Wörtliche Aufnahme der Übertragungszentrale des Auswärtigen Amtes" in: „Nachrichtendienst der Auslandssender"; PA, Akten betr. Thomas Mann). Ein Bericht der deutschen Gesandtschaft Prag vom 13. Mai 1936 verlegt den Empfang auf den

zu weisen. Damals hatte der dem äußeren Anschein nach immer noch freiwillig Exilierte mit der schon zitierten, in der Prager Zeitschrift „Wahrheit" erschienenen Erklärung zu seinem Offenen Brief an Korrodi das Bekenntnis von Anfang Februar noch einmal bedeutsam bekräftigt [391]. So unzweideutig er sich damit von neuem in die Reihe der Emigranten und gegen die nationalsozialistischen Machthaber gestellt hatte – den formellen Trennungsschnitt zwischen sich und Deutschland durch den Erwerb einer anderen Staatsangehörigkeit selbst zu vollziehen, kam Thomas Mann schwer an. Deutscher Staatsbürger zu sein, bedeutete für ihn mehr als nur ein Rechtsverhältnis. So blieb er unentschlossen, spielte wohl auch mit dem schon früher einmal gehegten Gedanken, in einigen Jahren Schweizer Bürger werden zu können, und meinte noch, als Fleischmann bereits angesagt war, er würde das als „das Richtigste" empfinden [392]. Nachdem die Papiere für

---

12. Mai (ebd.). Daß Beneš es gewesen ist, der Thomas Mann „einen tschechischen Paß gab", erwähnt der Dichter in seinem Brief an H. Carossa vom 7. Mai 1951 (*Briefe* III, S. 205). Über den Besuch des Ehepaares Mann bei Beneš vgl. Th. Mann an H. Mann, 19. Mai 1936 (*Briefwechsel*, S. 160). O. W. *Cisak*, Begegnungen mit Thomas Mann (Sinn und Form. Sonderheft Thomas Mann, 1965), S. 366 f. schildert unter verschiedenen Begegnungen auch ein Zusammentreffen mit dem Dichter während dieses Aufenthalts in Prag. Die Angabe, Thomas Mann hätte „in der Zwischenzeit" – also vor diesem Besuch – „um die Staatsbürgerschaft der tschechoslowakischen Republik angesucht" (S. 367), beruht auf Gedächtnistäuschung.

[391] Siehe oben S. 168.

[392] Th. Mann an H. Mann, 20. Juli 1936 (*Briefe* I, S. 420; *Briefwechsel* S. 164). Zu älteren Erwägungen solcher Art vgl. Th. Mann an H. Hesse, 31. Juli 1933 (*Hesse–Mann*, S. 36): „Da ich die deutsche Staatsangehörigkeit verliere, werde ich doch wohl Schweizer werden"; Th. Mann an E. Bertram, 9. Januar 1934 (*Briefe* I, S. 347; *Jens*, S. 180): „Ich hoffe im abgekürzten Verfahren Schweizer zu werden". Die Notiz bei R. *Schickele*, Tagebuch zum 10. Januar 1934 (Werke III, S. 1068) geht wohl auf die beim Abdruck von Thomas Manns Brief an ihn vom 8. Januar 1934 (*Briefe* I, S. 346) ausgelassene Stelle zurück. – In amtlichen Akten ist die Möglichkeit, daß Thomas Mann und seine Gattin „Legitimationen eines der Länder annähmen, die ihnen in einer [durch die deutsche Paßverweigerung geschaffenen] Notlage besonders gern zu Hilfe kommen möchten", als „meinen Mandanten höchst unerwünschte Folgerung" fortdauernder Erfolglosigkeit ihrer Bitten um Pässe erstmals von der oben S. 164, Anm. 181 genannten Eingabe aus dem Jahr 1935 erwähnt. – In dem oben S. 182, Anm. 243 zitierten Kommentar der sozialdemokratischen Zürcher Zeitung „Volkswacht" heißt es: „Ich hoffe, daß die Stadt Zürich sich beeilen wird, der Gemeinde Küsnacht zuvorzukommen mit der Erteilung des Ehrenbürgerbriefes an Thomas Mann!" Ob dahin zielende Bestrebungen bestanden haben, bliebe zu klären. Außer den öffentlichen Huldigungen wurden Thomas Mann in der Schweiz auch Gefühle der Abneigung entgegengebracht, die neben der Sorge um Aufrechterhaltung der Neutralität damals hemmend wirken mochten. So berichtete z. B. der Deutsche Gesandte in Bern am 4. Januar 1935, der Kleine Landrat in Davos habe seinen Beschluß, dem von Erika Mann geleiteten Kabarett „Die Pfeffermühle" ein Auftreten nicht zu gestatten, u. a. damit begründet, „daß Davos der Familie Thomas Manns keine besondere Dankespflicht schulde, da dessen ‚Zauberberg' durch die darin enthaltene tendenziöse Schilderung des Kurlebens zweifellos eine Schädigung des Kurlebens zur Folge gehabt habe" (PA, Akten des Ref. Deutschland betr. Ausbürgerungen, 4. Liste, M–Z, Vorgänge betr. Friedrich Wolf). Sichere Aussicht auf den Erwerb der Schweizer Staatsangehörigkeit konnte Thomas Mann erst kurz vor seinem Tode buchen. Am 10. Juni 1955 schrieb er: „Ich werde, unter uns gesagt, auch bald Schweizer werden, via Gemeinde Kilchberg. Der Bundesrat scheint einverstanden, daß es außer aller Ordnung geschieht, wie es sich auch darin andeutete, daß [der damalige Bundes-

Proseč am 6. August unterzeichnet waren, konnte er seine Erschütterung und Erregung nicht verbergen; daß ihm „die Lösung vom Vaterlande, die Stellungnahme gegen die eigene Nation" nicht leicht, sondern schwerer als anderen gefallen ist, hat der Dichter noch viele Jahre später unmißverständlich bekundet [393]. Trotz der hohen Protektion zogen sich die Formalitäten in der Tschechoslowakei bis in den Spätherbst hin. Am 19. November 1936 leistete Thomas Mann vor dem Konsul seines neuen Staates in Zürich den vorgeschriebenen Eid [394]. Damit war er tschechoslowakischer Staatsbürger geworden. Nun zögerte er aber, diesen Schritt bekanntzugeben. Veranlaßte ihn dazu die gleiche Seelendisposition, die ihn beim nochmaligen Wechsel der Staatsangehörigkeit im Sommer 1944, als er amerikanischer Bürger geworden war, bitten ließ, „eher ein Geschehen als ein Tun darin zu sehen" [395]? Jedenfalls empfand er Unbehagen bei dem Gedanken, man könne es ihm in Wien übelnehmen, daß er es vorgezogen hatte, „den tschechoslowakischen Schwur zu tun" [396]. Waren aber nicht auch andere Regungen bei ihm mit im Spiel – bei einem Autor, der in früheren Zeiten einer der deutschesten unter

präsident] Petitpierre zur Feier [von Th. Manns 80. Geburtstag am 5. Juni 1955] hierher ... kam" (*Hesse–Mann*, S. 190).

[393] Ähnliche Erschütterung berichtet W. *Haas*, Ist Thomas Mann „unsterblich"? (Die Welt Nr. 129 vom 5. Juni 1965) als Augenzeuge einer Szene, die sich Anfang Januar 1937 in Prag abgespielt hat: „Ich sah einmal Tränen in seinen Augen, als er ... sein deutsches Staatsbürgerrecht durch Hitler verloren hatte und dafür das tschechoslowakische Staatsbürgertum ... erhielt. Er wollte danken – aber er stockte". Das spätere Selbstzeugnis in dem „[Deutschland]" überschriebenen, während des Krieges unter der Überschrift: „Germany's guilt and mission" erschienenen Aufsatz (XII, S. 904; MK 118, S. 119); vgl. hierzu auch S. 239, Anm. 405. – Aus der vorstehenden Darlegung ergibt sich, daß die unter dem Titel „Der Tschechoslowake Thomas Mann" von „ipa" in Münchner Neueste Nachrichten Nr. 284 vom 11. Oktober 1938 veröffentlichte ironische Glosse mit den Tatsachen in Widerspruch steht, wenn sie behauptet, der Dichter habe sich „sogleich", nachdem er das Deutsche Reich „rasch und ohne Aufforderung" verlassen habe, „mit Erfolg um das Bürgerrecht der Tschecho-Slowakei" beworben. – Faksimilewiedergaben von Thomas Manns Gesuch um die Gemeindezugehörigkeit von Proseč und seiner Vollmacht für R. Fleischmann bei *Albrecht*, S. 128.

[394] Hierfür liegt außer den erwähnten Darstellungen auch eine Bestätigung des Tschechoslowakischen Konsuls in Zürich in einem Schreiben vom 31. März 1937 an Thomas Mann vor (TMA), ferner ein Faksimile des Protokolls über die Eidesleistung des Dichters bei *Albrecht*, S. 129, die S. 122 eine deutsche Übersetzung dieses Dokuments bietet. – Die Darstellung nach den Akten und anderen Dokumenten erweist die verschiedentlich, z. B. bei M. *Tau*, Ein Flüchtling findet sein Land, [Hamburg 1964], S. 52 sowie bei *Walter* II, S. 26 geäußerte Ansicht, Thomas Mann sei die tschechoslowakische Staatsbürgerschaft verliehen worden, nachdem ihm die deutsche genommen worden war, als irrig. Vgl. auch unten S. 320, Anm. 20.

[395] Th. Mann an E. Beneš, 29. Juli 1944 (*Briefe* II, S. 381). – „Mehr ein Geschehen als ein Tun" taucht in so gut wie wörtlicher Übereinstimmung in den „Bekenntnissen des Hochstaplers Felix Krull" (VII, S. 389) auf.

[396] Th. Mann an I. Herz, 3. Dezember 1936: „Im Januar werde ich wohl in Wien daraus [d. h. dem eben fertiggestellten ersten Kapitel von ‚Lotte in Weimar'] vorlesen, wenn man mir's dort nicht allzu übel nimmt, daß ich es vorzog, den tschechoslowakischen Schwur zu tun" (ungedruckt; Mitteilung von Frl. Ida *Herz*, London). Die Wendung bezeugt indirekt, wie stark auf österreichischer Seite die Erwartung gewesen sein muß, der Dichter werde sich dort einbürgern lassen.

den deutschen Dichtern, ja auch jetzt eben – 1935 – noch einmal der „deutscheste der Deutschen" genannt worden war [397] und der bald nicht aufhören sollte, in der Aberkennung der angeborenen Staatsangehörigkeit eine Negation seines Deutschtums als geistiger Qualität zu sehen? Gründe solcher Art für seine Scheu, die Annahme der tschechoslowakischen Staatsangehörigkeit bekanntzugeben, sind aus verschiedenen Zeugnissen zu erschließen. 1945 bekannte Thomas Mann in öffentlicher Rede: „Tscheche zu sein, das war höchst liebenswürdig und dankenswert, aber es gab keinen Reim und Sinn" [398]. Tiefer in die spezifische Problematik, die sich mit dem Wechsel der Staatsangehörigkeit gerade für den vom Bannstrahl des offiziellen Deutschland Bedrohten verband, läßt das schon einmal herangezogene Bekenntnis blicken, das er schon 1933 abgelegt hatte und bald – in seinem Antwortbrief nach Bonn – teilweise wiederaufnehmen sollte: „Der Bruch mit meinem Lande ... bedrückt und beängstigt mich sehr – ein Zeichen eben dafür, daß er zu meiner Natur nicht recht paßt, die mehr durch goethisch-repräsentative Überlieferungselemente bestimmt ist, als daß sie sich eigentlich und bestimmungsgemäß zum Märtyrertum geschaffen fühlte"[399]. Hat der in die Schweiz emigrierte, aber 1940 auf unschöne Weise die Rückkehr nach Deutschland suchende Schriftsteller Bernhard v. Brentano – wie er in einer zu diesem Zweck verfaßten Eingabe schrieb – Thomas Mann, der ihm sagte, „er sei in Prag bei Herrn Benesch gewesen und habe die tschechische Staatsangehörigkeit erworben", entgegnet, „das sei keine

---

[397] H. v. *Hülsen* in einer Besprechung von Thomas Manns „Friedrich und die große Koalition" (Vossische Zeitung Nr. 332 vom 2. Juli 1915): „Thomas Mann ist unter den deutschen Dichtern der deutschesten einer"; *Lion*, S. 152: „Er, der deutscheste der Deutschen ... " – Die Wendung begegnet wörtlich auch noch in dem oben, Anm. 393 erwähnten Artikel von W. *Haas*. Schon 1911 fand ein Thomas Mann sonst durchaus kühl gegenüberstehender Bonner Kritiker: „Seine Kunst ist deutsch, urdeutsch, um die er mit einem heiligen Ernst gerungen hat, wie selten ein anderer" (Deutsche Reichszeitung Nr. 29 vom 17. Januar 1911). Ähnlich B. *Frank*, Zu Thomas Manns neuem Werk (Das Neue Tage-Buch I, 1933, S. 503 f.; Wiederabdruck bei *Schröter, Urteil*, S. 223 ff.).

[398] Deutschland und die Deutschen (XI, S. 1127; MK 118, S. 162); am 8. Dezember 1936 hatte er von der Einbürgerung in die Tschechoslowakci gesagt, er habe dadurch „wieder ein Staatswesen im Rücken ..., das ich achte"; Th. Mann an St. Zweig (*Briefe* I, S. 430).

[399] Th. Mann an A. Einstein, 15. Mai 1933 (*Briefe* I, S. 332). – Einen Reflex der Unterhaltungen, die in eben dieser Zeit Thomas Mann mit René Schickele in Sanary-s-mer führte und über die in dessen Tagebuch seit dem 8. Mai 1933 berichtet wird (Werke III, S. 1049 ff.), enthält auch der Satz: „Wenn einer nicht das Zeug zu einem Märtyrer hat, so ist es Thomas Mann"; vgl. auch die Eintragung zum 11. Dezember 1933 (ebd., S. 1060): „Ein Mensch wie Thomas Mann hängt mit allen Fasern daran, er ist ein Teil von ihm. Er muß den Schnitt bis in die Gewebe der Haut, die Veränderung bis in die Eingeweide spüren – fraglich, ob er, also amputiert, weiterleben könnte"; weiteres S. 1061. Eine Interpretation der Gegenüberstellung Repräsentant – Märtyrer gibt Thomas Mann unter Hinweis auf den Gebrauch, den er davon in seinem Antwortbrief an den Bonner Dekan gemacht hat, in einem an F. Kaufmann gerichteten Brief vom 17. Februar 1941 (*Briefe* II, S. 180). – Frühe Zeugnisse für Thomas Manns Bewußtsein, zur Repräsentation berufen zu sein, finden sich bereits in seinen Briefen an Heinrich Mann vom 27. Februar 1904 („Ich habe im Grunde ein gewisses fürstliches Talent zum Repräsentieren") und vom 17. Januar 1906 („Das Repräsentieren macht mir Spaß"), (*Briefwechsel*, S. 27, 46).

Politik mehr, das sei Hochverrat"[400], so muß das den derart Geschmähten aufs schmerzlichste getroffen haben[401]. Zwei Briefstellen aus der Zeit vor und nach Thomas Manns Ausbürgerung markieren, was in der Seele des Dichters vorging, der Deutschland seit 1933 mied und 1937 erklärte, er würde „auch nach einer Wandlung nur besuchsweise" dorthin zurückkehren[402]: im Mai 1935 gegenüber Karl Voßler die Bemerkung, er habe eine akademische Auszeichnung in Amerika – die Ehrenpromotion in Harvard – „auch des Vaterlandes wegen" nicht ausschlagen können und wollen[403], sodann im Oktober 1947 das an Max Rychner gerichtete Wort, der „Doktor Faustus" lehre die Deutschen „vielleicht . . . doch, daß es ein Irrtum war, einen Deserteur vom Deutschtum in mir zu sehen"[404]. Zeitlich zwischen diesen Äußerungen, mitten im Krieg, in einem zuerst englisch publizierten Aufsatz unter dem Titel „Germany's Guilt and Mission", schrieb Thomas Mann als Replik auf das Interview eines in der Royal Air Force dienenden deutschbürtigen „Angehörigen des mehr oder minder internationalen Hoch-Adels", wo von der „Bitterkeit" die Rede war, die der Prinz „gegen sein ehemaliges Vaterland" empfinde, diese „schneidende Kälte" habe ihm „zu denken gegeben": „Gegen sein Vaterland also einfach; denn ein ehemaliges Vaterland gibt es nicht. Man hat nur eines . . . . Ich bin und bleibe Deutscher auch, obgleich ich nach und

---

[400] *Stahlberger*, S. 367, Anm. 49 auf Grund der Akten des Generalkonsulats Zürich betr. B. v. Brentano. Am 31. Mai 1937 spielt Thomas Mann R. Schickele gegenüber mit der Wendung „die Ecole de Zurich ist eine Nazi-Schule, stilistisch und geistig" auf Brentano an (*Briefe* II, S. 27). Vgl. zu dem Vorfall auch die lediglich ein „bestürztes Gesicht" als Reaktion v. Brentanos auf Thomas Manns Mitteilung verzeichnende Schilderung des Vorfalls bei B. v. *Brentano*, Du Land der Liebe, Tübingen-Stuttgart [1952], S. 25. Im Rahmen der dort geführten ausgedehnten Polemik gegen Thomas Mann findet die in den Akten des Generalkonsulats stehende Version insofern eine Stütze, als dabei rühmend Ignazio Silone erwähnt wird, der – obwohl politischer Gegner Mussolinis – „für Landesverräter nichts übrig" gehabt und einmal geäußert habe: „Jedesmal, wenn man einem deutschen Oppositionellen begegnet, entpuppt er sich als Landesverräter" (ebd. S. 28). Ebd. S. 30 wird die Annahme der tschechoslowakischen Staatsangehörigkeit durch Thomas Mann als „unbegreiflicher Prager Schwabenstreich" bezeichnet. Die damit verknüpfte Behauptung, „die Nazis, die mal wieder keine Ahnung gehabt hatten", seien durch die Publikation eines Prager Montagsblattes auf „das sensationelle Ereignis" aufmerksam gemacht worden, „waren empört und bürgerten den Dichter aus", entspricht nicht dem Verlauf der Ereignisse. Vgl. zu der Prager Meldung Dok. 173, Anm. 1. Ebensowenig stimmt es, daß Thomas Mann erst „von diesem Tag [der Ausbürgerung] an" „sich in den offenen und zornigen Gegner der Regierung Hitler" „verwandelt" habe. Ähnlich irrig verknüpft *Hilscher*, S. 74 und 204 die Annahme der tschechoslowakischen Staatsangehörigkeit durch Thomas Mann, seine Ausbürgerung und sein Eingreifen „in den politischen Tageskampf".

[401] v. *Brentano*, S. 25 berichtet, Thomas Mann habe „sich geärgert" ,als er die nach dem gleichen Bericht in der vorigen Anmerkung erwähnte Reaktion seines Gesprächspartners bemerkte.

[402] Th. Mann an J. Bab, 8. Juni 1937 (ungedruckt; Fotokopie nach Abschrift TMA).

[403] Th. Mann an K. Voßler, 4. Mai 1935 (*Briefe* I, S. 388).

[404] Th. Mann an M. Rychner, 26. Oktober 1947 (*Briefe* II, S. 562); ähnlich am 4. Januar 1948 an den Frankfurter Oberbürgermeister W. Kolb: „Daß ich nicht eben ein Deserteur vom deutschen Schicksal bin, – dies Buch [„Doktor Faustus"] wird es doch manchem zu fühlen geben" (*Briefe* III, S. 11).

nach fünftausend Meilen zwischen mich und mein Vaterland gelegt habe und Bitterkeit gar kein Wort ist für die Empfindungen, die der politische Veitstanz Deutschlands mir einflößt, weshalb ich denn auch auf meine Art, mit Wunsch und Wort, work from morning to night for the Allied cause" [405]. Es gibt ein weiteres, vielleicht noch stärker als alles andere sprechendes Zeugnis für das unzerreißbare und zugleich tragisch verstrickte Band, durch das Thomas Mann sich mit Deutschland verbunden wußte. Der bisher unbekannte Beleg steht in unmittelbarem Zusammenhang mit der „nationalen und akademischen Exkommunikation" sowie der darauf erteilten Antwort des Dichters an den Dekan Professor Obenauer. „Auch litt wahrhaftig das nationale Ehrgefühl" – diese Worte sollten gleich, nachdem der offiziell Ausgestoßene „unergründlichen Abscheu vor dem, was zu Hause in elenden Worten und elenderen Taten geschah", ausgesprochen hatte, in dem Plädoyer gegen die nationalsozialistischen Machthaber stehen, das Thomas Mann nach Bonn schickte [406]. Wäre der Satz nicht im Entwurf des Briefes gestrichen worden, würde er vor aller Welt bezeugt haben, wie innerlich nahe und zugleich wie schmerzlich fern auch dieser poeta exul sich Deutschland in dem nämlichen Augenblick fühlte, da er selbst sich juristisch von ihm hatte lösen müssen und die Machthaber daheim ihn seiner deutschen Staatsangehörigkeit beraubten, weil er sich mit dem nationalsozialistischen Bilde vom Deutschtum nicht vertrug. So drängten sich abermals die Linien von Thomas Manns Lebensschicksal im engsten Raum dramatischer Spannung zusammen, und sein Zögern, den als unausweichlich erkannten Schnitt selbst zu führen, hatte weittragende Folgen.

An demselben 3. Dezember, als der „Deutsche Reichsanzeiger" das Dekret über den gegen Thomas Mann verhängten Entzug der deutschen Staatsangehörigkeit enthielt, schrieb der Dichter einer ebenfalls emigrierten Freundin, seine Naturalisierung in der Tschechoslowakei solle „jetzt doch schon in den nächsten Tagen bekannt gemacht werden". „Ich habe mich dazu entschlossen, damit die Berliner Tiere mir nicht mit der – heute allerdings schon gegenstandslosen – Ausbürgerung zuvorkommen" [407]. Seinen Münchner Anwalt muß er schon etwas früher benachrichtigt haben, denn dieser übermittelte die ihm „vor zwei Tagen" zur Kenntnis gekommene Tatsache am 4. Dezember – wohl nach Lektüre der Morgenzeitung, aber ohne Bezugnahme auf die darin enthaltene Nachricht von der Ausbürgerung des Dichters – dem zuständigen Referenten im Reichsministerium des Innern [408]. Am 5. Dezember brachte die „Neue Zürcher Zeitung" eine auf Thomas Mann zurückgehende Zuschrift „von unterrichteter Seite". Sie knüpfte in juristischer

---

[405] XII, S. 903; MK 118, S. 118 f.; der englische Teil des Zitats wiederholt wörtlich, was über den interviewten Prinzen in der Presse gesagt worden war. Der Aufsatz erschien in deutscher Sprache zuerst ebenfalls schon während des Krieges, 1944, in der Zeitschrift „Deutsche Blätter" (Santiago de Chile), Jg. 2, Heft 7.

[406] Dok. 205, S. 565, Note s.

[407] Th. Mann an I. Herz, 3. Dezember 1936 (ungedruckt; Mitteilung von Frl. Ida Herz, London). – Im selben Brief berichtete der Dichter: „Das erste 25 Seiten Kapitel der neuen Novelle habe ich heute abgeschlossen". Es handelt sich um „Lotte in Weimar".

[408] Dok. 196 a, S. 555.

Präzision an eine knappe Darstellung des Staatsangehörigkeitswechsels den Hinweis, daß die deutsche Maßnahme der rechtlichen Bedeutung entbehre [409]. Eine weitere, von Thomas Mann selbst gezeichnete Erklärung folgte in verschiedenen Zeitungen einige Tage später [410].

Nach dem Reichsministerium des Innern erhielten auch die anderen Berliner Stellen auf verschiedenen Wegen Kenntnis von der Annahme der tschechoslowakischen Staatsangehörigkeit durch Thomas Mann [411]. Der daraufhin einsetzende interministerielle Disput um das beschlagnahmte Vermögen des Dichters, dessen Einziehung vom Reichsministerium des Innern gegen das Auswärtige Amt für vertretbar erklärt wurde, obwohl anerkannt werden mußte, daß die Ausbürgerung Thomas Manns nicht mehr hatte wirksam werden können, endete nach Jahresfrist, am 29. Dezember 1937, mit der von Heydrich gezeichneten Weisung des Reichsführers SS und Chefs der Deutschen Polizei an die Bayerische Staatskanzlei, „die Einziehung des Vermögens von Thomas Mann durchzuführen" [412]. Heydrich stützte sich dabei auf seine eigene, unter der Firma des Reichsministeriums des Innern am 15. September 1936 getroffene „Feststellung", daß „dieses Vermögen für volks- und staatsfeindliche Zwecke" bestimmt sei. Er blieb mit dem Modus procedendi nicht weit hinter den Vermutungen zurück, die Thomas Mann – wiederum mit der düsteren Hellsichtigkeit Kassandras ausgestattet – über die Erfolgsaussichten einer tschechoslowakischen Intervention wegen seiner Münchener Habe geäußert hatte: „Die Gauner können ja den Akt meiner ‚Ausbürgerung' beliebig vordatieren" [413].

Eine Erklärung deutscher Dienststellen darüber, daß der Entzug der Staatsangehörigkeit von Thomas Mann der tatsächlichen Voraussetzungen entbehrte

[409] Neue Zürcher Zeitung Nr. 2102 vom 5. Dezember 1936. Dazu Th. Mann an G. Bermann Fischer, 5. Dezember 1936: „In der Schweizer Presse habe ich feststellen lassen, daß die Exkommunikation keine rechtliche Bedeutung mehr hat" (*Bermann Fischer*, S. 142; *Mann-Fischer*, S. 132).

[410] Pariser Tageszeitung Nr. 181 vom 9. Dezember 1936; Berner Tagwacht Nr. 290 vom 10. Dezember 1936. Abdruck Dok. 200, S. 558 f.

[411] Die im Institut für Zeitgeschichte (München) aufbewahrte Zeitungsausschnitt-Sammlung des ehemaligen Reichsinstituts für Geschichte des neuen Deutschland enthält die Abschrift eines von nicht identifizierbarer Seite an Dr. Chr. Steding, Mitarbeiter des Instituts, gerichteten Briefs vom 21. Dezember 1936, der auf Grund einer Meldung in der tschechischen Zeitung Lidove Noviny Nr. 616 vom 9. Dezember 1936 die Annahme der tschechoslowakischen Staatsangehörigkeit von Thomas Mann (mit irriger Angabe über das Datum seiner Eidesleistung) berichtete. – Eine amtlich bestätigte Nachricht über die längst vollzogene Tatsache konnte die Deutsche Gesandtschaft in Prag dem Berliner Auswärtigen Amt erst am 31. Mai 1937 übermitteln; *Albrecht*, S. 123.

[412] PA, Akten betr. Thomas Mann.

[413] Th. Mann an H. Mann, 12. Dezember 1936 (*Briefe* I, S. 431; *Briefwechsel*, S. 168). Die dabei erwähnte Intervention der Prager Regierung fand Gestalt in einer Verbalnote der Tschechoslowakischen Gesandtschaft in Berlin vom 25. Mai 1937. Das Auswärtige Amt bestätigte den Eingang und behielt sich weitere Antwort bis nach Abschluß der bei den „zuständigen inneren Stellen" in Gang gebrachten Ermittlungen vor. – Thomas Mann selbst hat am 18. Mai 1937 gegen die Einziehung seines Vermögens durch die deutsche Regierung beim Reichsministerium des Innern „Rekurs" eingelegt (PA, Akten betr. Thomas Mann).

und darum rechtsunwirksam war, ist nie erfolgt. Die nationalsozialistischen Behörden, die sich rühmten, „eine so schwerwiegende Hoheitsmaßnahme des Reiches ... nur nach sorgfältigster Vorbereitung im einzelnen Falle" anzuwenden, befürchteten, daß „die Zurücknahme auch nur einer einzigen Ausbürgerung ... das Vertrauen der Öffentlichkeit in die Sorgfalt der Bearbeitung" erschüttern würde. Auch müsse „damit gerechnet werden, daß die deutschfeindliche Auslandspresse" den Einzelfall „und die Ausbürgerungsfrage überhaupt zum Gegenstand ihrer Hetze macht und daß zahlreiche Berufungen der bereits Ausgebürgerten" folgen würden. War – wie bei der längst geschiedenen und nach neuer Heirat verwitweten Ehefrau eines der mit Thomas Mann zusammen Ausgebürgerten, die im Wege der „Erstreckung" vom gleichen Bannstrahl getroffen worden war, ohne daß dafür eine rechtliche Basis bestand – die Zurücknahme der Ausbürgerung nicht zu vermeiden, so bereinigte man den ärgerlichen Fall, an den jene Bedenken sich knüpften, „unter der Hand auf dem Verwaltungsweg" [414]. Das war aus den verschiedensten Gründen gegenüber Thomas Mann nicht möglich. Es blieb bei behördeninternen Informationen und dem selbst nach damals geltenden Bestimmungen mehr als fragwürdigen Zugriff auf die sichergestellten Vermögenswerte.

Von alledem ist die Bonner Universität vollkommen unberührt geblieben. Sie hat insbesondere niemals erfahren, daß der Ausbürgerungserlaß vom 2. Dezember 1936 Thomas Mann die deutsche Staatsangehörigkeit gar nicht mehr hatte nehmen können und daß infolgedessen auch die Mitteilung des Dekans der Philosophischen Fakultät vom 19. Dezember, die den Verlust der Ehrendoktorwürde an die Aberkennung der deutschen Staatsangehörigkeit des Dichters und an keine andere Voraussetzung knüpfte, der Grundlage entbehrte, mithin nichtig war.

An diesem Punkte stoßen wir auf eine Unregelmäßigkeit im Verfahren. Zwei Jahre später hat sich nämlich ein exakter Parallelfall ereignet; doch damals ist anders vorgegangen worden. Anfang 1939 teilte das Reichswissenschaftsministerium den Universitäten mit, eine laut Bekanntmachung im „Deutschen Reichsanzeiger" vom 9. Juli 1938 dekretierte Ausbürgerung sei rechtsunwirksam, weil der Betroffene vorher die deutsche Staatsangehörigkeit durch den Erwerb der tschechoslowakischen Staatsangehörigkeit verloren habe. Eine Entziehung des Doktorgrades, die durch den üblichen Runderlaß an die Hochschulen verfügt worden war, sei somit nicht möglich. Das Ministerium ersuchte dann festzustellen, ob die Aberkennung nicht wegen „Unwürdigkeit" vorgenommen werden könne [415]. Die Annahme fällt schwer, daß das Reichswissenschaftsministerium nicht auch im Fall Thomas Mann von der Sachlage unterrichtet worden ist, nachdem der Erwerb der tschechoslo-

---

[414] Die Zitate aus dem Schreiben des Auswärtigen Amtes an das Reichsministerium des Innern vom 30. Januar 1937 (PA, Ausbürgerungen, 7. Liste, K–R, Vorgang betr. Kiesewetter).

[415] Erlaß des Reichsministers für Wissenschaft, Erziehung und Volksbildung – WF 325 – vom 24. Februar 1939 (überliefert in: Akten der Evangelisch-theologischen Fakultät der Universität Bonn betr. Doktorgradentziehungen 1933–1939; Dekanat der Evangelisch-theologischen Fakultät). Der Fall betraf den am 20. Dezember 1878 in Libochowitz geborenen Wilhelm Brüll, der Inhaber eines Doktorgrades war, „ohne daß Hochschule und Fakultät festgestellt werden konnte".

wakischen Staatsangehörigkeit durch den Dichter den übrigen Berliner Ämtern schließlich zuverlässig bestätigt worden war. Ob unter der Voraussetzung derartiger Kenntnis das Ministerium ebenso wie in dem erwähnten Fall auf den anderen Weg hingewiesen haben würde, der für den Entzug eines akademischen Grades beschritten werden konnte, muß offen bleiben. Jedenfalls ist eine derartige Benachrichtigung der Universität Bonn nicht vorgenommen worden, obwohl das schon in dem uns bereits bekannten Runderlaß vom 2. März 1937, der sich auch auf die am 2. Dezember 1936 Ausgebürgerten bezog, hätte geschehen können und natürlich auch zu jedem späteren Zeitpunkt noch möglich gewesen wäre. Das Verfahren im Fall von Thomas Mann ist im Unterschied zu dem späteren Vorgang nicht wieder aufgerollt worden, nachdem sich herausgestellt hatte, daß der gegen den Dichter abgefeuerte Schuß ins Leere gegangen war. So hat die Universität Bonn keine Gelegenheit erhalten, eine eigene Entscheidung über Thomas Manns Ehrendoktorwürde – natürlich in den vom nationalsozialistischen Hochschulrecht belassenen, mit den Befugnissen einer freien Korporation auch nicht entfernt gleichzusetzenden Formen – zu treffen.

Dies hängt zweifellos damit zusammen, daß die Handlungsweise des Bonner Dekans innerhalb kurzer Frist eine riesige Wirkung in der Öffentlichkeit außerhalb Deutschlands gehabt hat. Der für die Nationalsozialisten äußerst mißliche Widerhall bestätigte alle früheren Befürchtungen des Auswärtigen Amtes und des Reichspropagandaministeriums vollkommen, wenn er sie nicht sogar übertroffen hat. Das Aufsehen, das in der ganzen Welt entstand, als der Entzug von Thomas Manns Ehrendoktorwürde bekannt wurde, nachdem der Nachhall seiner Ausbürgerung kaum verklungen war, mußte es den Herren des Dritten Reiches geraten erscheinen lassen, völliges Schweigen über die für sie so übel abgelaufene Affäre zu breiten. So erklärt sich auch die sehr drastische „Sprachregelung" für die Presse, die das Reichspropagandaministerium Ende Januar 1937 erlassen hat, um jede Polemik gegen Thomas Mann zu unterbinden [416]. Hinter dem offen bekannten und gewiß auch angestrebten Ziel, Thomas Mann beim deutschen Volk in völlige Vergessenheit geraten zu lassen, verbarg sich im damaligen Augenblick die Absicht, diesem Volk auf keinen Fall durch eine polemische Auseinandersetzung oder gar – wie im Falle des Offenen Briefes an Korrodi ein Jahr zuvor – durch wörtliche Wiedergabe zur Kenntnis zu bringen, was der Dichter, dessen letztes Werk – der dritte Band des „Joseph" – trotz aller Behinderungen und sogar Denunziationen gegen Buchhändler, die ihn öffentlich führten, noch im Herbst 1936 zahlreiche Käufer in Deutschland gefunden hatte, auf seine Ausbürgerung hin den Deutschen und ihrer Regierung zu sagen gehabt hatte.

Damit kommen wir zur Reaktion von Thomas Mann. Er hatte nach der Eidesleistung vor dem tschechoslowakischen Konsul beabsichtigt, an das Reichsministerium des Innern zu schreiben, die Verantwortung dafür, daß es zu diesem Schritt kommen mußte, trage „vor Mit- und Nachwelt die derzeitige deutsche Regierung".

---

[416] Siehe unten S. 262 f. und Dok. 208, S. 570.

Das erwähnte er am 3. Dezember 1936 in dem bereits angeführten Brief an eine gleichfalls im Exil lebende Freundin [417]. Das wörtliche Zitat in diesem Satz, die sonst bezeugten Gepflogenheiten Thomas Manns und seine Bemerkung, durch das Berliner Ausbürgerungsdekret seien ihm „die Menschen dort ... um einen Tag zuvorgekommen" [418], lassen vermuten, daß der Entwurf zu einem derartigen Schreiben an jenem 3. Dezember 1936 bereits vorlag oder mindestens skizziert war.

Thomas Mann hat den Entzug seiner deutschen Staatsangehörigkeit am 5. Dezember aus Wien durch ein Telegramm seines Verlegers Dr. Bermann Fischer erfahren, der seinerseits aus Deutschland telefonisch unterrichtet worden war [419]. Wie heftig diese Nachricht den Dichter getroffen hat, verraten Wortlaut und Schrift der offenbar in erregter Eile postwendend von ihm erteilten Antwort [420]. Sie enthält freilich auch die vollkommen zutreffende, von überlegener Würde zeugende Wendung: „... ein anderes Deutschland wird es mir nicht nachtragen, daß ich von diesem schied, und schon dieses, glaube ich, wird das großenteils nicht tun" – möglicherweise ein Stück des geplanten Schreibens an das Reichsministerium des Innern, wo dieser Satz seinen rechten Ort gehabt hätte [421]. Thomas Manns wechselnde Gemütslage in jenen Tagen und die höchst bezeichnende abgestufte Form, in der er verschiedene Personen jeweils daran teilnehmen ließ, ist in den während dieser Zeit von ihm geschriebenen Briefen faßbar. Otto Basler gegenüber begrüßte er noch am gleichen 5. Dezember „die Klärung der Situation" [422]. Der französischen Übersetzerin seiner Werke, Louise Servicen, teilte er am 7. Dezember mit, den Schritt der deutschen Machthaber habe er längst erwartet und könne nicht leugnen, ihn herausgefordert zu haben; jedenfalls fechte er ihn wenig an [423]. Stefan Zweig schreibt er am folgenden Tage fast mit gleichen Worten, fügt aber hinzu, daß der Akt der Ausbürgerung durch seine Unvermeidlichkeit nicht sinnreicher

---

[417] Th. Mann an I. Herz, 3. Dezember 1936 (ungedruckt; Mitteilung von Frl. I. *Herz*).

[418] Th. Mann an G. Bermann Fischer, 5. Dezember 1936 (*Bermann Fischer*, S. 142; *Mann–Fischer*, S. 132).

[419] *Bermann Fischer* S. 141.

[420] Vgl. das Faksimile der in Anm. 418 zitierten Postkarte bei *Bermann Fischer*, S. 145 und die beim Abdruck (*ebd.* S. 142; *Mann–Fischer*, S. 132) angemerkten, für Thomas Mann durchaus ungewöhnlichen sprachlichen Versehen in dem nur wenige Zeilen umfassenden Text.

[421] In charakteristisch veränderter Fassung heißt es in dem am gleichen 5. Dezember 1936 von Th. Mann an O. Basler gerichteten Brief: „Ein kommendes Deutschland wird es mir nicht verargen, daß ich von diesem schied, und mich wiederaufnehmen, ob lebend oder nicht" (*Altes und Neues*, S. 739).

[422] Ebd.

[423] Th. Mann an L. Servicen, 7. Dezember 1936 (Fotokopie TMA). Bei dem in diesem Brief erwähnten Artikel des konservativen Figaro, „in dem eigentlich alles Notwendige gesagt ist", handelt es sich um den in Le Figaro Littéraire vom 6. Dezember 1936 erschienenen und „*La Girouette*" gezeichneten Artikel „L'Allemagne est trop riche" (bei *Matter* nicht verzeichnet). Darin wird Goebbels als Urheber der Ausbürgerung betrachtet und sarkastisch die „Großzügigkeit" beleuchtet, mit der ein so bedeutender Repräsentant deutscher Geisteskultur wie Thomas Mann aus Deutschland ausgeschlossen wird; den Bannstrahl gegen den Dichter interpretiert der Artikel als ein Zeichen der Schwäche des nationalsozialistischen Regimes.

werde [424]. Wieder einen Tag später heißt es in einem Brief an Felix Braun: „So dumm es ist, es bleibt doch ein Choc" [425], und am 13. Dezember spricht Thomas Mann gegenüber Siegmund Freud von „diesen durch den Berliner Ächtungsukas doch, wenn auch unvernünftiger Weise, etwas verdüsterten Tagen" [426], nachdem er tags zuvor Otto Basler gestanden hatte, er sei „angegriffen vom Erlebten, arbeite aber doch an" seiner „Goethe-Novelle" [427]. Käthe Hamburger gegenüber präzisierte er den „gewissen unvernünftigen Choc" als „eine Art von Niedergeschlagenheit oder Ekel", die ihn für das „Freundliche und Gebildete" deshalb umso empfänglicher mache [428]. Hieran fehlte es wirklich nicht. Seine Korrespondenz schwoll „seit dem Niedersausen des absurden Bannstrahles" an „wie sonst nur nach großen Lebensfesttagen", „nach dem Nobel-Preis oder an Dezimal-Geburtstagen" [429]. „Viele schöne Briefe bekomme ich, selbst aus Deutschland" [430]. Schon am 16. Dezember hat Thomas Mann einem ihm persönlich nicht bekannten deutschen Emigranten, der ihm auf die Ausbürgerungsnachricht hin spontan geschrieben hatte, geantwortet: „Die Maßnahme jener blutigen Narren gegen mich kann mich innerlich nicht mehr berühren. ... Das Gefühl, daß sie ihren Autoren in der Welt nicht gerade nützt, wiegt jede unbehagliche Regung auf, die sie etwa noch mit sich bringen kann. Vielleicht bedeutet doch auch sie wieder einen kleinen Beitrag zu dem Kapital von Antipathie, das sich langsam aber sicher in der Welt gegen dies verworfene Regime ansammelt" [431]. Ganz so innerlich unberührt, wie

---

[424] Th. Mann an St. Zweig, 8. Dezember 1936 (*Briefe* I, S. 430).

[425] Th. Mann an F. Braun, 9. Dezember 1936 (Fotokopie TMA). In diesem Brief folgt kurz nach den zitierten Worten eine Stelle, die fast wörtlich in Thomas Manns Antwortschreiben an den Bonner Dekan wiederkehren sollte: „Daß diese Menschen sich mit Deutschland verwechseln, ist schon ein wenig stark. Ich fürchte, der Augenblick wird kommen, wo dem deutschen Volk das letzte daran gelegen sein wird, nicht mit ihnen verwechselt zu werden".

[426] Th. Mann an S. Freud, 13. Dezember 1936 (*Briefe* I, S. 431). Ähnlich am 12. Dezember an H. Mann: „... andererseits übte die Nachricht doch immer noch eine gewisse unvernünftige Choc-Wirkung. Unvernünftig, denn wie lange wird all der Unsinn Gültigkeit haben"? (Ebd.; *Briefwechsel*, S. 168).

[427] Th. Mann an O. Basler, 12. Dezember 1936 (*Altes und Neues*, S. 740).

[428] Th. Mann an K. Hamburger, 15. Dezember 1936 (Fotokopie TMA); in der späteren Rückschau urteilte Thomas Mann: „Die Dekretierung, daß ich kein Deutscher mehr sei, war zu unsinnig, als daß sie mir hätte wehtun können"; an E. Beneš, 29. Juli 1944 (*Briefe* II, S. 381).

[429] Die Zitate aus Briefen Thomas Manns an I. Herz vom 21. Dezember 1936 (ungedruckt; Mitteilung von Frl. I. *Herz*) und H. Mann vom 12. Dezember 1936 (*Briefe* I, S. 431; *Briefwechsel*, S. 168); teilweise gleichlautend auch in dem Brief an Käthe Hamburger (s. Anm. 428). Große Anteilnahme – „es geht fast zu wie nach dem Nobel-Preis" „oder an Dezimalgeburtstagen" – konnte Thomas Mann schon gleich am 5. und 8. Dezember 1936 seinem Verleger melden (*Bermann Fischer*, S. 142; *Mann–Fischer* S. 132).

[430] Th. Mann an K. Mann, 26. Dezember 1936 (*Briefe* III, S. 472).

[431] Th. Mann an R. Arnheim, 16. Dezember 1936 (Ungedruckt; Fotokopie einer Abschrift des Briefwechsels TMA). Ähnlich schon an L. Servicen in dem oben Anm. 423 zitierten Brief: „Wenn ich eines Trostes bedürfte, so könnte ich ihn aus der Mißbilligung schöpfen, welche die Welt diesem kläglichen Bannfluch entgegenbringt", und an G. Bermann Fischer am 8. Dezember 1936: „Nutzen wird dem dummen Gesindel auch diese Heldentat nicht, und das ist die Hauptsache" (*Bermann Fischer*, S. 142; *Mann–Fischer*, S. 132).

Thomas Mann sich hier gab, war er aber auch noch einige Wochen später nicht, und das bezeichnende Beispiel hierfür paßt zu anderen Belegen, die im Zusammenhang mit dem Staatsangehörigkeitsproblem des Dichters stehen. Als er nämlich einem Schweizer Bekannten für dessen „warme Worte" – vermutlich eine Äußerung über den gerade veröffentlichten „Briefwechsel" mit dem Dekan der Bonner Philosophischen Fakultät – dankte, entrang sich ihm der Stoßzeufzer „Sie haben ein Vaterland –! Erstaunlich schön" [432].

Der Plan eines kurzen Briefes an das Reichsministerium des Innern konnte jetzt natürlich nicht mehr weiter verfolgt werden. Da traf unmittelbar vor dem Weihnachtsfest die Mitteilung aus Bonn ein. Sie lieferte Thomas Mann die „schickliche Gelegenheit ... zu einem ... persönlichen Bekenntnis" [433] und in Gestalt des Dekans der Philosophischen Fakultät einer in der Welt bekannten deutschen Universität den rechten Adressaten, an den nun ein Schreiben zu richten möglich war, das eine Positionsbestimmung, ja mehr als das: ein Manifest war. Rudolf Olden, den am 2. Dezember das gleiche Schicksal der Ausbürgerung wie Thomas Mann getroffen hatte, quittierte es mit einer Erklärung über die persönlichen Gefühle der Beschämung und Trauer, die es in ihm geweckt hatte, und mit dem ganz individuell gehaltenen Bekenntnis „Ich kann auch jetzt nicht sagen ‚Ich war ein Deutscher'. Ich bins" [434]. Thomas Mann wollte anderes und mehr. Seine Antwort sollte „wirklich ein Dokument" sein [435] – mehr noch als der Offene Brief an Korrodi. „Le lion se réveille" [436].

Der Augenblick war gekommen, in dem der Dichter verwirklichen konnte, wozu es ihn schon längst – freilich zunächst noch im Widerstreit mit anderen Neigungen – gedrängt hatte, im Frühjahr und Sommer 1934, als er im Begriff war, die Arbeit am dritten Band seines „Joseph" „hinzuwerfen, um mich" – wie er an René Schickele schrieb – „einer politischen Bekenntnis- und Kampfschrift hinzugeben, durch die ich mir rücksichtslos das Herz erleichtern, Revanche für alle ... erlittene geistige Unbill nehmen und gegen das Regime vielleicht einen Schlag führen könnte, den es spüren würde" [437]. Nun wurde der Bonner Dekan

---

[432] Th. Mann an O. Basler, 22. Januar 1937 (*Altes und Neues*, S. 740).

[433] Th. Mann an den Dekan der Philosophischen Fakultät der Universität Bonn, Neujahr 1937 (*Briefe* II, S. 10).

[434] R. *Olden*, Kein Deutscher mehr? (Das Neue Tage-Buch 4, Heft 50 vom 12. Dezember 1936, S. 1198). – In ähnlicher Weise hatte schon Georg *Bernhard*, der zu der ersten Gruppe von Ausgebürgerten gehörte, auf das Dekret vom 23. August 1933 durch den Artikel „Compagnons sans Patrie" (La Dépêche vom 3. September 1933) geantwortet.

[435] Th. Mann an I. Herz, 4. Januar 1937 (ungedruckt; Mitteilung von Frl. I. *Herz*).

[436] *Gillet*, L'Excommunié.

[437] Th. Mann an R. Schickele, 10. August 1934 (*Briefe* I, S. 371); ähnlich am 4. August 1934 an K. Kerényi (*ebd.* S. 369 f.) und am 7. August an H. Hesse (*Hesse–Mann*, S. 48), wo aber auch von quälenden Zweifeln „an dem Nutzen solchen Einsatzes" die Rede ist. Am 3. September 1934 heißt es darüber dann in einem Brief an F. Lion: „Ich tue das noch nicht" (*Briefe*, I, S. 372) und Hesse gegenüber bekennt Thomas Mann am 5. September 1934, er könne sich „zu ... einem ‚Buch des Unmuts' noch nicht entschließen" (*Hesse–Mann*, S. 50). Ein erster Hinweis auf diesen Plan findet sich in Thomas Manns Brief vom 2. April 1934 an R. Schickele (*Briefe* I, S. 357), wo „eine buchförmige Auseinandersetzung höchst persönlicher

– Thomas Mann erwähnte es ausdrücklich – „Zufallsadressat" der ihm „kaum zugedachten Äußerung" [438]. In ihr entstand „ein klassisches Dokument der deutschen Emigration" [439] und erklang „die Sprache des besseren, nein, nicht des besseren, des einzigen Deutschlands, das gegen die Identifizierung mit dem Faschismus Einspruch erhob" – so kennzeichnet Walter Jens dies Stück „von Lessingscher Präzision" [440]. Von der rheinischen Universität ist in diesem Dokument überhaupt nicht die Rede und selbst der deutschen Hochschulen generell wird nur im Eingangsabschnitt gedacht, wo Thomas Mann sagt, die Freude an der ihm jetzt entzogenen akademischen Würde sei ihm längst durch „die schwere Mitschuld der deutschen Universitäten an allem gegenwärtigen Unglück" verleidet worden. Der an die Adresse der Hochschulen gerichtete Vorwurf, sich „zum Nährboden der verworfenen Mächte" gemacht zu haben, „die Deutschland moralisch, kulturell und wissenschaftlich verwüsten" [441], wird nicht weiter ausgeführt. Nicht eine

und rücksichtsloser Art" – also ein Gegenstück zu den „Betrachtungen eines Unpolitischen" – als Vorhaben genannt wird, von dem der Autor wußte, daß es „den endgültigen Bruch mit Deutschland bis zum Ende des Regimes", das er damals nicht mehr zu erleben glaubte, bedeuten würde. Als Vorarbeit zu diesem geplanten Buch entstanden die unter dem Titel „Leiden an Deutschland" später veröffentlichten Tagebuch-Auszüge (jetzt MK 117, S. 253 ff.), wie Thomas Mann am 9. März 1945 Bermann Fischer mitteilte (*Mann–Fischer*, S. 379). Andererseits schrieb Thomas Mann am 8. Mai 1934 an Rudolf Olden: „Die heutige Staatenwelt ist nicht das Forum, vor dem ich Lust hätte, gegen die deutschen Geschehnisse zu protestieren" (*Wegner*, S. 115). Ähnliches Schwanken weist seine Seelenlage auch vorher auf; vgl. dazu die oben S. 145 aus einem Brief vom 31. Juli 1933 an H. Hesse zitierte Stelle mit einem in ein Schreiben von P. Suhrkamp an H. F. Blunck vom 13. Januar 1934 aufgenommenen Passus aus einem Brief Thomas Manns an Suhrkamp, wo es heißt: „Es ist mein dringender Wunsch, mit Deutschland und meinen deutschen Lesern verbunden zu bleiben, und ich würde es für einen Fehler der deutschen Machthaber halten, wenn sie mich durch die Forderung unmöglicher Bekenntnisse ins Emigrantenlager drängten" (*W. Blunck*, S. 78). Es handelte sich hier um die Ausfüllung eines Fragebogens der Reichsschrifttumskammer.

[438] Vgl. dazu *Wenzel*, S. XXIII f., wo dieser Fall als Beispiel dafür genannt ist, daß Briefe Thomas Manns zuweilen an Adressaten gerichtet sind, die „zu einer neutralen, im Grunde nicht mehr wesentlichen Bezugsperson" werden, „die wohl den Anlaß zu einer Korrespondenz gab, aber nicht deren Ergebnis beeinflußte". Die an sich zutreffende Beobachtung kann im Fall des „Briefwechsels" doch nur eingeschränkt gelten, da Thomas Mann seine Antwort an einen nationalsozialistischen Funktionär richtete und sich dieses Umstands natürlich bei der Wahl seiner Worte bewußt war. *Perl*, S. 30 sagt richtig: „Der angeredete Dekan schrumpft zur Nebenfigur".

[439] Verbannung. Aufzeichnungen deutscher Schriftsteller im Exil, hrsg. von E. *Schwarz* und M. *Wegner*, [Hamburg 1961], S. 167. – In dieser Sammlung sind außer dem Antwortschreiben an den Bonner Dekan von Thomas Mann seine Briefe an K. Kerényi vom 4. August 1933 und E. Korrodi vom 3. Februar 1936 sowie die Ansprache vor dem American Rescue Committee aus dem Jahr 1941 wiedergegeben.

[440] W. *Jens* in: Betrachtungen und Überblicke, S. 468. Dieser Würdigung entspricht das Urteil von R. *Minder* in seiner Rezension des Buches von W. *Jens*, Von deutscher Rede, München 1969 (Der Spiegel 23, Nr. 22 vom 26. Mai 1969, S. 182) wo es von Thomas Manns Absagebrief heißt, er sei „zugleich ein rhetorisches Meisterwerk und Zeugnis der Verantwortlichkeit vor seinem Gewissen und seinem Volk".

[441] Der generellen Feststellung dürften – abgesehen von nicht näher verifizierbaren Eindrücken – persönliche Erfahrungen Thomas Manns vor allem in München zugrunde liegen.

Abrechnung mit den Universitäten lag Thomas Mann diesmal am Herzen – über das „für die Ehre des deutschen Geistes tödliche Versagen" [442] mancher ihrer Angehörigen hatte er längst wohlbegründete Klage geführt. Jetzt kam es ihm auf etwas anderes an: ein persönliches Bekenntnis zur Einheit der geistig-künstlerischen und der politisch-sozialen Sphäre in der wahren Totalität, „welche die Humanität selber ist" [443], und – gestützt auf die daraus folgende Verantwortlichkeit eines deutschen Schriftstellers für Sprache und Moralität – die von Analyse und Prognose durchzogene Anklage gegen das nationalsozialistische Regime. In das Widmungsexemplar, das Thomas Mann seinem Bruder Heinrich schickte, schrieb er das ursprünglich auf einen potentiellen deutschen Nachäffer des Eroberers Napoleon gemünzte, nun auf Hitler bezogene Goethewort: „Ich fühle spät, ich fühle früh, es sei ein dauernd Recht; Ihm geh' es trotz Gewalt und Müh, Ihm und den Seinen schlecht" [444]. Der Zürcher Verlag, dessen Inhaber Emil Oprecht, einer der tatkräftigsten Helfer im Kampf gegen den Nationalsozialismus, den Anstoß zur Publikation des Schreibens an den Bonner Dekan gegeben hatte, kündigte die in einer Gesamtauflage von 20 000 Exemplaren publizierte Flugschrift als Antwort Thomas Manns auf seine Ausbürgerung, nicht aber auf die Aberkennung seines Ehrendoktors an und fand entsprechenden Widerhall bei der deutschen Emigration [445]. Ein französischer Bericht über die Publikation ist mit dem Satz überschrie-

---

Dort wußte er von „Leuten, die bei Rathenaus Ermordung sagten: ‚Bravo, einer weniger!' (Münchner Universitätsprofessoren!)"; Th. Mann an A. Hübscher, 27. Juni 1928 (*Briefe* I, S. 280); ebenso hatte er die Förderung des ihn besonders giftig bekämpfenden „Kampfbundes für deutsche Kultur" durch namhafte Münchner Gelehrte erlebt; vgl. oben S. 125, Anm. 72. Thomas Mann wird bei dieser Anklage auch die Gestalt von Ernst Bertram vor Augen gestanden haben, dessen Haltung gegenüber dem Nationalsozialismus er nicht bloß brieflich kritisierte, sondern auf den an verschiedenen Stellen von Thomas Manns Werken deutlich angespielt ist, wenn von „edelsinnigen Germanisten" und ihren geistig-politischen Verirrungen die Rede ist. Vgl. dazu im einzelnen Thomas Manns Briefe an Bertram, passim; ferner die unten S. 271, Anm. 540 angeführten Stellen.

[442] Leiden an Deutschland (XII, S. 700; MK 117, S. 265); dazu ebd. S. 712; MK 117, S. 273. Für Weiteres vgl. unten S. 562 ff., Dok. 205.

[443] Dieser Gedanke taucht an verschiedenen Stellen in Thomas Manns Schriften auf, z. B. sogleich wieder im Vorwort zum ersten Jahrgang der von ihm unmittelbar nach der Publikation des „Briefwechsels" im Februar 1937 begründeten Zeitschrift „Maß und Wert" (XII, S. 805; MK 117, S. 353) und später in „Leiden an Deutschland" (XII, S. 709; MK 117, S. 271).

[444] H. *Sauereßig*, Die gegenseitigen Buchwidmungen von Heinrich und Thomas Mann (*Betrachtungen und Überblicke*, S. 486.) – Das Goethezitat: J. W. v. *Goethe*, Werke, Jubiläumsausgabe 4, S. 131; die vorangehenden Zeilen, die erst verständlich machen, wer in den Schlußversen gemeint ist, lauten:

> „Verflucht sei, wer nach falschem Rat
> Mit überfrechem Mut
> Das, was der Korse-Franke tat,
> Nun auch als Deutscher tut".

Thomas Mann zitierte die gesamte Strophe als Schluß seiner Radioansprache an „Deutsche Hörer" vom September 1941 (XI, S. 1016; MK 118, S. 210).

[445] Der der Broschüre „Ein Briefwechsel" umgelegte Werbestreifen mit dem Text „Thomas Mann antwortet auf seine Ausbürgerung. Ein Dokument dieser Zeit. Verlag

ben: „Thomas Mann répond au Reich"[446]. So wurde das Dokument allgemein verstanden, auch vom deutschen Geschäftsträger in Bern, der wegen der in der Schrift enthaltenen „Anwürfe gegen das neue Deutschland" im Eidgenössischen Politischen Departement Vorstellungen erhob[447]. Nur ein einziger Autor, der mit Thomas Mann befreundete Niederländer Menno ter Braak (1902–1940), nahm den „Briefwechsel" zum Anlaß, die charakterlose Feigheit deutscher Universitätsprofessoren, die sich nach 1933 enthüllt habe, heftig zu geißeln[448]. Sie und nicht etwa das Verhalten der nationalsozialistischen Machthaber weckte in erster Linie den Unmut dieses Kritikers. J. B. Priestley (geb. 1894) empfand es als „grausige Ironie", daß der vom „neuen Deutschland" gegen einen der hervorragendsten lebenden Dichter geführte Schlag in einer schmählichen Mitteilung bestand, die von der Philosophischen Fakultät der altehrwürdigen Universität Bonn ausgegangen sei[449], und ein in Moskau erschienener zustimmender Kommentar zum „Briefwechsel" verfehlte nicht, darauf aufmerksam zu machen, der „Hakenkreuzritter", der „seinen . . . wesenlosen Namen unter jene sechszeilige Mitteilung gesetzt hat", sei „Dekan der Philosophischen Fakultät der . . . Universität zu Bonn – derselben Anstalt übrigens, an der vor hundertzwei Jahren ein junger Trierer Studiosus namens Karl Marx inskribierte"[450]. Der bisher unbekannt gebliebene, im Dokumententeil des vorliegenden Buches erstmals edierte handschriftliche Entwurf zu der Antwort Thomas Manns an den Dekan der Bonner Philosophischen

---

Oprecht Zürich" befindet sich bei dem über das Berliner Auswärtige Amt an die Reichskanzlei gelangten Exemplar (Bundesarchiv Koblenz, Reichskanzlei R 43 II/134). Widerhall bei der Emigration: „Deutsche Briefe" Nr. 124 vom 5. Februar 1937 (*Hürten* II, S. 556 f.). – Zur Initiative Oprechts vgl. *Stahlberger*, S. 240 f.: „Das Schreiben wäre wohl erst Jahre später im Rahmen der Edition von Thomas Manns gesammelter Korrespondenz zugänglich gemacht worden, hätte es dieser nicht am Silvesterabend 1936 Emil Oprecht vorgelesen. Oprecht erkannte sofort, daß dieser Brief, wenn auch nicht an einen vergleichbaren Adressaten gerichtet, Thomas Manns ,J'accuse' war. Dank seiner Initiative wurde der einseitige ,Briefwechsel' gedruckt und veröffentlicht"; vgl. auch unten S. 250, Anm. 457. Zur Auflagenhöhe vgl. *Stahlberger*, S. 116 mit S. 187, Anm. 434; *Radkau*, S. 134 erwähnt, die in den Vereinigten Staaten publizierte deutschsprachige Ausgabe sei in einer Auflage von 10 000 Exemplaren erschienen. Vgl. auch unten S. 250, Anm. 459.

[446] Akten betr. Thomas Mann, PA; vgl. dazu S. 253, Anm. 467. – André *Pierre* überschrieb in der Pariser Zeitung Oeuvre Nr. 7 786 vom 24. Januar 1936 den über den „Briefwechsel" unterrichtenden Artikel „Thomas Mann contre le Troisième Reich".

[447] Bericht der deutschen Gesandtschaft Bern, 17. Februar 1937 (Bundesarchiv Koblenz, Reichskanzlei, R 43 II/134).

[448] Der mit den Initialen „M. t. B." gezeichnete Artikel in: Het Vaderland, Avondblad C, vom 22. Januar 1937 ist überschrieben: „Thomas Mann contra Bonn. Open brief aan de Duitsche geleerdenwereld. Reactie op de trahison des clercs" (bei *Matter* nicht verzeichnet). Über den Verfasser und sein späteres Schicksal vgl. u. a. Th. *Mann*, Vorwort zu „Altes und Neues" (XI, S. 696; MK 120, S. 229) sowie den Beitrag „In memoriam Menno ter Braak" (X, S. 513 ff.; MK 119, S. 368 ff.).

[449] J. B. *Priestley*, Vorwort zu: Th. *Mann*, An Exchange of Letters (Friends of Europe Publications No. 52), London 1937, S. 3.

[450] H. *Huppert*, Thomas Manns Entscheidung (Internationale Literatur. Deutsche Blätter 7, 1937, S. 111; Wiederabdruck; *Schröter*, *Urteil*, S. 289).

Fakultät läßt uns die Entstehung dieses Bekenntnisses miterleben und gewährt einen Blick in die Werkstatt der Gedanken und Sätze, der – folgt man der Feder des Schreibenden genau – ebenso aufschlußreich wie ergreifend ist[451]. Der Brief wurde am Jahresschluß 1936 nicht in einem Zuge niedergeschrieben, sondern beinahe abgeschlossen noch einmal – wir wissen nicht, ob lange – liegen gelassen, um dann mit einigen Zeilen und einzelnen kleineren Änderungen am vorher Entworfenen schnell zu Ende gebracht zu werden. Hierfür benutzte der Dichter im Gegensatz zu der beim größten Teil des Konzepts verwandten Tinte den Bleistift. Wir kennen bisher nur zwei persönliche Zeugnisse aus diesen Tagen, die uns in das Innere Thomas Manns sehen lassen, Briefe, die am gleichen 26. Dezember 1936 an Lavinia Mazzucchetti und Klaus Mann abgegangen sind. Das Schreiben an den Sohn spricht nicht von Bonn. Es atmet innere Gelöstheit und sichere Zuversicht in bezug auf das unabwendbare verdiente Schicksal des Dritten Reiches. Die eben erfahrenen Bannsprüche aus Berlin und Bonn sind aber im Bewußtsein Thomas Manns als dunkle Folie noch gegenwärtig, wenn er von den hinter ihm liegenden Festtagen urteilt: „Überhaupt war es *eigentlich* ein heiteres Weihnachten" [Hervorhebung des Verf.]. Doch dann fährt er frohgemut fort: „. . . das heiterste und vertrauensvollste seit drei Jahren. Es sieht merkwürdig aus in der Welt. . . Und sollte es auch noch wieder Nacht werden: man ist doch aufs neue in der Überzeugung bekräftigt, daß es mit den Nazis kommen muß, wie man von jeher gewußt hat, *daß* es kommen müsse. Sie können eigentlich nicht mehr vor- noch rückwärts. Die Uhr setzt zum Schlagen aus"[452]. In dem Brief nach Italien ist vom Entzug des Ehrendoktors ebenfalls nicht die Rede, doch wohl von der Ausbürgerung, und was wir über deren Wirkung auf den Dichter erfahren, deckt sich mit seinen früher berichteten Äußerungen gegenüber anderen Korrespondenten aus der Zeit vor dem Weihnachtsfest. Eine bestimmte Wendung in diesem Brief aber deutet an, was Thomas Mann gerade beschäftigte: man stehe – so schreibt er – gegenüber der Nachwelt in einer sehr nahen Zukunft besser und klarer da, wenn man sich auf unzweideutige Weise von den Machthabern im Reich lossage – „perchè il distacco mi affliga oltre misura"[453]. Diese bitter-

---

[451] S. Dok. 205, S. 562 ff. – Eine Schilderung des Eindrucks, den er von dem Manuskript empfing, bei der auch „der historische Briefumschlag – mit einer Dienstmarke versehen –" nicht übersehen ist, bot schon 1943 B. *Uhse*, Ein Entsandter Deutschlands. Beim Besuch der Thomas-Mann-Sammlung der Yale-Universität (Wiederabdruck: *Schröter, Urteil,* S. 319 ff., Nr. 122); vgl. dazu S. 564, Anm. 3.

[452] Th. Mann an K. Mann, 26. Dezember 1936 (*Briefe* III, S. 473). – Ähnliche Zuversicht auf den sicheren Untergang des nationalsozialistischen Regimes spricht auch schon aus einer Wendung in Thomas Manns Brief an Heinrich Mann vom 12. Dezember 1936 (*Briefe* I, S. 431; *Briefwechsel,* S. 168), die – recht genau – prophezeit, daß dieses Regime es schwerlich „auf die Tage der armen Weimarer Republik bringen wird". Möglicherweise ist dieser Optimismus durch den oben S. 243, Anm. 423 erwähnten Artikel im „Figaro Littéraire" und die darin ausgesprochene Interpretation von Thomas Manns Ausbürgerung als Schwächezeichen der Regierung eines aus dem Gleichgewicht geratenen Volkes beeinflußt worden.

[453] Th. Mann an L. Mazzucchetti, 27. Dezember 1936; *Mazzucchetti,* S. 33. Über die 1920 durch eine Kritik an den „Betrachtungen eines Unpolitischen" mit dem Dichter in Verbindung gekommene, als kulturelle Mittlerin zwischen Deutschland und Italien bedeutende Empfän-

schmerzliche Absage an das nationalsozialistisch beherrschte Deutschland war der Dichter eben dabei niederzuschreiben. Mit ihr gewann er – so hat man gesagt – eine führende Stellung, die nichts mit einem festgelegten Programm zu tun hatte, sondern nur auf dem moralischen Gewicht beruhte, das er seither in Europa verkörperte [454]. Aus dem „Botschafter des heimlichen Deutschlands, das schweigt" [455], wurde Thomas Mann zum „Kaiser aller deutschen Emigranten" [456]. Am Silvestertag 1936 fertiggestellt [457], ist die Antwort Thomas Manns an den Bonner Dekan zusammen mit Obenauers Schreiben schon bald im Januar 1937 unter dem Titel „Ein Briefwechsel" veröffentlicht worden und fand rasch ihren Weg um die ganze Welt. Innerhalb von 10 Tagen waren bereits 10 000 Exemplare der Broschüre verkauft [458], in der zweiten Februarhälfte war „das 15. Tausend unterwegs" [459]. Die Unterschrift Obenauers auf der Mitteilung vom 19. Dezember 1936 hatte Thomas Mann trotz ihrer relativ deutlichen Form nicht entziffern können. Das ist nicht weiter verwunderlich, da er den Dekan, wie er in seiner Antwort erwähnt,

---

gerin und Herausgeberin vgl. den anläßlich ihrer postum erschienenen „Cronache e saggi" veröffentlichten Artikel von A. *Giachi*, Mittlerin zwischen zwei Völkern (Frankfurter Allgemeine Zeitung Nr. 151 vom 4. Juli 1967).

[454] M. *ter Braak*, Maat en Waarde (Verzameld Werk 5, Amsterdam 1949), S. 641.

[455] R. *Schickele*, Tagebücher (nicht näher datierte Eintragung aus der zweiten Maihälfte 1934) (Werke III, S. 1114).

[456] L. *Marcuse*, Mein zwanzigstes Jahrhundert. Auf dem Weg zu einer Autobiographie, München [1960], S. 288. – Es gehört zum Bild der mehrfach beschriebenen Parallelitäten zwischen den wesensverschiedenen Brüdern, daß 1936 auch Heinrich Mann als „heimlicher Kaiser" bezeichnet worden ist; vgl. *Banuls*, S. 93. – Kennzeichnend für den überragenden Rang, den Thomas Mann unter den deutschen Emigranten im Bewußtsein der Zeitgenossen einnahm, ist die Rolle, die ihm – „wenn er auch kein Österreicher ist" – „gewissermaßen als Lord-Protector" einer aus Emigranten gebildeten „fliegenden österreichischen Universität" bei Erwägungen zugedacht war, über die F. Th. Csokor am 28. April 1938 F. Bruckner unterrichtete; vgl. F. Th. *Csokor*, Zeuge einer Zeit. Briefe aus dem Exil 1933–1950, München–Wien [1964], S. 179. Hiernach ist H. A. *Walter*, Heinrich Mann im französischen Exil (Text und Kritik. Sonderband Heinrich Mann, [München 1971]), S. 123 zu berichtigen. Über Thomas Mann „als Oberhaupt der Emigration", die Funktion dieser Rolle für ihn wie besonders für die Emigranten sowie den Wandel, dem sie gegen Ende des Krieges unterworfen war, vgl. *Radkau*, S. 107 ff., besonders S. 118 ff.

[457] Das Datum ergibt sich aus Th. *Mann*, Abschied von Emil Oprecht (X, S. 527; MK 119, S. 395): „... meine schönste Erinnerung an ihn ist die an die Stunde, Silvesterabend 1936, als ich ihm in einem seiner Geschäftsräume den eben geschriebenen Brief nach Bonn, jene Streitschrift gegen die Verderber Deutschlands vorlas". Über die Wirkung, die Thomas Manns Antwort an den Bonner Dekan auf diesen Hörer ausübte, heißt es weiter: „Nie vergesse ich den Ausdruck, mit dem er, der manchem doch kühl und nüchtern erschien, als ich geendet hatte, stumm meine Hand ergriff und sie drückte. Ich glaube, es standen Tränen in seinen Augen". – *Bermann Fischer*, S. 124 berichtet, daß Thomas Mann gelegentlich eines Besuches in Wien „Anfang 1937" – nach *Bürgin–Mayer* muß es um den 14. Januar gewesen sein – auch ihm und seiner Frau den Brief nach Bonn vorgelesen habe.

[458] Laut Verlagsanzeige in Das Neue Tage-Buch 5, Heft 7 vom 13. Februar 1937, S.161; vgl. auch *Stahlberger*, S. 116.

[459] Th. Mann an L. Mazzucchetti, 20. Februar 1937 (*Briefe* II, S. 15). Im Antiquariatskatalog Nr. 271 (Februar 1972) der Berliner Firma „Der Bücherwurm" ist unter Nr. 3164 ein Exemplar aus dem „16.–20. Tausend", Zürich 1937, angeboten worden.

nicht einmal dem Namen nach kannte. So wurde dieser Name in der Publikation des „Briefwechsels" durch das in Klammern gesetzte Wort „Unleserlich" vertreten. Hieran knüpften sich bei den Lesern verschiedene Vermutungen: vielleicht handle es sich „um einen zum Universitätsprofessor avancierten Pg., vielleicht einen Gelehrten aus besseren Tagen, der sich geschämt hat, als ihm der Brief zur Unterschrift vorgelegt wurde" [460]. J. B. Priestley gab der Unleserlichkeit der Unterschrift eine symbolische Deutung: „die Unterschrift unter allen Mitteilungen, die aus diesem fremdartigen neuen Deutschland der Gewalt, Intoleranz und des Aberglaubens kommen, ist unleserlich. Bestürzt und traurig gestimmt starren wir auf das geheimnisvolle Gekritzel und staunen darüber, was für eine üble Behexung unsere Welt jetzt ergriffen hat" [461]. Der an sich ganz bedeutungslose Nebenumstand, daß der Name des unterfertigenden Dekans im Druck des „Briefwechsels" als unleserlich bezeichnet worden ist, wäre nicht der Rede wert, wenn er nicht nach mehr als zwanzig Jahren zum Ausgangspunkt eines grotesken Mißverständnisses geworden wäre, das dann als scheinbar erwiesene Tatsache sogar in die wissenschaftliche Literatur über Thomas Mann Eingang fand [462], ja zur Folge hatte, daß der Universität Bonn ein menschlich wie politisch gleich anrüchiges Verhalten in der jüngsten Vergangenheit vorgeworfen worden ist. Wir werden in späterem Zusammenhang auf dieses Nachspiel zum Fall Thomas Mann zurückkommen [463].

Die weltweite Wirkung des – wie Thomas Mann 1944 einmal bemerkte – „zu erstaunlicher Berühmtheit" [464] gelangten „Briefwechsels" lag gewiß in der Sache – der mahnenden Anklage gegen das nationalsozialistische Regime – und der Form, die der federmächtige Autor seiner Antwort nach Bonn zu geben wußte. Das gewaltige Echo war aber natürlich vor allem in der Person des berühmten Verfassers begründet, den wenig später, schon unter dem Eindruck des „Briefwechsels", ein führender Amerikaner bei festlichem Anlaß „one of the three foremost

---

[460] E. *Andermann* [= J. Bornstein], Thomas Mann spricht ... (Das Neue Tage-Buch 5, Heft 4 vom 23. Januar 1937, S. 82; Wiederabdruck: *Schröter, Urteil*, S. 286 f.). Ähnlich noch W. *Karsch*, Ein Dichter, zwei Kündigungen und keine Stellungnahme. Eine literarische Chronik – Thomas Mann und die Deutsche Akademie für Sprache und Dichtung (Der Tagesspiegel, Berlin, Nr. 3871 vom 5. Juni 1958). Zur Auflösung des Pseudonyms „Andermann" vgl. *Wegner*, S. 132.

[461] *Priestley*, S. 3.

[462] H. *Lehnert*, Thomas Mann in Exile, 1933–1938 (The Germanic Review 38, 1963), S. 287, Anm. 34.

[463] Unten S. 302 ff.

[464] Th. Mann an E. Koch-Weser, 30. März 1944: „Einmal im Monat spreche ich im Auftrage der British Broadcasting Company nach Deutschland und suche zum Guten zu reden, d. h. ich variiere den am Schluß jenes zu erstaunlicher Berühmtheit gelangten Briefes nach Bonn ausgedrückten Wunsch, daß Deutschland ‚seinen Frieden mache mit der Welt und sich selbst' " (Bundesarchiv Koblenz, Nachlaß Koch-Weser, Nr. 60). Dieser ungedruckte Brief an den gleichfalls emigrierten demokratischen Politiker, der Jahrzehnte vorher mit Thomas Mann in literarischen Beziehungen gestanden hatte und ihn nun erfolgreich um Vermittlung zugunsten der Publikation eines von ihm im brasilianischen Exil verfaßten Buches über die Zukunft Deutschlands bat, enthält wichtige Äußerungen Thomas Manns über sein Verhältnis zu Deutschland.

men of letters in the world" nannte [465]. Ein gleichzeitig mit Thomas Mann von Ausbürgerung und Entzug des Doktorgrades Betroffener, der Nationalökonom Alfons Goldschmidt (1879–1940), nahm ebenfalls in heftiger Kampfschrift öffentlich Stellung gegen die – von dem „Hauptmann der Universität Freiburg, der sich noch immer Rektor nennt" bekanntgegebene – Aberkennung seiner Doktorwürde und verband damit scharfe grundsätzliche Kritik an der deutschen Wissenschaft [466]. Seine Äußerung jedoch ist im Gegensatz zu Thomas Manns Brief nach Bonn ohne erkennbaren Widerhall geblieben.

Die starke Reichweite des „Briefwechsels" ist auf verschiedenen Wegen bewirkt worden. Zunächst berichtete unmittelbar nach dem Erscheinen der Broschüre die Presse wohl aller Kulturländer mehr oder weniger ausführlich darüber. Der Text erschien teils selbständig, teils in Tageszeitungen und Zeitschriften komplett oder in umfangreichen Auszügen gleichzeitig mit dem deutschen Wortlaut oder bald danach in den Vereinigten Staaten, Frankreich, England, Schweden, Dänemark, den Niederlanden, Polen, der Tschechoslowakei, Ungarn, Bulgarien, Rußland, Argentinien und Japan – hier sogar im Lauf des Mai 1937 an nicht weniger als drei Stellen zugleich [467]. Er ist mit der Übersetzung in die Sprachen aller dieser Länder den Gebildeten sämtlicher Zungen und Völker der Erde zugänglich geworden.

---

[465] Diese Äußerung des Gouverneurs Wilbur L. Cross von Connecticut nach einer Glosse „In Exile" (New York Times vom 23. April 1937), die sich anläßlich von Thomas Manns Aufenthalt in den Vereinigten Staaten und eines ihm von der American Guild for German Cultural Freedom in New York gegebenen Banketts mit dem Dichter als Opfer menschlicher Grausamkeit und Dummheit des von Julius Streicher repräsentierten Deutschland beschäftigt. Der Zeitungsausschnitt findet sich mit anderen amerikanischen Presseäußerungen zum gleichen Anlaß in dem Thomas Mann betreffenden Aktenband der Reichsschrifttumskammer (DC). Über die Veranstaltungen und Begegnungen bei dieser Amerikareise vgl. *Bürgin–Mayer*, S. 126 f. – Der erwähnte Aktenband enthält auch die als „Abschrift von Abschrift" gekennzeichnete deutsche Übertragung eines in jiddischer Sprache an nicht näher bezeichneter Stelle – offenbar in den Vereinigten Staaten – erschienenen ungezeichneten Artikels „Zu Thomas Manns 60. Geburtstag", der von hervorragender Sachkennerschaft seines Verfassers zeugt und der Forschung bisher entgangen zu sein scheint.

[466] A. *Goldschmidt*, Für den Hauptmann der Universität Freiburg (Internationale Literatur. Deutsche Blätter 7, hrsg. v. J. R. *Becher*, Moskau 1937, Heft 10, S. 150). – Goldschmidts Ausbürgerungsverfahren hatte sich als einziges übrigens genau so lange hingezogen wie das von Thomas Mann. Doch ergibt sich aus den Akten, daß die im Dezember 1933 zuerst bezeugten, am 8. Februar 1934 zu einer konkreten Anregung verdichteten Bestrebungen, Goldschmidt die deutsche Staatsangehörigkeit abzuerkennen, nicht aus den gleichen Gründen wie bei dem Dichter so lange Zeit hindurch ohne Erfolg blieben. Vielmehr waren langwierige Ermittlungen über Identität, Staatsangehörigkeit und Erstreckungsmöglichkeit auf Ehefrau und Kinder Goldschmidts die Ursache für die ungewöhnliche Dauer des Verfahrens (PA, Akten betr. Ausbürgerungen, 7. Liste, A–J). – Einen Appell Goldschmidts an Thomas Mann wegen eines Emigranten, dem Goldschmidt zur Last legte, in Nr. 172 des Jahrgangs 1937 „des Hitlerblattes ‚Frankfurter Zeitung' " einen Artikel über amerikanische Agrarpolitik veröffentlicht zu haben (Die Neue Weltbühne 32, Heft 20 vom 13. Mai 1937, S. 635 f.) empfand R. Schickele als törichte Pression; vgl. seinen Brief an Th. Mann von Ende 1937 (Werke III, S. 1252).

[467] Schon am 20. Februar 1937 konnte Thomas Mann berichten: „Die Wirkung geht doch ziemlich ins Breite ... die schwedische, holländische, tschechische Übersetzung liegt vor, die amerikanische, die in großem Stil vertrieben werden soll, ist in Arbeit oder schon heraus;

Das Schreiben an den Dekan fand ferner Aufnahme in verschiedene Sammlungen politischer Aufsätze und Reden Thomas Manns, die seit 1938 erschienen sind und alsbald ins Englische, Französische – mit Einleitung von André Gide –, Schwedische, später auch noch ins Ungarische und Italienische übertragen wurden [468]. Bevor der Sturz des Faschismus das Erscheinen der italienischen Fassung möglich machte, erhielt Arturo Toscanini, der entschiedene Gegner Mussolinis wie Hitlers, von Thomas Manns Übersetzerin Lavinia Mazzucchetti eine für ihn eiligst gefertigte Übertragung [469]. In den Vereinigten Staaten ging es nach der Publikation des „Briefwechsels" „wie ein Aufatmen durch die intellektuellen Kreise" [470]. Hier

---

selbst die ungarische Presse hat große Auszüge und gute Artikel gebracht und in Paris bringt ‚Marianne' dieser Tage den Briefwechsel. Nur London macht Schwierigkeiten – es ist immer dasselbe. Zwar haben Manchester Guardian und Times Hinweise und Auszüge gebracht; aber als Ganzes ist die Schrift dort einfach nicht zu placieren"; an L. Mazzucchetti (*Briefe* II, S. 15 f.). – Der Hinweis in „Times" vom 8. Februar 1937 bestand in einem vom 4. Februar datierten Leserbrief der amerikanischen Übersetzerin Thomas Manns, Helen T. *Lowe-Porter*. Er erschien unter der Überschrift: „Thomas Mann and Bonn University", hob aber von der Antwort des Dichters an den Dekan vor allem die politischen, auf die Kriegsvorbereitungen des nationalsozialistischen Staates hinweisenden Teile hervor. Die von Thomas Mann angekündigte Publikation in der französischen Wochenzeitung Marianne erschien unter dem Titel „Un échange de lettres" in Nr. 228 vom 3. März 1937. – Nachweis der Übersetzungen bei *Bürgin* IV, Nr. 53, 90, 117, 160, 186, 215, 272, 345, 404, 444, 488, 500; V, Nr. 464. Nachzutragen sind drei Übersetzungen ins Japanische, deren bibliographisch exakten Nachweis der Verfasser der noch durch Prof. W. *Grenzmann*(†) (Bonn–Innsbruck) vermittelten Hilfsbereitschaft von Herrn Prof. Keiichi *Togawa* (Tokio) verdankt: Doitsu ni yosuru tegami (Brief an Deutschland) in: Shinchō, Mai-Nummer 1937, S. 124–129 (Übersetzer: Jirō Yoshida); Shokan-Ōfuku (Briefwechsel) in: Bungei, Mai-Nummer 1937, S. 110–116 (Übersetzer: Takeichi Sakuraba); Nachisu-sei-ken ni kōgi (Protest gegen die Nazi-Regierung) in: Serupan, Mai-Nummer 1937, S. 66–71 (Übersetzer nicht genannt).

[468] Zuerst: „Achtung, Europa! Aufsätze zur Zeit", Stockholm 1938; New York 1938. – Für die Übersetzungen vgl. die in der vorigen Anmerkung genannten Angaben bei *Bürgin*. Erstmals erschien der „Briefwechsel" in den Vereinigten Staaten am 6. März 1937 in der Zeitschrift The Nation, Vol. 144, Nr. 10, S. 259 ff.; eine redaktionelle Vorbemerkung erklärte, die Zeitschrift sei stolz darauf, die Korrespondenz zu veröffentlichen, „in which for the first time the greatest living German writer clarifies at some length his attitude toward the Nazi-regime". – Zur Wirkung der französischen Übersetzung, die in dem von André Gide eingeleiteten Band „Avertissement à l'Europe" erschien, vgl. Th. Mann an F. Bertaux, 4. Januar 1938 (*Briefe* II, S. 42); Gides Vorwort, das auf „den schönen Brief an den Dekan" näher eingeht, erschien auch deutsch in: Das Neue Tage-Buch 5, 1937, S. 1097 f.; Wiederabdruck: *Schröter*, *Urteil*, S. 299 ff.

[469] *Mazzucchetti*, S. 34 f. – Der Maestro dankte enthusiastisch und bezeichnete Thomas Manns Antwort als „magnifica – commovente – profonda e umana". Stefan Zweig überbrachte Thomas Mann eine Fotokopie dieses Briefes; ebd. – Dazu Th. Mann an L. Mazzucchetti, 20. Februar 1937: „Toscaninis Crescendo hat mir große Freude gemacht, und ich kann Ihnen nicht genug danken, daß Sie sich eigens für den Meister die Mühe der Übersetzung gemacht haben. Unter der Hand läßt sich vielleicht noch die eine oder andere Verwendung dafür finden" (*Briefe* II, S. 15). „Crescendo" bezieht sich darauf, daß Toscanini die oben zitierten Worte in der gegebenen Reihenfolge je ein-, zwei-, drei- und viermal unterstrichen hatte.

[470] Diese Äußerung des Verlegers Alfred A. Knopf ist angeführt in dem Artikel von M. *George*, Thomas Mann in Amerika. Gespräch mit seinem Verleger Alfred A. Knopf (Der Tagesspiegel, Berlin, Nr. 2957 vom 3. Juni 1955).

erfuhr die Schrift 1938 sogar die Ehre einer bibliophilen Ausgabe in begrenzter Auflage [471]. Den Anlaß bot ein von den Yale Library Associates für Thomas Mann zur Eröffnung der Thomas-Mann-Sammlung in dieser Bibliothek gegebenes Essen. Der Dichter hat damals Obenauers Schreiben und das Konzept seiner Antwort der dort begründeten Sammlung zum Geschenk gemacht [472]. Zur Verbreitung des Briefs an den Bonner Dekan in englisch sprechenden Ländern trugen schließlich Anthologien verschiedener Art bei. Von ihnen sind zwei Sammlungen besonders bemerkenswert. Eine als „Selbstbildnis Deutschlands" bezeichnete Auswahl von Texten aus den Jahren 1914–1943, die in Übersetzung geboten werden und mit zuverlässigem Kommentar versehen sind, machte 1944 den „Briefwechsel" denjenigen Kreisen zugänglich, die sich darum bemühten, ein Bild von dem der militärischen Niederlage entgegengehenden Land zu gewinnen, das bald von alliierten Offizieren und Beamten verwaltet werden sollte [473]. Ein zweiter Sammelband ist deshalb zu nennen, weil er als „Schatzkammer der großen Briefe der Welt vom Altertum bis zur Gegenwart" Thomas Mann mit dem „Briefwechsel" in eine Reihe allerberühmtester Autoren aufgenommen hat, die von Alexander d. Gr. über den Apostel Paulus, Plinius, Heloise und Abaelard, Columbus, Leonardo da Vinci, Michelangelo, Mme de Sévigné, Spinoza, Voltaire, Benjamin Franklin, Washington, Napoleon, Beethoven, Lord Byron, Victor Hugo, die Barrett-Brownings, Dostojewski, Lincoln, Wagner, Nietzsche, Darwin, Tschaikowski, Mme Curie, Gauguin, Strindberg und manche andere Größen des geistigen und politischen Lebens bis zu Zola und seinem „J'accuse" reicht [474], dem die Anklageschrift Thomas Manns gegen den Nationalsozialismus nach Absicht und zeitgeschichtlicher Bedeutung am stärksten verwandt ist [475]. Weniger an Zola als an die illustren Verbannten aus

---

[471] In 350 Exemplaren gedruckt durch die Overbrook Press, Stanford/Conn.; *Bürgin* IV, Nr. 488.

[472] K. W. *Jonas*, Thomas Manns *Manuskripte* in europäischen und amerikanischen Sammlungen (Jahrbuch für Amerikastudien 4, 1959), S. 240.

[473] Germany: A Self-Portrait. A Collection of German Writings from 1914 to 1943, edited, with an Introduction and Chronicle, by Harlan R. *Crippen*, London – New York – Toronto 1944, S. 369 ff.

[474] A Treasury of the World's Great Letters from Ancient Days to our own Time containing the characteristic and crucial communications and intimate exchanges and cycles of correspondance of many of the outstanding figures of world history and some notable contemporaries, selected ... by M. Lincoln *Schuster*, New York 1940, S. 514 ff. Eine für das Vereinigte Königreich und das Commonwealth bestimmte Ausgabe erschien 1941 in Toronto. Dort steht der „Briefwechsel" S. 458 ff. Eine Overseas Edition des Buches für die Amerikanischen Truppen wird in einer unten S. 607 f., Dok. 262 gedruckten späteren Eingabe an die Fakultät erwähnt.

[475] Cl. *Fadiman*, Reading I've liked. A personal selection, London 1946, S. 860 sagt von dem Brief: „It will rank with Zola's J'accuse (it deals of course with a much greater subject than did Zola) as one of the classic responses of humanity to inhumanity". Die gleiche Einschätzung brachte Wilhelm Herzog zum Ausdruck, indem er dem Artikel, der den „Briefwechsel" in der Basler Arbeiter-Zeitung Nr. 32 vom Februar 1937 kommentierte, die Überschrift gab: „Thomas Manns ‚J'accuse' "; vgl. *Herzog*, S. 283. Vgl. auch noch unten S. 262, Anm. 511. Die Anregung hierzu mag von Emil Oprecht, dem Verleger von *Herzogs* Buch „Der Kampf einer Republik", dessen Verkauf seit 1934 in Deutschland verboten war, ausgegangen sein; vgl. S. 248, Anm. 445.

der Weltliteraturgeschichte, an Dante und Victor Hugo, fühlte sich die Publizistik schon vor Thomas Manns Ausbürgerung durch sein Schicksal erinnert [476]. Ein unter dem Decknamen „Musculus" schreibender Autor französischer Zunge schließlich stellte den Brief nach Bonn zu Hölderlin-Hyperions Invektive gegen die Deutschen [477]; in der Tschechoslowakei wurde daneben auch an die Kritik erinnert, die Heine und Nietzsche am deutschen Volk geübt hatten [478].

Diesem, dem eigentlichen Adressaten des Manifests, blieb der Text natürlich durch die Machthaber verschlossen [479]. Auf normalem Wege erhielten allein amtliche Stellen Kenntnis von ihm: durch den Dekan selbst nachweislich der Rektor der Universität und das Reichsministerium für Wissenschaft, Erziehung und Volksbildung; auf diplomatischem Weg über das Auswärtige Amt auch die Reichskanzlei, das Reichsministerium des Innern und das Reichsministerium für Volksaufklärung und Propaganda [480]. Ob der „Briefwechsel" den Chefs dieser Ressorts

---

[476] M. *Noel*, La solitude de Thomas Mann (Le Figaro Littéraire Nr. 60 vom 29. Februar 1936). Thomas Mann fand Gefallen an diesem Artikel, weil er „andere ganz gerne feststellen höre, daß es verschiedene innere Formen der Emigration gibt". In dem Brief, mit dem er den Artikel am 7. März 1936 H. Hesse, der sich in gleicher „solitude" „zwischen den Fronten" empfand, schickte, fügte er hinzu: „Meine Sache freilich war es, mich grundsätzlich zur Emigration zu bekennen"; *Hesse–Mann*, S. 66. Das Hesse-Zitat aus einem Brief an Th. Mann vom 5. Februar 1936, ebd. S. 62.

[477] Der Artikel ist als Zeitungsausschnitt am 5. März 1937 zu den auf Thomas Mann bezüglichen Akten des Deutschlandreferats im Auswärtigen Amt geschrieben worden; die Zeitung, der er entstammt, ist nicht angegeben und konnte auch trotz vieler Mühe, für die Herrn Dr. *Hammer* vom Deutschen Historischen Institut in Paris besonders zu danken ist, nicht ermittelt werden. Er ist bei *Matter* nicht verzeichnet.

[478] Národní Osvobození Nr. 27 vom 31. Januar 1937 in einer „*G.*" gezeichneten Besprechung des soeben in tschechischer Übersetzung erschienenen „Briefwechsels" (Institut für Zeitgeschichte (München), Tschechische Presseauszüge, Nr. 67 [aus dem Zeitungsausschnittarchiv des ehemaligen Reichsinstituts für Geschichte des neuen Deutschland]; bei *Matter* nicht verzeichnet).

[479] Als Kuriosität verdient erwähnt zu werden, daß die Library of Congress in Washington noch am 12. August 1938 unter zwanzig verschiedenen Werken von Thomas Mann, die sie bei O. Harrassowitz in Leipzig zur schnellsten Lieferung bestellte, den „Briefwechsel" und die Rede „Von deutscher Republik" aufführte. – Harrassowitz fragte bei der Reichsschrifttumskammer am 6. September 1938 an, ob eine Ausnahme vom Auslieferungsverbot gemacht werden könne, „um die Boykottbewegung gegen das deutsche Buch nicht zu verschärfen, die eine strikte Absage auslösen könnte". Darauf kam unter dem Aktenzeichen III Z – 019564 die vom 9. September 1938 datierte Antwort: „Es ist für einen deutschen Buchhändler nicht möglich, Werke eines ausgebürgerten Emigranten zu besorgen und damit sogar noch wirtschaftlichen Gewinn zu erzielen. Auch dürften die in Deutschland erschienenen Bücher von Thomas Mann heute sämtlich nicht mehr lieferbar sein" (DC, Akten der Reichsschrifttumskammer betr. Thomas Mann).

[480] Im Bundesarchiv Koblenz, Reichskanzlei R 43 II/134, befindet sich ein Bericht des Deutschen Geschäftsträgers in Bern, v. Bibra, mit dem am 17. Februar 1937 der „Briefwechsel" nebst einigen Schweizer Pressestimmen dem Auswärtigen Amt übersandt worden ist. Dieses leitete sie am 17. März über die Reichskanzlei und das Reichsministerium des Innern dem Reichspropagandaministerium zu. Dem Auswärtigen Amt ist der Text auch vom Reichsministerium für Wissenschaft, Erziehung und Volksbildung als Abschrift von der diesem Ressort durch den Dekan der Bonner Philosophischen Fakultät zugesandten Abschrift übermittelt

vorgelegt worden ist, läßt sich nicht sagen. In der Reichskanzlei ist er mit Sicherheit über den Referenten nicht hinausgelangt, jedoch, bevor er schnell zu den Akten geschrieben wurde, aufmerksam gelesen und an bestimmten Stellen mit teils kritischen, teils hervorhebenden Zeichen versehen worden, die in ihrer Gesamtheit erkennen lassen, daß der betreffende Beamte mit Thomas Mann nicht einverstanden war. Im Bonner Universitätsrektorat erhielt später ein junger, zum September 1937 neu eingetretener Mitarbeiter Kunde von der Existenz des Textes in den Akten und las ihn heimlich mit dem Bewußtsein, eine verbotene Handlung zu begehen, die teuer zu stehen kommen konnte [481]. Offen ist Thomas Manns Brief an den Dekan der Bonner Philosophischen Fakultät in Deutschland zum ersten Mal zugänglich gewesen, als er in dem unter dem Namen „Frankfurter Presse" erscheinenden Alliierten Nachrichtenblatt der amerikanischen 12. Heeresgruppe für die deutsche Zivilbevölkerung am 21. April 1945 abgedruckt worden ist [482].

Über die Verbreitung im Reich und die Wirkung, die die Streitschrift auf Deutsche in und außerhalb von Deutschland vor diesem Zeitpunkt gehabt hat, liegen einige Zeugnisse vor. Natürlich lasen die Exilierten den „Briefwechsel" [483].

---

worden. – In der Reichskanzlei, wo der früher im Deutschlandreferat mit dem Fall Thomas Mann beschäftigte Dr. H. F. Röhrecke seit dem 1. Juni 1936 tätig war und den Vorgang am 18. März zu den Akten schrieb, sind folgende Zeichen angebracht worden: Auf S. 9 (XII, S. 787; MK 117, S. 336) sind die Worte angestrichen: „. . . da ich, in Deutschland verblieben oder dorthin zurückgekehrt, wahrscheinlich nicht mehr am Leben wäre, hat die sonderbare Schicksalsirrtümlichkeit meiner Lage nicht aufgehört, mir Gedanken zu machen"; ebd. genauso die Worte: „und mußte es tun, weil ich früher als das heute verzweifelte deutsche Bürgertum sah, wer und was da heraufkam. Als Deutschland dann wirklich in diese Hände gefallen war, gedachte ich zu schweigen"; auf S. 10 (XII, S. 788; MK 117, S. 337) sind unterstrichen die Zeile: „meinem unergründlichen Abscheu vor dem, was zu Hause", die zugleich am Rand angestrichen ist, sowie die Zeile: „eines Deutschtums verbunden, das sie liebt und ehrt"; dieser Zeile und den vorangehenden Worten „mein Name hatte sich nun einmal für die Welt mit dem Begriff" ist am Rande ein Fragezeichen beigesetzt. Eine letzte Anstreichung findet sich auf S. 13 f. (XII, S. 790; MK 117, S. 339) zu den Worten: [„Sinn und Zweck des nationalsozialistischen Staats-] systems ist einzig der und kann nur dieser sein: das deutsche Volk unter unerbittlicher Ausschaltung, Niederhaltung, Austilgung jeder störenden Gegenregung für den ‚kommenden Krieg' in Form zu bringen, ein grenzenlos willfähriges, von keinem kritischen Gedanken angekränkeltes, in blinde und fanatische Unwissenheit gebanntes Kriegsinstrument aus ihm zu machen. Einen anderen Sinn und Zweck, eine andere Entschuldigung [kann dieses System nicht haben]"; hierbei sind die Worte: „von keinem kritischen Gedanken angekränkeltes" zusätzlich unterstrichen.

[481] Mitteilung von Herrn Reg.-Oberamtmann i. R. H. *Linke* (Bonn). – Die Angabe über den Brief: „. . . an der Bonner Universität soll er fast jedem Studenten bekannt gewesen sein" (*Haiduk*, S. 62) kann der Verfasser weder aus seiner Erinnerung noch der seiner – wie er politisch interessierten und gesinnten – Studienfreunde bestätigen.

[482] *Bürgin* V, Nr. 464. Dort sind weitere Nachdrucke aufgeführt.

[483] Heftige Kritik an dem „demonstrativen Beifall", den Thomas Mann seit dem Brief an den Bonner Dekan „bei der Emigration" fand, übte der selbst Deutschland meidende René Schickele in einem Brief an Thomas Mann, der beim Abdruck (Werke III, S. 1252) irrig auf „Ende 1937" datiert ist. Das Schreiben gehört jedoch sicher in den Mai 1937, wie sich aus seinem Inhalt und aus Thomas Manns direkter Antwort vom 31. Mai 1937 (*Briefe* II, S. 27. f.) ergibt.

Im Gepäck, das Else Lasker-Schüler beim Zürcher Kunsthaus zurückgelassen hatte, fand sich ein Exemplar zwischen Werken von Baudelaire und Swedenborg [484]. Ernst Reuter bezog sich 1943 auf die Worte, mit denen Thomas Mann im Brief an Bonn Deutschlands Schicksal beschworen hatte, um zu begründen, daß er gerade ihn von der Türkei aus zu einem Appell an die Deutschen in der Welt ermuntern wollte [485]. Rührend und ergreifend liest sich, wie 1939 im fernen Neuseeland der exul poeta Karl Wolfskehl einem australischen Germanisten seitenlang auseinandersetzt, daß und warum das Wort „trübselig" zu Eingang von Thomas Manns Schreiben an den Dekan keinesfalls – wie in der englischen Übersetzung – mit „melancholy", jedoch auch nicht mit „gloomy" wiedergegeben werden dürfe [486]. Es bedurfte kaum des Aufrufs in der Emigrantenzeitschrift „Das Neue Tage-Buch" und des wenig später durch Walter Ulbricht gegebenen Hinweises[487], um zu erreichen, daß der Brief Thomas Manns wie schon ein Jahr vorher sein Bekenntnis gegenüber Korrodi[488] auf mancherlei heimlichen Wegen auch in

---

[484] E. *Ginsberg*, Abschied. Erinnerungen, Theateraufsätze, Gedichte, hrsg. v. E. *Brock-Sulzer*, Zürich [1965], S. 160; daraus auch im Vorabdruck Frankfurter Allgemeine Zeitung Nr. 15, Sonntagsbeilage, vom 16. Januar 1965.

[485] E. Reuter an Th. Mann, 17. März 1943 (zuerst gedruckt in: Colloquium 9, 1955, Nr. 9, S. 8 ff.; danach: Das Buch deutscher Briefe, hrsg. v. W. *Heynen*, [Wiesbaden 1957], S. 913 ff.; Im Zeichen der Hoffnung. Ein Lesebuch, hrsg. v. E. *de Haar*, München 1961, S. 322 ff.; *Schröter*, *Urteil*, S. 321 ff.); zuletzt in dem durch das Organisationscomitee der XX. Olympischen Spiele 1972 für alle Teilnehmer als offizielles Geschenk gewählten, in drei Sprachen erschienenen Buch „Deutsches Mosaik. Ein Lesebuch für Zeitgenossen", [Frankfurt/M. 1972], S. 198 ff. Ebd. S. 148 ff. ist auch Thomas Manns „Briefwechsel mit der Universität Bonn" neben Schriften von R. Musil, E. Barlach, G. Benn, E. Kästner, B. Brecht, der Geschwister Scholl, K. Huber und J. R. Becher in dem Teil wiedergegeben, der „Die Unzeit" überschrieben ist. – Thomas Manns Antwort vom 24. Juni 1943 auf Reuters Appell fiel ablehnend aus; vgl. ihren Text samt Kommentar bei *Schröter*, *Urteil*, S. 515; ebenso negativ äußerte sich der Dichter in einem zweiten Brief an Reuter vom 29. April 1944 (*Briefe* II, S. 364 ff.); Reuter schickte ihn im Juli 1944 einem ebenfalls emigrierten Freund „ohne jeden Kommentar"; vgl. H. *Guradze*, In der Welt zerstreut wie wir sind (Der Monat, Heft 180, September 1963, S. 23). – Zu dem Briefwechsel zwischen E. Reuter und Th. Mann vgl. auch W. *Brandt* – R. *Löwenthal*, Ernst Reuter, München 1957, S. 314 ff.

[486] K. Wolfskehl an R. Farrell, 10. Januar 1939; K. *Wolfskehl*, Zehn Jahre Exil. Briefe aus Neuseeland 1938–1948 hrsg. v. M. *Ruben* (Veröffentlichungen der Deutschen Akademie für Sprache und Dichtung 13), Heidelberg 1959, S. 41 ff.

[487] *Andermann*, S. 82 f. (Wiederabdruck: *Schröter*, *Urteil*, S. 287); W. Ulbricht an R. Breitscheid, 21. Mai 1937: „Es wäre an der Zeit, daß der Volksfrontausschuß aktiv teilnimmt an der Protestbewegung gegen die Katholikenverfolgungen wie gegen die Unterdrückung der Protestanten in Deutschland und daß er angesichts des Kampfes der faschistischen Barbaren gegen das klassische Erbe der deutschen Literatur das Banner der freiheitlichen deutschen Literatur im Sinne des Briefes von Thomas Mann erhebt und damit alle fortschrittlichen Kräfte zum Kampf gegen den Hitlerfaschismus sammelt"; W. *Ulbricht*, Zur Geschichte der deutschen Arbeiterbewegung 2,2. Zusatzband 1933–1946, Berlin 1968, S. 84. Vgl. dazu unten S. 261, Anm. 509.

[488] Th. Mann an H. Hesse, 7. März 1936: „Der Brief wird viel eingeführt, herumgetragen, vorgelesen" (*Hesse–Mann*, S. 66); Deutsche, die Thomas Mann gleich nach der Publikation in Küsnacht besuchten, freuten sich darüber „wie die Schneekönige"; Th. Mann an R. Schickele, 19. Februar 1936 (*Briefe* I, S. 415).

Deutschland bekannt wurde. Neuerdings ist bekannt geworden, daß der Beauftragte des britischen Secret Service in Schweden hierbei eine bedeutende Rolle gespielt hat; er bediente sich für die in Hamburg und Bremen zur Post gegebenen Sendungen der Adressenliste des nach Stockholm emigrierten S. Fischer Verlages, die fast zwanzigtausend Namen von Bücherkäufern in Deutschland umfaßte [489]. Niemals wird es möglich sein, die Schätzung nachzuprüfen, derzufolge im Reich die Antwort Thomas Manns an den Bonner Dekan in Zehntausenden von Exemplaren verbreitet war [490]. Die Originaledition, unzählige Abschriften und drei bisher nachgewiesene Tarnausgaben, darunter eine recht witzig mit dem Täuschungstitel „Briefe deutscher Klassiker" in einer imitierten Sammlung „Wege zum Wissen", eine andere als Werbeprospekt für einen rauchlosen Bratofen aufgemacht [491], kursierten hier verstohlen. Es fehlte nicht an grotesk-komischen Situationen. „Als unverfängliche Drucksache lieferte . . . der ahnungslose Briefträger, der zugleich Ortsgruppenleiter war", Hans Carossa in seinem Dorf bei Passau den „Briefwechsel" in die Hand [492]. Wie Lavinia Mazzucchetti in Mailand saßen in einem Bonner Professorenhaus die Söhne über der Schreibmaschine, um den Text zu vervielfältigen [493]. „Draußen auf dem Land" erlebte Viktor Mann, „daß Bleistiftabschriften . . . durch Patres von Gut zu Gut getragen wurden" [494]. Der von den Nationalsozialisten abgesetzte und übel behandelte Düsseldorfer Ober-

---

[489] *Bermann Fischer*, S. 202 f.

[490] W. A. *Berendsohn*, Thomas Mann und das Dritte Reich (Aus Politik und Zeitgeschichte, Beilage zur Wochenzeitung Das Parlament B XVI/56 vom 18. April 1956), S. 247. Über den Umfang und die Methoden der Tarnschriftenverbreitung in Deutschland vgl. die auf Akten der Geheimen Staatspolizei gestützten Angaben bei H. *Gittig*, Illegale antifaschistische Tarnschriften 1933 bis 1945 (84. Beiheft zum Zentralblatt für Bibliothekswesen), Leipzig 1972, S. 24 ff.

[491] TMA, Nr. 30055, 30056, 30058. *Gittig*, S. 105 gibt an, daß sein Verzeichnis „alle" ihm „bekannt gewordenen antifaschistischen Tarnschriften" enthält, die zwischen 1933 und 1945 „in Deutschland selbst oder den vom faschistischen deutschen Imperialismus okkupierten Ländern verbreitet werden konnten", nennt jedoch S. 200, Nr. 415 nur die erste der drei angeführten Ausgaben. Die dritte, oben im Text nicht näher gekennzeichnete, 16 Seiten im Format eines Reclam-Bändchens umfassende Ausgabe trägt den Vermerk „Überreicht von der Deutschen Freiheitspartei". Sie enthält am Schluß Ausführungen über die Ziele der „Deutschen Freiheitspartei". Diese bestehen nicht in der „Rückkehr nach Weimar", sondern im Dienst einer „Demokratie der eisernen Selbstbehauptung, der Manneszucht, der Disziplin, der sozialen Gerechtigkeit und des gerechten Friedens". „Die Deutsche Freiheitspartei bejaht unser Volksheer, sie bejaht aber vor allem das unveräußerliche Recht des deutschen Bürgers auf Freiheit" und „verlangt die Wiederherstellung der Grundrechte des deutschen Volkes". – Zu der als Deutsche Freiheitspartei auftretenden Emigrantengruppe vgl. *Köster*, S. 160 ff.; B. *Groß*, Willi Münzenberg. Eine politische Biographie, Stuttgart [1967], S. 308 ff.; B. *Bouvier*, Die „Deutsche Freiheitspartei" im Spiegel der Gestapo. Skizze zum Organisationsproblem einer bürgerlichen Opposition gegen das Dritte Reich (in: Paul Kluke zum 60. Geburtstag, masch. schr.-hektogr., Frankfurt/M. 1968, S. 153 ff.); *Cazden*, S. 69, Anm. 3.

[492] *Carossa*, S. 94.

[493] Mitteilung des hieran beteiligten späteren Legationsrats *Kahle* (Bonn) bei der oben S. 228, Anm. 377 erwähnten öffentlichen Aussprache.

[494] V. *Mann*, S. 548.

258

bürgermeister Robert Lehr erhielt eine maschinenschriftliche Kopie und legte sie – was für die geistige Einordnung aufschlußreich ist – in die gleiche Mappe mit der Aufschrift „Kirchliche Angelegenheiten", die die von Kreisen der Bekennenden Kirche herausgegebenen „Briefe zur Lage", Rundschreiben von Karl Barth, J. Beckmann, Otto Dibelius und die Enzyklika „Mit brennender Sorge" des Papstes Pius XI., Verlautbarungen der Bischöfe von Trier und Speyer sowie eine am 31. Januar 1937 gehaltene Predigt des Dompfarrers von Eichstätt barg [495]. Thomas Manns Freund v. Hoerschelmann gelang es, den Autor wissen zu lassen, daß er den Brief beifällig gelesen hatte, und Thomas Mann hörte es „mit Genugtuung" [496]. Gottfried Benn – damals in den Schutzbereich der Wehrmacht geflüchtet – zeigte den Brief seinem Kommandeur, den er als streng, ungewöhnlich gebildet und klug charakterisiert, „früher Kadett, Page der Kaiserin und Garde-Offizier". „Der General las und war begeistert" [497]. Es soll sogar Deutsche gegeben haben, die den Brief trotz seiner Länge auswendig lernten [498].

Thomas Mann wurde diese Wirkung seiner Streitschrift aus vielen Quellen bekannt. Schon im März war ihm zu Ohren gekommen, der „Briefwechsel" sei in tausenden von Maschinenabschriften in Deutschland verbreitet [499]; im April wußte er „von Deutschen, die eigens nach Holland gefahren sind, um die Korrespondenz zu lesen", „und M. le Doyen ist auch ohne Namen ein berühmter Mann geworden" [500]. Tatsächlich nahm das „Kapital von Antipathie" gegen die nationalsozialistischen Machthaber beträchtlich zu. Gleichzeitig wurde der Name der Universität Bonn durch den Welterfolg des „Briefwechsels" in den fünf Erdteilen unrühmlich bekannt. Dazu mag auch ein wenig beigetragen haben, daß der amerikanischen Übersetzerin von Thomas Manns Werken, Mrs. Helen T. Lowe-Porter, zu Beginn des Obenauer-Schreibens ein sinnentstellender Fehler unterlaufen ist, der ein unzutreffendes Bild vom Ursprung des akademischen Bannstrahles gegen Thomas Mann vermittelt und bisher noch nie bemerkt worden ist. Sie gab die ersten Worte – „Im Einvernehmen mit dem Herrn Rektor der Universität muß ich Ihnen mitteilen ... " – durch die Wendung wieder „By request of the Rector", also „Auf

---

[495] Nachlaß Robert Lehr (Stadtarchiv Düsseldorf), Mappe 22. – Für den Hinweis auf diese Überlieferung ist Herrn Dr. Wolfgang *Stump* (Düsseldorf/Speyer) zu danken.

[496] Th. Mann an R. v. Hoerschelmann, 30. April 1937 (Stadtbibliothek München; benutzt in einer Fotokopie aus der Sammlung Dr. H. O. *Mayer*, Düsseldorf).

[497] G. *Benn*, Doppelleben, Wiesbaden [1950], S. 110. Über den General – Ferdinand v. Zepelin (geb. 1886) – und seine Einstellung gegenüber dem Nationalsozialismus vgl. ebd. S. 113 f. sowie die Andeutungen in Benns Brief vom 4. Dezember 1935 an E. Büller-Klinkowström; G. *Benn*, Den Traum alleine tragen. Neue Texte, Briefe, Dokumente, Wiesbaden [1966], S. 175. Die Identifizierung des bei Benn namentlich nicht genannten Generals ist dem Bundesarchiv Koblenz, Abt. Militärarchiv zu verdanken; vgl. auch W. *Keilig*, Das deutsche Heer 1939–1945. Gliederung, Einsatz, Stellenbesetzung, Bad Nauheim 1956 ff., Gruppe 211, S. 375.

[498] *Fadiman*, S. 860, behauptet dies, ohne nähere Angaben dazu zu machen.

[499] Th. Mann an K. Hamburger, 23. März 1937: „Die Deutschen lesen den ‚Briefwechsel', seien Sie dessen versichert! Er soll in Tausenden von Maschinenabschriften kursieren. Der Appetit ist groß" (TMA, Fotokopie).

[500] Th. Mann an R. v. Hoerschelmann, 30. April 1937 (wie oben Anm. 496).

Ersuchen des Rektors..." [501]. Derselbe Fehler findet sich in einer späteren spanischen Übersetzung – sie ist darum vermutlich nicht auf den deutschen Urtext, sondern die amerikanische Fassung zurückzuführen [502] – und einer von Algier aus während des Krieges verbreiteten französischen Übersetzung, bei der dies sicher der Fall ist [503]. Das mit vereinzelten Ausnahmen „überall als eine Art von Ehrenrettung für den deutschen Geist und die deutsche Würde" [504] empfundene Dokument hat die Universität Bonn in der Welt stärker bekannt gemacht, als die wissenschaftlichen Lorbeeren, die die an ihr wirkenden Gelehrten in mehr als einem Jahrhundert errungen haben [505].

Wenn Thomas Mann im Oktober 1937 einen amerikanischen Germanisten, der anscheinend im Zusammenhang mit dem „Briefwechsel" Bemerkungen über

---

[501] Vermutlich geht hierauf zurück, daß E. *Mann* – K. *Mann*, Portrait of our Father (aus: Escape to life, abgedruckt: *Neider*) S. 76 irrtümlich den Rektor der Universität Bonn als Adressaten der berühmten Antwort ihres Vaters verzeichnen. Über die sonstige Leistung von H. T. Lowe-Porter vgl. das von eigenen Übersetzungserfahrungen mitbestimmte Urteil in der Autobiographie von Thomas Manns amerikanischer Freundin Agnes E. *Meyer*, Out of these Roots, Boston 1953, S. 186: „...the American public owes Mrs. Lowe-Porter a debt of gratitude for wrestling with the impossible task of translating Mann's intricacies of language, structure und style. I was nearly raggy for the madhouse after translating one of his political essays whose prose is just the A, B, C of Mann's linguistic pyrotechnics". Stärker eingeschränkt und mit weiteren Beispielen von Übersetzungsmißverständnissen belegt ist das Urteil bei *Lehnert*, S. 97 f., wo die Monographie von *Thirlwall* kritisch besprochen wird.

[502] In: Thomas *Mann*, Orden del dia. Ensayos politicos y discursos de dos decenios. Editorial Americalee, Buenos Aires 1945, S. 144 ff. Die Übersetzung stammt von Fernando M. *Ungria*.

[503] Thomas *Mann*, Lettre adressée le 19 décembre 1936 [sic!] au doyen de la Faculté de Philosophie de l'université de Bonn. Traduction d'Emmanuel *Robles*, Editions de „France". Der Druckvermerk lautet: „Achevé d'imprimer sur les presses de l'imprimerie Pfister requisitionnée le 15 avril 1943 pour le compte des éditions ›France‹. Visa de la censure N° 9285". Algier als Erscheinungsort ist in einem handschriftlichen Zusatz zu dem von der Bibliothèque de Documentation Internationale Contemporaine (Paris) aufbewahrten Exemplar genannt. – Daß die englische Übersetzung dieser Fassung zugrunde gelegen hat, ergibt sich daraus, daß der Name der Universität als „Université Frédéric-William sur le Rhin" erscheint und daß der Anfang von Obenauers Schreiben nicht, wie zutreffend in der 1937 erschienenen französischen Übersetzung von R. *Biemel*, mit „D'accord avec M. le Recteur ...", sondern mit „Sur la demande de Monsieur le Recteur ..." wiedergegeben ist.

[504] Th. Mann an M. George, 11. März 1947 (*Briefe* II, S. 530). – Zu der in diesem Brief erwähnten Äußerung von Karl Jaspers, ihm habe Thomas Manns Brief nach Bonn „wehe getan", als er ihn las, teilte Prof. *Jaspers* dem Verfasser am 14. August 1965 mit, davon habe er in einem 1945 nach Amerika geschriebenen Brief „zwar nicht gesprochen, wohl aber in einem ähnlichen Sinn". „Es handelt sich dabei um Thomas Mann, nicht um Bonn, um den Brief als eine Äußerungsweise Thomas Manns, nicht um die Berechtigung seines Inhaltes in bezug auf Bonn".

[505] Ein hierfür bezeichnendes Erlebnis schildert der Bonner Kunsthistoriker H. *Lützeler* in Erinnerungen aus seinem Leben (General-Anzeiger für Bonn ..., Nr. 22846 vom 15. Januar 1965): „Januar 1961 war ich in Südindien, in Madras. Der dortige Rundfunk lud mich zu einem Interview ein. Der indische Sprecher fragte mich: ,Woher kommen Sie?' Ich sagte: ,Aus Bonn'. ,Oh, aus Bonn', entgegnete er rasch, ,hat nicht dort der Dekan der Philosophischen Fakultät Thomas Mann den Ehrendoktor aberkannt?'"; etwas abgewandelt auch bei *Lützeler*, S. 60; *Lützeler*, Bonn, S. 65.

die nationalsozialistische Regierung gemacht hatte, die den Dichter verstimmten, darauf hinwies, sein Brief nach Bonn habe „Tausenden von geistig und moralisch gequälten Menschen ans Herz gegriffen", „gerade in Deutschland, wo er in mancherlei Gestalt" verbreiteter sei, „als irgend eine andere kämpferische Äußerung gegen das sogenannte Dritte Reich" [506], so wäre es wichtig, neben dem Ausmaß der Wirkung gleichfalls Stärke und Erfolg der Unterdrückung im Reichsgebiet zu kennen. Auch darüber läßt sich naturgemäß nur wenig Verläßliches ausmachen. Ein Thomas Mann persönlich nahestehender Berliner Buchhändler berichtet aus seiner Erinnerung, daß der „Briefwechsel" „sehr geheim" in der Reichshauptstadt kursierte und „das Objekt von verschiedenen Haussuchungen in jüdischen Häusern (soweit noch vorhanden) durch die Gestapo war" [507]. Es war eines jener „Dokumente . . ., die für den Empfänger lebensgefährlich wurden, wenn ein spähendes Auge sie entdeckte" [508]. In Berlin-Moabit wurden einige Arbeiter verhaftet, die den „Brief Thomas Manns an den Dekan der Philosophischen Fakultät der Bonner Universität" „weiterverbreitet hatten . . . und dafür in die Folterkammer der Gestapo gehen mußten" [509]. Im Sommer 1937 saß in der Strafanstalt Berlin-Plötzensee ein junger jüdischer Ingenieur gefangen, dem als Verbreiter der Wiedergabe von Thomas Manns Schreiben in einer ausländischen Zeitung der Prozeß wegen Heimtücke gemacht worden war [510]. Wer weiß, welch sonderbarer Zufall hat ein Akten-

---

[506] Th. Mann an H. J. Weigand, 28. Oktober 1937 (*Briefe* II, S. 31). *Perl*, S. 15 erwähnt, der Brief sei „in hektographierter wie gedruckter Form heimlich nach Deutschland" gelangt und habe dort „den Willen zum geistigen Widerstand" gestählt.

[507] Mitteilungen von Herrn Max *Niderlechner* an Dr. H. O. *Mayer* (Düsseldorf), von diesem dem Verfasser mit Schreiben vom 22. 9. 1965 übermittelt; in ergänzenden Ausführungen Niderlechners vom 30. Oktober 1966 heißt es: „Ich habe mein recht spät erhaltenes Exemplar auch vorsichtig versteckt. Die SS hat in ihrem Krieg gegen die Juden oft Haussuchungen vorgenommen und hat dabei natürlich die Bücher untersucht, und man hat in jüdischen Kreisen erzählt, wenn sie Thomas-Mann-Bücher fänden, suchten und fragten sie auch nach diesem ‚Bonner Brief'. In der Gesellschaft für deutsche Literatur, der ich damals dank meinem großen Kollegen Martin Breslauer angehörte, haben Max Osborn und Monty Jacobs sich äußerst vorsichtig darüber unterhalten und das Heft in einem Sonderumschlag ausgetauscht".

[508] *Carossa*, S. 94.

[509] A. *Abusch*, Der Dichter und die illegalen Kämpfer (1937) in: Literatur im Zeitalter des Sozialismus. Beiträge zur Literaturgeschichte 1921–1966, Berlin 1967, S. 243 (vgl. dazu *Matter*, Nr. 10088). Ebd. heißt es: „Thomas Manns Brief geht in Berlin besonders in den Kreisen der literarisch und künstlerisch interessierten Menschen, aber auch in anderen bürgerlichen Kreisen, von Hand zu Hand, wird abgeschrieben und weitergegeben und unter vertrauten Freunden diskutiert". Vgl. auch A. *Abusch*, Thomas Mann und das Freie Deutschland (Sinn und Form. Sonderheft Thomas Mann, 1965), S. 61: „Als wir, die illegale kommunistische Partei, im Jahre 1937 dafür sorgten, daß Thomas Manns Brief an den Dekan der Philosophischen Fakultät der Universität zu Bonn im Dünndruck, mit irgendeiner der notwendigen äußeren Tarnungen, auf geheimen Wegen zu möglichst vielen deutschen Lesern gelangte, Kommunisten und andere Antifaschisten dafür ihr Leben riskierten . . ." – Die Grundlage für die strafrechtliche Verfolgung der Verbreitung von Thomas Manns Antwortschreiben bot das „Gesetz zur Gewährleistung des Rechtsfriedens" vom 13. Oktober 1933 (Reichsgesetzblatt I, S. 723), das eine Reihe einschlägiger Tatbestände neu geschaffen hatte; für die Aburteilung derartiger Taten waren die bereits am 21. März 1933 durch Verordnung der Reichsregierung gebildeten Sondergerichte zuständig.

[510] F. *Faust*, Thomas Manns Haltung (Aufbau 4, 1948, S. 91).

heft der „Geheimen Staatspolizeistelle Liegnitz" bewahrt und ins Zürcher Thomas-Mann-Archiv geführt. Ihm kann entnommen werden, daß die an ein älteres adeliges Fräulein in Schlesien geschickte Ausgabe von „Reader's Digest", die unter dem Titel „I accuse the Hitler-Regime" die wesentlichen Partien des „Briefwechsels" enthielt, beschlagnahmt wurde, nachdem die furchtsame Empfängerin selbst das ihr von ausländischen Freunden gespendete Heft abgeliefert hatte [511].

Das Reichspropagandaministerium trug gleich, nachdem die Publikation des „Briefwechsels" und das gewaltige Echo, das er in der Weltpresse gefunden hatte, bekannt geworden waren, Sorge dafür, daß die deutschen Zeitungen davon keine Notiz nahmen. Es geschah in einer Weise, die ungemein bezeichnend für den Stil ist, in dem diese Art von „Sprachregelung" gehandhabt wurde [512]. Sie ermöglichte es Goebbels, diesmal sogar zwei Fliegen mit einer Klappe zu schlagen. In der Pressekonferenz des Ministeriums vom 26. Januar 1937 wurde verlautbart, daß „eine westdeutsche Zeitung ... sich polemisch mit Thomas Mann befaßt" „hatte". „Dies wird als absolut unerwünscht bezeichnet. Thomas Mann soll ausgelöscht werden aus dem Gedächtnis der Deutschen, da er nicht würdig ist, den Namen Deutscher zu tragen" [513]. Die wegen der klaren Bezugnahme auf die Ausbürgerung naheliegende Annahme, die Rüge sei an die Adresse des „Westdeutschen Beobachters" und Steguweits als Verfasser des Leitartikels vom 5. Dezember 1936 gerichtet gewesen, ist irrig. Der als knappe Anweisung für die Blätter redigierte Text der „Tagesparole" ist durch eine Aufzeichnung zu ergänzen, die ein an der Pressekonferenz teilnehmender Journalist sich gemacht hat. Hiernach hat der als Sprecher des Ministeriums fungierende Ministerialrat Berndt gesagt, die betreffende Zeitung habe „eine Reihe von üblen Behauptungen Thomas Manns" zitiert [514]. Das war in Steguweits Artikel nicht geschehen, auch in keinem anderen westdeutschen Presseorgan während der letzten Zeit, wohl aber fast ein Jahr zuvor von der „Essener Nationalzeitung", die Thomas Manns Offenen Brief an Korrodi in Auszügen gedruckt hatte [515]. Wenn Goebbels sie jetzt rügen ließ, so war der ver-

---

[511] Akten der Geheimen Staatspolizei, Staatspolizeistelle Liegnitz, betr. v. Blittersdorf, Caroline, geb. 6. 11. 75 in Molstow, Kr. Löwenberg, wohnhaft in Ober-Schreiberhau, Haus Anna-Maria (TMA). – Es handelt sich um The Reader's Digest 31, Nr. 183 vom Juli 1937; auch dort findet sich in der vorausgeschickten Redaktionsnotiz S. 84 der Hinweis auf die Parallele zu Zolas J'accuse.

[512] Hierzu J. *Wulf, Presse* und Funk im Dritten Reich (ro-ro-ro 815–817, [Reinbek 1966]), S. 90 f.; *Boelcke*, S. 147 ff.

[513] *Wulf, Presse*, S. 99. – Der Zusammenhang, in den diese Anweisung gehört, ist bei *Strothmann*, S. 310 nicht erkannt und infolgedessen irrig dargestellt. Über die „Pressekonferenzen" des Propagandaministeriums vgl. K.-D. *Abel*, Presselenkung im NS-Staat (Einzelveröffentlichungen der Historischen Kommission zu Berlin 2), Berlin 1968, S. 37 ff.

[514] Bundesarchiv Koblenz, Sammlung Traub (ZSg 110/4, fol. 53). Über Berndt – „den Prototyp eines nationalsozialistischen Scharfmachers" – vgl. *Boelcke*, S. 75 ff. M. *Boveri*, Wir lügen alle, Olten–Freiburg/Br. [1965], S. 238 nennt ihn „die rüdeste Verkörperung nationalsozialistischer Aggressivität"; ebd. S. 547 über seinen Werdegang. *Stephan*, S. 106 bezeichnet Berndt, der „völlig ohne normale Hemmungen geboren" sei, als pathologischen Lügner, „der nie wußte, was an seinen Flunkereien richtig und was erfunden war".

[515] Siehe oben S. 172, 242.

262

spätete Schlagabtausch mit dem Blatt Goerings gewiß nicht sein Hauptanliegen, jedoch auch nicht der Wunsch, Thomas Mann von der deutschen Presse nicht mehr erwähnt zu sehen. Verhindert sollte vielmehr werden, daß wiederum Zitate von „üblen Behauptungen" dem Volk ein Bild von den vernichtenden Gravamina liefern konnten, die der weltberühmte Dichter gegen das Regime vorgebracht hatte. Daran ist angesichts der Tatsache nicht zu zweifeln, daß der im Ministerium selbstverständlich bekannte Artikel des „Westdeutschen Beobachters" ja ohne weiteres Anlaß zu der Weisung hätte geben können, Thomas Mann solle in deutschen Zeitungen nicht mehr genannt werden. Das Propagandaministerium griff stattdessen auf die Kritik an einer längst von neuen Ereignissen überholten Publikation offenbar zurück, um zu vermeiden, bei seiner „Sprachregelung" selbst den „Briefwechsel" erwähnen zu müssen. Daß diese Taktik des Totschweigens wirklich nur dem Brief an den Bonner Dekan galt, erhellt aus einer weiteren Tatsache: schon kurz nach dieser Pressekonferenz konnte Thomas Mann namentlich und ausführlich, aber eben ganz ohne Zitate aus seinen Plädoyers gegen den Nationalsozialismus, in der deutschen Presse attackiert werden, sogar durch einen von der „Nationalsozialistischen Korrespondenz" verbreiteten Artikel [516]. Wenn der Sprecher des Propagandaministeriums übrigens die groteske Klage anstimmte, Thomas Mann habe „sein Vaterland beschimpft, von dem er nur Gutes erfahren hat" [517], so mag darin der Ärger eines Ressorts und vielleicht sogar von Goebbels selbst nachschwingen, denen, wie gezeigt werden konnte, die direkte Kritik Heydrichs wegen ihrer Haltung gegenüber Thomas Mann nicht erspart geblieben war.

Das Schweigegebot des Propagandaministeriums wurde von der mit drastischen Mitteln an Gehorsam gewöhnten Presse in Deutschland – soweit erkennbar ist – ausnahmslos befolgt. Wie lückenlos das System funktionierte, hatte sich soeben in den gleichen Dezembertagen, da Thomas Manns Ausbürgerung bekannt geworden war, anläßlich der britischen Königskrise gezeigt [518]. Innerhalb des Reichsgebiete kann – von einer beiläufigen Erwähnung abgesehen [519] – nur eine einzige unmittel-

---

[516] „Thomas Mann, wie ein Slowake ihn sieht" (Lübecker General-Anzeiger Nr. 38 vom 14. Februar 1937; bei *Matter* nicht verzeichnet). Der Artikel gibt äußerst heftige Angriffe wieder, die einer der Führer der Slowakischen Volkspartei anläßlich der Einbürgerung Thomas Manns in der Tschechoslowakei gegen den „Kulturbolschewismus" des Dichters gerichtet hatte. – Am 29. Juli 1937 folgte in der SS-Zeitung Das Schwarze Korps, Folge 30, ein Artikel unter dem Titel „Eine Art Nekrolog. Wer war Thomas Mann?".

[517] Wie Anm. 514.

[518] Vgl. dazu Das Neue Tage-Buch 4. Jahrg., Heft 50 vom 12. Dezember 1936, S. 1180.

[519] In dem ungezeichneten Artikel „Tonio Kröger in der Emigration" (Geist der Zeit - Wesen und Gestalt der Völker, N. F. von Hochschule und Ausland, 15. Jahrg., April 1937, S. 305 ff.; der gleichfalls einschlägige weitere Teil dieses Artikels ist wiedergegeben bei *Schröter*, Urteil, S. 511 f.). An diesen Artikel knüpft die unten S. 265, Anm. 527 erwähnte Glosse von Obenauer an. Ob Rößner den Artikel verfaßt hat, muß dahingestellt bleiben; die Vermutung seiner Autorschaft legt sich aufgrund der nachstehend geschilderten Tatsachen nahe; sie wird in gewisser Hinsicht dadurch gestützt, daß Rößner sich publizistisch in derartiger Form zu betätigen pflegte und in dem oben S. 219, Anm. 350 erwähnten Schriftenverzeichnis zahlreiche kleine Beiträge aus seiner Feder summarisch nennt, die – fast immer ohne Angabe des Verfassers – in folgenden Organen erschienen sind: Münchner Neueste Nachrichten, Das

bar nach der Publikation des „Briefwechsel" lautgewordene Äußerung über ihn nachgewiesen werden – selbstverständlich polemisierender Natur. Im Märzheft der von dem gerade, am 9. Februar 1937, zum Rektor der Universität Heidelberg beförderten Ernst Krieck – „einem der treuesten geistigen Paladine des Führers" [520] – herausgegebenen Zeitschrift „Volk im Werden" wurde durch Krieck selbst auf Thomas Manns hier fälschend „Beschwerdebrief" genanntes Schreiben eingegangen [521]. Es geschah in einer Form, die – anders als es in der „Essener Nationalzeitung" gegenüber dem Offenen Brief des Dichters an Korrodi praktiziert worden war – von seinem Wortlaut so gut wie nichts erkennen läßt [522]. Dafür bildet Kriecks Artikel aber ein geiferndes Kompendium aller gegen den Autor seit Dietrich Eckarts rabulistischer Kritik an den „Betrachtungen" vorgebrachten stereotypen Schmähungen. Daß gerade Krieck eine solche Aufgabe übernahm und nur er allein unter dem von Goebbels verhängten Schweigen damals in Deutschland sich mit Thomas Manns Antwort an den Bonner Dekan publizistisch befassen konnte, ist nicht erstaunlich. Krieck war ein alter Freund von Reinhard Hoehn, dem Organisator des SD-Inland, in dessen Kulturreferat sich ihre Kameradschaft erneuert hatte [523]. Zu dem gleichen hier etablierten und in fester Verbundenheit bis über das Kriegsende hinaus verharrenden Kreis gehörten Spengler, Rößner und – wie sich bei und nach der Berufung Obenauers an die Bonner Universität gezeigt hatte – eben auch dieser Adressat des Schreibens von Thomas Mann. Obenauers Antrittsvorlesung ist natürlich ebenso wenig zufällig in einer von Krieck herausgegebenen Schriftenreihe erschienen wie Spengler und Rößner eifrige Mitarbeiter der Zeitschrift „Volk im Werden" gewesen sind und Rößner als Lobredner Kriecks hervorgetreten ist. Spielte man sich so die Bälle zu, so entsprach es dem Wesen und der Funktion des

---

Schwarze Korps, Volk im Werden, Deutsches Recht, Monatshefte für NS-Sozialpolitik, Zeitschrift für deutsche Bildung.

[520] H. *Rößner*, Zu Ernst Kriecks „Völkisch-politischer Anthropologie" (Zeitschrift für deutsche Bildung 12, 1936), S. 411.

[521] E. *Krieck*, Agonie: Schlußwort zu Thomas Mann (Volk im Werden 5, 1937, S. 121 ff., Wiederabdruck: *Schröter, Urteil*, S. 114 ff.). Dagegen H. *Lepel*, Ein deutscher Rektor über Thomas Mann (Basler Nationalzeitung Nr. 105 vom 3. März 1938). – Thomas Mann erhielt das betreffende Heft der Zeitschrift „Volk im Werden" 1945 „als eine Art von Trophäe . . . von amerikanischer Seite" und bemerkte dazu: „Es war eine bange Lektüre. Unter Leuten, . . . die zwölf Jahre lang mit diesen Drogen gefüttert worden sind, kann nicht gut leben sein"; Th. Mann an W. v. Molo, 7. September 1945 (*Briefe* II, S. 444).

[522] Der Grund für die so gut wie vollständige Unterdrückung von Zitaten aus Thomas Manns Antwortschreiben in Kriecks Polemik gegen diese Schrift wird durch nichts besser beleuchtet, als dadurch, daß später eine Nummer der SS-Zeitung Das Schwarze Korps, die diese Vorsicht nicht hatte walten lassen und Teile aus Thomas Manns Artikel „Bruder Hitler" wiedergab, um die Verworfenheit der Emigranten zu zeigen, einen ganz ungewöhnlichen Verkaufserfolg in Deutschland hatte; vgl. *Bergengruen*, S. 202.

[523] *Heiber*, S. 581; dort und an zahlreichen weiteren Stellen des Buches (s. Register, S. 1264) viele Nachrichten über Krieck, zu dessen eigentümlichem Werdegang auch *Gamm*, S. 95 ff. zu vergleichen ist. Seine Wirkung als akademischer Lehrer stand in umgekehrtem Verhältnis zu seiner öffentlichen Rolle. „Krieck hatte am Schluß des Wintersemesters in der Hauptvorlesung noch sechs Hörer" schrieb Gertrud Bäumer am 9. April 1936 einer Freundin; G. *Bäumer*, Des Lebens wie der Liebe Band. Briefe, hrsg. v. E. *Beckmann*, Tübingen [1956], S. 90.

SD-Inland, einem prominenten – im damals gegebenen Augenblick als frisch ernannte Magnifizenz der altberühmten Ruperto-Carola wohl dem äußerlich prominentesten – Angehörigen dieser Gruppe die allen anderen Autoren verwehrte heikle Replik auf Thomas Manns Manifest anzuvertrauen.

Von der Geheimhaltung der bei der Fakultät in den ersten Januartagen 1937 eingegangenen Antwort Thomas Manns durch Obenauer hörten wir schon. Er ließ vier Abschriften fertigen, je eine für die Fakultätsakten, das Rektorat und das Ministerium sowie – den SD [524]. Die für das Ministerium bestimmte Abschrift sandte er ohne Kommentar am 9. Januar ab [525]. Sein Begleitschreiben, dem wir die Nachricht verdanken, daß er für seinen Brief vom 19. Dezember an Thomas Mann das „Einverständnis" mit dem Ministerium besaß, unterrichtete das zuständige Ressort offenbar überhaupt erst vom Vollzug jener Mitteilung. Persönlich war der Dekan vollkommen überrascht, daß Thomas Mann in solcher Form reagiert hatte, da er sich – so meinte Obenauer – doch hätte sagen müssen, daß ihm nach seinen Verlautbarungen über Deutschland die ihm dort verliehenen Würden und Ehren nicht hätten belassen werden können [526]. Obenauer betrachtete das Antwortschreiben des Dichters nicht als moralisch-politisches Bekenntnis, sondern sah darin ein Zeichen persönlicher Verletztheit. Das verrät sich auch in einer Glosse aus seiner Feder, die noch 1937 in der von ihm seit dem Vorjahr mitherausgegebenen und zu einem Organ der nationalsozialistischen Weltanschauung umgeprägten „Zeitschrift für deutsche Bildung" als Entgegnung auf Thomas Mann erschien, wiederum unter peinlicher Vermeidung von Zitaten aus dem Brief des Dichters [527]. Eine unmittelbare Antwort sei dem Dekan – so heißt es hier – nicht möglich gewesen, da es unter der Würde jeder amtlichen Stelle sei, „auf Schmähschriften zu antworten, die vor ihrem Erscheinen schon im ‚Pariser Tageblatt' als Tat eines deutschen Patrioten bekanntgemacht und den amtlichen Stellen zugeschickt wurden". Die Anspielung bezieht sich auf eine anonym beim Dekanat eingegangene und von Obenauer am 22. Januar 1937 dem Ministerium übermittelte Sendung, die in den erhaltenen Akten nicht überliefert ist, aber so mit einem in Nr. 221 der „Pariser Tageszeitung" vom 18. Januar 1937 erschienenen Artikel identifiziert werden kann [528]. Obenauer übt in seiner Glosse Kritik an Thomas Manns „Joseph-

---

[524] Mitteilung von Prof. *Obenauer.*

[525] Das Reichsministerium für Wissenschaft, Erziehung und Volksbildung – Aktenzeichen WF 362, V – übermittelte am 4. März 1937 Abschriften dieser Abschrift dem Auswärtigen Amt sowie – unter Bezugnahme auf das unter dem Aktenzeichen VIII 8025/14.4.36 43 4.10 am 6. Oktober 1936 ergangene Schreiben des Reichspropagandaministeriums (= Dok. 179) – auch diesem Ressort. Die Begleitschreiben waren von dem seit Januar 1937 als Chef des Amtes W an die Stelle Vahlens getretenen badischen Staatsminister a. D. Wacker unterzeichnet.

[526] Mitteilung von Prof. *Obenauer.*

[527] *O.[benauer]*, „Tonio Kröger in der Emigration" (Zeitschrift für deutsche Bildung 13, 1937, S. 422 ff.; Wiederabdruck: *Schröter, Urteil*, S. 284 f.). Hierauf hat zuerst K. O. *Conrady*, Nachspiel 1937. Eine kaum bekannte Antwort des Bonner Dekans an Thomas Mann (Die Zeit Nr. 47 vom 20. November 1964) hingewiesen.

[528] Pariser Tageszeitung Nr. 221 vom 18. Januar 1937: „Wohin habt ihr Deutschland gebracht? Thomas Mann rechnet mit dem Hitler-Regime ab" (bei *Matter* nicht verzeichnet).

Roman". War sie noch 1935 maßvoll in der Form geäußert worden, so ist sie nun im Ton weit gröber. Es sei „ein judaistisches Spätwerk, das aus Trotz oder intellektueller Instinktlosigkeit in immer dickleibiger werdenden Bänden die Geschichte Jakobs, Josephs und all seiner Brüder aufzufrischen unternahm" [529]. „Wer hätte, mitten in erschütternder Volkwerdung und fast unwahrscheinlicher Wiedergeburt, noch Zeit, Geduld und guten Willen genug gehabt, diese Bände zu Ende zu lesen!" In dem an ihn gerichteten Schreiben des Dichters aber fand der Dekan nichts als ein Unmaß an schwer verletzter Eitelkeit, dazu lächerliche Anschuldigungen und Verdächtigungen der deutschen Regierung, deren Friedensbedrohung – so meinte Obenauer in direkter Anrede Thomas Manns und blindem Glauben an die zur Schau getragene Friedfertigkeit des „Führers" – „nur in Ihrer völlig weltfremden Phantasie" bestünde [530].

Es erscheint schließlich nicht unwahrscheinlich, daß das Aufsehen, welches Thomas Manns Ausbürgerung erregte, insbesondere aber der weltweite, für das Dritte Reich so nachteilige Widerhall, den die Antwort des Dichters auf diesen Akt und den Entzug seiner Bonner Ehrendoktorwürde fand, auch die künftige Praxis der Machthaber bei der Aberkennung der deutschen Staatsangehörigkeit beeinflußt hat. Es geschah dann freilich in einer für die Verhältnisse in Deutschland wiederum

---

Die in großer Aufmachung auf der Titelseite erscheinende Publikation verschiedener Teile von Thomas Manns Brief wird mit folgenden Sätzen eingeleitet: „Thomas Mann, Repräsentant edelster deutscher Geistigkeit, aus dem heutigen Deutschland ausgestoßen, rechnet in schneidender Schärfe mit dem Regime ab, das Deutschland zugrunde richtet. Die Abrechnung ist in Form eines Briefwechsels gekleidet, und unter dem Titel ‚Ein Briefwechsel‘ veröffentlicht sie der Dichter soeben. ...Der Briefwechsel besteht aus einem Brief des Dekans der Philosophischen Fakultät Bonn ... und aus der Erwiderung, gesalbt mit allen Ölen Thomas Mannscher Sprachbeherrschung, ein Meisterstück politischer Prosa". – Obenauer irrte sich bei der Angabe des Zeitungsnamens. Das „Pariser Tageblatt" erschien nur bis zum 11. Juni 1936; an seine Stelle trat vom folgenden Tage an die „Pariser Tageszeitung"; vgl. *Köster*, S. 91 f.

[529] In diesem Punkte urteilte Obenauer vielleicht teilweise zutreffend. Thomas Mann erklärte 1942 in seinem Vortrag über „Joseph und seine Brüder": „Die alttestamentliche Stoffwahl war gewiß kein Zufall. Ganz gewiß stand sie in geheimem, trotzig polemischem Zusammenhang mit Zeit-Tendenzen, die mir von Grund aus zuwider waren, mit dem in Deutschland besonders unerlaubten Rassewahn, der einen Hauptbestandteil des faschistischen Pöbel-Mythos bildet" (XI, S. 663; MK 114, S. 387). Anders hatte Thomas Mann sich im März 1937 vor dem zionistischen Verein „Kadimah" in Zürich geäußert, als er eine Lesung aus „Joseph und seine Brüder" einleitete. In diesem Vortrag „Zum Problem des Antisemitismus" heißt es, „daß die Konzeption dieses Werkes mit all dem, was ich eben vorausschickte, eigentlich nichts zu tun hat. Es ist nicht so, daß ich mit diesem Buch gegen gewisse Tendenzen der Zeit hätte opponieren und demonstrieren wollen, daß ich es mit dem Roman auf eine Apologie des Judentums gegen den Antisemitismus hätte abgesehen gehabt. Gegen die oppositionelle Rolle, in die das Buch durch die Entwicklung der äußeren Dinge hineingeraten ist, habe ich nicht das Geringste einzuwenden, sie ist mir sogar lieb und willkommen. Aber zugedacht war sie dem Buch nicht, nicht habe ich ein Juden-Epos, sondern ein Menschheits-Epos schreiben wollen ..." (Th. *Mann*, Sieben Manifeste zur jüdischen Frage 1936–1948, hrsg. von W. A. *Berendsohn*, Darmstadt [1966], S. 36).

[530] Vgl. dazu auch die spätere Aussage Obenauers über die Wirkung, die Thomas Manns Antwort auf ihn hatte, unten S. 297, Anm. 63.

266

überaus bezeichnenden Weise. War bis dahin im Einklang mit den amtlichen Wünschen und der der Aberkennung der deutschen Staatsangehörigkeit von den Ministerien ursprünglich beigemessenen Abschreckungstendenz von der deutschen Presse über verhängte Ausbürgerungen stets berichtet und ihr hierfür eine amtliche Begründung der einzelnen Fälle zugestellt worden, so wich diese Publizität nun strenger Geheimhaltung. Die Annahme, daß ein Zusammenhang mit der Reaktion auf Thomas Manns Ausbürgerung und den Entzug seines Bonner Dr. phil. h. c. besteht, wird schon durch rein chronologische Gründe nahegelegt. Sie wird gestützt durch die ernsten Befürchtungen bei den Berliner Stellen, die auf Grund der irrtümlichen Erstreckung in dem bereits erwähnten Falle eines mit Thomas Mann gleichzeitig der Staatsangehörigkeit beraubten Emigranten geweckt worden waren [531]. Nun hatte die öffentliche Meinung fast der ganzen Welt nicht etwa die Zurücknahme der Ausbürgerung bei einer ganz unbekannten Frau, sondern die Verhängung dieser Maßnahme über einen der bekanntesten, weithin als Repräsentant bester geistiger Traditionen seines Vaterlandes verehrten deutschen Dichter zum Anlaß nehmen können, „um die Ausbürgerungsfrage überhaupt zum Gegenstand" einer Kritik zu machen, die die Machthaber als Hetze empfanden. Jedenfalls ist der Presse nach dem Erlaß vom 2. Dezember 1936 kein derartiges Dekret mehr zur Publikation übermittelt worden [532]. Schon eine am 1. Februar gezeichnete und am gleichen Tag im „Deutschen Reichsanzeiger" veröffentlichte Liste durfte von der deutschen Presse nicht mehr beachtet werden, auch nicht in Form eines zusammenfassenden Hinweises. Dies ging auf eine Anregung des Auswärtigen Amtes zurück, das wegen des befürchteten Aufsehens in der „deutschfeindlichen Öffentlichkeit" auch erreichte, daß 153 nachträglich verhängte „Erstreckungen" nicht – wie zunächst beabsichtigt – auf einen Schlag, sondern in vier Gruppen aufgeteilt vorgenommen wurden, jeweils mit der Maßgabe, daß „die bekannten Namen" auf die einzelnen Listen zu verteilen und Meldungen in deutschen Tageszeitungen zu unterlassen seien [533]. Gleichzeitig ordnete Hitler an, die bis dahin übliche Begründung – sie war im Falle von Thomas Mann von der öffentlichen Meinung des Auslands besonders kritisch, teilweise höhnisch-ironisch aufs Korn genommen worden – in Zukunft wegzufallen habe. Die fragwürdige Motivation für dieses Verbot lautete, die Begründungen „könnten" „als Entschuldigung aufgefaßt werden" [534]. Von der zehnten Ausbürgerungsliste an, die am 23. Februar im Reichsministerium des Innern gezeichnet, aber erst im April publiziert worden ist, ist dann auch bei unmittelbar Betroffenen, die der deutschen Staatsangehörigkeit für unwürdig erklärt worden sind, jede Erwähnung dieses Aktes in

---

[531] Vgl. oben S. 241.

[532] Zum Folgenden vgl. die Akten des Auswärtigen Amts, Ref. Deutschland, betr. Ausbürgerungen, 8., 9., 10., 11. und folgende Listen (PA).

[533] Dazu das Schreiben des Auswärtigen Amts an das Reichsministerium des Innern vom 10. Februar 1937 (PA, Inland II A/B, Bd. 134/2, 9. Ausbürgerungsliste).

[534] Das ergibt sich aus einem Vermerk zu dem Schreiben des Auswärtigen Amts an das Reichsministerium des Innern vom 5. März 1937 (PA, Inland II A/B, Bd. 135/1, 10. Ausbürgerungsliste).

der Presse unterbunden worden – abgesehen von der Publikation im „Deutschen Reichsanzeiger", dem die breitere Öffentlichkeit aber seit jeher nicht die geringste Aufmerksamkeit schenkte. Auch hierzu war am 5. März 1937 die Anregung vom Deutschlandreferat des Auswärtigen Amtes gegeben worden, wo sich die Berichte und Pressestimmen über das nachteilige Echo der Affäre Thomas Mann inzwischen gehäuft hatten. Seit Anfang 1937 ist so praktisch keiner der in immer kürzeren Abständen aufeinanderfolgenden Ausbürgerungsfälle – es sind mehrere Tausend bis zum Ende des Regimes – mehr zur Kenntnis der deutschen Öffentlichkeit gebracht worden. So weit es sich überschauen läßt, hat von da an auch das Ausland von diesen Maßnahmen keine Notiz mehr genommen. Falls wirklich Thomas Manns „nationale" und seine Reaktion auf die „akademische Exkommunikation" den vermuteten, in hohem Grade wahrscheinlichen Einfluß ausgeübt haben, so wirkten sie sich nicht im Sinn einer Milderung der nationalsozialistischen Praxis aus, sondern führten zu geflissentlicher Verheimlichung ihrer immer weitere Kreise treffenden Folgen [535].

Im Zusammenhang mit der Wirkungsgeschichte des „Briefwechsels" bleibt noch eine letzte Frage zu erörtern, die die Universität Bonn betrifft. Wenn auch der Dekan die Mitglieder der Fakultät über sein Schreiben an Thomas Mann nicht unterrichtet hat und ihnen die darauf erteilte Antwort gleichfalls vorenthielt, so hat natürlich doch mindestens eine Anzahl von ihnen etwas über den Entzug der Ehrendoktorwürde des Dichters erfahren. Ausländische Rundfunksender und Zeitungen, ferner die mannigfachen Wege privater Mitteilung verhalfen dazu; Rothackers bereits erwähntes Begehren nach dem Brief Thomas Manns dürfte durch solche Nachrichten geweckt worden sein. Hat nicht „ein einziges Mitglied der Fakultät danach Widerspruch erhoben gegen das ‚beschämende Dokument', das ja auch in seinem Namen abgeschickt worden war?" – so ist gefragt worden [536]. Wer totalitäre Herrschaft wie im Dritten Reich mit Bewußtsein erlebt und vielleicht durchlitten hat, wird geneigt sein, einer solchen Frage mit Kopfschütteln zu begegnen, weil sie entweder an der inzwischen ja hinreichend dokumentierten Wirklichkeit eines mit Geheimpolizei, Spitzelapparat, Gesinnungsterror, Existenzbedrohung, Polizeijustiz, Foltern, Konzentrationslagern und Mord operierenden Regimes vorbeisieht oder in Kenntnis solcher Tatsachen eine unbedingte Bereitschaft zum Martyrium bei den Zeitgenossen derartiger Verhältnisse voraussetzt. Dem

---

[535] Folgende Zahlen spiegeln die mit der Jahreswende 1936/37 einsetzende Verschärfung des Kurses: vom August 1933 bis Dezember 1936 war durch insgesamt sieben mehr oder minder umfangreiche Ausbürgerungsdekrete 291 Personen die deutsche Staatsangehörigkeit aberkannt worden; in dem einen darauffolgenden Jahr bis Dezember 1937 waren es bei fünfzehn Dekreten 937 Personen, also mehr als dreimal soviel wie vorher in den über drei Jahren seit Inkrafttreten des Gesetzes über den Widerruf von Einbürgerungen und die Aberkennung der deutschen Staatsangehörigkeit. Neue Richtlinien über die Ausbürgerung enthält ein Erlaß des Reichsführers SS und Chefs der deutschen Polizei im Reichsministerium des Innern – S. PP (II B) 2986/37 – vom 30. März 1937.

[536] Acht Fragen der Zeit an Rektor und „Kommission" der Universität Bonn (Die Zeit Nr. 45 vom 6. November 1964).

Historiker kommt es nicht zu, darüber zu räsonieren, ob eine so gestellte Frage berechtigt ist und ob die Aktivlegitimation, sie aufzuwerfen, von bestimmten Voraussetzungen abhängt oder nicht. Ihm obliegt es vielmehr, festzustellen, wie es sich wirklich verhalten hat.

Tatsächlich hat es einen Ordinarius der Bonner Philosophischen Fakultät gegeben, der sich in der Öffentlichkeit, noch dazu gegenüber der ausländischen Presse, kritisch über den Schritt des Dekans geäußert hat. Es gehört zu den nun schon verschiedentlich auf unserem Wege in Erscheinung getretenen zeitgeschichtlichen Seltsamkeiten, daß dies einer der drei Bonner Universitätslehrer war, die mit rund fünfzig anderen deutschen und österreichischen Professoren vor den Reichstagswahlen im Juli 1932 einen Aufruf im „Völkischen Beobachter" erlassen hatten, um den „intellektuell schaffenden bürgerlichen Volksteil" zu beschwören, sich dem Nationalsozialismus anzuschließen. Die Unterzeichner erklärten sich überzeugt davon, daß die von ihnen als notwendig erachtete Gesundung des öffentlichen Lebens und Rettung des deutschen Volkstums durch eine nationalsozialistische Führung im Staate zu erwarten sei [537]. Nach der Machtübernahme im nächsten Jahre hat derselbe Bonner Professor als Hauptredner bei der Bücherverbrennung am 10. Mai 1933 mitgewirkt, die die nationalsozialistische Studentenschaftsführung zusammen mit dem neuernannten Reichspropagandaminister Goebbels in allen deutschen Universitätsstädten organisiert hat [538]. In jenen Jahren spielte dieser Professor

---

[537] Erklärung deutscher Universitäts- und Hochschullehrer (Völkischer Beobachter Nr. 211 vom 29. Juli 1932). Die beiden anderen Bonner Professoren, die den Aufruf unterzeichnet haben, sind v. Antropoff und Rothacker. Die Namen derselben drei Professoren stehen auch als einzige aus der Bonner Philosophischen Fakultät unter der Erklärung von 300 deutschen Universitäts- und Hochschullehrern, die sich unmittelbar vor der Reichstagswahl vom 5. März 1933 zu der von Adolf Hitler geführten Reichsregierung bekannten (Völkischer Beobachter Nr. 62 vom 3. März 1933); insgesamt haben zwölf Bonner Hochschullehrer diese Erklärung unterzeichnet, die eine Äußerung des Vertrauens auf einen „Wandel der nationalen und sozialen Gesinnung und Handlungsweise" als Voraussetzung für den deutschen Wiederaufstieg sowie die Forderung enthält, „die marxistisch-bolschewistischen Einflüsse auf den Geist unseres Volkes" müßten „aufhören".

[538] *Wulf, Literatur,* S. 52 f. – Druck der Rede: H. *Naumann* – E. *Lüthgen,* Kampf wider den undeutschen Geist. Reden, gehalten bei der von der Bonner Studentenschaft veranstalteten Kundgebung wider den undeutschen Geist auf dem Marktplatz zu Bonn am 10. Mai 1933, Bonn 1933. Im Text beider Ansprachen wird mehrfach auf Ernst Bertram Bezug genommen, darunter auf ein Gedicht, das dieser ein Jahr zuvor verfaßt hatte und das sich als prophetische Äußerung erwies. Naumanns Rede wendet sich am Schluß ausdrücklich gegen den „artfremden Zivilisationsliteraten", dessen „mit kaltem Verstand" erklügelter Kunst die „aus irrationalen Gründen, ... aus ... Abgründen und Tiefen" kommende „deutsche Kunst" gegenübergestellt wird. – Über die Bücherverbrennung vgl. *Strothmann,* S. 73 ff.; *Wulf, Literatur* S. 44 ff.; *Wegner,* S. 37 f. Die lange vermißte nähere Untersuchung von Vorgeschichte und Verlauf dieser einheitlich in allen Universitätsstädten des Reiches am selben Tag veranstalteten Kundgebung mit genau bezeichneten Autoren, deren Bücher unter vorgeschriebenen Sprüchen dem Feuer zu übergeben waren, liegt neuerdings vor: H. W. *Strätz,* Die studentische Aktion „wider den undeutschen Geist" im Frühjahr 1933 (Vierteljahrshefte für Zeitgeschichte 16, 1968, S. 347 ff.); über Bonn ebd. S. 365; ohne Kenntnis dieser Arbeit wendet sich *Walter* I, S. 189 ff. gegen die „in der Germanistik ... noch da und dort" geäußerte Ansicht, es habe sich um „planlos improvisierte"

auch bei vielen anderen Gelegenheiten in der Öffentlichkeit geradezu die Rolle eines Parade-Nazi der im übrigen wenig braunen Fakultät. Die oratorischen Huldigungen vor Adolf Hitler, zu denen er sich verstieg, qualifizierten ihn hierfür besonders [539]. Es war der Germanist Hans Naumann, gleich Bertram „der Typus des sinnigen Edel-Nazi und betörten Germanisten", einer jener „unglückseligen

---

Bücherverbrennungen gehandelt. Die Werke von Thomas Mann gehörten – entgegen der u. a. von E. *Ebermayer*, S. 78 f. geäußerten Ansicht – nicht zu den offiziell für die Verbrennung bestimmten Schriften; sie sind jedoch in der Presse, z. B. der Berliner „Nachtausgabe", als „verbrennungswürdig" bezeichnet worden. Aus Briefen Ernst Bertrams an seinen Freund Glöckner ist zu erkennen, daß sie in Köln zunächst verbrannt werden sollten, jedoch schließlich davon ausgenommen wurden (*Jens*, S. 277). In München standen die Einzelausgaben der Rede „Von deutscher Republik" und der „Deutschen Ansprache" auf der Verbrennungsliste. Möglicherweise ist dies Thomas Mann bekannt geworden und mag dann später dazu geführt haben, daß in der Unterschrift zu einem Bild, das den umfangreichen Artikel über Thomas Mann von M. *Childs* (Life 6, 1949, S. 56 f., 74 ff; Wiederabdruck: *Schröter, Urteil*, S. 306 ff.) illustriert, behauptet wurde, die Werke des Dichters seien von den Nazis öffentlich verbrannt worden; vgl. *Schröter, Urteil*, S. 513. Hierauf geht vermutlich die Darstellung bei *Thirlwall*, S. 35 zurück, wo sogar der Eindruck erweckt wird, als habe die Bücherverbrennung 1936 stattgefunden und in Zusammenhang mit der Ausbürgerung sowie dem Entzug des Ehrendoktors von Thomas Mann gestanden. Anläßlich der Bücherverbrennung in München wurde bemängelt, daß Thomas Manns „Wälsungenblut" fehle; vgl. den Artikel „Das große Aufräumen" in Münchner Neueste Nachrichten Nr. 126 vom 8. Mai 1933. Diese Novelle lag freilich damals nur in einer als Privatdruck veranstalteten Luxusausgabe vor, die der Öffentlichkeit weitgehend unbekannt geblieben war. – Die Bücherverbrennung war die erste Frucht eines Bündnisses, das unmittelbar vorher von der schon länger nationalsozialistischen Führung der Deutschen Studentenschaft als Rivalin des Nationalsozialistischen Deutschen Studentenbundes mit dem eben in sein Ministeramt berufenen Goebbels geschlossen worden war. Dieser soll sich über den folgenschweren propagandistischen Mißerfolg, den die Bücherverbrennung im Ausland wie in Deutschland gehabt hat, geärgert haben; so berichtet jedenfalls sein langjähriger Adjutant F. C. Prinz zu *Schaumburg–Lippe*, Dr. G. Ein Porträt des Propagandaministers, Wiesbaden [1963], S. 212.

[539] So ist z. B. der Rede, die Naumann beim Antritt des Rektorats 1934/35 über das Thema „Der Hohe Mut und das Freie Gemüte" hielt, folgender Schlußabsatz angefügt: „Erheben wir heute die Frage nach hoher freier sicherer Haltung eines Deutschen mitten in größter Fährnis der Welt, so wissen wir alle den geliebten Namen, dessen Träger sie beispielhaft trägt. Soldat, durch sich selber in Marsch gesetzt; wenige klare große Ziele unbeirrbar und ohne vielgeschäftige Übereilung vor Augen; mit einem Stolz, tief und von keiner Realität erreichbar; voller Vertrauen zum begonnenen Werk wie zu sich selbst; der Unerschrockenste, der Untadeligste von allen und darum unser Führer! Und so wird sein Hoher Mut die Jugend unseres Landes formen, daß sie wieder schön wird vor innerer Haltung, wie einst jene staufische Jugend, als sie ‚über die Berge' stieg. Er hat dem deutschen Bauern, dem deutschen Soldaten, dem deutschen Arbeiter seinen Hohen Mut zurückgegeben, er wird – das ist unser felsenfester Glaube – auch der *deutschen Wissenschaft* ihren Hohen Mut wiedergeben, dessen sie zu ihrer Arbeit bedarf. Und so möge seines Hohen Mutes ein geringer Teil auch bei diesem Redner sein – auf seiner Reise in sein gefahrvolles Amt, auf die er muß, wie schwer sie ihm auch fällt. Deutsche Volksgenossen, liebe Kollegen und Kommilitonen: Unser Führer und Kanzler: Sieg-Heil!"; H. *Naumann*, Der Hohe Mut und das Freie Gemüte (Bonner Akademische Reden Heft 22), Bonn 1934, S. 15. Dem Text der Rede sind als Motto drei Gedichtzeilen von Ernst Bertram vorangestellt: „Habt keine Furcht: wer hohen Muts die Säulen stürzt, Wird starken Willens einst die hohen Pfeiler bauen, Die Deiche türmen gegen jene Letzte Not"."

270

Intellektuellen, die die schmutzigste Travestie ihres Traumes von hohem und reinem Deutschtum verwechseln mit diesem ihrem Traum" [540]. Seine öffentlichen kritischen Äußerungen zum Fall Thomas Mann bedeuteten nicht den ersten Verstoß gegen die nationalsozialistische Disziplin, den Naumann beging. Wir lernten ihn bereits als einen der beiden Rektoren der Rheinischen Friedrich-Wilhelms-Universität kennen, die die Machthaber enttäuschten und schon nach kurzer Zeit ihres Postens enthoben worden sind [541]. 1936 war Naumann als einer der „spät Erwachten und lang Verblendeten" in der schon erwähnten Zeitschrift „Volk im Werden" heftig attackiert worden, weil er auch in der 1933 erschienenen 6. Auflage seines Buches über „Die deutsche Dichtung der Gegenwart" Juden und andere Autoren, die den Nationalsozialisten verhaßt waren, darunter Thomas Mann, unentwegt positiv behandelt hatte [542].

---

[540] Th. *Mann*, Leiden an Deutschland (XII, S. 688; MK 117, S. 256); das erste Zitat aus Th. Manns Brief an E. Preetorius vom 23. Oktober 1945 (*Briefe* II, S. 453). Nähere Charakterisierung derartiger „Nordschwärmer und sinnig-völkischer Philologen" als Wegbereiter des Nationalsozialismus schon 1930 in „Deutsche Ansprache" (XI, S. 878; MK 117, S. 191); ferner „Leiden an Deutschland" (XII, S. 694; MK 117, S. 260) sowie Th. Manns Briefe an Bertram vom 30. Juli 1934 und an den Bertramschüler W. Schmitz vom 30. Juli 1948 (*Jens*, S. 185, 195 f.).

[541] S. oben S. 204 f.

[542] G. *Streitberg*, Eine seltsame Literaturgeschichte (Volk im Werden 4, 1936, S. 322 ff.); vgl. auch schon H. *Langenbucher*, Friedrich Lienhard und sein Anteil am Kampf um die deutsche Erneuerung, Hamburg [1935], S. 146 f., wo Naumann – von dem es heißt, daß „von ihm mehr erwartet werden konnte" – „Mangel an Verantwortung" vorgeworfen wird, da er „Heinrich und Thomas Mann, über die das nationalsozialistische Deutschland inzwischen längst zur Tagesordnung übergegangen ist", weit über Friedrich Lienhard gestellt habe und „das große Lob, das er auszuteilen hat, für einen Thomas Mann braucht, von dem er – ausgerechnet – eine ‚neue Weltanschauung und Weltanschauungsdichtung' für Deutschland erwarte". Diese nationalsozialistischen Kritiker vollzogen die von dem Emigrantenorgan „Deutsche Briefe" Nr. 20 vom 15. Februar 1935 (*Hürten* I, S. 215) ironisch empfohlene „Entlarvung" des dort der gleichen Charakterlosigkeit wie der vom „Völkischen Beobachter" angegriffene Historiker Wilhelm Mommsen geziehenen Naumann. Über die Veränderungen, die der auf Thomas Mann bezügliche Teil in der 6. Auflage von Naumanns Buch erlitten hat, vgl. H. G. *Atkins*, Thomas Mann and the Nazis (Contemporary Review No. 901, Januar 1941), S. 65 f. Gestrichen worden ist neben einer Bemerkung auf S. 192 der 5. Aufl., die anknüpfend an eine Äußerung Thomas Manns über „Königliche Hoheit" seine „scheinbare Wendung in politischen Dingen in neuester Zeit" – d. h. nach dem ersten Weltkrieg – als „in Wirklichkeit . . . längst vorbereitet" bezeichnete, die ausführliche Gesamtwürdigung S. 194 f., die den Dichter u. a. als einen „höchsten Siegelbewahrer der Verantwortung und des Gewissens", als „Hüter wahrer, wirklicher Kultur und echter, voller Humanität" pries, auf dessen Wort nun auch „die Blonden, Blauäugigen und Gewöhnlichen hörten". Ein bezeichnender Zusatz findet sich 1933 bei der Bemerkung: „Aus dem Verfall des Bürgerlichen erblühen Schönheit, Künstlertum und Kunst, Schönheitssinn ist eine Verfallserscheinung". In der 6. Auflage, S. 190 heißt es darauf weiter: „Das ist natürlich, wie wir heute sehen, eine Lehre, die an sich selbst schon durchaus Verfallserscheinung ist". Einem anderen Buch Naumanns, „Deutsche Volkskunde in Grundzügen", war in den „Nationalsozialistischen Monatsheften" 1937, S. 632 vorgeworfen worden, es sei ein Erzeugnis liberalistischer Wurzellosigkeit. Das Buch wurde beschlagnahmt und verboten; vgl. auch *Bollmus*, S. 218, 320 f. In seiner, auf die Bücherverbrennung vom 10. Mai 1933 sich beziehenden „Richtigstellung" vom 9. April 1949 erwähnt Naumann das Verbot seines Buches, mit dem er „Werfel

Trotz dieser Vorkommnisse konnte Naumann im März 1937 zu Vorträgen nach Dänemark reisen. In Kopenhagen wurde er von der Presse über Thomas Mann, und den Entzug der Ehrendoktorwürde des Dichters befragt. Die verbreitete Zeitung „Ekstrabladet" – die im April 1933 Thomas Mann über seine Absichten gegenüber Deutschland interviewed hatte und später mehrfach länger von den deutschen Behörden verboten worden war – enthielt am 11. März 1937 Äußerungen Naumanns [543], in denen er den Fall Thomas Mann als „eine Tragödie" bezeichnete und es beklagte, daß der Dichter nach dem Umsturz nicht in Deutschland geblieben sei. So habe er eine schiefe Einstellung zur gesamten Entwicklung im Lande bekommen. Es müsse bedauert werden, daß Thomas Mann die deutschen Bürgerrechte von der Regierung entzogen worden seien. Naumann glaubte, eine Erklärung dafür in den deutschen Theorien über Blut und Rasse finden zu können. „Alle Welt weiß, daß Thomas Manns Mutter eine Kreolin war ... [544], und wenn hinzukommt, daß er selbst mit einer jüdischen Frau verheiratet ist, dann ist es nicht so merkwürdig, daß etwas Internationales und Ungermanisches in seine ganze Einstellung gekommen ist". Thomas Manns Kinder Klaus und Erika seien überhaupt keine Deutschen. Auf die Frage der Zeitung, ob die Professoren der Universität Bonn bei dem Schritt gegen Thomas Mann zu Rate gezogen worden seien, antwortete Naumann: „Nein, überhaupt nicht!" „Die Rektoren an den deutschen Universitäten" – vom Rektor war in der Frage des dänischen Journalisten die Rede gewesen – „haben unter der neuen Regierung eine sehr weitgehende Befugnis und der Rektor hat ganz auf eigene Faust gehandelt. Es war nach meiner Meinung peinlich, daß es dazu kommen mußte, und es hat sich auch später leider gezeigt, daß er gar nicht notwendig gewesen war. Der deutsche Kultusminister

---

erst groß gemacht" und „Thomas Mann, der mein Hausgast war, unter die praeceptores Germaniae erhoben hatte"; er gibt als Grund der „begreiflicherweise" verfügten Maßnahme an, die sechste Auflage hätte „jenen Autoren gegenüber ihre anerkennende Haltung nicht geändert" (UA Bonn).

[543] Dok. 212, S. 573 ff. – Naumann war – wie einem Bericht der Berliner Börsen-Zeitung Nr. 121 vom 13. März 1937 entnommen werden kann – am „Mittwoch" in Kopenhagen eingetroffen, d. h. also am 10. März. Er muß daher bald nach seiner Ankunft durch den Vertreter von Ekstrabladet befragt worden sein. – Die Akten der Deutschen Gesandtschaft in Kopenhagen enthalten außer der Genehmigung des Reichswissenschaftsministeriums für Naumanns Vorträge und zwei Ausschnitten aus deutschen Zeitungen, die jedoch für das Folgende nicht von Bedeutung sind, keine einschlägigen Vorgänge (Mitteilung des Auswärtigen Amtes – Politisches Archiv – vom 6. April 1965). – Verbote von Ekstrabladet: Mitte September 1933, aufgehoben ab 21. Oktober 1933 (Börsenblatt des deutschen Buchhandels Nr. 220 vom 21. September 1933, S. 718, und Nr. 240 vom 14. Oktober 1933, S. 790); 30. Juli 1934 bis 31. Januar 1935 (ebd. Nr. 178 vom 2. August 1934, S. 692).

[544] Vgl. dazu Th. Mann an F. Bertaux, 1. März 1923: „Es liegt also eine lateinische Blutmischung vor, die bei meinem älteren Bruder Heinrich künstlerisch weit stärker hervortritt, sich aber auch bei mir zweifellos bemerkbar macht: Grund genug für unser literarisches Teutonentum, mich abzulehnen" (*Briefe* I, S. 207). Diese Anspielung geht hauptsächlich auf Adolf Bartels, gegen dessen antisemitische Verfolgungswut sich Thomas Mann mehrfach öffentlich verwahren mußte, während er selbst auf die lateinische Blutmischung in seiner Familie und deren Folgen für seinen geistigen Habitus in einer Zeit, da das noch in voller Unbefangenheit möglich schien, hingewiesen hat; vgl. auch oben S. 88, Anm. 214.

Rust hat auf Rückfrage geantwortet, daß er den Schritt bedauere, den der Rektor unternommen hat, und daß er nicht nach dem Wunsch der Regierung gewesen sei. Aber jetzt ist es ja zu spät, die dumme Geschichte aus der Welt zu schaffen".

Es wäre der Mühe wert, dieses seltsame Gemisch von Bewunderung für den Dichter, Irrtum im Sachlichen, krasser Verkennung der Wirklichkeit, antisemitischem Rassenwahn und Germanomanie bei gleichzeitiger Distanzierung von Obenauers Akt in ein Gesamtbild der komplexen Persönlichkeit Naumanns interpretierend einzubauen [545]. Wir verzichten auf einen solchen Exkurs und beschränken uns darauf, die durch den Text aufgegebenen Fragen klären zu wollen.

Naumanns Hinweis auf den Rektor als Urheber des gegen Thomas Mann unternommenen Bonner Schrittes ist deshalb gewichtig, weil er von einem Zeugen stammt, der den Vorgängen räumlich, zeitlich und durch sein fachliches Interesse wie sein unvermindertes Bekenntnis zum Nationalsozialismus sozusagen auch sachlich nahestand. Gleichwohl erheben sich gegen seine Aussage stärkste Zweifel. Das Stichwort „Rektor" war durch den mit den Verhältnissen nicht näher vertrauten, vielleicht auch schon durch die verkehrte Übersetzung des Obenauer-Briefes ins Englische, die kurz vor dem Interview mit Naumann erschienen war, irregeführten dänischen Journalisten gegeben worden. Der Irrtum liegt auf der Hand, wo zu Beginn des Interviews davon die Rede ist, Thomas Manns aufsehenerregender „Offener Brief" sei an den Universitätsrektor gerichtet gewesen. Naumanns Stärke lag nicht eben in juristischer Präzision. Er scheint den in seinen Augen wohl nicht

---

[545] Eine Charakterisierung Naumanns aus seiner 1931 durch die Berufung nach Bonn beendeten Frankfurter Zeit geben K. *Korn*, Journalistische Lehrjahre (Merkur 9, 1955), S. 338 und E. E. *Noth*, Erinnerungen eines Deutschen, [Hamburg–Düsseldorf 1971], S. 187 ff. Der umfangreiche „Sonderbericht" über „Zersetzung der nationalsozialistischen Grundwerte im deutschsprachigen Schrifttum seit 1933", den der SD im Sommer 1936 erstellt hat (Bundesarchiv Koblenz, Reichssicherheitshauptamt R 58/234), wirft S. 41 Naumann einen Aufsatz über den göttlichen Volkstumsbegriff vor, in dem es u. a. heiße: „*Rasse*, Staat, Raum, Zeit gehören von vornherein nicht in die Bestimmung des Volkstumsbegriffes". *Bracher, Diktatur,* S. 282 nennt Naumann – neben Rothacker – unter den Autoren, die während der „Anpassungswelle von 1933/34" an den „grotesken Versuchen" beteiligt waren, „nationalsozialistische Schlagworte mit eigenem Gehalt zu füllen". Am 5. Oktober 1942 urteilte der Führer der Dozentenschaft an der Universität Bonn: „Naumann ist Pg. seit 1933 und bringt seine positive Einstellung auch zum Ausdruck. Von einem aktivistischen Einsatz kann allerdings nicht die Rede sein" (Akten des Kuratoriums der Universität Bonn betr. Prof. Naumann, UA). Zu Naumanns Entfernung aus dem Rektoramt wegen seines Verhaltens im Fall Barth vgl. oben S. 204 f.; zum Mißtrauen der amtlichen Stellen ihm gegenüber oben S. 219. – Eine Würdigung Naumanns durch G. *Lohse* (Frankfurter Allgemeine Zeitung Nr. 111 vom 13. Mai 1966) rief Widerspruch hervor (Leserbrief von Dr. R. F. *Lamberg*, ebd. Nr. 137 vom 16. Juni 1966). Jetzt vgl. über Naumann das knappe Lebensbild, das W. *Betz* zu dem anläßlich der Hundertfünfzigjahr-Feier der Rheinischen Friedrich-Wilhelms-Universität veröffentlichten Sammelwerk „Bonner Gelehrte. Beiträge zur Geschichte der Wissenschaften in Bonn. Sprachwissenschaften", Bonn 1970, S. 129 ff. beigesteuert hat; Betz hat den Autor des Interviews von 1937 ausfindig gemacht, jedoch von ihm erfahren, daß er sich an den Vorgang nicht mehr erinnere; ebd. S. 132. Irrig ist ebd. die Angabe, Naumann sei „der einzige Bonner Rektor" gewesen, der von der damaligen nationalsozialistischen Regierung abgesetzt wurde; vgl. oben S. 205.

wesentlichen Irrtum nicht für wert gehalten zu haben, in einem Interview von so problematischem Inhalt berichtigt zu werden. Möglicherweise wollte er auch vermeiden, seinen nächsten Fachkollegen Obenauer, den er nach einer schon erwähnten späteren Äußerung vergebens von dem Schreiben an Thomas Mann abzubringen gesucht haben will, in die peinliche Erörterung einzubeziehen. Jedenfalls sprechen viele andere, bereits ausführlich dargelegte schwerwiegende Gründe für eine Initiative Obenauers und gegen die Urheberschaft des Rektors Schmidt, ganz abgesehen davon, daß Naumann den durch das geltende Recht determinierten kausalgenetischen Zusammenhang zwischen Ausbürgerung und Verlust der Ehrendoktorwürde Thomas Manns offenbar gar nicht kannte. All dies nimmt Naumanns Äußerung insoweit ihr Gewicht.

Der Hinweis des Bonner Professors, das Vorgehen seiner Universität sei durch den Kultusminister Rust mißbilligt worden, trägt durchaus sensationellen Charakter. Dies ist von der ausländischen Presse, vor allem von dem deutschen Emigrantenorgan „Pariser Tageszeitung" auch gleich unterstrichen worden [546]. Hier wurde vermutet, es handle sich um einen Versuch nationalsozialistischer Regierungskreise, unter Benutzung von Naumann als Propagandisten im Ausland nachträglich den Eindruck zu erwecken, sie hätten mit der Verfolgung Thomas Manns nichts zu tun und die Verantwortung für das Geschehene trage die Universität Bonn. „Die List des Regimes schiebt die Verantwortung . . . trotz Führerprinzips auf Nachgeordnete". Nach dem auf den vorangehenden Blättern dargelegten Ergebnis unserer Untersuchung besitzt diese Interpretation nur geringe Wahrscheinlichkeit. Als gewiß muß man aber betrachten, daß Rust die von Naumann erwähnte Äußerung wirklich getan hat, denn es ist schwer vorstellbar, daß der Bonner Professor sich in solcher Form öffentlich auf seinen vorgesetzten Reichsminister berufen hätte, wenn er sich dabei nicht auf ein tatsächliches Geschehnis stützen konnte. In den erhaltenen Akten findet sich keinerlei Anhaltspunkt dafür, daß der Reichswissenschaftminister eine derartige Mißbilligung ausgesprochen hat. Sie würde auch – wie früher nachgewiesen – im klaren Gegensatz zu den von seinem Ressort erlassenen geltenden Vorschriften sowie zu dem zweifelsfrei bezeugten Einvernehmen zwischen dem Reichswissenschaftsministerium und den Bonner Universitätsstellen im Falle Thomas Mann gestanden haben. Höchstwahrscheinlich hat Rust, der mit Einzelheiten seines Dienstbereichs bekanntlich wenig vertraut war, seine Äußerung nicht im amtlichen Verkehr, sondern im persönlichen Gespräch getan. Naumann hatte bei privaten gesellschaftlichen Zusammenkünften im Hause der Gräfin Waldersee (Berchtesgaden) häufig Gelegenheit, mit dem Minister zusammenzutreffen [547], und bei einem solchen Anlaß mag Rust sich ihm gegenüber so geäußert haben. Die ohne nähere Prüfung des Sachverhalts und in offenbar vollkommener Unkenntnis der formalrechtlichen Lage dahingesagte Bemerkung des Reichsministers fügt sich in das Bild des schlecht informierten, schwachen, im

[546] *Flavius*, Rust bedauert . . . (Pariser Tageszeitung Nr. 282 vom 20. März 1937); Dok. 213.
[547] Mitteilung von Prof. *Rothacker* (†) (Bonn).

eigenen Hause isolierten und kontaktlosen Rust, das auch sonst bekannt ist [548]. Begründeten Anlaß zu Zweifeln an der Schlüssigkeit unserer früher dargelegten Ergebnisse über den „Fall Thomas Mann" kann sie nicht bieten.

Der Bonner Rektor erhielt alsbald einen Bericht über das Kopenhagener Interview Naumanns aus einer deutschen Zeitung des Auslands zugeschickt [549]. Er leitete daraufhin am 23. März 1937 eine Untersuchung ein, um dem Ministerium berichten zu können [550]. Leider ist die bei Naumann angeforderte Stellungnahme zu seinen Äußerungen mit den Akten des Rektorats untergegangen und anderwärts nirgends zu ermitteln gewesen. Nach 1945 hat Naumann mehrfach geltend gemacht, ihm seien beträchtliche Schwierigkeiten mit Partei und Ministerium erwachsen, als er sich öffentlich kritisch zum Fall Thomas Mann geäußert habe [551]. Damals habe

---

[548] Vgl. etwa die zahlreichen Belege bei *Heiber* (Register S. 1269). Der in den Jahren 1936 und 1937 als Leiter des Auslandsreferats der Hochschulabteilung und zugleich als Mitarbeiter im Ministeramt des Reichswissenschaftsministeriums tätige Ministerialrat a. D. W. *Burmeister* teilte dem Verfasser am 27. Juli 1965 mit, daß ihm keinerlei Vorgänge im Zusammenhang mit dem Entzug der Ehrendoktorwürde von Thomas Mann erinnerlich seien. Hingegen entsinne er sich gut an Unterhaltungen mit Rust „über Thomas Mann, dessen Romangestalten, insbesondere das Verhältnis von Kunst, Leben und Tod im ‚Tonio Kröger', dann die für Deutschland schicksalsträchtigen Gegenpole Naphta-Settembrini aus dem ‚Zauberberg' u. a.". „Rust schätzte Thomas Mann als einen deutschen Schriftsteller und Dichter von hoher Bedeutung. wenn er auch nicht bereit war, ihm in allen künstlerischen Auffassungen zu folgen. Die Hauptwerke Thomas Manns kannte er alle bis in die Einzelheiten". Burmeister, der sich auf häufige Gespräche mit Rust „im Ministerium, in seiner Wohnung oder auch auf Reisen" beruft, hält es danach für „sicher", daß Rust die Entziehung der Ehrendoktorwürde Thomas Manns mißbilligt habe.

[549] Dok. 214, S. 577 f. Dieser Artikel ist nicht identisch mit dem oben Anm. 546 zitierten Beitrag; es hat sich nicht klären lassen, in welcher Zeitung er erschienen ist.

[550] Dok. 214, S. 577.

[551] Es liegen folgende Äußerungen Naumanns zur Sache vor: „. . . wegen der bekannten Bonner Thomas-Mann-Affaire von 37 geriet ich bei Partei und Ministerium in allergrößte Gefahr" (Begründung zu Naumanns Einspruch gegen seine, im Dezember 1945 von der Britischen Militärregierung verfügte Absetzung, 22. April 1947; Akten der Philosophischen Fakultät der Universität Bonn betr. Prof. Naumann). – „. . . was Thomas Mann betrifft, so war ich der einzige, der über die Aberkennung seines Ehrendoktors sich den Mund öffentlich verbrannt hat. Es steht aktenmäßig fest, daß ich mich in der dänischen Presse laut und vernehmlich 1937 darüber beklagte, daß das viel Staub aufwirbelte, ich vor den Kadi kam und die Absetzung schon damals drohte" (Eingabe Naumanns an den Dekan der Philosophischen Fakultät, 22. November 1948; ebd.); „Darf ich hinzufügen, daß ich übrigens der einzige Hochschullehrer war, der sich dann 1937 öffentlich von Dänemark aus gegen die Bonner Thomas-Mann-Degradierung verwahrte. Um ein Disziplinarverfahren kam ich mit knapper Not damals herum" („Richtigstellung" Naumanns, 19. März 1949; Personalakten des nordrhein-westfälischen Kultusministeriums betr. Prof. H. Naumann); „Übrigens war ich, was Thomas Mann und die Aberkennung seines Bonner Doktortitels (1937 [sic!]) betrifft, der einzige deutsche Hochschullehrer, der öffentlich von der dänischen Presse aus sein schmerzliches Bedauern über den Vorfall aussprach; an einem Disziplinarverfahren ging ich damals mit knapper Not vorbei" („Richtigstellung" Naumanns, 9. April 1949, UA); „Über die ganze Angelegenheit habe ich keine eigene Kenntnis außer der, daß sie mir schon damals beinahe den Hals gebrochen hätte, weil ich als Einziger sie schon damals im dänischen Extrabladet tief bedauerte. Hätte ich damals diese Einstellung des Ministers G. [oebbels] gekannt, so hätte ichs noch viel emphatischer getan" (Undatiertes, am 1. August 1949 eingegangenes Schreiben von Naumann an den

ihm sogar die Entfernung aus dem Lehramt gedroht. Einzelheiten hierzu waren jetzt trotz aller Bemühungen nicht mehr festzustellen. Weder die Akten noch Personen, die in der damaligen Zeit Naumann besonders nahegestanden haben, konnten Aufschluß geben [552]. Vermutlich hängt die Anforderung einer Abschrift des an Thomas Mann gerichteten Schreibens vom 19. Dezember 1936 durch den Universitätskurator – über den der Bericht des Rektors an das Ministerium zu leiten war – am 9. April 1937, der Obenauer am 14. April nachkam, mit dieser Angelegenheit zusammen [553]. Da auch die Personalakten Naumanns aus dem Ministerium nicht aufzufinden sind [554], kann die schmerzliche Überlieferungslücke nicht mit

---

Dekan der Philosophischen Fakultät; Akten der Philosophischen Fakultät der Universität Bonn betr. Prof. Obenauer). – In einer eidesstattlichen Erklärung, die der als ehemaliger Assistent am Bonner Germanistischen Seminar und zugleich als SD-Mitarbeiter für wohlinformiert zu haltende Dr. H. *Rößner* am 9. Mai 1947 über Naumann abgegeben hat, heißt es, dessen Kopenhagener Äußerungen – bei denen er sich gegen die Aberkennung des Ehrendoktors durch den damaligen Reichsminister Rust ausgesprochen habe – hätten „beinahe zu disziplinaren Maßregeln gegen ihn geführt" (Hauptstaatsarchiv Düsseldorf, Spruchkammerakten betr. Prof. Naumann). Eine weitere, am 1. März 1948 abgegebene eidesstattliche Erklärung von Prof. V. *Börge* (Wien), der 1936 als dänischer Lektor in Bonn tätig war, bringt die Absetzung Naumanns als Rektor in Verbindung nicht nur mit dem Fall Karl Barth, sondern auch mit Naumanns Gegnerschaft gegen den Entzug von Thomas Manns Ehrendoktor (Akten der Philosophischen Fakultät der Universität Bonn betr. Prof. Naumann). Ein Zusammenhang mit diesem Ereignis ist jedoch schon aus chronologischen Gründen unmöglich. – Soweit in der zitierten Äußerung Rößners in eklatantem Widerspruch zu Naumanns Kopenhagener Bezugnahme auf Rust diesem die Urheberschaft am Entzug von Thomas Manns Ehrendoktor zugeschrieben wird, dürfte es sich um eine Schutzbehauptung zugunsten von Rößners früherem Chef Obenauer handeln.

[552] „Leider kann ich... zur eigentlichen Präzisierung kaum etwas beitragen. Die Vorgänge wurden damals zwar erörtert, ich bekam jedoch keines der Dokumente zu Gesicht... Daß Naumann auf Grund seiner Äußerungen zur Thomas-Mann-Frage, die er im Ausland einem Journalisten gegenüber gemacht hatte, Angriffen oder Drohungen ausgesetzt war, ist sicher richtig. Er versuchte sich zu verteidigen, indem er die Worte als aus dem Zusammenhang gerissen bezeichnete" (Mitteilung von Prof. G. *Weydt* [Münster/Westfalen], vom 30. Juli 1965). Auch der in jenen Jahren mit seinem akademischen Lehrer besonders eng verbundene Naumann-schüler Prof. W. *Betz* (München) sowie die gleichfalls zu Naumanns engerem Kreis gehörende Frau Dr. *Zieren* (Düsseldorf) und Naumanns Tochter, Frau Cl. v. *Schubert-Naumann*, vermochten keine Angaben zu machen.

[553] Akten der Philosophischen Fakultät betr. Thomas Mann. Dok. 215, S. 578 f. – Aus dieser Anforderung kann geschlossen werden, daß der Kurator bis dahin an den Vorgängen im Zusammenhang mit Thomas Mann dienstlich nicht beteiligt gewesen sein dürfte, da ihm sonst ein derartiges Schreiben wohl mitgeteilt worden wäre. Dieser Umstand spricht zugleich dafür, daß das Ministerium keinen speziellen Erlaß wegen des Entzugs von Thomas Manns Bonner Ehrendoktor hat ergehen lassen. Eine derartige Anordnung wäre nach dem Geschäftsgang jedenfalls über den Kurator gelaufen, hätte die Aufforderung zum Bericht über das Veranlaßte enthalten und dadurch zu einer Äußerung des Dekans führen müssen, die sichtlich nicht erfolgt ist. Zu erinnern ist hierbei an die Auseinandersetzungen zwischen Rektor und Kurator, die ausweislich der oben S. 225, Anm. 370 genannten Akten gerade um die Jahreswende 1936/37 einen Höhepunkt erreicht hatten, nachdem der Rektor sich am 26. November 1936 beim Ministerium über den Kurator beschwert hatte.

[554] Diese Akten, um deren Ermittlung sich auch das TMA bemüht hat, sind weder in den verschiedenen Archiven, die heute Bestände des ehemaligen Preußischen Kultus- und Reichs-

Sicherheit ausgefüllt werden. Jedoch ist nicht daran zu zweifeln, daß Naumann Unannehmlichkeiten gehabt hat. Im Mai 1937 wandte sich nämlich die Geheime Staatspolizei wegen „deutschfeindlicher Haltung" Naumanns an das Reichswissenschaftsministerium. Um dieselbe Zeit kam aus ganz anderem Zusammenhang weiteres belastendes Material gegen Naumann hinzu. Beide Betreffe wurden am 17. August 1937 vom Ministerium durch eine „Mißbilligung über unklare Rede" – so heißt es in der leider nur Stichworte bietenden kargen Quelle – erledigt [555].

Mit diesem merkwürdigen Nachspiel war vorerst für die Universität Bonn die Angelegenheit der „nationalen und akademischen Exkommunikation" Thomas Manns zu einem Ende gekommen, wenn man von einem entschieden gegen seine Antwort an den Dekan gerichteten Memorandum absieht, das ein englischsprachiger Reverend – vermutlich aus den Vereinigten Staaten – im Lauf des Sommers an die Universität schickte [556]. Es findet nur noch sein Gegenstück in Äußerungen eines antisemitischen schwedischen Autors, die im Juliheft 1938 der Zeitschrift „Die Neue Literatur" des rabiaten Will Vesper begierig übernommen wurden [557],

---

wissenschaftsministerium aufbewahren (Deutsches Zentralarchiv Potsdam, Geheimes Staatsarchiv Berlin-Dahlem, Hauptstaatsarchiv Düsseldorf) noch im DC nachzuweisen, wo sich zahlreiche Personalakten deutscher Hochschullehrer aus der Registratur des Ministeriums finden. Über den Inhalt der Akten unterrichtet jedoch eine im DC vorliegende Karteikarte der Registratur, die in äußerster Kürze Datum, Einsender und Betreff der auf Naumann bezüglichen Vorgänge vermerkt. Dort ist folgender Eintrag gemacht worden: „15. 5. [1937] Gestapo Deutschf[ein]dl[iche] Haltung".

[555] Ebd. – Durch eine Klammer ist angedeutet, daß mit dem Erlaß des Ministeriums zugleich die im Anschluß an den in der vorigen Anmerkung erwähnten Eintrag verzeichneten „3 Sch[reiben] d[er] P[arteiamtlichen] Prüf[ungs]-Kom[mission des] d[eu]tsch[en] Schriftt[ums]" erledigt worden sind, für die der 28. Mai als Datum genannt ist.

[556] Die Zuschrift, die an das Rektorat gerichtet war und von diesem der Philosophischen Fakultät zur Übersetzung und Stellungnahme zugeleitet worden ist, liegt nur noch in der von der Auslandsstelle der Universität auftragsgemäß gefertigten, nicht durchweg sachgerechten Übertragung vor; Dok. 218, S. 580ff. Der Einsender ist allein aus dem der Übersetzung beigefügten Schreiben des Auslandsamtes ersichtlich. Er wird dort als „Rev. Dr. O. Stewart Michael" bezeichnet. Er ließ sich in den Directories der Church of England, der Baptists, der Congregationalists, der Presbyterians, der Methodists sowie in anderen Nachschlagewerken nicht nachweisen. Herr Dr. R. *Regensburger* (†), Cambridge, dem mühevolle Nachforschungen zu verdanken sind, wies darauf hin, es könne sich vielleicht um den 1864 geborenen Oscar Stewart Michael handeln, den der Katalog der Library of Congress als Verfasser einer 1884 erschienenen „Algebra for Beginners" und einer 1904 publizierten Schrift „The Sunday School..." nennt. Für amerikanische Herkunft sprechen einige Stellen in dem Schreiben: der Preis der Broschüre, die den Briefwechsel enthielt, ist in amerikanischer – allenfalls auch kanadischer – Währung angegeben; es ist von der „Börsenliste in Wall Street" die Rede, und die Kritik an Frankreich und anderen „Staaten, welche zynischerweise sich weigern, ihre ehrlichen Schulden zu bezahlen", ebenso wie vor allem die Polemik gegen Frankreich und England im vorletzten Absatz des Schreibens dürften wohl nur einer amerikanischen Feder haben entfließen können.

[557] K. G. *Ossiannilson*, Das Neue Deutschland und Thomas Mann (Die Neue Literatur 39, 1938, S. 364 ff.). In einer redaktionellen Vorbemerkung wird der Verfasser als der „bedeutendste Vertreter eines ausgesprochen nationalen, völkischen Schrifttums, schärfster Gegner des Judentums und Verehrer des neuen Deutschland" vorgestellt. Seine Ausführungen seien „ein Zeichen beginnender Vernunft auch in Schweden", während die ausländische Presse sich sonst – „wenn dieser Mann auch in Wahrheit ein toter Mann ist" – „noch oft und eingehend...

ferner in der Broschüre eines jüdischen Verfassers aus Österreich, die einen auch schon sprachlich völlig verworrenen Eindruck macht und der Universität nie bekannt geworden ist [558]. Die von Ironie begleitete Bitte eines Thomas-Mann-Verehrers aus Wien, ihm den Antwortbrief des Dichters an den Dekan – „das für Sie und die Universität wertlose Schriftstück" – zu überlassen, hatte Obenauer bereits im Februar postwendend auf knappste Weise abgelehnt [559]. Er selbst hat das Originalschreiben an sich genommen – es ist heute verschollen; nach einer auf amtliche Anforderung durch die Fakultät von Obenauer gegebenen Auskunft sei es vermutlich bei der Plünderung seiner Godesberger Wohnung durch alliierte Truppen im Frühjahr 1945 verschwunden [560].

Am Schluß dieses Kapitels ist schließlich noch eines bedeutenden Umstandes zu gedenken, der, so weit wir sehen können, mit der Ausbürgerung Thomas Manns und dem Entzug seiner Bonner Ehrendoktorwürde in ursächlichem Zusammenhang steht. Wir berühren damit noch einmal die Wirkung, die diese Akte auf den Dichter gehabt haben. Sie war tiefer, verletzender und nachhaltiger, als er es sich und anderen unter dem ersten Eindruck der Geschehnisse im Dezember 1936 eingestehen mochte. Gewiß, die gerade von dem Bewußtsein der aufgebotenen Gewalt geweckte Zuversicht auf ein nicht zu fernes Ende der nationalsozialistischen Herrschaft, die der in der Entstehungszeit des Antwortschreibens an den Bonner Dekan geschriebene Brief an Klaus Mann atmet, spricht sich auch in den folgenden Monaten noch aus. Dem noch in Deutschland lebenden Julius Bab gegenüber resümiert Thomas Mann ein halbes Jahr, nachdem ihm die deutsche Staatsangehörigkeit abgesprochen worden war, seine Lage und Stimmung in Sätzen, die für Feinerhörende vielleicht sogar von zu stark aufgetragenem Wohlbefinden und Optimismus durchstrahlt sein mochten: „. . . ich bin doch heiterer und vertrauensvoller als noch vor einem Jahr, wozu die allgemeine Weltlage und mein eigenes Leben mir durchaus Anlaß geben, und ich habe den Eindruck, daß meine Freunde in Deutschland meine ‚Ausbürgerung' und all diesen Unsinn nicht zu tragisch nehmen. Daß die tschechoslowakische Republik mir ehrenhalber ihr Staatsbürgerrecht gegeben hat, wissen Sie wohl. Was ich sage, wird in der Welt gehört (der ‚Briefwechsel' ist in allen Sprachen, sogar japanisch erschienen) und was ich dichte, hat empfängliche Leser genug. Der deutsche Unfug berührt mich wenig, und es

---

und zwar immer unter bösartiger Verdrehung der Tatsachen im deutschfeindlichen Sinn" mit Thomas Mann befasse. Die Berliner Börsen-Zeitung Nr. 308 vom 5. Juli 1938 brachte hiernach gleichfalls Auszüge aus Ossiannilsons Artikel. – Über Ossiannilson, der sich später von seinen völkisch-antisemitischen Meinungen abwandte, vgl. Svenska Män och Kvinnor V, Stockholm [1949], S. 665 f.

[558] E. *Wasserberger*, Weg mit allen Haß-Schriften. Eine Antwort an Thomas Mann, [Wien 1937]; 15 S. – Die Schrift ist am Schluß auf „Juni 1937" datiert.

[559] K. Schlesinger an den Dekan der Philosophischen Fakultät der Universität Bonn, 16. Februar 1937; Antwortschreiben des Dekans an Schlesinger, 17. Februar 1937; Dok. 209 und Dok. 210, S. 571.

[560] Prof. Obenauer an den Dekan der Philosophischen Fakultät der Universität Bonn, 8. Juni 1961 (Akten der Philosophischen Fakultät betr. Thomas Mann); Dok. 296, S. 627 f.

wäre falsch, sich meine Existenz als die eines ins Dunkle gestoßenen Geächteten vorzustellen. Die eingesperrten Deutschen haben sehr beschränkte Begriffe von der weiteren Wirklichkeit. Ich halte es nicht für unmöglich, daß sie den 4. Joseph-Band schon wieder lesen können, denn es hat noch gute Weile damit . . . der schauerliche Spuk kann schneller verweht sein als wir heute denken". Dann verrät sich aber in dem folgenden Satz, welch tiefen Riß der Dichter empfand. An den Auftrag, „alle leidend freundlich Gesinnten in dem armen Lande" zu grüßen, fügte er die oben schon einmal teilweise erwähnten Worte: „in das *ich* übrigens auch nach einer Wandlung nur besuchsweise zurückzukehren gedenke. Es ist eben manches doch nicht ungeschehen zu machen" [561]. An dieser Stelle zuerst ist die Absicht Thomas Manns, nicht mehr zu dauerndem Aufenthalt nach Deutschland heimkehren zu wollen, in seinen Lebenszeugnissen faßbar. Es wird kaum anders sein, als daß die nationale und akademische Exkommunikation, die er erlitten hatte, dazu geführt haben. Wenn Thomas Mann später erklärte, Deutschland sei ihm „wildfremd" geworden [562], so waren die Ereignisse, die im Jahr 1936 in ihrer nun so weit wie möglich geklärten unheimlichen Verkettung und Überschneidung das Dasein des Dichters in neue Dimensionen versetzt hatten, wesentlich daran mitbeteiligt. Endgültig beschlossen, nicht mehr für immer in die Heimat zurückzukehren, hat der „Exponent eines geretteten Deutschland" Thomas Mann erst nach 1940 [563].

---

[561] Thomas Mann an Julius Bab, 8. Juni 1937 (TMA, Fotokopie von Abschrift).
[562] Th. Mann an W. v. Molo, 7. September 1945 (*Briefe* II, S. 441). Vgl. die dem Erzähler Serenus Zeitblom in dessen „Nachschrift" zum „Leben des deutschen Tonsetzers Adrian Leverkühn" zugeschriebenen Worte: „Deutschland selbst, das unselige, ist mir fremd, wildfremd geworden, eben dadurch, daß ich mich . . . von seinen Sünden zurückhielt, mich davor in Einsamkeit barg" (Th. *Mann*, Doktor Faustus; VI, S. 669).
[563] Mündliche Mitteilung von Prof. Dr. Golo *Mann*. – Demgegenüber hatte Heinrich Mann schon am 25. Dezember 1933 geschrieben: „Eins weiß ich, daß ich nicht zurück möchte, auch nicht, wenn ich könnte, und nicht einmal, wenn das alles vorbei wäre" (*Briefwechsel*, S. 145); ähnlich am 17. Dezember 1934 (*ebd.* S. 147 f.). Allerdings stellte sich auch Thomas Mann im Juni 1933 die Frage „Wie könnte und dürfte man zurückkehren?" (Leiden an Deutschland, XII, S. 708; MK 117, S. 271). „Exponent eines geretteten Deutschland" nennt den Dichter anläßlich eines von ihm am 19. Mai 1939 gehaltenen Vortrags A. *Kolb*, Glückliche Reise (in: 1907–1964. Zeitbilder, [Frankfurt/M. 1964]), S. 153.

III. KAPITEL: 1945–1955 (1964)

„Gebärdet euch, wie ihr wollt, das Meine abzuwehren, –
ich stehe doch für euch. Das aber ists, daß ich für die
Versöhnung weit eher geboren, als für die Tragödie. Ist
nicht Versöhnung und Ausgleich all mein Betreiben... "?

Thomas Mann, Lotte in Weimar (II, S. 658).

Die dritte Phase in den Beziehungen zwischen Thomas Mann und der Universität Bonn begann 1945. Bei ihr bedarf es nicht der verwickelten Untersuchungen und weiten Wege, die erforderlich waren, um Hintergrund und Bedeutung der Ehrenpromotion des Dichters aufzuhellen oder die vielen Fragen zu klären, die mit dem Entzug seiner Bonner akademischen Würde zusammenhängen. Gewiß sind – wie sich zeigen wird – manche Behauptungen, die über das Verhalten der Rheinischen Friedrich-Wilhelms-Universität nach 1945 gegenüber Thomas Mann in die Welt gesetzt worden sind, wenig oder gar nicht stichhaltig. Aber die entscheidenden Tatsachen sind weder verdunkelt noch können sie ernsthaft strittig sein. Auch ist die Quellenlage günstiger. So bietet sich hier weniger Anlaß zu subtiler kritischer Forschung und weitgreifenden Erörterungen. Ein auf die Dokumente gestützter erzählender Bericht über die Ereignisse kann ein klares Bild der Vorgänge vermitteln.

Als der zweite Weltkrieg zu Ende ging, lebte Thomas Mann an der pazifischen Küste der Vereinigten Staaten und verfolgte das Vordringen der Alliierten in Deutschland, das die Herrschaft Hitlers und der NSDAP beseitigte. Im Kriege hatte er regelmäßig über den britischen Rundfunk zum deutschen Volk gesprochen, um es – wie er sagte – in der Gesinnung des Schlußwunsches aus seinem Brief an den Dekan der Philosophischen Fakultät in Bonn zur Besinnung und Umkehr zu mahnen. Seit 1943 schrieb Thomas Mann an seinem „Doktor Faustus", in den Vergangenheit und Gegenwart, neben viel autobiographischen Elementen zugleich in kunstvoller Komposition die Zeitgeschichte der Entstehungsjahre und mit den Schlußworten des fiktiven Biographen Serenus Zeitblom auch ein ferner Nachhall des Briefes nach Bonn eingeschmolzen sind [1]. Aufzeichnungen, die später unter dem Titel „Die Entstehung des Doktor Faustus" veröffentlicht wurden, bieten uns einen Ersatz für die vorerst – bis 1975 – noch der Forschung verschlossenen Tagebücher Thomas Manns aus diesen Jahren [2]. Es fällt auf, daß darin – von Memel

---

[1] Die geistige und formale Übereinstimmung bemerkte schon *Richter*, S. 72 (in der masch. schr. Fassung S. 593).

[2] Zuerst – im Vorabdruck der Kapitel 1–7 – veröffentlicht in „Die Neue Rundschau" 60, Amsterdam 1949, S. 18 ff.; jetzt XI, S. 145 ff.; MK 115, S. 88 ff.

abgesehen – der Fall keines einzigen der 1945 in den Heeresberichten Tag für Tag
erscheinenden deutschen Orte – nicht einmal Lübecks oder Münchens – erwähnt
ist, außer einem: der Einnahme von Bonn [3]. Die militärischen Ereignisse, die sich
an diesem Platz im Frühjahr 1945 ohne kriegsentscheidende Wirkung abgespielt
haben, können die außergewöhnliche Aufmerksamkeit Thomas Manns schwerlich
verursacht haben. Es wird nicht anders sein, als daß den Dichter die Eroberung
gerade derjenigen Stadt besonders bewegt hat, in die acht Jahre zuvor seine Antwort auf die „nationale und akademische Exkommunikation" abgegangen war,
der Brief an den Dekan, in dem Thomas Mann das über Bonn, seine Universität
und ganz Deutschland jetzt hereingebrochene Schicksal als sichere Konsequenz der
nationalsozialistischen Herrschaft vorausgesagt hatte. Er mußte sich zu solchen
Empfindungen umso mehr bewogen fühlen, als er die Arbeit an dem Roman nach
der Niederschrift des XXV. Kapitels eben unterbrochen und nun den Vortrag
„Germany and the Germans" unter der Feder hatte. Darin fixierte er für amerikanische Hörer ebenso wie sich selbst gegenüber seine persönliche Stellung zu Deutschland und dem deutschen Wesen, so wie er es 1937 im Brief nach Bonn gegenüber
dem nationalsozialistischen Reich und dem damit verbundenen Unwesen getan
hatte.

Nachdem das Dritte Reich kapituliert hatte, erwartete Thomas Mann eine Geste
aus Bonn, und als sie ausblieb, gab er „fast schon die Hoffnung auf . . ., daß sie
noch erfolgen werde" [4]. Er konnte nicht wissen, und der Öffentlichkeit ist es bisher
verborgen geblieben, daß bei der fast ganz zerstörten Universität und in dem Kreis
der Bonner Professoren, die sogleich nach der Kapitulation des Reiches die Trüm-
mer jeglicher Art aus der Hitler-Zeit zu beseitigen begannen, keine andere Sache
im Frühling 1945 so schnell in Angriff genommen worden ist wie die Bereinigung
des Falles Thomas Mann. Gleich allen öffentlichen Institutionen in Deutschland
war die Verwaltung der Universität beim Vorrücken der Front zum Stillstand
gekommen. Als ein einigermaßen ziviles Leben in Bonn wieder möglich geworden
war, hatte sich am 3. Mai ein Verwaltungsrat der Universität konstituiert [5]. Er
bestand aus Professoren verschiedener Fachgebiete und Fakultäten und führte
die Geschäfte an Stelle des aus der Stadt abgereisten früheren Rektors. Unter den
obwaltenden Umständen fungierte er als eine Art von Senat nach der alten, von

---

[3] Ebd. S. 218. – Thomas Mann erwähnt in diesen Aufzeichnungen wohl die Einschließung
von Posen und Breslau und nennt auch Berlin. Der Zusammenhang, in dem Bonn genannt wird,
läßt dessen Erwähnung noch auffallender erscheinen: „Der Rückzug der Hitlertruppen auf
die Ostseite des Rheins und die Zerstörung der Brücken bis auf die eine, die mysteriöserweise
erhalten blieb, war vollendet. Der amerikanische Übergang über den Strom hatte als Schwierigkeit gegolten, – Anfang März war er plötzlich geschehen, der Nachschub gesichert, Bonn genommen".

[4] Th. Mann an Prof. W. Levison, 3. Oktober 1946; Dok. 231/232, S. 588 f.

[5] Das Gremium wurde zunächst „Repräsentativ-Ausschuß" genannt. Prof. Oertel teilte
seine Konstituierung am 6. Mai 1945 mit der Bitte um Zustimmung den „ortsanwesenden,
politisch nicht belasteten Kollegen" mit (Akten der Philosophischen Fakultät der Universität
Bonn, F 2), vgl. dazu *Schäfer*, S. 235 ff., wo das im Text erwähnte Datum nicht, jedoch eine
vorbereitende Zusammenkunft vom 12. April erwähnt ist.

den Nationalsozialisten beseitigten genossenschaftlichen Ordnung. Diesem Gremium gehörten der Althistoriker Professor Oertel als Vertreter der Philosophischen Fakultät und der gleich wieder zur Universität zurückgerufene Professor Konen – Rektor des Amtsjahres 1929/30 – für die Naturwissenschaften an. Am 1. Juni 1945 erhielt der Verwaltungsrat von der amerikanischen Militärregierung die Anerkennung als „Board of Governors" und konnte daraufhin in Funktion treten [6]. Über seine erste Sitzung am 7. Juni berichtet das Protokoll, daß nach der einleitenden Erörterung von Geschäftsordnungsfragen als erster Punkt Thomas Mann auf der Tagesordnung stand [7]. Es heißt dort: „Herr Oertel verliest einen Glückwunschentwurf zum 70. Geburtstag Thomas Manns". Der Dichter hatte dieses festliche Lebensereignis am Tage vor der Bonner Verwaltungsratssitzung unter der Anteilnahme „der gesamten freien Welt" begehen können [8]. Die Akten der Fakultät enthalten den Entwurf zu diesem Glückwunschschreiben wie auch zu einem als Alternative gedachten Telegramm [9]. Beide gaben dem Gefühl der Verehrung und Verbundenheit Ausdruck, dessen sich die damaligen Repräsentanten und Regenten der Rheinischen Friedrich-Wilhelms-Universität gegenüber Thomas Mann bewußt waren. Das geplante Schreiben stellte auch klar, wie es sich mit der Verantwortung für Obenauers Brief verhielt. Ähnliche Ausführungen über diesen Punkt enthielt der Entwurf einer Denkschrift, die im Sommer 1945 von dem Verwaltungsrat der Universität an die Militärregierung gerichtet werden sollte, um auf bestimmte Probleme von allgemeiner Bedeutung hinzuweisen [10]. Dieses Schriftstück stammte von Professor Cloos, der gleichfalls Mitglied des Verwaltungsrates war. Er wie Oertel sind uns aus v. Antropoffs denunziatorischen Klagen über den ungebrochenen Einfluß von Gegnern des Nationalsozialismus in der Philosophischen Fakultät vom Jahre 1935 bekannt [11]. Der Verwaltungsrat

---

[6] Verfügung 210/ED/1 des Kommandeurs R. Lubbers, Military Government, 210 Detachment. Die Zuständigkeit des Verwaltungsrats wurde hierbei folgendermaßen bestimmt: „. . . to safeguard, protect and secure the equipment, instruments, collections, library and other valuable property of the university against the elements, and against pilfering . . . to make and submit plans for the reorganization, rebuilding and restaffing of the university preparatory to its reopening at some future day". Als Mitglieder wurden berufen die Professoren Th. Brinkmann („President"), Konen („Vice-President"), Neuß, Stauffer, Oertel, Fitting, v. Redwitz, Ceelen, v. Beckerath, Cloos und der 1940 von den nationalsozialistischen Machthabern seiner Lehrbefugnis beraubte Privatdozent Dr. Lützeler (Akten der Philosophischen Fakultät der Universität Bonn betr. Allgemeine Fakultätsangelegenheiten I, 1945–1948). Über Oertels Wirken in dieser Zeit vgl. *Lützeler*, S. 64. Zu Konen und Cloos bietet der auch für das Atmosphärische der Zeit unmittelbar nach Kriegsende in Bonn aufschlußreiche Bericht von St. *Spender*, Rheinländisches Tagebuch (Neue Schweizer Rundschau N. F. 13, 1945/46), S. 573 f. einige auf persönlicher Begegnung beruhende Angaben.

[7] Protokolle über die Sitzungen des Verwaltungsrats der Rheinischen Friedrich-Wilhelms-Universität (Senatsprotokolle 1945–1950, UA).

[8] Das Zitat: *Bürgin–Mayer*, S. 191.

[9] Dok. 222 und Dok. 223, S. 584 f.

[10] Akten der Universität Bonn betr. Denkschrift der Universität an das Oberkommando der Besatzungsarmee 1945 (UA); Dok. 221.

[11] Siehe oben S. 117 f.

hat sich am 7. Juni 1945 dafür entschieden, den vorgesehenen Glückwunsch nicht abzusenden, und hat, wie es in dem Protokoll heißt, dabei eine Klarstellung und Regelung des Doktorproblems von Thomas Mann zu einem späteren Zeitpunkt in Aussicht genommen. Maßgebend hierfür war die Erwägung, es sei untunlich, bei Thomas Mann durch einen Geburtstagsglückwunsch mit der Tür ins Haus zu fallen, bevor eine formelle Rehabilitierung durch die Fakultät erfolgt sei [12]. Wie recht die Universität Bonn mit dieser Entscheidung gehabt hat, bezeugt allein schon die unwillig befremdete Reaktion Thomas Manns auf die nach dem Ende der nationalsozialistischen Ära in Deutschland von anderen Seiten unternommenen Versuche, mit ihm ganz unbefangen frühere Beziehungen wieder anzuknüpfen, als seien sie nicht durch viel Böses und Schmerzliches zerrissen worden. Die Haltung, die der Verwaltungsrat der Universität eingenommen hat, mag auch dadurch mitbestimmt worden sein, daß schon damals Äußerungen Thomas Manns bekannt waren, die seiner tiefen und – wie es schien – unwiderruflichen Entfremdung gegenüber Deutschland Ausdruck gaben; zur schmerzlichen Enttäuschung vieler mochte er bei seinem Urteil über die Deutschen nicht zwischen guten und bösen Vertretern des Landes unterscheiden [13]. Wie es sich mit dieser Auffassung Thomas Manns in Wirklichkeit verhielt, ist damals nicht genau bekannt gewesen oder, als verläßliche Informationen darüber vorlagen, beträchtlich mißverstanden worden [14].

An der Universität Bonn wurde jedoch nicht versäumt, die vom Verwaltungsrat gewünschte Klarstellung des Vorgangs vom Dezember 1936 und seine Kassierung vorzunehmen, sobald die Fakultäten sich im Lauf der folgenden Wochen wieder hatten konstituieren können. Seit Ende Juli 1945 war dies bei der Philosophischen Fakultät der Fall [15]. Über die damals wieder einsetzenden Sitzungen der Fakultät sind noch keine formellen Protokolle geführt worden. Die Akten enthalten jedoch aus den ersten, noch weitgehend auf Improvisation angewiesenen Zeiten des wiederbeginnenden Fakultätslebens genau datierte Notizen über die Beratungen, die der Dekan Oertel in Stichworten festgehalten hat. Unter dem Datum der ersten Fakultätssitzung vom 26. Juli findet sich zwischen verschiedenen anderen behandelten Betreffen das Wort: „Ehrendoktor". Was damit gemeint ist, läßt sich nicht mehr ermitteln. Aber ein Zusammenhang mit dem Fall Thomas Mann ist höchst

---

[12] Mitteilung von Prof. *Oertel*.

[13] Unmittelbar nach Kriegsende war man in Deutschland über Thomas Manns Auffassung durch seine letzten Rundfunkansprachen und Botschaften unterrichtet, die teilweise auch in Zeitungen für die deutsche Zivilbevölkerung verbreitet wurden; vgl. *Bürgin* V, Nr. 586, 590, 592.

[14] Vgl. oben S. 57 f.

[15] Zum Folgenden vgl. die Akten der Philosophischen Fakultät der Universität Bonn; Protokolle der Fakultätssitzungen 1945–1949. – Am 22. Juni 1945 hatte Oertel den Fakultätsmitgliedern noch mitgeteilt, Fakultätssitzungen seien (wegen der für Deutsche bei der Besetzung durch alliierte Truppen erlassenen Versammlungsverbots) vorerst nicht möglich. Einzelne Mitglieder der Fakultät trafen sich jedoch allwöchentlich zu inoffiziellen Besprechungen in Oertels Wohnung. Das Verbot muß im Lauf des Monats Juli aufgehoben worden sein, da die erste Fakultätssitzung am 26. Juli 1945 stattfand.

wahrscheinlich. Der Verwaltungsrat der Universität befaßte sich mit der Angelegenheit von Thomas Manns Ehrendoktor erneut am 16. August [16]. Hierbei wurde festgestellt, daß der Zeitpunkt für ihre Erörterung noch nicht gegeben sei; „sie wird später erneut geprüft", offenbar weil die zunächst zuständige Fakultät die Sache noch nicht behandelt hatte. Dies geschah dann einige Tage später in der nächsten Fakultätssitzung, und zwar im Zusammenhang mit der Revision der Promotionsordnung, die von allen durch nationalsozialistische Eingriffe verursachten Änderungen befreit wurde [17]. Oertels Notizen sagen darüber: „Promotion wie früher – Ehrendoktorat einstimmig durch die Fakultät, nur vorherige Benachrichtigung des Rektors". Damit war die bis 1933 gewährleistete, dann durch den Zwang zu ministerieller Genehmigung und schließlich sogar durch Kontingentierung und Verbot von Ehrenpromotionen verletzte Freiheit souveräner Entscheidung durch die Fakultät in dieser Materie wiederhergestellt und eine Rechtsgrundlage für weitere Beschlüsse geschaffen. Die Fakultät zögerte nicht, das zu tun, was sie Thomas Mann und sich selber schuldig war. In Oertels Aufzeichnungen folgt nämlich der Satz: „Thomas Mann Nachricht, daß Annullierung mit anderen Gesetzlosigkeiten aufgehoben". An diesem Tage also – dem 27. August 1945 – ist von der Bonner Philosophischen Fakultät beschlossen worden, dem Dichter mitzuteilen, daß die als ungesetzlich betrachtete Aberkennung seines Ehrendoktors für null und nichtig erklärt war [18].

Bis der nächste Schritt erfolgen konnte, verging noch einmal ein Jahr. Es handelte sich darum, festzustellen, ob Thomas Mann bereit sein würde, die Bonner Ehrendoktorwürde, die ihm unter so verletzenden Umständen abgesprochen worden war, wieder anzunehmen. Dies konnte damals noch zweifelhafter als vorher erscheinen, nachdem der Dichter sehr entschieden die von Walter v. Molo (1880–1958) an ihn gerichtete Aufforderung, nach Deutschland zurückzukehren, abgelehnt hatte und daraufhin hier eine heftige, von zahlreichen Autoren bestrittene Kontroverse über sein Verhältnis zur alten Heimat entstanden war, die darin gipfelte, daß „Abschied von Thomas Mann" proklamiert wurde [19]. Vor allem

---

[16] Protokoll der Sitzung des Verwaltungsrats der Universität vom 16. August 1945 (a. a. O.).

[17] Protokolle der Fakultätssitzungen 1945–1949 (a. a. O.); Dok. 227.

[18] J. M. *Lindsay*, Thomas Mann, Oxford 1954, S. 14 gibt an, dies sei im September 1946 geschehen. Der Irrtum dürfte auf Verwechslung mit dem gleich zu schildernden nächsten Schritt der Fakultät in dieser Angelegenheit beruhen. Entsprechend zu korrigieren ist *Hilscher*, S. 204.

[19] Die Texte in: Ein Streitgespräch, Dortmund 1947; Die große Kontroverse. Ein Briefwechsel um Deutschland, hrsg. und bearbeitet v. J. F. G. *Grosser*, Hamburg–Genf–Paris [1963]; dazu die Besprechung von M. *Haiduk*, S. 443 ff., wo auf Lücken dieser Publikation hingewiesen ist. Einige Texte auch bei *Schröter, Urteil*, S. 334 ff.; Überblick über den Inhalt: *Matter*, Nr. 12841. Unberücksichtigt in den erwähnten Publikationen, dem gleich zitierten Überblick und bei *Matter* ist geblieben: G. *Stein*, Thomas Mann und wir. Zwei Briefe zur deutschen Situation, Essen 1946. Ein guter zeitgenössischer Überblick bei H. J. *Lang*, Der letzte Deutsche (Hamburger Akademische Rundschau 2, 1947/48, S. 551 ff.; Wiederabdruck: *Schröter, Urteil*, S. 365 ff.). – In Thomas Manns Aufzeichnungen „Die Entstehung des Doktor Faustus" ist mehrfach von den Auseinandersetzungen die Rede, beginnend mit dem als „unvernünftige Störung"

fehlte es der Fakultät zunächst an einem Mittelsmann, um die angesichts dieser erneuten Belastung doppelt notwendige vertrauliche Erkundung bei Thomas Mann vorzunehmen. Am 6. September 1946 hat schließlich Oertel einem ihm nahe befreundeten, in England lebenden Bonner Gelehrten, der sich als Jude nach den schweren Ausschreitungen und Regierungsmaßnahmen vom November 1938 im Jahr 1939 zur Emigration entschlossen hatte, dem Historiker Wilhelm Levison (1876–1947), die Bitte der Fakultät unterbreitet, bei Thomas Mann zu sondieren, ob er die beschlossene Wiedergutmachung entgegennehmen „oder nach der Formel deutsch gleich deutsch ablehnen würde". „Nachdem ich lange nach einem geeigneten Mittelsmann Ausschau gehalten habe, kommt mir der Gedanke, daß Sie vielleicht bereit wären, der Fakultät den Liebesdienst zu erweisen"[20]. Levison war kraft seiner lauteren Persönlichkeit, seines Schicksals und der Erfahrungen, die er nach 1933 mit der Treue seiner Bonner Fakultätsgenossen und Freunde gemacht hatte, wie kaum ein anderer für die delikate Mission qualifiziert[21]. Er hatte zu dem Zeitpunkt, da Thomas Mann der Verlust der Ehrendoktorwürde vom Dekan der Philosophiscnen Fakultät mitgeteilt worden war, in Bonn und in enger Verbindung mit zahlreichen Fakultätsangehörigen gelebt, kannte also die damaligen Verhältnisse recht genau. Soeben war in Oxford sein meisterliches Buch über die Beziehungen zwischen England und dem europäischen Festland im 8. Jahrhundert erschienen. Im Vorwort hatte Levison unzerstörbare und dankbare Verbundenheit mit seiner alten alma mater Bonnensis bekundet und der Freunde, Kollegen und Schüler gedacht, „von denen viele das Knie vor Baal nicht beugten, sondern treu blieben"[22]. Dieses vom 9. August 1945 datierte Bekenntnis hatte Oertel, dem Levison sein Buch hatte zugehen lassen, den Gedanken

---

empfundenen Eintreffen des Offenen Briefes, den W. v. Molo an den Dichter gerichtet hat; vgl. XI, S. 233 f.; MK 115, S. 154 ff.; XI, S. 236; MK 115, S. 156 (wo Thomas Manns Antwort an v. Molo in direkte Parallele zu dem Brief „an die Bonner Fakultät" gesetzt wird), 238 (wo außer einem Artikel von Frank Thieß „illiterate Schimpfereien . . . in deutsch-amerikanischen Winkelblättern" und Äußerungen von heimgekehrten Emigranten gegen Thomas Mann in der deutschen Presse erwähnt sind); vgl. die bei *Matter*, Nr. 12737–12848 verzeichneten Titel. Siehe ferner Thomas Manns Briefe an die Redaktion des „Aufbau" vom 22. Oktober 1945 (*Briefe* II, S. 451), E. Preetorius vom 23. Oktober 1945 (ebd., S. 452), A. E. Meyer vom 14. Dezember 1945 (ebd., S. 464), D. Sternberger vom 19. März 1946 (ebd., S. 483), A. Jacobson vom 9. Juni 1946 (ebd., S. 491). – Zu den Vorgängen vgl. auch *Sontheimer*, S. 145 ff.; *Bermann Fischer*, S. 346 ff.; R. *Grimm*, Innere Emigration als Lebensform (Exil und Innere Emigration. Third Wisconsin Workshop, hrsg. von R. *Grimm*–J. *Hermand*, [Frankfurt/M. 1972], S. 35 ff.).

[20] Akten der Philosophischen Fakultät der Universität Bonn betr. Thomas Mann (UA); Dok. 230, S. 588.

[21] Über Levison, die ihm gegenüber in nationalsozialistischer Zeit eingenommene Haltung der Fakultät sowie seine Beziehungen zu dieser vgl. *Hübinger*, bes. S. 108 f., 213; *ders.*, In memoriam Walther Holtzmann (Alma Mater. Beiträge zur Geschichte der Universität Bonn 17), Bonn 1965, S. 19 ff.; *ders.*, Wilhelm Levison (150 Jahre Rheinische Friedrich-Wilhelms-Universität zu Bonn 1818–1968. Bonner Gelehrte. Beiträge zur Geschichte der Wissenschaften in Bonn. Geschichtswissenschaften, Bonn 1968, S. 311 ff.).

[22] W. *Levison*, England and the Continent in the eighth Century, Oxford 1946, S. VII. – Für das Datum dieses Vorworts, das schon im Spätsommer 1944 niedergeschrieben worden war, vgl. die bei *Hübinger*, S. 213, Anm. 134 angeführte Äußerung Levisons.

286

eingegeben, den alten Freund um Vermittlung bei Thomas Mann zu bitten. Levison erfüllte den Wunsch sogleich. Sein Schreiben vom 24. September 1946 an Thomas Mann hat sich in dessen Nachlaß nicht gefunden [23], doch kennen wir die postwendend erteilte Antwort des Dichters [24]. Sie lautet freundlich und entgegenkommend. Man würde ihr gewiß Unrecht tun, wenn man darin „eine Art von unheimlicher Korrektheit" finden wollte, „bei der alles Mögliche ironisch vorbehalten bleibt" [25] – ausgenommen den einen, von Thomas Mann selbst bezeichneten Punkt, „daß ..., was ich Anno 1936, anläßlich meiner nationalen und akademischen Exkommunikation, meinen Landsleuten und der Welt zu sagen gehabt hatte, der ‚Bonner Brief' also", durch den geplanten „restituierenden Akt ... nicht aus der Welt komme" [26]. Der Dichter knüpfte die Bereitwilligkeit, sich „das schöne Diplom von damals" „bestätigen, vielleicht sogar erneuern" zu lassen, an die Voraussetzung, „daß es sich um einen freien, spontanen und einhelligen Wunsch der Fakultät handelt, und daß diese gewiß ist, mit der Wiederverleihung des Ehrendoktorats an mich der Stimmung in der Universität überhaupt zu entsprechen und die Gesinnung der großen Mehrheit der Studentenschaft zum Ausdruck zu bringen" [27]. Thomas Mann wollte in einem Augenblick, da sich wiederum ein „Katarakt des Übelwollens" [28] über ihn in Deutschland zu ergießen begonnen hatte, die Wiedergutmachung von der Bonner Philosophischen Fakultät nicht als eine leere oder gar unter dem Druck der Besatzungsmacht zustandegekommene Geste empfangen, wenn er einwilligte, das 1933 mit seiner Münchner Habe eingebüßte Ehrendoktordiplom erneuern zu lassen, das er „das wichtigste und schicksalsreichste" unter den vielen ihm seither ausgestellten Diplomen gleicher Art nannte.

Es bedurfte noch einiger Formalitäten, bis kurz vor Weihnachten 1946 Briefe der Fakultät und des Rektors Professor Konen zugleich mit dem neuausgefertigten – sogar wiederum von dem noch lebenden Dekan des akademischen Jahres 1918/19, Professor Fitting, unterzeichneten – Diplom dem britischen Universitätskontroll-

---

[23] Auch unter Levisons nachgelassenen Papieren ist ein Entwurf oder eine Durchschrift trotz aller Bemühungen, für die Mr. John *Levison* (London) und Miss Elf *Adler* (Ramat Hadar, Hod-Hasharon, Israel) zu danken ist, nicht ermittelt worden.

[24] Th. Mann an Prof. W. Levison, 3. Oktober 1946; Dok. 231/232, S. 588 f. Der Text wird hier aufgrund von Levisons Schreiben an Oertel vom 11. Oktober 1946 (Akten der Philosophischen Fakultät der Universität Bonn betr. Th. Mann) wiedergegeben, da das Originalschreiben des Dichters in Levisons Nachlaß ebenfalls nicht gefunden wurde.

[25] Th. *Mann*, Meerfahrt mit Don Quijote (IX, S. 471; MK 114, S. 201). Die Stelle bezieht sich dort auf den Gruß, den Schiffe solcher Mächte auf See austauschen, die „im Grunde nichts anderes im Kopfe haben als Krieg".

[26] Die Entstehung des Doktor Faustus (XI, S. 288; MK 115, S. 196). Wenn dort der in Durham wohnhafte Levison als „jetzt in London tätig" bezeichnet wird, so könnte der Irrtum dadurch entstanden sein, daß Levisons Brief an Thomas Mann vielleicht während eines Aufenthaltes in London, wo Levison nahe Verwandte hatte und sich öfter zur Arbeit im Britischen Museum aufhielt, geschrieben worden ist.

[27] Th. Mann an Prof. W. Levison, a. a. O.

[28] Das Zitat: *Schröter*, S. 143. – Vgl. auch Th. Mann an D. Sternberger, 19. März 1946, und A. Jacobson, 9. Juni 1946 (*Briefe* II, S. 483, 491).

offizier zur Weiterleitung an Thomas Mann übergeben werden konnten [29]. Der so bestätigte Ehrendoktor antwortete dem Dekan einige Tage nach dem Eintreffen der Sendung in der freundlichsten Weise [30]. Sein Brief spricht von Rührung bei der Wiederbegegnung mit dem Wortlaut der erneuerten Urkunde und davon, daß es Thomas Mann „ein erwärmendes Bewußtsein" sei [31], einer deutschen Universität „nun wieder ... verbunden zu sein"; er bekundet Freude und Genugtuung, die „der Gedanke an den entsetzlichen Preis" freilich dämpfe, „der gezahlt werden mußte, ehe Ihre berühmte Hochschule in die Lage kam, den erzwungenen Schritt von damals zu widerrufen". Der Dichter berichtete von seinem Leben und Schaffen – „Doktor Faustus", „etwas so ausbündig Deutsches, daß ich sehr für seine Übersetzbarkeit fürchte", wurde am nächsten Tag vollendet [32]. Hat Thomas Mann sonst in jenen Jahren die Fremdheit betont, die er gegenüber Deutschland empfand, so weist er in diesem Brief nach Bonn darauf hin, seine „Entdeutschung"

---

[29] In der Fakultätssitzung vom 6. November und in der Senatssitzung vom 8. November 1946 berichtete Prof. Oertel über das positive Ergebnis von Levisons Anfrage bei Thomas Mann. Daraufhin wurde im Senat die Fassung des Briefes an den Dichter beschlossen (Protokolle über die Fakultätssitzungen 1945–1949; Senatsprotokolle 1945–1950); Dok. 233 und Dok. 234, S. 589 f. Der Brief des Rektors Prof. Konen vom 20. November 1946 befindet sich in Abschrift bei den Fakultätsakten betr. Th. Mann, in Ausfertigung im TMA; siehe Dok. 237, S. 591 f. Der Brief des Dekans Prof. Oertel, dessen Ausfertigung im TMA das Datum „5. Dezember 1946" trägt, ist in der bei den Fakultätsakten befindlichen Abschrift auf den 13. Dezember 1946 datiert; siehe Dok. 239, S. 593 f. Das Rektorschreiben und der Brief des Dekans beziehen sich wechselseitig aufeinander, offenbar auf Grund getroffener Vereinbarungen. Ein Schreiben des Dekans vom 27. November 1946 an die Redaktion der „Bonner Universitätszeitung" – Dok. 238, S. 592 – setzt voraus, daß die internen und technischen Vorgänge abgeschlossen waren. Im weiteren Briefwechsel zwischen dieser Redaktion und dem Dekan – Dok. 240 und Dok. 241, S. 594 f. – deuten sich Meinungsverschiedenheiten über die Form an, in der die Öffentlichkeit unterrichtet werden sollte. Vermutlich haben sie die auffallende Verzögerung bei der Expedition der Briefe sowie die Datenverschiebung im Schreiben des Dekans verursacht. – Das Begleitschreiben des britischen Universitätsoffiziers R. G. Smith vom 17. Dezember 1947 – Dok. 242, S. 595 – befindet sich im TMA. Herrn Prof. R. G. *Smith* (Glasgow) ist für die Genehmigung zum Abdruck ebenso wie für wertvolle Auskunft zu danken.

[30] Th. Mann an den Dekan der Philosophischen Fakultät, 28. Januar 1947 (*Briefe* II, S. 525 f.; Dok. 245, S. 596 f.). – Das Eintreffen der Sendung aus Bonn „vor ein paar Tagen" erwähnt Thomas Mann in seinem unten S. 290, Anm. 39 genannten Brief vom 28. Januar.

[31] In der bezeichnenden und auch für die Bewußtseinslage Thomas Manns am 28. Januar 1947 gewiß erhellenden Zusammenstellung „erwärmend heimatlich" taucht das hier gebrauchte Adjektiv bei dem Dichter zwanzig Jahre früher in seinem Brief an F. Endres vom 14. Juni 1927 auf (*Briefe* I, S. 273). Aufschlußreich auch die Wendung in dem Brief an Thomas Manns Bruder Viktor vom 15. Dezember 1945, wo es auf die Nachricht hin, daß das im Kriege schwer beschädigte Haus, das der Dichter bis 1933 bewohnt hatte, instandgesetzt werden solle, heißt: „... die Vorstellung, daß ein richtiges Haus in München uns wieder erwartet, hätte doch etwas Erwärmendes" (*Briefe* II, S. 466).

[32] Th. Manns Telegramm an E. Mann, 29. Januar 1947 (*Briefe* II, S. 526); Die Entstehung des Doktor Faustus (XI, S. 299 f.; MK 115, S. 204). *Thirlwall*, S. 105 zitiert einen Brief des Dichters an H. Lowe-Porter vom 31. Januar 1947, in dem es heißt, die letzten Zeilen von „Doktor Faustus" seien „gestern" geschrieben worden. Die scheinbare Unstimmigkeit dürfte darauf zurückgehen, daß zwischen Diktat und Reinschrift des Briefes ein Tag lag und seine Datierung nach der Reinschrift erfolgte.

habe nur geringe Fortschritte gemacht [33] und gerade in der „glücklicheren Fremde" werde man sich seines Deutschtums nur umso mehr bewußt. Eigentümlich ist, daß Thomas Mann in diesem ersten Schreiben an einen Dekan der Bonner Philosophischen Fakultät, das nach der berühmten Antwort an den nationalsozialistischen Vorgänger des Adressaten vom Neujahrstag 1937 abging, mit keinem einzigen Wort auf die Gravamina anspielte, die er früher zum Ausdruck gebracht hatte und zum großen Teil noch immer gegen die Deutschen hegte. Stattdessen äußerte er Mitleid mit dem „armen Deutschland" und begnügte sich mit einem Hinweis auf „wildes Auf und Ab in seiner Geschichte" [34]. Was auch der Grund hierfür gewesen sein mag, rückt man den Brief an Levison mit dem Dank an den Dekan zusammen, so hat der Dichter, der in jenen Jahren wenig Anlaß sah, in Deutschland hoffnungweckende Zeichen zu begrüßen, den Akt der Rehabilitierung als Bonner Ehrendoktor anscheinend ähnlich aufgefaßt, wie ihn ein junger Angehöriger der Universität in dem offiziellen Publikationsorgan der Hochschule gedeutet hat. Der Germanist Hans Egon Haß (1916–1969) schrieb damals: „Man möchte der Tatsache, daß Thomas Mann trotz der schmachvollen Nazigeste von 1936 sich bereit erklärt hat, Ehrendoktor der Universität Bonn zu bleiben, symbolische und zugleich hoffnungsvolle Bedeutung beimessen. Denn ein Anwurf von Gewalt und Feindschaft gegen den Geist, gegen einen seiner Repräsentanten, ist damit getilgt. Es herrscht wieder Sauberkeit. Bedeutungsvoll ist das Faktum, daß die Würdelosigkeit, Feigheit und Verblendung, die Motore, welche 1936 zur Entziehung des Ehrendoktors Thomas Manns geführt haben, sich einer Institution des Geistes, einer Universität, werkzeughaft bemächtigten, – und daß die Reinigung von dieser Tat von der gleichen Institution ausging. Sollte man daran nicht stellvertretend erkennen, daß Schuld und Ursache der deutschen, der Weltkatastrophe in Geistigem oder eben im Mangel des Geistigen zu suchen sind, – daß gleicherweise aber auch die Gesundung und das Kraftschöpfen für die Zukunft

---

[33] Wegen der im Zusammenhang mit dem Wort „Entdeutschung" stehenden Bezugnahme auf Nietzsche erwähnt *Pütz*, S. 228 dieses Schreiben des Dichters als eines der Zeugnisse dafür, daß „Nietzsche gleichsam sein ständiger Begleiter" war, den er „in fast allen Lebenslagen" zitierte. Der gleiche Ausdruck begegnet schon in Thomas Manns Brief an S. Fischer vom 24. März 1916, wo die zukünftig fortschreitende „Politisierung, Demokratisierung, Literarisierung, Intellektualisierung Deutschlands, kurz all das, was man beinahe die Entdeutschung Deutschlands nennen könnte" als unabweisbar erklärt wird (Katalog 565 [1963] der Firma Stargardt, Marburg, S. 48, Nr. 240).

[34] Dieses Thema hatte Thomas Mann 1934 mit schärferer zeitkritischer Pointierung Hermann Hesse gegenüber einmal so behandelt: „Die deutsche Geschichte hat sich von jeher in hohen und tiefen Wellenbergen und -tälern bewegt. Eine der tiefsten Depressionen, vielleicht die tiefste, ist heute erreicht. Daß man sie für eine ‚Erhebung' hält, ist das Unerträgliche" (11. März 1934; *Hesse–Mann*, S. 44). Wenn Thomas Mann sich in seinem Brief an den Dekan Oertel nicht auf gleiche Weise, sondern nur knapp über diesen Punkt äußerte, so mag Reserviertheit gegenüber dem persönlich unbekannten Empfänger des Briefs ebenso wie die Absicht mitsprechen, ein derartiges Thema bei solchem Anlaß nicht zu vertiefen. Ob die „tiefschmerzliche ironische Stimmung, in der dieser Brief" nach Meinung der „Zeit" Nr. 45 vom 6. November 1964 „verfaßt" wurde, zu Recht darin gefunden worden ist, mag dahingestellt bleiben.

einzig aus dem Geiste zu kommen haben?"[35] Dem britischen Universitätskontrolloffizier gegenüber begründete Thomas Mann seinen Entschluß, die Bonner Ehrendoktorwürde wieder anzunehmen, vor allem mit menschlichen Erwägungen und damit, daß ihm immer wieder versichert worden sei, der Entzug sei unter Druck erfolgt sowie niemals als rechtmäßig betrachtet worden[36]. Mit der Pressenachricht, die der Dekan Oertel vorgesehen hatte, um die Wiederzuerkennung der Ehrendoktorwürde von Thomas Mann bekanntzugeben, hat der Universitätskontrolloffizier sich nicht einverstanden gezeigt. Er glaubte, der Text könne Anlaß zu dem Mißverständnis bieten, die Universität habe diesen Schritt unter dem Druck der Militärregierung unternommen[37]. Der Wortlaut des in der Bonner Universitätszeitung veröffentlichten Kommuniqués geht auf den Universitätskontrolloffizier zurück[38].

Wenn Thomas Mann seiner Washingtoner Freundin Agnes E. Meyer das Eintreffen des Diploms „mit feierlichen Briefen des Rektors, des Dekans und – des amerikanischen officer's für Universitätsangelegenheiten" meldete[39], so täuschte er sich über die Nationalität dieses Offiziers. Falls aber der Gedankenstrich vielsagend zum Ausdruck bringen sollte, daß hier wohl – anders als er es sich gewünscht hatte – von seiten der Besatzungsmacht nachgeholfen worden sei, irrte er auch in dieser Hinsicht. Es steht fest, daß die Bereinigung der bösartigen Angelegenheit wirklich auf einen freien, spontanen und einhelligen Wunsch von Fakultät und Universität zurückgeht – so wie es Thomas Mann noch als eine Voraussetzung genannt hatte, als diese bereits längst erfüllt war. Die dem Dichter gegenüber eingenommene Haltung entspricht vollkommen der bei verschiedenen anderen vergleichbaren Gelegenheiten in jenen Jahren von der Universität praktizierten und in den Akten zum Ausdruck gebrachten Überzeugung, daß gewisse Maßnahmen aus nationalsozialistischer Zeit schlechthin ungesetzlich waren und darum ohne weiteres aufzuheben seien[40]. Die Bonner akademischen Gremien, der Dekan der Philosophi-

---

[35] *Haß*, Thomas Mann. Der Artikel erschien im Zusammenhang mit der Meldung über Thomas Manns Antwort vom 28. Januar, einem Teilabdruck ihres Wortlauts sowie der Wiedergabe eines Faksimiles der ersten Seite dieses Briefes.

[36] Th. Mann an R. G. Smith, undatiert; Dok. 246, S. 597 f. Der sachliche Zusammenhang und die Übereinstimmung einiger Gedanken teils mit dem Brief an den Dekan, teils mit dem Schreiben an A. E. Meyer legen es nahe, auch diesen Brief auf den 28. Januar zu datieren. Das Original des Briefes, dessen Ablichtung der Verfasser 1965 der freundlichen Hilfsbereitschaft seines Empfängers zu verdanken hatte, wurde bei der Autographenauktion der Fa. J. A. Stargardt (Marburg/L.) am 29./30. November 1966 von schwedischer Seite gegen Gebote aus Bonn erworben; vgl. den Bericht über die Auktion von I. *Fetscher*, Frankfurter Allgemeine Zeitung Nr. 284 vom 7. Dezember 1966. Teildruck des Thomas-Mann-Briefes im Versteigerungskatalog Nr. 577 von Stargardt, S. 64, Nr. 256.

[37] Mitteilung von Prof. R. G. *Smith* (Glasgow), 1. November 1965.

[38] Bonner Universitätszeitung Nr. 12/13 vom 21. Januar 1947; Dok. 244, S. 596.

[39] Th. Mann an A. E. Meyer, 28. Januar 1947 (*Briefe* II, S. 524).

[40] So z. B. in einem Schreiben des Rektors Prof. Konen vom 14. Februar 1946 an den nach England emigrierten Prof. Kahle, der tatsächlich auch sogleich die Rechte eines Bonner Emeritus erhielt: „Wir führen Sie als professor emeritus in unseren Akten in Fortsetzung des Grundsatzes, daß wir das, was wir in der Nazizeit angerichtet worden ist, als ungesetzlich und daher wir-

schen Fakultät und der Rektor der Universität haben sich dabei nicht von den „grausamen Spitzfindigkeiten, ... schrecklichen selbstgerechten und nichtsnutzigen Unterscheidungen ... zwischen dem Schriftsteller und dem Menschen" beirren lassen, die in eben jener Zeit die Diskussion über den „sog. Fall Thomas Mann" „bei uns zulande" beherrscht und dabei „so viel Respektlosigkeit, Rangblindheit an den Tag gebracht" haben, „daß es zum Erschrecken ist" [41].

Auch die Studentenschaft war, um der von dem Dichter geäußerten Erwartung zu entsprechen, in Gestalt ihrer demokratisch gewählten Vertreter im Allgemeinen Studentenausschuß (AStA) befragt worden. Hier gab es unerwartete Schwierigkeiten. Die in den Fakultätsakten überlieferte Erklärung des AStA [42] verrät sprachliche Unsicherheit und seelische Befangenheit einer Generation, die zu jung war, um ein persönliches Bild von Thomas Mann besitzen zu können, aber alt genug, um die deutsche Katastrophe mit Bewußtsein erlebt zu haben, und jetzt – unwissend, empfindlich und mißtrauisch – an die Lösung der ihr gestellten Aufgabe heranging. Unter dem Eindruck der bitteren Auseinandersetzung, die seit Thomas Manns Antwort an Walter v. Molo aus dem September 1945 zwischen den Deutschen diesseits und jenseits der Grenzen über den Dichter und seine Einstellung gegenüber Land und Volk seiner Herkunft ausgefochten wurde, debattierte der AStA am 15. November 1946 anderthalb Stunden lang über die ihm durch den Dekan der Philosophischen Fakultät übermittelte Frage, „wie die Studentenschaft zur akademischen Rehabilitierung (Ehrendoktorat) Thomas Manns steht" [43]. Ein ausdrückliches Bekenntnis der Jugend zu Thomas Mann wurde abgelehnt [44]. Auch die im Universitätssenat geäußerte Zuversicht, die Studentenschaft werde „zweifellos von sich aus ihre Freude über die Erneuerung des Diploms zum Ausdruck bringen" [45], erfüllte sich nicht. Zustande kam schließlich nur ein Beschluß, der – ohne auf den Fall Thomas Mann einzugehen – besagte, „das während des N. S.-Regimes begangene Unrecht soll grundsätzlich wieder gut gemacht wer-

---

kungslos betrachten, ohne daß es dafür irgendwelcher weiterer Verhandlungen bedarf" (UA, Akten des Kuratoriums der Universität Bonn betr. Prof. Kahle).

[41] Die Zitate sind dem im Mai 1946 geschriebenen, Anfang Juni 1946 publizierten Aufsatz von D. *Sternberger*, Thomas Mann und der Respekt (Die Wandlung I, 1946, S. 451 ff.) entnommen, der eine Würdigung von „Lotte in Weimar" mit entschiedener Abwehr der bis zu persönlicher Schmähung gehenden Angriffe gegen Thomas Mann verknüpft.

[42] S. unten S. 292, Anm. 49.

[43] UA, AStA-Protokolle 1946–1951. Protokoll der 10. AStA-Sitzung vom 15. November 1946; Dok. 235, S. 590.

[44] Das ist erwähnt in dem unten S. 293, Anm. 51 zitierten Bericht der „Rheinischen Zeitung" vom 5. Februar 1947 über die Vortragsveranstaltung des Sozialistischen Studentenbundes und des Clubs Bonner Studenten. Die Motive für den „mit befremdender Mehrheit" gefaßten Beschluß des AStA deutet der Bericht damit an, daß er von dem Vortrag über Thomas Mann sagt, er habe bewiesen, „wie sehr es nottut, alle politischen Ressentiments abzustreifen, sich freizumachen von der Polemik des Tages, von gelegentlichen Rundfunkbotschaften und von jener Auseinandersetzung mit den ,Herren der inneren Emigration' ". Die Anspielung dürfte sich auf die lebhaft umstrittene Rundfunkbotschaft Thomas Manns an das deutsche Volk vom 1. Januar 1946 (*Bürgin* V, Nr. 605) beziehen.

[45] Protokoll der Senatssitzung vom 8. November 1946 (a. a. O.).

den"[46]. Der gleiche AStA hat bald darauf mit sechzehn gegen drei Stimmen bei
fünf Enthaltungen beschlossen, Rektor und Senat möchten Professoren, die nach
1933 emigriert waren, zur Rückkehr einladen[47]. Seine Reaktion auf die wegen
Thomas Mann gestellte Frage erweist sich dadurch als ein eher tragisches Zeugnis
für die damals herrschende Verwirrung, die um den Dichter entstanden war, nicht
als ein Dokument nationalsozialistischen Ungeistes bei der Heimkehrergeneration.
Wenige Tage nach der Debatte und Abstimmung des AStA, am 20. November 1946, stand Thomas Mann im Mittelpunkt einer Diskussion im eben gegründeten, um Professor Cloos gescharten „Club Bonner Studenten"[48]. Ihr Verlauf
kennzeichnet die schwierige Lage dieser Generation. Nachdem einer der Anwesenden aus seinem Briefwechsel mit Thomas Mann vorgelesen hatte, kam bei einem
großen Teil der Zuhörer ein spontanes Bekenntnis zu dem Dichter zum Ausdruck.
„Eine andere Gruppe betonte die Notwendigkeit einer intensiven Lektüre der
Werke des Meisters, ehe man zu einer Beurteilung der Lebensleistung Erlaubnis
habe. Abgeschnitten von den schöpferischen Arbeiten des Dichters während der
vergangenen Jahre wünsche die deutsche Jugend durch Studium und Wertung
eine von aller Zeitpolemik unabhängige Einstellung zum Schaffen und zu der
Persönlichkeit Thomas Manns zu finden". Der Beschluß des AStA hätte beschämende Folgen nach sich ziehen müssen, wenn es nicht gelungen wäre, dann doch
noch die bereits erwähnte, von einem der Philosophischen Fakultät angehörenden
AStA-Mitglied unterzeichnete Erklärung zu erhalten, deren gequälter Wortlaut
Rektor und Dekan eine Notbrücke lieferten, um sich Thomas Mann gegenüber
auch auf die Zustimmung der Bonner Studentenschaft berufen zu können[49]. Als
die Antwort des Dichters an den Dekan Professor Oertel eingetroffen war, versprach
dieser sich bezeichnenderweise von ihrer Publikation in der „Bonner Universitäts-
zeitung", daß damit „der Thomas-Mann-Fall auch für die Studenten im positiven
Sinne erledigt sein wird"[50].

Die Presse schenkte der Restitution von Thomas Manns Bonner Ehrendoktorat
weit über die Grenzen Bonns und des Rheinlandes hinaus gebührende Aufmerksamkeit, teils auf Grund von Veröffentlichungen in der „Bonner Universitätszei-

[46] Das Protokoll verzeichnet die Zahl der Stimmen bei dieser Abstimmung leider nicht.

[47] Protokoll der 14. AStA-Sitzung vom 19. Februar 1947 (a. a. O.).

[48] Zum Folgenden vgl. den Bericht von P. *Holtzmann*, Bonner Universitätszeitung Nr. 10
vom 3. Dezember 1946. Dazu schon eine knappe Notiz in der unter dem Datum des 19. November 1946 – vermutlich einige Tage später, wie in jener Notzeit leicht möglich – erschienenen Nr.
9 des gleichen Blattes. – In Nr. 10 der Zeitung sind „Leitsätze des Clubs Bonner Studenten"
abgedruckt, die u. a. von einem Sohn und einer Tochter Oertels unterzeichnet sind.

[49] Erklärung des AStA vom 15. November 1946 (Akten der Philosophischen Fakultät der
Universität Bonn betr. Th. Mann, UA); Dok. 236, S. 591. Diese Erklärung ist weder vom Vorsitzenden (Stützer) noch vom Geschäftsführer (Thié v. Bomhoff), sondern vom dem Pressere-
ferenten des AStA (Mauer) unterzeichnet, der zugleich Vertreter der Philosophischen Fakultät war.

[50] Dekan Prof. Oertel an den Rektor der Universität, 12. Februar 1947 (Akten der Philosophischen Fakultät der Universität Bonn betr. Th. Mann, UA); Dok. 247, S. 598.

tung", teils unabhängig davon [51]. Die Rheinische Friedrich-Wilhelms-Universität
erntete daraufhin unterschiedliche Kundgebungen aus dem Publikum: anerken-
nendes Lob und tadelnde Kritik, die sich bis zu anonym versandten groben Beschimpfungen steigerte [52].

Thomas Mann erwähnte bei einem Interview, das er im Mai 1947 in London
gab, und einige Zeit später in der „Vorrede zur amerikanischen Ausgabe von
‚Joseph und seine Brüder' " – einer seiner wichtigsten autobiographischen Schriften, deren deutsche Fassung erstmals im März 1948 publiziert wurde – zuerst
öffentlich, daß er den ihm in der Zeit seiner Ausstoßung aus dem deutschen Staats-
verbande entzogenen Ehrendoktortitel aus Bonn „seither zurückempfangen"
habe [53].

Es kam bald zu weiterem Briefwechsel zwischen der Fakultät und Thomas Mann,
darunter schon gleich nach der Restitution der Ehrendoktorwürde zu einer Ein-

---

[51] Außer den oben S. 290, 292, Anm. 35, 48 zitierten Beiträgen in der Bonner Universitätszeitung vgl. die folgenden, sämtlich bei *Matter* nicht verzeichneten Publikationen in:
Die Welt Nr. 21 vom 18. Februar 1947 (Umfangreicher Teildruck von Thomas Manns Dankbrief); Neues Deutschland (Berlin) Nr. 21 vom 25. Januar 1947 (Wiedergabe einer ADN-
Meldung); Illustrierte Rundschau (Berlin) Nr. 4 (18) vom Februar 1947 (in großer Aufmachung mit Bild Thomas Manns); Kölnische Rundschau Nr. 18 vom 4. März 1947 (Wiedergabe einer dpd-Meldung mit Teildruck des Dankbriefes von Thomas Mann); Süddeutsche
Zeitung Nr. 24 vom 8. März 1947; Neue Zeitung Nr. 20 vom 10. März 1947. In der für Bonn
zuständigen örtlichen Presse war die Tatsache der Kassierung des Entzugs von Thomas
Manns Ehrendoktorwürde schon im Zusammenhang mit Berichten über zwei an dieses Ereignis
ausdrücklich anknüpfende Vortragsveranstaltungen erwähnt worden, als deren Träger einerseits der Sozialistische Studentenbund und der Club Bonner Studenten (Rheinische Zeitung
Nr. 11 vom 5. Februar 1947), andererseits der Kulturbund Bonn (Kölnische Rundschau Nr.
11 vom 7. Februar 1947) wirkten. Beidemale hielt Wolfgang *Linder* den gleichen Vortrag
„Begegnung einer Jugend mit Thomas Mann". Über die Veranstaltung des Kulturbunds berichtete auch die Zeitung „Volksstimme" Nr. 12 vom 13. Februar 1947. Sie bemerkte, das Thema
sei insofern nicht ganz vollständig behandelt worden „als von der ‚Begegnung' der die Universität Bonn bevölkernden Jugend (und ihrer gewählten Vertretung) mit dem Dichter keine Rede
war – aus verständlichen Gründen – sie jedoch wünschenswert machen, darauf näher einzugehen". Ein weiterer ausführlicher Bericht über die erste Veranstaltung erschien unter dem
Titel „Junge Menschen bekennen sich zu einem deutschen Dichter" in der Bonner Universitäts-
zeitung Nr. 17 vom 19. März 1947. – Die Restitution der Bonner Ehrendoktorwürde von Thomas Mann ist in: Internationales Biographisches Archiv (Munzinger Archiv), Lieferung 28/49
vom 28. Juli 1949 vermerkt; dabei ist irrtümlich auch von der Neuverleihung eines Münchner
Ehrendoktorats die Rede. – Nicht unerwähnt darf bleiben, daß von den neueren Monographien, die sich auf biographischer Grundlage mit Thomas Mann beschäftigen und sämtlich den Entzug des Bonner Dr. phil. h. c. im Jahr 1936 vermerken, allein *Karst*, S. 258 auch
die Rücknahme dieser Maßnahme und die Neuausfertigung des Diploms erwähnt; der Autor
stützt sich dabei auf die Erwähnungen in Thomas Manns Briefen und Werken.
[52] Dok. 249, Dok. 250, Dok. 252, Dok. 254, S. 599 ff.
[53] Sechzehn Jahre (XI, S. 674; MK 119, S. 363). – Für die Veröffentlichung in den Vereinigten Staaten vgl. *Bürgin* V, Nr. 636. Die deutsche Fassung erschien nach dem Erstdruck in
Neue Schweizer Rundschau vom März 1948 auch im Mai/Juni-Heft der Hamburger Akademischen Rundschau 2, 1948, S. 559 ff. Für das Interview, das teilweise von der Presse in einer
Form wiedergegeben wurde, die mit den Äußerungen des Dichters nicht übereinstimmt, s.
unten S. 294, Anm. 56 f.

ladung des Dekans an den Dichter, bei einer für das Frühjahr 1947 angekündigten Europareise die Universität Bonn zu besuchen [54]. Thomas Mann teilte – wiederum in freundlichsten Wendungen – mit, daß „aus einem Besuch in Deutschland diesmal wohl noch nichts werden könne" [55]. Einem französischen Zeitungskorrespondenten in England gegenüber gab er dann allerdings doch zu erkennen, daß er eine Annahme der Bonner Einladung wirklich ernsthaft erwog [56]. Es kam aber nicht dazu, aus Gründen, die Thomas Mann damals auch hinderten, andere Einladungen in das Land, aus dem er verstoßen worden war, anzunehmen. In diesem Zusammenhang ereignete es sich – nicht zum ersten und auch nicht zum letzten Mal im Leben Thomas Manns –, daß Äußerungen von ihm wahrheitswidrig verändert in der Presse wiedergegeben wurden. Einige deutsche Zeitungen meldeten, er habe erklärt, Bonn habe ihm „kürzlich unter dem Druck der Alliierten" die philosophische Ehrendoktorwürde wiederverliehen. Diese Falschmeldung verursachte Unruhe und veranlaßte den Dekan zu einer Klarstellung [57]. Die Posi-

---

[54] Dekan Prof. Oertel an Th. Mann, 16. Februar 1947; Th. Mann an Prof. Oertel, 11. März 1947; Dekan Prof. Oertel an Th. Mann, 29. März 1947 (Akten der Philosophischen Fakultät der Universität Bonn betr. Thomas Mann); Dok. 248, Dok. 251, Dok. 253, S. 598 f., 601 f. Offener als im Schreiben an Oertel legte Thomas Mann die Bedenken, die ihn damals an einem Besuch in Deutschland hinderten, seinem Bruder Viktor am 27. März 1947 dar (Briefe II, S. 532 ff.). Aufschlußreicher für die innere Seelenlage des Dichters angesichts der späteren Wiederbegegnung mit Deutschland ist sein Brief vom 19. März 1949 an H. Reisiger (Briefe III, S. 83 f.).

[55] Th. Mann an Dekan Prof. Oertel, 5. Mai 1947 (Akten der Philosophischen Fakultät der Universität Bonn betr. Thomas Mann); Dok. 255, S. 604.

[56] Eine aus London datierte ADN-Meldung vom 23. Mai 1947 berichtete, Thomas Mann habe dort einem Vertreter der France-Presse erklärt: „Ich möchte gewiß gern nach Deutschland reisen. Aber ich weiß nicht, ob ich den Mut haben werde, dem Haufen von materiellen und moralischen Ruinen, der von meinem Heimatland übriggeblieben ist, die Stirn zu bieten. Vielleicht werde ich mich entschließen, die Einladung der Universität Bonn anzunehmen, aber auch das ist noch keineswegs gewiß". Diese Meldung ist von verschiedenen Zeitungen in Deutschland, z. B. der Täglichen Rundschau (Berlin) vom 24. Mai 1947, übernommen worden.

[57] Dazu das Schreiben des Privatdozenten Dr. Hübinger an den Dekan der Philosophischen Fakultät vom 19. Mai 1947 und die Erklärung des Dekans vom 21. Mai 1947 (Akten der Philosophischen Fakultät der Universität Bonn betr. Thomas Mann), die unter der Überschrift „Thomas Manns Ehrendoktorat" in Nr. 63 der Frankfurter Neuen Presse vom 2. Juni 1947 abgedruckt worden ist (bei Matter nicht verzeichnet). Eine amtliche Richtigstellung durch das Nachrichtenbüro Dena hatte die Frankfurter Rundschau Nr. 61 vom 22. Mai 1947 inzwischen veröffentlicht (bei Matter nicht verzeichnet). Sie enthält insofern noch einen Irrtum, als Thomas Mann in den Mund gelegt wurde, auch die Universität München hätte ihm „kürzlich erneut" das Ehrendoktorat verliehen; Dok. 257 und Dok. 258, S. 604 f. Vgl. auch Lang (Schröter, Urteil, S. 371). Zahlreiche Leserbriefe veröffentlichte „Die Welt" Nr. 62 vom 29. Mai 1947 unter der Überschrift „Nochmals Thomas Mann". Eine Blütenlese gehässiger Presseäußerungen aus der gleichen Zeit bietet Schröter, Urteil, S. 523 f. – Unter der Überschrift „Widersprüche um Thomas Mann. Drei Interviews auf englischem Boden" hatte die Neue Zeitung Nr. 41 vom 23. Mai 1947 – nachdem in der vorangehenden Nummer vom 19. Mai das Interview in falscher Form erschienen war – sich um Klärung bemüht und dabei festgestellt: „Immerhin wird die Urteilsbildung erleichtert, wenn man sich der Freude erinnert, die Mann in seinem Dankesbrief an den Dekan der Philosophischen Fakultät der Universität Bonn, Professor Dr. Oertel, für die Wiederverleihung der Ehrendoktorwürde geäußert hat". Es folgt

tion Thomas Manns war – dafür bildeten solche Falschmeldungen wie in früheren Jahren ein untrügliches Indiz – schwierig wie eh und je: „den Amerikanern zu links, den Bolschewisten zu demokratisch, den Deutschen, von denen ihn, den im Schutzbereich der Geschichte Versunkenen, Abgründe trennten, zu pharisäisch und kalt: So sah sich der Autor des „Faustus" unmittelbar nach dem Krieg vereinsamter als je" [58].

In jenen und allen folgenden Jahren, als der Dichter sogar in der Verleihung des Frankfurter Goethe-Preises „eine recht tapfere Handlung" erblicken mußte [59] und eine als freundschaftliche Huldigung konzipierte Interpretation seines Lebens und Schaffens vorwurfsvolle Kritik an ihm übte [60], hat sich die Universität Bonn in ihrer Haltung gegenüber Thomas Mann nicht von den heftigen und teilweise giftigen Auseinandersetzungen beirren lassen, die um ihn in der deutschen Öffentlichkeit und bald auch in den Vereinigten Staaten bis hinauf in den Kongreß ausgefochten wurden. Sie betrafen das Verhältnis des Dichters zu Deutschland, seine allgemeinen politischen Ansichten und damit zusammenhängende Entschlüsse, ja auch einzelne Äußerungen, durch die sich immer wieder verschiedenste Kreise zu Protesten veranlaßt fühlten [61].

---

ein längeres Zitat aus dem Schreiben. Zu der Angelegenheit vgl. ferner die bei *Matter*, Nr. 12849 – 12892 verzeichneten Veröffentlichungen sowie V. *Mann*, S. 582. Eine Klarstellung hatte Thomas Mann seinerseits schon bald nach dem Interview in einem Gespräch mit dem Bonner Wolfgang *Linder* am 19. Juni 1947 in Zürich vorgenommen; vgl. dessen Bericht „Gespräch mit Thomas Mann" (Hamburger Akademische Rundschau 2, Mai/Juni 1948, S. 622 ff.). Auf die Bemerkung Linders, Thomas Manns „jüngste Äußerungen ... selbst die Gutwilligen in Deutschland enttäuscht", antwortete der Dichter „einigermaßen ungehalten". „Er sagte, daß es leider so sei, daß die internationale Presse seine kritischen Äußerungen über Deutschland immer im vollen Wortlaut veröffentliche, dagegen alle positiven Bemerkungen verstümmele oder sogar unterschlage. Auch bei der Publizierung des Interviews, das er in London gegeben habe, sei es zu solchem willkürlichen Verfahren gekommen".

[58] W. *Jens* in: *Betrachtungen und Überblicke*, S. 471.

[59] Th. Mann an E. Preetorius, 15. Mai 1949 (*Briefe* III, S. 89).

[60] R. *Faesi*, Thomas Mann. Ein Meister der Erzählkunst, [Zürich 1955], S. 167.

[61] Ohne Anspruch auf Vollständigkeit seien aufgeführt: Ein Leitartikel „Der Fall Thomas Mann" in Hamburger Freie Presse Nr. 41 vom 24. Mai 1947 (bei *Matter* nicht verzeichnet); der äußerst scharfe umfassende Angriff von U. *Sonnemann*, Thomas Mann oder Maß und Anspruch (Frankfurter Hefte 3, Juli 1948, S. 625 ff.); Leopold Zieglers Briefe vom 11. April und 24. Mai 1949 an die Bayerische Akademie der Schönen Künste und die Antwort der Akademie vom 11. Mai 1949 (L. *Ziegler*, Briefe 1901–1958, München [1963], S. 123 ff.); F. v. *Schlabrendorff*, Thomas Mann in Deutschland (Allgemeine Zeitung Nr. 168 vom 23. Juli 1949); Meldung über das Ergebnis einer Repräsentativumfrage, die die weitgehend ablehnende Volksmeinung zur Verleihung des Goethepreises der Stadt Frankfurt an Thomas Mann ermittelte (Die Welt Nr. 107 vom 5. August 1949); „Alter schützt vor Torheit nicht" (Die Zeit Nr. 42 vom 20. Oktober 1949); G. *Blöcker*, Der Poet in der politischen Arena (Der Tagesspiegel, Berlin, Nr. 1438 vom 6. Juni 1950); der Artikel von G. *Nebel*, Thomas Mann zum 75. Geburtstag (Frankfurter Allgemeine Zeitung Nr. 128 vom 6. Juni 1950; dazu ebd. Nr. 134 vom 14. Juni 1950, wo „Berge von Zuschriften" gegen die „kleine Gehässigkeit" in Nebels Aufsatz erwähnt sind); die Kampagne, die E. *Tillinger* im März und April 1951 in amerikanischen Zeitschriften gegen Thomas Mann führte, und der Bericht hierüber in Der Spiegel Nr. 20 vom 15. Mai 1951 (Weiteres verzeichnet Matter, Nr. 13081–13093); die Erklärung von Donald E. *Jackson* im amerikanischen

Währenddessen hat dann 1948 das Verfahren gegen Obenauer vor dem Spruchgericht Bielefeld stattgefunden. Der Termin für die Verhandlung war in Bonn
angesetzt worden. Eine Berliner Zeitung kündigte den Prozeß unter der Überschrift an: „Genugtuung für Thomas Mann" [62]. Dies war irrig, denn der Entzug
des Ehrendoktors von Thomas Mann gehörte nicht zum Gegenstand der Anklage
gegen Obenauer [63]. Gemäß dem Urteil des Alliierten Militärgerichtshofes in Nürn-

---

Repräsentantenhaus am 18. Juni 1951 (Congressional Record, House, 97, S. 6687 f.; über-
setzter Text bei *Schröter, Urteil,* S. 412 f.), abgedruckt in der Zeitschrift New Leader 34, Nr.
6–8 vom 18. Juni 1951 und hiernach in der deutschen Presse – z. B. Westdeutsches Abendblatt
Nr. 43 vom 28. Juni und Die Welt Nr. 159 vom 11. Juli 1951 – gemeldet, wobei bemerkt
wurde, damit sei „ein für alle Mal der große Mythos Manns als loyaler Kämpfer für die
Demokratie und Opponent des Totalitarismus zerstört"; der Artikel von D. H. *Sarnetzki*
zum 80. Geburtstag Thomas Manns (Kölnische Rundschau Nr. 128 vom 5. Juni 1955),
der u. a. den gleichen politischen Vorwurf gegen die „Pariser Rechenschaft" wiederauf-
nimmt, den derselbe Verfasser in einer Rezension dieses Buches (Kölnische Zeitung Nr. 815
vom 2. November 1926) fast dreißig Jahre früher schon einmal geäußert hatte. Anfang 1955
hatten ferner heftige, wiederum politisch getönte Auseinandersetzungen wegen der Wünsche
von Thomas Mann hinsichtlich der geplanten Verfilmung von „Buddenbrooks" die deutsche
Öffentlichkeit erregt. Das Bild wird abgerundet durch weitere Tatsachen: Die Welt Nr. 103
vom 1. August 1949 und andere deutsche Zeitungen (vgl. *Matter,* Nr. 10340–10347) berichteten
über Proteste der evangelischen Bischöfe Meiser und Lilje gegen „Beschimpfungen" Luthers
durch Thomas Mann bei einem Vortrag „Vom deutschen Genius" in Kopenhagen [es scheint
sich um ein Mißverständnis zu handeln; während Thomas Mann in dem Vortrag „Deutschland und die Deutschen" bekannt hat, er liebe Luther nicht, und dies mit eingehender Kritik
an Luther und der deutschen Reformation begründete, enthält der von ihm – laut *Bürgin–Meyer,*
S. 219 – am 25. Mai 1949 in Kopenhagen gehaltene Vortrag „Goethe und die Demokratie"
nichts derartiges, abgesehen von dem Hinweis, daß Goethe die Revolution so wie Erasmus von
Rotterdam die Reformation abgelehnt habe, und dem die beiden großen ‚Strömungen' miß-
billigend zusammen nennenden Distichon „Franztum drängt in diesen verworrenen Tagen...",
das Thomas Mann anführt; vgl. dazu den Text der lutherischen Verwahrung und seine Erläuterung bei *Schröter, Urteil,* S. 374, 524]. Eine Glosse von F. M. *Reifferscheidt,* Abdera in Unterfranken
(Süddeutsche Zeitung Nr. 103 vom 1. September 1949) beschäftigt sich damit, daß die Thomas-
Mann-Straße in Marktredwitz in Goethestraße umbenannt worden war; die FrankfurterAllge-
meine Zeitung Nr. 154 vom 7. Juli 1950 meldete einen Protest der Genossenschaft deutscher Büh-
nenangehöriger gegen Äußerungen Thomas Manns über deutsche Schauspieler in einem von den
Pariser Nouvelles Littéraires gedruckten Interview (vgl. *Matter,* No. 11091; der erwähnte
Protest ist dort nicht verzeichnet). – Scharfe Kritik am damaligen deutschen Verhalten gegenüber Thomas Mann äußerte H. Hesse in einem Brief an Dr. K. B. (Hannover) vom 28. Dezember 1950 (*Hesse,* S. 363 f.) ; zur nicht weniger scharfen – durch die Wahl eines 1936 von Thomas
Mann zur Absage an das nationalsozialistische Deutschland benutzten Platenzitats akzentuier-
ten – Reaktion von E. Penzoldt vgl. oben S. 170, Anm. 193.

[62] Die Berliner Zeitung Kurier Nr. 49 vom 14. Februar 1948 enthält diese Wendung
im Zusammenhang einer als „eigener Bericht" aus Bielefeld datierten Meldung. Der dabei in
Verbindung mit dem Entzug von Thomas Manns Ehrendoktorwürde erwähnte Rang eines
SS-Hauptsturmführers im SD ist von Obenauer erst 1941 erreicht worden.

[63] Eine bei den Spruchkammerakten betr. Prof. Obenauer (Hauptstaatsarchiv Düsseldorf) befindliche Pressemeldung aus einer nicht näher bezeichneten und auch nicht mehr identi-
fizierbaren Zeitung sagt fälschlich, das Spruchgerichtsverfahren gegen Obenauer sei wegen der
Aberkennung der Ehrendoktorwürde des Dichters Thomas Mann angestrengt worden. Die
Anklageschrift des Öffentlichen Anklägers bei dem Spruchgericht Bielefeld vom 6. September
1947 erwähnt allerdings die Aberkennung von Thomas Manns Ehrendoktorwürde durch

berg bezog sich diese ausschließlich auf Zugehörigkeit zu einer von dem Tribunal für verbrecherisch erklärten Organisation – SS und SD – nach dem 1. September 1939 und auch dies nur insoweit, als Angeklagten nachzuweisen war, daß sie Kenntnis von verbrecherischen Handlungen dieser Organisation gegen die Juden, in Konzentrations- und Gefangenenlagern sowie bei der Verwaltung besetzter Gebiete und der Durchführung des Zwangsarbeiterprogramms gehabt hatten. Ein solcher Nachweis ist in dem Verfahren gegen Obenauer nicht erbracht worden, und darum wurde er in erster Instanz freigesprochen. Entstellte Nachrichten hierüber, bei denen auch falsche Informationen über die Universität Bonn mit unterliefen, gaben Anlaß, Obenauer bald zur Symbolfigur zu stilisieren, die repräsentativ für alle unterschiedslos durch die amerikanische Militärregierung mit Vertrauen bedachten Deutschen erschien und dazu diente, Demonstrationen gegen Furtwängler und Gieseking in den Vereinigten Staaten zu motivieren [64]. Da der Fall Thomas Mann durch Zeugenaussagen aus dem Kreis der Bonner Hochschullehrer zur Charakterisierung von Obenauers Persönlichkeit und nationalsozialistischer Aktivität Gegenstand der Verhandlung geworden war, sind die Vorgänge aus dem Dezember 1936 im Zusammenhang dieses öffentlichen Verfahrens eingehend erörtert worden. Die Presse hat sich hierfür verständlicherweise besonders interessiert und die wichtigsten darauf bezüglichen Einzelheiten aus dem Prozeß

Obenauer, macht sie jedoch nicht zum Gegenstand der Anklage, sondern führt sie neben anderen Umständen als Beweis für Obenauers „stark antisemitische Einstellung" und dafür an, „daß er sich über die Bestrebungen und Ziele der Judenverfolgung durchaus im klaren war und auch die Ausscheidung der Juden aus dem deutschen Wirtschaftsraum billigte". Thomas Manns berühmter Brief vom Neujahrstag 1937 wurde nach einer von der Bonner Philosophischen Fakultät auf Ersuchen der Anklagebehörde übersandten Abschrift in der Verhandlung verlesen. Obenauer erklärte dazu, er habe den Angaben dieses Briefes keinen Glauben geschenkt. Ferner erklärte er laut Protokoll: „Ich wußte, daß Thomas Mann ausgebürgert war, und daß dies nicht notwendig gewesen wäre". Diese Bemerkung ist unklar; es muß offenbleiben, ob dies auf die Ausdrucksweise von Obenauer oder des Protokollanten zurückzuführen ist. Möglicherweise handelt es sich um einen Reflex der oben S. 273 ff. behandelten Äußerungen von Naumann über Rusts Reaktion aus dem März 1937, die Obenauer gewiß nicht unbekannt geblieben waren; denn Obenauer hat keinerlei Einblick in die zur Ausbürgerung Thomas Manns führenden Vorgänge gehabt und – wie früher erwähnt – bei der Mitteilung über den Verlust der Ehrendoktorwürde des Dichters im Einvernehmen mit dem Reichsministerium für Wissenschaft, Erziehung und Volksbildung gehandelt. Andererseits stand er im Zusammenhang mit seinem Prozeßverfahren in Verbindung mit Naumann.

[64] Vgl. H. *Habe*, Amerikas „Unversöhnliche". Der Fall Gieseking (Die Weltwoche, Zürich, Nr. 796 vom 11. Februar 1949). Heftige Demonstrationen gegen den Pianisten Walter Gieseking in New York werden in diesem Artikel damit erklärt, ein Gefühl der Unsicherheit herrsche im amerikanischen Volk, das sich sage, „da unsere Militärregierung allen Deutschen vertraut, bleibt uns nichts übrig, als allen Deutschen zu mißtrauen". „Wenn Furtwängler in Chicago und Gieseking in New York heute nicht auftreten können, so ist es darauf zurückzuführen, daß gestern der Dekan der Universität Bonn, der Thomas Mann seines Ehrendoktorats beraubte, entlastet und in alle seine Ehrenrechte wieder eingesetzt wurde . . ." Dazu das Schreiben des Dekans der Philosophischen Fakultät, Prof. Langlotz, an den Schriftleiter der Weltwoche vom 4. März 1949 (Akten der Philosophischen Fakultät der Universität Bonn betr. Thomas Mann, UA); Dok. 272, S. 613 f. sowie Abdruck dieser Zuschrift in Nr. 801 der Weltwoche vom 18. März 1949.

gemeldet [65]. Sie buchte als dessen wesentlichstes Ergebnis, daß die Universität Bonn mit dem Vorgehen Obenauers nicht belastet werden könne. Obenauers Schuld wurde andererseits von verschiedenen Seiten als so schwerwiegend betrachtet, daß sein Freispruch Kritik und Protest weckte [66]. Damit war der Öffentlichkeit, die bereits 1947 beiläufig erfahren hatte, Thomas Mann sei die Bonner Ehrendoktorwürde „anscheinend infolge der Entziehung der Staatsbürgerschaft automatisch abgesprochen worden, jedenfalls keineswegs in einem gewichtigen Akt gemeinsamen akademischen Beschlusses" [67], 1948 der Gang der Dinge noch einmal ausführlicher zur Kenntnis gebracht worden. Ein wohlunterrichteter Aufsatz im „Bonner General-Anzeiger" hat ihn 1953 erneut in Erinnerung gerufen [68], ein „aus Notizen Prof. D. Dr. Paul Kahle" zusammengestelltes Memorandum 1964 gleichfalls im Wesentlichen zutreffend und wohlabgewogen skizziert [69]. Diese Darstellungen konnten durch die jetzt unternommenen, sehr eingehenden Forschungen zwar beträchtlich ergänzt, jedoch in keinem entscheidenden Punkt als falsch erwiesen werden.

1949 wurde Obenauer in erneuter Verhandlung des Spruchgerichts wegen Zugehörigkeit zum SD zu einer Geldstrafe verurteilt, die durch seine Internierungshaft

---

[65] Rheinische Zeitung Nr. 32 vom 22. April 1948 unter der Überschrift „Antrittsvorlesung in SS-Uniform. Freispruch eines Spruchgerichts"; Kölnische Rundschau Nr. 46 vom April 1948 unter der Überschrift „Von der Spruchkammer freigesprochen. Ehrenrettung für die Bonner Universität im Fall Thomas Mann".

[66] Die Rheinische Zeitung Nr. 33 vom 24. April 1948 enthält einen Artikel „Was das Ausland von Hitler hielt . . . Befremdliche Zeugenaussagen im Obenauer-Prozeß", der das Urteil und verschiedene Zeugenaussagen, darunter diejenige von Prof. Naumann, scharf kritisiert. Heftigster Angriff gegen Obenauers Freispruch: P. *Edel*, Sprüche um einen Dekan (Die Weltbühne 3, Nr. 33 vom 17. August 1948, S. 1013 f.). Der Verfasser stützt sich auf unzureichende Informationen, nennt Obenauer konsequent „Oberhausen", hält ihn – offenbar auf Grund der Tatsache, daß er Dekan der Bonner Philosophischen Fakultät war – für einen Philosophen mit Wohnsitz in Bonn und schreibt ihm eine „Rechtfertigungsrede" in dem Prozeßverfahren zu, die in Wirklichkeit Argumente eines Entlastungszeugen wiedergibt. Der Artikel schließt mit dem Satz: „Um eines SS-Mannes willen haben sich diese Richter selbst gerichtet und den Dichter Thomas Mann neuerlich an den Ungeist verraten". – Keiner der Kritiker hat die Feststellungen angegriffen, die das Verfahren gegen Obenauer darüber erbracht hat, daß die Fakultät an dem gegen Thomas Mann gerichteten Schritt nicht beteiligt war. Die gegen Obenauers Freispruch lautgewordenen Bedenken und Proteste setzen sogar dessen alleinige Verantwortlichkeit für den Entzug voraus.

[67] *W. H.*, Bekenntnis zu einem Deutschen (Rheinische Zeitung Nr. 11 vom 5. Februar 1947).

[68] – *sm* –, „Thomas Mann und die Bonner Universität" (General-Anzeiger für Bonn . . . Nr. 19402 vom 29./30. August 1953). Diese Publikation knüpfte an die Veröffentlichung des „Briefwechsels" in dem unten Anm. 75 zitierten Band „Altes und Neues" an.

[69] Diese, von T. B. *Kahle* vorgenommene, in Einzelheiten – z. B. über den Abgang des Kurators Bachem – verbesserungfähige Zusammenstellung äußerte über den als Kernpunkt betrachteten Fragenbereich, es sei „wohl mit Sicherheit anzunehmen, daß die Entscheidung über die Aberkennung der Ehrendoktorwürde Thomas Manns entweder von dem Rektor bzw. dem Dekan oder aber von höhergeordneter Stellung [sic!] beschlossen wurde. Inwiefern die Fakultät als solche von einem derartigen Schreiben überhaupt informiert wurde, ist ausgesprochen fraglich" (Die Zeit Nr. 48 vom 27. November 1964).

als verbüßt erklärt wurde. Noch im gleichen Jahr wurde er in zwei Instanzen des sogenannten Entnazisierungsverfahrens in Gruppe IV der Belasteten ohne Berufsbeschränkung eingestuft. In der Begründung, die die I. Kammer des Entnazisierungshauptausschusses für den Regierungsbezirk Köln für ihre abschließende Entscheidung vom 20. September 1949 gab, heißt es: „Daß Dr. O. als Dekan der philos. Fakultät in Bonn nicht initiativ an der Entziehung des Ehrendoktorates des Thomas Mann beteiligt war, ist eindeutig klargestellt worden" [70]. Obenauer hat sich bemüht, in die Philosophische Fakultät der Universität Bonn wiederaufgenommen zu werden. Die Fakultät hat es jedoch abgelehnt, diesem Antrag zu entsprechen [71], auch als sie später vom Kultusminister des Landes Nordrhein-Westfalen darauf hingewiesen wurde, nach den gesetzlichen Voraussetzungen könne Obenauers Anspruch auf Emeritierung schwerlich zurückgewiesen werden [72]. Professor Karl Schmidt, der im Zeitpunkt von Obenauers Schreiben an Thomas Mann Rektor der Universität und in der oben untersuchten Weise an den Vorgängen beteiligt war, wird hingegen heute im Bonner Vorlesungsverzeichnis als Emeritus der Medizinischen Fakultät geführt. Dies beruht darauf, daß ihm als ehemaligem ordentlichen Professor der Reichsuniversität Straßburg, an die er 1941 berufen worden war, auf Grund eines Antrags des Hochschularbeitsausschusses der Bundesstelle für Verwaltungsangelegenheiten im Bundesministerium des Innern, der sich auf das Bundesgesetz zur Durchführung von Artikel 131 des Grundgesetzes stützte, im Jahre 1954 durch das Kultusministerium des Landes Nordrhein-Westfalen die Rechtsstellung eines in Bonn entpflichteten ordentlichen Professors zuerkannt worden ist [73]. Was die beiden anderen Professoren der Bonner Universität betrifft, die im Zusammenhang mit Thomas Mann während des Dritten Reiches hauptsächlich in Erscheinung getreten waren, so sind sie nach dem Ende der nationalsozialistischen Zeit zunächst ihres Amtes entsetzt worden. v. Antropoff wurde durch Entscheidung des „Entnazifizierungs-Spruchausschusses für höhere Verwaltungsbeamte" in Lüneburg vom 2. November 1948 in Kategorie IV der Belasteten eingestuft und am 21. Oktober 1950 vom Berufungsausschuß rechtskräftig in Kategorie V versetzt, d. h. als entlastet erklärt. Nachdem auch das Spruchgerichtsverfahren, dem er sich als Angehöriger der SS zu unterwerfen hatte,

---

[70] Spruchkammerakten betr. Prof. Obenauer (Hauptstaatsarchiv Düsseldorf).

[71] Im Protokoll der Fakultätssitzung vom 9. Februar 1949 heißt es: „Antrag Prof. Obenauer auf Wiedereinsetzung wird verlesen. Es wird beschlossen, daß eine Lehrtätigkeit von O. in keiner Weise in Frage kommt. Der endgültige Beschluß zum Obenauerschen Antrag soll in einer vom Dekan vorzulegenden Formulierung in der nächsten Fakultätssitzung gefaßt werden". In der Sitzung vom 23. Februar 1949 beschloß die Fakultät einstimmig (bei einer Stimmenthaltung), Obenauers Gesuch mit der Befürwortung, ihn zu pensionieren, an das Kultusministerium weiterzuleiten. Die Stimmenthaltung eines Fakultätsmitgliedes begründete dieses mit der Tatsache, daß ihm unter Obenauers Dekanat die Lehrbefugnis aberkannt worden sei (Dekanat der Philosophischen Fakultät, Protokolle der Fakultätssitzungen 1945–1949).

[72] Der Kultusminister des Landes Nordrhein-Westfalen an die Philosophische Fakultät der Universität Bonn, 18. Dezember 1956; Antwort der Fakultät vom 12. Februar 1957 (Akten der Philosophischen Fakultät der Universität Bonn betr. Prof. Obenauer).

[73] Akten betr. Prof. Dr. med. Karl Schmidt (Rektorat der Universität Bonn).

für ihn günstig abgeschlossen war, hat er auf Grund eines Urteils des Landesverwaltungsgerichts in Düsseldorf vom 6. August 1953 die Rechtsstellung eines Emeritus der – seit 1936 von der Philosophischen Fakultät getrennten – Mathematisch-naturwissenschaftlichen Fakultät erhalten, der er bis zu seinem Tode im Jahre 1956 angehörte [74]. Naumanns Schicksal war weniger begünstigt. Er starb 1951, bevor das Verfahren, mit dem er seine Rehabilitierung anstrebte, abgeschlossen war [75].

Thomas Mann gab dem durch die Aberkennung seiner Bonner Ehrendoktorwürde entstandenen Fall 1952/53 schließlich öffentlich den nobelsten Abschluß. Schon in seinem Antwortschreiben an den Dekan vom 28. Januar 1947 hatte er „den erzwungenen Schritt von damals" erwähnt [76] und mit diesen Worten mehr als nur die nach dem Ende des nationalsozialistischen Regimes erneuerte Universität

---

[74] Akten der Philosophischen Fakultät der Universität Bonn betr. Prof. v. Antropoff (UA). Vgl. über v. Antropoff den Nachruf in: Rhein. Friedrich-Wilhelms-Universität Bonn, Chronik und Bericht für das akademische Jahr 1955/56, Jahrgang 71, N. F. 60, S. 25. – Für die Grundlage der Wiederaufnahme v. Antropoffs in den Lehrkörper der Universität vgl. die in der folgenden Anmerkung zitierten Ausführungen des Landesverwaltungsgerichts im Falle von Professor Naumann.

[75] Über Naumann vgl. General-Anzeiger für Bonn ... Nr. 18818 vom 26. September und Bonner Rundschau Nr. 226 vom 27. September 1951, ferner die ihm geltenden Nachrufe von A. *Gail* (Wirkendes Wort 2, 1951/52, S. 127 f.), K. *Ranke* (Hessische Blätter für Volkskunde 46, 1955, S. 1 ff.) und L. *Irle* (Zeitschrift für Volkskunde 54, 1958, S. 140 f.). – In dem auch von Naumann gegen den Kultusminister des Landes Nordrhein-Westfalen angestrengten Verwaltungsgerichtsverfahren hat das Urteil der Zweiten Kammer des Landesverwaltungsgerichts vom 25. Juli 1952 noch nach dem Ableben des Klägers festgestellt, „daß der Beklagte verpflichtet war, Prof. Dr. Naumann mit Wirkung vom 1. 9. 1949 wieder in eine Planstelle seines Faches – Besoldungsgruppe H 1 b – als ordentlicher Professor einzusetzen". Die Begründung dieses Urteils hat weit über den Einzelfall hinausreichende Bedeutung und ist geeignet, gewisse Punkte zu klären, die auch in der öffentlichen Diskussion eine Rolle gespielt haben, welche den sogenannten Fall Thomas Mann – d. h. die Aberkennung der Bonner Ehrendoktorwürde des Dichters – im Herbst 1964 erneut in das Bewußtsein weiterer Kreise gerückt hat. Die Kammer berief sich auf ihre „ständige Rechtsprechung in Hochschullehrersachen" und illustrierte sie durch verschiedene, auf Bonner Professoren bezügliche Urteile, um zur Frage des Vorschlagsrechts der Fakultät in dem Sinne Stellung zu nehmen, daß dieses „jedenfalls im Falle der vom Beklagten ... zu treffenden Entscheidung nicht verbindlich ist und daher als ‚zwingender Grund' ausscheidet, selbst wenn sich die Fakultät ausdrücklich gegen die Wiederverwendung eines Hochschullehrers ausspricht". Bei der Wiedereinstellung habe die Fakultät überhaupt nicht mitzuwirken. Politische Gründe aus dem Verhalten des Klägers „z. Zt. des sogen. Dritten Reiches" könnten nach seiner rechtskräftigen Entlastung im Entnazisierungsverfahren als zur Ablehnung zwingend nicht mehr herangezogen werden. Dies wäre eine unzulässige Nachentnazifizierung. Es sei auch nicht ersichtlich, daß seine Wiederverwendung etwa in der Studentenschaft, sonstigen Hochschulkreisen oder der weiteren Öffentlichkeit Aufsehen und Ablehnung gefunden hätte, die ein gedeihliches Wirken als Professor unmöglich gemacht hätten (Akten des Kuratoriums der Universität Bonn betr. Prof. Naumann, UA). – Das in Anm. 69 erwähnte Schreiben des Kultusministers wegen Professor Obenauer entspricht der durch das Landesverwaltungsgericht festgestellten Rechtslage. Wenn Obenauers beamten- und korporationsrechtliche Stellung trotzdem von ihr abweicht, so deshalb, weil er darauf verzichtet hat, den Rechtsweg zu beschreiten.

[76] S. oben S. 288.

300

von Schuld freigesprochen. Er hat sich auch Dritten gegenüber, wie dem britischen Universitätskontrolloffizier, in ähnlichem Sinne geäußert [77]. Nun nahm er in das Vorwort zu seiner Aufsatzsammlung „Altes und Neues" folgenden Satz auf: „Ich will mich entschuldigen für die Nachträgerei, daß ich den Brief nach Bonn, mit dem ich um die Jahreswende 1936/37 meine Ausbürgerung beantwortete, in diesen Band aufnehme, da doch mittlerweile die Fakultät mir das Ehrendoktor-Diplom freundlich zurückgestellt hat. Aber das Dokument, so überholt es sein mag, ist nun einmal in der Welt ... und ich bin ihm anhänglich geblieben, weil ich nie glücklicher gegen das Hitlertum vom Leder gezogen habe" [78]. Thomas Mann begründete den Wiederabdruck an jener Stelle überzeugend damit, daß der Brief, der buchstäblich seinen Weg um den Erdkreis gemacht habe, in Deutschland noch nie im Druck erschienen sei [79].

1955 schien sich dann auch ein Besuch Thomas Manns bei der Rheinischen Friedrich-Wilhelms-Universität und eine ähnliche Feier wie 1929 verwirklichen zu sollen. Der bevorstehende 80. Geburtstag des Dichters gab dem Senat am 16. Dezember 1954 Anlaß zu dem Beschluß, erkunden zu lassen, ob Thomas Mann bereit sei, „eine besondere Einladung der Universität anzunehmen". Professor Werner Richter, Ordinarius der Deutschen Philologie und kurz zuvor mehrfach Rektor der Universität, wurde gebeten, dies in Erfahrung zu bringen [80]. Er richtete am 5. Januar 1955 im Auftrag von Rektor und Senat die Einladung an Thomas Mann, im Lauf des Jahres einen Vortrag an der Universität zu halten [81]. Dabei konnte er auf Begegnungen mit dem Dichter verweisen, die bei dem preußischen Kultusminister C. H. Becker, Richters „Freund und Meister", sowie 1945 anläßlich von Thomas Manns Geburtstagsfeier in Chicago stattgefunden hatten. Aus einem weiteren Beschluß des Senats ergibt sich, daß mit dem Vortragsplan der Gedanke an eine Thomas-Mann-Feier der Universität verbunden war [82]. Indirekt kommt dies auch in dem Glückwunschschreiben des Dekans der Philosophischen Fakultät, Professor Thyssen, zum 80. Geburtstag „ihres berühmtesten Ehrendoktors" vom 3. Juni 1955 zum Ausdruck [83]. Thomas Mann hatte auf Richters Einladung erwidert, daß er sie „gern gleich und unbedingt" annehmen würde. Er müsse die Entscheidung aber wegen der durch die Schiller-Feiern in Stuttgart

[77] Ebd.

[78] Th. *Mann*, Altes und Neues, [Frankfurt/M.] 1953, S. 14. Das Vorwort ist „März 1952" datiert; es ist wiederabgedruckt in XI, S. 693 ff.; MK 120, S. 227 ff.; die angeführte Stelle XI, S. 698; MK 120, S. 231. Auch in einem Widmungsexemplar des „Briefwechsels" hat Thomas Mann die Antwort an Obenauer als seine „beste politische Schrift" bezeichnet; vgl. *Jonas*, S. 240.

[79] Zu einer ersten Zeitungsveröffentlichung, die Thomas Mann wohl unbekannt geblieben war, vgl. oben S. 256.

[80] Protokoll der Senatssitzung vom 16. Dezember 1954 (Rektorat der Universität Bonn, Senatsprotokolle 1951–1956); Dok. 279, S. 617.

[81] Prof. W. Richter an Th. Mann, 5. Januar 1955 (Nachlaß W. Richter); Dok. 280, S. 617 f.

[82] Protokoll der Senatssitzung vom 12. Mai 1955 (a. a. O.); Dok. 283, S. 619.

[83] Dekan Prof. Thyssen an Thomas Mann, 3. Juni 1955 (Akten der Philosophischen Fakultät der Universität Bonn betr. Thomas Mann); Dok. 285, S. 620.

und Weimar sowie seinen 80. Geburtstag in Aussicht stehenden Bürde offizieller Pflichten „in hoffnungsvoller Schwebe" lassen. Doch nannte er schon das Ende des Sommersemesters als möglichen Zeitpunkt für seinen Besuch und schlug vor, wie unlängst vor Zürcher Studenten über „Heinrich v. Kleist und seine Erzählungen" zu sprechen [84]. Richter brachte Ende Mai nochmals die freudige Erwartung der Universität zum Ausdruck und bat den Dichter, mitzuteilen, welcher Zeitpunkt ihm im Juli für die Anwesenheit in Bonn zusagen würde [85]. Zum 80. Geburtstag gratulierte Richter „dem größten lebenden deutschen Dichter" mit dem zu Beginn unserer Untersuchung erwähnten Telegramm, das „dankbare und bewundernde Glückwünsche" der Bonner Literaturwissenschaft und den Ausdruck ihrer „sturmerprobten Treue" miteinander verknüpfte [86]. Am 8. Juni teilte Thomas Mann dann doch mit, daß er die halbe Zusage von Januar nicht werde einhalten können. „Es wird mir wirklich sehr schwer, Sie zu enttäuschen, und herzlich möchte ich hoffen, daß ich bei einer anderen Gelegenheit bei Ihnen zu Gast sein darf" [87]. Der Tod des Dichters am 12. August 1955 hat diese Hoffnung zunichte gemacht und es verhindert, daß die Rheinische Friedrich-Wilhelms-Universität und Thomas Mann eine Wiederholung der triumphalen Stunde vom 28. November 1929 unter tief gewandelten Verhältnissen erlebt haben.

Vergegenwärtigt man sich das alles und bedenkt dabei, daß die entscheidenden Tatsachen längst bekannt sind, so erweist sich, daß die vor einiger Zeit in der Öffentlichkeit mit Leidenschaft vertretene Meinung, der „Fall Thomas Mann" sei niemals eindeutig geklärt und von der Universität Bonn auch nicht recht bereinigt worden [88], unbegründet war und nicht aufrecht zu halten ist. Entsprechendes gilt von dem mehr komischen als tragischen, unschwer aufzuhellenden und vollkommen harmlos zu erklärenden Mißverständnis, nicht Obenauer, sondern Oertel sei als Dekan der eigentliche Urheber des Entziehungsaktes gewesen, der im Dezember 1936 im Namen der Fakultät gegen Thomas Mann unternommen worden ist. Wir erinnern uns, daß der Name des Dekans, der das Schreiben vom 19. Dezember 1936 an Thomas Mann unterzeichnet hat, bei der ersten Publikation des „Briefwechsels" als unleserlich bezeichnet worden war. Obenauers Schreiben wurde auf Grund dieses Erstdrucks 1959 in eine Sammlung von Dokumenten zur Geschichte des Mißverhaltens deutscher Professoren im Dritten Reich aufgenommen und dabei mit einer Fußnote versehen, die besagte, im Wintersemester 1936/37 sei Professor Dr. Friedrich Oertel Dekan der Fakultät gewesen [89]. Sobald dies in Bonn bekannt wurde, stellte die Fakultät dem Verlag der Dokumenten-

---

[84] Th. Mann an Prof. W. Richter, 7. Januar 1955; Dok. 281, S. 618; dazu Richters Antwort vom 11. Januar 1955; Dok. 282, S. 619. Der Vortrag in Zürich hatte am 30. November 1954 stattgefunden. Sein Text: IX, S. 823 ff; MK 115, S. 297 ff.; über frühere Drucke vgl. ebd. S. 380.

[85] Prof. W. Richter an Th. Mann, 26. Mai 1955 (Nachlaß W. Richter); Dok. 284, S. 619 f.

[86] Prof W. Richter an Th. Mann, 6. Juni 1955 (Nachlaß W. Richter); Dok. 286, S. 621.

[87] Th. Mann an Prof. W. Richter, 8. Juni 1955 (Nachlaß W. Richter); Dok. 287, S. 621 f.

[88] *Boehlich*, Der neue Bonner Rektor.

[89] L. *Poliakov* – J. *Wulf*, Das Dritte Reich und seine Denker, Berlin [1959], S. 288.

sammlung gegenüber klar, die Angabe sei nur zum Teil richtig, da Oertel das Dekanat lediglich bis „Ende November 1936" geführt habe und dann von Obenauer abgelöst worden sei [90]. Mit Hilfe der jetzt ermittelten Quellen läßt sich der Tag des Wechsels im Dekanat heute genau bestimmen. Es war der 16. November 1936 [91]. Die irrige Angabe in der Dokumentenpublikation von 1959 geht auf eine Auskunft zurück, die einer ihrer Herausgeber am 24. März 1959 mit der Anfrage bei der Fakultät erbeten hatte, wer im Dezember 1936 ihr Dekan gewesen sei. Hierbei war weder auf die Aberkennung des Ehrendoktors von Thomas Mann noch irgendeinen anderen Zusammenhang Bezug genommen. Das Schreiben war als reine Büroangelegenheit behandelt und von der Dekanatssekretärin damit beantwortet worden, im Wintersemester 1936/37 sei Oertel Dekan gewesen [92]. Sie hatte sich hierfür auf das Personal- und Vorlesungsverzeichnis des betreffenden Semesters verlassen, das – wie üblich – zu Ende des Sommersemesters 1936 erschienen war, sich auf das Wintersemester 1936/37 und das Sommersemester 1937 bezog und natürlich die erst im November unvermutet verfügten Umbesetzungen an der Spitze der Universität und einiger Fakultäten, die Schmidt das Rektoramt und Obenauer das Dekanat eintrugen, nicht hatte berücksichtigen können. Hiervon war der erst 1946 in den Dienst der Fakultät getretenen und dreiundzwanzig Jahre nach den Ereignissen Auskunft gebenden Sekretärin nichts bekannt. Selbst wenn diese Änderungen, wie vermutet werden kann, seinerzeit in das Handexemplar des Personal- und Vorlesungsverzeichnisses auf dem Dekanatsbüro eingetragen worden sind, so nutzte dies 1959 nichts mehr, da jenes Exemplar mit zahlreichen anderen Akten der Fakultät beim Luftangriff auf Bonn vom 18. Oktober 1944 vernichtet worden war. Dem Dekanat stand nur ein nachträglich beschafftes Stück des Verzeichnisses zu Gebote, das die Änderungen nicht enthält. Der Verlag des erwähnten Buches hat auf Grund der Klarstellung des Sachverhaltes zugesagt, die betreffende Fußnote bei Neuauflage des Werkes zu ändern. Der Kommentar zu einem weiteren Abdruck des Obenauer-Schreibens in einem 1963 erschienenen anderen Buch von einem der beiden Herausgeber der erwähnten Dokumenten-

[90] Schreiben des Dekans der Philosophischen Fakultät an den arani-Verlag, 9. Dezember 1959; dazu ein Schreiben des Dekans an Prof. Oertel (Akten der Philosophischen Fakultät der Universität Bonn betr. Thomas Mann, UA); Dok. 290, Dok. 291, S. 623 f.

[91] Mitteilungen des Rektors Prof. Schmidt an den Lehrkörper der Universität vom 16. November 1936 und des bisherigen Dekans Oertel an die Mitglieder der Philosophischen Fakultät vom 20. November 1936 (Akten der Universitäts-Sternwarte); Dok. 193 und Dok. 194, S. 550 f. – Laut einer Meldung im „Westdeutschen Beobachter" Nr. 319 vom 17. November 1936 stammte der Erlaß, durch den Schmidt zum Rektor ernannt wurde, vom 11. November. Nach der am 16. November vollzogenen Amtsübernahme fand die feierliche öffentliche Übergabe des Rektorats am 25. November 1936 statt.

[92] Der Sachverhalt ergibt sich aus der Antwort des arani-Verlags an den Dekan Prof. Herter vom 18. Dezember 1959 (Akten der Philosophischen Fakultät der Universität Bonn betr. Thomas Mann, UA); Dok. 292, S. 624. Die darin erwähnten Schreiben sind in den Akten der Fakultät nicht überliefert; vermutlich sind sie als bedeutungslose Routineangelegenheit des Büros betrachtet und deswegen von vornherein der dauernden Aufbewahrung nicht für wert gehalten worden. Ein Faksimile der ausgefertigten Antwort des Fakultätsbüros vom 28. März 1958 druckte die Wochenzeitung Die Zeit Nr. 47 vom 20. November 1964.

sammlung hat die für den Kenner des Namens übrigens durchaus nicht unleserliche Unterschrift zutreffend erläutert [93]. Im gleichen Jahr bot auch die durch Erika Mann besorgte Ausgabe von Briefen ihres Vaters die richtige Erklärung [94]. Eine trotz allem erforderlich gewordene erneute amtliche Richtigstellung durch die Philosophische Fakultät, die die Pressestelle der Universität Bonn am 13 November 1964 publiziert hat, ist von der Wochenzeitung, die damals viel Wesens von dieser Sache machen zu müssen glaubte [95], obwohl dem zuständigen Redakteur der wahre Sachverhalt nachweislich seit 1961 genau bekannt war, ihren Lesern vorenthalten worden [96]. Nicht genug der Verwirrung, war durch einen Lapsus der

---

[93] *Wulf, Literatur* S. 25. Obenauers Schreiben an Thomas Mann ist dort irrig auf den 19. Februar 1936 datiert. In der Taschenbuch-Ausgabe dieses Bandes *Wulf, Literatur*, S. 24 ist der Fehler beseitigt. – Das oben Anm. 86 genannte Buch hat keine zweite Auflage erfahren.

[94] *Briefe* II, S. 591.

[95] Vgl. Acht Fragen der Zeit an Rektor und „Kommission" der Universität Bonn (Die Zeit Nr. 45 vom 6. November 1964; Nr. 47 vom 20. November 1964).

[96] Die Verlautbarung der Fakultät vom 13. November 1964 ist u. a. abgedruckt in General-Anzeiger für Bonn ... Nr. 22797 vom 14./15. November 1964. Zur Kenntnis des richtigen Sachverhalts bei der Redaktion der „Zeit" vgl. die zu dem in der folgenden Anmerkung genannten Artikel vorgenommene Richtigstellung „Thomas Manns Ehrendoktor" (Die Zeit Nr. 13 vom 24. März 1961; bei *Matter* nicht verzeichnet), wo mit der Unterschrift „Zeit-Redaktion" gesagt ist: „Karl Justus Obenauer, der Germanist, war Dekan der Philosophischen Fakultät". Hierzu vgl. auch den Briefwechsel des „Zeit"-Redakteurs Dr. R. W. *Leonhardt* einerseits mit Studienrat E. *Keller* (Marburg/Lahn) vom 24. und 27. März 1961, andererseits mit Prof. *Oertel*, für den Privatdozent Dr. *Braunert* (Bonn) antwortete, vom 27. März und 27. April. Leonhardt schrieb am 27. März an Keller: „Meine Vermutung ist: Professor Oertel war der für das Wintersemester 36/37 ordnungsgemäß gewählte Dekan; inzwischen war aber die Senatsverfassung außer Kraft gesetzt und ein der Partei wohlgefälligerer Mann – nämlich Justus Obenauer – eingesetzt worden. Dazu paßt vor allem, daß Professor Oertel 1945, als die Universität Bonn wieder eröffnet wurde, allgemein als völlig unbelastet galt und eigentlich der Mann war, der, neben Professor Cohnen [sic!], der Universität neues Leben einhauchte". Diese, im springenden Punkt zutreffende Vermutung wurde Leonhardt durch *Braunert* und unabhängig davon auch noch am 27. Juni 1961 durch ein Schreiben von Prof. K. *Schmidt* bestätigt (Fotokopie des Schriftwechsels zwischen Prof. Schmidt und der Redaktion der „Zeit" im UA); für Überlassung von Abschriften des Briefwechsels zwischen Dr. Leonhardt und Studienrat *Keller* hat der Verfasser diesem zu danken. Für die Bonner Universitätsstellen mußten begründete Zweifel über die Person des Dekans, der das Schreiben vom 19. Dezember 1936 an Thomas Mann gerichtet hatte, als ausgeschlossen gelten, nachdem die oben S. 298 erwähnten Berichte über das Verfahren gegen Obenauer in der Presse erschienen waren und der richtige Sachverhalt verschiedentlich auch an anderen Stellen – zuletzt in dem oben S. 298, Anm. 68 zitierten Artikel über „Thomas Mann und die Bonner Universität" – erwähnt worden war. Soweit wegen des unleserlichen Namens unter dem Brief an Thomas Mann Anfragen an die Fakultät gerichtet worden sind, wurden sie wahrheitsgetreu beantwortet, zuerst am 29. August 1946 mit einem Schreiben an Prof. Knudsen (Berlin) (Akten der Philosophischen Fakultät der Universität Bonn betr. Thomas Mann); Dok. 229, S. 587. Aller weitere Briefwechsel über die gleiche Frage, der sich in den Fakultätsakten findet, wird nachstehend in den Dok. 278, 290, 307, 313, S. 616, 623, 633, 637 f. wiedergegeben. Die angebliche Verschweigung von Obenauers Namen in der Antwort vom 24. September 1964 auf eine Anfrage des Kieler Germanisten Prof. *Conrady* ist der Fakultät und ihrem Dekan nicht anzulasten, da Conradys Schreiben vom 16. August 1964 ausdrücklich zu entnehmen ist, daß ihm bekannt war, Obenauer sei derjenige gewesen, der den Brief an Thomas Mann unterzeichnet hat (vgl. Dok. 310, Dok. 311, S. 635). Die Antwort des

Redaktion desselben Blattes 1960 der ehemalige Bundesminister Professor Dr. Oberländer statt Obenauer als derjenige Dekan der Bonner Philosophischen Fakultät bezeichnet worden, der Thomas Mann den Ehrendoktor entzogen habe [97]. Dies ist schon deshalb unsinnig, weil Oberländer nie Mitglied des Lehrkörpers der Universität Bonn gewesen ist. Ebenso wenig begründet war die im Herbst 1964 von einer anderen deutschen Zeitung konstruierte direkte Verbindung zwischen dem Bonner Germanisten Hugo Moser und dem Brief des Dekans der Philosophischen Fakultät an Thomas Mann vom 19. Dezember 1936 [98]. Die dabei mit Nachdruck erhobene Forderung, das Verhältnis Mosers zum Inhalt dieses Briefes zu klären, erledigt sich auf denkbar einfache Weise. Moser war nicht – wie bei jenen Ausführungen als selbstverständlich unterstellt worden ist – einer der „Professoren, die noch heute an der Bonner Universität wirken" und „damals geschwiegen und sogar mitgerichtet haben", sondern ist erst 1959 als Nachfolger von Professor Werner Richter an die Universität berufen worden. 1909 geboren, dürfte er den Entzug von Thomas Manns Bonner Ehrendoktor im Jahr 1936 vermutlich gar nicht erfahren haben, da er damals als Studienassessor in Eßlingen/Neckar wirkte. Daß im übrigen Bonner Professoren gar keine Gelegenheit hatten, „mitzurichten", als Obenauer sein Schreiben an Thomas Mann schickte, hat unsere Untersuchung ergeben. Freilich verhielt es sich dabei auch nicht so, wie eine – übrigens auf Obenauer selbst zurückgehende – Interpretation neuerdings glauben machen will, die das Verhalten des Dekans im Dezember 1936 dadurch erklären möchte, er habe in dieser Sache einen Konflikt zwischen Universität und Staat vermeiden wollen [99]. So wenig das nationalsozialistisch regierte Deutschland und die NSDAP sowie ihre

---

Dekans brauchte darauf deshalb nicht einzugehen. Auch dieser Sachverhalt war Dr. R. W. Leonhardt bekannt, da ihm Conrady am 16. November 1964 auch seine Anfrage vom 16. August 1964 mit dem Antwortschreiben des Dekans vom 24. September 1964 zur Verfügung gestellt hatte. Der Schluß Leonhardts, es sei „bis jüngstens geradezu Bonner Tradition" gewesen, den Namen Obenauer nicht zu nennen, entbehrt hiernach der Grundlage. Für sachdienliche Mitteilungen ist der Verfasser Herrn Prof. *Conrady* (Kiel/Köln) zu Dank verpflichtet.

[97] In dem Artikel von D. *Sauberzweig,* Die Kapitulation der deutschen Universitäten. Die Hochschulen im Dritten Reich 2: „Die Bonner Philosophische Fakultät unter dem Dekan Professor Oberländer entzog Thomas Mann die Ehrendoktorwürde" (Die Zeit Nr. 12 vom 17. März 1961); dazu die bereits in der vorigen Anmerkung zitierte Richtigstellung aus der nächsten Ausgabe Nr. 13 vom 24. März 1961.

[98] D. *Wolf,* Thomas Mann und der Bonner Rektor (Neues Deutschland Nr. 325 vom 25. November 1964). Auf den Artikel ist in unserem Zusammenhang einzugehen, weil er bei H. *Matter,* Verzeichnis der in der DDR seit 1945 erschienenen Literatur über Thomas Mann (*Betrachtungen und Überblicke*, S. 596, Nr. 758; vgl. auch *Matter*, Nr. 4063) aufgenommen worden ist und daher die Möglichkeit nicht ausgeschlossen werden kann, daß er – obwohl ohne wissenschaftlichen Anspruch auftretend – in Zukunft doch einmal bei gelehrten Erörterungen herangezogen wird. Mangel an Sachkenntnis verrät dieser Autor u. a. auch dadurch, daß er meint, Moser, der für das akademische Jahr 1964/65 zum Rektor der Universität Bonn gewählt worden war, sei von einer „Bonner Staatsdienststelle" für dieses Amt vorgeschlagen worden. In gleicher Richtung weckt *Walter* I, S. 15 unzutreffende Vorstellungen, indem er die rhetorische Frage stellt: „Warum auch sollten Professoren, die ... Dichtern mit Weltruhm die Ehrendoktorwürde ihrer Universität aberkannt hatten ..., gerade über Exilliteratur lehren?"

[99] Vgl. dazu unten S. 627 f., 638 f., Dok. 296 und Dok. 314.

Gliederungen einen monolithischen Block darstellten, so stark die Spannungen gewesen sind, die hinter der einheitlich erscheinenden Fassade des Dritten Reiches sich abspielten, so klar bezeugt selbst heftige Auseinandersetzungen zwischen den offiziellen Repräsentanten der Universitäten und Fakultäten einerseits und Personen und Dienststellen des Staates sowie der herrschenden Partei andererseits sind – nichts zeugt davon, daß Obenauer jemals während der nationalsozialistischen Zeit einen Gegensatz zwischen der Universität und den staatlichen Stellen und ihren Anordnungen empfunden habe. Es besteht insbesondere kein Anhaltspunkt dafür, daß dies in der Angelegenheit von Thomas Manns Ehrendoktorwürde der Fall gewesen ist. Mögen auch gewisse Anzeichen darauf hindeuten, daß er sich bewußt war, seine Mitteilung an den Dichter sei die Konsequenz eines von höherer Stelle gefaßten Beschlusses, der ihm nichts mehr zu entscheiden übrig ließ, so bedürfte es doch durchschlagender Beweise, um sicherzustellen, daß er dabei auch nur erwogen haben könnte, gegen eine derartige Maßnahme Einspruch zu erheben. Ganz und gar abwegig ist schließlich die im Verlauf der Auseinandersetzungen vom Spätjahr 1964 aufgetauchte Ansicht, der Wechsel im Dekanat von Oertel zu Obenauer sei vollzogen worden, um diesem die unangenehme Aufgabe zuzuschieben, Thomas Mann das ominöse Schreiben zu schicken, damit der belastende Akt Oertel erspart bleiben konnte [100]. Nichts spricht für diese romanhafte Interpretation, alle erweislichen Tatsachen stehen ihr entgegen – am stärksten der Umstand, daß bei der Universität Bonn über das gegen Thomas Mann eingeleitete Ausbürgerungsverfahren, das jenen Brief des Dekans an den Dichter zur Folge hatte, im November 1936 nicht das geringste bekannt war und die ausschlaggebende Entscheidung Hitlers, die das Auswärtige Amt Ende Oktober 1936 gefordert hatte, im Augenblick der Ernennung Obenauers zum „Führer" der Philosophischen Fakultät überhaupt noch ausstand. Es war bei dem Wechsel an der Spitze von Universität und Fakultät gar nicht vorauszusehen, daß der neue Dekan so bald nach Antritt seines Amtes mit dem „Fall Thomas Mann" zu tun haben würde – ganz abgesehen davon, daß die bei der hier diskutierten These vorausgesetzte Rücksichtnahme auf einen „aufrechten Gelehrten" mit dem sonst massenhaft bezeugten Verhalten der nationalsozialistischen Obrigkeit schwer in Einklang zu bringen ist. Auch würde es die Hochschulpolitik des Dritten Reiches gröblich verkennen heißen, wenn man glauben wollte, sie hätte sich bei Personalentscheidungen im Herbst 1936 von Motiven leiten lassen, die mit Thomas Mann auch nur entfernt etwas zu tun hatten.

---

[100] R. W. *Leonhardt*, Die Universität Bonn und ihr neuer Rektor (Die Zeit Nr. 47 vom 20. November 1964) erwähnt diese Hypothese als eine „sotto voce" verbreitete Version in folgender Form: „Dem aufrechten Gelehrten Friedrich Oertel, der 1936 Dekan der Philosophischen Fakultät war, konnte diese Schändlichkeit nicht zugemutet werden. Also beauftragte irgendjemand in Berlin den SS-Mann Obenauer mit dem Dekanat gerade noch rechtzeitig, damit der dann die Aberkennung formulieren und den Brief unterschreiben konnte. Oertel, 1947 wieder und diesmal frei zum Dekan gewählt, sorgte sofort dafür, daß Thomas Mann den Ehrendoktortitel der Universität Bonn zurückerhielt".

EPILOG

„NIHIL VERITAS ERUBESCIT NISI SOLUMMODO ABSCONDI".

Tertullian, Adversus Valentinianos III, 2
(Corpus Christianorum, Series Latina II, 2,
S. 755).

Als Thomas Mann Ende Januar 1947, einen Tag, nachdem er dem Dekan der
Bonner Philosophischen Fakultät für das erneuerte Ehrendoktordiplom gedankt
hatte, seiner Tochter Erika den glücklichen Abschluß des „Doktor Faustus"
meldete, nannte er dieses Sinnbild deutschen Schicksals eine „sad story" [1]. Wer die
weitschichtigen, in allen miteinander verflochtenen Einzelheiten nur umständlich
zu entwirrenden Vorgänge verfolgt hat, die wir zu schildern hatten, und wer darin
einen Ausschnitt deutscher Zeitgeschichte erkennt, der mancherlei Einblicke in das
Geistes-, Universitäts- und Staatsleben des bewegten Halbjahrhunderts zwischen
1906 und 1955 ermöglicht, wird dazu neigen, auch dieses Teilstück unserer jüngsten
Vergangenheit trotz des versöhnlichen Schlußakts als „sad story" zu bezeichnen.
Ein so emotional getöntes Urteil würde freilich – für sich allein genommen – die
angestrebte Erkenntnis eines verwickelten geschichtlichen Sachverhalts wenig
fördern. Wir haben nicht Gefühle zu äußern, sondern historische Klarheit zu
schaffen. Hierzu sind die Resultate zusammenzufassen und verschiedene Gesichtspunkte hervorzuheben, die sich aus der hinter uns liegenden Arbeit ergeben. Dabei
kann es sich natürlich nicht darum handeln, die vielen gewonnenen Einzelerkennt-
nisse noch einmal Revue passieren zu lassen. Die zur Sprache gekommenen biographischen, universitätsgeschichtlichen, literarhistorischen und politischen Fakten
hängen mit Voraussetzungen und Verlauf der deutschen Geschichte in der Zeit
zwischen 1906 und 1955 eng zusammen. Sie können nur in deren Rahmen verstanden und sachgerecht bewertet werden. Andererseits fällt immer von einzelnen
Tatsachen erhellendes Licht auf breitere Bereiche der Vergangenheit. Genaue
Beobachtung und Analyse derartiger Fakten vermag darum zur Lösung allgemein
historischer Fragen beizutragen. Das ist auch hier der Fall. So ist unser Vorhaben
aus doppelter Ursache über die Klärung einer aufsehenerregenden und umstrittenen Begebenheit aus der Geschichte der Universität Bonn hinausgewachsen. Der
Ertrag beschränkt sich auch nicht auf den Zuwachs neuen Wissens über das Leben
eines weltberühmten Dichters deutscher Zunge. Dem Rundblick über die Klärung
der zunächst im Vordergrund stehenden Punkte bleiben darum die Erkenntnisse

---

[1] Th. Mann an E. Mann, 29. Januar 1947 (*Briefe* II, S. 526).

hinzuzufügen, die aus der Interpretation einzelner Befunde für die Zeitgeschichte und die innere wie äußere Biographie Thomas Manns zu gewinnen sind.

Unser Ausgangspunkt war der Wunsch, aufgrund aller verfügbaren Quellen zu ermitteln, wie und durch wen es im Dezember 1936 zu „der berüchtigten Entziehung"[2] der Ehrendoktorwürde gekommen ist, mit der die Philosophische Fakultät der Rheinischen Friedrich-Wilhelms-Universität Thomas Mann 1919 ausgezeichnet hatte. Diese Verleihung des Dr. phil. h. c. an den Dichter – die erste öffentliche Ehrung, die er erfuhr – war, anders als der Entzug, nicht bloß zu ihrer Zeit wenig beachtet worden. Merkwürdigerweise haben ihre Gründe und Hintergründe auch später und bis zum heutigen Tage noch nie Aufmerksamkeit erregt[3]. Darum ist auch die Bedeutung dieser Ehrenpromotion für die innere Biographie von Thomas Mann bisher so wenig zu erkennen gewesen wie die Absicht, die die verleihende Fakultät damit im Sinn hatte. Präzise Aussagen in den Akten über Motiv und Urheber sucht man vergebens. Allein auf dem Weg der historischen Methode, durch kritische Analyse und Kombination verstreuter, für sich allein genommen wenig besagender Tatsachen und Quellenzeugnisse, durch Rekonstruktion des Lebenszusammenhangs im Augenblick der Hundertjahrfeier der Universität Bonn, die den äußeren Anlaß zu der hier durchaus ungewöhnlichen Auszeichnung eines literarischen Autors bot, endlich durch Anamnese der für diesen Akt hauptsächlich verantwortlichen Personen, namentlich Berthold Litzmanns und Ernst Bertrams, konnte gezeigt werden, daß in dem Dichter der „Buddenbrooks" von der Fakultät der Verfasser der „Betrachtungen eines Unpolitischen" geehrt werden sollte. Niemand ahnte damals, daß Thomas Mann schon während der Niederschrift sich von den Meinungen, die dieses Buch enthielt, zu lösen begonnen hatte. Seine Promotion honoris causa stellte eine demonstrative Geste dar, die den Zeitgenossen auch als solche bewußt war. Sie richtete sich gegen die soeben in Versailles triumphierenden Mächte und gegen die gleichzeitig in Weimar für das zur Republik gewordene Reich beschlossene Verfassungsform, die parlamentarische Demokratie. Wenn das Bild der Beziehungen Thomas Manns zur Bonner Universität bislang vom Entzug der Ehrendoktorwürde eines Hitler-Deutschland meidenden prominenten Gegners der Nationalsozialisten beherrscht war, die als fanatische Kämpfer gegen Versailles und Weimar hochgekommen sind, so erhält es durch die aufge-

---

[2] O. *Bihalji-Merin*, Thomas Mann – Weltsicht und Selbstvollendung (Sinn und Form. Sonderheft Thomas Mann, 1965), S. 103.

[3] Nur beiläufig mag erwähnt werden, daß sich verschiedentlich chronologisch oder sachlich unzutreffende Angaben über die Bonner Ehrenpromotion Thomas Manns finden. Besonders grotesk heißt es in: *Wer ist's*, VIII. Ausgabe, Leipzig 1922, S. 996, der Dichter sei „[19]19 Dr. jur. e. h. d. phil. Fak. Univ. Bonn" geworden. A. *Bauer*, Thomas Mann und die Krise der bürgerlichen Kultur, Berlin 1946, S. 57 läßt „dem Nobelpreis..." als „längst fällige Ehrung in Deutschland die Verleihung der Würde eines Dr. h. c." durch die Bonner Philosophische Fakultät folgen. Den gleichen chronologischen Irrtum enthält auch der S. 255, Anm. 477 zitierte Artikel von „Musculus". Zu weiteren chronologischen Schnitzern bei Bauer vgl. S. 320, Anm. 20.

deckten Motive der Ehrenpromotion des Dichters eine unerwartete, aber der geschichtlichen Wirklichkeit und der inneren Entwicklung Thomas Manns entsprechende Tiefenschärfe. Das Bild gewinnt zugleich – und zwar in mehrfacher Hinsicht – Züge jener ironischen Dialektik, die der Dichter seinen Schöpfungen beizumischen pflegte, weil er in ihr ein Element des menschlichen Daseins sah. Sie zeigte sich im Zusammenhang mit der Bonner Ehrenpromotion Thomas Manns zunächst darin, daß ihn diese Auszeichnung davon überzeugte, er habe nicht bloß im Bereich des künstlerischen Schaffens eine Aufgabe zu erfüllen, sondern auch durch erzieherische Einwirkung, besonders auf die Jugend. So kam es, daß Thomas Mann nicht bei der Absicht blieb, sich in den Zauberberg-Roman „einzuspinnen", sondern daß er wieder mit politisch wirkenden, politisch gemeinten Reden an die Öffentlichkeit trat – zuerst 1921 mit dem in einer adhortatio ad juventutem ausklingenden Vortrag „Goethe und Tolstoi", ein Jahr später vor Studenten in der Reichshauptstadt mit der Rede „Von deutscher Republik", die seine Mitwelt überraschte und Folgen hatte, von denen gleich zu sprechen sein wird.

An ironisch-dialektischem Einschlag, ja an Beispielen tragischer Ironie fehlt es auch sonst im Verlauf der Begebenheiten nicht, die wir darzustellen hatten. Die literarhistorische Forschung hat bei dem Thema „Thomas Mann und sein Publikum" „hie und da tragikomische Züge" konstatiert [4]. Wenn sie sagt, nicht selten werde dabei „das Tragische gestreift", so trifft das in einem weiteren Sinne zu, nämlich auf das Verhältnis zwischen Thomas Mann und seiner Zeit überhaupt, zwischen diesem Dichter und seiner Welt, dem Deutschland in der ersten Hälfte des 20. Jahrhunderts. Er fühlte sich zu ihrem Repräsentanten geboren und war dies auch in beträchtlichem Maße. Dennoch stand er zugleich immer wieder in Spannung und Gegensatz zu ihr. Die nicht abreißende Kette heftiger Auseinandersetzungen – zum geringsten Teil literarischer und ästhetischer Art – welche sich durch das Leben Thomas Manns zieht, ein kaum sonst einmal aus unserer Literaturgeschichte in solchem Ausmaß bekannter unversöhnlicher Haß, den der Dichter – nicht wenig verstört deswegen – neben tiefster Bewunderung in seinem Heimatland fand, zeugen von dieser tragischen Kluft auf unübersehbare Weise. Thomas Manns 1922 vollendete Wendung vom Autor der „Betrachtungen" zum Lobredner „Von deutscher Republik" spielt dabei eine wesentliche Rolle. Sie bildete die primäre Ursache für ein Gutteil der Konflikte, die er gegen seine Zeit und Zeitgenossen auszufechten hatte – bis zur völligen Veränderung seiner Existenz, der Aufgabe von Heimat, Habe und Staatsangehörigkeit. Zwar konnte jene Wendung von 1922 die verehrend freundschaftlichen Gefühle, die sein deutschnationaler Bonner Promotor und späterer Münchner Hausnachbar Litzmann für ihn hegte, nicht zerstören. Auch war der triumphale Empfang, den Universität und Fakultät ihrem Ehrendoktor im Herbst 1929 auf dem Weg zur Entgegennahme des Nobelpreises bereiteten, ein Zeichen dafür, daß die damals hier maßgebenden Persönlichkeiten und auch noch die große Mehrzahl der Bonner Studenten mit einem Thomas Mann in

---

[4] *Lehnert*, S. 15.

Einklang standen, der von „machtgeschützter Innerlichkeit" als Ideal für Deutschland abgerückt war. Aber sonst trug dem Dichter sein Bekenntnis zu Republik und Demokratie als den besten Garanten der Humanität, erst recht natürlich seine Hoffnung auf einen „Karl Marx", der „den Friedrich Hölderlin gelesen hat" [5], in bürgerlichen Kreisen weithin und besonders bei den ungestüm auf der Szene erscheinenden Nationalsozialisten heftigste Feindschaft ein. Sie war stark ressentimentgeladen, teilweise auch schon früh antisemitisch gefärbt. All das mündete 1933 bruchlos in den bösartigen „Protest der Richard-Wagner-Stadt München", unmittelbar danach in wilde SA-Gewaltakte und wenig später in die von Amts wegen gegen den Dichter inszenierten Verfolgungsmaßnahmen aus. Diese erreichten mit der mehrfach, zuerst schon im Januar 1934 durch den bayerischen Innenminister und Gauleiter Adolf Wagner, beim Reichsministerium des Innern beantragten Aberkennung der deutschen Staatsangehörigkeit von Thomas Mann am 2. Dezember 1936 ein jahrelang zäh verfolgtes Ziel.

In den Zusammenhang dieser Kampagne gehört der Entzug von Thomas Manns Bonner Dr. phil. h. c. Er bildete nicht ein isoliert dastehendes Ereignis, nicht eine selbständig geplante Handlung, sondern die faktisch automatische Konsequenz der über den Dichter verhängten Ausbürgerung. So bestimmten es die von den nationalsozialistischen Machthabern auf Drängen ihrer Studentenfunktionäre schon 1933 erlassenen generellen Vorschriften. Bei der Universität Bonn und ihrer Philosophischen Fakultät hat die Aversion rechtsbürgerlicher Kreise und nationalsozialistischer Aktivisten gegen Thomas Mann deutliche Spuren in den Akten hinterlassen. Gleichwohl steht diese Gesinnung einzelner Professoren in keinerlei nachweisbarem Kausalzusammenhang mit dem Entzug seiner Ehrendoktorwürde. Als sich 1934 ein direkter Anlaß zu einem derartigen Schritt bot, wurde er ausdrücklich nicht wahrgenommen. Der auf Aberkennung zielende Vorstoß, den im folgenden Jahr einer der wenigen überzeugten und kämpferisch aktiven Nationalsozialisten im Lehrkörper der Hochschule, der Chemiker Professor v. Antropoff, aufgrund von Pressenachrichten über kommunistenfreundliche Äußerungen Thomas Manns spontan und auf eigene Faust, allerdings unter Ausnutzung der ihm als Stellvertreter des Dekans bei den damals herrschenden Verhältnissen offenstehenden Möglichkeiten, unternahm, scheiterte an den Bedenken des Auswärtigen Amtes und des Reichspropagandaministeriums.

Die Frage einer Schuld der Fakultät in diesem Zusammenhang erledigt sich nicht bloß dadurch, daß v. Antropoffs Schritt nachweislich ohne ihre Beteiligung oder Kenntnis unternommen worden ist. Sie geht überhaupt von einer irrigen Vorstellung aus. Das gilt auch im Hinblick auf das Schreiben des Dekans Obenauer vom 19. Dezember 1936, das Thomas Mann dann tatsächlich den Verlust seines Bonner akademischen Ehrengrades eröffnete. In der nationalsozialistischen Ära haben nämlich an den deutschen Hochschulen Fakultäten als Beschlußkörperschaften nicht bestanden, wie es vor 1933 selbstverständlich und seit 1945 wieder der Fall

---

[5] Goethe und Tolstoi (IX, S. 170; MK 113, S. 216).

war. Seit dem Erlaß des Kultusministers Rust „zur Vereinfachung der Hochschulverwaltung" vom 28. Oktober 1933, besonders aber nach schärferen Richtlinien vom 1. April 1935, die die zunächst noch verbliebenen spärlichen Reste früherer Beratungs- und Entscheidungskompetenz völlig beseitigten, konnte davon keine Rede mehr sein. Einzig und allein der Dekan besaß von da an die Befugnis, Entscheidungen zu treffen, selbst in rein wissenschaftlichen Fachfragen wie der Bewertung von Dissertationen. Er konnte zu diesen Beschlüssen nach Gutdünken die Ansicht der Fakultät einholen oder dies auch unterlassen. In keinem Fall war er an sie gebunden. Seine nach nationalsozialistischem „Führerprinzip" zustande gekommenen Entscheidungen wurden freilich weiterhin als „Fakultätsbeschlüsse" bezeichnet. Bei Auswahl und Bestellung des Dekans hatten die Fakultäten nicht einmal mehr ein Mitspracherecht. Selbstverständlich gilt auch für diese Verhältnisse, daß Verfassungsvorschrift und Verfassungswirklichkeit sich nicht immer deckten und daß der Umfang, in dem dies jeweils doch geschah, mannigfache Abstufungen aufwies. Trugschlüssen kann nur entgehen, wer genau prüft, wie es sich im einzelnen Fall verhalten hat. Aus den Akten ergibt sich, daß der im November 1936 aus rein politischen, allein in seiner SS- und SD-Zugehörigkeit liegenden Gründen zum Dekan ernannte Professor Obenauer das „Führerprinzip" in perfekter Weise praktiziert hat. Das war auch, ja insbesondere bei der kurz nach dem Amtsantritt des neuen Dekans vollzogenen Aberkennung von Thomas Manns Dr. phil. h. c. der Fall. Dieser Akt kann nicht zutreffender charakterisiert werden als mit den Worten des jüngsten Kommentars zu dem Antwortschreiben des Dichters: „Unter dem Druck der faschistischen Machthaber in Deutschland wurde Thomas Mann die Ehrendoktorwürde durch den Dekan der Philosophischen Fakultät der Universität Bonn, Professor Dr. Karl Justus Obenauer am 19. 12. 1936 aberkannt", und bereits der Autor eines 1945 in den Vereinigten Staaten veröffentlichten Buches, das Thomas Mann in der Zeit zwischen 1933 und dem Ende der nationalsozialistischen Herrschaft behandelt, hatte richtig geurteilt, daß diese „klägliche Geste ... in Gefolgschaft der staatlichen Ausbürgerung" des Dichters „stand"[6]. Weder ist vor diesem Akt die Fakultät befragt oder von Obenauers Absicht unterrichtet noch nachher über das Ereignis informiert worden, auch nicht über das vom Dekan als streng geheimzuhaltendes Dokument betrachtete Antwortschreiben des Dichters vom Neujahrstag 1937. Eine Besprechung Obenauers über die Aberkennung vor dem verhängnisvollen Schritt mit mindestens einem, von ihm als vertrauenswürdig betrachteten Mitglied der Fakultät kann nicht ausgeschlossen werden. Dieser Professor, der als repräsentativer Anhänger des Nationalsozialismus und Panegyriker Hitlers hervorgetretene, als Rektor allerdings für die Machthaber enttäuschende und deshalb 1935 dieses Amtes enthobene Germanist Hans Naumann, will Obenauer abgeraten haben. Nachweislich hat er sich im März 1937 gegenüber einem ausländischen Presseorgan kritisch distanzierend über den Fall geäußert.

---

[6] *Wenzel*, S. 173; *Palm*, S. 29.

Der Entzug von Thomas Manns Ehrendoktorwürde war nicht rechtswirksam, weil schon die den Akt ausschließlich begründende Ausbürgerung des Dichter dies nicht gewesen ist. Thomas Mann hatte mit seiner am 19. November 1936 vollzogenen Naturalisierung in der Tschechoslowakei die deutsche Staatsangehörigkeit verloren und war so dem Erlaß, der sie ihm nehmen sollte, um vierzehn Tage zuvorgekommen. Universität und Fakultät haben davon niemals etwas erfahren. Die Berliner Ministerien kannten Anfang 1937 die Tatsachen; sie schwiegen jedoch – anders als in einem entsprechenden Fall –, weil sie die für das nationalsozialistische Regime wegen des weltweiten Widerhalls von Thomas Manns Antwort an den Bonner Dekan übel ausgelaufene Sache nicht von neuem aufrühren wollten.

Was Obenauer betrifft, so war er 1935 durch das Ministerium auf den infolge der politischen Umwälzung mehr als zwei Jahre hindurch vakant gebliebenen Lehrstuhl für Neuere Deutsche Literaturgeschichte in Bonn berufen worden. Dies geschah unter Nichtachtung verschiedener anderslautender Vorschläge der Fakultät und gegen deren ausdrücklichen Willen, den sie in einer unter den obwaltenden Umständen geradezu erstaunlichen Weise mehrfach bekundet hatte. Das Ministerium wollte in der von den Nationalsozialisten verschiedentlich als ein für sie schwieriges Terrain bezeichneten Bonner Universität auf ein Ordinariat der Philosophischen Fakultät mit weitreichender Ausstrahlungskraft einen politisch und weltanschaulich absolut zuverlässig wirkenden Vertrauensmann bringen. Ausschlaggebend bei Obenauers Berufung war der Einfluß der SS und vor allem des SD, dem er angehörte. Diese Machtorganisationen wollten damit eine Position an der Bonner Hochschule gewinnen.

Das dritte Kapitel aus der Geschichte der Beziehungen zwischen Thomas Mann und der Bonner Universität bietet der historischen Kritik und Darstellung weit geringere Probleme als die beiden ersten. Es umfaßt das Jahrzehnt vom Ende der nationalsozialistischen Herrschaft bis zum Tode des Dichters und steht unter freundlichen Sternen. Die entscheidenden Vorgänge: ausdrücklicher Widerruf des Entzugs der Ehrendoktorwürde durch die Fakultät, die ihre ursprünglichen Rechte in Freiheit wieder ausübte und von der Unwirksamkeit des Obenauerschen Schritts noch gar nichts wissen konnte – Erneuerung des dem Dichter mit seinem Eigentum in München 1933 geraubten Diploms und dessen Annahme „in natürlicher Versöhnlichkeit" [7] durch Thomas Mann, der die Realität des nationalsozialistischen Zwangsstaates auch ohne genaue Kenntnis der Einzelheiten würdigte – all dies ist seit fast 25 Jahren öffentlich bekannt, wenn auch nicht ins allgemeine Bewußtsein gedrungen. Der Hergang steht in bemerkenswertem Kontrast zu dem bald nach Kriegsende erneut in Deutschland aufflammenden, wiederum mit bitterer Heftigkeit geführten Meinungskampf um Thomas Mann sowie der äußerst zurückhaltenden, manchen Kritikern als unversöhnlich erscheinenden Reaktion des Dichters auf andere Versuche, ihn zur Wiederaufnahme abgerissener Verbindun-

---

[7] Th. *Mann*, Die Entstehung des „Doktor Faustus" (XI, S. 288; MK 115, S. 196).

gen mit der alten Heimat zu bewegen. Auch braucht kaum erwähnt zu werden, daß der Geist, in dem das Ehrendoktordiplom erneuert wurde, toto coelo verschieden von der Gesinnung war, die hinter der ersten Ausfertigung im Jahr 1919 stand. Aus bisher unbekannten Quellen hat sich ergeben, daß nach Abschluß der Kampfhandlungen im Mai 1945 keine andere Sorge die Universität Bonn so frühzeitig und so dringend beschäftigt hat wie die Bereinigung des durch Obenauers Vorgehen geschaffenen „Falles Thomas Mann". Nachdem sich der provisorische Verwaltungsrat der Hochschule Anfang Juni 1945 bei seiner ersten Sitzung mit der Sache befaßt hatte, konnte die in den letzten Julitagen rekonstituierte Philosophische Fakultät den entscheidenden – übrigens von dritter Seite nicht beeinflußten – Beschluß am 27. August 1945 fassen. Erst im Winter 1946/47 war es möglich, das neu ausgefertigte Doktordiplom dem in Kalifornien lebenden Dichter zu übermitteln. Die weiteren Beziehungen zwischen Thomas Mann und der Fakultät verliefen korrekt. Sie gewannen zunehmend an Wärme. 1955 nahm Thomas Mann eine Einladung der Universität zu einem Vortrag an, dessen Thema er bereits mitgeteilt hatte, als der Tod ihn traf. So kam es nicht mehr dazu, daß der Dichter an die Stätte seiner Ehrung von 1919 und seines Triumphes von 1929 zurückkehrte, um ein schicksalsreiches Verhältnis in erneuter Begegnung gipfeln zu lassen. Groteske, unschwer zu behebende Mißverständnisse und Vorwürfe gegen die Universität wegen ihres angeblich im Zusammenhang mit dem „Fall Thomas Mann" nach 1945 gezeigten Mißverhaltens sind in unserer Darstellung geklärt oder als unbegründet erwiesen worden. Sie erledigen sich z. T. ohne weiteres durch Lektüre der in den Beilagen gedruckten Quellen, unter denen sämtliche Dokumente aus den Fakultätsakten in vollem Wortlaut wiedergegeben sind. Gilt schon für den vorstehenden Teil unserer Erkenntnisse das Wort des Kirchenvaters Tertullian, das diesem Epilog als Motto vorangestellt ist, so ist es doch besonders im Hinblick auf die Gedanken und Erwägungen gewählt worden, die uns jetzt beschäftigen müssen.

* * *

Als 1965 unsere auf den Entzug der Ehrendoktorwürde bezüglichen Forschungsergebnisse erstmals im Zusammenhang öffentlich mitgeteilt worden sind, hat Richard Alewyn geurteilt, für die Universität Bonn liefe der „Fall Thomas Mann" auf einen Freispruch wegen erwiesener Unschuld hinaus [8]. Nachdem sogar die früher durch die postume Kritik vermißte öffentliche Distanzierung von dem gegen Thomas Mann geführten Streich des Dekans durch wenigstens einen Bonner Professor nachzuweisen ist – mag die historische Ironie auch wollen, daß dies kein anderer als der Festredner bei der Bücherverbrennung vom 10. Mai 1933 war – wird man sich Alewyns Ansicht schwerlich verschließen mögen. In den Akten der nationalsozialistischen Studentenorganisation findet sich geraume Zeit nach der Machtübernahme durch die NSDAP die bündige Klage: „unsere Hochschulen in Bonn

---

[8] Prof. R. Alewyn an Prof. P. E. Hübinger, 1. Dezember 1965. – Demgegenüber hieß es in dem S. 11, Anm. 21, zitierten Artikel der „Zeit", die Beurteilung des Verhaltens der Universität habe „einem Freispruch mangels Beweis" geglichen.

und Köln besitzen noch keineswegs eine nationalsozialistisch ausgerichtete Dozentenschaft, von ganz geringen Ausnahmen abgesehen. Die Schwierigkeiten, welcher [sic!] einer Überwindung dieses Zustandes gegenüberstehen", werden beim Adressaten dieses Berichts als wohlbekannt vorausgesetzt; „sie sind bedingt durch den Mangel an nationalsozialistischen Lehrkräften, Wissenschaftlern usw." [9]. Andererseits hat die Forschung über das nationalsozialistische Kapitel deutscher Vergangenheit bisher nicht widerlegt, was anderweitige Erfahrungen nur bestätigt haben und Thomas Mann für die braune Herrschaft in den lapidaren Satz faßte, der sich schon in einem Brief aus dem Hochsommer 1933 findet: „Die Unzufriedenen, groß an Zahl ohne Zweifel, sind ohnmächtig" [10]. Doch würde eine hierauf gestützte Pauschalabsolution so vordergründig bleiben wie ein vorschnelles Verdikt über die Universität, das, von irrigen Voraussetzungen ausgehend, den Blick nur auf ein einziges und isoliertes Faktum, das Schreibens des Dekans an Thomas Mann vom 19. Dezember 1936, richten wollte. Geschichtliches Urteil muß zugleich umfassender begründet sein und differenzierter vorgenommen werden.

Zunächst ist am „Fall Thomas Mann" – und zwar im ganzen Umfang des Verlaufs seiner Behandlung durch die verschiedenen damit zwischen 1933 und 1937 befaßten Stellen – das Funktionieren eines aus vielen Elementen persönlicher, legislativer und organisatorischer Art bestehenden, durch verfassungsmäßige öffentliche Organe nicht mehr kontrollierten Staats- und Verwaltungsapparats zu beobachten, dessen Mechanik anscheinend gar nicht oder nur wenig von den ihm dienstbaren Individuen abhängig ist. Den einzelnen Elementen dieser Maschinerie kommen – wie in jedem modernen Staatswesen – jeweils nur begrenzte Funktionen zu; daher ist ihnen kaum je Gesamtverantwortung bewußt. Ihr Ineinandergreifen und Zusammenarbeiten, die über Ressortgrenzen hinweg wirkende Automatik der Apparatur, erzeugen die von den übergeordneten, jeder Kontrolle entzogenen Steuerungsmächten des Ganzen gewünschten Effekte, sofern nur der Apparat die dafür zweckmäßigste Konstruktion erhalten hat. Diese kann – wie im Falle des totalen Umsturzes im Bereich der Universitäts- und Fakultätsverfassung unter einem so harmlosen Etikett wie „Vereinfachung der Hochschulverwaltung" – relativ unschwer erzielt werden. Die Mechanik ist, wie gerade unser Beispiel lehrt, offenbar selbst heute und sogar für kritisch veranlagte Köpfe im allgemeinen nicht leicht durchschaubar. Zu der politisch gewünschten Umfunktionierung waren 1933–1935 nur wenige Manipulationen vorzunehmen; die äußeren Formen samt dem überkommenen, nun sinnentleerten Vokabular konnten beibehalten werden. Andererseits kann auch in einer solchen Apparatur – und dies ist als genau so wichtig zu beachten – immer noch Spielraum für die Rolle bleiben, die einzelnen Menschen und ihren jeweiligen Entscheidungen in dem täglich zur geschichtlichen Vergangenheit erstarrenden Leben zukommt. Diese Tatsache hat der nationalsozialistische Staat sogar besonders klar hervortreten lassen, da von der Spitze bis ịn die untersten Bereiche der Verwaltung gemäß dem „Führerprinzip" demokra-

---

[9] Bundesarchiv Koblenz, NS 15/246.
[10] Th. Mann an A. M. Frey, 27. Juli 1933 (*Briefe* I, S. 334).

tische und genossenschaftliche Mehrheitsbeschlüsse durch die Entscheidungskompetenz einzelner Amtsträger ersetzt waren. Hierin lagen auch gewisse Chancen, um die von der Obrigkeit verfolgten Absichten mildern oder sogar ins Gegenteil verkehren zu können. Ob und wie derartige Möglichkeiten wahrgenommen wurden, hing von vielen Umständen ab, jedenfalls letztlich in höchst nuancierter Weise von individuellen und momentanen Entschlüssen bestimmter Personen.

Für diesen Sachverhalt bietet die Geschichte der Ausbürgerung Thomas Manns und des Entzugs seiner Ehrendoktorwürde verschiedene Beispiele. So ist der vorgeschriebene und mehrfach eingeschärfte Entzug akademischer Grade infolge Aberkennung der deutschen Staatsangehörigkeit bei den durch dasselbe Dekret wie Thomas Mann Betroffenen aufgrund einer in derartigen Verfahren vorgesehenen Rundverfügung des Reichskultusministeriums erst im Frühjahr 1937 ausgesprochen worden. Es geschah speziell im Bereich der Bonner Philosophischen Fakultät durch den Beschluß Obenauers über Siegfried Thalheimer vom 11. März 1937. Wenn Thomas Mann unabhängig hiervon schon Mitte Dezember 1936 sein Dr. phil. h. c. entzogen worden ist, so muß dieser Vorwegnahme der persönliche Entschluß eines einzelnen zugrunde liegen, wer immer dies gewesen sein mag. Denn nicht bloß möglich, sondern normal, nämlich im Einklang mit dem sonst stets beobachteten Geschäftsgang, würde es sein, daß auch die Maßnahme gegen den Dichter erst durch die erwähnte Rundverfügung vom März 1937 ausgelöst worden wäre. Im Licht mancher inzwischen zu Tage getretenen Vorgänge aus der inneren Geschichte des nationalsozialistischen Reiches wäre es sogar denkbar, daß ein mit dem Vorgehen der Machthaber nicht einverstandener und als Verwaltungsroutinier zu einem derart aus Kühnheit und List gepaarten Verhalten befähigter Amtsträger die Entscheidung geschickt verzögert, wenn nicht gar zu verhindern gesucht hätte. Aktivitäten solcher Art in den Berliner Ministerien sind bei dem Ausbürgerungsverfahren gegen Thomas Mann nachzuweisen. Der Dekan Obenauer war aus vielen, in seinem Wesen, Werdegang und damaligen politisch-weltanschaulichen Standort liegenden Gründen zu derlei Taten gewiß nicht der Mann. Andererseits können die nach 1945 von ihm und dem ehemaligen Rektor, Professor Schmidt, gelieferten Erklärungen in dem springenden Punkt nicht überzeugend dartun, daß die Initiative für die Ingangsetzung des akademischen Verfahrens gegen den Dichter im Dezember 1936 bei den Berliner Zentralstellen gelegen habe. Vielmehr spricht alles dafür, daß sie in Bonn zu suchen und daß Obenauer bei ihr die Hauptfigur gewesen ist, wenn vielleicht auch ein erster Anstoß dazu in einem Hinweis vermutet werden darf, den der Universitätskurator Bachem geliefert haben mag. Obenauers individuelle, in gewissem Umfang von dem damaligen Rektor geteilte moralische und politische Verantwortung für den mit seiner Unterschrift vollzogenen Akt der akademischen „Exkommunikation" des großen deutschen Dichters liegt damit fest – so unbezweifelbar auch der Dekan dabei im Rahmen der zu jener Zeit geltenden Gesetze und Vorschriften als einfaches Exekutivorgan gehandelt hat und so gewiß dies nach Fühlungnahme mit dem zuständigen Ministerium geschehen ist, das die bestehende Vorschrift natürlich nur bestätigen konnte. Es war diese moralische und politische Verantwortung Obenauers für den

Entzug von Thomas Manns Ehrendoktorwürde, welche die Bonner Philosophische Fakultät 1957 bewog, den formell durch das Entnazisierungsverfahren Entlasteten trotz seines durch Verwaltungsgerichtsurteil gesicherten und vom Kultusminister des Landes unterstützten Anspruchs nicht wieder als Glied ihrer Korporation zuzulassen.

Ob angesichts der formaljuristischen und faktischen Sachlage, die eine *Schuld* der Fakultät an dem Geschehen mit Sicherheit ausschließt, nicht doch auch ihr ein Teil *Verantwortung* zuzumessen ist, muß losgelöst von dem einzelnen Ereignis beurteilt werden, das bislang dafür herhalten mußte, um diese Fakultät speziell wegen dieses Aktes zu verurteilen. Das legt sich schon dadurch nahe, daß das Vorkommnis gar nicht so einzigartig in der deutschen Hochschulgeschichte während der nationalsozialistischen Ära dasteht, wie oft angenommen worden ist. War schon der Entzug von Thomas Manns Ehrendoktorwürde wie ihre Verleihung in einen umfassenderen Zusammenhang zu stellen, um adäquat beurteilt werden zu können, so gilt genau das gleiche vom Verhalten der Bonner Philosophischen Fakultät nach der nationalsozialistischen Machtübernahme. Die Stunde ihrer Bewährung hatte nicht erst geschlagen, als es darum ging, Thomas Mann den ihm einst zuerkannten Ehrengrad zu nehmen. Will man überhaupt einen solchen Entscheidungsmoment zeitlich festlegen, so kommt dafür ein Tag in Frage, der mehr als drei Jahre vor dem Schreiben Obenauers an den Dichter liegt. Für den rückschauenden Blick, der – wie das spätere Urteil – häufig schärfer zu sein pflegt als die Einsicht der beteiligten Zeitgenossen im Moment derartig folgenschwerer Entscheidungen, ist dieser „dies ater" der Fakultät schon der 8. November 1933[11]. Damals, bei der ersten Sitzung im Wintersemester, nahm sie ohne erkennbare Regung, ohne Widerspruch, ja selbst ohne Bedenken zu äußern, den Erlaß des Kultusministers „zur Vereinfachung der Hochschulverwaltung" vom 28. Oktober zur Kenntnis, der ihre sonst eifersüchtig gehüteten, unverzichtbar mit dem Wesen einer wissenschaftlichen Korporation zusammenhängenden Fundamentalrechte beseitigte. Die Fakultät bemühte sich sogar, die neuen Vorschriften in einer aus willfährigem Gehorsam und holpriger Ratlosigkeit gemischten Bereitschaft noch am selben Tage anzuwenden. Sie scheiterte bei diesem Versuch, das ihr Unangemessene zu tun, ohne darum auch zur Einsicht in die Lage zu gelangen. Indem die Fakultät sich so dem „Führerprinzip" unterwarf, hatte sie sich ihre verbrieften Rechte nehmen lassen; sie konnte damit aber nicht der moralischen und politischen Verantwortung für alles entschlüpfen, was künftig aufgrund dieser Tatsache in ihrem Namen geschehen sollte. Darin liegt ihr Teil Verantwortung für den Entzug von Thomas Manns Dr. phil. h. c. im Dezember 1936.

Wir sind uns bewußt, mit diesem Urteil zahlreiche Fragen unbeantwortet zu lassen oder sogar neu aufzuwerfen. Sie sind hier nicht weiter zu erörten. Ihre Lösung ist dringlich und sollte von der zeitgeschichtlichen Forschung über die deutschen Uni-

---

[11] Zum Folgenden vgl. Protokolle der Fakultätssitzungen der Philosophischen Fakultät 1932–1944, UA.

versitäten in Angriff genommen werden. Dazu gehört z. B. das schwierige Problem, ob in der Lage, der sich die Hochschulen zu Beginn des Wintersemesters 1933/34 gegenübersahen, eher Widerstand oder taktische Anpassung geboten erscheinen mochte, und ob die von den Erfahrungen der Zukunft noch nicht gewitzten Betroffenen damals überhaupt derjenigen Entscheidung fähig sein konnten, die heute als angemessen betrachtet wird. Solche Fragen tauchen bekanntlich nicht nur in diesem Zusammenhang auf, sondern bei zahlreichen Ereigniskomplexen aus der Geschichte des nationalsozialistischen Deutschland oder anderer Herrschaftssysteme, natürlich besonders solchen totalitärer Art. Sie führen schließlich auf Grundprobleme des menschlichen Verhaltens und auf Zentralfragen der Geschichtswissenschaft als einer Disziplin, die im Spannungsfeld zwischen Erkennen und Verstehen auf der einen Seite, Werten und Richten auf der anderen liegt. In der Novelle „Mario und der Zauberer", die Thomas Mann gerade vollendet hatte, als er im November 1929 die Feststunde in der Bonner Universität erlebte, finden sich die Sätze: „. . . Wahrscheinlich kann man von Nichtwollen seelisch nicht leben; eine Sache nicht tun wollen, das ist auf die Dauer kein Lebensinhalt; etwas nicht wollen und überhaupt nicht mehr wollen, also das Geforderte dennoch tun, das liegt vielleicht zu benachbart, als daß nicht die Freiheitsidee dazwischen ins Gedränge geraten müßte"[12]. Georg Lukács hat darin eine unübertreffliche Beschreibung der „Wehrlosigkeit jener Menschen aus dem deutschen Bürgertum" gefunden, „die Hitler nicht wollten, ihm jedoch über ein Jahrzehnt widerspruchslos gehorchten"[13]. Die Erkenntnis Thomas Manns kann vielleicht auch für manches tief Befremdliche in Universitäten und Behörden Deutschlands während des Dritten Reiches in Anspruch genommen werden, – um es zu erklären, nicht aber, um daraus eine Entschuldigung zu zimmern. Was die Universitäten angeht, so ist ihre Lage im Jahre 1933 und die substanzverändernde Konsequenz, die ihr damaliges Schicksal und Verhalten nach sich ziehen sollten, schon ein Jahrhundert vorher näher bezeichnet worden. Jacob Grimm, als einer der Göttinger Sieben eben seines Amtes entsetzt und des Landes verwiesen, schrieb 1838: „Die deutschen hohen Schulen, solange ihre bewährte und treffliche Einrichtung stehenbleiben wird, sind nicht bloß der zu- und abströmenden Menge der Jünglinge, sondern auch der genau darauf berechneten Eigenheiten der Lehrer wegen, höchst reizbar und empfindlich für alles, was im Lande Gutes oder Böses geschieht. Wäre dem anders, sie würden

---

[12] Th. *Mann*, Mario und der Zauberer (VIII, S. 702).

[13] G. *Lukács*, Thomas Mann, Berlin 1950, S. 38. – Lukács dürfte hierbei auf der Rezension der Novelle durch Stefan *Großmann* (Das Tagebuch 11, 1930, S. 874 ff.; Wiederabdruck bei *Schröter*, Urteil, S. 175 ff.) fußen, wo eben dieses Zitat als politischer Schlüssel der im faschistischen Italien spielenden Erzählung hervorgehoben worden ist: „Ist in diesen politischen Sätzen nicht der Grund für die Apathie und Folgsamkeit des italienischen Bürgertums angegeben?" Vgl. auch B. *Richter*, Psychologische Betrachtungen zu Thomas Manns Novelle „Mario und der Zauberer" (*Vollendung und Größe Thomas Manns*, S. 106 ff.); *Gray*, S. 173 ff. Eine weniger subtile Erklärung, die die traditionell enge Bindung der deutschen Universitäten an den Staat und das Bedürfnis der Fakultäten nach Ruhe für „unparteiische" Forschungsarbeit mit gutem Grund in den Vordergrund stellt, gibt *Mosse*, S. 202.

aufhören, ihren Zweck, so wie bisher, zu erfüllen"[14]. Es gab 1933 an den deutschen Universitäten, auch in Bonn, Studierende, die tief und schmerzlich unter der Erfahrung litten, daß selbst nicht im Entferntesten die in dem einen Göttingen zum Protest einst bereite Zahl akademischer Lehrer sich zu äußern wagte. Das Schlußurteil über das Verhalten der deutschen wissenschaftlichen Hochschulen gegenüber dem Nationalsozialismus wird zahlreiche weitere Umstände zu berücksichtigen haben. Sie konnten unmöglich im Rahmen unseres Vorhabens erforscht werden, nicht einmal für die eine, besonders betroffene Fakultät. Nicht zuletzt muß das Gesamturteil davon beeinflußt werden, welcher Anteil an Schuld und Verantwortung den Hochschulen hinsichtlich der Entwicklung zuzumessen ist, die in der Machtübernahme durch den Nationalsozialismus einen Abschluß fand. Thomas Mann hat in seinem Antwortschreiben nach Bonn auf die Mitschuld an dem, was in Deutschland eingetreten war und sich damals weiter schmachvoll ereignete, hingewiesen. Die Bedeutung von Hochschulen, Fakultäten und einzelnen Professoren für die unheilvolle Wendung, die die deutsche Geschichte während der ersten Hälfte des zwanzigsten Jahrhunderts genommen hat, läßt sich in der Tat nicht auf das Verhalten reduzieren, das sie 1933 und in den Jahren danach gezeigt haben. Seitdem die vorliegende Untersuchung begonnen wurde, sind verschiedene Arbeiten erschienen, die sich mit dem Anteil von Professoren an der deutschen Fehlentwicklung in der Zeit vor Hitlers Ernennung zum Reichskanzler näher befassen[15]. Es ist in diesem Zusammenhang nicht immer leicht, zwischen Institutionen und Personen zu scheiden, da die korporative Verfassung der Universitäten ebenso wie das soziale und geistige Ansehen bestimmter einflußreicher Professoren die Grenze stark verwischt erscheinen lassen. Berthold Litzmann war einer der Geheimräte, die mindestens in der Zeit, die uns wegen Thomas Manns Ehrenpromotion näher zu beschäftigen hatte, eine derart beherrschende Rolle in der Bonner Philosophischen Fakultät spielten. Er ist in den erwähnten neueren Darstellungen nirgends berücksichtigt worden, obwohl er als akademischer Lehrer jahrzehntelang bewußt und eindringlich nationalpolitische Erziehung betrieben hat, und zwar im Sinne des imperialistischen deutschen Machtstaatsgedankens. Daß Litzmann nicht in den Gesichtskreis dieser Untersuchungen einbezogen wurde, ist umso verwunderlicher, als er ein besonders deutliches Bindeglied zwischen dem politischen Professorentum der Reichsgründungszeit, dessen eiferndes Wirken er fortsetzen zu müssen meinte, und der nationalsozialistischen Enkelgeneration bildete. Von ihr

---

[14] J. *Grimm*, über seine Entlassung, Basel 1838, S. 19 f. Ebd. S. 20 findet sich der 1933 und auch anderweitig schmerzlich bestätigte Satz: „Unter den Professoren taten sich bald verschiedenartige Gruppen hervor, die Charaktere, wie mein Bruder treffend bemerkte, fingen an, sich zu entblättern gleich den Bäumen des Herbstes bei einem Nachtfrost; da sah man viele in nackten Reisern, des Laubes beraubt, womit sie sich in dem Umgang des gewöhnlichen Lebens verhüllten".

[15] H. P. *Bleuel*, Deutschlands Bekenner. Professoren zwischen Kaiserreich und Diktatur, Bern–München–Wien 1968; *Schwabe*, Wissenschaft und Kriegsmoral; F. K. *Ringer*, The decline of the German mandarins. The German academic community 1890–1933, Cambridge Mass. 1969; *Töpner*, Gelehrte Politiker.

hat Joseph Goebbels übrigens 1917 als Bonner Student zu den Hörern einer Heine-Vorlesung Litzmanns gezählt[16]. Sie dürfte ihn schwerlich in Richtung seines späteren Judenhasses beeinflußt haben, denn Litzmann war ein Verehrer Heines und wurde lange vor 1914 von antisemitischen Hetzern wegen seines Eintretens für ein Denkmal des Dichters in dessen Geburtsstadt wüst attackiert. Wenn aber der Reichspropagandaminister im Mai 1933 für sein eben gegründetes Ressort beanspruchte, „in Deutschland eine geistige Mobilmachung zu vollziehen" und „auf dem Gebiete des Geistes dasselbe" zu bedeuten, was das Wehrministerium auf dem Gebiete der Waffen sei[17], so hatte Litzmann, wie wir uns erinnern, schon 1906 beim Arbeitsbeginn der „Literarhistorischen Gesellschaft" nach Wort und Sinn beängstigend gleichlautende Forderungen erhoben. Die Invektiven schließlich, die Litzmann 1913 gegen den Literatur-Nobelpreis, den mit ihm ausgezeichneten Gerhart Hauptmann als Autor des „Festspiels in deutschen Reimen" und als Anhänger der Friedensbewegung, schließlich auch gegen literarische Ästheten richtete, die sich in Selbstbespiegelung erschöpften, anstatt Errungenschaften zu verherrlichen, welche ein Volk groß und stark machen, finden sich teilweise zwölf Jahre später genauso und wegen der gleichen Sache im „Völkischen Beobachter" an die Adresse des nämlichen Gerhart Hauptmann gerichtet wieder[18]. Sie schlagen dieselben Töne an, die nationalsozialistische Zeitungen und die bürgerlich-nationalistische Publizistik in den zwanziger und dreißiger Jahren ständig gegenüber Thomas Mann und anderen ihnen verhaßten Autoren erklingen ließen. Es muß genügen, diese wenigen Einzelzüge, die unsere Untersuchung aufgedeckt hat, als gewiß doch symptomatische Anzeichen für Zusammenhänge ins Licht zu rücken, die ebenso wie personen- und institutionsgeschichtliche Tatsachen aus dem Bereich der „braunen Universität" sehr genau historisch erforscht und nicht bloß al fresco geschildert oder als „chronique scandaleuse" ausgebeutet zu werden verdienen. Das Phänomen kann hier nur angedeutet werden, als gewiß karger, aber vielleicht nicht gleichgültiger Ertrag, den der schmale Boden unserer Forschungen zu dem von Thomas Mann bezeichneten Sachverhalt hergibt. Theodor Heuß hat bereits in seiner Reichstagsrede vom 11. März 1932 die grundlegende Feststellung getroffen: „Die Ausstattung des Dritten Reichs wird aus einem Großausverkauf von neulackierten und aufgeputzten Ladenhütern der wilhelminischen Epoche bezogen sein"[19]. Wie sorgfältig aber auch hier zu differenzieren bleibt, erhellt aus dem Umstand, daß Litzmann nicht etwa ein früher Gefolgsmann der NSDAP geworden ist; schon deren Antisemitismus konnte er nicht teilen, und er distanzierte sich auch von der Hitlerbewegung mit klaren Worten, als andere Vertreter des akademischen Deutschland den Marsch zur Feldherrnhalle am 9. November 1923 nicht kritisieren zu müssen glaubten.

---

[16] Exmatrikel und Studienbuch von Josef [sic!] Goebbels (UA, Exmatrikeln).

[17] Zitiert nach E. *Leiser*, „Deutschland erwache!" Propaganda im Film des Dritten Reichs, [Reinbek 1968], S. 31.

[18] Vgl. oben S. 44, Anm. 76.

[19] *Heuß*, S. 437.

Wider Erwarten boten insgesamt nicht die Fakultätsakten für unser Vorhaben den größten Gewinn an neuer Faktenkenntnis. Überhaupt erwies sich ja der Entzug von Thomas Manns Bonner Ehrendoktorwürde nicht als Ereignis autonomen Ranges, sondern als Nachgeburt der Aberkennung der deutschen Staatsangehörigkeit des Dichters[20]. Indem auch in diesem Falle der Lebenszusammenhang eines Einzelgeschehens berücksichtigt wurde, konnten für dessen Interpretation Tatsachen ermittelt werden, die nicht einfach den Akten zu entnehmen sind, welche allein Thomas Mann betreffen. Um hier ebenfalls das allgemeinste Resultat zunächst vorwegzunehmen: kein Ausbürgerungsverfahren in der gesamten Geschichte des Dritten Reichs hat die Behörden so ausführlich beschäftigt und so viele Wechselfälle erlebt, wie das von Thomas Mann. Auch darin spiegelte sich dialektisch-ironisch der unvergleichliche Rang, den der Dichter als Repräsentant deutschen

---

[20] Auch hier – wie bei den Angaben über die Bonner Ehrenpromotion – sind häufig beträchtliche chronologische Irrtümer festzustellen, die zugleich den Erwerb der tschechoslowakischen Staatsangehörigkeit durch Thomas Mann betreffen und teilweise mit sachlichen Fehlinterpretationen verbunden sind. H. *Eichner*, Thomas Mann. Eine Einführung in sein Werk, München [1953], S. 72 bezeichnet den Offenen Brief des Dichters aus der „Neuen Zürcher Zeitung" vom Februar 1936 als Ursache für die Aberkennung der Bonner Ehrendoktorwürde und übergeht dabei die Ausbürgerung. In dem von Prof. Dr. Th. C. *van Stockum* verfaßten Artikel über Thomas Mann in: Winkler Prins Encyclopaedie [6]XIII, 1952, S. 321 heißt es fälschlich, dem Dichter sei die Bonner Ehrendoktorwürde 1938 entzogen worden und seine Bücher seien in Deutschland schon seit 1933 verboten gewesen. *Bauer*, S. 70 f. behauptet, „erst als er sich in der ... Zeitschrift ‚Maß und Wert' immer deutlicher zu den Ausgetriebenen und Geächteten bekannte, tief verletzt auch durch die Aberkennung seiner Würden, wie der des Ehrendoktors der Universität Bonn, traf auch ihn der Bannstrahl der Machthaber in Gestalt der Ausbürgerung". Ebd. S. 84 heißt es, Beneš habe dem Dichter „nach seiner Ausbürgerung" die tschechoslowakische Staatsbürgerschaft verliehen; vgl. auch die oben S. 236, Anm. 394 erwähnte, irrige Darstellung von M. *Tau*. Gleiche Verwirrung der chronologischen Folge weist der Artikel auf, der Thomas Mann in: Internationales Biographisches Archiv (Munzinger-Archiv), Lieferung 39/55 vom 1. Oktober 1955 gewidmet ist. Interpreß (Internationaler Biographischer Pressedienst Nr. 174 vom 20. Mai 1960) gibt irrig 1937 als Jahr der Einbürgerung in der Tschechoslowakei und des Verlusts des Ehrendoktorgrads der Wiener [sic!] Universität an. G. *Dehnke*, Thomas Mann (ebd. Nr. 74 vom 24. Mai 1965) gibt einen schiefen Eindruck vom Verlauf der Ereignisse, indem sie den Offenen Brief an Korrodi vom Februar 1936 unerwähnt läßt und von Thomas Mann behauptet: „Erst als das letzte seiner Bücher verboten und sein Vermögen eingezogen war, wurde er zum Wortführer der in die Emigration Gegangenen". *Berendsohn*, S. 247 läßt den Dichter gleichfalls irrig erst nach dem Entzug der deutschen die tschechoslowakische Staatsangehörigkeit erhalten und zwar durch den schon im Dezember 1935 zurückgetretenen Präsidenten Masaryk. Der gleiche chronologische Irrtum in bezug auf die Reihenfolge der Einbürgerung Thomas Manns in der Tschechoslowakei und des Entzugs seiner deutschen Staatsangehörigkeit hat sich sogar in den Kommentar zu dem Brief des Dichters an Klaus Mann vom 26. Dezember 1936 (*Briefe* III, S. 623) eingeschlichen. Andererseits legt die chronologisch zutreffende Darstellung der Aufeinanderfolge von Annahme der tschechoslowakischen Staatsangehörigkeit durch Thomas Mann und seiner Ausbürgerung durch die Berliner Regierung bei Th. *Piana*, Thomas Mann, Leipzig 1968, S. 62 durch mißverständliche syntaktische Konstruktion die unzutreffende Annahme nahe, als sei das zweite Ereignis durch das erste verursacht worden. Vgl. auch oben S. 238, Anm. 400.

Geisteslebens in der Welt einnahm. Hitler selbst mußte schließlich die Entscheidung treffen.

Verschiedene Vermutungen über den Anlaß des Verfahrens und die hinter ihm steckenden treibenden Kräfte erwiesen sich als irrig. Thomas Mann hatte selbst richtig geurteilt, daß sein mit denkbar schärfster Kritik an den heimischen Machthabern verbundenes Bekenntnis zu den deutschen Emigranten in dem Offenen Brief an Eduard Korrodi vom 2. Februar 1936 die Ausbürgerung des Verfassers unweigerlich nach sich ziehen mußte. Sie drohte ihm freilich schon seit Jahren. Nicht Goebbels war ihr Urheber, wie gern vermutet wurde. Sein Ministerium hat sie vielmehr lange widerraten und sich deswegen zusammen mit dem Reichsministerium des Innern und dem bis zuletzt bremsenden Auswärtigen Amt sogar das von Heydrich deutlich zum Ausdruck gebrachte Mißfallen der Geheimen Staatspolizei zugezogen. Diese selbst war es, die das Verfahren gegen den Dichter mit unbeirrter Zielstrebigkeit betrieb. Die durch das Gespann Himmler/Heydrich beherrschte Bayerische Politische Polizei hatte den Stein ins Rollen gebracht, gleich nachdem das Reichsgesetz vom 14. Juli 1933 über die Aberkennung der deutschen Staatsangehörigkeit und den Widerruf von Einbürgerungen hierzu die Möglichkeit geliefert hatte. Der Inhalt der Akten und die sonst gewonnenen Erkenntnisse illustrieren den Anteil, den die SS an dem Vorgehen gegen Thomas Mann gehabt hat, näher, einsetzend mit der überraschenden Tatsache, daß die „Münchner Neuesten Nachrichten" soeben Himmler hörig geworden waren, als sie Mitte April 1933 den „Protest der Richard-Wagner-Stadt München" veröffentlichten, der Thomas Mann für die Einlieferung in das Konzentrationslager Dachau qualifizierte und so dem entsprechenden „Schutzhaft"befehl präludierte. Die Bayerische Politische Polizei, die Thomas Mann nicht aus den Augen ließ, war und blieb seit der gleichen Zeit unter staatlicher Firma faktisch ein SS-Instrument. Als Himmler und Heydrich unter Mitnahme einer großen Zahl ihrer Münchner Helfer ihr Tätigkeitsfeld nach Berlin verlegen konnten, wurde auch die ihnen jetzt unterstellte Preußische Geheime Staatspolizei zu einer SS-Domäne, in deren Aufgabenbereich fortan die Verfolgung Thomas Manns lag. Die beiden Bonner Professoren, die im Zusammenhang mit dem Entzug der Ehrendoktorwürde des Dichters aktiv geworden sind – v. Antropoff, der ihn 1935 vergeblich anregte, und Obenauer, der ihn anderthalb Jahre später vollzog – gehörten ebenfalls dem schwarzen Orden an und fühlten sich ihm besonders verpflichtet. Wir haben keinen Beweis dafür finden können und dürfen es auch für unwahrscheinlich halten, daß sie etwa auf Weisung ihrer SS- und SD-Vorgesetzten gehandelt haben. Aber es ist natürlich auch kein Zufall, daß gerade sie wie viele andere, im Verlauf der zu schildernden Begebenheiten auftretende Personen – die Heydrich, Beck, Schreieder, Mattiat, Krieck, Spengler, Rößner und schließlich auch der im Spätjahr 1936 von Himmler persönlich in die SS aufgenommene Legationsrat Schumburg, der jahrelang im Auswärtigen Amt die Angelegenheit Thomas Mann bearbeitet hatte, ferner zwei der drei Professoren, die als Gutachter bei der Berufung Obenauers nach Bonn durch das Ministerium herangezogen worden waren – die Uniform mit dem Totenkopfabzeichen und den SS-Runen trugen oder das Vertrauen des SD genossen. Die zu ihrer Zeit von der Öffentlichkeit wenig bemerkte Gewichtsverschiebung zugunsten der SS im Herrschaftsgefüge des Dritten Reiches, Himmlers still, aber erstaunlich zügig vorgenommene interne Machtübernahme, verrät sich in diesen Einzelheiten.

In die gleiche Richtung weisen Erkenntnisse, die der Fall Thomas Mann über die Entwicklung des Verfahrens zur Aberkennung der deutschen Staatsangehörigkeit vermittelt. Bemühten sich die Beamten des Reichsinnenministeriums und anderer Ressorts anfangs nicht ohne gewissen Erfolg darum, gegen nationalsozialistische Wünsche den Kreis der von Ausbürgerung unmittelbar Betroffenen sowie die Erstreckung auf Dritte in Grenzen zu halten, und konnte es zunächst im mündlichen oder schriftlichen Meinungsaustausch der beteiligten Ministerien gelingen, Rücksichtnahme auf Bedenken zu erreichen, so fungiert schließlich nicht mehr die Polizeibehörde als Exekutivorgan des Innenministeriums, sondern dieses als ausführende Instanz für die von Himmler, Heydrich und ihren Gehilfen in der Gestapo verfolgten Absichten. Schon im Spätjahr 1933, als die Angelegenheit nur erst Münchner Amtsstellen beschäftigte, deutet die Behandlung der Eingabe von Thomas Manns Rechtsanwalt durch den Bayerischen Kultusminister an, wohin das Schiff steuerte. Schemm verschleppte die Sache, bis die Politische Polizei ihr Ersuchen um Ausbürgerung des Dichters im Geschäftsgang der Regierung auf gutem Wege wissen durfte. Die totale Wirkungslosigkeit, die Fricks günstigem Erlaß vom 28. Mai 1935 in Sachen Thomas Mann trotz seines klaren Inhalts bei der Bayerischen Politischen Polizei beschieden war, verrät, bis zu welchem Grade die Selbstherrlichkeit des SS-beherrschten Polizeiapparats damals gediehen war – mochten hier auch örtliche Besonderheiten mit im Spiel sein, die selbst damals gegenüber einer Berliner Zentralstelle hinhaltenden Widerstand nahelegen konnten. Im Gegensatz zu der bis Mitte 1935 im Reichsinnenministerium noch deutlich spürbaren mäßigenden Tendenz dokumentieren dann ein Jahr später die auf schnellste Erfüllung von Heydrichs Verlangen nach Ausbürgerung Thomas Manns drängenden, durch dieselben Beamten wie früher bearbeiteten Schreiben des gleichen Hauses den inzwischen vollzogenen Wandel deutlich genug. Er wird im September 1936 kraß sichtbar, wenn auf einem Kopfbogen des Reichsinnenministeriums ungeniert ein Geschäftszeichen der Geheimen Staatspolizei erscheint, unter dem Heydrich die – schon einmal in München 1933 vorbereiteten – vermögensrechtlichen Konsequenzen von Thomas Manns nur erst beantragter, noch gar nicht beschlossener Ausbürgerung so gut wie vorwegnahm. Einige Zeit später hatte die von der Geheimen Staatspolizei durch die zuständigen Reichsressorts den Hochschulen übermittelte Nachricht, der Reichsführer SS und Chef der deutschen Polizei habe ein Ausbürgerungsverfahren eingeleitet, schon zur Folge, daß den Betroffenen durch „Fakultäts"beschlüsse reihenweise ihre akademischen Grade entzogen wurden. Mit alledem soll nicht bestritten werden, daß „die SS ... alles andere als eine einheitliche und straff geführte, ‚monolithische' Organisation, sondern ein durch zahlreiche Parteiungen gespaltenes ... Gebilde darstellte"[21]

---

[21] *Bollmus*, S. 242. Ähnlich *Höhne*, S. 394: „Die monolithische Einheit des Schwarzen Ordens war ein Mythos".

und daß es eine ungeschichtliche Vereinfachung sein würde, von einem SS-Staat zu sprechen. Auch mag die Ansicht richtig sein, daß Himmler um 1935 planvolles Handeln nicht nachzuweisen sei. Gleichwohl fügten sich – das lehrt das Gesamtergebnis unserer Beobachtungen – die einzelnen Handlungen, die auf ihn und die Leute seiner SS zurückgingen, zu einem Symptomenkomplex, der die wachsende Herrschaft von SS und SD sicherstellte und zu beträchtlicher Wirkung brachte.

Es fällt heute nicht schwer, einen Hauptgrund für das an Balzacs „Peau de Chagrin" erinnernde Dahinschwinden der von den Beamten des Reichsinnenministeriums verwalteten Macht im Bereich des Staatsangehörigkeitsrechts zu erkennen. Wenn sie in den ersten zwei, drei Jahren der nationalsozialistischen Herrschaft noch versuchten, die seit dem einschlägigen Gesetz vom 14. Juli 1933 der Exekutive gebotenen Möglichkeiten nicht ausufern zu lassen, so kurierten sie an Symptomen eines Übels, dessen absolut verderblicher Kern dadurch keineswegs berührt wurde. Er besteht darin, daß das Gesetz und die dazu erlassenen Richtlinien den Entzug der Staatsangehörigkeit einem Verwaltungsverfahren zuwiesen, das sich im geheimen abspielte und Kabinettsjustiz von reinstem Wasser darstellt. Thomas Manns Rechtsanwalt hatte nur durch besondere Umstände in München davon erfahren und damit ausnahmsweise die Möglichkeit erhalten, einzugreifen, um den Versuch zu machen, das Verfahren zugunsten des Inkulpanten zu beeinflussen. Einen Rechtsanspruch darauf besaß er nicht. Die Ausbürgerung wurde als schwere entehrende Strafe verhängt – so lautete die amtliche Interpretation. Aber die Betroffenen wurden bei dem Verfahren nicht gehört. Sie hatten weder Gelegenheit, sich zu verteidigen, noch die Möglichkeit, nach ergangenem Urteil eine Revisionsinstanz anzurufen. Indem die meist im anspruchsvollen Dienst der inneren Verwaltung bewährten, z. T. auch nachweislich nicht zu Hitlers Anhängern zählenden Beamten des Reichsinnenministeriums diese jeder Rechtsstaatlichkeit hohnsprechende Prozedur behutsam zu handhaben, jedoch nicht prinzipiell zu bestreiten willens waren, erfolgte ein Deichbruch, der dem späteren Polizei- und Terrorregime Himmler/Heydrich freie Bahn bereitete. Er war möglich, weil offenbar entgegen dem Sprichwort „C'est le premier pas qui coûte" der erste Schritt im Sommer 1933 aus mancherlei Gründen unverfänglich erschien. Künftige Forschung wird zu klären haben, ob nicht sogar die Referenten und Abteilungsleiter, die sich zunächst bemühten, nur in Ausnahmefällen das Gesetz anzuwenden, aufgrund dessen erst einige, später aber Hunderte, ja viele, viele Tausende von Deutschen der Staatsangehörigkeit beraubt worden sind, die betreffenden Bestimmungen selbst im Frühjahr und Sommer 1933 auf höhere Weisung formuliert haben. Die Frage nach der Möglichkeit und Zweckmäßigkeit prinzipiellen Widerstandes, die sich bereits im Zusammenhang mit dem Verhalten der Universitäten und Fakultäten stellte, erhebt sich hier aufs Neue. Aus dem Bericht eines unmittelbar Beteiligten entnehmen wir, wie die sogenannten Nürnberger Gesetze, für die die gleiche Abteilung des Reichsinnenministeriums federführend war, die auch die Ausbürgerungsangelegenheiten bearbeitete, durch düsteres Zusammenwirken von Rassefanatismus der NSDAP und gesetzestechnischem Sachverstand der Beamten unter heftiger

Pression auf dem Reichsparteitag 1935 zustandegekommen sind, danach aber stelenweise im Vollzug zu mildern versucht wurden[22]. Man weiß, wohin die sogenannte Rassepolitik des Regimes schließlich geführt hat. Der Verlauf der Anwendung des zu einer verwandten Rechtsmaterie erlassenen Gesetzes über den Entzug der Staatsangehörigkeit auf Thomas Mann zeigt, bis zu welchem Grade der inneren Verwirrung, ja hilflosen Korrumpierung des Rechtsbewußtseins und schließlich doch Erfolglosigkeit allen Bemühens um milde Praxis die Bereitwilligkeit zur Kooperation auch hier gedeihen konnte. Sie begründete faktisch eine verhängnisvolle Komplizenschaft.

So hat unsere Arbeit einige Beobachtungen zu den zeitgeschichtlichen Fragenkreisen „Partei und Staat im Dritten Reich", „Beamtentum im nationalsozialistischen Staat" und „Aufstieg des SS-Staates" beisteuern können, die die Forschung in den letzten Jahren lebhaft beschäftigt haben[23]. Der Ausbau der SS-Macht zu einem im Wirtskörper des bestehenden Staates sich entwickelnden und diesen immer mehr beherrschenden Organismus ist an zahlreichen Stellen zu beobachten; gerade die relative Enge unseres Untersuchungsfeldes verleiht den hierzu ermittelten Tatsachen besondere Beweiskraft. Wir stoßen auf die entsprechenden Fakten nicht allein bei der inneren Verwaltung – zunächst in Bayern, dann bei den Berliner Reichsbehörden – sondern ebenso schon bemerkenswert früh bei dem führenden Blatt Münchens, später im Reichskultusministerium und bei personalpolitischen Entscheidungen im Hochschulbereich bis hinunter zur Besetzung einer Assistentenstelle des Bonner Germanistischen Seminars mit einem hauptamtlichen SD-Mitarbeiter. SS- und SD-Einfluß läßt sich sogar bei der sorgfältig gesteuerten publizistischen Behandlung aufdecken, die Thomas Manns Antwort an den Bonner Dekan in Deutschland erfuhr. Beim Auswärtigen Amt traten, soweit unsere Beobachtungen reichen, d. h. in den mit Thomas Manns Ausbürgerung befaßten Referaten und in höheren Rängen des Hauses bis zur Jahreswende 1936/37, Expansion und Einfluß der SS noch nicht in Erscheinung – von Schumburg abgesehen, der später als eine „rara avis" von SS-Treue unter den Diplomaten gerühmt wurde, die Linie des Hauses im Falle Thomas Mann jedoch, soweit die Akten dies erkennen lassen, loyal eingehalten hat. Freilich war er gerade in den Oktobertagen 1936, die die Entscheidung innerhalb des Amts auf dramatische Weise heranreifen

---

[22] Vgl. die Schilderung des beteiligten Ministerialrats Dr. *Lösener* in der von W. *Strauß* angeregten und veröffentlichten Aufzeichnung „Als Rassereferent im Reichsministerium des Innern" (Vierteljahrshefte für Zeitgeschichte 9, 1961, S. 272 ff.).

[23] H. *Mommsen*, Beamtentum im Dritten Reich (Schriftenreihe der Vierteljahrshefte für Zeitgeschichte 13), Stuttgart [1966]; E. N. *Peterson*, Die Bürokratie und die NSDAP (Der Staat 6, 1967, S. 151 ff.); P. M. *Diehl-Thiele*, Partei und Staat im Dritten Reich. Untersuchungen zum Verhältnis von NSDAP und allgemeiner innerer Staatsverwaltung (Münchner Studien zur Politik 9), München 1969; ein sehr eindrucksvolles, in vielem typisches Einzelbeispiel aus dem Bereich der hohen Ministerialbürokratie behandelt H. *Mommsen*, Aufgabenkreis und Verantwortlichkeit des Staatssekretärs der Reichskanzlei Dr. Wilhelm Kritzinger (Gutachten des Instituts für Zeitgeschichte II, Stuttgart [1966], S. 369 ff.). Vgl. besonders Dok. 157, Anm. 1.

sahen, an den Geschäften nicht beteiligt; gleich danach zeigte er sich als frisch ein-
gekleideter SS-Offizier in der Rolle des wachsamen Judengegners [24].

Die Wilhelmstraße erscheint in dem uns entgegentretenden Bild vorwiegend in der
Rolle einer Schutzmacht für Thomas Mann, wenn auch nicht unbedingt durch
alle auftretenden Angehörigen des Auswärtigen Dienstes verkörpert. Die Quellenlage ist hier günstiger als bei fast allen anderen Behörden und Institutionen, deren
Akten benutzt werden konnten, so daß wir – im Unterschied besonders zu den
übrigen Reichsministerien – beim Auswärtigen Amt auch den Niederschlag amtsin-
ternen Denkens und den Werdegang der Entscheidungen kennen. Doch bleibt
selbst hier fraglich, ob erfahrungsgesättigter und pflichtmäßig geübter außenpolitischer Pragmatismus oder tiefergehende „kulturmoralische" Bedenken [25] bei
den verschiedenen Beamten jeweils maßgebend gewesen sind, die immer wieder
hemmend den Gang des Verfahrens gegen Thomas Mann beeinflußt haben. Man
ist versucht, für Leser, die die Wirklichkeit des Lebens in einem totalitären Staats-
und Gesellschaftssystem nicht aus persönlicher Erfahrung kennen, hinzuzufügen,
daß Auskunft hierüber in amtlichen Akten natürlich auch gar nicht zu erwarten
ist. Ebenfalls läßt sich der persönliche Anteil einzelner Angehöriger des Auswärtigen Amtes am Gang der Ereignisse trotz der vorzüglichen Überlieferung nicht
immer mit aller wünschenswerten Deutlichkeit feststellen. So bleibt vor allem offen,
ob das Verhalten des Vortragenden Legationsrates v. Kotze, der den Reichsaußenminister v. Neurath in den letzten Oktobertagen 1936 bewog, seine gerade getroffene Entscheidung aufzuheben, um zu fordern, Hitler selbst solle über den Antrag auf Ausbürgerung Thomas Manns befinden, dem eigenen Entschluß v. Kotzes
entsprach oder ob es von dritter Seite inspiriert worden ist. Die zweite Möglichkeit ist deshalb in Betracht zu ziehen, weil v. Kotze als Persönlicher Referent des
Ministers zu einer derartigen Intervention in erster Linie als Vermittler geeignet
und die auf seinen Vortrag hin getroffene Entscheidung schon vorher in dem zuständigen Referat des Auswärtigen Amtes vorgeschlagen worden war. Es muß uns
genügen, festzustellen, daß v. Kotze jedenfalls einen ungewöhnlichen Schritt
unternommen und ein nicht alltägliches Ergebnis erzielt hat, als der Minister seine
erste Entscheidung umstieß, und daß dieser beherzte Vorstoß eines Beamten nur
um Haaresbreite das angesteuerte Ziel verfehlte. Die durch v. Neuraths zweite
Entscheidung gewonnene Zeitspanne wäre ausreichend gewesen, um der Welt das
Schauspiel und Deutschland die Schande zu ersparen, daß Thomas Manns Zugehörigkeit zum Deutschtum durch regierungsamtliches Dekret verneint wurde.
Denn die Annahme der tschechoslowakischen Staatsangehörigkeit durch den
Dichter, deren Projektierung das Auswärtige Amt gerüchtweise erfahren hatte
und die es offenbar zu seiner verzweifelten Hinhaltetaktik bewog, wurde ja in
eben jenen Novembertagen perfekt, während derer die Sache Thomas Mann darauf

---

[24] Zu Schumburg und seiner SS-Karriere im Spätjahr 1936 vgl. S. 407 f., Dok. 36,
Anm. 1.

[25] „Kulturmoralische Gründe" nennt Th. *Mann*, Leiden und Größe Richard Wagners
(IX, S. 373; MK 114, S. 129) als Ursache dafür, daß Nietzsche Richard Wagner gehaßt hat.

wartete, Hitler zur Entscheidung vorgelegt zu werden. Es gehört zu den schon mehrfach erwähnten Zügen historischer Ironie – diesmal von ausgesprochen tragischem Charakter – daß die Scheu des Dichters, seinen Staatsangehörigkeitswechsel sofort bekanntzugeben, Hoffnungen zunichte machte, die sich im Auswärtigen Amt an jene unverbürgten Nachrichten knüpften. „Wenn einer so beschaffen ist, geht Haut und Fleisch mit bei der Loslösung von dem unbewohnbar gewordenen Lande", so lautete schon 1933 das Urteil Bruno Franks über den nach Deutschland nicht zurückgekehrten Thomas Mann[26]. Nach allem, was sich über seine innersten Beweggründe ermitteln läßt, war die Ursache für das Zögern, die Tatsache der Einbürgerung in der Tschechoslowakei zu publizieren, nichts anderes als die seelische Erschütterung, welche ihn die Annahme einer fremden Nationalität kostete. Mit einer Feststellung solcher Art betreten wir den Bereich, der für den Historiker großenteils jenseits der Grenze des Erforschlichen liegt – in der Sphäre der menschlichen Person. Bei allem Fortschritt, den Psychologie und philosophische Anthropologie auf der einen, Sozialgeschichte und Soziologie auf der anderen Seite erzielt haben mögen, bleibt diese Sphäre voller Geheimnis und Überraschung. Da der Fortgang des gesellschaftlichen Lebens, kristallisiert in der Geschichte, eben darauf beruht, daß und wie Menschen die Herausforderung der Zustände und der ihrerseits handelnden Zeitgenossen handelnd oder duldend beantworten, muß aber jener persönliche Innenbereich tunlichst weit erschlossen werden, wenn es um ein zuverlässiges Bild der Vergangenheit geht. Darum hatten wir die in wesentlichen Rollen auftretenden und einige als Begleitfiguren wichtige Personen so genau wie nur irgend möglich ins Visier zu nehmen. Hierdurch kamen denn auch wirklich Tatsachen zutage, die vieles klarer erkennen lassen; Umstände, die ein besseres Verständnis der Ereignisse und ihres Zusammenhangs ermöglichen, wurden aufgehellt. Anderes blieb nur in Umrissen erkennbar, manches dunkel und unerklärlich. „Individuum est ineffabile".

Die minutiöse Analyse der Begebenheiten und der an ihnen beteiligten Personen läßt vor allem eines erkennen: die Vielschichtigkeit nicht bloß der Gesamtheit handelnder Individuen, sondern jedes einzelnen von ihnen, eine kaum vorstellbare, zuweilen proteushafte und im Geschichtsbild einer ganzen Epoche natürlich gar nicht immer so differenziert darstellungsfähige Mannigfaltigkeit menschlichen Wesens. Eine der wichtigsten Figuren aus dem ersten Abschnitt der Beziehungen zwischen Thomas Mann und der Universität Bonn, Ernst Bertram, hat auf sich das Dichterwort angewandt, er sei kein ausgeklügelt Buch, sondern ein Mensch mit seinem Widerspruch[27]. Das äußerte sich schon früh darin, daß es ihm möglich war, mit den Antipoden Stefan George und Thomas Mann gleichzeitig nah verbunden zu sein. Hatte er in seinen Münchner Jahren dem einen von ihnen aus dem damals entstehenden Nietzsche-Buch ein Kapitel zur Kenntnis gebracht, so las er es am nächsten Abend vor den kritischen Ohren des anderen. Später vermochte

---

[26] *Frank*, S. 503; Wiederabdruck: *Schröter, Urteil*, S. 224.
[27] *Jappe*, S. 202.

Bertram dann seine ungebrochen freundschaftlichen Gefühle für den geschmähten und verfolgten „Zauberberg"-Dichter mit hoffender Zuversicht auf die inbrünstig geglaubte Heilswirkung des Nationalsozialismus und seines „Führers" zu verbinden. Er versuchte – so hat man gesagt – „aus seinem völkischen Wahn und der Verehrung für den Dichter eine Art von Kentaur zu bilden"[28]. Multivalenz und Vielschichtigkeit von Bertrams Wesen finden nach 1945 geradezu dramatischen Ausdruck in der bis heute noch nicht zur Ruhe gekommenen Debatte über seine intellektuelle Mitschuld am deutschen Verhängnis.

Wie viele Persönlichkeiten, deren Tun oder Lassen samt ihrer Stärke oder Schwäche, ihren Gedanken und Handlungen im Verlauf der „sad story" an uns vorübergezogen sind, hätten das gleiche wie Bertram nicht auch von sich sagen können! Sie erscheinen alle nicht als starre Schnitzfiguren eines Puppenspiels; auch verhalten sie sich nicht wie die ein für alle Mal festgelegten Charaktertypen, die in alten Komödien auftreten. Manche von ihnen zeigen nicht bloß wechselnde Aspekte in zeitlich aufeinanderfolgenden Phasen, sondern sprechen in ein und derselben Lebenslage verschiedene Sprachen. Die nationalsozialistische Gewaltherrschaft hat das Phänomen menschlicher Ambivalenz deutlicher als andere, liberale Zeitspannen hervortreten lassen. Es geschah auf zwei Arten: viele meinten damals, Unvereinbares mindestens in ihrer eigenen Person verschmelzen zu können – aus Ehrgeiz, Torheit, Irrtum, Feigheit, Opportunismus; andere fanden sich genötigt, eine doppelbödige Existenz zu führen – sei es einfach, um sich zu schützen, sei es, um, so verlarvt, dem Regime entgegenzuwirken. Man kennt heute die erstaunlichsten Beispiele für jede dieser Möglichkeiten. Ihre Erkenntnis im einzelnen Fall pflegt mit einem Verblüffungseffekt verbunden zu sein, wenn die Extreme der verschiedenen Haltungen weit auseinanderklaffen. Ist es nicht schon verwunderlich, daß der in vergleichsweise milderer Zeit lebende Berthold Litzmann Überzeugungen, die zum festen Bestand der nationalsozialistischen „Weltanschauung" wurden, predigen konnte, sich aber der einsetzenden Hitlerbewegung gegenüber ablehnend verhalten hat, die doch so viele seiner Art in ihren Bann zu schlagen wußte? Das vielleicht eindrucksvollste Beispiel facettenreicher Inkonsequenz stellt in dem von uns erforschten Bereich neben Bertram sein Fachgenosse Hans Naumann dar. Er hat sie wie jener doppelt büßen müssen: zunächst während des Dritten Reiches, dann nach dessen Sturz. Merkwürdige Zwiegesichtigkeit weist das Verhalten des Reichspropagandaministeriums gegenüber Thomas Mann auf. Anscheinend bietet dafür nicht bloß der kalte politische Kalkül seines Herrn und Meisters eine Erklärung, sondern auch die keineswegs eindeutige Persönlichkeit des für Literaturangelegenheiten zuständigen Abteilungsleiters Wismann. Ebenso gab die Person Obenauers denen, die ihn näher kannten und während seiner Bonner Professoren- und Dekansjahre Tür an Tür mit ihm wohnten, psychologische Rätsel auf. Bei totaler Anonymität im „Briefwechsel" wurde der Dekan zwar weltbekannt, doch blieb seine Gestalt dabei ohne jeden individuellen Zug. So

---

[28] M. *Rychner*, Von der Politik der Unpolitischen. Die Briefe Thomas Manns an Paul Amann und Ernst Bertram (Der Monat XIII, 148, Januar 1961), S. 53.

konnte er als Objekt freier Vermutungen mit den Merkmalen eines als typisch angesehenen SS-Mannes ausgestattet und gelegentlich geradenwegs zur Symbolfigur werden. Gewiß war Obenauer weit entfernt davon, ein Widerstandskämpfer zu sein. Vielmehr wirkte er als williger Vollstrecker dessen, was die nationalsozialistische Weltanschauung und Staatsführung ihm zu fordern schienen, und er hat in einer für den Ordensgedanken der SS höchst bezeichnenden Weise bekannt, froh und stolz im Dienst ihres Reichsführers Pflichten zu erfüllen – nicht etwa des Führers Adolf Hitler oder Deutschlands. Aber seine kritisch veranlagten, dem Nationalsozialismus mit Sicherheit völlig fernstehenden Hausgenossen und Nachbarn wußten ihn mit ihrem Bild von der SS nicht zur Deckung zu bringen. Man mag einwenden, daß diese Vorstellung dann nicht gestimmt habe. Doch sie war ja aufgrund unzähliger Erfahrungen und Informationen entstanden, die – wie sich inzwischen erwiesen hat – auch zutrafen. Ein idealtypisches Bild verträgt aber offensichtlich im Einzelfall Korrekturen und Ergänzungen. Der Blick auf das eigentliche Problem, die Lösung der Hauptfrage würde tatsächlich versperrt bleiben, wenn man dies nicht anerkennen wollte – hier wie auch in anderen Fällen – und wenn man nicht einsehen würde, daß in der individuellen Vielfalt, in der atypischen Mannigfaltigkeit der Menschen und jedes einzelnen von ihnen die schwierigste, die entscheidende Klärungsaufgabe einer historischen Forschung liegt, die menschliches Handeln und nicht nur Zustände zum Gegenstand hat. Die Gefahr der „terrible simplification" lauert nirgends gefährlicher als da, wo die legitime Frage zu beantworten ist, wer Verantwortung und Schuld für Begebenheiten trägt, die wir mit vollem Recht als bedrückende Last empfinden. Aber die erwähnte Forderung gilt nicht nur im Hinblick auf die Klärung historischer Schuld; sie muß für alle Zeiten und Zonen des geschichtlichen Verlaufs, für jede historisch auf irgend eine Weise wirksam gewordene Person erfüllt werden.

Sie gilt auch für Thomas Mann. Wie André Gide hätte er gleichfalls von sich sagen können: „Ma valeur est dans ma complication", und so ist sein Bild tatsächlich von „Ironien, die da zwischen Wesen und Wirkung spielen"[29], umfunkelt. Wie vielschichtig war seine Natur, wie stark wechselte der Ausdruck, den er ihr gab, wie schwer ist seine Entelechie zu begreifen! Wir maßen uns nicht an, dazu vollkommen fähig zu sein. Aber wir dürfen uns deswegen nicht davon dispensieren, in dem spezifischen Zusammenhang, den wir zu klären unternommen haben, auch die Figur Thomas Manns näher ins Auge zu fassen, um den Dichter als passiven, aber durchaus nicht inaktiven Helden der langen „sad story" zu verstehen.
Stefan Zweig rühmte Thomas Mann in einem besonders kritischen Moment des Spätjahrs 1933 als einen „Menschen höchster Redlichkeit", Joseph Roth kennzeichnete ihn bei aller Kritik gleichzeitig als „absolut rechtschaffen", und erst kürzlich bezeugte ein von hoher Warte aus urteilender Kritiker anläßlich des

---

[29] Zum Vergleich mit Gide vgl. M. *Schlappner*, Du sens moraliste chez Thomas Mann et André Gide (Hommage de la France à Thomas Mann, Paris 1955), S. 147; *Korn*, S. 415. Das folgende Zitat: Th. *Mann*, Leiden und Größe Richard Wagners (IX, S. 405; MK 114, S. 153).

letzten großen Werkes aus der Feder Thomas Manns ihm „souveräne Wahrhaftigkeit"[30]. Andere sahen Thomas Mann in anderem Licht. „Bei aller Stärke seines Ichs hatte dessen Identität nicht das letzte Wort: nicht umsonst schrieb er zwei voneinander höchst abweichende Handschriften, die freilich dann doch wieder eine waren". So charakterisiert den Dichter des „Doktor Faustus" der durch Mitarbeit an diesem Werk ihm nahvertraute, ihn bewundernde Theodor Adorno; er sah im wechselnden Rhythmus der Extreme von Thomas Manns Lebensgefühl „die Doppelbödigkeit seines Naturells zutage" kommen[31]. Das janusköpfige Wesen der „Betrachtungen eines Unpolitischen" war sogleich der Kritik aufgefallen; noch jüngst ist das Buch als „das heikle Gebiet, in welchem der Künstler sich fortwährend in Widersprüchen zu bewegen scheint", bezeichnet worden[32]. Ein berühmter marxistischer Interpret hat die Problematik von Thomas Manns „politischer Verirrung im ersten Weltkrieg" nicht anders zu meistern gewußt als dadurch, daß dem Verfasser der „Betrachtungen" attestiert wird, er habe aus seinem eigenen Schaffen leidenschaftlich falsche Konsequenzen gezogen, weil er die tiefsten Ergebnisse seiner schriftstellerischen Wirkung nicht recht erfaßt habe; das sei jedoch nicht als zufällige, sondern als notwendige Phase in der verhängnisvollen Gesamtentwicklung der deutschen Ideologie zu verstehen[33]. In der Emigration hat Thomas Mann später ein mit dialektischer Bewunderung untermischtes Befremden erregt, weil er Schriften publizierte, deren politische Resultate freudige Zustimmung der marxistischen Kritik fanden, aber wegen ihrer dazu gar nicht passend erscheinenden Prämissen „lebhaften Widerspruch" weckten[34]. Es kam damals zu noch weit

---

[30] St. Zweig an J. Roth, November 1933 (*Roth*, S. 291); J. Roth an St. Zweig, 5. November 1933 (*ebd.* S. 285). Zur umstrittenen politisch-moralischen Situation, in der Thomas Mann sich damals – wie auch Stefan Zweig – befand, vgl. oben S. 147, Anm. 136. Das an die „Bekenntnisse des Hochstaplers Felix Krull" anknüpfende Urteil bei *Korn*, S. 424.

[31] Th. *Adorno*, Zu einem Porträt Thomas Manns (Die Neue Rundschau 73, 1962), S. 323 f. Der dem Dichter in der Münchner Zeit nahestehende H. Brandenburg, den „in erster Linie ... das Menschliche" „persönlich zu Thomas Mann" hinzog, fand bei ihm „Labilität, ... Beeinflußbarkeit und Schwäche, ... intellektuellen Relativismus"; *Brandenburg*, S. 212 f.

[32] H. *Stresau*, Thomas Mann und sein Werk, Frankfurt/M. 1963, S. 124. – Zu den früheren Urteilen vgl. oben S. 62, Anm. 125 ff. – Über die „Widersprüche", in die der Verfasser der „Betrachtungen eines Unpolitischen" „sich ... fast naturgemäß ... verwickeln" „mußte", vgl. auch *Keller, Nationalismus*, S. 98.

[33] *Lukács*, S. 25. Hier ist hinzuzufügen, daß das als Dissertation beim Lehrstuhl für Theorie und Geschichte der Literatur und Kunst am Institut für Gesellschaftswissenschaften beim ZK der SED entstandene Buch von K. *Jarmatz*, Literatur im Exil, Berlin 1966, durch das sich wie ein roter Faden die Kritik „falscher" antileninistischer Einschätzung des Imperialismus durch Lukács samt der daraus für Geschichtsbild und wertende Urteil resultierenden Konsequenzen zieht, nach eingehender Behandlung Thomas Manns gleichfalls zu dem Urteil gelangt, dieser verstricke „sich in unentwirrbare Widersprüche" (S. 110). Das bezieht sich zwar a. a. O. auf eine in der Rede „Deutschland und die Deutschen" von Thomas Mann entwickelte Konzeption, kann aber – wie zahlreiche andere Hinweise und Urteile bei *Jarmatz* lehren – unbedenklich verallgemeinert werden.

[34] Vgl. dazu den zuerst in der Moskauer Zeitschrift „Das Wort" veröffentlichten Aufsatz von A. *Kurella*, Thomas Mann und die Gegenwart (Wiederabdruck nach den unter dem Titel „Zwischendurch" gesammelten Essays des Autors, Berlin 1961, bei *Schröter, Urteil*, S. 295 ff.).

verwirrenderen Äußerungen. 1939 unternahm Thomas Mann es, seinen Haß auf Hitler „moralisch" zu überwölben durch „humoristisch-asketische Ansätze zum Wiedererkennen, zur Identifikation, zum Solidaritätsbekenntnis" – in „Bruder Hitler" entdeckte er „eine Erscheinungsform des Künstlertums", „eine reichlich peinliche Verwandtschaft", und bei sich selbst „die Bereitschaft zur Selbstvereinigung mit dem Hassenswerten"[35]. Man begreift die Betroffenheit der Verfolgten und Leidenden, die solcher Halbironie nicht gewachsen waren: „In der damaligen politischen Situation erregte es allgemeines Schütteln des Kopfes"[36].

Die Literaturwissenschaft hat den „Rollencharakter" hervorgehoben, den Thomas Manns Äußerungen besitzen, und sie hat „Perspektivenwechsel" als die Ursache für schwer miteinander zu vereinbarende Ansichten des Dichter bezeichnet[37]. Er selbst wies 1935 darauf hin, daß „taktische Partei- und Stellungnahme zu den Problemen der Zeit" sie in politicis jeweils bestimmt habe[38]. So konnte „die dauernde, den Reportern anheimgegebene Politik dieses alten Unpolitischen klug und töricht, weitherzig und ungerecht, tiefsinnig und ahnungslos, liebend und

---

[35] Th. *Mann*, Bruder Hitler (XII, S. 845 ff; MK 118, S. 53 ff.). Der Essay erschien deutsch zuerst in: Das Neue Tage-Buch 7, Heft 13, vom 25. März 1939, nachdem die ursprünglich vorgesehene Aufnahme „als Schlußstück ... gleichsam als Satyrspiel" (*Mann–Fischer*, S. 183) in die Aufsatzsammlung „Achtung, Europa!", Stockholm 1938", wegen des Wunsches der schwedischen Regierung, allzu aggresssive Publizistik gegen Deutschland zu unterlassen, und wegen der Gefahr, eine verschärfte Judenverfolgung im Reich seit November 1938 zu provozieren, nicht möglich war. Vgl. dazu den Brief- und Telegrammwechsel zwischen Thomas Mann und seinem Verleger vom 6. September bis zum 31. Dezember 1938 (*Mann–Fischer*, S. 183 ff.). Thomas Mann empfand die Weglassung „als Niederlage ..., weil es das erste Mal war, daß ich ein Werk meines Schmerzes und Hasses und Spottes nicht vor die Welt bringen konnte" (6. Dezember 1938, ebd. S. 195).

[36] W. A. *Berendsohn*, Thomas Mann – *Künstler und Kämpfer* in bewegter Zeit, Lübeck [1965], S. 143. – Bei U. *Greiner*, Was heißt bürgerlich? Politische Schriften von Brecht, Broch, Hesse und Thomas Mann. Ein Vergleich ihrer Aussagen und Irrwege (Frankfurter Allgemeine Zeitung Nr. 219 vom 22. September 1970, Literaturblatt) wird „Bruder Hitler" – „eine Mischung aus Faszination und Furcht" – zitiert, um zu belegen, daß Thomas Manns „Unfähigkeit zu einer entschiedenen Haltung" „peinlich" werde, „wenn er sich zu Hitler äußert". Vgl. auch *Radkau*, S. 123 f.

[37] *Thomas*, S. 172 f.; zahlreiche Beispiele bei H. *Lehnert*, Thomas Mann, Fiktion, Mythos, Religion, Stuttgart [1965], der hierauf nachdrücklich hingewiesen hat und daraus fruchtbare heuristische Konsequenzen ziehen konnte. Weiter ausgeführt und mit eingehender Analyse der verschiedenen Wandlungsphasen sowie ihrem Reflex in Thomas Manns Selbstaussagen verknüpft ist dieses Thema im Nachwort von *Schröter*, *Urteil*, S. 451 ff.; vgl. auch die oben S. 52, Anm. 100 genannte Arbeit von *I.* und *W. Jens*, ferner E. *Kahler*, Gedenkrede auf Thomas Mann (Die Neue Rundschau 1956, S. 535 ff.). *Gray* rückt Thomas Manns „continued adherence to ambiguity" (S. 208), die er in den auf den Dichter bezüglichen Kapiteln seines Buches als durchgehendes Charakteristikum seines Schaffens beleuchtet, zu dem von ihm als Grundelement deutschen Denkens und Dichtens betrachteten Drang nach „complexio oppositorum" in Beziehung.

[38] Th. Mann an H. Slochower, 1. September 1935 (*Briefe* I, S. 398). – Zur Vorgeschichte dieser Äußerung vgl. *Schröter, Urteil*, S. 506 f., wo der ebd. S. 240 f. wiedergegebene Offene Brief kommentiert ist, mit dem zahlreiche Schriftsteller aus den Vereinigten Staaten Thomas Mann im Juni 1934 zu einer öffentlichen Erklärung veranlassen wollten, die ihn unbedingt in scharfen Gegensatz zu den nationalsozialistischen Machthabern hätte bringen müssen.

bitter" zugleich erscheinen[39]. Die Spannungen zwischen ihm und seiner Umwelt, von denen wir hörten, entstanden vor allem dadurch, daß die Zeitgenossen Thomas Manns eigentümlicher Vielschichtigkeit, seiner „ambiguitas", nicht gerecht zu werden wußten. Das lateinische Wort bedeutet nicht bloß „Vieldeutigkeit", sondern kann auch Wankelmut bezeichnen – und dieser war es, der dem Dichter seit der Rede „Von deutscher Republik" als Charaktermangel vorgeworfen wurde. 1933 wurde daraus politische Denunziation. Bald nach diesem Schicksalsjahr fand ein amerikanischer Autor, Harry Slochower, seinerseits „Entschluß- und Entscheidungslosigkeit" Thomas Manns in Hinsicht auf sein Verhalten gegenüber dem nationalsozialistischen Deutschland zu kritisieren[40]. In gleicher Bahn verlaufende schärfere Angriffe wurden aus dem Kreis der deutschen Emigranten und ausländischer Sozialisten gegen den „halb freiwillig, halb unfreiwillig"[41] im Exil verharrenden und öffentlich lange beharrlich schweigenden Dichter gerichtet[42]. Thomas Mann hat damals gleich Slochower gegenüber seine Position in einer Weise klargestellt, die spätere, aus den letzten Lebensjahren stammende erstaunliche Äußerungen von ihm vorbereitet, welche man sonst geneigt sein könnte, als neuen Beweis für unverbesserlichen Wankelmut zu buchen. Sie scheinen nämlich nach

---

[39] *Brandenburg*, S. 212.

[40] Mit den im Text zitierten Worten charakterisiert Thomas Mann selbst in dem eben erwähnten Brief vom 1. September 1935 die Darstellung seines Verhaltens durch das ihm als Manuskript bekannt gewordene, später erst publizierte Buch von H. *Slochower*, Three Ways of Modern Man, New York 1937, wo das zweite Kapitel S. 50 ff. überschrieben ist: „Bourgeois Liberalism. Thomas Mann's Magic Mountain". Ebd. S. 229, Anm. 1, heißt es, der Abschnitt, auf den Thomas Manns briefliche Kritik sich bezogen habe, erscheine in dem Buch „in a somewhat modified form". Der Verfasser, der S. 100 den in Anm. 38 erwähnten, von Thomas Mann unbeachtet gelassenen Appell aus dem Sommer 1934 anführt, trägt mit dieser Änderung den Ereignissen Rechnung, die er a.a.O. mit dem Satz umschreibt: „in the course of the next two years, as Hitlerism more and more revealed its reactionary essence, Mann's honest liberalism led him to a more complete break with Nazism". Hierbei wird auf den am 3. Februar 1936 veröffentlichten Offenen Brief an Korrodi verwiesen. Ein vermutlich nicht zufälliges, sondern in Zusammenhang mit den oben S. 166 f. geschilderten Auseinandersetzungen stehendes zeitliches Zusammentreffen fügte es, daß tags vor dieser Publikation, am 2. Februar 1936, Slochower einen im Anhang zu seinem Buch, S. 231 f. wiedergegebenen Brief an Thomas Mann richtete, mit dem er dessen Schreiben vom 1. September 1935 (in der beigegebenen englischen Übersetzung irrig auf 1. November datiert) beantwortete und angesichts der Alternative, die Werke des Dichters dem deutschen Publikum weiter zugänglich zu halten oder ihren Verfasser eine offene, scharfe Erklärung gegen „Hitlerism" abgeben zu sehen, dringend zu dieser zweiten Haltung riet. In einer Anmerkung zu dem Schreiben Slochowers ist darauf hingewiesen, daß Thomas Mann inzwischen aufgrund seiner fortgesetzten stark antifaschistischen Äußerungen die deutsche Staatsangehörigkeit aberkannt, sein Vermögen beschlagnahmt und die Verbreitung seiner Schriften in Deutschland verboten worden sei. – Über Slochower vgl. Kürschners Gelehrten-Kalender 1931, Sp. 2816 sowie *K. Mann, Wendepunkt*, S. 463.

[41] Die Wendung findet sich in dem Brief an H. Slochower, der Anm. 38 zitiert ist.

[42] Vgl. etwa den oben S. 147, Anm. 136 zitierten Artikel „Literatur und Charakter" aus der Wiener „Arbeiter-Zeitung" sowie die oben S. 165, Anm. 182 angeführten kritischen Äußerungen von Joseph Roth und Kurt Tucholsky. Die Beispiele ließen sich beträchtlich vermehren. *Mayer, Repräsentant*, S. 73 spricht heute von „Zweideutigkeiten" „dem Dritten Reich gegenüber", auf die Thomas Mann sich „noch vier Jahre lang" eingelassen habe.

dem Ende der nationalsozialistischen Herrschaft auslöschen zu wollen, was Thomas Mann die Aberkennung der deutschen Staatsangehörigkeit wie der Bonner Ehrendoktorwürde eingetragen hatte. Waren die „absurden und kläglichen" Akte seiner nationalen, seiner akademischen „Exkommunikation" nicht bloß rechtsunwirksam gebliebene Verwaltungsmaßnahmen, schändliche Handlungen eines Regimes von Gewalt und Unrecht, sondern etwa gar die Ausgeburt eines Mißverständnisses, eine geistesgeschichtliche Groteske? Stand die Ehrung, die die Bonner Philosophische Fakultät Thomas Mann hatte zuteil werden lassen, nicht nur 1919, im Augenblick ihres Vollzugs unter den uns jetzt bekannt gewordenen Voraussetzungen, im fatalen Zeichen historischer Ironie, sondern erst recht, wie die angedeuteten Bekenntnisse des Dichters nahelegen, in den Dezembertagen 1936, als der nationalsozialistische Dekan dem Dichter ihre Rücknahme mitteilte? Diese Fragen sind bedeutend genug, um uns am Ende unseres Weges eingehend beschäftigen zu müssen. Wir sind dazu umso mehr verpflichtet, als die Forschung bisher jene anscheinend als verwirrend, wenn nicht gar peinlich betrachteten Selbstaussagen des späten Thomas Mann unerörtert gelassen hat.

Das Problem Künstler – Bürger, das dem „Buddenbrooks"-Dichter vom 19. Jahrhundert überkommen war, spitzte sich zu seinen Lebzeiten in veränderter Richtung auf die Frage nach der gesellschaftsmoralischen Verantwortlichkeit des Künstlers zu. Davon ist nach früheren Ansätzen seit den „Betrachtungen eines Unpolitischen" bei Thomas Mann immer wieder ausführlich die Rede, zuletzt in dem Vortrag „Der Künstler und die Gesellschaft" aus dem Spätsommer 1952[43]. Er stellt eine Synthese entgegengesetzter Anschauungen dar, die der nunmehr fast Achtzigjährige in seinem Leben und Schaffen vertreten hatte und jetzt, nicht ohne einen Schuß Resignation, in Harmonie zueinander setzte. Was Thomas Mann in seinem Dankschreiben an den Dekan der Bonner Philosophischen Fakultät aus dem Jahr 1919 für sich reklamierte, die dem Künstler vorbehaltene, rein artistische, um Werte, um Moral nicht im geringsten bekümmerte Einstellung gegenüber der Welt, beschrieb auch dieser Vortrag, und der Autor hieß sie ausdrücklich gut. Aber der zweite, berühmtere Brief, den Thomas Mann an einen Bonner Dekan gerichtet hatte, das Manifest vom Neujahrstag 1937, findet gleichfalls seinen Widerhall. Die gesellschaftliche, unverblümt als moralisch bezeichnete und durch diese Eigenschaft politisch wirksame Verpflichtung des Künstlers wird als sein Vorrecht proklamiert. Allerdings gilt das letzte Wort nicht mehr – wie in einem denkwürdigen Dokument von 1939, der für den internationalen Pen-Club bestimmten Rede Thomas Manns über „Das Problem der Freiheit" – der Rolle des Geistes als David gegen Goliath, als St. Georg „gegen den Lindwurm der Lüge und Gewalt"[44]. Es gilt vielmehr der Kunst als der im Grunde einflußlosen, nur

---

[43] X, S. 386 ff.; MK 118, S. 339 ff.

[44] XI, S. 972; MK 118, S. 80. Gleicher Wortlaut schon am Schluß des kurz vorher unter dem Titel „Zwang zur Politik" erschienenen Aufsatzes, der später „Kultur und Politik" überschrieben wurde (XII, S. 861; MK 118, S. 65).

einen Trost bildenden Macht, von deren Unschuld bloß die Menschheit „nie ganz das schuldgetrübte Auge wenden könne"[4] .

Wie verzweifelt die Situation für den Künstler sein kann, den die Disposition zu innerer Vielfalt kennzeichnet, verbunden mit höchster geistiger und seelischer Empfindlichkeit sowie dem Drang, sich im Wort ganz ohne moralische Absicht auszudrücken, hatte Thomas Mann immer wieder schmerzlich genug erfahren. Auch für ihn lagen „Leiden und Größe" in seinem Wesen beschlossen, dem Wesen eines Künstlers, der freien Spielraum beansprucht: „Schicksal ist ja auch nur Auswirkung des Charakters"[46]. So wurde Thomas Mann wie selten ein deutscher Dichter „bewundert viel und viel gescholten". Die allgemeine Formel „Dichter sind versatilen Gemüts"[47], die er in seinem letzten Lebensjahr einmal gebraucht, deutet nur an, was er schon 1910 in einem Fontane-Essay als geheimes Selbstbildnis skizziert, dann immer wieder an anderen Künstlern exemplifiziert und später Pfitzner gegenüber – nun offen autobiographisch trotz der Anspielung auf Nietzsche – mit dem Satz beschrieben hat, es gäbe Fälle einer bewußten Selbstdisziplinierung, „die ihrem Manne den Namen des Judas eintragen"[48]. In der tagespolitischen Polemik, von den Widersachern Thomas Manns, wurde der Sachverhalt weit gröber ausgedrückt. Galt der Dichter nach seinem republikanischen Bekenntnis in Deutschland als Apostat, weil er den „Betrachtungen eines Unpolitischen" nicht treu geblieben sei, so zitierten später seine Feinde in den Vereinigten Staaten eben dieses, vor allem dann vom Kampfeseifer der McCarthy-Ära hervorgekramte Buch, um nachzuweisen, der als fellow-traveller des Kommunismus angegriffene Autor sei trotz späterer Bekenntnisse zur Demokratie in Wahrheit kein wahrer Demokrat[49]. Aber den Gralshütern der antidemokratischen nationalsozialistischen „Weltanschauung" ist gerade dieses Werk des verhaßten Dichters gleichfalls nicht nach der Mütze gewesen[50]. So mußte Thomas Mann alle Konsequenzen dessen

---

[45] Th. *Mann*, Der Künstler und die Gesellschaft (X, S. 399; MK 118, S. 350). *Rothe*, S. 225 zitiert in dem kurzen Abschnitt, den er neben Musil, v. Doderer, Kafka und Broch, die eingehend behandelt werden, Thomas Mann widmet, dieses Wort, von dem er meint, daß es „auch Kafka oder Broch gesprochen haben könnten".

[46] Th. *Mann*, Leiden und Größe Richard Wagners (IX, S. 409; MK 114, S. 155).

[47] Th. *Mann*, Heinrich v. Kleist und seine Erzählungen (IX, S. 837; MK 115, S. 308). – Diese Abhandlung war am 30. November 1954 als Vortrag vor den Studenten der Eidgenössischen Technischen Hochschule in Zürich gehalten und von Thomas Mann für den entsprechenden Zweck bei dem von ihm zugesagten, durch seinen Tod vereitelten Besuch bei der Bonner Universität angeboten worden.

[48] Th. Mann an H. Pfitzner, 23. Juni 1925 (*Briefe* I, S. 241). – Thomas Mann seinerseits hat gelegentlich von der „Selbstdisziplinierung" eines andern – des ihm persönlich nahestehenden Hans Brandenburg, der ihn mit einer von „kritischer Liebe" getragenen Gesamtwürdigung verletzt hatte – geurteilt, sie überschreite „gelegentlich" „das Maß des moralisch Gebotenen und – Zulässigen"; *Brandenburg*, S. 218; *Briefe* I, S. 238.

[49] S. oben S. 59, Anm. 118. – Bei *Bleuel-Klinnert*, S. 218 wird mit Bezug auf eine Stelle aus der – von rechtsgerichteten Kreisen gestörten – Festansprache Thomas Manns zur 400-Jahrfeier des Lübecker Katharineums gesagt, man könne ihn „wohl kaum als Vorkämpfer demokratischer Gedanken bezeichnen".

[50] H. L[angenbucher], Deutscher Literaturführer? (Börsenblatt des deutschen Buchhandels Nr. 144 vom 23. Juni 1934, S. 570 f.) kritisiert heftig eine Publikation von W. R. *Lindner*,

erfahren, was er 1932 an Goethes „Proteusnatur" beobachtet und sogar mit dem Wort „Dichtergesinnungslosigkeit" bezeichnet hat[51].

Der als gesinnungslos Angegriffene hat die organische Einheitlichkeit der in den „Betrachtungen", der Republikrede und späteren Äußerungen wie der „Deutschen Ansprache" von 1930 vertretenen Überzeugung stets verfochten[52] und sich dagegen verwahrt, daß zwischen ihnen ein innerer Bruch angenommen werde. Hingegen gab er im März 1952 einem Vertrauten gegenüber zu, wer seinen demokratischen Optimismus „to good to be true" genannt habe, sei im Recht. Seine „demokratische Attitüde" sei bloß Gereiztheitsreaktion auf den deutschen „Irrationalismus" und Tiefenschwindel „und auf den Faschismus überhaupt". Dieser habe „es fertiggebracht", ihn „zeitweise zum demokratischen Wanderredner zu machen", und Thomas Mann fügte hinzu: „eine Rolle, in der ich mir oft wunderlich genug vorkam"[53]. Einige Monate später, in dem erwähnten Vortrag vom Spätsommer 1952, wo dieses Bekenntnis für die Öffentlichkeit wiederholt wurde, heißt es noch ungleich drastischer, es sei eine Rolle gewesen, „für deren Komik" der Verfasser, „selbst zur Zeit" seines „leidenschaftlichen Verlangens nach Hitlers Untergang,

---

die neben anderen Dichtern und Schriftstellern, „die für den heutigen Deutschen noch oder überhaupt in Frage kommen, d. h. unserer Welt- und Lebenseinstellung entsprechen", auch „Thomas Mann (ausgerechnet mit den ‚Betrachtungen eines Unpolitischen' an der Spitze)" behandelt: „ich habe mein Herz gar weit gemacht, aber die eben genannten Autoren kann ich als Nationalsozialist mit dem besten Willen nicht verantworten".

[51] Th. *Mann*, Goethe als Repräsentant des bürgerlichen Zeitalters (IX, S. 319; MK 114, S. 79). Das Wort erläutert den an gleicher Stelle erwähnten, zuvor mit verschiedenen Beispielen belegten „ironischen Nihilismus", den Thomas Mann bei Goethe fand und der ihm selbst bekanntlich von der zeitgenössischen Kritik bescheinigt worden ist. Eine Bezugnahme Thomas Manns auf seine eigene Position legt sich ferner wegen der direkten Parallele nahe, die in diesem Aufsatz zwischen Goethes „Grauen vor der Politisierung, das heißt Demokratisierung Europas" und dem gleichen „Kulturentsetzen vor der heraufkommenden Politisierung ... in unseren Tagen, in den Jahren von 1916 bis 1919 etwa" hergestellt wird. Die genannten Jahre bezeichnen exakt die Phase Thomas Manns, in der die „Betrachtungen eines Unpolitischen" entstanden sind und die darin niedergelegten „Meinungen" Thomas Mann die Anhängerschaft derjenigen Kreise sicherten, die ihm dieses Buch vorhielten, seitdem sie ihn von 1922 an der gesinnungslosen Unzuverlässigkeit ziehen. – Für die hier methodisch-heuristisch folgenreiche innere Beziehung Thomas Manns zu Goethe vgl. J. A. *Asher*, Thomas Mann's Unio mystica with Goethe (Publications of the English Goethe Society 25, 1956, S. 1 ff.) und die hieran anknüpfende Diskussion (ebd. 26, 1957, S. 81 ff.), ferner E. *Braemer*, Aspekte der Goethe-Rezeption Thomas Manns (Vollendung und Größe Thomas Manns, hrsg. von G. *Wenzel*, Halle/S. 1962, S. 162 ff.), wo S. 172 geradezu von „Identifizierung Thomas Manns mit Goethe" gesprochen und darauf hingewiesen wird, daß „bereits von hier aus vieles, was er Goethe zuschreibt, erklärlich wird".

[52] Zuerst 1922 im Vorwort zu der Einzelausgabe der Rede „Von deutscher Republik" (XI, S. 809 ff; MK 117, S. 98 ff.). Von späteren Zeugnissen vgl. etwa Thomas Manns Brief an K. Hamburger, 12. Oktober 1932 (*Briefe* I, S. 323). – Weitere Äußerungen verzeichnet *Sontheimer*, S. 59 f.

[53] Th. Mann an F. Lion, 13. März 1952 (*Briefe* III, S. 248). Vgl. dazu auch *Thomas*, S. 172 f. Nach Abschluß der vorliegenden Untersuchung erschien die Studie von *Koopmann*, wo diese Briefstelle S. 187 angeführt ist, um den Schopenhauer-Essay von 1938 als „Kampfinstrument" zu charakterisieren.

nie ohne Blick" gewesen sei[54]. Das wenig ältere briefliche Zeugnis für diese Abkehr von gewissen präzisen politischen Konsequenzen, die aus unzähligen Reden und Schriften Thomas Manns während dreier Jahrzehnte beinahe zwangsläufig gezogen worden waren, fügt einen Satz von größter Wichtigkeit für die Erkenntnis der Psyche des Dichters hinzu. Er lautet: „Ich fühlte immer, daß ich zur Zeit meines reaktionären Trotzes in den ‚Betrachtungen' viel interessanter und der Platitüde ferner war"[55]. Schon 1944 hatte Thomas Mann das gleiche Gefühl geäußert, freilich noch verhüllt, indem er es seinem damaligen Publikum unterschob, von dem er schrieb, „die amerikanische Intelligenz" sei „dessen, was sie meine demokratischen Sonntagspredigten nennt, . . . gründlich müde, und mit den ‚Betrachtungen' würde ich ihr heute literarisch viel mehr imponieren"[56]. Was an den beiden Stellen zutage tritt, sind keine politischen, sondern ästhetische Gesichtspunkte[56a]. Kategorien der künstlerischen Leistung, der literarischen Kritik bilden den Maßstab für Thomas Manns Urteil, nicht die Wertskala politischer oder sozialer Ordnung und schon gar nicht das gedankliche System einschlägiger Verfassungstheo-

---

[54] Th. *Mann*, Der Künstler und die Gesellschaft (X, S. 397; MK 118, S. 348). Hier auch Bezugnahme auf die Äußerung des englischen Kritikers Philip Toynbee, die Thomas Mann bereits in seinem Brief vom 13. März 1952 an F. Lion gutgeheißen hatte: sein demokratischer Optimismus sei „almost too good to be true" (X, S. 398; MK 118, S. 349). – Während die Berichte in Stuttgarter Zeitung Nr. 188 (bei *Matter* nicht verzeichnet) und Die Welt Nr. 187 vom 14. August 1952 auf diese Passage des Vortrags hinweisen, enthält das Referat über seine Wiederholung in Zürich, das die Neue Zürcher Zeitung Nr. 273 vom 4. Oktober 1952 bietet, keinerlei entsprechende Angabe.

[55] Th. Mann an F. Lion, 13. März 1952 (*Briefe* III, S. 248). – Hiernach verfehlt die Polemik gegen „einige westliche Kritiker" bei *Hilscher*, S. 40 ihr Ziel. – Das von der Forschung bisher – wie die anderen hier angeführten Bekenntnisse Thomas Manns – auffallend vernachlässigte Zitat aus dem Vortrag „Der Künstler und die Gesellschaft" ist kürzlich durch M. *Mohrt*, La conscience de Thomas Mann (Le Figaro. Le Littéraire vom 7. April 1973) als „étrange aveu" hervorgehoben worden.

[56] Th. Mann an A. E. Meyer, 17. Juli 1944 (*Briefe* II, S. 376). – Sogar schon in einem Brief Thomas Manns an Bermann Fischer vom 29. November 1937 findet sich die ironisch-distanzierte Wendung „meine demokratisch-idealistische Sonntagspredigt für Amerika" (*Mann–Fischer*, S. 139). Es handelt sich um die Rede „Vom kommenden Sieg der Demokratie" (X 1, S. 910 ff.; MK 118, S. 10 ff.), die Thomas Mann im Frühjahr 1938 in fünfzehn verschiedenen Städten der Vereinigten Staaten hielt. Da zwischen ihrer Niederschrift und dieser Reise der Schopenhauer-Essay entstand (*Bürgin-Mayer*, S. 129; *Mann–Fischer*, S. 724 mit Druckversehen „1938" statt 1937), ist Thomas Manns selbstkritische, auf diese Arbeit Bezug nehmende Äußerung in dem oben S. 334, Anm. 53 zitierten Schreiben vom 13. März 1952 in erster Linie auf die erwähnte Rede zu beziehen. Die später dokumentierte Distanzierung wird durch das Zeugnis des Briefes an Bermann Fischer aus der Entstehungszeit des Vortrags also bereits für diese nachgewiesen. – Auf die beträchtlich weiter zurückliegende Bemerkung Thomas Manns, seine Berufung, die demokratische Gesellschaft zu repräsentieren, sei „eigentlich recht künstlicher Art" weist *Baumgart*, S. 93 mit Zitat aus „Die Forderung des Tages", S. 304 hin.

[56a] Auch *Mayer, Repräsentant*, S. 91 kommt nach eindringlicher Analyse der „politischen Entwicklung eines Unpolitischen" zu dem Ergebnis: „Thomas Manns eigentliche Sphäre blieb – ein ganzes Leben und Werk hindurch – der *ästhetische* Bereich". Mayers Untersuchung erschien beträchtliche Zeit nach der Niederschrift des vorliegenden Buches, das in diesem Punkte dadurch eine Bestätigung erfährt.

rien oder staatsphilosophischer Traktate. Der als großer Repräsentant der Demokratie gefeiert worden war, blieb in Wahrheit immer der große „Unpolitische". „Er hatte keine rechte Lust, im Leben so ganz mitzutun..., der Praxis mißtraute er nicht nur als Politik, sondern als jeglichem Engagement"[57]. Die individualpsychologische Deutung dieses Urteils darf freilich nicht als ausreichend betrachtet werden. Soweit es sich um das Problem des politischen Engagements handelt, ist bisher nicht beachtet worden, daß Thomas Mann als „Unpolitischer" Gesinnung und Verhalten der bürgerlichen Umwelt beibehalten hat, in der er aufgewachsen war. „Kaisersaschern" hat ihn darin niemals ganz losgelassen. Sein neun Jahre jüngerer Zeitgenosse Arnold Brecht, der im gleichen lübischen Milieu groß geworden ist, hat geschildert, wie sehr man dort als „politisch" diejenigen Ansichten empfand und verurteilte, die mit der eigenen, ganz unreflektiert als „unpolitisch" betrachteten Meinung nicht übereinstimmten. „Alles, was weiter rechts oder links stand, das waren die Politiker", mit denen man nichts gemein haben wollte[58]. Zugleich wurde die Position, die man selber einnahm, in naiver Selbstverständlichkeit mit der natürlichen Ordnung der Dinge identifiziert, wie Thomas Mann es tat, als er 1920 dem Grafen Keyserling darin beipflichtete, daß „in kurzem die Konservativen wieder am meisten in Deutschland zu sagen haben werden", und dazu bemerkte: „die Natur stellt sich am Ende irgendwie wieder her"[59]. Hielt Thomas Mann es 1910 für möglich, der alte Fontane „hätte ... sich das Wort" „verantwortungsvolle Ungebundenheit" „vielleicht zur Bezeichnung seines politischen Verhältnisses gefallen lassen", so enthüllte er damit seinen eigenen Standort[60]. Der Dichter der „Buddenbrooks" und des „Zauberberg" wollte nie spezifisch politische Rezepte liefern, wie zuerst diejenigen irrig meinten, die sie in den „Betrachtungen" finden zu dürfen glaubten und deren Verfasser Beifall, später, nach der Enttäuschung, die er ihnen bereitet hatte, weil er den wilhelminischen Obrigkeitsstaat für die Republik Friedrich Eberts dahingab, Haß und Verachtung zollten.

---

[57] *Adorno*, S. 323. Vgl. dazu auch das bezeichnende Selbstzeugnis Thomas Manns in seinem Brief vom 8. Februar 1953 an den jungen Eberhard Hilscher, wo ein Weg gewiesen wird, um in bezug auf die „Arbeit" des Dichters „der seelischen Wahrheit näher" zu kommen. Thomas Mann fährt fort: „Das gilt auch fürs Politische, soweit bei mir davon die Rede sein kann. Meine Bücher sind ohne politische Absichten geschrieben. Die Zeit mit ihren Nöten, Über- und Untergängen spiegelt sich darin ab. Nur im ‚Faustus', unter höchstem politischem Druck, wird das alles wohl ein bißchen bewußter und artikulierter ... Ich habe keine politischen Glaubensbindungen und bin kein Kommunist ... " (*Hilscher*, S. 196). Im Licht dieser Äußerung erscheint es als unzutreffend vereinfachende Verkürzung, wenn *Karthaus*, S. 300 meint, Thomas Mann sei während der Arbeit am „Zauberberg" „vom Konservativen zum Republikaner geworden".

[58] *Brecht*, S. 17. Ebd. S. 91 ff. klärende Ausführungen über die Voraussetzungen zu dem unpolitischen Leben des bürgerlichen Deutschen in der kaiserlichen Zeit und S. 259 f. über die geschichtlichen Ursachen der Abneigung gegen „Demokratie" in den gleichen Kreisen.

[59] Th. Mann an H. Graf Keyserling, 18. Januar 1920 (*Briefe* I, S. 173).

[60] Th. *Mann*, Der alte Fontane (IX, S. 30; MK 113, S. 52). Zu anderen Zügen des geheimen Selbstporträts in diesem Essay vgl. oben S. 86, 333.

Solcherart enttäuschte Hoffnungen wiederholten sich. Ein bewußt und aktiv politischer Autor wie Johannes R. Becher, der Thomas Mann auf einer Rundreise zu verschiedenen Gruppen der linken Emigration im Herbst 1934 aufsuchte, um herauszufinden, ob er „bei einem Klärungsprozeß" zu beeinflussen sei, mußte berichten: „... er gab offen zu, daß er vollkommen desorientiert und unsicher sei, daß er das, was in Deutschland vorgehe, überhaupt nicht mehr richtig verstehe; das alles sei vollendeter Wahnsinn usw.". Eine Mobilisierung im Sinn der politisch linksstehenden Gruppen, für die dieser Bericht verfaßt wurde, hielt Becher nur mit beträchtlichem Vorbehalt und „zu einem gewissen Teil" für möglich; er hatte anscheinend den Eindruck, daß dabei auf Seiten seines Gesprächspartners ganz subjektive Momente und weniger politische Gesichtspunkte von Gewicht wären[61]. Auch später hat Thomas Mann sich nicht – wie ihm auf den Tag genau im Augenblick seiner Ausbürgerung, am 3. Dezember 1936, nahegelegt worden ist – an der „Debatte ... über die sozialistische Revolution" als „Weg zur Organisierung der Humanität"[62] beteiligt, sondern sich von Ratgebern solcher Art peinlich berührt gezeigt[63]. Der Versuch anderer Kräfte, Thomas Mann für eine der mit konkreten Erwägungen über den Wiederaufbau demokratischen politischen Lebens in Deutschland nach der Niederlage Hitlers befaßten Gruppen zu gewinnen, endete für seine Urheber ebenfalls enttäuschend[64]. Ähnlich war es schon gleich nach dem Ersten Weltkrieg und dem Erscheinen der „Betrachtungen eines Unpolitischen" den nationalkonservativen Kreisen gegangen, die gehofft hatten, der Verfasser werde sich für ihre politischen Aktivitäten engagieren lassen[65].
Was sich in der Gedankenwelt Thomas Manns während der zweiten Lebenshälfte mit dem Begriff Demokratie verband, erhellt aus seinem Versuch, Goethe trotz dessen zugegebener notorischer Aversion gegen Pressefreiheit, Mitreden der Masse, Demokratie und Konstitution für „das demokratische Europa" in Anspruch zu

---

[61] J. R. *Becher*, Bericht über eine Reise nach Prag, Zürich und Paris (Oktober/November 1934) (Zur Tradition der sozialistischen Literatur in Deutschland. Eine Auswahl von Dokumenten, Berlin–Weimar 1967), S. 679 f.

[62] K. *Hiller*, Für Thomas Mann (Die Neue Weltbühne 32, 1936, S. 1543; Wiederabdruck: *Schröter, Urteil*, S. 279).

[63] Vgl. die bei *Schröter, Urteil*, S. 510 im Kommentar zitierte, in der westdeutschen Ausgabe des *Briefwechsels* zwischen Heinrich und Thomas Mann sowie in *Briefe* I, S. 341 nicht enthaltene Stelle aus einem Brief von Thomas an Heinrich Mann vom 12. Dezember 1936.

[64] Vgl. oben S. 257, Anm. 485.

[65] Zu den Enttäuschungen der Konservativen nach dem Ersten Weltkrieg vgl. oben, S. 63; 68, Anm. 147; Th. *Mann*, Die Entstehung des Doktor Faustus (XI, S. 184; MK 115, S. 117). Dazu die Eintragung vom 14. Dezember 1943 bei O. *Zoff*, Tagebücher aus der Emigration 1939–1944 (Veröffentlichungen der Deutschen Akademie für Sprache und Dichtung 41), Heidelberg 1968, S. 260: „Thomas Mann ... sollte es unternehmen, eine deutsche Regierung im Exil aufzustellen ... Nach vielen Unterredungen hat er schließlich zu guter Letzt erklärt, er könne die Sache nicht machen ... Sein Rücktritt hat außerordentliche Enttäuschung und Verärgerung erregt. Zuerst ergreift er bei jeder nur möglichen politischen Gelegenheit das politische Wort und tritt als der politische Hauptopponent der Nazis auf – und sobald es sich um mehr handelt als Worte, kneift er"

nehmen[66]. Nacheinander wird dabei vielerlei und höchst Heterogenes als „demokratisch" bezeichnet: der Pragmatismus, auf den Goethes Lob des „praktischen Verstandes" gemünzt sei – sodann ein Verhalten, das als entscheidendes Merkmal dafür, daß „die europäische Demokratie" Goethe „zu den ihren zählen darf", bezeichnet und mit den Worten umschrieben wird: „to make a success of things, dieser der Menschlichkeit nützliche Wille zu überleben, statt poetisch in Stücke zu gehen" – „Lebensfreundschaft", „Lebensverbundenheit ... im Gegensatz zum poetischen Aristokratismus des Todes" – das Christentum, das „Demokratie als Religion" genannt wird, so „wie man sagen kann, daß die Demokratie der politische Ausdruck des Christentums ist" – „Goethes Ausspruch ,Alles Leiden hat etwas Göttliches' ", zu dem der Autor bemerkt, „nichts" könne „christlicher, nichts aber auch im höchsten Sinne demokratischer sein", weil „die Neigung zum Niedrigen, die Erhebung des Leidens ... dem Christentum eingeboren" sei – die der „Humanität" dienende, eine „sittigend-antibarbarische Tendenz" verkörpernde „Sendung des Christentums innerhalb der völkisch-germanischen Welt" – das Ergebnis von Luthers Auftreten, das als „religiöse Demokratie" charakterisiert wird – schließlich Goethes Verse „Edel sei der Mensch, Hilfreich und gut...", in denen Thomas Mann „den höchsten Ausdruck aller Demokratie" sieht. Am Schluß des Aufsatzes sagt er, halte man es so mit Goethe – dem Dichter, dem es nicht ziemte, „in Opposition zu sein", sondern der, so heißt es an anderer Stelle, „Anspruch auf Menschheitsrepräsentanz" besaß[67] – wie es Goethe selbst mit dem Positiven, der schöpferischen Güte gehalten habe, dann werde man „niemals das Unglück haben, in Opposition zu stehen gegen Liebe und Leben". Es bedarf keines Hinweises, daß der historisch-politisch gewiß nicht immer eindeutig verstandene, aber verfassungsgeschichtlich und staatsrechtlich doch präzise Begriff „Demokratie" nur unter einer einzigen Bedingung dazu benutzt werden kann, um derartige sozialphilosophisch-ethische Überzeugungen zu etikettieren: er muß – wie Thomas Mann es bewußt tut – „sehr weit" gefaßt werden, so weit, daß er der Prägnanz gänzlich entbehrt und damit beliebig austauschbar gegen andere politische Denominationen wird, mit einem Wort „unpolitisch" ist. Kein Zweifel: der Autor, der auf solche Weise Demokratie beschreibt und zu ihrem so verstandenen Wesen Goethe in die von Thomas Mann ausgemalte Beziehung rückt, gehört zum Gefolge von Schriftstellern des Aufklärungszeitalters, bei denen sich, wie er selbst einmal sagte, „Philantropie und Schreibkunst als herrschende Passionen *einer* Seele finden"[68].

---

[66] Th. *Mann*, Goethe und die Demokratie (IX, S. 755 ff.; MK 115, S. 212 ff.). Auf Einzelnachweis der folgenden Zitate aus diesem Essay wird verzichtet, da sie sich unschwer auffinden lassen. In Formulierung und Goethezitaten deckt der Essay sich teilweise mit der 1948 veröffentlichten „Phantasie über Goethe" (IX, S. 713 ff.; MK 115, S. 54 ff.). Letzte Behandlung des Themas „Thomas Mann und Goethe" durch H. St. *Schultz* in: Thomas Mann und die Tradition, hrsg. von P. *Pütz*, Frankfurt/M. 1971, S. 151 ff.

[67] Diese Wendung findet sich in dem Abschnitt über Goethe aus Thomas Manns Aufsatz „Die drei Gewaltigen", der bei der Erstveröffentlichung im Jahr 1949 „Goethe, das deutsche Wunder" überschrieben war (X, S. 381; MK 115, S. 211).

[68] Th. *Mann*, Der Künstler und der Literat (X, S. 64; MK 113, S. 77). Eine Disputation über „Thomas Mann und die Politik", die im November 1966 von je zwei Vertretern der

Das geheime Selbstporträt, das demnach auch Thomas Manns Aufsatz über „Goethe und die Demokratie" enthält, wird abgerundet durch den Hinweis, Goethe habe „unerschöpflichen Reichtum an Widersprüchen" aufgewiesen, die aber – wie „auch" dasjenige, „was in seiner politischen Weltanschauung unstimmig gegeneinander zu stehen scheint" – „für den tieferen Blick sich in" einer „unfehlbaren Menschlichkeit" auflösten. Gleichwohl hätten die Zeitgenossen ihm Nihilismus angelastet – wir dürfen hinzufügen: wie es auch Thomas Mann geschah, der sich diesen Vorwurf „über alles Maß zu Herzen nehmen konnte"[69]. Das Bild erhält weitere autobiographische Glanzlichter durch den an anderer Stelle des gleichen Essays stehenden Fingerzeig auf Goethes „Apolitismus" und die beiläufige Bemerkung, Schopenhauer sei mit seiner Skepsis gegenüber liberalen Regierungsformen Goethes Schüler gewesen. Man weiß, wie dankerfüllt sich Thomas Mann in den von gleicher Skepsis getragenen „Betrachtungen eines Unpolitischen" seinerseits als Schüler Schopenhauers bekannt hat. Er „brauche kaum zu ihm zurückzukehren", schrieb er aber auch noch 1952 in unmittelbarem, bezeichnendem Zusammenhang mit dem Eingeständnis der Abkehr von seiner demokratischen „Attitüde" – „habe ich ihn doch eigentlich nie verlassen und verloren"[70]. Was im Kontext des Goethe-Essays von 1949 Thomas Manns eigenen „Apolitismus" kennzeichnet, ist der Umstand, daß dort, wo die verfassungspolitische, in der realen Staatsordnung zu lösende Kernfrage hinter dem demokratischen Credo erreicht wird – das Problem nämlich, wie Freiheit und Gleichheit miteinander zu vereinbaren sind – es beim bloßen Hinweis auf diese Frage und die drohende Gefahr „einer fürchterlichen Auseinandersetzung" zwischen West und Ost bleibt. Thomas Mann wendet kein Wort daran, wie Demokratie politisch zu konkretisieren sei. Sie war ihm die gesinnungsethische Verwirklichung seines Begriffs von Humanität, aber er äußerte sich nicht darüber, ob und wie sie in bestimmter verfassungsrechtlich und institutionell festgelegter Weise politisch gesichert sein mochte. Ja, als Vision einer glücklichen Menschheitszukunft schwebte ihm schließlich gar „eine gewisse Entpolitisierung des Staatenlebens überhaupt" vor, die – so meinte er – „über die bürgerliche Demokratie hinausgehe" und von ihm mit dem Kennwort „sozialer Humanismus" belegt wurde[71].

---

beiden deutschen PEN-Zentren bestritten worden ist, hat insofern ein in die gleiche Richtung weisendes Ergebnis erzielt, als der darüber in der „Frankfurter Allgemeinen Zeitung" Nr. 265 vom 14. November 1966 erschienene Bericht resümieren konnte: „Ein würdiger Erbe und Mehrer der Aufklärung, das gilt als Fazit."

[69] *Adorno*, S. 326.

[70] Th. Mann an F. Lion, 13. März 1952 (*Briefe* III, S. 248). – Bei *Koopmann*, der S. 186 ff. von diesem Zitat ausgehend die „wahrere Beziehung Thomas Manns zu Schopenhauer" an Hand von „unscheinbaren Spuren" im Werk des Dichters aufhellt, bleibt der politische Aspekt unberücksichtigt.

[71] Deutschland und die Deutschen (XI, S. 1148; MK 118, S. 177). Es handelt sich um eine Kontamination der Begriffe „ökonomischer Humanismus" und „soziale Demokratie", die, übernommen aus französischen Publikationen und einer Rede des belgischen Politikers Vandervelde, am Schluß des 1938 in zahlreichen Städten der Vereinigten Staaten gehaltenen Vortrags „Vom kommenden Sieg der Demokratie" als Grundelemente einer Gemeinschaft der Völker bezeichnet werden, „die das Ziel aller Politik ist und sie endlich aufheben soll".

Als Gehalt seines Humanitätsbegriffs hat Thomas Mann mehrfach die Idee des Gleichgewichts, ja der Verschmelzung zwischen den im Menschen angelegten Kräften der Natur und des Geistes, als den Bund von Vernunft und Blut bezeichnet. Für die damit erzielte Harmonie nahm er längere Zeit den aus chiliastisch-mystischen Hoffnungsträumen stammenden Ausdruck „Drittes Reich" in Anspruch, selbst dann noch – und das charakterisiert Thomas Manns Fremdheit gegenüber der Politik –, als er zum nationalsozialistischen Propaganda-Schlagwort geworden war[72]. Die Rücksicht auf diese Humanitätsidee – so schrieb der Dichter 1935 dem amerikanischen Mahner zu entschiedenem Entschluß – habe jeweils

---

[72] Der Begriff taucht bei Thomas Mann anscheinend zuerst um die Jahreswende 1912/13 auf. In dem kleinen Prosastück „Zu Fiorenza" (Blätter des Deutschen Theaters, Berlin, 2. Jahrg., Nr. 25 vom Januar 1913) heißt es am Schluß, der Dichter sei niemals durchaus ‚naiv' oder durchaus ‚sentimentalisch' gewesen, sondern „die Synthese selbst. Er stellt sie dar ..., die Versöhnung von Geist und Kunst, von Erkenntnis und Schöpfertum, Intellektualismus und Einfalt, Vernunft und Dämonie, Askese und Schönheit – das Dritte Reich" (XI, S. 564; MK 120, S. 19). Thomas Manns Antwort auf die Frage „Warum hat Deutschland den Krieg begrüßt?", die Svenska Dagbladet am 11. Mai 1915 veröffentlichte – der Text ist seit seiner ersten Veröffentlichung in Deutschland nicht wieder gedruckt worden – lautete: „Weil es den Bringer seines Dritten Reiches in ihm erkannte". Der Begriff wird erläutert als „Synthese von Macht und Geist" und als Deutschlands „Traum und Verlangen, sein höchstes Kriegsziel" bezeichnet. Zu unterscheiden seien drei Gruppen: „Reaktionäre in Deutschland: das sind die Getreuen des ersten Reiches, des geistigen...; Konservative: das sind die unbedingten Anhänger des zweiten, des Machtreiches...; Gläubige der Zukunft: sie meinen das dritte..." (Th. *Mann*, Friedrich und die große Koalition, Berlin 1915, S. 126 f.). Es soll hier nicht unerwähnt bleiben, daß v. *Brentano*, S. 40, seine Polemik gegen Thomas Mann mit dem – nicht in den Zusammenhang von dessen Gedankenentwicklung gestellten – gleichen Zitat würzt und sich nicht enthalten hat, hinter die Worte „Bringer seines Dritten Reiches" ein niederträchtiges „(sic!)" zu setzen. Bei diesen frühen Belegen besteht die Verknüpfung mit dem Begriff der Humanität noch nicht, die dann in späteren Zeugnissen vollzogen erscheint, wie folgende Beispiele zeigen: „In der Zweiheit von Geist und Natur, deren Verschmelzung im Dritten Reich das Ziel der Humanität ist ..." heißt es 1924 in Thomas Manns Artikel „Zum 60. Geburtstag Ricarda Huchs" (X, S. 431; MK 113, S. 231), der am Schluß von den Romantikern – Novalis und Schlegel – spricht, welche „am katholischen Mittelalter ... die ungebrochene Eintracht, die Eintracht vor der Spaltung" geliebt und „eine wiedergewonnene bewußte, freie und darum gesicherte Einheit, das Dritte Reich", für die Zukunft erwartet hätten (X, S. 435; MK 113, S. 234). 1925 heißt es am Schluß des Nachworts „Zu Goethe's Wahlverwandtschaften": „Von jeher war große Kunst die Künderin des Dritten Reiches" (IX, S. 186; MK 113, S. 249). 1929 taucht der Begriff eines Dritten Reiches als Synonym „einer neuen Konzeption des Menschlichen als leibseelischer Einheit ..., eines vertieften Heidentums" in der „Rede über das Theater" erneut auf (X, S. 292; MK 113, S. 394), nachdem er unmittelbar vorher, in dem 1929 für eine studentische Zuhörerschaft erstmals gehaltenen Vortrag „Die Stellung Freuds in der modernen Geistesgeschichte" in wörtlicher Wiederaufnahme der Formulierung aus dem Huch-Artikel mit dem für Thomas Manns Selbsteinordnung wichtigen Zusatz versehen worden war, die Verschmelzung von Geist und Natur im „Dritten Reich" schwebe „aller Romantik als Ziel der Humanität vor" (X, S. 292; MK 113, S. 375). Damals war „Drittes Reich" schon einige Zeit in den Sprachgebrauch der Nationalsozialisten eingegangen; vgl. R. *Kestenberg-Gladstein*, Das Dritte Reich. Prolegomena zur Geschichte eines Begriffs (Publikationen des Leo-Baeck-Instituts. Bulletin 5, 1962), S. 267, 285. *Gray*, S. 356, Anm. 19 denkt bei der Verwendung des Begriffs „Drittes Reich" durch Thomas Mann an Beeinflussung durch Ibsens Schauspiel „Kaiser und Galiläer".

seine „taktische Partei- und Stellungnahme zu den Problemen der Zeit bestimmt"[73]. Im Zusammenhang damit findet sich bereits damals der Hinweis, daß
seine rationalistisch-idealistische Haltung „nur unter dem Druck des ... um sich
greifenden Irrationalismus" entstanden sei[74]. Tatsächlich hat Thomas Mann sich
in seinen Äußerungen gegen „jede Art von Faschismus"[75], speziell den Nationalsozialismus und dessen „Drittes Reich", nie und nirgends über prägnant politische
Fragen, die herrschaftsrationalen Aufgaben einer demokratischen Staatsführung
im Innern oder im Bereich der Außenpolitik, Organisationsprobleme der politischen Willensbildung oder des Rechtsstaats, mit einem Wort: die Realien dieser
Sphäre menschlichen Handelns ausgelassen. „Ce que l'écrivain retient de ses
réflexions sur la république allemande n'est pas un système, mais une dialec-
tique"[76]. Das politisch zentrale Anliegen, durch zweckmäßige gewaltenteilende
Konstruktion eines Systems von Institutionen den „check of powers" zu schaffen,
um der Freiheit des Staatsbürgers einen Schutzbereich zu gewährleisten, hat
Thomas Mann nicht beschäftigt. Der intensiven Diskussion, die in den zwanziger
und beginnenden dreißiger Jahren Carl Schmitt über den „Begriff des Politischen"
und Hans Kelsen über „Wert und Wesen der Demokratie" in Gang gesetzt haben,
blieb der Dichter fern. Höchstwahrscheinlich ist davon überhaupt nichts zu seiner
Kenntnis gelangt[77]. Wenn vom „Zauberberg" kürzlich geurteilt werden konnte,
daß es seinen „wesenlosen Gestalten an realen Lebensbeziehungen" fehle, „die
man doch von einem Epochenroman zu erwarten geneigt ist", und wenn darin
„Elemente der politischen und sozialen Wirklichkeit nur wie durch ein umge-
kehrtes Opernglas vorgeführt werden", indem dieses Werk „die Bedingungen der
Möglichkeit reflektiert, unter denen sich die Epoche beurteilen läßt ..., ohne
konkrete Schritte zur Realisierung einer partikularen Möglichkeit ins Auge zu
fassen", so ist damit zugleich beschrieben, wie der Schöpfer dieses Zeitromans sich
zur politisch-sozialen Wirklichkeit in seiner Zeit und seinem Lande verhielt[78]. Bei

---

[73] Th. Mann an H. Slochower, 1. September 1935 (*Briefe* I, S. 398); dazu oben S. 330.

[74] Ebd. – Noch früher und in einer wegen des an das Bekenntnis in der Rede „Deutschland
und die Deutschen" von 1945 erinnernden Zusatzes besonders bemerkenswerten Weise äußerte
sich im gleichen Sinne Thomas Mann in „Meerfahrt mit ‚Don Quijote' " (Eintragung vom 26.
Mai 1934): „Spricht auch aus mir die überall grassierende Begier nach dem ‚Irrationalen',
dieser Kult, ...dem ich aus europäischer Sympathie für Vernunft und Ordnung widerstrebte,
– mehr, vielleicht, des Gleichgewichts wegen, als weil ich das Bekämpfte nicht auch in mir
hätte?".

[75] Th. *Mann*, Rede über Lessing (1929) (IX, S. 245; MK 113, S. 367).

[76] *Sagave*, S. 128, der vorher auf den Einfluß von Ernst Troeltsch auf Thomas Manns
Hinwendung zum „humanisme politique occidental" hinweist.

[77] Von den beiden genannten Autoren wird bei Thomas Mann nur einmal „Carl Schmidt"
[sic!] in einem 1943 entstandenen Vortrag erwähnt und dort als „Theoretiker des deutschen
Faschismus" bezeichnet (XII, S. 907; MK 118,S. 122). Er erscheint dabei zwischen Oswald
Spengler und dem an letzter Stelle genannten Alfred Rosenberg in einer Kette von Namen,
die von „immer wachsender Verwilderung und Malignität" zeugen. Die unrichtige Schreibung
des Namens deutet nicht auf nähere Kenntnis bei Thomas Mann.

[78] *Karthaus*, S. 301 f. – *Gray*, S. 12 weist darauf hin, daß Thomas Manns Gesichtsfeld in seinen Romanen, soweit diese nicht historischen oder mythischen Charakter tragen, eng auf das

aller tiefreichenden Verschiedenheit zwischen Thomas Mann und Hugo v. Hofmannsthal fällt die Übereinstimmung beider in dieser Hinsicht auf. Die eingehende Analyse von Hofmannsthals politischem Denken hat ergeben, daß er „nirgendwo eine deutliche politische Position auskristallisiert oder Konsequenzen zieht, die zu einer solchen führen können". Wie Thomas Mann, so „enthält" auch er „sich ... der Reflexion darüber, in welcher Weise die ... ihrer inneren Form nach bestimmte politische Ordnung sich rechtlich, organisatorisch und verfassungsmäßig konstituieren soll". Der Politik-Begriff des einen wie des andern war „der durchaus vorpolitische Katalysator für mögliche politische Konsequenzen, die dann durchaus kontrovers ausfallen konnten" [79]. Der erstaunliche Parallelismus führt seinerseits das bislang immer auf Thomas Mann angewandte Verfahren individualpsychologischer Interpretation des politischen Denkens und Verhaltens ad absurdum. Es kann dem an Glanz und Tragik reichen Verhältnis zwischen dem Künstler und der politischen Welt nicht gerecht werden.

1932 hatte Thomas Mann Goethes Alterswort angeführt: „Es war nie meine Art gegen Institute zu eifern..." und es damit erläutert, der von ihm als „Repräsentant des bürgerlichen Zeitalters" Vorgestellte sei „ein Kämpfer im Sittlichen, im Geistigen", aber „nicht im Staatlichen und Bürgerlichen" gewesen[80]. Bedeutungsvoll kehrt das gleiche Zitat noch im selben Jahr, nur sechs Wochen vor Hitlers Berufung zum Reichskanzler, unter der Feder Thomas Manns wieder, um den Sozialismus Gerhart Hauptmanns zu kennzeichnen, der auch nicht politisch, „kein Programm", sondern „Kunst" sei, in der „der soziale Wille schon mitlebendig" walte[81]. Genau so hat auch Thomas Mann es nicht als seine Art betrachtet, „gegen Institute" zu eifern. Er war nicht „ein geborener Adept der Politik" wie Franklin D. Roosevelt, dem er dies nachrühmte. Der Dichter urteilte über den „shrewd politician", es hätte nicht genügt, wenn er stattdessen ein Intellektueller gewesen wäre. Ein Mann der Tat sei kein Intellektueller, „es sei denn in dem weitesten Sinn, nach welchem das Gute und Rechte mit dem Geistigen zusammenfällt" [82]. Damit ist ein zentraler Gedanke Thomas Manns zu einer Voraussetzung gemacht, die vice versa so gut auf ihn selbst wie auf den verstorbenen Präsidenten zutrifft.

Sein „politisches" Wunschbild schien dem Dichter jeweils unter beliebigen Formen der staatlichen Ordnung realisierbar zu sein – nur nicht im Zeichen des Haken-

---

Bürgertum begrenzt ist und von sozialen und politischen Kräften und Bewegungen, die für das nachbismarcksche Deutschland maßgebendes Gewicht besaßen, ganz unberührt geblieben ist. In diesem Zusammenhang ist aber auch die Bemerkung bei *Baumgart*, S. 91 zu berücksichtigen, der feststellte „Thomas Manns Essayistik ist auf weite Strecken nicht anders als seine Dichtung dargestellte, nicht gelöste Problematik".

[79] Die auf Hofmannsthal bezüglichen Feststellungen in den verschiedenen angeführten Zitaten bei *Rudolph*, S. 189 ff.

[80] Th. *Mann*, Goethe als Repräsentant des bürgerlichen Zeitalters (IX, S. 315; MK 114, S. 76); vgl. auch die wenige Tage nach dieser Gedenkrede gehaltene Ansprache „Goethes Laufbahn als Schriftsteller" (IX, S. 343; MK 114, S. 97).

[81] Die Ansprache zum 70. Geburtstag Gerhart Hauptmanns erschien am 15. Dezember 1932 in der Vossischen Zeitung; das Zitat: X, S. 377; MK 114, S. 119.

[82] XII, S. 942; MK 118, S. 158.

kreuzes. So kommt es, daß sich „je nach Auswahl der Zitate . . . Thomas Mann als Aristokrat oder Sozialist hinstellen" ließe[83]. Was er im Falle des Nationalsozialismus schon vor 1933 verurteilte, wogegen er mehr und mehr heftig polemisierend und schließlich in offen ausgesprochenem Verdikt über die Machthaber Stellung bezog, war das Überwiegen der einen, der naturhaften, unzivilisierten Seite des Menschen, „des Rohen, bildungslos Fanatischen", das verschiedene Erscheinungsformen und Wirkungen der Unmenschlichkeit nach sich zog. „Wäre ich auf der Stufe der ‚Betrachtungen eines Unpolitischen', die schließlich kein anti-humanes Buch waren, stehen geblieben, so hätte ich mit derselben Wut und mit derselben Berechtigung gegen diesen Greuel Stellung genommen, wie ich es als ‚Demokrat' – sit venia verbo – heute tue"[84]. Dieser Satz aus einem mitten im zweiten Weltkrieg, 1943, an Reinhold Niebuhr gerichteten Brief Thomas Manns verdient, ernst genommen zu werden, obwohl auch er nicht völlig im Einklang mit anderen Äußerungen des Dichters steht, die die Gesinnungsstufe der „Betrachtungen" und die von ihr aus denkbare, allerdings nicht eingetretene Entwicklung ihres Verfassers kritischer beurteilen.

Die erwähnten Selbstzeugnisse aus den letzten Lebensjahren, in denen Thomas Mann sein Bekenntnis zur Demokratie revoziert hat, richten eine unüberbrückbare Schranke zwischen seiner Existenz als Künstler und der Sphäre der Politik auf. Hieran ändert auch die ihm bewußte und von ihm ausgesprochene Tatsache nichts, daß „in jeder geistigen Haltung das Politische . . . latent"[85] ist und ohnedies eine scharf gezogene Trennungslinie weder seiner komplexen Natur noch der Wirklichkeit des Lebens entsprechen könnte. Als „politischer Präzeptor Germaniae" hat Thomas Mann sich jedenfalls – anders als es ihm nachgesagt wurde[86] – in keiner Phase seines Lebens „gefühlt", und wenn er „Politiker" genannt worden ist[87], so ist zugleich mit vollem Recht vor dem Versuch gewarnt worden, ihn „schlechterdings als Politiker zu werten"[88]. War er es selbst im eingeschränkten Sinn dieses Wortes? Die Frage ist nicht sogleich mit einem klaren Ja oder Nein zu beantworten. Indem Thomas Mann, wie er offen gestand, zu den Problemen der

---

[83] *Lehnert*, S. 56; vgl. auch *Radkau*, S. 122 ff.

[84] Th. Mann an R. Niebuhr, 19. Februar 1943 (*Briefe* II, S. 301). *Radkau*, S. 124 zitiert diesen Brief als Beleg dafür, daß es bei Thomas Mann zu einer kampflosen Symbiose der neuen politischen Erkenntnisse mit „der altvertrauten Geisteswelt gekommen zu sein" scheine, die ihm „leichter fiel als andern deutschen Zeitgenossen, weil für ihn die Doppeldeutigkeit, das So-und-doch-auch-anders ein Prinzip des Lebens war".

[85] Th. *Mann*, Die Stellung Freuds in der modernen Geistesgeschichte (X, S. 267; MK 113, S. 375). Vgl. ferner aus Th. Manns Brief vom 15. April 1932 an B. Fucik: „Das Politische ist ein weiter Begriff, der ohne scharfe Grenze ins Problem und Gebiet des Ethischen übergeht" (*Briefe* I, S. 315).

[86] D. H. *Sarnetzki*, Ein biblisches Epos von Thomas Mann (Kölnische Zeitung, Literaturbeilage Nr. 42 vom 15. Oktober 1933; Wiederabdruck: *Schröter, Urteil*, S. 216); vgl. auch oben S. 73, Anm. 167 f.

[87] *Sontheimer*, S. 181.

[88] Ebd., S. 183.

Zeit jeweils nach taktischen Gesichtspunkten Stellung bezog, nahm er – so scheint es auf den ersten Blick – politisch-pragmatisch handelnd Partei. Große, von ihren Völkern und darüber hinaus verehrte Staatsmänner haben sich so verhalten und keinen Tadel dafür geerntet. Doch Thomas Manns politische Meinungen wurden, da ein Dichter von sehr erheblichem geistigem Ansehen, das moralische Autorität nach sich zog, sie äußerte, als dogmatisch fundierte, bindend verpflichtende Bekenntnisse aufgefaßt. Darum geriet ihr Autor ins Zwielicht, sobald er sie wechselte. Seine Lage war aber noch weit verzwickter, als der erste Blick zu erkennen vermag. Tatsächlich hatte es nämlich nur den Anschein, als bewege Thomas Mann sich als Pragmatiker auf dem Feld der Politik, die er „eine kunstähnliche Sphäre" genannt[89] und die ihn vielleicht auch deshalb angezogen hat. In Wirklichkeit verließ er beim Wechsel seiner Meinungen nie die ihm gemäße Sphäre, die nicht kunstähnlich, sondern die Kunst selber war.

Der Schlüssel zu dem befremdlich wirkenden, zwischen Sein und Schein irisierenden „politischen" Verhalten Thomas Manns, den fundamentalen Mißverständnissen und quälenden Mißhelligkeiten, denen er deswegen ausgesetzt war, liegt in einem Satz aus der Gedenkrede, die er im Spätjahr 1918 auf den Grafen Eduard Keyserling gehalten hat, im Augenblick des Erscheinens der „Betrachtungen eines Unpolitischen". Es heißt dort, der verstorbene Dichter habe niemals „‚geschriftstellert', ... irgend etwas wie Urteil, Meinung und ‚Stellungnahme'" sei von ihm nicht bekannt. Kunst habe eben in Keyserlings besonderer Lage Freiheit bedeutet. „Der Redende" – so fährt Thomas Mann fort mit einer Wendung, die blitzartig sein Innerstes erhellt – „Der Redende, Meinende aber ist nicht frei, nur der Bildende ist es"[90]. Frei, ein Künstler, der bildet, wollte Thomas Mann sein, auch dann, wenn er seiner Mitwelt als „der Redende, Meinende" erschien; niemals hatte er darum im Sinn, Politiker zu sein. Aber er operierte mit politischen Begriffen und äußerte sich damit kritisch über Bereiche, in denen politische Entscheidungen getroffen werden. Er verhielt sich so wie ein Mensch, der – ohne eine Sprache näher zu kennen oder sie sprechen zu wollen – aus metasprachlichen, z. B. musikalischen Gründen Ausdrücke dieser Sprache verwendet und dann erstaunt oder betroffen ist, wenn seine Äußerungen von denen, die des Idioms mächtig sind, genau im Wortsinn verstanden werden. Erinnern wir uns, daß er in dem Dank, den er der Bonner Philosophischen Fakultät für seine Ehrenpromotion abstattete, sich ausdrücklich als „Träumer und Zweifler" bezeichnete und „bildende, führende, helfende Wirkungen", die sein „Treiben und Schreiben in der äußeren Menschenwelt" gezeitigt haben mochte, ein ihn selbst überraschendes

---

[89] Th. *Mann*, Franklin Roosevelt (XII, S. 942; MK 118, S. 158). Ein ausgedehnteres Zitat, das in gleiche Richtung führt, zieht *Baumgart*, S. 95 heran, um zu belegen, daß „nach Hitlers Fall" 1945 die „kompromißlos ‚moralische' Politik" für Thomas Mann sich „wieder ironisch aufzulösen" „beginnt".

[90] Th. *Mann*, Zum Tode Eduard Keyserlings (X, S. 417; MK 113, S. 98). – Keyserling war am 25. September 1918 gestorben; die Ansprache Thomas Manns erschien erstmals in der Frankfurter Zeitung vom 15. Oktober 1918.

„Accidens" nannte[91]. Es war der Autor der „Betrachtungen eines Unpolitischen", der hier in dem Bewußtsein, eben nicht zuletzt um dieses Buches willen ausgezeichnet worden zu sein, seine künstlerische Freiheit gegen jede Inanspruchnahme für Aufgaben der politischen Erziehung verteidigte. Indem Thomas Mann nach über dreißig Jahren und allen Wechselfällen seines Lebens dieses Buch aufgrund literar-ästhetischer Wertkategorien höher als seine „demokratischen Sonntagspredigten" stellte, blieb er sich als Künstler treu, der das Werk sogleich, als es den Weg zu den Lesern begann, auch nicht anders klassifiziert hatte: es sei „als Roman" zu lesen, „d. h. als Darstellung eines bewußt erlebten und dabei schon innerlich distanzierten geistigen Schicksals", ein Kunstgebilde also, schrieb er wenige Tage, bevor er am Sarge Keyserlings die Gebundenheit des Redenden, Meinenden gegenüber der Freiheit des Künstlers abgrenzte[92].

„Aber keine musische Differenziertheit, die er zwischen den Parteien seiner Zeit oft bis zur scheinbaren Unzuverlässigkeit und Zweideutigkeit bewährt, hindert seine Männlichkeit am humanitären Entschluß"[93]. So las man 1929 über Lessing aus der Feder von Thomas Mann, der sich auch hier wieder selbst porträtiert, in einem Beitrag, wo es von der Gegenwart mit sichtlichem Mißvergnügen heißt, ihr bestimmendes Element sei die Politik. Das Eintreten für humane Werte, der Kampf

---

[91] Vgl. oben S. 72 f.

[92] Diese Formel findet sich wörtlich übereinstimmend in den beiden an Kurt Martens und Adele Gerhard am gleichen 11. September 1918 gerichteten Briefen (*Briefe* I, S. 147 f.), verbunden mit dem Hinweis, die „Betrachtungen" sollten „nicht eigentlich als ‚Buch', welches irgendwie führen, wirken, zu Meinungen überreden will", gelesen werden. In der Vorrede zu den „Betrachtungen" versuchte Thomas Mann das Buch, „dessen Existenzpunkt... mehr nach der Seite des Nicht-Künstlerischen" liege – wenn es aus diesem Grunde kein Kunstwerk sei – als „Künstlerwerk" zu erklären. Später, 1924, hat er einen aus der „Verschmelzung der kritischen und dichterischen Sphäre" entstandenen Buchtypus, zu dem er das „Reisetagebuch eines Philosophen" von Graf Hermann *Keyserling*, „Goethe" von *Gundolf* und *Bertrams* „Nietzsche", ebenso auch den scharf abgelehnten „Untergang des Abendlandes" von *Spengler* rechnete, als „intellektuellen Roman" bezeichnet; vgl. Th. *Mann* „Über die Lehre Spenglers" (X, S. 172 ff; MK 113, S. 224 f.). Die gleichen Bücher nennt auch der damals entstandene Artikel „Zum 60. Geburtstag Ricarda Huchs" (X, S. 430; MK 113, S. 230), deren Romantik-Werk als „Antizipation" dieses Schriftentypus gerühmt wird. Die Zusammenstellung dieser Äußerungen Thomas Manns zeigt, daß er die „Betrachtungen eines Unpolitischen" zur gleichen Gruppe zählte. Diese Feststellung bestätigt die nach Abschluß des vorliegenden Buchs durch F. *Michael*, Wer war Sperelli? (Frankfurter Allgem. Zeitung Nr. 11 vom 14. Januar 1972) bekanntgegebene Stelle aus einem Brief Thomas Manns vom 10. April 1920 an Michael, der dem Autor ein Personenregister zu den „Betrachtungen" geschickt hatte. Thomas Mann schrieb, der Verleger wolle das Buch damit „nicht beschweren". Dieser Standpunkt ließe sich verteidigen. „Schließlich handelt es sich... um ein Buch von der Klasse des intellektualen Romans, und so, als eine Art von Roman, wird es gewiß meist auch gelesen". Herrn Dr. *Michael* ist für Übermittlung einer Ablichtung und Auskunft über das Briefdatum zu danken. E. *Stein*, Lektüre für fünfzehn Jahre (Die Zeit Nr. 37 vom 13. September 1968) bemerkt anläßlich des dort besprochenen Lexikons der Weltliteratur, hrsg. von G. v. *Wilpert*, vielleicht wäre „dieses Lexikon... ehrenvoll ausersehen gewesen, Thomas Manns ‚Betrachtungen eines Unpolitischen' endgültig unter die rein künstlerischen Werke einzureihen".

[93] Th. *Mann*, Zu Lessings Gedächtnis (X, S. 255; MK 113, S. 354).

gegen Unmenschlichkeit bediente sich politischer Begriffe, richtete sich gegen politische Kräfte, zeitigte darum politische Wirkungen und erhielt aus diesem Grunde auch im Kalkül rivalisierender politischer Mächte einen politischen Stellenwert, der ganz unabhängig von der Sphäre der Moralität und Humanität war. Darum sind die „kulturmoralischen" Gedanken und Forderungen des Künstlers Thomas Mann – wie zahlreicher Dichter vor und nach ihm – zum Politicum, ist er selbst, der zunächst ein Verteidiger des wilhelminischen Obrigkeitsstaates, dann der Schöpfer des Begriffs „konservative Revolution"[94] und bald darauf der Lobredner der deutschen Republik gewesen war, schließlich zum „demokratischen Wanderredner" geworden, der sich aber auf einem Höhepunkt ausdrücklich politischer Rhetorik doch auch wieder vor aller Welt als „einen unpolitischen Menschen im Grunde" bezeichnet hat[95].

Ein Höchstmaß an politischer Wirkung mußte das Eintreten Thomas Manns für menschliche, für moralische Werte gewinnen, als der Humanität in Deutschland eine Gegenwelt erstand, die dem Künstler geradezu einen „Zwang zur Politik"

---

[94] In Thomas Manns Einleitung zum Februarheft 1921 der „Süddeutschen Monatshefte", die unter dem Titel „Russische Anthologie" in die Sammlung seiner Werke aufgenommen ist, heißt es: „. . . Konservatismus braucht nur Geist zu haben, um revolutionärer zu sein als irgendwelche positivistisch-liberale Aufklärung, und Nietzsche selbst war von Anbeginn, schon in den ‚Unzeitgemäßen Betrachtungen', nichts anderes als konservative Revolution". Der Zusammenhang, die Berufung auf Nietzsche und nicht zuletzt die für Thomas Manns Denkform, „die in Synthesen geradezu schwelgt" (*Baumgart*, S. 145 mit Anm. 29 auf S. 206), charakteristische rhetorische Figur des Oxymorons erheben die bei *Sontheimer*, S. 79 noch von vorsichtigem Zweifel begleitete Annahme, Thomas Mann sei der Schöpfer des Begriffs, zur so gut wie sicheren Gewißheit. Hierfür spricht auch die moralische Leidenschaft, mit der der Dichter sich noch 1937 im Vorwort zum ersten Band der von ihm in der Emigration und nach seiner Ausbürgerung herausgegebenen Zeitschrift „Maß und Wert" über den Begriff und die Notwendigkeit, ihn „aus Verdrehung und Verderbnis" wiederherzustellen, äußerte (XII, S. 801 f; MK 117, S. 350 f.). Zu klären bleibt freilich noch der bisher unbeachtet gebliebene Hinweis bei *Brandenburg*, S. 53, demzufolge Hans Blüher (1888–1959) zu einem leider nicht genau bezeichneten, anscheinend bald nach dem Kriegsende 1918 liegenden Zeitpunkt bei Vorträgen in der Münchner Buchhandlung Steinicke „zu einer ‚konservativen Revolution' " aufgefordert habe, die „auf einen neuen Adel, auf ein Christentum im Sinne seines Gründers" zielte und „schroffe Grenzen gegenüber Sozialismus und Judentum markierte". Über den Gebrauch des Begriffs bei H. v. Hofmannsthal, aber auch bei nationalrevolutionären Schwärmern in der Zeit der Weimarer Republik, die Thomas Mann deswegen als Usurpatoren bezeichnete, vgl. *Sontheimer*, S. 77 ff. sowie jetzt die klärenden Ausführungen bei *Rudolph*, S. 263 ff., besonders auch S. 272, Anm. 148 über Thomas Manns politisches Denken. – Zur Eliminierung eines kritischen Passus über Hofmannsthals Rede, in der die konservative Revolution behandelt wurde, aus dem ersten Druck der Tagebuchblätter 1933/34 „Leiden an Deutschland" auf Wunsch des Verlegers vgl. den Briefwechsel vom 23./28. März 1945 zwischen Bermann Fischer und Th. Mann (*Mann-Fischer*, S. 389 ff.). Der Passus findet sich jetzt in der Neuausgabe MK 117, S. 276 f.; vgl. dazu auch K. v. *Klemperer*, Konservative Bewegungen zwischen Kaiserreich und Nationalsozialismus, München-Wien [1962], S. 17, Anm. 16.

[95] Deutsche Hörer! Ansprache an die Amerikaner deutscher Herkunft, 15. Oktober 1942 (XI, S. 1056; MK 118, S. 239). Wörtlich übereinstimmend damit das Urteil bei *Berendsohn*, *Künstler und Kämpfer*, S. 142, wo zum Beweis das Schreiben Thomas Manns an das Reichsministerium des Innern aus dem April 1934 angeführt wird, das „ein realer Politiker. . . niemals . . . geschrieben hätte".

346

auferlegte[96], während sie zugleich im Machtkampf der Staaten eine wichtige Rolle mit verhängnisvollen Konsequenzen für den Frieden der Welt spielte. So war es nur folgerichtig, daß die Nationalsozialisten einem Anwalt der Menschlichkeit, der sich ihnen während ihres politischen Aufstiegs immer wieder entgegengestellt hatte, seine deutsche Staatsangehörigkeit aberkennen wollten. Der Verlauf des Verfahrens, Thomas Manns Reaktion darauf und seine spätere Entwicklung demonstrieren – man ist versucht zu sagen: wie ein zu diesem Zweck veranstaltetes Experiment – die dargelegte Wechselbeziehung mit aller wünschenswerten Deutlichkeit. Die verschiedenen Anträge auf Ausbürgerung des Dichters bleiben so lange ohne Erfolg, wie dieser den seit seinem Verzicht auf Rückkehr in die Heimat zunächst bekundeten Wunsch, „als Privatmann lebend" seine „persönlichen Aufgaben zu Ende führen zu können"[97], verwirklicht. Anfang Januar 1936 berichtet Thomas Mann über seinen Leseabend in Bern, bei dem die Hörer mit aufmerksamster Anteilnahme „einem Joseph-Kapitel" gelauscht hatten, und man empfindet das erleichterte Bewußtsein des Dichters nach, wenn er über dieses Publikum hinzufügt, daß es „nicht den ‚Republikaner' oder ‚Demokraten' in mir sah, sondern den Dichter. Das ist eine große Wohltat nach den letzten zehn oder zwölf Jahren in Deutschland"[98]. Doch der „Zwang zur Politik" erweist sich als stärker. Vier Wochen später zeigt sich seine Macht endgültig. Der lang hingeschleppte „Reizungszustand", dem das „moralisch-kritische Gewissen" Thomas Manns drei Jahre hindurch ausgesetzt war[99], entlädt sich unter dem Anstoß von Korrodis provozie-

---

[96] Trotz aller Schärfe, mit der „die Anwesenheit eines radikal Bösen" seit 1933 und der „Sieg des ‚Uebels'" als „eine der schärfsten Zäsuren" in der Geschichte der deutschen Literatur bei *Rothe*, S. 246 gekennzeichnet werden, erscheint die Polarisierung nicht angemessen charakterisiert, wenn dort von ihr gesagt wird: „Das Verhältnis Schriftsteller-Gesellschaft, seit Jahrzehnten gespannt, erfährt nun auch im Leben eine äußerste Radikalisierung". – „Zwang zur Politik" war der am 22. Juli 1939 zuerst in der Exilzeitschrift Das Neue Tage-Buch veröffentlichte Aufsatz überschrieben, in dem Thomas Mann Rechenschaft über die Entwicklung ablegte, die er seit den „Betrachtungen eines Unpolitischen" genommen hatte. Die seit der ersten Buchveröffentlichung in „Altes und Neues" (1953) erscheinende Überschrift „Kultur und Politik" ist aus der 1942 publizierten englischen Fassung übernommen (XII, S. 639 ff.; MK 118, S. 59 ff.). *Baumgart*, S. 94 sieht in der Opposition des Emigranten Thomas Mann zu Hitler den nunmehr gelungenen Versuch des Unpolitischen, „sich an dem Gegenpol einer Figur . . . zur Polemik auszureizen und damit mittelbar zur Stellungnahme zu zwingen", die gegenüber dem „Zivilisationsliteraten" nicht geglückt sei. Die Überspitztheit dieser Auffassung, die völlig inkommensurable Gestalten in Parallele zueinander rückt, verrät sich in diesem Zusammenhang durch den Satz, Thomas Manns „Kampf gegen das Dritte Reich" sei „auch ein Kampf für die Möglichkeit der Ironie, die spielend und zögernd offengelassene Wahlfreiheit" gewesen.

[97] Th. Mann an R. Olden, 8. Mai 1934 (*Wegner*, S. 114). Fast gleichlautend hatte der Dichter sich geäußert, als er am 17. März 1933 von Lenzerheide aus seinen Austritt aus der Sektion für Dichtkunst der Preußischen Akademie der Künste erklärte (Archiv der Akademie der Künste, Berlin; jetzt gedruckt bei *Brenner, Ende*, S. 61, Nr. 31). Im Falle des Briefes an Olden besteht ein – nicht bloß textlicher – Zusammenhang mit der am 23. April 1934 an das Reichsministerium des Innern gerichteten Eingabe Thomas Manns; vgl. oben S. 419 f., Dok. 50, Vorbemerkung.

[98] Th. Mann an O. Basler, 7. Januar 1936 (*Altes und Neues*, S. 735 f.).

[99] Th. Mann an K. Kerényi, 4. August 1934 (*Briefe* I, S. 369 f.).

rendem Artikel in der befreienden Antwort vom 3. Februar 1936. Dieses klärende, anklagende Wort führt nicht bloß zum politischen Gegenschlag aus Berlin in Gestalt der Ausbürgerung Thomas Manns samt Angehörigen mit dem akademischen Nachhall aus Bonn, dem die Replik des Ausgestoßenen stärkste Resonanz verschaffte. Die Antwort an Korrodi bedeutet auch eine Wendemarke im Leben des Dichters. Mit diesem Dokument hatte er – so äußerte Thomas Mann unter dem Eindruck erster Wirkungen seines Schritts – nichts anderes getan, als „von der Möglichkeit, seinen Beruf als Schriftsteller zu erfüllen, Gebrauch" zu machen[100]. Aber dadurch tritt er augenblicklich in die ausgesprochen „politische" Phase seines Lebens und Schaffens ein. Am 5. Februar 1936 – zwei Tage nur nach der so entschlossenen Kampfansage Thomas Manns an die nationalsozialistischen Machthaber in Deutschland – nimmt er brieflich erstmals, vorsichtig Gemeinsames berührend, Kontakt mit Johannes R. Becher auf[101], der im Herbst 1934 bei seiner Erkundungsreise so wenig befriedigt vom ihm geschieden war. Nun setzt die Fülle der politischen Aufsätze, Reden, Manifeste ein, der „demokratischen Sonntagspredigten". Wie immer ihr Autor sich selbst zu ihnen verhalten haben mag, wie fühlbar auch seine offenbar natürlichen Erkenntnisgrenzen hie und da sein mögen – der kulturmoralische Rang dieser Schriften bleibt davon unberührt, gerade auch dann, wenn sie sich in ohnmächtig idealistischer Bitternis gegen die Interessenpolitik der Mächte richten. Nicht weniger zeugt auch der politische Gehalt der zwischen 1936

---

[100] Th. Mann an O. Basler, 6. Februar 1936 (*Altes und Neues*, S. 736).

[101] Th. Mann an J. R. Becher, 5. Februar 1936 (Druck in: Dem Dichter des Friedens. Johannes R. Becher zum 60. Geburtstag, Berlin 1951, S.167). *Wenzel*, S. 189, dem das beim Druck nicht vermerkte Tagesdatum zu entnehmen ist, bemerkt zu diesem Schreiben, daß damit die Korrespondenz Thomas Manns mit J. R. Becher beginne. In den gleichen Zusammenhang gehört das oben S. 168 f., Anm. 190 zitierte Schreiben Thomas Manns vom 22. Februar 1936, wo er einen im Namen von hundertzwanzig antifaschistischen deutschen Emigranten in Prag an ihn herangetragenen Gedanken auf folgende Weise aufgreift: „Ebenso hat es mich [mit] Genugtuung erfüllt, was Sie ... über die Notwendigkeit des Zusammenstehens der Arbeiterklasse mit der freiheitlich gesinnten deutschen Intelligenz sagen. Ich habe in den letzten Jahren vor der Katastrophe von 33, in meinem Schrecken vor den heraufkommenden Mächten, unserem Bürgertum nach Kräften zugeredet, sich politisch an die Seite der Arbeiterschaft zu stellen. Aber meine Klassengenossen waren blind gegen die Gefahr, und die Sozialisten waren wohl auch nicht sehend genug dafür; sie hätten sonst mehr Mut der Verzweiflung aufgebracht, um das Land vor der Heimsuchung zu bewahren... Von Herzen hoffe ich, daß der Besinnungs- und Sammlungsprozeß, von dem Sie sprechen, bald weit genug fortgeschritten sein möge, um die Wende zu zeitigen". – Wenn *Radkau*, S. 80 und 117 meint, Thomas Manns politische Angriffe gegen das nationalsozialistische Regime hätten erst „später, nach dem Verlust seiner deutschen Staatsbürgerschaft" begonnen und er habe sich „nach wie vor von öffentlicher Kritik am NS-Deutschland weitgehend zurück"gehalten, nachdem der Offene Brief an Korrodi erschienen war, so wird übersehen, daß dieses Stück den denkbar schärfsten Angriff gegen die Machthaber darstellte und ihm bis zur Ausbürgerung des Verfassers noch „Achtung, Europa!" sowie die Publikation des Schreibens aus dem Vorjahr folgten, mit dem Thomas Mann C. v. Ossietzky für den Friedens-Nobelpreis vorgeschlagen hatte – beides Dokumente, die eindeutig aggressiv gegen das nationalsozialistische Regime sich richteten. Die giftige Äußerung von E. M. *Remarque*, die „Der Spiegel" Nr. 2 vom 9. Januar 1952, S. 28 berichtet – Thomas Mann „wurde es erst zuviel, als man ihm, dem Nicht-Abiturienten, in Bonn den Ehrendoktor aberkannte" – trägt gleichfalls dem Offenen Brief an Korrodi und der Chronologie keine Rechnung.

und 1947 niedergeschriebenen Romane „Lotte in Weimar", „Joseph der Ernährer" und „Doktor Faustus" von der Wendung, die ihr Schöpfer genommen hat. Wie schon seit dem Doppelwerk der „Betrachtungen eines Unpolitischen" und des „Zauberberg" läßt sich keine scharfe Grenze zwischen erzählender Dichtung und kritischer Essayistik Thomas Manns ziehen[102]. Beide entwachsen – auch und gerade dann, wenn der Autor sich „politisch" äußert – dem gleichen Wurzelgrund, der geistigen Einheit eines Künstlers, dem Hermes besonders vertraut unter den Göttern war und der, wie Roosevelt, als „Hermesnatur" sich interpretiert zu sehen, selbst „nicht nur statthaft, sondern absolut richtig" fand[103]. Als Thomas Mann nach langem Schweigen mit dem ausdrücklichen Bekenntnis zu den Emigranten öffentlich schwerste Anklagen gegen das heimische Regime verband, wandte er sich nicht mittels politischer Argumente gegen die deutsche Regierung, und er verurteilte nicht politische Entschlüsse als solche, sondern geißelte die dahinter steckende Inhumanität. Er tat es vor allem dort, wo er einen spezifisch politischen Aspekt berührte, indem er die zum Kriege führende Machtpolitik zum Anlaß mahnender Beschwörung nahm. Die damit unvermeidlich verbundene politische Wirkung war Thomas Mann bewußt und erwünscht, aber daß er „unwillkürlich und notgedrungen ... das seltsame Doppeldasein von Künstler und Kämpfer" auf sich genommen hatte[104], machte ihn jetzt so wenig wie früher zum „Politiker". Es bestand in dieser Hinsicht Übereinstimmung zwischen ihm und den „Besseren unter den Deutschen", über die er 1939 schrieb, sie schauerten vor dem moralischen Abgrund zurück, in dem sie zu versinken drohten, der abscheulichen Verkommenheit im Sittlichen und Kulturellen[105]. „Die tiefe, mißtrauische und angsterfüllte Abneigung des deutschen Volkes gegen seine Nazi-Regierung ist nicht primär ‚politischer' Natur" – dieser Satz war dem zitierten Urteil als generelle Feststellung vorausgesetzt[106]. Der Künstler Thomas Mann hat keinen Zweifel darüber gelassen, er sei sich bewußt, „daß ein gewisser Widerspruch besteht zwischen der

---

[102] Vgl. H. *Mayer*, *Leiden und Größe*, S. 373. *Mayer*, *Repräsentant*, S. 75 weist auf den unmittelbaren Zusammenhang der „Betrachtungen eines Unpolitischen" mit der „Welt des Erzählers Thomas Mann" hin, der „bis in die ersten epischen Skizzen und tagespolitischen Aufsätze eines Zwanzigjährigen" „zurückverfolgt werden" könne. Für die „Wende innerhalb des Romanwerks" („Joseph der Ernährer") und ihren Zusammenfall mit Thomas Manns Absage an den Nationalsozialismus vgl. auch K. *Schröter*, Der historische Roman. Zur Kritik seiner spätbürgerlichen Erscheinung (Exil und Innere Emigration. Third Wisconsin Workshop, hrsg. von R. *Grimm*–J. *Hermand*, [Frankfurt/M. 1972]), S. 145 f.

[103] H. *Heimann*, Thomas Manns „Hermesnatur" (Publications of the English Goethe Society, New Series, Vol. XXVII, 1958), S. 72, Anm. 1 bezieht sich auf ein Schreiben des Dichters vom 30. Juni 1955, dem die zitierten Worte entnommen sind. Vgl. auch *Karthaus*, S. 279, 289, 296 f. und die dort genannten Arbeiten, besonders von *Jens* und *Koopmann*.

[104] Die zitierten Worte finden sich als deutlich erkennbares Selbstzeugnis in dem zum 60. Geburtstag von E. v. Kahler verfaßten Artikel (XI, S. 506; MK 118, S. 294).

[105] Th. Mann an H. Mann, 14. Mai 1939 (*Briefwechsel*, S. 181).

[106] Th. Mann an F. Werfel, 26. Mai 1939 (*Briefe* II, S. 94). Zu dieser Äußerung ist der am 12. Dezember 1938 gegenüber seinem Verleger vorgebrachte Wunsch Thomas Manns zu stellen, es möchte „sich doch endlich überall in der Welt eine Art von ethischer Fronde" gegen den als „Ungezieferplage" bezeichneten Nationalsozialismus „herausbilden" (*Mann-Fischer*, S. 196).

Existenz und Lebensstimmung des Künstlers und seiner bekennenden, aber auch werbenden Parteinahme in politischen Dingen". Er gab offen zu, „daß ein solches Auftreten der künstlerischen Bescheidenheit *abgewonnen* werden muß" – die Hervorhebung stammt von ihm selbst – und bezog „es in jedes politische Bekenntnis", das er ablege, „stillschweigend ein" [107]. Das alte Idealbild des Unpolitischen hatte seine lockende Kraft nicht eingebüßt.

Es war dann abermals folgerichtig, daß Thomas Mann, nachdem Hitlers Untergang, „die Rückkehr Deutschlands zur Menschlichkeit" [108], sich vollzogen und er selbst sich von den Erschütterungen durch das „Leiden an der unglücklichsten Epoche deutscher Geschichte" befreit hatte, „wie der Dichter sich befreit" – im „Doktor Faustus" –, nun wiederum frei für die artistische Seite seiner Kunst sich fühlte. Darum gab er jetzt den „Betrachtungen eines Unpolitischen" den ästhetisch-literarischen Vorzug gegenüber späteren Bekenntnissen zur Demokratie, die so irrig wie vordem das Lob des Obrigkeitsstaats in jenem Buch als Option für eine bestimmte, von Lesern und Hörern dogmatisch aufgefaßte politische Lebensform verstanden worden waren. „Der Zwang zur Politik" endete für Thomas Mann freilich nicht mehr; aber mit dem Ende Hitlers milderte er sich offenkundig im Bewußtsein des Dichters beträchtlich. Hierzu trugen auch enttäuschende Erfahrungen bei, die ihn schließlich veranlaßten, auf europäischem Boden, in der Schweiz Ruhe zu suchen. Das in Resignation endende „Bekenntnis zur westlichen Welt" aus dem Dezember 1952 enthält – abgesehen von der unumgänglichen Loyalitätsbekundung, die der Dichter als amerikanischer Bürger abgab, und einem Hinweis auf seinen persönlichen Beitrag „zum großen kulturellen Erbe des Westens: ein wenig mehr Freude, Erkenntnis und höhere Heiterkeit" – „politisch" nur ein mageres Votum in denkbar relativierender Form zugunsten „unserer traurig zugerichteten und sehr gefährdeten Demokratie" [109]. Im Jahr zuvor hatte Thomas

---

[107] Zur Gründung einer Dokumentensammlung in Yale University (XI, S. 465 f.; MK 119, S. 310). Vgl. auch das bei *de Mendelssohn*, S. 233 („Gerhart Hauptmann und Thomas Mann") nach dem nur englisch überlieferten Text wiedergegebene Zeugnis aus dem Jahr 1937, wo davon die Rede ist, der Dichter habe „die Arbeit, die am tiefinnersten die meine ist, ... gegen Forderungen verteidigen müssen, die" er „als ... noble und dringliche Pflichten erkenne, die aber mehr von außen, aus der politischen Welt" an ihn herangetreten seien. „Es ist mir zur Obliegenheit geworden, einen geistigen Standort zu beziehen, mich für Ideen zu erklären und meine Haltung zu dem, was rings um mich in der Welt vorgeht, deutlich festzustellen". Thomas Mann gesteht, „unvermeidlicherweise" gerieten „solche Pflichten in eifersüchtigen Konflikt ... mit den Pflichten meiner stillen Einsamkeit", „die sich aus meinem innersten Selbst ergeben".

[108] Mit diesen Worten bezeichnet Thomas Mann in der am 10. Mai 1945 ausgestrahlten letzten Sendung an „Deutsche Hörer" das Kriegsende (XI, S. 1123; MK 118, S. 290). – Die im Folgenden zitierten Wendungen bei *Korn*, S. 420.

[109] „Bekenntnis zur westlichen Welt" (XII, S. 971 ff.; MK 118, S. 350 f.); „ein wenig höhere Heiterkeit in die Welt zu tragen" bezeichnete Thomas Mann schon in seinem Brief vom 1. Januar 1937 an den Dekan der Bonner Philosophischen Fakultät als etwas, wozu er „weit eher" geboren sei, als „den Kampf, den Haß zu nähren". In dem Brief des Dichters an O. Basler vom 4. August 1936 wird der Begriff „höhere Heiterkeit" mit dem soeben abgeschlossenen Roman „Joseph in Ägypten" in Zusammenhang gebracht (*Altes und Neues*, S. 739).

Mann, „zwischen den Lagern" stehend, wissen lassen, er wolle sich „zur Partei der Menschlichkeit" schlagen, jedoch auch dabei „unabhängig und allein" blei- ben, entschlossen, sich „an keiner politischen oder auch kulturell verhüllten Kollek- tiv-Aktion mehr beteiligen und in Zukunft, das, was ich etwa noch zu sagen habe (und was sich noch sagen läßt), auf eigene Hand und im eigenen Namen sagen" zu wollen[110]. Der Dichter hielt es nicht für überflüssig, ausdrücklich hinzuzufügen, das heiße „wahrhaftig nicht, daß ich mich von der Sache des Friedens, der Freiheit und des sozialen Fortschritts zurückziehe". Diesen humanitären Postulaten, die die Auseinandersetzungen der Tagespolitik weit hinter sich ließen, blieb er treu. Gleichwohl war es ein Rückzug. Thomas Mann bezog für seine letzten Lebens- jahre die prinzipielle – nicht die gedankliche – Position, die er eingenommen hatte, als er, aufgeschreckt durch den ersten Weltkrieg, mit sich selbst und den politischen Gegebenheiten, die ihn als Künstler mit vehementem Druck zur Stellungnahme reizten, auf seine Art „unpolitisch" ins Reine zu kommen versuchte. „Man bleibt eben im Grunde doch ,semper idem'" schrieb der äußerlich Wandlungsreiche, indem er auf „gewisse Verbindungsfäden" hinwies, die von den „Betrachtungen eines Unpolitischen" „zum Dr. Faustus führen"[111]. Der Antwortbrief Thomas Manns vom Neujahrstag 1937 an den Bonner Dekan, der „zu den klassischen Dokumenten freiheitlichen Geistes in einer verfinsterten Zeit" gehört[112], enthält kein Bekenntnis zur Demokratie. Er spricht als „eines der bedeutendsten Zeugnisse echter Humanität aus dieser Zeit"[113] nur von der wahren „Totalität, welche die Humanität selber ist"[114], und stellt sie dem im damaligen Deutschland herrschen- den politischen Totalitätsanspruch entgegen. So konnte sein Verfasser, der 1950 zunächst die vom Verleger geplante Sammlung seiner politischen Äußerungen seit 1933 freudig begrüßte, dann aber mit triftigen Gründen zu unterlassen bat, dem „Bonner Brief" im Gegensatz zu allem Früheren, das „rasch die Stimmigkeit" verliere und „altbacken" werde, prophezeien, dieses Stück werde „vielleicht" „nie altbacken" sein[115]. Wie der Dichter zur Demokratie stand, verrät sich darin, daß

---

[110] „An einen jungen Japaner", datiert 15. März 1951 (XII, S. 969 f.; MK 118, S. 338 f.). Über den zeitgeschichtlich-biographischen Zusammenhang – die Angriffe, die Thomas Mann in der amerikanischen Öffentlichkeit durch seine Sympathieerklärung für die „American Peace Crusade" auf sich gezogen hatte – vgl. *Thirlwall*, S. 138 ff. Ebd. S. 139 wird aus einem Brief des Dichters an H. Lowe-Porter vom 27. Februar 1951 ein Passus zitiert, der sich wörtlich in dem Schreiben an den jungen Japaner wiederfindet. *Thirlwall*, S. 120, 139 charakterisiert in diesem Zusammenhang Thomas Mann unverhohlen als „politically naive".

[111] Th. Mann an einen ungenannten Adressaten, ohne Datum (Katalog 577 [1966] der Firma Stargardt, Marburg, S. 66, Nr. 257).

[112] *Perl*, S. 15. Ähnlich *Schwarz-Wegner*, S. 11.

[113] *Berendsohn, Künstler und Kämpfer*, S. 141.

[114] XII, S. 788; MK 117, S. 338; vgl. unten S. 565; ähnlich in der Ansprache zur Eröffnung der Thomas Mann Collection in Yale University (XI, S. 465 f.; MK 119, S. 310), der oben S. 332, Anm. 44 zitierten Rede von 1939 (XI, S. 964; MK 118, S. 74) und an vielen anderen Stellen.

[115] Th. Mann an Bermann Fischer, 10. Juni 1950 (*Mann-Fischer*, S. 537); seine freudige Zustimmung zu dem Plan hatte Thomas Mann am 27. April erklärt; ebd., S. 536. Der oben S. 47, Anm. 90 erwähnte Aufsatz von A. *Andersch* ist als Vorwort zu dem geplanten Band verfaßt worden; vgl. *Mann-Fischer*, S. 812.

er es ablehnte, bei der Jahrhundertfeier der Revolution von 1848, des ersten deutschen demokratischen Parlaments, in der Frankfurter Paulskirche zu sprechen, und diesen Entschluß mit dem Eingeständnis erklärte: „Über 48 könnte ich nur steif und ohne rechten Glauben reden"[116]. Aber vier Jahre später bietet der Vortrag über den „Künstler und die Gesellschaft" fast wörtlich die gleiche, auch sonst von Thomas Mann gern verwandte Chiffre „Totalität des Menschlichen" wie 1937 der Brief nach Bonn. Darunter wird eine mehr sittlich verpflichtende als rational begriffene Macht verstanden, die die an und für sich getrennten Bereiche des künstlerischen Schaffens und der staatlichen Ordnung umschließt und unlösbar miteinander verbindet[117]. Mochte der Humanitätsbegriff Thomas Manns „vage" und der Dichter selbst für die Zeit, in der er ihn stets aufs neue beschwor, „Pathetiker" genannt werden können[118], mögen vielleicht auch „der völlige Mangel an begrifflicher Schärfe und gedanklicher Disziplin", „die panoramahafte Verspieltheit des Denkens", die ihm angekreidet werden, in einem „Relativismus" wurzeln, den ihm vorzuwerfen nur deshalb „nicht notwendig" sei, „weil er selbst hinreichend darunter leidet"[119] – die Fülle und Einheitlichkeit der sich gleichbleibenden Zeugnisse über viele Jahrzehnte hinweg muß es verbieten, die Erkenntnissicherheit der späten Selbstaussage des Dichters zu bezweifeln, daß er nie anderes habe tun wollen, als die Humanität zu verteidigen[120]. Die abgewogene Formulierung impliziert die Möglichkeit des Irrtums, des Mißgriffs, von denen Thomas Mann sich nie freigesprochen hat. Damit ist kein Raum für besserwisserische oder gar anklägerische Kritik gelassen. In diesem autobiographischen Bekenntnis ist auch die metapolitische Größe bezeichnet, die – soweit es sich um Thomas Mann handelt – als Konstante dem „beunruhigenden Eindruck"[121] wechselnder Aspekte eines Künstlers zugeordnet werden muß, welche der in den Bereich des Politischen hineinwirkende Dichter 1919, 1929, 1936, 1945 aufweist, den vier Stichjahren, die die Beziehung zwischen ihm und der Rheinischen Friedrich-Wilhelms-Universität zu Bonn im Guten wie im Bösen kulminieren sahen.

* * *

[116] *Bürgin-Mayer*, S. 214 aus einem unveröffentlichten Brief Thomas Manns an L. Mazzucchetti. *Radkau*, S. 124 bemerkt, Thomas Manns Bekenntnis zur Demokratie sei „wenig emotional aufgeladen" gewesen, und verweist darauf, daß J. H. *Herz*, Political Realism and Political Idealism, Chicago 1951, S. 256 in diesem Zusammenhang von „commonplace rationalism" spreche.

[117] X, S. 394; MK 118, S. 346.

[118] *Lehnert*, S. 70; *Rychner, Politik*, S. 45; ähnlich *Baumgart*, S. 93. Vgl. dagegen *Szemere*, S. 100 ff., 136 ff.

[119] *Greiner*, a. a. O.

[120] Meine Zeit (1950) (XI, S. 314; MK 118, S. 329). Anders urteilt *Schröter, Urteil*, S. 455. Vgl. *Szemere* S. 101 ff.

[121] Die zitierten Worte entstammen dem Passus in dem Essay „Goethe als Repräsentant des bürgerlichen Zeitalters", wo von der „Proteusnatur" des Dichters die Rede ist, „die sich in alle Formen verwandeln, mit allen spielen, die entgegengesetztesten Ansichten auffassen und gelten lassen konnte". Das wird mit einem Urteil der Charlotte v. Schiller belegt (IX, S. 318; MK 114, S. 78).

Unsere letzten Erwägungen sollen dieser Universität gelten. Die Professoren, die heute an ihr wirken, sind wegen des Falles Thomas Mann angegriffen worden. Ein einfallsreicher Kopf hat daraufhin gesagt, sie befänden sich in der Lage der Mannschaft eines Schiffs, auf dem vor Jahrzehnten ein Mord verübt worden sei, das inzwischen aber längst unter neuer Führung und Flagge mit anderer Besatzung fahre. Der Vergleich enthält viel Wahrheit, doch trifft er nicht ganz ins Schwarze. Eine Universität versteht sich durch den Wechsel der Jahre und Menschen hindurch als stets identische Korporation. Sie pflegt voll Stolz auf bedeutende Gelehrte, die ihr angehört haben, und auf deren zeitüberdauernde geistige Leistung zurückzublicken. Wenn die sich immer erneuernde „Mannschaft", die im Lauf der Jahrzehnte in der Universität Bonn Dienst tut, der großen und berühmten Vorgänger von Niebuhr und Schlegel über August Kekulé und Heinrich Hertz bis zu Karl Barth und Ernst Robert Curtius gern gedenkt, so darf sie es schon um ihrer Glaubwürdigkeit willen nicht dabei belassen, die „magnalia universitatis" zu preisen. Sie hat sich auch der dunklen Seiten ihrer Geschichte, schlimmer Versäumnisse und beschämender Taten zu erinnern, die mit dem Namen der Universität oder ihrer Fakultäten und einzelner Professoren für immer verknüpft sind. Sie soll ihre Gewissenserforschung „über das entsetzliche, herz- und hirnlose Versagen der deutschen Intelligenz bei der Probe, auf die sie 1933 gestellt wurde"[122], nicht in dem Wahn unternehmen, damit eine Vergangenheit vom drückenden Gewicht der „niedrigsten Travestie des Deutschtums"[123] „bewältigen" zu können. Die Forderung ist an die Universität gerichtet, weil sie sich selbst und ihre Verpflichtung für Gegenwart und Zukunft erkennen muß, weil sie, unter dem Leitstern der Wahrheit und ihrer Erkenntnis wirkend, dies ihrem Wesen schuldig ist und weil auch sie „durch Erfahrung nicht sowohl klug (für ein andermal) als weise (für immer) werden" soll[124], wie es Jacob Burckhardt, einer der Größten unter den Bonner Studenten, als erwünschte Frucht des wissenschaftlichen Umgangs mit der geschichtlichen Vergangenheit bezeichnet hat.

---

[122] Th. Mann an H. F. Blunck, 22. Juni 1946 (*Briefe* II, S. 496 f.).
[123] Th. Mann an E. Bertram, 30. Juli 1934 (*Jens*, S. 185). Die Wendung begegnet wieder in dem Aufsatz „Das Ende", mit dem Thomas Mann sich im März 1945 zur „Agonie" des Nationalsozialismus äußerte (XII, S. 949; MK 118, S. 156).
[124] J. *Burckhardt*, Weltgeschichtliche Betrachtungen, hrsg. von A. *Oeri* (Gesamtausgabe 7, Stuttgart-Berlin-Leipzig 1929), S. 7.

DOKUMENTE

VORBEMERKUNG

Die Dokumente sind in streng chronologischer Reihenfolge angeordnet. Der Fundort ist jeweils am Kopf vermerkt. Abweichend hiervon wird bei den zahlreichen Stücken, die den Akten des Deutschland-Referats betr. Thomas Mann im Politischen Archiv des Auswärtigen Amtes entstammen, der Fundort nicht eigens angegeben.

Stücke, die vor allem den routinemäßigen Geschäftsgang der Behörden spiegeln, jedoch für das Verständnis des Zusammenhangs der Vorgänge unentbehrlich sind, werden nicht in vollem Wortlaut, sondern in den wesentlichen Partien, teilweise auch nur als Regest wiedergegeben.

Die Schriftstücke, die das Aktenheft „Ehrenpromotion Thomas Mann 1919–1964" aus dem Bestand der Philosophischen Fakultät im Universitätsarchiv Bonn enthält, sind in der Edition sämtlich und ungekürzt wiedergegeben. Um ihre Auffindung zu erleichtern und einen raschen Überblick über den Inhalt dieses Aktenheftes zu ermöglichen, sind den betreffenden Nummern Sternchen vorangesetzt.

Soweit textkritische Noten zu einzelnen Dokumenten erforderlich sind, wird dabei nach den für wissenschaftliche Editionen üblichen Grundsätzen verfahren.

Sacherläuterungen zu Personennamen konnten nur in Auswahl beigegeben werden. Sie berücksichtigen jedoch alle an den behandelten Vorgängen wesentlich beteiligten Personen.

Ein Verzeichnis der Dokumente findet sich unten S. 651–667. Wegen der Abkürzungen wird auf deren Verzeichnis oben S. IX verwiesen.

1

Thomas Mann an Professor Berthold Litzmann, Bonn   29. *Juni 1907*

Sammlung H. Grundmann (Bonn)

Seeshaupt a. Starnbergersee

Sehr geehrter Herr Professor:

Haben Sie Dank für Ihre interessante Mittheilung! Um ein „Manuskript"
wird es sich kaum handeln können, denn ich bin in eine Arbeit verbissen, die ich
jetzt nicht loslassen darf[1]; aber ein paar Worte werde ich Ihnen doch hoffentlich
bis Mitte Juli senden können.

Ihr sehr ergebener
Thomas Mann.

2

Thomas Mann an Dr. Carl Enders, Bonn   12. *Juli 1907*

Sammlung H. Grundmann (Bonn)

Seeshaupt a. Starnbergersee

Sehr geehrter Herr!

Ich verdanke Ihre Adresse Herrn Professor Litzmann, der Sie mir als Empfänger der Beiträge für das September–Oktober-Heft der „Mittheilungen der L.
G. B" nannte. Zu meinem Bedauern habe ich Ihnen mitzutheilen, daß ich den
kleinen Beitrag, den ich Herrn Professor Litzmann versprach[1], noch nicht bis
zum 15ten d. M. – dem vorgeschriebenen Termin – sondern erst einige Tage später, etwa am 20sten werde einliefern können. Ich hoffe, daß der Redaktionsschluß
des Heftes sich bis dahin verschieben läßt.

In ausgezeichneter Hochachtung
Thomas Mann.

---

[1] „Königliche Hoheit"

[1] Vgl. dazu oben S. 27.

Thomas Manns Antwort auf die Rundfrage der „Literarhistorischen Gesellschaft Bonn" über
„Ziele und Wege deutscher Dichtung nach den Äußerungen ihrer Schöpfer"   *Ende Juli 1907*

Sammlung H. Grundmann (Bonn)

Druck: Bürgin I, Nr. 45, danach in: Th. Mann, Rede und Antwort, Berlin 1922, S. 336 ff., jetzt XI,
S. 713 ff.; MK 120, S. 13 ff. Der hier wiedergegebene Text folgt dem Manuskript des Dichters, die An-
merkungen beziehen sich auf Änderungen der Druckfassung in den „Mitteilungen" 2, 1907 [M]
(= Bürgin I, Nr. 45) und in „Rede und Antwort" [R].

Vor[a] einiger Zeit veranstaltete die Zeitschrift „Nord und Süd" eine Enquête über
das Theater. „Was halten Sie vom Theater? Glauben Sie an den Culturwerth[b]
unseres heutigen? Was verdankt ihm Ihre Bildung, Ihre künstlerische Entwicklung?" So[c] – oder so aehnlich[d] – wurde auch ich gefragt. Nun weiß ich wohl, daß
ich es mir eigentlich ein für allemal verbieten sollte, mich auf solche Dinge einzu-
lassen; weiß aus wiederholter Erfahrung[e] daß eine michselbst[f] einigermaßen
befriedigende Beantwortung[g] solcher Fragen mich unverhältnismäßig viel Zeit
und Nervenkraft kostet; daß ich bei der Schriftstellerei das peinvolle Gefühl nicht
los werde, mich ganz unnütz zu compromittiren[h], und daß ich also viel klüger
thäte[i] bei meiner „Musik" zu bleiben. Aber es hilft nichts: Obgleich die Ernüchte-
rung, der Katzenjammer, das Gefühl der Entkräftung und der Reue nach jedem
Anfalle stärker wird, scheint es, daß ich das Schriftstellern nie ganz werde lassen
können. Ich werfe mich von Zeit zu Zeit mit einer Leidenschaft darauf, die ich
beim „Musiciren"[k] einfach nicht kenne, – einer für mein Künstlerthum[l] desto
gefährlicheren und entnervenderen Leidenschaft, als sie mit jenem „unseligen[m]
Hang zum Polemischen" verbunden ist, den Goethe bedauernd bei Platen feststellte[1]. So habe ich voriges Jahr, angeregt durch Gott weiß welche Erfahrungen,
meinen Aufsatz[n] „Bilse und ich[o]"* geschrieben, jenen sehr persönlichen und sehr
passionirten[q] Essay, in welchem ich das sittliche und künstlerische Recht des
Dichters, die Wirklichkeit zu benutzen, gegen eben diese Wirklichkeit vertheidigte[r]

* [p] Als Broschüre erschienen bei Bonsel in München[p] [2].

3   [a] *in M als Überschrift vorangestellt* Thomas   [i] *folgt Komma M R*; täte *M R*
Mann; *in R* Mitteilung an die Literarhi-   [k] „Musizieren" *M R*
storische Gesellschaft in Bonn   [l] Künstlertum *M R*
    [b] Kulturwert *M R*   [m] *unterstrichen, in M gesperrt, in R keine*
    [c] *folgt Komma M R*   *Hervorhebung*
    [d] ähnlich *M R*   [n]*ursprünglich folgendes* über d *gestrichen*
    [e] *folgt Komma M R*   [o] Ich *M*
    [f] mir selbst *M R*   [p-p] *fehlt in*   *M R*
    [g] *korr. aus* Antwort   [q] passionierten *M R*
    [h] kompromittieren *M R*   [r] verteidigte *M R*

[1] Goethe „bey Tisch" am 11. Februar 1831: „So finden sich z. B. im Grafen Platen alle
Haupterfordernisse eines guten Poeten...; auch findet sich bey ihm eine vollkommene technische Ausbildung, und ein Studium und ein Ernst wie bei wenigen Andern; allein ihn hindert
seine unselige polemische Richtung" (J. P. *Eckermann,* Gespräche mit Goethe, hrsg. v. H. H.
Houben, Leipzig 1913, S. 353 f.).
[2] Vgl. *Bürgin* I, Nr. 5.

und in der Hauptsache Goethe's[s] Aussage paraphrasirte[t]: „Das Benutzen der Erlebnisse ist mir immer Alles[u] gewesen; das Erfinden aus der Luft war nie meine Sache: ich habe die Welt stets für genialer gehalten, als mein Genie". Und so saß mir nun die Theaterfrage wie ein Widerhaken im Fleisch[v]: in einem erregten, gereizten[w], dialektischen Zustand[x] ging ich umher, raisonirte[y], disputirte[z], componirte[a], warf mit heißem Kopf einzelne Pointen aufs Papier... kurz, ich beschloß, [b]die Novelle, an der ich schreibe[b], „auf ein paar Tage" zu unterbrechen und der Zeitschrift die beste Antwort zu geben, die sie überhaupt bekommen würde. Was zustande kam, war ein Manuskriptum von 31 Groß-Quart-Seiten, betitelt[c] „Versuch über das Theater"**. Ich habe nicht Tage, sondern Wochen damit im Kampfe gelegen; mehr als einmal war ich der Sache bis zur Verzweiflung überdrüssig; mehr als einmal wollte ich angesichts der Widersprüche, die sich[e] bei der Behandlung des Verhältnisses eines künstlerischen Menschen zum Theater nothwendigerweise[f] aufthun[g], die Hände sinken lassen, aber ich hatte mich engagirt[h] und gehorchte meinem kategorischen Imperativ „Durchhalten[i]!" Muß ich's bereuen? Wahrscheinlich. Wieder einmal habe ich geschwätzt, direkt geredet, theoretisirt[k] Wurzeln aufgedeckt[l], mich festgelegt, bloßgestellt, mich gebunden ausgeliefert: ein elendes Gefühl, – das durch das Bewußtsein, dies alles auf eine moglichst geschmeidige und unverbindliche[m] Art gethan[n] zu haben, nur wenig[o] gelindert wird... Die Schrift ist gegen[p] das Theater gerichtet, wie man vielleicht erräth[q], – zum Mindesten[r] gegen die[s] künstlerische Vorherrschaft[t] die es sich seiner wirkungssüchtigen Natur nach nur zu gern, zu häufig anmaßt; sie ist mit jener Skepsis und[u] jener Einseitigkeit geschrieben, die beide das Ergebnis der Einsam-

---

** [d] Erscheint im Herbst, auch als Sonderdruck, in „Nord und Süd"[d] [3].

---

[s] Goethes *R*

paraphrasierte *M R*

[u] alles *M R*

[v] *Doppelpunkt korr. aus gestrichenem mit folgendem, ebenfalls gestrichenen Gedankenstrich*

[w] *ursprünglich folgendes* polemischen *gestrichen*

[x] Zustande *M R*

[y] raisonierte *M*, räsonierte *R*

[z] disputierte *M R*

[a] componierte *M*, komponierte *R*

[b-b] den Roman, an dem ich schreibe *M R*

[c] *folgt Doppelpunkt M R*

[d-d] *in M* Erscheint im Januar, ...; *fehlt in R*

[e] *ursprünglich folgendes* gerade *gestrichen*

[f] notwendigerweise *M R*

[g] auftun *M R*

[h] engagiert *M R*

[i] durchhalten *M R*

[k] theoretisiert *M R*

[l] *folgt nach gestrichenem* aufgedeckt, bloßgelegt

[m] un *unterstrichen, in M gesperrt, in R keine Hervorhebung*

[n] getan *M R*

[o] *folgt gestrichenes* gem

[p] *unterstrichen, in M gesperrt, in R keine Hervorhebung*

[q] *korr. aus* errathen hat, *in M R* errät

[r] mindestens *M R*

[s] *über der Zeile korr. aus gestrichenem* seinen –

[t] *folgt Komma M R*

[u] *unterstrichen, in M gesperrt, in R keine Hervorhebung*

---

[3] Der „Versuch über das Theater" erschien erst in den für Januar und Februar 1908 ausgegebenen Heften 370 und 371 von „Nord und Süd"; vgl. *Bürgin* V, Nr. 51; Wiederabdruck in dem der Bonner Philosophischen Fakultät gewidmeten Essayband „Rede und Antwort", Berlin 1922; jetzt XI, S. 713 ff.; MK 113, S. 7 ff. Vgl. Dok. 13.

keit sind[v] [w](denn ich lebe sehr einsam)[w] und sie ist bei alldem nicht ohne den guten Willen zum Positiven. Ich habe hier nichts weiter darüber zu sagen... Nur eine Bemerkung und Verwahrung ist vielleicht am Platze. Eingeweihte[x] wissen, daß ich kürzlich persönliche[y] Erfahrungen auf dem Gebiete des Theaters gemacht habe. Eine große deutsche Bühne hat den – nicht [z]übel gelungenen[z] – Versuch unternommen[a], meine dramatische Dichtung „Fiorenza"[b] ihrem Publikum vorzustellen[c] [4]. Muß ich sagen, daß zwischen diesem[d] merkwürdigen persönlichen Erlebnis und dem „Versuch" nicht die geringste Beziehung besteht? Nichts von „Undank", wenn ich bitten darf, und noch weniger etwas von „Rancune"[e]! Mein Aufsatz war seit Wochen fertig, als ich nach Frankfurt fuhr, um [f]mir eine Fiorenza-Aufführung anzusehen[f]; und wenn es anders gewesen wäre: ich war ein mit Auszeichnung aufgenommener Gast im theatralischen Reich, aber doch nur ein Gast, ein Fremdling; [g]auch nach[h] Frankfurt hätte es mir an Distanz[g] von meinem Stoff nicht gefehlt.

Das ist Alles[i], was ich aufzuweisen habe, wenn man mich fragt, was ich im letzten Jahre fertig[k] stellte, – denn seit dem[l] habe ich das Fest des Schlußwortes und der „letzten Hand" nicht mehr gefeiert. Ich bin von der zeitraubenden schriftstellerischen Abschweifung zu meiner „Musik", meiner Novelle[m] zurückgekehrt: [n]einer Novelle, die man ihrer Quantität nach recht wohl einen Roman heißen könnte (wenn sie eben einer wäre) und die[n] die „Neue Rundschau" schon allzu lange[o] ankündigt...[5] [p]Sie wird sie schon noch eine Weile[q] ankündigen müssen[p]. Jeden

---

[v] *folgt Komma M R*

[w-w] *fehlt in R*

[x] *über der Zeile korr. aus gestrichenem* Interessenten

[y] *unterstrichen, in M gesperrt, in R keine Hervorhebung*

[z-z] *übelgelungenen R*

[a] *über der Zeile korr. aus gestrichenem* gemacht

[b] „Fiorenza" Dialoge *R*

[c] vorzuführen *R*

[d] *ursprünglich folgendes* schöner und *gestrichen*

[e] Ranküne *M R*

[f-f] *korr. aus* mein „Stück" auf der Bühne zu sehen; mein „Stück" auf der Bühne *gestrichen, unter der Zeile korr.* mir, *über der Zeile korr.* eine Fiorenza-Aufführung; anzusehen *korr. aus ursprünglichem* zu sehen

[g-g] *über der Zeile korr. aus gestrichenem*

meine Distanz von dem Stoff „Das Theater" hätte nach Frankfurt nicht größer sein können, als vorher. *Dieser Satz wurde vor der Streichung korr. zu ebenfalls gestrichenem*... wäre nach Frankfurt nicht geringer gewesen...

[h] *unterstrichen, in M gesperrt, in R keine Hervorhebung*

[i] alles *M R*

[k] *unterstrichen, in M gesperrt, in R keine Hervorhebung*

[l] seitdem *M R*

[m] meinem Roman *M R*

[n-n] *fehlt in M R*

[o] allzulange *M R*

[p-p] *fehlt in M R; dafür dort* und den sie schon noch eine Weile wird anküdigen müssen

[q] *über der Zeile korr. aus* ein paar mal; paar mal *gestrichen*

[4] Die Uraufführung von Thomas Manns einziger Bühnendichtung „Fiorenza" fand am 11. Mai 1907 in Frankfurt am Main statt. Der Dichter besuchte die sechste Aufführung am 23. Mai; vgl. Th. Mann an H. Mann, 7. Juni 1907: „Frankfurt hat mich wieder sehr abgelenkt, demoralisiert und ermüdet" (*Briefwechsel*, S. 60).

[5] „Königliche Hoheit".

Vormittag[r] ein Schritt, jeden Vormittag eine „Stelle", – das ist einmal meine Art, und sie hat ihre Nothwendigkeit[s]. In einer warmherzigen und ungewöhnlich fein-fühligen Besprechung, die Dr. Alexander Pache neulich in den [t]Hamburger Nach-richten[t] [6] meinen litterarischen[u] Bemühungen widmete, machte er auf meine Com-positionsart[v] aufmerksam; er schilderte, wie ich das viel gebrauchte Kunstmittel des „Leitmotivs" ausgebildet[w] und verinnerlicht hätte, wie es bei mir nicht mehr ein bloßes Merkwort physiognomischen und mimischen Inhalts bleibe, sondern „direkt musikalisch" verwandt werde und für die ganze Darstellungsweise und Stilfärbung[x] bestimmend sei. Das ist schon früher bemerkt worden. Auch Oskar Bie schrieb einmal, daß die Musik als symbolische und stilbildende[y] Macht in meine Produktion hineinwirke[7]. Nun, diese[z] Machart allein würde genügen, meine Langsamkeit zu erklären. Es handelt sich dabei weder um Ängstlichkeit noch um Trägheit, sondern um ein außerordentlich lebhaftes Verantwortlichkeitsgefühl [a]bei der Wahl jedes Wortes, der Prägung jeder Phrase[b], ein Verantwortlichkeits-gefühl[a], das nach vollkommener Frische verlangt und mit dem man nach der zwei-ten Arbeitsstunde lieber keinen irgend wichtigen Satz mehr unternimmt. Aber welcher Satz ist „wichtig" und welcher nicht? Weiß man es denn zuvor, ob ein Satz, ein Satztheil[c] nicht vielleicht berufen ist, wiederzukehren[d], als Motiv, Klam-mer, Symbol[e], Beziehung zu dienen? Und ein Satz der zweimal gehört werden soll, [f]muß danach sein[f]. Er muß – ich rede nicht über „Schönheit" – eine gewisse Höhe und [g]symbolische Stimmung[g] besitzen, die ihn würdig[h] macht, in irgend einer[i] epischen Zukunft bedeutungsvoll[k] wiederzuerklingen.

So wird jede Stelle zur „Stelle", jedes Adjektiv zur Entscheidung, und es ist klar, daß man auf diese Weise nicht aus dem Handgelenk produzirt[l]. Ich blicke in die-ses oder jenes gern gelesene erzählende Werk und ich sage mir: „Nun ja, ich will glauben, daß das flink vonstatten gegangen ist!" Was mich betrifft, so heißt es, die

---

[r] *über der Zeile korr. aus gestrichenem* Tag
[s] *Notwendigkeit M R*
[t-t] *in M und R in Anführungszeichen*
[u] *literarischen M R*
[v] *Kompositionsart M R*
[w] *folgt gestrichenes* hätte
[x] *unterstrichen, in M gesperrt, in R keine Hervorhebung*
[y] *unterstrichen, in M gesperrt, in R keine Hervorhebung*
[z] *folgt gestrichenes* motivirt
[a-a] *fehlt in R*
[b] *korr. aus* jedes Satzes; Satzes *gestrichen, über der Zeile korr.* Phrase
[c] *über der Zeile nachgetragen* ein Satzteil, *in M R* Satzteil

[d] *unterstrichen, in M gesperrt, in R keine Hervorhebung*
[e] *in M R folgt ein im Manuskript nicht vorhandenes* Zitat
[f-f] *unterstrichen, in M gesperrt, in R keine Hervorhebung*
[g-g] *über der Zeile korr. aus gestrichenem* Merkwürdigkeit; Stimmung *korr. aus dem zunächst korr. und dann wieder gestrichenen* Disposition
[h] *zuerst gestrichen, dann über der Zeile wieder eingesetzt*
[i] *irgendeiner R*
[k] *korr. aus* beziehungs-,...-ziehungs *gestrichen, fehlt in R*
[l] *produziert M R*

[6] Hierzu siehe oben S. 27, Anm. 14.
[7] O. *Bie* (1864–1938), Kunst- und Musikschriftsteller, seit 1894 Herausgeber der Zeitschrift „Die Neue Rundschau". Die Bemerkung, auf die Thomas Mann anspielte, hat sich bisher nicht nachweisen lassen; über Bie vgl. *Briefwechsel*, S. 261.

Zähne zusammenbeißen und langsam Fuß vor Fuß setzen, – heißt es[m] Geduld üben, den halben Tag müßig gehen, sich schlafen legen und abwarten, ob es nicht morgen bei ausgeruhtem Kopf doch vielleicht besser wird. Irgend etwas Größeres fertig[n] zu machen, dem einmal Unternommenen die Treue zu halten, nicht davonzulaufen, nicht nach[o] Neuem [p]in Jugendglanz Lockendem[p] zu greifen, dazu gehört bei meiner Arbeitsart in der That[q] eine Geduld – was sage ich! eine Verbissenheit, ein Starrsinn[r] [8], eine Zucht und Selbstknechtung des Willens, von der man sich schwer eine Vorstellung macht und unter der die Nerven, wie man mir glauben darf, oft bis zum Schreien gespannt sind[s]. Jedes[t] Urtheil[u] über Neuheit und Wirkungsmöglichkeit des Werkes ist mit der Zeit abhanden gekommen, der Glaube daran wird künstlich, wird galvanisch, der größere Theil[v] der Nervenkraft wird verbraucht, um den Glauben zu stimuliren[w], und zuletzt fragt man sich, ob all der Kampf eigentlich noch in irgend einem[x] Verhältnis steht zu der Würde und Wichtigkeit dessen, um was man kämpft. Das Ende muß es lehren[y] – auch diesmal. Erzählen? Ausplaudern? Das „Problem"? Die „Handlung"? Ich werde mich hüten. Mein Geheimnis wenigstens will ich bis zum Ende für mich haben, – abgesehen davon, daß meine „Stoffe" und „Handlungen" die Eigentümlichkeit haben, sich nicht ausplaudern[z] zu lassen[a]... Ich gab die Überschrift her: „Königliche Hoheit", – ein schöner Titel, unter dem zu arbeiten mich seit Langem[b] verlangt hat. Ein Prinz, ein Milliardär, ein Chauffeur, ein Rassehund[c], ein romantischer Hülfslehrer und eine Prinzessin besonderer Art treten auf, – man sei also neugierig. Mirselbst[d] erscheint das Ganze zuweilen so neu und schön, daß ich in mich hineinlache – und zuweilen so läppisch, daß ich mich auf die Chaiselongue setze und zu sterben glaube. Was wird die Wahrheit sein? Das Ende muß es lehren, – auch diesmal.

[e]Seeshaupt am Starnbergersee[e]

Juli 1907[f]   [g]Thomas Mann.[g]

---

[m] *folgt Komma* M R

[n] *unterstrichen, in* M *gesperrt, in* R *keine Hervorhebung*

[o] *korr. aus gestrichenem* zu

[p·p] *über der Zeile korr. aus gestrichenem* frischen Fängen, frisch Empfangenen

[q] Tat M R

[r] *folgt gestrichenes* von den

[s] *über der Zeile gestrichen* die Erlebnisse

[t] *über der Zeile gestrichen* schon sagt

[u] Urteil M R

[v] Teil M R

[w] stimulieren M R

[x] irgendeinem R

[y] *über der Zeile korr. aus gestrichenem* zeigen

[z] *über der Zeile korr. aus gestrichenem* erzählen

[a] *unterstrichen, in* M *gesperrt, in* R *keine Hervorhebung*

[b] Jahren M R

[c] *in* M R *folgt ein im Manuskript nicht vorhandenes* eine wahnsinnige Gräfin

[d] Mir selbst M R

[e·e] *fehlt in* M R

[f] *in* M R *steht die nicht zutreffende Jahreszahl* 1906[9]

[g·g] *fehlt in* M R

[8] „Ich arbeite nach Kräften. Aber was für kleine Schritte! Eine Geduld ist nötig! Ein Starrsinn!"; Th. Mann an H. Mann, 22. Juni 1907 (*Briefwechsel*, S. 61).

[9] Hierzu siehe oben S. 27, Anm. 15. Am 7. Juni 1907 hatte Thomas Mann seinem Bruder Heinrich den Umzug nach Seeshaupt für „Montag oder Dienstag" [= *10. oder 11. Juni*] angekündigt; *Briefwechsel*, S. 60.

Thomas Mann an Dr. Carl Enders, Bonn   *10. August 1907*

Sammlung H. Grundmann (Bonn)

Seeshaupt am Starnbergersee

Hochgeehrter Herr:

Wenn es Ihnen keine Unbequemlichkeiten macht, möchte ich Sie bitten, mir von meinem kleinen Beitrag Correktur zugehen zu lassen.

Mit vorzüglicher Hochachtung
Thomas Mann.

Thomas Mann an Professor Carl Enders, Bonn   *12. März 1917*

Sammlung H. Grundmann (Bonn)

München, Poschingerstr. 1

Sehr geehrter Herr Professor:

Haben Sie Dank für Ihr interessantes Schreiben. Der Plan ist sehr schön, und von Herzen gern würde ich einen Beitrag zu dem Sammelwerk liefern[1], – ich muß und will es durchaus[a] thun, aber ob es ein „Originalbeitrag", ein eigens zu diesem Zweck verfaßter, wird sein können, das ist leider die Frage. Eine große Arbeit, die mir von den Zeitereignissen aufgedrängt wurde und aus inneren und äußeren Gründen unbedingt gefördert [werden] muß, nimmt mich dermaßen in Anspruch, daß Improvisationen mir[b] jetzt sehr schwer fallen, ja unmöglich sind. Ich sinne auf

---

[a] *Vor diesem Worte Reste des radierten* auch
[b] *Or.* mehr

[1] Enders bemühte sich darum, zu Litzmanns 60. Geburtstag am 18. April 1917 zwei Festschriften zustande zu bringen, eine mit literaturwissenschaftlichen Beiträgen, die zweite mit Beiträgen „der schaffenden Künstler". Von ihnen ist nur die erste erschienen, infolge der Zeitereignisse verspätet: Festschrift für Berthold Litzmann zum 60. Geburtstag 18. 4. 1917. Im Auftrag der Literarhistorischen Gesellschaft Bonn hrsg. von Carl *Enders*, Bonn (Friedrich Cohen) 1920; VIII, 518 S. – Über die nicht zustande gekommene zweite Festschrift erfährt man aus einer gedruckten Adresse, die Litzmann am 18. April 1917 überreicht worden ist (Nachlaß W. Schmidtbonn im Stadtarchiv Bonn), daß sie nach Einführung des Herausgebers und einer kurzen Geschichte der „Literarhistorischen Gesellschaft Bonn" die Beiträge der Mitarbeiter enthalten sollte, deren Gegenstände damals aber noch nicht alle feststanden. Ihre Mitarbeit hatten zugesagt: Hermann Bahr, Ernst Bertram – dieser auch für die literaturwissenschaftliche Festschrift, in der er mit dem Aufsatz „Nietzsches Goethebild" vertreten ist – Paul Ernst, Herbert Eulenberg, Friedrich Freksa, Gustav Frenssen, Ludwig Fulda, Max Halbe, Carl Hauptmann, Karl Henckell, Elisabeth v. Heyking, Georg Hirschfeld, Felix Holländer, Ernst Lissauer,

einen Ausweg, und mir fällt ein, daß ich vor Jahren einmal für die Mitteilungen der literarhistorischen Gesellschaft und zwar für das Heft „Ziele und Wege deutscher Dichtung nach Äußerungen ihrer Schöpfer" (1907 N° 7) einen Beitrag schrieb, der über die eigene Arbeitsart allerlei ausplauderte. Sie führen auch „Bekenntnisse zum eigenen Schaffen" als für Ihre Zwecke geeignet an. Wie wäre es also, wenn man den kleinen Aufsatz von damals in das Sammelwerk aufnähme – da er ja auch damals schon an die Literarhistorische Gesellschaft gerichtet war? Am Ende wäre es eine Auskunft, eine Verlegenheitsauskunft meinetwegen, aber es wäre eine. Unglücklicher Weise habe ich das Heft nicht zur Hand, ich würde sonst gleich zusehen, ob und wie das Artikelchen für den Nachdruck zuzustutzen wäre. Aber es wird Ihnen ja ohne Schwierigkeit zugänglich sein.

Lassen Sie mich gütigst wissen, ob Ihnen mein Vorschlag annehmbar erscheint, und nennen Sie mir, bitte, auch das genaue Datum von Geheimrat Litzmanns Geburtstag!

Ihr sehr ergebener

Thomas Mann.

6

Aus den Protokollen über die Sitzungen der Philosophischen Fakultät der Universität Bonn 1918–1919

Universitätsarchiv Bonn

Protokoll der Fakultätssitzung vom 23. Januar 1918:

Wahl von 3 Kommissionsmitgliedern fürs Universitätsjubiläum. Es wurden einstimmig gewählt die Herren Schulte, Anschütz, Litzmann.

Protokoll der Fakultätssitzung vom 13. November 1918:

Anträge auf Ehrenpromotionen sollen stets mündlich behandelt werden, und zwar zuerst in einer vorbereitenden Sitzung, in der keine Beschlüsse gefaßt werden und sodann in einer zweiten Sitzung, in der über den Antrag abgestimmt wird.

Protokoll der Fakultätssitzung vom 5. März 1919:

Leitlinien für die Ehrenpromotionen beim Universitätsjubiläum.
Die Fakultät beschließt, den Dr. phil. h. c. nicht an jemanden zu verleihen, der bereits Dr. phil. ist. Sie ist der Ansicht, daß möglichst wenige Verleihungen statt-

---

Thomas Mann, Hugo Salus, Wilhelm Schmidtbonn, Wilhelm v. Scholz, Rudolf Alexander Schröder, Mathieu Schwann, Clara Viebig. Zu diesen Namen hat Enders in dem für Schmidtbonn bestimmten Exemplar handschriftlich folgende Namen nachgetragen: Jakob Wassermann, Wilhelm Schäfer, Richard Schaukal, L. Nießen-Deiters. – Wie sich aus den folgenden Briefen Thomas Manns an Enders [= Dok. 12 und 13] ergibt, verfolgte dieser den Plan trotz der Ungunst der Zeit weiter, als das Erscheinen der wissenschaftlichen Festschrift gesichert war.

finden sollen; ferner daß ein Unterschied gemacht wird zwischen 1. wissenschaftlichen und künstlerischen Verdiensten, auf Grund derer eine Ehrenpromotion stattfindet, und 2. anderen Verdiensten, für die ein anderer Titel gewählt werden möge; endlich, daß Mitglieder anderer Fakultäten an derselben Universität nicht berücksichtigt werden mögen.

7

Thomas Manns politische Ansichten im Frühjahr 1919 gemäß dem Zeugnis Bonner Zeitungen

„Deutsche Demokratische Zeitung" (Bonn) Nr. 29 vom 5. April 1919

Thomas Manns politisches Glaubensbekenntnis ist letzthin Gegenstand öffentlicher Erörterung gewesen. Es hatte geheißen, der Verfasser der „Buddenbrooks", „Königliche Hoheit" und anderer literarisch bedeutsamer Erscheinungen habe sich, gleich anderen Männern unseres Geisteslebens, den Unabhängigen Sozialdemokraten angeschlossen. Auch wir hatten dieses Gerücht erwähnt. Auf eine Anfrage ist nun diese Antwort eingegangen:

München, den 18. März 1919

Sehr geehrter Herr!

Kurz und ohne Hinterhalt: Es ist eine Fabel, daß ich mich der U. S. P. angeschlossen hätte. Ich stehe dieser und jeder anderen politischen Partei vollkommen fern. Mein Buch „Betrachtungen eines Unpolitischen" verteidigt ein seelisches Deutschtum gegen kriegerische Beschimpfungen von seiten der nationalistischen Zivilisation. Praktisch glaube ich, daß es für Deutschland – wie jemand schon früher sagte[1] – darauf ankommt, „in politicis etwas Neues zu erfinden", und dieses Neue kann nicht der Parlamentarismus des Westens sein. Die „Räte", zur Stände-Vertretung ausgebaut, werden mutmaßlich eine wichtige Rolle darin zu spielen haben. Eine Klassenherrschaft zu befürworten und ausgerechnet vom Proletariat das Heil zu erwarten bin ich weit entfernt.

In vorzüglicher Hochachtung

(Unterschrift): Thomas Mann

Thomas Mann ist also auch heute noch unpolitisch. Vermutlich, weil er sich in dem neueren Parteiwirrwarr nicht zurechtfindet. Oder auch, weil ihm der politische Kampf nicht „liegt". Immerhin glaubt auch er, Deutschland müsse in politicis etwas Neues erfinden, und er vermutet, die „Räte", zur Ständevertretung ausgebaut, werden darin eine wichtige Rolle zu spielen haben. Das ist weit mehr, als die Gegner der „Räte" glauben ertragen zu können. Der „Räte"-Gedanke beginnt[a] also auch schon in unpolitischen Köpfen sich festzusetzen. Wird er, in irgendeiner Form, triumphieren?

---

7   [a] *Verbessert aus dem offenkundigen Druckversehen* gewinnt

    [1] Zur Identifizierung des hier anspielend Genannten vgl. S. 51, Anm. 97.

*Der Adressat des Briefes von Thomas Mann, Otto Clar, der durch seinen Widerspruch gegen
die Behauptung, der Dichter habe sich den Unabhängigen Sozialdemokraten angeschlossen,
die Auseinandersetzung über Thomas Manns politische Überzeugung ausgelöst hatte, leitete
seine Veröffentlichung des Schreibens in „Bonner Zeitung" Nr. 96 vom 6. April 1919 mit
nachstehenden Sätzen ein:*

Eine dauernde Bereicherung des deutschen Schrifttums, wie sie uns sonst in den
verflossenen Kriegsjahren nur verhältnismäßig spärlich beschieden worden ist,
bedeutet Thomas Manns tiefschürfendes Buch „Betrachtungen eines Unpolitischen", worin der Verfasser allerdings den jetzt noch die meisten Köpfe beherrschenden Geistesströmungen namentlich auch innerpolitischer Natur direkt ent-
gegenschwimmt. In auffallendem Widerspruch zu den hier festgelegten Anschauungen behauptete eine hiesige Zeitung mit allem Nachdruck, daß Thomas Mann
neuerdings zu den unabhängigen Sozialisten übergegangen sei. Im Verlaufe einer
Auseinandersetzung, in die ich deshalb verwickelt wurde, wandte ich mich brieflich
an den Autor mit der Bitte um Entscheidung. Seine Erwiderung wird bei der hervorragenden Stellung, die Thomas Mann in unserem literarischen Leben einnimmt,
des Interesses weiterer Kreise gewiß sein dürfen.

8

Aus den Protokollen über die Sitzungen der Philosophischen Fakultät der Universität Bonn 1919

Universitätsarchiv Bonn

Protokoll der Fakultätssitzung vom 25. Juni 1919:

Vorschläge für Ehrenpromotionen

Die Philosophische Sektion will heute keine Namen nennen.
Die Philologische Sektion nennt:
Stadtbaurat a. D. Rudolf Schultze in Bonn[1]
Baurat Daniel Krencker in Trier[2]
Schriftsteller Thomas Mann
Juristen Prof. Gradenwitz in Heidelberg[3]

Die Historisch-staatswissenschaftliche Sektion nennt:
Prof. Dr. W. Kahl in Berlin[4]
Rektor der Deutschen Universität Prag Prof. Dr. August Naegele [*sic!*][5]

8
[1] Rudolf Schultze (1854–1935), Stadtbaumeister; vgl. StA Bonn D 1990.
[2] Daniel Krencker (1874–1941), 1912 leitender Architekt bei der Ausgrabung des römischen
Kaiserpalasts in Trier, war 1922–1939 ord. Professor für Geschichte der Baukunst an der TH
Berlin–Charlottenburg; vgl. Elsaß-Lothringisches Jahrbuch 20, 1942, S. VII ff.
[3] Otto Gradenwitz (1860–1935), Rechtshistoriker; vgl. Neue Deutsche Biographie 6 (1964),
S. 702 f.
[4] Wilhelm Kahl (1849–1932); vgl. oben S. 40, Anm. 60.
[5] August Naegle (1869–1932); vgl. oben S. 39, Anm. 58.

Numismatiker Alfred Noß, Köln[6]
Frau Marie Luise Gothein, Heidelberg[7]
Geh. Baurat Dr. ing. Beuckenberg, Dortmund[8]
Für den Dr. rer. pol. nennt die Sektion
Geh. Rat Prof. Dr. Brentano in München[9] und eventl. den schon genannten
Dr. Beuckenberg
. . . .
Die Mathematisch-naturwissenschaftliche Sektion nennt:
Paul Diergardt, Bonn[10]
Bernhard Stürtz, Bonn[11]
Anton Hambloch[12]
Carl Ferd. Frings[13]
Nathan Zuntz in Berlin[14]
Ferdinand Wirtgen in Bonn[15]

Herr Prov. Schulrat Nelson in Coblenz soll der juristischen Fakultät als Ehrendoktor präsentiert werden[16].
Die Anträge auf Ehrenpromotion sollen mit Begründung den Mitgliedern der Fakultät zugänglich gemacht werden.
Der frühere Beschluß, kein Mitglied einer anderen Fakultät zum Ehrendoktor zu ernennen, wird aufrechterhalten.

Protokoll der Fakultätssitzung vom 2. Juli 1919 :

Ehrenpromotionen:
Die Philosophische Sekton schlägt vor: Kräpelin – München[17] und Mausbach – Münster[18]

---

[6] Alfred Noß (1855–1947), Numismatiker; über sein wissenschaftliches Werk vgl. Deutsche Münzblätter 60 (September/Oktober 1940), S. 129 ff.

[7] Marie Luise Gothein (1863–1931); Schriftstellerin; Gattin des Kulturhistorikers und Nationalökonomen Eberhard Gothein (1853–1923), der von 1890–1905 in Bonn wirkte. Vgl. Kürschners Deutscher Literaturkalender 1932, Sp. 441 f.

[8] Wilhelm Beuckenberg (1858–1932), Industrieller; vgl. Neue Deutsche Biographie 2 (1955), S. 196.

[9] Lujo v. Brentano (1844–1931), Volkswirtschaftler; vgl. Neue Deutsche Biographie 2 (1955), S. 596 f.

[10] Paul Diergardt (1875–1949), Chemiker, war seit 1912 Herausgeber der Verhandlungen der Rheinischen Gesellschaft für Geschichte der Naturwissenschaften, Medizin und Technik.

[11] Bernhard Stürtz (1845–1928), Geologe; vgl. StA Bonn, ZA 17/60, 47/39, 71/66.

[12] Anton Hambloch aus Andernach wurde anläßlich der Jahrhundertfeier der Universität Bonn zu deren Ehrenbürger ernannt.

[13] Über Carl Ferd. Frings hat sich nichts ermitteln lassen.

[14] Nathan Zuntz (1847–1920), Physiologe; vgl. oben S. 114, Anm. 42 sowie *Wenig*, S. 348.

[15] Ferdinand Wirtgen (1848–1924), Apotheker und Privatgelehrter; vgl. StA Bonn, ZA XXXVI/97.

[16] Julius Nelson (1851–1923), seit 1908 Geheimer Regierungsrat beim Provinzialschulkollegium in Koblenz, langjähriger Vorsitzender des Wissenschaftlichen Prüfungsamts in Bonn.

[17] Emil Kraepelin (1865–1926), Psychiater; vgl. Brockhaus-Enzyklopädie 10[17] S. 594.

[18] Joseph Mausbach (1861–1931), Moraltheologe; vgl. oben S. 40, Anm. 60.

Herr Winter regt an, Bildhauer Menser[19] vorzuschlagen! Der Vorschlag wird den betr. Sektionen überwiesen.

Die Abstimmung – in 8 (oder 14) Tagen!

Die Urkunden sollen formuliert werden:
  Geg. am Tage der Jahrhundertfeier der Universität, dem 3. August 1919.

Protokoll der Fakultätssitzung vom 9. Juli 1919:

Anmeldung von Ehrenpromotionen
Bezieht sich auf Ehrenpromotion zum Dr. rer. pol. gemeinsam mit der Juristischen Fakultät
Vorschläge der Historisch-staatswissenschaftlichen Sektion in Übereinstimmung mit der Juristischen Fakultät für die Ehrenpromotion zum Dr. rer. pol.:
  Geh. Rat Beuckenberg
  Geh. Rat Prof. Dr. Lujo Brentano
  Geh. Rat Prof. Dr. Karl Bücher[20]
  Geh. Rat Prof. Dr. Duisberg[21]
  Prof. Dr. Ludo Hartmann[22]
  Geh. Rat Prof. Dr. Franz Klein[23]
  Geh. Rat Prof. Dr. Otto Mayer[24]
Sehr nachdrückliche Empfehlungen von Schulrat Nelson für die Ehrenpromotion entweder zum
Dr. rer. pol. oder Dr. jur.
Die Einstimmigkeit besteht entsprechend früherem Gebrauch, wenn keiner der Anwesenden dagegen stimmt.

Die Fakultät beschließt, den Ehrendoktor der Philosophie zu verleihen:

1. Kräpelin (einstimmig angenommen)
2. Mausbach (mit 1 Stimmenthaltung angenommen)
3. Mann (mit 1 Stimmenthaltung angenommen)
4. Gradenwitz (wird mit 5 Stimmen gegen seine Kandidatur abgelehnt – 1 Stimmenthaltung)
5. Schultze (mit 6 Stimmenthaltungen angenommen)
6. Krencker (einstimmig angenommen)

---

[19] Karl Menser (1872–1929), Bildhauer; vgl. T. *Fischer*, Karl Menser, Düsseldorf 1931, sowie H. *Lützeler*, Die Bonner Universität. *Bauten und Bildwerke*, Bonn 1968, S. 110 f.

[20] Karl Wilhelm Bücher (1847–1930), Volkswirtschaftler und Soziologe; vgl. Neue Deutsche Biographie 2 (1955), S. 718 f.

[21] Friedrich Carl Duisberg (1861–1935), Industrieller; vgl. Neue Deutsche Biographie 4 (1959), S. 181 f.

[22] Ludo Moritz Hartmann (1865–1924), Historiker und Politiker; 1918–1920 Gesandter der deutsch-österreichischen Republik beim Deutschen Reich; vgl. Österreichisches Biographisches Lexikon 2 (1959), S. 195 f.

[23] Franz Klein (1854–1926), Jurist; vgl. Österreichisches Biographisches Lexikon 3 (1965), S. 378 f.

[24] Otto Mayer (1846–1924), Verwaltungsrechtler; vgl. Brockhaus-Enzyklopädie 12[17], S. 298.

7. Kahl (mit 1 Stimme abgelehnt – 1 Stimmenthaltung)
8. Naegele (einstimmig angenommen)
9. Noß (einstimmig angenommen)
10. Marie Gothein (mit 8 Stimmen abgelehnt, 6 Stimmenthaltungen)
11. Diergardt (Abstimmung wird vertagt)
12. Stürtz (mit 1 Stimme abgelehnt, 8 Stimmenthaltungen)
13. Hambloch (mit 1 Stimme abgelehnt, 1 Stimmenthaltung)
14. Wirtgen, Frings, Zuntz (Abstimmung wird ausgesetzt)

Antrag Steinmann, daß nach der Einzelabstimmung nochmals über die Gesamtheit der Angenommen abgestimmt wird, wird abgelehnt.

. . .

Laut Protokoll waren anwesend:

Der Dekan Professor Fitting sowie die Professoren Litzmann, Winter, Dibelius, Meyer-Lübke, Wentscher, Störring, Philippson, Hesse, Brauns, Schulte, Elter, Littmann, Cichorius, Kayser, Küstner, Thurneysen, Dyroff, Anschütz, Spiethoff, v. Bezold, Brinkmann, Jacobi. Entschuldigt: Study. *Das Protokoll ist jedoch von ihm und den als anwesend Verzeichneten – mit Ausnahme von Litzmann, Meyer-Lübke, Cichorius und Küstner – zur Kenntnis genommen und abgezeichnet worden. Ferner haben abgezeichnet:* Marx, Steinmann, Meißner und P. Clemen, *dieser mit dem Zusatz:* Gelesen, jedoch mit dem Vorbehalt der Stimmabgabe zu den einzelnen Promotionsvorschlägen[25].

Protokoll der Fakultätssitzung vom 16. Juli 1919:

. . . .

Ehrenpromotionen:
Kahl (einstimmig angenommen), Diergardt (Abstimmung wird ausgesetzt), Stürtz (mit 3 Stimmenthaltungen angenommen), Zuntz (mit 1 Stimmenthaltung angenommen), Wirtgen (mit 2 Stimmenthaltungen angenommen), Beuckenberg (mit 1 Stimmenthaltung angenommen), Brentano (einstimmig angenommen), Bücher (einstimmig angenommen), Hartmann (mit 1 Stimmenthaltung angenommen), Nelson (mit 1 Stimmenthaltung angenommen), Mayer (mit 1 Stimmenthaltung angenommen), Klein (einstimmig angenommen), Duisberg (mit 1 Stimmenthaltung angenommen).

---

[25] Zu allen hier sowie in den als Dok. 6 veröffentlichten Protokollauszügen genannten Mitgliedern der Fakultät vgl. *Wenig.*

Laudatio für Thomas Mann, verlesen bei der Bonner Ehrenpromotion   *2. August 1919*

Druck: Mitteilungen der Literarhistorischen Gesellschaft Bonn 11, 1917/18, S. 104, Anm. 1. Zum wirklichen Erscheinungsjahr dieses Heftes vgl. oben S. 30, Anm. 26.

Thomas Mann, dem deutschen Dichter von großen Gaben, der – an die vornehmen Überlieferungen der Vergangenheit, wie sie vor allem Goethes Wesen und Wirken verkörpert, als Leitbild anknüpfend – von starken Verantwortungsgefühl und strengster Selbstzucht beseelt, als Dichter und Schriftsteller aus innerlichstem Erleben Erscheinungsformen und Kräfte deutschen Wesens unserer Zeit zum Kunstwerk gestaltet und der vor allem in seinem Roman „Buddenbrooks" ein Werk geschaffen hat, das nach seinem kulturgeschichtlichen Gehalt wie nach seiner dichterischen Form in Anschauung, Aufbau und Sprache von den besten Kräften deutscher Art und Kunst, die um die Wende des 19. und 20. Jahrhunderts lebendig waren, den kommenden Geschlechtern Kunde gibt.

*10

Ehrendoktordiplom der Bonner Philosophischen Fakultät für Thomas Mann

Abdruck: Akten der Philosophischen Fakultät der Universität Bonn betr. Thomas Mann. Wortgetreue Neuausfertigung mit der Unterschrift Fittings: TMA

Die Philosophische Fakultät
der Rheinischen
Friedrich-Wilhelms-Universität zu Bonn

verleiht

Thomas Mann in München

dem Dichter von großen Gaben der in strenger Selbstzucht und beseelt
von einem starken Verantwortungsgefühl aus innerstem Erleben das Bild
unserer Zeit für Mit- und Nachwelt zum Kunstwerk gestaltet
die Würde und die Rechte eines Ehrendoktors der Philosophie

Gegeben am Tage der Jahrhundertfeier der Universität den 3. August 1919

Unter dem Rektorat des Professors der Rechte Dr. Ernst Zitelmann

Unter dem Dekanat des Professors der Botanik Dr. Johannes Fitting

Thomas Mann an den Dekan der Philosophischen Fakultät der Universität Bonn [1]

27. *September 1919*

Akten der Philosophischen Fakultät der Universität Bonn betr. Thomas Mann.
Druck [R] mit nachstehend vermerkten Änderungen in: Th. Mann, Rede und Antwort, Berlin 1922, S.
1 f.; XI, S. 351 f.; MK 119, S. 47: Brief an den Dekan der philosophischen Fakultät zu Bonn.

München, Poschingerstr. 1

ᵃHochgeehrter Herr Professorᵃ:

ᵇMeiner tief empfundenen Dankbarkeit für die hohe akademische Auszeichnung, die mir anläßlich der Jahrhundertfeier der Universität Bonn zuteil geworden ist, habe ich unmittelbar nach Empfang der Nachricht in einem Telegramm an den Übermittler, Herrn Geheimrat Litzmann, Ausdruck gegeben. Es drängt mich aber, auch Ihnen, verehrter Herr Professor, als dem Dekan der Fakultät, deren Doctor ich mich nun nennen darf, und dem Unterzeichner der schönen Urkunde, die mir meine Würde bestätigt, den Ausdruck davon zu erneuern und Ihnen zu sagen, wie wert mir diese Auszeichnung ist, und mit wie freudigem Stolz ich es empfindeᵇ, daß gerade durch die Universität Bonn, die rheinische, die seit dem Tage ihrer Gründung im Leben der Nation eine so bedeutende Rolle gespielt hat, meiner freien Arbeit die akademische Weihe zuteil wird.

Die Tatsache, daß sich unter den so festlicher Weise ernannten Ehrendoctoren der Bonner philosophischen Fakultät auch ein deutscher Schriftsteller befindet, ist zu erfreulich und dankenswert, als daß ich mich lange fragen möchte, ob man recht wählte, indem man mich wählte, – eine Frage und Sorge, zu der allenfalls Anlaß vorhanden wäre[2]. Denn ich bin weder gelehrt noch ein „Lehrer", vielmehr ein Träumer und Zweifler, der, auf die Rettung und Rechtfertigung des eigenen Le-

---

ᵃ⁻ᵃ *fehlt in R*

ᵇ⁻ᵇ *Der Eingangspassus lautet in R:*

Mit meinem tiefempfundenen Dank für die mir anläßlich der Jahrhundertfeier der Universität Bonn verliehene akademische Auszeichnung darf ich mich an Sie wenden als den Dekan der Fakultät, deren Doktor ich mich nun nenne, und als den Unterzeichner der schönen Urkunde, die mir meine Würde bestätigt. Diese Auszeichnung ist mir wert, und mit freudigem Stolz empfinde ich es,

[1] *Wenzel*, S. 173 bemerkt kommentierend zu diesem Stück, daß „Einsicht in das – vermutlich nicht mehr erhaltene – Original nicht möglich ist". Es ist nicht bekannt, worauf die doppelt irrige Annahme sich stützt. Der ebd. erwähnten Wiedergabe in der Münchner „Abendzeitung" Nr. 193 vom 16. August 1955 kommt eigener Überlieferungswert nicht zu, obwohl sie – wie der stehengebliebene Teil des Eingangspassus und die Form „Accidens" bezeugen, welche seit dem Erstdruck in der von uns im Variantenapparat vermerkten Weise verändert erscheinen – auf die briefliche Fassung zurückgeht.

[2] L. *Lewisohn*, Death in Venice (The Stature of Thomas Mann, hrsg. von Ch. *Neider* [New York 1947]), S. 124 interpretiert diese Wendungen zu weitgehend, wenn er darin eine Hervorhebung des „liberal spirit of the faculty" finden will.

bens notgedrungen bedacht, sich nicht einbildet, er „könnte was lehren, die Menschen zu bessern und zu bekehren". Wenn trotzdem mein Treiben und Schreiben in der äußeren Menschenwelt bildende, führende, helfende Wirkungen gezeitigt hat, so ist dies ein Accidens[c], das mich in demselben Grade überrascht, wie es mich beglückt. Und so sei es denn auch mit dem Doktorhut, den ich nicht ‚rite' erwarb, sondern der als ein ganz unverhofft Hinzukommendes mein Streben lohnt.

Ich werde, Herr Dekan, den mir verliehenen Titel mit Stolz und in dem Bemühen führen, der Fakultät, der ich nun verbunden bin, durch das Tagwerk meiner Hände Ehre zu machen.

[d]In vorzüglicher Hochachtung

Ihr ergebenster

Dr. Thomas Mann[d]

12

Thomas Mann an Professor Carl Enders, Bonn   *29. März 1920*

    Sammlung H. Grundmann (Bonn)

Feldafing a/ Starnbergersee

Sehr geehrter Herr Professor:

Ich danke bestens für Ihren Brief und sende die Bestellkarte ein[1].

Mein Versprechen kam von Herzen, war aber ziemlich leichtsinnig und ganz auf den Spruch Kommt Zeit, kommt Rat gegründet. Nun ist die Zeit gekommen, und Rat ist immer noch teuer. Was kann ich bieten? Ich bin in einen Roman vertieft und habe nichts Ungedrucktes. Von Dingen, die wenigstens in Buchform noch nicht erschienen sind, ist eine Reihe von Aufsätzen über verschiedene Gegenstände vorhanden, darunter eine kleine lyrisch-philosophische Studie, betitelt: „Süßer Schlaf"[a], die einmal vor einer ganzen Reihe von Jahren in der Neuen Freien Presse stand[2]. Diese habe ich in meiner Not ins Auge gefaßt. Sie hat mit dem Anlaß des Buches natürlich nichts zu thun, keine Beziehungen zur Person des Empfängers, sondern wäre eben nur irgend eine bescheidene Gabe, eine Betrachtung über die Wohlthat des Schlafes. Ich weiß nichts Besseres und schicke Ihnen das

---

11   [c] Akzidens *R*
      [d-d] *Schlußcourtoisie und Unterschrift fehlen in R*

12   [a] *unterstrichen*

      [1] Bezieht sich wohl auf die damals erschienene Festschrift für Berthold Litzmann; vgl. Dok. 5, Anm. 1.
      [2] Neue Freie Presse (Wien) Nr. 16082 vom 30. Mai 1909; vgl. *Bürgin* V, Nr. 59. – Das Stück wurde in dem der Bonner Philosophischen Fakultät gewidmeten Essayband „Rede und Antwort", Berlin 1922, wiederabgedruckt; jetzt XI, S. 333 ff.; MK 119, S. 26. ff.

Blatt, sobald ich wieder in München bin, d. h. in 3 bis 4 Tagen. Hoffentlich finden Sie es annehmbar. Es wäre mir schmerzlich und beschämend, in dem Festbuche nicht vertreten zu sein.

Ihr sehr ergebener

Thomas Mann.

13

Thomas Mann an Professor Carl Enders, Bonn   *4. April 1920*

   Sammlung H. Grundmann (Bonn)

München, Poschingerstr. 1

Sehr geehrter Herr Professor:

Es ist mir im Augenblick unmöglich das alte Zeitungsblatt aufzutreiben, das den für das Litzmann-Buch eigentlich bestimmten Aufsatz enthält. Ich habe rasch etwas anderes ausgewählt, was am Ende dieselben Dienste thun wird: ein paar Bemerkungen über das Theater, aus dem Jahre 1907 stammend. Sie gehören zu einem größeren Ganzen, einem „Versuch über das Theater", der ebenfalls so gut wie unbekannt und für den geplanten Band „Ges. Aufsätze" bestimmt ist[1]. Hoffentlich ist Ihnen damit gedient!

Ihr sehr ergebener

Thomas Mann.

14

Bericht über Thomas Manns Besuch und Ansprache im Germanistischen Seminar der Universität Bonn am 18. November 1920

   „Bonner Zeitung" Nr. 315 vom 19. November 1920

Thomas Mann im Kolleg

Thomas Mann, der seine hiesige Vorlesung zum Anlaß genommen hat, einige Tage in Bonn zu weilen, hat gestern einer Übung des germanistischen Proseminars der Universität beigewohnt. Geheimrat Litzmann begrüßte es, daß einmal an der Stätte, an der so viel über Dichter und Schrifttum gesprochen und geforscht wird, ein bedeutender Dichter selbst erscheine. Vierzig Semester hindurch hat Litzmann beobachten können, wie fest Thomas Mann, der Buddenbrookdichter, in den Herzen der Jugend wurzelt. Die Jugend merkte, daß hinter Thomas Manns

---

[1] Vgl. Dok. 3, Anm. 3.

373

Schreiben eine Persönlichkeit aus ernsten, strengen Augen schaute, tiefsten künstlerischen und deutschen Gewissens voll, ein Führer.

Thomas Mann erwiderte: Das Wort vom Führer beschäme ihn. Fühle er sich doch nicht begabt zum Mann der Geste, des Mir-Nach, der emphatischen Fahnenvoranträgerei. Vielleicht dürfe er seine Lebenshaltung als die eines idealistischen Individualismus bezeichnen. Der so Gestimmte arbeitet an sich selbst in dem geheimen Wissen, daß niemand an sich selbst arbeite ohne zugleich an der Welt. Der heimischen, der deutschen Jugend möge er Selbstgefühl, Stolz und Würde predigen. Unsere Lage fasse er nicht als Elend und Schande, sondern als Schicksal in der ganzen tiefen Bedeutung des Wortes. Die Sieger handeln unklug mit uns. Ein entehrtes Volk kann die Aufgaben nicht erfüllen, die es sich selbst gegenüber zu erfüllen hat und damit dem Weltgeist, der ganzen Welt. Die deutsche Aufgabe, zwischen Ost und West, ist eine staatsschöpferische, organisatorische. Und dann liegt sie in dem europäischen Verantwortungsgefühl, das nirgendwo lebendiger ist als in Deutschland. Ohne Mitarbeit unseres Geistes ist der Völkerbund zur Verkümmerung verurteilt. Niemals war deutlicher als heute, daß die Welt Deutschland nötig hat. Sie aber, als die deutsche Jugend, möchte ich zu Stolz, Würde, Selbstgefühl mahnen! Thomas Manns Worte wurden mit lang anhaltendem akademischen Beifall aufgenommen. Geheimrat Litzmann nahm dann seine Übungen über Schillers Gründung der „Horen" auf, mit der im Jahre 1795 ein Versuch zur Erneuerung des vaterländischen Geistes gemacht wurde.

15

Thomas Mann an Graf Hermann Keyserling[1] über seinen Besuch bei den Universitäten Bonn und Köln   *26. November 1920*

   TMA

Berichtet von einer Reise, die ihn fast vier Wochen von München fernhielt.

Ich war auch in dem rheinischen Okkupationsgebiet und durfte in den Universitäten von Bonn und Köln den jungen Menschen, die unter den Eindrücken einer permanenten und unabsehbaren Beleidigung leben, Mut, Glauben, Verachtung zureden.

---

15   [1] Zu den geistigen Beziehungen, die damals zwischen dem Adressaten und Thomas Mann bestanden vgl. Th. *Mann*, Klärungen. Offener Brief an Hermann Grafen Keyserling (Das Tagebuch 1, 1919/20, S. 405 ff.) = Brief an Hermann Grafen Keyserling (Rede und Antwort, Berlin 1922, S. 264 ff.; XII, S. 593 ff.; MK 117, S. 69 ff.); dazu der Brief Th. Manns an Keyserling vom 18. Januar 1920 (*Briefe* I, S. 173). In diesem Zusammenhang ist auch ein für Thomas Manns Überzeugungen im Augenblick der Bonner Ehrenpromotion wichtiger Brief an Professor P. Eltzbacher (Berlin) vom 13. Juni 1919 zu nennen, in dem es heißt: „Einen überaus glücklichen Eindruck machte auf mich die Schrift von Keyserling ‚Deutschlands wahre politische Mission'. Eine Ablehnung der parlamentarischen Demokratie für Deutschland und seine Ankündigung eines neuen ‚Obrigkeitsstaates' ... ist recht nach meinem Herzen. Und

Professor Berthold Litzmann, München, an die Philosophische Fakultät der Universität Bonn[a] 13. *Januar 1922*

Nachlaß L. Schiedermair

Der Ehrendoktor unserer Fakultät Thomas Mann hat sein vor einigen Wochen erschienenes Buch „Rede und Antwort. Gesammelte Abhandlungen und kleine Aufsätze", das zugleich den ersten Band seiner „Gesammelten Werke" bildet, der Philosophischen Fakultät der Rheinischen Friedrich-Wilhelms-Universität gewidmet und das Buch selbst mit einem Brief an den Dekan der philosophischen Fakultät eröffnet, der bekundet, wie fein und gut er die ihm von uns erwiesene Ehrung aufgenommen hat. Ein Exemplar des Buches ist der Fakultät übersandt worden.

Nun erfahre ich eben zufällig zu meiner peinlichsten Überraschung, daß für dieses kostbare geistige Geschenk seitens der Fakultät dem Dichter lediglich eine dankende Empfangsbestätigung in einer Form zugegangen ist, wie sie etwa einem beliebigen Herrn X oder Y gegenüber am Platze gewesen wäre, der sich gemüßigt fühlte, mit irgendeinem aus seiner Feder geflossenen Schreibwerk die Fakultät zu behelligen.

Offenbar handelt es sich hier nur um ein allerdings sehr bedauerliches Versehen, das ich mir nur damit erklären kann, daß der Verfasser jener Empfangsbestätigung sich über die Bedeutung des Gebers doch vielleicht nicht ganz im Klaren gewesen ist und daß er vor allem den Wortlaut des dem Buch vorangedruckten, von einem Manne, den man weit über Deutschlands Grenzen hinaus zu den ersten Dichtern der Gegenwart zählt, öffentlich an die Fakultät gerichteten Briefes nicht gelesen hat.

Trotzdem empfinde ich diesen Vorgang als eine Beschämung, dessen Bekanntwerden in weiteren Kreisen nicht ausbleiben kann und der in künftigen Darstellungen der deutschen Literatur dieser Epoche oder in einer demnächst wohl er-

---

sofern der Bolschewismus antidemokratisch . . . ist oder sein kann, bejahe ich ihn, – freilich ohne, in praxi, die ‚Diktatur der Bazi', wie man hier sagte, zu bejahen . . ." (Katalog Nr. 565 [1963] der Firma Stargardt, Marburg/Lahn, Nr. 241, S. 49). Zur historischen Einordnung dieser bisher unbeachtet gebliebenen Äußerung, die Thomas Mann für einen Augenblick in die Nachbarschaft nationalbolschewistischer Strömungen rückt, vgl. O. E. *Schüddekopf*, Linke Leute von rechts, Stuttgart [1960], S. 47, wo auf Friedrich Naumann und W. Rathenau hingewiesen ist, ferner S. 73 ff. Zu dem Adressaten von Th. Manns Brief s. ebd. S. 104, 313.

[a] *Auf dem als „Durchschlag" bezeichneten Exemplar im Schiedermair-Nachlaß findet sich folgender handschriftlicher Zusatz Litzmanns.* „L[ieber] Sch[iedermair] Im Begriff das Schreiben eingeschrieben an die Fakultät zu senden, habe ich mich doch entschlossen, es v e r t r a u l i c h z u n ä c h s t nur an die Direktion des Seminars zu schicken und ihr nahezulegen von s i c h aus als Bewahrer des Gutes ein Dankschreiben an Thomas Mann zu senden. Erst wenn, was ich nicht glaube, sie sich dazu n i c h t entschließen können [*sic!*], werde ich die ultima ratio anwenden und direkt an die Fakultät gehen. Ich bitte Sie also b i s a u f w e i t e r e s diese Mitteilung als s t r e n g v e r t r a u l i c h zu behandeln. *In den Akten des Germanistischen Seminars der Universität Bonn hat sich das angekündigte Schreiben Litzmanns nicht ermitteln lassen.*

scheinenden Biographie Thomas Manns uns nicht unverdienten Spott eintragen wird. Deshalb erlaube ich mir, um die Sache wenigstens einigermaßen gut zu machen, an die Fakultät die Bitte zu richten, es möchten die zeitigen Leiter des germanistischen Seminars, in deren Obhut ja das Widmungsexemplar überwiesen wurde, förmlich beauftragt werden, in einer der Bedeutung des Gebers und der Gabe entsprechenden, die Fakultät selbst ehrenden Weise unserem Ehrendoktor zu bekunden, daß wir die Ehre, die er uns erwiesen, voll zu würdigen wissen. Wir sind das meiner Überzeugung nach nicht nur ihm, sondern an erster Stelle uns schuldig.

17

Thomas Mann an Professor Carl Enders, Bonn　　　　　　　　*28. März 1928*

　　Sammlung H. Grundmann (Bonn)

München, Poschingerstr. 1

Sehr verehrter Herr Professor:

Ich bin Ihnen sehr dankbar für Ihren Hinweis auf den bevorstehenden sechzigsten Geburtstag Adele Gerhard's[1]. Ich werde nicht verfehlen, der liebenswürdigen Dichterin meine herzlichsten Glückwünsche, sei es telegraphisch, sei es persönlich, wenn ich gerade in Berlin sein sollte, zum 8. Juni auszusprechen, bin aber leider beim besten Willen nicht in der Lage, jetzt zu dem geplanten Festbuch irgend etwas Taugliches beizutragen[2]. Gerade in diesen Wochen haben sich die kleineren literarischen Aufgaben, die ich neben meiner Hauptarbeit und einer anspruchsvollen Korrespondenz zu erledigen habe, in einer Weise gehäuft, daß ich kaum ein und aus weiß, und zur Abwehr gezwungen bin[3]. Ich soll über Beethoven schreiben[4], soll über Dürer schreiben[5], und müßte, um nun auch noch über Adele Gerhard zu schreiben, mich aufs Neue in ihre Werke vertiefen, wozu ich ganz einfach in absehbarer Zeit die Muße nicht finde. Ich muß also um Nachsicht und Entschuldigung bitten und begrüße Sie, sehr verehrter Herr Professor,

als Ihr sehr ergebener

Thomas Mann

17　　　[1] Über Adele Gerhard (1868–1956) vgl. G. *v. Wilpert*, Deutsches Dichterlexikon, Stuttgart [1963], S. 176.

[2] Ein kurzes Grußwort von Thomas Mann erschien gleichwohl in: Stimmen der Zeit. Adele Gerhard zum 60. Geburtstag am 8. Juni 1928, Berlin-Grunewald (Horen-Verlag) [1928], S. 36; *Bürgin* V, Nr. 282.

[3] In dieser Zeit beschäftigte Thomas Mann die Auseinandersetzung mit dem Angriff von Arthur Hübscher; vgl. oben S. 90 f., Anm. 223. Die Abhandlung „Kultur und Sozialismus" erschien im Aprilheft 1928 der „Preußischen Jahrbücher"; vgl. *Bürgin* V, Nr. 278.

[4] Ein Beitrag Thomas Manns über Beethoven ist nicht erschienen.

[5] Th. *Mann*, Dürer. Zum 400. Todestag (Hamburger Nachrichten Nr. 280 vom 18. Juni 1928); vgl. *Bürgin* V, Nr. 283, wo weitere Drucke nachgewiesen sind; jetzt X, S. 230 ff.; MK 113, S. 316 ff.

Thomas Mann an den Dekan der philosophischen Fakultät der Universität Bonn

23. *November 1929*

Akten der Philosophischen Fakultät der Universität Bonn betr. Thomas Mann

Oberammergau

Sehr verehrter Herr Dekan:

Für Ihr gütiges Schreiben vom 19. des Monats, das verspätet in meine Hände kam, sage ich herzlichen Dank. Der Plan, den Sie mir darin entwickeln, rührt mich sehr, und mit aufrichtiger Freude bin ich bereit, mich am 28. zu der Universitätsfeier einzufinden. Auch auf das Beisammensein nachher beim Frühstück freue ich mich aufrichtig.
Mit hochachtungsvoller Begrüßung

Ihr sehr ergebener
Thomas Mann

19

Thomas-Mann-Feier der Universität Bonn   28. *November 1929*

Von den Berichten, die in der Bonner Presse erschienen sind, wird hier der ausführlichste aus der „Bonner Zeitung" Nr. 325 vom 29. November 1929 wiedergegeben. Offenkundige Druckfehler sind stillschweigend verbessert. Weitere Berichte sind oben S. 97, Anm. 251 nachgewiesen.
Die Ansprache des Rektors Professor Konen ist in den Berichten gleichlautend wiedergegeben, also im fixierten Wortlaut der Presse übermittelt worden.

Die Bonner Universität bereitete gestern mittag im Neuen großen Hörsaal dem jüngst mit dem Nobelpreis ausgezeichneten Dichter Thomas Mann einen besonderen Empfang als dem Ehrendoktor ihrer philosophischen Fakultät. Es hatten sich zu dieser Feierstunde so viele eingefunden, daß es Mühe machte, dem Gast den Weg zum Podium zu bahnen. Langanhaltender stürmischer Beifall durchbrauste den Saal zur Begrüßung des gefeierten Dichters. Als erster nahm der Dekan der philosophischen Fakultät, Prof. Dr. A. Pflüger[1] das Wort. Er wies darauf hin, daß vor nunmehr zehn Jahren, als die Universität unter dem Druck der Besatzung ihr hundertjähriges Bestehen beging, in einer Zeit schwerster geistiger und materieller Not die Fakultät Thomas Mann den Ehrendoktor verlieh, wie es in der Urkunde heißt, „als dem Dichter von großen Gaben, der in strenger Selbstzucht und beseelt von starkem Verantwortungsgefühl das Bild unserer Zeit aus Miterleben zum Kunstwerk gestaltet hat". Auf die Frage, ob es dem Werk des Dichters entspreche, daß man ihn so in die Reihen der Wissenschaft aufge-

---

[1] Alexander Pflüger (1869–1946), Physiker; vgl. über ihn *Wenig*, S. 225.

nommen habe, dürfe man ihm heute besonders freudig Rede stehen. Habe er diese doch in so weitem Maße auf allen Gebieten bereichert. In Stil und Sprache habe er die Leistung eines Professors der Germanistik gegeben, die Seelenkunde stark gefördert, dem Historiker und sogar Mediziner sei er nahegekommen in seinem Schaffen. In der Grabrede auf Berthold Litzmann habe er selbst der Verbundenheit mit der Wissenschaft schönsten Ausdruck gegeben[2]. Den Dr. h. c. der Fakultät hieß der Dekan im Beisein der Dozenten und Studenten der Universität als einen der Ihrigen herzlich willkommen.

Seine Magnifizenz, der Rektor der Universität, Professor Dr. Konen[3], bezeichnete diese Feier als einen Auftakt zur Reise des Dichters nach dem Norden, und hielt folgende Ansprache:

Hochverehrter Herr Doktor!

Gern und freudig ehrt Sie heute die Rheinische Friedrich-Wilhelms-Universität als Poeta laureatus, nachdem ihre philosophische Fakultät Ihnen schon längst die höchste Ehrung erwiesen hat, die Tradition, Recht und Rang uns erlauben.

Der Dekan der philosophischen Fakultät hat Sie bereits von dem Standpunkt des Kreises begrüßt, der stolz ist, Sie sein eigen zu nennen. Wenn ich, bevor aus berufenem und beredtem Munde Ihr Preis als Dichter erklingt, im Namen der Gesamtuniversität Worte des Willkommens an Sie richte, so geziemt es mir, als Rektor den Blick auf die Gesamtlage deutscher Geisteskultur zu lenken. Leicht durchdringen technische Erfindungen, überfliegen naturwissenschaftliche Entdeckungen die Grenzen der Nationen. Ohne fast es selbst zu bemerken, ändern fremde Völker ihre Lebensformen, ihre Gewohnheiten und oft auch Sitten und Gesinnungen, wenn der Motor lockt, die elektrische Welle klingend wird, wenn die Wunder der Chemie und Physik sich auswirken. Dem Arzt, dem Chemiker, dem Physiker reicht man neidlos den Kranz. – Die Kunst und vor allem die Wortkunst werden stets in ungleich höherem Maße national bedingt sein als die Wissenschaften. Darum mußten die Stachelzäune an den Grenzen unserer Dichtkunst in ganz anderem Maße den Weg in die Welt versperren als anderen Wissenschaften. Und im letzten Jahrzehnt mehr als jemals. Allein wir wollen nicht auf unsern besten Export verzichten. Nicht optische Instrumente oder chemische Farben werden unsere Geltung im Auslande und damit unsern Rang im Kreise der Nationen begründen und erhalten. Wir ringen um die Anerkennung deutscher Geisteskultur. Gerade weil sie national gefärbt und geprägt sein müssen, sind und waren die Dichter unsere Exponenten. So ist es kein leerer Ehrgeiz, ist es keine vergängliche Freude an Weltmeisterschaften, ist es keine hohle Heldenverehrung, wenn wir hier als Universität unserer Freude über die Verleihung des Nobelpreises an Sie Ausdruck und zu Ihrer Fahrt nach dem Norden einen Auftakt geben. Unser Glückwunsch gilt Ihnen nicht minder wie dem Richterkollegium, das Sie in gerechter Einsicht auserwählte. Er gilt auch unserem deutschen Volke, dem

---

[2] Th. *Mann*, Abschied von Bertold Litzmann (X, S. 438 ff.; MK 119, S. 196 ff.).
[3] H. M. Konen (1847–1948), Physiker; vgl. über ihn *Wenig*, S. 158.

378

unerschöpflichen Mutterboden weltbedeutender genialer Menschen, der besten Träger deutscher Auslandsgeltung.

In einer feinen persönlichen Art wandte sich darauf Geheimrat Professor Dr. Walzel[4] als der Vertreter des dem Dichter am nächsten liegenden Faches, der neuen deutschen Literaturgeschichte, an den Gefeierten. Aus einem gewissen Bangen, angesichts des Vorurteils des Selbstgefühls gegen die akademischen Lehrer, besonders seines Gebietes, wehrte er sich gegen den Schein, als wolle er mit einer päpstlichen Gebärde dem Entschluß des Nordens seinen zustimmenden Segen geben. Auch sei es seine Art, mit dem Vorurteil zu sparen und auf alle Superlative zu verzichten. Ein sehr glücklicher Gedanke Litzmanns sei es gewesen, in verhältnismäßig jungen Jahren dem Dichter den Ehrendoktor erteilen zu lassen. Dies erfahre seine Bestätigung durch die größere neue Ehrung. Man müsse sich fragen, ob jemand unter den deutschen Dichtern soviel Aussicht gehabt habe, diese Ehre zu erlangen wie Thomas Mann. Dieser habe selbst auf Arno Holz hingewiesen[5]. Doch müsse dessen ganze Art dem Auslande unverständlich bleiben, da dieser Dichter zu sehr der chaotische Deutsche sei. Dieses habe Mann von vornherein überwunden gehabt. Er zeige eine Art Kultur, die das Ausland schätze, eine durchsichtigere, klarere gesetzmäßige Gestaltung. Damit nähere er sich dem Ausland der strengen, gehaltenen Form.

Aus dem persönlichen Eindruck und Dank an den Dichter kennzeichnete Walzel die Eigenart und den Wert einzelner Schöpfungen. Die „Buddenbrooks" seien als erste überraschende Leistung auch dem Ausland wieder Vorbild geworden, dem neuen englischen Familienroman des auch bei uns vielgelesenen Galsworthy[6]. Die Sprache dieses Werkes sei aber in besonderer Weise etwas Unentbehrliches und Bleibendes geworden für uns, da sie eine so eigen lebendige Ausdrucksform des Lebens gebe. Einen überreichen Wechsel der Stilform habe der Dichter im Weiterschreiten gezeigt; die Schwingungsweite der novellistischen Kunst habe ihn zu den Meisterstücken einer freien spielenden Darstellungsart geführt, der künstlerischen Gestaltung des Komponierens. Im „Zauberberg" verbinde sich eine

---

[4] O. Walzel (1864–1944), Germanist; vgl. über ihn *Wenig*, S. 326 f. sowie oben S. 100, Anm. 257.

[5] Hier irrte Walzel: Arno Holz (1863–1929), der einen Monat vor der Bonner Feierstunde für Thomas Mann verstorben war, sei – so schrieb dieser am 15. Oktober 1929 an Gerhart Hauptmann – einer „weitverbreiteten Nachricht" zufolge, „dank der Propaganda einer Oberlehrer-Clique, die ihn vorgeschoben hat", für den Nobelpreis vorgesehen; „ich würde eine solche Preiskrönung absurd und skandalös finden und bin überzeugt, daß ganz Europa sich in voller Verständnislosigkeit an den Kopf greifen würde ... Es wäre ein wirkliches Ärgernis, und man sollte wahrhaftig dagegen etwas tun" (*Briefe* I, S. 295). Über die Wirkung dieses Briefs auf Hauptmann, die dem Schreiben vorangegangenen Ereignisse und seine publizistischen Konsequenzen berichtet der unmittelbar beteiligte *v. Hülsen*, II, S. 61 ff. nähere Einzelheiten.

[6] Auch hier irrte Walzel. Die „Buddenbrooks" sind für J. Galsworthy (1867–1933), dessen Forsyte Saga seit 1906 mit längerer Unterbrechung in vielen Bänden erschienen ist und 1929 noch nicht abgeschlossen war, nicht von Einfluß gewesen.

staunenswerte wissenschaftliche Kenntnis mit einer großen Intuition, die die zwei Pole unseres Gegenwartslebens in zwei Gestalten fasse: geistige und politische Betätigung. Einfaches und schlicht Menschliches bringe dem Werk das unmittelbar und tief Nachfühlbare. In dem nach innen gekehrten, in der Phantasie Erlebenden, sei auch der Mittelpunkt des ganzen Mannschen Sinnes gegeben. Doch verbinde sich bei ihm künstlerisches Schaffen und Leben. So werde er sich auch jetzt gerade bewußt werden, mitten im Leben zu stehen. Der Jugend von heute sei die Sehnsucht nach Leben nicht mehr so fühlbar. Die Welt sei erfüllt nach der Sehnsucht durch Erlösung durch den Geist und doch verdränge sie den Geist aus sich. Sei es ein nachhaltiger, tiefgreifender Lebensaugenblick für den Gefeierten, so sei es ein Gleiches für das Volk, dem er angehöre, eine Huldigung und Anerkennung deutschen Geistes, die wir in dieser Ehrung erblicken dürften.

Im Namen der Bonner Studenten richtete cand. phil. Paul Tack[7], Assistent des germanistischen Seminars, ein Wort des Dankes und der Huldigung an den Dichter. Er glaubte dieses am besten abgestattet zu sehen in der geistig-seelischen Aneignung seines Werkes. Th. Mann dürfe dieses stolze Bewußtsein haben, daß das Maß der Ehrung nicht an seine Wirkung heranreiche. Der Ehrung der Jugend, der Studentenschaft Sinndeutung gebend rühmt er sein Werk als kulturelle Erscheinung, als geistig-künstlerische Tat und betonte seinen Aufforderungscharakter für jeden, der nach rechter Bildung strebe. Dieser Aufforderung zur geistigen Auseinandersetzung antworte ihm der Akademiker mit dem Gelöbnis, empfangsbereite Fühlung zu den geistigen Kräften der Gegenwart gewinnen zu wollen.

Der Höhepunkt der Feier wurde dann mit den beschließenden Worten des Dichters selbst erreicht. Mit den einfachsten und bescheidensten Worten, die der schöne Augenblick ihm eingebe, wolle er seine Herzensfreude zum Ausdruck bringen[8]. Unter allen Festen, die ihm bereitet worden seien, sei ihm diese Stunde unter deutscher Jugend in einer deutschen Universität, deren Ehrendoktor er sein dürfe die beglückendste. Th. Mann erwähnte die Stunden der Freundschaft und des anregenden Austauschs, die er mit Litzmann zuerst in Bonn, später in München gehabt habe. Dann ging er mit einigen schlichten Worten auf die Ehrung ein, die ihm mit dem Nobelpreis zuteil geworden. Wohl habe Goethe gegen eine gewisse Henker- und Duckmäusermoral das Wort gestellt, daß nur die Lumpen bescheiden seien. Bescheidenheit aber habe auch mit Gescheitheit zu tun, und derjenige müsse ein Esel sein, der die Ehrung, die Deutschland, deutschem Geist, deutscher Prosa gelte, zur Quelle des Selbstgefühls mache. Die Leistung Deutschlands auf diesem Gebiete sei unter Bedingungen getan worden, die weit davon entfernt seien, günstig, bequem zu sein. Das Werk durfte nicht reifen und sich runden unter der Gunst der Verhältnisse. In einer Zeit tiefster Lebensverwirrung

---

[7] P. Tack (1905–1969); vgl. über ihn *Wenig*, S. 309.

[8] Herrn Prof. Lützeler (Bonn), der an der Feierstunde vom 28. November 1929 wie der Verfasser teilgenommen hat, verdankt dieser die ihm selbst nicht mehr erinnerliche Einzelheit, daß Thomas Mann seine Ansprache mit den Worten begonnen habe „Du kommst in so fragwürdiger Gestalt". Das Shakespeare-Zitat (Hamlet I, 4) ist von Thomas Mann häufig mit Bezug auf sich selbst verwandt worden.

und schwierigster Problematik, eines Lebens in einem fast östlichen Leiden habe der deutsche Geist es verstanden, mit dieser östlichen Leidenswelt die Ehre der Form zu verbinden. Das sei es, was vom Auslande, von der Welt anerkannt werde. So wolle er die Dinge deuten.

Diese kleine Dankesansprache in aller Kürze und in aller Herzlichkeit wolle er beschließen mit der Versicherung, daß er diese Stunde nie vergessen werde, unter all den Feierstunden werde sie ihm die teuerste und liebste bleiben.

20

Thomas Mann über die ihm zu Ehren am 28. November 1929 von der Universität Bonn veranstaltete Feier

Lebensabriß (Die Neue Rundschau 41, 1930, S. 768); jetzt XI, S. 142; MK 119, S. 253

. . .

Das Stockholmer Vorkommnis verlieh einer von längerer Hand her verabredeten Vortragsreise ins Rheinland einen besonderen, festlichen Akzent. Die Feier in der Aula der Universität Bonn, deren philosophische Fakultät mich kurz nach dem Kriege zum Doktor h. c. promoviert hatte, bleibt mir unvergeßlich durch einen jugendlichen Zudrang, der nach Aussage besorgter Professoren den Fußboden des alten Saales auf eine bedenkliche Belastungsprobe stellte.

. . .

21

Protest der Richard-Wagner-Stadt München   16./17. April 1933

„Münchner Neueste Nachrichten" Nr. 105

Nachdem die nationale Erhebung Deutschlands festes Gefüge angenommen hat, kann es nicht mehr als Ablenkung empfunden werden, wenn wir uns an die Öffentlichkeit wenden, um das Andenken an den großen deutschen Meister Richard Wagner vor Verunglimpfung zu schützen. Wir empfinden Wagner als musikalisch-dramatischen Ausdruck tiefsten deutschen Gefühls, das wir nicht durch ästhetisierenden Snobismus beleidigen lassen wollen, wie das mit so überheblicher Geschwollenheit in Richard-Wagner-Gedenkreden von Herrn Thomas Mann geschieht.

Herr Mann, der das Unglück erlitten hat, seine früher nationale Gesinnung bei der Errichtung der Republik einzubüssen und mit einer kosmopolitisch-demokratischen Auffassung zu vertauschen, hat daraus nicht die Nutzanwendung einer schamhaften Zurückhaltung gezogen, sondern macht im Ausland als Vertreter des deutschen Geistes von sich reden. Er hat in Brüssel und in Amsterdam und an anderen Orten Wagners Gestalten als „eine Fundgrube für die Freudsche

Psycho-Analyse" und sein Werk als einen „mit höchster Willenskraft ins Monumentale getriebenen Dilettantismus" bezeichnet. Sein Werk sei ebensowenig Musik im reinen Sinn, wie seine Operntexte reine Literatur seien. Es sei die „Musik einer beladenen Seele ohne tänzerischen Schwung". Im Kern hafte ihr etwas Amusisches an.

Ist das in einer Festrede schon eine verständnislose Anmaßung, so wird diese Kritik noch zur Unerträglichkeit gesteigert durch das fade und süffisante Lob, das der Wagnerischen Musik wegen ihrer „Weltgerechtheit, Weltgenießbarkeit" und wegen des Zugleich von „Deutschheit und Modernität" erteilt wird.

Wir lassen uns solche Herabsetzung unseres großen deutschen Musikgenies von keinem Menschen gefallen, ganz sicher aber nicht von Herrn Thomas Mann, der sich selbst am besten dadurch kritisiert und offenbart hat, daß er die „Gedanken eines Unpolitischen" nach seiner Bekehrung zum republikanischen System umgearbeitet und an den wichtigsten Stellen in ihr Gegenteil verkehrt hat. Wer sich selbst als dermaßen unzuverlässig in seinen Werken offenbart, hat kein Recht auf Kritik wertbeständiger deutscher Geistesriesen.

Amann Max, Verlagsdirektor, M. d. R.; Bauckner Arthur, Dr., Staatstheaterdirektor; Bauer Hermann, Professor, Präsident der Vereinigten Vaterländischen Verbände Bayerns; Berrsche Alexander, Dr., Musikschriftsteller; Bestelmeyer German, Geheimrat, Professor, Dr., Präsident der Akademie der bildenden Künste; Bleeker Bernhard, Professor, Bildhauer; Boehm Gottfried, Professor, Dr.; Demoll Reinhard, Geheimrat, Professor, Dr.; Doerner Max, o. Akademieprofessor; Dörnhöffer Friedrich, Geheimrat, Professor, Dr., Generaldirektor der Bayerischen Staatsgemäldesammlung a. D.; Feeser Friedrichfranz, Generalmajor a. D.; Fiehler Karl, Oberbürgermeister; v. Franckenstein Clemens, Generalintendant der Bayerischen Staatstheater; Gerlach Walther, Professor Dr.; Groeber Hermann, o. Akademieprofessor; Gulbransson Olaf, o. Akademieprofessor; Hahn Hermann, Geheimrat, o. Akademieprofessor; v. Hausegger Siegmund, Geheimrat, Professor, Dr., Präsident der Akademie der Tonkunst; Heß Julius, o. Akademieprofessor; Hoeflmayer Ludwig, Geheimer Sanitätsrat, Dr.; Jank Angelo, Geheimrat, o. Akademieprofessor; Klemmer Franz, o. Akademieprofessor; Knappertsbusch Hans, Professor, Bayerischer Staatsoperndirektor; Küfner Hans, Geheimrat, Dr., rechtsk. Bürgermeister; Langenfaß Friedrich, Dekan; Leupold Wilhelm, Verlagsdirektor der Münchener Zeitung; v. Marr Carl, Geheimrat, Akademiedirektor a. D., Kunstmaler; Matthes Wilhelm, Musikschriftsteller; Miller Karl, o. Akademieprofessor; Musikalische Akademie: der Vorstand: Eduard Niedermayr, Michael Uffinger, Hermann Tuckermann, Emil Wagner; Ottow Fred, Chefredakteur der München-Augsburger-Abendzeitung; Pschorr Josef, Geh. Kommerzienrat, Präsident der Industrie- und Handelskammer; Pfitzner Hans, Professor, Dr., Generalmusikdirektor; Röschlein Christoph, 1. Präsident der Handwerkskammer von Oberbayern; Schemm Hans, bayerischer Staatsminister; Schiedt Adolf, Chefredakteur der Münchener Zeitung; Schinnerer Adolf, o. Akademieprofessor; Schmelzle Hans, Dr., Staatsrat, Präsident des Bayerischen Verwaltungsgerichtshofes; Sittmann Georg, Geheimrat, Dr., Professor; Strauß Richard, Dr. Generalmusikdirektor; Wagner Adolf, bayerischer Staatsminister; Westermann Fritz, 1. Vorsitzender des Bayreuther Bundes. [1]

22

Gesetz über den Widerruf von Einbürgerungen und die Aberkennung der deutschen Staatsangehörigkeit   *14. Juli 1933*

Reichsgesetzblatt I, 1933, S. 480

Die Reichsregierung hat das folgende Gesetz beschlossen, das hiermit verkündet wird:

§ 1

Einbürgerungen, die in der Zeit zwischen dem 9. November 1918 und dem 30. Januar 1933 vorgenommen worden sind, können widerrufen werden, falls die Einbürgerung nicht als erwünscht anzusehen ist.

Durch den Widerruf verlieren außer dem Eingebürgerten selbst auch diejenigen Personen die deutsche Staatsangehörigkeit, die sie ohne die Einbürgerung nicht erworben hätten.

Der Widerruf wird wirksam mit der Zustellung der Widerrufsverfügung oder mit dem Zeitpunkt seiner Veröffentlichung im Reichsanzeiger.

Der Widerruf liegt den Landesbehörden, bei unmittelbaren Reichsangehörigen dem zuständigen Reichsminister ob.

Diese Vorschrift tritt mit dem Ablauf von zwei Jahren seit ihrer Verkündigung außer Kraft.

§ 2

Reichsangehörige, die sich im Ausland aufhalten, können der deutschen Staatsangehörigkeit für verlustig erklärt werden, sofern sie durch ein Verhalten, das gegen die Pflicht zur Treue gegen Reich und Volk verstößt, die deutschen Belange geschädigt haben. Das gleiche gilt für Reichsangehörige, die einer Rückkehraufforderung nicht Folge leisten, die der Reichsminister des Innern unter Hinweis auf diese Vorschrift an sie gerichtet hat. Bei der Einleitung des Aberkennungsverfahrens oder bei Erlaß der Rückkehraufforderung kann ihr Vermögen beschlagnahmt, nach Aberkennung der deutschen Staatsangehörigkeit als dem Reiche verfallen erklärt werden. Die Beschlagnahme des Vermögens endigt spätestens mit dem Ablauf von zwei Jahren, falls es nicht vorher als dem Reiche verfallen erklärt wird.

---

[1] Zu nachträglich hinzugekommenen Unterschriften vgl. S. 127, Anm. 79; zur Entstehungsgeschichte und Entschuldigung des Initiators gegenüber einem versehentlich nicht zur Unterschrift Aufgeforderten vgl. S. 130, Anm. 83. Auf Kommentierung der Namen der Unterzeichner an dieser Stelle muß verzichtet werden. Es sind darunter nur vier führende Nationalsozialisten (Amann, Fiehler, Schemm und Wagner). Zur auffallend großen Beteiligung bildender Künstler vgl. oben S. 131, Anm. 87.

Diese Maßnahmen können auch gegenüber Reichsangehörigen im Saargebiet getroffen werden, die in der Zeit nach dem 30. Januar 1933 ihren Aufenthalt dorthin verlegt haben.

Die Entscheidung trifft der Reichsminister des Innern im Einvernehmen mit dem Reichsminister des Auswärtigen in der Regel nach Anhörung der Regierungen der beteiligten Länder; als beteiligt gelten das Land, dem der Reichsangehörige angehört, und diejenigen Länder, in denen er innerhalb der letzten Jahre seine dauernde Niederlassung gehabt hat.

Der Reichsminister des Innern im Einvernehmen mit dem Reichsminister des Auswärtigen beschließt im einzelnen Falle, inwieweit sich der Verlust der deutschen Staatsangehörigkeit auf den Ehegatten, auf die ehelichen oder an Kindesstatt angenommenen Kinder, bei Frauen auf die unehelichen Kinder erstreckt.

Die Aberkennung der Staatsangehörigkeit wird mit der Verkündung der Entscheidung im Reichsanzeiger wirksam.

§ 3

Der Reichsminister des Innern kann im Einvernehmen mit den Reichsministern des Auswärtigen und der Finanzen Rechts- und Verwaltungsvorschriften zur Ausführung dieses Gesetzes erlassen.

Berlin, den 14. Juli 1933

Der Reichskanzler
Adolf Hitler

Der Reichsminister des Innern
Frick

Der Reichsminister des Auswärtigen
Freiherr von Neurath

Der Reichsminister der Finanzen
Graf Schwerin von Krosigk

23

Verordnung zur Durchführung des Gesetzes über den Widerruf von Einbürgerungen und die Aberkennung der deutschen Staatsangehörigkeit   *26. Juli 1933*

Reichsgesetzblatt I, 1933, S. 538 f.

Auf Grund des § 3 des Gesetzes über den Widerruf von Einbürgerungen und die Aberkennung der deutschen Staatsangehörigkeit vom 14. Juli 1933 (Reichsgesetzbl. I S. 480) wird im Einvernehmen mit dem Reichsministern des Auswärtigen und der Finanzen hiermit verordnet:

Zu § 1.   I.

Ob eine Einbürgerung als nicht erwünscht anzusehen ist, beurteilt sich nach völkisch nationalen Grundsätzen. Im Vordergrunde stehen die rassischen, staatsbürgerlichen und kulturellen Gesichtspunkte für eine den Belangen von Reich und Volk zuträgliche Vermehrung der deutschen Bevölkerung durch Einbürgerung. Dabei sind außer Tatsachen aus der Zeit vor der Einbürgerung vor allem auch Umstände zu berücksichtigen, die in die Zeit nach der Einbürgerung fallen.

Hiernach kommen für den Widerruf der Einbürgerung insbesondere in Betracht:

a) Ostjuden, es sei denn, daß sie auf deutscher Seite im Weltkriege an der Front gekämpft oder sich um die deutschen Belange besonders verdient gemacht haben;

b) Personen, die sich eines schweren Vergehens oder eines Verbrechens schuldig gemacht oder sich sonstwie in einer dem Wohle von Staat und Volk abträglichen Weise verhalten haben.

II.

Der Widerruf soll, soweit nicht besondere Umstände ihn angezeigt erscheinen lassen, nicht ausgesprochen werden gegenüber

a) Eingebürgerten, die vor dem 9. November 1918 die deutsche Staatsangehörigkeit besessen und sie auf Grund der Bestimmungen des Versailler Vertrags und seiner Ausführungsabkommen ohne ihr Zutun verloren haben;

b) Personen, die zufolge eines Einbürgerungsanspruchs gemäß den Bestimmungen des Reichs- und Staatsangehörigkeitsgesetzes vom 22. Juli 1913 (Reichsgesetzbl. S. 584) eingebürgert worden sind.

III.

Ist der Eingebürgerte verstorben oder für tot erklärt oder hat er die deutsche Staatsangehörigkeit inzwischen wieder verloren, so kann der Widerruf selbständig für die im § 1 Abs. 2 des Gesetzes erwähnten Personen ausgesprochen werden.

IV.

Der Widerruf bewirkt den Verlust jeder, also auch einer inzwischen durch Aufnahme hinzuerworbenen deutschen Staatsangehörigkeit.

V.

Die Gründe für den Widerruf werden nicht mitgeteilt.

In der Widerrufsverfügung sind diejenigen Personen namentlich aufzuführen, auf die sich der Widerruf erstreckt.

Soweit von dem Widerruf mitbetroffenen Personen das 16. Lebensjahr vollendet haben, soll ihnen eine besondere Widerrufsverfügung zugestellt werden.

Personen im Inland soll die Widerrufsverfügung durch die zuständige Behörde gegen Empfangsbescheinigung ausgehändigt oder durch die Post zugestellt werden (Postzustellungsurkunde); Personen im Ausland soll die Widerrufsverfügung durch Vermittlung der zuständigen diplomatischen oder konsularischen Vertretung des Reichs ausgehändigt werden. Soweit die Zustellung oder Aushändigung nicht erfolgt, muß der Widerruf, um wirksam zu werden, im Reichsanzeiger veröffentlicht werden.

Der Widerruf kann nicht mit Rechtsmitteln angefochten werden.

Zu § 2.   I.

Ein der Treuepflicht gegen Reich und Volk widersprechendes Verhalten ist insbesondere gegeben, wenn ein Deutscher der feindseligen Propaganda gegen Deutschland Vorschub geleistet oder das deutsche Ansehen oder die Maßnahmen der nationalen Regierung herabzuwürdigen gesucht hat.

II.

Die Vermögensbeschlagnahme und die Verfallerklärung werden im Reichsanzeiger veröffentlicht. Sie werden mit dem Zeitpunkt der Veröffentlichung wirksam.

Die Durchführung der auf Grund der Vermögensbeschlagnahme und der Verfallerklärung erforderlichen Maßnahmen liegt demjenigen Finanzamt ob, das der Reichsminister der Finanzen hierzu bestimmt.

Für die Vermögensbeschlagnahme gelten im übrigen die Bestimmungen im § 380 Abs. 2, 3 und 4 der Reichsabgabenordnung vom 22. Mai 1931 (Reichsgesetzbl. I S. 161).

Grundstücke, die dem Reich verfallen sind, werden auf Antrag des Finanzamts im Grundbuch auf den Namen des Reichs umgeschrieben. Entsprechendes gilt für Forderungen, die im Reichsschuldbuch oder im Schuldbuch eines deutschen Landes, einer deutschen Gemeinde oder eines deutschen Gemeindeverbandes eingetragen sind. Für die Umschreibungen werden weder Gebühren noch Auslagen erhoben.

Berlin, den 26. Juli 1933

Der Reichsminister des Innern
In Vertretung
Pfundtner

24

Der Kreisleiter des Kreises Bayern der Deutschen Studentenschaft, Karl Gengenbach, an den Bayerischen Kultusminister Hans Schemm   *18. September 1933*

Akten der Philosophischen Fakultät der Universität Bonn betr. Entziehung des Doktor-, Ehrendoktortitels — E 6.

Sehr geehrter Herr Staatsminister!

Bei der kürzlich durch die Presse gegangenen Veröffentlichung der Namen der im Ausland weilenden Landesverräter, denen die deutsche Staatsangehörigkeit entzogen worden ist, fällt die große Anzahl von Doktoren auf[1].

24   [1] Vgl. oben S. 109, Anm. 28 — Unter den 33 Ausgebürgerten sind in der amtlichen Bekanntmachung sechs als Inhaber der Doktorwürde gekennzeichnet: Dr. Alfred Apfel, Dr. Rudolf Breitscheid, Dr. Friedrich Wilhelm Foerster, Dr. Alfred Kerr, Dr. Kurt Tucholsky und Dr. Joh. Werthauer. Die Verlautbarung kann in dieser Hinsicht nicht als vollkommen zuverlässig betrachtet werden; bei Lion Feuchtwanger z. B., der an der Universität München zum Dr. phil. promoviert worden war, und bei Prof. Dr. Emil Gumbel ist der akademische Grad nicht erwähnt.

Nach den Promotionsordnungen der deutschen Universitäten besteht durchaus die Möglichkeit, die Doktorwürde bei Verlust der bügerlichen Ehrenrechte durch den Träger derselben und in ähnlichen für die Verleihung der Doktorwürde kompromittierenden Fällen zu entziehen. Die Studentenschaft stellt deshalb den Antrag, in einem Rundschreiben an die bayerischen Hochschulen diese anzuweisen, von diesem Recht der Entziehung der Dr.-Würde bei den der deutschen Staatsangehörigkeit verlustig erklärten Verrätern grundsätzlich Gebrauch zu machen. Weiterhin bittet die Deutsche Studentenschaft, dieses Rundschreiben an die bayerischen Hochschulen den Hochschulreferenten der anderen Länder mit der Bitte um gleichgerichtete Maßnahmen zugehen zu lassen.

Eine Begründung des Antrags der Studentenschaft ist wohl überflüssig.

Heil Hitler!
Der Leiter des Kreises Bayern
Deutsche Studentenschaft
gez. Karl Gengenbach

25

Erlaß des Bayerischen Staatsministeriums für Unterrricht und Kultus an die Rektorate der drei Landesuniversitäten und anderer wissenschaftlicher Hochschulen wegen Entziehung des akademischen Grades bei Personen, denen die Reichsangehörigkeit aberkannt worden ist

3. Oktober 1933

Akten der Philosophischen Fakultät der Universität Bonn betr. Entziehung des Doktor-, Ehrendoktortitels – E 6.

Nr. V. 44854.

Betreff: Entziehung der Doktorwürde
Beilage: 1 Abdruck

Unter Bezugnahme auf das in Abdruck beiliegende Schreiben des Leiters des Kreises Bayern der Deutschen Studentenschaft vom 18. 9. 1933 wird bemerkt: Nach dem Gesetz über den Widerruf von Einbürgerungen und die Aberkennung der deutschen Staatsangehörigkeit v. 14. 7. 1933 (RGBl. I. S. 480 [= *Dok. 22*]) können Reichsangehörige, die sich im Ausland aufhalten, der deutschen Staatsangehörigkeit für verlustig erklärt werden, sofern sie durch ein Verhalten, das gegen die Pflicht zur Treue gegen Reich und Volk verstößt, die deutschen Belange geschädigt haben. Das Gleiche gilt für Reichsangehörige, die einer Rückkehraufforderung nicht Folge leisten, die der Reichsminister des Innern unter Hinweis auf diese Vorschrift an sie gerichtet hat. Nach der Durchf. V. v. 26. 7. 1933 (RGBl. I. S. 538 [= *Dok. 23]*) ist ein der Treuepflicht gegen Reich und Volk widersprechendes Verhalten insbesondere gegeben, wenn ein Deutscher der feindseligen Propaganda gegen Deutschland Vorschub geleistet oder das deutsche Ansehen oder die Maßnahmen der nationalen Regierung herabzuwürdigen gesucht hat.

Es kann keinem Zweifel unterliegen, daß Personen, denen unter diesen Voraussetzungen ihre Reichsangehörigkeit aberkannt worden ist, auch nicht würdig sind, den Doktortitel einer deutschen Hochschule zu führen. Nach der gegenwärtigen Fassung der meisten Promotionsordnungen besteht jedoch nicht die Möglichkeit, die Doktorwürde in diesen Fällen zu entziehen.

Die Promotionsordnungen werden daher durch eine Bestimmung des Inhalts zu ergänzen sein, daß die Doktorwürde auch entzogen werden kann, wenn der Promovierte nach dem Gesetz über den Widerruf von Einbürgerungen und die Aberkennung der deutschen Staatsangehörigkeit vom 14. 7. 1933 (RGBl. I. S. 480) der deutschen Staatsangehörigkeit für verlustig erklärt wurde. Die hiernach beschlossenen Änderungen der einzelnen Promotionsordnungen wollen hierher mitgeteilt werden.

gez. H. Schemm

26

Erlaß des Preußischen Ministers für Wissenschaft, Kunst und Volksbildung über vorläufige Maßnahmen zur Vereinfachung der Hochschulverwaltung   *28. Oktober 1933*

Zentralblatt für die gesamte Unterrichtsverwaltung in Preußen 75, 1933, S. 291 f.

U I 1926/33.

Vorläufige Maßnahmen zur Vereinfachung der Hochschulverwaltung

I. Rektor und Senat.

1. Zur Sicherung einer einheitlichen Führung der Universität gehen die Rechte des Senats und Weiteren Senats (Generalkonzils, Konzils, Großen Senats) auf den Rektor über. Der Rektor beruft den Senat usw. als beratende Körperschaft, wenn es ihm im Interesse der Universität geboten erscheint. Abstimmungen finden nicht **statt.**

Der Rektor zieht bei seinen Maßnahmen und Berichten die Führer der Dozentenschaft und der Studentenschaft heran, insbesondere wenn es sich um allgemeine Maßnahmen für die Universität handelt. Die Studentenschaft insbesondere ist heranzuziehen für alle Angelegenheiten, bei denen das Studentenrecht eine Beteiligung von Studenten im Senat vorsieht.

2. Der Rektor wird aus der Zahl der ordentlichen Professoren ernannt. Der Senat schlägt drei geeignete Persönlichkeiten vor. Die Ernennung erfolgt durch den Minister. Für das laufende Wintersemester ist umgehend ein derartiger Vorschlag einzureichen. Die zurzeit amtierenden Rektoren können in den Vorschlag mit aufgenommen werden. Sie führen die Geschäfte bis zur Ernennung des Rektors.

3. Der Rektor und die Dekane ernennen ihre Vertreter selbst.

4. Der Rektor hat zu dem bei ihm zur Weitergabe an den Kurator usw. eingereichten Schriftverkehr der Fakultäten Stellung zu nehmen (vgl. II 4).

5. Dem Senat gehören an: der Rektor und seine Vertreter, die Dekane, aus jeder Fakultät ein vom Dekan benannter ordentlicher Professor, der Führer der Dozentenschaft und zwei von ihm benannte Mitglieder der Dozentenschaft, der Leiter des S. A.-Hochschulamtes oder ein von ihm benannter Vertreter und Studentenvertreter in allen im Studentenrecht vorgesehenen Fällen.

II. Fakultäten.

1. Die Dekane werden vom Rektor auf Grund eines Dreier-Vorschlags der Fakultäten ernannt. Die Ernennung hat zum Wintersemester 1933/34 durch den vom Minister ernannten Rektor zu erfolgen.

2. Der Engeren Fakultät gehören an: die ordentlichen Professoren und die vom Führer der Dozentenschaft benannten Vertreter der Dozentenschaft. Ihre Zahl regelt sich nach den Universitätssatzungen. Die Rechte der Weiteren Fakultät und ihre Zusammensetzung bleiben unverändert.

3. Der Dekan bestimmt die Kommissionen und Berichterstatter der Fakultät. Hierbei sind Vertreter der Dozentenschaft mit heranzuziehen. Die Engere Fakultät hat beratende Funktion. Ihr sind vom Dekan alle wichtigen Fakultätsangelegenheiten vorzulegen. Abstimmungen finden nicht statt. Fakultatsmitglieder haben im einzelnen das Recht, den Vorschlägen des Dekans oder der Kommission Sondervoten beizufügen. Die in dieser Hinsicht schon bestehenden Rechte der Nichtordinarien gehen auf die Vertreter der Dozentenschaft über.

4. Der Schriftwechsel der Fakultäten ist, soweit er Personal- und Studienangelegenheiten betrifft, ü b e r   d e n   R e k t o r an den Kurator usw. weiterzuleiten (vgl. I 4). Im übrigen bleibt es bei der Handhabung des Schriftverkehrs bei dem bisherigen Verfahren.

5. Die Dekane haben bei ihren Maßnahmen die Studenten ihrer Fakultät im Einvernehmen mit dem Führer der Studentenschaft in geeigneter Form zu beteiligen, soweit die Studenten wesentlich an den Maßnahmen interessiert sind.

III.

Soweit im vorstehenden keine Regelung getroffen ist, bleiben die Universitäts- bzw. Fakultätssatzungen in Kraft.

Berlin, den 28. Oktober 1933

Der Minister für Wissenschaft, Kunst und Volksbildung
Rust

27

Erlaß des Preußischen Ministeriums für Wissenschaft, Kunst und Volksbildung an die Universitäten und Hochschulen wegen Entziehung des Doktorgrades bei Personen, denen die Reichsangehörigkeit aberkannt worden ist　　　　　　　　　　　　　　　　*2. November 1933*

Akten der Philosophischen Fakultät der Universität Bonn betr. Entziehung des Doktor-, Ehrendoktortitels – E 6.

U I Nr. 2494

Ich übersende Abschriften des Runderlasses des Herrn Bayerischen Staatsministers für Unterricht und Kultus vom 3. Oktober 1933 – V 44854 – nebst Anlage [= *Dok. 24 und 25*] über die Entziehung des Doktorgrades bei Personen, denen die Reichsangehörigkeit aberkannt worden ist, zur Kenntnisnahme und mit dem Ersuchen, das Erforderliche in entsprechender Weise wegen der Aenderung der Promotionsordnungen alsbald zu veranlassen.

Die hiernach beschlossenen Aenderungen der einzelnen Promotionsordnungen sind mir vorzulegen.

In Vertretung

Jäger

28

Preußisches Ministerium für Wissenschaft, Kunst und Volksbildung an die Universitäten und Hochschulen.　　　　　　　　　　　　　　　　*11. November 1933*

Akten der Rechtswissenschaftlichen Fakultät der Universität Köln[1]

U I Nr. 2724

S o f o r t !

Ich ersuche um baldige Vorlage einer namentlichen Aufstellung der Personen, welche seit 1918 durch die Verleihung der Würde eines Doktors h. c. oder durch Ernennung zum Ehrenbürger (Ehrensenator) der Universität (Hochschule) oder in ähnlicher Weise geehrt worden sind. Der Zeitpunkt der Ehrung ist anzugeben.

I. A.

gez. Unterschrift

28　　[1] Wegen der Überlieferung vgl. oben S. 114, Anm. 40. – Der Inhalt des Erlasses und die in den Bonner Fakultätsakten überlieferte Liste von Ehrendoktoren, die dadurch veranlaßt worden ist, charakterisieren das Stück als einen an alle wissenschaftlichen Hochschulen gerichteten Runderlaß. Vgl. dazu auch Dok. 35.

Rechtsanwalt Heins, München, an Staatsminister Schemm　　　　*21. November 1933*

HStA München, MK 36752

Am Kopf handschriftlich: Von Herrn Staatsminister am 11. 1. 34 in den Einlauf gegeben. Dr. Fischer.
Eingangsstempel mit Registraturnummer: Bayer. Staatsministerium für Unterricht und Kultus. Eingel.: 12. Jan. 1934. V 1899 A II. *Als Name des Sachbearbeiters im Referat 7 ist vermerkt:* Dr. Zettler.

Sehr geehrter Herr Staatsminister!

Die Tatsache, daß wir im gleichen Hause wohnen, ermutigt mich, Ihnen folgende Zeilen zu unterbreiten:
Ich bin der Rechtsanwalt des ᵃSchriftstellers Dr. Thomas Mannᵃ, dessen gesamtes Vermögen die Bayerische Politische Polizei vor einigen Monaten beschlagnahmt hat. Meinen wiederholten Gesuchen, diese Angelegenheit mit dem massgebenden Herrn in einer mündlichen Besprechung zu behandeln, wurde bisher nicht stattgegeben. Statt dessen erfuhr ich nun zu meiner allergrößten Bestürzung, dass ᵃein Antrag auf Ausbürgerung in Berlin gestellt werden sollᵃ.
Es geht mir letzten Endes gar nicht mehr um die Person des Thomas Mann, sondern um das Ansehen unseres Volkes und Staates, wenn wir ᵇeinen Geist von der internationalen Geltung und Bedeutung wie Thomas Mannᵇ aus unserer Gemeinschaft endgültig ausstossen würden. Die ᶜbange Sorge um diese Folgeᶜ lässt mich den ungewohnten Schritt tun, Sie persönlich um eine Besprechung zu bitten, sind Sie doch als Staatsminister für Kultus und Unterricht der berufene Hüter aller kulturellen Belange.
Schon heute möchte ich aufklärend hinzufügen, dass trotz vielfacher Anfragen es mir bisher nicht gelungen ist, zu erfahren, was denn eigentlich die Bayerische Politische Polizei Thomas Mann vorzuwerfen hat. Ich habe immer wieder mündlich und schriftlich erklärt, dass ich in dem Augenblick die Vertretung niederlegen werde, wo man mir in überzeugender und einwandfreier Weise nachweist, dass Thomas Mann gegen die Interessen des deutschen Volkes und Staates gehandelt hat.
Die Sache ist ausserordentlich eilig. Ich wäre Ihnen, sehr geehrter Herr Staatsminister, zu dem allergrössten Dank verpflichtet, wenn Sie mir eine Stunde angeben, zu der ich Sie morgen kurz sprechen könnte.
Mit dem Ausdruck aufrichtigster Hochachtung verbleibe ich

　　　　　　　　　　　　　　　　　　　　Ihr ergebenster
　　　　　　　　　　　　　　　　　　　　　　　Heins

ᵃ⁻ᵃ *unterstrichen*
ᵇ⁻ᵇ *unterstrichen. Am Rand zwei Ausrufezeichen von anderer Hand.*
ᶜ⁻ᶜ *unterstrichen. Am Rand ein Ausrufe- und ein Fragezeichen wie bei* ᵇ⁻ᵇ.

Französische Fassung der Antwort Thomas Manns auf die Rundfrage „Que pensez-vous de la France?" 4. *Januar 1934*

L'Intransigeant (Paris), Nr. 4
Der Text zeigt im Vergleich mit der deutschen Fassung [= Dok. 31] nicht nur, welche Schwierigkeiten bei der Wiedergabe der Nuancen von Thomas Manns Stil der Übersetzer hatte, sondern weist auch neben den vom Autor brieflich [= Dok. 32] gegenüber der Zeitung gerügten und klargestellten Änderungen des Wortlauts eine Reihe sinnentstellender Partien auf, die offenkundig auf sprachlichen Mißverständnissen beruhen. Die in der von Rechtsanwalt Heins beglaubigten und dem Reichsministerium des Innern sowie dem Auswärtigen Amt übersandten Abschrift enthaltenen Schreibversehen sind auf Grund eines Vergleichs mit dem Druck verbessert worden.

Une Question: „Que pensez-vous de la France?... "

„Dans la tempête actuelle, la France restera le refuge et l'asile bienfaisant de tous ceux que répugnent la barbarie, l'ignorance et la cruauté... "

... nous déclare THOMAS MANN, le célèbre écrivain allemand prix Nobel de littérature en 1929

Enquête par Hector GHILINI

Parmi les grands écrivains allemands contemporains, Thomas Mann est un des plus célèbres. Des livres comme les Buddenbrooks et La Montagne tragique [*sic !*] ont rassemblés autour de lui l'estime de tous les lettrés. Et en 1929, le Prix Nobel de Littérature sanctionnait son talent.

Bien qu'il ne soit pas israélite, les persécutions politiques l'ont contraint à quitter son pays natal. Son frère, Heinrich Mann de l'Académie de Berlin, qui vient d'écrire en français, à Bandol, un livre sur les hitlériens, intitulé « La Haine », réside en France pour les mêmes raisons.

Thomas Mann vient de terminer, sur les bords de la Méditerranée, à Sanary, son dernier roman, mais c'est de Zurich, qu'il nous a envoyé sa réponse en allemand dont nous donnons ci-dessus la traduction française par notre collaborateur Broc-Dubard:

– Je dois vous avouer que je n'aime pas des questions d'ordre aussi général et que j'ai toujours refusé de répondre à de nombreuses enquêtes de ce genre, même quand elles émanaient de France. Il y a en moi un dégoût profondément enraciné pour tout ce qui m'est une obligation extérieure, pour toute tâche qui ne m'est pas dictée par ma propre volonté. A cause de cela, je suis incapable de travailler sur commande. Et je dois, ma foi, accepter la réputation qu'on m'a faite d'un manque complet de complaisance et d'un entêtement intraitable...

Mais le plus naturel des sentiments de gratitude me fait un devoir de répondre à la question qu'actuellement vous posez à différents écrivains étrangers. „Que pensez-vous de la France? "

Je ne veux pas me faire prier et je vous réponds immédiatement que j'ai pour votre pays la plus grande sympathie, la plus grande admiration – et cela non pas depuis hier – mais depuis hier plus que jamais. Je suis l'hôte de la France. Au cours de ces mois difficiles, elle m'offert un asile. Eh bien, moi, Allemand, qui ai perdu ma patrie, je n'ai pas une seule fois dû fournir de papiers depuis mon entrée sur votre territoire, et l'on parle de la bureaucratie française!...

Personnellement je ne puis pas m'en plaindre. On connaissait mon nom comme celui d'un écrivain, et cela a suffi pour m'ouvrir la frontière. Ainsi donc, la littérature, l'art de la pensée et de la parole sont, en ce pays, quelque chose que l'on apprécie et en quoi l'on a confiance: cet art a droit à la sympathie nationale, comme y a droit en Allemagne la musique – cette chose si belle et si dangereuse. C'est un fait qu'en France la meilleure recommandation, celle qui fait ouvrir toutes les portes, est d'être l'auteur d'un livre connu du public.

– – –

Cet amour de l'esprit, du style et des lettres est le trait le plus caractéristique et le plus beau du peuple français. C'est ce qui m'a toujours attiré vers vous. Goethe écrivait: „ Je dois aux Français une grande partie de ma culture. Comment pourrais-je les haïr? " Il n'est pas un Allemand tant soit peu empreint de ‚goethisme‘ qui n'ait le même sentiment intime.

Personnellement, il ne m'est pas possible de penser à ma formation littéraire sans me souvenir de ce que je dois à Balzac, à Flaubert, aux Goncourts à l'esprit si fin, et à Maupassant, le nouvelliste classique du dix-neuvième siècle.

C'est Nietzsche qui m'initia à Stendhal, cet écrivain universel, à Pascal, le maître de la science religieuse, et aux moralistes de votre dix-huitième siècle. J'ai trouvé en Montaigne, le meilleur des „essayistes" européens, aussi bien pour ce qui est de l'Histoire ancienne que pour celle des temps futurs.

Ce phénomène épique, qui a nom Marcel Proust, m'étonna toujours par son oeuvre de géant construite sur les infiniment petits avec tant de délicatesse.

Malheureusement, les difficultés qui interdisent la parfaite compréhension d'une langue à un étranger ne m'ont pas permis de connaître à fond tous vos auteurs lyriques.

Plus d'une strophe de Paul Verlaine me revient en memoire. Dans l'histoire de la poésie française, ces strophes (dont la sonorité et le sens secret touchent de si près, aux mélodies allemandes) sont l'expression toujours vivante d'une humanité qui souffre. Je vois Jean Cocteau marcher sur ces traces mythiques.

Mon admiration va aussi à ce style parnassien, fier et formel du lyrisme français, de Mallarmé à Paul Valéry, à qui je puis tendre affectueusement la main. Et ce m'est une grande joie de pouvoir compter parmi mes amis depuis quelques années (chose curieuse, depuis la guerre), un grand nombre de vos hommes de lettres, écrivains et critiques: André Gide, Georges Duhamel, Charles Du Bos, Edmond Jaloux...

Je vous parlais de l'amour qu'a la France pour tout ce qui est esprit. C'est de là que vient son double amour pour la Liberté et la Raison.

Parmi les bouleversements du moment, quelle consolation et quel réconfort devant une mentalité si saine! Que voilà une sérieuse protection contre les dangers qui, à notre époque, menacent l'Ame, le Coeur et l'Esprit des peuples européens.

La maturité et l'expérience politiques, qui sont le propre de la France, l'immunisent contre la terrible infection du fanatisme et de la panique à laquelle sont exposés les autres peuples dans les périodes de troubles que nous vivons.

Dans la tempête actuelle, la France restera le refuge et l'asile bienfaisant de tous ceux qui aiment la modération et le bon sens, de tous ceux à qui répugnent la barbarie, l'ignorance et la cruauté. Je suis persuadé que la France montrera réflexion, patience, tolérance et conciliation jusqu'au bout, car le bon génie de l'Europe nous gardera toujours de la voir se départir de ces qualités qui lui sont si personnelles.

30b

Auszug und zum Teil Rückübersetzung der Antwort Thomas Manns auf die Rundfrage von L'Intransigeant „Que pensez-vous de la France?"   *Januar 1934*

> *Der Vergleich mit dem französischen Text zeigt, daß zahlreiche nicht nur literarischen Charakter tragende Teile bei der Übersetzung ausgelassen sind und daß diese auch in den wiedergegebenen Teilen nicht immer ganz zuverlässig ist, obwohl sie andererseits von unleugbarer Meisterschaft zeugt.*

Thomas Mann

Der „Intransigeant" hat Thomas Mann, der sich ebenso wie sein Bruder Heinrich zusammen mit anderen namhaften deutschen Schriftstellern im Süden Frankreichs aufhält, darüber befragen lassen, wie er über Frankreich denkt. Er sagte dem Interviewer zunächst, daß er sonst auf so weit gefaßte Fragen nicht zu antworten pflegt und daß er mit seinen eigenen Gedanken zu beschäftigt sei, um gewissermaßen auf Kommando von außen kommende Themata zu bearbeiten, fuhr aber dann fort:

„Da Sie aber einer Reihe von Schriftstellern dieselbe Frage stellen, so verpflichtet mich mein natürliches Gefühl der Dankbarkeit gegenüber Frankreich, auf Ihre Frage zu antworten. Ich will mich also nicht lange bitten lassen und sage Ihnen gerade heraus, daß ich für Ihr Land die größte Sympathie und Bewunderung empfinde, und zwar nicht erst seit gestern, sondern von jeher. Ich bin der Gast Frankreichs, das mir im Laufe der letzten schwierigen Monate ein Asyl geboten hat. Ich, Deutscher, der sein Vaterland verloren hat, habe seit meinem Eintritt auf das französische Gebiet nicht ein einziges Mal irgendein Papier vorweisen müssen, und da spricht man von der französischen Bürokratie! Ich kann mich persönlich wirklich nicht beklagen. Man kennt mich als Schriftsteller, und das hat genügt, mir die Grenze zu öffnen. Das zeigt, daß die Literatur, die Kunst der Erfindung und der Wortprägung, in diesem Lande etwas bedeutet. Die Kunst des Schriftstellers genießt in Frankreich eine ähnliche Sympathie wie die des Musikers in Deutschland. Goethe hat einmal geschrieben: ›Ich verdanke Frankreich einen großen Teil meiner Bildung. Wie könnte ich es hassen?‹ Mir persönlich ist es unmöglich, aus meiner literarischen Bildung Balzac, Flaubert, die Goncourts und Maupassant wegzustreichen. Nietzsche war es, der mich auf Stendhal hinleitete und auf Pascal, den Meister der Religionsphilosophie, und auf Ihre Moralisten des 18. Jahrhunderts. Ich fand in Montaigne den herrlichsten der europäischen Essayisten. Und das epische Phänomen, das sich Marcel Proust nennt, setzte mich immer wieder durch sein Riesenwerk in Erstaunen, das auf unendlich vielem Kleinen mit außergewöhnlicher Zartheit aufgebaut ist. Inmitten des Zusammensturzes einer Welt gibt die französische gesunde Geistesart Trost und Erquickung. Sie scheint mir ein wirklicher Schutz gegen die Gefahren zu sein, die in unserer Zeit Seele und Geist der Völker bedrohen. Die politische Reife, die auf einer langen Erfahrung beruht und Frankreich eigen ist, schützt es gegen die schreckliche Infektion des Fanatismus, die anderen Völkern droht.

In der jetzigen Zeit wird Frankreich Zuflucht und Hilfe für alle bedeuten, die Mäßigung und den gesunden Menschenverstand lieben und für alle, die Barbarei, Unwissenheit und Grausamkeit verdammen".

31

Deutsche Fassung der Antwort Thomas Manns auf die Rundfrage ,,Que pensez-vous de la France?"   *Januar 1934*

> *Nachdem Thomas Manns Antwort in einer redaktionell stark überarbeiteten französischen Form erschienen war [= Dok. 30a], sandte der Dichter den Originaltext vom 15. September 1933 mit dem nachstehend abgedruckten Eingangspassus an Rechtsanwalt Heins (München), der das Schriftstück in von ihm beglaubigter Abschrift zusammen mit Dok. 30 a, 30 b und 32 dem Reichsministerium des Innern und dem Auswärtigen Amt übermittelte [= Dok. 43]. Abweichungen der Druckfassung (XI, S. 436 ff.; MK 119, S. 279 ff) werden in den Anmerkungen wiedergegeben; die Interpunktion wurde stillschweigend an die Druckfassung angeglichen.*

,,Was halten Sie von Frankreich?"
von Thomas Mann

Eine große Pariser Zeitung ließ kürzlich an einige ausländische Schriftsteller die Frage ergehen, was sie über Frankreich dächten[1]. Da meine Antwort in einer sehr lückenhaften und entstellenden Übersetzung erschienen ist, lege ich Wert darauf, sie hier in der Originalform vorzulegen.

Sanary s. mer, 15. September 1933

Sehr geehrter Herr!

Ich gestehe, daß ich kein Freund von Rundfragen bin und gerade in jüngster Zeit zahlreiche Anregungen dieser Art, auch französische, mit Stillschweigen übergan-

---

[1] Außer Thomas Mann waren von der Zeitung u. a. Salvador de Madariaga, Heinrich Mann und Stefan Zweig zu Äußerungen aufgefordert worden. Thomas Manns Beitrag erschien auf der ersten Seite des Blattes in großer Aufmachung; beigegeben ist ein Bild, das ihn zwischen seiner Frau und der Tochter Erika zeigt.

395

gen habe. Ein tief wurzelnder Widerwille gegen alles von außen aufgenötigte[a], gegen jede mir nicht aus dem eigenen Innern[b] erwachsene Pflicht hat mich seit jeher untauglich gemacht, nach fremden Wünschen zu arbeiten, und ich muß es in den Kauf nehmen, wenn ich dadurch in den Ruf der Ungefälligkeit und unsozialen Eigensinns[c] gerate.

Natürlichste Dankbarkeit aber hält mich an, mit der Frage, die Sie in diesem Augenblick an einige[d] nicht-französische Schriftsteller ergehen lassen, eine Ausnahme machen[e]. „Que pensez-vous de la France?" – ich darf mich das nicht zweimal[f] fragen lassen, sondern muß mich beeilen, zu antworten, daß ich mit größter Sympathie, größter Bewunderung von Ihrem Lande denke, – nicht seit gestern, aber seit gestern mehr als je. Ich bin sein Gast, es hat mir ein Asyl geboten durch all diese schweren Monate hin – einem Deutschen, der sein Vaterland verlor und der bei der Einreise in Frankreich nicht einmal über einen bürgerlichen Ausweis verfügte. Man spricht von französischem Bürokratismus, – ich kann über ihn nicht klagen. Man kannte meinen Namen als den eines Schriftstellers, – das genügte, um mir die Grenze zu öffnen. Denn die Literatur, die Kunst des Gedankens und der Sprache ist diesem Lande etwas Vertrautes und Hochgeschätztes; ihr gehört unter den Künsten vornehmlich die[g] Sympathie, wie sie in Deutschland – schöner- und gefährlicherweise – der Musik gehört; und die Tatsache, daß einer ein Buch geschrieben hat, ist hier die beste gesellschaftliche Empfehlung, die alle Türen springen läßt.

Diese Liebe zum Geist und zur Form ist für mein Gefühl der schönste, der generöste[h] Zug im Volkscharakter Frankreichs, und früh hat er mich Ihrem Lande verbunden. Goethe erklärte auf die Zeit der Freiheitskriege zurückblickend: „Ich verdankte den Franzosen einen großen Teil meiner Kultur, – wie hätte ich sie hassen sollen?" Kein goethisch geprägter Deutscher kann je anders empfinden. Für meine Person ist es mir unmöglich, aus meiner humanen Bildung Eindrücke hinwegzudenken, wie ich sie von Balzac, von Flaubert, von der Finesse der Goncourts, von dem klassischen Novellisten des neunzehnten Jahrhunderts, Maupassant, empfing. Es war Nietzsche, der mich zu Stendhal, dem schreibenden Weltmann, zu Pascal, dem Meister christlicher Gewissenskultur, zu den Moralisten Ihres achtzehnten Jahrhunderts führte. Ich fand in Montaigne das Ur- und Vorbild des europäischen Essayisten. Das epische Phänomen, das Marcel Proust heißt, ein Riesenwerk, gebaut aus dem Kleinsten und Feinsten, ließ mich staunen. Die Schwierigkeiten, die eine fremde Sprache dem intimen Verständnis entgegensetzt, vermochten mich nicht ganz in Unkenntnis Ihrer hohen Lyrik zu halten, und mehr als eine Strophe von Paul Verlaine kann ich auswendig hersagen, – dieses[i] Verlorenen und Gesegneten, dessen geheimnisvollste Formungen der deutschen Melodie so nahe kommen und dessen sündige, dem Elende offene Menschlichkeit eine typisch

---

[a] Aufgenötigte
[b] Inneren
[c] Eigensinnes
[d] *fehlt*
[e] zu machen

[f] zwei Mal
[g] *folgt im Druck* nationale
[h] generöseste
[i] diesem

immerwiederkehrende[k] Erscheinung in der Geschichte französischen Poetentums
ist: noch einen befreundeten Zeitgenossen wie Jean Cocteau sehe ich in diesen
mythischen Fußstapfen wandeln[l]. Aber auch der parnassisch stolzen, formalen
und hochintellektuellen Linie der französischen Lyrik gehört meine Bewunderung,
die über Mallarmé zu Paul Valéry führt. [m]Ihm darf ich[m] zuweilen die Hand drük-
ken. Und es ist mir eine Freude, daß ich außer ihm seit einer Reihe von Jahren
– seit dem Kriege, charakteristischerweise – eine ganze Anzahl Ihrer[n] literarischen
Schöpfer und Kritiker, André Gide an der Spitze, Georges[o] Duhamel, Charles Du[p]
Bos[q], Edmond Jaloux[2] zu meinen Freunden zählen darf.
Ich sprach von Frankreichs Liebe zum Geist. Sie ist eines mit seiner Liebe zur
Freiheit, und in der[r] Form liebt es die Vernunft. Welchen Trost, welches Labsal
gewährt unter den heutigen Umständen der Anblick einer solchen menschlichen
Gesundheit! Sie ist eine starke Schutzwehr gegen Gefahren, mit denen die Zeit
Seele und Geist der europäischen Völker bedroht, – eine Zeit der Wirrnis und des
mühsamen Überganges, gequält und geistig überfordert von einer Problematik,
die wahrhaft „totalitär" ist und im Politisch-Sozialen ihren brennendsten Ausdruck
findet. Nun denn, Frankreichs menschliche Reife und seine politische Erfahrung,
die den Zweifel begünstigt, machen es immun gegen rausch-hafte[s] Infektionen des
Fanatismus [t]und der mörderischen[t] Panik, denen in solchen Epochen das Leben
der Völker ausgesetzt ist. Es wird in der Tatsache, daß – durchgehend, wie es
scheint – die Methoden der Herrschaft sich wieder einmal zu ändern im Begriffe
sind, der berühmte Kranke sich wieder einmal auf die andere Seite legen möchte,
keinen Grund sehen, den Kopf zu verlieren[u]. Es wird[v] all denen schützende Zuflucht
und schützende Freistatt bleiben[w], die mit ihm Maß und Vernunft lieben und
die Wildheit [x]gering achten[x]; und es wird Besonnenheit und Geduld üben bis zum
Äußersten – jenem Äußersten, an dem es nicht schuld sein will[y], und vor dem der
der gute Genius Europas uns bewahren möge.

[k] immer wiederkehrende
[l] gehen
[m-m] Ich darf ihm
[n] ihrer
[o] George
[p] du
[q] *an Stelle des Komma folgt* und
[r] dieser
[s] die rauschhafte

[t-t] und mörderischer
[u] *folgt* und den Amokläufer zu spielen
[v] *folgt* während solcher Krise
[w] sein
[x-x] verachten
[y] *folgt anderer Schluß* obgleich es am Ende
ein schlechter Trost sein wird, nicht schuld
daran gewesen zu sein.

[2] A. Gide (1869–1951); G. Duhamel (1884–1966); Ch. Du Bos (1882–1932); E. Jaloux
(1878–1949). Über die meist bei Thomas Manns Aufenthalt in Paris im Januar 1926 geknüpften
Beziehungen mit den Genannten vgl. Th. *Mann*, Pariser Rechenschaft (XI, S. 9 ff.; MK 119,
S. 107 ff.); *Bürgin–Mayer*, S. 72 ff.

Thomas Mann an die Pariser Zeitung L'Intransigeant[1]   *10. Januar 1934*

Vgl. hierzu die Vorbemerkung zu Dok. 31.

Monsieur!

je regrette de devoir vous déclarer que la façon dont vous avez publié dans votre journal ma lettre de Sanary datée du mois de Septembre a été pour moi une profonde déception. Je ne veux même pas vous tenir compte des nombreuses coupures et inexactitudes de la traduction. Mais en altérant arbitrairement la fin de mon petit article et en mettant en surplus la phrase en question dans la forme tendencieusement éxagérée que vous lui avez donnée en gros caractères, en dehors de la composition, à la tête de votre numéro vous avez imposé à ma lettre un caractère qu'elle n'avait pas et qu'elle ne voulait pas avoir. J'avais exprimé l'espoir que la France resterait toujours l'asile de tous ceux qui aiment la modération et la raison et ne goûtent pas l'excessif (,,Wildheit"). Ce mot unique vous le remplacez par trois autres beaucoup plus forts dans leur ensemble: ,,la barbarie, l'ignorance et la cruauté" et vous vous en servez comme titre. Vous ne pouviez pas ignorer que dans ma situation actuelle chaque parole était scrupuleusement pesée et qu'il fallait la rendre avec une consciencieuse exactitude.

Je crains qu'il ne soit pas déjà trop tard pour remettre la chose au point, pourtant je vous en saurais gré. De toute façon je tenais à vous signaler la manière illicite dont on a usé en rendant mes pensées.

Avec l'expression de mes sentiments distingués

[Thomas Mann]

33

Bayerisches Staatsministerium des Innern an Reichsministerium des Innern. Antrag auf Aberkennung der deutschen Staatsangehörigkeit von Thomas Mann   *18. Januar 1934*

II/2 A Nr 2449

Der am 6. Juni 1875 zu Lübeck geborene verheiratete Schriftsteller Dr. phil. h. c. Thomas Mann, lübeckischer Staatsangehöriger, evangelisch, Sohn der verstorbe-

---

[1] Die Redaktion der Zeitung berücksichtigte Thomas Manns Zuschrift in der Ausgabe vom 24. Januar 1934. Dort findet sich im Anhang zu der Serie von Reportagen über die Antworten verschiedener ausländischer Schriftsteller auf die Frage ,,Que pensez-vous de la France?" folgende Notiz: ,,N. B. Dans la réponse que nous avons publiée dans notre numéro du 4 janvier dernier, nous avons traduit une phrase du célèbre écrivain Thomas Mann, frère d'Heinrich Mann, de la façon suivante: Dans la tempête actuelle, la France restera le refuge et l'asile bienfaisant de tous ceux à qui répugnent la barbarie, l'ignorance et la cruauté. M. Thomas Mann nous écrit pour nous indiquer qu'il n'a pas voulu donner au mot Wildheit le sens excessif de barbarie ou cruauté mais simplement la signification d'excessif". Heinrich Mann ist in der Notiz erwähnt, weil seine Antwort auf die gestellte Frage in der betreffenden Nummer publiziert ist.

nen Senatoreneheleute Thomas und Julie Mann, geborene Brühns [*sic!*], ist im Jahre 1898 in München zugezogen. Seit Februar 1914 ist er hier ständig polizeilich gemeldet. Am 11. Februar 1905 hat er hier die Ehe geschlossen mit Katherina, geb. Pringsheim, geboren 24. Juli 1883 zu Feldafing. Die Ehefrau ist jüdischer Abstammung. Aus der Ehe sind folgende Abkömmlinge hervorgegangen:

Mann Erika Julie, gesch. Schauspielerin, geboren 9. 11. 05 zu München,

Mann Klaus Thomas, led. Schriftsteller, geb. 18. 11. 06 zu München,

Mann Gottfried, led. Lehramtskandidat, geb. 27. 3. 09 zu München,

Mann Monika, led. Studentin, geb. 7. 6. 10 zu München,

Mann Elisabeth, geb. 24. 4. 18 zu München,

Mann Michael, geb. 21. 4. 19 zu München.

Mann ist der typische[a] intellektuelle Marxist und Pazifist, der durch sein Verhalten gegen die Pflicht zur Treue gegen Reich und Volk seit Jahren verstoßen hat[1]. Gerade Dichter und Schriftsteller mit der Befähigung Manns – ihm wurde [b]1929 in Stockholm der Nobelpreis für Literatur zuerkannt[b] – sollten Hüter des Deutschtums, Wahrer deutschen Wesens und Verkünder deutschen Geistes sein. Statt dessen verlor er sich immer mehr und mehr in eine den Bestand der deutschen Nation gefährdenden Weltanschauung, die sich für die heutige Staatsform umso nachteiliger auswirkte, als er sie in Wort und Schrift bei jeder sich bietenden Gelegenheit auch im Auslande aufs eifrigste vertrat.

Bis zum Ende des Weltkrieges ist über ihn politisch Nachteiliges nichts bekannt geworden. Nach der November-Revolution 1918 glaubte er jedoch ein öffentliches Bekenntnis für die Republik und die Demokratie ablegen zu müssen. So verherrlichte er in einem am 13. Oktober 1922 im Beethovensaale zu Berlin veranstalteten Vortrag [c]den marxistischen Zeitgeist[c] und gab seiner Freude über die [c]neue Staatsform[c] mit beredten Worten Ausdruck. Er betonte u. a. daß die Republik kein Ergebnis der Niederlage und der Schande sei, sich vielmehr die [d]dynastischen Vorgänger[d] Deutschlands in der Welt lächerlich gemacht hätten. Im Gegensatz zu dem engstirnigen Gemeinindividualismus bedeute Demokratie und Republik die Vervollkommnung des Menschengeschlechtes. Den Nationalismus solle man den Franzosen überlassen. [c]Seinen Vortrag schloß er mit dem Ruf: „Es lebe die Republik"[c] [2].

Bei dieser offenkundigen marxistischen[d] Einstellung ist es nicht zu verwundern,

---

33 [a] *Über der Zeile mit Fragezeichen versehen*
[b-b] *Mit Tintenstift unterstrichen*
[c-c] *Mit Blaustift unterstrichen*
[d-d] *Mit Bleistift unterstrichen, am Rand mit Fragezeichen versehen*

[1] In seinem Schreiben an das Reichsministerium des Innern vom 23. April 1934 [= Dok. 50] erwähnt Thomas Mann, seinem Anwalt sei „an Münchner Amtsstellen" bedeutet worden, er sei „ein ‚marxistischer Schriftsteller' ". Gemeint sind die Polizeidirektion und die Bayerische Politische Polizei.

[2] Von deutscher Republik (Neue Rundschau 33, Heft 11, [November] 1922, S. 1072 ff.; selbständig Berlin, S. Fischer, 1923); zu weiteren Drucken und Übersetzungen vgl. *Bürgin* I, Nr. 24; V, Nr. 156; jetzt XI, S. 809 ff.; MK 117, S. 98 ff.

daß er für den damaligen ᶜReichspräsidenten Ebert eine besondere Verehrungᶜ entfaltete. Diese kam insbesondere durch einen gelegentlich des Ablebens Eberts an die sozialistischeᵉ Frankfurter Zeitung gerichteten offenen Brief zum Ausdruck, in welchem er dem Verstorbenen überschwengliche Abschiedsworte widmete und ihm „seine grenzenlose Sympathie" versicherte[3].

ᶜSein literarisches Geltungsbedürfnisᶜ, das er unter besonderer Betonung seiner Bescheidenheit zu verdecken sucht, wie der Drang, seine den Stempel der Unwissenheit und Laienhaftigkeit tragenden politischen Ansichten auch außerhalb der Grenzen des Deutschen Reichs zu verbreiten, ᶜläßt ihn häufig im Auslande tätig seinᶜ. Im Jahre 1926 folgte er einer Einladung französischer Intellektueller nach Paris. In der dortigen Carnegie-Stiftung hielt er unter Ausschluß der Vertreter der rechtsstehenden deutschen Presse seinen Vortrag, der der geistigen Annäherung Deutschlands an Frankreich dienen sollte, in Wirklichkeit jedoch nur ein großes ᶠLiebeswerben um die Franzosenᶠ darstellte und zu einer für die deutsche Nation gewiß nicht rühmlichen Komödie ausarteteͤ[4].

ᵍMann verschmäht es nicht, sich auch den Polenᵍ anzubiedern und sich von ihnen feiern zu lassen. Natürlich mußte er sich den Ostjuden dankbar zeigen und ihrem Wesen und ihrer Gesinnungsart gerecht werden. Das tat er in überreichem Maße. ᶜ1927 war er Gast des polnisch-literarischen Klubs in Warschauᶜ [5]. Bei dieser

---

ᵉ *Mit Tintenstift unterschlängelt, am Rand mit Ausrufezeichen versehen*

ᶠ⁻ᶠ *Mit Tintenstift unterschlängelt*

ᵍ⁻ᵍ *Mit Blaustift unterstrichen ; dazu Randvermerk :* Das kann man heute wohl nicht mehr gut als Makel anprangern?

[3] Zu Friedrich Eberts Tod (Frankfurter Zeitung Nr. 173 vom 6. März 1925; *Bürgin* V, Nr. 199, jetzt wiederabgedruckt MK 117, S. 144 f.).

[4] Der Vortrag über „Die geistigen Tendenzen des heutigen Deutschlands" erschien in französischer Sprache „Les Tendences Spirituelles de l'Allemagne d'aujourd'hui". Conférence faite le 20 janvier 1926 dans la salle du Centre Européen de la Dotation Carnégie à Paris (L'Esprit International 1, 1927, S. 64 ff.). Vgl. *Bürgin* V, Nr. 250. Dazu Thomas *Mann*, Pariser Rechenschaft, Berlin 1926; XI, S. 9 ff.; MK 119, S. 246 ff. Wegen des Pariser Vortrags wurde Thomas Mann auf das heftigste angegriffen; vgl. dazu seinen „Gegen die ,Berliner Nachtausgabe' " gerichteten Brief an W. Haas aus dem Februar 1928 (XI, S. 766 ff.; MK 120, S. 138 ff.) sowie den Brief vom 11. März 1928 an W. Haas (*Briefe* I, S. 278 f.), der auf das Schreiben vom Februar Bezug nimmt, mit der dazugehörigen Anmerkung, ebd. S. 507. Ein Urteil der deutschen Botschaft in Paris über den Vortrag vom 6. Februar 1926 ist in Dok. 53, S. 432 wiedergegeben.

[5] Über Thomas Manns Reise nach Warschau und Krakau als Gast der polnischen Sektion des PEN-Clubs im März 1927 vgl. *Bürgin-Mayer*, S. 78 f., sowie die bei *Matter*, Nr. 1802–1825, 11021–11023 verzeichneten Publikationen, ferner die dort unerwähnt gebliebenen Äußerungen in: „Berliner Börsen–Courier" vom 13. und 14. März 1927: „Der Aufenthalt Thomas Manns in Warschau" sowie „Frankfurter Zeitung" Nr. 194 vom 14. März 1927 und Nr. 244 vom 1. April 1927. Der „Völkische Beobachter" Nr. 70 vom 26. März 1927 kommentierte in einem „Thomas Manns Kotau vor den Ostjuden" überschriebenen Artikel von J. Stolzing-Cerny diese Reise u. a. mit den Sätzen: „Besäße dieser Literat auch nur einen Funken Deutschbewußtsein, so hätte er auf eine solche Einladung entweder keine Antwort gegeben oder sie gebührend abgelehnt. Denn von allen unseren Feinden gehören die Polen zu den widerlichsten, und wie sie die Deutschen in ihrer schäbigen Republik bis aufs Blut schikanieren, darüber

Gelegenheit erklärte er dem Redakteur der ᶜ„Zionistischen Welt"ᶜ, dem Organ des Zentralkomitees der Zionistischen Organisation Polens, daß er der Bitte des deutschen Pro-Palästina-Komitees, den Aufruf dieses Komitees zu unterschreiben, gerne nachgekommen sei.

ᶜEr erblicke im Zionismus einen kulturellen Faktor von großer humanitärer Bedeutungᶜ. Der Zionismus habe für die Menschheit auch große Bedeutung infolge seiner ausgesprochenen ʰpazifistischen Naturʰ. ᶜDie Kulturwelt müsse die zionistischen Bestrebungen unterstützenᶜ [6]. Mit dieser Rede stellt Mann seine pazifistische Lebensanschauung unter Beweis.

Eine Einladungᶜ der Sowjetregierung zur ᶜTolstoi-Feier schlägt der Schriftstellerᶜ, wie man von einem politisch internationalen Illusionisten nicht anders erwarten kann, ᶜnicht abᶜ. Im Jahre 1928 wohnt er der Feier in Jasnaya-Poljana bei Tula, dem einstigen Landsitz Tolstois, als Vertreter der damaligen „deutschen Geisteswelt" bei[7].

ᶜIn Wien sprachᶜ Mann im großen Saale des sozialdemokratischen Volkshauses ᶜvor sozialdemokratischen Arbeiternᶜ. Seine Ausführungen waren nichts anderes als ein Bekenntnis der Sympathie für die sozialistische Sache. ᶜEr erklärteᶜ mit Nachdruck, daß es in den ᶜwichtigstenᶜ Staaten Europas ᶜbesser stündeᶜ, wenn in ihnen statt der bürgerlichen oder feudalen Regierungen ⁱArbeiter-Regierungen am Ruder wärenⁱ, daß dann ein gutes Stück auf dem Wege der Ordnung, Vernunft und Gesundung vorgeschritten werde[8].

ᵏMann ist unverkennbar ein großer Freund der Judenᵏ. Den Höhepunkt seines Buhlens um die Gunst des Judentums stellt sein Romanᵏ „Der Zauberberg"ᵏ dar, worin er die grauenhafte Tierfolter des Schächtensᵏ geradezu verherrlichtᵏ und

---

ʰ⁻ʰ *mit Schreibmaschine und Blaustift unterstrichen*
ⁱ⁻ⁱ *unterstrichen, dazu am Rand mit Bleistift der Vermerk* NSDAP!; *das A ist doppelt unterstrichen*
ᵏ⁻ᵏ *mit Rotstift unterstrichen*

vermag – und dies will viel sagen – nicht einmal die Judenpresse den beliebten Mantel des Verschweigens auszubreiten. Aber der Polnisch-Literarische Club wußte von vornherein, daß er von Herrn Thomas Mann, in dessen Adern unbestimmbares portugiesisches Mischblut rollt und der mit einer geborenen Pringsheim, deren Vater erst sich hatte taufen lassen, verheiratet ist, keinen Korb erhalten würde. So reiste denn Thomas Mann in die Polackei, um sich dort feiern zu lassen. Als Entschädigung dafür, daß er bei uns schon lange in der literarischen Rumpelkammer steht..."

[6] Dieses – bei *Matter* nicht verzeichnete – Interview dürfte den bayerischen Polizeistellen aufgrund seiner Wiedergabe in „Jüdische Rundschau" Nr. 31/32 vom 22. April 1927 bekannt geworden sein. Da der Text für Thomas Manns Einstellung gegenüber dem Judentum wichtige Aufschlüsse enthält, in der einschlägigen Literatur aber bisher nicht berücksichtigt und in der vorliegenden Zusammenfassung nur unzulänglich wiedergegeben worden ist, wird er nachstehend als Beilage zu Dok. 33 wieder abgedruckt.

[7] Bei *Bürgin-Mayer* ist eine Rußland-Reise Thomas Manns und die hier behauptete Teilnahme an der Feier zum 100. Geburtstag Tolstois nicht erwähnt.

[8] Zu dieser am 22. Oktober 1932 gehaltenen Rede im Arbeiterheim Wien-Ottakring vgl. *Bürgin-Mayer*, S. 99. Der Text der Ansprache ist erstmals gedruckt worden in: XI, S. 890 ff.; MK 117, S. 233 ff.

dabei das ehrsame Gewerbe des christlichen Metzgers, der das Schlachtvieh rasch und möglichst schmerzlos tötet, verhöhnt und heruntersetzt[9].

Im Laufe der Jahre rückte Mann von seiner gemäßigten politischen Linksstellung [k]immer mehr zum kommunistischen Radikalismus ab[k] [10]. Seine Bewunderung der bolschewistischen Literatur gibt zum Teil davon Zeugnis. Ein Aufruf der „Roten Hilfe" an die Geschäftswelt trägt u. a. die Unterschrift Manns[11]. Eine Veröffentlichung des Münchener Komitees des Amsterdamer Antikriegskongresses in der kommunistischen Presse war von ihm unterzeichnet[12]. Mit dem amtsbekannten Kommunisten Toller[k] pflegte er 1927 einen öffentlichen Briefwechsel[13], [k]worin er für unbeschränkte Amnestie der Geiselmörder eintritt[k], ein Unterfangen, das ihn[l] nicht mehr des Rufes eines deutschen Dichters und Schriftstellers würdig erscheinen läßt.

Eine ganz besondere Entgleisung erlaubte er sich anläßlich der Feier der Ozeanflieger [k]Köhl, von Hünefeld und Fitzmaurice[k]. In einem Briefe an einen Münche-

---

[1] *Or.:* ihm

[9] Der Zauberberg, 6. Kapitel, Operationes spirituales (III, S. 608 f.). Der Abschnitt war in einem ungezeichneten Artikel mit der Überschrift „Thomas Manns Verherrlichung des Schächtens" im „Völkischen Beobachter" Nr. 96 vom 28. April 1927 wiedergegeben worden. Aus dem haßerfüllten Begleittext ist nicht nur die Wendung „Buhlen um die Gunst des Judentums" sowie sinngemäß die Charakterisierung des ‚Zauberberg' als dessen Höhepunkt in den Antrag auf Ausbürgerung Thomas Manns übernommen worden. Vielmehr wiederholt der darauf folgende Passus wörtlich einen in dem bezeichneten Artikel gesperrt gedruckten Satz.

[10] Dieser und der folgende Satz gehen vermutlich auf eine im „Völkischen Beobachter" Nr. 30 vom 5./6. Februar 1928 unter der Rubrik „Glossen zur Zeitgeschichte" veröffentlichte Meldung zurück, die überschrieben ist „Thomas Mann beim Bolschewismus angelangt". Sie lautet: „Nunmehr ist Thomas Mann im Laufe weniger Jahre von einer politischen Rechtsstellung soweit nach links abgerückt, daß er bei der Bewunderung bolschewistischer Literatur glücklich anlangte, wie aus seinem Schreiben an den Verleger Adolf Synek in Prag hervorgeht: „Sehr geehrter Herr! Haben Sie vielen Dank für den Sostschenko, in dem ich einen literarischen Komiker ersten Ranges kennen und bewundern lernte. Ich habe den russischen Humor immer als den komischsten unter den nationalen Humoren gepriesen, aber selbst über Russisches nie so gelacht wie über diese Geschichten, deren satirische Freiheit dem Verfasser ebensoviel Ehre macht wie dem politischen System, unter dem er schrieb. Ihr sehr ergebener Thomas Mann". (Bei *Wenzel* nicht verzeichnet).

[11] Über die Beziehungen zwischen Thomas Mann und der „Roten Hilfe" vgl. Geschichte der Deutschen Arbeiterbewegung IV, Berlin 1966, S. 147; *Wenzel*, Nr. 966, S. 51 und 183. Das Schreiben des Dichters an die Juristische Zentralstelle der Roten Hilfe ist gedruckt in: Tribunal, Organ der Roten Hilfe, Jg. 7, Nr. 11 vom 15. Juni 1931, S. 4.

[12] Der hier erwähnte Kongreß fand am 27./28. August 1932 statt. Die Veröffentlichung des Münchner Komitees hat sich trotz liebenswürdiger Bemühungen der Bayerischen Staatsbibliothek nicht ermitteln lassen. In der Berliner Zeitung „Welt am Abend" vom 19. August 1932 ist unter dem Titel „Das Gewissen wachrütteln! Den Willen stählen!" der Text eines von Thomas Mann mitunterzeichneten Aufrufs zum Antikriegskongress wiedergegeben; vgl. *Matter*, Nr. 12157. Hierauf dürfte sich der im nationalsozialistischen „Angriff", dem Blatt von Goebbels, am 22. August 1932 veröffentlichte Artikel „Thomas Manns Landesverrat" (*Matter*, Nr. 12158) beziehen.

[13] Brief an Ernst Toller (Berliner Tageblatt Nr. 358 vom 31. Juli 1927). Wiederabdruck: Die Forderung des Tages, Berlin 1930, S. 410 f.; XI, S. 762; MK 120, S. 132 f.

ner Verleger spricht er die Feier als „Nationalen Kopfstand" an und nennt die wagemutigen Flieger „Fliegertröpfe"[14]. Er beweist damit, daß seinem Literatentum jegliche Achtung vor dem sittlichen Wert einer wirklichen Leistung fehlt.

Mann ist rechtzeitig ausgewandert. [k]Zur Zeit hält er sich in Frankreich, Sanary sur mer, Villa Tranquille[k] [15] auf. Dem Vollzug des gegen ihn erlassenen Schutzhaftbefehls vermochte er auf diese Weise zu entgehen. In Frankreich hat sich Mann, wie aus einem Artikel des „L'Intransigeant"[m] vom 4. Januar 1934[16] hervorgeht, die Sympathien der deutschfeindlichen Elemente im weitgehendem Maße zu erwerben verstanden. So wandte sich die Redaktion des Hetzblattes „L'Intransigeant" an Mann mit der Frage, was er über Frankreich denke. Dem hierauf eingegangenen Artikel Mann's, in welchem dieser allerdings mit Zurückhaltung seine Sympathie mit Frankreich bekundet, [f]stellt der „L'Intransigeant"[f] folgenden Satz voran: „Im gegenwärtigen Wirbelsturm bleibt Frankreich das einzige Asyl und der einzige Zufluchtsort aller jener, die sich von Barbarei und Grausamkeit abgestoßen fühlen". Diese Umrahmung des Artikels, die sicherlich[f] im Einvernehmen mit Mann erfolgte, zeigt deutlich, daß Mann auch nicht vor der größten Schändlichkeit zurückschreckt und sich bei der Hetze gegen seine Heimat auch noch artfremder Elemente bedient[17].

Im Hinblick auf § 2 des Gesetzes über den Widerruf von Einbürgerungen und die Aberkennung der deutschen Staatsangehörigkeit vom 14. Juli 1933 wird hiermit unter Berücksichtigung der vorgeschilderten Umstände der Antrag gestellt, Mann der deutschen Staatsangehörigkeit für verlustig zu erklären.

Nachdem die Bayerische Politische Polizei im Benehmen mit dem Finanzamt München-Ost größere Vermögenswerte beschlagnahmt hat, wird um vordringliche Behandlung des Antrags und um Mitteilung im Erfolgsfalle gebeten.

gez. Wagner

---

[m] *mit Rotstift unterstrichen, am Rand ein mit Bleistift gefertigtes Kreuz*

[14] Die Wendungen stehen in einem Brief Thomas Manns an den Publizisten Arthur Hübscher vom 27. Juni 1928 (*Briefe* I, S. 280 f.), der mit anderen privaten Äußerungen des Dichters unautorisiert veröffentlicht wurde, als der Empfänger seine Polemik wegen der „Betrachtungen eines Unpolitischen" gegen Thomas Mann fortsetzte; vgl. dazu Th. Mann an St. Großmann, 5. August 1928 (*Briefe* I, S. 281 f. mit S. 508) sowie die oben S. 90 f., Anm. 223 zitierten Beiträge und Thomas Manns Artikel „Die Flieger, Coßmann und ich" (Berliner Tageblatt Nr. 380 vom 13. August 1928). In der konservativen und nationalsozialistischen Presse wurden diese Äußerungen seitdem häufig gegen Thomas Mann ins Feld geführt.

[15] Da Thomas Mann dort vom 18. Juni bis 20. September 1933 wohnte und andererseits die für August 1933 bezeugte Beschlagnahme von Vermögenswerten des Dichters durch die Bayerische Politische Polizei am Schluß des Antrags erwähnt ist, läßt sich die Entstehungszeit des Schriftstücks näher bestimmen. Es dürfte in der Hauptsache um die gleiche Zeit entstanden sein, in der auch die im Hinblick auf die beabsichtigte Ausbürgerung vorgenommene Sicherstellung des Vermögens stattfand.

[16] Der Beitrag – bei *Bürgin* nicht verzeichnet – ist in deutscher Fassung jetzt gedruckt in: XI, S. 436; MK 119, S. 279 ff. Vgl. dazu auch die Dok. 30a ff.

[17] Vgl. dagegen den Brief, den Thomas Mann am 10. Januar 1934 an die Redaktion von „L'Intransigeant" richtete, oben S. 398, Dok. 32.

Thomas Mann über den Zionismus

Thomas Mann, der vor kurzem in Warschau als Gast des dortigen PEN-Klubs weilte, erklärte dem Redakteur der „Zionistischen Welt", dem Organ des Zentralkomitees der Zionistischen Organisation in Polen, gegenüber:

„Vor einiger Zeit wandten sich einige Mitglieder des Deutschen Pro Palästina-Komitees mit der Bitte an mich, ich möchte den Aufruf dieses Komitees mit unterschreiben. Ich bin dieser Bitte gern nachgekommen, war aber sehr überrascht, bald darauf in der ‚Frankfurter Zeitung' und im ‚Berliner Tageblatt' Artikel gegen den Zionismus zu lesen, die aus den Kreisen der liberalen Juden stammten. Ich habe da zum ersten Male erfahren, daß der Zionismus so stark durch die Juden selbst bekämpft wird. Es ist für mich ganz unverständlich, wie Juden die jüdisch-nationalen Ideale bekämpfen können.

Ich erblicke im Zionismus einen großen historischen Prozeß der nationalen Wiedergeburt eines der ältesten und kulturellsten Völker der Welt. Palästina, das mit Recht als die Wiege der modernen Menschheit betrachtet wird, sollte in ein jüdisch-nationales Heim verwandelt werden, damit das jüdische Volk frei und ungehindert leben und große kulturelle und menschliche Werte für sich und die ganze Welt schaffen kann. Ich erblicke im Zionismus einen kulturellen Faktor von großer humanitärer Bedeutung. Die ganze Welt wird von zwei Tendenzen beherrscht, dem Universalismus und dem Nationalismus. Die Juden haben bis jetzt viel für den Universalismus getan, und es wäre Zeit, daß sie auch ihren eigenen Nationalismus pflegen, denn erst durch diesen, durch die eigenen nationalen Formen, wird das jüdische Genie dem Universalismus am besten dienen können. Die Weltkultur ist ein Mosaik, in dem jedes Volk seine eigene Farbe haben muß.

Der Zionismus hat für die Menschheit auch große Bedeutung infolge seiner ausgesprochenen pazifistischen Natur. Die Zionisten wollen dem jüdischen Volk ein Heim schaffen nur vermittelst der Kraft ihrer Ideale, vermittelst des großen Glaubens an die allmenschliche Gerechtigkeit und durch ihre eigene, opfervolle Arbeit. Wenn ein Volk mit friedlichen Mitteln das erreicht, was zu erreichen anderen Völkern heute nur durch Gewalt und Blutvergießen gelingt, dann ist es ein schönes, tröstendes Beispiel für die Menschheit.

Die Kulturwelt muß die zionistischen Bestrebungen unterstützen. Die Intelligenz der ganzen Welt, Schriftsteller und Dichter, sollten ihre Sympathie für den Zionismus zum Ausdruck bringen. Der Zionismus verdient die Unterstützung durch eine solche Organisation, wie es die internationale Schriftsteller-Vereinigung ‚Pen-Klub' ist.

Ich verfolge alles, was die Juden in Palästina schaffen, mit großem Interesse. Besonders interessiert mich die Hebräische Universität und ihre Entwicklung. Leider muß noch viel getan werden, um aus ihr das zu schaffen, was sie für den Osten und den Westen sein soll, nämlich die geistige Atmosphäre, in der die beiden Kulturen verschmelzen sollen, die uralte erneute Kultur des Ostens und die neue Kultur des Westens.

Ich interessiere mich jetzt für Palästina auch aus dem Grunde, weil ich ein Werk vorbereite, das sich auf die Legende von Josef und seinen Brüdern stützt. Zum Schluß sei mir noch erlaubt, meinem Wunsche Ausdruck zu verleihen, daß das Land mit so reicher Vergangenheit so schnell wie möglich in ein Land reicher Gegenwart und Zukunft verwandelt werde".

34

Bayerisches Staatsministerium für Unterricht und Kultus an Staatsministerium des Innern
2. Februar 1934

HStA München, MK 36752

Übersendet Dok. 29 „zur gefl. Aeusserung".

Aus Registraturvermerken ist zu entnehmen, daß der Vorgang beim Staatsministerium des Innern die Geschäftsnummer 21 Z 6 b 35 erhielt, bei der Bayerischen Politischen Polizei, wo er am 14. Februar 1934 eingegangen ist, die Nummer 6157 trug sowie dort „an II 2 A/II 2 B" weitergeleitet wurde.

35 a

Aufzeichnung des Vortragenden Legationsrates v. Bülow-Schwante[1] über eine Besprechung im Reichsministerium des Innern am 8. Februar 1934
9.Februar 1934

P. A., Inland II A/B, Ausbürgerungen 2. Liste A–G

Laut Randvermerk ist über die Aufzeichnung dem Staatssekretär [Bernhard v. Bülow[2]] und dem Reichsminister des Auswärtigen [Frhr. v. Neurath] durch Bülow-Schwante am 13. Februar 1934 Vortrag gehalten worden; sie ist ferner von mehreren – hier nicht näher aufzuführenden – Referaten des Auswärtigen Amtes zur Kenntnis genommen worden.

Bei der gestern im Reichsmin[isterium] des Innern abgehaltenen Besprechung über weitere Ausbürgerungen wurde zunächst festgestellt, daß bekannte Deutsche, die

<hr>

[1] Vicco v. Bülow-Schwante (1891–1970), Sohn des späteren Generalfeldmarschalls Karl v. Bülow, war 1928 dem „Stahlhelm" beigetreten und in diesem Verband zuletzt Gauführer Havelland. Bei Auflösung des „Stahlhelms" am 8. November 1935 im Rang eines Standartenführers in die SA übernommen, ließ er sich nun zum NSKK versetzen. Der den vor 1933 zum „Stahlhelm" zählenden Mitgliedern bei der Auflösung eröffneten Möglichkeit, der NSDAP beizutreten, widersetzte sich der für die Aufnahme zuständige Reichsschatzmeister der Partei im Falle von Bülow-Schwante, „da die Voraussetzungen hierfür nicht gegeben sind" (DC Akten betr. V. v. Bülow-Schwante). v. Bülow-Schwante leitete seit dem 20. März 1933 das damals wiederbegründete Deutschlandreferat des Auswärtigen Amts und wurde im August 1935 gleichzeitig zum Chef des Protokolls ernannt. Über seine Laufbahn im Deutschlandreferat vgl. P. *Seabury*, Die Wilhelmstraße. Die Geschichte der deutschen Diplomatie. 1930–1945, [Frankfurt/M. 1956], S. 82, 113 ff., wo es u. a. heißt, er habe die Verbindung zwischen v. Ribbentrop und Hitler hergestellt. Bei P. *Krüger*–E. J. C. *Hahn*, Der Legalitätskonflikt des Staatssekretärs Bernhard Wilhelm von Bülow im Frühjahr 1933 (Vierteljahrshefte für Zeitgeschichte 20, 1972), S. 406 f. ist Bülow-Schwante nicht ganz zutreffend als Leiter des „Sonderreferats Deutschland" sowie als „SA-Standartenführer zur Verfügung der obersten SA-Führung" bezeichnet.
[2] Über Bülow vgl. die in der vorigen Anm. genannte Arbeit von *Küger*–*Hahn*.

auch jetzt noch im Auslande sich hetzerisch betätigen, in jedem Fall für eine Ausbürgerung in Aussicht genommen werden sollen, daß aber im übrigen nicht beabsichtigt ist, die Maßnahmen der Ausbürgerung in ihrer Bedeutung dadurch zu schmälern, daß man auch in unbedeutenden Fällen die Ausbürgerung verhängt.

Es wurde sodann eine Reihe wichtigerer Fälle durchgesprochen, dabei wurde die Ausbürgerung folgender Personen beschlossen: *[Folgen 33 Namen, darunter an erster Stelle Albert Einstein, sowie eine Notiz über die Zurückstellung der Ausbürgerung von Prof. Walther Schücking[3]]*.

Die Ausbürgerung Thomas Mann wurde zurückgestellt. Das A[uswärtige] A[mt] erhält darüber noch ein Schreiben des Reichsmin[isteriums] des Innern. Es wird sodann von hier aus in Paris anzufragen sein, ob der Zusatz, der dem inkriminierten Zeitungsartikel [= Dok. 30a] beigefügt ist, richtig sei; gegebenenfalls wird Thomas Mann von der Botschaft Paris zu einer Loyalitätserklärung aufzufordern sein.

[Folgen Notizen über die Ablehnung der Ausbürgerung des früheren preußischen Finanzministers Klepper[4] sowie die Zurückstellung von sechs weiteren Anträgen und die Beteiligung des Auswärtigen Amtes bei sämtlichen Fällen, die Ausbürgerungen im Saargebiet betreffen.]

Nach Besprechung der vorgenannten Einzelfälle wurden dann bezüglich der weiteren zahlreichen weniger wichtigen Ausbürgerungsanträge folgende Richtlinien vereinbart: Es werden nur politische Vergehen berücksichtigt. Bei unbedeutenderen Hetzern wird eine örtliche Betätigung für Ausbürgerung nicht ausreichen. Ebenso sollen politische Grenzfälle als Anlaß für eine Ausbürgerung nicht ausreichen. Intensive schriftstellerische Betätigung, Anfertigung von Flugblättern usw. soll jedoch als Ausbürgerungsgrund unter Umständen auch bei unbedeutenden Hetzern genügen.

v. Bülow-Schwante

---

[3] Walther Schücking (1875–1935); ord. Prof. für Völkerrecht und Internationales Privatrecht; 1921 Mitglied des Ständigen Schiedsgerichtshofes im Haag; seit 1. Januar 1931 Richter am Ständigen Internationalen Gerichtshof im Haag; über ihn vgl. F. *Volbehr* – R. *Weyl*, Professoren und Dozenten der Christian-Albrechts-Universität zu Kiel 1665–1954, bearb. v. R. *Bülck*, abgeschl. v. H.-J. *Newiger*, Kiel [4]1956, S. 42 und die dort angegebene Literatur.

[4] Otto Klepper (1888–1957); preußischer Finanzminister 1931–1932. Über ihn vgl. den Nekrolog „Zum Tode Kleppers" (Deutsche Rundschau 83, 1957, S. 880 f.) und den hierauf korrigierend Bezug nehmenden Brief von A. Grimme an H. Weichmann vom 9. September 1957 (A. *Grimme*, Briefe, hrsg. von D. *Sauerzweig* [Veröffentlichungen der Deutschen Akademie für Sprache und Dichtung 39], Heidelberg 1967, S. 231, Nr. 190 mit S. 327 f.).

*Preußisches Ministerium für Wissenschaft, Kunst und Volksbildung an die Universitäten und
Hochschulen*   *12. Februar 1934*

   Akten der Rechtswissenschaftlichen Fakultät der Universität Köln[1]

U I Nr. 3395

Unter Bezugnahme auf meinen Runderlaß vom 11. Nov. 1933 – U I 2724 [= *Dok. 28*] –
und die darauf erstatteten Berichte ersuche ich in Zusammenarbeit mit der Dozentenschaft in eine Prüfung der Frage einzutreten, bei welchen Ehrendoktoren (Ehrensenatoren, Ehrenbürgern) eine Entziehung des Dr. h. c. usw. gerechtfertigt erscheint.

Binnen 1 Monat sehe ich einem Bericht darüber entgegen. Die auf meinen Runderlaß vom 11. Nov. 1933 – U I 2724 – erstatteten Berichte ersuche ich wieder
beizufügen.

Im Auftrage
gez. Unterschrift

36

*Aufzeichnung des Legationssekretärs Schumburg[1] über einen Besuch von Rechtsanwalt Heins,
München, im Auswärtigen Amt*   *16. Februar 1934*

Heute suchte mich der Rechtsanwalt Heins aus München, der die Vertretung
von Thomas Mann wahrnimmt, auf. Er erklärte, daß ihm von der Münchener

---

[1] *Vgl. Dok. 28, Anm. 1.*

[1] Dr. Emil Schumburg (1898–1961) hatte eine unter verschiedenen Aspekten bemerkenswerte Entwicklung und dienstliche Laufbahn. Geboren als Sohn eines späteren Generalarztes
und Professors, der mit der jüngsten Schwester Emil v. Behrings verheiratet war, nahm er nach
der Reifeprüfung als Angehöriger eines Kavallerieregiments mit Auszeichnung am Ersten
Weltkrieg teil, studierte 1919–1922 Jura und schlug zunächst die Laufbahn eines Verwaltungs-
juristen im preußischen Staatsdienst ein. Als Marburger Student veröffentlichte er einen Aufsatz über „Die politische Macht der deutschen Hochschule" (Die Studentenschaft. Wochenschrift für akademisches Leben und studentische Arbeit 6, Nr. 3 u. 4 vom 14. und 21. November
1921). Darin forderte er unter Hinweis darauf, daß „hier und dort nationalsoziale Arbeiter-
parteien gegründet" würden, Studenten und Arbeiter sollten sich in dem Ziel nationaler Einheit finden. „Das feinfühlige Gewissen des Akademikers" habe die Notwendigkeit empfunden,
„einen neuen belebenden und politisch kraftvollen Gedanken zu erwecken: die Volksgemeinschaft". Die Arbeiter sollten die studentische Wirklichkeit – „Sorge, Not, Runen der Entsa-
gung und Enttäuschung" – besser kennenlernen. „Die Logik wird auch den Arbeiter folgern
lassen, daß der Klassenkampf der Individuen im Rassenkampf der Nationen sein unvermeid-
liches Gegenspiel findet". „In Versailles wurde Deutschlands Niederlage auf dem Papier besiegelt. Aber die Weltgeschichte hat noch nicht ihr letztes Wort gesprochen!" Diese Ausführungen sind nicht nur als Teilstück einer im Nationalsozialismus mündenden Ideologie bemerkens-

Politischen Polizei bekannt geworden sei, daß gegen Thomas Mann ein Ausbürgerungsverfahren eingeleitet worden sei. Er habe bereits im Reichsministerium des Innern mit dem zuständigen Referenten gesprochen, der ihm diese Tatsache bestätigt und mitgeteilt habe, die Akten befänden sich zurzeit im Auswärtigen Amt. Er habe dort das Petitum gestellt, zu den gegen Thomas Mann etwa erhobenen Vorwürfen Stellung nehmen zu dürfen. Er wiederhole das Petitum hier, obwohl ihm bewußt sei, daß er keinen Rechtsanspruch besitze, gehört zu werden. Er erklärte weiter, daß Thomas Mann keinerlei Handlungen oder Äußerungen getan habe, die gegen ihn ein Ausbürgerungsverfahren begründen würden. In der ausländischen Presse sei vielfach Thomas Mann mit Heinrich Mann oder mit seinen Kindern verwechselt worden.

Ich habe ihm geantwortet, daß für die Entscheidung seiner Frage das Reichsministerium des Innern zuständig sei; ich stellte ihm anheim, sein Petitum dorthin schriftlich zu richten[2].

---

wert, sondern auch vor dem Hintergrund des im Frühjahr 1920 durch Marburger Studenten an Arbeitern verübten Massenmords von Mechterstedt (dazu vgl. *Bleuel–Klinnert*, S. 72 ff.; *Schwarz*, S. 226; H. *Hannover*-E. *Hannover-Drück*, Politische Justiz 1918–1933, [Frankfurt/M. 1966], S. 98 ff.). Schumburg stieß trotz dieses Bekenntnisses weder damals noch auch sofort nach 1933 zur NSDAP. 1925 in den Auswärtigen Dienst übernommen, war er – seit 1931 als Legationssekretär – bei den Vertretungen in Paris, Stockholm und Oslo tätig. Nach eigener späterer Angabe meldete er sich im April 1933, „um den Umschwung mitzuerleben", zurück nach Deutschland. Seitdem gehörte er dem Referat Deutschland des Auswärtigen Amtes an, von August 1936 an als Legationsrat. Am 18. Oktober 1936 nahm Himmler „gelegentlich seines Aufenthaltes in Rom" Schumburg unter Ernennung zum SS-Untersturmführer in die SS auf. Er wurde dem Sicherheitshauptamt zugeteilt und erhielt auf Wunsch des SD-Hauptamts die SS-Nummer 280150. Der Vorgang dürfte damit zusammenhängen, daß Schumburg „seit 1935 das Auswärtige Amt und die Gestapo mit Plänen über eine neue ,Polizeiordnung' bombardiert" hatte (*Seabury*, S. 114 f., 276, Anm. 69 mit leichter Entstellung des Namens). Erst am 18. Juli 1937 beantragte Schumburg seine Aufnahme in die NSDAP, der zum 1. Juli 1938 entsprochen wurde (Nr. 5 855 545). Damals hatte er bereits den Rang eines SS-Sturmbannführers erreicht. Im September 1939 übernahm er die Leitung des Referats Deutschland und war, wie der Amtschef IV des Reichssicherheitshauptamtes, SS-Gruppenführer Heinrich Müller, auf Grund persönlicher Kenntnis am 19. Juli 1944 bezeugte – „längere Zeit eine Art Verbindungsführer zum Reichssicherheitshauptamt ..., dessen gefühlsmäßige Ausrichtung eher bei uns als im Rahmen des Auswärtigen Amtes lag". Schumburgs „offene, jederzeit hilfsbereite und positive Zusammenarbeit mit uns veranlaßte denn auch seinerzeit die neue Führung des AA" – so urteilte Müller – „Dr. Schumburg alsbald kalt zu stellen". Nach der Bildung der „Reichszentrale für jüdische Auswanderung" unter Heydrichs Leitung Anfang 1939 gehörte Schumburg deren Ausschuß an. Über die von ihm in diesem Zusammenhang gemachten Vorschläge zur „Lösung der Judenfrage" gibt ein bei R. M. W. *Kempner*, SS im Kreuzverhör, München [1964], S. 245 wiedergegebenes Teilstück seiner Verhöre vom 21. Juli und 21. Oktober 1947 Aufschluß. Im Kriege hat Schumburg – nunmehr Botschaftsrat und SS-Obersturmbannführer – zuletzt als Beauftragter des Auswärtigen Amts beim Generalgouverneur in Krakau „im Rahmen des Möglichen eine gute Zusammenarbeit mit dem B(efehlshaber) d(er) S(icherheitspolizei) sichergestellt" (Beurteilung Müller) (DC, Akten betr. Dr. E. Schumburg sowie Ordner 240 II Judenfragen). Bei *Neusüß-Hunkel*, S. 83 f., wo „der Einfluß der SS auf das Auswärtige Amt" behandelt ist, wird Schumburg nicht erwähnt, obwohl ihm bei der „Infiltration ... durch die SS" offensichtlich große Bedeutung zukam.

Hiermit Herrn Vortragenden Legationsrat von Bülow-Schwante gehorsamst vorgelegt.[a]

Berlin, den 16. Februar 1934

S[*chumbur*]g 16. II.

37

Bayerisches Staatsministerium des Innern an Ministerialrat von Jan im Staatsministerium für Unterricht und Kultus 24. Februar 1934

HStA München, MK 36752

Adjutantur

Nr. 1357

Betreff: Mann, Thomas, Schriftsteller

Anbei beehre ich mich die Antwort der Bayer. Politischen Polizei zu Ihrer Anfrage vom 2. 2. ergebenst zu überreichen.

Mit deutschem Gruß!
Heil Hitler!

Max Köglmaier[1]
Stabsleiter

Mit 1 Beilage

---

[a] *Von B[ülow] S[chwante] am 19. 2. abgezeichnet.*

[2] Rechtsanwalt Heins richtete am 24. Februar 1934 eine Eingabe an das Reichsministerium des Innern, die dieses am 20. April nicht abschriftlich, sondern im Original dem Auswärtigen Amt zur Stellungnahme übermittelte [= Dok. 48] und von diesem auf Anforderung vom 11. September 1934 [= Dok. 74] zurückerhielt. Ebenso wurde ein Schreiben des S. Fischer Verlages vom 16. März 1934 behandelt, das darum gleichfalls in den erhaltenen Akten nicht mehr vorliegt. Dieses Schreiben dürfte in Zusammenhang mit der – wie sich aus Dok. 40 ergibt – am 10. März ausgesprochenen Verweigerung einer Paßbescheinigung für Thomas Mann gestanden haben. Bermann Fischer hatte dem Dichter am 1. März 1934 geraten, sich – als „wesentliche Unterstützung" der Bemühungen, gegen die Beschlagnahme von Thomas Manns Vermögen vorzugehen – einen Paß zu besorgen. Er hatte zugleich gebeten, ihn über die Paßangelegenheit auf dem laufenden zu halten, um – „wenn sich irgendwelche Schwierigkeiten ergeben sollten – hier beim A. [uswärtigen] A. [mt]" – und gewiß auch beim Reichsministerium des Innern „intervenieren" zu „können" (*Mann-Fischer*, S. 63 f.).

[1] Über die Parteikarriere von Max Köglmaier (geb. 20. April 1902) unterrichten die sein Besoldungsdienstalter betreffenden Akten (HStA München, MF 66855). Köglmaier – im Zivilberuf von 1919 bis 1932 Angestellter bei der Universitätsquästur München – trat 1921 in die SA (Komp. Roßbach) ein und nahm 1923, im Jahr seines Parteieintritts, am Hitlerputsch teil. 1925 erhielt er die neue Parteinummer 10 065. Zunächst Ortsgruppenleiter in Münchner Vorstädten, wurde er 1930 Kreisleiter München-Ost und stieg 1932 zum Stellvertreter des

38

Bayerisches Staatsministerium für Unterricht und Kultus an Staatsministerium des Innern
27. Februar 1934

HStA München, MK 36752

Erinnert an Erledigung des Schreibens vom 2. Februar 1934 [= Dok. 34]. Ungezeichneter und nach Eingang von Dok. 37 kassierter Entwurf.

39

Der Stellvertreter des Dekans der Philosophischen Fakultät an den Rektor der Universität Bonn[1]   *14. März 1934*

> *Akten der Philosophischen Fakultät der Universität Bonn betr. Entziehung des Doktor-, Ehrendoktor-titels – E 6.*

Euer Magnifizenz

beehre ich mich auf das Schreiben vom 9. 3. 1934 folgendes mitzuteilen. Unter den angegebenen Ehrendoktoren dürften sich wohl einige befinden, bei denen wir es lieber sehen würden, daß ihnen der Ehrendoktor nicht erteilt worden wäre, wie z. B. Thomas Mann. Ich glaube jedoch nicht, daß gegen irgendeinen von den Ehrendoktoren ein Material vorliegt, welches die Entziehung des Ehrendoktors als gerechtfertigt erscheinen lassen würde.

Heil Hitler
In Vertretung
[Unterschrift oder Paraphe fehlt]

Gauleiters Adolf Wagner auf. Nach dessen Ernennung zum bayerischen Innenminister leitete Köglmaier seit dem 10. März 1933 die Adjutantur des Staatsministeriums des Innern; am 21. Februar 1934 wurde er persönlicher Referent des Staatsministers. Über die Möglichkeit zu weitgehendem Einfluß Köglmaiers heißt es in den Akten: „Die dem Stabsleiter Köglmaier übertragenen Arbeiten stehen teils in mittelbarem, teils in unmittelbarem Zusammenhang mit den Aufgaben auf dem Gebiete der inneren Verwaltung und der Polizeiverwaltung im Staatsministerium des Inneren. Sämtliche Angelegenheiten, die dem Herrn Staatsminister vorgetragen werden wollen oder ihm zur Unterschrift unterbreitet werden sollen, sind zunächst und noch vor Ausarbeitung eines Entwurfs mit dem Stabsleiter zu besprechen. Angelegenheiten, die dem Herrn Staatsminister zur Unterschrift vorgelegt werden sollen, sind ... dem Stabsleiter zur Abzeichnung vorzulegen".
Ob Köglmaier Inhalt und Form des Antrags auf Aberkennung der deutschen Staatsangehörigkeit Thomas Manns, den der Innenminister Wagner am 18. Januar 1934 stellte [= Dok. 33], beeinflußt hat, muß dahingestellt bleiben; vgl. zu dieser Frage oben S. 140.

39   [1] Über dieses Schreiben, seine eigentümliche Form und seinen mutmaßlichen Urheber vgl. oben S. 114 f.

Rechtsanwalt Heins, München, an Polizeidirektion München   *19. März 1934*

HStA München, MInn Nr. 73660

Die „zum Bayerischen Staatsministerium des Innern" eingelegte Beschwerde ist an die Polizeidirektion München adressiert, von dieser zunächst an die Bayerische Politische Polizei weitergeleitet worden [= Dok. 41a] und später an das Innenministerium gelangt. Aus dem Registraturvermerk „AZ VI/1 Schreieder 8733 Hm" und der Äußerung der Polizeidirektion vom 23. März 1934 [= Dok. 41b] geht hervor, daß die Angelegenheit Thomas Mann ursprünglich bei Abteilung VI, Referat 1 der Polizeidirektion bearbeitet worden ist. Diese Stelle war für Beobachtung und Verfolgung der gegen Bestand und Sicherheit des Staates gerichteten Bestrebungen zuständig; sie war am 1. April 1933 zur Bayerischen Politischen Polizei umgewandelt worden; vgl. Aronson, S. 94 f., 101 mit Anm. 62 und 63. Zur Sachlage und zu Schreieder vgl. auch Dok. 41a, Anm. 1.

Betreff: Reisepaß Thomas Mann 163/110
Zu Ihrem Schreiben vom 10. März 1934[1]:

Ich vertrete den Schriftsteller Dr. Thomas Mann. Mein Mandant hat um Ausstellung einer Paßbescheinigung zur Erlangung eines Reisepasses ersucht[2]. Dieser Antrag ist ohne Angabe von Gründen abgelehnt worden. Ich lege hiermit gegen diesen Bescheid

B e s c h w e r d e

zum Bayerischen Staatsministerium des Innern ein mit dem Antrag, das Staatsministerium möge unter Aufhebung des angefochtenen Beschlusses die Polizeidirektion München anweisen, Dr. Thomas Mann in Küßnacht-Zürich eine Paßbescheinigung zur Erlangung eines Reisepasses auszustellen. Thomas Mann hat seinen Wohnsitz im vorigen Sommer nach Zürich verlegt; die Reichsfluchtsteuer von rund RM 100 000,– ist bezahlt. Andere Hinderungsgründe sind nicht erkennbar und ich bitte das Staatsministerium höflich, mir Gelegenheit zu einer mündlichen Aussprache zu geben.

Heins
Rechtsanwalt[3]

---

[1] Nicht in den Akten überliefert.

[2] Vgl. hierzu Th. Mann an Bermann Fischer, 6. März 1934: „Die Paß-Angelegenheit scheint mir durchaus abhängig von der größeren allgemeinen und wird sich mit ihr lösen oder nicht lösen. Sie sind recht berichtet, daß wir einen neuen Schritt in dieser speziellen Sache schon getan haben, und zwar auf Anraten des Zürcher Generalkonsuls. Wir haben einfach ein neues Gesuch bei der Münchner Polizei eingereicht ... Eine Antwort an uns und, so viel ich weiß, an das Konsulat, ist bis jetzt, nach ca. drei Wochen, noch nicht erfolgt" (*Mann-Fischer*, S. 64 f.). Thomas Mann übermittelte den ablehnenden Bescheid der Polizeidirektion, der bei ihm am 12. März eingegangen war, am gleichen Tag seinem Verleger mit der Bitte um Rat wegen des weiteren Vorgehens (*Mann-Fischer*, S. 65 f.).

[3] Vgl. hierzu Th. Mann an Bermann Fischer, 25. April 1934: „Doktor H.[eins] hat in der Paß-Angelegenheit, wie er mir schreibt, Protest eingelegt, glaubt aber selbst nicht an einen Erfolg, so lange die große Frage nicht geregelt ist, d. h. die Entscheidung über den Ausbürgerungsantrag" (*Mann-Fischer* S. 67).

41a

Polizeidirektion München an Bayerische Politische Polizei   *23. März 1934*

HStA München, MInn Nr. 73660

Übersendet Dok. 40.

163/112.

Mit 1 Aktenprodukt [= *Dok. 40*]
G. R. an die Bayerische Politische Polizei
mit dem Ersuchen um Aktenbeigabe und zugleich um Stellungnahme. Der
Pers[*onal*] Akt ist seit 23. 7. 1933 für Herrn Schreieder[1] vorgemerkt.

München, den 23. 3. 1934

Polizeidirektion
I. A. gez. Reichhart

41b

Bayerische Politische Polizei an Polizeidirektion München   *Undatiert [Ende März*
1934]

HStA München, MInn Nr. 73660

Übersendet Dok. 40.

Bayerische Politische Polizei

B. Nr. 12477 II 2 A

U. zurück an die Polizeidirektion, DSt. 163, in München.

Nachdem der Antrag der Bayerischen Politischen Polizei auf Aberkennung der
deutschen Staatsangehörigkeit bereits beim Reichsministerium des Innern liegt,

---

41a   [1]Das hier genannte Datum bezeugt, daß der zuständige Sachbearbeiter in der Polizeidirektion München sich bereits unmittelbar nach dem Erlaß des Gesetzes über den Widerruf
von Einbürgerungen und der Aberkennung der deutschen Staatsangehörigkeit vom 14. Juli
1933 mit Thomas Mann befaßt hat – wahrscheinlich im Zusammenhang mit dem späteren
Antrag auf Ausbürgerung des Dichters und dem in Dok. 42 erwähnten Rundschreiben des
Reichsministeriums des Innern vom 22. Juli 1933, das die Regierungen der Länder zu Personal-
vorschlägen für die Durchführung des Gesetzes aufgefordert hatte.
   Über den Beginn der Beamtenlaufbahn von Joseph Schreieder, geb. 18. August 1904 (SS-Nr.
107 184, Partei-Nr. 3 970 994) und seinen Eintritt in die Polizeidirektion München hat sich
nichts ermitteln lassen. Sicher ist, daß er am 9. November 1933 von dort zur Bayerischen Politischen Polizei versetzt (vgl. Dok. 41b, Anm. 2) und hier am 1. Oktober 1935 vom Polizeisekretär zum Kriminalinspektor befördert wurde. Während des Krieges war Schreieder, zuletzt
in der Stellung eines Kriminaldirektors und seit 9. November 1943 SS-Sturmbannführers, in
den besetzten Niederlanden tätig. Im Prozeß gegen den Höheren SS- und Polizeiführer Rauter
sagte er 1947 als Zeuge über dessen dienstliche Stellung und die Organisation des SD in den
Niederlanden aus; vgl. Het proces Rauter (Rijksinstituut voor Oorlogdocumentatie, Bronnen-
publicaties, Processen Nr. 5, 'sGravenhage 1952), S. 12 ff.

412

kommt eine Paßausstellung nicht mehr in Frage. Die rechtlichen Voraussetzungen für eine Paßversagung nach § 11,I der Paßbekanntmachung vom 7. 6. 1932[1] sind durch die deutschfeindliche Propaganda des Mann im Ausland an sich schon gegeben.

I. A.

gez. Beck[2]

42

Reichsministerium des Innern an die Regierungen der Länder   *24. März 1934*[a]

P. A., Inland II A/B, Ausbürgerungen 2. Liste A–G

I[I] 5013 b/31. 1. II. Ang.

Auf mein Rundschreiben vom 22. Juli 1933 – II B 5013/19. 7. – sind mir zahlreiche Vorschläge für die Aberkennung der deutschen Staatsangehörigkeit zugegangen, von denen nur ein verhältnismäßig geringer Teil berücksichtigt werden konnte.

Im Einvernehmen mit dem Auswärtigen Amt ersuche ich ergebenst, bei derartigen Vorschlägen künftig folgende Grundsätze zu berücksichtigen:

Die Aberkennung der deutschen Staatsangehörigkeit nach § 2 des Gesetzes vom 14. Juli 1933 [= *Dok. 22*] ist als schwere entehrende Strafe aufzufassen und als solche nicht mit der Maßnahme des Widerrufs der Einbürgerung nach § 1 a. a. O. auf die gleiche Stufe zu stellen. Sie soll daher nur gegen diejenigen ausgesprochen werden, die sich besonders schwer gegen die Volksgemeinschaft vergangen haben. Auch wegen des Eindrucks, den die Aberkennung der Staatsangehörigkeit auf die Öffentlichkeit machen soll, ist es geboten, die Schärfe dieser Waffe nicht durch allzu häufigen Gebrauch abzunutzen. Durch Massenausbürgerungen würde der Gesamteindruck und damit auch der Erfolg nur beeinträchtigt werden.

---

42 [a] *Im Auswärtigen Amt handschriftlich aus 9.* März 1934 *geändert unter Bezugnahme auf ein als* 83–76 6/4 *registriertes Schreiben.*

b [1] Der betreffende Paragraph der Paßbekanntmachung vom 7. Juni 1932 (Reichsgesetzblatt I, 1932, S. 258) lautet: „Der Reisepaß ist zu versagen, wenn Tatsachen die Annahme rechtfertigen, daß der Paß in den Händen des Inhabers die innere oder die äußere Sicherheit oder sonstige erhebliche Belange des Reiches oder eines deutschen Landes gefährdet".

[2] Oberregierungsrat Jakob Beck, geb. am 14. 8. 1889, trat am 15. Dezember 1921 als Regierungsassessor in den bayerischen Staatsdienst ein. Im Range eines Regierungsrates wechselte er am 1. August 1930 zur Kriminalpolizei über. Dort wurde er am 1. Juli 1933 zum Regierungsrat I. Klasse befördert. Durch Verfügung Himmlers wurde Beck, der bereits am 1. Oktober 1933 den Rang eines Obersturmführers der SS innehatte und bis zum April 1941 zum SS-Standartenführer aufstieg, zusammen mit anderen Beamten der Münchner Polizeidirektion am 9. November 1933 „in gleicher Diensteigenschaft ... an die Bayerische Politische Polizei berufen" (HStA München, MInn 72059). Unter diesen Beamten befand sich auch der in Dok. 41a, Anm. 1 erwähnte Polizeisekretär Joseph Schreieder; zu Beck vgl. auch *Aretin*, S. 210 f.

Die Bestimmung zu § 2 der Durchführungsverordnung vom 26. Juli 1933 [= *Dok.* 23] läßt erkennen, daß vornehmlich diejenigen getroffen werden sollen, die in politischer Hinsicht als Schädlinge hervorgetreten sind, wobei die Strafe wiederum jenen Persönlichkeiten besonders zukommt, die gerade ihren Einfluß oder ihren Beruf dazu mißbraucht haben, um in der Öffentlichkeit durch Wort und Schrift gegen das neue Deutschland zu hetzen. Die kleinen, in weiteren Kreisen unbekannten Übeltäter würden nur in wirklich schwerwiegenden Fällen zu treffen sein. Die Vergeltung anderer Vergehen, die nicht auf politischem Gebiet liegen, muß den Strafverfolgungsbehörden überlassen bleiben, es sei denn, daß es sich um Delikte handelt, die aus dem gewöhnlichen Rahmen herausfallen und in beträchtlichem Maße zur Schädigung der Allgemeinheit beigetragen haben.

Wenn es im übrigen auch grundsätzlich für die Frage der Aberkennungsmöglichkeit nicht entscheidend ist, in welcher Zeit das gegen die Treupflicht verstoßende Verhalten liegt, so sind doch vorwiegend jene Unverbesserlichen zu bestrafen, die n a c h dem 30. Januar 1933 nicht nachgelassen haben, das deutsche Ansehen im Ausland herabzuwürdigen.

Frick

43

Rechtsanwalt Heins, München, an Auswärtiges Amt   *27. März 1934*

Übersendet Durchschrift seines Schreibens vom gleichen Tage an das Reichsministerium des Innern[a] nebst Anlagen [= Dok. 30 a, 30 b, 31, 32]

44

Braunschweigisches Ministerium für Volksbildung an den Verlag Philipp Reclam jun., Leipzig   *28. März 1934*

     HStA München, MK 36752

V II 428/34

Es ist festgestellt, daß ein Reklameblatt für Thomas Mann, das ein Bild „Thomas Mann am Rednerpult. Zeichnung von Prof. Eugen Spiro" enthält und für Mann Propaganda macht, den zur Schullektüre bestimmten Heften Ihrer Universalbibliothek beigefügt wird. Ich werde mit sofortiger Wirkung die Benutzung Ihrer Hefte in den mir unterstellten Schulen untersagen, wenn Sie nicht die Bürgschaft übernehmen, daß in den für Schulen in Betracht kommenden Büchern und Heften

---

43   [a]*Lag nicht bei, wie aus folgendem Vermerk auf dem vorliegenden Schreiben hervorgeht:* Der Durchschlag des Schreibens an das R. M. d. I. liegt nicht bei! Nur Anlagen! 28/3 G.

Dazu vermerkte der zuständige Bearbeiter im Referat D, LR Röhrecke: Von Nachforderung des vergessenen Schr[eibens] an das R. M. d. I. werden wir absehen können 3/4. *Zum Gegenstand des Schreibens von Heins vgl. unten S. 419, Vorbemerkung zu Dok. 50.*

Ihres Verlages jede Propaganda für Thomas Mann und seinesgleichen unterbleibt. Die Unterrichtsverwaltungen der übrigen Länder sind verständigt.

In Vertretung

gez. Schmidt-Bodenstedt[1]

Staatsrat

45

Reichsschrifttumskammer an Reichsministerium für Volksaufklärung und Propaganda

10. April 1934

PE 1156

PA 856

Betrifft: VII 7904-38/7. 11. 33

Auf die Anfrage vom 28. 3. 1934 wird ergebenst erwidert:

1. Von der Familie Mann ist nur Heinrich Mann ausgewiesen, nicht aber Thomas Mann und seine Kinder Klaus und Erika Mann.

2. Nach den Informationen der Kammer hat sich Thomas Mann mit seinem Sohn Klaus Mann überworfen, weil Klaus Mann die berüchtigte in Amsterdam erscheinende Monatsschrift „Die Sammlung" herausgibt[1]. Thomas Mann verhält sich dem nationalsozialistischen Deutschland gegenüber völlig neutral. ... Die Geschwister Klaus und Erika Mann werden für das Unglück der Familie Mann gehalten[2]. ...

Der Präsident der Reichsschrifttumskammer

I. V. gez. Dr. Wismann[3]

---

[1]Adolf Schmidt (nach 1933 Schmidt-Bodenstedt), geb. am 9. April 1904, trat 1923 in die NSDAP ein; 1930 Abgeordneter der NSDAP im braunschweigischen Landtag und Gauamtsleiter des NS-Lehrerbundes; ab Mai 1933 war er als Staatsrat Vertreter des Ministers für Volksbildung. 1935 trat er in den Reichsdienst über (Reichs- und Preußisches Ministerium für Wissenschaft, Erziehung und Volksbildung), wo er bis zum Leiter der Abt. E VI (Lehrerbildung) im Range eines Ministeraldirigenten aufstieg.

[1] Dies bezieht sich auf die von Thomas Mann abgegebene, am 14. Oktober 1933 im Börsenblatt für den deutschen Buchhandel Nr. 240 veröffentliche Erklärung, daß er fälschlich unter den Mitarbeitern der Zeitschrift „Die Sammlung" genannt worden sei; *Bürgin* V, Nr. 420 f.; vgl. dazu oben S. 147, Anm. 136.

[2] Vgl. hierzu *Radkau*, S. 121, wo Belege dafür gesammelt sind, daß die Kritik und Abneigung, auf die Klaus und Erika Mann stießen, auf ihren Vater übertragen wurde.

[3] Dr. Heinz Wismann (1897–1945) war zum Mai 1932 in die NSDAP eingetreten (Mitgliedsnr. 1 139 908), im November 1933 jedoch gestrichen worden, aber am 1. Januar 1936 wiedereingetreten. Er hatte das Gymnasium 1914 mit der Unterprimareife verlassen, um am Weltkrieg teilzunehmen. Nachdem er 1919 als Angehöriger der Garde-Kavallerie-Schützen-Division bei den Berliner Spartakuskämpfen beteiligt und anschließend kaufmännisch tätig gewesen war, studierte er von 1924 bis 1929 Kunstgeschichte, Archäologie, Philosophie und Zeitungswissenschaft an den Universitäten Berlin und Heidelberg und legte die Begabtenprü-

fung für die Zulassung zu den akademischen Abschlußprüfungen ab. 1929 bis 1933 arbeitete Wismann als Verlagssekretär im Pfälzischen Zeitungsverlag, Ludwigshafen. Am 16. Februar 1933 aufgrund einer Dissertation über „Grab und Grabmal Karls des Großen" summa cum laude in Heidelberg zum Dr. phil. promoviert, war Wismann seit dem 1. April 1933 als Referent im eben errichteten Reichsministerium für Volksaufklärung und Propaganda tätig, seit 1. Oktober 1934 als Leiter der Abteilung VIII (Schrifttum). In dieser Eigenschaft wurde er am 28. Juni 1935 zum „Ministerialrat auf Widerruf" befördert. Anfang 1936 eingegangenen Beschwerden der Steglitzer NSV- und NSDAP-Ortsgruppen, der Gauleitung Berlin und der Geheimen Staatspolizei, die Wismann u. a. vorwarfen, sich am Parteidienst nicht zu beteiligen und seinen Pflichten als Parteigenosse nur spärlich nachzukommen, scheint er durch den am 7. Oktober 1936 vollzogenen Kirchenaustritt begegnet zu sein. Am 7. April 1937 erhielt er die von Goebbels für ihn im November 1936 beantragte unwiderrufliche Ernennung. Kurz danach wurde Wismann gestürzt. Zur Begründung diente, daß er – in erster, 1934 geschiedener Ehe – mit einer Frau jüdischer Abkunft verheiratet gewesen sei, dies seinen Vorgesetzten verschwiegen und seinen „nichtarischen" Schwager mit Arbeiten für die Reichsschrifttumskammer – als deren Vizepräsident Wismann fungierte – beauftragt habe; dieser hätte aufgrund von Wismanns Protektion „sogar den Lektor in der Rosenberg-Hagemeyerschen Stelle zur Förderung des deutschen Schrifttums" spielen können. Der mit der Untersuchung gegen Wismann betraute „Reichskulturwalter" Hans Hinkel, dem der Inkulpant „ein Dorn im Auge" gewesen war (H. F. Blunck), charakterisierte den Gestürzten in seinem Schlußbericht auf folgende Weise: „ein eiskalt berechnender und jesuitisch ebenso kluger wie falscher Mann. . . . ein letzten Endes mutloser und in seinen Entschlüssen von kleinsten Menschen beeinflußbarer, aber selbst mehr als ‚belesener Geist' ". Hinkels Vorschlag auf sofortige Entfernung Wismanns aus seinen Ämtern wurde in der Form verwirklicht, daß dieser genötigt wurde, selbst um Entlassung einzukommen, die zum 1. Oktober 1937 ausgesprochen wurde. Ein Disziplinarverfahren wurde auf Anraten Hinkels nicht eingeleitet, um zu vermeiden, daß andere Ressorts, die hieran hätten beteiligt werden müssen, Kenntnis von dem Fall erhielten. Hoffnungen Wismanns, in den Vereinigten Staaten als Lektor oder im Rahmen eines Verlags für Übersetzungen aus dem Deutschen eine neue Existenz zu finden, erhielten ebenso wie andere Pläne im Propagandaministerium keine Unterstützung. Obwohl er befürchtete, „die Sorge, sich mit meiner persona ingrata zu belasten", werde „ein schwer überwindbares Hemmnis" bilden, fand Wismann seit April 1938 ein neues Arbeitsfeld als Mitarbeiter eines großen wissenschaftlichen Verlags. Während des Krieges wurde er sogar als Leiter einer „Agentur" zur Verbreitung deutscher Bücher in Frankreich wieder aus Mitteln des Propagandaministeriums besoldet. *Blunck*, S. 207 nennt ihn unter den Männern, „die nicht aus der Partei kamen", und rühmt ihn – „ein ausgleichender ruhiger Mann mit dem schmalen blonden Kopf eines Aestheten" (S. 209) – als „kühn" (S. 238), „vorzüglich" (S. 270), „tapfer" (S. 296) und „klug" (S. 314). Scharf bekämpft wurde Wismann von dem seit 1920 der NSDAP angehörenden, im Verlag des „Völkischen Beobachters" aufgestiegenen Wilhelm Baur, der sich als Vorsteher des Börsenvereins der deutschen Buchhändler in diesem Zusammenhang rühmte, die nationalsozialistische Weltanschauung „nicht allein mit geistigen Waffen, sondern auch mit anderen verteidigt" zu haben; seine Klagen über enge Zusammenarbeit eines jüdischen Verlags, „bei dem ja auch der Schwiegervater von Herrn Dr. Wismann beschäftigt ist" (*Wulf, Literatur*, S. 271), mit Abteilung VIII des Propagandaministeriums und über die Begünstigung eines von Baur gemaßregelten Verlegers, der nicht Parteigenosse war, durch Wismann (ebd. S. 317 ff.) dürften mehr noch als die erwähnten Beschwerden zu dessen Sturz beigetragen haben. Bei *Bermann Fischer* (S. 112 ff.) wird Wismann als ein freundlicher junger Mann geschildert, der zum größten Erstaunen seines von völlig anderen Vorstellungen ausgehenden Besuchers die Verhandlung über die Auswanderung des S. Fischer Verlags und den Übergang der in Deutschland verbleibenden Teile an Peter Suhrkamp mit Entgegenkommen und Verständnis führte. Zu Wismann vgl. ferner die weiteren, im Register nachgewiesenen Erwähnungen bei *Wulf*, Literatur und Dichtung, die an ihn gerichteten Briefe R. G. Bindings bei *Barthel*, S. 326 ff; 343 ff. sowie *Keßler*, S. 747 zum 30. März 1936, wo der Name irrig „Wasmann" lautet, ferner *Strothmann*, passim.

416

Polizeidirektion München an Bayerisches Staatsministerium des Innern   12. *April 1934*

HStA München, MInn Nr. 73660

Der Antrag des Schriftstellers Dr. Thomas Mann auf Ausstellung einer Paßbescheinigung zur Erlangung eines Reisepasses beim Deutschen Generalkonsulat in Zürich wurde abgewiesen, weil die Bayerische Politische Polizei dagegen Einspruch erhoben hat.
Auf den Akteninhalt nehme ich Bezug.

München, den 12. April 1934

Polizeidirektion
I. A. Dr. Hagen

Reichsministerium für Volksaufklärung und Propaganda an Auswärtiges Amt
14. *April 1934*

Gesch. Z. VII 7904-38/7. 11. 34[a]

Übersendet Dok. 45.

Reichsministerium des Innern an Auswärtiges Amt   20. *April 1934*

IV 5013 b/27. 3.

Übersendet Dok. 30 a, 30 b, 31, 32, 33, 43 sowie ein Schreiben des Rechtsanwalts Heins vom 24. Februar 1934 und ein Schreiben des Verlags S. Fischer vom 16. März 1934 samt Anlagen mit der Bitte um Rückgabe und baldige Stellungnahme[1].

Insbesondere bitte ich um Äußerung, ob, falls das Material nach Ihrer Ansicht zur Ausbürgerung nicht ausreicht, der Erlaß einer Rückkehraufforderung nach dem Gesetz vom 14. Juli 1933 zu erwägen sein wird. Inzwischen wäre Thomas Mann zweckmäßig auf sein weiteres Verhalten durch die zuständige Auslandsvertretung beobachten zu lassen.

I. V.
gez. Pfundtner

---

[a]*In Nr. 45 lautet das Geschäftszeichen richtig VII 7904-38/7. 11. 33. Nach den für die Reichsministerien geltenden Registraturvorschriften weist der letzte Teil des Geschäftszeichens das Datum des vorausgehenden Vorgangs auf; dieses kann am 10. April 1934 nicht der 7. November 1934, sondern nur dieser Tag des Vorjahres sein.*

[1] Vgl. dazu Dok. 74, wo sich ergibt, warum das Schreiben von Heins vom 24. Februar und des Fischer-Verlags vom 16. März samt Anlagen fehlen.

Bayerisches Staatsministerium des Innern an Polizeidirektion München   *21. April 1934*

HStA München, MInn Nr. 73660

Nr. 2083 a 16.

Betreff: Reisepaß des Schriftstellers Dr. Thomas Mann

Aus Anlaß der Beschwerde des Rechtsanwalts Valentin Heins in München als beauftragten Vertreters des Schriftstellers Dr. phil. Thomas Mann, zur Zeit Küßnacht-Zürich, gegen die Verfügung der Polizeidirektion München vom 10. 3. 1934, mit der die Ausstellung einer Paßbescheinigung zur Erlangung eines Reisepasses für Dr. Thomas Mann verweigert wurde, hat das Staatsministerium des Innern die Verhandlungen geprüft. Ein Anlaß zur Aufhebung oder Abänderung der angefochtenen Verfügung der Polizeidirektion München wurde dabei nicht wahrgenommen.
Die Beschwerde wird daher kostenfällig abgewiesen.
Der bevollmächtigte Vertreter des Beschwerdeführers ist hiervon zu verständigen.
Abdruck an die Bayerische Politische Polizei.

I. A.

Dr Eichner

Bemerkung

Der verheiratete Schriftsteller Dr. phil. h. c. Thomas Mann, geb. 6. 8. 1875 in Lübeck, deutscher Staatsangehörigkeit, war von 1898 ab mit Unterbrechungen und vom 7. 2. 1914 bis 16. 1. 1934 ununterbrochen in München, zuletzt Poschingerstr. 1, wohnhaft und hat sich dann nach Küßnacht-Zürich (Schweiz) abgemeldet. Am 17. 2. 1934 beantragte er bei der Polizeidirektion München Verlängerung seines am 3. 4. 1933 abgelaufenen Reisepasses. Er gab dabei an, die von ihm geschuldete Reichsfluchtsteuer erlegt zu haben. Die Polizeidirektion München verweigerte mit Verfügung vom 10. 3. 1934 die Ausstellung einer Paßbescheinigung zur Erlangung eines Reisepasses auf Grund der ablehnenden Äußerung der Bayer. Politischen Polizei, wonach Mann Emigrant ist und gegen ihn Antrag auf Aberkennung der deutschen Staatsangehörigkeit gestellt ist. Gegen diese Verfügung führte im Auftrage des Dr. Mann der Rechtsanwalt Valentin Heins Beschwerde zum Ministerium, da Dr. Mann die Reichsfluchtsteuer von rund 100.000 RM bezahlt habe und andere Versagungsgründe nicht erkennbar seien. Die Bayer. Politische Polizei wiederholte ihre vorherige Stellungnahme und wies darauf hin, daß die Paßverweigerungsgründe des § 11ᵃ der Paßbekanntmachung durch die deutschfeindliche Propaganda des Dr. Mann im Auslande gegeben seien.

---

49   ᵃ *verbessert aus offenkundigem Schreibversehen* § 1

Dr. Mann gehört zu den Emigranten, die das nationalsozialistische Deutschland durch ihre Hetzpropaganda im Auslande unendlich geschädigt haben. Die Paßverweigerung ist damit begründet (§ 11ª Abs. I der Paß-Bek. vom 7. 6. 1932 – RGBl. S. 257 – und ME vom 5. 12. 1933 Nr. 2081 a 533, betr. Bek. über die vorübergehende Wiedereinführung des Ausreisesichtvermerkes vom 1. 4. 1933).

50

Thomas Mann an Reichsminister des Innern W. Frick   23. *April 1934*

Typoskript mit Verbesserungen und Ergänzungen von der Hand Thomas Manns, TMA
Erstdruck: „Die Neue Zeitung" Nr. 63 vom 8. August 1947

Dem Abdruck liegt eine Fotokopie zugrunde, die der Verfasser Frau Erika Mann (†) verdankt. Abweichungen des Erstdrucks sind als Lesarten vermerkt, offenkundige Schreibversehen dabei jedoch nicht berücksichtigt.
Das Datum des Schreibens ist bisher nicht sicher festzustellen gewesen. Selbst das Jahr, in dem es verfaßt worden ist, konnte zweifelhaft erscheinen, wie Vermerke von verschiedenen Händen auf dem Zürcher Exemplar zeigen, die 1934 und 1935 nennen. Thomas Mann selbst irrte, als er in einem Brief an H. Carossa vom 7. Mai 1951 (Briefe III, S. 205) das Schreiben ins Jahr 1933 verlegte. Möglicherweise nahm er damit allerdings nur eine unrichtige Angabe auf, die von Carossa und anderen Personen geäußert worden sein mag. Wenn es im Kommentar Briefe II, S. 719 heißt, der Brief an das Reichsinnenministerium habe sich, „datiert vom Frühjahr 1934", „schließlich in deutschen Archiven" gefunden, so ist das allenfalls so zu verstehen, daß der Zusammenhang, in dem er überliefert und entdeckt worden war, diese Datierung in gewissem Maße gewährleisten konnte, denn die im Erstdruck erscheinende, nicht als Herausgeberzusatz gekennzeichnete Datierung „Frühjahr 1934" steht in keiner der überlieferten Fassungen. Der Datierung auf den 2. April 1934 bei Bürgin-Mayer, S. 108 liegt kein Quellenzeugnis zugrunde. Sie beruht auf der – für sich allein keineswegs zwingenden – Erwägung, daß zwischen der Eingabe an das Ministerium und dem Brief Thomas Manns an R. Schickele vom 2. April 1934 (Briefe I, S. 355 ff.) gewisse Berührungspunkte bestehen.
Nachdem Thomas Manns Verleger Bermann Fischer zuerst 1970 Näheres über die Entstehungs- und Verbreitungsgeschichte des Briefes mitgeteilt hat (vgl. oben S. 155, Anm. 158), wissen wir, daß der Dichter in den Tagen vor dem 18. April 1934 mit dem Konzept beschäftigt war. Offenbar besteht ein Zusammenhang mit der leider in den erhaltenen Akten nicht überlieferten Eingabe des Rechtsanwalts Heins an das Reichsinnenministerium vom 27. März 1934. Sie sollte – nach den beigegebenen Anlagen [= Dok. 30a–32] zu schließen – den einzigen Punkt ausräumen, der im Zusammenhang mit dem gegen den Dichter gerichteten Ausbürgerungsantrag von den Berliner Stellen als gravierend betrachtet worden war, die Bedenken wegen des Zusatzes zu dem Artikel in der Zeitung „L'Intransigeant".
Eine auf Grund bislang unbekannter Quellen möglich gewordene aktenkundlich-behördengeschichtliche Beobachtung gestattet jetzt, Thomas Manns Brief an das Reichsinnenministerium auf den Tag genau zu datieren und damit in den rechten Zusammenhang zu rücken. Dieses Ressort verwandte – ebenso wie das Auswärtige Amt – in seinem Schriftverkehr Geschäftszeichen, die aus drei Teilen bestehen. Sie nennen zunächst die – in der Regel durch eine römische Ziffer bezeichnete – Abteilung, bei der der Vorgang bearbeitet wurde. Dann folgt die Aktennummer, die dem Sachbetreff von der Registratur gegeben wurde. Ihr schließen sich – meist von ihr durch einen Strich getrennt – zwei arabische Zahlen an, die im Gegensatz zu den beiden ersten starren Elementen von Schreiben zu Schreiben wechseln und die ein Tagesdatum bezeichnen. Dieser Teil des Geschäftszeichens gibt Tag und Monat aus dem Datum des beim Ministerium eingelaufenen Schreibens wieder, auf das mit dem Auslauf, der das Zeichen trägt, reagiert wird. Das Reichsministerium des Innern hat die Eingabe Thomas Manns nicht beantwortet, doch hat es sie durch einen am 26. Juni 1934 an die Staatskanzlei des Freistaats Bayern gerichteten Erlaß [= Dok. 58] erledigt. Er trägt das Geschäftszeichen I 3241ᴬ/23.4. Damit ist gesichert, daß die Eingabe Thomas Manns aus dem Frühjahr 1934 das Datum des 23. April getragen hat. Die Mög-

lichkeit, daß unter diesem Datum eine Zuschrift der Bayerischen Staatskanzlei an das Reichsinnenministerium gerichtet worden und Fricks Erlaß die Antwort darauf gewesen sei, kann unbedenklich ausgeschlossen werden, da in einem solchen Fall auf den betreffenden Eingang im Auslauf ausdrücklich Bezug genommen worden wäre. Das ist aber nicht der Fall.

Das so ermittelte Datum paßt dazu, daß Thomas Mann zu seinem Entwurf der Eingabe am 18. April das Einverständnis seines Verlegers und durch dessen Vermittlung – wegen befürchteter Postzensur – auch des Rechtsanwalts Heins nachsuchte. Bermann Fischers Zustimmung dürfte den Dichter postwendend erreicht haben; Heins erklärte sein Einverständnis fernmündlich, wie Thomas Mann am 26. April G. B. Fischer berichtete. Damit sah der Dichter sich imstande, unter dem Datum des 23. April den Brief an das Reichsinnenministerium abgehen zu lassen. Der ablehnende Bescheid des bayerischen Innenministeriums vom 21. April 1934 [= Dok. 79] mag den Entschluß hierzu befördert haben, nachdem Thomas Mann bei dem erwähnten Telefongespräch mit Heins davon erfahren haben dürfte. Gegen die geäußerte Annahme spricht nicht, daß die ministerielle Abweisung im Gegensatz zu dem ablehnenden Bescheid der Münchner Polizeidirektion vom 10. März 1934 [= Dok. 40] durch Thomas Mann nicht erwähnt wird. Er dürfte den vor der Münchner Ministerialentscheidung an seine Berater geschickten Entwurf nach deren Approbation in diesem Punkt nicht mehr haben ändern wollen. Thomas Mann mußte sich umso mehr veranlaßt fühlen, gerade in diesem Augenblick an das Reichsministerium des Innern zu appellieren, als die gegenüber den bayerischen Stellen möglichen Rechtsmittel nun, aber auch erst jetzt erschöpft waren. Zudem war ihm wohlbekannt, daß „man in Berlin“ wegen der Vorenthaltung von Paß und Habe ihm gegenüber „den Kopf schüttelt“. „Über die dortigen Ämter die Lokalbehörden zur Raison zu bringen“, war schon im März 1934 seine Hoffnung gewesen[1].

Obwohl Rechtsanwalt Heins – wie Thomas Mann in seinem Schreiben vom 26. April an Bermann Fischer erwähnt – die Absicht hatte, „selber mit dem Brief [an das Reichsinnenministerium] zu arbeiten, indem er ihn mehrfach reproduziert und an verschiedene Stellen versendet, vor allem an das A[uswärtige] A[mt]“, ließ sich keine weitere Überlieferung ermitteln. Die Akten des Deutschlandreferats im Auswärtigen Amt, die Thomas Mann betreffen, enthalten kein einschlägiges Schreiben des Rechtsanwalts, und als das Reichsministerium des Innern sein Schreiben vom 26. Juni 1934, mit dem es der Bayerischen Staatskanzlei Abschrift der Eingabe des Dichters übermittelte [= Dok. 58], dem Auswärtigen Amt zuleitete, ist diesem anscheinend keine Abschrift mitübersandt worden. Eingehende Nachforschungen nach anderweitiger Überlieferung – vor allem in den bayerischen Akten, die durch Kriegsverluste beträchtlich dezimiert worden sind – blieben ergebnislos. Das Fehlen einer auf Heins zurückgehenden Überlieferung in den Akten des Auswärtigen Amtes hängt möglicherweise mit Bedenken zusammen, die Thomas Mann gegen die von seinem Anwalt beabsichtigte Aktion hegte. „Vielleicht würde der eigentliche Adressat Wert darauf legen, alleiniger Empfänger zu sein“, schrieb der Dichter am 26. April an Bermann Fischer, der ihm übrigens geraten hatte, die Adresse persönlich zu fassen. Da Thomas Mann ausdrücklich erwähnt, er habe diesen Rat befolgt (Mann-Fischer, S. 73), ist die Typoskript-Überlieferung in diesem Punkt sicher zu emendieren. Bermann Fischer leitete mit Einverständnis des Autors Abschriften von Thomas Manns Eingabe an verschiedene Personen weiter, darunter an Manfred Hausmann. Die an diesen geschickte Kopie „ist einer Haussuchung während des Dritten Reiches zum Opfer gefallen“[2].

ᵃAn den Herrn Reichsinnenminister Dr. Frick Berlinᵃ

An das Reichsministerium des Innernᵇ richte ich die Bitte, es wolle dahin wirken, daß die zuständige Münchner Behörde mir die Erneuerung meines Anfang April vorigen Jahresᶜ abgelaufenen Passes bewillige und mir meine in Deutschland be-

---

50 ᵃ⁻ᵃ *Die Anschrift ist in der von G. Bermann Fischer aufgrund von Erkundigung „an privater“ — doch offensichtlich genau informierter — „Stelle“ am 21. April 1934 (Mann-Fischer, S. 72 f.) empfohlenen Form emendiert.*

ᵇ *Innern*
ᶜ *folgt (1933)*

[1] Die Zitate aus dem Schreiben von Th. Mann an E. Bertram, 19. März 1934 (Jens, S. 183).
[2] Mitteilung von Dr. Hausmann an den Verfasser vom 5. Juli 1966.

findliche, seit acht Monaten mit Beschlag belegte Habe: Haus, Bibliothek, Inventar und Vermögen zurückerstatte.

Zur Begründung und Erläuterung dieser Bitte diene Folgendes[d]. Am 11. Februar 1933 habe ich München, meinen ständigen Wohnsitz seit vier Jahrzehnten, verlassen, um eine Reise anzutreten, die mich anläßlich des Wagner-Gedenkjahres nach Amsterdam, Brüssel und Paris führte[3]. Ich unternahm diese Reise wie irgend eine frühere, ohne Hintergedanken, durchaus unabhängig von der politischen Lage im Reich und in vollständiger Ahnungslosigkeit des Kommenden. Daß ich von ihr nicht, wie von so[e] vielen anderen, an meine gewohnte Arbeitsstätte zurückkehren sollte, war ich mir nicht vermutend.

Nach Absolvierung meiner Vorträge in den genannten Städten nahmen meine Frau und ich programmgemäß einen auf zwei oder drei Wochen bemessenen Erholungsaufenthalt in Arosa[4], und hier war es, wo die Nachrichten von dem Ausgang der Wahlen[5], der politischen Umwälzung in Deutschland uns überraschten. Ich war zunächst weit entfernt, in diesen Nachrichten einen Grund zu sehen, die Heimkehr auch nur zu verzögern. [f]Im Gegenteil war es mein erster Antrieb, gerade unter diesen Umständen sofort nach Hause zurückzukehren[f]. Meine Koffer waren gepackt, als Freundeswarnungen von verschiedenen Seiten mich erreichten, ich möge die Grenze noch nicht überschreiten, meine persönliche Sicherheit sei nicht gewährleistet, die neue nationale Regierung in München[g] [6] habe es feindlich auf mich abgesehen, Verhaftung drohe mir und so fort. Diese Vorstellungen bestimmten mich, den ersten Trubel der politischen Wandlung und die Rechtsvakanz, die ein solcher mit sich bringt, im Auslande abzuwarten. Daß die Stadt, in der ich den größten Teil meines Lebens in Ehren verbracht, deren Magistrat meinen fünfzigsten Geburtstag und meine Auszeichnung mit dem Nobelpreise in herzlichen Feiern begangen[7], und die es mir gedankt hatte, daß ich ihr durch die Jahrzehnte auch unter unerfreulichen Verhältnissen treu geblieben war, – daß diese meine zweite Heimat es auf meine A u s s t o ß u n g[h] abgesehen habe, konnte ich damals nicht denken.

Dennoch lief die Radio- und Presse-Aktion, die Anfang April unter dem Titel

---

[d] folgendes
[e] *fehlt*
[f-f] *fehlt*

[g] *statt* München *heißt es* Bayern
[h] Ausstoßung *nicht gesperrt*

[3] Zur näheren Datierung der einzelnen Etappen dieser Vortragsreise vgl. *Bürgin-Mayer*, S. 101 f.

[4] In Arosa hielt das Ehepaar Mann sich vom 26. Februar 1933 an auf; *Bürgin-Mayer*, S. 102.

[5] Die Reichstagswahl vom 5. März 1933 hatte der am 30. Januar 1933 unter Hitler als Reichskanzler gebildeten Regierung aus Nationalsozialisten und Deutschnationalen mit 288 Abgeordneten der NSDAP und 52 Abgeordneten der DNVP bei insgesamt 647 Sitzen die einfache Mehrheit gesichert.

[6] Zu den dramatischen Vorgängen, die am 9. März 1933 die „Gleichschaltung" Bayerns besiegelten, vgl. *Bracher-Sauer-Schultz*, S. 136 ff.; zuletzt *Aronson*, S. 98.

[7] Zu diesen Feiern vgl. *Bürgin-Mayer*, S. 69, 89; dazu oben S. 94, 124, 139, Anm. 112.

„Protest der Wagnerstadt München" gegen mich ins Werk gesetzt wurde[8], auf nichts anderes hinaus. Ich hielt mich in Lugano auf, als die Nachricht von diesem lärmenden, mit erschreckender Gehässigkeit unternommenen Angriff zu mir drang, den Freunde, Rotary-Brüder[i], Künstler-Kameraden[k], bis dahin mir scheinbar wohlgesinnte, ja ergebene Menschen gegen mich unternommen hatten, und mit einem Schlage veränderte sich das Bild, das ich mir von meiner Lage gemacht hatte. Es handelte sich um eine weitschichtige Studie über den Bayreuther Meister, „Leiden und Größe Richard Wagners", die ich im Winter geschrieben und im Aprilheft der „Neuen Rundschau" veröffentlicht hatte[9]. Ihr war ein Vortrag entnommen, den ich zum erstenmal am 10. Februar, einen Tag vor meiner Abreise, im Auditorium Maximum der Münchner Universität zur herzlich bekundeten Befriedigung eines fünfhundertköpfigen Publikums, [l]darunter erste Repräsentanten des Münchner kulturellen Lebens[l], gehalten und dann in Amsterdam und Paris mit dem gleichen Erfolg wiederholt hatte[m]. Die Arbeit war getragen und erfüllt von einer tief wurzelnden[n], ein Leben lang unterhaltenen Leidenschaft für das Werk des großen Theatralikers; sie ist von der europäischen Kritik als einer der ansehnlichsten geistigen Beiträge zu dem produktiv sonst nicht sehr ergiebigen Gedenkfeste angesprochen worden, und ich weiß wohl, daß sie, ihrer kritischen Nüanciertheit[o] ungeachtet, ja gerade durch sie, danach angetan war, selbst dort eine lebendige Anteilnahme an der faszinierenden Erscheinung Wagners wieder wachzurufen, wo diese nur noch als museal empfunden wurde und, als Problem, matter Gleichgültigkeit verfallen schien.

Die Veranstalter jener Aktion aber sahen in meinem Aufsatz[10] auf einmal eine Verunglimpfung des deutschen Meisters, begangen noch dazu vor den Ohren des Auslandes[p]. Ihr „Protest", unterzeichnet von einem wahren Massenaufgebot großer und kleiner Namen, Einzel-Honoratioren, Instituten und Verbänden, war seinerseits eine einzige, in den erniedrigendsten Wendungen abgefaßte Verunglimpfung meiner Person und Lebensleistung vor dem In- und Auslande. Es steht fest, daß die große Mehrzahl derer, die man zur Unterschrift herangezogen, meine Arbeit nicht gelesen hatten, andere nicht einmal mit dem krassen, zum Teil – offen gestanden – lächerlichen Texte des Protestes bekannt gemacht worden waren. Es steht ferner[q] fest, daß mancher der Teilnehmer, bis hinauf zu den Initiatoren, sich schon heute seiner Handlungsweise von damals keineswegs mit reiner

---

[i] Rotarybrüder	[n] tiefwurzelnden
[k] Künstler, Kameraden	[o] Nüchternheit
[l-l] *fehlt*	[p] Auslands
[m] habe	[q] *fehlt*

[8] Zum Folgenden vgl. oben S. 127 ff.

[9] *Bürgin* I, 49, 69, 107, 117; V, 415. IX, S. 363 ff.; MK 114, S. 121ff.

[10] Der „Protest der Richard-Wagner-Stadt München" nimmt nicht auf Thomas Manns Aufsatz, sondern auf „Richard-Wagner-Gedenkreden von Herrn Thomas Mann" Bezug, also den Vortrag, den der Dichter „in Brüssel und in Amsterdam und an anderen Orten" gehalten hatte. Ueber den Nachweis der Abhängigkeit des „Protests" von einem Zeitungsbericht und nicht vom Text des Aufsatzes vgl. oben S. 127, Anm. 79.

Genugtuung erinnert[11]. Verbreitet aber durch den Radio-Sender[r] und die gesamte Presse, in einem Augenblick wie diesem unter die[s] hocherregten Massen[s] geworfen, stellte die Kundgebung nichts anderes dar als eine furchtbare Denunziation, die mich, wäre ich zufällig an Ort und Stelle gewesen, ohne Uebertreibung gesagt, Gesundheit und Leben hätte kosten können. Ich mußte begreifen, daß mein Außenbleiben weniger vorläufig war als ich gedacht hatte, und daß ich unter Menschen, die mir dies angetan, nicht so bald wieder würde leben können.

Maßnahmen gegen mein in München zurückgelassenes Eigentum belehrten mich bald des Weiteren, wie es in der Heimat um mich stand. Noch im April wurden, angeblich auf Befehl der Politischen Polizei, meine beiden Automobile, eine Horch-Limousine und ein Buick-Phaeton, und nicht nur diese, sondern dazu das D. K. W.-Wägelchen meines Sohnes aus der Garage geholt, – nicht etwa um sicher gestellt, sondern einfach, um fortan von der Münchner S. A[t]. gefahren und aufgebraucht zu werden. Die Irregularität dieser Enteignung wird heute nicht mehr bestritten, ist aber niemals wieder "gut gemacht"[u] worden.

Nicht lange danach erfolgte die Beschlagnahme meines Hauses nebst Einrichtung, sowie meiner Bankkonten und Honorare[12]. Soweit dieser Schritt im Interesse des Finanzamtes geschah, das, wenn mein Fernbleiben sich als dauernd herausstellen sollte, Anspruch auf die Reichsfluchtsteuer hatte, war nichts dagegen einzuwenden. Tatsache ist aber, daß, trotz früherer klarer Versicherungen[v] der Politischen Polizei, die Beschlagnahme auch nach Befriedigung des Finanzamtes und bis zum heutigen Tage nicht aufgehoben worden ist.

Meinem Anwalt, Dr.[w] Valentin Heins, einem vielfach ausgezeichneten Kriegsteilnehmer, der sich, aus menschlicher Verbundenheit mehr noch als aus beruflichem Eifer, meiner Interessen während dieses Jahres mit beispielloser Hingabe und unermüdlicher Zähigkeit angenommen hat, war es gelungen, den zur Erlegung der Reichsfluchtsteuer erforderlichen Teil [x]meines Vermögens[x] freizubekommen; die Zahlung des hohen Prozentsatzes meines Gesamtbesitzes konnte zugleich mit meiner polizeilichen Abmeldung erfolgen[13], das Finanzamt war befriedigt, ich durfte meine Lage als legalisiert betrachten, und wenigstens die Erträgnisse meiner literarischen Arbeit blieben mir nicht länger entzogen. Aber keinen Vorstellungen, Reklamationen und unendlichen Bemühungen meines Anwaltes[y] ist es bis heute gelungen, den Rest meines Münchner Guthabens und vor allem mein Haus nebst Inventar und der für meine Arbeit so unentbehrlichen Bibliothek aus dem Gewahrsam der Politischen Polizei zu befreien, ja, von dieser wurde die Villa – ein nur zur

---

[r] Radiosender	[v] Versprechungen
[s-s] hocherregte Menge	[w] Dr. Dr.
[t] SA	[x-x] *fehlt*
[u-u] gutgemacht	[y] Anwalts

[11] Vgl hierzu die Bemerkung Thomas Manns über Knappertsbusch in einem Brief vom 3. Februar 1934 an Katia Mann (*Briefe* III, S. 470).

[12] Zum Datum dieser Maßnahme – Ende August 1933 – vgl. oben S. 132, Anm. 89.

[13] Zum Datum der polizeilichen Abmeldung Thomas Manns aus München – 16. Januar 1934 – vgl. oben S. 138 f. und Dok. 49.

Sicherstellung mit Beschlag belegtes, keineswegs enteignetes Objekt – ohne meine Zustimmung einige Monate lang der Benutzung durch einen privaten Pensionsbetrieb von fünfzehn Köpfen überlassen, – eine Verfügung, die wohl in dieselbe Kategorie wie die Wegführung der Autos gehört, nur daß sie sehr viel später getroffen wurde und kaum noch wie diese als revolutionäre Handlung erläutert werden kann. – Und ebenso wenig wie die Freigabe meines Eigentums ist bis zur Stunde die Verlängerung, beziehungsweise Erneuerung meines abgelaufenen Passes zu erreichen gewesen. Alle Versuche an Ort und Stelle oder bei den Konsulaten sind gescheitert und mußten scheitern, da, wie ich erfuhr, ᶻeine Rund-Weisungᶻ der Münchner Politischen Polizei an die deutschen Vertretungen im Ausland vorliegt, mir die Erteilung des staatsbürgerlichen Ausweises zu verweigern[14]. Ein Schritt der Berner deutschen Gesandtschaft in München blieb erfolglos[15]. Ein ᵃeigener direkterᵃ Versuch, den ich noch vor Kurzemᵇ auf Anraten des Zürcher Generalkonsulatesᶜ, unter Hinweis auf die veränderte und rechtlich durchaus geklärte Lage, bei der Münchner Polizeidirektion unternahm, endete mit schlichter Abweisung ohne Angabe von Gründen[16].

Die Unfolgerechtheit im Verhalten der Münchner Polizei ist offenkundig. Bittere Erfahrungen bestimmen mich, auf die Rückkehr nach Deutschland, in die Stadt, in der ich länger als ein Menschalter gelebt und gewirkt, in das Heim, das ich mir dort gegründet und in dem ich meine Tage zu beschließen gedacht hatte, auf unbestimmte Zeit zu verzichten und meinen Wohnsitz im deutschsprachigen Auslande zu nehmen. Die gesetzliche Auswanderungssteuer, eine Abgabe, die meine Lebensverhältnisse natürlich von Grund aus verändert hat – läßt man mich erlegen. Aber man zieht daraus weder die Konsequenz, mir meine restliche Habe zurückzugeben, noch ist man zu bewegen, mir, einem legal in der Schweiz lebenden deutschen Bürger, den Paß zu erneuern. Welchen Sinn hat das? Ist es nötig zu sagen, daß das Ausland diese Behandlung eines deutschen Schriftstellers, der seinem Vaterlande niemals Unehre gemachtᵈ, ja der, durch Kränkungen dazu herausgefordert, wohl das Gegenteil von sich behaupten darf, nicht begreift, und daß sie dem Ansehen Deutschlands als Kultur- und Rechtsstaat nicht förderlich ist?

Es ist wahr, ich kann zur Not ohne bürgerlichen Ausweis leben[17]. Die Staaten, in denen ich mich seit Jahresfrist aufgehalten habe, Frankreich und die Schweiz,

---

ᶻ⁻ᶻ ein Rundschreiben
ᵃ⁻ᵃ direkter eigener
ᵇ kurzem

ᶜ Generalkonsulats
ᵈ machte

[14] Ein derartiges Dokument ist bisher nicht nachzuweisen. Direkter Amtsverkehr der Bayerischen Politischen Polizei mit deutschen Auslandsvertretungen würde – jedenfalls 1933/34 – eine Ungewöhnlichkeit darstellen.

[15] Einschlägige Akten haben sich nicht nachweisen lassen.

[16] Vgl. hierzu Dok. 49, wo sich aus einem im Bayerischen Staatsministerium des Innern am 21. April 1934 gefertigten Vermerk ergibt, daß der ablehnende Bescheid der Polizeidirektion, der am 10. März erging, auf eine dorthin gerichtete Eingabe des Dichters vom 17. Februar 1934 erfolgte.

[17] Zu Thomas Manns Legitimationspapier nach Ablauf seines deutschen Passes vgl. Dok. 80, Anm. 1.

haben mir ein gastliches Entgegenkommen erwiesen, das mich – ich muß es aussprechen – als Deutschen beschämt hat. Sie sehen in mir nicht den Repräsentanten irgend eines politischen Systems, sondern des deutschen Geistes; und es hat ja den Anschein, daß die obersten Amtsstellen des Reiches nicht abgeneigt sind, sich dieser Auffassung anzuschließen. Den Gedanken, mir den deutschen Namen abzuerkennen, haben diese entscheidenden Stellen nicht in Betracht gezogen, sie haben ihn jedenfalls von der Hand gewiesen[18]. Ist denn aber nicht durch diese Entschließung den Maßnahmen der Münchner Behörde gegen mich, der Verweigerung des Passes sowohl wie der Einbehaltung meines Vermögens, jede rechtliche und logische Grundlage entzogen?

Ich muß hier auf die politischen Hintergründe meines Falles, die Motive des Uebelwollens, das seine Bereinigung verzögert, mit einigen Worten eingehen. Meinem Anwalt hat man an Münchner Amtsstellen bedeutet, die Schwierigkeiten, die dieser Bereinigung entgegenständen, ergäben sich aus der Tatsache, daß ich ein „marxistischer Schriftsteller" sei[19]. Das ist eine befremdende Vereinfachung, ja Verkennung meiner Wirksamkeit und geistigen Existenz. Vor allem ist mein Ansehen als Schriftsteller in Deutschland und im Auslande keine Frucht der vierzehn Jahre deutscher Republik und ist nicht an sie gebunden. Der Familienroman, dem es beschieden war, zu einem millionenfach verbreiteten Hausbuch des deutschen Bürgertums zu werden, erschien um die Jahrhundertwende, und die ihm zunächst folgenden Arbeiten, welche mein literarisches Bild vervollständigten, gehören ebenfalls der Epoche von vor dem Kriege an. Das Schwergewicht meiner Natur lag und liegt im Geistig-Künstlerischen, nicht im Politischen. Die nationalen Wirkungen, die von meiner Produktion ausgingen, waren sittlicher und formaler, sie waren kultureller Art. Eben darin glaubte[e] ich mich „deutsch", daß ich das Moralisch-Aesthetische als meinen natürlichen Bereich empfand und die politisch-gesellschaftliche Sphäre als unterwertig ignorierte. Als die Erschütterung des Krieges auch mich zum politischen Bekenntnis zwang, da war es gerade die Politisierung, das heißt die[f] Demokratisierung des deutschen Geistes gegen die ich (in den „Betrachtungen eines Unpolitischen") den Kampf aufnahm. Dies Buch war ein einziges großes Rückzugsgefecht romantisch-apolitischer Bürgerlichkeit vor der überwältigend andringenden[g] Politik. Große Werte der Vergangenheit und der Tradition, denen man sich verbunde fühlt, auch ohne jede Aussicht auf Erfolg

---

[e] glaube   *von Thomas Mann eigenhändig revidierten und*
[f] *fehlt*   *an dieser Stelle veränderten Typoskript*
[g] anrückenden *so auch ursprünglich in dem*

[18] Vgl. oben S. 141. Die erhaltenen Akten lassen nur erkennen, daß das Reichsministerium des Innern den bayerischen Ausbürgerungsantrag nicht für ausreichend begründet hielt und ihn – ebenso wie das Auswärtige Amt – dilatorisch behandelte, nicht jedoch ausdrücklich „von der Hand gewiesen" hat.

[19] Diese Behauptung steht im ersten Satz des Antrags auf Aberkennung der deutschen Staatsangehörigkeit Thomas Manns vom 18. Januar 1934 und zieht sich weiterhin als roter Faden durch dieses Dokument; vgl. Dok. 33.

gegen das [h]revolutionäre Neue[h] zu verteidigen, das erschien mir immer als würdige und soldatisch-ehrenhafte Aufgabe eines Schriftstellers.

Nach diesem Sinne habe ich gehandelt auch gegen diejenige Revolution, die dann in Deutschland und über Deutschland den Sieg davon getragen hat. Ich war bei den konservativ-antipolitischen Ideen der „Betrachtungen" nicht stehen geblieben. Das Erleben der Zeit hatte mich gelehrt, das menschliche, das humane Problem als eine Totalität zu begreifen, zu der[i] allerdings und unweigerlich auch das Politisch-Soziale gehörte, – was freilich etwas anderes war, als nun etwa das Politische, den Staat, für das Ganze zu nehmen und ihn totalisieren zu wollen. Die Republik, die ich nicht herbeigesehnt hatte, schien mir eine Schicksalsgegebenheit, und in gewissen Reden und Aufsätzen habe ich während der Nachkriegsjahre[k] den Versuch gemacht, mein Volk oder diejenigen seiner Schichten, auf die ich Einfluß besaß, mit diesem Schicksal auszusöhnen, wobei ich mich, namentlich in dem Essay „Von deutscher Republik", der traditionellen Anknüpfungsmöglichkeiten bediente, die die deutsche Romantik bot. Friedensliebe, der Wunsch, meine Nation nicht nur mit ihren eigenen vom Schicksal diktierten Aufgaben, sondern auch mit der Welt, mit Europa zu versöhnen, führten mir die Hand bei diesen dem Pflichtgefühl, nicht der Anmaßung entstammenden und immer nur die künstlerische Tätigkeit begleitenden Arbeiten. Viel zu sicher fühlte ich mich in der nationalen[l] Überlieferung geborgen, als daß ich je von meinen europäischen Sympathien eine Beeinträchtigung meines Deutschtums hätte befürchten können. Daß ein Schriftsteller der europäischen Welt ein nationales, dem eigenen Lande aber ein europäisches Gesicht zukehrt, ist seit Goethes Tagen in Deutschland nichts Neues. Das Ausland hat mich, seit mein Werk ihm sichtbar wurde – etwa seit Abschluß des Krieges – immer als spezifisch deutsche Figur gesehen und wohl empfunden, daß meine Bücher nirgends sonst als in Deutschland, aus deutscher Kultur und Geistesform hätten entstehen können. Das beruhigte mich bis[m] zu einem gewissen Grade darüber, daß manche Landsleute zuletzt nichts anderes mehr als einen entwurzelten Intellektuellen in mir erblicken wollten und eine gewisse Europafähigkeit meiner Bücher mit charakterlosem Internationalismus verwechselten.

Daß ich mir „schadete" mit meinem politischen Eintreten und Zureden; daß vielen Deutschen schon ein solches „Herabsteigen" eines Dichters auf den Markt und in die Arena des öffentlichen Meinungskampfes für entwertend und dichterisch entehrend galt – ein echt deutscher Einwand, der jedoch nicht gegolten[n] hätte, wenn ich mit dem Strom geschwommen wäre – wußte ich wohl und hatte darunter zu leiden. Klüger, im egoistisch-lebenspolitischen[o] Sinn und bequemer wäre es gewesen, zu schweigen. Doch nahm ich es ernst mit der „Republik als Aufgabe", wie ich sie meinen Landsleuten darzustellen versucht hatte, und solange es eine Diskussion gab, habe ich fortgefahren, dem zugunsten[p] zu reden, was ich für das

[h-h] Revolutionäre
[i] dem *so auch ursprünglich in dem von Thomas Mann eigenhändig revidierten und an dieser Stelle veränderten Typoskript*
[k] Nachkriegszeit

[l] *fehlt*
[m] *fehlt*
[n] gehalten
[o] weltpolitischen
[p] zu Gunsten

Rechte und Gute hielt. Daß dies der „Marxismus" gewesen wäre, ist wenig zutreffend. Ich habe das deutsche Bürgertum – also meine eigene Klasse, die Sphäre meiner eigenen Herkunft und Bindung – aufgefordert, sich politisch an die Seite der sozialdemokratischen Arbeiterschaft, dieser kulturell so gutwilligen deutschen Menschenart zu stellen, weil dies einen mächtigen Kräftezustrom für eben dies Bürgertum und in meinen Augen die Rettung der bürgerlichen Kultur bedeutet hätte[20]. Historisch gesehen war es kein unmöglicher Gedanke; denn hatte nicht schon im Jahre 1848 die Arbeiterklasse, bei ihrem ersten Hervortreten, in Bundesgenossenschaft mit dem Bürgertum gestanden? Eine bürgerlich-sozialistische Frontbildung zur Herstellung einer wirklichen sozialen und demokratischen Republik wäre – so schien es[q] mir – die humane, die friedliche und die europäische Lösung der deutschen Frage, sie wäre zugleich im kulturellen Sinn die konservativste[r] gewesen. Das Schicksal ist über solche Wünsche hinweggegangen, und ich bin nicht der Tor, gegen seinen mit hinlänglicher Entschiedenheit erlassenen Spruch zu revoltieren. Die elementarischen und, wie ich wohl wußte, vom Verhängnis auf alle Weise begünstigten Mächte, in deren Zeichen längst alles stand, und denen im Kampf der Kräfte und Gesinnungen der unumschränkte, der totale und alles bestimmende Sieg für zweifellos lange Frist bestimmt war, habe ich im engen Rahmen meiner Möglichkeiten bekämpft, solange das einen Sinn hatte, und aus meiner inneren angeborenen und naturnotwendigen Abneigung gegen das nationalsozialistische Staats- und Weltbild mache ich auch heute, – [s]an dieser Stelle[s] – umso weniger ein Hehl, als ich die Geringschätzung kenne und würdige, die der siegreiche Nationalsozialismus der Speichelleckerei und dem eifrig sich empfehlenden Überläufertum entgegenbringt. Seitdem aber die Geschichte ihr Wort gesprochen, habe ich g e s c h w i e g e n[t] und mich strikt an die Erklärung gehalten, die ich bei meinem Austritt aus der Preußischen Akademie der Künste abgab: Es sei[u] mein Entschluß, alles Offizielle, das sich im Lauf der Jahre an mein Leben gehängt habe, davon abzustreifen und in [v]v o l l k o m m e n e r   Z u r ü c k g e z o g e n h e i t   m e i n e n   p e r s ö n l i c h e n   A u f g a b e n   z u   l e b e n[v] [21]. Ich habe einsehen gelernt, daß ich diesen Vorsatz – die Konsequenz aus meinem früheren Eintreten für historisch unterlegene Ideen – am besten außerhalb der Reichsgrenzen verwirkliche, und daß diese Lebensform mir die innere Ruhe am ehesten gewährleistet, die ich brauche, um mein dichterisches Lebenswerk – ein nachweislich der Nation auch heute nicht gleichgültiges Werk – zu Ende zu führen. Eine leicht erkämpfte Einsicht ist das nicht. Daß ich mich deutscher Kulturüberlieferung aufs tiefste und natürlichste zugehörig fühle, mein [w]Denken und

---

[q] *fehlt*
[r] konservative
[s-s] *keine Gedankenstriche*
[t] *nicht gesperrt*

[u] ist
[v-v] *nicht gesperrt*
[w-w] Dichten und Denken

[20] Die Anspielung betrifft vor allem Thomas Manns „Deutsche Ansprache" vom 17. Oktober 1930; XI, S. 870 ff.; MK 117, S. 85 ff.
[21] Th. Mann an den Präsidenten der Akademie der Künste, Max v. Schillings, 17. März 1933 (*Jens, Dichter*, S. 197; *Brenner, Ende*, S. 61, Nr. 31).

Dichten[w] zuerst und zuletzt von ihr bestimmt weiß, sagte ich schon; und so hat der Gedanke des Exils, des auch nur[x] über einige Jahre sich erstreckenden Lebens außerhalb meines Landes von jeher einen überaus schweren und verhängnisvollen Akzent für mich getragen. Daß gerade mir je das Los des Emigranten zufallen könnte, habe ich mir nicht träumen lassen; es ist mir sozusagen nicht an der Wiege gesungen worden, und schon rein menschlich ist es begreiflich, daß für den fast Sechzigjährigen das jähe Abgeschnittensein von seiner ganzen gewohnten Lebensbasis eine schwere Erschütterung bedeutete.

Mein Außenbleiben fasse ich denn auch nicht als dauernde Trennung vom Vaterlande auf, sondern als eine vom Schicksal verordnete Episode, als eine Beurlaubung, wenn ich so sagen darf, aus der Volksgemeinschaft für eine unbestimmte, aber gemessene Frist. Auch war es von Anfang an mein Wille, mich geistig, was irgend an mir läge, von meinem innerdeutschen Publikum nicht trennen zu lassen. Meine Bücher, so sagte ich mir, sind für Deutsche geschrieben, für solche zuerst und ursprünglich. Sie sind das Produkt einer erzieherischen Verbundenheit von Nation und Autor und rechnen mit Voraussetzungen, die ich selber[y] erst in Deutschland habe schaffen helfen. Die „Welt" und ihre Teilnahme waren immer nur ein erfreuliches Akzidens; mit ihr allein kann ich nichts anfangen. Die Wurzellosigkeit, die nur Unverständige mir nachsagten[z], will ich nicht selber am Ende zur Tatsache machen. So habe ich zu einem Zeitpunkt, als es noch sehr ungewiß war, ob ich aus Deutschland je einen Pfennig Honorar würde[a] beziehen können, alle ausländischen Angebote, die mir auf meine neue epische Arbeit, den biblischen Roman, gemacht wurden und deren Annahme mir das Leben gesichert hätte, abgelehnt und auf jede Gefahr hin den ersten und zweiten Band des Werkes in Deutschland, in dem Berliner Verlage, mit dem ich seit meinem Eintritt in die Literatur zusammenarbeite, erscheinen lassen[22], und zahlreiche Kundgebungen aus der[b] Heimat zeigen mir, daß ich recht getan.

Ich komme auf die zu Anfang dieses Schreibens ausgesprochene Bitte zurück. Ich bitte das Reichsministerium des Inneren[c], das Zürcher Generalkonsulat zu ermächtigen, mir meinen Ausweis als deutscher Staatsbürger zu erneuern; und ich bitte das Reich, die Münchner Behörde zu bestimmen, die mir dort verbliebene Habe von der Beschlagnahme zu befreien. Nicht so sehr aus praktischen Gründen bitte ich darum – obgleich diese schwer ins Gewicht fallen – als aus ideellen, aus Gründen der Ehre: weil es nicht mein Wunsch ist und eine Verfälschung meines natürlichen Schicksals bedeuten würde, mit meinem Lande in unseligem Zerwürfnis zu leben und aus dem Gefühl, daß in den Augen der Welt auch Deutschlands Ehre aus einem solchen Zustande keinen Vorteil zöge.

In[d] ausgezeichneter Hochachtung[e]

---

[x] *fehlt*
[y] selbst
[z] nachsagen
[a] hätte

[b] meiner
[c] Innern
[d] Mit
[e] *folgt* gez. Th. Mann

[22] „Joseph und seine Brüder" erschien im Oktober 1933, „Der junge Joseph" im April 1934 im S. Fischer Verlag, Berlin; vgl. *Bermann Fischer*, S. 96; *Bürgin-Mayer*, S. 105, 108.

Aufzeichnung des Deutschland-Referats im Auswärtigen Amt zum Schreiben des Reichsministeriums des Innern vom 20. April 1934 [= Dok. 48] 2. Mai 1934

Im vorliegenden Falle ist bei der Entscheidung über den Antrag des R. M. d. I. auf Aberkennung der Staatsangehörigkeit eine gewisse Vorsicht geboten.

Es ist dabei nicht zu verkennen, daß Mann in seiner Eigenschaft als Dichter und Schriftsteller im Auslande einen guten Ruf besitzt und die literarische Bedeutung seiner Persönlichkeit keinesfalls unterschätzt werden darf.

Wenn schon die eine oder andere Maßnahme nach dem Gesetz vom 14. Juli v. J. zur Anwendung kommen soll, dann könnte es nach Ansicht von Ref. D nur die Aberkennung der Staatsangehörigkeit sein; doch wird es diesseits für angezeigt erachtet, ᵃnoch eine Stellungnahme der Deutschen Botschaft in Paris hierzu zu erbitten.ᵃ

Eine befristete Rückkehraufforderung nach § 2 Satz 2 a. a. O. gegen Mann zu erlassen, ᵇderen Nichtbefolgung die Aberkennung der Staatsangehörigkeit zur Folge haben würdeᵇ, scheint nach hiesiger Ansicht nicht angezeigt, weil Mann in seinem Schreiben vom 28. Aug. v. J. an das Finanzamt in München-Ost (Seite 4 oben) ausdrücklich erklärt hat, daß er seinen Wohnsitz in München aufgibt, und auf der anderen Seite deutscherseits nicht der Eindruck erweckt werden soll, als wolle man ihn zur Rückkehr zwingen. Dadurch könnte bei ihm die falsche Vorstellung entstehen, als sei dem nationalsozialistischen Deutschland an seiner Rückkehr viel gelegen. Und das könnte man doch wohl keinesfalls mit Rücksicht auf Manns gesamte Einstellung behaupten, insbesondere, nachdem er im Originaltext seines im „L'Intransigeant" erschienenen Artikels Frankreich als ein Land bezeichnet, das all denen Zuflucht und schützende Freistatt bleiben wird, die mit ihm Maß und Vernunft lieben und die Wildheit gering achten[1]...

Zunächst bei
II Frankreich, P u. VI K
mit dem Eingang 83-76 20/4 samt seinen Anlagen und den übrigen Vorgängen zur gefl. Kenntnis und mit der Bitte um gefl. Stellungnahme zu dem vom R. M. d. I. gestellten Ausbürgerungsantrag ergebenst vorgelegt.

Ich bitte auch zu der Frage Stellung nehmen zu wollen, ob und inwieweit sich die Aberkennung der Staatsangehörigkeit nach § 2 Abs. 4 a. a. O. auch auf die Ehefrau Manns und die ehelichen Abkömmlinge erstrecken soll.

Berlin, den 2. 5. 1934

B*[ülow]* S*[chwante]*

ᵃ⁻ᵃ*Mit Blaustift unterstrichen*
ᵇ⁻ᵇ*Maschinenschriftlicher Nachtrag*

[1]Vgl. Dok. 30a, S. 394; die Bezugnahme ist auf den Wortlaut der Übersetzung (= Dok. 31, S. 397) gestützt.

Votum des Frankreich-Referats im Auswärtigen Amt zu Dok. 33 und 48

[15./16.] Mai 1934

Entwurf gefertigt am 15. Mai durch Legationssekretär v. Marchthaler und am 16. Mai durch LR v. Rintelen und VLR v. Renthe-Fink abgezeichnet.
Der Vermerk ist durch den Leiter der Presseabteilung, Ministerialdirektor Marcks[1], dem Leiter der Kulturabteilung VLR Stieve zugeleitet und von diesem am 28. Mai mit dem zuständigen Referenten VLR Oster besprochen worden.

Zu dem Antrag des Bayerischen Staatsministeriums des Innern, Thomas Mann die Reichsangehörigkeit abzuerkennen, ist im Rahmen der Zuständigkeit von II Fr folgendes zu bemerken:
1. Die auf Seite 3 des Schreibens des Bayerischen Staatsministeriums des Innern vom 18. 1. d. J. gegebene Beurteilung des von Mann im Jahre 1926 in Paris gehaltenen Vortrages ist, wie hier bekannt ist, unzutreffend. Der Vortrag ist weder zu einem „großen Liebeswerben um die Franzosen" noch zu einer „für die deutsche Nation nicht rühmlichen Komödie" ausgeartet. Es ist mit Sicherheit anzunehmen, daß die Botschaft Paris im Hinblick auf die Bedeutung, die der Vortrag hatte, über ihn berichtet hat. Der Bericht dürfte bei Abteilung VI bearbeitet worden sein. Aus ihm wird sich ergeben, daß auf das damalige Auftreten Thomas Manns in Paris die jetzt gegen ihn beantragte Maßnahme nicht gestützt werden kann.
2. Die Veröffentlichung im „Intransigeant" ist unbedingt zu beanstanden. Wie jedoch durch die vom Verlag Fischer zur Verfügung gestellten Unterlagen (insbesondere Anlage 2)[2] glaubhaft gemacht wird, ist die hetzerische Aufmachung des Artikels gegen den Willen des Verfassers erfolgt, ferner sind die Verschärfungen im Artikel durch Verfälschungen bei der Übersetzung vorgenommen worden. Der ursprünglich von Th. Mann verfaßte Artikel (vgl. Anlage 3 zum Schreiben des Verlags Fischer) ist ganz wesentlich milder wie die dem Schreiben des Bayerischen Staatsministerium des Innern (Seite 5) zugrunde liegende Fassung. Der Artikel allein würde jedenfalls schwerlich Anlaß zu einer so schwerwiegenden Maßnahme wie die Aberkennung der Staatsangehörigkeit bieten.
3. Für eine Stellungnahme zu den übrigen einzelnen Beschuldigungen ist II Fr nicht zuständig. Im Hinblick auf das große Ansehen, das Mann als Schriftsteller in den westeuropäischen Ländern, insbesondere in Frankreich genießt, muß jedoch ganz allgemein auf die folgenden für die Beurteilung der Frage wesentlichen Gesichtspunkte hingewiesen werden:
Abgesehen von dem Artikel im „Intransigeant" beziehen sich die allgemeinen Vorwürfe gegen Mann auf die Zeit vor dem 30. Januar 1933; es scheinen daher nicht

---

52   [1]In den gedruckten Geschäftsverteilungsplänen und danach auch in der wissenschaftlichen Literatur wird Marcks in dieser Dienststellung nur für das Jahr 1933 aufgeführt. Auf Grund des von ihm handschriftlich gefertigten und mit vollem Namen signierten Vermerks zu dem vorliegenden Votum sind diese Angaben zu korrigieren.
[2] Gemeint sein dürfte der Brief Thomas Manns an „L'Intransigeant" [=Dok. 32].

die Voraussetzungen der Richtlinien des Reichsministers des Innern vom 24. März vorzuliegen[3], die in erster Linie bei Aberkennung der Staatsangehörigkeit maßgebend sein sollen: besonders schweres Vergehen gegen die Volksgemeinschaft; Mißbrauch der Stellung, um in Wort und Schrift gegen das neue Deutschland zu hetzen; Bestrafung vorwiegend derjenigen, die nach dem 30. Januar 1933 nicht nachgelassen haben, das deutsche Ansehen im Ausland herabzuwürdigen.

Unabhängig von der Beurteilung der Persönlichkeit und des Verhaltens von Th. Mann fällt aber entscheidend ins Gewicht, daß die Aberkennung der Staatsangehörigkeit dem Deutschen Reiche politisch erheblichen Schaden zufügen kann. Mann hat bisher offensichtlich das Bestreben, nicht alle Brücken nach Deutschland abzubrechen. Er wird sich daher vermutlich auch weiterhin bei seinen Äußerungen in der Öffentlichkeit Reserve auferlegen, solange er nicht ausgebürgert wird. Es erscheint jedenfalls nicht angezeigt, ihn durch eine scharfe Maßnahme wie die Ausbürgerung in das Lager der ständigen Hetzer gegen Deutschland zu treiben. Geschähe dies, so könnte er uns gerade in den westlichen Ländern, in denen er einen Namen hat, propagandistisch sehr schaden. Es wird daher nach dem bisherigen Stande der Dinge für ratsam gehalten, vorerst von der Aberkennung der Staatsangehörigkeit wie von dem Erlaß einer Rückkehraufforderung abzusehen. Es wird aber anheimgestellt, die Botschaft Paris und das Generalkonsulat Zürich – Th. Mann wohnt jetzt in Zürich-Küßnacht – doch noch zum Bericht über sein bisheriges Verhalten aufzufordern. Außerdem wird die Überwachung seines weiteren Verhaltens durch das Generalkonsulat in Zürich geboten sein.

Hiermit an Abt. P ergebenst weitergeleitet.

Berlin, den   Mai 1934

53

Votum der Kulturabteilung im Auswärtigen Amt zu Dok. 33 und 48   *29. Mai 1934*

Ref. VLR Oster

. . .

Abteilung VI schlägt vor, die Stellungnahme des Auswärtigen Amtes sowohl auf die Rechtsfrage wie auch auf die außenpolitische Wirkung der beantragten Ausbürgerung zu basieren.

1. Bezüglich der Rechtsfrage[a] wäre zu sagen, daß nach Ansicht des A. A. keinerlei ausreichende Unterlagen dafür beigebracht sind, aus denen hervorginge, daß Thomas Mann durch sein Verhalten gegen die Pflicht zur Treue gegen Reich und Volk verstoßen hat. Nach der Praxis des Reichsinnenministeriums selbst – vgl. die Entscheidung im Falle des früheren Preußischen Finanzministers Klepper[1] – setzt

---

[a] *rot unterstrichen*

[3] S. oben Dok. 42.

[1] Vgl. Dok. 35a.

Aberkennung der Reichsangehörigkeit offenkundige schwere Verstöße voraus, die sich insbesondere innerhalb der Zeit nach der staatlichen Umwälzung ereignet haben müssen. Solche Verstöße liegen aber im Falle Thomas Mann nicht vor. Der einzige hier in Betracht kommende Punkt, die Veröffentlichung im „Intransigeant" vom Januar 1934, ist bereits in der Aufzeichnung der Abteilung II Frankreich richtig gekennzeichnet. ᵇWas den im Jahre 1926 in der Carnegie-Stiftung in Paris veranstalteten Vortrag Manns angeht, der, wie es in dem Schreiben des Bayerischen Innenministeriums heißt, „nur ein großes Liebeswerben um die Franzosen" dargestellt habe und zu einer für die deutsche Nation gewiß nicht „rühmlichen Komödie" ausgeartet sein soll, so darf auf den Bericht der Deutschen Botschaft Paris vom 6. Februar 1926 verwiesen werden, in dem jenem Vortrag eine gänzlich andere Beurteilung zuteil wird. Es heißt dort u. a.:

„Thomas Mann gab ein in stilistischer Vollendung und eindrucksvollem Vortrag dargebotenes Bild des gegenwärtigen geistigen Deutschland, mit einem Bekenntnis zur Demokratie, aber ᵃvoll stolzer Wahrung der deutschen Eigenart und des deutschen Rechts"ᵃᵇ.

Daß ein so prominenter Vertreter des deutschen Schrifttums, dessen Weltgeltung vor fünf Jahren durch Verleihung des Nobelpreises anerkannt worden ist, sich mehrfach nach außerdeutschen Ländern zu Vorträgen oder, wie im Falle Tolstoi, zu Gedenkfeiern begeben und daß er bei solchen Gelegenheiten freundliche und dankbare Worte für das jeweilige Gastland gefunden hat, kann ihm nach hiesiger Ansicht nicht zum Vorwurf gemacht werden.

2. Entscheidend für die Stellungnahme des Auswärtigen Amtes dürfte aber insbesondere die Rücksicht auf ᵃdie außenpolitische Wirkungᵃ eines im Falle Mann besonders weithin sichtbaren Ausbürgerungsbeschlusses sein. Thomas Mann gilt seit Jahren, namentlich aber seitdem er Nobelpreisträger geworden ist, im gesamten gebildeten Ausland, wo seine Werke gerade in den letzten Jahren auch stark durch Übersetzungen verbreitet worden sind, als einer der vornehmsten Vertreter des deutschen Schrifttums. Da er sich, soweit hier bekannt, zum Unterschied von den meisten inzwischen ins Ausland abgewanderten deutschen Schriftstellern, einer ganz besonderen Zurückhaltung befleißigt hat, würde eine Aberkennung der Reichsangehörigkeit ihm gegenüber geradezu sensationell und alarmierend wirken und in noch weit stärkerem Maße zu unfreundlichen Bemerkungen Veranlassung geben als etwa der Fall Albert Einsteins[2], zumal Mann reiner Arier ist (im Ausland weiß man im allgemeinen nichts davon, daß er mit einer Nichtarierin verheiratet ist), und so würde ein Vorgehen gegen ihn, dem eher eine gewisse Note philiströser Pedanterie und bürgerlicher Korrektheit anhaftet, auf völliges Unverständnis stoßen.

ᵇ⁻ᵇ*mit Blaustift eingeklammert*

[2]Albert Einstein (1879–1955) war gegen die ursprünglich vom Reichsminister des Auswärtigen v. Neurath in einem Schreiben an Staatssekretär v. Bülow vom 18. August 1933 geäußerten, allerdings wenig später fallengelassenen Bedenken die deutsche Staatsangehörigkeit aberkannt worden. Die Bekanntgabe dieser Maßnahme am 29. März 1934 hatte größtes Aufsehen erregt und in der Weltpresse scharfe Reaktionen ausgelöst.

Was die Frage einer Rückkehraufforderung angeht, so ergibt das übersandte Material keinerlei Anhaltspunkt dafür, daß diese Rückkehr im Reichsinteresse geboten sei. Bei der vorsichtigen und maßvollen Art Thomas Manns darf wohl mit Sicherheit erwartet werden, daß er seinen Aufenthalt im Auslande – er wohnt übrigens nicht in Frankreich, wie irrtümlich in dem Schreiben des Bayerischen Innenministeriums angenommen wird, sondern bereits seit mehr als einem halben Jahre unweit Zürichs in der Schweiz – nicht zu Angriffen gegen das Deutsche Reich benutzen, sondern sich auch in Zukunft großer Zurückhaltung befleißigen wird.

Über Abteilung V – Herrn VLR Barandon – dem Referat II Fr ergebenst vorgelegt.

Berlin, den 29. Mai 1934.

St[ieve] 29/5

54

Reichsministerium des Innern an Auswärtiges Amt   *29. Mai 1934*

Nr. IV 5013 b/27. 3. II.

Erinnert an Erledigung von Dok. 48.

55

Erlaß des Preußischen Ministers für Wissenschaft, Kunst und Volksbildung betr. Entscheidung über Annahme und Bewertung von Dissertationen durch den Dekan[1]   *31. Mai 1934*

Akten der Philosophischen Fakultät der Universität Bonn betr. Promotionen, Allgemeines

U I Nr. 1275

Auf den Randbericht vom 26. April 1934 – 2044 –

Unter Bezugnahme auf die Darlegungen des Dekans der dortigen Philosophischen und Naturwissenschaftlichen Fakultät vom 18. April 1934 bestimme ich hinsichtlich der Annahme oder Ablehnung bezw. die *[sic!]* Bewertung der Doktordissertationen folgendes Verfahren:
Die Entscheidung hat der Dekan zu treffen, wenn nötig, nach vorhergehender beratender Tätigkeit der engeren Fakultät oder nach Einholung des Gutachtens eines dritten Referenten.
5 Abdrucke gleichzeitig für die übrigen Fakultäten liegen bei.

Im Auftrage
Burmeister

---

[1] Die beigefügte Anlage läßt erkennen, daß die Initiative zu diesem an die Universität Münster/W. gerichteten und allen wissenschaftlichen Hochschulen zur Beachtung übermittelten Erlaß vom Dekan der Philosophischen und Naturwissenschaftlichen Fakultät in Münster ausgegangen ist.

Der Dekan der Philos.
und Naturw. Fakultät

Münster i. W., den 18. April 1934.
Domplatz 21/22.

Ein bestimmter Einzelfall, den der Unterzeichnete mit Bestimmtheit voraussieht, veranlaßt ihn zu der folgenden grundsätzlichen Anfrage.

Die Verleihung der Doktorwürde (Promotion) erfolgte bislang zweifellos durch die betreffenden Fakultäten. Der einzelne Fachvertreter, bei welchem die Arbeit eingereicht bezw. dem sie durch den Dekan der Fakultät zur Prüfung überwiesen wurde und der den Doktoranden im Hauptfache der mündlichen Prüfung zu prüfen hatte, war Referent, und es stand und steht wohl auch heute noch jedem Mitglied der Fakultät das Recht zu, soweit er durch eigene Fachkenntnisse hierzu befähigt war oder doch sich befähigt glaubte, diesem Hauptreferat ein eigenes mehr oder weniger ausführliches Gutachten an die Seite oder geradezu gegenüberzustellen. Gelegenheit hierzu gab der übliche Umlauf der Dissertationen bei allen Mitgliedern der engeren Fakultät, und es durfte wohl als Zeichen besonderer Gewissenhaftigkeit gelten, wenn man sich bei diesem Umlauf nicht darauf beschränkte, einfach seinen Namen unter das Gutachten des Referenten zu setzen, sondern wenigstens von diesem selbst, wo nicht auch von der einzelnen Dissertation genauere Kenntnis nahm, gleichviel ob man dann durch Namensunterschrift sein Einverständnis mit jedem Referat bekundete oder von dem fraglichen Recht einer eigenen Stellungnahme Gebrauch machte. In jedem Falle stellte die Unterzeichnung des Referats, das jeweils in den Antrag auslief, daß die Fakultät die betreffende Arbeit unter Erteilung eines bestimmten Prädikats annehmen möge, den Akt einer Abstimmung dar, durch welchen günstigen Falles dem gestellten Antrag ohne weiteres entsprochen wurde. Mit besonderer Deutlichkeit kam der Abstimmungscharakter dann zum Ausdruck, wenn eine oder mehrere von dem Hauptreferat abweichende Stellungnahmen erfolgten und die übrigen Fakultätsmitglieder nun bald dieser, bald jener geäußerten Meinung sich anschlossen. Auf die entschiedene Forderung auch nur eines einzigen Fakultätsmitglieds hin konnte schließlich, sei es im Schoße einer für Promotionsfragen bestellten Kommission, sei es im Plenum der Fakultät, über Annahme oder Nichtannahme, bezw. über die Bewertung einer Dissertation förmlich verhandelt werden müssen, und hierbei war vollends nach dem bisher geltenden Recht ein abschließendes Verhandlungsergebnis nur durch ebenso formelle Abstimmung zu gewinnen.

Nachdem heute die engere Fakultät nur mehr beratende Befugnisse besitzt und eine Abstimmung in ihr grundsätzlich nie mehr stattzufinden hat, entsteht das nicht einfache Problem, auf welchem Wege bezw. durch welches Organ die Fakultäten eines ihrer wichtigsten Rechte, um nicht zu sagen eine ihrer wichtigsten Aufgaben, nämlich die Annahme oder Ablehnung bezw. die Bewertung der Doktordissertationen auszuüben haben. Es könnte wohl nur ein Dreifaches in Betracht kommen. Entweder müßte der Herr Minister bestimmen, daß in diesem Ausnahmefall eine Abstimmung über eine rein wissenschaftliche Frage auch in Zukunft noch stattzufinden habe, die Dinge also schlechthin beim alten bleiben, oder es müßte in Zukunft das Referat den Charakter einer fachkundigen Entscheidung

434

annehmen und statt in einen an die Fakultät gerichteten Antrag in ein endgiltiges Urteil über Annahme oder Nichtannahme der Dissertation und im Falle der Annahme über das ihr zu erteilende Prädikat ausmünden, oder endlich es müßte auch hier eine autoritäre Entscheidung des Dekans, wenn nötig nach vorhergehender beratender Tätigkeit der engeren Fakultät, die bisherige Abstimmung der letzteren ersetzen.

Allerschwerste Bedenken stünden wohl der zweiten Eventualität gegenüber, umso mehr als durch die Promotionsordnung wohl fast allgemein für bestimmte Fälle ein Korreferat gefordert wird, eine Forderung, die bei einzelnen Fakultäten, wie beispielsweise der Katholisch-Theologischen Fakultät unserer Westfälischen Wilhelms-Universität, sogar durchweg besteht. Bei dem durchaus im Bereich der Möglichkeit liegenden starken Auseinandergehen der beiden Referate würde aber eine Wahrnehmung der bisherigen Fakultätsrechte durch den Referenten von vornherein undurchführbar werden.

Da, wie gesagt, in meiner Fakultät sich in allernächster Zeit ein Fall ergeben dürfte, zu dessen sachgemäßer Behandlung eine autoritative Klärung der Sachlage nicht zu entbehren ist, müßte ich es mit großem Dank begrüßen, wenn eine solche durch Entscheidung des Herrn Ministers mit tunlichster Beschleunigung herbeigeführt würde.

Der Dekan der Philos. und Naturw. Fakultät
gez. Prof. A. Baumstark[2]

An den
Herrn Minister für Wissenschaft, Kunst und Volksbildung
Berlin

Der Rektor   Münster, den 20. April 1934
G. Nr. 742

Gesehen und unter wärmster Befürwortung weitergereicht mit der Bitte, eine tunlichst baldige Entscheidung herbeizuführen.
M. E. kommt wohl nur die dritte Lösung infrage, daß nämlich die bisherige Abstimmung der Fakultät durch die autoritäre Entscheidung der Dekane, wenn nötig nach vorherigem Benehmen mit der engeren Fakultät, ersetzt wird.

I. V.

(Unterschrift)

---

[2] Über Baumstark (1872–1948) vgl. die Angaben sowie die weiterführende Literatur bei *Wenig*, S. 13; O. *Spies*, Anton Baumstark (Bonner Gelehrte. Beiträge zur Geschichte der Wissenschaften in Bonn. Sprachwissenschaften, Bonn 1970, S. 347 ff.).

Der Stellv. Universitätskurator   Münster, den 26. April 1934

Nr. 2044 U. K.

Gesehen

und weitergereicht. Ich schließe mich der Stellungnahme des Universitätsrektors an.

(Unterschrift)

56

Votum der Rechtsabteilung im Auswärtigen Amt zu Dok. 33 und 48   *2. Juni 1934*

Auch nach Ansicht der Abteilung V ist es zweifelhaft, ob nach den vom Reichsministerium des Innern für die Anwendung des Gesetzes vom 14. Juli v. J. aufgestellten Grundsätzen die gegen Thomas Mann vorgebrachten Tatsachen zur Aberkennung der Staatsangehörigkeit ausreichen. Abteilung V hält es jedoch für angebracht, dem Reichsministerium des Innern gegenüber weniger die rechtliche als die außenpolitische Seite der Angelegenheit in den Vordergrund zu stellen.

Hiermit über II Frankreich[a] dem Referat Deutschland ergebenst zurückgereicht.

Berlin, den 2. Juni 1934   Barandon[1]

57

Auswärtiges Amt an Reichsministerium des Innern   *5. Juni 1934*

Teilt auf Dok. 54 mit, eine Stellungnahme könne erst nach Äußerung der zuständigen Stellen des Auswärtigen Amtes und Eingang von Berichten der Botschaft in Paris und des Generalkonsulats in Zürich abgegeben werden.

58

Reichsministerium des Innern an Staatskanzlei des Freistaates Bayern   *26. Juni 1934*

I 3241[A]/23.4.

Thomas Mann hat sich mit der abschriftlich anliegenden Eingabe [= *Dok. 50*] an mich gewandt. Ich bitte ergebenst um Stellungnahme. Auf die Dauer wird die

---

56   [a] *abgezeichnet* v. R[*intelen*] 7./6.

[1] Dr. Paul Barandon, geb. 19. September 1881, trat 1910 in den Auswärtigen Dienst ein; 1920–1926 Mitglied des englisch-deutschen Schiedsgerichts in London, 1927–1932 Mitglied der Rechtsabteilung des deutschen Völkerbundsekretariats in Genf; 1933–1937 war er als VLR im Range eines Ministerialdirigenten stellvertretender Leiter der Rechtsabteilung des Auswärtigen Amts; über ihn vgl. Wer ist Wer? [11]1951, S. 20; Kürschners Deutscher Gelehrtenkalender [11]1970, S. 96 f.

436

Beschlagnahme des Vermögens nicht aufrechterhalten werden können. Für seine Einziehung dürften ausreichende Gründe nicht gegeben sein. Daß Thomas Mann sich im Ausland hetzerisch gegen Deutschland betätigt hätte, ist mir bisher nicht bekannt geworden.

Zur Paßfrage bemerke ich folgendes:

Wenn Thomas Mann, was unter den gegebenen Verhältnissen wohl anzunehmen ist, seinen Wohnsitz nunmehr in der Schweiz hat, so würde zur Ausstellung eines neuen Passes oder zur Erneuerung seines alten Passes lediglich die zuständige deutsche Vertretung (Generalkonsulat in Zürich) berufen sein (vgl. § 5 und 15 Abs. 1a der Paßbekanntmachung vom 7. Juni 1932 – RGBl. I S. 257); eine Mitwirkung der Paßbehörde in München kommt hierbei nicht in Frage.

Würde man indes davon ausgehen, daß der Genannte seinen Wohnsitz noch in München hat, so würde die Münchner Paßbehörde ihre für die Paßausstellung oder-erneuerung erforderliche Einwilligung (§ 5 Abs. 2 und § 15 Abs. 1b a. a. O.)[1] nur versagen können, wenn die Voraussetzungen des § 11 a. a. O.[2] gegeben sind.

I. A.

gez. Unterschrift

59

Reichsleitung der NSDAP, Außenpolitisches Amt (Berlin), an Reichsministerium des Innern
11. Juli 1934

Abteilung: I/Übersee

betr.: Wa./Da.

Brief-Buchn.: 4240

Wie aus dem „Jewish Daily Bulletin" Nr. 2864 vom 6. 6. 34 hervorgeht,[1] beteiligt sich der Sozialdemokrat Thomas Mann nunmehr auch in Amerika an der jüdischen Hetze gegen Deutschland[2].

---

[1] Die betreffenden Bestimmungen lauten:
§ 5,1 „Örtlich zuständig für die Ausstellung eines Reisepasses ist die Paßbehörde, in deren Bezirk der Paßbewerber seinen Wohnsitz oder mangels eines Wohnsitzes seinen Aufenthalt hat."

2 „Eine örtlich unzuständige Paßbehörde darf einen Reisepaß nur ausstellen, wenn die Ausstellung durch die zuständige Behörde besonders erschwert ist und diese Behörde eingewilligt hat."
§ 15,1 „Ein Reisepaß kann geändert oder ergänzt werden:
a) durch die Behörde, die für die Ausstellung eines neuen Passes zuständig ist,
b) durch eine andere Paßbehörde nur mit Einwilligung der gemäß a) zuständigen Behörde".

[2] S. Dok. 41b, Anm. 1.

[1] Das Zitat hat sich trotz der Bemühungen, für die Herrn Dr. Regensburger (Cambridge) und der Wiener Library (London) zu danken ist, nicht verifizieren lassen.

[2] Wahrscheinlich handelt es sich um den in Dok. 60 wiedergegebenen Brief Thomas Manns an den Jüdischen Hilfsverein in New York.

Es wäre zu erwägen, ob es angebracht ist, ihm die deutsche Staatsangehörigkeit zu entziehen.

Heil Hitler!

gez. Unterschrift[3]

60

Rechtsanwalt Heins, München, an Reichsministerium des Innern 11. *Juli 1934*

Betrifft: Dr. Thomas Mann wegen Ausbürgerung

Dr. Thomas Mann hat Anfang Juni 1934 eine Reise nach New York angetreten[1]. Er war zu ihr von seinem amerikanischen Verleger Alfred A. Knopf eingeladen worden. Sein neuestes Werk „Joseph und seine Brüder" sollte an seinem Geburtstag, 9. Juni[2], in englischer Sprache herausgegeben werden[3]. Die Reise trug also einen rein privaten Charakter, welcher auch den ganzen Aufenthalt hindurch aufrecht erhalten wurde.

Zwei deutsche Blätter haben nun Nachrichten über angebliche Äußerungen Dr. Manns gebracht, welche aber niemals gefallen sind.

Es handelt sich im ersten Fall um die „Deutsche Wochenschau" vom 16. Juni 1934, welche glaubt berichten zu können, daß Thomas Mann den Nationalsozialismus als „eine beschmutzte Umschmelzung des Bolschewismus" bezeichnete, „welche sich bereits im Niedergange befinde".

Und im anderen Falle brachte das „8-Uhr-Abendblatt" vom 15. Juni 1934 eine angebliche Äußerung des Dr. Thomas Mann über den in Deutschland herrschenden Antisemitismus.

Der S.-Fischer-Verlag und ich haben sofort nach Erscheinen dieser Blätter Dr. Thomas Mann gebeten, zu diesen Pressenotizen Stellung zu nehmen und der S.-Fischer-Verlag erhielt darauf einen Brief vom 27. Juni 1934, welcher in den hier interessierenden Stellen lautet[4]:

---

59   [3] Aus dem Diktatzeichen ergibt sich, daß dieses Schreiben von dem „Stellenleiter in der Reichsleitung" Heinrich Julius Walper gezeichnet war. Walper war im Juni 1922 durch Vermittlung Rosenbergs in die NSDAP eingetreten, nahm am 9. November 1923 am Marsch zur Feldherrnhalle teil, wurde zweimal verhaftet und ging 1925 – angeblich wegen „gesellschaftlichen Boykotts" – ins Ausland. 1931 gründete er die erste NSDAP-Ortsgruppe in Südamerika. Im April 1933 nach Deutschland zurückgekehrt, war er seit 18. Mai 1933 im Außenpolitischen Amt der NSDAP-Reichsleitung tätig. Er leitete dort in Abteilung I die Hauptstelle Übersee. Die vorstehenden Mitteilungen werden dem Institut für Zeitgeschichte, München, verdankt. Zu Walper vgl. noch H. A. *Jacobsen*, Nationalsozialistische Außenpolitik 1933–1938, Frankfurt/M. 1968, S. 641.

60   [1] Tatsächlich fand die Abreise am 17. Mai 1934, die Ankunft in New York am 29. Mai, die Rückreise vom 9. bis 18. Juni statt; vgl. *Bürgin-Mayer*, S. 109 ff.

[2] Thomas Manns Geburtstag war der 6. Juni. Die bei dem an diesem Tag für Thomas Mann in New York veranstalteten Testimonial Dinner von dem Dichter gehaltene Ansprache verzeichnet *Bürgin* V, Nr. 426.

[3] *Bürgin* IV, 483; vgl. *Mann-Fischer*, S. 74.

[4] Das folgende Schreiben jetzt auch bei *Mann-Fischer*, S. 80 f.

„Die Bitte des Vereins des jüdischen Hilfswerkes um ein Wort der Fürsprache beim Publikum abzulehnen, war ganz unmöglich. Es handelte sich dabei um ein rein humanitäres Unternehmen, das nicht einmal nur Juden, sondern politischen Flüchtlingen und Leidenden aller Länder zu gute kommen soll. Dieses ist auch in meinem Brief ausgesprochen. Das Interview, von dem ferner die Rede ist, habe ich absichtlich sehr kurz erledigt, indem ich mich einfach auf die Äußerungen berief (und mich selbstverständlich zu ihnen bekannte), die ich in früheren Jahren über den Antisemitismus getan habe. Was der Journalist aus diesem Hinweis etwa gemacht hat, ist für mich unverbindlich. Meine authentische Äußerung, der Brief, ist, wie Sie sehen, so zurückhaltend und allgemein abgefaßt, daß auch in Deutschland niemand daran Anstoß nehmen kann und hat mit den Angaben der deutschen Blätter überhaupt keine Ähnlichkeit mehr. Über den Unsinn, daß das Geld, zu dessen Sammlung ich erst mit aufrief, zur Finanzierung meiner Reise und zu einer völlig aus der Luft gegriffenen Propaganda-Reise meines Sohnes Klaus gedient haben soll, brauche ich wohl kein Wort zu verlieren. Der Charakter meiner Reise, und wie sie zustande kam, ist Ihnen genau bekannt.

Die aus einem Interview zitierte Wendung von der „beschmutzten Umschmelzung des Bolschewismus, der sich bereits im Niedergang befindet", ist zurückzuführen auf eine Definition des Nationalsozialismus, die ich gleich zu Anfang auf Befragen einem Journalisten gab. Sie lautete dahin, der Nationalsozialismus sei eine noch ungeklärte Mischung konservativ-reaktionärer und sozialistischer Elemente. Daß diese Elemente heute in noch unausgetragenem Kampf liegen, ist ja die objektive Wahrheit und bedeutet eine Feststellung, in der überhaupt keine Stellungnahme liegt. Die gleiche Zurückhaltung und Objektivität habe ich bei allen meinen Gesprächen gewahrt."

Der Brief, den Dr. Thomas Mann an den Verein des Jüdischen Hilfswerkes in New York richtete, hatte folgenden Wortlaut[5]:

„Sehr geehrte Herren!
Ihren freundlichen Brief sowie den Prospekt über das Unternehmen Ihrer Sammlung zu Gunsten jüdischer und politischer Flüchtlinge der verschiedenen Länder habe ich erhalten und beides mit größtem Interesse gelesen. Ich möchte meinen kurzen Aufenthalt in Amerika nicht zu Ende gehen lassen, ohne Ihnen meine freudige Sympathie mit dieser hochherzigen Aktion ausgesprochen zu haben. Wie immer man sich zu den politischen Umwälzungen in einigen Staaten Europas stellen und welche Hoffnungen oder Befürchtungen man daran knüpfen möge, so ist jedenfalls sicher, daß diese Vorgänge unendliches Leid und schwere Not über zahllose unschuldige Menschen gebracht haben, und es muß leider gesagt werden, daß im großen Ganzen die Welt nur allzu geneigt ist, sich diesen menschlich erschütternden Tatsachen zu verschließen und mit einer gewissen fatalistischen Gleichgültigkeit darüber hinwegzugehen. Umsomehr ist eine entschlossene Hilfsbereit-

---

[5] Das nachstehende Schreiben ist jetzt auch im Kommentar zu *Mann–Fischer*, S. 705 gedruckt.

schaft zu begrüßen, wie sie sich in Ihrem Appell und in Ihrer organisatorischen Tätigkeit äußert, deren Erfolg so viel Linderung der herrschenden Not und Entbehrung zeitigen kann. Ich hätte mich gern persönlich für Ihr Unternehmen eingesetzt und zu Gunsten Ihres Appells einige Worte gesprochen. Da mir dies bei der Kürze meines Aufenthalts leider nicht möglich ist, darf ich wenigstens auf diesem Wege ausdrücken, wie sehr ich wünsche, daß Ihr Aufruf offene Ohren und Herzen finden möge. Ich würde darin nicht nur einen positiven Erfolg für Ihr wichtiges materielles Hilfswerk erblicken, sondern auch eine wohltuende moralische Tatsache inmitten einer moralisch verwildernden Welt."

An mich schrieb Dr. Thomas Mann am 30. Juni:

„Lieber Herr Dr. Heins,
Bermann[6] hatte mir die betreffenden Zeitungsausschnitte schon geschickt, und ich habe ihm dagegen meinen Brief an das New Yorker Comité der Sammlung zugunsten politischer Flüchtlinge im Wortlaut zugestellt, und zwar in zwei Exemplaren, wovon er eines an Sie weitergeben sollte. Sie werden es unterdessen erhalten haben; es ist das entscheidende Dokument und kennzeichnend für die Zurückhaltung, die ich geübt hatte. Ein amerikanisches Blatt schrieb: „Der Unterschied zwischen Mann und Einstein ist, daß jener zur rechten Zeit den Mund zu halten weiß." Ich habe das nicht gesehen, aber man hat es mir erzählt.
Weitere Erläuterungen habe ich Bermann brieflich gegeben, und ich denke mir, auch diese wird er Ihnen mitgeteilt haben. Sonst ersuchen Sie ihn darum.
Von den Zeitungsberichten ist mir das Wenigste vor Augen gekommen. Eine kleine Auswahl schicke ich Ihnen. Es ist natürlich alles von primitiver Ungenauigkeit und, soweit es Äußerungen von mir wiedergeben will, recht unauthentisch. Ich bitte um Aufbewahrung und gelegentliche Rückgabe der Blätter.
Im Ganzen ist es so, daß ich die ausfragenden Journalisten enttäuscht habe, indem ich ihnen nicht sagte, was sie gern hören wollten, – und daß sie dann mit dem, was ich gesagt habe, so weit sie irgend konnten, das gemacht haben, was sie gern gehört hätten. Das ist ja klar.
Den Antisemitismus betreffend, so habe ich dem Mitarbeiter einer jüdischen Zeitschrift erklärt, ich stünde selbstverständlich zu dem, was ich in früheren Jahren über den Judenhaß gesagt hätte. Von dem Zitat ‚Der brutale Antisemitismus etc. etc.' ist tatsächlich nicht ein Wort aus meinem Munde gekommen".

Sollte das Reichsministerium des Innern auch die Vorlage amerikanischer Zeitungen wünschen, so bitte ich höflich um diesbezügliche Benachrichtigung. Soweit ich aus den amerikanischen Zeitungen ersehen konnte, ist Thomas Mann gradezu betont zurückhaltend gewesen und hat sich lediglich über Literatur und Kunst ausgelassen. Und dort, wo er die Beziehungen zu dem heutigen Deutschland streifte, geschah es nur, um Mißverständnisse richtig zu stellen. So hat er ausdrücklich

---

[6] Dr. Gottfried Bermann Fischer, Schwiegersohn von Thomas Manns Verleger S. Fischer und Leiter des Verlages.

hervorgehoben, daß er nicht ausgewiesen sei, sondern schon im Ausland war, bevor die nationale Revolution ausbrach. An einer anderen Stelle führte er aus, daß man ihm nicht den Paß verweigert habe, sondern die Ausstellung eines neuen Passes an die Bedingung seines persönlichen Erscheinens geknüpft habe, und endlich hat er mehreren Journalisten gegenüber die Tatsache betont, daß er jederzeit nach Deutschland zurückkehren könne, wenn er wolle, daß er jedoch zur Zeit noch im Ausland bliebe, weil er persönlich glaube, dort seinem dichterischen Schaffen mit größerer innerer und äußerer Ruhe obliegen zu können.

Sollte das Reichsministerium des Innern noch irgendwelcher Aufklärungen bedürfen, die ohne Hilfe ªmeiner Parteiª nicht oder nur schwer zu beschaffen sind, oder sollten noch andere deutsche Pressenotizen vorhanden sein, zu denen Stellung zu nehmen im Interesse einer restlosen Aufklärung erforderlich ist, so bitte ich höflich um Nachricht.

Gleichzeitig bitte ich, wenn es sich mit der Geschäftslast des Ministeriums vereinbaren läßt, den Akt nunmehr zum Abschluß bringen zu wollen.

gez. Heins
(Rechtsanwalt)

61

Frau Katia Mann an Polizeidirektion München   *16. Juli 1934*

    P. A., Generalkonsulat Zürich 162, Th. Mann 1933–1936

Küsnacht-Zürich, Schiedhaldenstr. 33

Die Unterfertigte bittet um Erteilung eines Unbedenklichkeits-Zeugnisses zwecks Erlangung eines neuen Passes durch das hiesige Generalkonsulat, da der ihre, Reisepaß Nr. B 828, ausgestellt von der Polizeidirektion München, am 5. April des Jahres abgelaufen ist.

In vorzüglicher Hochachtung
gez. Katharina Mann, geb. Pringsheim

---

⁵⁰   ª⁻ª *Von einem mit der Lektüre befaßten Beamten, der sich der Auflösung und des Verbots von Parteien erinnerte, in offenkundig falscher, weil politischer und nicht dem Sprachgebrauch eines Rechtsanwalts entsprechender Interpretation unterstrichen.*

Runderlaß des Preußischen Ministers für Wissenschaft, Kunst und Volksbildung betr.
Entziehung der Doktorwürde   *17. Juli 1934*

Akten der Medizinischen Fakultät der Universität Bonn betr. Promotionen-Generalia 1922–1936 (UA)

U I Nr. 1576

Bei der Durchführung meines Runderlasses vom 2. November 1933 – U I 2494 – [= *Dok. 27*] hat sich herausgestellt, daß die Promotionsordnungen bisher entweder Bestimmungen über eine Entziehung des Doktorgrades überhaupt nicht enthalten oder aber die Entziehung von so engen Voraussetzungen abhängig machen, daß auch in solchen Fällen, in denen der Inhaber eines Doktortitels sich durch sein Verhalten als der Doktorwürde unwürdig erweist und eine Entziehung des Doktortitels dringend wünschenswert erscheint, eine solche Entziehung nicht möglich ist. Es wird in den Promotionsordnungen, soweit darüber überhaupt Vorschriften vorhanden sind, die Entziehung des Doktortitels in der Regel davon abhängig gemacht, daß der Inhaber desselben durch rechtskräftiges Urteil der bürgerlichen Ehrenrechte für verlustig erklärt worden ist. Die Gerichte sprechen aber nur in den seltensten Fällen den Verlust der bürgerlichen Ehrenrechte aus, sodaß also bisher auch die Verurteilung zu mehrjährigen Gefängnisstrafen auf Grund schwerer Verfehlungen als Voraussetzung für die Entziehung des Doktortitels oft nicht ausreichte. Es sind ferner Fälle denkbar und auch vorgekommen, in denen das Verhalten der Promovierten zwar ohne strafrechtliche Bedeutung war, eine strafrechtliche Verurteilung also nicht erfolgen konnte, trotzdem aber das Verhalten des Promovierten erkennen ließ, daß er in keiner Weise würdig war, den Doktortitel einer deutschen Hochschule zu führen (deutschfeindliche Betätigung im Ausland, Teilnahme an der Greuelpropaganda usw.). Gerade in letzteren Fällen war bisher eine Entziehung des Doktortitels überhaupt nicht möglich.

Es erscheint notwendig, in Zukunft den Fakultäten die Möglichkeit zu geben, in allen Fällen, in denen dies wünschenswert sein wird, den Doktortitel zu entziehen, und hierbei die Voraussetzungen für die Entziehung sowie das einzuschlagende Verfahren für alle Fakultäten gleichmäßig zu gestalten. Ich ersuche daher, in sämtlichen Promotionsordnungen unter Streichung der bisher über die Entziehung des Doktortitels enthaltenen Einzelbestimmungen folgende allgemeine Bestimmungen einzufügen:

„Die Doktorwürde kann wieder entzogen werden:

a) Wenn sich herausstellt, daß der Inhaber des Titels die Doktorwürde unter Täuschung der Fakultät erworben hat. Als solche Täuschung kommen insbesondere in Betracht: Fälschung der Reifezeugnisse oder der Studienzeugnisse, Abgabe einer falschen eidesstattlichen Versicherung über die selbständige Anfertigung der Dissertation oder Verschweigung erheblicher Vorstrafen.

b) Wenn der Inhaber des Titels sich durch sein Verhalten des Tragens einer deutschen akademischen Würde unwürdig erweist.

Über die Entziehung entscheidet ein aus dem Rektor und den Dekanen zusammen-
gesetzter Ausschuß. Soweit es tunlich erscheint, ist dem Inhaber des Titels vor der
Beschlußfassung des Ausschusses Gelegenheit zur Äußerung zu geben.

Gegen die getroffene Entscheidung steht dem Betroffenen innerhalb eines Monats
die Beschwerde an den Preußischen Minister für Wissenschaft, Kunst und Volksbildung zu.

Die Bestimmungen sind entsprechend auf Ehrenpromotionen anwendbar."
Entsprechende Vorschriften sind in die Satzungen über die Ehrenbürger und
Ehrensenatoren der Hochschulen aufzunehmen.

Der deutschen Doktorwürde erweist sich in jedem Falle auch als unwürdig, wer
gemäß § 2 des Reichsgesetzes über den Widerruf von Einbürgerungen und die
Aberkennung der deutschen Staatsangehörigkeit vom 14. Juli 1933 (RGBl. I S.
480) der deutschen Staatsangehörigkeit für verlustig erklärt worden ist. Es bedarf
daher besonderer Bestimmungen hierüber in den Promotionsordnungen nicht.
Der Runderlaß vom 2. November 1933 – U I 2494 – [= Dok. 27] wird hiermit aufgehoben. Die auf Grund dieses Runderlasses eingereichten Berichte sind als erledigt anzusehen. Die hiernach beschlossenen Änderungen der Promotionsordnungen
sind mir vorzulegen.

In Vertretung
gez. Dr. Stuckart

63

Reichsministerium des Innern an Auswärtiges Amt   *21. Juli 1934*

Nr. IV 5013 c 11. 7.

Übersendet Dok. 59 und 60 zur Kenntnis mit der Bitte um Stellungnahme.

64

Finanzamt München-Ost an Polizeidirektion München   *23. Juli 1934*

   P. A., Generalkonsulat Zürich 162, Th. Mann 1933–1936

Übersendet Dok. 61 mit dem Beifügen, daß eine Unbedenklichkeitsbescheinigung für
Paßausstellung nicht erteilt werden kann, weil seitens des Prof. Thomas Mann und
seiner Ehefrau Katharina Mann größere Steuerbeträge noch geschuldet werden,
für die keine ausreichende Sicherheit besteht. Ich ersuche von dieser Stellungnahme
auch den anwaltschaftlichen Vertreter des Prof. Thomas Mann, R. A. Valentin
Heins in München M. 2, Weinstr. 8, zu verständigen.

München, den 23. Juni 1934   Finanzamt München-Ost
Vollstreckungsstelle
I. A. gez. Wester

65

Kassierter Entwurf des Deutschland-Referats im Auswärtigen Amt zu einem Erlaß an die Deutsche Botschaft in Paris und das Generalkonsulat Zürich   *24. Juli [1934]*

Das A. A. hat zur Frage der Ausbürgerung des Schriftstellers Thomas Mann aufgrund des Gesetzes über den Widerruf von Einbürgerungen und die Aberkennung der deutschen Staatsangehörigkeit vom 14. Juli 1933 Stellung zu nehmen.

Thomas Mann gilt, [a]wie dort bekannt,[a] seit Jahren, namentlich aber seitdem er Nobelpreisträger geworden ist, im gesamten gebildeten Ausland, wo seine Werke gerade in den letzten Jahren auch stark durch Übersetzungen verbreitet worden sind, als einer der vornehmsten Vertreter des deutschen Schrifttums[b]. Eine Aberkennung der Reichsangehörigkeit ihm gegenüber würde geradezu sensationell und alarmierend wirken und [a]in noch weit stärkerem Maße Anlaß[a] zu unfreundlichen Bemerkungen geben als etwa der Fall Albert Einsteins, zumal Mann reiner Arier ist.

Aus diesen Gründen beabsichtigt das A. A., dem Ausbürgerungsantrag nicht zuzustimmen, wäre aber für eine gefällige umgehende Berichterstattung dankbar, ob die hiesige Ansicht zutrifft, daß sich Thomas Mann, im Gegensatz zu den meisten inzwischen ins Ausland abgewanderten deutschen Schriftstellern, eine[r] besonderen Zurückhaltung befleißigt hat.

E[rnst] 24/7

66

Auswärtiges Amt an Deutsches Generalkonsulat Zürich   *31. Juli 1934*

P. A., Generalkonsulat Zürich 162, Th. Mann 1933–1936
Ein entsprechender Erlaß ging am gleichen Tag an die Deutsche Botschaft in Paris, vgl. das Reinkonzept in PA, Inland II A/B – 83–76 Thomas Mann und die Antwort der Botschaft, unten Dok. 72.

Das Bayerische Ministerium des Innern hat bei dem Reichsministerium des Innern einen Antrag auf Ausbürgerung des Schriftstellers Thomas Mann gestellt. Da das Auswärtige Amt zu der Frage Stellung zu nehmen hat und Thomas Mann nach einem längeren Aufenthalt in Frankreich jetzt in der Schweiz lebt, darf zunächst um einen Bericht über das Verhalten Manns dort sowie um eine Äußerung zu der Frage seiner Ausbürgerung gebeten werden.

Abschriften des Schreibens des Reichsministeriums des Innern vom 20. 4. 34 – Nr. IV 5013 b/273 [= *Dok. 48*] mit Abschrift des Antrags des Bayerischen Ministeriums des Innern vom 18. 1. 34 (ohne Anl.)–83–76, 20/4. [= *Dok. 33*] – sowie des Schreibens vom 21. Juli d. J. – Nr. IV 5013 c 11. 7. mit 2 Anlagen – 83–76 21/7. [= *Dok. 63*] – sind beigefügt.

---

65   [a-a] *vom Konzipienten eingefügt*
       [b] *es folgen die vom Konzipienten gestrichenen Worte* da er sich

Zu den gegen Mann erhobenen Vorwürfen kann schon jetzt folgendes bemerkt werden:

1. Was den im Jahre 1926 in der Carnegie-Stiftung in Paris veranstalteten Vortrag Manns angeht, der, wie es in dem Schreiben des Bayerischen Innenministeriums heißt, „nur ein großes Liebeswerben um die Franzosen dargestellt habe, und zu einer für die deutsche Nation gewiß nicht rühmlichen Komödie" ausgeartet sein soll, so darf auf den Bericht der Deutschen Botschaft Paris vom 6. Februar 1926 verwiesen werden, in dem jenem Vortrage eine gänzlich andere Beurteilung zuteil wird. Es heißt dort u. a.:

„Thomas Mann gab ein in stilistischer Vollendung und eindrucksvollem Vortrag dargebotenes Bild des gegenwärtigen Deutschland, mit einem Bekenntnis zur Demokratie, aber voll stolzer Wahrung der deutschen Eigenart und des deutschen Rechts."

2. Die Veröffentlichung im „Intransigeant" ist unbedingt zu beanstanden. Wie jedoch durch die zur Verfügung gestellten Unterlagen glaubhaft gemacht worden ist, ist die hetzerische Aufmachung des Artikels gegen den Willen des Verfassers erfolgt, ferner sind die Verschärfungen im Artikel durch Verfälschungen bei der Übersetzung vorgenommen worden. Der ursprünglich von Thomas Mann verfaßte Artikel ist ganz wesentlich milder als die dem Schreiben des Bayerischen Staatsministeriums zu Grunde liegende Fassung. Der Artikel allein dürfte jedenfalls schwerlich Anlaß zu einer so schwerwiegenden Maßnahme wie die Aberkennung der Staatsangehörigkeit bieten.

I. A.

von Bülow-Schwante

67

Bayerische Politische Polizei an Polizeidirektion München　　　　　　*2. August 1934*

　　P. A., Generalkonsulat Zürich 162, Th. Mann 1933–1936

II/2 A.

Sendet Nr. 61 zurück.

Dem Antrag auf Ausstellung einer Unbedenklichkeitsbescheinigung kann von hier aus nicht stattgegeben werden, da gegen Thomas Mann ein Verfahren wegen Aberkennung der deutschen Staatsangehörigkeit anhängig ist.

I. A.

gez. Brunner

Polizeidirektion München an Deutsches Generalkonsulat Zürich   *6. August 1934*

163/112

Übersendet Dok. 61, 64, 67 zur Kenntnisnahme. Das Ersuchen der Frau Katharina Mann um Ausstellung einer Paßbescheinigung wurde mit Rücksicht auf die Stellungnahme der Bayerischen Politischen Polizei vom 2. 8. 34 und des Finanzamtes München-Ost vom 23. 7. 34 abgewiesen.

Polizeidirektion
I. A. gez. Dr. Hagen

Rechtsanwalt Heins, München, an Reichsministerium des Innern   *9. August 1934*

Betrifft: Dr. Thomas Mann, München

Az.: Nr. IV 5013 c/11. 7[1].

Die Bayerische Politische Polizei in München hat der Haushälterin des Herrn Dr. Thomas Mann mitgeteilt, daß ab 1. September 1934 das Anwesen Poschingerstraße 1 in München, welches Dr. Thomas Mann gehört und seit vorigem Jahr von der Politischen Polizei beschlagnahmt ist, wieder an Dritte vermietet werden soll[2]. Auch dieses Mal ist von der Bayerischen Politischen Polizei nichts von den Bedingungen zu erfahren, zu welchen das Haus vermietet wird. Ich habe lediglich erfahren, daß es sich um die amerikanische Staatsbürgerin Frau Henriette Taylor handelt, die mit ihren vier Töchtern dort einziehen will.
Grundsätzlich stehe ich auf dem Standpunkt, daß, wenn die Bayerische Politische Polizei überhaupt ein Recht zur Beschlagnahme hat, dies nicht auch das Recht der Verwertung in sich schließt, und Vermietung ist gleichbedeutend mit wirtschaftlicher Verwertung. Zum andern sträube ich mich dagegen, daß die Bayerische Politische Polizei als solche mit einer Ausländerin über die Vermietung eines einem Inländer gehörenden Hauses offiziell verhandelt. Frau Taylor hat schon im vorigen Jahre in diesem Hause gewohnt. (Daß sie sich durch ihr rücksichtsloses Auftre-

---

69   [1] Aus dem Aktenzeichen ergibt sich, daß eine, in den erhaltenen Akten nicht überlieferte Antwort des Reichsministeriums des Innern auf das Schreiben des Rechtsanwalts Heins vom 11. Juli 1934 ergangen ist.

    [2] Zu der früher von der Politischen Polizei für angezeigt gehaltenen Form wirtschaftlicher Nutzung des Hauses vgl. die Angaben von Th. Mann in seinem Schreiben vom 23. April 1934 an das Reichsministerium des Innern [= Dok. 50], oben S. 423 f.

ten und ihre maßlosen Ansprüche sehr unbeliebt gemacht hat, soll nur nebenbei bemerkt werden.) Was gehen denn nun eine Ausländerin die Beziehungen zwischen der Bayerischen Politischen Polizei und Dr. Thomas Mann an! Ich wende mich dagegen, daß durch diese Verhandlungen zwischen der Politischen Polizei und Frau Taylor eine Ausländerin von rein internen Vorgängen Kenntnis erhält, welche sie nach ihrer Rückkehr in Amerika vielleicht in ganz entstellender Weise verwerten würde.

Da ich durch unmittelbare Vorstellung bei der Bayerischen Politischen Polizei nichts erreichen kann, erlaube ich mir, diesen Sachverhalt dem Reichsministerium des Innern zu unterbreiten und bitte höflich, wenn möglich, um direktes Eingreifen.

gez. Heins
Rechtsanwalt

70

Deutsches Generalkonsulat Zürich an Auswärtiges Amt   *18. August 1934*

Abdruck nach der Ausfertigung. Abweichungen des Entwurfs, der sich in P. A., Generalkonsulat Zürich 162, Th. Mann 1933–1936 befindet, sind vermerkt.

R 3a. Mann

Auf den Erlaß vom 31. Juli d. J.

Thomas Mann lebt seit Mitte[a] 1933[1] mit seiner Ehefrau und seinen jüngeren Kindern in Küsnacht bei Zürich, Schiedhaldenstr. 33. Seither sind zwei Romane von ihm „Die Geschichten Jaacobs"[1] und „Josef und seine Brüder" erschienen, die ich als bekannt voraussetzen darf[2]. In der Öffentlichkeit ist er hier nur [b]durch zwei Vorträge über rein literarische Gegenstände hervorgetreten[b 3].

Ich selbst bin ihm in größerer Gesellschaft anläßlich von musikalischen Veranstaltungen in einem schweizer Privathaus zweimal begegnet. Er hat mir hierbei erzählt, er sei zur Zeit der nationalen Erhebung im Ausland gewesen, habe gehört, daß

---

[a]*aus:* dem Herbst   [b-b]*aus:* einmal mit einem im hiesigen Schauspielhaus gehaltenen Vortrag über „Richard Wagner" hervorgetreten, den er meines Wissens bereits früher in Paris gehalten hat.

[1] Der Entwurf enthält die besser zutreffende Angabe. Thomas Mann hat das Haus Schiedhaldenstr. 33 am 27. September 1933 bezogen *(Mann-Fischer*, S. 46).

[2] „Die Geschichten Jaakobs" war am 10. Oktober 1933, „Der junge Joseph" im April 1934 erschienen; *Bürgin-Mayer*, S. 105, 108.

[3] Am 15. Januar 1934 hatte Thomas Mann im Zürcher Schauspielhaus über „Leiden und Größe Richard Wagners" gesprochen und am 23. April 1934 abends eine Lesung veranstaltet; *Bürgin-Mayer*, S. 107, 109. Seine ebd. erwähnte Vortragstournee durch neun Schweizer Städte vom 28. Januar bis 9. Februar 1934 ist dem Generalkonsulat anscheinend nicht bekannt geworden.

sein Haus in München nebst Einrichtung und zwei Kraftwagen beschlagnahmt worden seien und deshalb seine Rückkehr nach Deutschland für nicht möglich erachtet[c]; er habe sich in Zürich niedergelassen, da es ihm nicht möglich sei, außerhalb des deutschen Kulturkreises zu leben. Eine Kritik der gegen ihn getroffenen Maßnahmen und des heutigen Deutschlands hat Thomas Mann mit diesen Mitteilungen nicht verbunden, die in sehr ruhigem Ton erfolgten und offenbar dazu dienen sollten, mir darzulegen, daß er sich nicht aus freien Stücken in Zürich aufhalte. Später hat mich Thomas Mann zusammen mit seiner Ehefrau noch einmal im Generalkonsulat aufgesucht und meinen Rat wegen der Erneuerung ihrer[d] Pässe erbeten. Er legte hierbei dar, der ihm zugegangenen Aufforderung, zur Paßerneuerung nach München zu kommen, könne er keine Folge leisten, da er aus der Beschlagnahme seines Hauses, das die Polizei kürzlich an Dritte vermietet habe, schließen müsse, daß er in Deutschland mindestens in Schutzhaft genommen werden würde. Ich habe ihm anheimgestellt, in der Paßangelegenheit Anträge unmittelbar an das Bayerische Ministerium des Innern, nötigenfalls an das Reichsministerium des Innern zu richten.

In der hiesigen Gesellschaft habe ich wiederholt gehört, daß sich Thomas Mann, ebenso wie[e] in den Gesprächen mit mir, auch Dritten gegenüber in Äußerungen über Deutschland größte Zurückhaltung auferlegt hat[f] und daß er die antideutsche Propaganda seiner Kinder Erika und Klaus mißbilligt[g]. Hierfür spricht auch, daß Erika Mann, wenn sie sich während der hiesigen Aufführungen ihres Kabaretts „Die Pfeffermühle"[4] in Zürich aufhält[h], nicht bei ihren Eltern wohnt. Ich habe übrigens bei dem erwähnten Besuch auf dem Generalkonsulat den Eheleuten Mann nahegelegt, sie möchten auf ihre Tochter dahin wirken, daß sie künftig die böswillige Kritik deutscher Verhältnisse bei ihren Kabarettdarbietungen unterläßt; ich erhielt zur Antwort, eine solche Einflußnahme sei leider nicht möglich, da die Tochter ihre eigenen Wege gehe.

Das Verhalten Thomas Manns in Zürich hat hiernach bisher keinen Anlaß zu Beanstandungen gegeben[i]. Sollte ihm die deutsche Staatsangehörigkeit aberkannt werden, so würde dies zweifellos zu sehr kritischen Äußerungen in den Kreisen der schweizerischen Intelligenz und auch, wie die beigefügten Ausschnitte aus den Nummern 713 und 2032 der „Neuen Zürcher Zeitung" vom 21. April und 9. No-

---

[c]*aus :* erachte   [d]*aus :* seiner   [e]*wie eingefügt*   [f]*hat eingefügt*   [g]*vor mißbilligt* scharf *gestrichen*
[h]*aus :* aufhält und   [i]*Schluß im Entwurf :* und es sind hier keine Tatsachen bekannt geworden, die eine Aberkennung der deutschen Staatsangehörigkeit rechtfertigen würden; *durch Streichung und Einfügung verändert in :* insbesondere sind hier keine Tatsachen bekannt geworden, die als Verletzung der Treuepflicht gegen Reich und Volk ausgelegt werden könnten. *Der gesamte gestrichene Absatz ist ersetzt durch den in der Ausfertigung enthaltenen Text; er liegt im Stenogramm vor, dem in Langschrift die Worte „stark deutschfeindlichen" eingefügt sind. Alle Korrekturen von der Hand des Generalkonsuls Windel.*

[4] Thomas Manns wirkliche Ansicht über die „Pfeffermühle" ist u. a. seinem Brief vom 9. Januar 1934 an E. Bertram (*Briefe* I, S. 348; *Jens*, S. 181) und dem für die USA-Tournee des Kabaretts im Spätherbst 1936 bestimmten Beitrag (XI, S. 456 ff.; MK 119, S. 299 ff.) zu entnehmen.

vember 1933[5] deutlich erkennen lassen, zu stark deutschfeindlichen Auslassungen in der schweizerischen Presse Anlaß geben.

Die Gesandtschaft in Bern erhält Durchschlag dieses Berichts.

Windel[6]

71

Reichsministerium des Innern an Auswärtiges Amt   *22. August 1934*

IV 5013 c/9. 8.

Übersendet Dok. 69. Um möglichst beschleunigte endgültige Äußerung zu der Frage der Ausbürgerung des Schriftstellers Thomas Mann darf ich unter Bezugnahme auf meine Schreiben vom 20. April und 21. Juli 1934 – IV 5013 b/27. 3. [= *Dok. 48*] und IV 5013 c/11. 7. [= *Dok. 63*] – nochmals ergebenst bitten, da erst nach Abschluß des Ausbürgerungsverfahrens eine Entscheidung über die Beschlagnahme des Vermögens getroffen werden möchte.

I. A.
gez. Seel[1]

72

Deutsche Botschaft Paris an Auswärtiges Amt   *27. August 1934*

Der Bericht, der am 3. September dem Staatssekretär v. Bülow vorgelegen hat, wurde am 7. September 1934 dem Reichsministerium des Innern übermittelt.

A 3436

Auf den Erlaß vom 31. Juli d. J.

Nach der durch Erlaß vom 8. Mai 1934 – Nr. 83–76 2/5 – mitgeteilten allgemeinen Weisung des Reichsministeriums des Innern vom 24. März d. J. [= *Dok. 42*]

---

[5] Die in den Akten nicht enthaltenen Ausschnitte betrafen den Artikel „Thomas Mann, Richard Wagner und die Münchner Gralshüter", in dem der Musikreferent der NZZ Willi Schuh, „ein temperamentvolles Wort für den Dichter und Schriftsteller Thomas Mann" einlegte, und einen Bericht über „Thomas Manns Vorlesung" in der Eidgenössischen Technischen Hochschule Zürich, bei der der Dichter aus seinem Josephroman das Kapitel „Das bunte Kleid Josephs" vortrug.

[6] Generalkonsul Joachim Windel (1882–1934).

[1] Hanns Seel, geb. 1876, Ministerialrat und später Ministerialdirigent im Reichs- und Preußischen Ministerium des Innern, war im Mai 1932 der NSDAP beigetreten (Mitgliedsnr. 1 257 301), Mitglied des NSFK sowie Förderndes Mitglied der SS; im Amt für Beamte der Gauleitung Berlin bearbeitete er als Gaustellenleiter Beamtenpolitik und Beamtenrecht; vgl. über ihn die Akten des DC.

kommt es bei Beurteilung der Frage, ob Thomas Mann von der Strafe der Ausbürgerung getroffen werden soll, darauf an, ob er seinen Einfluß oder seinen Beruf dazu mißbraucht hat, um in der Öffentlichkeit in Wort und Schrift gegen das neue Deutschland zu hetzen und besonders, ob er zu jenen Unverbesserlichen gehört, die nach dem 30. Januar 1933 nicht nachgelassen haben, das deutsche Ansehen im Auslande herabzuwürdigen.

Die große Mehrzahl der in dem Schreiben des Bayerischen Staatsministeriums des Innern vom 18. Januar d. J. [= *Dok. 33*] gegen Thomas Mann erhobenen Beschuldigungen liegen vor dem 30. Januar 1933. Zu der Veröffentlichung im „Intransigeant" vom 4. Januar 1934 [= *Dok. 30a*] hat das Auswärtige Amt bereits Stellung genommen. Im Ganzen ist festzustellen, daß Thomas Mann, im Gegensatz zu seinem Bruder Heinrich, sich in der französischen Öffentlichkeit großer Zurückhaltung befleißigt hat. Hetzerische Erklärungen von ihm in der Presse oder in Druckschriften, insbesondere nach dem 30. Januar 1933, sind nicht zu meiner Kenntnis gelangt. Da sein Name in Frankreich sehr bekannt ist, kann ohne weiteres angenommen werden, daß von deutschfeindlicher französischer Seite immer wieder der Versuch unternommen worden ist, ihn zu derartigen öffentlichen Erklärungen zu bestimmen (vgl. z. B. den Schlußabsatz des Berichts vom 31. Juli 1933 – A 2710 –)[1]. Mir ist kein Fall bekannt, bei dem er solchen Einwirkungen nachgegeben hätte.

Im übrigen bin ich in Gesprächen über die Maßnahmen, die im Ausland das Verständnis für das neue Deutschland erschweren, von wohlmeinender Seite des öfteren gefragt worden, aus welchem Grunde wir Thomas Mann verfolgten; man könne doch von einem Schriftsteller, der seine allerdings vom Nationalsozialismus grundverschiedene Weltanschauung in zahlreichen weithin bekannt gewordenen Werken niedergelegt habe, nicht mehr verlangen, als daß er über politische Dinge schweige und sich der Hetze gegen das neue Deutschland enthalte. Bisher konnte ich darauf erwidern, daß er nicht verfolgt werde, sondern freiwillig vorgezogen habe, seinen Wohnsitz nach Frankreich zu verlegen.

Wenn hiernach Herrn Mann die Reichsangehörigkeit aberkannt werden würde, so würde dies in Frankreich auch bei denen, die das deutsche Volk über alle politischen Konflikte hinweg als Träger hoher Kultur achten, als Zeichen angeblicher Kulturfeindschaft angesehen und bedauert werden.

Auf Grund des vorliegenden Materials kann ich mich daher nicht für die Ausbürgerung von Thomas Mann aussprechen, erachte aber eine sorgfältige Beobachtung seines weiteren Verhaltens für dringend geboten, um gegebenen Falles die Frage der Ausbürgerung erneut einer ernsten Prüfung zu unterziehen.

Soweit die Botschaft hierzu in der Lage ist, wird sie diese Beobachtung durchführen. Außerdem wäre sie dankbar, wenn die zuständigen inneren Behörden die Botschaft von irgendwelchen Äußerungen oder Handlungen des Thomas Mann in Kenntnis setzen würden, die die Annahme zulassen, daß die Tatbestandsmerk-

[1] Dieser Bericht konnte nicht aufgefunden werden.

male des Rundschreibens des Reichsministeriums des Innern vom 24. März 1934 erfüllt sind.

Köster[2]

73

Auswärtiges Amt an Reichsministerium des Innern   *31. August 1934*

Eilt!

Anliegend wird Abschrift eines Berichts des deutschen Generalkonsulats in Zürich vom 18. d. M. nebst Anlagen zur Kenntnis übersandt.
[a]Der bisher vorliegende Tatbestand kann m. E. eine Ausbürgerung von Thomas Mann nicht rechtfertigen[a].

I. A. gez. v. B*[ülow]*-Schwante

74

Reichsministerium des Innern an Auswärtiges Amt   *11. September 1934*

IV 5013 c/7. 9. a.

Erbittet Rückgabe der Dok. 48 beigefügten Anlagen[a].

75

Aufzeichnung des Vortragenden Legationsrats Oster aus der Kulturabteilung im Auswärtigen Amt für den Leiter des Deutschland-Referats v. Bülow-Schwante   *22. September 1934*

Mit Schreiben vom 20. April 1934 [= *Dok. 48*] hatte der Reichsminister des Innern dem A. A. einen Antrag des bayrischen Innenministeriums auf Ausbürgerung von Thomas Mann (vom 18. 1. 1934) mit der Bitte um Stellungnahme übersandt und gleichzeitig um Äußerung gebeten, ob, falls das Material nach Ansicht des A. A. zur Ausbürgerung nicht ausreiche, der Erlaß einer Rückkehraufforderung

---

[2] Dr. Roland Köster (1883–1935) trat 1914 ins Auswärtige Amt ein, dessen Personalabteilung er 1931 als Ministerialdirektor leitete. Von 1932 bis zu seinem Tode war er Deutscher Botschafter in Paris.

[a-a]*Von der Hand des stellvertretenden Referenten, LS Schumburg, in den von ROI Ernst gefertigten Entwurf eingesetzt statt der gestrichenen Worte:* Das AA spricht sich gegen eine Ausbürgerung des Thomas Mann aus.

[a]*handschriftlich ist von ROI Ernst am 25. Oktober vermerkt:* Vorgänge des R. M. d. I. k[urzer] H[an]d dem Expedienten, Herrn R[egierungs-] I[nspektor] Kulmsee zurückgegeben.

gemäß dem Gesetz vom 14. 7. 1933 zu erwägen wäre. Hierauf ist dem Reichsinnenministerium am 5. Juni d. J. vom A. A. (vgl. 83–76 $\frac{29}{5}$) [= *Dok. 57*] in Form eines Zwischenbescheides mitgeteilt worden, daß sich das A. A. seine Stellungnahme vorbehalte, da es zunächst noch den Eingang der von der Deutschen Botschaft Paris und dem Generalkonsulat Zürich angeforderten einschlägigen Berichte abwarten wollte. Diese Berichte sind inzwischen eingegangen und dem Innenministerium, soweit sich aus den Akten erkennen läßt, kommentarlos[a] weitergereicht worden (vgl. die Schreiben des A. A. vom 31. 8. und 7. 9. d. J. [= *Dok. 72 und ein in den Akten nicht überliefertes Schreiben, mit dem Dok. 72 übersandt wurde*]). Unter dem 11. d. M. hat das Reichsinnenministerium nunmehr noch um Rücksendung der uns s. Zt. überlassenen Anlagen gebeten. [= *Dok. 74*] Dieser Bitte soll durch den der Abteilung VI vor Abgang zur Kenntnis vorgelegten Antwortentwurf entsprochen werden.

VI W regt ergebenst an, bei diesem Anlaß die von uns erbetene, aber noch ausstehende Stellungnahme des A. A. nunmehr vornehmen zu wollen und verweist auf die bei den Akten befindlichen verschiedenen Aufzeichnungen sowohl des Referats Deutschland selbst wie auch der Abteilungen II, V und VI. Der in diesen Aufzeichnungen vertretene Standpunkt wird durch die inzwischen eingegangenen Berichte aus Zürich und Paris nach hiesigem Dafürhalten nur noch verstärkt.

Oster[1]

76

Auswärtiges Amt an Reichsministerium des Innern   *30. September 1934*

> *Dem Reinkonzept liegt ein von der Hand des Attachés v. Marchthaler gefertigter handschriftlicher Entwurf zugrunde, der von Schumburg überarbeitet worden ist. Nicht alle Änderungen besitzen politisches Interesse. Einige Änderungen im Reinkonzept hat der Staatssekretär vorgenommen. Die über rein stilistische Änderungen hinausgehenden Streichungen, Ergänzungen und Neufassungen werden in den kritischen Noten mitgeteilt. (S. = Schumburg, St. = Staatssekretär). Ferner haben mitgezeichnet v. Renthe-Fink, v. Rintelen, Gaus und Oster.*

Auf das Schreiben vom 11. d. M. – IV 5013 c/7. 9. a. – betreffend Thomas Mann

In der Anlage werden die Beilagen der dortigen Schreiben vom 20. April 1934 – IV 5013 c/27. 3. [= *Dok. 48*] – und 21. Juli 1934 – IV 5013 c/11. 7. [= *Dok. 63*] – zurückgesandt.

Dem Antrage des Bayerischen Staatsministeriums des Innern auf Ausbürgerung von Thomas Mann vermag das A. A. nicht zuzustimmen.

Gegen den Antrag sprechen nach meiner Auffassung sowohl rechtliche als auch [a]allgemeine politische[a], insbesondere außenpolitische Erwägungen. Rechtlich liegen

---

75   [a] *Unterstrichen; dazu am Rande der Vermerk:* doch vgl. 83–76$\frac{18}{8}$ vom 31. August [= *Dok. 73*]

      [1] Dr. Artur Oster (geb. 1880).

76   [a-a] *Einschub S.*

nach meiner Ansicht keinerlei ausreichende Unterlagen vor, [b]um zu beweisen,[b] daß Thomas Mann durch sein Verhalten gegen die Pflicht zur Treue gegen Volk und Reich verstoßen hat.[c]

Die große Mehrzahl der in dem Schreiben des Bayerischen Staatsministeriums des Innern vom 18. Januar 1934 gegen Mann erhobenen Beschuldigungen liegen zudem vor dem 30. Januar 1933. [d]Obwohl nach den für die Ausbürgerung maßgebenden Richtlinien nicht entscheidend ist, in welcher Zeit das gegen die Treupflicht verstoßende Verhalten liegt, scheint mir gerade bei der Bewertung des vorliegenden Falls nicht außer Acht bleiben zu dürfen, daß der gegen Thomas Mann vorgebrachte Tatbestand zum Teil viele Jahre zurückliegt.[d]

Im Jahre 1926 hielt Thomas Mann in der Carnegie-Stiftung in Paris einen Vortrag. Dieser soll nach dem Schreiben des Bayerischen Staatsministeriums des Innern „nur ein großes Liebeswerben um die Franzosen" dargestellt haben. In dem Bericht der Deutschen Botschaft in Paris vom 6. Februar 1926 wird dieser Vortrag gänzlich anders beurteilt. Nach diesem Bericht gab Thomas Mann „ein in stilistischer Vollendung und eindrucksvollem Vortrag dargebotenes Bild des gegenwärtigen Deutschland, mit einem Bekenntnis zur Demokratie, aber voll stolzer Wahrung der deutschen Eigenart und des deutschen Rechts".

Aus der Zeit nach dem 30. Januar 1933 kommen zwei Punkte in Betracht, die gegen Thomas Mann sprechen könnten: Die Veröffentlichung im „Intransigeant" [= *Dok. 30 a*] und der von Thomas Mann an den Verein des Jüdischen Hilfswerkes in New York gerichtete Brief [*in Dok. 60*].

Die Veröffentlichung im „Intransigeant" ist [e]zwar als solche[e] zu beanstanden. Wie jedoch durch die zur Verfügung gestellten Unterlagen glaubhaft gemacht wird, ist die hetzerische Aufmachung des Artikels gegen den Willen des Verfassers erfolgt. Ferner sind die Verschärfungen im Artikel durch Verfälschungen bei der Übersetzung zustande gekommen. Der ursprünglich von Thomas Mann verfaßte Artikel ist wesentlich milder, als die dem Schreiben des Bayerischen Staatsministeriums des Innern zu Grunde liegende Fassung. [f]Der in Frage stehende Artikel kann daher m. E. als wesentlicher Bestandteil eines belastenden und die Ausbürgerung motivierenden Tatbestandes nicht gewertet werden.[f]

[b-b]*Einschub S.*

[c]*Im Entwurf folgt der gestrichene Passus:*

Nach der dortigen Praxis selbst, wie sie etwa im Falle des preußischen Finanzministers Klepper hervortrat, setzt Aberkennung der Reichsangehörigkeit offenkundige schwere Verletzungen der Treupflicht voraus, die sich insbesondere nach der Machtergreifung durch den Nationalsozialismus ereignet haben müssen. Solche Verstöße liegen jedoch im Falle Thomas Mann offenbar nicht vor.

Der letzte Satz wurde im Entwurf durch S. geändert in: Solche Verstöße sind m. E. nicht nachzuweisen. *Der Satz wurde in dieser Form in das Reinkonzept übernommen und dann von St. gestrichen.*

[d-d]*Einschub S.*

[e-e]*Im Reinkonzept durch S. geändert aus:* unbedingt

[f-f]*Im Entwurf durch S. geändert aus:* Bei dieser Sachlage dürfte der Artikel allein kaum Anlaß zu einer so schwerwiegenden Maßnahme wie der Ausbürgerung bieten.

Das an den Verein des Jüdischen Hilfswerks gerichtete Schreiben ist betont auf allgemein menschliche und humanitäre Gesichtspunkte abgestellt und enthält keine Bezugnahme auf deutsche Ereignisse.[g] Das Schreiben kann daher m. E. ebenfalls nicht die Grundlage für die Aberkennung der Reichsangehörigkeit abgeben.[h]

Die Richtigkeit der von der Deutschen Wochenschau vom 16. Juni 1934 und vom 8-Uhr-Abendblatt vom 15. Juni 1934 berichteten angeblichen deutschfeindlichen Äußerungen Thomas Manns [i]ist nicht erwiesen. Er selbst bestreitet in dem an den S. Fischer Verlag gerichteten Schreiben vom 27. Juni 1934 [in Dok. 60], daß diese Äußerungen gefallen sind.[i]

[k]Wie diese Ausführungen zeigen, ist bereits der Tatbestand, der die Ausbürgerung eines weltbekannten deutschen Dichters einwandfrei und lückenlos mit wichtigen belastenden Tatsachen motivieren müßte, äußerst mangelhaft.[k]

Entscheidend für die Stellungnahme des Auswärtigen Amts ist jedoch d i e R ü c k s i c h t   a u f   d i e   a u ß e n p o l i t i s c h e   W i r k u n g   eines in diesem Falle weithin sichtbaren Ausbürgerungsbeschlusses. Thomas Mann gilt seit Jahren, namentlich aber seitdem er Nobelpreisträger geworden ist, im gesamten gebildeten Ausland, wo seine Werke gerade in den letzten Jahren auch durch Übersetzungen stark verbreitet worden sind, als einer der vornehmsten Vertreter des deutschen Schrifttums. Es muß in Betracht gezogen werden, daß eine der wichtigsten und gefährlichsten Methoden der deutschfeindlichen – und gerade der jüdischen – Hetzpropaganda gegen das neue Deutschland die kulturelle Diffamierung ist. Das nationalsozialistische Deutschland wird als Feind alles geistigen und künstlerischen Schaffens hingestellt, um damit gerade den gebildeten Ausländer dem deutschen Wesen zu entfremden, die Weltgeltung des deutschen Geisteslebens zu erschüttern und Deutschland kulturell und moralisch zu isolieren.

---

[g]*Im Entwurf folgt der gestrichene Satz :* Der Brief stellt eine mehr oder weniger platonische Sympathiebekundung gegenüber den caritativen Zwecken der Hilfsorganisation dar und wahrt ausdrücklich politische Neutralität.

[h]*Im Entwurf folgt der gestrichene Passus :* Diese Maßnahme dürfte mit dem fraglichen Schreiben jedoch auch aus der politischen Erwägung nicht in Zusammenhang gebracht werden, daß sonst in der amerikanischen Öffentlichkeit der Eindruck entstehen könnte – oder jedenfalls von deutschfeindlicher Seite erweckt werden würde – als ob die Deutsche Regierung die Sympathiekundgebung eines Reichsangehörigen für ausländische Fürsorgeorganisationen mit Ausbürgerung bestrafe. Es bedarf keines Hinweises, daß die deutschfeindliche Hetzpropaganda sich diesen irrigen Eindruck zunutze machen würde, zumal das jüdische Hilfswerk in den Vereinigten Staaten angeblich nicht nur Juden, sondern politischen Flüchtlingen und Leidenden aller Länder zugute kommen soll.

[i-i]*Im Entwurf durch S. geändert aus :* . . . hat dieser in dem an den S. Fischer Verlag gerichteten Schreiben vom 27. Juni 1934 glaubhaft widerlegt.

[k-k]*In Entwurf durch S. geändert aus :* Daß ein so hervorragender Vertreter des deutschen Schrifttums wie Thomas Mann, dessen Weltgeltung vor 5 Jahren durch Verleihung des Nobelpreises anerkannt worden ist, sich mehrfach nach außerdeutschen Ländern zu Vorträgen, oder, wie im Falle Tolstoi, zu Gedenkfeiern begeben und daß er bei solchen Gelegenheiten freundliche und dankbare Worte für das jeweilige Gastland gefunden hat, kann ihm nach hiesiger Ansicht nicht zum Vorwurf gemacht werden.

Diese Tendenzen der ausländischen Hetzpropaganda[1] würden durch eine Ausbürgerung Manns zweifellos einen starken Antrieb erhalten.[m] Eine Ausbürgerung Thomas Manns würde im Auslande sensationell wirken und in noch weit stärkerem Maße zu unfreundlichen Kommentaren Anlaß geben, als etwa der Fall Albert Einsteins, [n]dessen Ausbürgerung von objektiven Ausländern vielleicht deshalb noch verstanden wird, weil er sich vor seiner Ausbürgerung an der Hetze gegen Deutschland führend beteiligt hatte.[n] [o]Thomas Mann hat dagegen gegenüber dem nationalsozialistischen Deutschland betonte Zurückhaltung gezeigt (vgl. Berichte aus Paris und Zürich), so daß die Motivierung seiner Ausbürgerung mit seiner antideutschen Haltung für das skeptische Ausland schwierig und daher propagandistisch unzweckmäßig wäre. Während die Ausbürgerung Einsteins im Auslande vielfach wohl auf das Konto „Judenfrage" gebucht wird, würde für den Fall Thomas Mann, der Arier ist, auch dieses Motiv in Fortfall kommen, so daß die ausländische Öffentlichkeit mit voller Verständnislosigkeit eine Ausbürgerung Manns kritisieren würde.[o] [p]Es würde außerdem nicht im Reichsinteresse liegen, Mann durch seine Ausbürgerung in das Lager der antideutschen Hetzer[q] zu treiben. [r]Die nachteiligen Folgen seiner Ausbürgerung auf außenpolitischem Gebiet würden jedenfalls in keinem Verhältnis zu dem vielleicht beabsichtigten Erfolg dieser Maßnahme stehen. Ich bitte daher, aus allgemeinen politischen, insbesondere aus außenpolitischen Gründen von einer Ausbürgerung Thomas Manns abzusehen.[r]

Eine befristete Rückkehraufforderung nach § 2, Satz 2 des Gesetzes vom 14. Juli 1933 [s]halte ich ebenfalls nicht für angebracht, da bei der wahrscheinlich zu

---

[1] *Im Entwurf durch S. geändert aus:* Hetzpresse.

[m] *Im Entwurf folgt der gestrichene Passus:* ..., umsomehr, als Mann im Gegensatz zu den meisten ins Ausland abgewanderten deutschen Schriftstellern, nach den dorthin abschriftlich übersandten Berichten des Deutschen Generalkonsulats in Zürich vom 18. August 1934 und der Deutschen Botschaft in Paris vom 27. August 1934, sich in der Schweiz und in Frankreich gegenüber dem nationalsozialistischen Deutschland stets die größte Zurückhaltung auferlegte. Unter diesen Umständen würde ...

[n-n] *Im Entwurf durch S. geändert und ergänzt aus:* ... der sich an der Hetze gegen Deutschland führend beteiligt hatte.

[o-o] *Einschub S.*

[p] *Im Reinkonzept folgt der von St. gestrichene Satz:* Dies gilt umsomehr als Mann Arier ist und man im Ausland im allgemeinen nichts davon weiß, daß er mit einer Nichtarierin verheiratet ist. *Im Entwurf folgt hierauf der durch S. gestrichene Satz:* Ein Vorgehen gegen ihn, dem eher eine gewisse Note philiströser Pedanterie und bürgerlicher Korrektheit anhaftet, würde auf völliges Unverständnis stoßen.

[q] *Im Reinkonzept durch S. geändert aus:* Hetze.

[r-r] *Im Entwurf durch S. geändert aus:* ..., dem er sich bisher fernhielt. Der Schaden, den er der deutschen Sache von dort aus zufügen könnte, würde in keinem Verhältnis zu dem mit seiner Ausbürgerung möglicherweise verbundenen Nutzen stehen.

[s-s] *Im Entwurf durch S. geändert aus:* ... scheint nach hiesiger Ansicht nicht angezeigt, weil Mann in seinem Schreiben vom 28. August 1933 an das Finanzamt in München-Ost ausdrücklich erklärt hat, seinen Wohnsitz in München aufzugeben, und weil auf der anderen Seite deutscherseits dadurch leicht der Eindruck erweckt werden könnte, als wolle man ihn zur Rückkehr zwingen. Dadurch könnte bei ihm die falsche Vorstellung entstehen, als sei dem

erwartenden Ablehnung der Aufforderung seine im Vorstehenden als unzweckmäßig abgelehnte Ausbürgerung unvermeidlich würde. Ich bitte daher, auch von der Rückkehraufforderung abzusehen, um nicht eine unzweckmäßige Entscheidung zu präjudizieren.[s]

[t]Ich bin bereit, auf Grund etwa beigebrachten neuen, einwandfrei begründeten Materials die Prüfung der Angelegenheit wieder aufzunehmen.[t]

Das Deutsche Generalkonsulat in Zürich wird Weisung erhalten, Mann weiterhin zu beobachten und gegebenenfalls über sein Verhalten zu berichten.

I. A.

gez. Röhrecke[u][1]

77

Vermerk des Bayerischen Staatsministeriums für Unterricht und Kultus über den Stand der Ausbürgerungsangelegenheit von Thomas Mann   *10. Dezember 1934*

HStA München, MK 36752

No. V 10275 A IV

I. Nach Mitteilung der Pol. Polizei (RR Beck[1], Ruf No. 28341) schwebt noch das Verfahren wegen Aberkennung der deutschen Staatsangehörigkeit bei Thomas Mann. Bisher wurden nur ausgestoßen die Tochter Erika Mann u. der Sohn Klaus Mann.

II. Wv. m. E[*inlauf*] oder 1. 6. 35

I. V.

Dr. Boepple[2]

---

76   nationalsozialistischen Deutschland an seiner Rückkehr gelegen. Andrerseits ergibt das übersandte Material keinerlei Anhaltspunkte dafür, daß diese Rückkehr im Reichsinteresse geboten sei. Die große Zurückhaltung Manns in politischen Dingen beweist, daß er nicht alle Brücken nach Deutschland abbrechen will. In dieser Absicht werden ihn auch wirtschaftliche Rücksichten bestärken. Es darf daher wohl mit Sicherheit angenommen werden, daß er seinen Aufenthalt im Ausland nicht zu Angriffen gegen Deutschland benutzen, sondern sich auch in Zukunft großer Zurückhaltung befleißigen wird.

[t-t]*Einschub S.*

[u]*zunächst war Schlußzeichnung durch v. Bülow-Schwante vorgesehen, der am 28. September abgezeichnet hat. Anscheinend ist die Schlußzeichnung Röhreckes vom 4. Oktober durch den am gleichen Tag abzeichnenden Staatssekretär v. Bülow angeordnet worden.*

[1] Dr. Hans–Felix Röhrecke (geb. 1888).

77   [1] Zu Beck s. Dok. 41b, Anm. 2.

[2] Dr. Ernst Boepple (geb. 30. November 1887, SS-Nr. 166 838, Partei-Nr. 36 000), hat 1925 in München die erste Sammlung von „Adolf Hitlers Reden" veröffentlicht; er wird für das Jahr 1934 als Staatsrat im Bayerischen Staatsministerium für Unterricht und Kultus geführt, ab Mitte 1935 als Staatssekretär. In der SS wurde er am 21. Februar 1934 zum Standartenführer ernannt und am 20. April 1935 zum SS-Oberführer befördert. Danach ist er laut Dienstalterliste der SS, Stand Januar 1944, in dieser Organisation nicht mehr weiter aufgestiegen.

Thomas Mann, Gruß an Prag   *21. Januar 1935*

   Druck in : „Prager Presse" vom 22. Januar 1935

Prag, 21. Januar. Thomas Mann sprach heute im Prager Rundfunk folgenden „Gruß an Prag":

Meine Damen und Herren, ich habe zehn Minuten Zeit, um zu sagen, was mir in diesem Augenblick am Herzen liegt, und so muß ich Haus halten mit meiner Zeit und nach meinen Worten sehen, daß ich das Wichtigste nicht vergesse.

Was ist das Wichtigste, Natürlichste und Nächstliegende? Es ist dies, daß ich meiner Freude Ausdruck gebe, wieder in Prag zu sein, dieser h e r r l i c h e n und t i e f c h a r a k t e r v o l l e n S t a d t, die ich nie ohne den stärksten Eindruck besucht habe und die ich schon allzu lang nicht mehr sah. Es sind drei Jahre vergangen seit meinem letzten Hiersein[1]. Das Goethejahr führte mich damals her, ich sprach für die „Urania" im Deutschen Theater, und auch diesmal wieder ist es das verdienstvolle deutsche Bildungsinstitut der „Urania", der ich mein Hiersein zu verdanken habe. Morgen heißt mein Thema „Richard Wagner"[2], und naturgemäß wird sich meine Zuhörerschaft ganz vorwiegend aus deutschen Bürgern Prags zusammensetzen. Die weite Publizität des Rundfunks aber dürfte es mit sich bringen, daß heute meine Stimme auch tschechische Hörer erreicht und ich bekenne gern, daß mir an dem Kontakt auch mit dem tschechischen Publikum Prags herzlich gelegen ist, und daß ich den Sinn und Zweck dieses Aufenthaltes nicht als g a n z erfüllt ansehen könnte, wenn eine solche Berührung nicht zustande käme.

In einer Zeit wie dieser, wie sich die Absonderung der Völker mehr und mehr in einer, wie ich gerade aus meinem deutschen Kulturgefühl heraus meine, unglücklichen Weise versteift, ist es die Aufgabe derer, die an die Notwendigkeit eines einträchtig zusammenwirkenden Europas glauben, diesen Gedanken hochzuhalten und für ihn einzustehen. Und eine Vortragsreise wie die, welche ich gerade absolviere, sei sie auch eines rein geistigen, künstlerischen literarischen Charakters, hat immer doch zugleich den tieferen Sinn und die höhere Funktion, eine B e r ü h r u n g d e r K u l t u r s p h ä r e n herbeizuführen und damit auf eine zwar leise und indirekte, aber keineswegs unwirksame Weise die Annäherung der Völker und Volksgeister zu fördern. Sie wissen vielleicht, daß ich seit einiger Zeit in der Schweiz lebe, aus Sympathie für den friedliebend-freien Charakter dieses Landes, den es sich hoffentlich unter dem Druck und Ansturm einer verworrenen Zeit wird bewahren können. Ein Völkerstaat aber wie die Schweiz, in dem verschiedene Volksteile friedlich unter demselben staatlichen Dach zusammenwohnen, und ein Pfeiler der d e m o k r a t i s c h - e u r o p ä i s c h e n

---

[1] Vgl. *Bürgin-Mayer*, S. 97.
   [2] Es handelt sich um den Vortrag „Leiden und Größe Richard Wagners", der 1933 den Protest der Richard-Wagner-Stadt München hervorgerufen hatte.

Staats- und Weltgesinnung ist auch die Tschechoslowakei unter ihrem ehrwürdigen Präsidenten, dessen Gestalt in der Tat das Ideal eines modernen Staatsoberhauptes erfüllt und nicht nur eines modernen, denn das Ideal, das sie verkörpert, kann man ja zurückführen auf die platonische Forderung, daß Weise und Philosophen die Staaten regieren sollten[3]. Aber es sind nicht nur so weitläufige, sondern auch intimere und persönlichere Gesichtspunkte, die mir den Wunsch eingeben mußten, auch dem tschechischen Publikum Prags nicht ganz unsichtbar und unhörbar zu bleiben. Denn ich schulde dem literarischen Publikum dieses Landes Dank für eine Anteilnahme an meiner Arbeit, wie sie mir so freundlich, ernst und intelligent nicht leicht aus einem anderen Land entgegengekommen ist. Oft, aus Briefen und aus mündlichen Versicherungen, habe ich erfahren dürfen, wie viel Sympathie für meine künstlerische Arbeit und meine geistigen Bemühungen hierzulande lebendig ist, und dankbar muß ich feststellen, daß kaum eine zweite so vollständige und sorgfältig betreute Übersetzungsausgabe meines bisherigen Lebenswerkes besteht wie die, die der Verlag Melantrich im Laufe der Jahre herausgebracht hat[4].

Daß meine Arbeiten, wie die so vieler anderer deutscher und europäischer Autoren in mustergültiger tschechischer Übersetzung vorliegen, muß mir eine um so größere Freude und Genugtuung sein, als ich persönlich dem geistigen Leben Prags von früh an tiefe und eigentümliche Eindrücke zu verdanken gehabt habe. Ich spreche von dem geistigen Leben Prags, der Hauptstadt dieses Landes, weil die Ideenverbindungen so reich sind, die sich an den Namen dieser Stadt knüpfen, einem Namen, der dem lesenden Deutschen von früh auf, schon durch seine klassische Dichtung, durch Schillers „Wallenstein", entgegentritt: ich meine in der Szene zwischen Wallenstein und Wrangel, wo der schwedische Oberst die Verpfändung von Prag und Eger von dem Generalissimus verlangt und dieser ihn abweist: „Viel gefordert. Sei's um Eger, aber Prag geht nicht"[5]. Das ist eine frühe Einprägung, die schon dem Knaben einen eigentümlichen Eindruck von der Wichtigkeit dieser Stadt vermittelte. Und später ist es dann Adalbert Stifter, der ihm durch seinen herrlichen Roman „Witiko" das mittelalterliche Bild dieser Stadt durch das berühmte Belagerungskapitel heraufgezaubert und unvergeßlich macht[6].

Es geschieht fast unwillkürlich, mit innerer Notwendigkeit, daß sich mir mit dem Gruß an Prag, den diese Worte darstellen sollen, der Gedanke an das wundervolle dichterische Werk Adalbert Stifters verbindet, obgleich Prag nicht die Stadt seiner Geburt ist. Noch kürzlich bekam ich von fremder Hand aus Oberplan, wo der

---

[3] T. G. Masaryk (1858–1937), ursprünglich Professor der Philosophie, 1918–1935 Staatpräsident.

[4] Der Verlag Melantrich hatte – einsetzend mit einer Übersetzung von „Buddenbrooks" – seit 1930 eine tschechische Ausgabe der Werke Thomas Manns herausgebracht. Doch waren schon seit 1910 Übertragungen mehrerer Werke des Dichters, an erster Stelle „Königliche Hoheit", in Prager Verlagen erschienen; vgl. *Bürgin* IV, Nr. 386 ff.

[5] F. v. *Schiller*, Wallensteins Tod I, 5.

[6] A. *Stifter*, Witiko, Zweiter Teil, Erstes Buch.

Dichter der „Bunten Steine" das Licht der Welt erblickte, die Ansicht seines Geburtshauses zugeschickt und betrachtete mit ernster Bewegung diese schlichte Herkunftsstätte eines Geistes, der mich durch seine Reinheit und den Adel seiner Originalität tief berührt hat. Stifters Werk gehört zu den schönsten und seltsamsten Erlebnissen, die ich überhaupt der Literatur verdanke, und die Liebe zu der stillen Kühnheit seines Genius läßt mich mit Freuden die Gelegenheit zu dieser Huldigung ergreifen.

Meine Unkenntnis der schönen, aber schwierigen tschechischen Sprache ist daran schuld, daß meine Vertrautheit mit der tschechischen Nationalliteratur leider beschränkt ist. Dafür mußte vor allem die tschechische Musik eintreten, die mir von jung auf durch S m e t a n a und D v o ř á k, diese so charakteristisch-nationalen und dabei mit ihrer hinreißenden Melancholie zu aller Welt sprechenden Temperamente, entgegentrat, dann aber auch durch die neueren J a n á č e k und W e i n b e r g e r[7]. In deutscher Übersetzung aber konnte ich doch auch einiges von der modernen literarischen Produktion des Landes auf mich wirken lassen, so die Werke K a r e l Č a p e k s, die Prosa F r á n a Š r á m e k s, den außerordentlich starken Friedland-Roman von J a r o s z l a v D u r y c h, einige von den Roman-Dichtungen I v a n O l b r a c h t s, dem ich die tschechische Übersetzung meines biblischen Romans verdanke, die Dramen F r a n t i š e k L a n g e r s und anderes mehr[8].

Aber namentlich waren es natürlich die deutsch-böhmischen Dichter, denen ich meinen Begriff von der Seele des Landes und von dieser Stadt verdanke, von der eigentümlichen, aus Modernität und fast spukhafter Romantik seltsam gemischten Atmosphäre Prags, die auf irgendeine Weise alle Dichtung, die von hier kommt, verspüren läßt und die im Dichterisch-Seelischen so unverwechselbare und kostbare Werte gezeugt hat. Da kommt mir natürlich vor allem der Name G u s t a v M e y r i n k s auf die Lippen, dessen ganzes Lebenswerk das Gepräge Prags so unverkennbar trägt und das Wesen dieser Stadt auf so suggestive und meisterliche Weise fühlbar macht. Es muß etwas dichterisch Anreizendes und Produktives in der Luft sein, in dem alten Boden der Stadt liegen, daß sie so vieles an literarischer Merkwürdigkeit, Besonderheit und pittoresker Phantastik hervorgebracht hat und an dem modernen deutschen Schrifttum einen Anteil hat, wie sie in diesem Umfang und in dieser besonderen Ausprägung selten ist. Hier zeigt sich übrigens wieder, daß Echtheit und charaktervolle Bodenständigkeit keineswegs im notwendigen Gegensatz stehen zur internationalen, zur europäischen Wirkung. Denn von der spezifisch-pragerischen deutschen Dichtung ist ein außerordentlich intensiver internationaler Reiz ausgegangen, und schon heute wird F r a n z K a f k a s Gottsucher-Werk in seiner peniblen Traumhaftigkeit in Paris mit ebensoviel Bewunderung gelesen wie in Deutschland. Den Lyriker deutscher Zunge, der vielen

---

[7] B. Smetana (1824–1884); A. Dvořák (1841–1904); L. Janáček (1854–1928); J. Weinberger (*1896).

[8] K. Čapek (1890–1938); F. Šrámek (1877–1952); J. Durych (1886–1962); I. Olbracht (1882–1952); F. Langer (1888–1965).

als der größte der letzten Jahrzehnte gilt, R a i n e r M a r i a R i l k e, hat
Prag hervorgebracht, und ich brauche ferner nur die Namen F r a n z W e r f e l s,
M a x B r o d s, des diesjährigen Staatspreisträgers L u d w i g W i n d e r und
der Lyrikerin H e d d a S a u e r zu nennen[9], um den Reichtum anzudeuten,
den Prag innerhalb der deutschen Literatur bewährt – einige Namen, mit denen
ich diesen Reichtum keineswegs erschöpfe, sondern denen ich manchen anderen
anreihen könnte.

Mein Wunsch war nur, die vielfachen und fruchtbaren Beziehungen anzudeuten,
die zwischen Ihrem Lande und dem meinen bestehen, und nur ganz fragmentarisch konnte das gelingen. Noch einmal zum Schluß: ich bin glücklich, wieder
hier zu sein, in dieser Stadt, deren architektonischer Zauber unter den Städten
der Welt fast einzig ist, glücklich, wieder einmal von Freundes Hand durch ihre
offenen und verschwiegenen Schönheiten geleitet zu werden, und glücklich, wenn
auch mit gewiß unzulänglichen Worten, auf diesem Wege danken zu können für
die herzliche und gastliche Aufnahme, die mir auch diesmal wieder hier wider-
fährt.

79

Deutsche Gesandtschaft Prag an Auswärtiges Amt   *23. Januar 1935*

> *Auf dem Eingang Vermerk des LR Röhrecke vom 25. Januar :* An Prag Abschrift unseres Sch[*reibens*]
> an M. d. I. v[*om*] 30. 9. 1934 [= *Dok. 76*] m. d. B. um Stellungnahme zu Ausbürgerung
> Manns

A. III. 1. b. 8. Eg.

In der Anlage lege ich Ausschnitte aus der „Prager Presse" vom 22. Januar vor
über eine Ansprache, die Thomas Mann im tschechoslowakischen Rundfunk
gehalten hat[1], sowie über ein Interview, das er einem Vertreter der „Prager Presse"
gewährte[2]. Thomas Mann befindet sich auf einer Vortragsreise, in deren Verlauf

---

78   [9] G. Meyrink (1868–1932); F. Kafka (1883–1924); R. M. Rilke (1875–1926); F. Werfel
(1890–1945); M. Brod (1884–1969); L. Winder (1889–1946); H. Sauer (1875–1953).

79   [1] „Gruß an Prag", s. Dok. 78.
　　　　[2] Das – bei *Matter* nicht verzeichnete – Interview behandelt – um es auf Hauptstichworte
zu reduzieren – Prag; Übersetzungen literarischer Kunstwerke (Dehmel – Verlaine, George –
Baudelaire; die französische Zauberberg-Übersetzung); die natürliche Gebundenheit von
Kunstwerken: übernationale Werke und solche, die zu einer gewissen „demokratischen
Gebrauchsware" zählen, „die mühelos über die Grenzen gelangt und die doch jeden inneren
Wertes bar ist"; Film („Der Film ‚Buddenbrooks' war eine verunglückte Angelegenheit, ein
kleiner Kaufmannsroman. Jetzt zum ersten Male glaube ich, könnte sich ‚Joseph und seine
Brüder' filmisch verwerten lassen. Der London-Film hat schon ein Optionsrecht darauf erwor-
ben"); Theater („Die moderne Produktion sei einigermaßen mangelhaft. Der Roman spielt
heute in Europa unbedingt die wichtigere Rolle. Das Drama braucht einen festen, gesicherten
Kulturboden, eine sicherere Kultureinheit. Und da die Zeit ihrer selbst nicht sicher ist, kann
die dramatische Produktion nicht aufkommen"); Thomas Manns persönliche Arbeit. – Auf-

er in der hiesigen Urania einen Vortrag über Richard Wagner hielt. Er wurde in der hiesigen jüdischen und tschechischen Linkspresse entsprechend gefeiert. Der stark unter jüdischem Einfluß stehende Pen-Klub in Prag veranstaltete einen besonderen Empfang für ihn.

Obwohl Mann jedes offene politische Wort peinlich vermied, kann er sich nicht im Unklaren darüber sein, welche Bedeutung sein Auftreten in Prag für die gegen Deutschland gerichtete tschechische und jüdische Propaganda besitzt. Namentlich der Umstand, dass er ausgerechnet einem Vertreter der deutschfeindlichen „Prager Presse" ein Interview gewährte, wird in deutschfühlenden Kreisen als skandalös empfunden.

Dr. Koch[3]

80

Deutsche Gesandtschaft Budapest an Auswärtiges Amt   *29. Januar 1935*

B. Nr. 68–IX. 1.

Thomas Mann hat am 27. d. M. hier einen Vortrag über Richard Wagner gehalten. Da der Dichter auf einen Nansen-Paß[1] reist, konnte er nicht ohne weiteres nach Ungarn einreisen, sondern bedurfte eines Sichtvermerks. Das von der zuständigen ungarischen Auslandsbehörde um Entscheidung befragte ungarische Innenministerium hat zunächst Bedenken getragen, die Einreise zu erlauben, zumal bekannt geworden war, daß das Auftreten in Wien Anlaß zu politischen Kundgebungen geboten hatte[2]. Das Ministerium hat seine Bedenken jedoch zurückgestellt und die Bewilligung für einige Tage erteilt.–

Der Vortrag selbst, der vom „Verein Ungarischer Opernfreunde" veranstaltet war,

---

grund eines Berichts über Thomas Manns Prager Aufenthalt im „Völkischen Beobachter" Nr. 25 vom 25. Januar 1935 – bei *Matter* nicht verzeichnet – bat der Präsident der Reichsschrifttumskammer, Hans Friedrich Blunck, Peter Suhrkamp am 26. Januar um Stellungnahme. Dieser antwortete am 28. Januar 1935 mit einer kritischen Analyse des „offenbar gehässigen" Berichts, der als „Musterbeispiel" verständnisloser Berichterstattung charakterisiert wird; W. *Blunck*, S. 80.

[3] Dr. Walter Koch (1870–1947) war seit 1909 im Sächsischen Ministerium des Innern tätig, wo er 1916 zum Ministerialdirektor und im Oktober 1918 zum Minister ernannt wurde. 1919–1921 war er zunächst sächsischer Sonderbeauftragter in Prag, dann Sächsischer Gesandter in Berlin. Von Oktober 1921 bis zum Erreichen der Altersgrenze am 1. September 1935 war er Deutscher Gesandter in Prag.

[1] Da Thomas Manns Bemühungen, einen deutschen Reisepaß zu erhalten, erfolglos blieben, war ihm als Ersatz ein Ausweis ausgestellt worden, der ursprünglich für russische Emigranten nach der Oktoberrevolution auf Anregung Fridtjof Nansens geschaffen worden war, jedoch im Lauf der Zeit auch anderen Emigranten zuerkannt wurde.

[2] Thomas Mann hatte am 25. Januar in Wien den Wagner-Vortrag gehalten; *Bürgin-Mayer*, S. 113. In der Wiener Presse aus der Zeit zwischen dem 26. Januar und dem 2. Februar 1935 lassen sich keine Nachrichten über politische Kundgebungen im Zusammenhang mit dem Vortrag Thomas Manns nachweisen (Mitteilung der Universitätsbibliothek Wien).

fand, wie ich höre, vor überfülltem Saale statt und erntete außerordentlichen Beifall. Das Publikum bestand überwiegend aus jüdischen Intellektuellen und entsprach damit dem angesichts der Zusammensetzung der Budapester Bevölkerung normalen Bild bei derartigen Veranstaltungen.–

Das Thema hätte angesichts der besonderen Verehrung, die Richard Wagner im Dritten Reich genießt, die Gelegenheit zu einer wenn auch nur mittelbaren Auseinandersetzung mit dem Gedankengut des neuen Deutschland bieten können. Der Vortragende hat sich jedoch jeder Stellungnahme über sein Thema hinaus enthalten. Auch in Gesprächen, bei denen er über die Motive seines Aufenthalts außerhalb Deutschlands befragt wurde, hat er jede Spitze gegen Deutschland vermieden.–

In Anbetracht der Zusammensetzung des Publikums war es natürlich, daß dieses durch ungewöhnlichen Beifall für den Dichter, der sich von seiner Heimat fernhält und geistig distanziert, in seiner Art demonstrierte. Ebenso ist es nicht verwunderlich, daß die Presse, soweit sie dem Nationalsozialismus ablehnend gegenübersteht, dies auch in ihren Äußerungen über Thomas Mann zum Ausdruck brachte. Bezeichnend ist dafür ein Leitartikel des „Pester Lloyd" vom 27. d. M., der in der Anlage beigefügt wird.–

Die Zeitung „Új Magyarság", die bekanntlich dem heutigen Deutschland besonders freundlich gegenübersteht, bezeichnete – Ausgabe vom 27. d. M. – Mann dagegen als einen Schriftsteller der alten Weltordnung, der besser daran getan hätte, in seiner Heimat zu bleiben, von der ihn niemand vertrieben habe, und sich zu bemühen, den jetzigen Umschwung in seinem Vaterlande zu verstehen.

v. Mackensen

81

Preußische Geheime Staatspolizei an Reichsministerium des Innern   *8. Februar 1935*

B.–Nr. II 1 B 2 – 70569/2827/34 E

Übersendet Äußerungen Thomas Manns über Judentum und Antisemitismus aus „Pariser Tageblatt" Nr. 412 vom 28. Januar 1935.

Das Schreiben ist in den überlieferten Akten nicht enthalten; vgl. jedoch die Erwähnung in Dok. 96 und Dok. 147.
Der unter der Rubrik „Die Meinung der Welt" als Teilwiedergabe aus einem Prager Zionistenorgan im „Pariser Tageblatt" erschienene Beitrag hat folgenden Wortlaut:

Thomas Mann gegen Antisemitismus

Thomas Mann hat während seines Prager Aufenthalts dem Mitarbeiter der „Selbstwehr" Dr. Heinz Stroh ein Interview über seine Einstellung zum Judentum gewährt[1], dem wir folgende Sätze entnehmen:

81   [1] Dieses Interview ist bei *Matter* nicht verzeichnet. Zu den zahlreichen Veröffentlichungen von H. *Stroh* über Thomas Mann vgl. ebd., Register, S. 624.

„Ich verdanke besonders in den Anfängen, gerade den jüdischen Menschen die Erkenntnis und somit auch die Förderung meines Werkes. Antisemitismus ist wohl die dümmste Haltung, die ein aufgeweckter Mensch einnehmen kann. Antisemitismus ist die Schande jedes Gebildeten und kulturell Eingestellten. Es läßt sich doch nicht die Tatsache hinwegleugnen und aus der Welt schaffen, daß das Judentum, zu dem später das Griechentum hinzukam, die geistige Grundlage der abendländischen Gesittung darstellt. Was ist das Christentum denn anderes als eine geistige Frucht des Judentums?! Das Judentum in seiner religiösen Größe ist gesittungsgemäß die kulturelle Grundlage des Seins; denn es ist von seinen Anfängen an positiv. – Daß gerade mir als Schriftsteller das Judentum äußerst sympathisch ist, wird jeder begreifen müssen; denn durch die religiöse Grundlage des Judentums ist den Juden die tiefe Sympathie und Hingezogenheit zu allem Geistigen gegeben. Die Haltung der Juden zum Schrifttum muß für jeden schreibenden Menschen etwas Bestechendes haben. Ich möchte in diesem Zusammenhang sagen, daß eine gleiche Liebe zur Dichtung nur bei den Franzosen zu finden ist, denen diese Kunst fast als Nationalkunst gilt. "

Thomas Mann kam dann auf seine Palästinareise[2] zu sprechen und sagte:

„Ich spürte, daß ich wirklich inmitten eines Volkes bin, das national empfindet und denkt, das mit einem ungeheuren Mut von der Zivilisation sich löste, um von vorn zu beginnen und sich eine Welt zu bereiten, wie sie Sehnsucht und Ideal nun als Wirklichkeit gestalten sollten. Wenn ich diese jungen Juden in selbstbewußter nationaler Geschlossenheit und Freiheit sah, diese sehr sportlichen und muskulösen Gestalten in ihrer nationalen Aggressivität bewunderte, dann fühlte ich, daß ein Land nach einem Willen geformt wird und zukunftsträchtig ist. Ich war auch in einigen Kwuzoth. Und die Tapferkeit und der tätige und somit wahrhafte Idealismus erschütterten mich. Ein neues Volk, das sich seine Geistigkeit bewahrte und dennoch seine Hände zu benutzen versteht, zimmert sich ein neues Leben. Erdgebunden ist dieses, es ragt in die Zukunft und wird voller Bestand bleiben. "

82

Auswärtiges Amt an Deutsche Gesandtschaft Prag   *15. Februar 1935*

Entwurf v. Marchthalers mit Korrekturen von Röhrecke

Übersendet Dok. 76 zur Kenntnis. Der nebenbezeichnete Bericht [= *Dok.* 79] veranlaßt mich, die Gesandtschaft um Stellungnahme zu der Frage zu bitten, ob das neuerliche[a] Verhalten Manns in Prag [b]vielleicht doch[b] seine Ausbürgerung im

---

[2] Der Dichter hatte auf seiner Reise nach Ägypten und Palästina vom 26. März bis 1. April 1930 Jerusalem besucht, mußte aber dort das Krankenhaus aufsuchen; vgl. *Bürgin-Mayer*, S. 90.

Sinne der bekannten Richtlinien rechtfertigt. ᶜAuch zu der Tätigkeit Erika Manns bitte ich bei der Gelegenheit Stellung zu nehmenᶜ1.

83

Deutsche Gesandtschaft Prag an Auswärtiges Amt   *4. März 1935*

A. III. 1. b. 8. Eg.

Auch das neuerliche Verhalten Thomas Manns in Prag rechtfertigt nach meinem Dafürhalten seine Ausbürgerung nicht. Sein Auftreten in Prag war zwar höchst unerfreulich. Da sich Mann jedoch politisch nicht geäußert hat, würde seine Ausbürgerung nur Wasser auf die Mühlen der jüdisch-liberalen Welt gießen, im übrigen auch einen bedenklichen Präzedenzfall für die ähnlich gelagerten Fälle darstellen.

Auch Erika Mann hat es bei ihrem Prager Aufenthalt ängstlich vermieden, Angriffe gegen die Deutsche Regierung zu richten. *Folgen Ausführungen über die Vorstellungen des Kabaretts „Pfeffermühle" in Prag und die Reaktion der dortigen Presse hierauf*[1].

Dr. Koch

84

Richtlinien des Reichs - und Preußischen Ministers für Wissenschaft, Erziehung und Volksbildung zur Vereinheitlichung der Hochschulverwaltung   *1. April 1935*

Druck: Die deutsche Hochschulverwaltung I, S. 34 f.

An die Stelle der bisherigen Vorschriften treten folgende Bestimmungen:

1. Die Hochschule gliedert sich in Dozentenschaft und Studentenschaft.
2. Die Dozentenschaft wird gebildet von den an der Hochschule tätigen Lehrkräften und Assistenten.
3. Die Studentenschaft wird gebildet von den an der Hochschule voll eingeschriebenen Studenten deutscher Abstammung und Muttersprache unbeschadet ihrer Staatsangehörigkeit.
4. Führer der Hochschule ist der Rektor. Er untersteht dem Reichswissenschaftsminister unmittelbar und ist ihm allein verantwortlich.

82   a
    b- b } *Einfügungen Röhreckes*
    c-c

[1] Dazu Th. Mann an R. Kayser am Tag vor der Abreise nach Prag, 18. Januar 1935: „... Auch gastiert meine Tochter Erika gerade in Prag mit ihrer Pfeffermühle" (*Briefe* I, S. 383).

83   [1] Wegen dieser Teile des Berichts wurde – laut Registraturvermerk – ein Durchschlag auch zu den Akten „83–40 (Pfeffermühle)" genommen.

5. Der Leiter der Dozentenschaft wird nach Anhören des Rektors und des Gauführers des NS-Dozentenbundes vom Reichswissenschaftsminister ernannt. Er untersteht dem Rektor.

6. Der Leiter der Studentenschaft wird nach Anhören des Rektors und des Gauführers des NS-Studentenbundes vom Reichswissenschaftsminister ernannt. Er untersteht dem Rektor.

7. Der Prorektor und die Dekane werden auf Vorschlag des Rektors vom Reichswissenschaftsminister ernannt.

8. Der Senat steht dem Rektor beratend zur Seite. Ihm gehören an die Leiter der Dozentenschaft und der Studentenschaft, der Prorektor, die Dekane und zwei weitere vom Rektor zu berufende Mitglieder der Dozentenschaft, von denen eines dem NS-Dozentenbund zu entnehmen ist; Stellvertretung ist unzulässig.

9. Die Fakultäten sind Träger der fachwissenschaftlichen Arbeit.

10. Der Dekan führt die Fakultät. Er ernennt seinen Stellvertreter.

11. Der Fakultätsausschuß steht dem Dekan beratend zur Seite. Ihm gehören an die beamteten ordentlichen und außerordentlichen Professoren der Fakultät sowie zwei vom Leiter der Dozentenschaft zu benennende nichtbeamtete Hochschullehrer.

12. Dienstliche Eingaben sind in wissenschaftlichen oder Studienfragen an den Dekan, in Dozentenschaftsfragen an den Leiter der Dozentenschaft, in Studentenschaftsfragen an den Leiter der Studentenschaft zu richten. Der weitere Dienstweg geht in jedem Falle an den Rektor zur Entscheidung oder Weitergabe.

Der Reichs- und Preußische Minister
für Wissenschaft, Erziehung und Volksbildung
Rust

85

Deutsches Generalkonsulat Zürich an Auswärtiges Amt   *9. Mai 1935*

KW. 7.

Im Anschluß an den Bericht vom 16. April d. J. – P. 7. a. –

Das Hilfswerk „Comité suisse d'aide aux enfants d'émigrés" mit Sitz in Zürich und das „Schweizerische Hilfswerk für deutsche Gelehrte" in Zürich veranstalteten einen Vortragsabend mit Thomas Mann. Dieser las Abschnitte aus seiner biblischen Romantrilogie vor. Der Vortragsabend war umrahmt von Musikstücken, die Alexander Schaichet und Hans Müller spielten[1].

---

[1] Diese und die weiter erwähnte Lesung sind bei *Bürgin-Mayer* nicht erwähnt. Die Veranstaltung der beiden Hilfswerke fand am 6. Mai 1935 in der Aula der Universität Zürich statt; vgl. Neue Zürcher Zeitung Nr. 798 vom 7. Mai 1935.

Vor einiger Zeit hielt Thomas Mann im hiesigen sozialdemokratischen Volksbildungsausschuß ebenfalls eine Vorlesung aus seinen Werken[2]. Er scheint damit nun endgültig ins Lager der Emigranten abgeglitten zu sein. Eine wesentliche Rolle bei dieser Entwicklung dürfte seine jüdische Frau, eine geborene Pringsheim aus München, gespielt haben. Die Gesandtschaft in Bern hat Durchschlag dieses Berichts erhalten.

Schaefer-Rümelin[3]

Randvermerk von der Hand Röhreckes, durch v. Bülow-Schwante am 25. Mai 1935 abgezeichnet: Ref. D hält den Eingang, der weder schlagkräftig noch positiv ist, nicht für geeignet zur Weitergabe an R[eichs] I[nnen] M[inisterium], Gestapo oder Pro[paganda] Mi[nisterium]. *Von den um Stellungnahme gebetenen Referaten und Abteilungen hat das Schweiz-Referat (II Sz) ausdrücklich vermerkt, daß es auf Weitergabe keinen Wert lege. Das durch den VLR z.D. Katzenberger am 3. Juni formulierte und vom Abteilungsleiter Aschmann abgezeichnete Votum der Abt. P lautet:* Der Bericht scheint mir zu wenig positiv. Er wäre m. E. nur verwertbar, wenn über den Inhalt der Vorträge etwas bekannt wäre. Die Weitergabe des Berichts allein dürfte keinen großen Wert haben.

86

Der Reichs- und Preußische Minister des Innern an Bayerisches Staatsministerium des Innern
27. Mai 1935

Nr. I A 3401/5013 c.

Nach eingehender Prüfung der gegen Thomas Mann erhobenen Beschuldigungen halte ich im Einvernehmen mit dem Herrn Reichsminister des Äußeren und dem Herrn Reichsminister für Volksaufklärung und Propaganda die Voraussetzungen für die Aberkennung der Staatsangehörigkeit Thomas Manns gemäß § 2 des Gesetzes über den Widerruf von Einbürgerungen und die Aberkennung der deutschen Staatsangehörigkeit vom 14. 7. 1933 (RGBl. I S. 480) vorerst nicht für gegeben.

Mann hat im Gegensatz zu seinem Bruder Heinrich Mann und seinen volljährigen Kindern Klaus und Erika Mann bisher bei seinem Auftreten im Ausland im großen und ganzen Zurückhaltung gezeigt. Ich halte daher die schwere und entehrende Strafe der Aberkennung auf Grund seines bisherigen Verhaltens nicht für gerechtfertigt, zumal auch erhebliche Bedenken außenpolitischer Art dagegen sprechen.

Ich sehe deshalb davon ab, Thomas Mann der deutschen Staatsangehörigkeit für

85 [2] Über diesen Leseabend hat sich auch mit der freundlich gewährten Hilfe des Archivs der Neuen Zürcher Zeitung nichts ermitteln lassen.
  [3] Dr. Max Schäfer–Rümelin (1889–1966).

verlustig zu erklären. Ich ersuche ergebenst, die von der bayerischen Politischen Polizei ausgesprochene Beschlagnahme von Vermögensstücken Manns aufzuheben und über das Veranlaßte innerhalb zwei Wochen zu berichten.

Durchschlag eines Schreibens an den Vertreter Manns, Rechtsanwalt Dr. Heins in München [= *Dok. 87*], füge ich zur gefälligen Kenntnisnahme bei.

gez. Frick

87

Der Reichs- und Preußische Minister des Innern an Rechtsanwalt Heins, München

27. Mai 1935

Nr. I A 3401/5013 c

Im Einvernehmen mit dem Auswärtigen Amt und dem Herrn Reichsminister für Volksaufklärung und Propaganda beabsichtige ich vorerst nicht, Herrn Dr. Thomas Mann z. Zt. in Küsnacht (Schweiz) auf Grund seines bisherigen Verhaltens im Ausland der deutschen Staatsangehörigkeit für verlustig zu erklären. Ich habe die bayerische Regierung dahingehend verständigt. Wegen der Aufhebung der Vermögensbeschlagnahme habe ich das Erforderliche veranlaßt.

Nach den bisherigen Erfahrungen sind die Äußerungen Thomas Manns von einem bestimmten Teil der Auslandspresse wiederholt in hetzerischer Form gegen die Interessen des Reichs ausgebeutet worden. Da hiermit auch weiterhin gerechnet werden muß, ersuche ich ergebenst, auf Ihren Mandanten dahin einzuwirken, daß er die auch von Ihnen für erwünscht erklärte Zurückhaltung bei Äußerungen, die die innerdeutschen Verhältnisse berühren, in Zukunft sorgfältig beobachtet[1].

gez. Frick

88

Der Reichs- und Preußische Minister des Innern an Auswärtiges Amt   *27. Mai 1935*

I A 3401/5013 c.

Übersendet Dok. 86 nebst Anlage [= Dok. 87].

---

[1] Heins entledigte sich dieser Aufgabe, indem er Thomas Mann das vorstehende Schreiben am Telefon vorlas. Dieser äußerte sich am 30. Mai 1935 über die „Berliner Botschaft" in einem Brief an Bermann Fischer: „So recht liebenswert war sie nicht zu hören, aber ihr sachlicher Kern muß mir ja erfreulich sein, und so wollen wir denn hoffen, daß H.[*eins*] jetzt, gestützt auf sie, in München die Sache glatt zu Ende führen kann" (*Mann-Fischer*, S. 104).

89

Deutsches Generalkonsulat Zürich an Auswärtiges Amt   *28. Mai 1935*

P. 7. a.

Berichtet über Huldigungsfeier des „Lesezirkels Hottingen" anläßlich des 60. Geburtstages von Thomas Mann. Die Dankantwort des Thomas Mann[1] dürfte für seine nunmehrige Einstellung dem neuen Deutschland gegenüber bezeichnend sein.

Schaefer-Rümelin

90

Deutsches Generalkonsulat Zürich an Auswärtiges Amt   *4. Juni 1935*

P. 7. a.

Übersendet Wiedergabe der Rede von Thomas Mann bei der vom „Lesezirkel Hottingen" veranstalteten Feier zum 60. Geburtstag des Dichters aus „Neue Zürcher Zeitung" Nr. 958 vom 2. Juni 1935 [= XI, S. 447 ff.; MK 119, S. 286 ff.]. Angestrichen ist der Satz, der von der Ostschweiz sagt, sie sei „ein Stück Deutschlands außerhalb Deutschlands, – notwendiger- und unverbrüchlicherweise außerhalb seiner, denn sie gehört geistig, seelisch, gesittungsmäßig zu Westeuropa". Ferner angestrichen ist der Satz, in dem es heißt, man könne sehr demokratisch, sehr sozial, ja revolutionär gesinnt sein „und dabei konservativ in dem Sinn, daß man den Geist selbst, die Kultur, das männlich-freie und selbständige Denken, das innere Leben der Nation zu erhalten wünscht und es zu verteidigen gesonnen ist gegen die Verödung und Verblödung durch den neuen Massengeist mit allen seinen bedrohlichen Folgen von Verdummung, Verrohung und Verknechtung". Schließlich ist der Satz über die Schweiz angestrichen: „Ein kleines unter den Ländern, ein Nachbarländchen, wir hörten es".

Schaefer-Rümelin

91

Vermerk des Bayerischen Ministeriums für Unterricht und Kultus über den Stand der Ausbürgerungsangelegenheit von Thomas Mann   *7. Juni 1935*

HSTA München, MK 36752

Zu Nr. V 10275/34

I. Vormerkung

Nach fernmündlicher Auskunft der Polizeidirektion München ist bisher eine Mitteilung, ob dem Schriftsteller Dr. phil. h. c. Thomas Mann, geb. am 6. 6. 1875 zu

---

89   [1] Zuerst gedruckt in der erst nach diesem Bericht erschienenen – heute in den Akten fehlenden – „Neuen Zürcher Zeitung" Nr. 958 vom 2. Juni 1935 [s. Dok. 90]; jetzt Werke XI, S. 447 ff.; MK 119, S. 293 ff. Vgl. zu der Feier *Bürgin-Mayer*, S. 114.

Lübeck, und seiner Tochter Erika Julie Mann, geschiedene Schauspielerin, geb. am 1. 11. 1905 zu München, auf Grund des Gesetzes vom 14. 7. 1933 die deutsche Staatsangehörigkeit aberkannt wurde, nicht eingelaufen. Dagegen ist dem ledigen Schriftsteller Klaus Thomas Mann, geb. am 18. 11. 1906 zu München, auf Grund des § 2 des Gesetzes vom 14. 7. 1933 die deutsche Staatsangehörigkeit aberkannt[a]. Er ist ferner zur Festnahme wegen Landesverrats ausgeschrieben.

Nach Mitteilung der Bayer. Politischen Polizei (RR Klein) hat der Rechtsvertreter des Dr. phil. h. c. Thomas Mann, geb. am 6. 6. 1875 zu Lübeck, bei der Bayer. Politischen Polizei erklärt, daß der Reichsinnenminister und der Reichspropagandaminister einer Rückkehr des Thomas Mann nach Deutschland und der Rückgabe seines beschlagnahmten Vermögens nicht mehr völlig ablehnend gegenüberstehe[1]. Eine amtliche Mitteilung hierüber ist jedoch bei der Bayer. Politischen Polizei bisher nicht eingelaufen. Auch die Bayer. Politische Polizei hat bestätigt, daß die deutsche Staatsangehörigkeit bisher nur dem Schriftsteller Klaus Thomas Mann, geb. am 18. 11. 1906 zu München, aberkannt wurde. Die Vormerkung vom 10. 12. 1934 über die Aberkennung der deutschen Staatsangehörigkeit für Erika Mann trifft sohin nicht zu.

II. W. V. 1. 10. 1935.

I. V.

Dr. Boepple[b]

92

Auswärtiges Amt an Generalkonsulat Zürich   *28. Juni 1935*

Übersendet Dok. 88. Ich bitte, Thomas Mann weiterhin zu beobachten und gegebenenfalls über sein Verhalten zu berichten.
Außerdem bitte ich, über den Inhalt der in dem Bericht vom 9. Mai 1935 [= *Dok. 85*] erwähnten Vorlesungen Thomas Mann's zu berichten, falls er deutschfeindlich war.

I. A.

gez. Röhrecke

93

Auswärtiges Amt an Reichs- und Preußisches Ministerium des Innern   *28. Juni 1935*

Übersendet Abschrift von Dok. 92 sowie Doppel von Dok. 89 und 90 nebst Anlagen.

---

[a] *am Rand handschriftlicher Vermerk :* Beschluß vom 1. 11. 1934
[b] *als Bearbeiter haben abgezeichnet : die Referenten MR Müller und Stengel sowie der Hilfsreferent RR I. Kl. Tremel.*

[1] Vgl. Dok. 87.

94

Deutsches Generalkonsulat Zürich an Auswärtiges Amt   *18. Juli 1935*

Übersendet einen Ausschnitt aus der kommunistischen Zeitung „Kämpfer" Nr. 118 vom 16. Juli 1935 mit Äußerungen, die Thomas Mann angeblich in Amerika getan haben soll [1].

Hierzu Stellungnahme des LS Dr. Hertz (Referat Schweiz):

Der „Kämpfer" ist ein kommunistisches Hetzblatt übelster Sorte, das jede unkontrollierbare Nachricht in seinem Sinne tendenziös ausschlachtet. II Sz stellt es anheim, entweder die vom „Kämpfer" gebrachte Nachricht nachprüfen zu lassen (am besten wohl in Washington) oder sie z. d. A. zu nehmen, bis eine Bestätigung der Nachricht aus besserer Quelle kommt.

H[ertz] 31/7 [1935]

95

Auswärtiges Amt an Reichs- und Preußisches Ministerium für Wissenschaft, Erziehung und Volksbildung, Reichsministerium für Volksaufklärung und Propaganda sowie Reichs- und Preußisches Ministerium des Innern   *19. Juli 1935*

VI W. 7096

Übersendet Bericht des Generalkonsulats Boston vom 21. 6. 1935 nebst Zeitungsausschnitten betr. Ehrenpromotion Thomas Manns und Einsteins durch die Harvard University.

96

Preußische Geheime Staatspolizei an Reichs- und Preußisches Ministerium des Innern   *19. Juli 1935*

B. Nr. II 1 B 2 – 70564/2827/34 E

Betrifft: Aberkennung der deutschen Staatsangehörigkeit des Thomas Mann.

– Ohne Vorgang –

Im Anschluß an das hiesige Schreiben vom 8. 2. d. J. – Geschäftszeichen wie oben [= *Dok. 81*] – überreiche ich in der Anlage zwei Fotokopien von Zeitungsausschnitten aus den Nummern 562 und 571 des „Pariser Tageblattes" vom 27. 6. und 6. 7. 1935 zur gefl. Kenntnisnahme. In den Ausführungen vom 27. 6. 1935 wird M. unter

---

94 [1] Die mit der Überschrift „Thomas Mann über den Kommunismus" versehene Meldung ist durch Zeilenausfall verstümmelt. Sie ist offenbar gleichlautend mit der Meldung aus dem „Pariser Tageblatt" vom 6. Juli 1935, die als Anlage zu dem Schreiben der Geheimen Staatspolizei an den Reichs- und Preußischen Minister des Innern vom 19. Juli 1935 [= Dok. 96] wiedergegeben ist.

den Männern aufgeführt, die dem neugegründeten ständigen Kampfausschuß, der vor allem die Untaten des Faschismus und die Verbrechen gegen den Geist und dessen Freiheit überwachen soll, angehören. Bei dem zweiten Ausschnitt handelt es sich um eine Erklärung des Thomas Mann über seine Stellung zum Kommunismus. Diese Stellungnahme in Verbindung mit seinem in der Nr. 412 des „Pariser Tageblattes" vom 28. 1. d. J. zum Abdruck gelangten Interview „gegen den Antisemitismus", das ich mit Schreiben vom 8. 2. d. J. nach dort sandte [= Dok. 81] und um dessen Rückgabe ich bitte, reicht nach hiesigem Dafürhalten nunmehr aus, um M. der deutschen Staatsangehörigkeit für verlustig zu erklären. Ich bitte daher, dem Thomas Mann mit der nächsten Ausbürgerungsliste die deutsche Staatsangehörigkeit abzuerkennen.

In Vertretung
Unterschrift
[Heydrich][a]

„Pariser Tageblatt" Nr. 571 vom 6. Juli 1935

Thomas Mann über Faschismus und Kommunismus
New York, 4. Juli
Thomas Mann, der kürzlich in den Vereinigten Staaten eingetroffen ist, erklärte, über seine Stellung zum Kommunismus befragt, einem Vertreter der „Washington Post": „Ich bin nicht Kommunist, aber ich bin der Meinung, daß der Kommunismus das einzige System ist, das dem Faschismus entgegengestellt werden kann. Wenn es gilt, zwischen Kommunismus und Faschismus zu wählen, ziehe ich den Kommunismus vor"[1].

„Pariser Tageblatt" Nr. 562 vom 27. Juni 1935

Ausklang des Schriftstellerkongresses
Ein ständiger Kampfausschuß – Ein Heinrich-Heine-Preis[2]

. . .

Der internationale Kongreß der Schriftsteller, ein Wagnis, der erste seiner Art, dem es gelungen war, während der Verhandlungen langer Tage die Aufmerksamkeit

---

[a] *Zur I. V. – Zeichnung war nur Heydrich ermächtigt, dessen Name daher hier mit Sicherheit zu ergänzen ist.*

[1] Vgl. auch Dok. 94.
[2] Von diesem umfangreichen Artikel wird hier nur der Absatz wiedergegeben, dessentwegen der Beitrag in dem Ausbürgerungsverfahren gegen Thomas Mann herangezogen wurde. Ein protokollartiger Bericht über die Referate und Diskussionsbeiträge auf diesem Kongreß, der vom 21. bis 25. Juni 1935 in Paris tagte, ist wiederabgedruckt in: Zur Tradition der sozialistischen Literatur in Deutschland. Eine Auswahl von Dokumenten (herausgegeben und kommentiert von der Deutschen Akademie der Künste zu Berlin, Sektion Dichtkunst und Sprachpflege, Abteilung Geschichte der sozialistischen Literatur, [Berlin und Weimar 1967], S. 801 ff.). Vgl. auch G. *Regler*, Das Ohr des Malchus. Eine Lebensgeschichte, Köln-Berlin [1958], S. 314 ff. – Zu den von der Geheimen Staatspolizei gegen Thomas Mann aufgrund des übermittelten Zeitungsberichts erhobenen Anschuldigungen vgl. auch den Bericht der deutschen Botschaft in Paris vom 15. November 1935 [= Dok. 125].

von mehreren tausend Köpfen zu gewinnen, wurde abgeschlossen. Eigentlich wurde er nur unterbrochen, denn sein Ausgang war die Gründung eines ständigen Kampfausschusses. Aus 48 Ländern, weit mehr als man je erwartet hatte, waren die Schriftsteller gekommen. Sie sollen nie wieder allein stehen. Der ständige Kampfausschuß wird ihnen allen ein Rückgrat sein. Dieser Ausschuß, dem die besten Männer angehören – André, Henri Barbusse, Romain Rolland, Heinrich Mann, Thomas Mann, Gorki, Huxley, Sinclair Lewis, die Lagerlöf, Forster, Shaw und Valle Inclan –, soll die Untaten des Faschismus, die Verbrechen gegen den Geist und dessen Freiheit überwachen, stets bereit, Alarm zu schlagen und das Notwendige zu tun. Verbotene Bücher und verfolgte Schriftsteller sollen der Welt mitgeteilt und auf jede Weise gefördert werden. Mannigfache Maßnahmen sollen dazu helfen, die Schriftsteller der Erde näher aneinander zu bringen, um so in ihnen allen das große, wahrhaft revolutionäre und schöpferische Gefühl der Weltgemeinsamkeit zu wecken und wach zu halten.

*97

Der Stellvertreter des Dekans der Philosophischen Fakultät der Universität Bonn, Professor v. Antropoff, an den Reichs- und Preußischen Minister für Wissenschaft, Erziehung und Volksbildung 21. *Juli 1935*

Akten der Philosophischen Fakultät der Universität Bonn betr. Thomas Mann

[J.-Nr.] 799

Betrifft: Entziehung des Dr. h. c. dem Schriftsteller T h o m a s M a n n.
Der Schriftsteller Thomas Mann ist seit 1919 Ehrendoktor der Philosophischen Fakultät der Universität Bonn. Zeitungsnachrichten zufolge scheint er sich als Emigrant gegenüber unserer Regierung feindlich zu betätigen. Ein Buch, das von ihm in polnischer Sprache erschienen sein soll, soll die polnische Regierung veranlaßt haben, dieses Buch wegen der in ihm enthaltenen Beleidigungen der deutschen Regierung zu beschlagnahmen. Falls diese Nachrichten wahr sind, unterliegt es wohl keinem Zweifel, daß Thomas Mann der Ehrendoktor zu entziehen ist. Andererseits kann die Fakultät nicht auf Grund unkontrollierter Zeitungsnachrichten den Akt vollziehen. Die Fakultät erlaubt sich daher die Anfrage zu richten, ob das Ministerium über sachliches Material verfügt, welches der Fakultät als Begründung für die Entziehung des Ehrendoktors dienen könnte. Eine möglichst schnelle Erledigung der Angelegenheit wäre natürlich sehr erwünscht.

I. V.
Heil Hitler
gez. A. von Antropoff[1]

---

97   [1] Zu diesem Schreiben vgl. oben S. 119 ff., 161 f.; zu v. Antropoff S. 117 f.

98

Reichs- und Preußisches Ministerium des Innern an Auswärtiges Amt   *24. Juli 1935*

Nr. I A 6715/5013 c.

Aus den Gründen meines, dem Auswärtigen Amt abschriftlich mitgeteilten Schreibens an das Bayerische Staatsministerium vom 27. Mai 1935 – I A 3401/5013 c [= *Dok. 86*] – ist vorerst nicht beabsichtigt, Dr. Thomas Mann, z. Zt. in Küsnacht (Schweiz), der deutschen Staatsangehörigkeit für verlustig zu erklären.
In der in Abschrift angeschlossenen Veröffentlichung des „Pariser Tageblattes" Nr. 547 vom 12. Juni 1935 wird nunmehr behauptet, daß Thomas Mann die Erteilung eines deutschen Reisepasses verweigert wurde. Thomas Mann ist bereits im Jahre 1934 aus gleichem Anlaß vorstellig geworden. Meine Stellungnahme zu der Paßfrage[1] füge ich ebenfalls in Abschrift zur gefälligen Kenntnisnahme bei mit der Bitte, die anliegende Zeitungsnotiz[2] durch das zuständige deutsche Konsulat in der Schweiz auf seine Richtigkeit hin nachprüfen zu lassen.
Einer Mitteilung über den Verlauf der Angelegenheit darf ich zu gegebener Zeit entgegensehen.

I.A.

gez. Hering[3]

Anlage: „Pariser Tageblatt" Nr. 547 vom 12. Juni 1935

Warum Heinrich Mann Tschechoslowake werden will
Die Begründung seines Antrages.

Nachdem Thomas Mann, der zwar aus Deutschland nicht ausgebürgert ist, aber ebenso wie seine Familienmitglieder ohne deutschen Paß durch die Welt fahren muß, in Küsnacht bei Zürich ein gastliches Asyl gefunden hat, möchte jetzt auch sein Bruder Heinrich Mann, dem die deutsche Staatsangehörigkeit abgesprochen wurde, ein neues Vaterland finden. Er bewirbt sich deshalb, wie bereits kurz gemeldet, seit einiger Zeit um die Einbürgerung in die tschechoslowakische Republik...
Zur Einbürgerung braucht er zuerst einmal die Aufnahme in eine Heimatgemeinde. Er hat sich daher an die größte deutsche Stadt Böhmens gewandt, an Reichenberg,

---

[1] In den Akten nicht überliefert.

[2] Aus dem Bericht des Generalkonsulats Zürich vom 27. August 1935 [= Dok. 101] ist zu erschließen, daß es sich um den Abdruck der Dankansprache Thomas Manns bei der Feier seines 60. Geburtstages handelt, den das Generalkonsulat schon am 4. Juni dem Auswärtigen Amt übersandt hatte. Das Reichsministerium des Innern dürfte den Ausschnitt durch die Geheime Staatspolizei erhalten haben.

[3] Ministerialdirigent Hermann Hering, geb. 1874, wurde am 1. Oktober 1941 Mitglied der NSDAP (Nr. 8 979 022); sonstige Teilnahme oder Betätigung bei nationalsozialistischen Organisationen ist nicht bezeugt (DC).

die im Augenblick noch eine der Demokratie freundliche Mehrheit im Stadtparlament hat, obwohl sie bei den letzten Parlamentswahlen bereits von Henlein erobert wurde.

Folgen Ausführungen über die Bemühungen Heinrich Manns mit Auszügen aus seinem Gesuch und den Lübecker Taufbüchern[4].

99

Auswärtiges Amt an Deutsches Generalkonsulat Zürich   *9. August 1935*

Übersendet Dok. 98 nebst Anlagen zur Kenntnisnahme und weiteren Veranlassung sowie Bericht.

100

Auswärtiges Amt an Reichs- und Preußisches Ministerium des Innern   *9. August 1935*

Teilt als Antwort auf Dok. 98 mit, das Generalkonsulat in Zürich sei im Sinne dieses Schreibens mit Weisung versehen worden.

101

Deutsches Generalkonsulat Zürich an Auswärtiges Amt   *27. August 1935*

Auf den Erlaß vom 9. 8. 35

P. 7a.

Das Generalkonsulat hat bisher dem Ehepaar Thomas Mann keine neuen Pässe ausgestellt auf Grund einer Mitteilung der Bayerischen Politischen Polizei in München, die mit Schreiben vom 2. August 1934 [= Dok. 67] den Antrag von Thomas Mann und seiner Frau auf Ausstellung einer Unbedenklichkeitsbescheinigung zwecks Ausstellung eines neuen Passes abgelehnt hat, da gegen Thomas Mann ein Verfahren wegen Aberkennung der deutschen Staatsangehörigkeit anhängig sei. Des Weiteren hat das Finanzamt München-Ost ebenfalls eine solche Unbedenklichkeitsbescheinigung mit Schreiben vom 23. Juli 1934 [= Dok. 64] abgelehnt, weil seitens des Professors Dr. Thomas Mann und seiner Ehefrau größere Steuerbeträge noch geschuldet würden, für die keine ausreichende Sicherheit bestehe. Der dem vorliegenden Erlaß beigefügte Zeitungsausschnitt aus der ‚Neuen Zürcher Zeitung‘ ist seinerzeit von hier aus mit Bericht vom 4. Juni 1935 – P. 7 a.

---

98   [4] Zum Scheitern des Versuchs, Heinrich Mann über die Erteilung des Heimatscheins in Reichenberg zur Einbürgerung in die Tschechoslowakei zu verhelfen, vgl. *Albrechtova*, S. 196 f.

[= *Dok. 90*] – vorgelegt worden. An der Richtigkeit seines Inhalts dürfte nicht zu zweifeln sein.

Sobald die Polizeidirektion der Stadt München erklärt, daß sie nicht mehr annimmt, Thomas Mann habe seinen Wohnsitz in München, wäre das Generalkonsulat in der Lage, falls auch noch die sonstigen Bedenken der Bayerischen Politischen Polizei und des Finanzamts München-Ost wegfallen, an Thomas Mann einen neuen Paß auszustellen. Eine Versagung des Passes gemäß § 11 der Paßbekanntmachung vom 7. Juni 1932 dürfte d. E. zunächst nur für Frau Mann zutreffen. Es ist hier verschiedentlich bekannt geworden, daß Frau Mann abfällige Äußerungen über den Nationalsozialismus getan hat. Bei Thomas Mann selbst möchte ich vorschlagen, noch einige Zeit zuzuwarten, ob in der Folgezeit weitere Äußerungen von ihm in der Öffentlichkeit erscheinen. Daß Thomas Mann aber nicht damit rechnet, nach Deutschland zurückzukehren, und wie seine Einstellung zu Deutschland sich entwickelt hat, dürfte auch aus meinem Bericht vom 9. Mai 35 – KW 7 [= *Dok. 85*] – hervorgehen, in dem ich über einen Vortrag von ihm vor dem Comité suisse d'aide aux enfants d'émigrés und vor dem Sozialdemokratischen Volksbildungsausschuß berichtete.

Schaefer-Rümelin

102

Polnische Botschaft in Berlin an einen Beamten des deutschen Auswärtigen Amtes
5. September 1935

Sehr geehrter Herr Geheimrat,

Ich habe die Ehre, Ihnen mitzuteilen, daß das Buch „Haß" von Thomas Mann[a] von den Polnischen Behörden mit Beschlag belegt worden ist.
Mit dem Ausdruck vorzüglicher Hochachtung

Ihr ergebenst [*sic*!]
gez. Dr. Kirkien

Laut Vermerk vom 18. September ist dieses Schreiben am 10. September 1935 durch das Pressereferat des Auswärtigen Amtes an das Pro[*paganda*]mi[*nisterium*] *und die Deutsche Botschaft in Warschau zur Kenntnis, Prüfung und Stellungnahme übersandt worden.*

---

[a] *über dem Namen Fragezeichen; dazu am Rand vermerkt* Heinrich!

S. Fischer Verlag[1] *an Regierungsrat Duckart*[2] *im Reichsministerium des Innern*

5. September 1935

Betrifft: Thomas Mann

In letzter Zeit waren uns in ausländischen Zeitungen verschiedene Nachrichten über Thomas Mann aufgefallen, die uns ungenau oder unwahrscheinlich schienen. Wir haben uns deswegen mit Thomas Mann in Verbindung gesetzt.

In einem Fall handelt es sich darum, daß Thomas Mann eindeutig für den Kommunismus Stellung genommen haben soll. Dazu schreibt uns Thomas Mann wörtlich:

„Das in Washington geführte Gespräch[3] ist natürlich von meinem Gesprächspartner nicht sehr exakt wiedergegeben worden und durch die weitere Wiedergabe hat es neuerdings noch an Genauigkeit verloren. Es war ein Gespräch, wie man es überall in der Welt unter gebildeten Leuten führt über die nachliberalen Staatsformen. Ich habe erklärt, daß ich kein Kommunist sei und mich unter dem Kommunismus nicht glücklich fühlen würde; so viel aber sei zugegeben, daß der Kommunismus, wenn wirklich die Freiheit tot sei, die einzige positive Idee sei, die man dem Faszismus entgegenstellen könne."

In einem anderen Falle handelt es sich um eine Nachricht, die von dem Pariser Tageblatt verbreitet wurde, wonach Thomas Mann sich auf dem Pariser Schrift-

---

[1] Aus dem – mit dem übrigen Briefkopf wie auch bei den anderen Dokumenten hier nicht wiedergegebenen – Diktatzeichen Su/Ca ist ersichtlich, daß das Schreiben von Peter Suhrkamp formuliert worden ist, über dessen Eintritt in den S. Fischer Verlag bei *Bermann Fischer*, S. 81f. und über dessen wichtige Rolle in eben dem Jahr 1935, das für den Verlag so folgenschwer war, ebd. S. 112 ff. Näheres mitgeteilt wird. Vgl. ferner de Mendelssohn, *Fischer*, S. 1245 ff., 1265 ff. u. ö.

[2] Wolfgang Duckart, geb. 1900 als Sohn eines Reichsmilitärgerichtsrats, war während der Jahre, in denen sich das Ringen um die Ausbürgerung Thomas Manns abspielte, der für die Aberkennung der deutschen Staatsangehörigkeit zuständige Referent im Reichsministerium des Innern, zuerst als Regierungs-, später als Oberregierungsrat. Er beantragte seine Aufnahme in die NSDAP am 5. Juli 1937; sie wurde mit Wirkung vom 1. Mai 1937 an vollzogen (Partei-Nr. 4 156 420). Außerdem gehörte Duckart der NSV, dem NS-Rechtswahrerbund und dem Reichsbund deutscher Beamten an. Im Juli 1939 ist er als SA-Truppführer bezeugt – im Ganzen ein geradezu typisches Bild für einen Verwaltungsbeamten seiner Generation, der sich für den Nationalsozialismus nicht begeisterte, aber die Forderungen erfüllte, die die Machthaber vor allem an die Angehörigen des öffentlichen Dienstes stellten. Ein undatierter Personalbogen der „Volksdeutschen Mittelstelle (Der Hauptbeauftragte für die Umsiedlung)" – bekanntlich eine Himmler unterstehende Dienststelle –, der sich bei den Duckart betreffenden Akten (DC) findet und ihn als Ministerialrat bezeichnet, dürfte in Zusammenhang mit der Tatsache zu bringen sein, daß ein älterer Bruder von ihm als Leiter des „SS-Ansiedlungsstabs Gotenhafen" tätig war.

Eine mehrstündige Unterredung des Verfassers mit Duckart blieb ergebnislos, da dieser angab, Einzelheiten des Verfahrens gegen Thomas Mann seien ihm nicht mehr erinnerlich außer der Tatsache, daß Minister Frick einmal auf ein Schriftstück die Anweisung „Ausbürgern" gesetzt habe.

[3] Vgl. Dok. 96, Anm. 1.

stellerkongreß in einen Kampfausschuß habe wählen lassen. Dazu schreibt Thomas Mann:

„An dem Pariser Schriftstellerkongreß habe ich nicht teilgenommen und konnte nicht teilnehmen, weil ich gerade unterwegs nach Amerika war[4]. Von einem Kampfausschuß zur Propaganda für verbotene Bücher weiß ich überhaupt nichts und bin niemals aufgefordert worden, einem solchen Ausschuß beizutreten. Dagegen hat man mich in absentia, wie ich nachträglich erfahren habe, in den politisch paritätischen und neutralen Ehrenausschuß gewählt. "

Wir unterbreiten Ihnen dieses Material zu Ihrer Kenntnis.

gez. Unterschrift

104

S. Fischer Verlag an Regierungsrat Duckart im Reichsministerium des Innern

6. September 1935

Als Nachtrag zu meinem gestrigen Schreiben, Thomas Manns Aufenthalt in Amerika betreffend, gebe ich Ihnen hier eine Erklärung Thomas Manns zu einem Interview, das am 26. 6. im „Boston Evening Globe" erschienen war und das in einem Schlußpassus Thomas Mann Angriffe gegen Deutschland unterstellt[1]. Thomas Mann schreibt auf unsere Anfrage dazu wörtlich[2]:

„Kein Wort in dem Interview ist authentisch. Es handelt sich um völlig willkürliche Formulierungen, deren ich mich nie bedient habe. Das wäre auch widersinnig, da ich ja wünsche, daß meine Bücher weiter in Deutschland gelesen werden können. Ich habe in Amerika größte Zurückhaltung geübt und politische Interviews überhaupt abgelehnt. Man hat es mir z. T. sehr verübelt. Man hilft sich, indem man mir in den Mund legt, was man gern von mir hören möchte, und wenn ich überhaupt nicht empfange, so zitiert man, was ich vor 1933 geschrieben habe. Das ist wiederholt vorgekommen.

In Deutschland ist jetzt eine Zeitungshetze gegen mich im Gange, an der sich hauptsächlich ein Herr Hussong vom „Berliner Lokalanzeiger" beteiligt hat, und die auf meine Ausbürgerung abzielt[3]. Wirklich wird diese, nachdem sie schon abgelehnt

---

[4] Thomas Manns zweite Reise in die Vereinigten Staaten, die durch seine Ehrenpromotion in der Harvard University veranlaßt war, fand vom 9. Juni bis zum 13. Juli 1935 statt (*Bürgin-Mayer*, S. 115). Für den Zeitpunkt des Kongresses vgl. Dok. 96, Anm. 2.

[1] Zu diesem – bei *Matter* nicht verzeichneten – Interview vgl. den Bericht des Deutschen Konsulats Boston/Mass. vom 6. Dezember 1935 [= Dok. 129].

[2] Das folgende Schreiben vom 5. September 1935 jetzt auch bei *Mann-Fischer*, S. 113.

[3] Friedrich Hussong (1878–1943), lange Chefredakteur des „Berliner Lokalanzeigers", hatte bereits in der rechtsstehenden Zeitung „Der Tag" vom 15. Oktober 1922 über Thomas Manns Vortrag „Von deutscher Republik" unter dem Titel „Saulus Mann" scharf polemisie-

war, jetzt im Reichsinnenministerium neu erwogen, und mein schon frei gegebenes Eigentum in München wurde aufs neue mit Beschlag belegt. Ich warte ab, ob man sich auf Grund unkontrollierbarer Zeitungstexte und Unterstellungen entschließen wird, mich vor aller Welt meines Deutschtums zu entkleiden.

gez. Thomas Mann"
gez. Unterschrift

105

Reichs- und Preußisches Ministerium des Innern an Auswärtiges Amt   *7. September 1935*

I A 8571/5013 c

Vorstehende Abschrift [= *Dok. 96*] nebst Anlagen übersende ich ergebenst zur gefälligen Kenntnisnahme.

Nach meinem Erlaß an das Bayerische Staatsministerium des Innern vom 27. Mai 1935, den ich mit Schreiben vom gleichen Tage unter dem Aktenzeichen I A 3401/5013 c dorthin abschriftlich mitgeteilt hatte [= *Dok. 88*], war vorerst nicht beabsichtigt, Thomas Mann der deutschen Staatsangehörigkeit für verlustig zu erklären. Das letzte Auftreten Manns in der Öffentlichkeit des Auslandes macht jedoch eine erneute Prüfung der Aberkennung seiner Staatsangehörigkeit erforderlich. Besonders schwerwiegend erscheint mir die Veröffentlichung des Interviews in der amerikanischen Zeitung „Boston Evening Globe" vom 20. Juli 1935[1], die Ihrem eingangs erwähnten Schreiben [= *Dok. 95*] beigelegen hat. Nach einer hier angefertigten Übersetzung hat sich Mann folgendermaßen geäußert:

„Ich nehme an, daß die Nazis mich geduldet und in Frieden gelassen hätten, wenn ich mich entschlossen hätte, still in meiner Villa in München zu sitzen und blind zu sein für alles, was um mich herum geschah. Aber wie kann ich schweigen, wenn ich alles, was an der deutschen Kultur Erhabenes war, in Asche fallen sehe? Wie

---

104   rend berichtet; gekürzter Abdruck bei *Schröter, Urteil*, S. 99 ff. Im „Berliner Lokalanzeiger" findet sich zwischen Juni und August 1935 kein Artikel Hussongs, der auf Thomas Manns Ausbürgerung hinarbeitet (Frdl. Mitteilung des Verlags Ullstein GmbH vom 15. Oktober 1969). Zu Hussong vgl. W. *Liebe*, Die deutschnationale Volkspartei 1918–1924 (Beiträge zur Geschichte des Parlamentarismus und der politischen Parteien Bd. 8), Düsseldorf [1956], S. 46 sowie die bei *Wulf, Presse*, S. 76 wiedergegebene ausführliche Charakterisierung durch H. G. v. *Studnitz*, Als Berlin brannte. Diarium der Jahre 1943–1945, Stuttgart 1963, S. 60. *Stephan*, S. 174 f. weist darauf hin, daß „der alte deutschnationale Journalist Hussong" der eine von den zwei Männern gewesen sei, über die allein Goebbels Verbindung mit der Presse gehalten habe, und schildert das Entsetzen des Propagandaministers, als sich bei den Vorbereitungen für das von ihm angeordnete Staatsbegräbnis Hussongs herausstellte, daß dessen Berichte über den Hitler-Prozeß aus dem Jahre 1924 nur „kräftige Schmähungen" „gegen den ‚Mann des Chaos', den ‚engstirnigen Trommler, der sich erdreisten wollte, den Führer der Deutschen zu spielen' ", enthielten.

105   [1] Muß richtig lauten: 26. Juni 1935.

kann ein Mensch, dem die Freiheit stets als höchstes aller menschlichen Güter erschien, dort leben, wo nurmehr Bedrückung, Tyrannei und Haß herrscht?" Diese Äußerungen in Verbindung mit der Annahme des Ehrendoktortitels an der amerikanischen Harvard-Universität, deren deutschfeindliche Einstellung bekannt ist, zeigen, daß Thomas Mann nunmehr die gegen das Reich gerichteten Bestrebungen gewisser Auslandskreise öffentlich unterstützt. Auch seine Mitgliedschaft bei dem auf dem internationalen Schriftstellerkongreß gebildeten Kampfausschuß deutet in diese Richtung.

Unter der Voraussetzung, daß gegen die Richtigkeit dieser Zeitungsmeldung keine Bedenken bestehen, halte ich Thomas Mann nicht mehr für würdig, die deutsche Staatsangehörigkeit zu besitzen.

Ich bitte ergebenst um Stellungnahme und darf anheimstellen, die Deutsche Botschaft in Washington zu einem abschließenden Bericht über das letzte Auftreten Manns in Amerika zu veranlassen.

Ich habe das Bayerische Staatsministerium des Innern ersucht, die in meinem Erlaß vom 27. Mai 1935 angeordnete Aufhebung der Vermögensbeschlagnahme bis auf weiteres auszusetzen.

Im Auftrag
gez. Stuckart

Randvermerk des Expedienten Hübner vom 15. 9.: R[eichs-] u[nd] Pr[eußisches] Min[isterium] d[es] Innern (Insp[ektor] Culmsee) bittet, das vorst[ehende] Schreiben erst nach Eingang einer weiteren Mitt[eilung] des R[eichs-] u[nd] Pr[eußischen] Min[isteriums] des Innern [= *Dok. 107*] an die d[eu]t.[sche] Botschaft in Washington abzusenden.

*106

Reichs- und Preußisches Ministerium des Innern an Reichs- und Preußisches Ministerium für Wissenschaft, Erziehung und Volksbildung   *7. September 1935*

    Akten der Philosophischen Fakultät der Universität Bonn betr. Thomas Mann

Auf das Schreiben vom 14. August 1935 – W I f 2922/35[1] –

Nach einer mir vom Verlag S. Fischer zugegangenen Richtigstellung ist der Autor des in Polen erschienenen Buches „Haß" der bereits ausgebürgerte Schriftsteller H e i n r i c h Mann, der ein Bruder Thomas Manns ist.

Ich habe die Preußische Geheime Staatspolizei um eine Nachprüfung gebeten. Gleichzeitig teile ich ergebenst mit, daß ich wegen des letzten Auftretens Thomas

---

6   [1] Das Datum dieses Schreibens und die darauf erteilte Antwort im ersten Absatz des vorliegenden Schreibens zeigen, daß die Anfrage v. Antropoffs [= Dok. 97] für das Kultusministerium Anlaß bot, mit dem Innenministerium Fühlung zu nehmen.

Manns im Auslande, insbesondere in Amerika, vergleiche das auch Ihnen mit dem Schreiben des Auswärtigen Amts vom 19. Juli 1935 – VI W 7096 [= *Dok. 95*] – zugegangene Material, eine erneute Prüfung der Aberkennung seiner Staatsangehörigkeit gemäß § 2 des Gesetzes vom 14. Juli 1933 – RGBl. I Seite 480 – in die Wege geleitet habe. Über das Ergebnis der Ermittelungen darf ich mir eine weitere Mitteilung vorbehalten.

I. A.
gez. Stuckart

107

Reichs- und Preußisches Ministerium des Innern an Auswärtiges Amt[1]   *21. September 1935*

I A 9397/5013c

Betrifft: Thomas Mann
    zu VI W. 7096 vom 19. Juli 1935

Im Anschluß an mein Schreiben vom 7. 9. 1935 – I A 8571/5013 c – [= *Dok. 105*] übersende ich ergebenst Abschrift von zwei Schreiben des S.-Fischer-Verlags in Berlin vom 5. und 6. 9. 1935 [= *Dok. 103 und 104*], betreffend Thomas Mann, zur gefälligen Kenntnis. Falls keine Bedenken gegen die Richtigkeit der Angaben Manns bestehen, würde der schwerwiegendste Vorwurf, das Interview in der „Boston Evening Globe", wegfallen.
Ich darf anheimstellen, hierzu die Stellungnahme der deutschen Auslandsvertretungen herbeizuführen. Insbesondere wäre eine Prüfung der Frage erwünscht, wie es sich mit der Mitgliedschaft Thomas Manns bei dem auf dem internationalen Schriftstellerkongreß in Paris gebildeten Ausschuß tatsächlich verhält und wie die Annahme des Ehrendoktortitels der Harvard Universität zu bewerten ist.

gez. Hering

108

Auswärtiges Amt an Reichs- und Preußisches Ministerium des Innern   *26. September 1935*

Beantwortet das Schreiben vom 24. Juli d. J. [= Dok. 98] durch Übermittlung des um den Schlußsatz verkürzten Berichts, den das Generalkonsulat in Zürich am 27. August 1935 erstattet hatte [= Dok. 101].

---

107   [1] Ein gleichlautendes Schreiben vom selben Tage an das Reichs- und Preußische Ministerium für Wissenschaft, Erziehung und Volksbildung ist in den Akten der Bonner Philosophischen Fakultät abschriftlich überliefert; vgl. Dok. 110.

Vermerk des Bayerischen Ministeriums für Unterricht und Kultus über den Stand der Aus-
bürgerungssache Thomas Mann und Erika Mann   5. Oktober 1935

HStA München, MK 36752
Der Vermerk wurde nach fristgerechter Wiedervorlage von Dok. 91 gefertigt.

No. V 10275 A II

I. Vormerkung.
Nach fernmündlicher Mitteilung der Bayr. Pol. Polizei (Reg. Rat Klein) vom 2. 10.
1935 ist auf Grund neuerlicher Vorfälle gegen Dr. phil. h. c. Thomas Mann, geb.
6. 6. 1875 zu Lübeck, von der Bayr. politischen Polizei ein Ausbürgerungsantrag gestellt worden. Dieser Antrag ist noch nicht verbeschieden.
Der Erika Julie Mann, geb. 9. 11. 1905, die neuerdings sich mit einem Engländer
oder Amerikaner verheiratet haben soll[1], wurde mit Beschluß des Reichsministers
des Innern vom 8. 6. 1935 auf Grund des § 2 des Gesetzes vom 14. 7. 1933 die deutsche Staatsangehörigkeit aberkannt.

II. W.[*ieder*] V.[*orlage*] 2. 1. 1936.

I.V.
Dr. Boepple

*110

Reichs- und Preußisches Ministerium für Wissenschaft, Erziehung und Volksbildung an
Universitätskurator in Bonn   7. Oktober 1935

Akten der Philosophischen Fakultät der Universität Bonn betr. Thomas Mann

W I f 3208

Übersendet zur Kenntnis und Benachrichtigung der Philosophischen Fakultät Abschrift von
Dok. 107 nebst Anlagen [= Dok. 103 und 104]. Ich lasse weitere Mitteilung folgen.

I.V.
gez. Kunisch[1]

---

[1] Die Eheschließung zwischen Erika Mann und dem englischen Dichter Wystan Hugh
Auden (1907–1973) hat am 15. Juni 1935 stattgefunden.

[1] Siegmund Kunisch, geb. 1900, hatte 1919/20 den gegen die Münchner Räterepublik ein-
gesetzten Freiwilligenverbänden, dem Marburger Studentenkorps und der Organisation Esche-
rich sowie zunächst der Deutschnationalen Volkspartei angehört. Als stud. iur. in Münster/W.
betätigte er sich beim „Völkisch-sozialen Block", gründete dort eine nationalsozialistische
Studentengruppe sowie 1925, im Jahr seines Parteieintritts (Mitglieds-Nr. 41 252), in Witten
die Ortsgruppe der NSDAP und 1926 die SA. Durch die Parteileitung in andere Vereinigungen
entsandt, um sie dem Nationalsozialismus zuzuführen, wirkte er vor allem in Westfalen als

Reichs- und Preußisches Ministerium des Innern an Auswärtiges Amt   *9. Oktober 1935*

I A 10417/5013c.

Betr. Paßausstellung für Thomas Mann und seine Ehefrau.
zu 83-76, 27/8. Thomas Mann, vom 26. 9. 1936 [= *Dok. 108*]

Nach meinen Schreiben vom 7. und 21. 9. 1935 – I A 8571 und 9397/5013 c [= *Dok. 105 und 107*] – sind inzwischen weitere Nachrichten der Auslandspresse über Thomas Mann bekannt geworden, die eine erneute Prüfung der Frage der Aberkennung seiner Staatsangehörigkeit erforderlich machen.
Ich halte es für angebracht, daß bis zum Abschluß dieser Prüfung die Entscheidung über die Ausstellung von neuen Pässen für Thomas Mann und für seine Ehefrau, auf die gegebenenfalls die Aberkennung zu erstrecken sein würde, ausgesetzt wird. Ein Zeitungsausschnitt ist wieder beigefügt.

I.A.

gez. Hering

112

Reichsministerium für Volksaufklärung und Propaganda an Reichs- und Preußisches Ministerium für Wissenschaft, Erziehung und Volksbildung   *10. Oktober 1935*

Geschäftszeichen: VIII

Betrifft: Den Schriftsteller Thomas Mann.
Geschäftszeichen W I f 2922/35.

Die Frage, inwieweit das gegen Thomas Mann ins Feld zu führende Material ausreicht, Maßnahmen wie die evtl. Entziehung der deutschen Staatsbürgerschaft

---

Versammlungsleiter und -redner. Deswegen wurde Kunisch 1927 durch das preußische Justizministerium von der Beamtenlaufbahn ausgeschlossen. Als Rechtsanwalt bestrafte ihn ein Ehrengericht der Anwaltskammer 1930 wegen antisemitischer Äußerungen gegenüber einem Prozeßgegner. 1932 SA-Standartenführer, machte Kunisch, der dem im März 1933 gewählten Reichstag angehörte, rasch Karriere: April 1933 Einberufung ins Preußische Justizministerium, August 1933 Oberlandesgerichtsrat, Oktober 1933 Vizepräsident des Amtsgerichts Berlin, Dezember 1933 Ministerialrat, November/Dezember 1934 Übertritt ins Kultusministerium, wo er am 2. Mai 1935 zum Ministerialdirektor ernannt wurde. Kunisch oblag die Leitung des Zentralamts sowie die stellvertretende Wahrnehmung der Geschäfte des Staatssekretärs während des langen Interregnums zwischen Stuckart und Zschintzsch (1935/36). Da in dieser Zeit der Minister Rust krankheitshalber längere Zeit nicht amtierte, hatte Kunisch praktisch die Leitung des Hauses inne. Vgl. über ihn die Akten im DC sowie die bei *Heiber*, Register, S. 1264 verzeichneten Stellen, insbesondere S. 120 f., 213, 655, 940.

oder des Bonner Ehrendoktors ins Auge zu fassen, ist von mir geprüft worden. Von den durch die Presse gelaufenen verschiedenen Nachrichten über Äußerungen Thomas Manns zu Fragen des neuen Deutschland ist ein sehr erheblicher Teil auf das Konto einer bewußt entstellenden und verzerrenden, teilweise sogar jeder sachlichen Unterlage entbehrenden Berichterstattung zu setzen. Immerhin bleiben eine Reihe von Äußerungen bestehen, die Thomas Mann richtigstellender Weise selbst zugegeben hat, so seine Rede in Zürich gelegentlich seiner Geburtstagsfeier[1] oder seine positive Äußerung zum Kommunismus einem New Yorker Berichterstatter gegenüber[2]. Diese belegbaren Feststellungen Manns bedeuten einen Bruch des seinerzeit gegebenen ausdrücklichen Versprechens, sich jeder Verlautbarung, die Fragen des neuen Deutschlands berührt, vor der Weltöffentlichkeit zu enthalten. Infolge dieser Tatsache ist an sich eine Aufrollung des Falles begründet.

Jedoch erscheint der augenblickliche Zeitpunkt zu einer endgültigen Bereinigung der Frage nicht geeignet, da eine Alarmierung der Weltpresse durch die Maßnahme der Ausbürgerung oder die Entziehung des Ehrendoktors eben nicht wünschenswert ist. Ich werde den Fall sofort aufgreifen, wenn er sich der Entwicklung der Gesamtsituation nach ohne für das Reich schädliche Folgen bereinigen läßt, und bitte Sie, die Frage der Aberkennung des Ehrendoktors bis zum gleichen Zeitpunkt zurückzustellen.

I.A.

gez. Wismann

113

Reichsministerium für Wissenschaft, Erziehung und Volksbildung an Reichs- und Preußisches
Ministerium des Innern   *zwischen 10. Oktober 1935 und 2. Januar 1936*

Übersendet Abschrift von Dok. 112[1].

---

12   [1] Gemeint ist die Ansprache bei der Veranstaltung des „Lesezirkels Hottingen"; vgl. Dok. 89 und 90.

     [2] Es handelt sich um die aus New York datierte Meldung vom 4. Juli 1935 über die gegenüber einem Vertreter der „Washington Post" angeblich getane Äußerung Thomas Manns (bei *Matter* nicht verzeichnet); vgl. Dok. 94 und 96 sowie die in Dok. 103 wiedergegebene Klarstellung des Dichters. Offenbar hat das Propagandaministerium die sicher auch ihm zur Kenntnis gebrachte Interpretation, die Thomas Mann seiner Äußerung gegeben hatte, nicht als ausreichende Distanzierung betrachtet. Zur Ansicht der Geheimen Staatspolizei hierüber vgl. Dok. 114.

13   [1] Nähere Datierung ist nicht möglich, da nur abschriftlich unter Wegfall des Datums überliefert. Der Terminus ad quem liegt durch das Datum von Dok. 135 fest. Ein Grund für die auffallende Verzögerung und die Stelle, wo sie entstanden ist, lassen sich nicht ermitteln.

483

114

*Der Stellvertretende Chef und Inspekteur der Preußischen Geheimen Staatspolizei an Reichs-
und Preußisches Ministerium des Innern*   *12. Oktober 1935*

B. Nr. II 1 B II 70564/2827/34 E.

Zu den Schreiben vom 7. September 1935 – I A 8571/5013c [= *Dok. 105*] – und
vom 21. September 1935 – IA 9397/5013 [= *Dok. 107*] –

Betrifft: Thomas Mann

Die Feststellungen haben ergeben, daß Verfasser des Buches „Haß" Heinrich
Mann ist.

Nach meiner Auffassung stellen die vom Fischer-Verlag, Berlin W 57, Bülowstraße
90, mitgeteilten Äußerungen Manns so lange keine sonderliche Entlastung seiner
Person von den gegen ihn erhobenen Vorwürfen dar, als nicht in der Auslandspresse – insbesondere in der Emigrantenpresse, in der die fraglichen Interviews
veröffentlicht wurden – eine entsprechende Berichtigung im Sinne seiner Ausführungen an den Fischer-Verlag erfolgt ist. Eine solche Berichtigung hat bisher
– soweit hier bekannt ist – nicht stattgefunden.

I.A.

gez. Dr. Best[1]

*115

Universitätskurator in Bonn an Philosophische Fakultät   *15. Oktober 1935*

   Akten der Philosophischen Fakultät der Universität Bonn betr. Thomas Mann

Nr. 9001

Übersendet Abschriften der Dok. 103, 104, 107 und 110.

116

Reichs- und Preußisches Ministerium des Innern an Auswärtiges Amt   *29. Oktober 1935*

I A 11843/5013c.

Übersendet Dok. 114 zur Kenntnisnahme und erinnert an Erledigung von Dok. 107.

---

114   [1] Dr. Werner Best (geb. 1903), bereits vor der nationalsozialistischen Machtübernahme in
der Affäre der sogen. Boxheimer Dokumente hervorgetreten, bekleidete die Stellung eines Leiters der Abteilung Verwaltung und Recht im Geheimen Staatspolizeiamt. Er war Heydrichs
Stellvertreter in dessen Eigenschaft als Chef der gesamten Politischen Polizei des Reichs. Über
ihn vgl. zuletzt *Aronson*, S. 144 ff.; E. *Thomsen*, Deutsche Besatzungspolitik in Dänemark 1940–
1945 (Studien zur modernen Geschichte 4), [Düsseldorf 1971], bes. 116, 119 ff., 222 ff.

Auswärtiges Amt an Deutsche Botschaft Paris, Deutsche Botschaft Washington, Deutsches Generalkonsulat Zürich   *31. Oktober 1935*

Übersendet Dok. 88, 105 u. 107 zur Kenntnis und Stellungnahme sowie zu möglichst baldigem Bericht.

118

Staatssekretär a. D. Dr. Abegg, Zürich[1], an den deutschen Gesandten in Bern, Frhr. v. Weizsäcker   *31. Oktober 1935*

Sehr verehrter Herr Minister!

Gestatten Sie mir, daß ich Ihnen persönlich eine Angelegenheit vortrage, die offensichtlich von außerordentlicher Bedeutung ist.
Herr Dr. Thomas Mann und seine Gattin, die im Frühjahr 1933 ihren bisherigen Wohnsitz München verlassen und sich in Küsnacht bei Zürich niedergelassen haben, sind seit geraumer Zeit ohne ordnungsmäßige Legitimationspapiere, da die Gültigkeitsdauer ihrer Pässe abgelaufen ist. Die zur Behebung dieses Übelstandes unternommenen Schritte meiner Klienten, u. a. eine mündliche Erörterung mit dem inzwischen verstorbenen Generalkonsul Herrn Dr. Windel[2], haben nicht zum Ziele geführt, sodaß nachgerade eine Erledigung dringend notwendig wird.
Die Vorenthaltung neuer Pässe für Herrn Dr. Thomas Mann und seine Ehefrau, die nach wie vor unzweifelhaft die deutsche Reichsangehörigkeit besitzen, läßt sich bis zum Eintreffen einer Entscheidung von autoritativer Seite nur durch die Annahme erklären, daß diese Sache einstweilen ausschließlich in den Händen nachgeordneter Stellen gelegen und infolge irrtümlicher Erwägungen oder Informationen Bedenken hervorgerufen hat.
[a]Herr Dr. Thomas Mann hat sich, wie früher in Deutschland so auch seitdem, von jeder Betätigung auf dem Gebiete der Tages- und Parteipolitik ferngehalten und diesen Standpunkt bei besonderen Anlässen, die auch Ihnen, Herr Minister, sicherlich bekannt sind, mit aller Klarheit bestätigt. Es wäre verfehlt, aus weltanschaulichen Äußerungen, die allgemein-politische, -soziale und -kulturelle Fragen behandeln, das Gegenteil zu folgern. Problemen solcher Art kann ein Schriftsteller vom Range Thomas Manns nicht aus dem Wege gehen, wenn er nicht aus seiner umfassenden, rein geistig künstlerischen Sphäre herabsteigen wollte auf das Niveau

---

[1] Dr. Wilhelm Abegg (1876–1951) leitete bis zu seiner Berufung als Staatssekretär im Preußischen Innenministerium die Polizeiabteilung. Er war Mitglied der Deutschen Demokratischen Partei, später der Deutschen Staatspartei. 1932 im Zusammenhang mit dem „Preußenschlag" v. Papens seines Postens enthoben, emigrierte er 1933 in die Schweiz. Zu seinem dortigen Wirken vgl. *Stahlberger*, S. 298.
[2] Über ihn und die hier erwähnte Besprechung s. Dok. 70.

tendenziöser, vorübergehenden Zwecken dienender Tagesschriftstellerei. Ob das
Weltbild des künstlerisch dichtenden Schriftstellers staatspolitisch zu verwirklichen
oder auch nur wünschenswert ist, muß bei seiner Beurteilung außer Betracht bleiben. Wer wollte mit Goethe und Schiller rechten oder ihre Werke schelten, weil sie
allenthalben der heutigen Gestaltung Deutschlands widersprechen?[a] Würde die
Schweiz, auch wenn sie einmal zu diktatorischer Regierungsform oder autoritärer
Demokratie sich entwickelte, jemals aufhören, Gottfried Keller trotz seiner abweichenden Auslassungen über politische Fragen mit Stolz und Freude als den Ihrigen,
als Künstler und Dichter, aber auch als Erzieher zu verehren? In diesen Bereich
gehört Thomas Mann, der nicht schreibt, weil er davon leben will, sondern weil
ihn seine angeborene Gabe, sein innerer Beruf zu dieser Betätigung zwingt. Daß
sie ein Segen für das deutsche Volk ist – mögen auch dessen Staatsbild und sein
Weltbild noch so verschieden sein – ergibt sich aus der Verbreitung und Wirkung der
Werke Thomas Manns im Inland. Es wäre weiter für Deutschland durchaus unrichtig, die europäische Note im Schaffen dieses Schriftstellers einseitig zu betonen,
diese Seite hat er dem eigenen Volke zum Besten seines Zusammenlebens mit der
Umwelt zugekehrt, während er den anderen Völkern vor allem den deutschen
Nationalcharakter zeigt und auch nur im Sinne dessen aufgefaßt wird[3].

Diese allgemeinen Betrachtungen sollen jedoch nicht allzuweit ausgesponnen werden; es handelt sich hier nur darum, den Gedanken auszuschließen, daß Herr
Dr. Thomas Mann jemals Tages- oder Parteipolitik hätte treiben oder ein politisches Programm propagieren wollen. Seit dem Umbruch im Jahre 1933 vollends
hat mein Klient über die deutschen Dinge grundsätzlich geschwiegen und mit
keinem Worte das dritte Reich, dessen Führer und den Kreis seiner Mitarbeiter
berührt und in diesem Sinne nicht nur abgesehen von jeder Mitarbeit an Blättern
und Werken von Emigranten, die dem heutigen Deutschland feindlich gegenüberstehen, sondern sich in aller Öffentlichkeit ausdrücklich dagegen verwahrt[4]. Die
Anerkennung dessen von maßgebender Stelle ist aus der Tatsache zu entnehmen,
daß die Werke Thomas Manns nach wie vor bei einem deutschen Verlage erscheinen.

Frau Mann schließlich ist überhaupt niemals aus ihrer privaten Sphäre als Haus-
frau und Mutter hervorgetreten, sodaß auch gegen sie sicherlich keine Einwendungen zu erheben sind.

Von dem Boden dieser Tatsachen aus bitten Herr und Frau Dr. Thomas Mann,
ihnen neue Pässe zu erwirken, deren sie umsomehr bedürfen, als Herr Dr. Thomas
Mann vielfach Vorträge in den verschiedensten Ländern zu halten hat, und für

---

[a-a] *am Rand rot angestrichen*

[3] Der in diesem Satz formulierte Gedanke spielt auch in Thomas Manns Argumentation
gegenüber dem Reichsministerium des Innern am 23. April 1934 [= Dok. 50, S. 426] eine
Rolle; geht er in Abeggs Eingabe sicher auf den Dichter zurück, so muß es dahingestellt
bleiben, ob Abegg ihn dem älteren Schriftstück oder einer mündlichen Darlegung Thomas
Manns entnommen hat.

[4] Hiermit wird auf die in Anm. 1 zu Dok. 45 zitierte Erklärung Thomas Manns aus dem
Oktober 1933 angespielt.

diese meist mit seiner Gattin unternommenen Reisen ordnungsmässige Papiere unerläßlich sind. Das bisher geübte System der Aushilfen von Fall zu Fall läßt sich nicht länger aufrecht erhalten; die grundsätzliche Entscheidung, die so lange in der Schwebe war, muß nun einmal gefällt werden.

Ich hoffe von Herzen für das deutsche Ansehen im Inlande wie im Auslande, daß dieser Antrag zum Erfolge führt und Herrn Dr. Thomas Mann wie seiner Gattin zu den dringend notwenigen Ausweisen der deutschen Reichsbürger verhilft. Sollte diese Bitte jedoch wieder unberücksichtigt bleiben, so wäre die meinen Mandanten höchst unerwünschte Folgerung unvermeidlich, daß sie Legitimationen eines der Länder annähmen, die ihnen in einer Notlage besonders gern zu Hilfe kommen möchten. Herr Dr. Thomas Mann hat jeden Gedanken solcher Art bisher immer von sich gewiesen, da er Deutscher ist und bleiben will, wie er zeitlebens für das Deutschtum gelebt und gewirkt, es in der ganzen Welt vertreten hat. Gerade deswegen rufe ich Sie, Herr Minister, nicht die nachgeordnete Paßstelle an – handelt es sich doch um einen Mann, dessen Schicksal ohne das geringste Zutun seinerseits von der ganzen Kulturwelt verfolgt wird. In diesem Sinne gebe ich der Bitte und der bestimmten Zuversicht Ausdruck, daß Sie, wenn erforderlich an der höchsten Stelle des Reiches, dem Manne, der den Glanz des deutschen Namens und Geistes in allen Kulturländern verbreitet hat, zur schleunigen Erfüllung seiner Bitte verhelfen mögen.

Für Erwirkung einer beschleunigten Entscheidung wären Herr Dr. Thomas Mann und seine Gattin besonders dankbar.

Mit der Versicherung ausgezeichneter Hochachtung

gez. Abegg[5]

119

Deutsche Gesandtschaft Bern an Deutsches Generalkonsulat Zürich   5. November 1935

P. A., Generalkonsulat Zürich 162, Th. Mann 1933–1936

Im Auftrag von Dr. Thomas Mann hat sich Dr. Wilhelm Abegg in Zürich, Bahnhofstraße 3, an die Gesandtschaft gewandt, um eine Verlängerung der Passe für Herrn und Frau Thomas Mann bei den zuständigen deutschen Behörden zu erreichen. Dem Generalkonsulat wäre ich für eine gefällige Mitteilung dankbar, ob dort Bedenken gegen eine Verlängerung der deutschen Ausweispapiere von Herrn und Frau Dr. Thomas Mann bestehen und ob dort vielleicht bekannt geworden ist, daß Herr und Frau Mann sich vorübergehend schweizerischer Legitimationspapiere bedient haben.

I.A.

Dankwort

---

[5] Das vorstehende Schreiben wurde immerhin später von Heydrich für wert gehalten, ausdrücklich erwähnt, wenn natürlich auch für „abwegig" erklärt zu werden, als er beantragte, „nunmehr endgültig" Thomas Mann die „deutsche Reichsangehörigkeit, die er immer noch besitzt, abzuerkennen"; vgl. Dok. 147.

Auswärtiges Amt an Deutsche Botschaft Paris, Deutsche Botschaft Washington, Deutsche Gesandtschaft Bern, Deutsches Generalkonsulat Zürich 5. *November 1935*

Übersendet Dok. 116.

121

Aktenvermerk des Referenten Dürksen (Außenpolitisches Amt der NSDAP), Berlin, über einen Besuch des Professors v. Antropoff und die Verhältnisse in der Philosophischen Fakultät der Universität Bonn 6. *November 1935*

BA Koblenz, NS-Mischbest. 1579, fol. 4 ff.

Pg. Professor v. Antropoff, der Reichsleiter Rosenberg und Stabsleiter Schickedanz[1] gut bekannt ist, sprach am Freitag, den 1. November bei mir vor. Ich kenne Prof. v. A. seit meinen Studienjahren in Bonn a. Rh[2]. Er hat sich dort besonders immer um uns auslandsdeutsche Studenten gekümmert. Prof. v. A. wurde von uns wegen seiner Haltung und seines Bekenntnisses als echter Nationalsozialist sehr hoch geschätzt.

v. A. berichtete einigermaßen verzweifelt über die augenblicklichen Verhältnisse an der Universität und die Haltung des Kultusministeriums in diesen Fragen. Nachdem der letzte Rektor der Universität Kipp (kein Nationalsozialist) vom Kultusministerium nur wenige Monate gehalten werden konnte, ist zum Rektor der Universität wieder der Mediziner Prof. Pietrusky, der bereits 1933/34 Rektor war, bestellt worden[3].

---

121   [1] Über Schickedanz vgl. *Jacobsen*, bes. S. 56 f. und 64 ff.

[2] Eugen Dürksen, geb. am 16. Februar 1907 in „Ohrloff (Orlowo)", einem deutschen Dor im früheren südrussischen Gouvernement Taurien als Sproß einer Mennonitenfamilie und Sohn des praktischen Arztes Dr. Gerhard Dürksen, war 1924 nach Deutschland gekommen; er hatte nach einem durch die Wirren der Bürgerkriegsjahre in Rußland und seine Übersiedlung nach Deutschland, wo er 1929 eingebürgert wurde, ungünstig beeinflußten Bildungsgang 1928 die Reifeprüfung bestanden und das Studium an der Universität Frankfurt am Main aufgenommen, „ohne ein bestimmtes Ziel zu verfolgen". Seit Herbst 1928 als Erzieher an einer Godesberger Privatschule tätig, studierte Dürksen an der Universität Bonn Geschichte, Geographie, Germanistik und Philosophie. Er bestand die Staatsprüfung für das höhere Lehramt am 23./24. Juni 1933. Bei Prof. Oertel hatte er als einzige althistorische Vorlesung während seines Studiums überhaupt „Römische Geschichte" gehört. Von September 1934 bis Herbst 1939 war Dürksen als Referent in der Ostabteilung den Außenpolitischen Amtes, danach im Reichspropagandaministerium tätig. Der NSDAP gehörte er seit dem 1. Mai 1937 an. Die Zitate in den vorstehenden Angaben sind dem bei den Akten betr. Dürksen im Wissenschaftlichen Prüfungsamt Bonn befindlichen eigenhändigen Lebenslauf von Juli 1932 entnommen; für weitere Angaben ist Herrn Prof. H.-A. Jacobsen (Bonn) zu danken.

[3] Hierzu s. oben S. 205.

Anders sehen die Dinge in der philosophischen Fakultät aus, in der es 1933 im allerbesten Falle unter den Dozenten 3 oder 4 Nationalsozialisten gab. Prof. v. A. ist nun zwei Jahre lang stellvertretender Dekan der philosophischen Fakultät gewesen. Für das neue Universitätsjahr war er von der überwiegenden Mehrheit der philosophischen Fakultät zum Dekan vorgeschlagen worden[4]. Das Kultusministerium hat jedoch seine Ernennung zum Dekan ohne jede Begründung rundweg abgelehnt und stattdessen den Althistoriker Professor Oertel[5] zum Dekan ernannt. Im Zusammenhang mit der beabsichtigten Abgliederung der naturwissenschaftl. Abteilung von der philosophischen Fakultät und ihre [sic!] Erhebung zu einer naturwissenschaftlichen Fakultät ist für das Dekanat unter deutlicher Umgehung Prof. v. Antropoffs der Geologe Prof. Cloos[6] in Aussicht genommen. Ich kenne Prof. Oertel von meinem Studium her, er prüfte mich in meinem Staatsexamen in alter Geschichte. Soviel mir bekannt ist, ist Prof. Oertel ein eingefleischter Deutschnationaler von reaktionärem Typ, den die junge studentische Generation als führenden Universitätsvertreter wohl eindeutig ablehnen dürfte. – Prof. Cloos ist meines Wissens im demokratischen Fahrwasser gewesen und dürfte wohl auch nicht der geeignetste Mann sein, in einer nationalsozialistischen Universität einen der ersten Posten zu bekleiden. – Soviel ich beurteilen kann, ist Prof. Oertel als Wissenschaftler absolut nur als Durchschnitt zu werten, sodaß für das Kultusministerium eigentlich wissenschaftlich-sachliche Gründe nicht maßgebend gewesen sein können, andererseits kann wohl auch der an der Universität früher übliche Gesichtspunkt, der Reihe nach alle Ordinarien mit dem Dekanat zu bedenken, nicht ausschlaggebend gewesen sein, da meiner Erinnerung nach Prof. Oertel in den Jahren 31 oder 32 bereits Dekan der Philosophischen Fakultät gewesen ist[7]. – Prof. Cloos gilt allerdings allgemein als einer der besten deutschen Geologen; ich weiß, daß infolge seiner wissenschaftlichen Leistungen Bonn allmählich zu einem der Zentren des Geologie-Studiums geworden ist.

In jedem Falle aber erscheint mir die Personalpolitik des Kultusministeriums in der Bonner philosophischen Fakultät recht merkwürdig. Prof. v. A. als echter Nationalsozialist müßte unter allen Umständen das Dekanat bekommen. Es würde damit ein Bollwerk aufgerichtet werden gegen die katholischen Einflüsse, die in der Bonner Universität, insbesondere aber in deren philosophischer Fakultät, in den letzten Jahren vor der Machtübernahme des Nationalsozialismus einen außerordentlich hohen Stand erreicht hatten und, wie mir scheint, heute absolut nicht im Schwinden begriffen sind.

E[ugen] D[ürksen]

---

[4] Hierüber haben sich in den Akten keine Angaben ermitteln lassen. Nach Ziff. 7 der am 1. April 1935 erlassenen „Richtlinien zur Vereinheitlichung der Hochschulverwaltung" [= Dok. 84] stand nicht der Fakultät, sondern dem Rektor ein Vorschlagsrecht bei der Ernennung des Dekans zu.

[5] Zu Oertel (*1884) vgl. *Wenig*, S. 215 und die dort angeführte Literatur.

[6] Zu Cloos (1885–1951) vgl. ebd. S. 47.

[7] Oertel hatte vor seiner Ernennung zum Dekan im Jahre 1935 dieses Amt noch nicht bekleidet.

Übersendet Dok. 111.

123

Deutsches Generalkonsulat Zürich an Deutsche Gesandtschaft Bern   *9. November 1935*
    P. A. Generalkonsulat Zürich 162, Th. Mann 1933–1936

Übersendet in Beantwortung von Dok. 119 Abschriften von Dok. 99 und 101.

Hier ist nicht bekannt geworden, daß Herr und Frau Mann sich vorübergehend schweizerischer Legitimationspapiere bedient haben. Eine Mitteilung der Polizei-direktion München sowie des Finanzamts München-Ost ist dem Generalkonsulat auf seinen Bericht bisher nicht zugegangen.

I. V.
gez. Schaefer-Rümelin

124

Deutsche Gesandtschaft Bern an Auswärtiges Amt   *12. November 1935*

B 1716.

Übersendet Abschrift von Dok. 123 mit der Bitte um Weisung.

125

Deutsche Botschaft Paris an Auswärtiges Amt   *15. November 1935*

A 5174

Der „Internationale Schriftstellerkongreß zur Verteidigung der Kultur", der laut Pressemeldungen Thomas Mann in einen Ausschuß gewählt hat, tagte in Paris vom 21. – 25. Juni 1935[1]. Es handelte sich dabei, wie die Botschaft auf den Erlaß vom 1. Juli d. J. – VI W 6570/35 – am 6. Juli d. J. unter B 2928 berichtete, um eine

---

[1] Vgl. Dok. 96.

490

Veranstaltung, an der fast ausschließlich linksstehende und kommunistische Schriftsteller, angeblich aus 38 verschiedenen Nationen teilnahmen.

Heinrich Mann war auf dem Kongreß anwesend und hat sich aktiv an der Aussprache beteiligt. Daß auch Thomas Mann an dem Kongreß teilgenommen habe, wurde in der Presse nirgends gemeldet. Es wurde lediglich berichtet, daß er in das Büro und das Präsidium der auf dem Kongreß gegründeten „Association Internationale des Ecrivains pour la Défense de la Culture" gewählt worden sei. Dieses Büro umfaßt 112, das Präsidium zwölf Mitglieder. Nach Ziffer 8 der Schlußerklärung des Kongresses (vgl. S. 12 der mit obenerwähntem Bericht übersandten Zeitschrift ‚Monde' vom 27. Juni 1935) ist das Büro gebildet aus Schriftstellern verschiedener philosophischer, literarischer und politischer Richtungen und soll auf dem kulturellen Gebiet gegen Krieg, Faschismus und gegen jede Bedrohung der Zivilisation kämpfen. Nach Ziffer 3 der Schlußerklärung soll es eine der Hauptaufgaben des Büros sein, die Übersetzung und Veröffentlichung wertvoller Werke in die Wege zu leiten, die in dem Ursprungsland des Autors verboten sind.

Ein besonderer „ständiger Kampfausschuß" wie ihn das „Pariser Tageblatt" vom 27. Juni d. J. ausführlich schildert, ist in den Entschließungen des Kongresses nicht erwähnt.

Anscheinend wurden, um den kommunistischen Charakter der Vereinigung einigermaßen zu übertünchen, auch einige Schriftsteller, die weder am Kongreß teilgenommen haben noch als Vertreter linksradikaler Weltanschauung gelten können, unbefragt in das Präsidium gewählt. So erscheint in der Liste der Mitglieder auch der Name von Selma Lagerlöf, die am Kongreß nicht beteiligt war und seine Tendenzen wohl kaum billigt.

Von einer besonderen Tätigkeit des Büros und des Präsidiums ist bisher nichts bekannt geworden.

Die Versicherung Thomas Manns, daß er am Kongreß nicht teilgenommen habe, ohne sein Wissen und Zutun in das Präsidium gewählt worden sei und von einem Kampfausschuß zur Propaganda für verbotene Bücher nichts wisse, erscheint demnach glaubwürdig. Jedenfalls kann sie auf Grund des hier vorliegenden Materials nicht widerlegt werden. Über eine öffentliche Erklärung von Thomas Mann zu diesem Punkte ist mir allerdings nichts bekannt geworden.

Köster

126

Deutsches Generalkonsulat Zürich an Auswärtiges Amt 18. November 1935

P. 7 a.

Thomas Mann hat sich in der letzten Zeit hier nicht mehr in der Öffentlichkeit betätigt. Es ist auch nichts darüber bekannt geworden, daß er eine feindselige Propaganda gegen Deutschland betreibt.

Eine Nachprüfung der vom Reichsministerium des Innern gewünschten Fragen hinsichtlich seiner Mitgliedschaft bei dem auf dem internationalen Schriftstellerkongreß gebildeten Ausschuß und wie die Annahme des Ehrendoktortitels der Harvard Universität zu bewerten ist, ist von hier aus nicht möglich.

In der hiesigen Presse konnte keine entsprechende Berichtigung im Sinne der Ausführungen von Thomas Mann an den Fischer-Verlag beobachtet werden.

Bis auf weitere Weisung wird hier zunächst die Paßsperre über das Ehepaar Thomas Mann aufrecht erhalten werden.

Die Gesandtschaft in Bern erhält Durchschlag dieses Berichts.

I. V.
Schaefer-Rümelin

127

Auswärtiges Amt an Reichs- und Preußisches Ministerium des Innern　　25. November 1935

Übersendet Dok. 124.

128

Auswärtiges Amt an Reichs- und Preußisches Ministerium des Innern　　26. November 1935

Übersendet Dok. 125, 126 und den in den Akten nicht nachzuweisen, in Dok. 125 erwähnten Bericht der Deutschen Botschaft Paris vom 6. Juli 1935 – B 2928 –.

129

Deutsches Konsulat Boston/Mass. an Deutsche Botschaft Washington　　6. Dezember 1935

P. A., Generalkonsulat Zürich 162, Th. Mann 1933–1936

J.-Nr. 3866

Die Frage des Verhaltens Thomas Manns bei seiner Anwesenheit hierselbst aus Anlaß der Verleihung des Ehrendoktortitels der Harvard-Universität am 20. Juni 1935 ist einer sorgfältigen Prüfung unterzogen worden.

Dabei hat sich herausgestellt, daß das sogenannte Interview im ,,Boston Evening Globe" vom gleichen Tage, das, wenn zutreffend, ihn schwer belasten würde, ganz zweifellos überhaupt kein eigentliches Interview ist[1]. Durch vertrauliche

---

129　　[1] Vgl. Dok. 104.

Nachforschungen bei dem genannten Blatte ist mit unbedingter Zuverlässigkeit festgestellt worden, daß in dessen Archiven überhaupt kein Interview mit Thomas Mann aufbewahrt wird. Hätte ein solches Interview im vergangenen Juni oder überhaupt im Laufe der letzten Jahre stattgefunden, so müßte es nach den streng eingehaltenen Gepflogenheiten der Zeitung im Archiv aufzufinden sein. Auch rein äußerlich läßt schon der Zusammenhang, in dem die 3 in Rede stehenden Sätze in der Zeitung abgedruckt sind, deutlich erkennen, daß es sich nicht um ein eigentliches Interview handelt. Der Reporter des „Boston Evening Globe", der mit der Berichterstattung über die von der Harvard-Universität an dem genannten Tage verliehenen Ehrendoktorgrade beauftragt war, hat die 3 Sätze einfach in seinen allgemeinen Bericht einfließen lassen. Hätte Thomas Mann ihm tatsächlich ein Interview gewährt, so würde er diesen Umstand in ganz anderer Weise ausgebeutet und das Interview in der sonst üblichen, möglichst auffallenden Aufmachung gebracht haben. Woher der Reporter die 3 Sätze bezogen, ob er sie sich einfach selber ausgedacht oder irgendeiner nicht feststellbaren Veröffentlichung entnommen hat, bleibt unaufgeklärt. Jedenfalls ist hiernach Thomas Mann, wenn er die Authentizität des sogenannten Interviews bestreitet, vollkommener Glaube beizumessen.

Im übrigen ist durch die von dem Unterzeichneten angestellten vertraulichen Ermittelungen festgestellt worden, daß Thomas Mann während seines hiesigen Aufenthalts tatsächlich größte Zurückhaltung geübt und politische Interviews und Gespräche überhaupt abgelehnt hat. Die einzige Äußerung von ihm, die sich auf politische Dinge bezog, ging nach Mitteilung eines Gewährsmanns dahin, daß das neuerdings abgeschlossene deutsch-englische Flottenabkommen seines Erachtens ein Schritt auf dem richtigen Wege sei[2]. Gesprächsweise hat Thomas Mann, vermutlich mit gutem Grunde, durchblicken lassen, daß an ihn äußerst zahlreiche Angebote ergangen seien, vor den verschiedensten Kreisen Ansprachen, wenn möglich über Deutschland, zu halten, Angebote, die er indessen ausnahmslos zurückgewiesen habe.

Was die Frage angeht, wie die Annahme des Ehrendoktortitels der Harvard-Universität zu bewerten sei, so ist es bei der Bedeutung, die der genannten Universität für das wissenschaftliche Leben nicht nur Amerikas, sondern der ganzen Welt zukommt, nur zu verständlich, daß jemand, dem ein Ehrendoktorgrad von dieser Seite angetragen wird, auch zur Annahme der Ehrung bereit ist. Daß

---

[2] Das Abkommen ist am 18. Juni 1935 geschlossen worden. Es legte die Flottenstärken Großbritanniens und des Deutschen Reiches im Verhältnis 100:35 fest, gewährte in diesem Rahmen jedoch Gleichheit der erlaubten U-Boot-Tonnage. „Damit war die deutsche Wiederbewaffnung ... sanktioniert – ein echter großer außenpolitischer Erfolg Hitlers" (*Erdmann*, S. 219); „Hitler konnte in der Tat zufrieden sein: neben der vertraglichen Anerkennung der ‚deutschen Wehrhoheit' hatte er die Überwindung der außenpolitischen Isolierung Deutschlands erreicht und der Idee der kollektiven Abmachungen einen neuen Schlag versetzt" (W. *Hofer*, Die Diktatur Hitlers bis zum Beginn des zweiten Weltkriegs, Konstanz[2] 1964, S. 49 f.). – Eine spätere Äußerung Thomas Manns über das Flottenabkommen: Dieser Friede (XII, S. 834; MK 118, S. 40) kritisiert England heftig wegen des Abschlusses.

Thomas Mann die Worte, mit denen ihm das Diplom überreicht wurde („Novelist of rare distinction, an interpreter of life to many in the Western world, one of the few contemporary guardians of the great tradition of German culture") im voraus gekannt hätte, ist keineswegs anzunehmen. Auch glaube ich, daß es zu weit geht, der Harvard-Universität ganz allgemein und ohne Einschränkung eine deutschfeindliche Einstellung beizumessen. Tatsächlich hat der Präsident der Universität Conant[3] dem feierlichen Akte der Überreichung des Berliner Ehrendoktordiploms an Professor Roscoe Pound, Dekan der Rechtsfakultät, durch den Herrn Botschafter im September 1934 persönlich beigewohnt. Ferner ist mit ausdrücklicher Genehmigung des Präsidenten Conant am letzten Heldengedenktag ein Kranz mit den vorschriftsmäßigen Schleifen durch den Unterzeichneten an der Gedenktafel für die deutschen Kriegsteilnehmer in der Harvard-Gedächtniskapelle niedergelegt worden. Schließlich hat die Harvard-Universität aus Anlaß ihres im nächsten Jahre bevorstehenden 300jährigen Jubiläums Einladungen an eine Reihe deutscher Gelehrter gerichtet, denen besondere Ehrungen zugedacht sind.

gez. von Tippelskirch

*130

Reichsministerium für Volksaufklärung und Propaganda an Reichs- und Preußisches Ministerium für Wissenschaft, Erziehung und Volksbildung 10. Dezember 1935

Akten der Philosophischen Fakultät der Universität Bonn betr. Thomas Mann

Im Wortlaut identisch mit dem Schreiben des gleichen Ministeriums vom 10. Oktober 1935 [= Dok. 112].

*131

Reichs- und Preußisches Ministerium für Wissenschaft, Erziehung und Volksbildung an Bonner Universitätskurator 16. Dezember 1935

Akten der Philosophischen Fakultät der Universität Bonn betr. Thomas Mann

Übersendet Dok. 130 zur Kenntnis und zur Benachrichtigung der Philosophischen Fakultät.

---

129 [3] James B. Conant, geb. 26. März 1893, seit 1929 Professor an der Harvard-Universität und von 1933 bis 1953 deren Präsident, der spätere Hohe Kommissar und Botschafter der Vereinigten Staaten in der Bundesrepublik Deutschland.

Deutsche Botschaft Washington an Auswärtiges Amt   *21. Dezember 1935*

Nr. 2118

Auf die Erlasse vom 31. Oktober, 5. und 26. November 1935 – Nr. 83-76, 21/9, 29/10, 18/11 – *[= Dok. 117, 120 und ein in den Akten nicht überlieferter Erlaß, mit dem Nr. 126 übermittelt worden sein dürfte]*.
Das Deutsche Konsulat in Boston hat, wie aus dem abschriftlich beigefügten Bericht vom 9. d. M.[1] hervorgeht, das Auftreten Thomas Manns bei seinem Aufenthalt in Boston aus Anlaß der Verleihung des Ehrendoktortitels der Harvard Universität einer eingehenden Prüfung unterzogen.
Das Ergebnis der Ermittelungen des Konsulats in Boston über das Auftreten Thomas Manns deckt sich mit den hier gemachten Beobachtungen. Thomas Mann hat, soweit hier festgestellt werden konnte, während seines Aufenthalts in den Vereinigten Staaten jede politische oder sonstige Äußerung vermieden, die gegen die Bestimmungen des Gesetzes gegen heimtückische Angriffe auf Staat und Partei vom 20. Dezember 1934[2] verstoßen würden[*sic!*].
Die amerikanische Öffentlichkeit hat von seinem Besuch in den Vereinigten Staaten Kenntnis genommen, ohne ihm eine übertriebene Bedeutung beizumessen[3]. Es ist mir nichts darüber bekannt geworden, daß seine Anwesenheit auf die Meinungsbildung der hiesigen Öffentlichkeit oder einzelner hervorragender amerikanischer Persönlichkeiten besondere Wirkungen ausgeübt hätte.

Leitner

Reichsministerium für Volksaufklärung und Propaganda an Auswärtiges Amt
21. Dezember 1935

Geschäftszeichen: VIII 8280/10. 9. 35. –
AA 9 III/4.

Nach Prüfung des unter P 6759 vom 10. September 1935 übersandten Schreibens teile ich mit, daß der Autor des beschlagnahmten Buches „Haß" nicht Thomas,

---

[1] In der Abschrift bei den Akten des Generalkonsulats Zürich: 6. 12. [=Dok. 129].
[2] Reichsgesetzblatt I, 1934, S. 1269.
[3] Dem Berichterstatter ist offensichtlich unbekannt geblieben, daß Thomas und Katia Mann am 30. Juni Gäste des Präsidenten Roosevelt bei einem privaten Dinner im Weißen Haus gewesen sind und daß „besonders" die Wahl des Dichters zum Ehrendoktor „nicht ohne Anteilnahme des Präsidenten Roosevelt zustande gekommen" war, vgl. dazu die Briefe, die Thomas Mann am 10. Juli 1935 an G. Bermann Fischer und am 25. Juli an R. Schickele richtete (*Briefe* I, S. 394 ff.). Zur mutmaßlichen Urheberschaft des Schriftstellers H. van Loon bei der Einladung ins Weiße Haus vgl. *Radkau*, S. 79 f.

sondern Heinrich Mann ist. Die Veröffentlichung erschien 1934 im Querido-Verlag Amsterdam mit dem Untertitel „Deutsche Zeitgeschichte".

Ich bemerke hierzu, daß die gesamten Werke Heinrich Manns, dem die deutsche Staatsangehörigkeit aberkannt wurde, für das deutsche Reichsgebiet verboten sind.

I. A.

gez. Dr. Hövel[1]

*134

Rektor der Universität Bonn an Philosophische Fakultät　　　　*23. Dezember 1935*

　Akten der Philosophischen Fakultät betr. Thomas Mann

Übersendet Dok. 130 und 131.

135

Reichs- und Preußisches Ministerium des Innern an Auswärtiges Amt　　*2. Januar 1936*

Übersendet Dok. 112.

133　　[1] Dr. Paul Hövel, geb. 1904, war von 1920 bis 1931 Mitglied des Jungnationalen Bundes (Freischar junger Nation), zum 1. August 1931 in die NSDAP eingetreten (Mitgliedsnr. 621 686), aber – ähnlich wie sein späterer Vorgesetzter Wismann – einige Zeit danach (wegen unbekannter Anschrift) gestrichen worden und am 1. Mai 1933 wiedereingetreten. SA- oder SS-Zugehörigkeit sind bei ihm nicht vermerkt. Von 1924 bis 1934 hatte er mit Unterbrechungen 14 Semester evangelische Theologie, Geschichte, Staatswissenschaft, Staatsrecht, Soziologie und Volkswirtschaft an den Universitäten Tübingen, Bonn, Marburg, Münster und Heidelberg studiert. Hier wurde er 1934 summa cum laude auf Grund einer Dissertation über „Arbeitsbeschaffung und Wirtschaftsplanung im nationalsozialistischen Staat" zum Dr. phil. promoviert. Nach kurzer Assistententätigkeit am Heidelberger Institut für Sozialwissenschaften trat er Ende Oktober als Referent in das Reichspropagandaministerium ein. Dort bearbeitete er die mit dem Verlags- und Buchwesen zusammenhängenden Wirtschaftsfragen. Über Hövel vgl. *Wulf, Literatur*, S. 271 f., wo ein hauptsächlich auf Wismann gemünztes Denunziationsschreiben gedruckt ist, das der Vorsteher des Börsenvereins des deutschen Buchhandels und Uralt-Pg. W. Baur am 30. August 1935 an Hinkel richtete und worin Hövel der Begünstigung des „nichtarischen" J. Springer-Verlags bezichtigt wird. Vgl. über ihn die Akten im DC, ferner *Strothmann*, S. 23.

Vermerk des Bayerischen Ministeriums für Unterricht und Kultus über den Stand der Aus-
bürgerungssache Thomas Mann   *3. Januar 1936*

> *HStA München, MK 36752*
> *Der Vermerk wurde nach fristgerechter Wiedervorlage von Dok. 109 gefertigt.*

No. V 10275 A II / 34
I. Der Antrag ist noch nicht verbeschieden. Die Bayer.[*ische*] Po.[*litische*] Po.[*lizei*]
hat neuerdings dem Reichsmin[*isterium*] d.[*es*] I.[*nnern*] neues Material zur Ver-
bescheidung des Antrags auf Ausbürgerung des Thomas Mann vorgelegt.

II. W.[*ieder*] V.[*orlage*] 1. 3. 36

I. A.
Müller

137

Auswärtiges Amt an Deutsche Botschaften Paris und Washington, Deutsche Gesandtschaft
Bern und Deutsches Generalkonsulat Zürich[1]   *6. Januar 1936*

Übersendet Dok. 112 und 135 zur Kenntnis.

Auswärtiges Amt an Reichs- und Preußisches Ministerium des Innern   *13. Januar 1936*

Übersendet Dok. 132 nebst Anlage [= Dok. 129].

Der Mitteilung der dortigen Entscheidung in der Frage der Aberkennung der
deutschen Staatsangehörigkeit des Thomas Mann und der Paßausstellung für ihn
sehe ich entgegen.

I. A.
gez. von Bülow-Schwante

---

37   [1] Aus Dok. 139 erhellt, daß dieser Erlaß auch dem Reichs- und Preußischen Ministerium
des Innern zur Kenntnis gebracht worden ist.

Reichs- und Preußisches Ministerium des Innern an Auswärtiges Amt   *15. Januar 1936*

I S 89-5013 c.

Zu: Nr. 83-76, 2/1 Thomas Mann vom 6. Januar 1936
   betreffend Ausbürgerung des Thomas Mann

Abschrift[1] übersende ich ergebenst zur gefälligen Kenntnisnahme und Berücksichtigung bei den von den Auslandsbehörden eingeleiteten Ermittlungen.

I. A.
gez. Hering

Anlage

Freie Presse – Amsterdam

Verlag: Hekelveld 15   Redaktion: Tesselschadestr. 31

Werter Leser!

Im faschistischen Deutschland darf heute keine demokratische noch sozialistische Zeitung mehr erscheinen. Das Recht der freien Meinungsäußerung ist aufgehoben. Die deutsche Presse ist geknebelt und darf nur einseitig im Sinne des Faschismus schreiben. Die großen Publizisten aus dem Lager der Demokratie und des Sozialismus stecken in Konzentrationslagern oder mußten in das Ausland flüchten.
Der Faschismus glaubt endgültig den Sieg errungen zu haben; denn nirgends kann sich in Deutschland eine Stimme gegen seine barbarische Despotie erheben. Solange es aber Menschen gibt, die sich nicht dem faschistischen Sklavenjoch beugen, wird der Kampf gegen diese Schmach Deutschlands fortgesetzt! Es gibt noch Millionen Menschen in Deutschland, die sich niemals innerlich dem Faschismus beugen, ihre Zahl wird täglich größer, weil selbst bisherige Hitleranhänger inzwischen zu zweifeln beginnen.
Hatte der Faschismus die Reihen der Linken zunächst vollkommen verwirrt und aufgelöst, so beginnt jetzt eine weitgespannte neue Sammlung aller im antifaschistischen Kampf stehenden Menschen. Der Generalangriff der Linken hat begonnen! Es ist die Aufgabe dieser Zeitung, diese Sammlung zu fördern. Die freie Presse bringt eine wahrheitsgemäße und unabhängige Berichterstattung über die deutschen Verhältnisse, ein eigener Nachrichtendienst in Deutschland sorgt für eine aktuelle Zeitungslektüre. Am politischen, wirtschaftlichen und feuilletonischen [*sic!*]

---

139   [1] Zu dem hier abgedruckten Werbeblatt der Zeitung „Freie Presse" vgl. Dok. 140 und 142. Das Stück hatte bereits im August 1933 dazu gedient, um in der deutschen Presse heftigste und im Falle von Thomas Mann im damaligen Zeitpunkt vollkommen unbegründete Angriffe gegen eine Reihe von deutschen Schriftstellern zu richten, die sich außerhalb der Reichsgrenzen aufhielten oder offenkundige Emigranten waren; vgl. dazu oben S. 135 f.

Teil dieser Zeitung werden maßgebliche deutsche Publizisten, welche in Deutschland nicht mehr zu Worte kommen, mitarbeiten.

Ein breiter Mitarbeiterkreis aus allen führenden Gruppen des geistigen und politischen Lebens ist tätig, u. a. werden für die „Freie Presse" schreiben: Andersen-Nexö, Thomas Mann, Arnold Zweig, Prof. Gumbel, Jacob Wassermann, Prof. Emil Lederer, Joseph Roth, Max Brod, Prof. Tschachoti, Theodor Plivier, Prof. Hermann Heller, Egon Erwin Kisch, Alfred Döblin, Georg Bernhard, Hendrik de Man, Lion Feuchtwanger, Stefan Zweig, Dr. Alfred Braunthal, Wilhelm Sollmann, Dr. Otto Frieder, Victor Schiff, Dr. Karl Renner, Dr. Julius Deutsch, Georg Beyer, Tony Sender, Dr. Dang, Heinrich Mann.

Die „Freie Presse" ist zu beziehen durch den Verlag Freie Presse, Amsterdam, Hekelveld 15, und durch die Agentschaften des Verlages in allen Teilen des Landes. Abonnementspreis: Jahresbezug f 3.90, Halbjahr f 2.–, Quartal f 1.10. Falls nicht Giro-Überweisung 15 cts Zuschlag. Einzelnummer f. 0.09.

Fördern und unterstützen Sie unser Bestreben durch Propagierung dieser Zeitung und Werbung von Lesern und Abonnenten.

Verlag und Redaktion
„Freie Presse"

140

Auswärtiges Amt an Deutsches Generalkonsulat Amsterdam   *23. Januar 1936*

Übersendet Dok. 139 zur Kenntnis mit der Bitte um tunlichst baldigen Bericht . . ., was dort über die Mitarbeiterschaft des Thomas Mann an der dortigen Zeitung „Freie Presse"[1] bekannt ist oder ermittelt werden kann.

Für die Übersendung von Artikeln des Thomas Mann in der vorgenannten Zeitung wäre ich dankbar.

I. A.
gez. Hinrichs

141

Deutsche Gesandtschaft Bern an Auswärtiges Amt   *29. Januar 1936*

A. 212

In der Anlage lege ich einen in Nr. 143 der „Neuen Zürcher Zeitung" vom 26. d. M. erschienenen Artikel des Verlags zu den Behauptungen Leopold Schwarzschilds

---

[1] Das nach Abgang des auch dem Reichs- und Preußischen Ministerium des Innern zugeleiteten Schreibens unterrichtete Referat II Nied[erlande] vermerkt dazu: „Soviel bei II Nied bekannt ist, ist die „Freie Presse" ein 1933 erschienenes, inzwischen längst eingegangenes Blatt, das sich des Namens von Th. Mann ohne seine Zustimmung bediente". Das Referat P[resse] bemerkte dazu: „August 1933 verboten", nämlich für das Gebiet des Deutschen Reichs.

im „Neuen Tagebuch" Paris, wonach das gesamte deutsche Literaturvermögen restlos ins Ausland verschoben worden sei, vor[1]. Die „Neue Zürcher Zeitung" findet in diesem Zusammenhang für die Emigranten sehr harte Worte und gibt anschließend an ihre eigene Kritik auch noch einer Erklärung Hermann Hesses Raum, in der er die Emigrantenpresse dahin richtigstellt, daß er nicht deutscher Emigrant, sondern Schweizer sei und auch nicht, wie Herr Bernhard behauptet, Mitarbeiter der „Frankfurter Zeitung".

gez. Weizsäcker[2]

142

Deutsches Generalkonsulat Amsterdam an Auswärtiges Amt   *3. Februar 1936*

A. 298/36

Auf den Erlaß vom 23. Januar 1936 – 83-76. 15/1. Thomas Mann. – [= *Dok. 140*]. Die in Amsterdam erschienene Zeitung „Freie Presse" hat mit Ende 1933 ihr Erscheinen eingestellt. Das Preußische Geheime Staatspolizeiamt erwähnt diese Tatsache selbst in einem Schreiben betr. Arnold Zweig vom 29. 7. 35, Br. Nr. II 1 B 2 – 50544/1745/34 E. Ob Thomas Mann sich damals an der genannten Zeitschrift beteiligt hat, konnte hier nicht mehr festgestellt werden. Soweit jedoch die neuere Emigranten-Publizistik hier bekannt geworden ist, ist Thomas Mann an ihr nicht beteiligt. Dagegen soll Thomas Mann in einer der letzten Ausgaben des Pariser „Neuen Tagebuchs" als nicht „emigrationstreu" angegriffen worden sein[1].

Jung

143

Deutsche Gesandtschaft Bern an Auswärtiges Amt   *5. Februar 1936*

B 169/II

Inhalt: Thomas Mann

In einem offenen Brief an den literarischen Redakteur der „Neuen Zürcher Zeitung"[1] nimmt Thomas Mann auch seinerseits gegen die mit Vorbericht vom 29. Januar d. J. – A 212 – [= *Dok. 141*] wiedergegebene Behauptung des berüchtigten Emigranten Leopold Schwarzschild Stellung, wonach die deutsche Literatur der

---

141   [1] Hierzu vgl. oben S. 166 f.
     [2] Ernst Freiherr v. Weizsäcker (1882–1951), 1938–1943 Staatssekretär im Auswärtigen Amt, war von 1933 bis 1936 Deutscher Gesandter in Bern. Vgl. *Jacobsen*, S 34.

142   [1] Dazu vgl. oben S. 166 f.

143   [1] S. oben S. 169 f.

Jetztzeit ausschließlich durch Emigranten repräsentiert werde. Mann verurteilt außerdem die Anwürfe der Emigranten gegen diejenigen deutschen Schriftsteller, die politisch nicht hervorgetreten und in Deutschland verblieben sind.

Dagegen, und das ist das Entscheidende in dem von der Schweizer Presse teilweise in großer Aufmachung kommentierten offenen Brief, gibt Thomas Mann am Schluß seines Schreibens seine bisherige „neutrale" Haltung gegenüber dem neuen Deutschland auf, erklärt, er sei zu der Überzeugung gekommen, daß aus der gegenwärtigen deutschen Herrschaft nichts Gutes kommen könne und fordert mit seinen weiteren Äußerungen die deutschen Behörden dazu heraus, ihm die deutsche Staatsangehörigkeit abzusprechen.

Der Wortlaut des in der „Neuen Zürcher Zeitung" vom 3. d. M. (Nr. 193) abgedruckten offenen Briefes, sowie ein in der „Basler National-Zeitung" vom 5. d. M. (Nr. 59) veröffentlichter Kommentar sind in der Anlage beigefügt.

Dankwort

144

Auswärtiges Amt an Reichs- und Preußisches Ministerium des Innern   13. Februar 1936

Übersendet Dok. 142.

145

Auswärtiges Amt an Reichs- und Preußisches Ministerium des Innern
21./22. Februar 1936

Kassierter Entwurf des LR Röhrecke[1] mit den Voten verschiedener Referenten des Auswärtigen Amts.

Übersendet Dok. 141 und 143.

Abschriftlich nebst 2 Anlagen dem Reichs- und Preußischen Ministerium des Innern im Anschluß an das Schreiben vom 13. d. Mts. – Nr. 83-76 3/2 Thomas Mann – [= *Dok. 144*] zur Kenntnis übersandt.

Der in dem anliegenden Bericht der deutschen Gesandtschaft in Bern vom 5. d. Mts. erwähnte Vorbericht vom 29. Januar d. J. – A 212 – [= *Dok. 141*] ist ebenfalls abschriftlich zur Kenntnis hier beigefügt. Eine weitere Abschrift dieses Berichts mit dem darin erwähnten Zeitungsartikel aus der Nr. 143 der „Neuen Zürcher

---

[1] Der Entwurf trägt keine Paraphe des Konzipienten, jedoch sind die Legationsräte Röhrecke und Hinrichs als Referenten genannt. Da Hinrichs den Entwurf revidiert hat, ist Röhrecke als Verfasser anzunehmen.

Zeitung" vom 26. Januar d. J. hat das Reichsministerium für Volksaufklärung und Propaganda, Abteilung IV und VII[2], mit dem Schreiben vom 10. d. Mts. – P 698 –[3] zur Kenntnis erhalten. Das Auswärtige Amt hält ᵃnunmehrᵃ die Ausbürgerung des Thomas Mann nach dem Inhalt seines in der Nr. 193 der „Neuen Zürcher Zeitung" vom 3. Februar d. J. veröffentlichten offenen Briefes ᵇan sich für unabweisbar, die Veröffentlichung der Ausbürgerung im gegenwärtigen Zeitpunkt jedoch aus politischen Gründen noch nicht für tunlichᵇ.

Auf meine in dem Schreiben vom 13. v. Mts. – Nr. 83-76 21/12 Thomas Mann – [= *Dok. 138*] ausgesprochene Bitte, mir die dortige Entscheidung in der Frage der Aberkennung der deutschen Staatsangehörigkeit des Thomas Mann und der Paßausstellung für ihn mitteilen zu wollen, nehme ich Bezug.

Berichtsdurchschlag für das Reichsministerium für Volksaufklärung und Propaganda ist beigefügt.

I. A.

gez. von Bülow-Schwante

Der Entwurf ist kassiert worden, nachdem er den Referenten II Sz, II Fr, III Am, VI W, P und V zur Mitzeichnung zugeleitet worden und von diesen mit folgenden Stellungnahmen an das Deutschland-Referat zurückgelangt war:

Votum der Abteilung II   *28./29. Februar 1936*

Abteilung II glaubt nicht dazu Stellung nehmen zu sollen, ob der Schluß des Briefes von Thomas Mann an die „Neue Zürcher Zeitung" unter rechtlichemᶜ Gesichtspunkt einen Tatbestand verwirklicht, der die Ausbürgerung nach sich ziehen muß. Unter politischemᶜ Gesichtspunkt ist aber zu bemerken, daß eine Ausbürgerung von Thomas Mann gegenwärtig noch mindestens die gleichen Bedenken gegen sich hat, die schon früher gegen eine solche Maßnahme sprachen. Das deutsch-schweizerische Verhältnis befindet sich zur Zeit in politischer und kulturpolitischer Hinsicht in einer Krisis, die durch eine Ausbürgerung von Thomas Mann eine Beeinflussung zu unserem Nachteil erfahren muß. Auch über die Schweiz hinaus würde diese Maßnahme Wasser auf die Mühlen der Gegner des Deutschen Reichs bedeuten.

R *[intelen]* 28/2

R *[enthe]*-F *[ink]* 29/2

ᵃ⁻ᵃ *Einschub durch LR Hinrichs*
ᵇ⁻ᵇ *statt des gestrichenen* nunmehr für geboten *durch LR Hinrichs eingefügt.*
ᶜ *unterstrichen*

[2] Abt. IV Presse war unter anderem zuständig für In- und Auslands-Pressewesen, Nachrichtendienst, Pressearchiv und Zeitungssammlung; Abt. VII Ausland war zuständig für Abwehr der politischen Lüge im Ausland, Aufklärung und Förderung der Beziehungen zum Ausland.
[3] In den Akten nicht überliefert.

502

Votum des Referats III Am[erika] 2. *März 1936*

III A schließt sich den politischen Bedenken von Abt. II an.

Fu*[ehr]* 2./III

Votum des Referats VI W und der Abteilung VI 3. *März 1936*

Herrn VLR Dr. v. Twardowski erg. Ich habe nicht mitgezeichnet und möchte vorschlagen, sich für VI bzw. VI W dem Bedenken von II anzuschließen.

R*[oth]* 3/3

VI schließt sich den Bedenken von Abt. II an.

v. T*[wardowski]*

Votum der Abteilung P[resse] *[ohne Zeichnung und ohne Datum]*

P empfiehlt die Angelegenheit zunächst zurückzustellen und schließt sich den Bedenken von Abt. II an.

Votum der Abteilung V 11. *März 1936*

Nach meiner Auffassung kann der inkriminierte Artikel allein eine Ausbürgerung nicht rechtfertigen.

S*[iedler]* 11/3

146

Vermerk des Bayerischen Ministeriums für Unterricht und Kultus über den Stand der Ausbürgerungssache Thomas Mann 5. *März 1936*

HStA München, MK 36752
Der Vermerk ist nach fristgerechter Wiedervorlage von Dok. 136 gefertigt worden.

No. V 10275/34 III A II
I. Nach fernmündlicher Mitteilung der Bay.*[erischen]* Po.*[litischen]* Po.*[lizei]* (Reg. Rat Brunner v. 4. 3. 1936) ist der Antrag noch nicht verbeschieden.

II. W.*[ieder]* V.*[orlage]* 1. 7. 36

I. A.
Müller

147

Der Stellvertretende Chef der Preußischen Geheimen Staatspolizei an Reichs- und Preußisches Ministerium des Innern   *25. März 1936*

II 1 B 2 – M. 124/35 E.

Betrifft: Aberkennung der deutschen Reichsangehörigkeit
        des Schriftstellers Thomas Mann, geboren am 6. 6. 1875 in Lübeck.

Im Nachgange zu meinen Schreiben vom 8. 2.[1], 19. 7. [= *Dok. 96*] und 12. 10. 1935 [= *Dok. 114*] – II 1 B 2 – 70564/2827/34 E – und unter Bezugnahme auf die Besprechung im Reichs- und Preußischen Ministerium des Innern am 3. 9. 35 teile ich ergebenst folgendes mit:

Die Ermittlungen über die politische Betätigung Thomas Manns im Auslande und die weitere Sammlung von Material haben ergeben, daß Thomas Mann seine deutschfeindliche Betätigung im Auslande nicht nur fortgesetzt, sondern in weit größerem Umfange erneut entfaltet hat. In zahlreichen Presseveröffentlichungen der letzten Zeit, teils aus eigener Feder, teils mittels Wiedergabe durch Gesinnungsgenossen, offenbart Thomas Mann neben einer unverhüllten feindseligen Gesinnung seinem einstigen Vaterlande gegenüber, die ihn für den weiteren Besitz der deutschen Reichsangehörigkeit unwürdig erscheinen läßt, eine aktive deutschfeindliche Tätigkeit auf schriftstellerischem Gebiet, die seine bereits mehrfach begründete Ausbürgerung nunmehr endgültig notwendig macht und außerdem geeignet ist, die bisher bestehenden Bedenken gegen die Aberkennung der Reichsangehörigkeit in vollem Umfange auszuräumen.

Ich habe bereits darauf hingewiesen[2], daß die Erklärungen Thomas Manns gegenüber dem S.-Fischer-Verlag ihn nicht davon entlasten können, daß er in einem, in der ausländischen Presse vielfach veröffentlichten Interview eindeutig und überzeugend für den Bolschewismus und gegen den Nationalsozialismus Stellung genommen und in einer weiteren Presseunterredung heftige Angriffe gegen Deutschland gerichtet hat. Meine Auffassung habe ich damit begründet, daß Mann die angeblich falsche Wiedergabe seiner Äußerungen bisher nicht auf dem gleichen Wege öffentlich berichtigt hat, was für ihn ein Leichtes gewesen wäre. Die privaten „Berichtigungen" gegenüber dem S. Fischer-Verlag, die von diesem sicherlich nicht zuletzt aus wirtschaftlichen Verlagsinteressen heraus weitergegeben worden sind, stellen vielmehr eine geschickte Tarnung seiner wahren politischen Meinungen und Äußerungen durch Verdrehung der Worte und Sätze dar, die schon mit Rücksicht auf das Gesamtbild der Persönlichkeit Manns als absolut unglaubwürdig erscheinen müssen.

In der Tat haben die weiteren Ermittlungen einwandfrei ergeben, daß Mann nicht, wie er glauben machen möchte, ein unschuldiges Opfer einer Pressehetze ist, son-

---

147   [1] Liegt nicht vor, doch vgl. Dok. 81.
        [2] In dem Schreiben Dok. 114.

dern daß er selbst als verantwortlicher Urheber dieser Hetze in Erscheinung tritt. Entgegen der Haltung seines gleichgesinnten Bruders Heinrich war Thomas Mann bisher aus durchsichtigen Gründen stets bemüht, die gelegentlichen Ausbrüche seines Hasses gegen Deutschland, wie z. B. das oben erwähnte Bekenntnis zum Bolschewismus, durch Beschwichtigungen deutschen Reichsstellen gegenüber abzumildern. Diese Doppelzüngigkeit wird von der Emigrantenpresse selbst zugegeben. So schreibt der „Prager Mittag" vom 3. 8. 35, die Bücher Thomas Manns seien infolge der „seltsamen Rolle", die er im nationalsozialistischen Deutschland spiele, im Dritten Reich stets verkauft worden; Mann habe aber bei aller scheinbaren Zurückhaltung „niemals an seiner wahren Gesinnung den leisesten Zweifel aufkommen" lassen. Ich darf in diesem Zusammenhange auf den im „Völkischen Beobachter" vom 7. 7. 35 erschienenen Artikel „Absturz eines demokratischen Säulenheiligen" hinweisen, in dem Mann zutreffend charakterisiert wird[3]. Die wahre Gesinnung dieses jüdischen Schriftstellers ist stets der Bolschewismus und ein damit verbundener tiefer Haß gegen das Neue Deutschland gewesen.

In einem offenen Brief als Antwort auf einen Angriff des Literaturkritikers der ‚Neuen Zürcher Zeitung' in der Emigrantenzeitung „Pariser Tageblatt" vom 5. 2. 36 hat Mann diese seine wirkliche Gesinnung nunmehr vollends enthüllt[4], eine Gesinnung, die auch durch nachträgliche private Berichtigungen auf dem Wege über einen deutschen Verlag nicht mehr in ihrer Bedeutung herabgemindert werden kann. In dieser Antwort verteidigt Mann zunächst die Emigrantenliteratur und verherrlicht den jüdischen Einfluß in der deutschen Literatur, die hierdurch erst „international" geworden sei. Gleichzeitig nimmt Mann auch für sich das Verdienst in Anspruch, an dieser „Internationalisierung" maßgebend beteiligt gewesen zu sein. Mann fährt sodann wörtlich fort:

„Die ‚internationale' Komponente des Juden, das ist seine mittelländisch-europäische Komponente – und diese ist zugleich deutsch; ohne sie wäre Deutschtum nicht Deutschtum, sondern eine weltunbrauchbare Bärenhäuterei...
Man ist nicht deutsch, indem man völkisch ist. Der deutsche Judenhaß aber, oder derjenige der deutschen Machthaber, gilt geistig gesehen, gar nicht den Juden oder nicht ihnen allein, er gilt Europa und jedem höheren Deutschtum selbst; er gilt, wie sich immer deutlicher erweist, den christlich-antiken Fundamenten der abendländischen Gesittung: er ist der (im Austritt aus dem Völkerbund symbolisierte) Versuch einer Abschüttelung zivilisatorischer Bindungen, der eine furchtbare, eine unheilschwangere Entfremdung zwischen dem Lande Goethes und der übrigen Welt zu bewirken droht",

um mit folgenden Beschimpfungen des deutschen Volkes zu schließen:

„Die tiefe, von tausend menschlichen moralischen und ästhetischen Einzelbeobachtungen und -eindrücken täglich gestützte und genährte Überzeugung, daß aus der

---

[3] Zu diesem Artikel und seinem Verfasser vgl. oben S. 161, Anm. 174.
[4] Vgl. oben S. 166 ff.

gegenwärtigen deutschen Herrschaft nichts Gutes kommen kann, für Deutschland nicht und für die Welt nicht –, diese Überzeugung hat mich das Land meiden lassen – – – und bis zum Grunde meines Gewissens bin ich dessen sicher, daß ich vor Mit- und Nachwelt recht getan, mich zu denen zu stellen, für welche die Worte eines wahrhaft adeligen deutschen Dichters gelten:

> ‚Doch wer aus voller Seele haßt das Schlechte,
> Auch aus der Heimat wird es ihn verjagen,
> Wenn dort verehrt es wird vom Volk der Knechte.
> Weit klüger ist's dem Vaterland entsagen,
> Als unter einem kindischen Geschlechte
> Das Joch des blinden Pöbelhasses tragen'.“

Diese maßlosen Äußerungen stellen eine Beschimpfung und Verächtlichmachung des Deutschtums, des deutschen Volkes und seiner Führer dar, wie sie in ihrer stilistisch formvollendeten Umkleidung nicht gemeiner gedacht werden kann. Aus ihnen ergibt sich nicht nur die wirkliche Gesinnung dieses Schriftstellers, sondern auch der wahre Grund für seine Auswanderung. Mann ist nicht in das Ausland gegangen, weil er sich in seinem künstlerischen Schaffen behindert glaubte, sondern weil er in seinem Innersten ein Feind des Deutschtums ist und im Auslande ungehindert zum Schaden des deutschen Volkes und Reiches arbeiten kann.

Mit dieser Veröffentlichung hat Mann die gesamte Emigrantenpresse auf den Plan gerufen, die seine Äußerungen aufgriff und zu einem wüsten Angriff gegen Deutschland auswertete. Bemerkenswert ist, daß hierbei stets insbesondere die oben zitierten Stellen in der Presse wörtlich wiedergegeben und hervorgehoben worden sind unter dem Hinweis, daß es sich bei Mann um den größten lebenden deutschen Dichter handele.

In einem Hetzartikel, überschrieben „Thomas Manns Tat“ preist die „Baseler Arbeiterzeitung“ vom 11. 2. 36 diese Hetze gegen Deutschland, mit der nach Ansicht dieser Zeitung Mann nun endlich – wenn auch leider etwas spät – das „Halbdunkel zerbrochen“ und das „Tischtuch“ zwischen sich und Deutschland endgültig zerschnitten habe[5]. Mann habe dem nationalsozialistischen Deutschland damit die Antwort erteilt, die ihm gebühre, obwohl ihm dafür die „Ehre der Ausbürgerung“ sicher sei. Ebenso hat die „Baseler Nationalzeitung“ vom 5. 2. 36 diese „Entscheidung“ Manns gegen Deutschland zu umfangreichen weiteren hetzerischen Angriffen aufgenommen. Geschmückt sogar mit dem Bilde Manns und ausgestattet [mit] einem feindseligen Kommentar hat die Kopenhagener „Dagens Nyheter“ vom 5. 2. 36 insbesondere den Satz wiedergegeben, daß aus dem gegenwärtigen Regime in Deutschland für dieses und auch für die Welt nichts Gutes kommen könne, unzweifelhaft in der Absicht, auf diese Weise die außenpolitischen Beziehungen Deutschlands zu stören. Die Pariser russische Emigrantenzeitung „Posrednija Nowosti“[5a] vom 7. 2. 36 hat ferner hervorgehoben, daß diese Veröffent-

---

[5] Zum Verfasser dieses Artikels vgl. oben S. 170, Anm. 194.
[5a] Richtig: „Poslednie Novosti“, ein seit 1920 erscheinendes Blatt.

lichung die größte Sensation gewesen sei. Der Prager „Gegen-Angriff" vom 15. 2. 36 wiederum sieht in dem dem Vorgehen Manns eine Aktion für die von dieser Hetzzeitung ständig angestrebte „Marxistische Einheitsfront", indem sie schreibt:

„Seinem Bruder Heinrich folgend, geißelt Thomas Mann die Kulturfeindlichkeit des Dritten Reiches in scharfen und mutigen Worten. Thomas Manns ebenso tapferer wie schöner Aufsatz bedeutet einen großen Schritt vorwärts zur Sammlung jener Kräfte des geistigen Deutschland, die im Dritten Reich eine Bedrohung der Kultur und des Friedens erblicken."

Im übrigen nennt dieses Blatt die Ausführungen Manns treffend: „Ironie und Pathos meisterhaft verbindend." Aber selbst die Zeitungen, die, wie z. B. der „Baltische Beobachter" vom 7. 2. 36 oder „Der Deutsche in Polen" (Kattowitz) vom 23. 2. 36, sich lediglich auf eine wörtliche Wiedergabe des Pamphlets beschränken, bringen zumindest unter dem stets vorhandenen Hinweis darauf, daß es sich bei Mann um den größten deutschen lebenden Dichter handele, durch die Formulierung der Überschrift und sonstiger kurzer Bemerkungen ihre Freude über den schweren Schlag, den Mann damit dem deutschen Reiche zugefügt habe, zum Ausdruck.

Einen breiten Raum in der Hetze Manns nimmt die Duldung ein, die ihm von seiten zuständiger deutscher Reichsbehörden gewährt worden ist. Mann macht sich nicht nur über dieses Entgegenkommen lustig, sondern legt es zu seinen Gunsten dahin aus, daß die deutschen Behörden als Konzession gegenüber seiner Weltberühmtheit ihm fortgesetzt goldene Brücken zur Rückkehr bauten, daß weiterhin Deutschland zur Behebung des angeblichen kulturellen Tiefstandes seine Rückkehr und Mitarbeit sehnlichst herbeiwünsche, daß er aber allen diesen Lokkungen gegenüber charakterfest geblieben sei und bleiben werde. So schreibt Mann in seinem offenen Brief über sich selbst und wiederum: „Ironie und Pathos meisterhaft verbindend":

„... die zwar sich keinem Wink mit dem Zaunpfahl zugänglich zeigten, man könnte sie im Grunde ganz gut brauchen und werde ihres unbegreiflichen aber nun einmal vorhandenen Weltansehens wegen ein Auge zudrücken, sondern blieben, wo sie waren, und es vorzogen, Blüte und Verfall des Dritten Reiches in der Freiheit abzuwarten".

Höhnisch bezeichnet Mann die ihm gegenüber geübte Großzügigkeit als Mangel an Mut, ihn seines Einflusses und seiner Bedeutung wegen zu maßregeln, indem er schreibt, daß er ein besserer Deutscher sei, „als diejenigen, die seit drei Jahren schwanken, ob sie es wagen sollen, ihm vor aller Welt sein Deutschtum abzusprechen".

Auch diese Anregung Thomas Manns ist in der Emigrantenpresse wohl verstanden, aufgegriffen und abermals zu einer üblen Hetze und Beschimpfung der deutschen Reichsregierung und ihrer Mitglieder ausgestaltet worden. So hetzt die „Baseler Arbeiterzeitung" vom 11. 2. 36:

„Der große deutsche Schriftsteller, an den sich die Goebbels und Rosenberg bisher nicht heranwagten, weil sie seinen Einfluß auf hunderttausende von deutschen Bürgern kannten und fürchten mußten, dem sie deshalb goldene Brücken zu seiner Rückkehr bauen wollten . . .

Das sind nicht nur wohlformulierte Sätze des repräsentativsten deutschen Dichters, dem die Machthaber des Dritten Reiches vieles verzeihen wollten, wenn er sich weiter still verhalten hätte. Ein willfähriger Verleger hoffte durch seine engen Beziehungen zu Goebbels, das Zerreißen der Bande verhindern zu können. Das Geschäft mit Thomas Mann stand auf dem Spiel. Von Julius Streichers ‚Wahrheit und Dichtungen‘ kann selbst das anspruchslos gewordene deutsche Volk auf die Dauer nicht befriedigt werden. Die Kritik und die Feststellungen, zu denen sich der Dichter der ‚Buddenbrooks‘ und des ‚Zauberbergs‘ und der Josephslegende jetzt – allzuspät, aber doch – aufraffte, sind unanfechtbar. Aber sie genügten ihm noch nicht. Seine herausgeforderte Replik mündet in ein Bekenntnis, das Geist und Tat auch bei ihm vereint. So steigert er seine Betrachtung zu einem bewunderungswürdigen Dokument, das ihm Haß und Liebe, Verachtung und Verehrung eintragen wird, weil es nicht abgeklärte, wohldistanzierte, viel- oder nichtssagende Erwägungen sind, auslegbare Worte eines vorsichtig über den Dingen schwebenden Künstlers, sondern klare, einfache entscheidende Worte eines kritischen Kopfes".

Auch der Jude Georg Bernhard hat den „Fall S. Fischer" verächtlich gemacht. Eine Fotokopie dieses Artikels füge ich in der Anlage bei[6].

Aber auch noch in weiteren Veröffentlichungen hat Thomas Mann seine wahre Gesinnung und seine feindselige Einstellung zum Neuen Deutschland zum Ausdruck gebracht. In der Pariser Zeitschrift „Europa" vom 8. 2. 36 beschimpft er unter der Überschrift „Zur Besinnung" das derzeitige inländische Schrifttum und dessen Ringen mit religiösen Problemen als „vermessenes Geschwätz" von „dreisten Propagandisten des Untergangs des Christentums" und „revolutionären Popular-Literaten mit angeregter Halbbildung"[7]. Weiter hat Mann am 17. 12. 35 zu einer in dem berüchtigten Querido-Verlag in Amsterdam erschienenen Biographie

---

[6] Der Artikel von G. *Bernhard* mit dem Titel „Der Fall S. Fischer" erschien im „Pariser Tageblatt" Nr. 768 vom 19. Januar 1936; er setzte sich polemisch mit dem von Th. *Mann*, H. *Hesse* und A. *Kolb* unterzeichneten „Protest" (*Bürgin* V, Nr. 443; XI, S. 878, MK 120, S. 188 f.) auseinander; vgl. dazu auch *Hesse–Mann*, S. 59 sowie oben S. 166, Anm. 186.

[7] Bei diesem Beitrag handelt es sich um einen Teilabdruck aus „Hoffnungen und Befürchtungen für das Jahr 1936" (X, S. 917; MK 120, S. 187 f.). Die Zeitschrift, in der er erschienen ist, wird in der französischen Bibliographie „Biblio", Jahrgang 1936, wie folgt aufgeführt: „Europa. Wochenzeitschrift für Tat und Freiheit. Journal hebdomadaire en langue allemande. 1. Jahr. No. 1 (21. Dez. 1935)". Es gelang sehr ausgedehnten Bemühungen nicht, sie in französischen oder deutschen Bibliotheken sowie der Londoner Wiener Library zu ermitteln; auch konnte nicht geklärt werden, wie lange sie erschienen ist. Laut der Prager Emigrantenzeitung „Der Gegen-Angriff" handelte es sich um ein Organ, das „von einem Kreis deutscher antifaschistischer Katholiken in Paris" herausgegeben wurde; s. unten Dok. 150 mit einem Teildruck aus Thomas Manns Beitrag.

des Juden Wassermann ein Geleitwort geschrieben, das einmal diesen jüdischen Schriftsteller weitgehendst verherrlicht und im übrigen im vollen Umfange die deutschfeindliche Gesinnung des Thomas Mann erkennen läßt[8]. Dieses Geleitwort schließt mit folgenden Worten:

„Ein Gruß in die Ewigkeit ist dies, lieber Jakob, es wollte nichts weiter sein. Wie lange noch, und ich werde sein, wo du bist, und woher wir alle kommen. Denn wir sind alle vom gleichen Stoff und vom gleichen Geiste auch. Den Gottvergessenen, die es in schändlicher Grausamkeit leugnen, wird nicht vergeben werden".

und ist ebenso wie der vorgenannte Artikel in dem gleichen Maße in der Emigrantenpresse besprochen und gegen Deutschland ausgewertet worden.

Durch diese Veröffentlichungen und die durch sie verursachte Pressehetze gegen Deutschland hat Mann seine deutschfeindliche Betätigung im Auslande eindeutig unter Beweis gestellt. Es besteht kein Anlaß mehr, in diesen aus der Feder dieses dekadenten Schriftstellers selbst stammenden Äußerungen eine bewußt entstellende und verzerrende Berichterstattung ausländischer Zeitungen zu sehen[9]. Auch das abwegige Vorbringen des Rechtsbeistandes Dr. Abegg vom 31. 10. 35[10] ist ebenso gegenstandslos geworden wie die Einwendungen des interessierten S.-Fischer-Verlages, der durch seine Bemühungen für Mann nicht zur Stärkung des Ansehens höchster deutscher Regierungsstellen im Auslande beigetragen hat[11]. Vielmehr hält Thomas Mann selbst und mit ihm auch die ausländische Presse diese Veröffentlichungen für einen deutschen Reichsangehörigen derart unwürdig, daß sie selbst mit der Ausbürgerung rechnen, die Ausbürgerung sogar in aller Kürze erwarten.

Unter Bezugnahme auf meine bisherigen Anträge bitte ich daher, nunmehr endgültig Thomas Mann die deutsche Reichsangehörigkeit, die er noch immer besitzt, gemäß § 2 des Gesetzes vom 14. 7. 1933 abzuerkennen.

gez. Heydrich

---

[8] „Zum Geleit" – vom 17. Oktober 1935 datiert – ist dem Buch von Wassermanns Witwe M. *Karlweis*, Jakob Wassermann, Amsterdam 1935, S. 5 ff. vorangestellt (*Bürgin* V, Nr. 439); s. auch Dok. 150. – Thomas Mann hatte in dem Offenen Brief an Korrodi dieses Buch erwähnt.

[9] Zu dieser direkten Polemik gegen das Reichsministerium für Volksaufklärung und Propaganda vgl. oben S. 173.

[10] S. oben Dok. 118.

[11] Der auf den klar aufgebauten Hauptsatz folgende Nebensatz verläuft eigentümlich und stört die Gedankenfolge, so daß angenommen werden kann, er sei im ursprünglichen Entwurf eingeschoben worden. Er verquickt inkommensurable Dinge miteinander, indem Bemühungen des S. Fischer Verlags um seinen Autor als abträglich für das Ansehen höchster deutscher Regierungsstellen bezeichnet werden. Das ergibt nur dann einen Sinn, wenn an die Adresse dieser Stellen ein Tadel gerichtet werden soll, weil sie sich von dem Verlag haben narren lassen. Heydrich polemisiert hier in versteckter Form gegen die allerdings deutlich genug bezeichneten Reichsministerien, die das unter seiner Mitwirkung bereits 1933 von München aus eingeleitete Ausbürgerungsverfahren gegen Thomas Mann immer wieder verzögert haben, indem sie ihre Bedenken dagegen teilweise mit den vom S. Fischer Verlag übermittelten Interpretationen und Dementis zu Thomas Manns Äußerungen stützten.

Der Stellvertretende Chef der Preußischen Geheimen Staatspolizei an Auswärtiges Amt

25. März 1936

II 1 B 2 – M. 124/35 E.

Übersendet Durchschrift von Dok. 147 zur Kenntnisnahme.

Auswärtiges Amt an Reichs- und Preußisches Ministerium des Innern   31. März 1936

Der Entwurf hat neben den beteiligten und zur Mitzeichnung aufgeforderten Referaten auch dem Staatssekretär und im Büro des Reichsministers vorgelegen. Er ist am 3. April vom Staatssekretär abgezeichnet worden und am 4. April aus dem Büro des Reichsministers abgegangen. Vgl. Dok. 145.

Übersendet im Anschluß an Dok. 144 abschriftlich Dok. 141 und 143.

Der in dem anliegenden Bericht der deutschen Gesandtschaft in Bern vom 5. v. M. erwähnte Vorbericht vom 29. Januar d. J. – A 212 – [= *Dok. 141*] ist ebenfalls abschriftlich zur Kenntnis hier beigefügt. Eine weitere Abschrift dieses Berichts mit dem darin erwähnten Zeitungsartikel aus der Nr. 143 der „Neuen Zürcher Zeitung" vom 26. Januar d. J. hat das Reichsministerium für Volksaufklärung und Propaganda, Abteilung IV und VII, mit dem Schreiben vom 10. v. M. – P. 698 – zur Kenntnis erhalten[a]. [b]Ich darf bei dieser Gelegenheit Beantwortung meines Schreibens vom 13. I. d. J. – Nr. 83–76 21/12. Thomas Mann [= *Dok. 138*] – in Erinnerung bringen[b]. Berichtsdurchschlag für das Reichsministerium für Volksaufklärung und Propaganda ist beigefügt.

I. A.

Hinrichs I.V.[c]

Votum der Abteilung II   *16. März 1936*

Abt. II hält auch diesem Entwurf gegenüber die Bedenken ihres Vermerks vom 29. v. M. *[= Dok. 145]* aufrecht, zumal nach Ansicht der Abt. V der inkriminierte

---

149   [a] *Auf Grund des Votums der Abt. II vom 16. März [s. u.] gab v. Bülow-Schwante Weisung, folgenden Satz im Entwurf zu streichen:* Das Auswärtige Amt hält nunmehr die Ausbürgerung des Thomas Mann nach dem Inhalt seines in der Nr. 193 der „Neuen Zürcher Zeitung" vom 3. Februar d. J. veröffentlichten offenen Briefes an sich für unabweisbar, die Veröffentlichung der Ausbürgerung im gegenwärtigen Zeitpunkt jedoch aus politischen Gründen noch nicht für tunlich.
    [b-b] *Auf Grund des Vorschlags der Abt. VI vom 27. 3. durch VLR Twardowski geändert aus:* Auf meine in dem Schreiben vom 13. I. d. J. – Nr. 83–76 21/12. Thomas Mann – ausgesprochene Bitte, mir die dortige Entscheidung in der Frage der Aberkennung der deutschen Staatsangehörigkeit des Thomas Mann und die Paßausstellung für ihn mitteilen zu wollen, nehme ich Bezug.
    [c] *Im ursprünglichen Entwurf war Schlußzeichnung durch Bülow-Schwante vorgesehen.*

Artikel allein eine Ausbürgerung nicht rechtfertigen kann. Abt. II empfiehlt, das vorliegende Material lediglich dem Reichs- und Pr. Min. d. Innern zuzuleiten. Ergreift dieses dann die Initiative zur Herbeiführung der Ausbürgerung, so werden die dagegen sprechenden außenpolitischen Gesichtspunkte alsdann darzulegen sein.

gez. R[enthe]-F[ink] 16/3 R[intelen] 16/3

150

Reichs- und Preußisches Ministerium des Innern an Auswärtiges Amt   3. April 1936

I A 3108/5013 c

In der Anlage übersende ich ergebenst Abschrift eines Briefes von Thomas Mann an die Redaktion der „Neuen Zürcher Zeitung" abgedruckt in der „Neuen Zürcher Zeitung" Nr. 193[1], sowie Abschrift eines Artikels über Jakob Wassermann, abgedruckt im „Pariser Tageblatt" Nr. 763[2].

Diese beiden Veröffentlichungen Thomas Manns lassen in Verbindung mit seinem früheren unerfreulichen Auftreten im Auslande eine Aberkennung seiner deutschen Staatsangehörigkeit erforderlich erscheinen. Der Brief an die „Neue Zürcher Zeitung" ist, wie aus seinem ganzen Inhalt und aus der Anmerkung der Redaktion zu entnehmen ist, für die Öffentlichkeit bestimmt und offenbar als eine grundsätzliche Stellungnahme gegen die politische Entwicklung in Deutschland gedacht. Mann tritt mit seinen Ausführungen in unzweideutiger Weise auf die Seite des politischen, deutsch-feindlich eingestellten Emigrantentums. Mit seiner Schlußfolgerung, „daß aus der gegenwärtigen deutschen Herrschaft nichts Gutes kommen kann, für Deutschland nicht und für die Welt nicht", stellt er sich außerhalb der deutschen Volksgemeinschaft. Das am Schluß des Briefes verwandte Zitat August von Platens kann in diesem Zusammenhang nur als eine gehässige und beleidigende Kritik an den gesamten deutschen Verhältnissen gewertet werden, die einen schweren Verstoß gegen die Pflicht zur Treue gegen Reich und Volk darstellt. Von dem gleichen Geist ist auch der Nachruf für Jakob Wassermann beherrscht, der in nicht mißzuverstehender Weise in scharfer und abfälliger Form die Regelung der Judenfrage in Deutschland verurteilt.

Schließlich hat Thomas Mann auch in weiteren Veröffentlichungen der letzten Zeit offen die Partei der Gegner Deutschlands ergriffen. Ich verweise hierzu auf den abschriftlich beifolgenden Auszug aus einem Aufsatz Thomas Manns in dem Prager „Gegenangriff" Nr. 7[3], worin er sich für die Lehre des Marxismus einsetzt, sowie auf

---

[1] Neue Zürcher Zeitung Nr. 193 vom 3. Februar 1936; hierzu s. oben S. 169.

[2] Vgl. auch Dok. 147, Anm. 8 und die nachstehend wiedergegebene erste Anlage zu Dok. 150.

[3] Vgl. auch Dok. 147, Anm. 7 und die nachstehend wiedergegebene zweite Anlage zu Dok. 150.

den abschriftlich beifolgenden Artikel Manns an seinen Bruder Heinrich Mann, abgedruckt in der „Neuen Weltbühne" Nr. 13[4]. Bei der Bewertung dieses Artikels dürfte vor allem zu berücksichtigen sein, daß Heinrich Mann als einer der gehässigsten Emigranten bereits vor längerer Zeit ausgebürgert worden ist, und daß Thomas Mann den Artikel gerade in der „Neuen Weltbühne" veröffentlicht hat, die als eines der übelsten Hetzblätter seit Jahren berüchtigt ist.

Zur allgemeinen Beurteilung des Verhaltens Manns darf darauf hingewiesen werden, daß das Ausbürgerungsverfahren gegen ihn bereits seit längerer Zeit schwebt. Durch Verfügung vom 27. Mai 1935, die abschriftlich mit Schreiben vom gleichen Tage (Aktenzeichen I A 3401/5013 c) dorthin mitgeteilt worden ist [= *Dok. 86 und 88*], war das Aberkennungsverfahren vorerst eingestellt worden. Da bereits damals das Verhalten Manns verschiedentlich zu Beanstandungen Anlaß gab, hatte ich gleichzeitig dem Vertreter Manns, Rechtsanwalt Heins in München, nahegelegt, dahin zu wirken, daß Mann sich in Äußerungen über innerdeutsche Verhältnisse zurückhielte (vgl. Anlage zu meinem vorerwähnten Schreiben *[= Dok. 87]*). Dieser Rat ist befolgt worden; Thomas Mann war also gewarnt. Wenn er sich trotzdem in dieser Form in der Öffentlichkeit mit innerdeutschen Vorgängen auseinandersetzt, so reicht nun der Hinweis auf den politischen Unverstand dieses Romanschriftstellers[5] nicht mehr aus, um seine Kundgebungen als verhältnismäßig harmlos zu beurteilen. So erklärt dann auch die Anmerkung der Redaktion der „Neuen Zürcher Zeitung" zu dem erwähnten Brief, daß es sich um ein Bekenntnis handelt, „dessen Folgen der Dichter zu tragen gewillt ist". Die Anspielungen Manns im letzten Absatz des Briefes auf „diejenigen, die seit drei Jahren schwanken, ob sie es wagen sollen, mir vor aller Welt mein Deutschtum abzusprechen", können bei dieser Sachlage nur als eine dreiste Herausforderung angesehen werden. Ich halte es daher nicht mehr für vertretbar, Thomas Mann die deutsche Staatsangehörigkeit zu belassen.

Ich bitte um Ihre Zustimmung zur Ausbürgerung Manns. Zu dem dortigen Schreiben vom 13. Januar 1936 – 83-76, 21/12 Thomas Mann – [= *Dok. 138*] bemerke ich, daß die Ausstellung eines deutschen Reisepasses für Thomas Mann nicht mehr in Frage kommt.

Ich bitte um möglichst baldige Stellungnahme. Die Fühlungnahme mit dem Herrn Reichsminister für Volksaufklärung und Propaganda, dem ich eine Abschrift dieses Schreibens übermittelt habe, stelle ich ergebenst anheim.

I. V.

gez. Pfundtner

---

[4] „Dem Fünfundsechzigjährigen" (Die Neue Weltbühne Nr. 13 vom 26. März 1936); *Bürgin* V, Nr. 445; Wiederabdruck MK 120, S. 192 f.

[5] Dieses Argument ist im Schriftwechsel der amtlichen Stellen nicht nachzuweisen. Es muß dahingestellt bleiben, ob es dem S. Fischer Verlag, für den Thomas Manns Offener Brief an Korrodi „soviel Verwicklungen" in schwierigster Lage mit sich brachte (*Loerke*, S. 327), als ultima ratio erschienen ist, um die Situation zu retten.

Jakob Wassermann
von
Thomas Mann

„Pariser Tageblatt" Nr. 763 vom 17. Dezember 1935

Die zweite Frau Jakob Wassermanns, Maria Karlweis, hat jetzt im Querido-Verlag (Amsterdam) ein Gedenkbuch an ihren Mann herausgegeben, der in ihren Armen gestorben ist. Es heißt ‚Jakob Wassermann, Bild, Kampf und Werk'. Thomas Mann hat dem Buch, das hier auch besprochen werden wird, eine Einleitung geschrieben, der wir die folgende Stelle entnehmen:

Er hat gehungert, ganz à la lettre, in seinen jungen Jahren, und die Stoffwechselkrankheit, der er schließlich erlag, ist vielleicht auf diese frühen Unzuträglichkeiten zurückzuführen. Dann ging es dank seiner enormen Begabung, die natürlich Gegenstand und Produkt des zähesten Fleißes und sittlichsten Ehrgeizes war, steil in die Höhe zur glänzenden und hofierten Lebensform eines Welt-Stars des Romans, in der er sich mit kindlichem Staunen gefiel, während doch, wie gesagt, die Grundstimmung seines Lebens immer dunkel, immer „tüstr" blieb und mißtrauisch, pessimistisch, ungläubig der Blick, den er auf sein Glück, seine gewaltigen Erfolge richtete. Diese waren vorhanden, er mußte an sie glauben; aber er glaubte ihnen nicht. Die Menschen, sagte er, seine Deutschen nämlich, hätten kein „Vertrauen" zu ihm, und zwar weil er Jude sei. – Mir scheint, in diesem Buch wird ein Briefwechsel angeführt zwischen ihm und mir, bei dem ich ihn, für mein Teil, diese „Hypochondrie" nach Kräften auszureden suchte, ihn auf seine Leserschaft, seinen Weltruf, auf das Ansehen hinwies, das er bei der Jugend genoß, und ihm vorhielt, daß er sich im ganzen – und wie bei uns nun einmal alles liege – nicht zu beklagen habe.

Man wird sehen, daß seine Antwort gewichtiger war als meine Einrede; aber ich möchte hier gleich das folgende dazu sagen. Die tatsächliche Übereinstimmung der Dinge mit dem Bilde, das wir uns im Zustande der Melancholie davon machen, ist von vornherein sehr wahrscheinlich. Meine Aufgabe aber bei einer solchen Auseinandersetzung war es nicht, den Kameraden, der für seine schweren Obliegenheiten Glauben und Zuversicht brauchte, in seinem Pessimismus zu bestärken, sondern seinen Sinn für die heitere Seite der Dinge zu beleben. So dumm, nicht zu sehen, daß allerlei Wahres seiner Skepsis zugrunde lag, war ich nicht. Wie maßlos er aber am Ende recht behalten sollte, das ahnte damals er so wenig wie ich, – keine gesunde Vernunft konnte es ahnen, und so mag ich mich des damals geäußerten guten Glaubens nicht schämen. Zuletzt behalte ich doch auch wieder recht mit dem Satz, daß die Unterschiede so groß nicht sind, daß keiner es leicht hat und niemals der Geist auf viel „Vertrauen" stößt im eigentümlichen Volk der Deutschen. „Ein deutscher Schriftsteller, ein deutscher Märtyrer". Man muß nicht Jude sein, um diese Erfahrung zu machen, und nur solche machen sie nicht, die gar keine Schriftsteller sind, sondern nur schreiben.

Um auf Wassermanns Lebensroman zurückzukommen: Es war, als ob das dunkle Grundprinzip seiner Existenz, seines Charakters oder Schicksals – wie man es nennen will – der ihm in die Wiege gelegten Feengabe, dem außerordentlichen Erzählertalent die harmonische Auswirkung nicht gestattete. Die „Verstrickungen" störten und verdarben alles, was Gut und Glück hätte sein sollen; Not, Sorge und Bedrängnis herrschten am Ende wieder, wo, wenn es mit rechten Dingen zugegangen wäre, Wohlstand und Behagen hätten herrschen müssen; und sein Tod, beschleunigt durch vielerlei Gram und Erschütterung, durch ihm zusetzende Tollheiten kleinen und großen Stils, war ein bitterer Untergang.

Ein Gruß in die Ewigkeit ist dies, lieber Jakob, es wollte nichts weiter sein. Wie lange noch, und ich werde sein, wo du bist, und woher wir alle kommen. Denn wir sind alle vom gleichen Stoff und vom gleichen Geiste auch. Den Gottvergessenen, die es in schändlicher Grausamkeit leugnen, wird nicht vergeben werden.

Thomas Mann über Marxismus und „Materialismus"

„Der Gegen-Angriff" (Prag) Nr. 7 vom 15. Februar 1936

Fast gleichzeitig erscheint in der Zeitschrift „Europa", die von einem Kreis deutscher antifaschistischer Katholiken in Paris herausgegeben wird, ein Aufsatz von Thomas Mann [a]„Zur Besinnung"[a], dem wir den folgenden bemerkenswerten Absatz entnehmen[6]:

„Das Leben ist hart und verzweifelt schwer für die meisten, für fast alle; mit Gutmütigkeiten ist da nicht viel auszurichten. ‚Die Menschen dauern mich in ihren Jammertagen' – dies Wort des Mephistopheles vor Gott ist das nächstliegende. Sie dauern einen auch dann, und gerade dann, wenn sie böse, verbissen, haßerfüllt und brutal sind, der eine gegen den anderen, wie heute so vielfach, und zwar individuell wie kollektiv. Sie sind es aus Not und Angst, Lebensangst, Brotangst, Existenzpanik – mit einem Wort, es ist die ‚Krise'. Der leider richtige Kern des Marxismus[b] und seiner Lehre vom ‚ideologischen Überbau' ist dieser, daß die Gedanken und Gesinnungen der Menschen weitgängig abhängig sind von den wirtschaftlichen Umständen. Not verdirbt den Charakter, das erfahren wir heute. Und da will man leugnen, es sei vordringlichste Forderung, daß soviel Vernunft in die Wirtschaftsordnung der Welt gebracht werde wie nötig ist, um den menschlichen Anstand auf Erden auch nur möglich zu machen! Für ‚Materialismus'[b] will man es ausgeben! Idealistisch dagegen seien der Nationalismus, Rassedünkel und heldischer Völkerhaß. Das ist grober Unsinn und wird als solcher enthüllt werden – wenn es ‚Trost und Hoffnung' gibt, so liegen sie in dieser Gewißheit. Wir leben in einer Zeit verkrampfter menschlicher Renitenz gegen das Notwendige, das als notwendig im Grunde eingesehen, aber aus einer Art von Ungezogenheit großen Stils

---

[a-a] *gesperrt*
[b] *gesperrt*

[6] Vgl. hierzu Dok. 147, Anm. 7.

geleugnet und umgangen wird. Meine Überzeugung ist, daß die Vernunft – nicht die der Menschen, aber die Vernunft der Dinge – sich durchsetzen wird, und man kann nur hoffen, daß das ohne allzuschwere Katastrophen vonstatten gehen möge. Die große Linie der Entwicklung geht trotz aller Stockungen und Rückschläge auf Vereinigung, Solidarität, Zusammenschluß – und welche unbegreifliche Feindseligkeit wäre es, den Menschen eine Ordnung zu mißgönnen, die ihnen gestattete, Mensch, nicht eine furcht- und haßgequälte Kreatur zu sein! Ordnung schaffen heißt: Das notwendig gewordene, keineswegs mehr gottgewollte und darum erniedrigende Leiden wieder einmal aus der Welt kehren. Denn daß der Mensch nicht der Langeweile problemloser Harmonie verfalle, dafür ist ohnedies vorgesorgt ".

151

Auswärtiges Amt an Deutsche Botschaft Paris, Deutsche Gesandtschaften Bern, Prag, Wien und Brüssel sowie Generalkonsulate Amsterdam und Zürich   *14. April 1936*

Übersendet Dok. 150. Einem baldigen Bericht darüber, ob neuerdings Artikel Thomas Manns in der dortigen Presse erschienen sind, sehe ich entgegen.

I.A.
gez. Hinrichs

Auf diesen Erlaß antwortet die Deutsche Gesandtschaft in Prag unter dem 22. April 1936 : In der hiesigen Presse sind außer dem dort bekannten Artikel Manns an seinen Bruder in der „Neuen Weltbühne" Nr. 13[1] keine weiteren Artikel Manns erschienen. Auch Nachdrucke von anderweitig veröffentlichten Artikeln Manns sind nicht mehr erfolgt. *Das Generalkonsulat in Amsterdam und die deutsche Gesandtschaft Brüssel erstatteten am 30. April und 9. Mai 1936 Fehlanzeige.*

152

Auswärtiges Amt an Reichsministerium für Volksaufklärung und Propaganda

14. April 1936

Unter Bezugnahme auf das Schreiben des Reichs- und Preußischen Ministeriums des Innern vom 3. ds. Mts. – I A 3108/5013c [= *Dok. 150*] – wäre ich für eine baldgefällige Stellungnahme zu der Ausbürgerung des Thomas Mann nach Fühlungnahme mit dem Reichs- und Preußischen Ministerium für Wissenschaft, Kunst und Volksbildung dankbar.

I. A.
gez. Hinrichs

---

[1] S. oben Dok. 150, Anm. 4.

Auswärtiges Amt an Deutsche Botschaft Paris, Deutsche Gesandtschaften Bern, Prag, Wien und Brüssel sowie Generalkonsulate Amsterdam und Zürich   *24. April 1936*

Übersendet Dok. 147 und 148.

Das Deutsche Generalkonsulat in Amsterdam teilt auf diesen Erlaß am 30. April 1936 mit, daß ihm Artikel von Thomas Mann in der holländischen Presse aus neuerer Zeit nicht bekannt geworden sind.
Die Deutsche Gesandtschaft in Prag berichtet am 4. Mai 1936 mit Bezugnahme auf ihr Schreiben vom 22. April (vgl. Dok. 151), daß in der Zwischenzeit keine weiteren Veröffentlichungen Manns in der dortigen Presse erfolgt seien. Dagegen sei für den 11. Mai ein Vortrag Thomas Manns über das Thema „Freud und die Zukunft" angekündigt. Falls dabei politische Äußerungen Manns vorkämen, würde entsprechender Bericht folgen.

Deutsche Botschaft Paris an Auswärtiges Amt   *1. Mai 1936*

A 1747

Mit Beziehung auf den Erlaß
vom 14. d. M.[1] – 83–76 3/4. [= *Dok. 151*]

Thomas Mann hat mit seinen letzten Kundgebungen seine früher beobachtete Zurückhaltung aufgegeben. Insbesondere sein, in der „Neuen Zürcher Zeitung" veröffentlichtes Schreiben an Dr. Korrodi kann nur als bewußter Angriff gegen das Dritte Reich und seine Politik aufgefaßt werden. Diesen Schluß hat auch die Emigrantenpresse aus den Ausführungen von Thomas Mann gezogen. So schreibt Leopold Schwarzschild in dem „Neuen Tagebuch" vom 15. Februar 1936, Heft 7 zu der Erklärung in der „Neuen Zürcher Zeitung":

„... Der bedeutendste, in der Welt verehrteste deutsche Autor hat sich von den Machthabern, die sein Vaterland schänden, nicht mehr nur implicite distanziert, er hat explicite mit ihnen gebrochen... Die Botschaft spricht ausdrücklich von ‚der gegenwärtigen deutschen Herrschaft' sie verkündet, daß Thomas Mann diese Herrschaft verwirft und nichts mit ihr zu schaffen haben will... Thomas Mann hat Brücken abgebrochen, die er bisher noch intakt halten wollte... "

Es ist mir nicht bekannt geworden, daß Thomas Mann diesen Schlußfolgerungen der Emigrantenpresse irgendwo widersprochen hätte.

---

154   [1] Die Datumsangabe des Bezugserlasses, die der Konzipient im April noch so formulieren konnte, wie sie hier erscheint, ist versehentlich bei dem am 1. Mai abschließend gezeichneten Bericht nicht geändert worden.

Hiernach habe ich gegen die Ausbürgerung von Thomas Mann Bedenken nicht mehr zu erheben. Es bliebe höchstens noch die Frage zu prüfen, ob die Maßnahme etwa wegen ihrer allgemeinen ungünstigen Wirkung im Ausland unterbleiben sollte. Was Frankreich angeht, möchte ich sie heute verneinen, da die französische öffentliche Meinung bei der jetzigen Stimmung ohnehin bereit ist, Vorwände jeder Art für Angriffe gegen Deutschland zu suchen. Dazu kommt, daß Thomas Mann seinen Willen, sich vom neuen Deutschland zu trennen, selbst deutlich genug bekundet hat.

H. Welczeck[2]

155

Deutsche Gesandtschaft Bern an Auswärtiges Amt　　　　　　　　　　*6. Mai 1936*

A 806/II

Auf den Erlaß vom 24. v. M. – 83-76 25/3 Thomas Mann –

Nachdem Thomas Mann in seinem in der „Neuen Zürcher Zeitung" vom 3. Februar d. J., Nr. 193, veröffentlichten Brief eindeutig gegen das Dritte Reich Stellung genommen und den bisherigen Langmut der deutschen Behörden gegenüber seiner Person mit höhnischen Bemerkungen bedacht hat (vgl. Seite 7 des mit dem nebenbezeichneten Erlaß übersandten Schreibens der Geheimen Staatspolizei [= *Dok. 147*]), dürfte der Tatbestand des Artikels 2 des Gesetzes über den Verlust der deutschen Staatsangehörigkeit vom 14. 7. 1933 (feindselige Propaganda gegen das Reich im Ausland) erfüllt sein. Es bestehen daher diesseits keine Bedenken, das Ausbürgerungsverfahren gegen ihn nunmehr in die Wege zu leiten.

Weizsäcker

156

Deutsches Generalkonsulat Zürich an Auswärtiges Amt　　　　　　　*7. Mai 1936*

P. 7. a.

Auf die Erlasse vom 14. und 24. April – 83-76 3/4 Th. Mann – und 83–76 25/3 Th. Mann –

Die in die Öffentlichkeit gelangten Äußerungen von Thomas Mann sind, soweit der hiesige Amtsbezirk in Betracht kommt, in den Anlagen der nebenbezeichneten Erlasse erschöpfend wiedergegeben. Von diesen Äußerungen war der in der Neuen

---

[2] Johannes Graf v. Welczeck (1878–1972) trat 1905 ins Auswärtige Amt ein. 1919 nahm er im Range eines Legationsrats seinen Abschied, kehrte aber 1923 in den Auswärtigen Dienst zurück. Zunächst Gesandter in Budapest, wurde er 1926 zum Botschafter in Madrid und 1936 als Nachfolger Kösters zum Botschafter in Paris ernannt.

Zürcher Zeitung – Nr. 193 – vom 3. Februar veröffentlichte Brief Thomas Manns bei weitem die wichtigste. Sie hat auch in schweizer Kreisen wegen ihrer starken Aggressivität gegen das neue Deutschland großes Aufsehen erregt und dürfte dem Ansehen des Verfassers bei objektiv denkenden Schweizern Abbruch getan haben. Wesentlich neue Gesichtspunkte für die Beurteilung des Falles können von hier aus nicht vorgebracht werden. Es ist hier bekannt, daß Thomas Mann rege Beziehungen zu deutschen Emigranten unterhält. Von deutsch gesinnten Kreisen hält er sich fern und wird von ihnen gemieden. Wenn es auch zutreffen mag, daß er stark unter dem Einfluß seiner jüdischen Frau und seiner bereits ausgebürgerten Kinder Erika und Klaus steht, so hat er sich allmählich doch so entschieden und bewußt als Gegner des neuen Deutschland auch öffentlich bekannt, daß die Voraussetzungen für seine Ausbürgerung gegeben sein dürften. Bedenken gegen die Ausbürgerung habe ich hiernach nicht geltend zu machen.

Die Gesandtschaft in Bern erhält Abschrift.

Voigt

157

Reichs- und Preußisches Ministerium des Innern an Auswärtiges Amt   *7. Mai 1936*

I A 6567/5013 c

Nr. 83–76 5/2 Thomas Mann, vom 31. März 1936 [= *Dok. 149*] 24/4 Mann, vom 30. April 1936 *[in den Akten nicht ermittelt]*

Abschrift[1] nebst Anlagen – diese u. R. – übersende ich zur gefälligen Kenntnis. Wegen meiner Stellungnahme zur Frage der Ausbürgerung Manns darf ich mich

---

157   [1] Aus Dok. 173 erhellt, daß es sich bei der erwähnten Abschrift, die in den Akten nicht mehr vorhanden ist, um den Antrag des Geheimen Staatspolizeiamts an den Reichs- und Preußischen Minister des Innern vom 25. März 1936 [=Dok. 147] handelt, der dem Auswärtigen Amt jedoch unter demselben Datum vom Geheimen Staatspolizeiamt unmittelbar und offenbar ohne Verständigung des Reichsinnenministeriums zugesandt worden war [=Dok. 148]. Wenn der gleiche Antrag nunmehr über sechs Wochen nach seinem Abgang vom Reichsministerium des Innern dem Auswärtigen Amt im Wortlaut zur Kenntnis gebracht wird, dürfte ein besonderer Anlaß vorgelegen haben. Diese Annahme legt sich umso näher, als Heydrichs Begehren bereits am 3. April in ein eigenes Schreiben des Reichsinnenministeriums verwandelt und in dieser Form – wie jetzt auch ausdrücklich bemerkt wird – dem Auswärtigen Amt übermittelt worden war [=Dok. 150]. In den seitdem verstrichenen fünf Wochen war die dabei erbetene „möglichst baldige Stellungnahme" des Auswärtigen Amtes nicht erfolgt, vielmehr hatte dieses am 14. und 24. April Befragungen von nicht weniger als sieben Auslandsvertretungen in Gang gesetzt und über das Reichspropagandaministerium auch das Reichskultusministerium zu beteiligen gesucht. Vermutlich hat das Auswärtige Amt das Reichsministerium des Innern hierüber mit dem in der Bezugsangabe erwähnten, in den Akten nicht ermittelten Schreiben vom 30. April 1936 unterrichtet und seine Stellungnahme nach Eingang der Berichte in Aussicht ge-

auf mein Schreiben vom 3. April 1936 – I A 3108/5013 c – beziehen. Die Ausführungen der Preußischen Geheimen Staatspolizei bestätigen, daß die Angriffe Manns gegen Deutschland in einem Teil der Auslandspresse insbesondere der Emigrantenpresse zu einer wüsten Hetze gegen das Reich verwertet worden sind und deshalb in ihren Auswirkungen eine erhebliche Schädigung der deutschen Belange darstellen. Ich spreche mich daher nach wie vor für die alsbaldige Ausbürgerung des Thomas Mann aus.

I. V.

gez. Pfundtner

158

Deutsche Gesandtschaft Wien an Auswärtiges Amt   10. Mai 1936

A 2270

Auf die Erlasse vom 1. und 24. v. M. – 83–76 25/3 –

In den letzten Monaten sind, soweit festgestellt werden konnte, keine Artikel von Thomas Mann in der österreichischen Presse erschienen.
Am 8. d. M. hielt Thomas Mann im Akademischen Verein für medizinische Psychologie bei der Feier des 80. Geburtstages des Psychoanalytikers Professor Siegmund Freud die Festrede[1]. Ich habe abgewartet, ob diese Gelegenheit Thomas Mann Anlaß zu bedenklichen Äußerungen gegen Deutschland in der hiesigen Öffentlich-

---

stellt, wie es auch sonst geschehen ist. Dem Reichsinnenministerium und wohl ebenso dem Geheimen Staatspolizeiamt wird das als Verschleppungstaktik erschienen sein. Ihr sollte mit dem Hinweis auf die von der Geheimen Staatspolizei bereits festgestellte Schädigung deutscher Belange im Ausland durch das Presseecho auf Thomas Manns Offenen Brief an Korrodi der Boden entzogen werden. Der Vorgang ist über diesen Sachverhalt hinaus in doppelter Hinsicht bemerkenswert: während noch im Sommer 1935 das Gestapa in Sachen Ausbürgerung von Thomas Mann nicht direkt mit dem Auswärtigen Amt verkehrte, sondern dem Reichsministerium des Innern als formell vorgesetzter und für die Ausbürgerung zuständiger Behörde die Vermittlung des Schriftwechsels überließ, hat Heydrich am 25. März 1936 ohne Unterrichtung dieses Ressorts direkten Kontakt mit dem Auswärtigen Amt aufgenommen. Dies wurde um die gleiche Zeit zur Regel bei den vom Gestapa gestellten Ausbürgerungsanträgen. Darin dokumentiert sich die fortschreitende Emanzipierung der Gestapo von ihrer formell vorgesetzten Aufsichtsinstanz. Andererseits betrachtete das Reichsministerium des Innern im Unterschied zur bisherigen Praxis die selbständig von der Gestapo über Erscheinungen im Ausland gesammelten Informationen nunmehr als ausreichende Grundlage für eine Entscheidung des von derselben Gestapo gestellten Antrags. Hierin äußert sich die zunehmende Autonomie des Polizeiapparats gegenüber dem für Informationen aus dem Ausland zuständigen und sonst stets herangezogenen Auswärtigen Amt sowie die folgenschwere Auffassung, daß Behauptungen der Geheimen Staatspolizei weiterer Nachprüfung nicht unterlägen.
[1] „Freud und die Zukunft"; zu älteren Drucken und Übersetzungen dieses IX, S. 478 ff.; MK 114, S. 213ff. wiedergegebenen Vortrags vgl. *Bürgin*, V, Nr. 449.

keit geben würde. Dies ist aber nicht der Fall gewesen. Er beschränkte sich auf ein Interview „Bekenntnis zu Siegmund Freud", das das „Neue Wiener Journal" am 8. d. M. zugleich mit seinen weiteren Reiseabsichten und Plänen für seine nächsten schriftstellerischen Arbeiten veröffentlichte[2]. Der erwähnte Vortrag befaßte sich, wie aus dem im Ausschnitt des „Neuen Wiener Tagblatt" vom 9. d. M. gleichfalls beigefügten Bericht ersichtlich, nur mit Professor Freud und dessen geistiger Welt.

Zu der Frage der Ausbürgerung von Thomas Mann ist mitzuteilen, daß er, wie ich zuverlässig erfahre, schon vor einiger Zeit einen Antrag auf Einbürgerung in Österreich gestellt hat. Diesem Antrag soll auf Genehmigung des Bundeskanzlers Dr. Schuschnigg hin bereits grundsätzlich zugestimmt sein, so daß die allerdings noch ausstehende formelle Erledigung bald zu erwarten ist[3]. Sollte die Absicht bestehen, Herrn Thomas Mann die Reichsangehörigkeit abzuerkennen, so dürfte es sich daher empfehlen, das Ausbürgerungsverfahren zu beschleunigen.

Prinz zu Erbach

---

[2] In dem – bei *Matter* nicht verzeichneten – Interview führte Thomas Mann über die in seinem Vortrag kurz berührte Entwicklung der Beziehungen zu Freud aus: „Wie es dazu kommt, daß gerade ich berufen werde, den großen Psychiater zu feiern? Nun es hat sich ergeben, daß ich – wenn auch unbewußt – gewissermaßen vom Bau bin. Meine Beziehung zur Psychoanalyse stammt eigentlich schon aus dem Beginn meines Schaffens. Als ich meinen ersten Novellenband herausgab, den „Kleinen Herrn Friedemann", erhielt ich von einem mir unbekannten Schüler Freuds eine psychoanalytische Arbeit zugesandt, die sich mit einem ähnlichen Problem beschäftigte – und so ist es geblieben. Fast bei jedem meiner Bücher erhielt ich zustimmende Erklärungen und Abhandlungen aus dem Kreise der Analytiker, die bei mir Elemente aus ihrer eigenen Welt wiederfanden. Nun stehe ich allerdings nicht allein unter den Schriftstellern, die sich mit Freuds Lehre begegnen oder seinen Einfluß erfahren haben. Leonhard Frank und Hermann Hesse, um nur zwei Namen zu nennen, verwerten die Ergebnisse der Psychoanalyse in ihren schönsten Erzählungen. Mich selbst fesselt vor allem die mythische Seite des Freudschen Gedankengutes. Denn es hat sich ergeben, daß die Psychoanalyse, wenn sie beim einzelnen Menschen in die Kindheit zurückdringt, auch imstande ist, die Kindheit der Menschheit zu erhellen. Der Mythos gewinnt unter dem Licht der Tiefenpsychologie greifbare Gestalt. Ich habe mich selbst in einem Essay mit Freud und seinem Werk von meinem Standpunkt aus beschäftigt".

Begegnungen mit Freud.

„Meine persönliche Bekanntschaft mit dem Gelehrten ist verhältnismäßig jungen Datums. Vor drei Jahren besuchte ich ihn spontan in seinem Wiener Heim, und bei meinem sechzigsten Geburtstag erfreute er mich durch einen Glückwunschbrief, den er der mir von meinem Verleger überreichten Mappe von Gratulationen wohlwollender Zeitgenossen beilegte. Heute nun habe ich Professor Freud wiedergesehen und ihm eine ähnliche Huldigung von dreihundert Persönlichkeiten aus aller Herren Länder übergeben. Es war ein Besuch ohne alles Zeremoniell, im engsten Kreise seiner Familie und Freunde – und ich war glücklich, den Achtzigjährigen in voller Frische, lebendig Anteil nehmend, zart und gütig wie je, anzutreffen". Von den in dem Interview erwähnten Reiseplänen wurde die für die Zeit nach der Anfang Juni 1936 in Budapest stattfindenden Tagung der Völkerbundkommission für geistige Zusammenarbeit geplante Südamerikareise zur Penklub-Versammlung in Buenos Aires mit Zwischenaufenthalt in Rio de Janeiro – „dem Geburtsort meiner Mutter, die mir als Kind nicht genug erzählen konnte von der zauberhaften Schönheit ihrer Heimat" – nicht verwirklicht.

[3] Hierzu vgl. oben S. 233 ff.

Aktenvermerk des Legationsrats Hinrichs im Auswärtigen Amt   *12. Mai 1936*

D. N. B.[1] bringt in Nr. 127 Austro v. 7. 5. 36, Mittagsblatt, eine Notiz aus Wien, 7. Mai: „Die Wiener jüdische Presse feiert den 80. Geburtstag des Begründers der psychoanalytischen Lehre, Siegmund Freud. pp . . . . . . Die Durchsicht der Namen zeigt, daß die Gratulanten hauptsächlich Juden sind oder Emigranten wie Heinrich Mann, Claus [*!*] Mann, Ernst Toller, Thomas Mann, Lasker-Schüller [*!*], Walter Hasenclever usf. pp . . . . . . "

160

Auszug aus Mitteilungen des Nachrichtendiensts der Auslandssender über den Rundfunksender Prag[1]   *12. Mai 1936*

Nr. 1658

. . .

II. Rundfunksender Prag, um 10[05]

. . .

2. Der Präsident der Republik empfing am Montag, den 11. Mai den Minister für Auswärtige Angelegenheiten Dr. Krofta, ferner den Schriftsteller Thomas Mann[2] sowie Professor Elemer Antusch aus Budapest.

. . .

Deutsches Konsulat Genf an Auswärtiges Amt[1]   *12. Mai 1936*

Nr. 830

Das „Journal des Nations" vom 3. d. M. veröffentlicht eine aus der Agentur „Nouvelles d'Allemagne" übernommene Notiz, derzufolge sich der Schriftsteller Thomas Mann dem „Rassemblement Universel pour la Paix" angeschlossen hat. Die Zustimmungserklärung von Thomas Mann zeichnet sich durch eine überaus scharfe

---

[9]   [1] Deutsches Nachrichtenbüro, die im Dezember 1933 geschaffene offizielle deutsche Nachrichtenagentur.

[0]   [1] Nach einem Vermerk auf dem „Nur für den Dienstgebrauch" bestimmten, entweder geheimzuhaltenden oder zu vernichtenden Blatt beruhen die Mitteilungen auf wörtlicher Aufnahme der Übertragungszentrale des Auswärtigen Amts.

[2] Zu diesem Besuch vgl. oben S. 234 f.

[1]   [1] Dieses Schreiben wurde von der Abteilung Recht durch den VLR Barandon gemäß Rücksprache mit LR Hinrichs dem Ref. Deutschland zugeleitet.

Kritik an der deutschen Außenpolitik aus, ohne daß allerdings Deutschland direkt genannt worden ist[2].

Wie ich erfahre, haben sich auch die ausgebürgerten Emigranten Heinrich Mann und Friedrich Stampfer[3] dem „Rassemblement Universel" angeschlossen.

Weiterhin wird ein Leitartikel aus der hiesigen sozialistischen Zeitung „Le Travail" vom 9. d. M. über den Zweck dieser neuen Bewegung und die Vorbereitung des Genfer Kongresses vorgelegt.

Krauel

Anlage

Pour la Sauvegarde de la Paix
par
Thomas Mann

„Journal des Nations" Nr. 1418 vom 3./4. Mai 1936

M. Thomas Mann le grand romancier allemand, prix Nobel, vient d'adresser l'adhésion suivante au „Rassemblement universel de la paix", organisation qui, par le rassemblement de toutes les forces pacifiques, veut servir l'idée de la défense contre tous les fauteurs des troubles.

„Aujourd'hui, il paraît presque banal et en quelque sorte équivoque de déclarer que l'on veut la paix et la coopération de tous les Etats désirant la paix et que l'on approuve de grand cœur tout effort visant à préparer ce rassemblement. Celui qui veut faire une profession de foi sur la question terrible de la guerre et de la paix doit s'exprimer avec plus de clarté.

Aujourd'hui, la paix est exaltée par des gens avec lesquels on a rien de commun, avec lesquels on ne saurait tomber d'accord sur aucune question humaine et avec lesquels on ne voudrait pas être en accord sur les mots mêmes dont ils abusent.

La situation est nouvelle et bizarre. Il y a un enthousiasme de la paix qui ressemble à l'enthousiasme de la guerre et qui, en dernière analyse, se confond avec celui-ci. Il y a un cynisme moral qui s'empare de toutes notions, mêmes de celles auxquelles il n'a aucun droit, pour les fausser et pour les mettre à profit, qui vole le vocabulaire humanitaire pour obtenir des succès de roublardise et d'escroquerie mondiale. Malheureusement, le mot de ›paix‹ est de ces mots et de ses notions dont on abuse. On s'inspire de la nouvelle règle: si vis bellum, lauda pacem.

En face de ce jeu, il faut poser la question suivante: De quelle paix s'agit-il et comment cette paix peut-elle être sauvegardée?

---

[2] Die Meldung des Blatts ist bei *Matter* nicht verzeichnet und die Erklärung Thomas Manns bei *Bürgin* nicht aufgenommen sowie auch in keinem weiteren Druck nachweisbar; sie wird als Anlage zu diesem Dokument wiedergegeben.

[3] Zu Friedrich Stampfer (1874–1957) – besonders für die Zeit seiner Emigration – vgl. jetzt „Mit dem Gesicht nach Deutschland". Eine Dokumentation über die sozialdemokratische Emigration. Aus dem Nachlaß von *Friedrich Stampfer* ergänzt durch andere Überlieferungen, hrsg. v. E. *Matthias*, bearb. v. W. *Link*, Düsseldorf [1968].

Il s'agit de sauvegarder (mieux dit: de rétablir) une paix qui n'est pas le résultat forcé d'une horreur inégale de la guerre, mais qui est basée sur la liberté, sur la diversité de la vie, sur la construction morale et juridique et qui laisse aux nations, aussi bien aux grandes qu'aux petites, la possibilité de vivre leur vie individuelle sans empêcher pour cela leur participation à une collectivité et de rester autonomes. Mais cette paix ne peut être obtenue que lorsque les peuples se donnent un régime basé sur les seuls principes selon lesquels une communauté d'Etat peut être établie – je parle des principes de la vrai démocratie. Car la violence et le mensonge à l'intérieur appellent nécessairement aussi la violence et le mensonge à l'extérieur, et il n'y a pas de gouvernement qui ne doive faire fi vis-à-vis d'autres nations et d'autres gouvernements d'une morale dont elle fait fi vis-à-vis de sa propre nation.

Cette véritable paix ne pourra être sauvegardée que lorsque un grand Etat ou un groupe d'Etats se décide à donner au monde l'exemple et à en être le guide et à agir partout et dans toutes circonstances conformément à la loi des peuples à laquelle il est attaché, que lorsque même un seul Etat ne marchande jamais, ne choisit jamais entre un mal plus grand et un mal plus petit, ne fait jamais dépendre, plein de doute, l'accomplissement de ses devoirs collectifs de certaines contreparties, mais qu'il tient haut l'étendard de la Société des Nations en dépit de toutes déceptions passées ou futures.

Ce n'est qu'une telle politique, loin de méconnaître les réalités et loin d'accepter le suicide, par idéalisme, qui pourra sauvegarder une paix qui mérite ce nom et qui ne déshonore pas l'Europe; car on peut très bien concevoir une paix qui n'est pas payée trop chère par le sacrifice de la ›paix‹. Mais tous les peuples qui veulent vivre se rassembleront beaucoup plus rapidement que l'on ne le croit en une hégémonie du bien, s'il y avait un seul Etat dont la fidélité à la loi collective, dont la décision de s'y rallier avec toutes ses forces matérielles et morales, était au-dessus de tout doute.

C'est en vain que l'on cherche aujourd'hui cet exemple et, malheureusement, il est peu probable de voir surgir un tel Etat à temps. Il n'a pas encore été prouvé qu'un tel exemple soit impossible. Et que nous reste-t-il à faire, sinon de combattre jusqu'au dernier moment pour l'éventualité d'une amélioration?"

162

Deutsche Gesandtschaft Prag an Auswärtiges Amt   *13. Mai 1936*

A. III. 1. b. 8. Eg.

Auf Erlaß vom 24. v. M. – 83–76 25/3 Thomas Mann – [= *Dok. 153*] und unter Bezugnahme auf Bericht vom 4. d. M. [*in den Akten nicht ermittelt*].

Thomas Mann hat am 11. d. M. in der „Urania" einen Vortrag gehalten über „Freud und die Zukunft". Über das gleiche Thema hatte er einige Tage vorher in

Brünn gesprochen[1]. In der sonntäglichen Sendung der sogenannten „Prager Deutschen Sendung" des tschechoslowakischen Rundfunks hat Mann Ausführungen über die erzieherische Bedeutung der „Urania" gemacht. Den Wortlaut dieser Ausführungen lege ich in der im Ausschnitt beigefügten Meldung des „Prager Tagblatts" vom 12. d. M. vor. Der gleiche Ausschnitt enthält die Inhaltsangabe des Hauptvortrags in der „Urania". Der Vollständigkeit halber füge ich auch die Meldung der „Prager Presse" über den Vortrag Thomas Manns im Prager Rundfunk bei. Aus diesen und allen übrigen Besprechungen in der Presse ist zu ersehen, daß Mann sich wieder vorsichtig jeder direkten politischen Äußerung enthält. Wie jedoch sein Auftreten von weiten Kreisen empfunden wird, geht aus einem Satz in einem Feuilleton der „Lidové Noviny" über Thomas Mann und seinen Vortrag in Brünn hervor, der in Übersetzung lautet: „Es fehlten auch nicht Besucher, für die Thomas Mann weniger Dichter als politische Persönlichkeit ist, mehr Repräsentant der Emigration als Sprecher des deutschen Geistes und ein künstlerischer Dolmetscher seiner ewigen Werte, die keineswegs dem Fluktuieren der Machtverhältnisse unterliegen."

Thomas Mann ist am 12. d. M. vom Staatspräsidenten Benesch in Audienz empfangen worden[2].

gez. Eisenlohr[3]

163

Deutsche Gesandtschaft Prag an Auswärtiges Amt 20. Mai 1936

A III 1 b 8 Eg

Im Anschluß an Bericht vom 13. d. Mts. [= *Dok. 162*].

In der Anlage lege ich Nr. 14 der Emigranten-Wochenschrift „Die Wahrheit" vor[1], in der sich auf Seite 8 ein Artikel mit dem Vortrag Manns in Prag über Sigmund Freud beschäftigt. Am Ende dieses Artikels werden Äußerungen Manns zu seiner bekannten Polemik in der „Neuen Zürcher Zeitung" wiedergegeben, in denen Thomas Mann sich nunmehr restlos mit den Zielen der deutschfeindlichen Emigration identifiziert[2].

Eisenlohr

---

162   [1] Über diese Reise s. *Bürgin-Mayer*, S. 120.
  [2] Zum richtigen Datum vgl. Dok. 160. Der Irrtum im Bericht der Gesandtschaft dürfte auf eine mißverständliche oder flüchtig ausgewertete Pressemeldung zurückzuführen sein.
  [3] Ernst Eisenlohr (1882–1958), seit 1911 im Auswärtigen Dienst, war als Nachfolger von Koch im Dezember 1935 zum Deutschen Gesandten in Prag ernannt worden.

163   [1] Vgl. *Matter*, Nr. 10065. Die Charakterisierung als Emigrantenzeitschrift trifft auf „Die Wahrheit" nicht zu.
  [2] Der entsprechende Passus des Artikels lautet:
  „In Deutschland werden die Bücher Thomas Manns nach wie vor von einer großen Ge-

164

*Aufzeichnung für den Leiter des Deutschland-Referats im Auswärtigen Amt über den Stand
der Ausbürgerungssache Thomas Mann und Voten der beteiligten Abteilungen und Referate
hierzu*   *22. Mai – 8. Juni 1936*

Die Aufzeichnung ist von ROI Klee[1] gefertigt und durch Legationsrat Hinrichs gezeichnet.

Herrn Ges. von Bülow-Schwante vorzulegen

Zunächst mit Vorgängen bei Recht
         Pol II Sz.
         Pol IV Oe., Ts.
         Pol IX
         VI W
         und P
mit der Bitte um erneute Stellungnahme vorgelegt.

Der anliegende Bericht der Gesandtschaft in Wien vom 10. d. M. [= *Dok. 158*],
wonach Th. Mann – mit Aussicht auf Erfolg – seine Einbürgerung in Österreich

---

meinde gelesen. Auch des Dichters in der Emigration geschriebener Essayband [= Leiden und
Größe der Meister, Berlin 1935] ist dort in großer Auflage ausverkauft, also von Zehntausenden,
vielleicht von Hunderttausenden gelesen worden. Es ist eminent wichtig, das in einer Zeit
feststellen zu können, in der des größten lebenden deutschen Dichters Name im Deutschland
des Dritten Reichs nicht offiziell genannt werden darf, seine Bücher nicht in Auslagen sein
dürfen, nicht einmal die Verkäufer von Verlagsanstalten sie offerieren dürfen. Und doch lebt
auch in Deutschland heute eine Menschheit, die mit auf dem Wege marschiert zu einem neuen
Humanismus.

In diesem Zusammenhange entstand vor einiger Zeit eine Polemik, ausgehend von einer
Pariser Zeitschrift und endend in der ,Neuen Zürcher Zeitung', wo Thomas Mann dann selbst
das Wort nahm und seine Stellungnahme präzisierte, für ein geistiges Europa gegen ein bar-
barisches Deutschland.

Diese Schrift Thomas Manns in der ,Neuen Zürcher Zeitung' ist allgemein bekannt.
Eine Ergänzung kann und soll dazu gegeben werden, weil sie eine Unterhaltung wiedergibt, die
eben jetzt in Prag stattfand:

Der Fragende: Die e m i g r i e r t e n deutschen Schriftsteller in Prag haben Ihre Polemik
in der ,Neuen Zürcher Zeitung' als etwas viel Weitergehendes aufgefaßt. Als eine Erklärung.
Gleichsam als ein Manifest.

Thomas Mann: ,So habe ich es gemeint. Jawohl. Es soll ein Manifest sein. Es waren in
Deutschland Bestrebungen im Gange, mich von der übrigen Emigration abzutrennen. Bestrebungen, die den Fall Thomas Mann zu einem Sonderfall machen wollten, der mit der übrigen
Emigration, von der man in Deutschland nur in Ausdrücken barbarischer Form redet, nichts zu
tun haben solle. Das soll und darf nicht sein. Ich fühle mich als zu jener Emigration gehörig,
die für ein besseres Deutschland kämpft. Ich gehöre dazu. Das wollte ich damals erklären. Das
dürfen Sie Ihren Freunden weitersagen.'

Was hiermit geschieht. Den Freunden in der Emigration und allen Freunden, die mit an
ein kommendes besseres Deutschland glauben und an einen künftigen, neuen Humanismus."

[1] Hermann Klee, geb. 20. März 1893, war nach der Ausbildung zum Gerichtsschreiber
1914 in den Konsulatsdienst eingetreten und hatte – unterbrochen durch seinen Kriegsdienst

betreibt, erfordert eine ᵃbeschleunigte Entscheidungᵃ des Ausw. Amts in der Ausbürgerungsfrage.

Das R. M. d. I. hat sich mit seinem Schreiben v. 3. v. M. [= *Dok. 150*] unter Darlegung der Gründe für die Ausbürgerung ausgesprochen und die Zustimmung des A. A. erbeten; mit seinem Schreiben vom 7. d. M. [= *Dok. 157*] hat das R. M. d. I. unter Übersendung der bekannten Ausführungen der Geheimen Staatspolizei sich erneut für die alsbaldige Ausbürgerung erklärt.

Die Th. Mann jetzt zur Last gelegten Veröffentlichungen sind:

    I. Der in der Neuen Zürcher Zeitung Nr. 193 veröffentlichte Brief an Dr. Korrodi.

    II. Der Nachruf für Jakob Wassermann (als Einleitung zu dem Gedenkbuch der Frau Wassermann).

    III. Artikel: Zur Besinnung.

    IV. Artikel in der Neuen Weltbühne, Prag: Dem Fünfundsechzigjährigen².

Da diese Veröffentlichungen nur in der durch die deutschfeindliche Presse abgedruckten Aufmachung bekannt sind, wird bei der Beurteilung ihres Inhalts zu berücksichtigen sein, daß nicht festgestellt ist, ob und inwieweit er vielleicht entstellt oder verfälscht wiedergegeben worden ist, wie dies bei früheren Veröffentlichungen z. T. der Fall war, und wie dies bei der Skrupellosigkeit dieser Presse nicht weiter verwunderlich wäre; es steht auch nicht fest, ob und inwieweit diese Veröffentlichungen von Th. Mann beabsichtigt waren.

Nach den übereinstimmenden Berichten der beteiligten Auslandsvertretungen hat Mann bis in die neueste Zeit sich jeder Kritik der gegen ihn getroffenen Maßnahmen enthalten und auch sonst in seinem persönlichen Auftreten – trotz gegebener Gelegenheiten – keinen Anlaß zu Beanstandungen gegeben. Auf Grund der oben angeführten neuen Veröffentlichungen haben die beteiligten Auslandsvertretungen auf Befragen keine Bedenken gegen die Ausbürgerung Manns geltend gemacht (vgl. die anliegenden Berichte, insbesondere von Paris [= *Dok. 154*] und Bern [= *Dok. 155*]).

Seitens des Propagandaministeriums liegt bisher nur die bekannte Stellungnahme vom 10. 10. 35 [= *Dok. 112*] vor. Auf die Schreiben des A. A. vom 14. [= *Dok. 152*] und 24. v. M. [*in den Akten nicht ermittelt*] hat das Propagandaministerium bisher nicht geantwortet. Die Stellungnahme des R. u. Pr. Min. f. Wissenschaft, Kunst und Volksbildung ist hier nicht bekannt.

Berlin, den 22. Mai 1936   Hinrichs

    ᵃ⁻ᵃ *unterstrichen*

von 1916 bis 1918 – beim Deutschen Generalkonsulat in Genua, der Botschaft in Rom, der Gesandtschaft in Prag, dem Generalkonsulat in Antwerpen sowie dem Konsulat in Heerlen Auslandsposten innegehabt, bevor er im Juli 1935 ins Auswärtige Amt versetzt wurde, wo er, 1938 zum Amtsrat befördert, 1939 zum Ministerialbürodirektor aufstieg. Vor 1933 gehörte er keinen politischen Parteien oder Verbänden an. Seit 1. Oktober 1934 war er Mitglied der NSDAP (Nr. 2 871 465). Ihm wurden fachliche Tüchtigkeit, unermüdlicher Fleiß und selbständiges Arbeiten nachgerühmt.

² Vgl. hierzu Dok. 147.

Votum der Abteilung Recht   23. Mai 1936

Keine Bedenken gegen Ausbürgerung. Siedler 23/5.

Dieses Votum ist gestrichen und – vermutlich unter dem Einfluß der in dem nachstehenden Votum des Referats Pol II niedergelegten Auffassung – am 29. Mai 1936 durch folgende Stellungnahme ersetzt worden:
Vom rechtlichen Standpunkt erscheinen mir die Gründe für eine Ausbürgerung als recht schwach. Immerhin können bei der heutigen Ausdehnung der Richtlinien für die Aberkennung der St[aats-] A[ngehörigkeit] vom rechtlichen Standpunkt Einwendungen gegen die Ausbürgerung wohl nicht mehr erhoben werden.

                                                              Siedler 29/5.

Votum des Referats Pol II (West-Europa)   29. Mai 1936

Die außenpolitischen Bedenken, die gegen eine Aberkennung der Reichsangehörigkeit von Thomas Mann sprechen, sind bereits wiederholt dargelegt und in dem Schreiben des Ausw. Amtes an das Reichsministerium des Innern v. 30. Sept. 1934 – 83–76 11/9 – [= *Dok. 76*] auf S. 5 ff. zusammengefaßt worden. Wenn die Abt. II in dem Vermerk vom 29. Febr. d. J. [= *Dok. 145*] darauf hingewiesen hat, daß diese Bedenken auch gegenwärtig noch im gleichen Maße fortbeständen, so ist darin auch in den letzten 3 Monaten keine wesentliche Änderung eingetreten. Dabei ist zu berücksichtigen, daß diese außenpolitischen Bedenken in einer Richtung liegen, die von der Beurteilung der Persönlichkeit und des Verhaltens von Thomas Mann weitgehend unabhängig sind [!] bzw. nur dann durch dieses Verhalten gegenstandslos werden würden [!], wenn über Thomas Mann und sein Auftreten neue Tatsachen bekannt würden, die es nicht nur in Deutschland sondern auch in den Augen der Deutschland gegenüber freundlich eingestellten Ausländer[b] verständlich erscheinen lassen, daß nach mehrjährigem Abwarten plötzlich doch mit der Waffe der Ausbürgerung gegen Thomas Mann vorgegangen wird. In den in dem Vermerk des Ref. Dtschld genannten Presseveröffentlichungen können derartige Tatsachen kaum erblickt werden. Es handelt sich zwar um unerfreuliche und z. T. geradezu herausfordernde Äußerungen, die erkennen lassen, daß Thomas Mann selbst gegen seine Ausbürgerung nichts einzuwenden hätte und sich innerlich dem heutigen Deutschland nicht mehr verbunden fühlt; der Weltöffentlichkeit sind diese Äußerungen aber kaum bekannt geworden und auch in Deutschland weiß man nur wenig darüber. Daß zudem diese Äußerungen vom rechtlichen Standpunkt nur recht schwache Gründe für eine Ausbürgerung abgeben, ist von Abt. Recht bereits bemerkt. Auch unter diesem Gesichtspunkt würde die innere Notwendigkeit der Ausbürgerung von Thomas Mann in der Weltöffentlichkeit nicht überzeugend wirken. Darauf kommt es aber an, denn die wiederholt

---

[b] *folgt das gestrichene Wort* mindestens

geltend gemachten außenpolitischen Bedenken gehen ja gerade dahin, daß eine solche Ausbürgerungsmaßnahme bei dem internationalen Ruf, den Thomas Mann genießt, schädliche Rückwirkungen auf die Einstellung der Weltöffentlichkeit zum heutigen Deutschland nach sich ziehen muß.

Zu dem Hinweis in dem Bericht der Gesandtschaft Wien v. 10. Mai [= *Dok. 158*], Thomas Mann stehe im Begriff in Österreich eingebürgert zu werden, so daß das Ausbürgerungsverfahren beschleunigt werden müsse, wenn seine Durchführung hier beabsichtigt sei, ist wohl folgendes zu sagen:

Wenn Thomas Mann selbst durch Erwerb der österreichischen Staatszugehörigkeit sich der Reichsangehörigkeit entledigen will, so haben wir keinen Anlaß, das zu bedauern oder zu verhindern. Dadurch würde lediglich die Möglichkeit verloren gehen, Thomas Mann noch durch eine Ausbürgerung vor aller Welt zu brandmarken. Ihm selbst würde man damit, wie seine Auslassungen erkennen lassen, einen Gefallen tun, ebenso allen Emigranten, die dann einen weltbekannten Namen gegen das Dritte Reich ausspielen können. Die Abschreckungswirkung auf andere außerhalb der Reichsgrenzen lebende reichsangehörige Schriftsteller würde demgegenüber minimal sein. Die Rückwirkungen auf die Weltöffentlichkeit wurden bereits erwähnt; sie sind voraussichtlich für uns nachteilig und sollten zumal am Vorabend der Berliner Olympiade besser vermieden werden. Bei Abwägung dieser verschiedenen Momente scheint es das beste zu sein, Thomas Mann sang- und klanglos zum österreichischen Staatsangehörigen werden zu lassen.

Hiermit an Pol IV erg. weitergeleitet.

Berlin, den 29. Mai 1936
v. Rintelen

Votum des Referats Pol IV Oe. (Südost-Europa/Österreich) · *2. Juni 1936*

Den Ausführungen von Pol II ist vom Standpunkt Pol IV ᶜin ganzem Umfangᶜ beizutreten. Die bevorstehende Einbürgerung in Österreich ist kein Grund zur Ausbürgerung in Deutschland. Sonst ist M. nach den vorliegenden Berichten nichts vorzuwerfen.

A[ltenburg] 2/6

Votum des Referats Pol IX (Amerika) · *2. Juni 1936*

Den Ausführungen von Pol II wird beigetreten. Fr[eytag] 2/6.

Votum der Abteilung VI (Kultur): · *4. Juni 1936*

Ebenfalls. St[ieve] 4/6.

Votum der Abteilung P[resse] · *8. Juni 1936*

In Ermangelung einer besseren Begründung wird die Ausbürgerung jetzt als wenig zweckmäßig angesehen.

W[olf] 8/6.

ᶜ⁻ᶜ *unterstrichen*

Aktenvermerk über Thomas Manns Mitarbeit an der Moskauer Zeitschrift „Das Wort"
1. Juni 1936

Auf Grund des Berichtes Nr. 1501/36 des Auslandsdienstes wurde im Auswärtigen Amt folgende vertrauliche Aktennotiz gefertigt: „Sowjetunion. Publizistik. 1. Juni 1936. Neue ‚deutsche' Zeitschrift. In Moskau erscheint vom 1. 7. an eine Monatsschrift für Literatur und Kunst ‚Das Wort'[1]. Redaktion: Feuchtwanger, Brecht, Bredel. Mitarbeiter Thomas Mann[a], Zweig, Heinrich Mann, Seggers [!], Becher, Döblin, Brod, Oskar Maria Graf, Kisch, Olden, Toller u. a."

Reichs- und Preußisches Ministerium des Innern an Auswärtiges Amt   2. Juni 1936

I A 7732/5013 c

Übersendet Abschrift einer Veröffentlichung aus „Pariser Tageblatt" *Nr. 889 vom 19. Mai 1936, die den Schlußabsatz der zu Dok. 163 in Anm. 2 zitierten Prager Äußerung von Thomas Mann wiedergibt.*

Auswärtiges Amt an Reichs- und Preußisches Ministerium des Innern   Juni 1936

Kassierter Entwurf zu einem durch den Staatssekretär zu zeichnenden Schreiben. Der Entwurf ist am 11. Juni 1936 durch den im Zusammenhang mit Dok. 164 bereits erwähnten ROI Klee gefertigt worden. Den Akten ist nicht zu entnehmen, wann und durch wen der Entwurf kassiert worden ist.

Eilt sehr i*[n]* R*[einschrift]*

Auf die Schreiben vom 3. April und 7. Mai d. J. – I A 3108 und 6567/5013c – [*= Dok. 150 und 157*]

In der Ausbürgerungssache Thomas Mann übersende ich in der Anlage abschriftlich die von den deutschen Auslandsvertretungen inzwischen eingegangenen Berichte – u. R. ihrer Anlagen – zur Kenntnis. Ich verweise insbesondere auf den Bericht der Gesandtschaft in Wien [*= Dok. 158*], in dem u. a. mitgeteilt wird, daß Thomas Mann – offenbar mit Aussicht auf Erfolg – seine Einbürgerung in Österreich betreibt. Dieser Schritt Thomas Manns fordert eine beschleunigte Entscheidung

---

[a] *dieser Name ist handschriftlich unterstrichen und durch einen auf ihn weisenden Pfeil hervorgehoben.*

[1] Vgl. hierzu *Wegner*, S. 78 ff.

darüber, ob ihm – wenn überhaupt – mit der Ausbürgerung zuvorzukommen sei.
Die Thomas Mann zur Last gelegten Äußerungen sind in hohem Grade unerfreulich und z. T. herausfordernd. Sie lassen erkennen, daß Mann selbst gegen seine
Ausbürgerung nichts einzuwenden hätte und sich innerlich dem heutigen Deutschland nicht mehr verbunden fühlt. Sein Einbürgerungsantrag in Wien unterstreicht
diese Feststellung. Vom rechtlichen Standpunkt gesehen, sind aber die Gründe für
eine Ausbürgerung recht schwach; dies umso mehr, als seine Äußerungen nur in
der durch die deutschfeindliche Presse abgedruckten Aufmachung bekannt sind.
Nach den übereinstimmenden Berichten der beteiligten deutschen Auslandsvertretungen hat Mann bis in die neueste Zeit sich jeder Kritik der gegen ihn getroffenen
Maßnahmen enthalten und auch sonst in seinem persönlichen, von deutschen
Stellen kontrollierten Auftreten – trotz gegebener Gelegenheiten – keinen Anlaß
zu Beanstandungen gegeben. Es fragt sich deshalb, ob und inwieweit die Äußerun-
gen Manns entstellt oder verfälscht wiedergegeben sind, wie dies früher z. T. der
Fall war, und wie dies bei der Skrupellosigkeit der Emigrantenpresse und ihrer
Absicht, Mann ganz zu sich hinüber zu ziehen, nicht weiter verwunderlich wäre.
Es ist hier nicht bekannt geworden, daß Thomas Mann, wie er dies bei anderer
Gelegenheit früher einmal getan hat, diese Veröffentlichungen berichtigt oder den
Schlußfolgerungen der Emigrantenpresse irgendwo widersprochen hätte. Vielleicht
glaubt er, mit seiner durch den S. Fischer Verlag bekannt gewordenen Erklärung:
> „Ich warte ab, ob man sich auf Grund unkontrollierbarer Zeitungstexte
> und Unterstellungen entschließen wird, mich vor aller Welt meines Deutschtums
> zu entkleiden"[1].

ein für allemal Stellung zu derartigen Veröffentlichungen genommen zu haben.
Hier wäre zu erwägen, ob nicht eine Befragung Manns durch die zuständige
deutsche Auslandsvertretung am Platze wäre. Abgesehen davon, daß vom rechtlichen Standpunkt die Begründung einer Ausbürgerung Manns dürftig ist, sprechen
gegen die Ausbürgerung außenpolitische Gründe, die ich bereits in meinem Schreiben vom 30. September 1934 – 83-76 11/9 [= *Dok. 76*] – zusammengefaßt habe, und
die im gleichen Maße fortbestehen. Sie liegen in einer Richtung, die von der Beurteilung der Persönlichkeit und des Verhaltens von Thomas Mann weitgehend unabhängig sind [!], bzw. nur dann durch sein Verhalten gegenstandslos werden würden [!], wenn über Thomas Mann und sein Auftreten neue, ihn belastende Tatsachen bekannt würden. Diese Tatsachen müßten es nicht nur in Deutschland, sondern auch in den Augen der Deutschland gegenüber feindlich eingestellten Ausländer verständlich erscheinen lassen, daß nach mehrjährigem Abwarten plötzlich
doch mit der Waffe der Ausbürgerung gegen ihn vorgegangen wird. In den in
Frage stehenden Presseveröffentlichungen können derartige Tatsachen kaum erblickt werden, so sehr sie sonst auch zu verurteilen sind. Der Weltöffentlichkeit sind
diese Äußerungen kaum bekannt geworden; auch in Deutschland weiß man nur
wenig darüber. Unter diesen Gesichtspunkten würde die innere Notwendigkeit

---

167 [1] Dieser Satz bildet den Schluß der in Dok. 104 enthaltenen Erklärung Thomas Manns zu
den ihm im Sommer 1935 vorgeworfenen Äußerungen.

nicht überzeugend wirken. Darauf kommt es aber an, denn die wiederholt geltend gemachten außenpolitischen Bedenken gehen ja gerade dahin, daß eine solche Ausbürgerungsmaßnahme bei dem internationalen Ruf, den Thomas Mann genießt, schädliche Rückwirkungen auf die Einstellung der Weltöffentlichkeit zum heutigen Deutschland nach sich ziehen muß.

Wenn Thomas Mann selbst durch Erwerb der österreichischen Staatsangehörigkeit sich der Reichsangehörigkeit entledigen will, so haben wir keinen Anlaß, das zu bedauern oder zu verhindern. Dadurch würde lediglich die Möglichkeit verloren gehen, Thomas Mann noch durch eine Ausbürgerung vor aller Welt zu brandmarken. Ihm selbst würde man mit der Ausbürgerung vielleicht einen Gefallen tun, bestimmt allen gegen uns arbeitenden Emigranten, die dann einen weltbekannten Namen gegen das dritte Reich ausspielen können. Die Abschreckungswirkung auf andere, außerhalb der Reichsgrenzen lebende reichsangehörige Schriftsteller würde demgegenüber minimal sein. Die Rückwirkungen auf die Weltöffentlichkeit sind voraussichtlich für uns nachteilig und sollten zumal am Vorabend der Berliner Olympiade besser vermieden werden.

Bei Abwägung dieser verschiedenen Momente dürfte es das Beste sein, Thomas Mann sang- und klanglos zum österreichischen Staatsangehörigen werden zu lassen. Jedenfalls vermag ich z. Z. einer Ausbürgerung Thomas Manns nicht zuzustimmen. I.A.

gez. v. Bülow- Schwante

168

Auswärtiges Amt an Reichs- und Preußisches Ministerium des Innern   17. Juni 1936

Auf die Schreiben vom 3. April d. J. und 7. Mai d. J. – I 3108 und 6567/5013 c – [= *Dok. 150 und 157*]

In der Ausbürgerungssache Thomas Mann übersende ich in der Anlage abschriftlich die von den deutschen Auslandsvertretungen inzwischen eingegangenen Berichte nebst Anlagen – diese unter Rückerbittung – zur Kenntnisnahme. Nach dem Bericht der Gesandtschaft in Wien betreibt Thomas Mann – offenbar mit Aussicht auf Erfolg – seine Einbürgerung in Österreich[1]. Ich habe eine Abschrift dieses Berichts dem Reichsministerium für Volksaufklärung und Propaganda zugehen lassen, dessen Stellungnahme zu der Ausbürgerung Thomas Manns noch aussteht.

Meine Stellungnahme lasse ich in Kürze folgen[a].

I. A.
gez. v[on] B[ülow] S[chwante].

---

[a] *maschinenschriftlicher Vermerk am Rande:*
ORR Duckart vom RMdI hat telefonisch die Übersendung von weiterem Material gegen Mann zugesagt.

[1] Vgl. Dok. 158.

Auswärtiges Amt an Reichsministerium für Volksaufklärung und Propaganda

17. Juni 1936

In Anschluß an mein Schreiben vom 14. April d. J. – 83–76 3/4 Thomas Mann – [= *Dok. 152*], auf das ich bisher eine Antwort nicht erhalten habe, übersende ich in der Anlage Abschrift eines Berichts der deutschen Gesandtschaft in Wien vom 10. v. M. [= *Dok. 158*], wonach Thomas Mann – offenbar mit Aussicht auf Erfolg – seine Einbürgerung in Österreich betreibt.

I.A.

gez. v[on] B[ülow]–S[chwante]

Vermerk des Bayerischen Ministeriums für Unterricht und Kultus über den Stand der Ausbürgerungssache Thomas Mann

2. Juli 1936

Der Vermerk ist nach fristgerechter Vorlage von Dok. 146 gefertigt worden.
HStA München, MK 36752

Bis auf weiteren Einlauf z. Akt.

I. A.
Müller

Aufzeichnung des Expedienten Hofrat Jüngling im Auswärtigen Amt

9. Juli 1936

In Auftrage des Herrn L[egations]R[ats] Hinrichs habe ich die Angelegenheit mit Pro[paganda] Mi[nisterium] besprochen. Der dortige Referent, Min. Rat Wißmann [!][1], ist z. Zt. auf Urlaub. Der derzeitige Referent, Dr. Erckmann[2], teilte

---

171   [1] Über Wismann s. Dok. 45, Anm. 3.

[2] Dr. Rudolf Erckmann, geb. 1903, war zum 1. November 1931 in die NSDAP eingetreten (Mitglieds-Nr. 692 496); wie sich die Angaben, er sei 1933 wegen unbekannter Anschrift gestrichen, jedoch ständig weitergeführt worden, bis er am 12. Februar 1936 wiedereingetreten sei, miteinander vertragen, mag hier auf sich beruhen. Nach vorübergehender Tätigkeit im väterlichen Geschäft legte er 1925 die Reifeprüfung ab und studierte bis 1931 Neuphilologie und Geschichte in Heidelberg und Gießen. Nach kurzer Tätigkeit im höheren Schuldienst, zuletzt als Studienassessor, und der am 14. Dezember 1933 vollzogenen Promotion zum Dr. phil. in Gießen aufgrund der Dissertation „Der Einfluß der arabisch-spanischen Kultur auf die Entwicklung des Minnesangs" war Erckmann seit Juni 1934 als Referent im Reichspropagandaministerium tätig. Hier wurde er zunächst mit wechselnden Aufgaben, dann mit dem Autoren-

als Auffassung des beurl. Min. Rats Wißmann [!] und des St[*aats*]S[*ekretärs*][3] folgendes mit:

Pro[*paganda*]Mi[*nisterium*] bittet dringend[a], jedenfalls bis zur 2. Hälfte des Monats, von Weiterem abzusehen und die Sache ruhen zu lassen. Dies ist auch die Auffassung des Ministers Goebbels, dem Vortrag gehalten worden ist. Auch dem Führer sei in dieser Sache Vortrag gehalten worden.

Dr. Erckmann wird dem A[*uswärtigen*] A[*mt*] noch einen kurzen Zwischenbescheid zukommen lassen.

J[ün]gl[in]g

Auf Verfügung von Hinrichs ist die Aufzeichnung nicht nur bei den Referaten Pol. II, Pol. IV, Kult. und P zur Kenntnisnahme, sondern auch im Büro des Ministers sowie dem Gesandten von Bülow-Schwante nach Rückkehr vorgelegt worden.

172

Reichs- und Preußisches Ministerium des Innern an Auswärtiges Amt und Reichsministerium für Volksaufklärung und Propaganda   *14. Juli 1936*

I A 8894/36/5013 c.   Vertraulich

Abschrift eines Briefes von Thomas Mann an die in Brüssel stattfindende Europa-Amnestie-Konferenz (abgedruckt im „Baltischen Beobachter" Nr. 153) übersende ich ergebenst mit der Bitte um gefällige Kenntnisnahme.

Der Inhalt des Briefes stellt erneut unter Beweis, daß Thomas Mann seine feindselige Einstellung gegenüber Deutschland weiterhin in der Öffentlichkeit mit zunehmender Schärfe zum Ausdruck bringt.

---

[a] *unterstrichen*

referat betraut und stieg bis zum Oberregierungsrat auf. Über Thomas Mann hatte Erckmann sich in dem Artikel „Götzendämmerung der Literaten" (*Völkischer Beobachter* Nr. 250 vom 5. September 1932; bei *Matter* nicht verzeichnet) geäußert. Er reihte den Dichter mit Gerhart Hauptmann, Werfel, Döblin, E. Ludwig und St. Zweig unter die „Zersetzer und Ästheten, die Literaturpaneuropäer und volksfremden Schreiber" ein, lastet ihm jedoch hauptsächlich „vergeistigte Produktionen" an, während die anderen genannten Autoren mit gröbstem Geschütz traktiert und „Reinigungsaktionen" angekündigt werden, „wenn deutscher Geist in Deutschland die Zügel ergreift". Vereinzelte Dokumente zu Erckmanns Tätigkeit im Propagandaministerium finden sich bei *Wulf*, *Literatur*, S. 216 f. (interessanter Beleg für das Zusammenspiel von Ministerium, Reichsschrifttumskammer, Parteiamtlicher Prüfungskommission, Gestapo und SD bei Buchverboten), 286, 307. Ferner vgl. *Strothmann*, S. 65 f. u. ö.

[3] Walther Funk (1890–1960), von dem es bei E. K. *Bramsted*, Goebbels and National Socialist propaganda 1925–1945, East Lansing 1965, S. 61 heißt: „more a conservative bourgeois than a passionate Nazi before the days of the Third Reich"; deutsche Ausgabe, Frankfurt/M. 1971, S. 114.

Ich beabsichtige nicht, vor Durchführung der Olympischen Spiele[1] weitere Maßnahmen zu ergreifen.

I.V.

gez. Pfundtner

Anlage

Ein Brief von Thomas Mann

„Baltischer Beobachter" Nr. 153 vom 4. Juli 1936

Aus Anlaß der am 5. Juli in Brüssel stattfindenden Europäischen Amnestiekonferenz sandte Thomas Mann an das Organisationskomitee der Konferenz folgenden Brief:

„Als Mensch und als Deutscher bin ich mit meinem ganzen Herzen bei den Männern und Frauen, die aus vielen Ländern in Brüssel zusammen kommen, um das Gewissen der Welt und so vielleicht auch das der Machthaber Deutschlands wachzurufen, damit den Tausenden, welche um ihrer Gesinnung, ihres Glaubens willen im Deutschen Reich eine grausame Gefangenschaft erdulden, endlich die Freiheit wiedergegeben werde. Möchten die politischen Sieger Deutschlands sich bewußt werden, daß die unersättliche Rachsucht, die sie bekunden, von der Welt als Merkmal innerer Kleinheit, ja Niedrigkeit empfunden wird, und daß sie damit ein Volk, das für ihre Taten nichts kann, der gesitteten Menschheit entfremden. Wenn es ihnen nicht nur um den üppigen Genuß der ihnen zugefallenen Gewalt, sondern, wie sie beteuern, um Deutschlands Größe und Ehre zu tun ist, so mögen sie endlich ein wenig Großmut, ein wenig Gerechtigkeitssinn in sich entdecken und denen, die keine andere Schuld trifft, als daß sie an Völkerfreiheit und Völkerfrieden glaubten, die Kerkertore öffnen. Auch um Europa, auch um den Frieden ist es ihnen ja, ihren Versicherungen nach, zu tun. Wie sehr wäre all denen, die gern ihren Worten glauben möchten, geholfen, wenn sie erkennen dürften, daß in Deutschland nicht rechtlose Willkür, sondern der Geist regiert, der allein auch in internationalen Beziehungen Vertrauen erzeugen kann!"

173

Reichs- und Preußisches Ministerium des Innern an Auswärtiges Amt   8. September 1936

I B² 10932/5013 c

In der Ausbürgerungssache Thomas Mann war mit Schreiben vom 17. Juni 1936 – 83-76, 2/6 Thomas Mann – [= *Dok. 168*] mitgeteilt worden, daß Thomas

---

172   [1] Die Olympischen Spiele fanden in Berlin vom 1. bis zum 16. August 1936 statt.

Mann seine Einbürgerung in Österreich beantragt habe. Wie aus dem anliegenden Zeitungsausschnitt aus Nr. 61 der „Pariser Tageszeitung", der mit der Bitte um Rückgabe beigefügt ist, hervorgeht, bewirbt sich Mann nunmehr um die tschechoslowakische Staatsangehörigkeit[1].

Die Ausbürgerung Thomas Manns ist bis zur Beendigung der Olympischen Spiele zurückgestellt worden. Nunmehr halte ich eine beschleunigte Durchführung des Ausbürgerungsverfahrens für dringend geboten. Auf die ausführliche Begründung in meinem Schreiben vom 7. Mai 1936 – I A 6567/5013 c – [= *Dok. 157*] sowie auf die mit diesem Schreiben übersandte Stellungnahme der Preußischen Geheimen Staatspolizei vom 25. März 1936 [= *Dok. 147*] nehme ich ergebenst Bezug. Ich darf auch darauf hinweisen, daß in den mit Ihrem Schreiben vom 17. Juni 1936 [= *Dok. 168*] übermittelten Berichten der Deutschen Auslandsvertretungen von Bern, Zürich und Paris Bedenken gegen die Ausbürgerung nicht erhoben werden. Für eine beschleunigte Stellungnahme wäre ich dankbar. Eine Fühlungnahme mit dem Herrn Reichsminister für Volksaufklärung und Propaganda, dem ich Abschrift dieses Schreibens übersandt habe, stelle ich ergebenst anheim.

I.A.

gez. Hering

174

Feststellung des Reichsministers des Innern über das Vermögen Thomas Manns

15. September 1936

Pol. S-PP (II B) Nr. 1410/36[1].

Entscheidung

Der Schriftsteller Thomas Mann, geboren am 6. 6. 1875 in Lübeck, hat das Reichsgebiet im Jahre 1933 verlassen. Er setzt im Auslande die schon vorher in der inlän-

---

[1] Die aus Prag vom 10. August datierte Meldung bezieht sich darauf, daß der Gemeinderat von Proseč in Mähren das Gesuch Klaus Manns auf Erteilung des Heimatrechtes bewilligt habe. Der Schluß der Meldung lautet: „Wie es heißt, hat auch der Nobelpreisträger Thomas Mann die Absicht, dem Beispiel seines Bruders und seines Sohnes zu folgen und um das Heimatrecht in Proseč nachzusuchen". Über die am 6. August 1936 in Küsnacht vorgenommene Unterzeichnung des entsprechenden Gesuchs von Thomas Mann vgl. oben S. 234. Bereits am gleichen Tage hatte eine Wiener Zeitung voreilig berichtet, der Dichter habe das Heimatrecht in Proseč erworben, vgl. unten Dok. 176. Da die Prager Meldung vom 10. August, einem Montag, datiert ist, dürfte sie auf die von B. v. Brentano erwähnte „Publikation eines Prager Montagsblattes" (vgl. oben S. 238, Anm. 400) zurückgehen.

[1] Die auffallende Kombination des Briefkopfs des Reichsminister des Innern mit einer Geschäftsnummer des Gestapa war möglich seit dem Führererlaß vom 17. Juni 1936, der den Reichsführer SS mit dem neugeschaffenen Amt eines Chefs der Deutschen Polizei betraute und ihn in dieser Eigenschaft formell dem Reichsminister des Innern unterstellte. Vgl. hierzu *Bracher*, Diktatur, S. 383.

dischen Presse betriebene Hetztätigkeit gegen den Nationalsozialismus fort und gibt durch seine Artikel und Aufrufe der deutschfeindlichen Emigrantenpresse täglich neue Nahrung.

Es ist beabsichtigt, ihm wegen des fortgesetzten Verstoßes gegen die Pflicht gegenüber Volk und Staat die deutsche Reichsangehörigkeit abzusprechen. Seine im Inlande befindlichen Vermögenswerte, die zur Zeit polizeilich sichergestellt sind, würden bei der Freigabe zur Fortsetzung und Verstärkung seines Pressefeldzuges gegen das nationalsozialistische Deutschland und seine Führer dienen.

Auf Grund des Gesetzes über die Einziehung volks- und staatsfeindlichen Vermögens vom 14. 7. 1933 (RGB1. I, S. 479)[2] wird daher festgestellt, daß das Vermögen des Schriftsteller Thomas Mann zur Förderung volks- und staatsfeindlicher Bestrebungen bestimmt ist.

I.A.

gez. Heydrich

175

Auswärtiges Amt an Deutsche Gesandtschaft Wien　　　　　　　*25. September 1936*

Eilt.

Vertraulich.

Ich bitte um vertrauliche Feststellung und Bericht über den Stand der Einbürgerungsfrage Thomas Mann in Österreich.

Nach einer Pariser Zeitung soll sich Mann jetzt um die tschechoslowakische Staatsangehörigkeit bewerben.

I.A.

gez. Schumburg

Auf dem Entwurf von der Hand des ROI Klee : Nach telefonischer Auskunft des Referenten im Pro[*paganda*] Mi[*nisterium*], H. Dr. Erckmann, ist dort die Antwort an das R[*eichs*] M[*inisterium*] d[*es*] I[*nnern*] in Vorbereitung; sie liege im Entwurf dem Min[*ister*] vor. Das Pro[*paganda*] Mi[*nisterium*] wird sich für die Ausbürgerung aussprechen. K[*lee*] 22/9.

174　　　[2] Durch dieses Gesetz wurden die Vorschriften des Gesetzes über die Einziehung kommunistischen Vermögens vom 26. Mai 1933 (Reichsgesetzblatt I, S. 293), die „die obersten Landesbehörden oder die von ihnen bestimmten Stellen" ermächtigten, „Sachen und Rechte der kommunistischen Partei Deutschlands sowie Sachen und Rechte, die zur Förderung kommunistischer Bestrebungen gebraucht oder bestimmt sind, . . . " einzuziehen, u. a. auch auf „Sachen und Rechte, die zur Förderung marxistischer oder anderer nach Feststellung des Reichsministers des Innern volks- und staatsfeindlicher Bestrebungen gebraucht oder bestimmt sind", ausgedehnt.

Vermerk von der Hand Schumburgs : W[*ieder*]v[*orlage*] nach Abg[*ang*] (Herrn Klee gemäß Rücksprache) *Von der Hand Klees beigefügter erläuternder Zusatz :* Vorlad[*ung*] Th[*omas*] M[*anns*] durch G[*eneral*] K[*onsulat*] Zürich[1].

176

Preußische Geheime Staatspolizei – Geheimes Staatspolizeiamt – an Auswärtiges Amt

27. September 1936

II 1 B 2 – M 124/35 – E.

Nach einer Notiz der Wiener Zeitschrift „Neuigkeitsweltblatt" vom 6. 8. 36 haben der Schriftsteller Thomas Mann und sein Sohn Klaus zwecks Erlangung der tschechischen Staatsbürgerschaft in Prosec das Heimatrecht erworben[1].

Ich bitte, durch die zuständige deutsche Vertretung feststellen zu lassen, ob die beiden Obengenannten inzwischen die tschechische Staatsangehörigkeit erworben haben.

Zwei Abschriften dieses Schreibens sind in der Anlage beigefügt.

I.A.
gez. Dr. Hammer

177

Auswärtiges Amt an Reichs- und Preußisches Ministerium des Innern und an Geheimes Staatspolizeiamt

29. September 1936

Übersendet Abschrift eines Berichts des deutschen Konsulats St. Gallen vom 21. September 1936, der sich mit einem Aufruf des „Schweizerischen Hilfskomitees für notleidende Frauen und Kinder in Deutschland", d. h. Angehörige deutscher politischer Häftlinge, befaßt[1].

Es ist bemerkenswert, daß unter dem Aufruf auch der Name des Thomas Mann verzeichnet ist. Ich mache aber darauf aufmerksam, daß in einem Fall die auftrags-

---

[1] Zur Interpretation dieses Vermerks s. oben S. 176.

[1] Die – bei *Matter* nicht verzeichnete – Meldung in Nr. 180 des „Neuigkeitsweltblatt" vom 6. August 1946 lautet: „Thomas und Klaus Mann bewerben sich um die tschechoslowakische Staatsbürgerschaft. Prag. 5. August. (T.-R.)

Vor einiger Zeit hat bekanntlich Heinrich Mann die tschechoslowakische Staatsbürgerschaft erhalten, nachdem er vorher in der kleinen Stadt Prosec in der böhmisch-mährischen Hochfläche das Heimatrecht erhalten hat.

Nunmehr haben auch der Neffe Heinrich Manns, Klaus Mann, sowie dessen Vater, Thomas Mann, das Heimatrecht in Prosec erworben, auf Grund dessen ihnen dann die tschechoslowakische Staatsbürgerschaft zugeteilt werden soll".

[1] Ein Exemplar des Aufrufs wurde dem Auswärtigen Amt am 28. September 1936 auch vom Deutschen Generalkonsulat in Zürich unter Hinweis darauf zugesandt, daß Thomas Mann mit

gemäß angestellten Rückfragen der zuständigen deutschen Auslandsbehörden bei einigen Unterzeichnern eines ähnlichen Aufrufs ergeben haben, daß die Herausgeber des betreffenden Flugblattes die Namen verschiedener Persönlichkeiten ohne deren Wissen mißbraucht hatten. Gegebenenfalls würde ich es daher für zweckmäßig halten, durch die Deutsche Gesandtschaft in Bern nähere Feststellungen treffen zu lassen, bevor die Beteiligung von Thomas Mann an dem vorliegenden Aufruf als bewiesen angenommen wird.

I.A.

gez. Schumburg

178

Reichs- und Preußisches Ministerium des Innern an Auswärtiges Amt   *2. Oktober 1936*

I B² 10932/5013 c^{II}

Zu 83.76, 2/6 Thomas Mann

Im Anschluß an mein Schreiben vom 8. September 1936 – I B² 10932/5013 c – [= *Dok. 173*] übersende ich beiliegend Abschrift eines Artikels der Zeitschau aus „Westermanns Monatshefte" vom September 1936 (S. 100) zur gefälligen Kenntnisnahme. Der Artikel gibt eine in der „Neuen Literatur" abgedruckte Äußerung Thomas Manns wieder[1]. Die Überschrift in „Westermanns Monatsheften"[2] zeigt, daß das Auftreten Thomas Manns im Auslande auch in der deutschen Öffentlichkeit in zunehmendem Maße als untragbar angesehen wird.

I.A.

gez. Hering

---

unterzeichnet habe. In dem Bericht des Konsulats St. Gallen heißt es bezüglich der in der beigefügten Liste genannten Unterstützungsbedürftigen: „Die Namen dürften sicherlich für die Gestapo von Interesse sein, wenn auch anscheinend Änderungen und Tarnungen vorgenommen wurden. Sehr interessant und aufreizend sind die Spalten ‚Ursachen der Not' und ‚Bemerkungen' ".

178   [1] Die Neue Literatur 37, 1936, S. 362 ff. Es handelt sich um folgende Teile aus Thomas Manns Offenem Brief an Eduard Korrodi aus der „Neuen Zürcher Zeitung" vom Februar 1936: „daß in der Gesamtemigration – Staatsveranstaltungen unserer Tage ... die ‚internationale' Komponente zu bewirken droht".

[2] Sie lautet: „Wie lange darf Thomas Mann noch Deutscher sein?" Vgl. oben S. 175, Anm. 218. Mit dem Hinweis auf „Die Neue Literatur" als Fundort der Zitate war in „Westermanns Monatsheften" die Bemerkung verknüpft, es handele sich um die „Antwort Manns auf eine Zurückweisung, die Dr. Eduard Korrodi ... Anmaßungen der deutsch-jüdischen Emigration hat zuteil werden lassen".

Reichsministerium für Volksaufklärung und Propaganda an Reichs- und Preußisches Ministerium des Innern   6. *Oktober 1936*

VIII 8025/14. 4. 36–43 4/10[1]

Vertraulich

Betr.: Thomas Mann

Auf das Schreiben vom 8. September 1936 – I B 2 10932/5013 c – [= *Dok. 173*]

Unter Bezugnahme auf das oben genannte Schreiben teile ich mit, daß ich in Anbetracht der Sachlage damit einverstanden bin, daß dem Schriftsteller Thomas Mann die deutsche Reichsangehörigkeit aberkannt wird. Die notwendigen Maßnahmen bitte ich, baldmöglichst zu ergreifen.

I.A.

Dr. Wismann

180

Reichsministerium für Volksaufklärung und Propaganda an Auswärtiges Amt
6. *Oktober 1936*

Übersendet Abschrift von Dok. 179 zur Kenntnisnahme. Auf dem Eingang Vermerk von der Hand des ROI Klee: Nach verschied[enen] Meldungen soll Th. M. beabsichtigen, sich in Österreich oder i[n] d[er] Tschechosl[owakei] einbürgern zu lassen. Die angeforderten Berichte aus Wien und Prag stehen noch aus. In Erwartung der Berichte aus Wien und Prag z[u] d]en] A[kten].

LR Hinrichs schrieb den Eingang am 29. Oktober 1936 zu den Akten.

---

[1] Es fällt auf, daß im Aktenzeichen dieses Schreibens auf einen vom 14. April 1936 datierten Eingang Bezug genommen ist, während im übrigen auf das Schreiben des Innenministeriums vom 8. September 1936, das ausdrücklich erwähnt ist, geantwortet wird. Das Aktenzeichen dürfte darauf zurückzuführen sein, daß am 14. April 1936 das Auswärtige Amt ein Schreiben an das Reichsministerium für Volksaufklärung und Propaganda gerichtet hatte, mit dem um Stellungnahme zu der Ausbürgerung Thomas Manns „nach Fühlungnahme mit dem Reichs- und Preußischen Ministerium für Wissenschaft, Kunst und Volksbildung" gebeten wurde [= Dok. 152]. Eine Antwort auf dieses Schreiben ist in den Akten nicht nachweisbar. Sie dürfte – wie das eingangs erwähnte Aktenzeichen erkennen läßt – auch niemals erteilt worden sein – sei es, daß man die Anfrage als überholt durch die in Dok. 171 vermerkte Besprechung ansah, sei es, daß man durch den Wunsch, das in Angelegenheiten der Literatur nach Errichtung des Reichspropagandaministeriums nicht mehr zuständige Kultusministerium zu beteiligen, sich in empfindlicher Kompetenzallergie verletzt fühlte.

Vermerk des Legationsrats Schumburg über die nächsten Absichten des Reichsministeriums des Innern   *8. Oktober 1936*

Nach Mitteilung von O[ber]R[egierungs]R[at] Duchhardt [!] wird das R[eichs-] M[inisterium] d[es] Innern die Zustimmung des P[ropaganda] M[inisteriums] zum Anlaß nehmen, das A[uswärtige] A[mt] nochmals um sein Einverständnis zu bitten.

W[ieder]v[or]l[age] mit diesem Schreiben nach Eingang.

S[chumbur]g 8. [10. 36]

Reichs- und Preußisches Ministerium des Innern an Auswärtiges Amt   *10. Oktober 1936*

Nr. I B² 12425/5013 c

Schnellbrief

Vertraulich

Auf das Schreiben vom 29. September 1936 – Nr. 83–40, 21/9 – [= *Dok. 177*]

Abschrift [= *Dok. 179*] übersende ich im Anschluß an mein Schreiben vom 2. Oktober 1936 – I B² 10932/5013 c – II. Ang. – [= *Dok. 178*] mit der Bitte, der Aberkennung der Staatsangehörigkeit Thomas Manns baldmöglichst zuzustimmen, da Wert darauf gelegt wird, Mann noch in die demnächst zur Veröffentlichung gelangende Ausbürgerungsliste, die in den nächsten Tagen dorthin mitgeteilt werden wird, aufzunehmen. Die Ausbürgerung soll auf seine Ehefrau Katharina geb. Pringsheim, die jüdischer Abstammung ist, erstreckt werden. Hinsichtlich der noch nicht ausgebürgerten Kinder werde ich noch weitere Ermittlungen einleiten. Zu dem dortigen Schreiben vom 29. September d. J. – 83–40, 21/9 – [= *Dok. 177*] bemerke ich ergebenst, daß weitere Erörterungen nicht mehr für erforderlich gehalten werden, da das bereits vorliegende Material meines Erachtens die Ausbürgerung hinreichend rechtfertigt. Auf meine Schreiben vom 3. April 1936 – I A 3108/5013 c – [= *Dok. 150*] und vom 7. Mai 1936 – I A 6567/5013 c – [= *Dok. 157*] nehme ich hierbei Bezug.

I.V.

gez. Pfundtner

Auswärtiges Amt an Deutsche Gesandtschaft Prag   *10. Oktober 1936*

Übersendet Dok. 176 als Eilsache zur Kenntnis und mit der Bitte um Feststellung und baldigen Bericht.

Deutsche Gesandtschaft Wien an Auswärtiges Amt   *14. Oktober 1936*

Telegramm (Geh. Ch. V.)
Wien, den 14. Oktober 1936 20^{00} Uhr
Ankunft: 14. Oktober 1936 21^{50} Uhr
Nr. 130 v. 14. 10. 83—76—8/9

Auf Drahterlaß Nr. 131 vom 13. Oktober[1]

Thomas Mann bisher nicht eingebürgert. Angeblich hat Bundeskanzler entschieden, daß ein etwaiges formelles Ansuchen, welches bisher nicht gestellt, bewilligt werden soll.

Stein

185

Der Reichsminister des Auswärtigen an Reichs- und Preußisches Ministerium des Innern
14. Oktober 1936

Kassierter erster Entwurf des ROI Klee zu einer Antwort auf das Schreiben des Reichsinnenministeriums vom 10. Oktober [= Dok. 182]

Schnellbrief

Vertraulich

Auf das Schreiben (Schnellbrief) vom 10. d. M. – I B 2 – 12425/5013 c. – [= *Dok. 182*].

Die Frage der Ausbürgerung Thomas Manns ist vom A. A. erschöpfend geprüft worden.
Vom rechtlichen Standpunkt aus erscheint mir das zur Begründung der Ausbürgerung vorgelegte Material recht schwach und nicht schlüssig. So fehlt vor allem

---

[1] In den Akten betr. Thomas Mann nicht überliefert.

der Nachweis, inwieweit die Thomas Mann zur Last gelegten Äußerungen und Veröffentlichungen, die nur in der Aufmachung der deutschfeindlichen Hetz- und Emigrantenpresse bekannt sind, tatsächlich von ihm stammen und unverfälscht wiedergegeben wurden. Bekanntlich sind Namensmißbrauch sowie Entstellungen und Verfälschungen – selbst im Falle Thomas Mann – bei der Emigrantenpresse bereits festgestellt worden.

Allerdings besteht kein Zweifel darüber, daß Thomas Mann sich weltanschaulich dem heutigen Deutschland nicht mehr verbunden fühlt; auch ist festgestellt, daß er rege Beziehungen zu deutschen Emigranten unterhält und sich von deutsch gesinnten Kreisen fern hält. Bei der erweiterten Anwendung des § 2 des Gesetzes vom 14. 7. 1933[1] könnte man sich in Fällen geringerer Bedeutung wohl damit begnügen, daß angesichts der bekannten weltanschaulichen Einstellung auch nichtschlüssiges Material die Ausbürgerung begründet.

Im Falle Thomas Mann, dessen Ausbürgerung im Ausland größte Beachtung finden würde, sprechen gewichtige außenpolitische Gründe gegen eine Ausbürgerung auf einer nicht völlig lückenlosen Beweis-Grundlage[a]. Der Weltöffentlichkeit sind die angeblich von Mann stammenden Äußerungen und Veröffentlichungen, da sie in der Hauptsache nur in der Emigranten- und Hetzpresse wiedergegeben wurden, kaum bekannt geworden oder wieder in Vergessenheit geraten. Nach mehrjährigem Zuwarten und mangels jeglicher Vorbereitung würde die Notwendigkeit der Ausbürgerung selbst in den Augen des uns freundlich gesinnten Auslands nicht überzeugend wirken. Darauf kommt es aber an. Denn die wiederholt geltend gemachten außenpolitischen Bedenken – vgl. mein Schreiben vom 30. September 1934 –83–76 11/9 – [= Nr. 76] stützen sich vor allem darauf, daß eine solche Ausbürgerungsmaßnahme bei dem internationalen Ruf, den Thomas Mann genießt, überaus nachteilige Rückwirkungen auf die Einstellung der Weltöffentlichkeit zum heutigen Deutschland nach sich ziehen muß.

Bei dieser Sachlage fragt es sich, ob der zu erwartende außenpolitische Nachteil in angemessenem Verhältnis zu dem innenpolitischen Erfolg stehen würde, und ob es nicht ratsam wäre, mit der Ausbürgerung noch einige Zeit – die der Nachprüfung des Materials und einer geschickten Vorbereitung durch die Presse gewidmet sein müßte – zu warten.

Angesichts der Wichtigkeit der Angelegenheit für die Außenpolitik bitte ich, den Fall Thomas Mann dem Führer und Reichskanzler zur Entscheidung vorzulegen.

gez. Neurath[b]

---

185   [a] *handschriftlich verbessert aus* auf dieser Grundlage
       [b] *so im Entwurf, der dem Minister jedoch nicht vorgelegen hat.*

[1] Zu diesem, seit Frühjahr 1936 in den Akten zuerst nachweisbaren Begriff vgl. oben S. 181, Anm. 239.

Reichs- und Preußisches Ministerium des Innern an Auswärtiges Amt   *19. Oktober 1936*

I B² 90/5013 c. (g)

Geheim

Abschrift des Entwurfs einer zur Veröffentlichung im Reichsanzeiger bestimmten Bekanntmachung über die Aberkennung der deutschen Staatsangehörigkeit von 40 Personen übersende ich ergebenst mit der Bitte um gefällige Kenntnisnahme. Thomas Mann und seine Ehefrau Katharina geb. Pringsheim sind in die Ausbürgerungsliste bereits aufgenommen. Auf meinen Schnellbrief vom 10. Oktober 1936 – I B² 12426/5013 c [= *Dok. 182*] – und das dortige Schreiben vom 29. September 1936 – 83–40, 21/9 – [= *Dok. 177*] nehme ich ergebenst Bezug. Die Erstreckung auf Familienangehörige ist nach den Grundsätzen meines Schreibens vom 21. November 1935 – I A 7338/5013 c – vorgenommen worden, denen mit dortigem Schreiben vom 6. Dezember 1935 – 83–76, 21/11 – zugestimmt worden ist[1].

Eine zur Veröffentlichung durch die Presse bestimmte Niederschrift über die Gründe der Aberkennung füge ich bei. Eine nochmalige vorherige Anhörung der Auslandsvertretungen dürfte sich erübrigen.

Für möglichst baldige Mitteilung Ihres Einverständnisses zu dem vorliegenden Entwurf der Bekanntmachung wäre ich dankbar.

I.V.

gez. Pfundtner

Bekanntmachung

Auf Grund des § 2 des Gesetzes über den Widerruf von Einbürgerungen und die Aberkennung der deutschen Staatsangehörigkeit von 14. 7. 1933 (RGBl I S. 480) erkläre ich im Einvernehmen mit dem Herrn Reichsminister des Auswärtigen folgende Reichsangehörige der deutschen Staatsangehörigkeit für verlustig, weil sie durch ein Verhalten, das gegen die Pflicht zur Treue gegen Reich und Volk verstößt, die deutschen Belange geschädigt haben[2]:

---

[1] Über die Erstreckung des Entzugs der deutschen Staatsangehörigkeit auf Familienangehörige s. oben S. 180. Die zitierten Schreiben finden sich in PA, Inland II A/B, 83-76 Ausbürgerungen–Allgemeines, Band 1.

[2] Von den insgesamt neunzig Namen der nachstehenden Liste werden beim vorliegenden Abdruck nur diejenigen von Thomas Mann und Siegfried Thalheimer aufgeführt – dieser deshalb, weil seinem Träger die Doktorwürde der Bonner Philosophischen Fakultät gleichfalls nach der Ausbürgerung entzogen worden ist und dieser Vorgang bestimmte Erkenntnisse gewinnen läßt, die von Wert für den sogennannten „Fall Thomas Mann" sind (vgl. oben S. 200 ff.). Bei den weiterhin aufgeführten fünfzig Familienangehörigen der Ausgebürgerten, denen im Wege der „Erstreckung" gleichzeitig die deutsche Staatsangehörigkeit aberkannt werden sollte, ist nur Thomas Manns Ehefrau Katharina berücksichtigt. Während die „Er-

26. Mann, Thomas geb. am 6. 6. 1875 in Lübeck

– – –

36. Thalheimer, Siegfried, geb. am 10. 1. 1899 in Düsseldorf

– – –

Das Vermögen der vorstehend bezeichneten Personen wird beschlagnahmt.
Der Verlust der deutschen Staatsangehörigkeit wird erstreckt auf folgende Familienangehörige:

– – –

Katherina [!] Mann, geb. Pringsheim, geb. am 24. 7. 1883 in Feldafing

– – –

Die Entscheidung darüber, inwieweit der Verlust der deutschen Staatsangehörigkeit sonst noch auf Familienangehörige zu erstrecken ist, bleibt vorbehalten.

Berlin, den   Oktober 1936

Der Reichs- und Preußische Minister des Innern

In Vertretung

187

Auswärtiges Amt an Reichs- und Preußisches Ministerium des Innern

24–26. Oktober 1936

*Kassierter dritter Entwurf zu einer Antwort auf das Schreiben des Reichsinnenministeriums vom 19.
Oktober. Der Entwurf ist am 24. Oktober 1936 von LR Schumburg an Stelle eines am 23. Oktober durch
Attaché v. Kleist erstellten, von Schumburg verworfenen, in der Sache aber nicht geänderten und darum
hier nicht berücksichtigten zweiten Entwurfs gefertigt, noch am gleichen Tag durch v. Kleist zur Kenntnis
genommen und am 26. Oktober durch den Referatsleiter v. Bülow-Schwante abgezeichnet sowie dem
Reichsaußenminister vorgelegt worden.*

Schnellbrief

Geheim

Auf das Schreiben vom 19. d. M. – I B² 90/5013 c (g) –

Mit der Veröffentlichung der mir im Entwurf vorgelegten Ausbürgerungsliste bin

---

streckung" sonst in zahlreichen Fällen auch auf die Kinder der Ausgebürgerten ausgedehnt
wird, sind die Kinder von Thomas und Katia Mann, die die deutsche Staatsangehörigkeit wie
ihre Eltern noch besaßen, hier nicht erwähnt. Dies hat seinen Grund darin, daß trotz des
schon lange schwebenden Verfahrens und der erforderlichen Angaben schon in dem Antrag
des Bayerischen Staatsministeriums des Innern vom 18. Januar 1934 [= Dok. 33] das Reichsministerium des Innern wegen der Personaldaten von Golo, Monika, Elisabeth und Michael
Mann weitere Ermittlungen für erforderlich hielt. Diese sollten offensichtlich jedoch die gegen
die Eltern beabsichtigte Maßnahme nicht verzögern. Vgl. hierzu Dok. 182. Die „Bekanntmachung" vom 2. Dezember 1936 [= Dok. 196] nennt unter den von der „Erstreckung"
Betroffenen auch die hier noch nicht erwähnten Kinder Thomas Manns.

ich einverstanden, falls von einer Aufnahme von Thomas Mann in diese Liste abgesehen wird.

Eine Stellungnahme in Fall Thomas Mann wird erfolgen, sobald eine Entscheidung des Herrn Reichsaußenministers vorliegt, dem infolge Inanspruchnahme durch den Besuch des italienischen Außenministers noch nicht Vortrag gehalten werden konnte[1].

I.A.

gez. von Bülow-Schwante

Vermerk von der Hand des Reichsaußenministers v. Neurath: Ich habe jetzt gegen die Ausbürgerung nichts mehr einzuwenden. v. N. 26/10

Randvermerk von der Hand Schumburgs: Dem Herrn R[*eichs*] M[*inister*] ist nochmals von Herrn VLR v. Kotze[2] Vortrag gehalten. Danach neuer Entwurf.

188

Der Reichsminister des Auswärtigen an Reichs- und Preußisches Ministerium des Innern
26. Oktober 1936

Kassierter fünfter Entwurf zu einer Antwort auf das Schreiben des Reichsinnenministeriums vom 10. Oktober 1936 [= Dok. 182]. Der Entwurf wurde von LR Schumburg am 26. Oktober 1936 gefertigt und ist ohne weitere Änderungen durch den Gesandten v. Bülow-Schwante am gleichen Tage abgezeichnet worden. Die in den kritischen Noten des Abdrucks vermerkten Änderungen gehen sämtlich auf Schumburg selbst zurück. In den Akten findet sich auch der aus einer Aufzeichnung des ROI Klee durch zahlreiche und umfangreiche Änderungen Schumburgs entstandene vierte Entwurf; er ist beim nachstehenden Abdruck nicht berücksichtigt worden, da er sachlich und formal keine wesentlichen Abweichungen von dem früher mitgeteilten ersten Entwurf [= Dok. 185] und dem hier wiedergegebenen fünften Entwurf aufweist.

Die Frage der Ausbürgerung des Thomas Mann ist vom A. A. nochmals[a] geprüft worden.

---

[a] *korr. aus* erschöpfend.

[1] Der italienische Außenminister Ciano hielt sich vom 19. bis zum 25. Oktober in Deutschland auf.

[2] Hans Ulrich v. Kotze, geb. 10. Februar 1891, entstammte einer Offiziersfamilie und hatte zunächst gleichfalls die Offizierslaufbahn eingeschlagen. Er nahm im Ersten Weltkrieg an den Kämpfen der Westfront teil und bekleidete seit 1916 Generalstabsstellungen, zuletzt bei den nach Finnland entsandten deutschen Truppen. Nach zeitweiliger Tätigkeit bei der Gesandtschaft in Helsingfors (Helsinki) war er in den Auswärtigen Dienst übernommen worden, der ihn an die Gesandtschaften in Budapest und Stockholm, das Generalkonsulat in Algier, das Konsulat in Alexandrien sowie 1930 in die Verwaltung des Völkerbunds führte. Seit 1933 im Auswärtigen Amt beschäftigt, wurde er 1934 zum Legationsrat, 1935 zum Legationsrat I. Kl. ernannt und – seit 2. März 1934 im Büro des Reichsaußenministers Frhr. v. Neurath tätig – am 14. Mai 1936 zum VLR befördert. 1938 wurde er zum Deutschen Gesandten in Riga ernannt und nach dem Ende der Selbständigkeit Lettlands sowie Abwicklung der Geschäfte im Mai 1941 dem „Bevollmächtigten des Reichs in Dänemark" z.b.V. zugeteilt. Er starb am 28. November 1941 in Kopenhagen. Politisch vor 1933 nicht hervorgetreten, war er seit 1. Mai 1933 Mitglied der NSDAP (Nr. 3 284 555).

^bDanach ist nach Auffassung des A. A. das zur Begründung der Ausbürgerung vorgelegte Material nicht schlüssig^b. Auf jeden Fall fehlt der Nachweis, daß die Th. Mann zur Last gelegten Äußerungen und Veröffentlichungen, die sämtlich nur in der Aufmachung der deutschfeindlichen Auslandspresse bekannt sind, tatsächlich von ihm stammen und unverfälscht wiedergegeben wurden. Nach den übereinstimmenden Berichten der beteiligten deutschen Auslandsvertretungen hat sich^c Mann bis in die letzte Zeit jeder Kritik der bisher^d gegen ihn getroffenen Maßnahmen enthalten und hat auch sonst in seinem persönlichen, von deutschen Seiten kontrollierten Auftreten^e keinen Anlaß zu Beanstandungen gegeben. Es ist deshalb der Zweifel berechtigt, inwieweit das vorliegende Material Th. Mann überhaupt zur Last gelegt werden kann,^f umsomehr als Namensmißbrauch sowie Entstellungen und Verfälschungen – selbst im Falle Mann – durch die Emigrantenpresse bereits wiederholt festgestellt werden konnten.

Es ist allerdings nicht bekannt geworden, daß Th. Mann, wie er dies früher einmal getan hat, solche Veröffentlichungen berichtigt oder den Schlußfolgerungen der Emigrantenpresse irgendwo widersprochen hätte. Man könnte ihm daher zur Last legen, daß er sich durch sein Schweigen einer ihm obliegenden Pflicht entzogen hat, zumal ihm durch seinen Rechtsanwalt Heins das gegen ihn schwebende Ausbürgerungsverfahren bekannt sein dürfte. Immerhin ist auch der Standpunkt vertretbar, daß Thomas Mann geglaubt hat, mit seiner durch den S. Fischer-Verlag bekannt gegebenen Erklärung:

„Ich warte ab, ob man sich auf Grund unkontrollierbarer Zeitungstexte und Unterstellungen entschließen wird, mich vor aller Welt meines Deutschtums zu entkleiden"

ein für allemal Stellung zu derartigen Veröffentlichungen genommen [zu] habe[n]. Andererseits steht fest, daß Th. Mann rege Beziehungen zu deutschen Emigranten unterhält, und daß er sich von deutsch gesinnten Kreisen geflissentlich fernhält. Es kann deshalb mit Wahrscheinlichkeit angenommen werden, daß jedenfalls^g ein Teil des ihm zur Last gelegten umfangreichen Materials auf sein Konto entfällt, obwohl schlüssige Beweise für diese Annahme nicht vorliegen. Bei der heutigen Ausdehnung der Richtlinien für die Aberkennung der Staatsangehörigkeit könnte trotzdem eine solche Schlüssigkeit konstruiert werden.

^hM. E. ist [es] jedoch angesichts der Achtung, die der Dichter und Nobelpreisträger

---

^{b-b} *korr. aus* Vom rechtlichen Standpunkt aus scheint mir das zur Begründung der Ausbürgerung vorgelegte Material nicht schlüssig zu sein.

^c *eingefügt*; *daher im Entwurf hinter* Zeit *gestrichen*

^d *eingefügt*

^e *folgt gestrichenes* trotz gegebener Gelegenheit

^f *im Entwurf beginnt hier ein neuer Satz mit* Dies ...

^g *eingefügt*

^{h-h} *korr. aus* M. E. ist jedoch angesichts der Bedeutung, die dem Fall Thomas Mann im Ausland beigemessen wird, nicht möglich, in diesem Fall den gleichen extensiven Maßstab anzulegen, wie in anderen Fällen geringerer Bedeutung, in denen ein Mindestmaß von Wahrscheinlichkeit für das den betreffenden Persönlichkeiten zur Last gelegte Verhalten bereits die Ausbürgerung ausreichend begründet.

Thomas Mann im Ausland genießt, nicht möglich, in diesem Fall den gleichen extensiven Maßstab anzulegen wie in anderen Fällen geringerer Bedeutung. Bei der Masse der Ausbürgerungsfälle begründet heute nach den Richtlinien bereits ein Mindestmaß von Wahrscheinlichkeit für das den betroffenen Persönlichkeiten zur Last gelegte Verhalten die Ausbürgerung[h]. In dem Falle Thomas Mann ist dagegen[i] m. E. eine völlig schlüssige Beweisführung eventuell auf der Grundlage neuer belastender Tatsachen notwendig, um es nicht nur in Deutschland, sondern auch in den Augen des Deutschland gegenüber freundlich eingestellten Auslands verständlich erscheinen zu lassen, daß nach mehrjährigem Abwarten plötzlich mit der Waffe der Ausbürgerung gegen ihn vorgegangen wird.

Der Weltöffentlichkeit sind die angeblich von Thomas Mann stammenden Äußerungen kaum bekannt geworden, da sie in der Hauptsache nur in der Emigranten- und Hetzpresse wiedergegeben wurden, [k]die von dem gebildeten Publikum, dem der Schriftsteller Thomas Mann bekannt ist, nicht gelesen wird[k]. Auch in Deutschland hat sich die Presse bisher nur wenig mit der Person Thomas Manns beschäftigt. [l]Daher würde der Versuch, die innere Notwendigkeit der Ausbürgerung zu begründen, auf die Weltöffentlichkeit nicht überzeugend wirken[l]. Darauf kommt es aber an. Denn die wiederholt geltend gemachten außenpolitischen Bedenken – so in meinem Schreiben an das Reichs- und Pr. Min. d. Innern vom 30. September 1934 – 83-76 11/9. [= Dok. 76] – stützen sich vor allem darauf, daß eine solche Ausbürgerungsmaßnahme bei dem internationalen Ruf, den Thomas Mann genießt, überaus nachteilige Rückwirkungen auf die Einstellung der Weltöffentlichkeit zum heutigen Deutschland nach sich ziehen muß. [m]Die Ausbürgerung eines Dichters und deutschen Nobelpreisträgers von Weltruf würde in weiten Kreisen der Kulturwelt auf völliges Unverständnis stoßen und diese Kreise in ihrem Glauben an das neue Deutschland irre machen, der vielleicht erst durch mühselige Kleinarbeit der deutschen Auslandsbehörden und der NSDAP (Einladung von Ausländern zum Reichsparteitag!) geschaffen ist. Diese eine Maßnahme gegen Thomas Mann würde daher sicher eine mühselige und langwierige Aufbauarbeit und einen großen deutschen Werbeerfolg im Ausland zunichte machen[m].

[n]Selbst wenn dort der[n] Auffassung, daß das gegen Th. Mann vorliegende Material bisher nicht schlüssig begründet sei[o], nicht beigetreten werden könnte, vertrete ich daher[p] die Ansicht, daß der [q]zu erwartende außenpolitische Nachteil in keinem angemessenen Verhältnis zu dem innenpolitischen Erfolg der Ausbürgerung

---

[i] eingefügt

[k-k]eingefügt

[l-l] korr. aus Unter diesen Gesichtspunkten würde die innere Notwendigkeit nicht überzeugend wirken.

[m-m] eingefügt

[n-n] korr. aus Aber selbst wenn dort dieser

[o] korr aus ist

[p] eingefügt

[q-q] unterstrichen

stehen würde^q. Ich würde es daher im Rahmen der deutschen Gesamtpolitik für zweckmäßig halten, auf die Anwendung der Waffe der Ausbürgerung im Falle Thomas Mann zu verzichten, selbst wenn diese Maßnahme auf Grund schlüssigen^r Beweismaterials gerechtfertigt wäre.

Angesichts der Wichtigkeit der Angelegenheit für die deutsche Außenpolitik bitte ich, den Fall dem Führer und Reichskanzler zur Entscheidung vorzulegen.

i[n] R[einschrift] N[ame] d[es] H[errn] R[eichs] M[inisters]

189

Auswärtiges Amt an Reichs- und Preußisches Ministerium des Innern   27. Oktober 1936

Kassierter sechster Entwurf des LR Schumburg zu einer Antwort auf das Schreiben des Reichsinnenministeriums von 19. 10. 1936 [= Dok. 182].

Die Frage der Ausbürgerung von Thomas Mann ist von Herrn VLR v. Kotze dem Herrn Reichsaußenminister nochmals vorgetragen worden. Auf Weisung des Herrn Reichsministers wird folgender Entwurf vorgelegt:

Geheim
Schnellbrief

Auf das Schreiben vom 19. d. M. – I B 2 90/5013 c (g) –

Mit der Veröffentlichung der im Entwurf vorgelegten Ausbürgerungsliste ^a erkläre ich mich mit folgendem Vorbehalt einverstanden^a: angesichts der Bedeutung von Thomas Mann als Schriftsteller^b und Nobelpreisträger sind – wie in dem bisher geführten Schriftwechsel seitens des AA verschiedentlich ausgeführt wurde – nachteilige Rückwirkungen der geplanten Maßnahme im Ausland zu befürchten. Ich darf daher bitten, die Frage der Ausbürgerung von Thomas Mann dem Führer und Reichskanzler zur Entscheidung vorzulegen.

I.A.
(von Bülow-Schwante)

---

188   ^r *unterstrichen*

189   ^a-a *korr. aus:* bin ich einverstanden, falls von einer Aufnahme von Thomas Mann in diese Liste abgesehen wird
         ^b *korr. aus:* weltbekannter Dichter

Auswärtiges Amt an Reichs- und Preußisches Ministerium des Innern   *28. Oktober 1936*

Siebter Entwurf von LR Hinrichs. Das durch die Rechtsabteilung mitgezeichnete Schreiben hat am 28. Oktober dem Reichsaußenminister und tags darauf dem stellvertretenden Staatssekretär vorgelegen.

Die Frage der Ausbürgerung von Thomas Mann ist von Herrn VLR v. Kotze dem Herrn Reichsaußenminister nochmals vorgetragen worden. Auf Weisung des Herrn Reichsministers wird folgender Entwurf vorgelegt:

Geheim
Schnellbrief

Auf das Schreiben vom 19. d. Mts. – I B 2 90/5013 c (g) –

Die Aufnahme des Schriftstellers und Nobelpreisträgers Thomas Mann in die neue Ausbürgerungsliste wird ohne Zweifel in verschiedenen Ländern zu Kritiken und neuen Anfeindungen führen, die – wenigstens für eine gewisse Zeit – nicht ohne Rückwirkung auf die öffentliche Meinung dieser Länder und damit auf außenpolitische Beziehungen bleiben können. Wenn ich auch der Auffassung bin, daß angesichts der zunehmenden staatsfeindlichen Stellungnahme Thomas Manns eine klare Erledigung dieser Angelegenheit in dem gedachten Sinne zu wünschen ist, so muß doch im Hinblick auf die angedeuteten Rückwirkungen die Wahl des Zeitpunkts sorgfältig überlegt werden. Ich möchte daher anheimstellen, in der Angelegenheit Thomas Mann noch eine endgültige Weisung des Führers und Reichskanzlers einzuholen. Gegen die Ausbürgerung der übrigen in der Liste aufgeführten Personen habe ich Einwendungen nicht zu erheben.

I.A.

gez. von Bülow-Schwante

Aufzeichnung des Legationsrats Schumburg für den Leiter des Deutschland-Referats im Auswärtigen Amt.   *4. November 1936*

1. Interessant ist die neuerdings deutlicher zu erkennende Tendenz der „Jüdischen Rundschau", zwar kommentarlos, aber durch Überschriften oder durch Wiedergabe des Inhalts ausländischer Zeitungsmeldungen den „nationalen" Wert des Judentums zu unterstreichen[1].

---

[1] Bezieht sich auf den Artikel „Jüdischer Nobelpreisträger. Prof. Otto Löw (Graz), der 21. Nobelpreisträger jüdischer Abstammung" in „Jüdische Rundschau" (Berlin), Jahrg. 41, Nr. 88 vom 3. November 1936. Auf dem in den Akten befindlichen Zeitungsblatt hat Schumburg vermerkt: „Solche Überschriften sind m. E. im deutschen Interesse nicht erwünscht! Sie bedeuten lediglich eine Verherrlichung des Judentums". Schumburg war am 18. Oktober 1936 durch Himmler persönlich in die SS aufgenommen worden; vgl. oben Dok. 36, Anm. 1.

2. Bemerkenswert ist ferner in der vorliegenden Ausgabe der Artikel über Thomas Mann[2]. Während die deutsche Presse die literarische Arbeit des Thomas Mann neuerdings nicht mehr erwähnt, scheint das Judentum sein Schaffen mit besonderem Interesse zu verfolgen[3].

192

Rundschreiben des ehemaligen Rektors der Universität Bonn, Professor Pietrusky, an die Mitglieder des Lehrkörpers   *16. November 1936*

Akten der Universitätssternwarte Bonn

Der Herr Reichs- und Preußische Minister für Wissenschaft, Erziehung und Volksbildung hat meiner Bitte, mich von den Rektoratsgeschäften zu entbinden, entsprochen und zum Rektor der Universität Herrn Carl Schmidt, o. Professor der Augenheilkunde, ernannt[1].

Heil Hitler!
gez. Pietrusky

193

Rundschreiben des Rektors Professor Schmidt an die Mitglieder des Lehrkörpers der Universität Bonn   *16. November 1936*

Akten der Universitätssternwarte Bonn

J. Nr. 11418

Ich habe heute zum Prorektor den bisherigen Rektor Professor Dr. Pietrusky ernannt. Zu Dekanen habe ich bestimmt:

Rechts- und Staatsw. Fakultät	Prof. Dr. Vleugels
Medizinische Fakultät	Prof. Dr. Siebke

---

191   [2] Besprechung des soeben – Mitte Oktober 1936 – erschienenen Romans „Joseph in Ägypten" unter dem Titel „Thomas Manns dritter Band" von Hermann Sinsheimer. Aus ihrem Schlußabsatz hat Schumburg durch Unterstreichen die Stellen hervorgehoben, wo es heißt, Thomas Mann sage einmal „wir, d. h. er" sei im Begriffe, aus Josephs Leben ein „Tempeltheater" zu machen, und „hinter ‚diesem Tempeltheater' steht Gott und Geist – Gott und Geist der j ü d i s c h e n Welt".

[3] Die Aufzeichnung wurde durch Hinrichs vorgelegt.

192   [1] Zu Schmidt vgl. außer *Wenig*, S. 268 oben S. 203 ff.

Philosophische Fakultät   Prof. Dr. Obenauer
Landwirtschaftliche Fakultät   Prof. Dr. Klapp

Bei den übrigen Fakultät[en] ist ein Dekanwechsel nicht eingetreten.
Zum Senat gehören künftighin der Prorektor Professor Dr. Pietrusky, die 7 Dekane:

> Prof. Dr. Schmidt
> Prof. Dr. Nötscher
> Prof. Dr. Vleugels
> Prof. Dr. Siebke
> Prof. Dr. Obenauer
> Prof. Dr. Kohlschütter
> Prof. Dr. Klapp

die Senatoren Professor Dr. von Antropoff, Prof. Quint, der Leiter der Dozentenschaft und der Leiter der Studentenschaft[1].

gez. Schmidt

194

Rundschreiben des von seinem Amt als Dekan entbundenen Professors Oertel an die Mitglieder der Philosophischen Fakultät der Universität Bonn   *20. November 1936*

Akten der Universitätssternwarte Bonn

Se. Magnifizenz der neue Herr Rektor hat mich unter dem 16. ds. M. von den Pflichten als Dekan der Philosophischen Fakultät entbunden. Bevor ich die Geschäfte meinem Herrn Amtsnachfolger übergebe, möchte ich allen denen, die meinen Amtshandlungen verständnisvoll gegenübergestanden haben, herzlich danken.
Ich darf die Gelegenheit benutzen, den gleichen Dank auch den Mitgliedern der ehemaligen mathematisch-naturwissenschaftlichen Abteilung, insbesondere ihrem stets hilfsbereiten Leiter, auszusprechen[1].

Oertel

---

[1] Zu allen genannten Mitgliedern des Lehrkörpers der Universität vgl. die Angaben bei *Wenig*; zu Obenauer ferner oben S. 200 ff., zu v. Antropoff S. 115 ff., 120 f.

[1] Über die Teilung der Philosophischen Fakultät vgl. *Schäfer*, S. 229 ff.

Reichs- und Preußisches Ministerium des Innern an Auswärtiges Amt   2. Dezember 1936

P. A. Inland II A/B 83–76 Ausbürgerungen 7. Liste

I B² 90 III/5013 c

Übersendet Abschrift der zur Veröffentlichung bestimmten Ausbürgerungsbekanntmachung und der dazugehörenden Begründung vom gleichen Tage.

Der Führer und Reichskanzler hat nach dem Schreiben des Herrn Staatssekretärs und Chefs der Reichskanzlei vom 28. 11. 1936 gegen die alsbaldige Ausbürgerung des Thomas Mann keine Bedenken[1].

I.V.

gez. Pfundtner

Bekanntmachung über den Entzug der deutschen Staatsangehörigkeit von 39 Personen (7. Ausbürgerungsliste), darunter Thomas Mann mit Familienangehörigen   2. Dezember 1936

Druck: *Deutscher Reichsanzeiger und Preußischer Staatsanzeiger Nr. 282 vom 3. Dezember 1936*

Auf Grund des § 2 des Gesetzes über den Widerruf von Ausbürgerungen und die Aberkennung der deutschen Staatsangehörigkeit von 14. Juli 1933 (Reichsgesetzbl. I, S. 480) erkläre ich im Einvernehmen mit dem Herrn Reichsminister des Auswärtigen folgende Reichsangehörige der deutschen Staatsangehörigkeit für verlustig, weil sie durch ein Verhalten, das gegen die Pflicht zur Treue gegen Reich und Volk verstößt, die deutschen Belange geschädigt haben:

1. Baumann, Alfons, geb. am 1. 1. 1900 in Gissigheim (Baden),
2. Beyer, Georg, geb. am 2. 10. 1884 in Breslau,
3. Braun, Matthias (Matz), geb. am 13. 8. 1892 in Neuß,
4. Bräuer, Walter, geb. am 5. 10. 1906 in Hanau,
5. Danzebrink, Heinrich Peter, geb. am 2. 1. 1899 in Prüm (Eifel),
6. Erpenbeck, Fritz, geb. am 6. 4. 1897 in Mainz,
7. Goldschmidt, Alfons, geb. am 28. 11. 1879 in Gelsenkirchen,
8. Gröhl, Karl, geb. am 10. 2. 1896 in Schneidemühl,
9. Gundelfinger, Leo, geb. am 22. 5. 1901 in Regensburg,
10. Haas, Kurt, geb. am 1. 2. 1898 in Fürth,

---

195   [1] Vgl. S. 177, Anm. 228.

11. Heiden, Konrad, geb. am 7. 8. 1901 in München,
12. Heymann, Fritz, geb. am 28. 8. 1897 in Bocholt (Westf.),
13. von Hildebrand, Dietrich, geb. am 12. 10. 1889 in Florenz (Italien),
14. Kiesewetter, Ernst, geb. am 30. 11. 1897 in Kolberg,
15. Kippenberger, Hans Karl, geb. am 15 1. 1898 in Leipzig,
16. Kirschmann, Emil, geb. am 13. 11. 1888 in Oberstein (Nahe),
17. Koenen, Wilhelm, geb. am 7. 4. 1886 in Hamburg,
18. König, Heinrich, geb. am 13. 4. 1886 in Weitmar,
19. Kowalski, Paul, geb. am 22. 2. 1911 in Potsdam,
20. Künder, Paul Christian, geb. am 17. 10. 1897 in Wandsbeck,
21. Lauriolle, August Heinrich, geb. am 6. 8. 1886 in Mainz,
22. Lehnert, Gustav, geb. am 6. 7. 1896 in Gelsenkirchen,
23. Ludwig, Adolf, geb. am 27. 6. 1892 in Pirmasens,
24. Machts, Hertwig, geb. am 16. 7. 1895 in Jena,
25. Mann, Thomas, geb. am 6. 6. 1875 in Lübeck,
26. Olden, Rudolf, geb. am 14. 1. 1885 in Stettin,
27. Otten, Karl, geb. am 29. 7. 1889 in Oberkrüchten,
28. Reinbold, Georg, geb. am 22. 10. 1885 in Triberg (Baden),
29. Ritzel, Heinrich, geb. am 10. 4. 1893 in Offenbach (Main),
30. Schnog, Karl, geb. am 14. 6. 1897 in Köln,
31. Schreiner, Karl, geb. am 8. 11. 1895 in Köln,
32. Sollmann, Wilhelm, geb. am 1. 4. 1881 in Oberlind,
33. Sprey, Jakob, geb. am 8. 4. 1904 in Düsseldorf,
34. Steinthal, Hans Gustav, geb. am 16. 9. 1893 in Charlotte (Bayern),
35. Thalheimer, Siegfried, geb. am 10. 1. 1899 in Düsseldorf,
36. Thiele, Arthur Otto, geb. am 28. 4. 1896 in Dresden,
37. Vahsen, Arnold, geb. am 10. 1. 1902 in Harf, Krs. Bergheim,
38. Wronkow, Ludwig, geb. am 3. 12. 1900 in Berlin,
39. von Zwehl, Hans, geb. am 17. 3. 1888 in Otterndorf.

Das Vermögen der vorstehend bezeichneten Personen wird beschlagnahmt.

Der Verlust der deutschen Staatsangehörigkeit wird erstreckt auf folgende Familienangehörige:
Margarete Baumann, geb. Rausch, geb. am 22. 8. 1908 in Schotten (Hessen),
Otto Ludwig Heinz Baumann, geb. am 5. 10. 1932 in Butzbach (Hessen)
Elli Beyer, geb. Wallich, geb. am 3. 8. 1897 in Köln,
Gisela Beyer, geb. am 6. 5. 1919 in Köln,
Luise Maria Beyer, geb. am 5. 7. 1927 in Köln,
Angela Braun, geb. Stratmann, geb. am 22. 8. 1892 in Neuß,
Hedwig Erpenbeck, geb. Zinner, geb. am 20. 5. 1904 in Lemberg (Galizien),
Lina Goldschmidt, geb. Jakobi, geb. am 31. 3. 1888 in Berlin,
Irene Goldschmidt, geb. am 29. 8. 1913 in Berlin,
Veronika Gröhl, geb. Gehe, geb. am 14. 5. 1904 in Trebbin,
Laura Margarete von Hildebrand, geb. Denk, geb. am 19. 7. 1885 in Altenfeld,

Franz von Hildebrand, geb. am 7. 12. 1912 in Wien,
Paula Kiesewetter, geb. Reschke, geb. am 12. 1. 1899 in Goritz,
Lieselotte Kiesewetter, geb. am 21. 6. 1922 in Berlin,
Thea Kippenberger, geb. Niemand, geb. am 27. 3. 1901 in Leipzig,
Margot Kippenberger, geb. am 21. 1. 1924 in Hannover,
Jeannette Kippenberger, geb. am 23. 7. 1928 in Leipzig,
Martha Koenen, geb. Friedrich, geb. am 16. 7. 1883 in Kempen,
Heinrich Koenen, geb. am 12. 5. 1910 in Königsberg,
Johanna Koenen, geb. am 23. 11. 1911 in Halle,
Elisabeth König, geb. Kampert, geb. am 15. 10. 1888 in Hamm (Westf.),
Werner König, geb. am 1. 5. 1912 in Weitmar,
Ilse König, geb. am 30. 8. 1921 in Weitmar,
Berta Künder, geb. Schaumann, geb. am 14. 6. 1901 in Wandsbeck,
Emmi Lehnert, geb. Brosch, geb. am 25. 2. 1901 in Osnabrück,
Ingeborg Lehnert, geb. am 26. 3. 1925 in Gelsenkirchen,
Kurt Lehnert, geb. am 19. 7. 1927 in Gelsenkirchen,
Helene Ludwig, geb. Sprenger, geb. am 14. 11. 1893 in Pirmasens,
Ludwig Ludwig, geb. am 21. 3. 1912 in Pirmasens,
Werner Ludwig, geb. am 27. 8. 1926 in Pirmasens,
Katharina Mann, geb. Pringsheim, geb. am 24. 7. 1883 in Feldafing,
Gottfried Angelis Thomas Mann, geb. am 27. 3. 1909 in München,
Monika Mann, geb. am 7. 6. 1910 in München,
Elisabeth Veronika Mann, geb. 24. 4. 1918 in München,
Michael Thomas Mann, geb. am 21. 4. 1919 in München,
Isolde Olden, geb. Baguth, geb. am 20. 11. 1904 in Hohenstadt,
Elise Reinhold, geb. Schröder, geb. am 27. 2. 1885 in Berlin,
Elisabeth Eva Ritzel, geb. Lack, geb. am 10. 5. 1894 in Offenbach/Main,
Wolfgang Heinrich Ritzel, geb. am 24. 8. 1919 in Offenbach,
Gerhard Johannes Alfred Ritzel, geb. am 12. 4. 1923 in Michelstadt (Hessen),
Günther Klaus Ritzel, geb. am 11. 11. 1924 in Frankfurt (Main),
Lucia Schnog, geb. Zengerling, geb. am 19. 12. 1895 in Stavenhagen,
Hanna Schnog, geb. am 21. 6. 1930 in Berlin,
Katharina Sollmann, geb. Gruemmer, geb. am 27. 9. 1883 in Lindau,
Elfriede Sollmann, geb. am 21. 8. 1912 in Köln,
Meta Steinthal, geb. Ritz, verw. Volk, geb. am 4. 4. 1884 in Charlottenburg,
Getrud Thalheimer, geb. Stern, geb. am 24. 10. 1902 in München-Gladbach,
Ruth-Eva Thalheimer, geb. am 16. 6. 1929 in Düsseldorf,
Elisabeth Helene Vahsen, geb. Dahmen, geb. am 19. 7. 1900 in Königshoven
(Kr. Bergheim),
Elisabetha Vahsen, geb. am 4. 12. 1924 in Düsseldorf,
Angelika Helene Wilhelmine Vahsen, geb. am 22. 1. 1926 in Düsseldorf,
Arnold Philipp Peter Vahsen, geb. am 26. 10. 1931 in Düsseldorf,
Hilde Wronkow, geb. Rosenberg, geb. am 11. 5. 1901 in Czernowitz,
Rosa von Zwehl, geb. Spiel, geb. am 1. 7. 1904 in Penzberg.

Die Entscheidung darüber, inwieweit der Verlust der deutschen Staatsangehörigkeit sonst noch auf Familienangehörige zu erstrecken ist, bleibt vorbehalten.

Berlin, den 2. Dezember 1936

Der Reichs- und Preußische Minister des Innern

I.V.

Pfundtner

196a

Rechtsanwalt Heins, München, an Oberregierungsrat Duckart im Reichs- und Preußischen Ministerium des Innern   4. Dezember 1936

Dr. Thomas Mann hat vor einiger Zeit auf seinen Antrag hin die Staatsangehörigkeit der tschechoslowakischen Republik erworben, und zwar für sich und seine Frau wie seine unmündigen Kinder. Ich habe vor zwei Tagen von dieser Tatsache Kenntnis bekommen und gebe sie Ihnen sofort weiter.

gez. Unterschrift

197

Offizielle Begründung der Ausbürgerungen   2. Dezember 1936

„Völkischer Beobachter" Nr. 340 vom 5. Dezember 1936

Volksverräter und Reichsfeinde

Das sind die Hetzer, die Deutschland ausstößt. Der „Völkische Beobachter" veröffentlichte in seiner gestrigen Ausgabe eine Liste von Volksschädlingen, denen die deutsche Staatsangehörigkeit aberkannt wurde. Nachstehend geben wir die Begründung für diese Ausbürgerungen bekannt.
. . . .
21. Thomas Mann, Schriftsteller, früher in München wohnhaft. Nach dem Umschwung kehrte er nicht wieder nach Deutschland zurück und begründete mit seiner Ehefrau Katharina geb. Pringsheim, die einer jüdischen Familie entstammt, einen Wohnsitz in der Schweiz. Wiederholt beteiligte er sich an Kundgebungen internationaler, meist unter jüdischem Einfluß stehender Verbände, deren feindselige Einstellung gegenüber Deutschland allgemein bekannt war. Seine Kundgebungen hat er in letzter Zeit wiederholt offen mit staatsfeindlichen Angriffen gegen das Reich verbunden. Anläßlich einer Diskussion in einer bekannten Züricher Zeitung über die Bewertung der Emigrantenliteratur stellte er sich eindeutig auf die Seite des staatsfeindlichen Emigrantentums und richtete öffentlich gegen

das Reich die schwersten Beleidigungen, die auch in der Auslandspresse auf starken Widerspruch stießen. Sein Bruder Heinrich Mann, sein Sohn Klaus und seine Tochter Erika Mann sind bereits vor längerer Zeit wegen ihres unwürdigen Auftretens im Ausland der deutschen Staatsangehörigkeit für verlustig erklärt worden. . . .

198

Leitartikel der parteiamtlichen Zeitung „Westdeutscher Beobachter" (Köln) über die gegen Thomas Mann verhängte Aberkennung der deutschen Staatsangehörigkeit   5. Dezember 1936

„*Westdeutscher Beobachter*" *Nr. 336/337*

Ausgebürgert!

H. St.[1] Das Wort Bürger hat etwas mit Burg und Bürgschaft zu tun. Wer ausgebürgert wurde, darf nicht mehr in die Burg, sein Ruf und seine Zuverlässigkeit wurden als so miserabel erkannt, daß er auch nicht mehr bürgen darf als Bürger und als Bürgender. – Die Liste der Verrufenen und Geächteten ist groß, auf ihr steht, in keineswegs strahlender Gesellschaft, auch Thomas Mann, Filius hospitalis der Deutschen Akademie (München)[2] von einst, im übrigen ein Mensch, der dem deutschen Volk seinen ganzen Reichtum verdankt; was ihn aber nicht hinderte, von Jahr zu Jahr und von Werk zu Werk immer mehr in die Abhängigkeit marxistischer, heute sogar bolschewistischer Ideologen zu geraten.

---

198   [1] H. Steguweit (1897–1964); über ihn weiß der Große Brockhaus 18[15], Leipzig 1934, S. 94 zu berichten: „schrieb Laien- und Rüpelspiele ..., dramatische Dichtungen ... und Romane; sie behandeln wie seine Erzählungen ... oft anekdotische Stoffe und verbinden nationale Gesinnung mit kraftvollem, aus der Sprache des Volkes, insbesondere der Frontsoldaten, geschöpftem Humor". Während Steguweit den hier abgedruckten Artikel veröffentlichte, schrieb er an einem „Roman um das Werden der nationalsozialistischen Bewegung im Rheinlande", der 1937 unter dem Titel „Die törichte Jungfrau" erschien. Nach W. *Linden*, Deutsche Dichtung am Rhein, Ratingen [1944], S. 413, einem von entsprechender Gesinnung erfüllten Buch, dem diese Angabe entnommen werden kann, vereinen sich bei Steguweit „strahlende Laune, treffende Satire, derbe Komik ... mit heiligem Feuer völkischer Umkehr [*sic!*], mit dem glühenden Eifer für Volkseinheit, mit besinnlichem Lebensernst". – Der Verfasser kann sich nicht enthalten, den Spott-Schüttelreim auf den Kulturschriftleiter des „Westdeutschen Beobachters" hier anzuführen, den sich während der nationalsozialistischen Zeit „andersgläubige" Rheinländer zuraunten:
„Ein Hakenkreuz am Wege steht,
davor kniet betend Steguweit".
Vgl. über Steguweit E. *Loewy*, Literatur unterm Hakenkreuz. Das Dritte Reich und seine Dichtung, [Frankfurt/M. 1966], S. 359 f. Der Artikel Steguweits ist bei *Matter* nicht verzeichnet.
[2] Thomas Mann war 1926 zum Senator der Deutschen Akademie in München ernannt worden; vgl. *Bürgin-Mayer*, S. 77. Die Akademie war 1925 zur wissenschaftlichen Erforschung des Deutschtums und zur Pflege nichtamtlicher Kulturbeziehungen gegründet worden. Nach ihrer Satzung sollte der Senat hundert Mitglieder umfassen.

Da wir von der Gewohnheit nicht lassen wollen, der Welt immer ein ehrliches Gesicht und eine gerade Haltung zu zeigen, geben wir ohne Schmerzen zu, daß der Epiker Thomas Mann einmal zu gewissen künstlerischen Hoffnungen berechtigte. Novellen wie „Der kleine Herr Friedemann" oder „Das Wunderkind" verraten Beobachtungsgabe, auch waren sie – lang ist's her – stilistisch noch nicht so geschraubt und gekünstelt wie die Elaborate späterer Kreszenz. In dem Augenblick aber, da Thomas Mann mit seinen „unpolitischen Betrachtungen" anfing politisch zu werden, horchten wir auf und wurden uns klar, daß hier etwas nicht stimmen könne.

Also erfuhren wir, daß Thomas Mann, der mittlerweile eine Jüdin geheiratet hatte, vollends zum Stammgast literarischer Verbrecherkeller geworden war, – es gab deren in Berlin und München genug. Beschämend muß aber bleiben, daß das literarische Bürger- und Altbürgertum nun erst recht auf den Schnurrbart dieses Propheten schwor. Der „Zauberberg", ein doppelter Romanwälzer, deuchte jedem Gesunden schon beim „Anblättern" eine literatenhafte „Verherrlichung" der Lungenschwindsucht, krank und scheußlich durch und durch, mit eisgekühltem Intellekt hingeschrieben, ersonnen und konstruiert, in keiner Phase aber gefühlt, erlebt und erkämpft.

Von Stunde an, während mancher Verehrer sich den Sand aus den Augen rieb und eiligst abrückte von diesem „Dichter", der das Verhängnis der eigenen Person nun auch auf seine Kinder Klaus und Erika (... hier können Familien Theater spielen![3]) vererbte, rannte das snobistische, in literarischer Abendtoilette sich bewegende Bürgertum erst recht hinter ihm her, reichte ihm Professuren, Titel, Medaillen, und erlebt heute die schnöde Quittung, daß sich Thomas Mann als klarer Bolschewik der Weltöffentlichkeit präsentiert. Er erklärte wiederholt, er hielte die bolschewistische Weltanschauung für „gerechter" als die nationalsozialistische, nie und nimmer schien es ihm tunlich, den Wespenschwarm emigrierter und fremdländischer Bürgerkriegshetzer von sich zu streifen, geschweige denn zu verleugnen; im Gegenteil: seine eigenen Kinder Klaus und Erika ließ er ungestraft und hemmungslos mit ihrem politischen Kabarett „Die Pfeffermühle" durch alle Länder Europas ziehen, daß sie überall die Volksmeinungen gegen die deutsche Nation vergiften sollten.

So tief vermochte ein Mann zu sinken, der, allen seinen Fehlern und Sünden zum Trotz, es nicht einmal nötig hatte, bei der Machtergreifung im Januar 1933 auszurücken. Wir wissen genug Künstler in gleicher Situation, die im Lande blieben, an die eigene Brust klopfend, sich schuldig bekennend, – die es aber nicht über sich brachten, das Volk ihrer Herkunft zu verraten und so scheußlich ans Messer internationaler und bodenloser Marodeure zu liefern. Viele von diesen Bereuenden schaffen heute wieder ungehindert, schaffen freilich in Selbstbesinnung und Selbsterziehung, nicht als eilige „Renegaten".

---

[3] Der Satz ist von dem Kritiker Kerr anläßlich der Uraufführung von Klaus Manns Theaterstück „Anja und Esther" in München und Hamburg (1925) formuliert worden, da Erika Mann und ihr damaliger Gatte Gustav Gründgens bei der Aufführung als Schauspieler mitwirkten.

Thomas Mann zog es vor, rasch ins Ausland zu reisen, sich dort den Kriegshetzern und Gottesleugnern jedweder Couleur anzuschließen und selber sogar mit pamphletistischem Bemühen gegen Deutschland, das Land seiner Geburt und seines finanziellen Reichtums, zu Felde zu ziehen.

Wer ausgebürgert wurde, darf nicht mehr in die Burg. Sein Ruf und seine Zuverlässigkeit wurden als so miserabel erkannt, daß er auch nicht mehr bürgen darf als Bürger und als Bürgender.

199

Erklärung zu Thomas Manns Ausbürgerung[1]　　　　　　　　　*5. Dezember 1936*

　　„Neue Zürcher Zeitung" Nr. 2102

Die Deutsche Ausbürgerung

Von unterrichteter Seite wird uns geschrieben:

Der deutsche Schriftsteller Dr. Thomas Mann, der auf der jüngsten deutschen Ausbürgerungsliste figuriert, ist seit dem 19. November dieses Jahres auf Grund des von ihm gestellten Antrages tschechoslowakischer Staatsbürger. Er ist dadurch neben seiner Gattin und seinen noch nicht mündigen Kindern automatisch aus dem deutschen Staatsverband ausgeschieden, sodaß die deutsche Ausbürgerung der rechtlichen Bedeutung entbehrt.

200

Presseerklärung Thomas Manns zu seiner Ausbürgerung　　　　　*9./10. Dezember 1936*

　　Druck: „Pariser Tageszeitung" Nr. 181 vom 9. Dezember 1936[1]*; „Berner Tagwacht" Nr. 290 vom 10. Dezember 1936. Wiedergegeben bei Bürgin-Mayer, S. 123.*

Thomas Mann zu seiner Ausbürgerung

Die „Deutschen Informationen"[2] wandten sich an Thomas Mann mit der Bitte, sich zu der von der deutschen Regierung verfügten „Ausbürgerung" zu äußern. Thomas Mann sandte folgende Erklärung:

199　　[1]Wegen der Urheberschaft Thomas Manns vgl. das oben S. 240, Anm. 409 wiedergegebene Zitat.

200　　[1] Bei *Bürgin* ist die Wiedergabe dieser Erklärung in der „Pariser Tageszeitung" nicht vermerkt.

　　[2] Die 1936 gegründeten „Deutschen Informationen", die von Max Braun, Rudolf Breitscheid, Heinrich Mann und Bruno Frei herausgegeben wurden, waren ein Presseinformationsdienst der deutschen Emigranten, der dreimal wöchentlich in Paris erschien. Vgl. das von der Geheimen Staatspolizei bearbeitete „Leitheft Emigrantenpresse und Schrifttum", März 1937, S. 46 f.

Sehr geehrte Redaktion! Sie wünschen eine Äußerung von mir über meine jetzt von der deutschen Regierung verfügte „Ausbürgerung". Vor allem habe ich dazu zu bemerken, daß dieser Akt, da ich schon seit vierzehn Tagen tschechoslowakischer Staatsbürger und damit automatisch aus dem deutschen Staatsverband ausgeschieden bin, jeder rechtlichen Bedeutung entbehrt. Von seiner geistigen Bedeutungslosigkeit brauche ich nicht zu reden. Ich habe gelegentlich schon im voraus erklärt, daß ich in deutschem Leben und deutscher Überlieferung tiefer wurzele, als die flüchtigen, wenn auch penetranten Erscheinungen, die zur Zeit Deutschland regieren. Ihre Maßnahme besitzt also einen Sinn weder in realer noch in ideeller Sphäre.

Ihr sehr ergebener
gez. Thomas Mann

201

Auswärtiges Amt an die deutschen diplomatischen und berufskonsularischen Vertretungen
10. Dezember 1936

Übersendet Dok. 196 zur Kenntnis. Bei sich bietender Gelegenheit sind den Betroffenen die in ihren Händen befindlichen deutschen Pässe abzunehmen.
Die Gewährung deutschen Schutzes kommt selbstverständlich nicht mehr in Frage.

I. A.
von Bülow-Schwante

201a

Reichs- und Preußisches Ministerium des Innern an Auswärtiges Amt   *10. Dezember 1936*

Übersendet Dok. 196 a zur Kenntnis.

Thomas Mann ist unter Beschlagnahme seines Vermögens und Erstreckung der Ausbürgerung auf seine Ehefrau und 4 Kinder durch die Bekanntmachung vom 2. Dezember 1936, veröffentlicht am 3. Dezember 1936 in Nr. 282 des Reichsanzeigers für das deutsche Reich, ausgebürgert worden.
Ich bitte, durch die zuständige deutsche Auslandvertretung feststellen lassen zu wollen, ob die Anzeige des Rechtsanwalts Heins den Tatsachen entspricht, und gegebenenfalls wann der Staatsangehörigkeitswechsel eingetreten ist.
Für tunlichste Beschleunigung wäre ich dankbar.

Im Auftrag
gez. Dr. Stuckart

202

Erlaß des Reichs- und Preußischen Ministers für Wissenschaft, Erziehung und Volksbildung
betr. Änderung der Promotionsordnungen   *16. Dezember 1936*

> *Amtsblatt des Reichs- und Preußischen Ministeriums für Wissenschaft, Erziehung und Volksbildung*
> *3, 1937, S. 5 ff.*
> *Aus dem umfangreichen, im Druck mehrere Seiten umfassenden Erlaß wird nachstehend allein der auf*
> *die Entziehung der Doktorwürde bezügliche Abschnitt wiedergegeben.*

...

11. Entziehung der Doktorwürde

In dem Erlaß vom 6. Februar 1936 – W I a 190 – habe ich erneut darauf hingewiesen, daß die Richtlinien über die Entziehung der Doktorwürde vom 17. Juli 1934 – U I 1576 – [= *Dok. 62*] auch für die außerpreußischen Hochschulen gelten. Aus mir vorliegenden Berichten muß ich feststellen, daß an einzelnen außerpreußischen Hochschulen die Promotionsordnungen noch nicht entsprechend dieser Anordnung abgeändert sind. Ich ersuche, soweit noch erforderlich, das Weitere unverzüglich zu veranlassen. Dabei mache ich darauf aufmerksam, daß sich einer deutschen Doktorwürde in jedem Falle als unwürdig erweist, wer gemäß § 2 des Reichsgesetzes über den Widerruf von Einbürgerungen und die Aberkennung der deutschen Staatsangehörigkeit vom 14. Juli 1933 (RGBl I, S. 480) [= *Dok. 22*] der deutschen Staatsangehörigkeit für verlustig erklärt worden ist, nicht aber schon derjenige, dessen Einbürgerung lediglich aus rassischen Gründen (§ 1 aaO.) widerrufen worden ist. Auch rechtfertigt die Tatsache der jüdischen Abstammung allein nicht die Entziehung der Doktorwürde.

Der Herr Reichs- und Preußische Minister des Innern wird mir über alle Fälle, in denen einem im Auslande befindlichen Inhaber eines akademischen Grades die deutsche Staatsangehörigkeit aberkannt ist, unter Beifügung der wesentlichen Unterlagen Mitteilung machen, die ich sodann der zuständigen Hochschule wegen Entziehung der akademischen Würde übermitteln werde.

Eine vorherige Anhörung des Betroffenen erübrigt sich in solchen Fällen. Ebenso ist von einer Zustellung des Entziehungsbeschlusses abzusehen; die erfolgte Entziehung ist vielmehr im Deutschen Reichsanzeiger zu veröffentlichen. Eine Anführung des akademischen Grades aus Anlaß der Veröffentlichung der Ausbürgerung wird in Zukunft unterbleiben.

Die Ausfertigung des Beschlusses über die Entziehung eines akademischen Grades ist (mit Dienstsiegel versehen) dem Betroffenen durch Postzustellungsurkunde zuzustellen. Gleichzeitig mit der Zustellung des Beschlusses ist der Betroffene über das ihm zustehende Rechtsmittel und die Rechtsmittelfrist zu belehren. In der mir vorzulegenden Anzeige über die vollzogene Entziehung ist neben den Gründen, die zu der Entziehung geführt haben, der Tag der Zustellung des Entziehungsbeschlusses anzugeben.

Bis zu einer in Aussicht genommenen gesetzlichen Regelung der Frage der Entziehung akademischer Grade muß es zunächst bei der den Fakultäten durch Erlaß

vom 18. März 1936 – W I a 130/36 – auferlegten Mitteilungspflicht verbleiben.
Eine Zurückforderung des Diploms im Falle der Entziehung eines Grades erfolgt
nicht.

. . .

I.V.

gez. Zschintzsch[1]

*203

Bermann-Fischer Verlag, Wien, an Philosophische Fakultät der Universität Bonn

16. Dezember 1936

Akten der Philosophischen Fakultät der Universität Bonn betr. Thomas Mann

In Erledigung Ihrer Zuschrift vom 13. 12. 36[1] bedauern wir Ihnen mitteilen zu
müssen, daß wir leider nicht in der Lage sind, die Adresse Prof. Dr. Thomas Manns
bekanntzugeben. Wir sind jedoch gerne bereit, Briefe, die uns für Dr. Thomas
Mann übergeben werden, uneröffnet an den Adressaten weiterzuleiten.

Hochachtungsvoll

Stempel:

Philosophische Fakultät
Bonn a. Rh.
Eing. 18. Dez. 1936
J. – Nr. 58

Bermann-Fischer Verlag Ges. m. b. H.

gez. Unterschrift

*204

Der Dekan der Philosophischen Fakultät der Universität Bonn an Thomas Mann

19. Dezember 1936

Durchschrift: Akten der Philosophischen Fakultät der Universität Bonn betr. Thomas Mann
Ausfertigung: Thomas Mann-Collection der Universitätsbibliothek von Yale, New Haven, Connec-
ticut, U.S.A.

Herrn
Schriftsteller Thomas Mann[1]

J. Nr. 58

Im Einverständnis mit dem Herrn Rektor der Universität Bonn muß ich Ihnen
mitteilen, daß die Philosophische Fakultät sich nach Ihrer Ausbürgerung genötigt

---

202   [1] Zu Werner Zschintzsch (geb. 1888) vgl. S. 191, Anm. 270.

203   [1] In den Akten nicht überliefert; vgl. dazu oben S. 185, Anm. 254.

204   [1] Auf dem zusammen mit der Ausfertigung aufbewahrten Briefumschlag ist der Anschrift
beigefügt: „d. V. des Bermann-Fischer Verlags GmbH., Wien III, Esteplatz 5.'' Der Briefumschlag trägt ferner den Vermerk „Einschreiben''. Wegen des Datums der Einlieferung
bei der Post vgl. oben S. 185.

gesehen hat, Sie aus der Liste der Ehrendoktoren zu streichen. Ihr Recht, diesen Titel zu führen, ist gemäß § VIII unserer Promotionsordnung erloschen.

Obenauer
Dekan

*205

Thomas Mann an den Dekan der Philosophischen Fakultät der Universität Bonn
1. Januar 1937

> *Der hier wiedergegebene Abdruck des Briefes folgt dem handschriftlichen Entwurf des Dichters, der in der Thomas-Mann-Sammlung der Yale-University-Library aufbewahrt wird. Der Seitenwechsel des Manuskripts ist beim Abdruck jeweils vermerkt.*
> *Abweichungen und Änderungen gegenüber der für die Fakultätsakten gefertigten Abschrift der Ausfertigung [F], dem handschriftlich überarbeiteten Typoskript [T] im TMA, dem Erstdruck [E] von 1937[1] und der Wiedergabe des Textes in XII, S. 785 ff.; MK 117, S. 335 ff. [D] werden in den Anmerkungen berücksichtigt. Zum Verbleib der Originalausfertigung vgl. oben S. 278.*

Sehr geehrter Herr Dekan,

ich habe die trübselige[a] Mitteilung erhalten, die Sie unterm 19. Dezember an mich gerichtet haben. Erlauben Sie mir, Ihnen folgendes darauf zu erwidern.

Die schwere Mitschuld an allem gegenwärtigen Unglück, welche die deutschen Universitäten auf sich geladen haben, indem sie aus schrecklichem Mißverstehen der historischen Stunde sich zum Nährboden der verworfenen Mächte machten, die Deutschland[b] moralisch, kulturell und wirtschaftlich verwüsten, – diese Mitschuld hatte mir die Freude an der mir einst verliehenen akademischen Würde längst verleidet und mich gehindert, noch irgendwelchen Gebrauch davon zu machen. Den Ehrentitel eines Doktors[c] der Philosophie führe ich auch heute, da die[d] Harvard Universität ihn mir [e]aufs neue[e] verliehen hat und zwar mit einer Begründung, die ich Ihnen, Herr Dekan, nicht vorenthalten möchte.

Aus dem Lateinischen ins Deutsche übersetzt, lautet das Dokument: „... haben wir Rektor und Senat[f] unter dem Beifall der ehrenwerten Universitätsinspektoren in feierlicher Sitzung Thomas Mann, den weitberühmten Schriftsteller, welcher, indem er vielen unserer Mitbürger das Leben deutete, [g]zusammen mit ganz wenigen Zeitgenossen die hohe Würde der Deutschen[h] bewahrt[g], zum Doktor der Philosophie ehrenhalber ernannt und ausgerufen und ihm alle Rechte und *[Seite 2]* Ehren, welche mit diesem Grade verbunden sind, verliehen".

So[i] sonderbar der aktuellen[k] deutschen Auffassung widersprechend malt sich meine[l]

205

[a] *über der Zeile korr. aus* melancholische

[b] *folgt gestrichenes* heute

[c] *folgt gestrichenes* führe

[d] *über der Zeile nachgetragen statt gestrichenem* die erste Hochschule Amerikas, die; *E D* Harvard–Universität

[e-e] *über der Zeile nachgetragen*

[f] *folgt gestrichenes* der Harvard-Universität

[g-g] *unterstrichen; F T gesperrt. T am Rand handschriftlich vermerkt* kursiv; *E D kursiv*

[h] *T F E D* deutschen Kultur

[i] *folgt gestrichenes* eigentümlich

[k] *über der Zeile nachgetragen statt des ebenfalls dort nachgetragenen aber wieder gestrichenen* heutigen

[l] *folgt gestrichenes* daheim verfemte

Existenz in den Köpfen freier und hochgebildeter[m] Männer jenseits des Meeres[n] – und, ich darf es hinzufügen, nicht nur dort. Nie wäre es mir in den Sinn gekommen, mit [o]den Worten jenes Schriftstücks[o] zu prahlen; [p]heute und hier[p] aber [q]darf, ja muß ich sie anführen[q]; und wenn Sie, Herr Dekan, (ich kenne die Gepflogenheiten nicht) die an mich gerichtete Mitteilung am Schwarzen Brett Ihrer Universität sollten [r]haben anschlagen lassen[r], so müßte ich wahrhaftig wünschen, daß auch dieser meiner Entgegnung solche[s] Ehre zuteil würde: vielleicht daß manchen akademischen Bürger, Student oder Professor, doch ein nachdenkliches Stutzen, ein rasch unterdrückter, ahnungsvoller Schrecken ankäme bei einer Lektüre, die einem flüchtigen Blick aus bösartig erzwungener Abgeschlossenheit[t] und Unwissenheit in die freie geistige Welt[u] gleichkommen würde.

Hier könnte ich schließen. Und doch wollen in diesem Augenblick einige weitere Erklärungen mir wünschenswert oder[v] doch statthaft scheinen. Zu meiner staatsrechtlichen „Ausbürgerung" habe ich, trotz mancher Anfrage, geschwiegen[2]; die akademische darf[w] ich als schickliche Gelegenheit betrachten zu einem knappen persönlichen Bekenntnis, – wobei Sie, Herr Dekan, den ich nicht einmal dem Namen nach kenne, sich nur als den Zufallsadressaten dieser Ihnen kaum zugedachten Äußerung betrachten wollen.

In diesen vier Jahren eines Exils, das freiwillig zu nennen wohl eine Beschönigung wäre, da ich, in Deutschland verblieben oder dorthin zurückgekehrt, wahrscheinlich nicht mehr am[x] Leben wäre, *[Seite 3]* hat die sonderbare Schicksalsirrtümlichkeit meiner Lage nicht[y] aufgehört mir Gedanken zu machen. Ich habe es mir nicht träumen lassen, es ist mir nicht an der Wiege gesungen worden, daß ich meine höheren Tage als Emigrant, zu Hause enteignet und verfemt[z], in tief

---

[m] *T F E D* gebildeter

[n] *über der Zeile korr. aus* Ozean

[o-o] *ursprünglich* mit jenen Worten; den *statt des gestrichenen* jenen *über der Zeile nachgetragen ;* jenes Schriftstück *über der Zeile eingefügt.*

[p-p] *über der Zeile korr. und wieder gestrichen* in diesem Augenblick

[q-q] *über der Zeile korr. aus* fühle ich mich berechtigt, ja verpflichtet, sie anzuführen

[r-r] *über der Zeile korr. aus* angeschlagen haben

[s] *unter der Zeile korr. aus* diese

[t] *über der Zeile korr. aus* Abgesperrtheit

[u] *folgt gestrichenes* bedeu

[v] *über der Zeile korr. aus* scheinen

[w] *über der Zeile korr. aus* mag die legi

[x] *über der Zeile korr. aus* lebte

[y] *F* nie; *T* nie *handschriftlich korr. zu* nicht

[z] *E D* verfemt

[1] Als Erstdruck ist die Veröffentlichung in Broschürenform zu betrachten, die der Verlag Oprecht in Zürich wohl kaum später als am 15. Januar 1937 ausgeliefert hat. Die Angabe, der „Briefwechsel" sei zuerst am 24. Januar 1937 in der „Neuen Zürcher Zeitung" erschienen, die mehrfach – zuletzt bei *Schröter, Urteil,* S. 512, Anm. zu Dok. 112 – begegnet, ist irrig. In der an diesem Tage erschienenen Nr. 133 des genannten Blatts wird lediglich unter der Überschrift „Eine Antwort Thomas Manns" resümierend über sein Schreiben an den Dekan der Bonner Philosophischen Fakultät berichtet. Erwähnenswert ist daraus eine kritische Bemerkung, die bemängelt, daß der Dichter in seinem Schreiben nicht auch von Rußland gesprochen habe. H. Bürgin hat als erste Veröffentlichung außer der Oprecht-Ausgabe die schwedische Übersetzung festgestellt, die unter dem Titel „Thomas Mann framlägger sin syn på Tyskland" am 17. Januar 1937 in der Stockholmer Zeitung „Dagens Nyheter, uppl. A" erschienen ist (Mitteilung vom 5. September 1965).

[2] Vgl. aber Dok. 199 und 200.

notwendigem politischen Protest verbringen würde. Seit ich ins geistige Leben eintrat, habe ich mich in glücklichem Einvernehmen mit den seelischen Anlagen meiner Nation, in ihren geistigen Traditionen sicher geborgen gefühlt. Ich bin weit eher zum Repräsentanten geboren als zum Märtyrer, weit eher dazu, ein wenig höhere Heiterkeit in die Welt zu tragen, als den Kampf, den Haß zu nähren. Höchst Falsches mußte geschehen, damit sich mein Leben so falsch, so unnatürlich gestaltete. Ich suchte es aufzuhalten nach meinen schwachen Kräften, dies grauenhaft Falsche, – und eben dadurch bereitete ich mir das Los, das ich nun lernen muß mit meiner ihm eigentlich fremden Natur zu vereinigen.

Gewiß, ich habe die Wut dieser Machthaber herausgefordert nicht erst in den letzten vier Jahren, durch mein Außenbleiben, die[a] ununterdrückbaren Kundgebungen meines Abscheus. Lange vorher schon hatte ich es getan und mußte es tun, weil ich früher als das heute verzweifelte deutsche Bürgertum sah, wer und was da heraufkam. [b]Als Deutschland dann wirklich in diese Hände gefallen war, gedachte ich zu[b] *[Seite 4]* schweigen; ich meinte, mir durch die Opfer, die ich gebracht, das Recht auf ein Schweigen verdient zu haben, das es mir ermöglichen würde, etwas mir herzlich Wichtiges, den Kontakt mit meinem innerdeutschen Publikum aufrechtzuerhalten. Meine Bücher, so sagte ich mir, sind für Deutsche geschrieben, für solche zuerst; die „Welt" und ihre Teilnahme waren mir immer nur ein erfreuliches Akzidens. Sie sind, diese Bücher, das Produkt einer wechselseitigen erzieherischen Verbundenheit von Nation und Autor und rechnen mit Voraussetzungen, die ich selber erst in Deutschland habe schaffen helfen. Das sind zarte und hütenswerte Beziehungen, die plump[c] zu zerreißen man der Politik nicht erlauben soll. Gab es Ungeduldige daheim, die[d], selbst geknebelt, dem in der Freiheit Lebenden sein Stillschweigen verübeln würden[e]: die große Mehrzahl[f], durfte ich hoffen, würde[g] meine Zurückhaltung verstehen[h], ja sie mir danken. So meine Vorsätze. Sie waren undurchführbar. Ich hätte nicht leben, nicht arbeiten können, ich wäre erstickt, ohne dann und wann zwischenein, [i]wie alte Völker sagten[i], „mein Herz zu waschen", ohne von Zeit zu Zeit meinem unergründlichen Abscheu[k3] vor dem, was zu Hause in elenden Worten und elenderen Taten geschah, unverhohlenen[l] Ausdruck zu geben. Verdient oder nicht, mein Name hatte sich nun einmal für die Welt mit dem Begriff eines Deutschtums verbunden, das sie

---

[a] *über der Zeile korr. aus* meine

[b-b] *auf Blatt vier des Entwurfs gestrichen, weil schon auf vorhergehendem Blatt; das deutet ebenso wie das Fehlen von Korrekturen auf Blatt drei darauf hin, daß Blatt drei ein Reinkonzept der offenbar in diesem Teil stark korrigierten ersten Niederschrift darstellt.*

[c] *über der Zeile korr. aus* ich

[d] *fehlt in F*

[e] *E folgt Semikolon*

[f] *folgt gestrichenes* so

[g] *korr. aus* würden

[h] *folgt gestrichenes* und

[i-i] *über der Zeile nachgetragen*

[k] *über der Zeile korr. und wieder gestrichen* Ekel

[l] *über der Zeile korr. aus* direkt

[3] B. *Uhse*, Ein Entsandter Deutschlands (Wiederabdruck: *Schröter, Urteil*, S. 321) weist schon auf die doppelte Änderung der Niederschrift hin.

liebt und ehrt[m], daß gerade ich der wüsten Verfälschung[n] klar widerspräche, welche dies Deutschtum jetzt erlitt, war eine in alle freien[o] Kunstträume, denen ich mich so[p] gern überlassen hätte, beunruhigend[q] hineintönende[r] Forderung[s].

[Seite 5] Eine Forderung, schwer abzuweisen für Einen[t], dem immer gegeben gewesen war, sich auszudrücken, sich im Wort zu befreien, dem immer Erleben eins gewesen war mit reinigend bewahrender Sprache.

[Seite 6] Das Geheimnis der Sprache ist groß; die Verantwortlichkeit für sie und ihre Reinheit ist symbolischer und geistiger Art, sie hat keineswegs nur künstlerischen, sondern allgemein moralischen Sinn, sie ist die[u] Verantwortlichkeit selbst, menschliche Verantwortlichkeit schlechthin, auch die Verantwortung für das eigene Volk[v], die[w] Reinerhaltung seines Bildes vorm Angesichte der Menschheit, und in ihr wird die Einheit des Menschlichen erlebt, die [x]Ganzheit des humanen Problems[x], die es niemandem erlaubt, heute am Wenigsten[y], das Geistig-Künstlerische vom Politisch-Sozialen zu trennen und sich gegen dieses im Vornehm-„Kulturellen" zu isolieren[z]: diese wahre Totalität, welche die Humanität selber ist und [a]gegen die[a] verbrecherisch verstieße[b], wer etwa ein Teilgebiet des Menschlichen, die Politik, den Staat, zu „totalisieren" unternähme.

Ein deutscher Schriftsteller, an Verantwortung gewöhnt durch die Sprache; [c]ein Deutscher, dessen Patriotismus sich – vielleicht[c] [d]naiver Weise[d] – in dem Glauben an die [e]unvergleichliche moralische Wichtigkeit[e] dessen äußert, was in Deutschland geschieht, – und sollte schweigen, ganz[f] schweigen zu[g] all dem unsühnbar Schlechten, was in meinem Lande an Körpern, Seelen und Geistern, an Recht und Wahrheit, an Menschen und an dem Menschen täglich begangen wurde und wird? [h]Zu der[h] furchtbaren Gefahr, die dies menschenverderberische, in unsäglicher[i] Unwissenheit über das, was die Weltglocke geschlagen hat, lebende Regime für den Erdteil bedeutet? Es war nicht möglich. Und so kamen, gegen das Programm, die Aeußerungen[k], die unvermeidlich Stellung *[Seite 7]* nehmenden Gesten zustande, die nun den absurden und kläglichen Akt meiner nationalen Exkommunikation herbeigeführt haben.

---

[m] *folgt gestrichenes* und

[n] *folgt gestrichenes* wid

[o] *über der Zeile korr. aus* heiteren

[p] *über der Zeile nachgetragen*

[q] *unter der Zeile korr. aus* unausweichlich, *das über der Zeile zunächst zu* unhörbar *korr. und ebenfalls gestrichen worden war*

[r] *über der Zeile korr. aus* hineinsprechende

[s] *folgt gestrichenes* Auch litt wahrhaftig *das nationale Ehrgefühl. Das Letzte und Unterste, das mora-*

[t] *E D* einen

[u] *über der Zeile korr. aus* daher

[v] *folgt gestrichenes* und

[w] *fehlt in D*

[x-x] *über der Zeile korr. aus* die wahre Totalität

[y] *E D* wenigsten

[z] *E D folgt Semikolon*

[a-a] *über der Zeile korr. aus* an der sich

[b] *über der Zeile korr. aus* versündigte

[c-c] *über der Zeile korr. aus* und sollte schweigen, ganz schweigen zu dem, was

[d-d] *E D* naiverweise

[e-e] *unterstrichen; F T gesperrt, T am Rand handschriftlich vermerkt* kursiv; *E D* kursiv

[f] *unterstrichen; F T gesperrt; E D* kursiv

[g] *folgt gestrichenes* dem

[h-h] *über der Zeile korr. aus* Es war nicht

[i] *über der Zeile korr. aus* frevelhafter

[k] *F D* Äußerungen

Der einfache Gedanke[1] daran, wer die Menschen sind, denen die erbärmlich-äußerliche Zufallsmacht gegeben ist, mir mein Deutschtum abzusprechen, reicht hin, diesen Akt in seiner ganzen Lächerlichkeit erscheinen zu lassen. Das Reich, Deutschland soll ich beschimpft haben, indem ich mich gegen sie[m] bekannte! Sie haben die unglaubwürdige Kühnheit[n] sich mit Deutschland zu verwechseln[4]! Wo doch vielleicht der Augenblick nicht fern ist, da dem deutschen Volke das Letzte daran gelegen sein wird, nicht mit ihnen verwechselt zu werden.

Wohin haben sie, in noch nicht vier Jahren, Deutschland gebracht? Ruiniert, seelisch und physisch ausgesogen von einer[o] Kriegsaufrüstung, mit der es [p]die ganze Welt[p] bedroht, die ganze Welt aufhält und an der Erfüllung ihrer eigentlichen Aufgaben[q], ungeheueren und dringenden[r] Aufgaben [s]des Friedens[s] hindert; geliebt von niemandem, mit[t] Angst und kalter[u] Abneigung betrachtet von allen, steht es am Rande der wirtschaftlichen Katastrophe, und erschrocken strecken sich die Hände seiner „Feinde" nach ihm aus, um ein so wichtiges Glied der zukünftigen Völkergemeinschaft vom Abgrunde zurückzureißen, ihm zu helfen[v], wenn anders es nur[w] zur Vernunft kommen[x] und sich in die wirklichen Notwendigkeiten der Weltstunde finden will, statt sich irgend eine [y]falsch-heilige Sagennot[y] zu erträumen. Ja, die Bedrohten und Aufgehaltenen müssen ihm schließlich[z] noch helfen, damit es nicht den Erdteil mit sich reiße und gar in den Krieg ausbreche, auf den es, als die ultima ratio, immer noch die Augen gerichtet hält.

[Seite 8] Die reifen und gebildeten Staaten – wobei ich unter „Bildung"[a] die Bekanntschaft mit der grundlegenden Tatsache verstehe, daß [b]der Krieg nicht mehr erlaubt ist[b] – behandeln dies große, gefährdete und alles gefährdende Land[c] oder vielmehr die unmöglichen[d] Führer, denen es in die Hände gefallen, wie Ärzte den[e] Kranken: mit größter Nachsicht und Vorsicht[f], mit unerschöpflicher, wenn auch nicht gerade ehrenvoller Geduld; jene aber glauben „Politik", Macht- und

---

[1] *F* Gedanken; *T* Gedanken; *Schluß-n gestrichen*

[m] *T handschriftlich unterstrichen; E D kursiv*

[n] *über der Zeile korr. aus* Dreistigkeit

[o] *folgt gestrichenes* Auf-

[p-p] *über der Zeile korr. aus* einen . . . Erdteil; ganze *korr. aus* ganzen

[q] *über der Zeile korr. aus* und; *es folgen zwei unleserliche Buchstaben*

[r] *E D* ungeheuer und dringender

[s-s] *unterstrichen; F T gesperrt; E D kursiv*

[t] *folgt gestrichenes* kalter

[u] *über der Zeile nachgetragen*

[v] *unterstrichen; F T gesperrt; E D kursiv*

[w] *über der Zeile korr. aus* nur schon

[x] *folgt gestrichenes Komma*

[y-y] *über der Zeile korr. aus* atavistische „heilige Not"; falsch *mit Bleistift nachgetragen; E D* falschheilige

[z] *über der Zeile mit Bleistift korr. aus* auch

[a] *F keine Anführungszeichen, T Anführungszeichen handschriftlich nachgetragen*

[b-b] *unterstrichen; F T gesperrt; E D kursiv*

[c] *über der Zeile mit Bleistift korr. aus* Volk

[d] *über der Zeile korr. aus* in Anachronismen denkenden

[e] *über der Zeile korr. aus* einen

[f] *über der Zeile korr. aus* Schonung

[4] Vgl. zu diesem und dem folgenden Satz den Passus aus einem Brief Thomas Manns an Felix Braun vom 9. Dezember 1936: „Daß diese Menschen sich mit Deutschland verwechseln, ist schon ein wenig stark. Ich fürchte, der Augenblick wird kommen, wo dem deutschen Volk das Letzte daran gelegen sein wird, nicht mit ihnen verwechselt zu werden" (Fotokopie im TMA).

Hegemonie-Politik gegen sie treiben zu sollen. [g]Das ist ein ungleiches Spiel. Macht Einer[g] „Politik", [h]wo die anderen[h] an Politik garnicht mehr denken, sondern an [i]den Frieden[i], so fallen ihm vorübergehend gewisse Vorteile zu. Die anachronistische Unwissenheit darüber, daß der Krieg nicht mehr statthaft ist, trägt selbstverständlich eine Weile „Erfolge" ein über die, die es wissen. [k]Aber wehe dem Volk, das, weil es[k] nicht mehr ein noch[l] aus weiß, am Ende wirklich [m]seinen Ausweg in[m] den Gott und Menschen verhaßten Greuel des Krieges suchte[n]! [o]Dies Volk[o] wäre verloren. Es wird geschlagen werden, daß es sich nie wieder erhebt. Sinn und Zweck des nationalsozialistischen Staatssystems ist einzig der und kann nur dieser sein: das deutsche Volk unter[p] unerbittlicher Ausschaltung[q], Niederhaltung, Austilgung jeder störenden Gegenregung für den „kommenden Krieg" in Form zu bringen, ein grenzenlos[r] willfähriges, [s]von keinem kritischen Gedanken angekränkeltes[s], in blinde und fanatische Unwissenheit gebanntes Kriegsinstrument aus ihm zu machen. Einen anderen Sinn und Zweck, eine andere Entschuldigung[t] kann dieses [*Seite 9*] System nicht haben; alle Opfer an Freiheit, Recht, Menschenglück, eingerechnet die heimlichen und offenen Verbrechen, die es ohne Bedenken auf sich genommen hat, rechtfertigen sich allein in der Idee der unbedingten[u] Ertüchtigung zum Kriege. Sobald der Gedanke des Krieges dahinfiele, [v]als Zweck seiner selbst, wäre es nichts weiter mehr als Menschheitsschinderei[v] – [w]es wäre[w] vollkommen sinnlos und überflüssig.

Die Wahrheit zu sagen: es ist[x] dies beides, sinnlos und überflüssig, – nicht nur, weil man ihm den Krieg nicht erlauben wird[5], sondern weil es selbst in Ansehung seiner Leitidee, der absoluten [y]und „totalen"[y] Kriegsertüchtigung, das Gegenteil von dem bewirkt[z], was es anstrebt. Kein Volk der Erde ist heute so wenig in der Verfassung, so ganz und gar untauglich[a], den Krieg zu bestehen, wie dieses. Daß es keinen Verbündeten haben wird[b], nicht einen einzigen [c]in der Welt[c], ist das

---

[g-g] *über der Zeile korr. aus* In solchen Anachronismen bewegt sich ihr Denken; *E D* einer

[h-h] *über der Zeile korr. aus* gegen Leute, die

[i-i] *unterstrichen; F K gesperrt; E D kursiv*

[k-k] *über der Zeile korr. aus dem Nebensatz* und so erkennen sollen, daß sie

[l] *über der Zeile korr. aus* und

[m-m] *über der Zeile nachgetragen*

[n] *über der Zeile korr. aus* heraufbeschwörte

[o-o] *über der Zeile korr. aus* Es ist

[p] *folgt gestrichenes* terroristisch

[q] *folgt gestrichens* j

[r] *unter der Zeile korr. aus* vollkommen, *das zunächst über der Zeile in* unbedingt *korr., dann aber wieder gestrichen worden war*

[s-s] *über der Zeile korr. aus* ja, fanatisch-gedankenloses

[t] *unterstrichen; F T gesperrt; E D kursiv*

[u] *über der Zeile nachgetragen*

[v-v] *die ersten zwei Worte am Rand, die übrigen über der Zeile korr. aus* wäre es samt allen seinen Opfern und Untaten; *in T* Menschenschinderei *korr. aus* Menschheitsschinderei

[w-w] *nachgetragen statt gestrichenem* es

[x] *unterstrichen; F T gesperrt; E D kursiv*

[y-y] *über der Zeile nachgetragen*

[z] *über der Zeile korr. aus* erreicht

[a] *über der Zeile korr. aus* ungeeignet

[b] *über der Zeile nachgetragen*

[c-c] *über der Zeile nachgetragen*

[5] An diesen Satz erinnerte Thomas Mann auf ironische Weise in der Schrift „Dieser Friede", um die Nachgiebigkeit vor allem Englands bei der Konferenz von München im Jahr 1938 zu geißeln (XII, S. 841 f.; MK 118, S. 45).

Erste[d], doch das Geringste[e]. Deutschland würde allein sein, furchtbar gewiß immer noch in seiner Verlassenheit; aber diese wäre furchtbarer, denn es wäre eine Verlassenheit auch von sich selbst. Geistig reduziert und erniedrigt, moralisch ausgehöhlt, [f]innerlich zerrissen[f], in tiefem Mißtrauen gegen seine Führer [g]und alles, was sie durch Jahre mit ihm angestellt[g], tief unheimlich sich selber, zwar unwissend, aber übler Ahnungen voll, würde es in diesen Krieg gehen – nicht in dem Zustande von 1914, sondern, selbst physisch schon, in dem von siebzehn, von achtzehn. Zehn Prozent unmittelbare Nutznießer des Systems, auch sie schon halb *[Seite 10]* abgefallen, würden nicht hinreichen, einen Krieg zu gewinnen, in welchem die Mehrzahl der andern nur die Gelegenheit sähe, den schändlichen Druck abzuschütteln, der solange auf ihnen gelastet, [h]– einen Krieg also –,[h] der nach der ersten Niederlage in Bürgerkrieg sich verkehren würde[i].

Nein, dieser Krieg ist unmöglich. [k]Deutschland kann ihn nicht führen[k], [l]und sind seine Machthaber[l] irgend bei Verstande, so sind die Versicherungen ihrer Friedfertigkeit nicht das, als was sie sie [m]vor ihren Anhängern[m] blinzelnd[n] ausgeben möchten: taktische Lügen, sondern entspringen der scheuen Einsicht in eben diese Unmöglichkeit. Kann und soll aber nicht Krieg sein – wozu dann Räuber und Mörder? Wozu Vereinsamung, Weltfeindschaft, Rechtlosigkeit, [o]geistige Entmündigung[o], Kulturnacht und jeglicher Mangel? Warum nicht lieber Deutschlands Rückkehr nach Europa, seine Versöhnung mit ihm, seine freie, vom[p] Erdkreis mit Jubel und Glockengeläut begrüßte Einfügung in ein[q] europäisches Friedenssystem [r]mit all ihrem inneren Zubehör an Freiheit, Recht, Wohlstand und Menschenanstand?[r] Warum nicht? Nur weil ein [s]das Menschenrecht in Wort und Tat verneinendes Regime[s], das an der Macht bleiben will und nichts weiter, sich selbst verneinen und aufheben[t] würde, wenn es, da es denn nicht Krieg machen kann, wirklich Frieden machte? [u]Aber ist das auch ein Grund? –[u]

---

[d] *E D* erste

[e] *E D* geringste; *folgen gestrichene Sätze* Glaubt irgend jemand, daß Italien [im Ernst] mit dem Nationalsozialismus gegen Europa marschieren wird? Das ist ganz ausgeschlossen!
[im Ernst *über der Zeile korr. aus* wenn es ernst wird]

[f-f] *über der Zeile nachgetragen*

[g-g] *am Rand und über der Zeile nachgetragen*

[h-h] *über der Zeile korr. aus* und

[i] *in T* würde *korr. aus* müßte

[k-k] *über der Zeile korr. aus* Der Nationalsozialismus

[l-l] *über der Zeile korr. aus* kann ihn nicht führen

[m-m] *über der Zeile korr. aus* noch immer; vor *in T handschriftlich eingefügt.*

[n] *über der Zeile nachgetragen*

[o-o] *über der Zeile nachgetragen*

[p] *folgt gestrichenes* ganzen

[q] *über der Zeile korr. aus* das

[r-r] *über der Zeile korr. aus* und als natürliche Folge davon im Innern Freiheit, [Rechtssicherheit, Glück und Wohlstand?]; [ ] *über der Zeile korr. und wieder gestrichen* Nur schon menschlichen Anstand? all *korr. aus* allen; Menschenanstand *korr. aus* Menschenglück

[s-s] *zuerst* das Herrschaftssystem; *über der Zeile und am Rand korr.* zu ein ruinöses Regime; ein ruinöses *korr.* zu das menschenverderberische; *dann wiederum am Rande korr.* zu Menschenrecht in Wort und Tat verneinendes

[t] *über der Zeile korr. aus* sich als absurder Irrtum erweisen

[u-u] *über der Zeile korr. aus* Ein schöner Grund

Ich habe wahrhaftig vergessen, Herr Dekan, daß ich noch immer^v zu Ihnen^w spreche^x. Gewiß darf ich mich getrösten, daß Sie schon längst nicht mehr weiter gelesen haben^y, entsetzt von einer Sprache, deren^z man in Deutschland^a seit Jahren entwöhnt ist, voll Schrecken, daß jemand sich erdreistet, das deutsche Wort in alter Freiheit zu führen. – Ach, nicht aus dreister Überheblichkeit habe ich gesprochen, sondern aus einer Sorge und Qual^b, *[Seite 11]* von welcher^c Ihre Machtergreifer mich nicht entbinden konnten, als sie verfügten, ich sei kein Deutscher mehr; einer^d Seelen- und Gedankennot, von der seit vier Jahren nicht eine Stunde meines Lebens frei gewesen ist und^e gegen die ich meine künstlerische Arbeit tagtäglich durchzusetzen hatte. ^fDie Drangsal ist groß^f. Und wie wohl auch ein Mensch, der aus religiöser Schamhaftigkeit ^ggemeinhin den obersten Namen schwer^g über die Lippen oder gar aus der Feder bringt, in Augenblicken tiefer Erschütterung ihn dennoch um letzten Ausdrucks willen nicht entbehren mag, so lassen Sie mich – da alles doch nicht zu sagen ist – ^hdiese Erwiderung^h mit dem Stoßgebet schließen:

Gott helfe unseremⁱ verdüsterten und mißbrauchten Lande und lehre es, seinen Frieden zu machen mit der Welt und mit sich selbst!

Küsnacht am Zürichsee, Neujahr 1936/37^k

*206

Der Dekan der Philosophischen Fakultät der Universität Bonn an Reichs- und Preußisches Ministerium für Wissenschaft, Erziehung und Volksbildung   9. *Januar 1937*

Akten der Philosophischen Fakultät der Universität Bonn betr. Thomas Mann

Thomas Mann, der Ehrendoktor der Philosophischen Fakultät, wurde im Einverständnis mit Rektor und Ministerium benachrichtigt, daß diese Rechte nach seiner Ausbürgerung erloschen seien. Darauf lief folgender Brief ein, den wir abschriftlich auf dem Dienstwege weitergeben.

Obenauer
Dekan

5

^v *folgt gestrichenes* mit
^w *F* ihnen
^x *folgt gestrichenes* Was
^y *von hier ab bis zum Schluß ausschließlich mit Bleistift geschrieben*
^z *teilweise über der Zeile korr. aus* der
^a *folgt gestrichenes* nicht
^b *über der Zeile korr. aus* Seelennot
^c *über der Zeile korr. aus* der
^d *über der Zeile korr. aus* einem; *folgt gestrichenes* Gram, wo

^e *folgt gestrichenes* der
^{f-f} *über der Zeile nachgetragen*
^{g-g} schwer *über der Zeile korr. aus* kaum; *in F T E D umgestellt und ergänzt zu* den obersten Namen gemeinhin nur schwer
^{h-h} *über der Zeile nachgetragen*
ⁱ *F T E D* unserm
^k *D* Neujahr 1937; *in F folgt gez.* Thomas Mann.; *in E* Thomas Mann; *in T eigenhändig von Thomas Mann unterzeichnet*

Der Dekan der Philosophischen Fakultät der Universität Bonn an Reichs- und Preußisches Ministerium für Wissenschaft, Erziehung und Volksbildung   22. *Januar 1937*

Akten der Philosophischen Fakultät der Universität Bonn betr. Thomas Mann

Beiliegender gedruckter Auszug[1] aus dem schon mitgeteilten Brief von Thomas Mann ging anonym bei der philosophischen Fakultät ein. Es geht aus ihm hervor, daß Thomas Mann den ganzen Schriftwechsel jetzt in dem Züricher Verlag Oprecht veröffentlicht.

1 Anlage   Obenauer

                                                                                      Dekan

208

„Bestellung" aus der Pressekonferenz des Reichsministeriums für Volksaufklärung und Propaganda   26. *Januar 1937*

Druck: Wulf, Presse, S. 99

Eine westdeutsche Zeitung hatte sich polemisch mit Thomas Mann befaßt. Dies wird als absolut unerwünscht bezeichnet. Thomas Mann soll ausgelöscht werden aus dem Gedächtnis aller Deutschen, da er nicht würdig ist, den Namen Deutscher zu tragen.

In der bestimmten Schriftleitern übermittelten Aufzeichnung eines Journalisten über die gleiche Pressekonferenz (Bundesarchiv Koblenz, Sammlung Traub, Z Sg 110/4, fol. 53) lautet der auf diese „Sprachregelung" bezügliche Passus:

Streng vertraulich!
Nur zur Information!
Nr. 21/37

... Ministerialrat Berndt[1] teilte mit ...:

Eine westdeutsche Zeitung habe sich mit Thomas Mann beschäftigt und sehr heftig gegen ihn polemisiert. Bei dieser Gelegenheit sei auch eine Reihe von üblen Behauptungen Thomas Manns zitiert worden. Berndt hielt das nicht für richtig. Die deutsche Presse habe keinen Anlaß, sich mit einem Mann, der in solcher Weise sein Vaterland beschimpfte, von dem er nur Gutes erfahren habe, zu beschäftigen; dazu sei auch das Papier zu schade.

---

207   [1] In den Akten nicht nachzuweisen. Zur Identifizierung vgl. oben S. 265, Anm. 528.

208   [1] Zu Berndt und dieser „Sprachregelung" vgl. oben S. 262, Anm. 514.

Kurt Schlesinger, Wien, an den Dekan der Philosophischen Fakultät der Universität Bonn
16. Februar 1937

Akten der Philosophischen Fakultät der Universität Bonn betr. Thomas Mann

Sehr geehrter Herr Dekan!

Ich halte die Broschüre in Händen, in der Thomas Mann den Brief veröffentlicht, den er Ihnen Ende Dezember übersandte.

Ich weiß, wie wenig schmeichelhaftes darin über das heutige Deutschland im allgemeinen und über die derzeitigen Universitäten und deren Zustände gesagt ist. Auch über Sie, geehrter Herr Dekan, ist wenig vorteilhaftes zu lesen. (Er nennt Sie ja auch einen Zufallsadressaten.)

Nun geht meine Überzeugung dahin, daß weder die Universität Bonn, noch Sie persönlich an [!] den Besitz dieses Briefes besonderen Wert legen können. Ich andererseits bin ein leidenschaftlicher Verehrer Thomas Manns und es würde meine größte Freude sein, ein historisches Dokument aus seiner Hand zu besitzen. Nehmen Sie mir darum bitte meinen Wunsch nicht übel und überlassen Sie mir das für Sie und die Universität wertlose Schriftstück. Sie würden mir damit eine große Freude und der deutschen Kultur, vielleicht, einen Dienst erweisen.

Für die Belästigung bitte ich vielmals um Entschuldigung und verbleibe in vorzüglicher Hochachtung

Kurt Schlesinger

*210

Der Dekan der Philosophischen Fakultät der Universität Bonn an Kurt Schlesinger, Wien
17. Februar 1937

Akten der Philosophischen Fakultät der Universität Bonn betr. Thomas Mann

Auf Ihre Anfrage vom 16. Febr. 1937 teile ich Ihnen mit, daß Ihrem Wunsche nicht entsprochen werden kann.

Obenauer
Dekan

211

Runderlaß des Reichs- und Preußischen Ministers für Wissenschaft, Erziehung und Volks-bildung[1]   *2. März 1937*

Akten der Philosophischen Fakultät der Universität Bonn betr. Entziehung des Doktor- und Ehrendok-tortitels hiesiger Doktoranden

W f 3486/36

Betrifft: Entziehung der Dr.-Würde von Ausgebürgerten.

Auf Grund des § 2 des Gesetzes über den Widerruf von Einbürgerungen und die Aberkennung der deutschen Staatsangehörigkeit vom 14. Juli 1933 – RGBl. I S. 480 – [= *Dok. 22*] sind folgenden früheren Reichsangehörigen, die nach den Vorgängen des Herrn Reichs- und Preußischen Ministers des Innern Inhaber eines akademischen Grades sind, der deutschen Staatsangehörigkeit für verlustig erklärt worden, weil sie durch ein Verhalten, das gegen die Pflicht zur Treue gegen Reich und Volk verstößt, die deutschen Belange geschädigt haben:

A. Laut öffentlicher Bekanntmachung im Deutschen Reichsanzeiger Nr. 171 vom 22. Juli 1936:
   1. Berendsohn, Walter, geb. am 10. 9. 1884, war Professor an der Universität in Hamburg,
   2. Geyer, Kurt, geb. am 19. 11. 1891,
   3. Glässer, Wolfgang, geb. 9. 9. 1908,
   4. Günther, Hans, geb. am 8. 9. 1899,
   5. Katzenstein (Kastein), Julius, geb. am 6. 10. 1890 und
   6. Neumann, Franz, geb. am 6. 10. 1890.
B. Laut öffentlicher Bekanntmachung im Deutschen Reichsanzeiger Nr. 282 vom 3. Dezember 1936: *[= Dok. 196]* :
   1. Bräuer, Walter, geb. am 5. 10. 1906 in Hanau,
   2. Goldschmidt, Alfons, geb. am 28. 10. 1879 in Gelsenkirchen,
   3. Heymann, Fritz, geb. am 28. 8. 1897 in Bocholt/Westf.,
   4. v. Hildebrand, Dietrich, geb. am 12. 10. 1882 in Florenz,
   5. Steinthal, Hans Gustav, geb. am 16. 9. 1893 in Charlotte (Bayern)
   6. Thalheimer, Siegfried, geb. am 10. 1. 1899 in Düsseldorf.
C. Laut öffentlicher Bekanntmachung im Deutschen Reichsanzeiger Nr. 25 vom 1. Februar 1937:
   1. Jacobson, Otto, geb. am 5. 3. 1898 in Husum,
   2. Loritz, Johann Baptist, geb. am 23. 8. 1891 in Neustift,
   3. Malkmus, Theodor, geb. am 7. 5. 1892 in Guben.

Die Hochschulen, an denen die Genannten die Dr.-Würde erworben haben, sind hier nicht bekannt.

---

211   [1] Vgl. hierzu S.200, Anm. 291.

Unter Bezugnahme auf Ziffer 11 meines RErl. vom 16. Dezember 1936 – W I a 1910 – (RMinAmtsblatt DtschWiss. 1937 Heft 1 S. 8) *[= Dok. 202]* ersuche ich festzustellen, ob die Genannten dort promoviert haben, und gegebenenfalls wegen Entziehung der akademischen Würde das Erforderliche zu veranlassen. Die Entziehung ist mir anzuzeigen.

Unabhängig hiervon mache ich es den Fakultäten zur Pflicht, jede öffentliche Bekanntmachung im Deutschen Reichsanzeiger über Ausbürgerungen von sich aus zu prüfen, ob unter den Ausgebürgerten sich Inhaber akademischer Grade befinden, die an der dortigen Hochschule promoviert haben.

I.A.

gez. Wacker[2]

212

Kopenhagener Presseinterview von Professor Dr. Hans Naumann, Bonn   10. März 1937

„Ekstrabladet" Nr. 24 vom 11. März 1937
Das Interview wird hier im vollständigen dänischen Wortlaut und einer danach gefertigten Übersetzung wiedergegeben.

Professor fra Bonn om Tragedien Thomas Mann

Hans Naumann om Nobelpristageren og Tyskland

Den tyske Litteratur-Professor og Filolog Hans Naumann fra Universitetet i Bonn er kommet hertil, indbudt af Rask-Ørsted-Fondet. Professoren talte i Aftes i „Freunde Deutscher Literatur" om „Grundtraek i den nyste tyske Litteratur", og i de følgende Dage skal han holde en Raekke Forelaesninger paa Universitetet over middelalderlige Former.

Det var – som bekendt – Universitetet i Bonn, der for nylig indlagde sig en noget tvivlsom Berømmelse ved at fratage Nobelpristageren Thomas Mann hans Aeresdoktor-Titel – en Affaere, som først kom til Offentlighedens Kendskab igennem Thomas Manns opsigtsvaekkende „Aabne Brev" til Universitetets Rektor. Det er derfor naturligt, at vi under en Samtale spørger den tyske Gaest, hvad han har at sige til den beklagelige Affaere – og til Problemet Thomas Mann i det hele taget...

Den „utyske" Thomas Mann

Tilfaeldet Thomas Mann er en Tragedie, siger Professor Naumann. Ingen vil benaegte, at han har skrevet pragtfulde Ting i et mesterligt Tysk, og jeg for mit Vedkommende kan kun beklage, at han ikke blev i Tyskland efter Omvaeltningen. Ingen vilde have krummet et Haar paa hans Hoved – saa lidt, som man har gjort

---

1   [2] Dr. Otto Wacker (1899–1940), 1928–1933 Leiter der Presseabteilung des Gaues Baden der NSDAP, wurde im April 1933 zum Justizminister und 1935 zum Kultusminister in Baden ernannt. Über seine Berufung ins Reichs- und Preußische Ministerium für Wissenschaft, Erziehung und Volksbildung (1937) als Leiter des Amtes Wissenschaft vgl. *Heiber*, S. 643.

det paa Gerhard Hauptmann, der jo var Republikkens officielle Digter og Besynger. Men netop fordi Thomas Mann valgte at bosaette sig udenfor Tyskland, fik han en skaev Indstilling til hele Udviklingen i Landet – og nu er det altsaa endt med, at Regeringen har frataget ham hans tyske Borgerrettigheder.

Man maa beklage, at det er gaaet Thomas Mann saaledes, men man kan maaske finde Forklaringen, hvis man gaar ud fra de tyske Teorier om Blod og Race... Alverden ved, at Thomas Manns Mor var en Kreolerinde, som hans Far havde truffet i Sydamerika, og naar hertil kommer, at han selv ergift med en Jødinde, er det ikke saa underligt, at der er kommet noget internationalt og ugermansk over hele hans Indstilling ... Hans Børn, Klaus og Erika Mann, har det samme i endnu mere udpraeget Grad, der e overhovedet ikke Tyskere...

Regeringen beklager det skete

Har Professorerne ved Universitetet vaeret med paa Raad om det Skridt Rektoren foretog overfor Thomas Mann?

Nej overhovedet ikke. Rektorerne ved de tyske Universiteter har under det nye Styre en meget vidtgaaende Myndighed, og Rektor har handlet helt paa egen Haand. Det var efter min Mening pinligt, at det skulde komme dertil – og det har desvaerre ogsaa senere vist sig, at de ikke havde vaeret nødvendigt!

Den tyske Kulturminister Rust har paa Forespørgsel svaret, at han beklagede det Skridt, Rektor havde foretaget, og at det ikke var efter Regeringens Ønske ... Men nu er det jo for sent at raade Bod paa Fadaesen.

Der ledes efter Guldhornene

Hvad mener Professoren om den nye tyske Digtning?

De har her i Danmark en Digter, som hedder Oehlenschlaeger, og som har skrevet et pragtfuldt Digt om Guldhornene... Digtet er symbolsk, det er ikke Guldhornene, det drejer sig om, men derimod den gamle Urkraft i Folket, som er gaaet tabt, og som nu skal findes igen. Paa samme Maade kan man sige, at hele den nye Digtning i Tyskland leder efter den gamle Folkekraft – efter Guldhornene, om De vil! Men det er in Digtning, som endnu kun er is sin Vorden. Efter min Mening findes der i hele den civiliserende Verden i Dag kun en eneste virkelig stor Digter, som taaler Sammenligning med Goethe, Schiller og Shakespeare – nemlig Knut Hamsun! Den kaere Gud kan ikke altid skabe store Digtere ... og det er ogsaa muligt, at han slet ikke ønsker at gøre det! Maaske vil han netop sige til os: Laes I nu først Jeres Goethe, Shakespeare og Homer, som I indtil Dato ikke har forstaaet – og naar I saa er kommet til Bunds i dem, skal jeg nok sende Jer nogle nye Digtere!

Bonner Professor über die Tragödie Thomas Mann

Hans Naumann über den Nobelpreisträger und Deutschland

Der deutsche Literatur-Professor und Philologe Hans Naumann von der Universität Bonn ist auf Einladung des Rask-Ørsted-Fonds hierhergekommen. Gestern abend sprach er vor den „Freunden Deutscher Literatur" über „Grundzüge in der neuesten deutschen Literatur", und in den nächsten Tagen wird er an der Universität eine Reihe von Vorlesungen über mittelalterliche Formen halten.

Es war – bekanntlich – die Universität Bonn, die sich vor kurzem einen etwas zweifelhaften Ruhm damit erwarb, daß sie dem Nobelpreisträger Thomas Mann seinen Ehrendoktor-Titel entzog – eine Affäre, die der Öffentlichkeit erst durch Thomas Manns aufsehenerregenden „Offenen Brief" an den Rektor der Universität bekannt wurde. Es ist deshalb selbstverständlich, daß wir bei einem Gespräch den deutschen Gast fragen, was er zu der bedauerlichen Affäre zu sagen hat – und zum Problem Thomas Mann im Ganzen. . .

Der „undeutsche" Thomas Mann

Der Fall Thomas Mann ist eine Tragödie, sagt Prof. Naumann. Niemand wird leugnen, daß er prachtvolle Sachen in einem meisterlichen Deutsch geschrieben hat, und ich meinerseits kann nur bedauern, daß er nach dem Umsturz nicht in Deutschland geblieben ist.
Niemand würde ihm ein Haar gekrümmt haben – genauso wenig wie Gerhart Hauptmann, der ja der offizielle Dichter und Sänger der Republik gewesen ist. Aber eben weil Thomas Mann es vorzog, sich außerhalb Deutschlands niederzulassen, bekam er eine schiefe Einstellung zur gesamten Entwicklung im Lande – und jetzt hat es also damit geendet, daß die Regierung ihm seine deutschen Bürgerrechte entzog. Man muß bedauern, daß es Thomas Mann derart ergangen ist, aber man kann vielleicht die Erklärung dafür finden, wenn man von den deutschen Theorien über Blut und Rasse ausgeht. . . Alle Welt weiß, daß Thomas Manns Mutter eine Kreolin war, die sein Vater in Südamerika getroffen hatte, und wenn hinzukommt, daß er selbst mit einer Jüdin verheiratet ist, dann ist es nicht so merkwürdig, daß etwas Internationales und Ungermanisches in seine ganze Einstellung gekommen ist. . . Seine Kinder, Klaus und Erika Mann, haben das Gleiche in noch ausgeprägterem Maße, sie sind überhaupt keine Deutschen. . .

Die Regierung bedauert, was geschehen ist

Sind die Professoren der Universität bei dem Schritt, den der Rektor gegen Thomas Mann unternahm, zu Rate gezogen worden?[1]
Nein, überhaupt nicht. Die Rektoren an den deutschen Universitäten haben unter der neuen Regierung eine sehr weitgehende Befugnis, und der Rektor hat ganz auf eigene Faust gehandelt. Es war nach meiner Meinung peinlich, daß es dazu kommen mußte – und es hat sich auch später leider gezeigt, daß es gar nicht notwendig gewesen wäre!
Der deutsche Kultusminister Rust hat auf Rückfrage geantwortet, daß er den Schritt bedauere, den der Rektor unternommen habe, und daß er nicht nach dem Wunsch der Regierung gewesen sei. . . Aber jetzt ist es ja zu spät, die dumme Geschichte aus der Welt zu schaffen.

---

2   [1] Zu den folgenden Ausführungen vgl. oben S. 273 ff.

Man sucht nach den Goldhörnern

Was meinen Sie, Herr Professor, über die neue deutsche Dichtung?
Sie haben hier in Dänemark einen Dichter, der Oehlenschläger heißt und ein
prachtvolles Gedicht über die Goldhörner geschrieben hat... Das Gedicht ist
symbolisch, nicht um die Goldhörner geht es, sondern um die alte Urkraft im
Volke, die verlorengegangen ist und die nun wiedergefunden werden soll. Auf
gleiche Weise kann man sagen, daß die gesamte neue Dichtung in Deutschland
nach der alten Volkskraft sucht – nach den Goldhörnern, wenn Sie wollen! Aber
es ist eine Dichtung, die erst im Werden begriffen ist. Nach meiner Meinung gibt
es in der ganzen zivilisierten Welt heute nur einen einzigen wirklich großen Dichter, der einen Vergleich mit Goethe, Schiller und Shakespeare aushält – nämlich
Knut Hamsun!
Der liebe Gott kann nicht immerzu große Dichter schaffen... und es ist auch
möglich, daß er das gar nicht tun möchte! Vielleicht will er uns eben dies sagen:
Lest Ihr nur erst Euren Goethe, Shakespeare und Homer, die Ihr bis heute nicht
verstanden habt, – und wenn ich sehe, daß Ihr die vollkommen begreift, werde ich
Euch schon ein paar neue Dichter schicken!

213

„Flavius" über Professor Naumanns Interview in Kopenhagen   *20. März 1937*
„Pariser Tageszeitung" Nr. 282

Rust bedauert...

Die Streichung Thomas Manns aus der Liste der Ehrendoktoren der Universität
Bonn hat in der ganzen Kulturwelt Aufsehen erregt. Überall sah man in diesen
Vorgängen gegen einen der größten lebenden Dichter deutscher Sprache einen
neuen Beweis für den Verfall der kulturellen Gesittung des heutigen Deutschlands.
Der Dichter hat selbst in würdigen Worten, die sich zu einer Anklage gegen das
braune Regime steigerten, auf dieses Vorgehen geantwortet, das formell die Folge
seiner – übrigens ja auch rechtswidrig vorgenommenen – Ausbürgerung ist.
Nachträglich sucht man nun den Eindruck zu erwecken, als seien nationalsozialistische Regierungskreise mit der Maßnahme der Universität Bonn gegen Thomas
Mann nicht einverstanden. Wenigstens soll dieser Eindruck im Ausland erweckt
werden. Als Propagandisten benutzt man einen Bonner Professor, den Literaturhistoriker Hans Naumann, der an der Universität Kopenhagen eine Reihe von
Gastvorlesungen hält. Bei dieser Gelegenheit hat er sich über die Streichung von
Thomas Mann als Bonner Ehrendoktor geäußert und alle Verantwortung für diesen Schritt auf den Rektor der Universität abgeschoben. Die Professoren seien
nicht nach ihrer Ansicht gefragt worden, den Rektoren der deutschen Universitäten seien unter dem neuen Regime sehr weitgehende Rechte eingeräumt. Er,

Naumann, habe es allerdings als peinlich empfunden, daß es zu diesem Schritt gekommen sei und es habe sich leider auch nachher gezeigt, daß er nicht notwendig gewesen wäre.

Diese Äußerung mußte natürlich größtes Aufsehen erregen. Man drang weiter in Professor Naumann, der schließlich folgendes erklärte: Reichsminister Rust habe auf eine an ihn gerichtete Frage geantwortet, daß er den Schritt der Universität bedaure und daß er nicht dem Wunsch der Reichsregierung entsprochen habe.

Diese selbe Reichsregierung hat aber mit der Ausbürgerung Thomas Manns, die Professor Naumann damit zu begründen suchte, der Dichter habe durch seinen Aufenthalt im Ausland eine „schiefe" Einstellung bekommen –, dem Bonner Rektor selbst Stichwort und Handhabe zu der Entziehung des Ehrendoktortitels gegeben. Wenn Herr Rust nachträglich Bedauern heuchelt, so macht er die Sache nur noch schlimmer. Der Bonner Rektor hat nur das getan, wovon er glauben mußte, es werde „an höchster Stelle" von ihm erwartet. Daran können nachträgliche Entlastungsversuche nichts ändern. Der Geist des Regimes verlangt die schulmeisterliche Maßregelung. Die List des Regimes schiebt die Verantwortung trotz Führerprinzips auf Nachgeordnete. Rust bedauert, aber in Wirklichkeit bedauert er nicht die Verfolgung Thomas Manns, sondern das üble Echo, das sie machte.

Flavius

214

Der Rektor der Universität Bonn an Prof. Dr. Naumann   *23. März 1937*

HStA Düsseldorf NW 1049 Nr. 48957

J. Nr. 2533

Damit ich dem Herrn Reichsminister entsprechend berichten kann, darf ich Sie bitten, sich zu dem in der Anlage abschriftlich beigefügten Zeitungsausschnitt, der mir heute aus Frankreich übersandt wurde[1], gefl. zu äußern.

Schmidt

Anlage

Abschrift

„Kleine Chronik."

Ein Bonner Universitätsprofessor über den „undeutschen" Thomas Mann. Der bekannte Literaturhistoriker Professor Hans Naumann, der gegenwärtig an der

---

[1] Wegen der nicht zu klärenden Provenienz des übermittelten Artikels vgl. oben S. 275, Anm. 549.

Universität Kopenhagen eine Reihe von Gastvorlesungen hält, hat sich dänischen Zeitungen gegenüber über die Streichung Thomas Manns aus der Liste der Ehrendoktoren durch die Universität Bonn ausgesprochen. Der Fall Thomas Mann, erklärte Professor Naumann, ist eine Tragödie. „Niemand bestreitet, daß er in meisterhaftem Deutsch prachtvolle Werke geschrieben hat, und ich für meine Person bedaure, daß er nach der Umwälzung nicht in Deutschland geblieben ist. Es wäre ihm ebensowenig wie Gerhart Hauptmann, dem Dichter und Sänger der Weimarer Republik, ein Haar gekrümmt worden". Weil er sich im Ausland niederließ, habe Thomas Mann eine „schiefe" Einstellung zu der Entwicklung in Deutschland bekommen, was schließlich mit der Entziehung seiner Bürgerrechte durch die Reichsregierung geendet hat. (Schon der Vergleich mit dem beflissen sich anpassenden Gerhart Hauptmann zeugt davon, wer in Wirklichkeit eine „schiefe" Einstellung hat. Red.)

Auf die an ihn gerichtete Frage, ob die Professoren der Universität Bonn vor der Entziehung des Ehrendoktortitels um ihre Ansicht befragt worden seien, erklärte Professor Naumann, daß dies nicht der Fall gewesen sei und der Rektor vollständig selbständig vorgegangen ist. Den Rektoren der deutschen Universitäten sind unter dem neuen Regime sehr weitgehende Rechte eingeräumt worden. Es ist meiner Auffassung nach peinlich, sagte Prof. Naumann weiter, daß es zu diesem Schritt gekommen ist, und es hat sich leider auch nachträglich gezeigt, daß er nicht notwendig gewesen ist! Der deutsche Kultusminister Rust habe auf eine an ihn gerichtete Frage geantwortet, daß er den Schritt der Universität Bonn bedaure und daß er nicht dem Wunsche der Reichsregierung entsprochen habe. Aber nachdem er nun einmal geschehen sei, könne daran nichts mehr geändert werden. Diese Stellungnahme des deutschen Ministers für Erziehung und Unterricht ist geeignet, das größte Aufsehen zu erwecken. Es wäre interessant, zu erfahren, ob er sich erst nach der Veröffentlichung des „Briefwechsels" Thomas Manns und unter dem gewaltigen Eindruck dieses Kulturdokumentes auf die ganze Welt zu dieser Erkenntnis durchgerungen hat, oder ob er bereits vorher das Unwürdige in dem Verhalten der Universität Bonn erkannt hat. Aber wie dem auch sein möge, die Schande bleibt bestehen, und daran vermögen auch die vom Dritten Reich ins Ausland geschickten Kulturmissionare mit ihren rassischen Erklärungen und Entschuldigungsversuchen nicht das mindeste zu ändern.

*215

Der Kurator der Universität Bonn an den Dekan der Philosophischen Fakultät

9. April 1937

Akten der Philosophischen Fakultät der Universität Bonn betr. Thomas Mann

No. 2340

Nach dem dortigen Schreiben vom 9. Januar 1937 – Nr. 58 – wurde im Einverständnis mit Rektor und Ministerium Thomas Mann benachrichtigt, daß die Rechte des Ehrendoktors nach seiner Ausbürgerung erloschen seien. Ich bitte, mir eine Abschrift dieses Schreibens zugehen zu lassen.

gez. Unterschrift[1]

*216

Der Dekan der Philosophischen Fakultät an den Universitätskurator in Bonn

14. April 1937

Akten der Philosophischen Fakultät der Universität Bonn betr. Thomas Mann

Zu Nr. 2340 vom 9. 4. 1937

In der Anlage übersende ich die Abschrift des Schreibens vom 19. 12. 1936 an Thomas Mann.

1 Anlage

Obenauer
Dekan

*217

Der Dekan der Philosophischen Fakultät an W. Klett (Akademische Auslandsstelle der Universität Bonn)

7. Juli 1937

Akten der Philosophischen Fakultät der Universität Bonn betr. Thomas Mann

Sehr geehrter Herr Klett!

Beiliegender Brief gegen Thomas Mann ist beim Rektorat eingegangen und der Fakultät zur Stellungnahme und Übersetzung übersandt worden. Ich bitte Sie, in der Auslandsstelle den Brief übersetzen zu lassen und ihn mir möglichst bis Montag zurückzugeben. Ich muß dann beides, Brief und Übersetzung, mit meiner Stellungnahme vor meiner Abreise am 15. Juli dem Herrn Rektor zurückgeben. Kennen Sie den Briefschreiber?

Heil Hitler!
Obenauer
Dekan

---

[1] Das Schreiben wurde auf dem Dienstweg über den Rektor der Universität geleitet, der am 12. April seinen Sichtvermerk anbrachte.

218

W. Klett an den Dekan der Philosophischen Fakultät   *12. Juli 1937*

Akten der Philosophischen Fakultät der Universität Bonn betr. Thomas Mann

Sehr verehrter Herr Dekan!

Ich gestatte mir, Ihnen in der Anlage die Übersetzung des Artikels von Rev. Dr. O. Stewart Michael[1] zuzusenden. Den Briefschreiber kenne ich nicht.

Mit vorzüglicher Hochachtung und Heil Hitler

Ihr stets ergebener

Anlage   Werner Klett

Thomas Mann „J'accuse".

(Ich klage an.)

Thomas Manns fanatische Streitschrift, welche jetzt über die ganze Welt für 50 cts. verbreitet wird, ist ein eigenartiges Dokument, welches wirklich seinen eigenen ungezügelten Faseleien entspricht. Ganz am Anfang schreibt er von „Deutschland, welches in die Hände von Despoten fällt", von „einem seelenzerstörenden Regime" über dessen „fürchterliche Grausamkeiten" er zuerst Schweigen hielt. Dann, als er „die furchtbare Gefahr für den ganzen Kontinent" sah, hatte er seinen Protest von den Hausdächern zu schreien und auf diese Weise „nahm man von ihm an, daß er Deutschland entehrt habe". Zweifellos der „ganze Kontinent" fühlt sich erleichtert jetzt, da er so durch seinen explosiven Wahnsinn informiert wurde. Mann, wie alle seine alarmierenden Genossen, welche nichts mehr wollen als das „arme verlassene Deutschland ins Gesicht zu schlagen", wenn und weil es am Boden liegt, vergißt, daß das 3. Reich offen und ehrlich zur Macht kam durch 90% der ganzen ungehinderten Wählerschaft der Nation, indem praktisch jeder Einzelne wählte. Daß die Schlußwahl ausgeführt wurde gegen jegliche Mittel, gerechte und ungerechte, welche die Partei, die direkt nach dem Krieg an der Macht war, mit aller ihrer politischen Maschinerie ausdenken konnte. Daß man nicht nur eine Wahl brauchte, um das Hitler-Regime zur Macht zu bringen, sondern mehrere, indem jede Wahl ihm einen festeren Griff gab. Daß die frühere Partei, welche an der Macht war und die so in Bausch und Bogen durch die entrüsteten Deutschen vertrieben wurde, von Manns Freunden seiner eigenen rassischen Herkunft beherrscht wurde, welche sich als unersättliche blutsaugende Parasiten erwiesen hatten, welche die Lebenskraft der unglücklichen Nation untergruben. Natürlich fühlte Mann, daß er eine Lanze für diese Partei brechen mußte und so „entehrte er sein Heimatland".

---

218   [1] Vgl. dazu S. 277, Anm. 556.

Jedes menschliche Wesen mit rotem Blut kennt den verabscheuungswürdigen Zustand des „Mannes ohne Heimatland", der den heimatlichen Boden durch seine Taten und Äußerungen entehrt. Mann erkennt an, daß er sich selbst zu einem fanatisch überlauten „Mann ohne Heimatland" machte, als dieses Land in ernster Gefahr war durch innere Zwietracht. Wenn irgend jemand für widrige persönliche Folgen zu tadeln ist, dann muß sicherlich der Mann ohne Heimatland, welches er entweiht hat, in sein eigenes Herz blicken, auf seine eigene Handlungsweise.

Was sind nun die „Enormitäten", derer sich das 3. Reich schuldig gemacht hat und die dazu führten, daß es denunziert und „entehrt" wurde? Die Streitschrift gibt im einzelnen an:

1. Deutschland besteht darauf, die Nationen sobald wie möglich in einen zweiten schrecklichen Weltkrieg zu stürzen. Es bewaffnet sich jetzt bis an die Zähne. Wie ist es nun aber mit den anderen Nationen ringsherum und selbst die weiter weg, welche ihre Rüstung zu fürchterlichen Ausmaßen vermehrt haben, lange ehe das Reich anfing, seine Verteidigungskräfte zu organisieren? Wollten oder wollen diese Nationen den Krieg wegen ihrer fürchterlichen Rüstung? Nein, aber nur Deutschland muß als Lump geschimpft werden, weil es das tut, was die anderen Nationen getan haben und weil es das tut in weit geringerem Maße als diese. Sicherlich niemand kann auf eine einzige Äußerung des Hitler-Regimes hinweisen, die den Krieg nur andeutet. Und sicherlich sollte ein anständiger Bürger einer Nation seine Obrigkeit achten und stolz sein, sie zu loben, weil sie soweit wie möglich für seinen *[Auslassung im Text]* sorgt. Natürlich kann man von einem „Mann ohne Heimatland" nicht annehmen, daß er dieses einsieht.

2. Deutschland ist an den „Rand des wirtschaftlichen Verderbens gebracht worden, während seine Feinde die Hände ausstrecken aus Furcht, ein wichtiges Glied in der Familie der Nationen vom Abgrund zurückzureißen". Mann sollte den Nobelpreis allein für solch einen Satz bekommen mit seiner lächerlichen Antithese, seinem Anakoluth und dem Zeug, das so fürchterlich verrückt ineinander verwickelt ist. Wir möchten gerne wissen, ob Thomas Mann nicht wirklich mit seinem „linken Auge zwinkerte", als er diesen Satz schrieb. Wer war es denn, der Deutschland in finanzieller Weise an den Abgrund brachte? Es war „das System", die Partei an der Macht nach dem Kriege, die Politiker, mit denen Mann sympathisierte und diese raffinierten schlechten Politiker polsterten ihre eigenen Nester aus mit ihren hinterlistigen Machenschaften.

Nun, wo steht Deutschland finanziell nach vier Jahren „Hitler-Regime"? Kapitalistisch natürlich steht es nicht auf derselben Linie wie Frankreich und andere Staaten, welche zynischerweise sich weigern, ihre ehrlichen Schulden zu bezahlen, aber man vergleiche die Börsenliste von Wall Street mit derjenigen der Bourse! Ein solcher Vergleich wird gewöhnlich angesehen als eine gerechte Beurteilung der finanziellen Lage eines Staates. Die deutsche Liste zeigt jetzt, daß die größte Mehrheit hoch über Pari-Kurs ist und daß ehrliche Dividenden ausbezahlt werden. Die Wall Street und andere Börsen zeigen traurige Bilder in diesem Vergleich.

Man betrachte die wirtschaftliche Lage in anderer Hinsicht. Streiks, Arbeitslosigkeit, industrielle Unruhe und Schreckensherrschaft usw. In Deutschland ist die arbeitende Bevölkerung friedlich und ruhig, fleißig und glücklich, zahlt in die Sparkassen Summen ein, die weit diejenigen anderer Nationen übersteigen. Und die deutsche Polizei hat für drei Jahre oder mehr keine Gummiknüppel getragen oder irgendwelche erwähnenswerten Waffen gebraucht. Thomas Mann in seinem pathetischen Schmähen nimmt keine Rücksicht auf klare Tatsachen.

3. Deutschland „hat keinen Freund in der Familie der Nationen". Diese Bemerkung würde „ein Pferd zum Lachen bringen". Freundschaft zwischen Nationen! Mit dem ganzen idealistischen fol-de-rol von internationalen Besuchen und höflichen Grüßen muß jeder wissen, Mann eingeschlossen, daß Freundschaft zwischen Nationen ungefähr so ehrlich und so vertrauenswürdig ist, wie die Freundschaft oder Brüderschaft zwischen Verbrechern. Doch sogar jetzt kann Deutschland sich nicht der „meisterhaften Vereinsamung" rühmen, welche einst England prahlend zur Schau stellte. Um Manns trübe Täuschungen zu zerstören, braucht man nur die Besuche von Neurath nach Italien, Ungarn, Bulgarien und anderen Nationen zu verfolgen, welche Frankreich und England gerne erwürgt und geknebelt sehen würden, so daß sie sich in Frieden ihrer „Kriegsbeute", der ungestörten Herrschaft über mehr als die Hälfte des Erdballes, des ungestörten Monopols aller Gebiete, welche Rohmaterialien produzieren, erfreuen könnten.

Man muß Thomas Mann wirklich bedauern wegen des Ausdrucks dieser „geistigen und seelischen Not, welche er vier Jahre lang beherbergt hat", – eine Not entstanden durch sein krankhaftes Gefühl für andere Nationen, aber nicht für seine eigene. Man muß ihn bedauern wegen seiner eigenen sentimentalen Sehnsucht auf der Suche nach allem, außer der Ehre und des Fortschritts seines Vaterlandes. Man muß ihn bedauern wegen seiner eigenen Vorurteile (in weitem Maße rassisch bedingt), die in ganz natürlicher Weise seinen Niederfall von dem hohen Stande des Ansehens und Vorteils gebracht haben, welche ihm sein Land, kämpfend in den Klauen eines verheerenden Ruins, einst gewährte.

*219

Der Dekan der Philosophischen Fakultät an den Rektor der Universität Bonn

14. Juli 1937

Akten der Philosophischen Fakultät der Universität Bonn betr. Thomas Mann

Mit verbindlichem Dank zurückgereicht mit der gewünschten, von der Akademischen Auslandsstelle angefertigten Übersetzung.

Rev. Dr. Stewart Michael ist persönlich hier nicht bekannt. Er ist immerhin guten Willens und verdient m. E. eine kurze freundliche Erwiderung.

Obenauer
Dekan

4 Anlagen

220

Der Dekan der Philosophischen Fakultät, Bonn an Reichs- und Preußisches Ministerium für Wissenschaft, Erziehung und Volksbildung 18. Januar 1938

Akten der Philosophischen Fakultät der Universität Bonn betr. Thomas Mann

Übersendet Liste der Ehrenpromotionen der Philosophischen Fakultät in Bonn aus den Jahren 1918-1933.

221

Eingangsabschnitt einer geplanten Denkschrift der Universität Bonn an das Oberkommando der alliierten Besatzungstruppen Frühjahr 1945

Akten des Rektorats und der Universitätsverwaltung der Universität Bonn, UA.
Dem hier wiedergegebenen Entwurf, bei dem nicht ersichtlich ist, ob er ausgefertigt und abgeschickt worden ist, lag eine erste Fassung zugrunde, die ebenfalls in den Akten überliefert ist. Die wesentlichen Abweichungen dieser ersten Niederschrift werden in den Anmerkungen vermerkt. Der weitere Inhalt der Denkschrift bedarf in unserem Zusammenhang keiner Wiedergabe.
Es hat sich nicht klären lassen, auf wen die Änderungen zurückgehen, die in den kritischen Noten verzeichnet sind. Über den Urheber der Denkschrift vgl. oben S. 283.

Die unterzeichneten Repräsentanten der Universität Bonn, Vertreter aller Fakultäten, fühlen sich verpflichtet, dem Oberkommando der Alliierten Westarmeen einige Beobachtungen, Sorgen und Wünsche zu unterbreiten.
Sie glauben sich dazu berechtigt auf Grund der Tatsache, daß die Universität Bonn seit jeher eine der führenden deutschen Hochschulen und die geistige Spitze des demokr[atischen][a] Rheinlandes gewesen ist. Auch unter dem Hitlersystem hat sie sich weithin vom Nazismus freigehalten (nicht einmal ein Fünftel des Lehrkörpers gehört der Partei an[1]). Eine ganze Reihe ihrer Dozenten hat den Nazismus öffentlich bekämpft und ist wegen politischer Unzuverlässigkeit gemaßregelt worden. Immer wieder haben die Professoren die Jugend im[b] humanistischen Sinne zu beeinflussen gesucht – nicht ohne Erfolg, wie auch studierende Ausländer häufig bestätigt haben.
Bevor wir unsere Wünsche vortragen, müssen wir versuchen, einen auf der Universität Bonn ruhenden Vorwurf zu entkräften: Der Titel eines Ehrendoktors ist Thomas Mann nicht, wie das Ausland in Unkenntnis der diktatorischen nazistischen Gebräuche annimmt, von der Universität oder auch nur von der Gesamt-

---

[a] *korr. aus* liberalen
[b] *folgt gestrichenes* liberalen

[1] *Lützeler*, S. 60 gibt an: „In Bonn gehörten 24% der Ordinarien, 69% der Dozenten der nationalsozialistischen Partei an".

heit der philosophischen Fakultät aberkannt worden. ᶜDer Dekan und der Rektor, die von der nazistischen Regierung ohne Befragung der Hochschule eingesetzt worden waren, haben es aus eigener Machtbefugnis getan – auf Grund des sog. Führer-Prinzips, wonach der ‚Führer' (=Rektor) eine Entscheidung trifft, ohne seine ‚Gefolgschaft' (=Lehrkörper) zu fragenᶜ. Die Akten über diesen Vorgang sind erhalten. Die Professorenᵈ, die vor eine vollendete Tatsache gestellt wurden, haben in ihrer überwiegenden Mehrheit das eigenwillige Verfahren des Rektors und Dekans mit größtem Unwillen aufgenommen. Thomas Manns Antwort an den Dekan hat später in den Kreisen der Professoren wie vieler gleichgesinnter Gebildeter zirkuliert als ein geheimes gefährliches Schriftstück, das nur mit der allergrößten Vorsicht von Hand zu Hand gegeben werden konnte.

*222

Geplantes Glückwunschschreiben der Universität Bonn an Thomas Mann   6. *Juni* 1945

Nicht vollzogener Entwurf [1]
Akten der Philosophischen Fakultät der Universität Bonn betr. Thomas Mann

Hochverehrter Herr Doktor!

Die Rheinische Friedrich-Wilhelms-Universität zu Bonn gestattet sich, Ihnen, dem Ehrendoktor ihrer Philosophischen Fakultät, anläßlich Ihres heutigen 70. Geburtstages die herzlichsten Glückwünsche auszusprechen verbunden mit dem Ausdruck der tiefen Verehrung für den großen und verdienstvollen Verkünder und dichterischen Gestalter deutschen Wesens und unermüdlichen Verfechter deutscher Kulturgesinnung und deutscher Kulturverantwortung.
Wenn Sie im Dezember 1936 unter dem Drucke einer nationalsozialistischen Regierung durch einen nationalsozialistischen Dekan ohne Befragung und ohne Mitwirkung der Fakultät aus der Liste unserer Ehrendoktoren gestrichen wurden, so war das eine der vielen Vergewaltigungen, die damals geschehen sind. Wir nicht nationalsozialistisch gesinnten Professoren und Dozenten, die wir heute die Universität Bonn verkörpern, haben das Unrecht, das mit der Vergewaltigung an uns zugleich an Ihnen vollzogen worden ist, niemals anerkannt; wir freuen uns, nunmehr wieder offen erklären zu können, daß wir ganz wie im Jahre 1919 hinter Ihnen stehen

---

221   ᶜ⁻ᶜ*im ersten Entwurf lautet dieser Passus* Sie war *vielmehr ein diktatorisches Werk des Ministeriums in Berlin*, des Rektors und Senats der Universität und des Dekans der Philosophischen Fakultät, d. h. einer Rangleiter von Leuten, die kurz zuvor von der nazistischen Regierung ohne Befragung der Hochschule eingesetzt worden waren.
      ⁻ *am Rande handschriftlich* f[alsch]!
      ᵈ *im ersten Entwurf heißt es* Die übrigen Professoren, d. h. die eigentliche personelle Substanz und geistige Potenz der Universität ...

222   [1] Über die Gründe, die dazu geführt haben, daß weder das geplante Schreiben noch die entworfenen telegraphischen Glückwünsche [=Dok. 223 a/b] abgesandt wurden, vgl. Dok. 224 sowie oben S. 283 f.

und sind Ihnen zutiefst verbunden, daß Sie mit Ihrem unerschrockenen Kampfe gegen ein entartetes Deutschtum vorbildhaft dem Auslande gezeigt haben, wo die eigentlichen und echten Wurzeln unseres deutschen Wesens liegen. Aus diesen Wurzeln wird, so hoffen wir, auch das deutsche Universitätsleben, das seine Blüte von jeher nur echt demokratischer Atmosphäre verdankt hat, neu erstehen und neues Deutschtum formen im Thomas Mann'schen Sinne.

*223 a/b

Geplantes Glückwunschtelegramm der Universität Bonn, und der Philosophischen Fakultät an Thomas Mann   *6. Juni 1945*

Nicht vollzogene Entwürfe
Akten der Philosophischen Fakultät der Universität Bonn betr. Thomas Mann

Die Universität Bonn entbietet dem hochverdienten Ehrendoktor ihrer Philosophischen Fakultät, dem unablässigen Förderer deutscher Kultur und unerschütterlichen Verteidiger deutschen Wesens anlässlich seines 70. Geburtstages die herzlichsten Glückwünsche.

gez. Brinkmann, derz. Rektor

gez. Oertel, derz. Dekan der Philosophischen Fakultät

Die Rheinische Friedrich-Wilhelms-Universität zu Bonn entbietet Thomas Mann, dem Ehrendoktor ihrer Philosophischen Fakultät, anläßlich seines 70. Geburtstages die herzlichsten Glückwünsche, verbunden mit dem Ausdruck der Anerkennung und der tiefen Verehrung für ihn als den großen und verdienstvollen Verkünder und dichterischen Gestalter deutschen Wesens, sowie den unerschrockenen und unermüdlichen Vorkämpfer und Verfechter deutscher Kulturgesinnung und deutscher Kulturverantwortung.

Brinkmann, d. Zt. Rektor

Oertel, d. Zt. Dekan der Philosophischen Fakultät

224

Sitzungsprotokoll des Verwaltungsrates der Universität Bonn   *7. Juni 1945*

Akten des Rektorats der Universität Bonn, Senatsprotokolle 1945–1950, UA

. . .

Herr Oertel verliest einen Glückwunschentwurf zum 70. Geburtstag Thomas Manns. Der Verwaltungsrat verzichtet jedoch auf einen Glückwunsch und nimmt eine Klarstellung und Regelung des Dr.-Problems zu einem späteren Zeitpunkt in Aussicht.

. . .

Notizen von Professor Dr. Oertel über die Sitzung der Philosophischen Fakultät der Universität Bonn   *26. Juni 1945*

Akten der Philosophischen Fakultät der Universität Bonn betr. Fakultätssitzungen 1945–1949

. . .

Grundrechte Wahlrecht

    Ehrendoktor[1]
    venia
    Emeritierung

. . .

Protokoll der Sitzung des Verwaltungsrates der Universität Bonn   *16. August 1945*

Akten des Rektorats der Universität Bonn, Senatsprotokolle 1945–1950, UA

. . .

Der Zeitpunkt der Erörterung der Angelegenheit Thomas Manns ist noch nicht gegeben. Sie wird später erneut geprüft.

. . .

Notizen von Professor Dr. Oertel über die Sitzung der Philosophischen Fakultät der Universität Bonn   *27. August 1945*

Akten der Philosophischen Fakultät der Universität Bonn betr. Fakultätssitzungen 1945–1949

. . .

P r o m o t i o n wie früher

    Ehrendoktorat einstimmig durch Fak[*ultät*][1]
    nur vorherige Benachrichtigung des Rektors
    Th. Mann: Nachricht, daß Annullierung mit anderen
    Gesetzlosigkeiten aufgehoben.

. . .

---

225   [1] Die Beratung dieses Punktes dürfte den formalen Bestimmungen über die Verleihung der Ehrendoktorwürde gegolten haben, die bei der Verwaltungsratssitzung vom 16. August 1945 Gegenstand eines Beschlusses waren; vgl. *Schäfer*, S. 239.

227   [1] Dies war – in Abänderung der Satzung von 1930 und unter Rückgriff auf die Statuten von 1834 – in der Verwaltungsratssitzung vom 16. August 1945 beschlossen worden; vgl. *Schäfer*, S. 239.

Prof. Dr. H. Knudsen, Berlin, an das Dekanat der Philosophischen Fakultät, Bonn

2. *August 1946*

Akten der Philosophischen Fakultät der Universität Bonn betr. Thomas Mann

Unter dem 19. Dez. 1936 ist von dem damaligen Dekan der Philosoph. Fakultät an Thomas Mann geschrieben worden, ihm werde der Ehren doktor aberkannt. Mir liegt für eine Veröffentlichung der Thomas Mann-Antwort daran, zu erfahren, auf Grund welchen Artikels der Promotions-Ordnung die Aberkennung vorgenommen worden ist; in der Druckvorlage ist der Artikel entstellt und unerkennbar. Zugleich liegt mir ferner daran, zu erfahren, wer damals Dekan war.

Mit bestem Dank für Ihre Bemühung

hochachtungsvoll

Knudsen[1]

Der Dekan der Philosophischen Fakultät, Bonn, an Prof. Dr. H. Knudsen

29. *August 1946*

Akten der Philosophischen Fakultät der Universität Bonn betr. Thomas Mann

Herrn Dr. phil. h.c. Thomas Mann ist der Ehrendoktor am 19. Dezember 1936 auf Grund des § VIII b der damaligen Promotionsordnung („Die Doktorwürde kann wieder entzogen werden: wenn der Inhaber des Titels sich durch sein Verhalten des Tragens einer deutschen Akademischen Würde unwürdig erweist".) entzogen worden. Dekan war seinerzeit Professor Obenauer.

Oe*[rtel]*

---

[1] Hans Knudsen (1886–1971), Germanist und Theaterwissenschaftler. Vgl. zu ihm Kürschners Deutscher Gelehrtenkalender, Berlin [10]1966, S. 1217 f. sowie den Nekrolog von g. r. in „Frankfurter Allgemeine Zeitung" Nr. 31 vom 6. Februar 1971. Zahlreiche Schriftstücke, die Knudsen betreffen, sowie Hinweise auf seine Veröffentlichungen aus nationalsozialistischer Zeit und Teilwiedergabe derartiger Publikationen finden sich bei *Wulf, Theater* (vgl. Register, S. 477) und R. *Seeliger*, Braune Universität IV, München 1966, S. 53 ff., hier mit Stellungnahmen von Knudsen und Wulf. In der 1951 veröffentlichten Bibliographie Hans Knudsen ist die in dem Brief an die Bonner Philosophische Fakultät als beabsichtigt erwähnte Publikation nicht verzeichnet.

Der Dekan der Philosophischen Fakultät, Bonn, an Prof. Dr. W. Levison, Durham,
England[1]   *6. September 1946*

    Akten der Philosophischen Fakultät der Universität Bonn betr. Thomas Mann

Lieber Freund Levison!

Sie könnten der Fakultät einen rechten Gefallen tun, wenn Sie ihr eine Bitte erfüllen würden, die ich Ihnen hiermit unterbreite:
Sie wissen ja um die blamable Aberkennung des Ehrendoktors, die man sich Thomas Mann gegenüber – als Konsequenz seiner Ausbürgerung – im Dezember 1936
geleistet hat. Nun haben wir diese Aberkennung gleich nach dem Zusammenbruch
1945 für null und nichtig erklärt, aber die Mitteilung an Thomas Mann ist unterblieben, weil die Fakultät sich erst einmal vergewissern möchte, ob Thomas Mann
eine solche Wiedergutmachung auch wirklich annehmen oder nach der Formel
„deutsch gleich deutsch" ablehnen würde. Es käme also darauf an, bei Thomas
Mann zu sondieren. Nachdem ich lange nach einem geeigneten Mittelsmann Ausschau gehalten habe, kommt mir der Gedanke, dass Sie vielleicht bereit wären, der
Fakultät den Liebesdienst zu erweisen.
Also, lieber Freund, überlegen Sie einmal und geben Sie mir bald Nachricht!
Mit besten Grüssen

                                         Ihr Oe*[rtel]*

231

Thomas Mann an Prof. Dr. W. Levison   *3. Oktober 1946*

    Dieser Brief hat sich weder als Ausfertigung noch als Konzept auffinden lassen (vgl. S. 287, Anm. 24).
    Sein Wortlaut ist nur in dem nachstehenden Brief von Prof. Dr. W. Levison überliefert.

---

*232

Prof. Dr. W. Levison, Durham, an den Dekan der Philosophischen Fakultät, Bonn
                                            11. Oktober 1946

    Akten der Philosophischen Fakultät der Universität Bonn betr. Thomas Mann

Liebe Spektabilität,

Der Brief, den ich auf Wunsch der Fakultät am 24. September durch Luftpost an
Thomas Mann (1550 San Remo Drive, Pacific Palisades, California) richtete[1], hat

---

230   [1] Über den Adressaten und die Voraussetzungen für das an ihn gerichtete Schreiben des
Dekans vgl. oben S. 286 f.

232   [1] Im Nachlaß von Thomas Mann nicht nachzuweisen.

umgehend von ihm auf demselben Wege eine Antwort vom 3. Oktober hervorgerufen, deren Wortlaut ich sogleich mitteile:

„Haben Sie Dank für Ihren Brief! Ich hatte seit dem Ende des tausendjährigen Reiches schon hie und da daran gedacht, daß eine solche Geste von Bonn eigentlich fällig sei – und fast schon die Hoffnung aufgegeben, daß sie noch erfolgen werde. Nun kommt der freundliche Wiedergutmachungsantrag doch, als Ergebnis eines längst gefaßten Beschlusses, wie Sie schreiben, und Sie sehen mich aufrichtig erfreut darüber. Ich bin nicht der Mann, ein solches Anerbieten mit der Miene der Unversöhnlichkeit zurückzuweisen. Vorausgesetzt also, daß es sich um einen freien, spontanen und einhelligen Wunsch der Fakultät handelt, und daß diese gewiß ist, mit der Wiederverleihung des Ehren-Doktorats an mich der Stimmung in der Universität überhaupt zu entsprechen und die Gesinnung der großen Mehrheit der Studentenschaft zum Ausdruck zu bringen, – bin ich dankbar bereit, mir das schöne Diplom von damals bestätigen, vielleicht sogar erneuern zu lassen. Denn es ist mir 1933 mit viel anderer Habe verloren gegangen, und unter einer ganzen Kollektion amerikanischer Pergamente dieser Art fehlt das wichtigste und schicksalsreichste, das deutsche."

Es folgen noch wenige Sätze über das Ende der Familie Walzel[2], das ich im Laufe des Briefes erwähnt hatte. Ich freue mich, daß die Antwort den Wünschen der Fakultät freundlich entgegenkommt.

Ich will heute nur hinzufügen, daß es mir viel besser geht, wenn ich auch in Zukunft wohl den Jahren mehr Rechnung tragen muß.

Mit herzlichen Grüßen

Wilh. Levison

233

Protokoll der Sitzung der Philosophischen Fakultät, Bonn   *6. November 1946*

Akten der Philosophischen Fakultät der Universität Bonn betr. Fakultätssitzungen 1945–1949.

. . .

3.
Durch Prof. Levisons Vermittlung liegt eine Erklärung von Thomas Mann vor, daß er das ihm verloren gegangene Bonner Ehrendoktor-Diplom sich gerne wieder ausstellen lassen würde, vorausgesetzt, daß es der wirklichen Stimmung der Universität entspricht. Darum soll die Erneuerung nach ausdrücklicher Zustimmung

---

[2] Über das Schicksal des Germanisten Oskar Walzel und seiner, hochbetagt nach Theresienstadt verschleppten und dort am 21. November 1944 verstorbenen Gattin vgl. das Nachwort des Herausgebers C. *Enders* zu Walzels Lebenserinnerungen „Wachstum und Wandel", S. 347; der dort nicht erwähnte Tag, an dem Walzel während eines Luftangriffs auf Bonn den Tod fand – 29. Dezember 1944 – nach *Wenig*, S. 326.

der Dozenten und Studenten geschehen. Mit dem Entwurf des Begleitschreibens werden die Herren Günther Müller und Schirmer beauftragt[1].

. . .

234

Senatsprotokoll der Universität Bonn   *8. November 1946*

    Akten des Rektorats der Universität Bonn, Senatsprotokolle 1945–1950, UA

. . .

Prof. Oertel berichtet über den Schriftwechsel der Fakultät wegen einer erneuten Ausstellung des Ehrendoktor-Diploms für Herrn Thomas Mann. Thomas Mann ist bereit, das Diplom anzunehmen. Die Fassung des Briefes an Thomas Mann wurde besprochen. Die Studentenschaft wird zweifellos von sich aus in einem besonderen Brief die Freude über die Erneuerung des Diploms zum Ausdruck bringen.

. . .

235

Protokoll der 10. Sitzung des Allgemeinen Studenten-Ausschusses (AStA) der Universität Bonn
15. November 1946

    AStA-Protokolle 1946–1951, UA

. . .

2. Dann wurde eine Anfrage von Prof. Oertel[1] verlesen, die besagte: wie die Studentenschaft zur akademischen Rehabilitierung (Ehrendoktorat) Thomas Manns steht. Nach längerer Diskussion (95 min), in der die verschiedenen Meinungen zutage traten, wurde ein Antrag von Thié v. Bomhoff, Wirtz und Versen[2] zur Abstimmung gebracht. Darin hieß es: „Die Studentenschaft nimmt in dieser Beziehung folgende Haltung ein: das während des NS Regimes begangene Unrecht soll grundsätzlich (soweit es mit den Gesetzen zur damaligen Zeit – gemeint ist vor 1933 – nichts gemein hatte) wieder gut gemacht werden". Dabei wurde nicht auf den Einzelfall Mann eingegangen.

---

233   [1] Günther Müller (1890–1957), ord. Professor für Neuere deutsche Sprache und Literatur; Walther F. Schirmer (geb. 1888), ord. Professor für Englische Philologie. Vgl. *Wenig*, S. 203, 264.

235   [1] In den Akten nicht zu ermitteln.
    [2] Anton H. Thié v. Bomhoff (25. November 1945–17. Februar 1949 stud. rer. nat.), Geschäftsführer des AStA; Hansgünther Wirtz (25. November 1945–29. Juli 1948 stud. med.); Hermann Versen (29. April 1946–23. Juni 1950 stud. agr.).

Erklärung des AStA der Universität Bonn   *15. November 1946*

Akten der Philosophischen Fakultät der Universität Bonn betr. Thomas Mann

Da wir überzeugt sind, daß Herr Th. Mann die Verleihung der Dr.-Würde rechtmäßig erhalten hat, und uns der Grund der Aberkennung dieser verliehenen Würde
nicht genügend bekannt ist, stehen wir einer Herbeiführung des alten Rechtszu-
standes nicht im Wege.

Der AStA

i. A.

Mauer stud. phil.[1]

*237

Der Rektor der Universität Bonn, Professor Dr. Konen, an Thomas Mann

20. November 1946

Durchschrift: Akten der Philosophischen Fakultät der Universität Bonn betr. Thomas Mann
Ausfertigung: TMA

Hochverehrter Herr Doktor!

Der Senat der Universität Bonn, in dessen Namen ich als Rektor schreibe, beehrt
sich der von der Philosophischen Fakultät an Sie gerichteten Mitteilung[1] einige
Worte hinzuzufügen.

Als sich im Mai 45 in den Trümmern unserer Universität eine zunächst kleine
Schar von Kollegen wieder zusammenfand, und ich, der 12 Jahre lang von der
Universität ausgeschieden war[2], auf das Verlangen der Kollegen die Führung der
Geschäfte übernehmen mußte[3], war eine[!] der ersten Gegenstände unserer Beratung,
wie wir die in unserer Abwesenheit vollzogenen rechtswidrigen Handlungen der
früheren, nunmehr ausgeschiedenen Universitäts-Vertreter wieder rückgängig
machen könnten. Zu den Gegenständen, die wir berieten, gehörte die Fürsorge für
die durch das nationalsozialistische Regime Geschädigten, die Rückberufung der
Vertriebenen und die Rückgängigmachung und Aufhebung gesetzwidriger Handlungen. Unter die letzte Kategorie gehört auch die Entziehung des Ehrendoktors,
bei deren feierlicher Verleihung durch die Philosophische Fakultät ich zu meiner

----

[1] Wilhelm Mauer (25. November 1945–1. Juli 1950 stud. phil.), Pressereferent des AStA.

[1] S. Dok. 239. Zu den chronologischen Fragen vgl. die Vorbemerkung zu diesem Schreiben
des Dekans.
[2] Konen war 1934 von den Nationalsozialisten aus dem Amt entfernt worden; vgl. zu ihm
Wenig, S. 158.
[3] Hierzu *Schäfer*, S. 238.

591

Freude vor vielen Jahren als Vertreter von Rektor und Senat[a] zugegen war. Wir waren uns darüber einig, daß es eine Wiedergutmachung im strengen Sinn überhaupt nicht gibt, da wir mit den früheren Dingen nichts zu tun hatten, ja sogar zum großen Teil selbst Opfer der Ereignisse sind.

Nachdem das Kollegium sich wieder ganz zusammengefunden hat, und nachdem eine stattliche Hörerzahl die Universität Bonn bevölkert, herrscht absolute Einstimmigkeit in der Überzeugung, daß der kränkende Akt der Entziehung des Ehrendoktors ein gesetzwidriger war und daher null und nichtig. Wenn Ihnen die Philosophische Fakultät Bonn jetzt an Stelle des verlorenen Doktor-Diploms ein neues sendet und Ihnen versichert, daß Sie nach wie vor unser Ehrendoktor sind, so werden Sie, wie ich hoffe, ersehen, daß die Universität Bonn in ihre alte Bahn zurückgekehrt ist und, anknüpfend an ihre stolze Tradition wieder ihren alten Platz im Kreise der Hochschulen der zivilisierten Welt eingenommen hat. So hoffe ich auch, daß Sie an derselben Stelle anknüpfen werden, wie wir es getan haben, und sich in derselben Weise wie einst als Ehrendoktor der Universität fühlen werden.

Ich darf mit einem Glückwunsch schließen, dessen Sinn dahin geht, daß wir Ihnen und uns Glück dazu wünschen, daß die Epoche des Entsetzens und Verderbens überwunden ist, und wir auf den alten Altären den alten Göttern opfern dürfen.

Rektor und Senat der Rheinischen Friedrich-Wilhelms-Universität

Konen

*238

Der Dekan der Philosophischen Fakultät an Bonner Universitäts-Zeitung

27. *November 1946*

Akten der Philosophischen Fakultät der Universität Bonn betr. Thomas Mann

Bittet die nachfolgende Notiz unter Universitätsnachrichten an bevorzugter Stelle aufzunehmen.

Oe[rtel]

Im Zuge der Wiedergutmachungen, wie sie an der Universität nach dem Zusammenbruch allgemein durchgeführt worden sind, ist selbstverständlich auch THOMAS MANNS Ehrendoktorat, das ihm im Jahre 1936 entzogen worden war, wiederhergestellt worden. Die offizielle Mitteilung erfolgte in diesen Tagen durch die Philosophische Fakultät.

---

237   [a] *an dieser Stelle ist zu ergänzen: der Universität Münster/Westf. Konen war dort von 1905 bis 1920 Professor; er wurde am 16. April 1920 zum ord. Professor an der Universität Bonn ernannt.*

Der Dekan der Philosophischen Fakultät der Universität Bonn an Thomas Mann

5. *Dezember 1946*[1]

Reinkonzept: Akten der Philosophischen Fakultät der Universität Bonn betr. Thomas Mann
Ausfertigung: TMA
Diesem, hier nach dem Reinkonzept wiedergegebenen Schreiben lag ein erster Entwurf Oertels vom 6.
November 1946 – dem Tag der Fakultätssitzung, bei der der Modus der Diplomerneuerung beschlossen
worden ist – zugrunde. Oertel sandte ihn am 8. November den von der Fakultät mit dem Entwurf
beauftragten Professoren Walther F. Schirmer und Günther Müller mit der Bitte um sofortige Stellung-
nahme, da das Schreiben noch am selben Tag im Senat vorgelegt werden sollte. Schirmer erklärte sich
mit dem Wortlaut des Briefes ohne weitere Äußerung einverstanden, Müller stimmte mit folgender
Bemerkung zu: ,,Ich finde Ihr Schreiben ungemein glücklich und wüßte nichts daran zu bessern. Ich
schließe mich ihm völlig an``. Der Entwurf ist an mehreren Stellen von einer weiteren Hand überarbeitet
worden, die sich weder durch persönliche Befragung lebender Zeugen noch durch Schriftvergleich hat
identifizieren lassen. Wahrscheinlich handelt es sich um Änderungen aufgrund der Diskussion im Senat,
deren technischer Vollzug einer Hilfskraft anvertraut wurde. Bei dem nachstehenden Abdruck sind die
abweichenden Stellen des ersten Entwurfs [E] und die Änderungen von unbekannter Hand [N] in den
kritischen Noten berücksichtigt.

Hochverehrter Herr Doktor!

Die peinlichen Umstände, unter denen Ihnen im Dezember 1936 der Ehrendoktorat unserer Fakultät entzogen wurde, standen der Rest-Fakultät, die den Zusammenbruch des Jahres 1945 überlebt hatte, so frisch im Gedächtnis, daß sie durch
einen ihrer ersten Beschlüsse [a]diesen kulturfeindlichen Akt der nationalsozialistischen Zeit, der den gegenwärtigen Fakultätsmitgliedern aufgezwungen worden
war, für nichtig erklärt hat[a]. Die Mitteilung an Sie ist damals zunächst unterblieben. Die Würde der Fakultät verbot es, den [b]Eindruck einer billigen Geste[b] zu
erwecken [c]oder gar eine Ablehnung zu erfahren[c].
Nun hören wir zu unserer Freude[d], [e]daß Sie und wir nicht in getrennten Lagern

---

[a-a] *von N korr. aus* diesen, der Mehrzahl der Fakultäts-Mitglieder aufgezwungenen kulturfeindlichen Akt der Nazizeit für null und nichtig erklärt hat.

[b-b] *von N. korr. aus* Eindruck billigen Nachlaufens

[c-c] *in E* wie denn auch der an sich so naheliegende Glückwunsch an unseren Septuagenarius
am 6. Juni 1945 aus dem gleichen Grunde unterblieb. Denn die Möglichkeit war nicht von der
Hand zu weisen, daß Thomas Mann unversöhnlich sei. – *Der letzte Satz wurde zunächst von N*
korr. in Denn wir konnten nicht sicher übersehen, ob wir uns Ihnen mit unserem Wunsche nahen
durften. *Diese Korrektur ist dann aber von N wieder gestrichen worden.*

[d] *in E* Nun erfahren wir zu unserer Frende von unserem Freunde Prof. W. Levison in Durham

[e-e] *in E* daß dem nicht so ist, und so beeilen wir uns, Ihnen das Ehrendoktor-Diplom, das
Ihnen in der Sturmzeit des Jahres 1933 verloren gegangen ist, in der alten Fassung zu erneuern.
Dieser Passus wurde vom Dekan korr. zu daß dem nicht so ist; wir beeilen uns daher, Ihnen ...
zu erneuern.

[1] Die Datierung folgt der Ausfertigung des Schreibens; das vom Dekan paraphierte Reinkonzept ist von der Hand der Sekretärin auf den 13. Dezember 1946 datiert (vgl. hierzu S.
288 f., Anm. 29). Die Gründe für die chronologische Verwirrung, die dazu führt, daß das auf
dieses Schreiben des Dekans Bezug nehmende Schreiben des Rektors in der vorliegenden
Edition zwei Nummern früher einzuordnen war, haben sich nicht ermitteln lassen.

stehen. Auf einhelligen Beschluß erneuert Ihnen daher die Fakultät das Ehrendoktor-Diplom, das Ihnen in der Sturmzeit des Jahres 1933 verloren gegangen ist, in der alten Fassung^e.

^fWie sehr wir damit der Stimmung des Lehrkörpers der gesamten Universität entsprechen, ersehen Sie aus dem beiliegenden Schreiben von Rektor und Senat, dem die^g Studentenschaft beipflichtet^f.

Mit ausgezeichneter Hochschätzung

im Namen der Philosophischen Fakultät der Rheinischen Friedrich-Wilhelms-Universität

Oe*[rtel]*

d. zt. Dekan.

*240

Bonner Universitäts-Zeitung an den Dekan der Philosophischen Fakultät

11. Dezember 1946

Akten der Philosophischen Fakultät der Universität Bonn betr. Thomas Mann

Hochverehrter Herr Professor!

Dürfen wir um Überlassung des Originaltextes bitten von dem Brief, den Sie an Thomas Mann geschrieben haben, zur Veröffentlichung in der BUZ?

Hochachtungsvoll

Bonner Universitäts-Zeitung

i. A. Unterschrift

*241

Der Dekan der Philosophischen Fakultät an Bonner Universitäts-Zeitung

13. Dezember 1946

Akten der Philosophischen Fakultät der Universität Bonn betr. Thomas Mann

1597

Von der Veröffentlichung meines Briefes an Thomas Mann möchte ich absehen. Das entspricht auch der Stellung des Senats. Wie die Fakultät die Angelegenheit

---

239   ^f-f *in E* Wir wußten zwar längst, daß wir damit einem Wunsche von Rektor und Senat, und ebenso der gesamten Studentenschaft der Rheinischen Friedrich-Wilhelms-Universität entgegenkommen, haben uns aber dessen noch einmal besonders vergewissert und sind autorisiert, Ihnen das zum Ausdruck zu bringen. *Dieser Passus wurde von N gestrichen und umgearbeitet zu* Wie sehr wir damit dem Empfinden der gesamten Universität Ausdruck verliehen, mögen Sie aus den gleichzeitig an Sie abgehenden Schreiben von Rektor und Senat sowie des Allgemeinen Studentenausschusses entnehmen.

^g *im Reinkonzept folgt vom Dekan gestrichenes* Vertretung der

Mann in die Öffentlichkeit bringen will, habe ich in meiner Zuschrift vom 27. 11. [= *Dok. 238*] bereits angegeben.

Oe*[rtel]*

d. zt. Dekan

242

University Control Officer R. G. Smith an Thomas Mann   *17. Dezember 1946*

Thomas-Mann-Archiv Zürich

Dear Dr. Thomas Mann,

As the University Control Officer for Bonn may I in brief add my best wishes to the other letters which you are receiving along with the copy of your diploma as honorary doctor of the University of Bonn.

It is not for me to congratulate you on this. It is a simple act of justice by which Bonn University attempts to show its regret for the time that is, we hope, past forever.

I am fortunate to possess copies of most of your works either in English or in German; but the students of Germany are not so fortunate. I hope the time will soon come when free intellectual relations across western Europe and the Americas will enable us all to be bound closer together in intellectual and spiritual understanding. I am with best wishes

Yours faithfully,

Ronald Gregor Smith

*243

Verlautbarung des Dekans der Bonner Philosophischen Fakultät[1]   *7. Januar 1947*

Akten der Philosophischen Fakultät der Universität Bonn betr. Thomas Mann

Dr. phil. h. c. Thomas Mann

Im Zuge der Wiedergutmachung des Jahres 1945 war es eine Selbstverständlichkeit gewesen, daß auch der Thomas Mann im Jahre 1936 aberkannte Ehrendoktorat wiederhergestellt wurde. Da nun das Diplom, wie Thomas Mann die Fakultät hat wissen lassen, in dem Sturmjahre 1933 verloren gegangen war, hat es die Fakultät jetzt seinem Wunsche entsprechend erneuert, und zwar in der Fassung vom 3. August 1919.

---

[1] Diese Verlautbarung wurde nach einem Vermerk Oertels unter demselben Datum dem University Control Officer Smith zugesandt und von diesem am 9. Januar 1947 abgelehnt, da Smith einen eigenen Entwurf vorbereitete (vgl. S. 290 und Dok. 244).

244

Meldung der Bonner Universitäts-Zeitung über Thomas Mann[1]   *21. Januar 1947*

Bonner Universitäts-Zeitung Nr. 12/13

Universitätsnachrichten

Dr. phil. h. c. Thomas Mann

Im Jahre 1936 hat die damalige nationalsozialistische Leitung der Universität Bonn sich dazu erniedrigt, Thomas Mann sein Bonner Ehrendoktorat zu entziehen. Es ist uns eine Freude und eine Ehrenpflicht, diesen Akt formell zu widerrufen. Mit Genugtuung können wir mitteilen, daß trotz des Vorgefallenen Thomas Mann sich bereiterklärt hat, Ehrendoktor unserer Universität zu bleiben. Wir können stolz darauf sein, daß dieser große Meister der deutschen Sprache und Literatur uns diese Ehre erweist.

Da nun das Diplom, wie Thomas Mann die Fakultät hat wissen lassen, im Jahre 1933 verloren gegangen ist, hat es die phil. Fakultät jetzt in der Fassung vom 3. August 1919 erneuert und über Mr. Smith, unseren Education Officer, zugesandt.

*245

Thomas Mann an Dekan der Philosophischen Fakultät der Universität Bonn

28. Januar 1947

Akten der Philosophischen Fakultät der Universität Bonn betr. Thomas Mann
Druck: Briefe II, S. 525 f.

Pacific Palisades, California

Sehr verehrter Herr Dekan,

herzlich und feierlich habe ich zu danken für die Erneuerung des Ehren-Doktor-Diploms und für die schönen, alles sagenden Briefe, welche Sie und der Herr Rektor dem Dokument mit auf den Weg gaben. Nicht ohne Rührung habe ich den würdig latinisierenden Wortlaut der verloren gegangenen Urkunde, worin die meiner Arbeit erwiesene Ehre so freundlich begründet wird, wieder gelesen und brauche Ihnen, lieber Herr Professor, nicht zu versichern, daß es mir ein erwärmendes Bewußtsein ist, einer deutschen Universität nun wieder als Mitglied ihrer philosophischen Fakultät verbunden zu sein.

Wenn etwas meine Freude und Genugtuung dämpfen kann, so ist es der Gedanke an den entsetzlichen Preis, der gezahlt werden mußte, ehe Ihre berühmte Hochschule in die Lage kam, den erzwungenen Schritt von damals zu widerrufen. Das

---

244   [1] Diese Meldung ist anstelle der durch den Dekan Prof. Oertel formulierten Verlautbarung [= Dok. 243] von dem University Control Officer R. G. Smith entworfen worden.

arme Deutschland! Ein so wildes Auf- und Ab seiner Geschichte ist wohl keinem anderen Land und Volk beschieden gewesen.

Persönlich bin ich ja sonderbar genug geführt worden und hätte es mir in meiner Jugend nicht träumen lassen, daß ich meine späten Tage als amerikanischer Staatsbürger an dieser Palmenküste verbringen würde. Im Grunde aber hat das Schicksal es immer freundlich mit mir gemeint, und ich habe es zu bewundern, wie doch das Individuelle sich immer gegen das Allgemeine, die äußeren Umstände durchsetzt. Ich lebe und tue das Meine hier nicht anders, als früher im Münchener Herzogpark, und was meine „Entdeutschung" betrifft, um Nietzsches Wort zu gebrauchen, so hat sie recht geringe Fortschritte gemacht. Im Gegenteil finde ich, daß man sich in der glücklicheren Fremde seines Deutschtums nur desto bewußter wird, und gerade während der letzten 2 1/2 Jahre hat ein Roman – oder wie man das Ding nun nennen will – mich beschäftigt, den ich in den nächsten Tagen abschließen werde, und der etwas so ausbündig Deutsches ist, daß ich sehr für seine Übersetzbarkeit fürchte – oder mich vielmehr schon garnicht mehr darum sorge[1].

Indem ich Sie bitte, werter Herr Dekan, dem Herrn Rektor Konen meine verbindlichsten Empfehlungen auszurichten, bin ich mit herzlichen Wünschen für Ihr persönliches Wohlergehen, für die Universität Bonn und für die alte Heimat

Ihr ergebener
Thomas Mann.

246

Thomas Mann an R. G. Smith   *[28. Januar 1947[1]]*

Fotokopie UA; Teildruck: Katalog Nr. 577 der Firma Stargardt (Marburg), 1966, Nr. 256, S. 64[2].

Pacific Palisades, California

Dear Mr. Smith,

It was very kind indeed that you added such friendly words to the letters of the rector of the Bonn University and of the dean of the philosophical faculty, and I am most grateful for your good wishes.

It would have looked too bitter and resentful, if I would not have accepted the offer of the university to restore to me my honorary degree, particularly, since I

---

[1] „Doktor Faustus" wurde tags darauf, am 29. Januar 1947, abgeschlossen, wie ein Telegramm an Erika Mann unter diesem Datum (*Briefe* II, S. 526) bezeugt.

[1] Zur Datierung vgl. oben S. 290, Anm. 36.

[2] Bei der Versteigerung am 29./30. November 1966 wurde der Brief gegen Bonner Gebote durch den Buch- und Autographenhändler Willy L. Heimann, Stockholm, erworben.

have been told time and again, that it was cancelled only under pressure and that this measure had never been regarded as legal. There is, of course, also something satisfactory in the feeling to be connected again with a German university, though it never occured to me, that I ever could become again a German „Herr Doktor"[3]. I am expressing my gratitude directly to the gentlemen of the University.

Please accept my warmest wishes for the success of your important activities.

Faithfully yours
Thomas Mann

*247

Der Dekan der Philosophischen Fakultät an den Rektor der Universität Bonn

12. Februar 1947

Akten der Philosophischen Fakultät der Universität Bonn betr. Thomas Mann

Ew. Magnifizenz überreiche ich beiliegend ergebenst die Abschrift eines von Thomas Mann an mich gerichteten Briefes. Falls Sie keine Einwendungen haben, darf ich Ihre Zustimmung annehmen, daß ich nunmehr diesen Brief verabredungsgemäß in der B[onner] U[niversitäts-] Z[eitung] veröffentlichen werde, wodurch, wie ich sicher bin, der Thomas Mann–Fall auch für die Stundenten im positiven Sinne erledigt sein wird.

Ihr sehr ergebener
Oe[rtel]

*248

Der Dekan der Philosophischen Fakultät, Bonn, an Thomas Mann   *16. Februar 1947*

Akten der Philosophischen Fakultät der Universität Bonn betr. Thomas Mann
Maschinenschriftl. Entwurf mit handschriftlichen Änderungen von Oertels Hand.

Sehr verehrter Herr Doktor!

Ihr freundliches Schreiben vom 28. Januar kam, obwohl es noch durch die Zensur gegangen war, bereits am 12. Februar in meine Hände. Ich danke Ihnen zugleich im Namen der Fakultät für den warmen Ton, in dem es gehalten ist. Es ist wohltuend zu sehen, wie sich auch im Ausland der Gedanke wieder Bahn bricht, daß „deutsch" nicht einfach mit „deutsch" geglichen werden kann, oder vielleicht richtiger ausgedrückt: „undeutsch" nicht mit „deutsch". Deutsche Eigenschaften bleiben allerdings das mangelnde Gefühl für die „libertas" des von innen her

---

246   [3] Vgl. dazu Th. Mann an A. E. Meyer, 28. Januar 1947: „Bin also nun wieder ein deutscher ‚Herr Doktor' – wer hätt' es gedacht!" (*Briefe* II, S. 524).

souveränen Menschen und das mangelnde Gefühl für „dignitas". Die Nachwirkungen des 30-jährigen Krieges lasten eben noch in tragischer Weise auf der Geschichte unseres Volkes und haben den Reifeprozess aufgehalten. Wann werden die Schatten endlich weichen, wird das Versäumte nachgeholt sein?

Sie haben so recht, daß der Deutsche sich erst in der Fremde seines Deutschtums bewußt wird. Ich weiß das aus eigener Erfahrung. Ich habe 7 Jahre an der Universität Graz gelehrt, in jener wundervollen Stadt Peter Roseggers, südöstlich schon und voller Anklänge an italienische Renaissance. Ich kenne als Althistoriker die ^aMittelmeerwelt einschließlich Ägypten, das Sie (nach Ihrem schönen Roman zu schließen) wohl auch kennen,^a und sonst noch manches Stück Erde; und immer war es erst jenseits der Grenzpfähle, wo der Atem freier wurde und wo die Erkenntnis der Schwächen, aber auch der Vorzüge des deutschen Wesens in den Vordergrund rückte. So verstehe ich von Grund aus Ihre Freude und Wehmut zugleich, an der herrlichen Palmenküste des Grossen Ozeans zu wohnen und zu wirken.

Die ersten beiden Absätze Ihres Briefes habe ich der hiesigen Universitätszeitung zur Veröffentlichung übergeben. Ich erbitte hierzu Ihre nachträgliche Genehmigung. Die Abschnitte über Ihre amerikanische Staatsbürgerschaft und Ihr Deutschtum habe ich vorerst weggelassen, ^bweil ich da ohne Ihre Autorisierung nichts tun wollte^b. Die Bitte der Zeitung, ein Bild von Ihnen bringen zu dürfen und ihr ein solches zur Verfügung zu stellen, leite ich weiter.

Und nun darf ich Ihnen, verehrter und lieber Herr Doktor, in Ihrer fernen neuen Heimat alles nur erdenklich Gute wünschen, uns aber noch viele Kunstwerke aus Ihrer Feder, deren eines Sie bereits wieder in Aussicht stellen.

Ihr ergebener

[*Oertel*]

***249

Anonyme Zuschrift an den Rektor der Universität Bonn, Professor Dr. Konen
Poststempel: Bad Godesberg, 22. Februar 1947

Akten der Philosophischen Fakultät der Universität Bonn betr. Thomas Mann

Ich las in Ihrer letzten Ausgabe das ominöse speichelleckerische Geseire eines Thomas Mann und dazu die komische Unterschrift unter dem Faksimile dieses Geseire[1]. Huch nein, man möchte schier erschröcken vor dem kriegerisch gewor-

---

^{a-a} *im Entwurf* Mittelmeerwelt – auch Ägypten wie Sie wohl auch (nach Ihrem schönen Roman zu schließen) –

^{b-b} *im Entwurf* wie ich mich dazu nicht autorisiert fühlte.

[1] Vgl. Bonner Universitäts-Zeitung Nr. 15 vom 18. Februar 1947; die erste Seite des Briefes Thomas Manns vom 28. Januar 1947 [= *Dok. 245*] ist dort faksimiliert wiedergegeben mit der Unterschrift „Ich habe eine Lanze gebrochen für den europäischen Roman, als dessen Sohn und Diener ich mich fühle. Thomas Mann"

denen Geist dieses Geisteshelden. In seinem Eiertanz hat er sogar eine Lanze gebrochen. Dieser Herr geht sogar mit Lanzen um, die er in seinen öligen Reden immer so weit von sich weist. Natürlich, wer so intim mit dem alten Bunde vertraut ist, muß natürlich auch mit Lanzen umzugehen wissen. Wir hoffen nur, daß dieser Herr uns sehr weit vom Leibe bleibt; denn wir lieben seine Eiertänze nicht und wenn er es doch wagen sollte, uns zu beglücken und uns von Angesicht zu Angesicht das zu sagen, was er vor Monaten über den großen Teich wagte zu sagen[2], dann darf er erwarten, daß die Posaunen von Jericho erschallen und die mannhaften Mauern zerbröckeln wie einst im alten Bunde. Teilen Sie das dem alten Mann mit.

Mehrere Studenten

*250

Anonyme Zuschrift an die Universität Bonn
Poststempel: Berlin-Friedenau, 10. März 1947

Akten der Philosophischen Fakultät der Universität Bonn betr. Thomas Mann

Es ist würdelos im höchsten Grade, einem Beleidiger des deutschen Volkes wie diesem mittelmäßigen Schriftsteller Thomas Mann die Doktorwürde ehrenhalber zurückzuverleihen! Würdig dieses Sudelfritzen ist die Erika Mann mit ihrer Hetzrede auf dem sog. amerik. „Ausschuß zum Studium des Deutschlandproblems", einem Konglomerat von Juden, die Deutschland am liebsten so klein sähen, wie der tattrige Opa Mann, der über den Ozean herüberspie, er „sähe Deutschland nicht mehr", aber zu feige ist, zu kommen. Daran tut er gut, denn ich, ein waschechter Kommunist, würde diesem Schmierfinken das Fell gerben, genau wie Sie es verdienen.

„Nichtswürdig ist die Nation,
Die in der größten Not sich selbst beschmutzt".
Der Durchschnittsdeutsche kann zwanzigmal „Nation" sagen, er wird es nie.
Herrenmensch oder Sklav, Raubtier oder Staubfresser.

Civis Germanicus

---

249   [2] Diese Anspielung dürfte sich trotz der einen zeitlich näheren Moment suggerierenden Andeutung auf die Rundfunkansprache Thomas Manns zum Jahreswechsel 1945/46 beziehen, die in Deutschland heftige Kontroversen auslöste.

251

Thomas Mann an den Dekan der Philosophischen Fakultät, Bonn   *11. März 1947*

Akten der Philosophischen Fakultät der Universität Bonn betr. Thomas Mann

Pacific Palisades, California

Sehr verehrter Herr Dekan,

Nehmen Sie besten Dank für Ihre freundlichen Zeilen vom 16. Februar, die heute in meine Hände gelangten. Ich möchte Sie versichern, daß ich gegen die Veröffentlichung meines Dankesbriefes beim Wiederempfang des Ehrendoktor-Diploms nicht das Geringste einzuwenden habe.

Ihr sehr ergebener
Thomas Mann

Handschriftlicher Zusatz:
Anbei ein Bild für die Zeitung, nicht zu gut, aber ganz gut[1].

*252

Dr. N. Peters, Allendorf/Kr. Arnsberg, an den Dekan der Philosophischen Fakultät, Bonn
27. März 1947

Akten der Philosophischen Fakultät der Universität Bonn betr. Thomas Mann

Anlässig der Wiederverleihung des Ehrendoctors an den Schriftsteller Thomas Mann ist es mir ein pflichtgleiches Bedürfnis, Ihnen und in Ihrer verehrten Person gleicherweise der Philosophischen Fakultät der Universität Bonn meinen Dank auszusprechen. Ich bin glücklich, dass die Universität, an der auch ich doctorierte[1], es für ihre Pflicht ansah, dieser Dankesschuld Genüge zu tun.
Floreat crescat Alma mater bonnensis!

Dr. Peters

*253

Der Dekan der Philosophischen Fakultät, Bonn, an Thomas Mann   *29. März 1947*

Akten der Philosophischen Fakultät der Universität Bonn betr. Thomas Mann

Sehr verehrter Herr Doktor!

Empfangen Sie verbindlichsten Dank für Ihre freundlichen Zeilen und die liebenswürdige Übersendung Ihres von unserer Bonner Universitäts-Zeitung erbetenen Bildes.

---

[1] Dieses Bild wurde in Nr. 19 der Bonner Universitäts-Zeitung vom 2. Mai 1947, S. 4, veröffentlicht.

[1] N. Peters wurde am 18. Oktober 1928 in Bonn zum Dr. jur. promoviert.

Die Presse brachte kürzlich die Meldung, daß Sie in diesem Sommer Europa besuchen werden. Darf ich die Hoffnung daran knüpfen, daß wir unseren Ehrendoktor bei dieser Gelegenheit auch in Bonn sehen werden? Es würde mich sehr freuen, wenn mir eine kurze Andeutung von Ihnen die Möglichkeit geben würde, offizielle Schritte in der Beziehung einzuleiten.

Ihr sehr ergebener
gez. Oe [rtel]

*254

Kulturbund zur demokratischen Erneuerung Deutschlands, Düsseldorf, an Universität Bonn

28. April 1947

Akten der Philosophischen Fakultät der Universität Bonn betr. Thomas Mann

In Erinnerung an das von uns so sehr begrüßte Ereignis der Rehabilitierung der Doktorwürde Thomas Manns durch Ihre Universität wenden wir uns mit einer Bitte an Sie.
In der Anlage finden Sie ein Schreiben, das wir an Thomas Mann gerichtet haben. Wir möchten alle, die ihn ehren und achten, gewinnen, sich unserer Bitte anzuschließen, die Thomas Mann bewegen soll, anläßlich seiner Europareise zu uns zu kommen. Am eindrucksvollsten würde sicher unsere Bitte an Thomas Mann unterstützt werden, indem Sie ihn ebenfalls wissen lassen, daß Sie ihn gern hier in Deutschland begrüßen würden. Wir wären sehr dankbar, wenn Sie unseren Wunsch erfüllen könnten und wenn Sie uns informieren würden, in welcher Weise Sie sich unserer Einladung an Thomas Mann anschliessen können.

Es grüßt Sie
hochachtungsvoll!
Hans Fladung[1]
Landessekretär

---

254   [1] J. Fladung (geb. 1898), vor 1933 Mitglied der KPD-Fraktion im Preußischen Landtag, war 1946 führend an der Gründung des „Kulturbundes zur demokratischen Erneuerung Deutschlands" beteiligt; vgl. über ihn: Dr. h. c. Johann *Fladung*. Zur Person. Aussage vor der IV. Strafkammer des Landgerichts Düsseldorf am 13. Januar 1964 (Schriftenreihe des Demokratischen Kulturbundes Deutschlands, Heft 11), [Karlsruhe 1964]; Wer ist Wer 1969/70, S. 297. – Die vom Dekan der Philosophischen Fakultät der Universität Jena bei der Verleihung der Ehrendoktorwürde an Fladung am 12. März 1964 verlesene Laudatio erwähnt, daß u. a. Thomas Mann zu den Autoren der von dem Ausgezeichneten herausgegebenen Zeitschrift „Geist und Zeit" gehört habe (*Fladung*, S. 43). Fladung selbst rückte seine Ehrenpromotion in Zusammenhang mit der gleichen Auszeichnung, die Karl Marx, „als diese ... Universität noch bürgerlich war", und Thomas Mann, „als sie sozialistisch war", in Jena erfahren erfahren hatten (ebd. S. 41).

Anlage

Sehr geehrter Freund und Meister!

Es war mir all die Jahre eine besondere Ehre, Vorsitzender eines Bundes zu sein – des Freien deutschen Kulturbundes in Großbritannien – dessen Ehrenpräsident Sie waren[2]. Wir waren stolz, in dieser Verbundenheit mit Ihnen für das bessere Deutschland Zeugnis abzulegen und gegen die Kulturbarbarei Hitlerdeutschlands zu streiten. Ihre Worte an das deutsche Volk waren unsere Worte, Ihre Liebe zu Deutschland unsere Liebe, Ihr Glaube an den Sieg der Demokratie war unser Glaube, Ihr Beispiel unsere Stärke!

Es war dunkel in diesen Jahren, dunkel in und um Deutschland. Aber das deutsche Schrifttum hatte in der Welt würdige Vertreter, an erster Stelle Thomas Mann! Das deutsche Schrifttum soll vor dem internationalen Forum des P. E. N. in Zürich vertreten sein – dahin gehört Thomas Mann. Mit Freude haben wir vernommen, Thomas Mann wird im Juli zum internationalen Kongress des P. E. N. nach Zürich kommen, anläßlich einer Reise nach Europa[3].

Da lassen Sie uns zu Papier bringen, wovon das Herz voll ist. – Kommen Sie zu uns, schauen Sie sich unsere Heimat an, nehmen Sie Kenntnis von dem, was wir tun, geben Sie uns eine Gelegenheit, unsere Nöte und Sorgen mit Ihnen zu besprechen. Sie sind mit uns – nie haben wir daran gezweifelt, das bewies uns Ihre Antwort an die Bonner Universität – es ist der Beruf Ihres Lebens. Krönen Sie Ihr Lebenswerk, indem Sie unserer Einladung Folge leisten und Ihre Schritte über die Grenzen des Landes lenken, dessen Kulturgüter Sie bereicherten und dem Ihr Herz auch heute zugetan ist. Kommen Sie an den Rhein – nach Düsseldorf – und alle, die im deutschen Westen für die kulturelle Erneuerung wirken, werden sich um Sie scharen, Ihnen die Hände schütteln, Ihnen Ihren Dank aussprechen für die Rettung des Ansehens des deutschen Schrifttums, an dem Sie so großen Anteil nehmen. Lassen Sie uns wissen, ob wir uns vorbereiten dürfen, Sie zu bewillkommnen.

Vielleicht werde ich die Freude haben, Sie in Zürich zu sehen, – aber bitte geben Sie uns schon jetzt Nachricht, ob Sie unseren Wunsch erfüllen und zu uns kommen wollen.

In der Hoffnung, bald von Ihnen zu hören, grüßt Sie ergebenst

Ihr

gez. Johann Fladung
Landessekretär

---

[2] Hierzu *Fladung*, S. 11.
[3] Vgl. *Bürgin-Mayer*, S. 209.

255

Thomas Mann an den Dekan der Philosophischen Fakultät, Bonn   *5. Mai 1947*

Akten der Philosophischen Fakultät der Universität Bonn betr. Thomas Mann

New York, Hotel St. Regis

Sehr geehrter Herr Dekan,

Ihre freundlichen Zeilen erreichen mich schon auf Reisen. Es wird aus einem Besuch in Deutschland diesmal wohl noch nichts werden können. Die Einreise-Erlaubnis ist für amerikanische Staatsangehörige sehr schwer zu erlangen, und wenn man sie mir schliesslich auch nicht verweigern würde, so hatte ich in Washington doch den deutlichen Eindruck, dass ich den Behörden keinen Gefallen täte, wenn ich insistierte.

Natürlich ist es mir ein sehr lieber Gedanke, mich in Bonn vorzustellen. Aber wir müssen die Ausführung vorläufig verschieben.

Ihr sehr ergebener
Thomas Mann

*256

Der Dekan der Philosophischen Fakultät an Kulturbund zur demokratischen Erneuerung Deutschlands   *10. Mai 1947*

Akten der Philosophischen Fakultät der Universität Bonn betr. Thomas Mann

Auf Ihr geehrtes Schreiben vom 28. 4. 47 teile ich Ihnen ergebenst mit, daß ich unter Zustimmung der Philosophischen Fakultät Dr. Thomas Mann bereits am 29. 3. eingeladen habe, bei Gelegenheit seiner Europareise unsere Universität zu besuchen.

Oe*[rtel]*
d. zt. Dekan

*257

Universitätsdozent Dr. Hübinger (Bonn) an den Dekan den Philosophischen Fakultät   *19. Mai 1947*

Akten der Philosophischen Fakultät der Universität Bonn betr. Thomas Mann

Euer Spektabilität

erlaube ich mir, auf den beifolgenden Bericht über Äußerungen von Thomas Mann hinzuweisen, der an der für unsere Fakultät besonders interessanten, von

mir gekennzeichneten Stelle in einer Weise von der z. B. in der Zeitung „Die Welt",
2. Jahrg. Nr. 58 vom 17. 5. 1947 wiedergegebenen Fassung abweicht[1], die es wohl
angezeigt erscheinen läßt, den authentischen Wortlaut dieses Interviews einzu-
fordern.

Mit verbindlichen Empfehlungen bin ich

Euer Spektabilität sehr ergebener

Hübinger

*258

Erklärung des Dekans der Bonner Philosophischen Fakultät zu einer Falschmeldung der
„Frankfurter Rundschau"   *21. Mai 1947*

    Akten der Philosophischen Fakultät der Universität Bonn betr. Thomas Mann

Die Nachricht in der Frankfurter Rundschau vom 17. Mai 1947, wonach Thomas
Mann gesagt haben soll, „Ich möchte weder München noch Bonn besuchen, die
kürzlich unter dem Druck der Alliierten mir mein Ehrendoktorat der Philosophie
erneut verliehen. Es wäre beschämend für mich", ist entstellt wiedergegeben,
wie sich auch aus der Mitteilung der Welt vom 17. 5. 47 ergibt: „Ich möchte
nicht gern unter alliierten Bajonetten zu Besuch nach München oder Bonn kommen, wo die Universität mir kürzlich die Würde des Doktors der Philosophie ehrenhalber erneuerte. Es wäre zu beschämend für mich".

Ich stelle fest, daß von einem Drucke der Alliierten in gar keiner Weise die Rede
sein kann, sondern daß die Fakultät aus freien Stücken und einhellig die im Jahre
1936 entzogene Doktorwürde erneuert hat. Die Meldung der Frankfurter Rundschau kann schon deshalb nicht stimmen, weil vor der Erneuerung der Doktorwürde
Thomas Mann seine freudige Zustimmung zur Wiederverleihung erklärt hatte.

Prof. Dr. Oertel

---

[1] Der Hinweis bezieht sich auf den Bericht der „Frankfurter Rundschau" Nr. 59 vom 17.
Mai 1947 – „Thomas Mann in England" – in dem es heißt: „Auf die Frage, ob er nach Deutschland zurückkehren werde, erwiderte Thomas Mann: ‚Ich möchte weder München noch Bonn
besuchen, die kürzlich unter dem Druck der Alliierten mir mein Ehrendoktorat der Philosophie erneut verliehen. Es wäre beschämend für mich' ". – Der entsprechende Passus, den „Die
Welt" in einer Notiz – „Thomas Mann in Europa" – unter dem oben angegebenen Datum
veröffentlichte, lautet: „Auf die Frage, ob er nach Deutschland zurückzukehren gedenke,
erklärte er: ‚Ich möchte nicht gern unter alliierten Bajonetten zu Besuch nach München oder
Bonn kommen, wo die Universität mir kürzlich die Würde des Doktors der Philosophie ehrenhalber erneuerte. Es wäre zu beschämend für mich' ". Beide Berichte sind bei *Matter* nicht verzeichnet.

Der Dekan der Philosophischen Fakultät, Bonn, an Dr. Hübinger   22. Mai 1947

Akten der Philosophischen Fakultät der Universität Bonn betr. Thomas Mann

Sehr geehrter Herr Kollege!

Die Nachricht in der Frankfurter Rundschau ist mir bekannt und eine Richtig-stellung bereits veranlaßt. Für den Hinweis danke ich Ihnen trotzdem.

Mit besten Grüßen
Ihr ergebener
Oe[rtel]

*260

A. Brinkmann, Travemünde, an die Universität Bonn   23. Mai 1947

Akten der Philosophischen Fakultät der Universität Bonn betr. Thomas Mann

Will denn die Universität Bonn den ehemals imigrierten [*sic!*] Deutschen, jetzigen Amerikaner Thomas Mann in Verlegenheit bringen? Es wäre doch beschämend für denselben, wenn ihm Bonn, daß [*sic!*] doch unter alliierter Besatzung liegt, die Erneuerung der Würde eines Doktors der Philosophie verleihen würde, wie andererseits Thomas Mann es als für ihn beschämend empfindet, nach Bonn unter alliierten Bajonetten zu Besuch zu kommen[1].
Die Nichtverleihung bedarf doch nicht großer Charakterstärke.

Hochachtungsvoll
A. Brinkmann

*261

Bonner Universitäts-Zeitung an den Dekan der Philosophischen Fakultät   30. Mai 1947

Akten der Philosophischen Fakultät der Universität Bonn betr. Thomas Mann

Hochverehrter Herr Professor!

Beiliegend senden wir Ihnen das uns freundlicherweise zur Verfügung gestellte Bild Thomas Manns mit Dank zurück.

Mit vorzüglicher Hochachtung
i. A.
gez. Unterschrift

---

260   [1] Vgl. die in Dok. 258 wiedergegebene Erklärung Thomas Manns.

262

Rechtsanwalt Dr. H. F. Ruhl, Rai-Breitenbach, an Dekan der Philosophischen Fakultät,
Bonn   *19. Juli 1947*

Akten der Philosophischen Fakultät der Universität Bonn betr. Thomas Mann

Betr.: Schreiben des Herrn Thomas Mann an die Philosophische Fakultät der Universität Bonn.

Ich vertrete als Anwalt eine große Zahl von zum Teil prominenten Nationalsozialisten und hohen Staatsbeamten vor den in der U. S. Zone eingerichteten sog. Spruchkammern. Einer meiner Mandanten – der 1. Ministerpräsident des Landes Hessen nach 1933[1] – beruft sich zum Nachweis seines „guten Glaubens" hinsichtlich der Friedensliebe Adolf Hitlers auf Herrn Thomas Mann. Dieser soll im Zusammenhang mit der erfolgten Aberkennung des Ehren-Doktorats der Universität Bonn am 1. 1. 37 von Küssnacht (Schweiz) aus an die Philosophische Fakultät der Universität Bonn u. a. geschrieben haben:
Er (Mann) halte Hitlers Friedensversicherung für wahr. Er sei der Meinung, daß Hitler nicht zum Krieg treibe sowie daß Deutschland nicht in der Lage sei, einen Krieg zu führen[2].
Dieser Brief Thomas Mann's soll angeblich, ins Englische übersetzt, enthalten sein in der Amerikanischen Truppenausgabe: Overseas Edition for the U. S. Armed Forces, unter dem Titel: World's Letters Treasury, herausgegeben von Lincoln Schuster[3].
Ich bitte um Mitteilung, ob die vorstehenden Angaben zutreffen, bejahendenfalls

---

[1] Professor Ferdinand Werner (1876–1961). 1911–1915 Reichstagsabgeordneter der Wirtschaftlichen Vereinigung, 1915–1918 Vorsitzender der Deutschvölkischen Partei; nach dem Ersten Weltkrieg zunächst Mitglied der Deutschnationalen Volkspartei, schloß er sich 1930 den Nationalsozialisten an. Im März 1933 wurde er Hessischer Staatspräsident, im Mai zum Ministerpräsidenten ernannt. Im September 1933 trat er zurück; vgl. hierzu *Diehl-Thiele*, S. 50 ff.

[2] In diesem Absatz sind Reminiszenzen an verschiedene Äußerungen Thomas Manns miteinander vermischt: in seiner Antwort an den Dekan der Philosophischen Fakultät vom 1. Januar 1937 hatte er ausgeführt, Deutschland sei gar nicht in der Lage, Krieg zu führen; hingegen hatte Thomas Mann bei dieser Gelegenheit nicht Hitlers Friedensversicherungen für glaubwürdig erklärt. Vielmehr hatte er in dem Schreiben vom 13. Oktober 1935 an das Nobel-Friedenspreis-Comité, Oslo, das Carl v. Ossietzky für diesen Preis vorschlug (XII, S. 779 ff.; MK 117, S. 331 ff.), auf ironische Weise ausgeführt, daß die nationalsozialistische Regierung, „wie jedermann weiß" ... „einer ausgesprochen pazifistischen Gesinnung" huldige und der deutsche Reichskanzler und Ossietzky bei allen sonstigen Unterschieden „in dem entscheidenden Punkt, dem Abscheu vor dem Kriege ... durchaus eines Sinnes" seien. Der Rechtsvertreter prominenter Nationalsozialisten nahm die Ironie ebenso für bare Münze wie es ähnlich schon im Jahre 1919 Dietrich Eckart und Gottfried Traub als gänzlich verständnislose Glossatoren von Thomas Manns Äußerungen über „Unsere Kriegsgefangenen" getan hatten; vgl. oben S. 88, Anm. 216.

[3] Vgl. dazu oben S. 254, Anm. 474.

bitte ich um Erteilung einer beglaubigten Abschrift des näherbezeichneten Briefes. Meinen Dank für Ihre Bemühungen im voraus.

Hochachtungsvoll!
Dr. Ruhl
Rechtsanwalt

*263

Dr. E. Kirsch, Westewitz, an Philosophische Fakultät, Bonn   *22. September 1947*

Akten der Philosophischen Fakultät der Universität Bonn betr. Thomas Mann

Betr.: Thomas Mann.

Anläßlich der Veröffentlichung seines Briefes an das Reichsinnenministerium in der „Neuen Zeitung" merkt Thomas Mann an, daß er Neujahr 1936 einen Brief an „den Dekan der Universität Bonn" gerichtet habe und daß sein Brief an das Ministerium nur im Zusammenhange mit diesem zweiten Schreiben richtig zu werten sei[1].

Ich bin an der Arbeit an einer Broschüre über die Brüder Mann[2] und deshalb außerordentlich daran interessiert, den Wortlaut dieses anderen Schreibens zu erfahren. Leider ist mir nicht bekannt, ob dieses zweite Schreiben jemals veröffentlicht wurde. Vielleicht liegt es bei Ihren Akten, denn ich nehme an, daß unter „Dekan der Universität Bonn" der Dekan der philosophischen Fakultät gemeint ist.

Außerordentlich dankbar wäre ich Ihnen, wenn Sie mir mitteilten, ob und wo dieser Brief veröffentlicht wurde. Sollte er, wie ich annehmen möchte, nicht gedruckt worden sein, dann wäre ich Ihnen dankbar, wenn Sie mir zu dieser vorgenannten Untersuchung eine Abschrift davon überlassen könnten. Ich bin gern bereit, die damit verbundenen Kosten zu übernehmen und habe auch hinreichend Gelegenheit, sie Ihnen überweisen zu lassen.

---

263   [1] In der redaktionellen Vorbemerkung zum Abdruck von Dok. 50 in der „Neuen Zeitung" heißt es:

„Thomas Mann stellte die Authentizität des Briefes einem Vertreter der ‚Neuen Zeitung' gegenüber fest und gab bei dieser Gelegenheit folgende hier im Wortlaut veröffentlichte Erklärung ab: ‚Ich bin mehr als zufrieden, daß der Brief sich gefunden hat, und selbstverständlich habe ich gegen seine Veröffentlichung nicht das geringste einzuwenden. Mir persönlich war die Entdeckung nicht uninteressant, daß es sich bei diesem Schreiben um eine Art von Vorstudie handelt zu dem Brief an den Dekan der Universität Bonn vom Neujahr 1936 [zu diesem chronologischen Irrtum Thomas Manns vgl. oben S. 419, Dok. 50]. Der Bonner Brief stellt insofern eine Ergänzung dar zu dem Schreiben an das Reichsministerium des Innern, als er darlegt, daß und warum ich meinem Vorsatz, im Ausland Schweigen zu bewahren, aus unwiderstehlichen inneren Gründen nicht treu bleiben konnte' ".

[2] Eine derartige Schrift von Kirsch ist nicht nachzuweisen. Nach dem hier abgedruckten Schreiben erschien: E. *Kirsch*, „Der andere Dr. Faustus", in: Heute und Morgen (Schwerin) 1949, Nr. 8, S. 525 ff.

Sie würden meine Arbeit sehr fördern, wenn Sie mir behilflich wären. Ich darf anmerken, daß ich mit Fräulein Dr. Luise Thon[3], die früher bei Ihnen Assistentin war und die leider inzwischen verstarb, befreundet war. Vielleicht ist Ihnen Fräulein Thon noch ein Begriff und meine Bezugnahme auf sie eine gewisse Empfehlung.

Für jegliche Mühewaltung in meiner Angelegenheit danke ich Ihnen im Voraus verbindlichst.

Hochachtungsvoll

Dr. Edgar Kirsch

*264

Der Dekan der Philosophischen Fakultät, Bonn, an Thomas Mann   *18. Oktober 1947*

Akten der Philosophischen Fakultät der Universität Bonn betr. Thomas Mann

Hochverehrter Herr Doktor!

Die Fakultät ist mehrfach um eine Abschrift Ihres Briefes vom Januar 1936[1] an den damaligen Dekan gebeten worden, in dem Sie zu der Entziehung Ihres Ehrendoktors Stellung nehmen. Die Fakultät möchte diesem Antrage nicht stattgeben, ohne von Ihnen dazu ermächtigt zu sein.

In ausgezeichneter Hochschätzung

Ihr sehr ergebener

Oe[rtel]

*265

Der Dekan der Philosophischen Fakultät, Bonn, an Dr. E. Kirsch, Westewitz

18. Oktober 1947

Akten der Philosophischen Fakultät der Universität Bonn betr. Thomas Mann

Betr.: Thomas Mann

Den in Ihrem Schreiben vom 22. September ausgesprochenen Wunsch, den Wortlaut des Thomas Mann–Briefes vom Januar 1936[1] zu erfahren, habe ich der Fakul-

---

63   [3] Dr. Luise Thon (1899–1945) war in Bonn Assistentin des Germanisten Oskar Walzel; vgl. über sie und ihr Schicksal *Walzel*, S. 108, 199, 203, 354.

64   [1] Hier und in dem am gleichen Tage an Dr. Kirsch gerichteten Schreiben [= Dok. 265] ist dem Dekanat der gleiche chronologische Fehler wie Thomas Mann selbst [vgl. Dok. 263, Anm. 1] unterlaufen.

65   [1] Vgl. Dok. 264, Anm. 1.

tät vorgelegt. Sie hat beschlossen, darüber erst die Stellungnahme von Thomas Mann einzuholen. Ich werde dementsprechend bei Thomas Mann anfragen.

Oe*[rtel]*
(Prof. Dr. Oertel)

*266

Frankfurter Bücherstube an Universität Bonn 21. *November 1947*

    Akten der Philosophischen Fakultät der Universität Bonn betr. Thomas Mann

Wir erlauben uns die höfliche Anfrage, ob Sie ein Portrait von Thomas Mann, das den Dichter etwa im Jahre 1923 darstellt, interessieren würde. Der Maler Hermann Frobenius[1] ist der noch lebende Bruder des Afrikaforschers Leo Frobenius. Das Gemälde zeigt den Autor in sitzender Stellung, und man sieht sein Gesicht halb von der Seite. Die Maße des Bildes, das in einen grün getönten Holzrahmen gefaßt ist, sind 80×60 cm. Der Preis beträgt RM 5.000,–. Das Bild ist in unserer Buchhandlung zu besichtigen, und wir bitten höflichst um Ihren freundlichen Bescheid.
Mit freundlichen Empfehlungen

Frankfurter Bücherstube
Schumann und Cobet
Schumann

*267

Thomas Mann an den Dekan der Philosophischen Fakultät, Bonn 1. *Dezember 1947*

    Akten der Philosophischen Fakultät der Universität Bonn betr. Thomas Mann

Pacific Palisades, California

Sehr verehrter Herr Dekan,

da der Brief oeffentliches Gut und in allen Sprachen gedruckt erschienen ist, sehe ich keinen Grund, weshalb man den Bitten um Abschriften nicht stattgeben sollte.

Mit verbindlichstem Gruß
Ihr ergebener
Thomas Mann

---

266   [1] Hermann Frobenius (1871–1954); über ihn vgl. U. *Thieme* – F. *Becker*, Allgemeines Lexikon der bildenden Künstler ... 12, 1916, S. 508; Westermanns Monatshefte 157, 1935, S. 204, 206. – Nach Auskunft des Thomas-Mann-Archivs, Zürich, ist dort dieses Porträt des Dichters nicht bekannt. Die Bonner Universitäts- und Fakultätsakten geben keinen Aufschluß über die Reaktion auf das Angebot. Da die anbietende Firma nicht mehr besteht, konnte der Verbleib des Bildes nicht ermittelt werden; es ist jedenfalls von der Universität Bonn nicht erworben worden.

Der Prodekan der Philosophischen Fakultät, Bonn, an Dr. E. Kirsch, Westewitz

16. Dezember 1947

Akten der Philosophischen Fakultät der Universität Bonn betr. Thomas Mann

Betr.: Thomas Mann

Nachdem die Genehmigung von Thomas Mann eingetroffen ist, daß ich Ihnen den gewünschten Brief in Abschrift aushändigen kann, übersende ich ihn beiliegend.

Oe[rtel]

*269

Dr. E. Kirsch, Westewitz, an den Dekan der Philosophischen Fakultät, Bonn

11. Januar 1948

Akten der Philosophischen Fakultät der Universität Bonn betr. Thomas Mann

Hochverehrter Herr Dekan!

Darf ich Ihnen und der Fakultät meinen verbindlichsten Dank für die Überlassung des Schreibens Thomas Manns aussprechen. Meine Arbeit wird dadurch wesentlich gefördert.

Sollten Sie mit Herrn Mann laufend in Verbindung stehen, wäre ich Ihnen sehr verbunden, wenn Sie ihm meinen Dank für die erteilte Erlaubnis übermittelten, da ich ihm nicht mit einem eigenen Anschreiben lästig fallen möchte.

In Ergebenheit
Dr. Edgar Kirsch

*270

Bescheinigung des Prof. Dr. Karl Schmidt für Prof. Dr. Obenauer

Undatiert [1948][1]

Akten der Philosophischen Fakultät der Universität Bonn betr. Thomas Mann

Bescheinigung

Ich bescheinige Herrn Prof. Dr. K. J. Obenauer, Hilchenbach (Kr. Siegen), Aufbauschule, gerne folgendes:

Der Entzug des Ehrendoktors der philosophischen Fakultät (Bonn) von Thomas Mann erfolgte während meiner Amtstätigkeit als Rektor der Bonner Universität.

---

[1] Zur Datierung s. oben S. 188, Anm. 263.

Herr Prof. Obenauer war damals Dekan der philosophischen Fakultät. Auf Grund einer bindenden Anordnung der damaligen Reichsregierung mußten sämtliche akademischen Grade, einschließlich der Grade, die ehrenhalber verliehen waren, allen denen entzogen werden, die durch die Reichsregierung ausgebürgert wurden. Als die Ausbürgerung von Thomas Mann verkündet wurde, habe ich mich zweimal fernmündlich, später auch noch persönlich, mit dem betreffenden Referenten des Reichserziehungsministeriums in Verbindung gesetzt und habe auch den damaligen Chef des Amtes W noch um seine persönliche Entscheidung gebeten. Ich vertrat damals die Auffassung, daß bei einem so bedeutenden Dichter wie Thomas Mann der Entzug des Ehrendoktors unnötiges Aufsehen in der internationalen Welt hervorrufen würde. Diese meine Auffassung habe ich mit der Bitte, von dem Entzug des Ehrendoktors absehen zu dürfen, im Reichserziehungsministerium vorgetragen. Ich wurde beide Male abschlägig beschieden. Wenn ich mich recht erinnere, habe ich das zweite Ferngespräch in Gegenwart von Prof. Dr. Obenauer von meinem damaligen Dienstzimmer der Universität Bonn geführt. Der Chef des damaligen Amtes W (Wissenschaft) teilte mir mit, daß auch das Reichserziehungsministerium keinerlei Möglichkeit habe, im Falle Thomas Mann von sich aus eine Ausnahme zu machen, da die bindende Vorschrift der gesamten Reichsregierung und die bindende Anordnung des damaligen Staatschefs vorliege. Ich habe dann Herrn Prof. Obenauer gebeten, als Dekan der Fakultät, die seinerzeit den Ehrendoktor verliehen hatte, Herrn Thomas Mann die durch die Entscheidung der Reichsregierung notwendig gewordene Aberkennung des Ehrendoktors mitzuteilen. Herr Prof. O. hat in dieser Angelegenheit keinerlei eigene Initiative entfaltet und konnte es auch gar nicht. Er hatte lediglich die bindende Anordnung der Reichsregierung, die ihm durch mich übermittelt wurde, auszuführen. Eine Befragung der philosophischen Fakultät war bei der Lage der Dinge völlig unnötig, da eine Änderung der Entscheidung der Reichsregierung nicht zu erreichen war, wie ich ausdrücklich bei der maßgebenden Persönlichkeit festgestellt hatte. Ich darf hinzufügen, daß keines der damaligen Fakultätsmitglieder nach der Aberkennung des Ehrendoktors von Th. Mann etwa bei mir vorstellig geworden ist, um auch nur sein Bedauern, geschweige denn seine Mißbilligung über diesen Vorgang auszusprechen. Hätte Herr Prof. Obenauer sich geweigert, die durch die Reichsregierung schon de facto erfolgte Aberkennung des Ehrendoktors Herrn Thomas Mann mitzuteilen, so hätte das nicht nur den Verlust des Dekanats, sondern auch mit Sicherheit den Verlust seiner Stellung als ordentlicher Professor und wahrscheinlich auch seiner persönlichen Freiheit zur Folge gehabt.

Ich darf noch einmal betonen, daß bei dem ganzen Verfahren der Aberkennung des Ehrendoktors von Th. Mann Herr Prof. Obenauer als auch ich lediglich ausführende Organe waren. Wir mußten uns nach den damals gültigen Gesetzen der Reichsregierung richten und hatten die in diesem Falle gültige Verfügung lediglich anweisungsgemäß durchgeführt.

gez. K. Schmidt

Der Dekan der Philosophischen Fakultät an den Rektor der Universität Bonn

25. Februar 1949

Akten der Philosophischen Fakultät der Universität Bonn betr. Thomas Mann

Ew. Magnifizenz

danke ich verbindlichst für die Übersendung des Briefes von Dr. Büchner, den Artikel in der „Weltwoche" betreffend[1]. Ich habe den Redakteur der Zeitschrift um eine Richtigstellung gebeten, deren Wortlaut ich mir erlaube in der Anlage in Abschrift beizufügen.

Ich bin gerne bereit, wenn Sie es wünschen, Dr. Büchner den Dank meiner Fakultät für den Hinweis auszusprechen und ihm die Tatsachen mitzuteilen, daß der Dekan, der Thomas Mann den Ehrendoktor entzogen hat, nicht in die Gruppe der Entlasteten aufgenommen und die Lehrbefugnis nicht zurückerhalten hat. Auch sind ihm die Ehrenrechte des Professors nicht zurückgegeben worden. Auf die peinlichen Umstände[2] der Entziehung hinzuweisen, scheint der F kultät nicht wünschenswert. Vielleicht würde es genügen, wenn darauf hingewiesen würde, daß die Dr. Entziehung Th. Mann im vorigen Jahr in öffentlicher Versammlung vor dem Obersten Entnazisierungsgericht in Bielefeld verhandelt worden ist, das laut Kategorisierungsbescheid eine persönliche Schuld des damaligen Dekans verneint hat[3].

Langlotz[4]

Der Dekan der Philosophischen Fakultät, Bonn, an die Redaktion der „Weltwoche", Zürich

4. März 1949

Akten der Philosophischen Fakultät der Universität Bonn betr. Thomas Mann
Druck: „Weltwoche" (Zürich) Nr. 801 vom 18. März 1949.

Sehr geehrter Herr,

eben kommt mir Ihr geschätztes Blatt vom 19. 2. in die Hand, das über die Hintergründe der Demonstration gegen Gieseking berichtet. Ich freue mich, Ihnen mit-

---

[1] Zur Sache s. oben S. 297, Anm. 64. – Das hier erwähnte Schreiben ist weder in den Rektorats- noch in den Fakultätsakten zu ermitteln.

[2] Diese Wendung greift die Eingangsworte aus dem Schreiben des Dekans Prof. Oertel an Thomas Mann vom 5. Dezember 1946 [= Dok. 239] auf. Der amtierende Dekan hat demnach bei der Formulierung von Dok. 271 die Akten herangezogen.

[3] Es handelt sich um das in Bonn durchgeführte Verfahren erster Instanz des in Bielefeld errichteten „Spruchgerichts", vor dem sich Obenauer als Mitglied der durch das Internationale Tribunal in Nürnberg zur „verbrecherischen Organisation" erklärten SS zu verantworten hatte; vgl. dazu oben S. 296 ff.

[4] E. Langlotz (geb. 1895), ord. Professor der Klassischen Archäologie, war im akademischen Jahr 1948/49 Dekan der Philosophischen Fakultät.

teilen zu können, daß die von dem Schreiber gegebene Erklärung, die politische Entlastung des Bonner Dekans, der Thomas Mann den Titel des Ehrendoktors entzogen hat, sei für die am Tage darauf in New York erfolgten Demonstrationen verantwortlich zu machen, glücklicherweise nicht zutrifft.

Denn besagter Dekan ist nicht in die Kategorie der Entlasteten eingereiht und die Lehrbefugnis ist ihm ebenso wenig erteilt worden wie die Ehrenrechte.

Ich bin gewiß, daß Sie bei der Objektivität Ihrer Zeitschrift diese Richtigstellung bringen werden.

In ausgezeichneter Hochachtung
Ihr ergebener
Langlotz

*273

Erklärung des Prof. Dr. Karl Schmidt über den Entzug des Ehrendoktortitels von Thomas Mann *19. Juli 1949*

Akten der Philosophischen Fakultät der Universität Bonn betr. Thomas Mann

Der Dekan der philosophischen Fakultät Bonn teilt mir mit, daß ihm folgendes Gerücht zu Ohren gekommen sei:

Bei dem Entzug des Ehrendoktortitels der Philosophischen Fakultät der Universität Bonn von Thomas Mann habe der damalige Reichsminister Dr. Goebbels telegraphisch versucht, den Entzug der Ehrendoktorwürde von Thomas Mann aufzuhalten. Ich erkläre als damaliger Rektor[a] der Rheinischen Friedrich-Wilhelms-Universität in dieser Angelegenheit folgendes an Eidesstatt:

Der Entzug der Ehrendoktorwürde von Thomas Mann erfolgte auf Grund einer bindenden Anordnung der damaligen Reichsregierung. Mit der Ausbürgerung war der Verlust aller akademischen Grade nach dem damals geltenden Reichsrecht verbunden und die Universität Bonn hatte lediglich auf Anordnung der Reichsregierung die Pflicht, Herrn Thomas Mann von diesem Entzug Mitteilung zu machen. Diese Mitteilung ist entgegen dem Wunsche des damaligen Dekans Prof. Dr. Obenauer und meinem eigenen Wunsche trotz wiederholter Vorstellung vom Reichserziehungsministerium ausdrücklich angeordnet und dann zuständigkeitshalber vom Dekan der philosophischen Fakultät Bonn durchgeführt worden. Niemand der Bonner Hochschullehrer hat ebensowenig wie irgend eine andere Persönlichkeit versucht, den Entzug aufzuhalten. Das Gerücht, der damalige Reichsminister Dr. Goebbels habe diesen Versuch bei der Bonner Universität telegraphisch unternommen, ist frei erfunden und entbehrt jeder Grundlage.

gez. K. Schmidt

---

273 [a] *Im Orig.* Direktor

614

Der Dekan der Philosophischen Fakultät an Rektorat der Universität Bonn

23. März 1950

Akten der Philosophischen Fakultät der Universität Bonn betr. Thomas Mann

Betr.: Büste von Thomas Mann

Leider stehen zum Ankauf der Büste von Thomas Mann keine Mittel zur Verfügung[1].

St[*einbach*][2]

*275

Der Dekan der Philosophischen Fakultät, Bonn, an Thomas Mann   ·   5. Juni 1950

Glückwunschtelegramm
Akten der Philosophischen Fakultät der Universität Bonn betr. Thomas Mann

Am heutigen Tage gedenkt die Philosophische Fakultät ihres Ehrendoktors mit wärmsten Glückwünschen.

[*Steinbach*]
Dekan

*276

Thomas Mann an Philosophische Fakultät, Bonn   8. Juni 1950

Gedruckte Dankkarte
Akten der Philosophischen Fakultät der Universität Bonn betr. Thomas Mann

Sie gehören zu denen, die meiner zu meinem 75. Geburtstag mit guten, wohltuenden Worten, prächtigen Blumen, erfreulichen Gaben aller Art freundlich gedacht haben. Ich bin hilflos vor soviel Güte und muß mich zum Dank mit dieser Karte behelfen, die ich Sie bitte, nicht als Sache kühler Form, sondern als ganz persön-

---

[1] In den Bonner Fakultäts- und Rektoratsakten hat sich kein weiteres Schriftstück in dieser Sache ermitteln lassen. Die von der Portraitbildhauerin Emma Cotta (geb. 1880) 1928 geschaffene Büste wurde jedoch von der Universität Bonn erworben und befindet sich seit 1952 im Germanistischen Seminar der Universität; vgl. *Lützeler, Bauten und Bildwerke*, S. 331; zu E. Cotta vgl. H. *Vollmer*, Künstlerlexikon des zwanzigsten Jahrhunderts, Bd. I, Leipzig 1953, S. 482.

[2] F. Steinbach (1895–1964), ord. Professor der Sozial- und Wirtschaftsgeschichte sowie der Rheinischen Geschichte, war im akademischen Jahr 1949/50 Dekan der Philosophischen Fakultät; vgl. über ihn F. *Petri* in: Bonner Gelehrte. Beiträge zur Geschichte der Wissenschaften in Bonn. Geschichtswissenschaften, Bonn 1958, S. 376 ff.

lich gemeinten und persönlich gerichteten Ausdruck meiner herzlichen Erkenntlichkeit entgegenzunehmen.

Thomas Mann

*277

J. E. Roston, Ivers, an Universität Bonn   *11. August 1954*

Akten der Philosophischen Fakultät der Universität Bonn betr. Thomas Mann

Dear Sir,

I shall be much obliged if you will let me have the following information on a matter concerning your university.

In 1936 Thomas Mann was deprived of his Doctorate of the Faculty of Philosophy by order of the then Dean.

I should like to know whether the said Doctorate has since been offered back to Thomas Mann, and if so, whether he accepted it.

At the same time can you inform me whether the said Dean is still living. If so, what has happened to him?

I am sorry to trouble you on a matter which presumably arouses painful memories for your university.

As my knowledge of German is now rather weak, I have written in my own language. However, I still understand it quite well, and I would, therefore, ask you to let me have your reply in German.

Yours faithfully,
J. E. Roston.

*278

Der Dekan der Philosophischen Fakultät, Bonn, an J. E. Roston   *17. August 1954*

Akten der Philosophischen Fakultät der Universität Bonn betr. Thomas Mann

Sehr geehrter Herr Roston!

Thomas Mann hat am 28. Januar 1947 den Grad eines Ehrendoktors der Philosophischen Fakultät wieder angenommen. Er war ihm unter dem damaligen Dekan Prof. Dr. Obenauer entzogen worden. Prof. Obenauer ist an die Universität Bonn nicht mehr zurückgekehrt. Er wohnt in Darmstadt, Riedeselstraße 24. Mit den besten Empfehlungen

Lützeler[1]

---

278   [1] H. Lützeler (geb. 1902), ord. Professor der Kunstgeschichte, war im akademischen Jahr 1953/54 Dekan der Philosophischen Fakultät.

Akten des Rektorats der Universität Bonn, Senatsprotokolle 1951–1956

. . .

13. Thomas Mann begeht im nächsten Jahr seinen 80. Geburtstag. Professor Richter[1] wurde gebeten, in Erfahrung zu bringen, ob und inwieweit Thomas Mann bereit sei, eine besondere Einladung durch die Fakultät anzunehmen.

. . .

280

Professor Dr. W. Richter, Bonn, an Thomas Mann   *5. Januar 1955*

Nachlaß Prof. W. Richter

Sehr verehrter Herr Dr. Thomas Mann,

im Auftrage von Rektor und Senat der Rheinischen Friedrich-Wilhelms-Universität Bonn darf ich heute eine Einladung an Sie richten, im Laufe des Jahres 1955 einen Vortrag an der Universität zu halten. Gern hätte ich diese Einladung an Sie während meiner kürzlich abgelaufenen Rektoratsjahre gerichtet, aber die Dispositionen, die unserer Universität als Universität der vorläufigen Hauptstadt gestellt sind, machten damals eine Terminbestimmung immer wieder problematisch. Wir würden es dankbar begrüßen, wenn Sie sich als Ehrendoktor unserer Universität dazu entschließen könnten, zu den Studierenden und zu den Professoren unserer Universität zu sprechen. Die Zeit des Sommersemesters, das im Mai beginnt und Ende Juli aufhört, wäre besonders erwünscht.

Daß Sie sich meiner erinnern, bezweifle ich. Wir haben uns seinerzeit bei meinem Freunde und Meister Carl Heinrich Becker[1] gesehen und sind uns dann wieder beim Ehrenfest anläßlich Ihres 70. Geburtstages in Chicago[2] begegnet.

---

[1] W. Richter (1887–1960), ord. Professor der Germanistik; vgl. über ihn: In memoriam Werner Richter (Alma Mater 14), Bonn 1962; *Wenig*, S. 243; H. *Moser* – K. Th. *Schäfer* in: Bonner Gelehrte. Beiträge zur Geschichte der Wissenschaften in Bonn. Sprachwissenschaften, Bonn 1970, S. 151 ff.

[1] C. H. Becker (1876–1933), Orientalist, 1913–1916 ord. Professor an der Universität Bonn, 1921 und 1925–1930 preußischer Kultusminister; Prof. Richter war als Ministerialdirektor und Leiter der Hochschulabteilung des Ministeriums einer seiner engsten Mitarbeiter. 1932 nach dem „Preußenschlag" des Reichskanzlers v. Papen aus dem Ministerium ausgeschieden und Ordinarius an der Universität Berlin, wurde Richter 1933 seines Amtes entsetzt, emigrierte zunächst in die Schweiz, später nach USA. Er kehrte 1948 nach Deutschland zurück und wurde 1949 auf den Lehrstuhl für ältere Germanistik an der Universität Bonn berufen. Richter war von 1951 bis 1953 Rektor der Universität. Die von Richter erwähnte Begegnung mit Thomas Mann bei Becker dürfte gelegentlich der Gründung der Sektion für Dichtkunst in der Preußischen Akademie der Künste am 18. November 1926 erfolgt sein; vgl. *Bürgin–Mayer*, S. 77.

[2] Zu dieser Feier, die am 29. Juni 1945 stattfand, vgl. Th. *Mann*, Die Entstehung des Doktor Faustus (XI, S. 232; MK 115, S. 153); *Bürgin–Mayer*, S. 193.

Würden Sie die Freundlichkeit haben, mich, sobald es Ihnen möglich ist, wissen zu lassen, ob Sie unserer Bitte willfahren können.

Ihr in Verehrung ergebener

R*[ichter]*

(o. Professor der deutschen Philologie an der Universität Bonn,
Präsident des Deutschen Akademischen
Austauschdienstes)

281

Thomas Mann an Prof. Dr. W. Richter, Bonn   *7. Januar 1955*

Nachlaß Prof. W. Richter

Kilchberg am Zürichsee

Sehr verehrter Herr Professor!

Tausend Dank für Ihr Schreiben und die wertvollen Beilagen! Ihre Einladung ist überaus ehrenvoll und auszeichnend. Soll ich sie annehmen? Ich täte es gern gleich und unbedingt. Aber im Mai kommen die Schillerfeiern: Stuttgart, München, Weimar, auch Zürich[1], und dann geht es los mit meinem Achtzigsten, bei dem, wie es schon aussieht, alles geschehen wird, damit ich ja nicht viel älter werde. Wie es mir nachher zu Mute sein wird, ob ich noch „Mut" für Bonn haben werde, ist mit Gewißheit nicht abzusehen. Auch nicht, wo ich den Sommer sein werde, – vielleicht zu meiner Herstellung in Silz [!] Maria. Aber lassen wir's darauf ankommen! Fassen wir meinen Besuch ins Auge! Nehmen wir ihn in Aussicht! Ein Vortrag über „Heinrich von Kleist und seine Erzählungen" hat hier neulich den Zürcher Studenten sehr wohl gefallen und wäre vielleicht der rechte Gegenstand auch für Bonn[2]. Sie sehen, ich bin unternehmend, kann aber nicht recht für mich einstehen. Wollen Sie den Vortrag für gegen Ende des Sommersemesters anzeigen? Wegen Insuffizierung absagen kann man dann immer noch. Im Augenblick kann ich nicht mehr tun, als die Sache in hoffnungsvoller Schwebe zu lassen.

Ihr ergebener

Thomas Mann

---

281   [1] Thomas Mann sprach am 8. Mai 1955 bei der Schillerfeier in Stuttgart, am 14. Mai bei der Schillerfeier in Weimar. München besuchte er damals nicht; ebenso war Thomas Mann nicht aktiv an der Zürcher Schillerfeier beteiligt; vgl. *Bürgin–Mayer*, S. 250 ff.

[2] Am 30. November 1954 hatte Thomas Mann auf Einladung der Studentenschaft im Auditorium maximum der Eidgenössischen Technischen Hochschule über „Kleist und seine Erzählungen" gesprochen; über den Erstdruck und seine Wiederholung vgl. jetzt die Bemerkungen zu der Wiedergabe in MK 115, S. 380.

Professor Dr. W. Richter, Bonn, an Thomas Mann   *11. Januar 1955*

Nachlaß Prof. W. Richter

Sehr verehrter Herr Dr. Thomas Mann,

nehmen Sie meinen ergebensten Dank für Ihren Brief entgegen. Mit sehr großer
Freude möchte ich Ihrem Brief entnehmen, daß wir die Hoffnung hegen dürfen,
Sie trotz der schweren Last, die in diesem Jahr auf Ihnen liegt, hier in Bonn an
unserer Universität sehen zu dürfen. Nehmen wir also Ihren Vortrag für den Juli
in Aussicht. Bitte bestimmen Sie, wann es Ihnen am besten paßt. Wir werden
versuchen, Ihnen den Aufenthalt in Bonn so behaglich wie möglich zu gestalten.
Ich wäre dankbar, wenn Sie etwaige Wünsche äußern würden. Der Vortrag über
,,Heinrich von Kleist und seine Erzählungen" würde außerordentlich erwünscht
sein. Der einzige Tag, der den Bonner Studenten nicht so recht einleuchtet, ist
begreiflicherweise der Samstag, wo sie zum Wochenende hinausfliehen. Ich darf
also weiter mit Ihnen in Fühlung bleiben und die ,,hoffnungsvolle Schwebe" zur
Gewißheit zu wandeln suchen.

Verehrungsvoll

Ihr sehr ergebener

R[*ichter*]

Protokoll der Senatssitzung der Universität Bonn   *12. Mai 1955*

Akten des Rektorats der Universität Bonn, Senatsprotokolle 1951–1956

• • •

15. Ein Termin für die Thomas-Mann-Feier soll erst anberaumt werden, wenn von
Thomas Mann eine erneute Zustimmung eingegangen ist.

• • •

Professor Dr. W. Richter, Bonn, an Thomas Mann   *26. Mai 1955*

Nachlaß Prof. W. Richter

Sehr verehrter Herr Dr. Thomas Mann,

heute komme ich auf unseren Briefwechsel vom Januar zurück. Inzwischen habe
ich mit großer Freude und Dankbarkeit in Stuttgart Ihre Schiller-Rede gehört,

nach der wir uns ja alle spontan erhoben haben. Weiterer Worte bedarf es nicht. Ich kann mich kaum besinnen, jemals eine so spontane Wirkung erlebt zu haben. – Ich hoffe, daß Sie inzwischen auch Weimar und Lübeck[1] gut überstanden und Ihrem Ehrentag mit Genugtuung entgegensehen.

Würden Sie die große Freundlichkeit haben, uns mitzuteilen, wann im Juli Ihnen wohl die Anwesenheit in Bonn am besten zusagte. Darf ich nur noch hinzufügen, daß die Universität Ihrem Besuch mit freudiger Erwartung gegenübersteht und daß alles getan werden soll, Ihnen und den Ihren den Aufenthalt so geruhsam und behaglich als möglich zu gestalten.

In Verehrung
Ihr sehr ergebener
R[ichter]

*285

Der Dekan der Philosophischen Fakultät, Bonn, an Thomas Mann   3. *Juni 1955*

     Akten der Philosophischen Fakultät der Universität Bonn betr. Thomas Mann

Sehr verehrter Herr Dr. Mann!

Namens der Philosophischen Fakultät möchte ich Ihnen als derzeitiger Dekan unsere herzlichsten Glückwünsche zum 80. Geburtstag aussprechen. Freilich hatte ich seit langem gemeint, es sei nicht ausreichend, wenn die Bonner Philosophische Fakultät ihres berühmtesten Ehrendoktors nur in der Form eines kleinen Glückwunschschreibens gedenken würde, und ich habe vor einiger Zeit überlegt, Sie zu fragen, ob Sie nicht bereit wären, im Laufe des Sommersemesters zu uns zu sprechen. Herr Kollege Richter erhielt von Ihnen einen liebenswürdigen Antwortbrief [= *Dok. 281*], und wir hoffen sehr, daß die Strapazen Ihrer Geburtstagsfeier Ihrem Kommen nicht im Wege stehen werden.

Übrigens hat Herr Prof. Dr. Siegfried Marck, der als Gastprofessor hier ist, die Absicht, über Sie der philosophischen Bedeutung nach in unserer Philosophischen Gesellschaft zu sprechen[1]. Das ist mir, der ich „Fachphilosoph" bin, recht willkommen. Ich möchte aber hinzufügen, daß diese Beglückwünschung auch in literarischer Beziehung für mich alles andere als bloße Formsache ist: in Bremen aufgewachsen, kam ich im 1. Jahrzehnt des Jahrhunderts dort in Berührung mit

---

284   [1] Hierzu und zum Folgenden vgl. *Bürgin–Mayer*, S. 250 f.; E. *Mann*, S. 314.

285   [1] Siegfried Marck (1889–1957) war während des Sommersemesters 1955 Gastprofessor in Bonn. Vgl. über ihn *Wenig*, S. 188; *Radkau*, passim (Register), bes. S. 152, wo es von ihm heißt, er habe innerhalb der deutschen Emigration in USA „mehr einen Konservatismus Thomas Mannschen Stils" gepflegt. – Über den beabsichtigten Vortrag hat sich weiter nichts ermitteln lassen. Vgl. jedoch S. *Marck*, Thomas Mann als Denker. In Memoriam (Kant-Studien 47, 1955/56, S. 225 ff.).

Ihrem Schaffen, verehrter Herr Dr. Mann, und durch Sie überhaupt mit der bedeutenden Literatur der Gegenwart. Seitdem habe ich stets in Anteilnahme und Bewunderung Ihr Schaffen verfolgt und hoffe von Herzen, daß Ihnen noch manche Jahre der rüstigen Weiterarbeit beschieden sein mögen.

Mit dem Ausdruck meiner besonderen Verehrung

Ihr sehr ergebener
Thyssen[2]

286

Professor Dr. W. Richter, Bonn, an Thomas Mann　　　　　*6. Juni 1955*

Nachlaß Prof. W. Richter

Telegramm

Dem größten lebenden deutschen Dichter, mit dem sie sich seit seiner Jugend in sturmerprobter Treue verbunden fühlt, sendet die Bonner Literatur-Wissenschaft dankbare und bewundernde Glückwünsche.

Werner Richter

287

Thomas Mann an Professor Dr. W. Richter, Bonn　　　　　*8. Juni 1955*

Nachlaß Prof. W. Richter

Kilchberg am Zürichsee

Sehr verehrter Herr Professor Richter,

Haben Sie vielen Dank für Ihr freundliches Schreiben vom 26. Mai, das mir natürlich Freude gemacht hat, wenn seine Beantwortung mir auch nicht ganz leicht wird. Ich muß leider einsehen, daß ich die halbe Zusage, die ich Ihnen im Januar gab, nicht werde einhalten können. Ihre Einladung hatte etwas sehr Verlockendes für mich und es wäre mir eine Freude, ihr Folge zu leisten. Inzwischen aber war ich erst recht ernstlich krank[1], so daß ich zur Zeit meiner Schiller-Vorträge erst knapp wieder hergestellt war. An Stuttgart und Weimar schloß sich noch der Lübecker Besuch an, der im Januar durchaus nicht vorgesehen war, außerdem habe

---

[2] J. Thyssen (1892–1968), ord. Professor der Philosophie, war im akademischen Jahr 1954/55 Dekan der Philosophischen Fakultät.

[1] Zu Thomas Manns schwerer Erkrankung Ende Januar/Anfang Februar 1955 vgl. *Bürgin–Mayer*, S. 249.

ich von langer Hand her für Anfang Juli eine Wiederholung des Schiller-Vortrags in Amsterdam und Den Haag zugesagt[2]. Vor allem aber hat mein 80. Geburtstag eine mir wirklich völlig unerwartete Überfülle von freundlichen Aufmerksamkeiten und Ansprüchen aller Art mit sich gebracht und jetzt, wo der Sturm vorüber ist und ich wieder einigermaßen zu mir selbst komme, bedarf ich unbedingt einiger Wochen ungestörter Ruhe und darf weitere Verpflichtungen nicht auf mich nehmen.

Es wird mir wirklich sehr schwer, Sie zu enttäuschen und herzlich möchte ich hoffen, daß ich bei einer anderen Gelegenheit bei Ihnen zu Gast sein darf.

Mit den verbindlichsten Grüßen

Ihr ergebener
Thomas Mann

*288

Ch. Marshall, Newcastle on Tyne, an den Rektor der Universität Bonn   *25. November 1956*

Akten der Philosophischen Fakultät der Universität Bonn betr. Thomas Mann

Sir,

When I was in Italy in 1954 I spent some time with some German students; we were together when the death of Thomas Mann was announced[1]. They were most distressed.

Recently I have read two letters. One, sent to Thomas Mann at the beginning of 1937 from the Dean of the Philosophical Faculty of the Frederic–William University at Bonn in which he says „. . . the philosophical Faculty finds itself obliged to strike your name off its roll of honorary doctors"[2]. The other was his famous reply.

I should be very grateful if you would inform me whether the name of Thomas Mann was again inscribed on the roll, and the dishonour to the university expunged.

Yours sincerely
Charles Marshall

---

287   [2] Die Wiederholung des Schillervortrags fand in Amsterdam am 1. Juli, in Den Haag am 3. Juli 1955 statt. Am 18. Juli zeigten sich die ersten Anzeichen der Erkrankung, die am 12. August zum Tode des Dichters führte.

288   [1] Thomas Mann starb am 12. August 1955. Bei der Zeitangabe des Briefschreibers handelt es sich daher um einen Gedächtnisfehler oder ein Schreibversehen.

[2] Auch hier liegt ein chronologischer Irrtum vor. Das Schreiben des Dekans [=Dok. 204] stammt vom 19. Dezember 1936.

Der Dekan der Philosophischen Fakultät, Bonn, an Ch. Marshall   *7. Dezember 1956*

Ungezeichnete Durchschrift[1]
Akten der Philosophischen Fakultät der Universität Bonn betr. Thomas Mann

Dear Mr. Marshall,

Your letter addressed to the Rector of Bonn University has been handed over to me because I am the acting Dean of the Philosophical Faculty of our university. Your are right: The Nazi-Dean has stroken the name of Thomas Mann off its roll of honorary doctor without asking the faculty and getting its agreement. This was a very great shame for the faculty. After the war, when the democratic principles were introduced again one of the first deads of the faculty was to inscribe the name of Thomas Mann again. The then acting dean wrote a personal letter to Thomas Mann and Thomas Mann was satisfied with our proposal and consented with pleasure to it. Thus Thomas Mann was in the last years again one of our honorary doctors.

Yours sincerely
[*Spies*[1]]

*290

Der Dekan der Philosophischen Fakultät, Bonn, an arani-Verlag   *9. Dezember 1959*

Akten der Philosophischen Fakultät der Universität Bonn betr. Thomas Mann

Eben werde ich darauf aufmerksam gemacht, daß in einer Veröffentlichung Ihres Verlages eine in dieser Form nicht zutreffende Notiz enthalten ist. Es handelt sich um das Buch „Das Dritte Reich und seine Denker" von L. Poliakov und J. Wulf. Hier ist auf S. 288 die Urkunde über die Streichung Thomas Manns aus der Liste der Ehrendoktoren der Philos. Fakultät der Univ. Bonn abgedruckt mit der Bemerkung, daß im WS 1936/37 Herr Prof. Dr. Friedrich Oertel Dekan der Philos. Fakultät gewesen sei. Diese „auf einer Auskunft des Philos. Dekanats beruhende Angabe" ist aber nur zum Teil richtig, da Herr Prof. Oertel nur bis Ende November 1936 das Dekanat geführt hat und dann von Herrn Prof. Dr. K. J. Obenauer abgelöst worden ist.[1] Die Urkunde ist also von diesem und nicht von Herrn Prof. Dr. Oertel unterzeichnet worden.
Die Fakultät legt größten Wert auf diese Feststellung und bittet Sie, die Notiz in jeder möglichen Weise berichtigen zu wollen.

Hochachtungsvoll
Herter[2]

---

9   [1] Im akademischen Jahr 1956/1957 war der ord. Professor der Arabistik, Semistik und Islamkunde Dr. Otto Spies (geb. 1901) Dekan der Philosophischen Fakultät.

0   [1] Zur genauen Datierung vgl. Dok. 193 und 194.
[2] Im akademischen Jahr 1959/60 war der ord. Professor der Klassischen Philologie H. Herter (geb. 1899) Dekan der Philosophischen Fakultät.

Der Dekan der Philosophischen Fakultät an Prof. Dr. Oertel   *10. Dezember 1959*

Akten der Philosophischen Fakultät der Universität Bonn betr. Thomas Mann

Lieber und verehrter Herr Kollege Oertel!

Beiliegend der Entwurf eines Schreibens an die Arani-Verlags-GmbH. Ich möchte das Schreiben jedoch nicht abschicken, ohne daß Sie Ihr placet gegeben haben. Es ist aus den Akten mit Sicherheit nicht festzustellen, wann und wie das Dekanat s. Zt. gewechselt hat. Könnten Sie mir ev. noch genauere Angaben machen?

Mit herzlichen Grüßen wie immer

Ihr

Herter

arani-Verlag an Philosophische Fakultät, Bonn   *18. Dezember 1959*

Akten der Philosophischen Fakultät der Universität Bonn betr. Thomas Mann

Sehr geehrter Herr Prof. Herter,

wir bedauern den Irrtum, dessen Opfer Herr Prof. Oertel geworden ist, sehr. Zu verantworten haben ihn aber weder die Autoren noch der Verlag. In einem eingeschriebenen Brief vom 24. 3. 59 an die Philosophische Fakultät der Universität Bonn hatte Herr Dr. Joseph Wulf ganz präzise gefragt, wer im Dezember 1936 Dekan der Philosophischen Fakultät der Universität Bonn gewesen ist. Die Antwort der Philosophischen Fakultät vom 28. 3. 59 lautete folgendermaßen:

„Im Wintersemester 1936/37 war Herr Professor Dr. Friedrich Oertel Dekan der Philosophischen Fakultät der Universität Bonn.

Mit freundlichem Gruß

i. A.

gez. Markoff"[1]

Nach dieser Auskunft konnte nicht angenommen werden, daß Herr Professor Oertel das Dekanat während des Semesters abgegeben hat.

Selbstverständlich werden wir die betreffende Fußnote in der Neuauflage von

---

292   [1] Keines der beiden hier erwähnten Schreiben ist in den Akten der Fakultät überliefert; vgl. zu dieser Angelegenheit oben S. 302 ff. Frau Paula Markloff – so lautet der Name richtig – war von 1946 bis 1960 Sekretärin des Philosophischen Dekanats. Ein Faksimile des von ihr gezeichneten Schreibens an Wulf druckte „Die Zeit" Nr. 47 vom 20. November 1964.

„Das Dritte Reich und seine Denker", die voraussichtlich in absehbarer Zeit erscheinen wird, ändern.

Mit vorzüglicher Hochachtung
arani Verlags-GmbH
Henckel

*293

Der Dekan der Philosophischen Fakultät, Bonn, an Professor Dr. Oertel   22. Dezember 1959

Akten der Philosophischen Fakultät der Universität Bonn betr. Thomas Mann

Lieber Herr Oertel!

Mit Schreiben vom 18. 12. 1959 teilt der Arani-Verlag u. a. folgendes mit:
„Selbstverständlich werden wir die betreffende Fußnote in der Neuauflage von ‚Das Dritte Reich und seine Denker', die voraussichtlich in absehbarer Zeit erscheinen wird, ändern"[1].
Mit den besten Grüßen, besonders zum Weihnachtsfest, verbunden mit guten Wünschen zum Jahreswechsel,

Ihr
Herter

*294

Klasse 12 s des St.-Viti-Gymnasiums, Zeven, an den Dekan der Philosophischen Fakultät,
Bonn   27. April 1961

Akten der Philosophischen Fakultät der Universität Bonn betr. Thomas Mann

Sehr geehrter Herr Dekan!

Der letzten Deutschstunde der Klasse 12 s des St.-Viti-Gymnasiums in Zeven, Bez. Bremen, lag der Text der Mitteilung der Philosophischen Fakultät, daß Thomas Mann aus der Liste der Ehrendoktoren gestrichen sei, und die Antwort von Thomas Mann an den Dekan der Philosophischen Fakultät der Universität Bonn zugrunde. Beide sind abgedruckt in dem Lesebuch „Die Silberfracht" des Hirschgraben-Verlages für Klasse 12/13.
An diesem Text entzündete sich eine lebhafte Diskussion, und wir erlauben uns, Sie um freundliche Auskunft zu folgenden Fragen zu bitten:
1. Mußte der Dekan der Philosophischen Fakultät in dieser Form handeln?
2. Was besagt der Artikel 8 der Promotionsordnung?

---

[1] Eine Neuauflage dieses Buches ist nicht erschienen. Zur Berichtigung in einer anderen Veröffentlichung des gleichen Verfassers vgl. oben S. 304, Anm. 93.

3. War eine solche Maßnahme nur im Dritten Reich möglich, oder kann es auch heute im demokratischen Deutschland geschehen, daß ein akademischer Titel aus politischen Gründen aberkannt wird?

4. Wurde das Antwortschreiben von Thomas Mann damals am Schwarzen Brett veröffentlicht?

Wir würden uns sehr freuen, wenn Sie diese Fragen beantworteten. Mit bestem Dank im voraus und vorzüglicher Hochachtung

die Klasse 12 s des St.-Viti-Gymnasiums Zeven
i. A. Volker Gerschwitz
Klassensprecher

*295

Der Dekan der Philosophischen Fakultät, Bonn, an Prof. Dr. Obenauer   *6. Juni 1961*

Akten der Philosophischen Fakultät der Universität Bonn betr. Thomas Mann

Sehr geehrter Herr Kollege!

Die Streichung von Thomas Mann aus der Liste der Ehrendoktoren unserer Fakultät ist der Gegenstand mehrerer Anfragen, die von auswärts an mich gerichtet worden sind[1]. Aus den bei der Fakultät vorhandenen Akten lassen sich diese Fragen nicht hinreichend beantworten. Ich wäre Ihnen daher dankbar, wenn Sie mir mit einigen Informationen dienen könnten. Ich erlaube mir, die Fragen folgendermaßen zusammenzufassen:

1) War die Streichung von Thomas Mann aus der Liste der Ehrendoktoren eine unvermeidliche Folge seiner Ausbürgerung und ist sie auf Grund einer Verfügung des damaligen Kultusministeriums erfolgt oder hatte die Fakultät die Möglichkeit, darüber nach eigenem Ermessen zu entscheiden?

2) Wurde das Antwortschreiben von Thomas Mann damals am Schwarzen Brett der Universität veröffentlicht?

3) Das Original des Antwortbriefes von Thomas Mann befindet sich nicht in den Akten der Fakultät. Statt dessen ist eine unmittelbar nach Eingang hergestellte Abschrift beigeheftet, auf der ein Vermerk besagt, daß sich das Original bei Ihnen befindet. Ich darf fragen, ob Sie mir auch über den Verbleib des Originals Auskunft geben können.

Mit verbindlichsten Empfehlungen
Ihr sehr ergebener
Beumann[2]

---

295   [1] Die Akten enthalten außer dem als Dok. 294 wiedergegebenen Schreiben keine weiteren Anfragen aus der Amtszeit dieses Dekans.

[2] Im akademischen Jahr 1960/61 war der ord. Professor für Mittelalterliche und Neuere Geschichte H. Beumann (geb. 1912) Dekan der Philosophischen Fakultät.

626

296

Prof. Dr. Obenauer an den Dekan der Philosophischen Fakultät Bonn   8. *Juni 1961*

Akten der Philosophischen Fakultät der Universität Bonn betr. Thomas Mann

Sehr verehrter Herr Dekan!

Auf Ihre konkreten Fragen, betr. Entziehung des Ehrendoktors von Thomas Mann – eine Angelegenheit, die nun schon über 25 Jahre zurückliegt – kann ich folgende Auskünfte geben:

zu 1) (in ihrem Schreiben vom 6. 6. 61) – allerdings war der Verlust des Ehrendoktors v. Th. M., wie Sie es formuliert haben: „eine unvermeidliche Folge seiner Ausbürgerung" und ist auf Grund einer Verfügung der damaligen Regierung erfolgt. Die Fakultät hatte keine Möglichkeit, nach eigenem Ermessen zu entscheiden. Dies war nicht nur meine Auffassung, sondern auch die des Kurators und vor allem des damaligen Rektors, Prof. Schmidt. Eine spätere Äußerung von Prof. Schmidt zu dieser Angelegenheit [= *Dok. 270*] lege ich Ihnen in Abschrift bei. Aus ihr geht klar hervor, daß sich Prof. Schmidt, nach einer Beratung mit mir als dem damaligen Dekan, fernmündlich in Berlin sehr bemüht hat, die Entziehung des Ehrendoktors zu vermeiden. Ich selbst habe nach all dem, so unangenehm mir es war, diese Sache auf meine eigene Kappe genommen und Th. Mann die Entziehung kurz mitgeteilt, vor allem um einen Konflikt zwischen Regierung und Universität zu vermeiden. Persönlich habe ich in dieser ganzen Sache, auch im Namen der Universität und Fakultät nicht, keinerlei Initiative ergriffen, sondern im Gegenteil diese Notwendigkeit, Th. Mann nach seiner Ausbürgerung nun auch diesen Ehrendoktor zu entziehen, sehr bedauern müssen.

zu 2): Den Antwortbrief Th. Manns am schwarzen Brett zu veröffentlichen, war im damaligen Staat völlig unmöglich, da er schwerste Angriffe gegen die damals führenden Männer enthielt.

zu 3): Die Fakultät besitzt eine genaue wörtliche Abschrift des Briefes, der ja an mich gerichtet war. Weitere Abschriften gingen damals an die zuständigen Dienststellen der Regierung. Wo sich das Original des Briefes heute befindet, weiß ich nicht; jedenfalls ist er nicht in meinem Besitz. Vielleicht habe ich ihn damals in einer eisernen Kassette in meiner Wohnung in Bad Godesberg, Kurfürstenstr. 10, aufbewahrt. Diese aber wie sämtliche Briefschaften sind mir aber nach der Besetzung des Hauses durch die Amerikaner 1945 – wie so vieles andere Wertvolle – verloren gegangen. Ich kann also leider über den Verbleib des Originals keine Auskunft geben, für das mir gelegentlich schon Geld geboten wurde.

Mit der Abschrift des Briefes von Prof. Schmidt, dem damaligen Rektor, gestatte ich mir einige andere Dokumente beizulegen, die schon einmal dem Dekan der Fakultät vorlagen. Sie mögen zu Ihrer persönlichen Information dienen.

Während das Kultusministerium in Düsseldorf vor einigen Jahren bereit schien, mich zu emeritieren, hat die Fakultät leider einer solchen gerechten Lösung nicht zugestimmt, wie ich annehmen darf. Kommt dies aber nicht einer Dauerbestrafung gleich?

Die beigefügten Unterlagen erbitte nach gef. Kenntnisnahme zurück. Ich bedauere, Ihnen nicht mehr zu der Angelegenheit Th. Mann sagen zu können und verbleibe

in vorzüglicher Hochachtung
Prof. Dr. K. J. Obenauer

*297

Der Dekan der Philosophischen Fakultät, Bonn, an den Klassensprecher der Klasse 12 s
des St.-Viti-Gymnasiums, Zeven 28. *Juni 1961*

> *Akten der Philosophischen Fakultät der Universität Bonn betr. Thomas Mann*

Die in Ihrem Schreiben vom 27. 4. d. J. gestellten Fragen lassen sich folgendermaßen beantworten:

1. Die Streichung von Thomas Mann aus der Liste der Ehrendoktoren unserer Fakultät war eine unvermeidliche Folge seiner Ausbürgerung und ist auf Grund einer Verfügung der damaligen Regierung erfolgt. Der damalige Rektor hat selbst durch mehrere Telefongespräche mit den zuständigen Berliner Stellen die Entziehung des Doktorgrades abzuwenden versucht. Auch dem Reichserziehungsministerium waren die Hände gebunden, da eine zwingende Vorschrift der gesamten Reichsregierung und die bindende Anordnung des damaligen Staatschefs vorlagen. Ein Widerstand der Fakultät wäre zwecklos gewesen. Sie ist auch von dem damaligen Dekan nicht befragt worden, vielmehr hat er, wie er selbst schreibt, diese Sache auf seine „eigene Kappe genommen, vor allem um einen Konflikt zwischen Regierung und Universität zu vermeiden". Aus den Unterlagen der Fakultät geht klar hervor, daß die Initiative in Berlin gelegen hat.

2. Die damals gültige Promotionsordnung ist bei den Akten der Fakultät leider nicht mehr vorhanden. Es ist anzunehmen, daß der angezogene Artikel 8 die einschlägigen Bestimmungen über die Entziehung des Doktorgrades enthielt[1]. Ein erheblicher Teil der Fakultätsakten ist leider durch Kriegseinwirkung vernichtet worden.

3. Die Entziehung eines akademischen Grades aus politischen Gründen ist in der Bundesrepublik schwerlich möglich. Ich darf hierzu auf die Stellungnahme der Westdeutschen Rektorenkonferenz zu den Entziehungen von Doktorgraden verweisen, die in den letzten Jahren von Fakultäten in Mitteldeutschland aus politischen Gründen vorgenommen worden sind. Diese Vorgänge waren ausschlaggebend dafür, daß die Westdeutsche Rektorenkonferenz sich nicht entschließen konnte, den offiziellen Besuch der Universitätsjubiläen von Jena, Leipzig und

---

297   [1] Vgl. jetzt oben S. 123, Anm. 68.

Berlin zu empfehlen[2]. Damit haben sich die Westdeutschen Hochschulen darauf festgelegt, die Aberkennung akademischer Grade aus politischen Gründen nicht zu dulden.

4. Hierzu schreibt mir der damalige Dekan: „Den Antwortbrief Thomas Manns am Schwarzen Brett zu veröffentlichen, war im damaligen Staat völlig unmöglich, da er schwerste Angriffe gegen die damaligen führenden Männer enthielt".

Beumann
Dekan

*298

Der Dekan der Philosophischen Fakultät, Bonn, an Prof. Dr. Obenauer   *27. Juli 1961*

   Akten der Philosophischen Fakultät der Universität Bonn betr. Thomas Mann

Sehr geehrter Herr Kollege!

Für Ihre Bereitwilligkeit, mir auf mein Schreiben vom 6. Juni d. J. Auskunft zu erteilen, sage ich Ihnen herzlichen Dank. Ihre Ausführungen waren mir bei der Beantwortung mehrerer Anfragen von großem Wert[1].

Ich erlaube mir, Ihnen die mir überlassenen Unterlagen zurückzureichen, und verbleibe mit den besten Empfehlungen

Ihr ergebener
Beumann

*299

Klasse 12 s des St.-Viti-Gymnasiums, Zeven, an den Dekan der Philosophischen Fakultät, Bonn   *25. August 1961*

   Akten der Philosophischen Fakultät der Universität Bonn betr. Thomas Mann

Hochverehrter Herr Dekan!

Im Namen der Klasse 12 s des St.-Viti-Gymnasiums in Zeven spreche ich Ihnen unseren herzlichen Dank für die sehr eingehende Beantwortung der Fragen aus, die wir in Verbindung mit Thomas Mann an Sie richteten.

---

[2] Die Entscheidung der 38. Westdeutschen Rektorenkonferenz vom 6./7. Januar 1958 hatte folgenden Wortlaut:
„Betr.: Einladungen nach Jena und Leipzig
Die Versammlung
a) nimmt zu eventuellen Einladungen nach Leipzig noch nicht Stellung;
b) ist bezüglich der Einladung nach Jena mit 29 Stimmen bei 2 Enthaltungen der Ansicht, daß eine allgemeine Ablehnung der Einladung der Universität Jena unter den derzeitigen Voraussetzungen nicht zu empfehlen sei;
c) nimmt beifällig die Haltung der Freien Universität Berlin zur Kenntnis".

[1] Außer dem Schreiben Dok. 294 sind keine weiteren Anfragen aus der Amtszeit des Dekans Prof. Dr. Beumann überliefert.

Ihr Schreiben wurde in einer Deutschstunde verlesen und diskutiert. Besonders interessiert hat uns Ihr Hinweis auf das Verhalten von Professoren der Westdeutschen Rektorenkonferenz bei Einladungen zu Universitätsjubiläen der SBZ; in diesem Zusammenhang sprachen wir dann über Geistesfreiheit.

Mit dem Ausdruck der Dankbarkeit für Ihre freundliche Mühe und vorzüglicher Hochachtung

die Klasse 12 s des St.-Viti-Gymnasiums Zeven

i. A. Volker Gerschwitz

Klassensprecher

*300

Thomas-Mann-Archiv, Zürich, an Rektor der Universität Bonn   *26. Oktober 1962*

     Akten der Philosophischen Fakultät der Universität Bonn betr. Thomas Mann

Ihre Magnifizenz,

Gestatten Sie, daß wir mit einer Bitte an Sie gelangen. Das Zürcher Thomas-Mann-Archiv, das den Nachlaß des Dichters verwaltet, sammelt Dokumente aller Art aus dem Leben Thomas Manns.

Es wäre für uns sehr wertvoll, Fotokopien des Briefwechsels zwischen der Bonner Universität und Thomas Mann aus den Jahren 1919, 1936 und 1946 zu besitzen, und wir wären Ihnen sehr zu Dank verpflichtet, wenn Sie uns welche zustellen lassen wollten.

Mit verbindlichstem Dank für Ihre Bemühungen und dem Ausdruck unserer vorzüglichen Hochachtung

Thomas-Mann-Archiv

Eidg. Technische Hochschule

Der Konservator:

Wysling

*301

Der Dekan der Philosophischen Fakultät, Bonn, an Prof. Dr. Oertel   *23. November 1962*

     Akten der Philosophischen Fakultät der Universität Bonn betr. Thomas Mann

Sehr verehrter Herr Kollege Oertel,

das Thomas-Mann-Archiv in Zürich hat um Fotokopien des Briefwechsels gebeten, den Thomas Mann mit der Universität in den Jahren 1919, 1936 und 1946/47 geführt hat.

Nun zeigt sich bei der Durchsicht der Fakultätsakten, daß zwar eine Abschrift, nicht aber das Original des Briefes von 1947 *[= Dok. 245]* vorhanden ist. Darf ich Sie, sehr verehrter Herr Oertel, da Sie damals Dekan waren, um Auskunft bitten, ob Sie etwas über den Verbleib des Originalbriefes von Thomas Mann wissen?

Für eine baldige Antwort wäre ich Ihnen sehr dankbar, da die nächste Fakultätssitzung bereits am kommenden Mittwoch stattfindet.

Mit verbindlichen Empfehlungen
Ihr sehr ergebener
Arno Esch[1]

*302

Prof. Dr. Oertel an den Dekan der Philosophischen Fakultät, Bonn   *26. November 1962*

<small>Akten der Philosophischen Fakultät der Universität Bonn betr. Thomas Mann</small>

Sehr geehrte Spectabilität!

Auf Ihre Anfrage vom 23. ds. Mts. kann ich Ihnen mitteilen, daß die Thomas-Mann-Briefe sich in meiner Privatkorrespondenz gefunden haben. Sie sind damals von meiner Sekretärin, die sie jetzt auch wieder ans Tageslicht gebracht hat, falsch abgelegt worden. Der Irrtum erklärt sich daraus, daß Frl. Müller gerade erst eingetreten war, daß zu dieser Zeit Privatwohnung, Dekanat, Seminar und noch eine ganze Reihe sonstiger Ämter in meinem Hause Argelanderstrasse 144 konzentriert waren und daß schließlich die Korrespondenz als zum Teil amtlich und zum Teil privat betrachtet werden konnte. Ich überreiche Ihnen alles, was, ohne daß ich das selber wußte, bei mir einen langen Schlaf getan, und überlasse es Ihnen, was Sie zu den Fakultätsakten nehmen und was Sie mir zurückgeben wollen.

Mit den besten Empfehlungen
Ihr sehr ergebener
Oertel

*303

Der Dekan der Philosophischen Fakultät, Bonn, an Prof. Dr. Oertel   *5. Dezember 1962*

<small>Akten der Philosophischen Fakultät der Universität Bonn betr. Thomas Mann</small>

Sehr verehrter Herr Kollege Oertel!

Für die liebenswürdige Übersendung des Thomas-Mann-Briefwechsels aus den Jahren 1946 und 1947 danke ich Ihnen im Namen der Fakultät verbindlichst.

---

[1] Im akademischen Jahr 1962/63 war der ord. Professor der Englischen Philologie A. Esch (geb. 1911) Dekan der Philosophischen Fakultät.

Ich darf annehmen, daß es in Ihrem Sinne ist, wenn wir die Unterlagen zu den Thomas Mann-Akten der Fakultät nehmen.

Mit den besten Empfehlungen
Ihr sehr ergebener
E[*sch*]

*304

Der Dekan der Philosophischen Fakultät, Bonn, an Thomas-Mann-Archiv, Zürich
22. Januar 1963

Akten der Philosophischen Fakultät der Universität Bonn betr. Thomas Mann

Sehr geehrter Herr Dr. Wysling!

Magnifizenz hat Ihren Brief vom 26. Oktober 1962 zur weiteren Veranlassung der Philosophischen Fakultät übergeben. Ich erlaube mir, Ihnen in der Anlage die inzwischen hergestellten Fotokopien des Briefwechsels von Thomas Mann mit unserer Fakultät aus den Jahren 1919 [= *Dok. 11*] und 1946/47 [= *Dok. 245, 251, 255, 267*] zu übersenden.
Leider fehlt in den Fakultätsakten das Original des Briefes von 1936[1]. Statt dessen ist nur eine unmittelbar nach Eingang des Schreibens hergestellte Kopie beigeheftet. Die Fakultät hat bereits früher mit dem damaligen Dekan Obenauer eine Korrespondenz über den Verbleib des Briefes geführt [= *Dok. 295*]. Seine Auskunft (unter dem 8. 6. 1961) [= *Dok. 296*] lautete: „Wo sich das Original des Briefes heute befindet, weiß ich nicht; jedenfalls ist es nicht in meinem Besitz". Nach dem Stande der Ermittlungen der Fakultät ist der Originalbrief infolge der Kriegs- oder Nachkriegsereignisse vermutlich verloren gegangen. Zu meinem großen Bedauern kann ich Ihnen daher Ihre Bitte nur zum Teil erfüllen.

Mit vorzüglicher Hochachtung
E[*sch*]

*305

Thomas-Mann-Archiv, Zürich, an den Dekan der Philosophischen Fakultät, Bonn
29. Januar 1963

Akten der Philosophischen Fakultät der Universität Bonn betr. Thomas Mann

Sehr geehrter Herr Professor!

Sie waren so freundlich, uns am 22. 1. 63 Kopien der bei Ihren Fakultätsakten liegenden Thomas Mann-Briefe zuzustellen.

---

304   [1] Zu der auch hier wieder unterlaufenen Fehldatierung vgl. Dok. 264, Anm. 1.

Wir ordnen die Briefe gerne in unsere Sammlung ein, nicht aber ohne Ihnen für Ihre Freundlichkeit unsern verbindlichsten Dank ausgedrückt zu haben.

Mit vorzüglicher Hochachtung
Thomas Mann-Archiv
Eidg. Technische Hochschule
Der Konservator:
Wysling

P. S. Die Rechnung für die Kopien bitten wir Sie gelegentlich an uns überweisen zu wollen.

*306

Thomas-Mann-Archiv, Zürich, an Kanzlei der Universität Bonn   *16. April 1963*

Akten der Philosophischen Fakultät der Universität Bonn betr. Thomas Mann

Sehr geehrte Herren!

Wir wären Ihnen sehr dankbar, wenn Sie uns wissen lassen wollten, wer im Wintersemester 1936/1937 Dekan der philosophischen Fakultät der Universität gewesen ist.

Für Ihre Bemühungen danken wir Ihnen zum voraus und grüßen Sie mit dem Ausdruck unserer vorzüglichen Hochachtung

Thomas Mann-Archiv
Eidg. Technische Hochschule
Der Konservator
Wysling

*307

Der Dekan der Philosophischen Fakultät, Bonn, an Thomas-Mann-Archiv   *7. Mai 1963*

Akten der Philosophischen Fakultät der Universität Bonn betr. Thomas Mann

Sehr geehrte Herren!

Zum dortigen Schreiben vom 16. v. M. erlauben wir uns, Ihnen mitzuteilen, daß Herr Prof. Dr. K. J. Obenauer im Wintersemester 1936/37 Dekan der Philosophischen Fakultät der Universität Bonn gewesen ist.

Mit vorzüglicher Hochachtung
Esch

308

*Chefredakteur H. Contenius – „akut" (Nachrichtenblatt der Bonner Studentenschaft) – an
den Dekan der Philosophischen Fakultät* 19. *Juni 1964*

Akten der Philosophischen Fakultät der Universität Bonn betr. Thomas Mann

Ew. Spectabilität!

Darf ich Ew. Spectabilität ergebenst um Auskunft zu dem sogenannten Fall
Thomas Mann bitten? Uns liegt insbesondere daran zu erfahren, wann Thomas
Mann die Ehrendoktorwürde der Universität Bonn aberkannt wurde und wann
nach dem Krieg sie ihm wieder zuerkannt wurde.

Außerdem wären wir dankbar für eine Stellungnahme der Universität zu der
Aberkennung der Ehrendoktorwürde.

Ich darf Ew. Spectabilität um wohlwollende Prüfung unseres Anliegens bitten
und verbleibe mit vorzüglicher Hochachtung

Ew. Spectabilität sehr ergebener
Hartmut Contenius
Chefredakteur

Der Dekan der Philosophischen Fakultät an H. Contenius, Bonn 23. *Juni 1964*

Akten der Philosophischen Fakultät der Universität Bonn betr. Thomas Mann

Betr.: Dortige Anfrage vom 19. d. M.

Die Ehrendoktorwürde wurde Thomas Mann mit dem Schreiben vom 19. 12. 1936
[= *Dok. 204*] aberkannt; wieder zuerkannt wurde sie ihm mit Schreiben vom
13. 12. 1946 [= *Dok. 239*][1].

Moser[2]

---

309 [1] Zur richtigen, aber den Bonner Fakultätsakten nicht zu entnehmenden Datierung dieses
Schreibens vgl. Dok. 239, Anm. 1.

[2] Der ord. Professor der Germanistik H. Moser (geb. 1909) war im akademischen Jahr
1963/64 Dekan der Philosophischen Fakultät.

Prof. Dr. K. O. Conrady, Kiel, an den Dekan der Philosophischen Fakultät

16. August 1964

Akten der Philosophischen Fakultät der Universität Bonn betr. Thomas Mann

Verehrte Spectabilität!

erlauben Sie mir bitte, daß ich Sie mit folgender Anfrage bemühe:
Am 19. Dezember 1936 hat der damalige Dekan der Philosophischen Fakultät
der Universität Bonn in einem Schreiben von wenigen Zeilen (Aktenzeichen
J.-Nr. 58) Thomas Mann die Ehrendoktorwürde aberkannt [= *Dok. 204*]. Dekan
war damals der Germanist Karl Justus Obenauer. Über die Vorgänge, die zu dem
Schreiben vom 19. 12. 36 führten, herrscht bis heute Unklarheit. Bisweilen wird
behauptet, der Dekan Prof. Obenauer habe damals eigenmächtig und ohne Befragen der Fakultät gehandelt. Wenn ich richtig unterrichtet bin, hat die Philosophische Fakultät Bonn bisher noch keine aufklärenden Erläuterungen gegeben.
Falls es Ihnen möglich und gestattet ist, mir aus Kenntnis der Unterlagen der
Fakultät Aufklärung über die fraglichen Zusammenhänge zu geben, wäre ich
Ihnen sehr dankbar. Auch für eine Mitteilung, wann jene Aberkennung nach 1945
wieder zurückgenommen worden ist, wäre ich Ihnen sehr verbunden.

Mit verbindlichen Empfehlungen
Ew. Spectabilität sehr ergebener
K. O. Conrady

Der Dekan der Philosophischen Fakultät an Prof. Dr. Conrady, Kiel

24. September 1964

Akten der Philosophischen Fakultät der Universität Bonn betr. Thomas Mann

Sehr geehrter Herr Kollege!

Zunächst muß ich um Entschuldigung bitten, daß die Beantwortung Ihrer An-
frage vom 16. 8. 64 [= *Dok. 310*] der Urlaubszeit wegen erst heute erfolgt.
Ich darf Ihnen nachstehend die aufgrund einer ähnlichen Anfrage verfaßte Stellungnahme eines meiner Vorgänger im Amt weitergeben, die nach eingehender
Prüfung der Unterlagen seinerseits schriftlich niedergelegt wurde [= *Dok. 297*]:
„Die Streichung von Thomas Mann aus der Liste der Ehrendoktoren unserer
Fakultät war eine unvermeidliche Folge seiner Ausbürgerung und ist auf Grund
einer Verfügung der damaligen Regierung erfolgt. Der damalige Rektor hat selbst
durch mehrere Telefongespräche mit den zuständigen Berliner Stellen die Entziehung des Doktorgrades abzuwenden versucht. Auch dem Reicherziehungsmini-

sterium waren die Hände gebunden, da eine zwingende Vorschrift der gesamten Reichsregierung und die bindende Anordnung des damaligen Staatschefs vorlagen. Ein Widerstand der Fakultät wäre zwecklos gewesen, Sie ist auch von dem damaligen Dekan nicht befragt worden, vielmehr hat er, wie er selbst schreibt, diese Sache auf seine ‚eigene Kappe genommen, vor allem um einen Konflikt zwischen Regierung und Universität zu vermeiden'. Aus den Unterlagen der Fakultät geht klar hervor, daß die Initiative in Berlin gelegen hat!" Die Aberkennung wurde 1946 zurückgenommen.[1]

Mit kollegialen Empfehlungen\
Ihr\
Moser

*312

Der Universitätskanzler Frhr. v. Medem (Bonn) an den Dekan der Philosophischen Fakultät
6. November 1964

    Akten der Philosophischen Fakultät der Universität Bonn betr. Thomas Mann

Persönlich\
Vertraulich

Sehr verehrter Herr Dekan!

Der Generalsekretär der Westdeutschen Rektorenkonferenz, Herr Dr. Fischer, weist mich soeben darauf hin, daß der Rektor zur Zeit der Entziehung des Ehrendoktors von Thomas Mann offenbar Professor Dr. Pietrusky gewesen sei[1], der zur Zeit in 8134 Pöcking bei Starnberg lebe. Falls dies zutreffe, so handele es sich um einen ganz besonders hoch angesehenen Gelehrten, der auch nach dem Kriege größte internationale Auszeichnungen erfahren habe.
Vielleicht ist Ihnen dieser Hinweis wertvoll.

Mit freundlichen Grüßen\
Ihr\
v. Medem

---

311   [1] Bezieht sich auf Dok. 239 vom 5. Dezember 1946. Daß die Aberkennung bereits durch Fakultätsbeschluß vom 27. August 1945 annulliert worden ist [= Dok. 227] und, da sie rechtlich unwirksam war, es formell keines Annullierungsbeschlusses bedurft hätte, ist erst durch die vorliegende Untersuchung geklärt worden; vgl. auch oben S. 232 f.

312   [1] Diese Ansicht ist unzutreffend; vgl. oben S. 205. Zu Pietrusky vgl. oben S. 119, Anm. 57; *Wenig*, S. 227.

Presseerklärung der Bonner Philosophischen Fakultät zum „Fall Thomas Mann"

9. November 1964[1]

Akten der Philosophischen Fakultät der Universität Bonn betr. Thomas Mann

Erklärung

Zu dem schmählichen Vorgang, durch den unter dem Namen der Philosophischen Fakultät der Universität Bonn Thomas Mann mit Schreiben vom 19. Dezember 1936 die Ehrendoktorwürde entzogen worden ist, stellt die Fakultät folgendes fest:

Im Vorlesungsverzeichnis für das Wintersemester 1936/37 ist der Althistoriker Prof. Dr. Friedrich Oertel als Dekan genannt. Das Vorlesungsverzeichnis ist wie üblich längere Zeit vor Beginn des Wintersemesters gedruckt und ausgeliefert worden. Das Schreiben an Thomas Mann ist von Prof. Dr. K. J. Obenauer als Dekan der Fakultät unterzeichnet. Der Widerspruch zum Vorlesungsverzeichnis, der verschieaentlich zu Zweifeln geführt hat, erklärt sich daraus, daß Prof. Oertel zwischen Ausgabe des Vorlesungsverzeichnisses und der feierlichen Rektoratsübergabe am 24. November durch Obenauer als Dekan ersetzt worden ist[2]. Dies ergibt sich aus der Chronik der Rheinischen Friedrich-Wilhelms-Universität zu Bonn 1936/37, Jahrgang 61 (Neue Folge, Jahrgang 50), Bonn 1937, Seite 6 und 8. Aus der gleichen Chronik ist zu entnehmen, daß damals der Rektor Prof. Dr. Pietrusky durch Prof. Dr. med. Karl Schmidt ersetzt worden ist. Gemäß der bereits 1935 vom Reichswissenschaftsminister verfügten Neuordnung der Universitäts-Verwaltung („Ministerialerlaß zur Vereinheitlichung der Hochschulverwaltung vom 3. April 1935")[3] ist dann der der SS angehörende Prof. Dr. K. J. Obenauer zum Dekan der Philosophischen Fakultät ernannt worden; Obenauer war 1935 entgegen dem Vorschlag der Fakultät durch den Reichserziehungsminister auf den Bonner Lehrstuhl berufen worden[4]. Eine erschöpfende Publikation der einschlägigen Akten durch den Historiker Prof. Dr. Paul E. Hübinger befindet sich in Vorbereitung. Schließlich ist noch darauf hinzuweisen, daß die Fakultät die irrtümliche Version, derzufolge Prof. Oertel die Urkunde unterzeichnet haben soll, mehrfach berichtigt hat. So hat sie z. B. in einem Schreiben an den Arani-Verlag Berlin–Grunewald vom 15. 12. 59 den Sachverhalt klargestellt; dieser versprach in seiner Antwort vom 18. 12. 59, in der erwarteten Neuauflage des Werkes L.

---

[1] Die Erklärung wurde durch die Pressestelle der Universität – gez. Prof. Dr. K. D. Bracher – am 13. November 1964 veröffentlicht.

[2] Zum genauen Datum – 16. November 1936 – dieser und der weiter erwähnten Personalveränderung vgl. Dok. 192, 193, 194 vom 16. und 20. November 1936.

[3] Das Datum lautet richtig 1. April 1935; Wortlaut des Ministerialerlasses = Dok. 84. Maßgebend für die Ernennung des Dekans war die Bestimmung Ziff. 7 dieses Erlasses. Zur Delegierung der Ernennungsbefugnis vom Minister an den Rektor vgl. oben S. 106, Anm. 16.

[4] Vgl. hierzu oben S. 212 ff.

Poliakov-J. Wulf „Das Dritte Reich und seine Denker" die notwendige Korrektur vorzunehmen [= Dok. 290, 292]. Auch sonst hat die Fakultät alle an sie gerichteten einschlägigen Anfragen stets im gleichen Sinne beantwortet.

*314

Prof. Dr. Obenauer an den Rektor der Universität Bonn　　　　　*17. November 1964*

Akten der Philosophischen Fakultät der Universität Bonn betr. Thomas Mann

Magnifizenz!

Aus einer Notiz in der „F[rankfurter] A[llgemeinen] Z[eitung]" vom 16. d. M. ersah ich, daß die Universität Bonn eine Veröffentlichung der Akten plant, die den Entzug des Ehrendoktors von Th. Mann betreffen. Ich weiß nicht, ob die Akten eine genügende Klärung dieser Angelegenheit ermöglichen. Darf ich Sie deshalb in diesem Zusammenhang auf einen viel späteren Briefwechsels des Dekans der Philosophischen Fakultät mit mir aus dem Sommer 1961 hinweisen [= Dok. 295, 296, 297]? Der Dekan, Herr Prof. Dr. Beumann, hatte mir damals wegen dieser Angelegenheit verschiedene Fragen gestellt, die ich ausführlich beantwortet habe; er hat mir dann auch unterm 27. Juli (J. Nr. 750) ausdrücklich für meine Auskünfte gedankt; er schrieb mir: „Ihre Ausführungen waren mir bei der Beantwortung mehrerer Anfragen (in dieser Angelegenheit Th. Mann) von großem Wert." Da mir daran liegen muß, daß Sie in dieser Sache die damalige Situation richtig beurteilen können, würde ich Ihnen diese Ausführungen des Jahres 61 gerne zur Verfügung stellen, falls Sie sie nicht von der Phil. Fakultät bekommen können. Ich möchte aber darauf hinweisen, daß dieser ausführliche Brief von mir über die Angelegenheit Th. Mann als vertrauliches Schreiben zur persönlichen Information des damaligen Herrn Dekans abgefaßt war und in dieser Form, da er auch Persönliches, wie meine Nichtemeritierung erwähnte, nicht zur Veröffentlichung gedacht war. Daran müßte ich festhalten, und bitte, ihm nur die Tatsachen zu entnehmen, die damals nur mir, dem Rektor, dem Herrn Kurator Bachem wie Hans Naumann bekannt sein konnten[1].

Ich hatte meinen damaligen Schreiben zur Ergänzung und Bestätigung zwei Zeugnisse des damaligen Rektors Karl Schmidt beigefügt, die sich auf die Th. Mann Angelegenheit beziehen und die ich auch für sehr wesentlich halte bei jedem Versuch einer ruhig-sachlichen Klärung dieser die Universität leider belastenden Sache, die alle paar Jahre wieder einmal zur Sprache gebracht wird. Da ich nicht weiß, ob die Philosophische Fakultät diese Dokumente abschreiben ließ und sie

---

314　　[1] Mit Schreiben vom 14. November 1969 an den Verfasser hat Herr Prof. Obenauer seine Zustimmung zur vollständigen Publikation von Dok. 296 erteilt. Hingegen ist ein Schlußpassus in Dok. 314, der „etwas ganz Persönliches" betrifft, ebenso ein darauf bezüglicher Satz in Dok. 315 wunschgemäß weggelassen worden.

sich noch in ihren Akten befinden, lege ich sie diesem Brief bei, erbitte sie aber nach gef. Kenntnisnahme zurück. *[= Dok. 270 und 273]*. Zu eigener Person darf ich hinzufügen, da Sie mich ja nicht kennen: ich habe mich 1926, nachdem schon vier Bücher im Verlag von Eugen Diederichs erschienen waren, in Leipzig habilitiert, wurde dort 1932 von der sächsischen Regierung (also vor der Machtübernahme) zum a. o. Prof. ernannt, um dann, nach dem Erscheinen der „Problematik des ästhetischen Menschen" 1933 bei Beck in München, 1935 als Ordinarius nach Bonn berufen zu werden. Bei dem Rektoratswechsel 1936 wurde ich dann durch den neuen Rektor, Prof. Schmidt, für drei Jahre zum Dekan ernannt, so wie das damals üblich war. Ich sage das deshalb, weil die Zeitungsnotiz irreführende Vorstellungen erwecken könnte.

Ich lebe seit einiger Zeit, meinem hohen Alter und nicht sehr guten Gesundheit wegen, völlig zurückgezogen in einem kleinen Dorf im Schwarzwald und kann deshalb auch nicht den Versuch machen, Sie persönlich in Bonn zu sprechen. Ich bin aber gerne bereit, wie schon 1961, wiederum auf Fragen, die die leidige Angelegenheit betreffen, nach bestem Wissen und Gewissen zu antworten, obwohl ich sie nun bald, nach zwei Entnazifizierungen und zwei Spruchkammerverfahren, wo auch dies ausführlich zur Sprache kam, für genügend geklärt halten muß.

In vorzüglicher Hochachtung
ergebenst
Prof. Dr. K. J. Obenauer

*315

Rektor der Universität Bonn an Prof. Dr. Obenauer   *7. Dezember 1964*

Akten der Philosophischen Fakultät der Universität Bonn betr. Thomas Mann

Sehr geehrter Herr Kollege!

Für die mir übersandten Unterlagen über Thomas Mann danke ich Ihnen verbindlich.

Mit besten Empfehlungen
Mo*[ser]*

Prof. Dr. Obenauer an den Rektor der Universität Bonn[1] 11. Dezember 1964

Akten der Philosophischen Fakultät der Universität Bonn betr. Thomas Mann

Magnifizenz!

Ich stellte Ihnen in meinem Schreiben vom 17. November *[= Dok. 314]* zwei Dokumente mit der Unterschrift des damaligen Rektors Prof. Schmidt zur Verfügung, die er mir zu meiner Entlastung geschickt hatte, und bat nach Kenntnisnahme um ihre Rücksendung. Da sie Ihrem freundlichen kurzen Brief vom 7. Dez. nicht beigefügt waren: darf ich nochmals um ihre Rückgabe bitten?

Im voraus bestens dankend mit den besten Empfehlungen
ergebenst
K. J. Obenauer

Der Dekan der Philosophischen Fakultät, Bonn, an Prof. Dr. Obenauer

16. Dezember 1964

Akten den Philosophischen Fakultät der Universität Bonn betr. Thomas Mann

1745

Sehr geehrter Herr Kollege!

Für die über S. Magnifizenz der Fakultät zugeleiteten beiden Schreiben in Sachen Doktorentziehung Thomas Mann danke ich Ihnen verbindlich. Sie sind im Zusammenhang mit anderen Fragen und der nunmehr geplanten Klärung der ganzen Angelegenheit von Interesse.
Ich habe Abschriften anfertigen lassen und erlaube mir, Ihnen die uns übersandten Unterlagen zurückzusenden.

Mit besten Empfehlungen
Ihr
Schmid[1]

---

16   [1] Dieses Schreiben wurde der Philosophischen Fakultät am 17. Dezember 1964 vom Rektorat mit folgendem Vermerk übersandt:
„Den Brief des Herrn Prof. Obenauer haben wir zusammen mit den damaligen Schreiben des Herrn Prof. Schmidt der Philosophischen Fakultät übersandt. Wir bitten, die beiden Schreiben des Herrn Prof. Schmidt wieder an Herrn Prof. Obenauer zurückzusenden.

Linke"

317   [1] Der ord. Professor der Klassischen Philologie Dr. W. Schmid (geb. 1913) war im akademischen Jahr 1964/65 Dekan der Philosophischen Fakultät.

VERZEICHNIS DER BENUTZTEN ARCHIVE

Document-Center, Berlin

Personalakten
Akten der Reichsschrifttumskammer

Geheimes Staatsarchiv, Berlin-Dahlem

Reichs- und Preußisches Ministerium für Wissenschaft, Erziehung und Volksbildung
Universität Bonn
(nach der Benutzung wurde der Bestand an das Bundesarchiv Koblenz abgegeben).

Politisches Archiv des Auswärtigen Amts, Bonn

Referat Deutschland

Politik 5 N. E.   Ausbürgerungen   Bd. 1
adh 4 Nr. 2
Politik 5 N. E.   Material zur Ausbürgerung   Bd. 1
adh 4 Nr. 1 (Bbd.)

Inland II A/B

83–75   Deutsche Emigranten im Ausland   Bd. 1–9
83–76   Ausbürgerungen, Allgemeines   Bd. 1
83–76   Ausbürgerungen   Bd. 1 ff.
83–76   Ausbürgerungen   Liste 1–15
83–76   Erika Mann
83–76   Klaus Mann
83–76   Thomas Mann   Bd. 1, 2
Handakten I   Handakten des Amtsrats Karl Heinrich

Abteilung VI – Kultur

VI W   Deutsche Ehrungen für Ausländer, Einzelfälle   Bd. 9

Generalkonsulat Zürich

162   Thomas Mann   1933–1936

Oberstaatsanwaltschaft Bielefeld

Spruchgerichtsakten betr. Prof. Dr. Karl Justus Obenauer

Stadtarchiv Bonn

Nachlaß Schmidtbonn
Zeitungsausschnittsammlung

Universitätsarchiv, Rektorat, Dekanate und Institute der Rheinischen Friedrich-Wilhelms-Universität, Bonn

Universitätsarchiv

Akten des Rektorats und der Universitätsverwaltung (Kuratorium)

Denkschrift an das Oberkommando der Besatzungsarmee   1945
Senatsprotokolle (darin: Protokolle über die Sitzungen des Verwaltungsrats der Universität 1945)   1945–1950
Nachrichtenkommission   1945–1947
Personalakten Andreas v. Antropoff, Paul Kahle, Karl Theodor Kipp, Wilhelm Levison, Heinrich Müller, Hans Naumann, Karl Justus Obenauer, Friedrich Pietrusky, Hans Rößner.

Akten der Medizinischen Fakultät

Promotionen, Generalia   1922–1936

Akten der Philosophischen Fakultät

Journal   1914–1925
Protokolle der Fakultätssitzungen   1913–1931
desgl.   1932–1944
Ehrenpromotionen: Klaus Groth   1856
                 Gustav Krupp v. Bohlen und Halbach   1914
                 Emanuel Friedländer   1921
                 Paul v. Hindenburg   1926
                 Wilhelm Schmidtbonn   1936
Ehrenpromotionen anläßlich der Jahrhundertfeier der Universität   1919
Ehrenpromotion Thomas Mann   1919–1964
Personal- und Lehrstuhlakten: Ernst Bertram, Anton Birlinger, Emil Hammacher, Paul Hankamer, Wilhelm Levison, Berthold Litzmann, Hans Naumann, Karl Justus Obenauer, Fritz Ohmann, Oskar Walzel.

Akten des Allgemeinen Studentenausschusses (AStA)

AStA – Protokolle   1946–1951

Rektorat

Senatsprotokolle   1951–1956

Dekanat der Evangelisch - theologischen Fakultät

Entziehung des Doktorgrades   1933–1939

Dekanat der Medizinischen Fakultät

Personalakten: Alfred Kantorowicz, Karl Schmidt

Dekanat der Philosophischen Fakultät

Allgemeine Fakultätsangelegenheiten   1945–1948
Protokolle der Fakultätssitzungen   1945–1949
Promotionen, Allgemeines   1933–1949
Ehrenpromotionen, Ehrenbürger, Ehrensenatoren   1933 ff.
Abänderung der Promotionsbestimmungen

Aberkennung akademischer Grade
Entziehung des Doktor- und Ehrendoktortitels   1933 ff.
Entziehung des Doktortitels hiesiger Doktoranden   1935 ff.
Entziehung des Doktortitels auswärtiger Doktoranden   1936 ff.

Universitätssternwarte

Allgemeine Universitätsangelegenheiten

Wissenschaftliches Prüfungsamt, Bonn

Staatsprüfung E. Dürksen

Hauptstaatsarchiv Düsseldorf

Abt. II Ministerialarchiv NW 5 Preußisches Kultusministerium: Universität Bonn

431 Mathematisch-naturwissenschaftliche Fakultät   1935–1937
453 Doktor- und Magistergrade   1924–1934
640 Das Verhältnis der academischen zu den städtischen Polizeibehörden bei Excessen
der Studierenden   1846–1939

Entnazifizierungshauptausschuß für den Regierungsbezirk Köln

NW 1049 Nr. 48957 Prof. Dr. Hans Naumann

Bundesarchiv Koblenz

Reichskanzlei   R 43 II/ 134, 1466 b

Reichssicherheitshauptamt   R 58/234, 990

Persönlicher Stab Reichsführer SS   NS 19/151

NSDAP – Akten unterschiedlicher Provenienz NS-Misch. / 1415, 1579

Sammlung Traub ZSg 110/4

Nachlaß E. Koch-Weser

Bayerisches Hauptstaatsarchiv München
Abt. I Allgemeines Staatsarchiv

Finanzministerium

MF 66855   Staatsministerium des Innern, Personalstatus   1928–1939
    67403   Schutzhaft und Konzentrationslager   1933–1935

Ministerium des Innern

MInn 72059   Polizeidirektion München, Mittlere Beamte   1928–1934
     73660   Thomas Mann   1934–1936

Ministerium für Unterricht und Kultus

MK   36752   Thomas Mann   1934–1936

Staatstheater

2014 Th. Mann

Abt. II Geheimes Staatsarchiv

Reichsstatthalter

354   Reichs- und Staatsangehörigkeit   1933–1944

Institut für Zeitgeschichte, München

Archiv und Zeitungsausschnittsammlung

Staatsarchiv Oldenburg

Best. 136 Nr. VI – 103 – 1 B

Thomas-Mann-Archiv, Zürich

Sammlungen und Nachlässe in privater Hand

Sammlung H. Grundmann, Bonn
Nachlaß Prof. Dr. Werner Richter im Besitz von Frau U. Richter, Bonn
Nachlaß Prof. Dr. Ludwig Schiedermair im Besitz von Prof. Dr. G. Schiedermair,
Frankfurt/M.
Akten im Besitz von Prof. Dr. J. Schmidt-Görg, Bonn

VERZEICHNIS DER MEHRFACH ZITIERTEN LITERATUR

Die Zitierweise ist durch Kursivsatz gekennzeichnet

Th. *Adorno:* Zu einem Portrait Thomas Manns (Die Neue Rundschau 73, 1962).

F. *Albrecht:* Deutsche Schriftsteller in der Entscheidung. Wege zur Arbeiterklasse 1918–1933
(Beiträge zur Geschichte der deutschen sozialistischen Literatur im 20. Jahrhundert 2),
Berlin-Weimar 1970.

G. *Albrecht:* Thomas Mann – Staatsbürger der Tschechoslowakei (Vollendung und Größe
Thomas Manns, hrsg. v. G. Wenzel, Halle/S. 1962).

G. *Albrechtová:* Zur Frage der deutschen antifaschistischen Emigrantenliteratur im tschechoslowakischen Asyl (Historica 8, 1964).

E. *Andermann* [= J. Bornstein]: Thomas Mann spricht . . . (Das Neue Tage-Buch 5, Heft 4, vom
23. Januar 1937).

E. v. *Aretin:* Krone und Ketten. Erinnerungen eines bayerischen Edelmannes, hrsg. v. K.
Buchheim und K. O. v. Aretin, München [1955].

S. *Aronson:* Reinhard Heydrich und die Frühgeschichte von Gestapo und SD, Stuttgart 1971.

A. *Banuls:* Thomas Mann und sein Bruder Heinrich, Stuttgart [1968].

Das war Binding, hrsg. v. L. F. *Barthel,* Wien-Berlin-Stuttgart 1955.

A. *Bauer:* Thomas Mann und die Krise der bürgerlichen Kultur, Berlin 1946.

R. *Baumgart:* Das Ironische und die Ironie in den Werken Thomas Manns, München [1964].

E. K. *Benner:* Deutsche Literatur im Urteil des „Völkischen Beobachters" 1920–1933, Münchner
phil. Diss. 1954 (masch. schr.).

Politik in Bayern 1919–1933. Berichte des württembergischen Gesandten Carl Moser von
Filseck, hrsg. von W. *Benz* (Schriftenreihe der Vierteljahrshefte für Zeitgeschichte 22/23),
Stuttgart [1971].

W. A. *Berendsohn:* Thomas Mann und das Dritte Reich (Aus Politik und Zeitgeschichte, Beilage zur Wochenzeitung „Das Parlament" B XVI/56 vom 18. April 1956).

W. A. *Berendsohn:* Thomas Mann – *Künstler und Kämpfer* in bewegter Zeit, Lübeck [1965].

W. *Bergengruen:* Schreibtischerinnerungen, [München 1961].

G. *Bermann Fischer:* Bedroht – Bewahrt. Weg eines Verlages, [Frankfurt/M.] 1967.

E. *Bertram:* Dichtung als Zeugnis. Frühe Bonner Studien zur Literatur. Mit einem Nachwort hrsg. v. R. R. *Wuthenow,* Bonn 1967.

E. *Bertram:* Thomas Manns „Betrachtungen eines Unpolitischen" (*Mitteilungen* der Literarhistorischen Gesellschaft Bonn 11, 1917/18).

Betrachtungen und Überblicke: s. *Wenzel.*

H. P. *Bleuel–E. Klinnert:* Deutsche Studenten auf dem Weg ins Dritte Reich, [Gütersloh 1967].

H. F. *Blunck:* Unwegsame Zeiten. Lebensbericht, 2. Band, [Mannheim 1952].

W. *Blunck:* Thomas Mann und Hans Friedrich Blunck. Briefwechsel und Aufzeichnungen (Sonderabdruck aus dem Jahrbuch 1968 der Gesellschaft zur Förderung des Werkes von Hans Friedrich Blunck E. V.), [Hamburg 1969].

Meldungen aus dem Reich. Auswahl aus den geheimen Lageberichten des Sicherheitsdienstes der SS 1939–1944, hrsg. v. H. *Boberach,* [Neuwied 1965].

A. *Bock:* Tagebücher. Ausgewählt und mit einem Nachwort versehen von W. Bock (Veröffentlichungen der Deutschen Akademie für Sprache und Dichtung 20), Heidelberg 1959.

W. *Boehlich:* Der neue Bonner Rektor (Die Zeit Nr. 43 vom 23. Oktober 1964).

Kriegspropaganda 1939–1941. Geheime Ministerkonferenzen im Reichspropagandaministerium, hrsg. v. W. A. *Boelcke,* Stuttgart [1966].

R. *Bollmus:* Das Amt Rosenberg und seine Gegner, Stuttgart 1970.

F. *Bonn:* Berthold Litzmann. Sein wissenschaftliches Schaffen und seine Stellung innerhalb der Literaturwissenschaft. Ein Beitrag zur Geschichte der Universität Bonn, der Biographik und der Schererschule, Masch. schr. o. J. [1951].

K. D. *Bracher,* Die deutsche Diktatur, Köln 1969.

K. D. *Bracher–W. Sauer–G. Schulz:* Die nationalsozialistische Machtergreifung (Schriften des Instituts für politische Wissenschaft 14), Köln u. Opladen² 1962.

H. *Brandenburg:* Im Feuer unserer Liebe. Erlebtes Schicksal einer Stadt, München [1956].

A. *Brecht:* Aus nächster Nähe. Lebenserinnerungen 1884–1927, Stuttgart [1966].

H. *Brenner:* Die Kunstpolitik des Nationalsozialismus (Rowohlts Deutsche Enzyklopädie 167/168), [Reinbek 1963].

H. *Brenner: Ende* einer bürgerlichen Kunst-Institution. Die politische Formierung der Preußischen Akademie der Künste ab 1933 (Schriftenreihe der Vierteljahrshefte für Zeitgeschichte 24), Stuttgart [1972].

B. v. *Brentano:* Du Land der Liebe, Tübingen-Stuttgart [1952].

Briefwechsel s. H. Mann – Th. Mann.

O. *Brües:* Berthold Litzmann (Kölnische Zeitung Nr. 704 vom 19. Oktober *1921*).

O. *Brües:* Berthold Litzmann (Kölnische Zeitung Nr. 771 vom 16. Oktober *1926*).

O. *Brües:* – und immer sang die Lerche. Lebenserinnerungen, Duisburg [1967].

H. *Buchheim:* Die SS – das Herrschaftsinstrument. Befehl und Gehorsam (H. *Buchheim*–M. Broszat–H. A. *Jacobsen*–H. *Krausnick:* Anatomie des SS-Staates), Olten-Freiburg/Br. [1965].

H. *Bürgin:* Das Werk Thomas Manns. Eine Bibliographie, [Frankfurt/M.] 1959.

H. *Bürgin*–H. O. *Mayer:* Thomas Mann. Eine Chronik seines Lebens, [Frankfurt/M.] 1965.

H. *Carossa:* Ungleiche Welten, o. O. 1951.

R. E. *Cazden:* German Exile Literature in America 1933–1950, Chicago 1970.

Chronik der Rheinischen Friedrich-Wilhelms-Universität Bd. 12 [= NF 1] ff., Bonn 1887 ff.

O. *Clar*, Thomas Mann's „Betrachtungen eines Unpolitischen" (Eiserne Blätter 1, Nr. 26, 1919)

P. M. *Diehl-Thiele*: Partei und Staat im Dritten Reich. Untersuchungen zum Verhältnis von NSDAP und allgemeiner innerer Staatsverwaltung (Münchner Studien zur Politik 9), München 1969.

E. *Ebermayer*: Denn heute gehört uns Deutschland ... Persönliches und politisches Tagebuch, Hamburg-Wien [1959].

E. *Ebermayer*: ... und morgen die ganze *Welt*. Erinnerungen an Deutschlands dunkle Zeit. [Bayreuth 1966].

C. *Enders*: Berthold Litzmann (*Chronik* der Rheinischen Friedrich-Wilhelms-Universität für das akademische Jahr 1925/26, 51, N. F. 40, 1927, S. 33 ff.).

K. D. *Erdmann*: Die Zeit der Weltkriege (B. Gebhardt, Handbuch der deutschen Geschichte IV, Stuttgart 8 1959).

C. *Fadiman*: Reading I've liked. A personal selection, London 1946.

Dr. h. c. Johann *Fladung*: Zur Person. Aussage vor der IV. Strafkammer des Landgerichts Düsseldorf am 13. Januar 1964 (Schriftenreihe des Demokratischen Kulturbundes Deutschlands, Heft 11, Karlsruhe 1964).

M. *Flinker*: Thomas Manns politische Betrachtungen im Lichte der heutigen Zeit, 's Gravenhage 1959.

E. *Friedell*: Die Betrachtungen eines Unpolitischen (Neues Wiener Journal Nr. 9105 vom 9. März 1919).

G. *Fuchs*: Die Bonner Universität in der Besatzungszeit, [Bonn] 1935.

H. J. *Gamm*: Führung und Verführung. Pädagogik des Nationalsozialismus, München [1964].

L. *Gillet*: L'Excommunié (L'Echo de Paris Nr. 20983 vom 3. März 1937).

F. *Glum*: Der Nationalsozialismus. Werden und Vergehen, München [1962].

M. *Goehring*: Alles oder nichts. Zwölf Jahre totalitärer Herrschaft in Deutschland I, Tübingen 1966.

R. *Gray*: The German Tradition in Literature 1871–1945, Cambridge 1965.

U. *Greiner*: Was heißt bürgerlich? Politische Schriften von Brecht, Broch, Hesse und Thomas Mann. Ein Vergleich ihrer Aussagen und Irrwege (Frankfurter Allgemeine Zeitung Nr. 219 vom 22. September 1970, Literaturblatt).

F. *Greß*: Germanistik und Politik. Kritische Beiträge zur Geschichte einer nationalen Wissenschaft, [Stuttgart-Bad Cannstatt] 1971.

D. *Gulbransson – Björnson*: Olaf Gulbransson, [Pfullingen 1967].

W. *Haas*: Ist Thomas Mann „unsterblich"? (Die Welt Nr. 129 vom 5. Juni 1965).

M. *Haiduk*: Die Bedeutung der polemischen Schriften im Schaffen Thomas Manns (Vollendung und Größe Thomas Manns, hrsg. v. G. Wenzel, Halle/S. 1962).

H. E. *Haß*: Thomas Mann (Bonner Universitäts-Zeitung Nr. 15 vom 18. Februar 1947).

H. *Hatfield*: Thomas Mann, Norfolk/Conn. [1951].

H. *Heiber*: Walter Frank und sein Reichsinstitut für Geschichte des neuen Deutschlands (Quellen und Darstellungen zur Zeitgeschichte 13), Stuttgart 1966.

H. *Herrigel*: Der deutsche Weltberuf (Die Rheinlande 29, 1919).

I. *Herz*: Ein Roman wandert aus (The German Quarterly 38, 1965).

W. *Herzog*: Menschen, denen ich begegnete, Bern-München [1959].

H. *Hesse*: Briefe, [Frankfurt/M.] 1964.

H. *Hesse*–Th. *Mann*: Briefwechsel, [Frankfurt/M.] 1968.

Th. *Heuß*: Erinnerungen 1905–1933, Tübingen [1963].

K. *Hiller*: Ratioaktiv. Reden 1914–1964, [Wiesbaden 1966].

646

E. *Hilscher*: Thomas Mann. Leben und Werk, Berlin 1965.

W. *Hoegner*: Der schwierige Außenseiter, München [1959].

H. *Höhne*: Der Orden unter dem Totenkopf. Die Geschichte der SS, [Gütersloh 1967].

R. v. *Hoerschelmann*: Leben ohne Alltag, [Berlin 1947].

P. E. *Hübinger*: Das Historische Seminar der Rheinischen Friedrich-Wilhelms-Universität zu Bonn (Bonner Historische Forschungen 20), Bonn 1963.

H. *v.* Hülsen: Zwillings-Seele. Denkwürdigkeiten aus einem Leben zwischen Kunst und Politik, München 1947.

H. *Hürten*: Deutsche Briefe 1934–1938. Ein Blatt der katholischen Emigration I (Veröffentlichungen der Kommission für Zeitgeschichte bei der katholischen Akademie in Bayern, Reihe A, Bd. 6), Mainz [1969].

H.-A. *Jacobsen*, Nationalsozialistische Außenpolitik 1933–1938, Berlin 1968.

H. *Jappe*: Ernst Bertram. Gelehrter, Lehrer und Dichter, Bonn 1969.

Thomas Mann an E. Bertram. Briefe aus den Jahren 1910–1955, hrsg. v. I. *Jens*, [Pfullingen 1960].

I. *Jens*: Dichter zwischen rechts und links. Die Geschichte der Sektion für Dichtkunst der Preußischen Akademie der Künste, [München 1971].

I. und W. Jens: Betrachtungen eines Unpolitischen: Thomas Mann und Friedrich Nietzsche (Das Altertum und jedes neue Gute [Festschrift] für Wolfgang Schadewaldt ...), Stuttgart [1970].

W. *Jens*: Rezension der „Briefe 1937–1947" (*Betrachtungen und Überblicke*. Zum Werk Thomas Manns, hrsg. v. G. Wenzel, Berlin-Weimar 1966).

H. *Johst*: Ein offener Brief an Thomas Mann (Hamburger Nachrichten Nr. 561 [280 B] vom 1. Dezember 1922).

K. W. *Jonas*: Fifty Years of Thomas Mann Studies, University of Minnesota Press 1955.

K. W. *Jonas*: Thomas Manns *Manuskripte* in europäischen und amerikanischen Sammlungen (Jahrbuch für Amerikastudien 4, 1959).

M. *Kahle*: What would you have done? The Story of the Escape of the Kahle Family from Nazi-Germany, London 1945.

R. *Karst*: Thomas Mann oder der deutsche Zwiespalt, Wien-München-Zürich [1970].

U. *Karthaus*: Der „Zauberberg" – ein Zeitroman (Zeit, Geschichte, Mythos) (Deutsche Vierteljahrsschrift für Literaturwissenschaft und Geistesgeschichte 44, 1970).

E. *Keller*: Eine Studie zu den „Betrachtungen eines Unpolitischen" von Thomas Mann, Bern-München [1965].

E. *Keller*: *Nationalismus* und Literatur, Bern-München [1970].

H. Graf *Keßler*: Tagebücher 1918–1937, Frankfurt/M. 1961.

Deutsche Literatur im Exil. Briefe europäischer Autoren 1933–1945, hrsg. v. H. *Kesten*, Wien-München-Basel [1964].

J. *Kibelka*: Berthold Litzmann 1857–1961 (Bonner Gelehrte. Beiträge zur Geschichte der Wissenschaften in Bonn. Sprachwissenschaften), Bonn 1970.

Exil-Literatur 1933–1945 (Sonderveröffentlichungen der Deutschen Bibliothek, hrsg. v. *Köster*, Nr. 1), [Frankfurt/M. ³1967].

H. *Koopmann*, Thomas Mann und Schopenhauer (Thomas Mann und die Tradition, hrsg. v. P. Pütz, Frankfurt/M. 1971).

E. *Koppen*: Vom Décadent zum Proto-Hitler. Wagner-Bilder Thomas Manns (Thomas Mann und die Tradition, hrsg. v. P. Pütz, Frankfurt/M. 1971).

K. *Korn*: Thomas Mann (Genius der Deutschen. Die großen Dichter, Philosophen, Historiker), Berlin [1968].

M. *Krell :* Das alles gab es einmal, Frankfurt/M. 1961.

E. *Krieck :* Wissenschaft, Weltanschauung, Hochschulreform, Leipzig [1933].

P. *Krüger* – E. J. C. *Hahn :* Der Legalitätskonflikt des Staatssekretärs Bernhard Wilhelm von Bülow im Frühjahr 1933 (Vierteljahrshefte für Zeitgeschichte 20, 1972).

H. J. *Lang :* Der letzte Deutsche (Hamburger Akademische Rundschau 2, 1947/48).

H. *Lehnert :* Thomas-Mann-Forschung. Ein Bericht, Stuttgart 1969.

J. *Lesser :* Thomas Mann in der Epoche seiner Vollendung, München [1952].

F. *Lion :* Thomas Mann in seiner Zeit, Zürich-Leipzig [1935].

B. *Litzmann :* Im alten Deutschland. Erinnerungen eines Sechzigjährigen, Berlin 1923.

O. *Loerke :* Tagebücher 1903–1939, hrsg. v. H. Kasack (Veröffentlichungen der Deutschen Akademie für Sprache und Dichtung 5), Heidelberg-Darmstadt 1955.

B. *Lösener :* Das Reichsministerium des Innern und die Judengesetzgebung, hrsg. v. W. Strauß (Vierteljahrshefte für Zeitgeschichte 9, 1961).

H. *Lützeler :* Die Bonner Universität. *Bauten und Bildwerke,* Bonn 1968.

H. *Lützeler :* An der Bonner Universität 1921–1968 (Ein Gruß von Heinrich Lützeler. Als Manuskript gedruckt, Bonn (Anton Brand) [1969]).

H. *Lützeler : Bonn* am Rhein so wie es war, Düsseldorf [1972].

G. *Lukács :* Thomas Mann, Berlin 1950.

J. *Mainka :* Eine Polemik um Thomas Manns Wagnerbild (Beiträge zur Musikwissenschaft 5, 1963).

H. *Mann :* Begrüßung des Ausgebürgerten (Die neue Weltbühne 32, Heft 50 vom 10. Dezember 1936).

H. Mann–Th. Mann, *Briefwechsel* 1900–1949, [Frankfurt/M.] 1968.

K. *Mann :* Kind dieser Zeit, Berlin [1932].

K. *Mann :* Der *Wendepunkt,* [o. O. 1952].

M. *Mann :* Vergangenes und Gegenwärtiges. Erinnerungen, München [1956].

Th. *Mann :* Gesammelte Werke in zwölf Bänden, [Frankfurt/M. 1960] (zitiert durch Angabe der Bandnummer in römischen Ziffern).

Th. *Mann :* Werke. Das essayistische Werk, Taschenbuchausgabe in acht Bänden, hrsg. v. H. Bürgin (Fischerbücherei MK 113–120), [Frankfurt/M. 1968] (zitiert: MK und Bandnummer).

Th. *Mann :* Goethe und Tolstoi, Aachen 1923.

Th. *Mann :* Briefe 1889–1936 [= *Briefe I*]; Briefe 1937–1947 [= *Briefe II*]; Briefe 1948–1955 und Nachlese [= *Briefe III*], hrsg. v. E. Mann, [Frankfurt/M.] 1961, 1963 und 1965.

Th. *Mann : Briefe an* Paul *Amann* 1915–1952, Lübeck 1959.

Th. *Mann*–R. *Faesi :* Briefwechsel, [Zürich 1962].

Th. *Mann :* Briefwechsel, mit seinem Verleger Gottfried Bermann *Fischer* 1932–1955, [Frankfurt/M.] 1973.

V. *Mann :* Wir waren fünf, Konstanz [1949].

K. *Martens :* Schonungslose Lebenschronik II, Wien 1924.

H. *Matter,* Die Literatur über Thomas Mann. Eine Bibliographie 1898–1961, Berlin 1972.

H. *Mayer :* Thomas Mann. Werk und Entwicklung, [Berlin 1950].

H. *Mayer : Leiden und Größe* Thomas Manns. Eine Rede zum 6. Juni 1955 (Sinn und Form. Sonderheft Thomas Mann, 1965).

H. *Mayer :* Thomas Mann. Zur politischen Entwicklung eines Unpolitischen (in: Der *Repräsentant* und der Märtyrer. Konstellationen der Literatur [edition suhrkamp 463, Frankfurt/M. 1971].

P. *de Mendelssohn :* S. *Fischer* und sein Verlag, Frankfurt/M. [1970].

P. *de Mendelssohn :* Von deutscher Repräsentanz, München [1972].

648

L. *Mazzucchetti:* Thomas Mann, Lettere a Italiani. Introduzione e commento di L. Mazzucchetti, Milano 1962.

Mitteilungen der Literarhistorischen Gesellschaft Bonn unter dem Vorsitz von Professor Berthold Litzmann, 1–11, 1906–1920.

G. L. *Mosse:* The Crisis of German Ideology. Intellectual Origins of the Third Reich, London [1966].

The Stature of Thomas Mann, hrsg. v. Ch. *Neider,* [New York 1947].

E. *Neusüß-Hunkel:* Die SS, Hannover-Frankfurt/M. 1956.

E. *Penzoldt:* Reise mit Thomas Mann (Deutsche Beiträge 3, 1949).

W. H. *Perl:* Thomas Mann 1933–1945. Vom deutschen Humanisten zum amerikanischen Weltbürger, New York 1945.

J. B. *Priestley:* Vorwort zu: Thomas Mann. An Exchange of Letters (Friends of Europe Publications No. 52, London 1937).

P. *Pütz:* Thomas Mann und Nietzsche (in: Thomas Mann und die Tradition, hrsg. v. P. Pütz, Frankfurt/M. 1971).

B. *Richter:* Thomas Manns Stellung zu Deutschlands Weg in die Katastrophe, masch. schr. phil. Diss. Freie Universität Berlin 1960; Teildruck 1962.

J. *Roth:* Briefe 1911–1939, hrsg. u. eingeleitet v. H. Kesten, Köln-Berlin [1970].

W. *Rothe:* Schriftsteller und totalitäre Welt, Bern-München [1966].

H. *Rudolph:* Kulturkritik und konservative Revolution. Zum kulturell-politischen Denken Hofmannsthals und seinem problemgeschichtlichen Kontext, Tübingen 1971.

M. *Rychner:* Thomas Mann und die Politik (Welt im Wort. Literarische Aufsätze, Zürich [1949]; Wiederabdruck: Aufsätze zur Literatur, Zürich 1966).

M. *Rychner:* Von der Politik des Unpolitischen. Die Briefe Thomas Manns an Paul Amann und Ernst Bertram (Der Monat XIII, 148, Januar 1961).

P. P. *Sagave:* L'idée de l'Etat chez Thomas Mann (Hommage de la France à Thomas Mann, Paris 1955).

D. *Sauberzweig:* Die Hochschulen im Dritten Reich (Die Zeit Nr. 11–14 vom 10., 17., 24. und 31. März 1961).

H. *Sauereßig:* Die Entstehung des Romans „Der Zauberberg", Biberach a. d. Riß [1965].

K. Th. *Schäfer:* Verfassungsgeschichte der Universität Bonn 1818–1960, Bonn 1968.

R. *Schickele:* Werke in drei Bänden, Köln-Berlin [1959].

L. *Schiedermair:* Musikalische Begegnungen, Köln 1948.

F. *Schönberner:* Innenansichten eines Außenseiters, Icking-München [1965].

F. *Schonauer:* Deutsche Literatur im Dritten Reich, Olten-Freiburg/Breisgau [1961].

G. C. *Schoolfield,* Thomas Mann und Fredrik Böök (Deutsche Weltliteratur. Von Goethe bis Ingeborg Bachmann. Festgabe für J. Alan Pfeffer, Tübingen [1972]).

K. *Schröter:* Thomas Mann in Selbstzeugnissen und Bilddokumenten (Rowohlts Monographien 93), [Reinbek 1964]).

K. *Schröter:* Thomas Mann im *Urteil* seiner Zeit. Dokumente 1891–1955, Hamburg [1969].

K. *Schwabe:* Wissenschaft und Kriegsmoral. Die deutschen Hochschullehrer und die politischen Grundfragen des ersten Weltkrieges, Göttingen [1969].

Verbannung. Aufzeichnungen deutscher Schriftsteller im Exil, hrsg. v. E. *Schwarz* und M. *Wegner,* [Hamburg 1961].

J. *Schwarz:* Studenten in der Weimarer Republik. Die deutsche Studentenschaft in der Zeit von 1918 bis 1923 und ihre Stellung zur Politik (Ordo Politicus Bd. 12), Berlin 1971.

P. *Seabury:* Die Wilhelmstraße. Die Geschichte der deutschen Diplomatie 1930–1945, [Frankfurt/M. 1956].

H. *Seier :* Der Rektor als Führer. Zur Hochschulpolitik des Reichserziehungsministeriums 1934–1945 (Vierteljahrshefte für Zeitgeschichte 12, 1964).

K. *Sontheimer :* Thomas Mann als politischer *Schriftsteller* (Vierteljahrshefte für Zeitgeschichte 6, 1958).

K. *Sontheimer :* Thomas Mann und die Deutschen, München [1961].

P. *Stahlberger :* Der Zürcher Verleger Emil Oprecht und die politische Emigration 1933–1945, [Zürich 1970].

W. *Stephan :* Joseph Goebbels. Dämon einer Diktatur, Stuttgart [1949].

D. *Strothmann :* Nationalsozialistische Literaturpolitik (Abhandlungen zur Kunst-, Musik- und Literaturwissenschaft 13), Bonn ²1963.

S. *Szemere :* Kunst und Humanität. Eine Studie über Thomas Manns ästhetische Ansichten, Berlin-Budapest 1966.

J. C. *Thirlwall :* In another language. A Record of the Thirty-Year Relationship between Thomas Mann and . . Helen Tracy Lowe-Porter, New York 1966.

R. H. *Thomas :* Thomas Mann, Oxford 1956.

K. *Töpner :* Gelehrte Politiker und politisierende Gelehrte. Die Revolution von 1918 im Urteil deutscher Hochschullehrer (Veröffentlichungen der Gesellschaft für Geistesgeschichte 5), Göttingen [1970].

B. *Uhse :* Ein Entsandter Deutschlands. Beim Besuch der Thomas-Mann-Sammlung der Yale-Universität 1943 (B. Uhse, Gestalten und Probleme, Berlin 1959).

Vollendung und Größe, s. *Wenzel*

L. *Volk :* Der bayerische Episkopat und der Nationalsozialismus 1930–1934 (Veröffentlichungen der Kommission für Zeitgeschichte bei der Katholischen Akademie in Bayern, Reihe B, Bd. 1), Mainz [1965].

H. *Waldmüller :* Über die heutige Thomas-Mann-Forschung (Börsenblatt für den deutschen Buchhandel 23, Nr. 102 vom 23. Dezember 1967).

H.-A. *Walter :* Bedrohung und Verfolgung bis 1933 (Deutsche Exilliteratur 1933–1950, Bd. I); Asylpraxis und Lebensbedingungen in Europa (Deutsche Exilliteratur 1933–1950, Bd. II), [Darmstadt-Neuwied 1972] (zitiert: *Walter* I, II).

O. *Walzel :* Wachstum und Wandel. Lebenserinnerungen, hrsg. v. C. Enders [Berlin 1956].

M. *Wegner :* Exil und Literatur, Frankfurt/M.-Bonn ²1968.

O. *Wenig :* Verzeichnis der Professoren und Dozenten der Rheinischen Friedrich-Wilhelms-Universität zu Bonn 1818–1968, Bonn 1968.

Vollendung und Größe Thomas Manns, hrsg. v. G. *Wenzel,* Halle/S. 1962.

Betrachtungen und Überblicke. Zum Werk Thomas Manns, hrsg. v. G. *Wenzel,* Berlin-Weimar 1966.

G. *Wenzel :* Thomas Manns Briefwechsel. Bibliographie gedruckter Briefe aus den Jahren 1889–1955 (Deutsche Akademie der Wissenschaften zu Berlin. Veröffentlichungen des Instituts für deutsche Sprache und Literatur 41. Reihe E: Quellen und Hilfsmittel zur Literaturgeschichte), Berlin 1969.

A. v. *Winterfeld :* Thomas Mann (Neue Preußische [Kreuz-] Zeitung Nr. 594 vom 7. Dezember 1919).

J. *Wulf : Literatur* und Dichtung im Dritten Reich (ro-ro-ro 809–811), [Reinbek 1966].

J. *Wulf : Presse* und Funk im Dritten Reich (ro-ro-ro 815–817), [Reinbek 1966].

J. *Wulf : Theater* und Film im Dritten Reich (ro-ro-ro 812–814), [Reinbek 1966].

K. *Zierold :* Forschungsförderung in drei Epochen, Wiesbaden 1968.

E. *Zitelmann :* Die Bonner Universität. Rede gehalten bei der Feier ihres hundertjährigen Bestehens am 3. August 1919 vom derzeitigen Rektor Ernst Zitelmann, Bonn 1919.

VERZEICHNIS DER DOKUMENTE

652

655

656

657

659

43*

REGISTER

Personregister

Das Register berücksichtigt alle in der Darstellung, dem Dokumententeil und den dazugehörenden Anmerkungen genannten natürlichen Personen mit Ausnahme von Thomas Mann. Eingeklammerte Seitenzahlen bezeichnen die Stellen, wo die Betreffenden ohne Namensnennung erwähnt sind. Wenn die — in der Regel abgekürzt beigefügten — Vornamen nicht zu ermitteln waren, wie bei verschiedenen Angehörigen von Behörden oder Organisationen, oder wenn Decknamen von Zeitungskorrespondenten nicht zu entschlüsseln waren, ist ein erläuternder Hinweis auf die Dienststellen oder Presseorgane beigefügt, bei denen diese Personen nachweislich tätig waren. Soweit im Zusammenhang der Darstellung oder Dokumentation nähere Identifizierungen und weitere Personalangaben erforderlich erscheinen, sind sie in den Anmerkungen enthalten.

Hausmann, M. 155, 420
Haußherr, R. 82
Havenstein, M. 65
Heiden, K. 183, 553
Heilner, R. 187
Heimann, W. L. 597
Heine, H. 216, 255, 319
Heinrich, K. 113, 180, 641
Heins, V. 18 f., 136 f., 148, (154 f.), 156 ff.,
    160, 164, (322 f.), 391 f., 395, 407, 409, 411,
    414, 417 ff., 423, (425), 440 f., 443, 446 f.,
    467, 512, 555, 559
Helbing, L. s. Frommel
Heller, H. 499
Heloise 254
Henckel (arani-Verlag) 625
Henckell, K. 363
Henlein, K. 474
Hering, H. 473, 480, 482, 498, 535, 538
Herold, E. 87
Herrigel, H. 48
Herter, H. 303, 623 ff.
Hertz, H. 353
Hertz, R. 470
Herz, I. 18 f., 132, 147, 179 f., 236, 239, 243 ff.
Herzog, W. 170, 254
Heß, H. 18
Heß, J. 382
Hesse, H. 25, 44, 51, 56 f., 144 f., 148, 158,
    160, 166 f., 170 f., 198, 235, 245 f., 255, 257,
    289, 296, 500, 508, 520
Hesse, R. 369
Heuß, Th. 319
Heydrich, R. 129, 132 ff., 140, 157, 163 f.,
    173 ff., 181, 227, 240, 263, 321 ff., 408, 471,
    487, (504), 509, 518 f., 536
Heyking, E. v. 363
Heyl, D. v. 208
Heymann, F. 553, 572
Hildebrand, D. v. 183, 228, 553, 572
Hildebrand, F. v. 554
Hildebrand, L. M. v. 553
Hildebrandt, H. 113
Hiller, K. 60 f.
Hilscher, E. 336
Himmler, H. 128 f., 132 f., 137, 162 f., 173,
    178, 181, 191, 200, 208, 210, 215 f., 219,
    227, 321 ff., (328), 408, 413, 476, 549

Hindenburg, P. v. 39, 157, 642
Hinkel, H. 150, 416, 496
Hinrichs, W. 499, 501 f., 510, 515, 521, 525 f.,
    532 f., 539, 549 f.
Hirschfeld, G. 363
Hirschfeld, M. 138, 208,
Hitler, A. 11, 61, 88, 94, 120, 126, 128, 137,
    143, 145, 150, 153, 172, 174, 177 ff., 182,
    190 f., 203, 207, 211 f., 218, 222, 236, 238,
    247, 253, 267, 269 f., 281, 298, 306, 311,
    317 f., 321, 323, 325 f., 328, 330, 334, 337,
    344, 347, 350, 384, 405, 421, 486, 493, 533,
    548 f., 552, 607
Hoch, A. 18
Höfler, O. 215 f.
Hoeflmayer, L. 382
Hoehn, R. 215, 264
Hölderlin, F. 255, 310
Höltermann, K. 141, 149
Hölz, M. 180
Höroldt, D. 17
Hoerschelmann, R. v. 130, 259
Hövel, P. 496
Hofmannsthal, H. v. 25 f., 60, 216, 342, 346
Hofmiller, J. 28
Holborn, H. 185
Holländer, F. 363
Hollsteiner, J. 233
Holm, K. 71
Holtzmann, W. 196
Holz, A. 49, 379
Homer 574, 576
Huber, K. 200, 257
Huch, R. 25, 49, 340
Huder, W. 17
Hudson s. Schiff
Hübener, G. 196
Hübinger, P. E. (3 ff.), (8), (10 f.), 12 ff.,
    (17 f.), 21, (33), (50), (55), (57), (84), (97),
    (110), (129), (148), (155), (189 f.), (199),
    (207), (228), (233), (256), (260 f.), (275),
    294, 313, (420), (476), 604 ff., 637 f.
Hübner (Auswärtiges Amt) 479
Hübscher, A. 81, 90 f., 98, 247, 376, 403
Hülsen, H. v. 144, 159
Hünefeld, E. G. Frhr. v. 402
Hugo, V. 15, 254 f.
Humboldt, W. v. 104

674

675